烟台经济技术开发区志 1984—2003

烟台经济技术开发区地方志编纂委员会 编

方志出版社
Publishing House of Local Records

图书在版编目（CIP）数据

烟台经济技术开发区志：1984—2003/烟台经济技术开发区地方志编纂委员会 编. -- 北京：方志出版社，2016.8
ISBN 978-7-5144-2057-9

Ⅰ.①烟… Ⅱ.①烟… Ⅲ.①技术开发区－概况－烟台－1984－2003 Ⅳ.①F127.523

中国版本图书馆CIP数据核字（2016）第198667号

烟台经济技术开发区志（1984—2003）

编　者：烟台经济技术开发区地方志编纂委员会
责任编辑：王笃银
出 版 人：冀祥德
出 版 者：方志出版社
地址　北京市朝阳区潘家园东里9号（国家方志馆4层）
邮编　100021
网址　http://www.fzph.org
发　行：方志出版社发行中心
电话（010）67110500
经　销：各地新华书店
印　刷：济南黄氏印务有限公司
开　本：889×1194　1/16
印　张：63.75
字　数：1699千字
版　次：2016年08月第1版　2016年08月第1次印刷
印　数：0001～3500册
ISBN 978-7-5144-2057-9　定价：780.00元

烟台经济技术开发区地方志编纂委员会

（2002年9月）

主　　任　王秀臣

副 主 任　陈文晔　谭维忠

委　　员　（按姓氏笔画排列）

于少轩　王学范　尹桂瓒　兰永祥　孙长文　刘建民　李国友

杨林盛　杨克志　段大伟　蒋洪刚

（2015年10月）

主　　任　王曰义

副 主 任　刘建民　武维刚　高松敏

委　　员　（按姓氏笔画排列）

丁　慧　于　宁　于宗萍　王立敏　王廷贤　王克杰　王春生

王培海　左寒松　田蓬勃　刘厚波　刘鸿雁　刘增贵　吕永坤

闫庆华　齐云亮　宋德欣　张文庆　张东奇　张华志　张居红

李世国　李守鹏　李增典　杨克志　杨　勇　辛玉麟　苏　智

邵　杰　邵力波　陈学文　范吉宏　林　平　韩志建

烟台经济技术开发区志编审人员

（2013年12月）

主　　审　高松敏

副 主 审　于复晓　刘　维　邹天峰

主　　编　陈　政

编　　辑　姜顺海　孙德连　马　彦

特邀审稿　李迎春　吕福堂　郭能勇

校　　稿　李光杰　韩　哲

摄　　影　韩正黎

中 共 烟 台 市 委 常 委
中共烟台经济技术开发区工委书记、管委主任 **王曰义**

序

建区以来的首部志书《烟台经济技术开发区志（1984—2003）》历经十余载编纂，终于付梓刊印，这是全区政治文化生活中的一件盛事，可喜可贺。

烟台经济技术开发区是国务院1984年批准设立的首批14个国家级开发区之一。经过几代人的开发建设，当年的荒滩渔村已然蜕变成一座现代化新城，各项事业欣欣向荣，全区百姓安居乐业。建区至今，烟台开发区有着一段虽不悠久但却值得铭记的历史。回顾这段历史，特别是开发建设早期，广大建设者们筚路蓝缕、艰苦奋斗，从1平方公里的土地上起步，

打下第一根桩基、兴办第一个项目、引进第一笔外资……开发区从小到大、由弱变强，短短20年间就崛起了一座城，成就了开发区跨越发展的“神话”，印证了邓小平同志“开发区大有希望”的英明论断。

修志问道，以启未来。地方志是记录发展成就、梳理发展轨迹、总结发展经验的重要手段。这次刊印的《烟台经济技术开发区志（1984—2003）》以史为线，以事聚类，内容翔实，语言简练，融史地风物为一体，汇图表传记于一册，全面客观地记录了开发区前20年经济社会的发展历程，为了解开发区艰苦创业、探索发展的历史留下了宝贵的资料，对于记录史实、传承文化，以史鉴今、启迪后人具有重要意义。

历史的接力棒已经交到我们手上。当前，开发区正处在转型升级发展的关键时期，既是挑战，更是机遇，尤其需要在回顾历史中汲取力量，进一步坚定信念、激发斗志。希望全区人民承接前辈打下的良好基础，弘扬开拓、务实的创业精神，积极进取、努力奋斗，为加快建设创新型、现代化、靓丽文明滨海新区做出新贡献。

中共烟台市委常委
中共烟台经济技术开发区工委书记、管委主任

二〇一六年五月

烟台开发区

名片

国家生态工业示范园区

国家新型工业化产业示范基地

国家首批循环经济试点单位

ISO 14000 国家示范区

国家首批留学人员创业园区

国家级开发区综合经济实力第六位

中国投资环境最佳开发区

中国工业园区环境管理示范区

国家 AAAA 级金沙滩旅游度假区

天赐金瓯，地赉皇冠；港城烟台，焜耀人间。时逢盛世，开埠开放，设开发区于西沙旺；人造奇迹，图强图新，创千秋业于黄海滨。得天独厚，逢春蛰起，三扩其地，肇兴一隅。右水，濒夹河之龙脉；左原，街蓬莱之仙境；后丘，仰磁山之雄魂；前海，秉沧溟之威灵；中平，蕴膏壤之博奥；全境，拥全岸之形胜。青史悠悠，宝舆煌煌。东夷人先祖薪火相传，牟子国故都席地而坐；秦汉之君东巡驻跸，甲骨之父殉国归根。新时代寰宇腾龙起风，创业者巨擘描天绘地；嘉宝之地流彩飞虹，旷世之英励精图治。时光荏苒，历三十年风雨征程；乾坤旋转，载几代人复兴梦想。山育海孕，天助神襄；筑渠引风，合资招商。胼手胝足，碧波沧浪幻化海市蜃楼；沧溟桑田，金沙银滩蝶生锦衣华章。业繁其荣，地烨其辉。伟哉，霄壤之变，蓝色海岸崛起靓丽新城；荣也，古今之论，滨海明珠喜膺国家殊誉。盛哉，鲲鹏之举，工业基地崛起，二万企业

俯瞰开发区

1

碧海金沙

开发区城区

特价客房100元
友谊宾馆
小户型楼王盛大开盘
6938588/99

城区一瞥

DYNAMIC ELECTRONICS

福莱山市民文化公园夜景

YEDA

天地广场

夹河河滨公园

开发区海滨

公园夜景

城市展示中心夜景

开发区医院

国际学校

高级中学

海韵小区

阳光花园小区

开发区首届少儿春节联欢晚会

全区运动会

团体操

广播体操

广场之舞

警民共唱和谐歌

天马栈桥集体婚礼

中俄元首见证西北林业签字仪式

LG 项目正式落户开发区

张裕国际葡萄酒研发与制造中心项目开工奠基仪式

韩美药品集团全球生产基地建设项目签字仪式

韩国现代汽车项目落户开发区

烟台氨纶在深交所上市发行

东岳汽车

斗山机械

大宇造船

西港区

蟠龙碑首

玉鼻烟壶

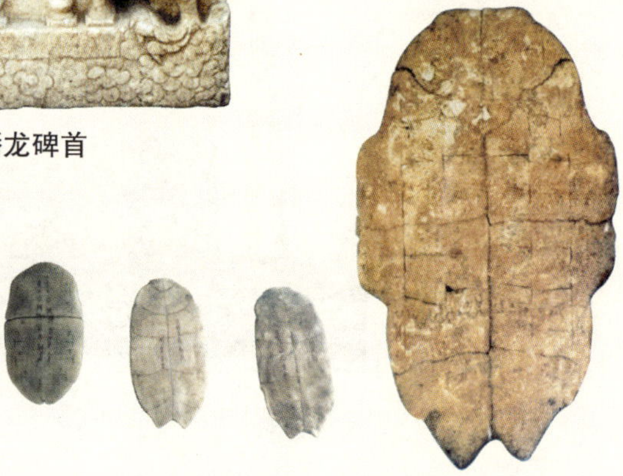

馆藏文物——甲骨文

秦始皇东巡宫

甲骨文最早发现者——王懿荣

王懿荣用品——印章、鼻烟壶

大仲家遗址

磁山庵遗址

甲骨文研讨会

舞龙

渔灯节

室内浴场

37° 梦幻海

磁山

天马相城栈桥

夹河

海边

西夫拉姆酒堡

张裕·卡斯特酒庄

凡　例

一、本志以马克思列宁主义、毛泽东思想、邓小平理论、“三个代表”重要思想、科学发展观为指导，深入贯彻习近平总书记系列重要讲话精神，运用辩证唯物主义和历史唯物主义观点，全面客观地记述烟台经济技术开发区（简称“烟台开发区”）的历史和现状，突出沿海开放城市的区域特色和改革开放的时代特点，力求做到思想性、科学性和资料性相统一。

二、本志为烟台开发区首部志书，上限起于1984年建区时，下限止于2003年。为彰明因果，反映规律，个别内容适当上溯或下延。志书前插图片、编题图片突破断限。

三、本志采用述、记、志、传、图、表、录诸体裁，以志为主。首设“概述”为全志之纲，“大事记”为全志之经。中设专志26编，为全志之纬。末设人物、附录。图、表随文插入，按编统一编号。专志层次结构分编、章、节、目和子目五层，以事类从、横分纵述，对各部门和行业的沿革与现状作全面、系统的具体记述。门类设置从烟台开发区的实际出发，以辖区管理体制为基础，按照现代社会分工、科学分类和志书门类设置的作法进行。

四、本志行文采用规范的语体文记述体。文字、标点符号、数字和计量单位等均按国家有关规定执行。纪年方法以公元纪年为主，中国历史纪年为辅。

五、本志采用第三人称。记述中多次涉及机关、团体或会议名称时，首次记述采用全称，再次出现时用规范简称。

六、自然实体（村庄、山、河等）一般以现行名称为准。行政区划采用各时期的通用称法，涉及人物籍贯，用现行区划名称。

七、本志人物设传、简介、录、表四部分。人物传坚持生不立传的原则，选录辖区历史上有较大影响的过世人物，以正面人物为主，按卒年顺序排列。人物简介中收录烟台开发区历任工委书记、管委主任的个人简历。英名录专录本籍革命烈士，按照街道、村居分期记入。人物表中收录省级以上模范、先进人物。

八、本志资料主要来源于部门志稿资料、档案资料、图书资料、报刊、专著和少量口碑资料等，均经核实后载入，入志时不再注明出处。志稿经相关部门、单位负责人签字或盖章确认。

九、为方便检索和阅读，书后附有“索引”，包括要目索引、图片索引和表格索引，分别按首字汉语拼音字母和所在页码先后次序排列。

目　录

第三编　人　口

第四编　城区建设与管理

第五编　环境保护

第六编　经济综述

第七编　招商引资

第八编　工　业

第九编 建筑业

第十编 交通 邮政 通信

第十一编 贸 易

第十二编　旅　游

第十三编　农　业

第十四编　财政　税务　金融

第十五编　经济管理

第十六编　党务组织

第十七编　行政机构

第十八编　法治　武装

第十九编
民主党派　社会团体

第二十编
编制　人事　劳动

第二十一编　卫　生

第二十二编　文化　体育

第二十三编　教育　科技

第二十四编　民　政

第二十五编　社会生活

第二十六编
外事　侨务　港澳台事务

人　物

附　录

概　述

开发区海边

烟台经济技术开发区志

YANTAI JINGJI JISHU KAIFAQUZHI

1984 年 10 月 20 日，国务院正式批准设立烟台经济技术开发区（简称烟台开发区）。烟台开发区于 1985 年 3 月正式开工建设，是全国首批 14 个国家级经济技术开发区之一。烟台开发区的英文表述是 Yantai Economic Technological Development Area，其缩写为“YEDA”，中文译音为“业达”。经过广大开发建设者 20 年的不懈努力，烟台开发区经济社会取得了长足发展，昔日的一片荒沙滩发生了沧桑巨变。一座开放的现代化、生态型的工业新城正加速崛起于美丽的黄海之滨。借助得天独厚的区位优势，烟台开发区形成了以日韩投资为主要特色的外向型经济体系，着力培育了机械汽车、电子信息两大龙头产业，以及汽车、手机、电脑、船舶和装备制造五大产品集群，开放层次全面提升，经济实力持续跃升，展现了强劲的竞争实力和发展潜力。烟台开发区的成功实践，有力地印证了中国改革开放的总设计师邓小平“开发区大有希望”的英明论断，也彰显出国家级经济技术开发区发展的勃勃生机和活力。

建区背景

1978 年 12 月，中共中央召开十一届三中全会，确定了中国对外实行开放、对内改革的重大战略方针。1980 年 8 月，经邓小平提议，全国人大常务委员会批准国务院有关创办深圳、珠海、汕头、厦门 4 个经济特区的议案。1984 年春，邓小平视察深圳、珠海和厦门 3 个经济特区后，确定了进一步开放沿海部分港口城市的重要战略。1984 年 3 月 26 日至 4 月 6 日，根据中共中央书记处和国务院的决定，国务院特区办沿海部分城市座谈会在北京召开。烟台市市长董传周和副市长姜德华出席座谈会。1984 年 5 月 4 日，中共中央、国务院下发《批转〈沿海部分城市座谈会纪要〉的通知》，批准在 1980 年设立深圳、珠海、汕头、厦门 4 个经济特区的基础上，进一步开放大连、秦皇岛、天津、烟台、青岛等 14 个沿海港口城市，并逐步兴办经济技术开发区。5 月 15 日，国务院正式决定进一步开放上述 14 个沿海港口城市。

根据国务院的决定，烟台市委、市政府开始进行兴办经济技术开发区的考察、分析、论证、选址、规划和筹建等工作。按照科学办事精神，组织专家学者，经过实地考察、对比、论证，市委、市政府拟定，将开发区位置选在福山区福莱山一带，并逐级上报省政府、国务院审批。1984 年 9 月 7 日，中共中央书记处书记、国务委员谷牧带领由国家计委、经委、国务院特区办等 10 个部门组成的考察团考察烟台开发区的筹备情况。在考察期间，谷牧详细研究了烟台开发区的规划方案，并徒步登上福莱山，对烟台开发区的选址进行现场考察，并最终确定了烟台开发区的具体位置。1984 年 10 月 20 日，国务院正式批准设立烟台经济技术开发区，区域位置定在烟台市区西北，福山区北部福莱山一带夹河以西，柳林河以东，柳子河以北，海岸线以南的临海一带，规划面积 10 平方公里。在经深入调研和规划完成后，1985 年 3 月 20 日，烟台开发区举行开工典礼，自此拉开了开发建设的帷幕。

随着开发建设的快速发展，烟台开发区原有规划建设面积已不能满足引进大量投资建设项目的需要。为适应经济建设和城市发展需要，先后经过 1992 年、2002 年两次扩区，到 2002 年 9 月，烟台开发区行政区划面积达到 228 平方公里。

发展环境

烟台开发区地处山东半岛东北部，东与烟台市中心区芝罘区毗邻，西与蓬莱市接壤，南与福山区相邻，北部濒临黄海，海岸线长达 46.8 公里、近岸海域面积达 210 平方公里。

交通便利，地理位置优越。辖区位于北纬 37° 32'、东经 121° 14'，北与天津、大连隔海相望，南与上海、青岛陆路相通，东与韩国、日本一衣带水，是 21 世纪中国重点开发的环渤海经济圈内的重要生长点。向东毗连烟台市中心区，距烟台港和烟台火车站均为 9 公里，距烟台国际机场 27 公里。区内公路网密集，柏油路纵横交错，交通发达。对外交通便捷，206 国道、同三和威乌高速等多条交通主干线穿区而过。

地势平坦，地质结构稳定。辖区属低山丘陵区，地质构造属胶东地盾的胶北隆起区。出露地层主要为元古代粉子山群变质岩系。辖区褶皱、韧性剪切带及断裂构造较发育，岩浆活动以发育元古代和中生代侵入岩为特征。地耐力在 12 吨以上。地下水埋深一般在 1.7 米以上，西部在 2.8 米左右。

四季分明，气候舒适宜人。辖区年平均气温为 12.69℃，极端最低气温 -13.1℃，极端最高气温 38℃；最冷月（1 月）平均气温 -4.7℃，最热月（8 月）平均气温 27.2℃。年平均降雨量为 737 毫米，相对湿度为 64%。濒临海滨，景色秀丽，北有 10 公里长的林带海滩，滩平沙柔，碧波万顷，于 1993 年 10 月被山东省人民政府批准为金沙滩旅游度假区，是一个理想的投资、居住、旅游场所。

服务高效，投资环境优良。韩国、美国等许多国家和地区的世界 500 强企业进区投资，形成了机械设备、汽车及其零部件、电子信息、化纤纺织、食品加工、精细化工及生物制药等支柱产业，是全国最大的汽车零部件生产基地、挖掘机生产基地、电子网板生产基地、氨纶丝生产基地，全国重要的第三代移动通信生产基地。在中国国家级开发区投资环境综合评价中居第 6 位，在所有 7 类指标中，基础设施配套能力、低经营成本、人力资源及供给水平、社会及环境、技术创新环境等 5 类指标均进入前 10 位。通过 ISO 14001 环境管理体系认证，被联合国环境计划署确定为中国工业园区环境管理示范园区，以优良的创业环境、生存环境和人文环境成为投资者的乐园。

创业历程

1984—2003 年，是烟台开发区改革开放发展的重要时期。回首 20 年的创业历程，在邓小平理论的指引下，按照中央确立的“三为主一致力”办区方针，积极引进国外资金、技术和管理经验，历经功能开发、产业构筑和全面振兴三个发展阶段，在经济发展、产业培育、科技进步、城市建设、扩大出口、吸纳就业等方面都取得了可喜成绩，成为一大重要经济增长点。总体来看，开发区创业历程大体经历了三个阶段。

第一阶段：1984—1991 年在艰难创业中的探索开放阶段。开发区的拓荒者在缺水少电无住房的艰苦环境下，面对发展基础薄弱、建设资金短缺，以及外资进入中国处于试探和观望阶段的实际情况，自力更生、白手起家，没有条件创造条件上，以大胆探索、迎难而上的精神，在 1 平方公里起步区内搞建设、打基础，初步拉开了开发建设的框架，逐步建立并完善了开发区管理的基本模式与法规体系，进一步明确了开发区发展的方向，培育了一批从事开发区管理与招商引资的人才，为下步发展奠定了有利基础。早期的项目引进采取“内联打基础、外引上水平”的方针，1985 年 3 月成功引进的烟台亚东标准件有限公司，不仅是烟台开发区的第一家、也是全国首批经济技术开发区中的第一家合资企业。1987 年 7 月，第一家世界 500 强企业汉高乐泰率先进区落户，增强了更多世界 500 强企业进区发展的信心。1988 年，开发区提出“以实业为基础、以科技为导向”的方针，把引进项目的重点放在科技水平高、辐射力较强、创汇效益好的骨干项目上。

万事开头难，这个时期的开发区，各项事业均处于起步阶段，面临着荒滩上开发、零基础起步的巨大发展困难。在烟台市的支持下，开发区借助外资及中央部门和国内大企业的力量，不断拓宽项目引进渠道，项目档次持续提高。航空航天部、冶金工业部、中国机械进出口总公司、首钢、胜利油田等相继进驻开发区兴办企业。同时，着力抓好高新技术企业的审批和认定，先后认定高新技术企业 18 家，各类研发机构 13 家，有 6 家企业的 8 个项目被列入省“火炬”计划。另外，开发区还利用香港贸易洽谈会、广州春秋两季交易会、青岛小交会以及举办新闻发布会、在国内外设立办事处等形式，广泛联系，扩大交往，不断提高自身知名度，促进了项目引进工作有序展开。

到1991年年底，开发区累计固定资产投资达到17亿元，地面建筑开工面积85.5万平方米。累计签订外引内联项目94个，合同金额3.68亿美元，其中外资项目45个，合同金额2.43亿美元，利用外资9393万美元。投资1000万美元以上的项目27个，500万美元以上38个，其中出口创汇型项目占80%，1/3的项目技术比较先进，6项成果填补国内空白。

第二阶段：1992—1997年纵深推进对外开放阶段。开发区乘借邓小平南方谈话重大机遇和中共十四大确立的社会主义市场经济体制改革东风，提出了“八个放开”思路，即在思想、项目、基建、科技、人才、资金、管理、经营等领域实行“全面放开”。在项目引进上积极发展外向型项目，坚持走“中－中－外”“技－工－贸”的路子，全方位、多层次推进项目引进工作。面对90年代中期国家政策向西部大开发倾斜的形势，通过不断优化投资环境，最大限度简化项目审批手续，有力促进了全区项目引进与建设的空前繁荣，各类项目如雨后春笋，竞相落户。正海电子、大宇重工、首钢电装等一批大项目相继进区，1996年12月，总投资57亿元的特大项目——汽车发动机项目成功引进。在基建领域，突出包片开发和以通用厂房为主的房地产开发，引入竞争机制打破地方保护，鼓励国外大商社、大财团、大企业利用承包、参股等形式参与公路、水、电、暖等基础设施和宾馆、写字楼等公共设施、旅游景点的开发建设。仅1992年一年，全区建设开工面积就超过了建区前7年的总和。

这个时期的开发区，还在兴办创业园区上进行了大胆尝试，在区内划出1平方公里的区域建立了高新技术创业园区，根据开拓欧美招商引资领域的实际，划出5平方公里建立了欧洲工业园区。1996年，烟台留学人员创业园区创建，不到两年时间里就与16个国家和地区的300多名留学人员建立联系，兴办了10多个高新技术企业。到1997年年底，这些园区累计承担国家和省“火炬”“星火”及其他科技攻关项目70多项，开发高新技术产品150多个，其中21项技术达到国际先进水平，35个项目填补国内空白。

这几年是烟台开发区对外开放史上承上启下，继往开来的重要时期，其间的宝贵经验和骄人业绩为开发区进一步加快对外开放步伐奠定了坚实基础。到1997年年底，来区投资的跨国公司达到28家，累计引进项目615个，其中外商投资项目433个，项目合同总投资24.71亿美元，其中利用外资13.24亿美元，进出口贸易由建区初期的385万美元增至1997年的5.61亿美元，增长145倍。

第三阶段：1998—2003年项目引进实现突破阶段。中共十五大召开之后，烟台开发区以建设一流国家级开发区为目标，勇于争先，敢于拼搏，紧紧抓住中国入世和新一轮国际产业转移机遇，集中力量在大项目上突破，通过成立管委领导亲自挂帅的大项目工作组，深入分析跨国公司的发展战略和投资趋势，采用创新的产业、专业、专题和配套招商多种方式并力推进的招商方式主攻著名跨国公司，对外开放和招商引资取得重大突破。浪潮LG、富士康、上海通用等一批行业巨头相继落户。并通过加大重点扶持、加大投入等措施促进已有重点骨干企业快速膨胀，2001—2003年共投入31.7亿元对50家重点企业进行技改扩建，全区初步形成两大主导产业拉动、四大基地初具规模、“五朵金花”竞相开放的大工业框架。全区高新技术产品出口比重连年提升，留学人员创业园区经过数年发展，已初步形成以信息工程、生物医药、精细化工和新材料主导的高科技产业群体，2003年实现利税1.6亿元。

这个时期的开发区，更加注重投资环境的优化。率先引入了“绿色招商”理念，2000年9月，在全省第一个通过ISO 14001环境管理体系认证，环境吸引力显著提升；引入“信息经济”理念，成为全国第一家“数字开发区”试点单位，形成了高效快捷、立体联动的信息交流平台；引入“信用中介”理念，组建全市第一家信用担保机构，为一大批中小型科技企业打开了融资发展的绿色通道；引入“外商投资企业本地化”理念，使全市第一家跨国公司研发中心进区落户，开辟了长期留住外商的重要途径；引入“就地招商”理念，在全市率先设立海外招商办事处，扩大了招商引资成果；引入“以商招商”理念，通过办好现有外资企业，扩大招商引资。到2003年，烟台开发区经营成本、社会及环境指标评价名列国家级开发区第3位，发展及效率指标列第4位。2003年全年共引进项目数量达542个，平均每2天就有3个项目注册。

20年来，全区经济年均增长50.7%，到2003年GDP达到140亿元、人均10.4万元，全区进出口总额达到17.9亿美元，实际利用外资达到2.2亿美元。在2003年度的全国49家国家级开发区排位中已有5类指标进入前10名，综合评价排名升至第7位。全区36平方公里规划区基本开发完毕、布满项目，已从早期纯粹的工业园区，建设成为居住、服务等多种功能兼备的城市新区。

建设成就

20年来，随着改革开放的深入推进，烟台开发区的总体实力得到迅速提升，经济总量翻番增长，主导产业优势突出，投资环境日趋优化，管理服务体系逐步健全，经济社会各项事业统筹协调发展。

经济总量翻番增长，主导产业优势突出。20年来，烟台开发区各项主要经济指标年均以30%以上的速度增长。2003年，烟台开发区完成GDP140亿元，较上年净增40亿元，工业总产值突破300亿元，较上年净增100亿元。经济实力在49个国家级开发区中列第8位。烟台开发区坚持“大工业立区”战略，以规模经济打造区域经济核心竞争力，在一手抓大项目引进的同时，抓重点企业培育，诞生了一批发展前景异常灿烂的“金花”“银花”和“铜花”企业。已构筑起以机械汽车、电子通讯两大产业为龙头，以新材料、生物医药、化纤纺织、食品加工为重点的产业发展格局，聚集了通用东岳汽车、大宇重工、鸿富泰精密电子、浪潮LG手机、首钢电装汽车空调、厚木袜业等一大批国内外知名厂商，树立起了大有希望的开发区形象。尤为抢眼的是，机械汽车、电子通讯两大主导产业优势突出，产值已占全区总量的55%以上。依托众多的龙头骨干企业，烟台开发区不但已经成为区域经济发展的重要增长极和“火车头”，而且隆起成为胶东半岛制造业基地的高地和未来希望所在。

投资环境日趋优化，管理服务体系健全。烟台开发区坚持“高起点抓规划、高标准抓建设、高质量抓管理”原则，不断完善并优化基础设施建设。建区20年来，烟台开发区已累计投入60亿元，建成并投用了一批高档次基础设施。随着开发建设的深入，基础设施配套已由传统的“七通一平”（给水、排水、通电、通路、通讯、通暖气、通天燃气和场地平整）向精准化、专业化发展。烟台开发区是继北京、上海之后全国第三家进行城市信息管线集约化建设的区域。烟台开发区严格按照市场经济和国际惯例办事，确立了亲商、富商理念，建立了灵活高效的管理体制和一站式服务体系，实现了政府职能从管制型向管理服务型的转变。

经济社会统筹兼顾，各项事业协调发展。烟台开发区在精心打造外向型、现代化工业新城区的同时，注重统筹抓好城乡、人与自然等的协调发展。在连续多年实行机关联村帮持等政策后，农村城市化、农民市民化进程显著加快，为烟台开发区实现全面、协调发展提供了重要的保证。烟台开发区强调“以人为本”，在加快经济发展的同时，着力营造适合现代人工作、生活的优美环境。天地广场被评为“山东省十佳文化广场”，金沙滩海滨被命名为国家AAA级旅游度假区和国家级健康海水浴场。烟台开发区将“建设和谐高效生态工业城区”写入环境方针，是国内较早通过ISO 14001环境管理体系认证的区域，被国家环保总局、联合国环境计划署确定为中国工业园区环境管理示范园区。

实践经验

1984—2003年，是烟台开发区人民解放思想，更新观念，艰苦创业，开拓创新的20年；是烟台开发区经济快速发展，城乡面貌日新月异，各项社会事业蒸蒸日上，人民生活水平显著提高的20年。这一时期留下的实践经验值得总结。

坚持解放思想、与时俱进，高点定位、加快发展。20年来，烟台开发区坚持以邓小平理论和“三个代表”重要思想为指导，始终遵循中央提出的“三为主一致力”的办区方针，结合实际，准确把握自身的发展定位，找准自身的发展模式，探索出了一条符合自身特点、行之有效的开发区发展之路。为了积极应对各种挑战，加快发展，烟台开发区深刻领会和牢牢把握“发展是硬道理”“发展是第一要务”等科学论断的内涵，曾组织开展了多次解放思想的活动。实践证明，每一次思想解放都带来了开发区经济新的腾飞，思想解放的程度决定发展的速度。基于此，烟台开发区于21世纪初确定了“建设一流国家级开发区”的奋斗目标。在贯彻落实省委、省政府烟台现场办公会议精神时，烟台开发区敏锐地判断和把握这一千载难逢的发展机遇，一年内两次调高发展目标，提出了“从2003年起，主要经济指标每两年翻一番，到2010年翻四番”的奋斗目标。在跻身一流国家级开发区行列后，烟台开发区自我加压，高点定位，经过科学分析判断，又提出了“跻身国家级开发区五强”新的发展目标。正是凭着这种成绩面前永不满足、事业面前永不停步的精神，烟台开发区最终实现了超常规、跨越式发展。

坚持改革和创新，不断激发发展的活力。改革与创新是生产力发展的根本动力。为了保持并发扬自身的体制优势，烟台开发区坚持在创新中求突破、创新中求发展。在观念上，烟台开发区摒弃了计划经济时期对外资的排斥态度，在国内较早提出“项目是生命线”等符合市场经济特点的新观念。进入全面振兴时期后，又进一步深化发展理念，在国内率先提出“环境是生命线”观点。在体制上，烟台开发区行政管理体制相对独立、集中授权，在机构设置上与国际惯例接轨，普遍采取“一套人马、几块牌子”的精简做法，使其具有较低的管理成本和较高的行政效率。在干部人事制度、行政支出、政府采购、重点工程建设等方面的改革，烟台开发区都走在烟台市甚至是山东省的前列，既为开发区自身增添了活力，又为其他县市区提供了可资借鉴的经验。

坚持速度与效益有机统一，切实提高经济增长的质量。烟台开发区在实践中认识到，大幅度提高经济总量，快速增强综合经济实力，并不意味着可以忽视经济增长的质量，反而必须按照科学发展观的要求，把效益放在更加重要的位置，坚持加快速度与提高效益并重、扩大规模与提高质量并举，尽快实现经济增长方式的根本性转变，走出一条内涵式发展道路。烟台开发区在开发建设过程中，不搞粗放式、低水平重复，而是在扩大发展规模、加快发展速度的前提下，坚持集约开发的发展模式，不断提高经济发展的质量和效益，实现了速度与效益、速度与技术、速度与质量的同步发展。在烟台开发区，已经诞生并演绎了外资企业“17年膨胀20倍”“2000平方米厂房创造20亿产值”等人间神话。

坚持严格控制土地使用，提高土地集约化水平。烟台开发区在开发建设过程中，按照“十分珍惜、合理利用土地和切实保护耕地”的基本国策，不断提高土地利用效率和集约化程度，让每一寸土地都能最大限度地发挥经济效益和社会效益。为此，烟台开发区坚持规划先行，合理布局，明确土地功能定位，严格控制土地用途，让有限的土地得到最充分、最科学的利用。设置项目用地准入条件，实行供地量与投资额、产出效益、建筑容积率相挂钩的政策。在出让土地过程中，严格招标、拍卖、挂牌出让等制度，规范土地出让价格。此外，还严格管制项目动工、竣工期限，加强土地监察。特别是在国家有关土地宏观调控政策出台后，烟台开发区提出“留住土地就是留住希望”“土地要一寸一寸地用”，不仅进一步抬高了土地使用门槛，而且对已注册的项目逐一进行核查，坚决杜绝“圈地”不开发、开发低产出的现象。

坚持把综合投资环境作为发展的基础，不断增强综合竞争优势。烟台开发区在发展过程中认识到，不断优化投资环境，创新环境优势，是参与国内外竞争的最大资本。20年来，烟台开发区之所以能够保持快速、有效的发展，关键在于坚持不懈地优化投资环境，始终不渝地加强环境保护，锲而不舍地追求高质量、国际仿真的投资环境。

坚持“两手抓，两手都要硬”方针，不断加强党的建设、精神文明建设。20年来，烟台开发区始终坚持将经济建设与党的建设和精神文明建设任务统一部署、统一落实、统一检查、统一考核，积极探索改革开放与党的建设有机结合的新机制，党的建设、精神文明建设和政治文明建设成为烟台开发区经济快速发展的强有力的保证。

回首开发区对外开放的辉煌历程，从一穷二白到区域龙头，从地级市开发区到全国一流园区，从开放窗口到大项目聚集地，从荒滩渔村到现代化新城，凝聚了上级党委、政府的指导和关怀，凝聚了历届工委管委领导班子的心血，凝聚了所有开发区建设者的汗水。20年的对外开放，谱写了一曲激荡人心的雄浑乐章，成就了今日开发区的光荣与辉煌。站在新的历史起点，只要开发区以中共十八大和十八届三中全会精神统领全局，牢牢坚持既定的发展思路和目标任务不动摇，坚持对外开放，万众一心、开拓奋进，就一定能够在前进的道路上再创新的辉煌。

大事记

1985年3月20日，烟台经济技术开发区举行开工典礼

历史沿革

新石器时期

出土石器、陶片，已有人类活动。

夏商周

属东方夷国，为莱夷之地。

春秋

齐灭莱，将位于今莱芜的子爵小国“牟”迁至今古现街道办事处三十里堡村南。

春秋时期

秦

秦统一中国后，置腄县，属齐郡、胶东郡。

两汉、三国

西汉汉武帝东巡曾驻跸斯，东汉、三国属东莱郡、长广郡。

西汉时期

两晋、南北朝

西晋属东莱国，东晋属东牟郡，南北朝属东牟郡、东莱郡。

隋唐、五代、南北宋

隋属东莱郡，唐、五代、南北宋属登州。

元、明、清、民国

元属般阳路登州，明属山东省登州府，清属山东省登蓬青胶道登州府，民国属山东省胶东道、东海道。

新中国

依次属胶东行署北海专署、文登专署、莱阳专署、烟台地区、烟台市。

新中国时期

1984年

设立烟台开发区，区域范围内夹河以西、柳林河以东、柳子河以北、海岸线以南的规划面积10平方公里，近期开发2平方公里。

1992年

将福山区福山镇的刘家台子、宫家台子、杨家台子和臧家乡的舒家、栖里、北车家、北屯、岗嵛、奇章、廒上等10个村划入开发区，区域面积扩大至36平方公里。

2002年

将福山区古现镇、蓬莱市大季家镇成建制划归烟台开发区。辖区面积由原36平方公里扩大至228平方公里。

1984年

5月4日 中共中央、国务院批转《沿海部分城市座谈会纪要》，决定开放烟台等14个沿海港口城市。

7月26日 烟台市福莱山经济技术开发区筹备委员会成立，为市局级单位。烟台市副市长姜德华兼任筹备委员会主任，李永顺、曲滋章、田增成任筹备委员会副主任。

8月13日 烟台市福莱山经济技术开发区筹备委员会正式办公，办公地址设在烟台毓璜顶宾馆3号楼，并召开第一次主任办公会议。

9月5日 开发区建设公司成立，这是开发区首家管委直属国有企业。

9月5—11日 烟台市福莱山经济技术开发区筹备委员会邀请国内29个单位、50多名专家，对天津大学、哈尔滨建工学院、山东省规划设计院等单位编制的9个开发区总体规划方案进行评议，最终选用天津大学的规划方案。

9月19日 山东省人民政府印发《青岛、烟台两市进一步对外开放的条件、内容和若干优惠政策》的通知，要求大力加快开发区基础建设的前期工作，搞好规划的论证评议。

9月 中共中央书记处书记、国务委员谷牧在市领导、开发区筹建领导班子及有关专家陪同下，实地考察开发区选址。

10月6日 烟台市福莱山经济技术开发区筹备委员会办公地址由烟台毓璜顶宾馆3号楼迁至福山区良种场。

图1 1984年10月6日，烟台市福莱山经济技术开发区筹备委员会办公地址迁至福山区良种场

同日 烟台市福莱山经济技术开发区筹备委员会副主任李永顺、田增成率领张孝先、张玉亭、王澍泉、杜治、刘克、张乐伦、刁学庆、周爱丽、丁慧、田鸣等10名工作人员来到福山区良种场。这是正式进驻开发区最早的12名建设者。

10月20日 国务院正式批准设立“烟台经济技术开发区”，是首批14个国家级经济技术开发区之一。划定区域范围为：夹河以西、柳林河以东、柳子河以北、海岸线以南的规划面积10平方公里，近期开发2平方公里。

10月22日 烟台市福莱山经济技术开发区筹备委员会临时党支部设立。李永顺任临时党支部书记，田增成、汤天臣、邹积生、王衍干任支部委员。这是烟台开发区历史上第一个党组织。

11月14日 烟台市福莱山经济技术开发区筹备委员会设办公室、研究室、政治处（科级），行政编制30人。同日，决定成立实业公司，为管理与经营一体化的正科级经济实体，隶属于开发区筹委会，编制50人。

11月20日 烟台市市长董传周主持召开经济技术开发区筹建工作汇报会。市直部门33个单位负责人参加会议，会上宣布“烟台市福莱山经济技术开发区”更名为“烟台经济技术开发区”，并正式设立烟台经济技术开发区管理委员会。烟台市副市长虞俊鹤兼任管委会主任，李永顺、曲滋章、田增成任管委会副主任。

1985年

3月11日 烟台市长办公会议研究通过《烟台经济技术开发区土地使用管理办法》《烟台经济技术开发区涉外经济合同管理办法》《烟台经济技术开发区优惠待遇的若干规定》《烟台经济技术开发区企业劳动工资管理办法》《烟台经济技术开发区企业登记管理办法》5个规章制度。

3 月 13 日 开发区总体规划审定会议召开，审定通过天津大学设计的总体规划方案。

3 月 20 日 烟台经济技术开发区举行奠基典礼。来自国内外 100 多个部门、单位的 204 名代表出席奠基典礼，山东省省长李昌安、烟台市市委书记王济夫为开工典礼剪彩。

5 月 7 日 中国共产党烟台经济技术开发区委员会设立，同时撤销原临时党支部，李永顺任中共烟台经济技术开发区委员会书记、管委主任。

5 月 开发区管委直属企业实业公司正式成立。

6 月 2 日 中共宁夏回族自治区党委第一书记李学智到开发区参观考察。

6 月 11 日 国家科委主任宋健到开发区调研考察。

6 月 16 日 江苏省省长顾秀莲到开发区参观考察。

7 月 10 日 中共河南省委书记刘杰到开发区参观考察。

8 月 6—8 日 山东省政府主持召开的烟台、青岛经济技术开发区工作情况交流会在烟台开发区举行，省、市、区有关部门负责人近 50 人出席会议。

8 月 20 日 国务委员、财政部部长王丙乾到开发区考察，并题词“努力把烟台经济技术开发区办好”。

10 月 4 日 由福山区塑料公司与烟台开发区胜利东村联合兴办的全区第一个内联企业——中国烟台塑料制品有限公司签约。

12 月 20 日 烟台开发区第一家合资企业——烟台亚东标准件有限公司举行开工典礼。该公司由烟台标准件厂同香港凯迪实业有限公司、航空工业部国营长春机械厂、深圳航空标准件有限公司合资兴办。总投资 100 万美元，年产自攻螺丝钉 100 万千粒（1000 吨），产品 80% 外销，年创汇 134 万美元，部分产品填补国内空白。该公司是全国首批 14 个沿海开放城市经济技术开发区成立的第一家合资企业。

图 2 烟台开发区第一家合资企业——烟台亚东标准件有限公司

1986 年

2 月 28 日 山东省计委正式批准绦纶长丝和氨纶丝两个项目在烟台开发区兴建。

3 月 4 日 烟台开发区设立共青团烟台经济技术开发区委员会。

3 月 11 日 烟台开发区设立中共烟台经济技术开发区纪律检查委员会。

3 月 20 日 烟台市市长董传周在开发区主持召开市有关部门参加的开发区开工一周年座谈会。会议总结一年来的工作情况，并对今后的工作提出要求。

4 月 12 日 中国人民建设银行行长周道炯到开发区视察。

4 月 23 日 朝鲜劳动党中联部副部长金成龙到开发区参观访问。

5 月 16 日 国务院特区办主任何椿霖到开发区视察。

7 月 1 日 海关总署署长戴杰到开发区视察。

7 月 5 日 开发区自来水公司成立，为管委直属企业。

7 月 26 日 全国政协副主席钱昌照到开发

区视察。

7月 开发区供电局成立，隶属于烟台市供电局。

8月13日 中顾委副主任宋任穷到开发区视察，并题词“坚持对外开放政策，提高质量，讲求效益，维护信誉，努力建设好烟台经济技术开发区”。

8月24日 国家审计署审计长于明涛到开发区视察。

8月28日 中共山东省委副书记、省长李昌安到开发区视察。

9月12日 开发区召开全体职工大会，烟台市委副书记俞正声、副市长姜德华、中央讲师团烟台分团团长吴继新到会讲话。会上宣布：市委、市政府为加快开发区建设采取重大举措，组织两个调研组，对开发区进行为期一个月的调查研究。

9月16日 由马里民盟中央执行局委员、社会和经济事务书记乌马乐·库里已利率领的马里民盟休假团到开发区参观访问。

10月29日 中国人民建设银行烟台经济技术开发区支行设立。

10月31日 由开发区建设公司与美国加州希莱斯超级市场合资兴办的烟台福莱冷冻有限公司正式签订合同。

11月22日 烟台市委、市政府作出《关于加快经济技术开发区建设的决定》。

12月12日 中国共产党烟台市委经济技术开发区工作委员会设立，简称开发区工委，同时撤销中国共产党烟台经济技术开发区委员会。

12月15日 烟台开发区召开全区职工大会，烟台市委副书记俞正声、副市长姜德华出席。会上宣布市委、市政府决定，李永顺不再担任开发区工委书记、管委主任，任命陈万光为开发区工委书记、管委主任。

1987年

1月24日 烟台开发区召开职工大会，民主推荐中层主要领导干部。

2月26日 航天部549厂在烟台开发区兴办的烟台空间遥测技术研究所获准成立。

2月27日 烟台开发区设立劳动人事局、经济发展局、建设环保局、工商行政管理局、公安分局、对外联络办公室。

2月28日 烟台开发区正式公布机构改革方案，宣布首批聘任的中层干部名单。

3月16日 中国投资银行总行行长吕成林会同中国人民建设银行总行的领导到开发区调研视察。

3月19日 烟台市编委、税务局和开发区管委研究决定，设立烟台市税务局经济技术开发区分局。

同日 烟台开发区设立金桥派出所，这是开发区公安分局在全区设立的第一个派出所。

4月9日 烟台开发区同意烟台市粮食局设立开发区粮油公司，设立烟台市粮食局经济技术开发区分局，与粮油公司合署办公。

4月25日 烟台开发区设立文教卫生局。

4月28日 烟台开发区设立计划生育委员会，办公室设在文教卫生局。

5月22日 国家土地管理局局长王先进到开发区视察土地利用情况。

同日 中国人民建设银行烟台经济技术开发区支行正式营业，隶属于中国人民建设银行烟台市分行。

6月1日 烟台开发区第一所幼儿园——海河幼儿园，举行开学典礼。

6月12日 外交部组织的中国驻外使领馆大使、参赞43人到开发区参观访问。

同日 开发区管委决定以中国河山对开发区道路进行命名，南北方向的道路以名山命名，东西方向的道路以江河命名。

6 月 22 日 乐泰（中国）厌氧密封胶有限公司举行签字仪式。

7 月 5 日 烟台开发区第一条柏油马路——长江路东段通车。

图 3 1987 年 7 月 5 日，烟台开发区第一条柏油马路——长江路东段通车

7 月 31 日 烟台开发区工委、管委机关搬迁至邮电大楼办公。

8 月 17 日 烟台开发区设立医院和卫生防疫站。

8 月 21—22 日 烟台市对外开放研讨会暨烟台经济技术开发区研讨会成立大会召开。

9 月 1 日 烟台开发区第一中学举行开学典礼。

9 月 3 日 烟台开发区设立公交公司。

9 月 11 日 国务委员谷牧到开发区视察，听取烟台开发区的规划介绍和工作汇报，并题词“严格要求，建设高水平的经济技术开发区”。

9 月 12 日 以美国圣迭戈市市长代表、圣迭戈－烟台友好城市协会常务副主席刘伍素嫦为团长的圣迭戈市友好参观团到开发区参观访问。

10 月 1 日 烟台开发区第一家专业运输公司——公交公司运营的开发区福海路至芝罘区南山公园的 21 路公共汽车正式通车。

10 月 2 日 新西兰陶郎加市友好访问团由副市长乔伊得·雷顿带队到开发区参观访问。

10 月 6 日 烟台开发区设立园林公司。

10 月 9 日 烟台开发区设立财政局。

10 月 10 日 中国人民建设银行行长周道炯到开发区调研视察。

11 月 23 日 以新西兰贸易工业部秘书长海利克·拉克为团长的新西兰贸易委员会代表团到开发区参观访问。

12 月 1 日 烟台开发区设立图书馆。

12 月 15 日 烟台开发区设立司法局。

12 月 24 日 烟台开发区设立档案局。

12 月 28 日 航天部遥测技术研究所与烟台开发区达成共同在全区兴办电视大学的协议。

12 月 29 日 烟台开发区设立科技发展公司，为管委直属企业。

1988 年

1 月 29 日 烟台开发区设立邮电局。

2 月 1 日 烟台市市长俞正声在开发区主持召开现场办公会，市人大常委会副主任姜德华、市政府副市长刘国栋、秘书长李长英及市直 43 个部门的主要负责人参加会议。会议研究进一步加快开发区建设，并对开发区建设中几个具体问题提出解决办法。

2 月 20 日 中共中央书记处候补书记、中央办公厅主任温家宝到开发区视察。

3 月 6 日 新加坡贸易发展局局长杨至耀偕夫人到开发区参观访问。

3 月 7 日 烟台开发区设立交通运输管理所和渔政渔监管理站。

4 月 25 日 烟台开发区在北京举行新闻发布会，近 20 个单位的 40 余名代表应邀参加，工委书记、管委主任陈万光介绍烟台开发区基础设施建设、项目引进、优惠政策、改革开放和今后的发展前景等情况。

同日 烟台市友好城市新西兰陶朗加市政府代表团到开发区参观访问。

5月3日 中国农业银行烟台经济技术开发区支行正式营业，隶属于中国农业银行烟台市分行。

5月4日 全国人大常委会副委员长朱学范到开发区视察。

5月6日 烟台开发区设立劳动争议仲裁委员会、老龄问题委员会。

5月16日 中共河北省委书记邢崇智到开发区参观考察。

5月21日 烟台开发区第一届田径运动会召开。

5月24日 烟台开发区设立安全生产委员会。

6月4日 烟台开发区发布《烟台经济技术开发区消防管理暂行办法》和《烟台经济技术开发区市场管理暂行办法》。

6月8日 中共山东省委书记梁步庭到开发区视察。

6月9日 全国政协副主席钱伟长到开发区视察。

同日 参加全国第八届市长研究班的70名市长到开发区参观考察。

6月15日 烟台开发区设立热力公司。

6月21日 烟台开发区总工会成立。

7月1日 中国工商银行烟台经济技术开发区支行设立，隶属于中国工商银行烟台市分行。

7月4日 由中国投资银行济南分行、烟台集体工业企业联社和香港丰深有限公司共同投资的烟台龙凤钢琴有限公司获准成立。

7月13日 烟台开发区设立监察审计局，与纪委合署办公。

7月14日 由法共中央委员、罗纳河口省委书记罗贝尔·布雷率领的法国共产党罗纳河口省委干部考察团，到开发区参观访问。

7月21日 中顾委常委王首道到开发区视察。

8月12日 国家统计局局长张塞到开发区视察。

8月15日 烟台开发区进出口公司成立，为管委直属企业。

8月18日 烟台开发区设立房产管理处。

8月24日 国务委员、国家科委主任宋健到开发区视察。

8月28日 中共中央政治局常委、中纪委书记乔石到开发区视察。

8月29日 全国政协驻港澳地区委员一行70人到开发区考察。

8月 中国银行烟台经济技术开发区支行设立，隶属于中国银行烟台市分行。

9月23日 美国驻香港总领事馆副领事王晓岷到开发区参观访问。

同日 由烟台市纺织工业公司、山东国际信托投资公司和香港华润纺织原料工业有限公司共同投资的烟台华润锦纶有限公司获准成立。

9月27日 烟台开发区设立烟草专卖局。

10月10日 全国人大视察团一行10人到开发区视察。

10月21日 建设部部长林汉雄到开发区视察。

10月24日 中共中央政治局委员、国务院副总理吴学谦，国家旅游局局长刘毅到开发区视察。

11月13日 以市长中村太郎为团长的日本别府市友好代表团到开发区参观访问。

11月19日 烟台开发区发布《烟台经济技术开发区实施〈烟台市城镇住房制度改革试行方案〉暂行办法》。

12月3日 烟台开发区发布《烟台经济技术开发区暂住人口管理办法》。

12月26日 由烟台钢厂、香港舒雅投资有限公司和美国摩根阿卡梅林集团共同投资的烟台黄海钢铁有限公司获准在开发区兴办。

1989 年

1 月 16 日 烟台开发区设立法制办公室，与司法局合署办公。

2 月 23 日 烟台开发区设立律师事务所、公证处。

3 月 13 日 中国科学院院长周光召到开发区视察。

3 月 15 日 烟台开发区发布《烟台经济技术开发区行政事业单位经费包干暂行管理办法》。

3 月 16 日 烟台开发区设立海河办事处，由管委办公室代管。

3 月 30 日 由中国机械进出口公司和香港华洋实业有公司合资兴办的烟台西蒙西轴承有限公司获准成立。

4 月 中国人民银行烟台经济技术开发区支行设立，隶属于中国人民银行烟台市分行。

5 月 17 日 国家体改委党组书记安志文到开发区调研经济体制改革和经济发展情况。

6 月 2 日 民主柬埔寨主席诺罗敦·西哈努克亲王偕夫人到开发区参观访问。

6 月 8 日 烟台开发区艺术团成立。

6 月 12 日 山东省新闻出版局批准成立烟台开发区东方时报社，《东方时报》（4 开 4 版）正式创刊。

6 月 13 日 烟台西牟水厂移交开发区管理。

7 月 3 日 烟台开发区设立自来水公司。

7 月 17 日 烟台开发区新技术开发部和联合国技术信息促进系统烟台分站成立。

7 月 22 日 烟台开发区设立妇女联合会。

8 月 8 日 中共山东省委书记姜春云到开发区视察。

8 月 10 日 烟台开发区设立物价局和劳动争议仲裁委员会办公室。

8 月 19 日 全国政协副主席马文瑞到开发区视察。

8 月 25 日 烟台开发区设立科学技术委员会和企业服务中心。

9 月 23 日 烟台开发区设立审计师事务所。

10 月 16 日 烟台开发区设立热力公司。

10 月 18 日 以印度共产党中央执行委员拉·雷迪为团长的干部代表团到开发区参观访问。

10 月 20 日 全国政协副主席谷牧到开发区视察。

10 月 28 日 以苏联外交部副部长罗高寿为团长的中苏边界谈判苏联政府代表团到开发区参观访问。

11 月 3 日 烟台开发区设立交通检查站。

11 月 28 日 烟台开发区设立社会主义精神文明建设委员会。

1990 年

1 月 5 日 烟台市委、市政府在烟台开发区召开现场办公会，提出要把开发区办成“改革的试验区、开放的示范区、高新技术的中心区”。

1 月 18 日 共青团烟台经济技术开发区第一届代表大会召开。

2 月 10 日 烟台开发区青少年教育委员会第一次会议和全区青少年教育工作会议召开。

3 月 9 日 海关总署批准设立烟台海关驻经济技术开发区办事处。

3 月 14 日 烟台开发区设立民政局、交通局、教育局、卫生局、市政管理处、金桥办事处。同时，撤销文教卫生局、公共工程公司。

4 月 9 日 烟台开发区设立热电站筹建处。

4 月 17 日 新西兰陶朗加市市长凯斯·克拉克到开发区参观访问。

4 月 28 日 烟台市十一届人大常委会第十五次会议通过决定设立烟台市人民检察院经济技术开发区分院。

4 月 29 日 中共中央组织部常务副部长赵宗鼐到开发区视察。

5月7日 烟台市政府印发《关于兴办烟台市科技园的决定》。烟台市科技园设在开发区，规划面积2平方公里，在园内兴办一个面积为10万平方米的科学技术试验园。

6月1日 北京军区副司令员、北京空军司令员刘玉堤到开发区视察。

6月8日 全国政协副主席卢嘉锡到开发区视察。

6月22日 烟台开发区根据《中华人民共和国城市居民委员会组织法》有关规定，批准在七号、八号小区设立崂山路居民委员会，负责两个小区的日常综合管理工作。该居委会是全区成立的第一个社区居民委员会。

6月27日 济南军区司令员张万年到开发区视察。

7月7日 烟台开发区核准乐泰（中国）厌氧密封胶有限公司、易达测器公司、电子科研所、冶金新材料研究所、科达计算机系统工程公司、胜利电子有限公司、亚新利有限公司、金陵自动化显示设备有限公司、烟台遥测技术研究所9家企业为全区首批高新技术企业。从此，开发区高新技术企业认定工作步入正轨。

7月20日 中顾委常委黄华到开发区视察，并题词“改革创新、灵活高效”。

7月25日 海关总署署长戴杰到开发区视察。

7月27日 国务委员、财政部部长王丙乾到开发区视察。

7月28日 为迎接第十一届亚运会在北京召开，烟台开发区举办“迎亚运海滩游艺会”活动。

7月 由烟台遥测技术研究所（1987年2月落户开发区）研制的卫星数据采集传输系统，在辽宁省一次安装调试成功。从此开辟了中国卫星数据采集传输系统在民营领域应用的历史。

8月1日 烟台市人民检察院经济技术开发区分院正式挂牌成立。这是首批国家级沿海14个经济技术开发区设立的第一个检察院。

同日 烟台市中级人民法院开发区审判庭正式挂牌成立。

图4 1990年8月1日，烟台市中级人民法院开发区审判庭挂牌成立

8月9日 山东省人大常委会主任李振到开发区视察。

8月10日 中共中央政治局常委宋平到开发区视察。

8月15日 由烟台北极星钟表集团与美国希莱斯超级市场美国（CMH）公司合资兴办烟台北极星永浩实业有限公司获准成立。

同日 由美国、日本、法国等7个国家组成的“1990年山东省华侨华人青少年友谊夏令营”到开发区参观访问。

8月25日 中顾委常委刘澜涛到开发区视察。

8月27日 烟台开发区工委书记、管委主任陈万光离任，孙德汉任工委书记、管委主任。

9月10日 中顾委常委李德生到开发区视察。

9月12日 兵器工业部部长庞天仪到开发区视察。

10月9日 国务委员、中国人民银行行长李贵鲜到开发区视察。

11月1日 以中共安徽省委书记卢荣景为团长的安徽省赴鲁考察团到开发区参观。

11月10日 中国人民解放军总参谋长迟浩田到开发区视察。

11月24日 以中共河南省委书记侯宗宾、河南省政府代省长李长春为正副团长的河南省赴烟考察团到开发区参观。

11月27日 以布赫主席为团长的内蒙古政府考察团到开发区参观访问。

12月10日 中共青海省委书记尹克生到开发区参观考察。

12月15日 烟台开发区设立旅游公司。

12月22日 中共辽宁省委书记全树仁到开发区参观考察。

12月31日 经过一年工作，全国第四次人口普查开发区工作圆满结束。

1991年

1月20日 中共中央政法委副书记、最高人民法院院长任建新到开发区视察。

1月21日 国家安全部部长贾春旺到开发区视察。

2月25日 山东省教委批准设立烟台开发区教育电视台。

3月4日 商业部部长胡平到开发区视察。

3月8日 全国人大常委会常委马木托夫·库尔班到开发区视察。

3月11日 烟台开发区设立工委组织部、工委宣传部、政法委员会，同时撤销政治处。

3月19日 烟台开发区设立妇幼保健站。

3月20日 烟台开发区举行建区6周年报告会和科技园奠基仪式，国务委员、国家科委主任宋健和国防科工委主任张爱萍为科技园题名。

3月30日 烟台开发区设立国有资产管理局，与财政局合署办公。同时，设立土地管理局，与建设环保局合署办公。

3月31日 烟台开发区设立中国共产党烟台经济技术开发区工作委员会办公室，与管委办公室合署办公。

4月7日 中国人民保险公司烟台经济技术开发区支公司成立，这是全区最早的保险机构。

4月28日 中纪委副书记李正亭到开发区视察。

5月6日 中共贵州省委副书记、省长王朝文到开发区参观考察。

5月7日 航天航空工业部科技公司在全区兴建的“航空园”获准成立。

5月9日 烟台开发区发布《开发区依法行政实施办法》。

5月20日 建设部部长侯捷到开发区视察。

5月23日 全国政协副主席王恩茂到开发区视察。

6月1日 由开发区园林旅游公司从东方航空公司购进的一架退役的“三叉戟”客机，在金沙滩海滨安装完毕，“飞机乐园”对游人开放。

6月26日 以朝鲜财政部财政局长金桂落为团长的朝鲜财政现代化管理考察团，到开发区参观访问。

6月30日 烟台开发区举行庆祝建党70周年万人大型篝火晚会。

7月3日 国务委员、国家科委主任宋健到开发区视察。

7月8日 中共中央政治局委员、国务院副总理朱镕基到开发区视察。

同日 全国政协副主席王光英到开发区视察。

7月12日 全国人大常委会常委曹思明到开发区视察。

7月15日 苏联军事代表团到开发区参观访问。

7月18日 烟台开发区设立编制委员会。

7月23日 烟台开发区发布《烟台经济技术开发区房产交易管理实施办法（修订）》。

7月 烟台开发区被团中央列为“改革百点”区域之一，并被确定为“大学生暑期社会实践基地”。在随后一个多月时间，清华、南开等20

多所高校的1000多名师生，先后到开发区参加社会实践活动。

8月1日 国防大学校长兼政委张震上将到开发区参加国防大学烟台培训中心开业典礼。

8月2日 烟台开发区设立科学技术协会，与科委合署办公。

8月3日 烟台开发区发布《烟台经济技术开发区关于聘用高级技术人员和管理人员的暂行规定》。

8月12日 烟台开发区设立机关党委。

9月5日 烟台开发区设立党校。

9月12日 全国政协副主席杨成武到开发区视察。

9月16日 烟台开发区设立对台工作办公室。

9月29日 日本宫古市副市长前川直也到开发区医院参观访问。

10月24日 烟台开发区发布《关于中共烟台市委经济技术开发区工委工作的若干规定》。

10月28日 中共中央政治局常委、国务院总理李鹏到开发区视察，并题词“发展高新技术，扩大对外开放”。

11月4日 江苏省人大常委会常务副主任李执中到开发区参观考察。

11月11日 烟台开发区正式将开发区邮电局管理权移交给烟台市邮电局。

11月18日 占地10万平方米的“彩云城”市场举行开业典礼。这是开发区第一个成形市场。

图5 1991年11月18日，“彩云城”市场开业

12月4日 中共河南省委书记熊清泉到开发区参观考察。

12月6日 烟台开发区发布《管委直属企业管理暂行办法》《管委直属企业承包经营责任制实施办法》，并转发《关于收取高新技术企业管理费的意见》。

12月10日 山东省进出口商品检验局批准设立烟台经济技术开发区进出口商品检验局。

12月24日 交通银行烟台分行经济技术开发区办事处成立。

1992年

1月8日 烟台开发区发布《烟台经济技术开发区外商投资企业管理暂行办法》。

1月10日 全国人大常委会副委员长、全国总工会主席倪志福到开发区视察。

3月9日 烟台开发区发布《烟台经济技术开发区优待优抚对象实施办法》。

4月17日 国家物价局局长邹向群到开发区视察。

4月18日 位于海滨路东端集历史性、知识性、科技性为一体的“秦始皇东巡宫”建成并正式对游人开放。该景点以秦始皇嬴政东巡芝罘为主题，仿秦汉古建，宫内建20个景点，建筑面积4000平方米。

4月27日 烟台市政府决定将烟潍一级公路以北的福山区福山镇的刘家台子、宫家台子、杨家台子和臧家乡的舒家、栖里、廒上、奇章、北车家、北屯、岗嵛等10个村行政隶属关系及区域，自1992年1月1日起划归开发区管理，开发区区域面积达到36平方公里。

4月29日 烟台开发区发布《烟台经济技术开发区办理常

住户口管理办法》，率先在全省进行户口改革。

5月4日 山东省委、省政府决定烟台开发区由市局级升格为副地级。

5月5日 全国政协副主席谷牧到开发区视察。

5月7日 烟台开发区发布《烟台经济技术开发区烟尘控制区管理办法》《烟台经济技术开发区污染治理设施管理办法》。

5月10日 烟台开发区科技公司、中银集团中国建设投资（香港）有限公司、中国银行山东信托投资公司合资的烟台开发区产业联合发展有限公司举行签字仪式。

5月21日 中共中央政治局委员、四川省委书记杨汝岱到开发区参观考察。

6月1日 烟台化学工业公司与深圳（香港）海虹化工有限公司合资兴办的海虹化工（烟台）有限公司获准成立。

6月2日 中共江苏省委书记沈达人率领的江苏省赴鲁考察团到开发区参观考察。

同日 烟台开发区水产公司、化学工业公司、纺织工业公司、电子工业公司、高新技术产业开发总公司获准成立。

6月11日 烟台开发区设立福东办事处、福西办事处。福东办事处辖舒家、栖里、廒上、奇章4个自然村；福西办事处辖岗嵛、北屯、车家3个自然村。

6月17日 中国新时代科技发展公司投资的烟台新时代科技发展公司获准兴办。

6月18日 地质矿产部部长朱训到开发区视察。

6月25日 新西兰陶朗加市政府代表团到开发区参观访问。

7月6日 亚美尼亚共和国副总统兼总理阿鲁秋尼扬到开发区参观访问。

7月25日 中共中央总书记、国家主席江泽民到开发区视察。

7月26日 烟台市煤气公司与开发区管委联合举行煤气工程通气仪式。

8月25日 烟台开发区召开“双百会战”动员大会，提出大干100天，开工面积突破100万平方米的奋斗目标。

图6 1992年，工人进行灌砼桩基施工

同日 烟台开发区发布《烟台经济技术开发区建设工程质量管理规定》。

9月1日 全区第一家股份制企业——烟台北洋汽车工业（集团）股份有限公司成立。

10月6日 烟台开发区开通至福山区的公交线路。

10月 烟台开发区北海城信用社成立，隶属于中国人民银行开发区支行。

11月14日 烟台开发区发布《烟台经济技术开发区社会养老保险暂行办法》。

11月18日 烟台开发区建设的烟台国际交流中心投入使用。

11月20日 烟台开发区华鲁热电站投入使用，并实现热电联产。

12月1日 烟台住房储蓄银行经济技术支行正式营业，隶属于烟台住房储蓄银行。

12月4日 国务委员、国家科委主任宋健到开发区视察。

12月23日 烟台正海电子网板厂、山东国际信托投资公司、万利达公司和香港鲁信投资有限公司合资兴办的烟台正海网板有限公司获准成立。

12月26日 烟台市决定烟台开发区工委、管委所属工作部门由正科级升格为正处级，同时增设工委群工部。

同日 经中国银行山东省分行批准，中国银行烟台经济技术开发区支行正式自办国际结算业务。这是全区金融机构的第一家，在全省县级支行也属首家。

12月28日 烟台海关驻经济技术开发区办事处正式对外办公。

1993年

2月18日 烟台开发区工委、管委各工作部门的内设机构升格为正科级。

同日 烟台开发区邮电局举行挂牌仪式。

2月20日 俄罗斯海参崴市政府代表团到开发区参观访问。

2月22日 中科院联想工业城在开发区举行奠基仪式。

3月9日 航空航天部部长林宗棠到开发区视察。

3月23日 烟台开发区在国际报告厅举行“人民警察”授衔仪式。

3月25日 烟台开发区商业公司将下属的国有企业对外供应总公司出售给个人。这是开发区首次出售国有企业。

3月30日 中国驻联合国大使侯志通到开发区视察。

4月6日 新疆建设兵团司令员刘双全到开发区参观考察。

4月9日 中共西藏自治区党委书记陈奎元到开发区参观考察。

4月22日 烟台开发区举行“40万平方米”工程集中开工仪式，共有20条总计38公里的道路和30个公司的45个项目同时开工。

4月24日 新加坡共和国总理吴作栋偕夫人一行在中国陪同团团长、文化部部长刘忠德陪同下，到开发区参观访问。

4月26日 中纪委常委刘丽英到开发区视察。

4月28日 泰国披沙迪亲王到开发区参观访问。

5月31日 国务委员、国家民委主任司马义·艾买提到开发区视察。

6月7日 全国人大常委会副委员长费孝通到开发区视察。

6月8日 烟台开发区五个中心——计量检测中心、专利贸易中心、国际人才中心、信息产业中心、国际交流中心，在科技园举行开业典礼。

6月20日 中共中央政治局委员、国务院副总理邹家华到开发区视察。

7月7日 新加坡资政李光耀、副总理王鼎昌在山东省省长赵志浩陪同下，到开发区参观访问。

图7 1993年7月7日，新加坡资政李光耀（前排右四）、副总理王鼎昌到开发区参观访问

7月12日 国务院特区办主任胡平到烟台视察，听取烟台开发区工作情况汇报。

7月27日 由中国记协和韩国亚太经济文化研究所联合组织的“环渤海地区亚太经济合作特别采访团”到开发区参观采访。

7月28日 新华社驻外记者团到开发区参观采访。

8月7日 烟台开发区发布《烟台经济技术开发区涉外税收征收管理办法》《烟台经济技术开发区国有资产管理暂行办法》。

8月9日 全国政协副主席钱正英到开发区视察。

8月12日 中国国际广播电台外国专家采访团到开发区参观采访。

8月31日 全国政协副主席洪学智到开发

区视察。

9月3日 烟台开发区发布《烟台经济技术开发区国有土地使用权有偿使用收入征收管理暂行办法》《烟台经济技术开发区房地产市场管理暂行办法》。

9月14日 中共中央政治局委员、全国人大常委会副委员长田纪云到开发区视察。

9月22日 海军政委魏金山到开发区视察。

9月26日 烟台开发区半岛集团公司与烟台市公路管理段、日本大阪中国料理锦城阁、香港义东商行合资的总投资2000万元的夹河大桥，正式开工建设。该桥梁设计全长424.4米，为6车道，桥宽27米，两侧各设1.5米的人行道，桥面海拔高度为6.1米，并采用较为平坦的1/8矢跨比，比原桥增加375平方米的泄洪段面。

9月 北海城市信用社烟台开发区证券营业部设立，隶属于北海城市信用社。这是开发区第一家证券交易机构。

10月5日 烟台警备区设立烟台经济技术开发区人民武装部。

10月6日 全省经济开发区工作会议在烟台开发区举行。

同日 烟台开发区发布《中共烟台经济技术开发区工委关于实行领导干部回避制度的暂行规定》。

10月10日 烟台市委、市政府领导到开发区现场办公，对开发区8年来的工作给予充分肯定，并提出开发区的发展目标为：要建设新型、高科技、外向型、现代化的工业城区。

10月19日 全国政协常委谢华到开发区视察。

11月13日 全国政协常委、济南军区副政委潘启琦到开发区视察。

11月15日 全国人大常委会常委、中共中央赴山东反腐倡廉检查小组组长莫文林到开发区视察。

11月21日 烟台开发区Ⅱ—8小区发生建区以来的首起凶杀案，公安分局接到报案后4小时侦破此案。

12月5日 老挝人民革命党中央委员会主席、老挝人民民主共和国政府总理坎代·西潘敦一行，在中共山东省委副书记、省长赵志浩陪同下，到开发区参观访问。

12月28日 烟台开发区有线电视台举行开播仪式并进行试播。

1994年

1月20日 全国政协副主席王兆国到开发区视察。

3月9日 烟台开发区证券交易部开机试营业。

3月19日 中共中央政治局委员、上海市委书记吴邦国率领的上海赴山东考察团到开发区参观考察。

3月30日 烟台开发区发布《机关事业单位中年龄较大干部实行提前离岗的暂行规定》。

4月9日 烟台开发区组织30人的考察团赴新加坡考察，确保“6·18”中—新洽谈会的圆满成功。

4月29日 中共中央政治局常委、国务院副总理朱镕基就28日《新华社每日电讯》介绍开发区建设成就和投资环境的文章作出批示：“成绩不小，还要努力，锐意进取。”

5月16日 烟台开发区工委书记、管委主任孙德汉离任。

5月24日 国家副主席荣毅仁到开发区视察。

5月30日 烟台开发区公布开发区区旗，区旗的旗面颜色为红色，长1.95米，宽1.25米，旗中央图案为开发区区标，着黄色。

6月15日 澳大利亚副总理兼住房和地区发展部部长布赖恩·豪率领的政府代表团，到开发区参观访问。

6月17日 烟台开发区举行“’94中—新国际经贸洽谈新闻发布会”。

6月18日 “’94中—新国际经贸洽谈会”在开发区举行，会场设在开发区国际交流中心，展馆设在金光大厦。国务院特区办主任胡平及新加坡、马来西亚、美国、日本、丹麦、澳大利亚、韩国等国家和中国香港、澳门、台湾等地区的157名嘉宾出席开幕式。洽谈会期间，共签订外资项目合同24项，合同金额5418万美元，合同外资额3254万美元。

同日 烟台开发区区标落成。该区标呈三角立体，高38米，稳固坚实，挺拔向上，鼎力开拓。顶端为区名英文缩写，立题为“开放明珠闪烁，与日争辉，与天同在”，底部六帆风顺，八泉竞涌，取意于“激流勇进，兴旺发达”。

图8 烟台开发区区标

6月22日 国务院特区办主任胡平到开发区视察，指出：树立世界意识，世纪意识，塑造形象，扩大招商，明确城市功能，创造社区文化。

7月2日 烟台西蒙西轴承有限公司同时获得挪威船级社（DNV）国际认证机构和中国商检质量认证中心颁发的ISO 9002质量体系认证证书，这是全区第一家，同时也是中国轴承行业第一家通过ISO 9002质量体系认证的企业。

7月17日 全国政协副主席、民建中央副主席万国权率各民主党派中央、全国工商联负责人一行到开发区视察。

7月19日 国务委员、国家科委主任宋健到开发区视察。

7月26日 国家正式批准一汽－大宇轿车零部件生产基地项目落户烟台开发区，项目投资额70亿元人民币。

7月27日 国务委员李贵鲜到开发区视察。

8月2日 韩国大宇集团会长金宇中到开发区就大宇汽车零部件项目进行实地考察。

8月10日 全国人大常委会副委员长陈慕华到开发区视察。

8月11日 中共中央政治局委员、中共山东省委书记姜春云到开发区视察。

8月18日 全国政协副主席钱正英到开发区视察。

同日 烟台开发区第一个邮电支局——黄河路支局正式对外营业。

8月22日 烟台开发区新时代大酒店开业。国防科工委主任丁衡高上将及省、市、区有关领导出席剪彩仪式。

8月25日 烟台开发区法院在观海广场举行首次拍卖大会，对扣押的8部车辆和1台塔吊依法公开拍卖，共得款项109.5万元。这是全市法院系统首次由法院组织公开拍卖被执行人的物品。

9月6日 中共中央政治局常委、书记处书记胡锦涛到开发区视察，指出要加强“三资”企业中党的建设。

9月14日 阎原田任烟台开发区工委书记、管委主任。

9月22日 大宇重工业株式会社投资6300万美元的大宇重工业烟台有限公司批准成立。该项目由韩国独资兴办，是开发区第一个最大的外资工业项目。

9月27日 烟台开发区发布《关于编制烟台经济技术开发区经济和社会发展“九五”计划及2010年规划的通知》。

10月5日 烟台开发区巡警大队正式成立。

10月21日 以副主席阿卜杜·阿勒·阿儿

希为团长的埃及协商会议工业、农业委员会代表团到开发区参观访问。

10月28日 烟台开发区进出口商品检验局正式建局开验。

11月8—10日 全国沿海经济技术开发区首届劳动人事工作研讨会在烟台开发区举行。

11月16日 ’94中国专利市场新技术新产品展交会在烟台开发区开幕。

11月23日 开发区工委、管委召开全区工作会议，工委书记、管委主任阎原田提出，二次创业的建区指导思想："继续解放思想，以工业为龙头，以科技为先导，以效益为重点，大力引进外资，构筑大高外的经济格局，配套发展第三产业，把开发区建成国际性、现代化、外向型工业城区"。

12月9日 首钢总公司与日本电装（株）、丰田自动织机制作所（株）、丰田通共同投资的烟台首钢电装有限公司批准成立。

12月29日 烟台开发区撤销金桥办事处、福东办事处、福西办事处，设立基层工作委员会，负责14个自然村的全面工作。

1995年

1月12日 烟台开发区福西产业集团公司、福东集团公司、国际合作公司成立。

1月25日 烟台开发区供电局与新加坡东升纤维工业有限公司合作的开发区11万伏变电站合同签字，项目总投资6500万人民币。

2月8日 烟台开发区医院与美国雷赛公司、开发区众汇发展有限公司合作，引进当时世界一流技术应用准分子激光眼科矫正系统及技术（简称PRK）治疗近视眼，在全省尚属首家。

3月2日 烟台开发区职业介绍中心被国际劳工组织列为"活跃的中国劳务市场政策"国际技术合作项目重点示范职业介绍中心。

3月 烟台开发区有线电视工程通过省市有关部门验收，建成区全部入网。

4月27日 烟台开发区发布《开发区工委关于干部管理工作有关规定》。

5月9日 烟台开发区首批国有土地使用证发证大会在税务培训中心召开。会上管委向氨纶厂等28个首批获得国有土地使用证的用地单位颁发了证书。

5月10日 中日合资企业山东日冷食品有限公司正式投产，国务院特区办主任胡平及日冷株式会社会长金田辛三出席开业典礼。

5月中旬 全国工商联主席经叔平到开发区视察。

6月1日 烟台开发区开始执行烟台市发布的1995年度企业职工最低工资标准。

6月20日 中共山东省委副书记、省长李春亭到开发区视察。

6月22日 秘鲁第一副总统里卡多·马克斯·弗洛雷一行到开发区参观访问。

7月上旬 中科院人才、技术、项目介绍暨筛选指导会在开发区举行。

7月23日 财政部部长刘仲黎到开发区视察。

7月27日 烟台开发区发布《烟台经济技术开发区引进培养高科技人才有关问题的意见》。

8月1日 烟台开发区聘任20名在海外留学、工作的青年科技工作者为开发区海外高级顾问。

8月18日 烟台开发区设立旅游局。

8月23日 第四届全国沿海经济技术开发区公安工作研讨会在开发区召开。

9月18日 烟台开发区成立银芝、华电、朝阳、凤台居民委员会。

9月28日 《烟台开发时报》首刊号发行。中共山东省委常委、宣传部部长董凤基为更名改版题词：立足烟台、面向全国、走向世界。著名作家峻青题词：开发之声、时代之音。工委书记、管委主任阎原田题词：开拓前进、再创辉煌。

11月24日 烟台开发区化学工业公司与海湾石油国际公司合资兴办的海湾石油（烟台）

有限公司举行合同签字仪式，项目总投资600万美元。

12月1日 烟台开发区工商业联合会（总商会）成立。

12月22日 中国烟台东源实业总公司、中国电能成套设备总公司与美国菲尔普斯道奇公司共同投资的菲尔普斯·道奇（烟台）电缆有限公司正式成立。

1996年

1月27日 巴布亚新几内亚宪法改革委员会主席本·迈卡到开发区参观访问。

3月27日 新疆建设兵团司令员金云辉一行到开发区参观考察。

4月1日 烟台开发区发布《烟台经济技术开发区经济和社会发展“九五”及2010年规划》。

5月27日 中共内蒙古自治区党委书记刘明祖到开发区参观考察。

5月30日 全国政协副主席杨汝岱到开发区视察。

6月5日 韩国群山市政府代表团、议会代表团到开发区参观访问。

6月17日 烟台开发区印发《烟台经济技术开发区国家公务员制度实施和参照实行方案》。

6月27日 一汽集团、山东省汽车总公司和韩国大宇有限公司、大宇汽车有限公司、大宇重工业有限公司合资兴办的一汽－大宇（烟台）汽车发动机有限公司正式成立。

6月28日 总投资6300万美元、占地面积20万平方米的大宇重工业烟台有限公司竣工投产。韩国大宇集团株式会社会长、山东省省长李春亭及中外来宾500余人参加竣工仪式。该公司生产的挖掘机等工程机械产品是开发区第一个外商独资大型最终专业设备产品。

7月1日 烟台开发区开通开发区至烟台大学客运线路。至此，开发区连接三区、辐射周边县市区的客运交通网络初步形成。

7月5日 国务委员、国家科委主任宋健到开发区视察。

7月26日 全国人大常委会副委员长王丙乾到开发区视察。

8月9日 建设部部长侯捷到开发区视察。

8月26日 中华全国台胞联谊会主办的台湾民情研讨会在烟台开发区举行。

8月31日 第三次全国工业普查烟台开发区工作圆满结束。截止到1995年12月31日，全区工业企业单位105家，1995年全年工业总产值14.65亿元，从业人员1.64万人。其中，“三资”工业企业单位72家，全年工业总产值10.67亿元，从业人员1.03万人。

8月 全区组织“二次创业、再振雄风”为主题的群众文化月系列活动，包括’96之夏文艺晚会，“海之恋”——’96八家书画联展，“读文明书、做文明人”图书上街义务服务活动，“弘扬美德、树立新风”演讲比赛，“夏之韵”——’96青年棋类大赛，“大中华杯”青年歌手大赛等。

9月12日 智利众议院第一副议长费郎西斯·温丘米西·哈拉米略一行到开发区参观访问。

9月14日 总政治部副主任周子玉上将到开发区视察。

9月25日 烟台开发区残疾人联合会成立。这是全国开发区首家残疾人联合会。

10月5日 “烟台留学人员创业园区”举行开园揭牌仪式，国家和省、市、区有关领导参加揭牌仪式。中央电视台、《人民日报·海外版》等国内外媒体作了全面报道。

10月15日 烟台开发区召开首届劳动模范命名表彰大会，向全区各条战线上的60名区级劳动模范授予荣誉称号并颁发荣誉证书。

11月8日 第二届全国开发区法院院长联席会在烟台开发区人民法院召开。

11月13日 首钢总公司与日本电装（株）、丰田自动织机制作所（株）、丰田通共同投资29.5亿日元的烟台首钢电装有限公司举行投产仪式。

11 月 23 日 烟台开发区 110 报警服务台正式开通试运行，同时开通 24 小时闭路电视监控系统。

1997 年

1 月 1 日 烟台市国家税务局经济技术开发区分局正式成立，隶属于烟台市国家税务局。

2 月 25 日 烟台开发区预备役军官授衔大会在新时代大酒店举行，96 名部队转业干部被授予预备役军官军衔。

4 月 24 日 由全国总工会、国家劳动部和中国企业家协会等三家联合组成的外商投资企业劳动关系调查组，到开发区调研。

5 月 4 日 烟台开发区世界科技名人雕塑园被确定为开发区青少年教育基地。金沙江路南侧 1500 米、宽 40 米的绿化带被确定为开发区青少年绿化基地，并举行"青少年教育基地"揭碑仪式。

5 月 5 日 中共山东省委副书记、省长李春亭带领省直有关部门负责人到开发区视察。

5 月 7 日 全国经济技术开发区计算机联网统计工作座谈会在烟台开发区国际报告厅举行。

5 月 14 日 越南共产党中央委员、胡志明国家政治学院常务副校长苏辉惹一行到开发区参观访问。

5 月 21—23 日 全国县（市）医院管理研究会委员会扩大会议在烟台开发区医院举行。

5 月 30 日 烟台开发区海滨路东巡宫至香山路段全线贯通，全长 2300 米。

6 月 6 日 以国防部部长顾问帕·阿卡尼布上将为团长的泰国政府高级代表团到开发区参观访问。

同日 澳大利亚前总理霍克夫妇到开发区参观访问。

同日 中信实业银行烟台经济技术开发区办事处正式营业，隶属于中信银行烟台市分行。

6 月 7 日 中共山东省委书记吴官正到开发区视察。

同日 为庆祝 APEC 博览会在烟台成功举行，开发区旅游局主办的烟台开发区"金沙滩狂欢夜"在金沙滩海滨举办，中外嘉宾和区内外群众 5 万余人参加。

6 月 9 日 新西兰陶朗加市市长诺埃尔·波普率领政府代表团到开发区参观访问。

6 月 19 日 全区第一处社区医疗卫生服务站——舒家门诊部正式开诊。

7 月 7—11 日 首届全国开发区宣传工作年会在烟台开发区召开。

7 月 17 日 外经贸部主办的亚太经济合作组织政府采购培训班学员一行 120 余人到开发区参观考察。

7 月 26 日 国家环保局局长谢振华到开发区视察。

8 月 2 日 电子工业部部长胡启立到开发区视察。

8 月 7—13 日 从本周起，烟台开发区发布环境空气质量周报。

8 月 18 日 国家计委主任陈锦华到开发区视察一汽－大宇汽车工地。

9 月 22—26 日 全国经济技术开发区第九次青年工作研讨会在烟台开发区举行。

9 月 25 日 位于开发区液化气站南，金沙江路以东的开发区热力公司首站竣工，该工程占地面积 7487.46 平方米，建筑面积为 2143.7 平方米，设计最大换热量为 128 兆瓦，设计供热能力为 150 万平方米。

10 月 3 日 由日本别府市市长井上信幸、议长浜野弘带队的日本别府市政府正式代表团到开发区参观访问。

10 月 20 日 以克罗地亚——中国友好协会主席、克罗地亚总统前军事顾问、退役空军司令安通·图斯将军为团长的克中友好代表团到开发区参观访问。

11 月 6 日 以参议员拉克尔·马塞多·德沙巴特为团长的乌拉圭白党代表团到开发区参观访问。

11月19日 中国光大银行烟台支行经济技术开发区分理处设立。

12月30日 烟台开发区印发《区直各部门职能配置、内设机构和人员编制方案》。

12月 烟台开发区自来水公司以产权分离的形式实施国有企业改制。

1998年

2月12日 新西兰副总理温斯顿·彼得斯，陶朗加市市长诺埃尔·波普到开发区参观访问。

2月28日 中共海南省委书记杜青林，省委副书记、常务副省长汪啸风到开发区参观考察。

3月31日 中保人寿保险有限公司烟台经济技术开发区支公司正式营业，隶属于中保人寿保险公司烟台分公司。

4月10日 山东省疼痛临床研究中心、烟台疼痛诊治中心挂牌仪式在烟台开发区医院举行。

4月19日 英国安格斯政府代表团在福法市市长弗朗西斯·邓肯夫人率领下，到开发区参观访问。

4月29日 吉尔吉斯共和国总统阿斯卡·阿卡耶夫夫妇到开发区参观访问。

5月11日 山东省人大常委会主任赵志浩到开发区视察一汽－大宇汽车工地。

5月23日 中共中央政治局委员、全国人大常委会副委员长姜春云到开发区视察。

5月29日 烟台开发区海水浴场正式更名为“烟台金沙滩海滨公园”。

6月16日 全国人大环保视察组一行60人到开发区视察。

7月29日 全国人大常委会副委员长邹家华、山东省省长李春亭到开发区视察。

7月30日 全国人大常委会副委员长蒋正华到开发区视察。

8月7日 全国政协副主席宋健到开发区视察。

8月10—15日 山东省第十九届运动会“大洋杯”帆板比赛在金沙滩海滨公园举行。

9月4日 烟台开发区工委书记、管委主任阎原田离任，王秀臣任工委书记、管委主任。

9月15日 烟台开发区财税局分设为财政局和地方税务局。

9月30日 中央党校副校长张志新到开发区视察中央党校函授学院培训中心基地。

10月5日 烟台开发区邮电局分设为电信局和邮政局，为市地副局级单位。

10月7日 全国政协常委、财经委副主任赵维臣到开发区视察。

10月8日 中共中央政治局委员、国务院副总理吴邦国，在中共中央政治局委员、中共山东省委书记吴官正陪同下，到开发区视察。

10月9日 以后藤康文为团长的日本宫古市政府代表团，到开发区参观访问，并代表日本宫古市后藤医院赠送给开发区医院血液透析机零部件、血透药品、书籍等。

同日 以俄罗斯驻华参赞为团长的俄罗斯政府代表团，到开发区参观访问。

10月13日 以尾原敬义参议员为团长的日本参议院代表团，到开发区参观日资企业，考察投资环境。

10月22日 国家计委主任曾培炎到开发区视察。

图9 1998年10月22日，国家计委主任曾培炎（右一）到开发区视察

10月 中国人民银行烟台经济技术开发区支行撤销。

11月8日 外交部调研团一行35人到开发区调研。

11月8—12日 全国开发区广播电视工作研讨会在烟台开发区召开。

11月20日 烟台开发区发布《关于进一步加强农村工作的意见》《关于机关部门联村帮扶农村工作的实施方法》，各机关部门下派德才兼备的年轻干部到14个村任副书记。

12月10日 烟台开发区发布《烟台经济技术开发区"九五"期间精神文明建设规划》。

12月21日 全国人大代表赴山东视察团一行116人，到开发区视察。

12月 烟台开发区粮食分局军粮专供站成立。

是年 通过光纤实现全区联网，全区有线电视用户达到12000户。

1999年

1月14日 全国人大常委会副委员长何鲁丽到开发区视察。

1月26日 一汽－大宇（烟台）汽车发动机有限公司生产的第一台发动机下线。

2月26日 夹河治理工程开发区段正式开工，全区各界代表800余人参加开工仪式。

3月20日 烟台留学生研究发展中心在烟台留学人员创业园区正式成立。这是全国首家留学生研究发展中心。

4月2日 以中共黑龙江省委副书记、省长田凤山为团长的黑龙江省党政考察团，到开发区参观考察。

4月15日 长春汽车工业高级专科学校烟台专科学校举行成立仪式。这是烟台开发区第一所大专学校。

4月22日 烟台开发区街道行政区划完成。开发区管委对全区行政区划进行明确界定，分别由海河街道办事处和长江街道办事处管辖。

4月23日 中央党校常务副校长郑必坚率中央党校考察组，到开发区视察。

5月7日 国务委员、国务院秘书长王忠禹到开发区视察。

5月17日 烟台开发区教育科技局与香港耀中国际教育机构合作创办烟台耀华国际教育学校。

5月21日 胶东福莱商城开工建设。

同日 烟台开发区印发《烟台经济技术开发区政府采购实施意见》。

5月22日 中共中央政治局常委、全国人大常委会委员长李鹏到开发区视察。

6月8日 由烟台荣昌制药有限公司和美籍华人科学家罗永章博士共同投资兴办总投资2818万元的烟台荣昌生物工程有限公司正式签约。

6月18日 共青团中央书记处第一书记周强到开发区视察。

6月28日 中共中央政治局委员、中共上海市委书记黄菊到开发区参观考察。

同日 中共江苏省委书记陈焕友到开发区参观考察。

7月7日 烟台开发区电信局移动业务与电信业务剥离，设立山东省移动通信公司烟台分公司开发区经营部。

7月19日 日本宫古市政府代表团到开发区参观访问。

7月20日 中国驻美国特命全权大使李肇星到开发区视察。

7月26日 中共中央政治局原常委、中央军委原副主席刘华清到开发区视察。

7月28日 中共山东省委副书记、省长李春亭到开发区视察。

8月4日 全国人大常委会副委员长彭珮云到开发区视察。

8月7日 全国政协副主席赵南起到开发区视察。

8月22日 由文化部文化市场发展中心、中国文化艺术城共同主办的'99夏季中国（北方）收藏品博览会暨交易会在烟台开发区"中国文化艺术城"开幕。

8 月 23 日 以库图布议长为团长的塞拉利昂议会代表团到开发区参观访问。

8 月 24 日 中共中央政治局原常委、全国人大常委会原委员长乔石到开发区视察。

9 月 3 日 全国政协副主席张思卿到开发区视察。

9 月 烟台开发区职业中专与广播电视大学合并，成立职业学校。

图 10 1999 年 9 月，烟台开发区职业学校成立

10 月 6 日 国家工商行政管理局局长王众孚到开发区视察。

10 月 20 日 中共中央政治局常委、中央书记处书记、中央纪律检查委员会书记、全国总工会主席尉健行到开发区视察。

10 月 22 日 烟台开发区海域发生重大海难事故，福山区福盛养殖场 11 名出海作业渔民因翻船溺水死亡。

10 月 27 日 俄罗斯科技部副部长聂奇科夫到开发区参观访问。

11 月 5 日 中共河北省委书记叶连松、省长钮茂生率领河北省党政考察团到开发区参观考察。

11 月 12 日 中共中央党建领导小组副组长、中央“三讲”教育联系会议召集人张全景，到开发区视察。

11 月 25 日 烟台出入境检验检疫局开发区办事处举行挂牌仪式，正式对外办公。

12 月 2 日 烟台开发区印发《烟台经济技术开发区沿海防护林保护管理办法》。

2000 年

1 月 4 日 由韩国宇信系统株式会社独资兴办，总投资 2000 万美元的烟台宇信机械有限公司正式签约。

1 月 被列为省、市、区重点项目之一的烟台开发区 10 万立方米水厂项目正式开工建设。

同月 根据国家有关对养老金实行社会化发放的要求，烟台开发区人事劳动和社会保障局决定自 2000 年 1 月起，对纳入统筹范围内的开发区机关事业单位离退休（职）人员的养老金，不再由各单位发放，改由开发区机关事业单位社会保险处委托建设银行代为发放。

3 月 18 日 烟台市第一家国际化标准多层住宅小区“银河怡海花园”在开发区动工建设。

3 月 20 日 烟台开发区举行建区十五周年纪念活动。

3 月 28 日 由烟台正海电子网板有限公司等 4 家中资企业与香港惠富国际贸易有限公司合资兴办，总投资 2710.8 万美元的烟台正海磁性材料有限公司正式签约。

4 月 9 日 内蒙古自治区主席云布龙带领内蒙古自治区考察团到开发区参观考察。

4 月 11 日 中共山东省委副书记、省长李春亭到开发区视察。

4 月 16 日 烟台开发区出台《烟台留学人员创业园区有关政策规定》。

4 月 21 日 由日本三和精密机械株式会社与山东丛林集团合资兴办，总投资 1800 万美元的三和丛林精密机械项目正式落户。

4 月 29 日 由韩国变压器株式会社独资兴办，总投资 1200 万美元的烟台东山电机有限公司正式签约。

5 月 29 日 山东华润厚木尼龙有限公司在烟台滨海假日酒店举行合同签字仪式。该项目由香港华润轻纺集团、日本厚木株式会社、日本旭化成工业株式会社三方投资兴办，总投资额 880

万美元。

5月 烟台开发区天地广场改造工程完工，广场总面积24.25万平方米。

同月 总投资1000万元人民币的开发区西陵园公墓一期工程开工。

6月19日 烟台开发区组织“全国轻工食品饮料烟台展示会暨胶东福莱商城开业”新闻发布会，《人民日报》、新华社、《大众日报》等16家中央、省、市新闻媒体的记者参加新闻发布会。

6月22日 由韩国变压器株式会社独资兴办，总投资1200万美元的烟台东山电机有限公司正式落户。

6月 烟台开发区第一小学荣获国家教育部、科技部“科学规划重点课题实验学校”。

7月13日 烟台开发区在烟台市电信局举行因特网烟台信息港“烟台开发区视窗”开通仪式。

7月18日 全国轻工食品饮料烟台展示交易会在胶东福莱商城举行。

7月23日 全国人大常委会副委员长周光召到开发区视察。

7月24日 全国政协副主席杨汝岱到开发区视察。

7月27日 中共中央政治局委员、全国人大常委会副委员长田纪云到开发区视察。

7月28日 全国政协副主席陈锦华率全国政协视察团到开发区视察。

7月31日 烟台开发区行政中心大楼主体工程举行开工典礼。

7月 总投资2650万美元的烟台氨纶股份有限公司五期工程竣工投产，年产氨纶丝4500吨，是国内最大的氨纶丝生产企业。

同月 由烟台荣昌生物工程有限公司承建的“山东省生物工程应用重点实验室”在开发区动工建设。总投资约1亿美元，计划一期工程投资6000万元人民币，2001年12月底前建成并投入使用。

8月2日 全国人大常委会副委员长曹志到开发区视察。

9月4日 烟台耀华国际教育学校举行开学典礼。

9月13日 全国女知识分子联谊会第十六届年会140名代表在全国妇联副主席顾秀莲率领下，到开发区参观考察。

9月20日 以保加利亚欧洲左翼党主席托夫为团长的保加利亚欧洲左翼党代表团，到开发区参观访问。

9月23日 澳门特别行政区新闻界高层人士访问团到开发区参观访问。

9月28日 环境管理体系认证颁证仪式在烟台开发区举行，中国环科院环境管理体系认证中心副主任祝超伟颁发了ISO 14001国家认证证书，标志着烟台开发区正式通过ISO 14001环境管理体系国家认证。

图11 2000年9月28日，烟台开发区获得ISO 14001环境管理体系认证证书

同日 国家电力公司烟台产业基地举行奠基仪式。

10月3日 中共内蒙古自治区党委书记刘明祖到开发区参观考察。

10月19日 烟台开发区军粮供应站挂牌营业。

10月22日 烟台开发区热力总公司通过ISO 9002质量保证体系认证，是山东省供热行业首家通过认证的企业。

10月25日 由韩国原州市市长韩尚澈率领的原州市政府代表团到开发区参观访问。

11月1日 由哈尔滨志阳集团有限公司、长春一汽富奥汽车零部件有限公司和新西兰百利投资公司合资兴办，总投资额2500万美元的烟台富奥汽车电气有限公司正式签约。

11月18日 日本大阪府丸茂医院丸茂任院长一行应邀到开发区讲学。

11月30日 烟台开发区发布实施财政管理改革的五个规范性文件：《烟台经济技术开发区机关事业单位经费集中核算管理办法》《烟台经济技术开发区行政事业性收费集中管理办法》《烟台经济技术开发区政府采购管理暂行办法》《烟台经济技术开发区财政性基本建设资金监督管理办法》《烟台经济技术开发区会计管理实施细则》。根据以上文件精神，全区全额拨款行政事业单位及部分差额拨款事业单位的会计核算工作由开发区机关事业单位经费核算中心负责，实行“集中管理，分户核算”的财务管理体制。

12月8日 烟台开发区国有资产经营管理公司、烟台电子网板公司、烟台正海电器有限公司、烟台氨纶集团有限公司、烟台蓝色海洋食品有限公司共同组建的烟台银桥信用担保有限公司举行开业典礼。这是烟台市首家为中小高新技术企业承担信用担保的机构，首期注册资本1500万元。

图12 2000年12月8日，烟台银桥信用担保有限公司成立

12月20日 烟台开发区投资促进局设立，为开发区管委工作部门，正处级建制。

2001年

1月2日 韩国LG电子株式会社副社长金钟殷，浪潮集团总裁王爱先一行15人到开发区洽谈CDMA项目并签署框架合同。

1月3日 韩国LG电子株式会社、浪潮集团、烟台开发区樱桃软件公司、烟台开发区经销中心在烟台滨海假日酒店正式签订数字移动通信技术研究开发项目合同。

1月11日 美国PPC公司总裁拉瑞巴夫顿一行3人到开发区洽谈项目。

1月13日 烟台开发区工委书记、管委主任王秀臣任中共烟台市委常委。

1月15日 以大马士革农村省省委书记赛义德·祖赫里为团长的叙利亚阿拉伯复兴社会党干部考察团一行8人到开发区参观访问。

2月8日 美国数码电信公司首席营运官ANTONIO CARDENAS及澳大利亚TRADENET公司JENSEN等一行5人，到开发区洽谈项目。

2月20日 以格鲁吉亚农业部副部长杜齐泽为团长的格鲁吉亚农业部代表团一行9人，到开发区参观访问。

2月22日 美国弗利特坞公司副总裁加里·约翰逊一行2人到开发区考察投资环境。

2月25日 美国AVX公司副总裁凯·托马斯一行2人到开发区考察投资环境。

3月7日 由韩国原州市议会副议长元敬默率领的代表团一行12人，到开发区参观访问。

3月24日 由奈藏稔久率领的日本千叶制粉、住友访问团一行10人到开发区参观访问。

3月29日 全国农村“三个代表”教育中央督查组一行12人，到开发区视察。

4月11日 以诺埃尔·波普市长为团长的新西兰陶朗加市政府代表团到开发区参观访问。

4月24日 美国BMC公司总裁波里肯一行4人到开发区洽谈投资设厂事宜。

4月25日 中央国家机关部门机关党委书

记赴山东考察团一行 19 人，到开发区视察。

4 月 26 日 烟台眼科医院在烟台开发区成立。

4 月 29 日 人事部党组书记、副部长舒惠国一行 9 人到开发区考察创业园区建设情况。

4 月 30 日 烟台开发区召开全区机构改革工作会议，出台《烟台经济技术开发区机构改革实施意见》。改革调整后，工委、管委工作部门 14 个，其中保留的机构 11 个，更改名称的机构 1 个，改变性质的机构 1 个，合并的机构 4 个，新组建的机构 1 个。纪律检查委员会更名为市纪委经济技术开发区工作委员会（包括监察、审计工作）；投资促进局由管委直属事业单位调整为管委工作部门；物价局不再作为单设机构；卫生局、司法民政局、计划生育委员会合并，组建社会事业管理局，同时挂计划生育委员会的牌子，对外可使用卫生局、司法民政局的名义，人民武装部设在该局。

同日 以日本宫古市后滕医院院长后滕康文博士为团长的日本宫古市政府代表团一行 13 人到开发区参观访问。

5 月 25 日 法国阿托菲纳公司中国副总裁安德鲁·瑞奇一行 4 人到开发区参观访问。

5 月 28 日 日本光生铝株式会社取缔役兼海外部部长户贺丰将到开发区参观访问。

6 月 3 日 中共中央政治局委员、中国社会科学院院长李铁映一行 8 人到开发区视察。

同日 韩国性柱 MI 株式会社社长李云镛一行 4 人到开发区参观访问。

6 月 7 日 以日本岛根县知事澄田信义为团长的岛根县访华团一行 28 人到开发区参观访问。

6 月 9 日 国务委员吴仪到开发区视察。

6 月 10 日 由中国电子企业协会、韩国大韩贸易投资振兴公社主办，烟台市政府承办的中韩 IT 产业投资合作论坛在烟台开发区国际会议报告厅开幕。

同日 中国烟台留学人员创业园、国家留学人员创业园在烟台开发区科技大厦正式揭牌。

6 月 17 日 台湾大中钢铁股份有限公司董事长余立雄一行 5 人到开发区参观考察。

6 月 29—30 日 韩国网络研究组合理事长徐平源一行 3 人到开发区参观考察正海电子等企业。

7 月 10 日 以韩国群长大学产业经营学科教授徐益焕为团长的韩国经贸考察团一行 3 人到开发区参观考察。

7 月 18 日 烟台麦特集团举行乔迁暨亚洲最大视频展台生产线开通仪式。

7 月 26 日 北京军区司令员李新良一行 18 人到开发区视察。

7 月 27 日 山东华润厚木尼龙有限公司举行开业庆典暨二期项目签字仪式。该项目总投资 880 万美元，二期项目注册资本 1500 万美元，致力于建成国内最大的袜业生产基地。

8 月 2 日 全国人大常委会副委员长王光英一行 10 人到开发区视察。

8 月 5 日 澳门厂商联合会青年委员会一行 15 人到开发区参观访问。

8 月 21—26 日 中共中央党校管理科学研究中心、中国辩证唯物主义研究会决策专业委员会等单位在烟台开发区举办“学习江泽民‘七一’讲话专题理论研讨会暨‘东方杯’‘八喜杯’征文颁奖大会”。

8 月 23 日 韩国网络研究组合理事长徐平源一行 24 人，到开发区参观考察。

8 月 26—28 日 山东省环保局在烟台开发区举办山东省推行区域 ISO 14001 环境管理体系认证现场会。

9 月 7—9 日 韩国青友情报技术株式会社董事长郑泰荣、总经理金成均一行 9 人到开发区参观考察，并与业达软件园合作签订协议书。

9 月 10 日 中纪委原副书记王德瑛一行 3 人到开发区视察。

9 月 12—13 日 韩国产业团地公团理事长李孝镇一行 25 人到开发区参观考察。

9 月 14 日 日本光生铝株式会社社长神谷

一行 2 人到开发区参观考察。

9 月 14 日 韩国宇信株式会社社长许丙夏一行 6 人到开发区参观考察。

9 月 18 日 烟台车身项目公司与韩国大宇公司技术许可合同签字仪式在滨海假日酒店举行。

9 月 19 日 德国格罗茨－贝克特公司执行董事霍克一行 5 人到开发区参观考察。

9 月 19 日 科技部部长徐冠华到开发区视察。

9 月 24 日 中澳商会执行董事、会长王惠与美国 ONI 系统公司贾良玉到开发区参观考察。

9 月 24—26 日 中华县（市）医院管理分会成立大会暨第一次全国学术年会在烟台开发区举行。

9 月 25 日 日本长江贸易社长松本世宪一行 8 人到开发区参观考察。

9 月 25 日 塞浦路斯中央委员斯塔洛斯·耶洛拉齐迪斯一行 5 人到开发区参观访问。

9 月 26—28 日 山东省留学生回国创业现场交流会在烟台开发区召开。

10 月 8 日 烟台开发区在国际商城举行停缓建工程启动现场会。

10 月 11 日 以中共陕西省委书记、省人大常委会主任李建国为团长的陕西省党政考察团一行 17 人，到开发区参观考察。

10 月 12 日 国家生态工业园区建设工作座谈会在烟台开发区召开。

10 月 18 日 以市长曼茨·斯卓斯罗姆为团长的瑞典奥伦布罗市政府代表团一行 4 人到开发区参观访问。

10 月 19 日 韩国驻青岛总领事琴秉穆一行 7 人到开发区参观访问。

10 月 20 日 中鲁食品在第三届果蔬会上与澳大利亚山水有限公司举行合资经营超低温金枪鱼项目签字仪式。

10 月 20 日 联合国亚太经社会副执行秘书大海渡桂子一行到开发区参观访问。

10 月 27 日 荷兰王国北荷兰省政府暨经贸代表团一行 45 人到开发区参观访问。

11 月 12 日 中国通用技术（集团）控股有限公司董事长、党组书记佟常印一行 4 人到开发区参观考察。

11 月 12 日 韩国东光技研（株）会长柳来馨一行到开发区参观访问。

11 月 13 日 美国 BMC 公司代表约瑟夫一行到开发区参观访问。

11 月 15 日 日本大丸兴业株式会社中山正弘一行 3 人到开发区参观访问。

12 月 10 日 烟台开发区成立驻日本、韩国办事处。

12 月 20 日 瓦努阿图共和国外长让阿兰·马埃一行 3 人到开发区参观访问。

12 月 24 日 中共山东省委副书记、代省长张高丽一行 14 人到开发区视察。

12 月 28 日 烟台开发区创建 ISO 14000 国家示范区顺利通过国家环保总局现场验收，成为山东省第一个、全国经济技术开发区中第二个通过验收的区域。

12 月 31 日 烟台车身公司举行“烟台经济型轿车下线仪式”。烟台车身公司于 2001 年 1 月开工建设，建设总投资 14.45 亿元，占地面积 50 万平方米，总建筑面积 16 万平方米，设计生产能力为 15 万辆经济型轿车。烟台经济型轿车的下线，实现山东省轿车工业零的突破，对于启动一汽－大宇零部件公司的巨额资产，推动开发区、烟台市、山东省轿车工业和经济发展具有重大意义。

2002 年

1 月 9 日 法国圣戈班公司玻璃部副总裁 Dechoux 一行到开发区参观访问。

1 月 12 日 菲律宾巨龙国际集团董事长周玉春一行到开发区参观访问。

1 月 16 日 厚木华润袜业有限公司签字仪式在滨海假日酒店举行。

1月19日 深圳·外商知名人士赴山东考察团一行45人到开发区参观考察。

1月28日 烟台开发区行政中心正式落成启用，结束了工委管委机关17年无固定办公场所的历史。

1月30日 烟台宇信科技有限公司举行开业仪式。该公司由亚洲最大的汽车焊装线设计生产企业韩国宇信系统株式会社投资210万美元兴办，主要从事汽车焊装线的研发、设计和生产，达产后年产值可达4200万美元，产品40%出口。

2月2日 浪潮乐金数字移动通信（LG手机）项目正式落户烟台开发区。山东省副省长韩寓群及市区领导出席了在济南举行的成立仪式。该项目由浪潮集团、韩国LG电子株式会社、开发区经销中心和樱桃软件公司四方出资组建，总投资4500万美元，注册资本1500万美元，主要从事CDMA手机的研发、生产和销售。

3月5日 韩国光州市政府及企业代表团一行10人到开发区参观访问。

3月13—14日 上海通用公司总经理陈虹一行12人到开发区参观访问。

3月15日 新西兰驻华大使麦康年一行11人到开发区参观访问。

3月21日 韩国群山市姜根镐市长率领政府代表团一行17人到开发区参观考察。

4月14日 韩国新千年民主党常委副主席金槿泰、LG电子（中国）有限公司总裁卢庸岳一行9人到开发区参观考察。

4月16日 香港招商局物流（集团）有限公司烟台分公司在烟台开发区正式挂牌。自此，烟台成为继北京、上海、广州、深圳等大城市之后，率先引入大型物流集团的少数城市之一。

4月27日 烟台斗源纤维纺织有限公司在烟台开发区正式成立。该项目由韩国斗源产业独资兴办，主要生产纺织刺绣产品，一期投资2999万美元，总投资额5000万美元。

5月6日 韩国泰尔信通信终端项目协议签字仪式在滨海假日酒店举行。

5月16日 首钢电装有限公司举行二期工程竣工典礼。

6月5日 烟台开发区在天地广场举行ISO 14000国家示范区命名授牌、百家组织国际清洁生产宣言签字、国家级生态工业园区建设推进大会，省、市、区有关领导和直属各部门干部职工、全区企业代表近2000人参加活动。

6月12日 全国政协副主席毛致用一行30人到开发区视察。

6月23日 哈电集团、哈动股份公司董事长耿雷一行4人到开发区参观考察。

7月12日 美国NEWTON投资公司会长徐平源到开发区参观访问。

7月13日 全国人大常委会副委员长、九三学社中央主席吴阶平到开发区视察。

7月16日 日本山梨县访华代表团一行24人到开发区参观考察。

7月24日 中共山东省委副书记、省政协主席吴爱英一行9人，到开发区视察。

7月26日 山东省政府追认为救遇险游客献身的烟台开发区公安分局社区保安队员赵岩为革命烈士。

8月9—10日 首钢集团董事长罗冰生、总经理朱继民一行到开发区参观考察。

8月13日 中共山东省委副书记、省长张高丽，副省长韩寓群、陈延明、赵克志、王仁元等到开发区视察。

8月23日 以智利驻华大使为团长的外交使团一行15人到开发区参观考察。

8月27日 全国政协委员视察团一行36人到开发区视察。

8月28日 总投资2999万美元、由韩国泰信电子株式会社独资兴办的泰信（烟台）电子有限公司正式签约。该项目主要研发、生产、销售移动通信终端设备（CDMA和GSM）、宽带接入网通信设备等，计划2003年年底投产。

9月4日 上汽集团汽车零部件考察团一行35人到开发区考察。

9月6日 烟台开发区投资服务中心正式启用。该中心设有投资咨询审批、工商注册登记、纳税咨询登记、配套设施申请等10个办事窗口，有14个部门、42项审批事项进入中心集中办理。

图13 2002年9月6日，烟台开发区投资服务中心启用

9月9日 总投资2048万美元、由烟台富饶新型建材有限公司与瑞典ABECE公司合资兴办的富饶建材项目正式签约。该项目是国家重点鼓励类项目，主要生产经营彩色混凝土瓦和环保涂料等，全部达产后年产彩色混凝土瓦600万平方米，预计年实现销售收入1.8亿元，利税4000万元。瑞典ABECE公司是世界规模最大、技术最先进的彩瓦设备生产和彩瓦生产企业。

9月11日 烟台市委、市政府决定将福山区古现镇、蓬莱市大季家镇成建制划归烟台开发区。扩区之后，辖区面积由原36平方公里扩大至228平方公里，人口增加至20万人。

10月15日 经烟台市政府批准，烟台开发区设立八角街道，将原古现街道的23个行政村划归八角街道管辖，办事处机关驻八角口村。

10月17日 联合国副秘书长、亚太经社会委员会执行主任金学洙一行到开发区参观访问。

10月18日 烟台开发区在烟台国际会展馆举行第四届国际果蔬博览会烟台开发区利用外资项目签字仪式。

10月19日 普若菲塔（烟台）生物技术有限公司项目协议签字仪式在开发区行政中心举行。该项目由德国普若菲塔生物技术公司与德国TCM公司合资兴办，项目总投资3000万美元，主要从事无公害、环保型生物农药的生产、加工与销售。

11月2日 总投资5亿美元的IT产业园正式签约。

12月20日 山东烟台整车项目兼并重组发布会暨生产线启动仪式在车身公司举行，山东省首辆经济型轿车——赛欧轿车正式下线，上海汽车工业（集团）总公司、通用汽车中国公司、上海通用汽车有限公司同时签署“烟台车身有限公司股权转让协议”。烟台车身有限公司由烟台电力开发有限公司和烟台汽车工业总公司共同投资兴建，注册资本9亿元。本次由收购各方共同出资全部收购，上汽集团、通用汽车中国公司和上海通用公司分别占25%、25%和50%的股份。

图14 2002年12月20日，山东省首辆经济型轿车——赛欧轿车正式下线

2003年

1月18日 中共烟台经济技术开发区八角街道委员会和烟台经济技术开发区八角街道办事处挂牌成立。

2 月 19 日 美国通用公司副总裁杰瑞·艾尔森一行 6 人到开发区考察上海通用东岳汽车有限公司。

2 月 27 日 韩国京星集团会长李载吉一行 9 人到开发区参观考察。

2 月 外经贸部公布 2002 年度 49 个国家级开发区主要经济指标考评结果，烟台开发区 GDP 位居第 9 位，提前 3 年实现“十五”计划既定目标。

3 月 2 日 米斯特·映刻项目正式签约。该项目由烟台龙晟石油机械公司与韩国米斯特株式会社共同投资兴办，总投资 4500 万元人民币，主要生产经营墨盒及墨水。达产后，年销售额可达 3 亿元。

3 月 20 日 烟台开发区举行全区建设项目集中开工活动，有 122 个项目集中开工，开工总面积达 120 万平方米。

4 月 26 日 由韩国大宇综合机械株式会社独资 5000 万美元的大宇数控机床项目正式签约。该项目主要生产数控机床设备，初期拟生产 8 种机型，预计到 2005 年生产能力达到年产 500 台，2007 年后生产能力增加到年产 1000 台。

5 月 19 日 中共山东省委书记张高丽、省委副书记姜大明等一行 36 人到开发区考察。

5 月 20 日 韩国 HK 海运株式会社社长高汉奎一行 3 人到开发区参观考察。

5 月 30 日 总投资 2 亿元、一期投资 5000 万元的黄金工业园项目和总投资 2500 万美元的信诺环保资源再生项目正式签约。

6 月 13 日 首钢集团总公司董事长朱继民、总经理王青海一行 12 人到开发区参观考察。

6 月 16 日 源通果汁集团董事长、奥地利中央合作银行北京分行行长卫安德、源通果汁集团总裁、东方果胶有限公司董事长兼总经理曾毓志一行到开发区参观考察。

6 月 19 日 韩国泰信电子株式会社社长韩南洙一行 8 人到开发区参观考察。

7 月 2 日 总投资 2900 万美元的中澳信合港务项目和总投资 2999 万美元的胶东钢铁项目正式签约。

7 月 17—18 日 台湾鸿海企业集团及富士康企业集团总裁郭台铭一行，在山东省省长韩寓群陪同下，到开发区参观考察。

7 月 26 日 烟台开发区研究决定，建设环保土地局下设建设土地局、城市管理环保局、规划局 3 个部门管理机构（二级局，为正科级）。

7 月 山东省政府办公厅公布 2001—2002 年全省经济开发区考核结果，烟台开发区综合实力排名第一。这次综合考核内容涉及经济发展、职能到位、服务质量、内部建设等方面。

8 月 1 日 中纪委副书记刘锡荣一行 7 人到开发区考察。

8 月 21 日 “中商交信用交易体系暨烟台国际物流与采购示范基地”启动仪式在烟台开发区举行。

8 月 30 日 京星（烟台）娱乐有限公司中华海边高尔夫球场举行奠基仪式。

9 月 23—24 日 烟台开发区先后有 8 个项目在第五届国际果蔬博览会上签约。其中，伊斯福养殖及专用码头、意中果业、福顺达水产、海珍品育苗、海心食品等 6 个外资项目的总投资额达到 8400 万美元，东星工业园和冰轮工业园项目分别投资 10 亿元人民币和 20 亿元人民币。

9 月 26 日 中共山东省委书记张高丽、省长韩寓群带领全省加快发展现场会代表一行 100 人到开发区考察。

9 月 29 日 国家环保总局局长解振华一行 4 人，到开发区考察。

同日 烟台开发区在行政中心举行大季家工业园区项目合同签字仪式，总投资 6000 万美元的新加坡创业园项目、总投资 8000 万元的高弹力复合皮革项目、总投资 1400 万美元的德鼎磨光项目、总投资 3 亿元的澳亚置业项目和总投资 2.5 亿元的大季家居住小区项目正式签约。

10 月 经国务院批准，在烟台开发区设立“烟台出口加工区 B 区”。烟台出口加工区 A 区于 2000 年 4 月 27 日设立，面积 0.7 平方公里。B

图 15　烟台出口加工区 B 区

区分起步区和发展区两部分，规划面积 2.26 平方公里，位于古现街道境内。

11 月 15 日　烟台开发区管委颁布《烟台经济技术开发区关于对失地农民由农村户口改登城镇居民户口并实行有关优惠政策的规定》《烟台经济技术开发区失地农民“农转非”后实行基本养老保险、医疗保险、生活补助试行办法》《烟台经济技术开发区失地农民“农转非”后就业优惠政策》3 个规范性文件。此举从根本上保障了农民群众利益，对解决失地农民后顾之忧，维护社会稳定，建设社会主义新农村，推动开发区跨越发展，都具有深远意义。

11 月 26 日　烟台厚木华润袜业有限公司举行竣工投产仪式。该公司由日本厚木株式会社和中国香港华润纺织原料有限公司共同出资兴建，总投资 2800 万美元，注册资本 1800 万美元。项目达产后，年可产棉袜 1000 万双，包芯丝连裤袜 4000 万条。

12 月　烟台港八角港区规划通过专家评审。规划八角港将建亿吨深水大港。规划八角港地处大季家东北海域，东部海岸线从八角湾东岛咀山甲五哥石起，经芦洋湾到龙洞咀，长约 9 公里；北部海岸线从龙洞咀至平畅河口，长约 10 公里。

第一编
建　区

1985 年 3 月 20 日，烟台开发区奠基

烟台经济技术开发区志

YANTAI JINGJI JISHU KAIFAQUZHI

烟台经济技术开发区位于烟台市芝罘区西部，北濒黄海，1984年10月经国务院批准设立，是全国首批14个国家级经济技术开发区之一。

1984年3月26日至4月6日，中共中央书记处、国务院在北京召开沿海部分城市座谈会，烟台市长董传周和副市长姜德华参加座谈会。5月4日，中共中央、国务院批转《沿海部分城市座谈会纪要》。会议纪要提出："进一步开放天津、上海、大连、秦皇岛、烟台、青岛、连云港、南通、宁波、温州、福州、广州、湛江和北海等14个沿海港口城市"，"这几个城市，有些可以划定一个有明确地域界限的区域，兴办新的经济技术开发区"。根据国务院的决定，烟台市委、市政府开始进行兴办经济技术开发区的考察、分析、论证、选址、规划和筹建等工作。按照科学办事精神，组织专家学者，经过实地考察、对比、论证，市委、市政府拟定，将开发区位置选在福山区福莱山一带，并逐级上报省政府、国务院审批。10月20日，国务院批复山东省《关于青岛、烟台两市进一步开放、兴办经济技术开发区规划方案》，"同意两市在抓好现有企业技术改造的同时，有计划有步骤地兴办经济技术开发区"，并批准"烟台经济技术开发区的位置定在福莱山一带的夹河以西，柳林河以东，柳子河以北，海岸线以南"，要求开发区应以兴办生产性工业企业和科研项目为主，同时要注意发挥旅游资源丰富的优势，大力发展旅游业。

1985年3月20日，烟台开发区举行隆重开工典礼，拉开开发建设帷幕。开发区建区之初规划面积10平方公里，后随开发建设的快速发展，原有区域日渐不能满足引进更多投资项目的需要。为适应形势发展，开发区于1992年、2002年先后两次扩区。1992年扩区后，开发区行政区划面积达到36平方公里；2002年扩区后，开发区行政区划面积达到228平方公里。

第一章　选址与奠基

第一节　选址

选址原则　1984年5月，烟台市委、市政府根据中共中央、国务院批转的《沿海部分城市座谈会纪要》精神，确定经济技术开发区选址六项原则：要有明确的地域界限，便于管理；占粮田要少，居住人口要少；有城市依托，能充分利用现有的公共设施，节省前期开发投资；交通方便，距海港、码头、火车站、飞机场较近；有较好的地质条件和自然环境；地域开阔，远期有发展余地，便于远近期结合。

区域界定　1984年5月20—30日，烟台市委、市政府组织专家组，依照选址原则，集中精力进行选址考察论证工作。副市长姜德华带领由有关部门和专家、学者组成的选址小组，相继对芝罘区玉岱山、牟平县养马岛、牟平县马山寨、福山区福莱山、荣成县石岛、蓬莱县牛角旺、黄县（今龙口市）屺峆岛等区域进行多次实地勘察调研。经过对多项方案进行反复比较和充分论证，认定福山区北部沿海福莱山一带符合兴办经济技术开发区的各项原则，并初步设计总体规划方案。6月，烟台市委、市政府向山东省委、省政府呈送《烟台市实行进一步开放、兴办经济技术开发区规划纲要》，将烟台开发区的区域范围界定为：福山区北部福莱山一带的夹河以西，柳林河以东，柳子河以北，海岸线以南的临海一带。9月7日，中共中央书记处书记、国务委员谷牧带领由国家计委、国家经委、国务院特区办等10个部门组成的考察团，现场考察烟台开发区的筹备情况，并在烟台市委、市政府领导、开发区筹委会领导及有关专家陪同下，实地考察烟台市福莱山经济技术开发区的选址。考察团在考察后，用“后丘、前海、中平”六个字精炼概括出这里的地形特点，认为这里是开发建设的理想境地。10月20日，国务院同意烟台市兴办经济技术开发区，并批准开发区的选址方案。

区位优势 地理位置 区域东临夹河，西临柳林河，南临柳子河，北临黄海，四周边界为三河一海，界限明确，便于封闭和管理。选址区域所占粮田少，70%以上是沙滩荒地，且人烟稀少，征地费用和拆迁费用少。腹地广阔，随着发展需要可以沿海岸线向西向南拓展，发展空间大。沿海平缓地段占80%左右，东西高度落差仅1米，平均海拔高度为5米。区域内有史以来未发生过较大地震和海啸，大部分地区地耐力强，每平方米达12吨以上，适于建设高层建筑。属暖温带大陆性季风气候，四季分明，夏无酷暑，冬无严寒。年平均气温12℃左右，最热的8月份平均气温为24℃，最冷的1月份平均气温为-4℃；无霜期在200天以上，年平均降雨量为700余毫米，年平均相对湿度为64%，日照率60%以上；空气清新，山海相映，自然环境优美。开发区地处东部沿海，特别是与韩国、日本仅一海之隔，在利用国外的资金、信息、技术、人才资源和借鉴先进管理经验以及参与国际竞争等方面，具有得天独厚的地理区位优势。

自然资源 烟台市总面积18900多平方公里，海岸、海岛线曲长达1300多公里。农副产品种类繁多，其中苹果和花生的总产量约占全国的六分之一。盛产多种海产品，其中比较珍贵的有对虾、海参、鲍鱼、扇贝等。1983年水产品产量达43万吨，约占全国产量的十分之一，其中对虾产量占全国的三分之一。已探明可供开采的矿产达30余种，其中黄金储量占全国储量的六分之一，滑石储量约占全国储量的五分之一。烟台丰富的自然资源可为开发区的建设发展提供雄厚的物质基础。

交通运输 开发区距烟台港9公里，1983年烟台港有万吨以上泊位3个，年吞吐量达650万吨，可通往全国各大港口，并与日本、中国港澳、欧洲、中近东、东南亚等几十个国家和地区的100多个港口直接通航。开发区距烟台客运火车站9公里，距货运火车站只有6公里，铁路可由蓝烟线和胶济线延展全国各地，客运列车可直达北京、上海、济南、青岛等地。开发区位于烟潍、烟青公路干线，并与山东省公路网衔接，公路四通八达，运输非常方便。开发区距离莱山机场27公里，1984年机场民航班机已开通上海、北京两条航线。

供水、供电、通讯配套 开发区南20公里处的门楼水库，控制流域面积为1000余平方公里，库容量达1.2亿立方米，水源充足，水质优良，可以满足开发区的生活、生产用水。整个区域处于龙口电厂高压输电线路烟黄线走廊5公里内，电力供应有保障。区域内的程控电话、无线通讯可以满足与国内外通话、传真和电报的需要。

母城基础雄厚 烟台拥有丰富的经济、技术、人才基础和齐全的工业门类，拥有发达的国际贸易、金融、信息等渠道，是开发区建设的可靠依托。截至1983年，烟台市拥有工业企业2600多个，门类涉及轻工、食品、纺织、电子、机械、化工、建材、煤炭、冶金等多种行业，主要工业产品1600多种，是山东工业基地之一。烟台市旅居海外的华侨、外籍华人和港澳台同胞达20多万人，占全省一半左右，分布在世界69个国家和地区，是开发区招商引资的重要力量。

第二节 奠基

奠基筹备 1984年7月26日，烟台市福莱山经济技术开发区筹备委员会成立，主持、协调筹建开发区的各项工作。9月5日—11日，开发区筹委会邀请全国29家建筑设计单位的50余名专家，对哈尔滨建筑工程学院、天津大学、山东省规划设计院等单位为开发区设计的9个总体规划方案进行评议，最终选用了天津大学的规划方案。随即，天津大学、烟台经济技术开发区与烟台市城乡建设委员会共同编制完成了烟台开发区 10 平方公里总体规划。规划方案将城市性质定位为：对外开放、引进外资和先进技术、办理进出口贸易和培养技术人才的基地，是一个以发展经济技术为主体的城区，在经济政策、对外联系、城镇工业、城建基础设施、劳动力平衡等方面，具有相对完整的体系。11 月 20 日，市长董传周主持召开烟台开发区筹建工作汇报会，形成会议纪要上报市委、市政府。纪要根据国务院批复，将烟台市福莱山经济技术开发区更名为“烟台经济技术开发区”，正式成立烟台经济技术开发区管理委员会，撤销原开发区筹委会。开发区管委会根据纪要要求，重点进行以下筹备工作：抓领导班子的组建和干部的配备；组建“烟台经济技术开发区建设公司”，负责烟台开发区的规划设计、建设工程的招标设计和招标承建、施工管理；进行起步区工程的设计、备料和招标等前期准备工作，完成主要干道的路基回填任务，确保各项建筑工程来年春季按时开工；抓好烟台开发区各项服务设施建设，增设市区至烟台开发区的公共汽车、解决职工子女就近入学及通电、通水等问题。

至 1985 年 1 月，开发区筹建工作进展迅速，10 平方公里总体规划和 1 平方公里起步区工程规划基本完成，地下基础设施工程也抓紧委托设计；2.9 公里的主干道已开始组织回填，次干道放线并招标承包回填；标准厂房、综合服务楼等地面工程项目即可进行施工设计；征用的 300 公顷土地已丈量结束。随后，烟台市市长会议研究通过《烟台经济技术开发区土地使用管理办法》《烟台经济技术开发区涉外经济合同管理办法》《烟台经济技术开发区优惠待遇的若干规定》《烟台经济技术开发区企业劳动工资管理办法》《烟台经济技术开发区企业登记管理办法》等文件。开发区管委编写印刷的《烟台经济技术开发区投资简介》，在《人民日报》《经济参考》《经济日报》《大众日报》《天津开发报》《烟台日报》以及新华社、中央人民广播电台、中央电视台、山东电视台等多家媒体进行广泛宣传。

1985 年 3 月 13 日，市政府召开总体规划审定会议，最终审定通过天津大学建筑系设计的 10 平方公里总体规划方案。这标志着兴办开发区的各项筹备工作已经就绪，开工条件基本成熟。开发区管委即向市政府报告开发区开工典礼筹备工作情况，详实报告开发区举行开工奠基典礼大会的时间、参加人员及议程安排等。市委、市政府及时批准此方案。为确保开工奠基典礼圆满成功，市政府决定，由市政府办公室牵头，下设秘书组、宣传组、会务组、安全组、洽谈组、现场指挥组，并制定具体操作方案。

奠基仪式 1985 年 3 月 20 日上午 10 时 50 分，烟台开发区开工奠基典礼在 0–1 小区（今开发区管委行政中心位置）西侧举行。市长董传周主持仪式。来自财政部、对外经济贸易部、中国技术进出口总公司等国家部级单位的 24 名代表，山东省委、省政府领导，山东省外贸局、省建委等 25 个厅、局级部门的 40 余名领导，济南市、青岛市、淄博市等地市领导，大连、秦皇岛、连云港等市经济技术开发区的领导，有关金融机构、大专院校、媒体，以及港澳和外国朋友等，共 100 多个部门单位，204 名代表参加仪式。10 时 58 分，山东省委副书记、省长李昌安，副省长马长贵，烟台市委书记王济夫等领导一起为开工剪彩，并执锨破土奠基，置下烟台开发区奠基石。远处工地上的打桩机开始作业。李昌安、王济夫分别讲话。当天，来自省内外的 4 支施工队伍、600 多名工人、283 台机械进入施工现场，拉开了开发区开发建设的帷幕。

第二章 区 划

第一节 建区初期区域

1984 年 10 月 20 日，国务院批准设立烟台经济技术开发区，区域范围为夹河以西、柳林河以东、柳子河以北、海岸线以南，面积 22.68 平方公里，规划建设面积 10 平方公里。1985 年 3 月，规划区域内福山区的福山镇曲家台子村、胜利东村，臧家乡的胜利西村，古现镇的马家村，同时划归烟台开发区。

1991 年年底，烟台开发区有 2 个居委会、4 个行政村，有居民 2420 户，计 8054 人。

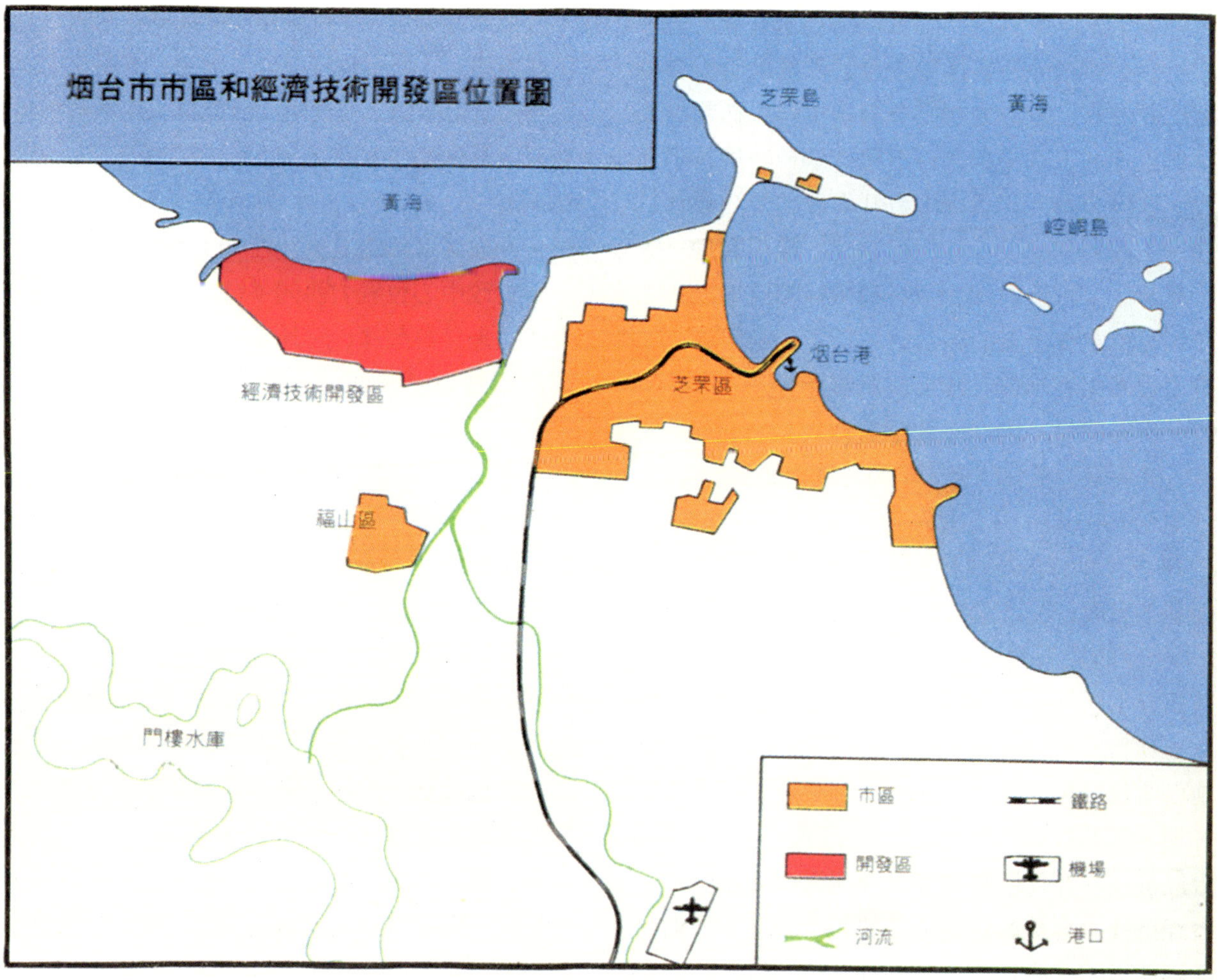

图 1-1 1987 年烟台市区和烟台经济技术开发区位置图

图 1-2　1984 年的烟台开发区

第二节　第一次扩区

1992 年 4 月 27 日，开发区第一次扩区，烟台市政府将福山区福山镇的刘家台子、宫家台子、杨家台子和臧家乡的舒家、栖里、北车家、北屯、岗嵛、奇章、廒上等 10 个村划入开发区。开发区面积扩大至 36 平方公里，范围是：东起夹河，西至柳林河，南至烟潍公路，北至黄海。

截至 2001 年年底，开发区有海河与长江 2 个社区管理处，共计 27 个居委会，居民 16819 户，计 5.36 万人。

图 1-3　2001 年烟台经济技术开发区行政区划图

图 1-4　1991 年的烟台开发区

第三节　第二次扩区

2002 年 9 月 11 日，烟台开发区第二次扩区。为进一步扩大对外开放、加快开发区经济发展，烟台市政府将福山区古现镇、蓬莱市大季家镇划归烟台经济技术开发区管理。古现街道办事处辖 61 个居民委员会，大季家街道办事处辖 32 个居委会。是年 10 月 15 日，经烟台市政府批准，增设八角街道办事处，将古现街道办事处所辖的西北部 23 个居委会析出，划归八角街道办事处管理。

第二次扩区后，开发区总面积 228 平方公里，下辖海河、长江 2 个社区管理处，古现、大季家、八角 3 个街道办事处，共 122 个居委会，有居民 46578 户，计 13.19 万人。

图 1-5　2003 年烟台经济技术开发区行政区划图

图 1-6 2002 年的烟台开发区

第三章 社区与街道

第一节 社区

海河社区 1989 年 3 月 16 日，管委设立全区第一个街道办事处——海河办事处，为管委直属正科级事业单位，由管委办公室代管。主要负责对建成住宅小区Ⅰ-7 小区（晨光小区）、Ⅰ-8 小区（旭日小区）的管理工作。1990 年 6 月 22 日，Ⅰ-7 社区居民委员会成立，称崂山路居民委员会，为全区第一个社区居民委员会。1991 年 8 月，管委批准Ⅰ-8 社区居民委员会成立，称桑干河路居民委员会。是年，海河办事处有居民 944 户，3551 人。

1999 年 1 月 21 日，海河办事处更名为海河街道办事处，为管委直属正科级事业单位，管辖范围为：东起东巡宫路向南至黑龙江路交汇处，沿黑龙江路向南经长江路和金沙江路，沿金沙江路向西转北，经长江路至海滨路以内的区域。2000 年，海河街道拥有居民 8721 户，25753 人，管理处办公地点设在建设大厦四楼。

图 1-7 海河社区一角（2000 年摄）

2001 年 4 月 30 日，海河街道办事处更名为海河社区管理处，为管委直属正科级事业单位，辖区范围和所辖居民委员会不变。

海河社区管理处所辖区域地势平坦，长江路、黄河路两条主干道横贯东西。域内为管委机关、企事业单位、学校园所、商场等云集区：有开发区管委行政中心办公大楼，有正海电子网板公司、首钢东星公司、氨纶公司、荣昌制药公司、浪潮 LG 公司等全区支柱产业，有高级职业学校、耀华国际教育学校、第一中学、第二中学、第一小学、实验小学、海河幼儿园等各级各类学校，有彩云城、德胜商城及家家悦、美特好等大型购物商场。另外还有金沙滩海滨公园、天街广场、天地广场、秦始皇东巡宫、滨海防护林等人文景观和自然景观。

2003 年，海河社区总面积 14.03 平方公里，下辖 12 个社区居民委员会，有居民 10956 户，计 34904 人。是年，海河社区通过 ISO 14000 环境管理体系认证，被联合国环境计划署确定为中国工业园区环境管理示范区。

2003 年烟台开发区海河社区所辖居委会情况表

表 1–1

居委会名称	成立时间	居民户数（户）	人口（人）	备 注
晨光居委会	1990.02	718	2512	原崂山路居委会
旭日居委会	1991.09	672	1817	原桑干河路居委会
银芝居委会	1995.11	930	2946	
华电居委会	1995.09	1650	5280	
丹阳居委会	1995.09	1376	4930	原朝阳居委会
凤台东居委会	1995.01	1148	3327	原凤台居委会
凤台西居委会	1999.01	493	1695	原凤台居委会
新港居委会	1999.01	198	974	
星海居委会	1999.01	1109	3412	
金城居委会	1999.01	1163	3634	
东星居委会	1999.01	957	2871	
定海居委会	2000.04	542	1506	原宁海居委会

长江社区 1987 年 7 月 1 日，开发区与福山区对曲家台子村、胜利东村、胜利西村、马家 4 个村进行正式交接后，将其划归开发区金桥联合总公司管理。1990 年 3 月 14 日，开发区管委设立开发区金桥办事处，接管 4 个村。

1992 年 6 月 11 日，福东、福西办事处成立。1992 年 6 月 15 日，福山区臧家乡的舒家、栖里、廒上、奇章 4 个村移交开发区后，划归福东办事处管辖；福山区臧家乡的岗嵛、北屯、北车家 3 个村移交开发区后，划归福西办事处管辖。同日，金桥办事处管辖单位调整为刘家台子、宫家台子、杨家台子 3 个村，原由金桥办事处管理的胜利东村、胜利西村、曲家台子村、马家村分别隶属园林旅游公司、房地产公司、进出口公司、实业公司管理。

1994 年 12 月 29 日，开发区管委撤销金桥办事处、福东办事处、福西办事处，设立基层工作委员会，负责胜利东村、胜利西村、曲家台子、马家、杨家台子、宫家台子、刘家台子、舒家、栖里、廒上、奇章、岗嵛、北屯、车家 14 个村的管理工作。

1999 年 1 月 21 日，开发区管委设立长江街道办事处（基工委同时挂长江街道办事处牌子）。

2001年4月30日，管委将长江街道办事处更名为长江社区管理处，为管委直属正科级事业单位，不再保留基层工作委员会名称，辖区范围和所辖居民委员会不变。

2003年，长江社区下辖胜利东村等17个居民委员会（其中14个属“村改居过渡型”居委会），长江社区总面积21.97平方公里，有居民10120户，总人口30951人，社区管理处办公地址在黄河路86号（新时代大厦院内1号楼）。

2003年烟台开发区长江社区所辖居委会情况表

表1–2

居委会名称	位置	户数（户）	人口（人）	人均纯收入（元）
胜利东村居委会	建成区东部	2200	6548	8000
胙利西村居委会	建成区中部	1610	5640	7200
马家居委会	建成区西部	275	812	3720
曲家台子居委会	建成区东南部	652	1760	4100
宫家台子居委会	建成区东南部	170	430	4080
杨家台子居委会	建成区东南部	178	474	3580
刘家台子居委会	建成区东南部	390	1124	3960
舒家居委会	建成区南部中端	386	1062	4200
栖里居委会	建成区南部	324	956	3860
廒上居委会	建成区南边中部	248	752	3620
奇章居委会	建成区南部中段	650	2197	4300
北车家居委会	建成区西南部	497	1426	3920
北屯居委会	建成区西南部	183	589	3980
岗嵛居委会	建成区西部	767	2298	3780
光明居委会	建成区东部	192	673	–
金光居委会	建成区东南部	1323	3987	–
凤城居委会	建成区南部	75	223	–

第二节 街道

古现街道 2002年9月18日，经烟台市政府同意，福山区撤销古现镇，改设古现街道，办事处机关驻原古现镇人民政府驻地。2002年9月19日，烟台市政府正式将古现街道划归烟台经济技术开发区管理。古现街道下辖61个居委会，行政区域面积106平方公里，人口4.3万人。2002年10月15日，经烟台市政府同意，开发区将古现街道辖属的23个居委会划出，设立八角街道。经此变动后，古现街道总面积为76平方公里，

图 1-8　古现街道办事处（2003 年摄）

下辖 38 个居委会。古现街道位于开发区西部长江路两侧，距开发区管委 10 公里。东与开发区建成区相连，西与蓬莱市大柳行镇接壤，南与福山区高疃镇相依，北与黄海相临。古现街道交通便利，206 国道、轸八环城高速公路、牟黄公路及长江路横贯东西。2003 年，古现街道共有居民 9604 户，计 26179 人。

古现街道地势南部、西部高，北部、东部低，南部、西部为丘陵地带，北部和中部为冲积平原。主要山丘有磁山、哄君顶、罗山坡、凤凰山等，最高峰为磁山，海拔 528.9 米。主要河流有柳林河、旱夹河、黄金河及南夼河。境内有小（一）型水库 1 座，小（二）型水库 2 座，大小塘坝 68 座。适宜种植的农作物主要有小麦、玉米、谷子、大豆、地瓜、花生等；适宜种植的果树主要有苹果、桃、梨、李、大樱桃等。矿产资源有南张家金矿、石岚花岗岩、东龙夼石灰岩等。

1956—1983 年，农业生产以集体经营为主。1984 年后，实行联产承包责任制，调整产业结构，发展高效农业，大樱桃、葡萄、蔬菜、水果等作物种植面积大幅增加。2003 年，古现街道农作物总播种面积 1918 公顷，粮食总产量 4412 吨，油料作物总产量 1200 吨，蔬菜总产量 14980 吨，水果产量 6450 吨，农林牧渔业总产值 1.8 亿元，农民人均纯收入 4988 元。

古现街道拥有 8 公里长海岸线。1983 年后，在巩固发展捕捞业的基础上，对虾、海参、海带、扇贝等海产品养殖业迅速崛起。2003 年，水产养殖面积 1091.5 公顷，渔业产值 7055 万元。

20 世纪 50 年代至 80 年代初期，古现街道工业基础较单薄。1984 年改革开放以后，工业迅速发展。到 2003 年，拥有各类企业 89 家，已初步形成了以化工、建材、冶炼、机械、水产加工及电子信息产业为龙头的支柱产业，知名企业有金河公司、黄金冶炼厂、紫薇食品公司等。工业总产值 8.18 亿元，工业增加值 2.5 亿元，工业利税总额 3142 万元。古现街道山海形胜，历史悠久，旅游资源非常丰富。自然景观方面有迷人的滨海沙滩、防护林，有雄奇俊秀的磁山、崮岦山，有充满神秘色彩的罗山坡、凤凰山等；人文景观方面有省级重点文物保护单位三十里堡古城遗址、三十里堡汉墓群，有磁山庵遗址、北于家烽火墩、清代王懿荣故居等，还有当代集观光旅游与高档葡萄酒生产于一体的张裕·卡斯特葡萄酒庄园等。

古现街道历史悠久，文化底蕴丰厚。自西汉至东晋 600 余年中均为青州牟平县县治所的所在地。自明至清境内共考取进士 27 人，占福山县 42%；考取举人 62 人，占福山县 37%。其中，有户部尚书王鹭、湖广总督王检、山西巡抚王兆琛等重要官吏，还有甲骨文最早发现者、爱国志士王懿荣等杰出人物。

2003年古现街道所辖居委会情况表

表1-3

居委会名称	位置（距办事处驻地）	户数（户）	人口（人）	人均纯收入（元）
古现东村居委会	驻地所在地	421	1107	4887
古现西村居委会	西南0.3公里	433	1191	5247
古现北斗居委会	西北0.2公里	226	638	3558
古现胜利居委会	西0.15公里	227	629	4387
曲家庄居委会	东0.1公里	131	381	4803
张家庄居委会	东0.2公里	97	269	4498
河北居委会	北0.5公里	760	2139	2735
三十里堡居委会	东北3公里	372	1103	9400
皂户头居委会	东北4公里	394	1170	5700
东龙夼居委会	西南2公里	157	452	2854
山王家居委会	西南3公里	160	412	2233
徐家居委会	西南3.5公里	84	247	2145
山吴家居委会	西南3.5公里	79	189	2100
李家居委会	西南3公里	125	325	2246
郭家居委会	西南3.5公里	69	163	2100
南张家居委会	西南4公里	203	527	2428
汪家沟居委会	西南4公里	135	330	3000
邱家居委会	西北1公里	78	204	2745
河北刘家居委会	西北1公里	77	206	2912
西臧家居委会	西1.5公里	296	773	2833
谭家居委会	西2公里	162	425	2494
石岚居委会	西3公里	464	1275	2784
陈家沟居委会	西南3.5公里	154	399	2305
北于家居委会	东4公里	402	1172	5895
南于家居委会	东5公里	186	487	4500
孙家居委会	东5公里	350	900	4300
四合居委会	东7公里	485	1288	3587
林官庄居委会	东4公里	106	305	3377

续表 1-3

居委会名称	位置（距办事处驻地）	户数（户）	人口（人）	人均纯收入（元）
小王家居委会	东 5 公里	224	596	3500
梁家居委会	东南 6 公里	244	669	3901
陈家居委会	东南 6 公里	235	655	2687
大王家居委会	东南 7 公里	507	1470	2400
潘家居委会	东南 7.5 公里	137	375	2585
东张家居委会	东南 8 公里	115	308	3670
林家居委会	东南 8.5 公里	186	452	5840
东吴家居委会	东南 3.5 公里	315	883	2600
院下居委会	东南 9 公里	269	736	2676
棘子夼居委会	东南 9 公里	91	257	3100
其他	-	448	1072	-

大季家街道 2002 年 9 月 17 日，经山东省政府同意，蓬莱市大季家镇划归烟台市福山区管辖。2002 年 9 月 18 日，经烟台市政府同意，撤销大季家镇，改设大季家街道，办事处机关驻原大季家镇人民政府驻地。2002 年 9 月 19 日，大季家街道划归烟台经济技术开发区管理。大季家街道位于开发区西北部，距离开发区管委 25 公里。东连八角街道，西、南与蓬莱接壤，北临黄海。总面积 86 平方公里，下辖 32 个居委会。2003 年，共有居民 13038 户，计 31892 人。大季家镇划归开发区前系山东省小城镇建设“百新工程”试点镇，1996 年被山东省人民政府命名为“山东省村镇建设新型乡镇”，被国务院发展研究中心农村发展研究部和中国农学会特产经济专业委员会共同命名为“中国海带之乡”。

街道地势南部、东部高，北部、西部低，多属丘陵地带，西北部为冲积平原。主要山丘有九目山、祈雨顶、峰山、围子山、曲家山、赵家山、光山、小尧山等。最高峰为九目山，海拔 255.6 米。主要河流是九曲河，总长 6000 余米，流域面积 20 多平方公里。有小（一）型水库 2 座，小（二）型水库 12 座，大小塘坝 16 座。适宜种植的农作物主要有小麦、玉米、谷子、大豆、地瓜、花生、芦笋等；适宜种植的果类主要有苹果、葡萄、大樱桃、桃子、李、梨等。矿产资源有花岗岩、石灰岩、滑石等。

图 1-9 大季家街道办事处驻地全貌（2003 年摄）

农业生产从20世纪50年代中期至1982年为集体经营，以粮食生产为主。1983年后，实行联产承包责任制，调整产业结构，着力发展高效农业。2003年，农作物总播种面积3402公顷，粮食总产量10736吨，油料作物总产量2556吨，蔬菜总产量11783吨，水果产量10512吨，农林牧渔业总产值10亿元，农民人均纯收入4180元。

大季家街道海岸线长27公里。1984年后，在巩固发展捕捞业的基础上，海参、鲍鱼、牡蛎、扇贝、海带、大菱鲆等海产品养殖业发展迅速。2003年，大季家街道水产养殖面积3606.8公顷，渔业产值8.5亿元。

1984年改革开放后，工业迅速发展。到2003年，已拥有各类企业310多家，其中年销售额达500万元以上21家，有烟台开发区华达钢铁有限公司、青岛啤酒（蓬莱）有限公司、烟台国衡船用阀门制造有限公司、双狮滑石粉有限公司等企业，还有以海洋水产品加工为主的食品工业园中的联发水产有限公司、佳成水产食品有限公司、黎明水产有限公司、方丹食品有限公司、金鹏食品有限公司等企业，大季家街道已成为全国水产品加工重要集散地。2003年，大季家街道工业总产值21亿元，工业利税总额1.8亿元。

大季家街道电力和电信业比较发达。至2003年，有11万伏变电站1座和3.5万伏变电站2座，程控电话1万多部、移动通讯信号台7处、小灵通信号台50余处。

大季家街道旅游资源丰富。自然景观方面有27公里风光旖旎的海岸线，有甘甜可口的峰山泉水，以及龙头山下的神秘龙洞等；人文景观方面，有400余年传统的渔灯节，有仲家沙渚寺庙、仲家古遗址、祈雨顶庙等。

2003年大季家街道所辖居委会情况表

表1-4

居委会名称	位置（距办事处驻地）	户数（户）	人口（人）	人均纯收入（元）
大邹家居委会	西4公里	318	900	4140
小邹家居委会	西3公里	120	334	2000
巨峰居委会	西北2.5公里	408	1079	4000
台上居委会	西3公里	90	235	4500
张家居委会	西北0.4公里	295	790	4500
马家居委会	西北5公里	297	800	4621
张家庄居委会	西北3公里	173	420	3980
大季家居委会	驻地所在	500	1380	4361
小季家居委会	南0.5公里	174	422	3767
大苗家居委会	西1公里	176	500	4600
小苗家居委会	南2公里	127	402	3759
孙家居委会	北2公里	282	670	4336
仲家居委会	北1.5公里	380	900	3800
姜家居委会	东北1.5公里	252	611	4096
房家居委会	西2公里	145	389	3368

续表 1-4

居委会名称	位置 （距办事处驻地）	户数 （户）	人口 （人）	人均纯收入 （元）
方里董家居委会	东南 2.5 公里	288	670	3000
方里刘家居委会	东 2.5 公里	235	627	1800
方里庄子居委会	东 2 公里	117	265	3622
树夼王家居委会	东南 2 公里	50	110	4200
树夼李家居委会	东南 3 公里	190	480	4000
树夼夏家居委会	东南 2 公里	63	165	3600
丈老沟居委会	东南 5 公里	174	456	3200
范家居委会	东南 4 公里	209	528	1500
曲家居委会	东北 5 公里	78	191	3500
穆家居委会	东北 3 公里	98	238	4500
仵家居委会	东北 3 公里	202	533	4000
芦洋居委会	东北 6 公里	1260	3190	4200
大赵家居委会	东北 5 公里	1027	2560	4254
山后初家居委会	东北 10 公里	1360	4310	4000
山后李家居委会	东北 10 公里	603	1676	4561
山后顾家居委会	北 6 公里	625	1585	4220
山后陈家居委会	北 5 公里	980	2657	3600
其他	–	1742	1819	–

八角街道　2002 年 10 月 15 日，烟台市政府批准开发区设立八角街道，将原古现街道的侯家等 23 个行政村划归八角街道管辖，办事处机关驻八角口村。八角街道位于开发区西北部，距离开发区管委 17.5 公里。东临黄海，与芝罘区相望；南以王坡顶为界，与蓬莱市大柳行镇相接；北至祈雨顶、八角村北千石河，与大季家街道接壤。总面积 31.8 平方公里，辖 23 个居委会。至 2003 年年底，共有 5826 户，16144 人。

八角街道地势西高东低，属沿海丘陵地带。主要山岭有王坡顶、祈雨顶、老墩、老牛孤堆。最高峰为祈雨顶，海拔 153.1 米。主要河流有旱夹河、三道河、大砂河（陡崖河）。丘陵为黄黏土壤，河间平地为冲积沙土，适宜果树和粮油作物生长。主产小麦、玉米、地瓜、花生、大豆、苹果、大樱桃等。

农业生产从 20 世纪 50 年代中期至 1982 年为集体经营，以粮食生产为主。1983 年后实行联产承包责任制，调整农业结构，大力发展果业。2003 年，八角街道农作物总播种面积 1046 公顷，粮食总产量 2467 吨，油料作物总产量 1201 吨，蔬菜总产量 2244 吨，水果产量 5825 吨，农林牧渔业总产值 1.27 亿元，农民人均纯收入 3655 元。

八角街道海岸南起黄庄，北至千石河入海口，长约 10 公里。陆地海岸多为丘坡，潮间带多为岩礁地质，潮下带主要为泥沙石地质，适宜贝、藻、参类生长。主要海产品有鲅鱼、偏口鱼、鲈鱼、对虾、扇贝、海带、海参等。2003 年，水产品总产量 32006 吨，渔业产值 1.1 亿元。

图 1-10 2003 年 4 月，八角街道办事处乔迁新址

20 世纪 80 年代末 90 年代初，工业有建材、小五金、粮油加工、冷藏、船舶修造、印刷、家具制造等行业。到 2002 年，域内有砖瓦厂 1 家，年产值 2500 万元；船坞 3 家，年产值 51 万元；冷藏厂 6 家，年产值 2300 万元；印刷厂 4 家，年产值 1300 万元；粮油加工规模较大的 2 家，年产值 55 万元。2003 年工业园工程启动，园区面积 2.7 平方公里，园区重点发展水产品加工、电子信息、新材料、绿色食品、化工、冶炼等支柱产业。2003 年，八角街道工业总产值 11506 万元，工业利税总额 853 万元。

2003 年八角街道所辖居委会情况表

表 1-5

居委会名称	位置（距办事处驻地）	户数（户）	人口（人）	人均纯收入（元）
八角口居委会	办事处驻地	114	317	4384
八角居委会	北 1 公里	950	2380	3566
小赵家居委会	西北 2 公里	420	1094	3236
泊子居委会	西北 2.5 公里	106	369	3224
于家居委会	西北 3 公里	71	200	3000
叶家居委会	西 2.5 公里	51	134	3276
汪家居委会	西 2 公里	67	187	3026
汤家居委会	西 3 公里	171	500	3076
侯家居委会	西 3.5 公里	207	609	3313
青上居委会	南 0.5 公里	144	456	3831
官庄居委会	西南 2 公里	245	657	2983
陡崖居委会	西南 2.5 公里	135	373	3174

续表 1-5

居委会名称	位置（距办事处驻地）	户数（户）	人口（人）	人均纯收入（元）
芹子口居委会	西南 2.5 公里	114	306	2879
峰台居委会	南 1 公里	258	764	4449
上刘家居委会	南 2 公里	339	873	2994
下刘家农业居委会	南 2 公里	235	623	4205
下刘家渔业居委会	南 2 公里	524	1423	4933
辛店居委会	西南 3.5 公里	244	808	3190
郑家庄居委会	西南 7 公里	188	485	3548
百堡居委会	西南 5 公里	432	1247	3500
石屋营居委会	南 5 公里	236	730	4283
黄庄居委会	南 4 公里	146	412	4679
花岩居委会	西南 7 公里	157	446	3024
其他	–	272	751	–

第二编
自然环境

磁山

烟台经济技术开发区志

YANTAI JINGJI JISHU KAIFAQUZHI

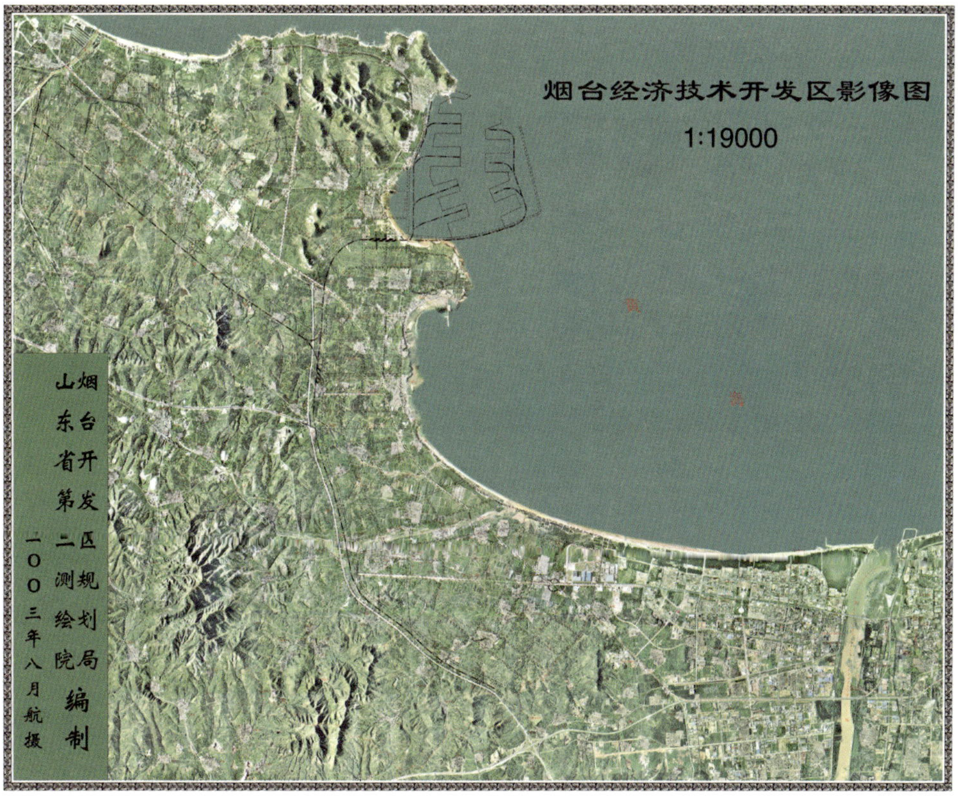

图 2-1　2003 年烟台经济技术开发区影像图

烟台经济技术开发区东临夹河，北濒黄海，地处低山丘陵地带，地势西南高、东北低。辖区总面积 228 平方公里，海岸线 46.8 公里。境内最高峰为磁山主峰，海拔 528.9 米，福莱山、岗嵛山、将山、哄君顶、磁山、九目山、南峰山、顾家围子等构成辖区南部与西部的屏障。主要河流有大沽夹河、柳子河、柳林河、黄金河、旱夹河、平畅河等。辖区属北温带东亚大陆性季风气候，年平均气温为 12.69℃，年海水平均温度 12.5℃，年平均降水量为 737 毫米，年平均无霜期 223 天。主要自然灾害有旱灾、风灾、水灾、雹灾、赤潮等。土壤多为棕壤，土质肥沃。辖区自然资源丰富。年均水资源总量 5000 多万立方米，药材资源 300 余种，渔业资源 200 余种，主要矿产资源 10 余种。

第一章　地　质

烟台经济技术开发区位于胶北隆起区的东部。在漫长的地质发展历史中，基底长期隆起，裸露地表，地质构造复杂，出露地层以元古代地层为主。岩浆活动强烈，以发育元古代酸性花岗岩类为特征，在山间河谷及沿海平原分布有第四纪地层。

第一节　地层

按山东省地层区划，开发区域内地层属华北地层区鲁东地层分区胶北地层小区。

新太古代胶东群　分布于磁山以东地区，出露该群下部的庙家岩组（Ar_4 jM）呈包体状分布于元古代花岗岩体中，岩性为斜长角闪岩、角闪变粒岩夹黑云变粒岩。

古元古代粉子山群 分布于古现和八角街道、大季家街道山后顾家、长江社区奇章一带，地层呈近东西走向，由下而上出露张格庄组、巨屯组和岗嵛组。张格庄组出露二段和三段：二段岩性为透闪岩、透辉岩夹透闪大理岩，厚度244米；三段岩性为白云石大理岩、方解石大理岩夹薄层二云片岩，厚度404米。巨屯组划分为两段：一段岩性为含石墨黑云变粒岩、透闪变粒岩夹透镜状含石墨大理岩，厚度185米；二段岩性为含石墨大理岩、含石墨黑云变粒岩，厚度167米。岗嵛组划分为两段：一段岩性为二云片岩、黑云片岩夹黑云变粒岩，底部夹透镜状透闪大理岩，厚度562米；二段岩性为疙瘩状矽线二云片岩、二云片岩夹黑云变粒岩，底部薄层长石石英岩，厚度319米。

古元古代蓬莱群 分布于古现街道以南洪钧山一带，角度不整合于粉子山群之上。出露该群为豹山口组和辅子夼组。豹山口组可划分为三个段：一段岩性为千枚状板岩、钙质板岩夹千枚状大理岩，底部薄层长石石英岩，厚度79米；二段岩性为绢云绿泥大理岩夹板岩，厚度107米；三段岩为紫红色厚层板岩、钙质板岩、硅质板岩，厚度239米。辅子夼组亦划分为三个段：一段岩性为厚层石英岩夹硅质板岩、泥质板岩，厚度77米；二段岩性为厚层板岩夹薄层石英岩，厚度45米；三段岩性为厚层石英岩、长石石英岩夹薄层板岩，厚度97米。

新生代第四纪地层 分布于山间河谷及沿海平原区，为第四纪松散堆积物。可划分为山前组、临沂组、寒亭组、沂河组及旭口组。山前组分布于古现街道以西，大季家街道方里以南的山前地带。岩性为含砾砂质黏土、黏土质粉砂砾石层，成因为残坡积，形成时代为更新世—全新世，厚度10～15米。临沂组分布于山前冲积平原及大河流两侧一组阶地，岩性为砂质黏土、黏土质粉砂夹砾石层，成因为冲积，形成时代为全新世，厚度3.8～5米。寒亭组分布于沿海地带，岩性为混粒长石石英砂、细粒长石英砂，成因为风积，形成时代为全新统。沂河组分布于现代河流的河床及河漫滩，岩性为含砾混粒砂，成因为冲积，形成时代为全新世，厚度<10米。旭口组分布于沿海地带，岩性为混粒砂、含粒细砂夹海积淤泥，成因为海积，形成时代为全新世，厚度10～15米。

第二节 侵入岩

辖区内侵入岩活动强烈，分布面积广，按山东省侵入岩区划属华北区胶北分区大泽山—艾山小区，以发育元古代和中生代侵入岩为特征。按单元—超单元的填图方法，可划分为8个单元，归并为4个超单元。

古元古代侵入岩 该期侵入岩为双顶超单元，其中燕子夼单元分布于大季家街道办事处以南，岩性为片麻状细粒含黑云二长花岗岩。龙王山单元，分布于古现街道办事处大王家周围，岩性为含电气石伟晶花岗岩。该期岩浆活动表现为结构演化的特点。

新元古代侵入岩 该期侵入岩为玲珑超单元，辖区内出现了3个单元：九曲单元，分布于磁山以东石岚、上岚子一带，岩性为弱片麻状细中粒含石榴二长花岗岩；大庄子单元，分布于大季家街道办事处至八角街道办事处以西地带，岩性为含斑粗中粒二长花岗岩；笔架山单元，分布于磁山周围，岩性为不等粒伟晶花岗岩。该期岩浆活动同样表现为结构演化的特点。

中生代燕山早期侵入岩 该期侵入岩为郭家岭超单元，辖区内出露该超单元3个单元：赵家单元，主要分布于赵家以南地区，岩性为斑状中粒角闪石英二长岩；大草屋单元，分布于南张家以西地区，岩性为斑状中粗粒含角闪花岗闪长岩，岩体中可见较多的细粒闪长质包体；西石棚单元，分布于大季家街道以南地区，岩性为斑状中细粒含角闪二长花岗岩。该期岩浆活动表现为结构和成分双演化的特征。

另外，辖区内尚可见闪长玢岩，石英闪长玢岩、煌斑岩、辉绿玢岩、闪长岩及石英脉等脉岩。

第三节　地质构造

开发区所处的大地构造位置按槽台学说的划分为华北地台鲁东地盾胶北隆起区，按板块学说的划分则是华北板块东南缘，区内褶皱、韧性剪切带及断裂构造较发育。

褶皱　按其展布方向可划分为近东西向褶皱和北东向褶皱。近东西向褶皱有大季家街道山后顾家倒转向斜、顾家围子山倒转背斜，皆位于山后复背斜的北翼。山后复背斜的核部为张格庄组二段，北翼为张格庄组三段，南翼则为花岗岩体侵入。山后顾家倒转向斜与顾家围子山倒背斜的核部及两翼均由张格庄组三段组成，产状均倾向北（北东），倾角 28°~ 31°。古现街道以东的岗嵛组地层走向近东西，属于和平背斜的北翼，该背斜的核部为巨屯组（位于区外），北翼为岗嵛组（位于区外），岩层倾向北，倾角 25°~ 35°。北东向褶皱主要有洪钧山向斜，分布于辖区西南部洪钧山一带，向斜的核部为辅子夼组，翼部为豹山口组，枢纽走向 60°。南东翼倾向北西，北西翼倾向南东，倾角 60°~ 70°，北东向褶皱形成晚于近东西向褶皱。

韧性剪切带　区内的韧性剪切带主要分布于粉子山群和蓬莱群中。山后顾家韧性剪切带分布于山后一带的张格庄组地层中，岗嵛韧性剪切带分布于岗嵛一带的岗嵛组地层中，以上两韧性剪切带走向北西，性质皆为直滑式韧性剪切带。大季家韧性剪切带分布于大季家一带的玲珑超单元中，走向为北西，性质为逆冲式韧性剪切带。大柳行韧性剪切带分布于大柳行一带的郭家岭超单元的边部，形成与郭家岭超单元的主动侵位有关，韧性剪切带的性质为逆冲式韧性剪切带。洪钧山韧性剪切带分布于洪钧山一带的蓬莱群地层中，韧性剪切带走向北东，性质为自南东向北西顺层滑脱式韧性剪切带。

断裂　区内以北东向断裂最为发育，次有近南北向和北西向。北东向断裂 30°~ 60°，由西向东依次有侯格庄断裂、大谷家断裂、古现断裂、东吴家断裂、黄泥沟断裂。这些断裂规模都比较大，走向上可延伸几十公里。该组断裂多倾向南东，部分为北西，具有长期多次活动的特点。晚期则表现为压扭性。近南北向的断裂有南张家断裂，分布在古现街道南张家—八角街道一带，断裂的东盘为粉子山群，西盘为玲珑超单元花岗质岩石。该断裂走向 8°，倾向 98°，倾角 48°~ 53°。沿断裂可见 20 ~ 50 米的构造角砾岩带。南张家金矿即产于该构造带的主要带中。该断裂具有多期活动的特点，晚期表现为右行压扭性。北西向断裂主要见于大季家街道芦洋以北的山后地区，断裂规模较小，断裂性质为右行压扭性。

第二章　地　貌

第一节　地貌特征

烟台开发区地处山东半岛东北部，北临黄海，属典型滨海低山丘陵地形。辖区总面积 228 平方公里，其中山地面积 2 平方公里，丘陵面积 136 平方公里，平原面积 90 平方公里。

总的地形西高东低、南高北低，自西南向东北倾斜。西部南部多低山丘陵，山丘起伏，沟壑纵横。区内主要山头有 28 座，其中 300 米

图 2-2　磁山多种地貌类型

以上的有 3 座。最高山峰位于磁山山脉，海拔达 528.9 米。较大的滨海平原有两块，一块是东起夹河口西到黄金河口一带的滨海平原，一块是大季家以北的滨海平原。

地貌类型可分为山地丘陵、山前倾斜平原和滨海冲积平原3个微地貌区，山丘岭地、水平梯田、沿河地、山间泊地、滨海缓平地、海滩地 6 个微地貌类型，荒坡岭、岭坡梯田、坡麓梯田、岭地、河滩地、泊地、缓平地、沙滩地 8 个微地貌单元。

第二节　低山

区内的山地为低山区，海拔 500 米以上的低山为分布于本区西南的磁山山脉。山脉走向近南北，构成开发区与蓬莱市及福山区的分界，南北长约 5 公里，东西宽约 3 公里，面积 27.6 平方公里。磁山主峰海拔 528.9 米，位于北纬 37° 33′，东经 121° 03′。

磁山古称牟山，因南北三峰耸立，形似笔架，故又称笔架山。磁山山体由新元古代花岗质岩石组成，因地壳长期隆升，并承受外力的侵蚀切割，形成山体高耸挺拔，沟深谷狭的特点。山峰多呈陡峭的尖脊山，坡度较大，坡角多在 30° 以上，陡者在 40° 以上，形成奇峰、怪石、绝壁、巉岩等特有的花岗岩区侵蚀剥蚀地貌。侵蚀深谷中堆积有山体崩落坍塌的巨石，不少沟谷中有泉水出流。磁山植被覆盖率 60% 以上，主要树种有黑松、赤松、柞树、刺槐等，药材有黄芩、防风、丹参

图 2-3　磁山

等。磁山是历史名山，很早就有史料记载。明万历《福山县志》载：“磁山在西北50里，上有石门，下有洞口，悬崖耸出，飞瀑如帘。秦始皇东游，禅为阴主云。”清康熙《福山县志》载：“磁山，在县西北50里，产磁石故名。县龙祖山也。垒耸三峰，岩岩雄峻，其东峰石壁，峭立如削，上瀑布如帘，下有石洞，洞可容百余人。”

图 2-4　哄君顶（㠙岦山）

第三节　丘陵

辖区丘陵为弱切割构造剥蚀丘陵，海拔大都在100～300米，相对切割深100～200米。主要分布在古现街道、大季家街道山后、长江社区岗嵛一带，在大季家街道一带岩性为花岗岩质岩石，古现街道、长江社区岗嵛一带则为粉子山群变质岩。经过长期风化剥蚀，形成起伏山丘和缓岭。山顶为浑圆状，连绵逶迤。山坡平缓，特别是岗嵛一带，山与坡没有明显的界限。地形切割凌乱，沟谷浅而宽，断面多呈“U”型，谷底纵坡越近坡缘越平缓。谷底多有冲洪积物充填。岩性为砂质黏土夹碎石，一般厚度2～3米，近坡缘处则厚度较大。

辖区丘陵海拔均在400米以下，主要山丘有哄君顶、岗嵛山、福莱山、凤台山、小磁山、将山、大顶、圩子山、罗山坡、凤凰顶、景山、火石顶、王坡顶、东炮台、老墩山、祈雨顶、老牛孤堆、九目山、峰子山、馍馍顶、南峰山、长山、北岭山、曲家山、北峰山、火山、赵家山、小尧山、顾家围子等。

哄君顶　旧称㠙岦山，位于磁山东侧，古现街道办事处院下居委会西1公里，呈南北走向，东西宽1公里，南北长5公里，最高峰海拔357.6米。山体由花岗岩构成，锰储量丰富。山上有战壕、围墙遗迹。山东麓有金朝修建的普安禅院，现仅存遗迹。北麓有山泉，经年水流不息。

明万历《福山县志》载：“㠙岦山，在县西三十五里，其峰西向，若侧立然，故名。”《中国历史地名大辞典》载：“㠙岦山，在山东福山县西三十五里，北麓有圣泉水。”清康熙《福山县志》载：“县龙少祖山也，飞舞如凤，展两翼为屏障，中条迁徐东下，顿跌至福山以上，盖县吏秩人文发秀之原焉。明万历末，以开矿凿其峡，仕者居者遂少发，越及封闭四十余年，始有起色。后来固不可知所慎也。”《山东通史》记载说：秦始皇“射鱼在芝罘海，展风在㠙岦山。”

岗嵛山　位于长江社区岗嵛居委会南，呈南北走向，范围东西1.9公里，南北2.8公里，总面积5.32平方公里，海拔150.5米。山北麓为三十里堡汉墓区东区，有封土汉墓30余座。

福莱山　位于长江社区岗嵛居委会东，海拔74.7米，范围0.5平方公里。

图 2-5　福莱山（1986年摄）

凤台山　位于长江社区奇章居委会东，海拔57.3米，范围0.3平方公里。

小磁山　位于古现街道汪家沟村委会西，与福山区高疃镇交界。因山储磁石，且较磁山小，故名。

位居磁山东南，呈南北坐向，范围东西1公里，南北1.5公里，海拔261米。植被覆盖率90%，山上主要树种为松树、刺槐、合欢、板栗等。

将山 位于古现街道棘子夼村委会东北，呈南北走向，范围东西0.5公里，南北1公里，海拔165米。相传明朝时期，曾有位将军驻防于此山上，故名。

大顶 位于古现街道棘子夼居委会西。呈南北走向，范围东西0.8公里，南北1公里，海拔122米，山较周围山高，故名大顶。山西麓有吴家水库1座，植被覆盖率达90%。

圩子山 位于古现街道东张家居委会西南。呈南北走向，范围南北1.2公里，东西1.1公里，海拔115米。

罗山坡 位于古现街道东吴家居委会西。山呈东西走向，范围南北1公里，东西1.5公里，海拔121米。山系崮岦山山脉，西南有哄君顶，两侧各有同向山脉相扶，前有桌墩，麓东北有“圣泉水”，故历代被视为“风水宝地”。麓东为古现王氏茔地，清顺治年间“乡贤”王道增葬此。山储有石灰岩、铁矿石、铜矿等。

凤凰顶 位于古现街道东村居委会南，呈东西走向，范围南北1公里，东西2公里，海拔136.4米。山有三顶，中高两低，形似凤凰展翅。清乾隆《福山县志》载：“峰高脉远，岿然独尊。”主峰曾有魁星阁，农历四月十八赶庙会。西峰顶有石潭，常年有水。北麓有清乾隆年进士、官至安徽布政司使邑人王显绪墓。

景山 位于古现街道山王家居委会西南和郭家居委会东。原称康山，景祥之意，后更名景山。山体呈圆锥形，三面是夼，山体突兀，圆直清秀，中央突起。范围0.5平方公里，海拔98米，1942年陈昱曾在山上建岗楼，现遗迹尚存。

火石顶 位于古现街道南张家村南，因山上石头与钢、铁金属相撞碰后能产生火花，故称其为火石，山亦因此得名。火石顶海拔128.7米，范围0.5平方公里。

王坡顶 位于古现街道邱家居委会北，因山坡为黄色故称黄坡顶，后河北村王姓在此辟为茔地，故名王坡顶。范围为东西2公里，南北1公里，海拔85米。山东麓、河北村西，王懿荣之始祖王忠安葬于此。

东炮台 位于古现街道三十里堡居委会南。据史志记载，西周时，祝融之后封子爵，由莱芜徙此建都，称牟子国。依山筑城，城东南角设炮台，故名。山坐南面北，坡平缓，长宽各2公里，范围4平方公里，海拔56.2米。

老墩山 位于八角街道辛店居委会西北，与蓬莱市交界。山呈南北走向，范围2平方公里，海拔107.8米。明初，为防止倭寇袭击，官府在沿海一带，五里筑墩，十里修堡。因在辛店居委会北山东，用土筑烽火墩一座，且比山矮，故名。

祈雨顶 位于八角街道于家居委会西，与蓬莱市交界处。呈南北走向，范围东西0.7公里，南北1.5公里，海拔153.1米。山势陡峭，岩体裸露。

图2-6 祈雨顶（2003年摄）

老牛孤堆 位于八角街道陡崖居委会南，面积1.1平方公里，海拔57米。巅顶有明筑防倭烟墩，四周高出平地，形成孤堆，远眺似牛，故名。山储金矿脉。

九目山 位于大季家街道范家居委会西南，呈南北走向，面积8.44平方公里，海拔255.6米。因

图2-7 九目山（2003年摄）

山由九个大小山头组成，从四面八方观望均为一个形状，故称九目山。山上蕴藏丰富的花岗岩、黑云片岩，植物资源也较为丰富，出产多种中草药。

峰子山　又称龙头山和光山，位于大季家街道李家居委会东，呈东西走向，海拔139米。山脚下有一洞为龙岩洞，洞深几十米，能容数百人。山南麓是初旺渔港，山顶有灯塔，每天夜晚发出信号，为航船指航。

馍馍顶　位于大季家街道大赵家居委会东，呈东西走向，海拔168米。此山地处海滨，又靠公路，为芦洋港湾的天然屏障。

南峰山　位于大季家街道房家居委会南，南北走向，面积0.28平方公里，海拔165.8米。

长山　位于大季家街道芦洋居委会南，东西走向，海拔168米。

北岭山　位于大季家街道仵家居委会北，南北走向，面积0.39平方公里，海拔150米。

曲家山　位于大季家街道赵家居委会东，南北走向，面积0.18平方公里，海拔144米。

北峰山　位于大季家街道陈家居委会西，东西走向，面积0.44平方公里，海拔98米。

火山　位于大季家街道陈家村东，南北走向，面积0.82平方公里，海拔87.7米。

赵家山　位于大季家街道大赵家居委会东南，南北走向，面积0.23平方公里，海拔222米。

小尧山　位于大季家街道赵家山南，南北走向，面积0.16平方公里，海拔148米。

顾家围子　旧称朱高山，亦称光山，位于大季家街道赵家居委会东北，东南走向，海拔221.3米。北临海，产滑石。明洪武二十七年（1394年）曾移沙门岛巡检司于此。

第四节　平原

辖区平原多为堆积地形，可分为山前冲积平原和海滨堆积平原两类。

山前冲积平原主要分布在大季家—方里、八角、古现、岗嵛一带，由丘陵坡缘及山口向外伸展，海拔一般为20～80米，坡降2%～3%。近山前处多为坡洪积物，其外缘多为冲积物，一般沉积物厚度20～50米。

滨海堆积平原分布于滨海地带，以大季家北部及岗嵛、八角滨海地带范围较大，海拔0～10米，地面平坦，微向海面倾斜。由海积砂及海积淤泥组成，并有大量海生动物贝壳碎片。

图2-8　夹河口西边沿海平原（1986年摄）

第五节　河流

辖区主要河流均属季节性河流，其水源依靠降水补给为主，春季河流断流干涸，汛期河水暴涨。

大沽夹河　大沽夹河位于开发区东部，是开发区与芝罘区的界河，由刘家台子村进入开发区向北流入黄海，区内河段长度约4.5公里。大沽夹河由东西两大支流汇合而成，流域面积2296平方公里。西支流俗名内夹河，发源于栖霞市城南小灵山，在栖霞市境内又叫白洋河，在福山区境内叫清洋河，至福山城东北2公里处入大沽夹河，干流长75公里，流域面积1224平方公里。东支流俗名外夹河，原名大沽河，因与莱西县大沽河重名于1984年更名为大沽夹河；发源于海阳郭城镇牧牛山，自南向北流经海阳、栖霞、牟平、福山、莱山、芝罘及烟台经济技术开发区等7市

图 2-9　大沽夹河（1986 年摄）

区；干流长 65 公里，流域面积 1072 平方公里。两条支流在福山区小沙埠村北 2 公里处汇合。大沽夹河为典型的季节性雨源河流，流经地区为丘陵区，河道弯曲，冲刷力大，中游侧蚀重，下游沉积多，河床宽浅。建区以来，区内夹河段经过不断整治，已成为一道靓丽的风景线。

柳子河　旧称流子河。发源于福山区福新办事处东大顶山北麓，全长 13.5 公里，流域面积 46.4 平方公里，辖区内长度 6.5 公里，河床均宽 30 米，

图 2-10　柳子河（2003 年摄）

流经开发区奇章、栖里等村南，在胜利东村以东汇入大沽夹河。

柳林河　发源于古现峀岂山东麓、夹鹿山西麓。自西南向东北，流经辖区内的潘家、大王家、四合村、小王家等十多个村庄，至北于家村东北入黄海。全长 9 公里，河床宽约 60 米，流域面积为 18.5 平方公里。属季节河，洪峰期径流量为 183 立方米 / 秒。该河上游建小（一）型东吴家水库一座。

黄金河　俗称古现河，两源：西支发源于磁山和蓬莱市尖顶山，由石岚村西入境东下；东支发源于磁山东麓和峀岂山北麓。两支在辖区古现街道北斗村西汇流东下，经三十里堡村北入黄海，全长 16 公里，流域面积 84 平方公里。区内河段为该河下游，长度约 10 公里，河床宽约 80 米，流域面积约 62 平方公里。雨季河水湍急，洪峰期径流量为 210 立方米 / 秒；旱季河水几乎干涸。

图 2-11　烟台开发区境内的黄金河入海口处（2003 年摄）

旱夹河　旧称孙夼河。发源于辖区内的老墩山和九目山。自西向东流经辖区内的百堡、河北等村，于庄村东入黄海。全长 8 公里。流域面积 21 平方公里，河床宽约 40 米。

三道河　发源于老墩山和丈老沟，自西向东流经侯家、汤家村南东下，至八角村东南直入黄海。全长 8 公里，河床宽约 30 米，流域面积为 10.5 平方公里。属季节河，洪峰期径流量为 80 立方米 / 秒。

九曲河　旧称八十里堡河或方里河。发源于九目

山西侧，向北流经大季家街道树夼村，于方里村北折向西北，经仲家村于沙窝孙家村北注入黄海，全长10.3公里。汇集3公里以上河流3条（方里河、大苗家河、小季家河），流域面积40.1平方公里。

平畅河　位于辖区西部，以此河与蓬莱市分界。发源于蓬莱市郭家岭，流经淳于、潮水汇入黄海，流域面积约60平方公里，为典型的季节性雨源河流。下游河道宽浅，烟台市规划在平畅李家一带建地下水库，以调蓄地下水。

第三章　海　域

第一节　海域地貌

基岩海岸　辖区属基岩海岸，主要分为沙滩、泥沙砾石滩和岩礁三种类型。

沙滩岸带　主要分布于滨海南岸的大沽夹河口及旱夹河口一带，南北宽5～6公里。平畅河以东也有分布。

泥沙砾石滩岸带　分布于八角街道石屋营嘴、下刘家、峰台，大季家街道芦洋、山后初旺、李家、顾家、陈家一带，基岩陡坡，坡面多有植物生长。

岩礁岸带　主要分布于八角街道东岛、龙洞嘴一带。礁石丛生，崖形险峻，崖壁陡峭。崖高5～300米，崖下部常有零星海蚀洞穴分布。

水下岸坡　大沽夹河口至旱夹河的八角湾南岸湾顶，水下岸坡延伸至水深10米附近，其两侧岸带则较浅，水深一般在6～8米。沉积物以沙质粉沙为主。地貌形态为向浅海陆架倾斜的平缓坡，平均比降0.5%～0.8%。

浅海陆架　分布于水下岸坡外围，地势平坦，比降0.06%，向外缓倾，外缘与黄海陆架平原相连，海洋水动条件弱，土质细腻，以黏土粉沙为主。

入海河流　主要有大沽夹河、柳林河、黄金河、旱夹河、小季家河、九曲河、平畅河等。除大沽夹河外，其余均为季节性山溪河流，仅在汛期有水，其他季节基本干枯。

第二节　海岸　浅海　滩涂

海岸　辖区海岸东起大沽夹河入海口与芝罘区交界，西至平畅河口与蓬莱市交界，全长46.8公里。海岸线曲折，轮廓主要受冰后期海面抬升前原始地形控制，山丘突出海中，形成岬角，基岩抗侵能力较强，海蚀后退速缓慢。

图2-12　八角东岛嘴（2003年摄）

图 2-13　套子湾一角（2003 年摄）

辖区海岸属基岩岸带，海岸线曲折，礁石较多，潮间带面积狭窄。整条海岸带分为三种类型：夹河口至黄庄、平畅河口附近为软质粉沙淤泥，地势平缓；三道河口、芦洋村附近为泥砾砂石，地势平坦；八角东岛嘴、峰山龙洞嘴附近多为岩礁、山地坡度较大，蚀崖陡峭峻拔。

浅海　辖区所对应的海域 291.5 平方公里，均为深度 20 米以内的浅海。15 米等深线以内面积 19800 公顷，已基本开发利用。主要产业有浅海筏式养殖、滩涂浅海增养殖、定置网捕捞生产、渔港水域、海上旅游及海水浴场等。

潮间带滩涂　辖区潮间带宽度较窄，跨度为 0.1 ~ 0.5 公里，滩涂面积 556 公顷。夹河口至黄庄、平畅河口附近为沙滩形，潮间带平直，含沙量高，无大型藻类生存，动植物种类分布较少；其余潮间带多为岩礁、泥砂砾石滩，底质有机含量较高，平均含量 0.56%，海洋动植物种类丰富。潮间带和水深 5 米的潮下带，有生物 168 种，其中动物 125 种、藻类 43 种，八角东岛、峰山周围近岸的海底岛礁，由于海水清澈，海流畅通，加之众多石隙，是鱼、蟹、海参、鲍鱼、扇贝等的良好栖息地。20 世纪 90 年代末，潮间带滩涂已基本开发利用。

第三节　海湾

辖区海域绝大部分属于套子湾的一部分。

套子湾位于辖区东北部，海湾呈“凹”弧形向北偏东方向开敞，西起顾家围子山龙门眼，东至芝罘岛西北角，口门宽度约 19 公里，面积约 184 平方公里。整个海湾从湾顶向海呈缓慢倾斜，海底平坦，只在两端岬角及八角处海底起伏较大，水深较大，全湾平均水深 12 米，最大水深 20 米。海湾岸滨为沙滩，滩头平缓开阔，岸线长约 44 公里，沿岸沙堤连续分布，高约 3 米，坡度在 1/20 左右，西部海岸近岸处礁石丛生，有 20 余处。

海湾潮汐类型为不规则半日潮。平均大潮升 2.30 米，小潮升 1.88 米，潮位 2.09 米。一般涨潮历时 6 小时 10 分，落潮历时 5 小时 50 分，平均高潮间隙 9 小时 59 分，低潮间隙 3 小时 49 分。

海湾三面环陆，一面临海。春秋季节大风较多，夏季较少。年出现 6 级以上大风日平均 80.3 天，最高达 100 天。极大风速 39.6 米 / 秒。湾内气候温和，1 月最冷，7 月最热。年平均气温 12.5℃，极端最高气温 38℃，极端最低气温 -13.1℃。

套子湾水生动植物十分丰富，是鱼虾产卵育成场。有硅藻、骨条藻等浮游植物 29 种，中华蛰水蚤、长尾类幼虫等浮游动物 50 余种，为鱼、虾、蟹、贝类提供了丰富的饵料资源。潮间带和浅海生物 168 种，其中动物 125 种，藻类 43 种。经济种类：海带、石花菜等藻类 22 种，鲅鱼、黄盖鲽等鱼类 81 种，牡蛎、红螺等软体动物 20 种，刺参等棘皮类动物 6 种，中国对虾、三疣梭子蟹等甲壳类动物 13 种，无针乌贼、短蛸等头足类动物 6 种。

套子湾历史悠久，地理位置优越。沿岸政治、经济、贸易、交通运输、海洋渔业十分发达。据考证，在距今6000年前，就有人类定居从事农渔活动。春秋时期为牟子国迁徙地。明天启年间就有货船往来，“为四方贸易所”；明崇祯年间，“设左营兵将驻防，为一时重地”。明嘉靖三十二年（1553年），抗倭名将戚继光在八角设炮台、烽火台，置兵于海岸。

套子湾在辖区的海域西起大季家街道顾家围子山龙门眼、东至大沽夹河口。辖区内流入套子湾的河流主要有大沽夹河、柳林河、黄金河、旱夹河、三道河等。以大沽夹河为最大，其余均为山溪河流。

位于套子湾西部的八角港历史上渔业、商业、贸易十分发达，每当渔汛季节，船只拥泊成阵。晚清时期，有酿酒、日用百货、水产品商铺等30余家。酒类、海参、布匹、茶叶等往来贸易远达京津、江浙。清咸丰十一年（1861年），烟台辟为商埠后，八角港逐渐衰落。

新中国成立后，特别是改革开放以来，辖区所属的套子湾沿岸区域经济得到快速发展。截至2003年，东起夹河口西至黄金河口的滨海沙滩已建成金沙滩海水浴场，成为游泳休闲圣地；海水浴场以南区域已发展成高楼林立、交通纵横的城区，成为烟台开发区政治、经济、文化中心。辖区所属的套子湾沿岸有夹河、八角、初旺等5处渔港码头，年进出港船舶5万余艘，年货物吞量50余万吨。其中八角渔港总投资5000万元，最大水深8米，可供8000吨级的货轮靠泊。沿岸海洋捕捞、海水养殖、水产品加工产业十分发达，是烟台市重要的渔业生产基地。

第四节　海洋物理与生物

海洋物理　温度　辖区年海水平均温度12.5℃，最高温度发生在7月为31.2℃，最低温度在2月为-2.1℃。春夏季节水温平面分布，近海高于远海，表层高于底层。夏季整个海域水温变化范围在22～26℃之间，比春季增温10～11℃。秋冬季节水温平面分布，远海高于近海，底层高于表层。冬季水温，表层最高4.2℃，最低为-3.1℃，水温垂直分布均匀，无温跃层出现。

盐度　由于受大沽夹河等河流淡水的注入，对辖区海水盐度产生了一定的影响，海水盐度属混合型。年度变化取决于季风交替所导致的两种不同性质流系的变化。上半年为增盐期，春季盐度水平分布自南向北递增，盐度在27.2‰～28‰之间，最高为29.4‰。下半年为降盐期，盐度表现为夏高冬低。夏季盐度在28‰以下。冬季属低盐期，各河入海径流小，在冬风作用下蒸发，盐度降低0.15‰～0.35‰。辖区海水盐度最高值31.21‰，最低值30.46‰，年平均值为31.00‰。

气压　年平均海平面气压1017毫帕；1月平均为1027～1028毫帕，是一年中的高压期；以后月份逐渐下降，7月到达低谷，平均为1004～1005毫帕；8月后开始逐渐上升，呈抛物线变化。热带气旋影响时，气压有时降到985毫帕以下。

潮汐　辖区海区属一日两涨、两落不正规半日潮。涨潮历时6时10分，落潮历时5时50分。涨潮历时大于落潮历时。平均高潮间隙9小时59分，平均低潮间隙3小时49分。平均大潮升230厘米，平均小潮升188厘米，潮位209厘米。平均海平面130厘米。

潮流　涨潮流是西北向，落潮流为东南向。潮流运动形式：西部以往复流为主，东部和南部为旋转流为主。潮流流速为每秒0.7～1.75米。由湾口向湾内，从西向东逐渐减弱。最大流速发生在龙洞嘴和八角东岛嘴附近海域。

海浪　套子湾外波浪浪向：西北向、北向，频率为7%。强浪向为北向，最大浪高4.7米。静浪频率：年平均出现率为67%；夏季为84%；冬季为51%。波浪频率：波高为0.5～1.9米，出现率为10.00%；1.0～1.4米，出现率为9.46%；1.5～1.9米，出现率为6.00%；大于3米的出现率为0.63%。套子湾内波浪浪向：西北向，频率为7%。强浪向为北、北西向，最大浪高为2米。静浪频率：年平均为72%，夏季为97%，冬季

图 2-14　套子湾海浪

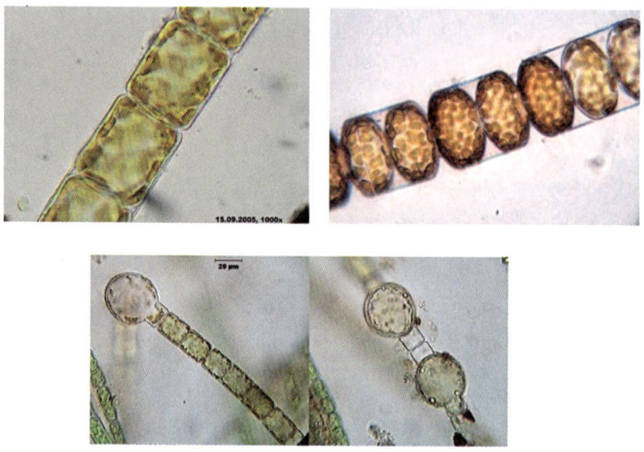

图 2-17　偏心圆筛藻

为 59%。湾内平均波高 0.51 米。波浪频率：波高 0 ~ 0.4 米出现率为 12.80%，波高 0.5 ~ 0.9 米出现率为 13.23%，波高大于 2.5 米的出现率为 0.04%。

水质　2002 年烟台市海洋渔业局组织开展全市近岸海域环境趋势性、海水浴场、重要排污口等监测。监测结果表明，主要以清洁、较清洁海域为主，部分港区、入海口和工业较集中的海湾，海水水质污染有加重趋势，主要污染物为营养盐、石油类和重金属。辖区污染指数（指被测污染物浓度值与该污染物标准的比值）为 0.58，为较清洁海域。

海洋生物　浮游植物　以硅藻类的近岸广布种为主，优势种有骨条藻、偏心圆筛藻、圆筛藻属、波状辐裥藻、丹麦细柱藻、斯托根管藻、翼根管藻、窄隙角刺藻、柔弱角刺藻、双孢角刺藻、布氏双尾藻、中华丰管藻、长柄曲卷藻、日本星杆藻、

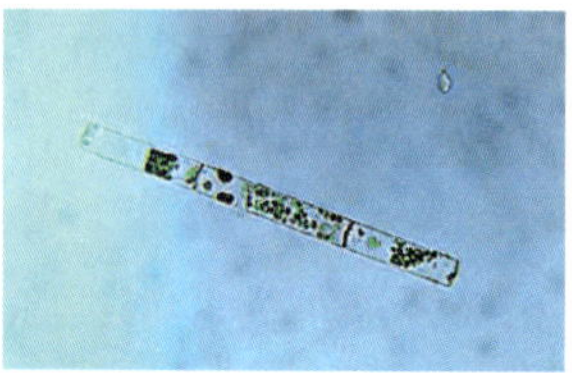

图 2-15　丹麦细柱藻

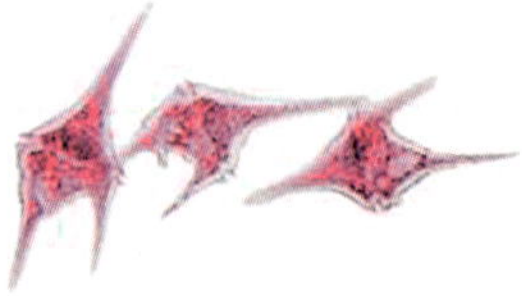

图 2-16　骨条藻

伏恩海毛藻、尖刺菱行藻、长角角藻和中型角藻等。6 月总个体数较高，为 169.2 × 104 个 / 立方米；8 月总个体数为 26 × 104 个 / 立方米。6 月以角刺藻、圆筛藻、细柱藻、直链藻、日本星杆藻为优势种。8 月以角刺藻、甲藻、塔形盖冠藻、圆筛藻为优势种。

浮游动物　以双刺纺锤水蚤、中华哲水蚤、墨汤氏胸刺蚤、瘦尾胸刺水蚤、汤氏长足水蚤、双刺唇角水蚤、钳形歪水蚤、水拟蛰水蚤等和桡脚类为优势种。其次有枝角类的鸟喙尖头蚤；毛颚类强壮箭虫；磷虾类；原生物夜光虫；被囊类住囊虫；长尾类幼虫、海蛇尾长腕幼虫及少量水母、海蛰等种类。6 月以夜光虫、双刺纺锤水蚤、墨氏胸刺水蚤为主，平均生物量为 49840 个 / 立方米。8 月以夜光虫、小型拟哲水蚤、大同长腹剑水蚤为主，平均生物量为 90782.3 个 / 立方米。

图 2-18　中华哲水蚤

底栖植物　底栖植物 50 种，其中绿藻 9 种，褐藻 17 种，红藻 23 种，大叶藻 1 种。优势品种有石莼、浒苔、刺松藻、鼠尾藻、萱藻、茎刺藻、

图 2-19　石莼

图 2-20　刺松藻

粘膜藻、鸭毛藻、蜈蚣藻、海萝、仙菜、江蓠、石花菜、海带和大叶藻等。生物量，5 月份 332.1 克 / 平方米，10 月份 97.4 克 / 平方米，年平均生物量 71.57 克 / 平方米。

图 2-21　浒苔

底栖动物　底栖动物 120 左右种。其中，腔肠动物有海月水母、纵条矶海葵类 4 种；扁形动物 1 种；环节动物有软背鳞沙蚕、索沙蚕、毛翼虫、竹节虫等 12 种；软体动物 57 种，优势种有短滨螺、单齿螺、古氏滩栖螺、习见织纹螺、贻贝、毛蚶、栉孔扇贝、日本镜蛤、中国蛤蜊、紫彩血蛤、烟台腹蛤、大竹蛏、长竹蛏、褶牡蛎、菲律宾蛤仔、长蛸、短蛸等；节肢动物 38 种，优势种类有双眼沙钩虾、锤形跳钩虾、短脊鼓虾、日本美人虾、哈氏美人虾、豆形拳虾、四齿矶蟹、宽身大眼蟹、日本蟳、绒毛近方蟹、寄生蟹等；棘皮动物有刺参、海棒槌、海胆、鸡氏海星、多刺海盘车、细雕刻肋海胆、马粪海胆等 7 种。

图 2-22　刺参

图 2-23　短滨螺

图 2-24　海月水母

第五节　海上气象与灾害

风　辖区海域的风，秋冬转换季节风速最高，夏季偏低。年平均风速每秒 4 ~ 6 米，最大风速每秒 30 米，极大风速每秒 30 ~ 40 米之间。八级以上大风日为 60 ~ 67 天，春季占 37%，秋季占 18%。

热带风暴　是辖区夏秋季节海上渔业生产的重大灾害性天气，若正值天文潮期，能够引发风暴潮，严重危及船只及人员安全，冲毁沿海防潮坝，损坏渔港码头设施。影响辖区的热带风暴最早出现在 5 月，最晚结束于 10 月，一般集中在 7—9 月。平均约 3 年一遇。

台风　是一种破坏性极强的大风，辖区遭遇较少。1994 年 7 月 15 日辖区遭遇 15 号台风袭击，境内渔船、沿海房屋堤坝遭到严重损坏。1997 年 7 月辖区遭遇 11 号台风袭击，并伴随持续 39 小时降雨。

图 2-25　台风袭击八角渔港

海雾　海雾影响船员视线，极易造成渔船触礁、搁浅、撞船、破网等，对船舶航行安全危害很大。辖区海雾主要以辐射雾和平流雾为主，年平均雾日数为 17 天，最多年份达 30 天。以春秋两季较多。

海冰　多出现在 1—2 月，严重期在 2 月上旬，冰厚在 5 ~ 15 厘米。1987 年辖区沿海出现轻微冰冻。据《中国海湾志》记载，1935 年 1 月末至 2 月初，出现一次严重冰冻，最大厚度达 61 厘米，八角湾大部被冰冻，芝罘湾全部被冰层覆盖。

图 2-26　2003 年 1 月，开发区套子湾近海出现结冰现象

图 2-27　1998 年 9 月，开发区八角湾发生赤潮

赤潮　1998 年 8—10 月，辖区的八角湾与四十里湾、芝罘湾及养马岛附近海域相继发生赤潮，赤潮生物为甲藻，赤潮面积 200 平方公里，造成养殖扇贝、底层鱼类及海珍品大量死亡，直接经济损失 1.07 亿元。

第四章　气　候

第一节　气候特征

辖区地处沿海，属北温带东亚大陆性季风气候，四季分明。春季（3—5 月），前期冷、暖空气交替频繁，天气多变。后期偏南风日数增多，气温回升较快，气压渐降，蒸发加快，降水较少，约占全年的 15%，春旱危害较重。夏季（6—8 月），空气暖湿，雨量集中，降水量约占全年的 60%，暴雨日数多，占全年的 80% 以上，偶遇伏旱。秋季（9—11 月），9 月上、中旬，暖湿空气仍比较活跃，降水也较多，有时形成阴雨连绵天气，影响秋晒；9 月下旬至 10 月，冷空气南下，暖湿空气衰退，降水显著减少，往往出现秋旱，同时北风增多、加强，气温下降较快；11 月冷空气侵入，天气多变，地

图 2-28　磁山的春夏秋冬

方性的低云、阵雨、阵雪天气开始出现。冬季（12月至次年2月），受蒙古高气压控制，盛行偏北风，霜雪次数多，气压高，气温低。

第二节　气温

辖区气温受海洋调节，与同纬度内陆相比，冬不甚冷，夏不太热，温度年振幅和昼夜差都较小。

年平均气温　1984—2003年，辖区年平均气温为12.69℃。年平均气温最低年份是1985年，为11.6℃；年平均气温最高年份是2003年，为13.6℃。年际平均气温差别不大，比较稳定。

1984—2003年烟台开发区气温概况表

表2–1　　单位：℃

年份	最高气温	最低气温	年均气温	年份	最高气温	最低气温	年均气温
1984	34.5	–13.7	11.8	1994	36.4	–9.6	13.5
1985	34.4	–14.7	11.6	1995	33.6	–8.4	12.7
1986	35.4	–12	11.9	1996	34.3	–9.7	12.2
1987	35.7	–11.6	12.1	1997	39.2	–11.1	13
1988	38	–11.7	12.4	1998	34	–10.5	13.4
1989	36.5	–8.9	12.8	1999	35.9	–9.3	13.5
1990	35.4	–14.7	12.7	2000	36.9	–11.8	13
1991	34.9	–11.9	12.5	2001	36.9	–12.9	13.1
1992	38.5	–8.3	12.5	2002	37.3	–7.4	13.3
1993	33.5	–9.6	12.2	2003	36.5	–9.3	13.6

月平均气温　1月份为全年最冷月，月平均气温，为–3.4℃。春季气温回升迅速，其中3月较2月升温5.5℃，4月较3月升温7.3℃，5月较4月升温6.3℃，4、5月间偶有倒春寒现象。夏季是全年的高温季节，月均温度在20℃以上，其中7月份是全年最热月，月平均气温为25.2℃。秋季气温下降较快，9月平均气温降至20℃以下，11月平均气温降至10℃以下；秋季平均气温高于春季。冬季月平均气温降至0℃以下，其中12月为–0.2℃，1月为–3.4℃，2月为–1.8℃。

结冰　结冰初期，累年平均在11月中旬初，最早在11月7日，最晚在11月19日。融冰期，累年平均在3月下旬末，最早在3月下旬初，最晚在4月上旬中期。

烟台开发区累年各月平均气温、日较差、极端气温分布情况表

表2–2　　单位：℃

月份	平均气温	平均最高气温	平均最低气温	平均日较差	极端最高气温	极端最低气温
1	–3.4	1.9	–7	8.9	15.2	–21.8
2	–1.8	3.6	–5.7	9.3	21.3	–18.6
3	3.7	9.7	–1.1	10.8	26.1	–11.8

续表 2-2

月份	平均气温	平均最高气温	平均最低气温	平均日较差	极端最高气温	极端最低气温
4	11	17.2	5.4	11.8	31.8	-6.4
5	17.3	23.5	10.9	12.6	37.4	1.2
6	21.7	27.4	17.2	10.2	38	7.1
7	25.2	29.5	21.3	8.2	37	11
8	24.8	29.0	20.8	8.2	39.9	12.4
9	19.8	25.2	15.2	10	32.5	6
10	13.7	19.7	8.3	11.4	31.7	-1.5
11	6.3	12.0	1.9	10.1	25.7	-13.4
12	-0.2	4.9	-3.6	8.5	19	-2.0
全年	11.5	17	7	10	39.9	-21.8

第三节　降水

年降水　辖区 1984—2003 年平均降水量为 737 毫米，年内降水主要发生在 6—9 月，占年平均降水量的 67.9%。年降水量总的分布趋势是自东南向西北递减。辖区降水特点：形成降水天气的系统较多，加之太平洋副热带高压位置的多变和台风袭击以及地形的影响，导致本地区降水不仅在区域上变化大，年内分配不均，而且年际变化也很大，丰水年（1990 年）最高多达 917.8 毫米，枯水年（1999 年）仅为 324.5 毫米。

季降水　降水量的季节性变化较大。夏季降水量最大，为 348 毫米，占年平均降水量 59.4%；秋季降水量次于夏季，为 109.4 毫米，占年平均降水量的 18.7%；春季降水量小于秋季，大于冬季，为 91.2 毫米，占年平均降水量的 15.6%；冬季降水量最少，为 37.3 毫米，仅占年平均降水量的 6.4%。

月降水　累年月平均降水量，1 月最少，仅 8.4 毫米；7、8 月最多，在 130 毫米左右。

降雪与积雪　降雪　辖区每年 11 月前后，当北方冷空气南下时，经渤、黄海水域的加温增湿，常造成低层空气不稳定，形成大量积云性层积云，加之沿海丘陵山地的抬升作用，形成降雪天气，称之为冷流降雪。降雪初日，平均在 11 月 16 日，最早为 10 月 23 日，最晚在 11 月 27 日。降雪终日，平均在 3 月 18 日，最早为 2 月 23 日，最晚为 4 月 25 日。年降雪日数（包括微量降雪）平均为 38 天，最多年份达到 56 天。

图 2-29　磁山雪景

积雪　积雪初日，平均为11月25日，最早年份在11月1日，最晚年份在12月16日；积雪终日，平均在3月5日，最早年份在1月8日，最晚年份在3月28日。累年年平均积雪日数为30天，最多年份达49天，最少年份仅为5天。累年最大积雪深度为250毫米。

1984—2003年烟台开发区年平均降水量情况表

表2-3　单位：毫米

年份	降水量	年份	降水量
1984	720.7	1994	741.4
1985	855.2	1995	581.5
1986	354.1	1996	678.5
1987	696.3	1997	453.8
1988	500.0	1998	745.1
1989	365.4	1999	324.5
1990	917.8	2000	453.7
1991	494.5	2001	668.3
1992	449.0	2002	433.5
1993	594.7	2003	690.4

1984—2003年烟台开发区月平均降水量情况表

表2-4　单位：毫米

月份	1	2	3	4	5	6	7	8	9	10	11	12	全年
降水量	11.0	9.9	14.3	26.1	50.8	68.5	147.2	132.3	49.9	35.2	24.3	16.4	585.9

第四节　气压和风

气压　辖区气压变化季节性明显。冬季受强大的蒙古高压外围控制，气压最高；夏季处于印度低压伸出的槽内，气压最低。累年月平均气压，12月最高，为1023.4毫巴，7月最低，为1001.2毫巴。1—6月分别是1022.7、1021.5、1016.7、1011.3、1006.7、1002.9毫巴，8—11月分别是1004.2、1010.6、1016.7、1020.5毫巴。全年平均为1013.2毫巴。

风　辖区地处沿海，风速较大，大于8级以上日数，年平均52天。风速，3月最大，平均为4.3米/秒；7—9月风速最小，平均为3.0米/秒。10月开始

图2-30　大风景象

冷空气势力加强，平均风速随之增大，12月—来年2月平均风速均在4米/秒以上。风能的季节分布，春季占33%，冬季占30%，秋季占20%，夏季占17%。

烟台开发区8级以上大风历年平均日数表

表2-5

单位：日

月份		1	2	3	4	5	6	7	8	9	10	11	12	全年
地域	福山	5	5	7	9	9	7	5	3	2	4	6	5	54.2
	蓬莱	5.4	4.1	6	6.9	5.9	3.3	1.5	1.2	1.3	3.6	6.3	5.8	51.1

注：此表情况同表2-3

第五节　湿度和蒸发

湿度　辖区年平均相对湿度为64%。由于受明显的季风环流影响，相对湿度春季最小，为56%。累年各月平均相对湿度，8月最大，为80%；4月最小，为53%。累年各月相对湿度，1—5月、11—12月，空气比较干燥，月最小相对湿度一般不超过10%，特别是3、4月，最小相对湿度只有5%。

蒸发　年蒸发量　1984—2003年平均年蒸发量在1200毫米上下。总体变化趋势是由西北向东南递减。大季家、八角一带区域偏高，年蒸发量在1200毫米以上。古现、建成区较小，年蒸发量在1200毫米以下。蒸发量最大年份是2002年，为1413.7毫米；最小年份是1993年，为845.2毫米。

月蒸发量　自1月开始，累年月平均蒸发量逐月递增，6月达到高峰，为360.5毫米。此后逐月递减，至1月，减到最低值，为68.9毫米。各月一日最大蒸发量，5月最大，为26.6毫米；4月次之，为20.3毫米。春季大于夏季，冬季最小，一般维持在6毫米左右。累年日蒸发量极端值为26.6毫米。

第六节　日照和云

日照　据烟台市实测资料，辖区累年年平均日照时数为2672.2小时，年平均日照率为60%。最多是1997年，为2909.1小时；最少是1985年，为2371.1小时。月日照时数以5月最多，为283.5小时，日照率为66%。12月日照时数最少，为165.7小时，日照率为56%。

年平均总幅射为114.9千卡/平方厘米。最高年份达135.0千卡/平方厘米；最低年份为90.4千卡/平方厘米。年内最高值在5月，为14.3千卡/平方厘米；最低值在12月，为4.5千卡/平方厘米。

云　辖区总云量，6—8月最多，累年平均在5.5以上；12月至次年2月最少，平均在4以下。低云量，7—8月、11—12月最多，平均在2以上；2—4月最小，平均在1以下。

图2-31　蓝天白云下的开发区（2003年摄）

各月平均晴天日数，按总云量统计，全年晴天日数为105天。9月至翌年3月，晴天日数最多，均在10天以上；6—8月晴天日数最小，在5天左右。按低云量统计，全年晴天日数为251天。2—5月晴天日数最多，均在25天左右。7、8、11、12月晴天日数最少，在18天左右。

各月平均阴天日数，按总云量统计，全年阴天日数为76天。7月阴天最多，为13天；2月阴天日数最少，不足5天。按低云量统计，全年阴天日数为11天。11月最多为3天，其他月份均在1～2天。

第七节　冻土和霜期

冻土　辖区冻土初日，一般在12月上旬中期。10厘米深冻结初日，平均在12月下旬末，最早在12月15日，最晚在1月11日。30厘米深冻初日，一般在1月中旬末，最早在1月11日，最晚在1月27日；解冻日期，平均在3月上旬末。10厘米深解冻日期，平均在2月下旬末，最早在2月16日，最晚在3月8日。30厘米深解冻日期，一般在2月中旬末，最早在2月4日，最晚在2月27日。冻土深度以1、2月为最大，平均最大冻土深度均在30厘米以上。极端最大冻土深度达45厘米。

霜期　辖区霜期一般始于11月上旬末。最早出现在10月下旬中期，最晚出现在11月下旬初；终霜日平均在3月下旬中期，最早在3月下旬初，最晚出现在4月上旬中期。初霜与终霜间的日数，平均在140天左右。全年无霜期平均为223天。由于地理地形条件的差异，北部无霜期比南部长10～20天。

第八节　物候

动物候　大雁，春分前北飞，霜降后南返。小燕，清明节始见，寒露前南归。布谷鸟，立夏前后始啼，秋分前后终鸣。青蛙，谷雨前后鸣叫，白露后即止。

图2-32　小燕归来

烟台开发区常见动物物候现象表

表2-6

名称	现象	时间
大雁	始见北去	年均3月14日
	始见北来	年均11月6日
小燕	始见南来	年均4月13日
	始见南去	年均10月20日
布谷鸟	始啼	年均5月6日
	终啼	年均9月25日
青蛙	始鸣	年均4月18日
	终鸣	年均9月23日

续表 2-6

名称	现象	时间
蟋蟀	始鸣	年均6月24日
	终鸣	年均10月7日
蚱蝉	始鸣	年均6月21日
	终鸣	年均9月27日

植物候 惊蛰后，小麦返青，杨柳萌发。春分至清明节，桃花、杏花盛开。谷雨前后，草木皆青。立夏前后，棘子萌芽，刺槐开花。芒种，小麦变熟。大暑后，草木结实。秋分前后，草树籽实成熟。寒露，野菊花始开。霜降前后，乔灌木叶渐落，杂草渐枯黄。立冬前后，植物休眠。

图 2-33 槐花盛开

烟台开发区常见植物物候期统计表

表 2-7　　单位：℃

现象/名称	发芽		开花		结果		落叶	
	时间	温度	时间	温度	时间	温度	时间	温度
柳树	2月24日	4～6	4月7日	8～13	5月2日	15～19	11月1日	7～6
苹果	4月4日	4～6	4月21日	12～13	10月14日	12～14	11月20日	10～7
毛白杨	4月7日	7～8	3月底	4～10	4月中旬	8～13	10月25日	16～12
榆树	4月5日	7～8	4月初	8～13	5月中旬	15～19	11月下旬	5～3
泡桐	4月15日	10～11	5月15日	14～16	9月中旬	22～18	10月中旬	16～12
蒲公英	2月27日	4～6	3月28日	4～10	5月12日	15～19	11月14日	5～3
苍耳	4月8日	7～8	8月25日	22～27	9月19日	22～17	11月19日	5～3

第五章 土壤 植被

第一节 土壤

土壤类型 根据《山东省第二次土壤普查规定和土壤发生分类原则》和土壤形成条件、过程、属性划分，辖区土壤可分为棕壤、褐土、潮土、水稻土、风沙土5种土类。

棕壤土类 分布于低山、丘陵及高平地带，

是辖区第一大土类，面积 15865.73 公顷，占总面积 70.58%。棕壤主要发育在酸性岩的残积和洪积冲积物的母质上，自然排水条件良好，土壤中物质的转化和迁移基本不受地下水的影响。棕壤通体以棕色或棕褐色为主，表土层厚 20 厘米左右，呈棕灰或棕色，质地多为轻壤和棕壤，其下则为黏化的心土层，呈棕色或棕褐色，这一层富含胶体物质和黏粒，具有紧实的核状或棱块状结构，结构面有明显的红褐色或褐色的铁锰胶膜覆盖，土体厚度随地形部位而异，一般大于 1 米，质地为重壤或黏土，通体无石灰反应。棕壤土类包括棕壤性土、棕壤和潮棕壤三个亚类。

1. 棕壤性土：俗称石碴土、山岭土、马牙沙土等，多分布于辖区低山丘陵中上部，垂直分布在棕壤亚类之上。土壤剖面发育不全，无黏化层，表土下为半风化酸性岩或基性岩等母岩。土层浅薄，平均厚 25 厘米左右，质地粗，粗砂和砾石含量高，平均为 33.4%。海拔高，坡度大，水蚀风蚀重，耕地肥力低，多植果类及花生等耐旱耐瘠薄作物。

辖区代表土种为长江社区奇章居委会西南，距凤台山 S81・W1100 米，海拔 28 米的岭坡上，母质为残积物，母岩为花岗岩。农业利用方式为种植地瓜、花生，土体薄，易干旱，作物产量低而不稳，亩产地瓜 1000 ~ 1250 公斤，花生 75 ~ 100 公斤，可退耕还林。

剖面性态：0 ~ 16 厘米浅棕色，多砾质壤质土，单粒结构，多空隙，较疏松，植物根系较多，无石灰反应。16 厘米以下为风化酸性岩。

烟台开发区棕壤亚类土壤理化性状表

表 2-8

层次 cm	有机质 %	全氮 %	全磷 %	碱解氮 ppm	速效磷 ppm	速效钾 ppm	代换量 me/100g	砾石含量 > 1mm	容量 g/cm³	土壤孔隙度 %	毛管孔隙度 %	通气孔隙度 %	pH 值	质地 1 ~ 0.01mm	质地 < 0.01mm
0 ~ 16	0.74	0.036	0.049	36	2	34	5.5	25.6	1.429	46.08	25.98	20.1	6.5	8.12	18.8

2. 棕壤亚类：俗称黄堰土、黄泥头等。剖面特征：通体以棕色或棕褐色为主，心土层黏重、紧实，在自然剖面上“剥离”结构为柱状或扁柱状，垂直裂隙明显，“破碎”结构为棱块状。结构面多覆被铁锰胶膜。分布于辖区山丘中下部及地形较高的坡麓地上，垂直分布在潮棕壤之上，棕壤性土之下，成土母质为酸性岩或基性岩的残积或洪积冲积物，土体厚或深厚，不受地下水影响，表层土较疏松，质地较轻，有一定程度的水土流失，易旱易涝，肥力一般。利用现状主要是粮、油轮作和以苹果为主的果树园。

辖区代表土种为古现街道东村居委会东南，距凤凰岭 N28・E1050 米，海拔 165 米的缓坡上，母质为洪积冲积物，农业利用方式为种植小麦、玉米。土层深厚，质地适中，浇水条件差，有旱涝威胁，土壤肥力一般，发展水利和增施肥料是提高生产性能的主要措施。

剖面性态：0 ~ 22 厘米浅棕色，质地轻壤，屑粒结构，多空隙，疏松，植物根和动物穴多。22 ~ 85 厘米棕色，质地中壤，碎块结构，紧实，空隙、植物根和动物穴少。有少量的铁锰结核。

烟台开发区棕壤亚类土壤理化性状表

表 2-9

层次 cm	质地		有机质 %	全氮 %	全磷 %	碱解氮 ppm	速效磷 ppm	速效钾 ppm	代换量 me/100g	砾石含量 ＞1mm	容重 g/cm^3	土壤空隙度 %	毛管孔空隙度 %	通气孔隙度 %	pH 值
	1 ~ 0.01mm	＜0.01mm													
0 ~ 22	70.9	30.1	0.98	0.058	0.056	50	4	55	6.1	10.5	1.37	48.3	32.6	15.6	6.3
22 ~ 85	59	41.1	0.77	0.047	0.042	34	1	57	11	13.7	1.46	45.4	28.9	16.5	6.5

3. 潮棕壤亚类：俗称黑黄土、油黄土等。多分布于辖区地势缓平的泊地上，所处地形部位在棕壤亚类之下，地下水位 3 米左右，水质良好。剖面 1 米以下有铁锈斑纹，有明显的附加潮土成土作用。成土母质为洪积冲积物，土层深厚，土壤肥力高，适种作物广，生产性能居棕壤土类三个亚类之首位。农业利用方式主要是种植玉米、小麦，一年二熟。

辖区代表土种为八角街道八角居委会北，距八角居委会东北“三角架” N87・W1010 米，海拔 5 米以下的泊地上，地下水位深 3.5 米，母质为洪积冲积物，农业利用方式为种植小麦、玉米。土体深厚，质地适中，地下水位较高，浇水条件良好，施肥量较大，土壤肥力高，生产性能好，适种作物广。亩产小麦 375 公斤，玉米 425 公斤。

剖面性态：0 ~ 19 厘米暗棕色，轻壤土，粒状结构，土壤疏松，孔隙、植物根系和动物穴多。19 ~ 43 厘米棕色，轻壤土，碎块状结构，较紧实，孔隙、植物根系和动物穴少。

烟台开发区潮棕壤亚类土壤理化性状表

表 2-10

层次 cm	质地		有机质 %	全氮 %	全磷 %	碱解氮 ppm	速效磷 ppm	速效钾 ppm	代换量 me/100g	砾石含量 ＞1mm	容重 g/cm^3	土壤空隙度 %	毛管孔空隙度 %	通气孔隙度 %	pH 值
	1 ~ 0.01mm	＜0.01mm													
0 ~ 19	73.3	26.7	0.93	0.060	0.049	45	1	54	10.0	12.1	1.29	51.32	30.51	20.81	6.4
19 ~ 43	81.4	18.6	0.57	0.033	0.038	30	1	38	8.8	11.2	1.32	5.19	28.14	22.05	6.2

褐土土类　所处地形部位、生产性能、利用方式与棕壤土类相似，区别在于褐土发育在钙质岩的残积或洪积物的母质上。由于褐土发育在富含碳酸盐的土母质上，故碳酸盐在土体中的淋溶淀积往往成为褐土的主要形态特征。典型的褐土通体呈棕色或褐色，一般由耕作层、黏化层和钙质层三个基本层组成。耕作层厚度 20 厘米左右，较疏松。褐土由于碳酸盐在一定深度中淀积，土壤和土壤溶液则始终保持较多的盐基而使土壤呈中性或弱碱性反应。在土层较薄的地区，往往可以看到母岩的缝隙面上淀积着乳白色腊质状的碳酸盐层，石灰反映强烈。辖区褐土土类可分褐土性土、褐土、淋溶褐土和潮褐土四个亚类。

1. 褐土性土：俗称石碴土、岭砂土等。性能、特征与棕壤性土相似，不同点是成土母质为钙质岩，土质较黏，呈褐色，有石灰反应。辖区此土种较少，农业利用方式为种植地瓜、花生，土层薄，易干旱，作物产量低。

2. 褐土：俗称黄堰土、黄泥头等。分布于山丘中下部和地形较高的坡麓及河谷阶地上。成土母质为钙质岩类的残积和洪积物，土质厚或深厚，不受地下水影响。表层土较松，质地多为中壤，心土层黏重，并有明显或不甚明显的胶膜淀积；底土层通体有石灰反应，土壤肥力一般。利用现状主要是粮油轮作和果园。辖区此土种较少，农业利用方式为种植小麦、玉米。

3. 淋溶褐土：分布较褐土亚类高或平行。剖面1米土层内无盐酸反应。土层较厚，肥力较低。利用现状与褐土亚类相似。

4. 潮褐土：俗称褐黄土。分布于地势缓平的山间泊地上，垂直分布在褐土亚类之下，地下水位3米左右，有明显的附加潮土成土作用。成土母质为洪积冲积物。土层深厚，质地多为轻壤和中性壤，有石灰反应。土壤肥力较高，适应种植作物广，产粮高稳。辖区代表土种为舒家、奇章一带海拔5米的泊地上，农业利用方式为小麦、玉米。

潮土土类　辖区潮土分布较广，主要分布于大沽夹河、黄金河、旱夹河、平畅河等河流的中、下游两岸，是辖区第二大土类。潮土直接形成于河流沉积物上，地形缓平，地下水位1 ~ 3米。故沉积物和地下水密切影响着潮土的形成发育和特征性。该土成土物质颗粒的粗细不仅在平面分布上有分选性差异，同剖面中亦有不同的质地层次排列。同一土层内的质地和色泽均一，土体的中下部土层中有明显的铁锈斑纹或细小的铁锰结核。质地主要是松砂、紧砂、砂壤和轻壤土，土体内常夹有不同厚度的砾石层。土色多呈棕黄色或灰黄色。潮土土类在辖区只有一个亚类，按其母质来源、潜水状况和分布可分为河潮土、石灰性河潮土和海滨潮土三个土属。

1. 河潮土：俗称砂土、河淤土、油砂土等，分布于沿河两岸。母质为酸性岩和基性岩风化物，经河水搬运沉积而成。土壤反映中性偏酸，潜水矿化度小于5克 / 升，地下水位1.5米左右，水质良好。土体深厚，无石灰反应，质地多属砂性，保供能力差，养分含量低。利用现状为小麦、玉米、地瓜、花生和果树栽培。辖区代表土种为古现黄金河两岸一带。

2. 石灰性河潮土：分布、化学性状、生产性能与河潮土相似，区别在于母质中含钙质岩类，有石灰反应，酸碱度为7.5左右，母质为冲积物。利用现状为种植小麦、玉米。辖区代表土种为八角百堡一带。

3. 海滨潮土：分布在海拔5米左右的沿海地区。潜水矿化度10 ~ 20克 / 升，局部大于20克 / 升。地下水位1.5米左右，通体为棕黄色或黄白色的砂质土。土体深厚，表土流动性大，易风蚀，保供性能差，土壤肥力低。利用现状主要是果树种植和小麦、玉米、地瓜、花生栽种，产量低而不稳。

辖区代表土种为八角街道八角居委会北，海拔5米以下的滨海缓平地上。地下水位深2.5米，母质冲积沉积物，砂荒地，未利用。通体均砂，通透性能良好，保蓄性能差，潜水位高，表土流动性大，土壤肥力低，不宜耕种，可植树造林，挡风固沙。

剖面性状：0 ~ 41厘米黄白色，松砂土，单粒结构，松散，孔隙较多，植物根系和动物穴较少。41 ~ 150厘米暗黄棕色，松砂土，单粒结构，松散，孔隙较多，植物根系和动物穴少。有较多的铁锈斑纹。

烟台开发区海滨潮土理化性状表

表 2-11

层次 cm	质地		有机质 %	全氮 %	全磷 %	碱解氮 ppm	速效磷 ppm	速效钾 ppm	代换量 me/100g	砾石含量 >1 mm	容重 g/cm^3	土壤空隙度 %	毛管孔空隙度 %	通气孔隙度 %	pH值
	1 ~ 0.01mm	< 0.01mm													
0 ~ 41	36.7	13.3	0.25	0.009	0.041	12	1	3	1.9	1.2	1.56	41.13	25.66	15.47	7.5
41 ~ 150	85.7	14.3	0.13	0.004	0.050	6	1	15	2.1	5.3	1.570	40.75	23.77	16.98	7.5

风沙土土类　分布在辖区中、东偏北部沿海地带，呈沙丘形状，为东西向，基本与海岸线相平行。砂砾均匀，颜色黄白，砂层一般在2米以上，表面有薄的结壳，春季有风蚀现象，不受潜水影响。定名为半固定风沙土亚类。根据母质类别分为一个土属，再根据土体构型和表土质地分为一个土种。

辖区代表土种为长江社区栖里居委会东北一带。母质为风积物，沙砾均一，土体深厚，通体均砂，通透性良好，保蓄性差，土壤肥力极低，不宜耕种，可植树造林。

剖面性状：0 ~ 15 厘米灰黄色，松砂土，单粒结构，松散，孔隙、植物根和动物穴较多。15 ~ 65 厘米黄白色，松砂土，单粒结构，松散，孔隙较多，植物根和动物穴较少。

烟台开发区风沙土理化性状表

表 2-12

层次 cm	质地		有机质 %	全氮 %	全磷 %	碱解氮 ppm	速效磷 ppm	速效钾 ppm	代换量 me/100g	砾石含量 >1 mm	容重 g/cm^3	土壤空隙度 %	毛管孔空隙度 %	通气孔隙度 %	pH值
	1 ~ 0.01mm	< 0.01mm													
0 ~ 15	85.5	14.5	0.43	0.022	0.054	16	2	111	7.2	0.3	1.35	49.1	31.7	17.3	7.4
15 ~ 65	92.4	7.6	0.39	0.022	0.064	20	3	78	4.2	0.2	1.45	45.1	30.6	14.5	7.4

土壤理化性状　土壤物理性状　土壤的物理性状包括土壤质地、土体厚度、土体构型、土壤容量、土体空隙度等。

1. 表层土壤质地：辖区表层土壤质地主要有壤质土、松砂土、砂壤土、轻壤土、中壤土五种类型。壤质土主要位于辖区低山丘陵的中上部，其质地疏松，砾石含量高，通透性良好，但保肥蓄水性能差，不耐旱，土壤瘠薄，可植草造林，保持水土；松砂土主要分布于古现、大季家、八角街道，其物理黏粒含量< 5%，沙砾为 95% ~ 100%；砂壤土在辖区的分布情况同松砂土，其物理黏粒含量为 10% ~ 20%，沙砾比例较适中，黏粒含量低，而砂粒含量高，通透性强，保蓄性能差，土性暖，昼夜温差大，耕性良好，宜耕期长，是农业生产中比较好的质地类型；轻壤土广泛分布于辖区山丘陵的中下部和山涧泊地，其物理性黏粒< 0.01mm，含量为 20% ~ 30%，砂黏比例适中，大小孔隙比例适当，通透性和保蓄性较强，土性温暖，土壤中水、肥、气、热状况比较协调，耕性良好，宜耕期长，适种作物广；中壤土分布范围似轻壤土，其物理黏粒含量为 30% ~ 45%，通透性较差，保蓄性能强，

土性较冷，宜耕期较短，适种作物广，也是农业生产中比较好的质地类型。

2. 土体厚度：辖区土体根据厚度可分为5种类型。极薄层，土体厚度小于15厘米，下覆母岩，主要分布于古现、大季家街道低山丘陵的顶部。薄层，土体厚度在15 ~ 30厘米之间，主要分布于辖区古现街道低山丘陵的中上部，土浅肥力低，宜退耕还果，保持水土。中层，土体厚度在30 ~ 60厘米，分布于辖区山丘中上部，土体较薄，易干旱，肥力低，宜植地瓜、花生等耐旱作物及果树。厚层，土体厚度在60 ~ 100厘米，分布于古现、大季家、八角街道，土体较厚，肥力较高，但有干旱威胁。深厚层，厚度大于100厘米，广泛分布于辖区坡麓下、泊地和海滨缓平地上，土层深厚，抗干旱，肥力高，适种作物广，高产稳产。

3. 土体构型：辖区土体构型主要有5种。夹砂型，即表层和底层土多为轻壤或中壤，而心土层出现夹砂层，因夹砂层出现的部位不同，又分浅位和中位夹砂两种类型，辖区主要分布于八角街道。夹黏型，即表层土多为轻壤或中壤，而心土层出现黏土层，因夹黏层出现的部位不同，分浅位和中位夹黏两种类型，其中浅位夹黏辖区各社区、街道均有分布，中位夹黏主要分布于辖区八角街道。夹砾石型，即在心土层出现砾石层，根据砾石层出现的部位分浅位和中位夹砾石两种类型，主要分布于辖区古现街道。均质型，即在0 ~ 100厘米土体内通体的质地类型相同，因质地差异，分均砂质和均壤质两种类型，分布于辖区长江社区奇章和古现街道。夹壤型，即表层土为沙质土，而心土层出现轻壤或中壤土层，因夹壤层出现的部位不同，分浅位和中位夹壤两种类型，辖区只有中位夹壤一种类型，分布在八角街道。

4. 土壤孔隙：土壤孔隙度的大小及比例与土壤质地、有机质含量和作物产量高低极为相关。辖区表层土壤的总孔隙度在38.91% ~ 59.20%之间，平均49.31%。通气孔隙度在6.84% ~ 27.51%之间，平均17.28%。各种孔隙度的配合比，与土壤保水、供水、透水、通气等性能关系密切。土壤孔隙度略大于50%。通气孔隙度在10% ~ 15%之间，毛管孔隙度在30% ~ 35%之间，为最佳指标。

5. 土壤容重：辖区表层土壤在田间自然状况下，单位体积的干容容量在1.081 ~ 1.56克/立方厘米，平均为1.343克/立方厘米。容重在1.1 ~ 1.35克/立方厘米较为适宜。容重的大小与土粒结构、土壤有机质含量有关。

土壤化学性状 土壤化学性状包括土壤酸碱度、地表土壤养分、表层土壤微量元素等状况。

1. 土壤酸碱度：辖区土壤成土母质多为酸碱岩、基性岩和钙质岩的风化物，土壤植被为针叶林和阔叶林，气候属季风性温润带，降雨集中，盐分淋溶大，土壤反应微酸—微碱，pH值5.5 ~ 8，绝大多数为农作物适宜范围。由于成土母质地形部位不同，水、热条件和水文地质的差异，不同的土壤类型pH值不同。山区棕壤pH值6.5左右，山涧泊地河潮土6.3 ~ 7.8，沿海地带滨海潮土6.2 ~ 7.5，风砂土6.1 ~ 7.4，水稻土7.1 ~ 7.6，褐土7.6左右。

2. 地表土壤养分：辖区0 ~ 20厘米耕地层土壤养分平均为有机质1.08%，全氮0.066%，碱解氮61ppm，速效磷8.1 ppm，速效钾71 ppm，碳/氮9.49，供氮强度9.24%。按全国土壤养分六级分级标准，均属四、五级，为缺乏范围。

3. 表层土壤微量元素：微量元素是植物正常生长和发育不可缺少的营养元素，量虽不大，但在植物生命活动和新陈代谢过程中具有重要作用。辖区棕壤土硼、锌、铜缺乏，锰、铁丰富；褐土锌极缺，硼、铜缺，锰、铁丰富；潮土锌、硼、铜极缺，锰、铁丰富；水稻土锌极缺，铁、铜、硼、锰丰富。

第二节　植被

辖区植被除耕作地带外，多为次生草木植被群落，灌木丛和稀疏乔木及人工栽培的用材林、经济林、防护林。植物种类因土质而不同，主要有蔓荆子、北沙参、木贼、黑蒿、芦草、茅草、绊马等草本植物和黑松、刺槐等乔木。低洼处及河岸潮土、盐化潮土和湿潮土主要有芦苇、蒲草、三棱草、节节草等草本植物和杨树、柳树、榆树等阔叶乔木。平原地带主要有芦苇、马唐等草本植物和紫穗槐、腊条、杞柳、加杨、白杨、旱柳、法桐、榆树等木本植物。山丘地主要有白杨、加杨、小叶杨、合欢、刺槐、臭椿、楸树及果树，丘陵地主要有白茅草、狗尾草、灯草、背草、酸枣、芫花等。2002 年，植被覆盖面积 10005.03 公顷，覆盖率为 32.6%。

图 2-34　磁山山地植被

2003 年，辖区林地面积 5086 公顷，其中海防林 601.1 公顷。在全区所有林地面积中，针叶林 1194 公顷、阔叶林 2931 公顷、针阔混交林 573 公顷、疏林地 72 公顷、林网覆盖面积 85 公顷。村镇、城区树木覆盖面积 231 公顷，全区森林覆盖率 23%。

第六章　自然资源

第一节　土地资源

1985 年，全区规划范围内土地总面积为 1000 公顷，开发建设初期，土地利用面积为 359.55 公顷，利用率达 35.96%，未利用率为 64.04%。

1992 年，全区土地总面积为 3600 公顷。1998 年，土地利用面积为 2700 公顷（扣除滩涂、山峦、林地、河流），利用率达 75%；未利用地为 900 公顷（包括滩涂、山峦、林地、河流、荒草地等），未利用率为 25%。在利用的 2700 公顷土地中，工业用地 1100 公顷，占可利用土地的 41%；住宅用地 440 公顷，占可利用土地的 16%；公共建筑用地（包括公共绿地）620 公顷，占可利用土地的 23%；道路用地（包括停车场）360 公顷，占可利用土地的 13%；市政设施用地 180 公顷，占可利用土地的 7%。

2003 年，全区土地总面积 2.28 万公顷。其中农用地面积 1.61 万公顷，占土地总面积的 70.61%。农用地面积中，耕地 7289 公顷，占土地总面积的 31.97%；园地 3320 公顷，占土地总面积的 14.56%；林地 3530 公顷，占土地总面积的 15.48%；其他农用地 1961 公顷，占土地总面积的 8.6%。建设用地面积为 4215 公顷，占土地总面积的 18.49%。建设用地面积中，居民点及工矿用地为 3574.45 公顷，占土地总面积的 15.68%；交通运输用地 390.90 公顷，占土地总面积的 1.71%；水利设施用地 249.65 公顷，占土地总面积的 1.1%。未利用土地面积为 2485 公顷，占土地总面积的 10.9%。

第二节　水资源

辖区年平均水资源总量为5078.6万立方米，其中地表水资源2814.06万立方米，可利用量为710.71万立方米；地下水资源2264.53万立方米，可利用量为1320.91万立方米。辖区蓄水能力较强，水库、平塘、机井遍布全区，水资源较丰富，地下水开发率较高，平水年基本上能保证工业、农业生产和人民生活用水。

古现、八角街道位于辖区西部，截至2003年，有小（一）型水库1座，小（二）型水库2座，塘坝64座。水库、塘坝兴利库容355万立方米，平塘、大口井、机井192眼，平均年提地下水量281万立方米。水资源总量为2586.69万立方米，可利用量为580.12万立方米。地表水资源量为1638.96万立方米，可利用水量210.21万立方米。地下水资源量947.73万立方米，可利用量为369.91万立方米。地表径流量1278.13万立方米，入境水量563.4万立方米，出境水量1065.47万立方米，全部流入黄海。

图2-35　古现街道东吴家水库（2002年摄）

大季家街道位于辖区西北部，截至2003年，有小（一）型水库1座，小（二）型水库10座，塘坝19座，拦蓄能力为360万立方米。水资源总量为1662.8万立方米，可利用总量为1093.8万立方米。区域内多年平均径流深193.9毫米，地表水资源量为747.1万立方米，可利用量为450万立方米；地下水主要是第四系孔隙潜水和风化裂隙水，水资源量为915.7万立方米，可利用量为643.8万立方米。

长江社区位于辖区南部，区域内年平均降水量721毫米，地表水径流量为479.4万立方米。水资源总量为829.1万立方米，可利用总量为357.7万立方米。地表水资源量为428万立方米，可利用地表水50.5万立方米；地下水资源量为401.1万立方米，可利用量为307.2万立方米。

第三节　动植物资源

动物资源　禽类　辖区野生禽类40多种，有雕、鹰、野鸡、隼、燕子、麻雀、喜鹊、乌鸦、斑鸠、鹌鹑、杜鹃、啄木鸟、鹡鸰、灰喜鹊、黄鹂、蜡嘴雀、山鹊、云雀、猫头鹰、鸽、雁、枭、鸥、白鹭、天鹅等。

图2-36　野鸡

兽类　辖区野生兽类有狐狸、山狸、獾、貉、鼹鼠、刺猬、蝙蝠、黄鼠狼等。

图2-37　獾

虫类　辖区虫类有蛇、蝎、蟾、山蚕、鸣蝉、蝴蝶、螳螂、蜻蜓、蜘蛛、蚯蚓、蜜蜂、青蛙、蝼蛄、蜥蜴、蟋蟀、蚂蚁、瓢虫、金龟子、小地老虎、萤火虫、赤眼蜂、

图2-38　山蚕

小茧蜂、寄生蝇、蝗虫、天牛、草青蛉、豆天蛾等。

植物资源 草本植物 辖区农田杂草50余种，主要有马唐、稗草、牛筋草、香附子、狗尾草、小旋花、铁苋菜、反枝苋、苍耳、麦蒿、芥菜、刺菜、灰菜等；山间杂草150多种，

图2-39 狗尾草

主要有黄背草、野谷草、荩草、臭蒿、毛草、木兰、苫草、荻草、小臭草、白羊草、山麦草、芦子草、狗尾草、田皂角、布墩草、白蒿茜、山刀杆、银柴胡、香茶菜、结缕草、鸡眼草、白毛草、牛筋草、虎尾草、小䅟子、水红豆、水竹子、大叶狗尾等。

木本植物 辖区木本植物种类较多，主要分三大类，分别为用材林、防护林和经济林。主要用材林树种有松、柏、槐、杨、柳、椿、榆、桑、柞、刺槐、黑松、法桐、加杨等；

图2-40 松树

主要经济树种有苹果、梨、山楂、杏、桃、板栗、枣、银杏、核桃、海棠、李子、石榴、柿子、无花果等。

截至2003年，辖区果类品种达200多种，其中苹果属71种，梨属19种，葡萄属27种，桃属35种，杏属14种，梨属9种，樱桃属11种，柿属5种，山楂属7种，草莓属7种，石榴属2种，银杏属1种，其他干果7种；观赏花木和灌木种类主要有木槿、丁香、月季、梅花、迎春、映山红、山葡萄、黄荆、枣、鼠李、腊条、杞柳、紫穗槐等；用材林树种主要有白榆、苦楝、兰考泡桐、北京杨、健杨、意大利杨、钻天柳、杜仲、水杉、刺杉、柳杉、华山松、落叶松、蜀桧、龙柏、雪松、赤杨、大宫杨、21号毛白杨、31号毛白杨、三倍体毛白杨等。

第四节 药材资源

辖区中药材有300余种，其中常见的药材120多种，著名药材7种。主要分布于磁山、哄君顶、九目山、祈雨顶等地。

动物类 辖区主要有獾、全蝎、土元、牡蛎、桑螵蛸、海螵蛸、泥鳅、蟾蜍、蜥蜴、海龙、海马、鸡内金、鱼脑石、蜜蜂、蜂房、蝉蜕、蛇蜕、蜂蜡、蜂王浆、狗胃、羊肝、驴肾、蝼蛄、鳖、僵蚕、蜗牛、牛虻等。

图2-41 土元

植物类 辖区主要有黄芩、丹参、桔梗、防风、柴胡、远志、地丁、前胡、紫参、苦参、沙参、苍术、葛根、元参、穿地龙、天花粉、天门冬、草乌、紫草、威灵仙、芦根、山药、芍药、野百合、黄花、党参、地榆、升麻、生姜、葱根、大蒜、白头翁、紫菀、山豆根、茜草、射干、玉竹、菊芋、平贝母、狼毒、半夏、徐长卿、茵陈、益母草、艾叶、桑叶、苏梗、翻白草、蒲公英、金钱草、老鹳草、蜈蚣草、车前草、仙鹤草、猫眼草、鬼针草、猪毛草、龙胆草、马兰草、夏枯草、三棱草、伸筋草、瞿麦、薄荷、旱莲草、地锦草、土三七、芥菜、夜交藤、浮萍、荆芥、木贼、映山红、牛筋草、蓖麻叶、山梗菜、白薇、爬山虎藤、马鞭草、天蓬草、桃仁、杏仁、核桃仁、酸枣仁、火麻仁、银杏仁、郁李仁、莱菔子、苍耳子、牛蒡子、车前子、桑葚、马兜铃、枸杞子、白芥子、

图2-42 黄芩

蛇床子、酸浆子、冬葵子、地肤子、蓖麻子、山楂肉、刺槐子、苏子、绿豆、红小豆、荞麦、葱子、麦芽、谷芽、小茴香、韭子、牵牛子、芝麻、松子、香铃子、槐角、黑豆、野菊花、金银花、鸡冠花、月季花、牡丹花、洋金花、凤仙花、玉簪花、款冬花、黄花、菊花、蒲黄、葵花、石花、扁豆花、槐花、玫瑰花、槐米、桑白皮、榆皮、西瓜皮、地骨皮、柞树皮、桑枝、柿蒂、鬼箭羽、香椿皮、合欢皮、冬瓜皮、丹皮等。

第五节　渔业资源

海洋鱼类　辖区地方性和洄游性鱼类共200多种，其中主要经济鱼类30多种，主要有鲅鱼、鲐鱼、梭鱼、鲈鱼、黄姑鱼、叫姑鱼、白姑鱼、马面鲀、红娘鱼、青鳞鱼、黄盖鱼、鳀鱼、黄花鱼、远东拟沙丁鱼、带鱼、鳕鱼、沙鱼、马步鱼、鮸鱼、绿鳍鱼、海鳗、河豚等。

鲅鱼　背呈蓝黑色，腹部银灰色，体侧中央有黑色圆斑，体长侧扁，尾柄细。成鱼体长27～62厘米，大者1米，重约15公斤以上。属温暖性洄游的中上层鱼类，每年早春由东海向北洄游产卵。是本区主要捕捞品种。春季5月中旬至6月，秋季9—11月为捕捞盛期，9月下旬鱼群开始按原路返回越冬场。20世纪70年代前资源年产量在3000～5000吨。90年代后年产量在1万吨左右，但以幼鲅鱼为主。2003年全区产量7823吨。

图2-43　鲅鱼

鲐鱼　又称鲐鲅鱼，体呈纺锤形，有褐蓝色花纹，属远洋性中上层鱼类，成鱼体重0.5公斤以上。每年5—6月进入黄海北部产卵，易集大群，风浪小的天气浮至水面。20世纪70年代前为主要捕捞品种，80年代后已形不成渔汛，产量很低。2003年全区产量1452吨。

图2-44　鲐鱼

银鲳　俗称镜鱼。体高、身短、扁平，鳞细小，通体呈银白色，背呈蓝黑色。成鱼体重250克以上，属暖水性名贵鱼类。平时分散索饵，生殖季节集群。常年可捕，产量较少。1995年国家实行伏季休渔制度后，资源有所回升。2003年全区产量1251吨。

图2-45　银鲳

真鲷　又名加吉。通体艳红，小嘴大眼，成鱼体重1公斤左右，大者5公斤以上。属名贵鱼类，历来为宴席之佳品。喜栖沙砾底质，常年可捕。20世纪60年代前，资源丰富；70年代后，资源衰退，产量锐减；2003年全区产量仅20吨。

图2-46　真鲷

黄姑鱼　俗称同鱼，形似小黄鱼，鱼鳞硬，肉粗色黄，成鱼体重1公斤左右，属长距离洄游性中下层鱼类，喜群游，产卵时鳔能发声。20世纪90年代前，5—6月在芝罘岛附近形成渔汛，年产量20吨左右。

图2-47　黄姑鱼

小黄鱼　又名黄花鱼、花鱼。体呈金黄色，大者0.5公斤，小者数十克，肉嫩鲜美，性喜群游，

图2-48　小黄鱼

并能发声。每年3月下旬由黄海越冬场北上，向沿岸做产卵洄游。20世纪60年代前资源丰富，60年代后资源逐渐下降，70年代已形不成渔汛，80年代辖区海域及附近基本绝迹，90年代后期，资源有所回升，但捕捞的基本为体长仅十几厘米的幼鱼。2003年全区产量3528吨。

叫姑鱼　俗称小白鱼。体似小黄鱼，体长7～16厘米，呈银白色，属洄游性底层小型鱼类，常栖息于泥沙底质海域，能发声，集大群。寿命较短，成鱼一般不超过3龄。2003年全区产量885吨。

白姑鱼　俗称白姑子、白米子。为近海中下层鱼类，体形似叫姑鱼。一般栖息在水深40～60米海域，一般年产量在50～100吨。2003年全区产量仅10吨。

图2-49　白姑鱼

马面鲀　俗称皮匠、扒皮狼。形如马脸、扁平，背有硬刺，灰褐色，属远洋性洄游鱼类。有昼浮夜沉的习性。其肉呈白色、较硬，味道鲜美。20世纪60年代前，人们认为属低值鱼类，未作主捕对象。1968年后，大批马面鲀到沿海集群产卵，沿海渔民进行捕捞，高网次量达十数吨，鱼盈海岸，挑灯搬鱼。20世纪80年代后，资源逐年下降，90年代已形不成渔汛和产量。2003年全区产量500吨。

图2-50　马面鲀

带鱼　又名刀鱼。体呈带形，尾如尖枪，银白色，长嘴利牙，性情凶猛。20世纪60年代前捕捞产量列各经济鱼类之首。60年代中期，资源开始下降，80年代已形不成渔汛，90年代初期几乎绝迹，29.4千瓦拖网渔船偶尔捕获，但数量极少。2003年全区产量647吨，主要产自外地渔场。

图2-51　带鱼

梭鱼、鲻鱼　两者体形相似，习性也基本接近。通称黄眼梭、黄眼鲻。常年栖息在浅水，尤其河口一带，冬季向深水迁移，是一种广温、广盐性鱼类，在水跳跃距离水面1～2米，以浮游生物和底栖藻类为主要饵料。2003年全区产量514吨。

孔鳐　俗称劳子、老板鱼。体呈菱形、色暗红，眼生于头背上，口在头的腹面，尾细，背面有棘刺，卵生。常栖息于泥沙海底，昼浮夜游，秋季产卵，分布在深水海域。资源比较稳定，年均捕捞量在100吨左右。

图2-52　孔鳐

鲆鲽　属比目鱼类，形似鞋底，两眼在头部一侧，在左称鲆，在右称鲽。主要种类有牙鲆、高眼鲽、木叶鲽、黄鲽、黄盖鲽、石鲽等。常年栖息在近海水域，不集大群，不做长距离洄游，春天产卵。辖区渔民有冬季捕捞习惯，捕捞的鲽类称冷水片口，其味道鲜美。鲆鲽资源在20世纪90年代前比较稳定，年捕获量在500吨左右。90年代中后期，资源有所衰退。

图2-53　鲽鱼

远东拟沙丁鱼　俗称沙丁鱼。低质鱼类，体形小，一般体长14～20厘米、体重20～100克。体被大圆鳞，不易脱落、体背部青绿色、腹部银白色，体侧有两排蓝黑色圆点，2龄成熟，暖水性鱼类。因其资源较好，自20世纪80年代中后期开发捕捞，年产量在1000吨左右。

青鳞鱼　俗称青皮、柳叶鱼。体形较小，呈长椭圆形且偏高，成鱼重15～25克。洄游性中上层鱼类，2龄成熟。年产量1000吨左右，除食用外，一般用作制做鱼粉或养殖鱼虾饵料。

图2-54　青鳞鱼

鳀鱼　又名鳁抽条、海蜒，离水烂，老眼屎。个体小、游速快，产卵鱼群体长为75～140毫米，体重5～20克，体被薄圆鳞，极易脱落，是一种生活于浅海中上层洄游性鱼类，夏秋季形成渔汛，属低值鱼类。因其他经济鱼类资源衰退，20世纪80年代开始开发捕捞，至90年代初期年产量达1万余吨；90年代中期后，因过度捕捞资源有所下降。2003年全区产量68150吨，经济效益仍然可观。

图2-55　鳀鱼

马步鱼　又称针鱼。体似短棍，背呈绿色，上颌短、下颌长。洄游性上层鱼类，成鱼体长16～24厘米，每年5月进入汛期。年产量一般在50吨左右。

图2-56　马步鱼

日本枪乌贼　俗称笔管蛸。头足类动物，个体较小，为本区兼捕品种。20世纪70年代前资源丰富，70年代后，资源有所下降，年捕捞量10吨左右。

图2-57　日本枪乌贼

海洋虾、蟹类

辖区海域及沿海有虾类18种、蟹类25种。主要经济种类有中国对虾、鹰爪虾、脊腹褐虾、长臂虾、竹节对虾、虾姑、三疣梭子蟹、沙蟹、突眼蟹、日本蟳等。

中国对虾　又名大虾。因历史上大虾销售以对计数，故名对虾。因其味道鲜美、营养丰富、资源量少，现已成为海产珍品。属洄游性虾类，每年4月由东海越冬场洄游经过本区沿海，少部分进入八角湾，大部分进入渤海湾产卵，10月后当年成虾和少部分亲虾返回至原越冬场越冬。辖区一般在春、秋两季进行捕捞生产。20世纪70年代前，对虾资源丰富，1975年八角街道捕捞量达137吨。20世纪80年代后，资源逐渐下降衰退，八角街道1984年产量只有6吨，90年代后已形不成产量。2003年全区产量仅5吨。

图2-58　中国对虾

鹰爪虾　又称鹰爪糙对虾，俗称红虾。鲜虾可去头去皮加工成虾仁。加盐煮熟晒干后，去皮去头加工成海米，为水产品珍品。鹰爪虾是一种生长期较长的虾类，属温水底栖动物，有"昼伏夜出"的习性，繁殖力强，资源丰富较稳定。每年春季从石岛东南渔场向沿岸做生殖洄游，4月中下旬到达烟威

图2-59　鹰爪虾

渔场。辖区一般进行春、秋两季捕捞生产，产量一般在2000吨左右。2000年后资源衰退比较严重，2003年全区产量仅790吨。

脊腹褐虾　因桃花开时为其捕捞盛期，故俗称桃花虾。属底栖短距离移动虾类，体长4厘米左右。早春从泥中爬出到沿岸浅水处产卵。一般小功率渔船用裤裆网、弓子网进行捕捞。

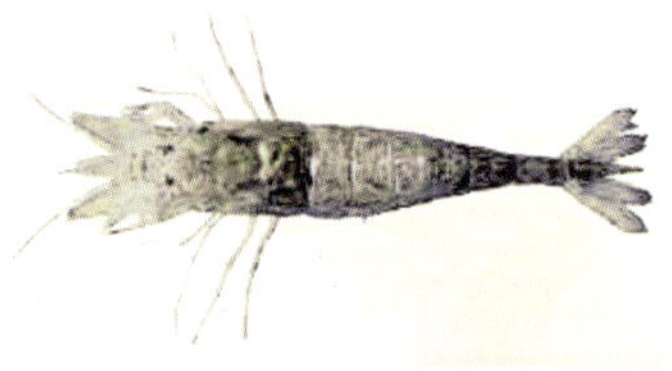
图2-60　脊腹褐虾

虾蛄　俗称爬虾。在黄渤海沿岸均有分布。多穴泥沙而居。每年3—4月出洞产卵游动。1986年前因其他鱼类较为丰富，多为春季兼捕。1990年后，因其他渔类资源减少，其价值迅速上升，成为辖区29.49千瓦以下渔船的主要捕捞品种，且春秋均可捕捞，以春季为主。年产量一般在1000吨左右。

图2-61　虾蛄

三疣梭子蟹　俗称飞蟹。以鱼虾尸骸和短齿蛤为饵，除冬季卧泥休眠外，其余时间均可捕捞。20世纪70年代前，资源丰富，80年代后资源衰退，几近灭迹。1997年后，资源有所回升，2003年全区产量仅571吨。

图2-62　三疣梭子蟹

日本蟳　又名石夹红。系地方性资源，生长在浅海岸带的石砾岩礁水域。3—11月均可捕获。平时人们赶小海时，常以手捕捉，年产量10吨左右。

图2-63　日本蟳

海洋贝藻类　辖区浅海滩涂有各种贝类34种，藻类13种。主要经济种类有栉孔扇贝、紫贻贝、牡蛎、中国蛤蜊、菲律宾蛤子、魁蚶、竹蛏、海肠子、海带、石花菜、紫菜、裙带菜、羊栖菜等。

栉孔扇贝　八角东岛、初旺浅海岩礁地带均有自然分布，但没有形成产量。1979年开始进行人工养殖，已成为辖区海上养殖生产支柱品种。2003年全区养殖面积4942公顷，产量47746吨。

图2-64　栉孔扇贝

紫贻贝　俗称“海红”。八角东岛至初旺一带潮间带和潮下带均有自然分布。1973年辖区开始人工养殖，2003年全区养殖面积722公顷，产量达到8163吨。

图2-65　紫贻贝

菲律宾蛤子　俗称“黑蛤”。生长于泥沙砾石滩，沿海潮间带至5米浅海的泥沙砾滩均有分布，是群众赶小海采捕的主要品种。

图2-66　菲律宾蛤子

中国蛤蜊　俗称“飞蛤”。2龄成熟，主要分布在夹河口至黄金河口泥沙地质

图2-67　中国蛤蜊

一带的浅海。一般用14.7千瓦以下机动渔船拖底耙子进行捕捞。20世纪90年代中期年产量达20吨。

竹蛏　主要分布在辖区八角街道黄庄至古现街道北于家一带沙质浅海，春秋均可人工潜水钓捕，年产量2吨。

图2-68　竹蛏

海肠子　味道鲜美，资源量少，经济价值高。主要分布在夹河口至八角街道黄庄泥沙底质浅海。春秋人工潜水钓捕，年产量约5吨。

图2-69　海肠子

海带　俗称“江帛菜”。1943年芝罘区进行人工试养后，经移植遍及烟台市海域潮下带岩礁上，形成较大的野生海带群落。辖区1957年开始人工养殖至今，已成为辖区藻类主要养殖品种。2003年全区养殖面积4595公顷，产量2.8万吨。

图2-70　海带

裙带菜　常与海带混合生长在一起，分布面积较广，但资源量较少，形不成产量。仅一小部分被群众采捞食用。

图2-71　裙带菜

石花菜　生长在低潮线附近至10米水深的岩礁上。沿海群众多在伏季潜水采捞或趁赶潮到岩礁上采收。

图2-72　石花菜

紫菜　沿海潮间带中潮区以下至低潮区的岩礁上均有分布，但密度较少，形不成产量。

图2-73　紫菜

海洋棘皮类及其他生物　辖区海域有刺参、海棒槌等棘皮类动物4种及海蜇、鲸类等其他生物。

海蜇　又名“水母”。头有红线如血粘聚，汁有毒，蜇人痛痒，重者可致人死亡。可食者分绵蜇、沙蜇两种，以绵蜇为优。绵蜇色白体小，个体重不超过25公斤。沙蜇体呈微暗红色，体大，最大200公斤以上。渤海、黄海北部及辖区海域均有分布，资源比较稳定。每年7月中旬至9月上旬为捕捞期。年产鲜蜇一般在500吨左右。

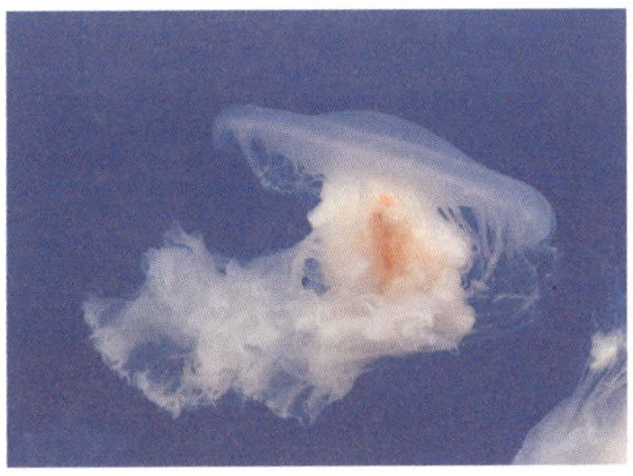

图2-74　海蜇

刺参　又名“海参”，有很高营养价值，自古就是海珍品之一。海参喜居浅海杂藻丛生的岩礁处。石屋营嘴、山后初旺附近浅岩礁、砾石和大叶藻丛生的地带均有资源分布，品质优良。

图2-75　刺参

江豚　俗名“江猪”。国家二级保护水生野生动物，属鲸类海洋哺乳动物。全身光滑呈黑色，喜居在近岸海域活动，每年春季为其生殖期。辖区海域附近及八角湾均有分布，每年渔民误捕3～4头。

图 2-76　江豚

淡水资源　淡水鱼　辖区共有24种。主要有草鱼、鲢鱼、鳙鱼、团头鲂、鲤鱼、鲫鱼、梭鱼、黑鱼、鲶鱼、麦穗鱼、棒花鱼、泥鳅、甲鱼等。水库、主要河流均有分布。其中，草鱼、鲢鱼、鳙鱼、团头鲂、甲鱼、鲤鱼、鲫鱼、尼罗罗非鱼、梭鱼等为主要人工养殖品种。

图 2-77　草鱼

淡水虾蟹类、螺蚌类　虾蟹类主要有沼虾、米虾、中华绒毛蟹等。水库、池塘、主要河流均有分布。其中中华绒毛蟹自20世纪70年代中期后极为少见，基本绝迹。螺蚌类主要有球蚬、河蚌、螺蛳等，分布在辖区水库和主要河流，其他水域也有分布。

图 2-78　沼虾

其他　辖区水生植物主要有藕、芦苇、蓑草、蒲草、水葫芦、浮萍、鸡头等。除藕以外其余品种在水库、池塘、河流等水面周围均有分布。芦、苇、藕经济价值较高，具有一定的产量。藕自20世纪90年代后，在内夹河及部分池塘已进行人工种植。

图 2-79　芦苇

第六节　矿产资源

辖区内矿产资源比较丰富，已发现的矿床点达32处。金属矿种有金、铜、铅、铅锌、锰、铁等多种；非金属矿中有滑石、透闪石、大理石、建筑石料、球石、玉石等多种。除金有矿床外，其他的矿种均为矿点和矿化点。

烟台开发区矿床、矿点、矿化点情况表

表 2-13

矿种	地点	地质特征	成因	时代	规模	开采情况
铁	古现街道东吴家西	矿体产于蓬莱群豹山口组大理岩之裂隙中。呈楔形，断续长200米，宽16米，延深17米，产状320°～350°∠40°～50°。 矿石矿物以褐铁矿为主，菱铁矿次之。 品位：TFe50×10^{-2}。	岩浆热液型	中生代	矿点	
锰	古现街道洪钧山北	矿层产于蓬莱群豹山口组三段底部，自西向东分南张家矿段、西矿段和院下矿段。矿体层数一般2～3层，多者4层，呈扁豆状，长数米至数十米，厚0.3～0.4米，最厚1.14米。 矿石矿物有软锰矿、硬锰矿，以前者为主，脉石矿物为石英、绢云母、绿泥石等。 矿石具细粒鳞片变晶结构，块状、条带状斑杂状构造。 品位：Mn11.34×10^{-2}。储量：张家矿段（Mn>8×10^{-2}）矿石量26951.47吨。	沉积变质型	晚元古代	矿点	

续表 2-13

矿种	地点	地质特征	成因	时代	规模	开采情况
铜	古现街道西臧家	矿化体产于花岗岩脉之裂隙中，呈脉状，长5米，宽1米，倾向北东。 矿石呈粒状结构，块状构造。 矿石矿物为黄铜矿、黄铁矿。 品位：$Cu<0.5\times10^{-2}$（贫矿）。	岩浆热液型	晚元古代	矿化点	富矿已采完
	古现街道东龙夼	矿化体产于粉子山群岗嵛组透闪大理岩中，受北东向断裂控制，产状155° ∠50° 。 矿石矿物为黄铜矿、黄铁矿、孔雀石。 品位：$<1\times10^{-2}$。	岩浆热液型	中生代	矿化点	
	古现街道古现	矿化体产于粉子山群岗嵛组透闪岩之裂隙中，矿化范围小。 矿石矿物为黄铜矿、孔雀石。	岩浆热液型	中生代	矿化点	
	古现街道东吴家南	矿化产于粉子山群巨屯组大理岩之裂隙中。 矿石矿物为黄铜矿、孔雀石、黄铁矿。	岩浆热液型	中生代	矿化点	
铅	八角街道汪家	矿化体为石英脉，沿张格庄组三段大理岩之裂隙充填，呈马尾丝状，最大宽0.5米，走向50° ~ 70° 。 矿石矿物为方铅矿、自然铅。 品位：$0.05\sim3\times10^{-2}$。	岩浆热液型	中生代	矿点	
铅锌	八角街道花岩南	矿体产于粉子山群张格庄三段大理岩之裂隙中。有3条矿脉，长50 ~ 100米，厚0.35 ~ 2.13米，总体走向30° ~ 70° ，倾向北东，倾角40° 。 矿体呈粒状结构，块状构造。矿石矿物为方铅矿、闪锌矿。 脉石矿物为方解石、重晶石。品位：$Pb0.5\sim0.8\times10^{-2}$，$Zn3\times10^{-2}$。	岩浆热液型	中生代	矿点	
	八角街道下刘家	矿化产于粉子山群巨屯组大理岩之裂隙中，呈透镜状、鸡窝状，产状130° ∠55° 。矿石矿物为方铅矿、闪锌矿、黄铜矿。	岩浆热液型	中生代	矿化点	
	八角街道百堡	矿化产于粉子山群巨屯组之大理岩中。 矿石矿物为方铅矿、闪锌矿、黄铁矿。 品位：$Pb0.02\sim1.12\times10^{-2}$，$Zn0.02\sim4.51\times10^{-2}$。	岩浆热液型	中生代	矿点	
金	古现街道磁山（东）	矿体产于早元古代燕子夼单元片麻状中细粒二长花岗岩中，受近南北向断裂控制。矿化体有二条：一为黄铁绢英岩带，长70米，宽1 ~ 2米，产状270° ∠78° ；二为含金石英脉，长十余米，宽0.1 ~ 0.2米，均见黄铁矿化。 品位：黄铁绢英岩中$Au<0.1\times10^{-6}$，个别$1.92\sim4.67\times10^{-6}$，石英脉中$Au1\sim4\times10^{-6}$，个别$10.3\times10^{-6}$。	岩浆热液型	中生代	矿点	
	古现街道陈家沟	矿化产于早元古代燕子夼单元片麻状细粒二长花岗岩中，控矿断裂产状155° ∠65° ，长20米，宽0.3米。断裂带内有黄铁矿绢英岩化蚀变。 品位：Au最高3.82×10^{-6}，Ag最高31.0×10^{-6}。	岩浆热液型	中生代	矿点	
	八角街道花岩西	矿化体产于晚元古代崔召单元中粒二长花岗岩与粉子山群张格庄组的断裂接触带上。矿化体宽10米，产状130° ∠45° ，见有黄铁矿与褐铁矿化。 品位：0.19×10^{-6}。	岩浆热液型	中生代	矿化点	
	八角街道陡崖	矿化体产于晚元古代崔召单元中粒二长花岗岩与粉子山群张格庄组的断裂接触带上。矿化体宽10 ~ 30米，产状130° ∠40° ，具黄铁矿化。 品位：$0.10\sim0.36\times10^{-6}$。	岩浆热液型	中生代	矿化点	

续表 2–13

矿种	地点	地质特征	成因	时代	规模	开采情况
金	古现街道南张家	矿体产于早元古代燕子夼单元片麻状中细粒二长花岗与蓬莱群变质岩间的断裂带中，断裂带走几近南北，倾向东，倾角43°。 工业矿体4个，呈脉状，最大长度550米，产状与控矿断裂一致。 矿石呈不等粒交代结构、浸染状、细脉状构造。 矿石矿物主要为黄铁矿、褐铁矿，其次为闪锌矿、方铅矿、磁铁矿，脉石矿物为石英、绢云母、长石。 品位：4.95×10^{-6}。储量：C+D级金属量10200千克，矿石量198万吨。 至2003年金保有基础储量4665千克，资源量4945千克。	岩浆热液型	中生代	中型	开采
高岭土	八角街道花岩西南	矿体产于晚元古代崔召单元二长花岗岩之近南北向断裂带中，呈团块状或带状。 矿石呈灰白、灰绿色，有黏性，呈土状，内有石英及花岗岩角砾。	构造蚀变风化型	中生代	矿化点	
建筑砂	古现街道北于家	矿层沿海岸线分布，产于旭口组。分布面积700万平方米，厚5米，产状近于水平。矿物成分：石英：67×10^{-2}，长石29×10^{-2}，为长石石英砂。 物理性质：比重2.54，容重1.42，空隙率$42.0\sim44.0\times10^{-2}$，泥污含量$0.55\times10^{-2}$，吸水率$2.4\times10^{-2}$，为中粒砂。地质储量：1125万吨。	海积沉积型	第四纪	矿点	开采
花岗石材	古现街道石岚	花岗岩为晚元古代崔召单元中粒二长花岗岩，分布面积8平方公里。可作为一般建筑石材。估算储量：3000万立方米。	岩浆岩型	晚元古代	矿点	开采
透闪石	大季家街道山后李家村北	产于粉子山群张格庄组三段白云石大理岩中，呈薄层状，与滑石共生。	热液交代型	早元古代	矿点	未采
	大季家街道山后陈家东南	产于粉子山群张格庄组三段大理岩中。呈似层状，与滑石共生。 地质储量：透闪石20万吨，滑石15万吨。				
	大季家街道陈家围子山南	产于粉子山群张格庄组三段白云石大理岩中，呈层状产出，与滑石共生。 地质储量：透闪石680万吨，滑石50万吨。				
	大季家街道赵家山	产于粉子山群张格庄组白云石大理岩中。呈层状，产状210° ∠75°。 透闪石与滑石共生。 地质储量：透闪石150万吨，滑石50万吨。				
	大季家街道初旺村西	产于粉子山群张格庄组三段大理岩中。呈层状，长700米，宽4米。 产状：275° ∠70°。透闪石与滑石共生。 地质储量：透闪石75万吨，滑石40万吨。				
大理岩	大季家街道山后初家顾家围子山东	矿层为早元古代粉子群张格庄组厚层白云石大理岩，呈粉白、灰白色，粒状变晶结构，块状构造。	沉积变质型	早元古代	矿点	未采
	大季家街道赵家山	矿层为粉子山群张格庄组三段厚层白云石大理岩，呈粉白、灰白色，粒状变晶结构，块状构造。 MgO21.57%。地质储量：2200万立方米。				
	大季家街道顾家围子山南	矿层为粉子山群张格庄组三段厚层白云石大理岩，呈粉白、灰白色，粒状变晶结构，块状构造。 抗压强度：$7.55\sim8.07\times10^{7}$Pa。地质储量：9400万立方米。	沉积变质型	早元古代	矿点	未采

续表 2–13

矿种	地点	地质特征	成因	时代	规模	开采情况
玉石	大季家街道山后初家西北	产于粉子山群张格庄组三段白云石大理岩中，为滑石质玉石，淡雅而轩昂，致密滑润，俗称“八角玉”。	热液交代型	早元古代	矿点	未采
滑石	大季家街道李家北	产于粉子山群张格庄组三段白云石大理岩。有两条矿化带：一条长 90 米，厚 3 ~ 6 米，为强滑石化白云石大理岩，其裂隙中有 5 ~ 20 厘米的片状白滑石；另一条长 200 米，厚 1 ~ 3 米，其中片状白滑石矿体长 100 米，厚 0.5 ~ 2 米。	变质热液交代型	早元古代	矿点	未采
	大季家街道山后初家南西	白滑石矿体和强滑石化透闪岩产于粉子山群张格庄组白云石大理岩中，长 20 ~ 40 米，厚 0.5 ~ 1 米，呈透镜状。 白滑石矿体滑石含量 85% ~ 90%，强滑石化透闪岩滑石含量 60% ~ 70%。				开采
	大季家街道李家南	矿体产于粉子山群张格庄组三段大理岩中。呈脉状及透镜状，长几米至十几米，厚 0.05 ~ 0.3 米。 滑石含量 85% ~ 90%。				
建筑石料	大季家街道小苗家南	中生代罗家单元斑状中粒含黑云二长花岗岩，分布面积 25.72 平方公里，岩石斑状结构，弱似片麻状构造。主要矿物成分为钾长石、斜长石、石英，其次为角闪石、黑云母。	岩浆岩型	中生代	矿点	开采
球石	大季家街道初旺村南	产于第四纪旭口组，系粉子山群张格庄组大理岩碎块经海蚀作用而成，沿海岸带分布，不同粒径混杂堆积，球石洁白，较圆润。	沉积型	第四纪	矿点	未采

第七章　自然灾害

辖区灾害性天气时有发生。影响辖区的灾害性天气主要有旱灾、水灾、风灾、雹灾、干热风、暴雨、霜灾、连阴雨等。

第一节　旱灾

旱灾是辖区农业生产的主要灾害之一，影响次数频繁，持续时间长，对农业生产影响大。春、秋是干旱易发季节。

1986 年全年降水仅 354.1 毫米，干旱严重。

1988 年干旱严重，1—4 月降水 7 毫米，全年降水为 500 毫米。

1989 年全年降水只有 365.4 毫米，7、8、9 三个月未雨，严重干旱。

1997 年全年降水 453.8 毫米。秋旱，9—10 月降水仅 11.7 毫米，受灾面积约 1333 公顷。

1999 年春旱、夏旱，全年降水 324.5 毫米，中小水库、塘坝干涸，吴家水库、徐家水库亦近死水位。地下水平均下降 5.1 毫米。

2001 年秋旱，9—11 月，降水 52.2 毫米。

第二节　风灾

风灾为辖区自然灾害之一。累年平均大风（平均风力≥ 6 级或瞬间时风力≥ 8 级）日数为 33 天，春季占 37%，秋季占 22%，冬季占 18%。辖区平均大风强度以春季最大，3月一般为7级，4—5月为8级；冬、夏季一般为7级；秋季一般为6～7级。大风的阵性强度夏季最大，受台风影响，极大风力高达12级。陆地风力一般比海上小1～2级。台风袭击时带来的狂风暴雨，造成高杆作物折断或倒伏，低洼受淹，常常造成严重破坏。

1985年8月18—21日，受9号台风影响，高杆作物几乎全部倒伏，造成严重减产。19日期间，台风持续6小时，风力达10级，倒伏庄稼约1333公顷，树1万余株，线杆1千余根，毁坏渔船9艘。

1994年7月15日，遭遇15号台风袭击，风雨大作，农作物及沿海养殖损失严重。

1995年8月8日，古现镇南张家、汪家沟遭龙卷风袭击，约113公顷水果受损14.4万元。

1997年8月19日，台风持续39小时，降雨242.7毫米，秋粮及果品减产严重。

第三节　水灾

水灾为辖区严重自然灾害之一。域内出现水灾时间最早发生于4月中旬，最晚结束于10月上旬，集中于7—8月，轻者2～3年一遇，重者10年一遇。1952—1983年，大涝年1次，中涝年2次，小涝年9次。20世纪80年代后期，随着农田水利设施的增加，排灌能力有了较大改善，大面积洪涝明显减少，1984—2003年辖区没有发生大面积洪涝灾害。

第四节　雹灾

辖区冰雹灾害多发生在春秋转换季节，是一种突发性灾害天气，降雹具有地方性、局部性和小范围的特点，多数降雹时间是午后到傍晚，降雹持续时间一般为几分钟或十多分钟，极少超过半小时。冰雹对作物的危害主要是机械损伤，严重时造成绝产。

1984年5月28日，古现、八角等乡镇降雹，最大直径60毫米，历时20分钟，给苹果、小麦造成严重损失。

1986年8月，八角乡汤家、辛店、百堡、花岩等村降雹历时2分钟，苹果减产2成以上，秋粮减产。

1987年8月，八角乡、大季家镇数村遭雹灾，大者如花生，小者如黄豆，农作物及果品受灾严重。

1995年8月27日，八角乡侯家、泊子、于家等11个村突遭冰雹袭击，降雹持续5分钟，农作物受灾面积215.3公顷，折款1061万元。

1996年农历9月20日12时15分—20分，八角镇一带降雹，苹果被砸损伤严重，几乎没有好果子，严重地降低了经济效益。

2002年9月辖区受冰雹袭击，苹果、梨、桃等损失严重。

第五节　虫灾

蝗虫、小麦红蜘蛛、玉米螟、花生蚜虫、小麦蚜虫等是辖区历史上危害较大的害虫。1984—2003年辖区粮食作物没有发生大面积虫害，但是海边防护林曾发生较为严重的美国白蛾。1993—1994年，辖区海边防护林每年发生美国白蛾2～3代，6—9月份最为严重，大片林木叶片被啃食殆尽，植株死亡。1995年、1996年开发区园林绿化部门采取人工方法、化学方法、生物防治方法防治美国白蛾，虫害基本被消除。

第六节　地震

辖区为七度烈度区，无深层大活动断裂，无破坏性地震。辖区历史上虽有地震，但多由外围影响，有震无灾或小灾。

第三编

人　口

秧歌表演

烟台经济技术开发区志

YANTAI JINGJI JISHU KAIFAQUZHI

建区以来，随着经济建设的发展和辖区管辖范围的扩大，辖区人口规模不断扩大。建区初期的1985年总人口3933人，1992年总人口23213人，2003年总人口达到137434人。1987—2003年辖区年均人口自然增长率8.35‰。人口机械变动以迁入为主，1987—2003年累计净迁入人口34177人。流动人口数量一直较多，占总人口的比重长期维持在20%以上，其中1996年流动人口达30737人，占全区总人口的42.2%。2003年，人口密度为每平方公里603人，男女性别比为100.41，当年人口自然增长率为2.38‰。

第一章　人口规模

第一节　人口数量

1985年3月，开发区规划区域内有胜利东村、胜利西村、曲家台子和马家4个村，总户数1151户，总人口3933人，其中农业户口3886人，非农业户口47人。1992年第一次扩区，从福山区划入刘家台子、宫家台子、杨家台子等10个村，户数4129户，人口12270人。2002年9月第二次扩区，从福山区整建制划入古现、大季家两个街道，户数28488户，人口74982人。随着开发区经济社会的快速发展，从全国各地调入人员不断增加，到2003年，辖区总户数达到48843户，总人口达到137434人，其中农业户口66198人，非农业户口71236人。

1985—2003年烟台开发区人口数量统计表

表3-1

年份	户数（户）	人口数（人）		
		合计	农业户口	非农业户口
1985	1151	3933	3886	47
1986	1223	4022	821	3201
1987	1316	4353	835	3518
1988	1487	4974	768	4206
1989	1730	6125	795	5330
1990	2063	7031	800	6231
1991	2420	8054	824	7230
1992	7343	23213	12664	10549
1993	8230	27014	13661	13353
1994	10095	33063	14299	18764
1995	11431	36916	11073	25843

续表 3-1

年份	户数（户）	人口数（人）		
		合计	农业户口	非农业户口
1996	12655	42074	12917	29157
1997	14141	45894	9699	36195
1998	14912	48010	10389	37621
1999	15466	49474	10275	39199
2000	15946	51521	10248	41273
2001	16819	53579	10238	43341
2002	46578	131940	78359	53581
2003	48843	137434	66198	71236

第二节　人口性别

1987年，总人口中男性2092人，女性2261人，男性人口是女性人口的92.53%，其中自然增加男性人口36人，自然增加女性人口26人。1987—1998年，总人口中女性多于男性。1999—2003年，男性略多于女性。2003年总人口中，男性68859人，女性68575人，男女性别比为100.41，其中自然增加男性147人，自然增加女性173人。

1987—2003年烟台开发区人口性别构成统计表

表 3-2　　单位：人

年份	总人口				出生人口			死亡人口		
	合计	男	女	性别比	合计	男	女	合计	男	女
1987	4353	2092	2261	92.53	72	42	30	10	6	4
1988	4974	2449	2525	96.99	66	32	34	26	15	11
1989	6125	3029	3096	94.84	48	22	26	20	12	8
1990	7031	3494	3537	98.78	67	36	31	27	17	10
1991	8054	4010	4044	99.16	63	26	37	26	9	17
1992	23213	11321	11892	95.20	178	93	85	51	27	24
1993	27014	13300	13714	96.98	356	190	166	66	32	34
1994	33063	16335	16728	97.65	347	183	164	79	41	38
1995	36916	18273	18643	98.02	472	248	224	92	47	45
1996	42074	20847	21227	98.21	560	282	278	93	59	34
1997	45894	22802	23092	98.74	645	355	290	117	56	61
1998	48010	23879	24131	98.96	793	387	406	94	58	36

续表 3-2

年份	总人口				出生人口			死亡人口		
	合计	男	女	性别比	合计	男	女	合计	男	女
1999	49474	24839	24635	100.83	564	286	278	223	129	94
2000	51521	26015	25506	102.00	771	382	389	178	99	79
2001	53579	27121	26458	102.51	716	368	348	122	67	55
2002	131940	66093	65847	100.37	1436	737	699	867	473	394
2003	137434	68859	68575	100.41	847	429	418	527	282	245

注：性别比是以女性为 100，男性对女性的比率

第三节 人口分布

辖区人口主要分布于柳林河以东区域和柳林河以西的公路两侧、沿海一带。柳林河以东区域，面积 36 平方公里，开发建设时间比较长，企事业单位多，住宅小区相对集中，城市人口分布较广，人口占全区总人口数的 47%。柳林河以西是 2002 年第二次扩区区域，面积 192 平方公里，以农业人口为主，人口占全区总人口的 53%。

海河和长江社区位于柳林河以东，以城市人口为主；古现、大季家和八角街道位于柳林河以西，以农业人口为主。

2003 年烟台开发区人口分布统计表

表 3-3

社区街道名称	户数（户）	人口数（人）
海河社区 长江社区	20375	63219
古现街道	9604	26179
大季家街道	13038	31892
八角街道	5826	16144
合 计	48843	137434

第四节 人口密度

1985 年，开发区人口密度为每平方公里 173 人。随着开发区的不断发展，人口密度不断增加。1991 年，人口密度为每平方公里 355 人。1992 年扩区后，辖区面积增至 36 平方公里，人口密度为每平方公里 645 人。2001 年，人口密度为每平方公里 1488 人。2002 年第二次扩区，辖区面积增至 228 平方公里，人口密度为每平方公里 579 人。2003 年人口密度为每平方公里 603 人，其中柳林河以东 36 平方公里区域内人口密度达到每平方公里 1829 人，柳林河以西 192 平方公里区域内人口密度为每平方公里 387 人，东部区域人口密度是西部区域的 4.7 倍。

第二章 人口变动

第一节 自然变动

1987—1992年，辖区累计出生人口494人，平均出生率为11.65‰；死亡160人，平均死亡率为3.73‰。1992年，出生178人，出生率11.39‰；死亡51人，死亡率3.26‰。1993—2001年，常住人口数量不断增加，出生人口也不断增加，9年累计出生人口5224人，平均出生率13.94‰，9年累计死亡1064人，平均死亡率为2.81‰。2002年烟台开发区第二次扩区，辖区面积和人口分别比建区初期增加11倍和32倍，出生人口增至1436人，出生率为15.48‰，死亡867人，死亡率为9.35‰。2003年出生人口为847人，出生率为6.29‰，死亡527人，死亡率为3.91‰。

1987—2003年辖区累计出生人口8001人，死亡2618人，净增加5383人。年均出生率12.42‰，年均死亡率4.07‰，年均自然增长率8.35‰。

1987—2003年烟台开发区人口自然变动统计表

表3-4 单位：人

项目 年份	出生		死亡		自然增长	
	人数	出生率（‰）	人数	死亡率（‰）	人数	增长率（‰）
1987	72	17.19	10	2.39	62	14.80
1988	66	14.15	26	5.57	40	8.58
1989	48	8.65	20	3.60	28	5.05
1990	67	10.19	27	4.10	40	6.08
1991	63	8.35	26	3.45	37	4.91
1992	178	11.39	51	3.26	127	8.12
1993	356	14.18	66	2.63	290	11.55
1994	347	11.55	79	2.63	268	8.92
1995	472	13.49	92	2.63	380	10.86
1996	560	14.18	93	2.35	467	11.82
1997	645	14.66	117	2.66	528	12.00
1998	793	16.89	94	2.00	699	14.89
1999	564	11.57	223	4.58	341	7.00
2000	771	15.27	178	3.52	593	11.74
2001	716	13.63	122	2.32	594	11.30

续表 3-4

年份＼项目	出生		死亡		自然增长	
	人数	出生率（‰）	人数	死亡率（‰）	人数	增长率（‰）
2002	1436	15.48	867	9.35	569	6.13
2003	847	6.29	527	3.91	320	2.38

第二节　机械变动

开发区为新开发建设区域，人口机械变动以迁入为主。1987—2003 年累计迁入人口 38902 人，迁出人口 4725 人，迁入人口是迁出人口的 8.23 倍。其中 1992—1997 年之间，共迁入 22525 人，是建区以来迁入人口高峰期。1997—2002 年，六年共迁入 10793 人，迁出 2103 人，迁入人口是迁出人口的 5.13 倍；2003 年是辖区迁入人口的第三个高峰年，迁入人口达到 4325 人，迁出 816 人，迁入人口是迁出人口的 5.3 倍。

1987—2003 年烟台开发区迁入和迁出人口统计表

表 3-5　　单位：人

年份	总人数	迁入	迁出
1987	4353	168	8
1988	4974	628	47
1989	6125	1188	65
1990	7031	974	108
1991	8054	1099	113
1992	23213	2935	379
1993	27014	3790	279
1994	33063	5665	390
1995	36916	2927	182
1996	42074	4410	235
1997	45894	2798	184
1998	48010	1551	260
1999	49474	1200	258
2000	51521	1165	114
2001	53579	1205	386
2002	131940	2874	901
2003	137434	4325	816

第三节 流动人口

辖区在经济建设发展过程中，外来务工、经商、投亲访友等流动人口较多。1987 年，流动人口 1324 人，占全区总人口（常住人口和流动人口之和）的 23.3%。1996 年，流动人口出现第一次高峰，达 30737 人，占全区总人口的 42.2%；其中外来务工人员 27376 人，占流动人口总数的 89.1%，经商人员 1146 人，占流动人口总数的 4%。2002 年，流动人口出现第二次高峰，达 34926 人，占全区总人口的 26.5%；其中务工人员 24516 人，占流动人口总数的 70% 以上；经商人员 1854 人，占流动人口总数的 5.3%。是年，流动人口数量达到高峰，但占全区人口比重比 1996 年降低，主要是扩区后农村常住人口增加所致。流动人口主要集中在扩区前 36 平方公里区域内。

1987—2003 年烟台开发区年流动人口统计表

表 3-6　　单位：人

年份	总数	务工	经商	出差	投亲访友	其他
1987	1324	866	245	85	29	99
1988	3245	2366	458	166	53	202
1989	5564	4773	355	210	22	204
1990	7632	5344	1236	522	77	453
1991	10061	8751	420	330	55	505
1992	15226	10085	2144	566	234	2197
1993	14281	11045	2255	644	159	178
1994	16427	12032	2311	655	235	1194
1995	11027	8958	476	437	147	1009
1996	30737	27376	1146	565	241	1409
1997	26421	21855	2148	467	351	1600
1998	27335	22564	2385	674	396	1316
1999	25766	20668	2241	496	253	2108
2000	29663	23668	3425	654	355	1561
2001	32829	20288	1690	1600	1135	8116
2002	34926	24516	1854	275	469	7812
2003	30244	19601	2751	177	351	7364

第三章 人口构成

1984—2003年，开发区经过1990年第四次和2000年第五次全国人口普查，对全区常住人口数量、性别、年龄、文化、职业、民族构成等情况进行普查。1990年人口普查人口总数为9210人，2000年人口普查人口总数为65358人，人口增加主要是由于开发区扩区及其他原因导致的人口机械增长。

第一节 年龄构成

1990年第四次全国人口普查，辖区0 ~ 14岁年龄段人口1528人，占总人口的比重为16.59%；65岁以上年龄段人口286人，占总人口的比重为3.11%。2000年第五次全国人口普查时，辖区0 ~ 14岁年龄段人口占总人口的比重为14.48%；65岁以上年龄段人口占总人口的比重为3.65%。2000年与1990年相比，0 ~ 14岁人口指数降低2.11个百分点，65岁以上人口上升0.54个百分点。

1990年烟台开发区人口年龄状况表

表3-7 单位：人

年龄组	人口数	男	女
0 ~ 4岁	519	276	243
5 ~ 9岁	437	221	216
10 ~ 14岁	572	296	276
15 ~ 19岁	1037	586	451
20 ~ 24岁	1703	1121	582
25 ~ 29岁	1280	802	478
30 ~ 34岁	815	481	334
35 ~ 39岁	826	460	366
40 ~ 44岁	612	389	223
45 ~ 49岁	461	280	181
50 ~ 54岁	310	208	102
55 ~ 59岁	219	119	100
60 ~ 64岁	133	63	70
65 ~ 69岁	101	37	64
70 ~ 74岁	79	32	47
75 ~ 79岁	63	32	31

续表 3–7

年龄组	人口数	男	女
80 ~ 84 岁	30	6	24
85 ~ 89 岁	9	2	7
90 ~ 94 岁	4	3	1
合 计	9210	5414	3796

2000 年烟台开发区人口年龄状况表

表 3–8　　单位：人

年龄组	人口数	男	女
1 岁以下	820	421	399
1 ~ 4 岁	2552	1318	1234
5 ~ 9 岁	2663	1353	1310
10 ~ 14 岁	3600	1880	1720
15 ~ 19 岁	6767	2749	4018
20 ~ 24 岁	9533	4417	5116
25 ~ 29 岁	9945	5133	4812
30 ~ 34 岁	7810	4212	3598
35 ~ 39 岁	5896	3067	2829
40 ~ 44 岁	4271	2247	2024
45 ~ 49 岁	3868	1951	1917
50 ~ 54 岁	2842	1402	1440
55 ~ 59 岁	2023	1057	966
60 ~ 64 岁	1518	791	727
65 ~ 69 岁	1054	539	515
70 ~ 74 岁	649	291	358
75 ~ 79 岁	375	160	215
80 ~ 84 岁	188	74	114
85 ~ 89 岁	124	46	78
90 ~ 94 岁	33	7	26
95 ~ 99 岁	5	1	4
100 岁以上	2	–	2
合 计	66538	33116	33422

1990年烟台开发区人口年龄构成指数表

表3-9　　单位：人、%

人口数				占总人口的百分比				年龄构成指数		
合计	0～14岁	15～59岁	60岁以上	合计	0～14岁	15～59岁	60岁以上	总抚养比	少儿抚养比	老年抚养比
9210	1528	7263	419	100	16.59	78.86	4.55	26.81	21.04	5.77

2000年烟台开发区人口年龄构成指数表

表3-10

人口数（人）				占总人口的百分比（%）				年龄构成指数（%）		
合计	0～14岁	15～59岁	60岁以上	合计	0～14岁	15～59岁	60岁以上	总抚养比	少儿抚养比	老年抚养比
66538	9635	52955	3948	100	14.48	79.59	5.93	25.65	18.19	7.45

第二节　文化构成

1990年全国第四次人口普查，辖区6岁及以上人口数为8614人，受小学以上教育的为7992人，占92.78%。其中，大学专科以上622人，占7.22%；高中（含中专）1884人，占21.87%；初中3540人，占41.10%；小学1946人，占22.59%；不识字或识字很少622人，占7.22%。每万人中，拥有大学专科以上文化程度人口722人，高中文化程度2187人，初中文化程度4110人，小学文化程度2259人。

2000年全国第五次人口普查，辖区6岁及以上人口数为62617人，受小学以上教育的为60967人，占97.36%。其中大学专科以上9262人，占14.79%，与1990年相比，增加7.57个百分点；高中（含中专）20003人，占31.94%，与1990年相比，增加10.07个百分点；初中22498人，占35.93%；小学9204人，占14.70%。每万人中，拥有大学文化以上1479人，高中（含中专）3194人，初中3593人，小学1470人。不识字或识字很少1650人，占2.64%。与1990年相比，文盲率下降4.58个百分点，人口的文化素质不断提高，具有各种文化程度的人口比重大幅度增加。

1990年烟台开发区6岁以上人口文化程度一览表

表3-11　　单位：人

文化程度	合计	男	女
6岁及以上人口数	8614	5100	3514
不识字或识字很少	622	219	403
小学	1946	1154	792
初中	3540	2237	1303
高中	1506	823	683
中专	378	227	151
大学专科	296	190	106
大学本科	326	250	76

2000 年烟台开发区 6 岁以上人口文化程度统计表

表 3-12　　单位：人

文化程度	合计	男	女
6 岁及以上人口数	62617	31094	31523
未上过学	1526	379	1147
扫盲班	124	36	88
小学	9204	4494	4710
初中	22498	10319	12179
高中	13025	6878	6147
中专	6978	3427	3551
大学专科	5241	2896	2345
大学本科	3911	2577	1334
研究生	110	88	22

第三节　职业构成

1990 年全国第四次人口普查，在业人口数 6188 人，占总人口的 67.19%。在业人口中，工业、建筑业人口较多，其中工业 2248 人，占 36.33%，建筑业 1917 人，占 30.98%；金融和保险业、科学研究和综合技术服务事业、地质普查和勘探等行业在业人口较少，分别为 22 人、15 人、2 人，比重较低。

2000 年全国第五次人口普查，在业人口数 41940 人，占总人口数的 63.03%。在业人口中，制造业人口最多，达 21883 人，占 52.18%；其他依次是批发和零售贸易餐饮业，人口 5788 人，占在业人口数的 13.80%；社会服务业人口 2569 人，占 6.13%；建筑业人口 2558 人，占 6.10%；农、林、牧、渔业人口 2064 人，占 4.92%；采掘业、地质勘查等行业在业人口较少，为 31 人和 10 人，比重较低。

1990 年烟台开发区在业人口职业构成统计表

表 3-13　　单位：人

行业	合计	男	女
在业人口总数	6188	4289	1899
农林牧渔业	248	155	93
工业	2248	1252	996
地质普查和勘探业	2	2	0
建筑业	1917	1745	172

续表 3-13

行业	合计	男	女
交通运输和邮电通讯业	114	96	18
商业、公共饮食业、物资供销和仓储业	623	331	292
房地产管理、公用事业、居民服务业和咨询服务业	362	229	133
卫生体育和社会福利业	36	16	20
教育、文化艺术和广播电视业	140	52	88
科学研究和综合技术服务事业	15	13	2
金融、保险业	22	10	12
国家机关、政党机关和社会团体	458	386	72
其他行业	3	2	1

2000 年烟台开发区在业人口职业构成统计表

表 3-14　　单位：人

行业	合计	男	女
在业人口总数	41940	22306	19634
农、林、牧、渔业	2064	1259	805
采掘业	31	31	0
制造业	21883	10266	11617
电力、煤气业	773	598	175
建筑业	2558	2321	237
地质勘查	10	10	0
交通运输业	908	743	165
批发和零售贸易餐饮业	5788	2909	2879
金融保险业	506	227	279
房地产业	1414	908	506
社会服务业	2569	1352	1217
卫生、体育业	619	186	433
教育文化艺术及广播电影电视业	1269	464	805
科学研究和综合技术服务业	258	155	103
国家机关、政党机关和社会团体	1259	867	392
其他行业	31	10	21

第四节　民族构成

辖区主要为汉族居住区，只有部分少数民族居住。1990 年全国第四次人口普查时，辖区有 6 个民族，其中，汉族人口数 9137 人，占总人口的 99.2%。2000 年全国第五次人口普查时，辖区有 16 个民族，其中汉族人口数 64884 人，占 97.5%。

1990 年烟台开发区各民族人口统计表

表 3-15　　单位：人

民　族	合　计	男	女
汉　族	9137	5370	3767
蒙古族	4	1	3
回　族	18	13	5
朝鲜族	11	7	4
满　族	38	22	16
土家族	2	2	0
总人口	9210	5415	3795

2000 年烟台开发区各民族人口统计表

表 3-16　　单位：人

民　族	合　计	男	女
汉　族	64884	32321	32563
蒙古族	115	60	55
回　族	76	40	36
藏　族	5	1	4
维吾尔族	1	1	0
苗　族	14	7	7
壮　族	1	0	1
朝鲜族	844	382	462
满　族	551	285	266
侗　族	1	1	0
土家族	15	9	6
傣　族	1	0	1
黎　族	1	0	1
达斡尔族	5	1	4

续表 3-16

民 族	合 计	男	女
锡伯族	19	8	11
赫哲族	3	1	2
总人口	66536	33117	33419

第五节 婚姻家庭

婚姻 1990 年全国第四次人口普查，辖区婚龄人口（15 岁周岁及以上）为 7682 人，其中未婚 2620 人，有配偶 4797 人，离婚 24 人，丧偶 241 人。2000 年全国第五次人口普查，辖区婚龄人口为 56901 人。在进一步抽查的 5519 人中，未婚 1787 人，有配偶 3556 人，离婚 49 人，丧偶 127 人。

1990 年烟台开发区人口婚姻状况表

表 3-17 单位：人

指标名称	合计	男	女
婚龄人口（15 周岁及以上）	7682	4621	3061
未婚	2620	1691	929
有配偶	4797	2860	1937
离婚	24	9	15
丧偶	241	61	180

2000 年开发区人口婚姻状况表

表 3-18 单位：人

指标名称	合计	男	女	占合计比重（%）		各种婚姻人口占抽查婚龄人口比重（%）
				男	女	
婚龄人口（15 周岁及以上）	56901	28144	28757	49.46	50.54	–
抽查婚龄人口	5519	2676	2843	48.49	51.51	100
未 婚	1787	817	970	45.72	54.28	32.38
初婚有配偶	3453	1765	1688	51.11	48.89	62.56
再婚有配偶	103	47	56	45.63	54.37	1.87
离 婚	49	17	32	34.69	65.31	0.89
丧 偶	127	30	97	23.62	76.38	2.30

家庭 1990 年全国第四次人口普查，辖区家庭户 2091 户，平均每户 4.40 人，其中 3 人户居多，有 896 户，占 42.85%。2000 年全国第五次人口普查，辖区家庭户 19395 户，平均每户 3.43 人，3 人户最多，有 9011 户，占 46.46%。

1990 年烟台开发区家庭户规模统计表

表 3–19　　单位：人

合计	1 人	2 人	3 人	4 人	5 人	6 人	7 人	8 人	9 人	10 人以上
2091	206	283	896	449	186	43	17	4	2	5
百分比	9.852	13.534	42.850	21.473	8.895	2.056	0.813	0.191	0.096	0.239

2000 年烟台开发区家庭户规模统计表

表 3–20　　单位：人

合计	1 人	2 人	3 人	4 人	5 人	6 人	7 人	8 人	9 人	10 人以上
19395	2344	4682	9011	2402	720	176	43	11	5	1
百分比	12.086	24.140	46.460	12.385	3.712	0.907	0.222	0.057	0.026	0.005

第六节　姓氏

境内姓氏除部分“占山户”外，大部分来历主要为三个方面。一是军屯民户：明朝设守御前户所后，相继一些外地官员调任福山县任千户、副千户职或百户职，其家眷亦从外地迁来安家落户。二是北人南征：自金至清，北人（女真人，蒙古人）先后南下，在山东遗留下大量军人、民工、商人、贵族等。元代初年，随从蒙古皇帝南征的功臣与皇家子弟均分茅裂土，封为王侯，其封地囊括大半个胶东。奴隶大部分为其出征大理（今云南省）时捉来的，后散居胶东各地，境内多数姓氏来自云南。其中有的为北人南征途中从江苏、安徽、河南等地捉来的，夹杂在云南人的队伍里，因说不清或隐瞒自己的祖籍，遂称“小云南”人。三是移民徙至：元末，由战乱、瘟疫、水旱灾害造成人口大量死亡。据《中国救荒史》载，元末大乱之后，山东、河南多为无人之地，明至清初，强行移民垦荒。据《山西省古大槐树志》载，明洪武、永乐年间，先后 9 次向河北、山东等地移民。

根据 2003 年统计，辖区共有姓氏 340 个，其中单姓 335 个，复姓 5 个。单姓以王、刘、李、张、陈、孙、杨、于、赵、顾、姜、季、徐、宋、马、曲、高、由、车等姓氏人口较多，卜、刁、瞿等姓氏人口较少。

2003 年烟台开发区人口姓氏统计表

表 3–21

笔画	姓　　氏	合计（个）
二	丁、卜、刁	3
三	习、山、马、于、万、为、门	7
四	车、丰、文、仇、从、戈、乌、邓、井、贝、支、巴、双、韦、云、元、王、毛、牛、水、计、方、孔、尹	24
五	石、白、丘、古、史、皮、叶、田、冯、卢、冉、平、左、宁、甘、印、申、龙、台、包、厉、司、边、艾、东	25
六	匡、师、那、关、全、庄、江、吉、仲、向、伍、成、纪、羊、朱、阳、安、华、毕、刘、孙、许、汤、邬、米、阮、吕、任、齐、牟、后、权、乔、伏、仵、祁、邢、闫	38

续表 3-21

笔画	姓　　氏	合计（个）
七	岑、时、怀、李、芮、苍、别、邴、寿、江、陆、连、步、冷、应、沙、谷、沈、邱、花、狄、余、杨、吴、何、邹、严、邵、张、宋、杜、闵、辛、巫、陈、佟、励、麦、苏、初	40
八	罗、昌、郎、屈、季、武、苗、法、欧、范、房、和、明、卓、周、林、郑、孟、郁、易、庞、宗、单、尚、金、居、国、官	28
九	项、柳、祖、郜、咸、柯、宜、都、胥、闻、禹、贲、逄、南、侯、段、贺、柑、查、荆、柏、赵、姜、钟、姚、郝、施、俞、费、娄、胡、洪、骆、荣、宫、祝、哈	37
十	莫、晏、殷、班、栾、桂、柴、唐、袁、贾、顾、倪、谈、席、郭、夏、秦、诸、陶、铅、锆、涂、聂、都、晁、晋、耿、奚、索、姬、浦、翁、宰、凌、桑、通	36
十一	逯、寇、巢、盖、麻、扈、盛、屠、符、宿、龚、鄂、梅、梁、萧、崔、康、章、黄、曹、阎、常、戚、商、匙	25
十二	嵇、焦、惠、富、滑、储、景、温、黑、程、蒋、傅、鲁、舒、谢、曾、韩、葛、游、彭、董、强、童	23
十三	虞、裘、简、楚、满、詹、蓝、蒙、解、靳、蓟、楼、鲍、路、雷、赖、窦、廉、阙、鄢、訾	21
十四	赛、廖、臧、蔡、谭、管、蔺、翟、熊、裴、阚、慕	12
十五	樊、黎、颜、潘、滕	5
十六	薄、薛、燕、融、冀、霍	6
十七	魏、戴、籍	3
十八	瞿	1
二十	酆	1
复姓	鲜于、诸葛、南宫、欧阳、上官	5

境内部分姓氏考证　**王姓**　王氏家族，裔遍四海。据王少波主编的《中国百家姓氏源谭〈王氏源谭〉》载，汉至清王氏家族分布于山东省十八个大家族中，境内清朝古现“王懿荣家族”为其中之一。据《福山县志》和古现街道河北村《王氏家谱》记载，王懿荣始祖王忠祖籍为云南大理府云南镇

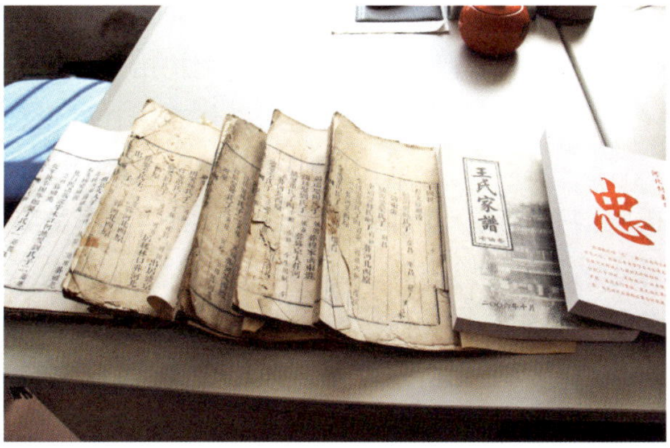

图 3-1　王姓家谱

（今云南省大理市巍山县永建大仓西山鸡头村）人。明洪武五年（1372 年），始祖王忠以官山东登宁盐场盐课大使来福山，卜居古现集之河北村，殁遂葬今河北村西北。王氏家族自明初世居河北村以来，历经 600 余年，其后裔遍布胶东、辽宁半岛。境内古现、八角两个街道的古现东村、北村、西村、胜利村、石岚、三十里堡、上下刘家、黄庄、北堡等 19 个村的王姓及福山区、栖霞市的城里、东关、南关、旺远王村、唐家泊、高格庄等 20 个村的王姓，皆河北村王氏后裔。王氏后裔分布较远的有莱阳市的门家沟、蟹子湾，文登市的张家庄，辽宁省的大连市、锦州市、沈阳市等。

杨、滕姓　杨姓祖籍辽宁省，始祖避难居于境内八角。滕姓祖籍江苏省南京市，始祖明时入境内古现社籍。

孙姓　孙姓祖籍有二，一为辽宁省，据《明

世堂孙氏家谱》载：唐贞观十八年（644年），唐太宗东征平辽，始祖孙氏自辽浮海避难于境内八角村；二为原济南市历城县，明景泰年间，始祖授荫袭百户世职，居原福山县境内。

陈姓　陈姓祖籍有二。一为明万历年间始祖陈龙携子女由安徽省迁境内古现陈家沟村；二为明万历年间始祖陈龙携子女由河南省迁境内八角泊子村。此二说的年代、始祖姓名均同，只是籍贯与迁徙地有差，或因传误，尚无资料考证。

汪姓　祖籍为南直高邮（今江苏省高邮）。据《汪氏族谱》和《中国历代宰相志》记载：汪广洋，字朝宗（族谱上为洪波），江苏高邮人，元末参加朱元璋起义军。明洪武元年（1368年），山东平定，明太祖因汪广洋廉明持重，命他料理行省，负责抚辑民生；据“汪王老表亲”的《王氏族谱》记载，汪广洋在第二年来到福山，很快与当地王氏结为亲家，并购地建房安家，命村名“汪家疃”；后汪广洋被罢职后迁居汪家疃以避世焉。洪武十二年（1379年），因刘基为胡惟庸毒死一案遭中丞涂节上奏，朱元璋问及此事，广洋回说不知。朱元璋大怒，斥责广洋朋党欺君，将广洋贬谪海南。当船行到太平时，朱元璋追究其在江西包庇朱文正，在中书省又不揭发杨宪阴谋等罪过，下诏赐毒而死。其后人、亲戚、家人因害怕被诛灭九族，四处逃难，村子被夷为平地。据《汪氏族谱陶山支系》记载推算，汪广洋的三个孙子即王氏三始祖王化隆、王化行、王化道，于永乐年间（1403—1424年）以后回到汪家村重新建村，为避朝廷追缉，改“汪家”为“王家”。1949年后复称汪家。

汤姓　汤姓祖籍河南省。始祖汤彦忠于明洪武元年（1368年）后迁境内八角口西3公里处建村，村原立有“汤氏孝思碑”一块，现嵌于村南冷藏室门顶上，该碑简载汤氏家族从元朝到明朝繁衍史。《福山县志稿·金石》中记载，元末汤和随朱元璋起义，屡建战功，授信国公。明立国后，汤和去世，其子袭职，后因故被贬至河南，长孙彦忠迁此建村。

董姓　董姓祖籍有二。一为河南省，始祖董氏于明嘉靖年间（1522—1566年）迁此（今古现街道南张家村）建村，初名董家砚，后称董家。后张姓迁入，繁衍较快，董姓逐步迁出，故更名张家，后改称南张家村。二为山西省（俗称小云南），始祖董氏约在明朝万历年间（1573—1619年）迁入现居地（今大季家街道房里董家）。

臧、赵姓　臧姓祖籍安徽省，明朝成化年间（1465—1487年），始祖臧东周迁此（今古现街道西臧家）建村。赵姓祖籍云南省乌撒卫人，始祖赵氏于明朝永乐年间（1404年）迁入现居地（今大季家街道大赵家村）。

李姓　李姓祖籍有二。一为山西省（俗称小云南）人，据村碑记载，始祖李氏，另有顾氏于明永乐年间（1573—1619年）一路乞讨，来此（大季家街道山后李家）建村。二为云南省镇江府人，始祖李元及其弟李有于明朝洪武年间（1368—1398年）来此（今古现街道四合村）建村。

谭、张姓　谭姓祖籍山东省莱阳县万柳村，始祖谭子安与其弟谭子贵二人于明朝永乐五年（1407年）迁此（今古现街道办事处谭家村）建村。张姓祖籍河北天津，始祖张氏于明朝末年迁此（今古现街道办事处石峦村）建村。

林姓　林姓祖籍有二。一为山东峄县。据清乾隆《福山县志》记载：“林福，山东峄县人。明天顺元年（1457年）备御福山中前所”，始祖林福供职并定居福山后，林景、林璋、林忠、林士周、林国卿、林应武、林凤鸣世袭百户一百八十三年。崇祯十七年（1644年），林凤鸣抗清阵亡，清康熙初年，其后裔由福山县城逃此（今古现街道林官庄村）定居建村，因林姓世官八代，誉称林官庄。二为山西省洪洞县。据《林氏家谱》记载，明朝天启三年（1623年），始祖林守清迁此（今古现街道林家村）建村，以姓氏名林家村。

潘姓　潘姓祖籍为河南省人。据《潘氏家谱》记载，宋末祥兴年间（1278—1279年），始祖潘智明与其弟潘智亮迁此（今古现街道潘家村）建村，并以姓氏名村潘家。

第七节 长寿老人

概况 20 世纪 80 年代以来，随着经济与社会的迅速发展，居民生活水平不断提高，卫生保健状况不断改善，人口寿命明显提高，长寿老人逐渐增多。另外，良好的自然环境、尊老爱幼的良好风尚等，也是辖区长寿老人逐渐增多的原因。

1990 年人口普查，辖区 90 ~ 94 岁长寿老人为 4 人，其中男 3 人，女 1 人；95 岁以上长寿老人未有。2000 年人口普查，90 ~ 94 岁长寿老人有 33 人，其中男为 7 人，女 26 人，95 ~ 99 岁长寿老人有 5 人，其中男 1 人，女 4 人；百岁以上长寿老人有 2 人，均为女性。下延到 2004 年，辖区 100 岁以上长寿老人有 9 人，皆为女性。其中辖区寿命最长的老寿星是大季家街道山后李家居委会顾朱氏（女），2003 年 109 岁（2004 年去世，满 110 岁）。

附：百岁老人简况 车延凤 女，汉族，1901 年 10 月出生，2003 年 102 岁，长江社区奇章居委会人。一生务农。四世同堂，一家和睦相处，老人心态平和，心情愉悦。因年迈，每日外出时间较少，主要在室内活动。一日三餐以粗粮为主，

图 3-2 车延凤老人（右）

平日喜食水果，食量均衡，平均每顿为一碗饭，平生无吸烟喝酒嗜好。

王秀珍 女，汉族，1902 年 5 月出生，2003 年 101 岁，长江社区奇章居委会人。一生务农。四世同堂，老人生性平和，家庭和睦，其乐融融。老人身体硬朗，每天坚持到农贸市场购物。一日三餐以馒头、蔬菜为主，平日最喜欢吃水果。

图 3-3 王秀珍老人（右）

孙玉昌 女，汉族，1904 年 2 月出生，2004 年 100 岁，长江社区胜利西村居委会人。一生务农。五世同堂，相处融洽，邻里和谐。老人生性和善，心胸宽广，日常处事多为他人着想，宁亏自己不亏别人。身体康健，勤快能干，每天外出散步，直至 96 岁之后，因眼疾之故方停止户外活动，卧床在家。一日三餐以素食为主，每天早晚两餐均为一个鸡蛋和一杯加蜂蜜的奶，午餐为一碗泡饭（馒头、蔬菜）。平生最喜欢吃甜食，无吸烟喝酒嗜好。

姜刘氏 女，汉族，1904 年 2 月生人，2004 年 100 岁，古现街道东村居委会人。四世同堂。平生多半务农，年龄大后在家料理家务，照看孩子。育有一男四女，一直同儿孙们住在一起，儿、孙媳孝顺可嘉，家庭和睦，也从不与外人争吵。老人生性勤劳，在家一直闲不住，直到年龄很大不能自理为止。饮食规律性强，主食馒头、大米，最喜吃玉米面和清淡食物。

曲素英 女，汉族，1902 年 11 月生人，2003 年 101 岁，古现街道山王家居委会人。一生务农，四世同堂。老人为人沉稳少躁，心态平和，

饮食、睡眠有规律，主食以细粮为主，喜吃各种蔬菜。

图 3-4　曲素英老人（中）

宋凤仙　女，汉族，生于 1904 年 9 月，2004 年 100 岁，大季家街道姜家居委会人。1986 年随女儿姜雪梅到济南居住。老人性格开朗，为人处事随和，四世同堂，子女皆孝顺。饮食、睡眠等方面很有规律。已双目失明，瘫痪在床。

荆氏　女，汉族，1900 年 7 月生人，2000 年 7 月满 100 岁，大季家街道大苗家居委会人。老人为一般家庭妇女，五世同堂，与其子媳在一起居住，儿孙特别孝顺。家庭生活和美，老人情绪乐观，饮食方面每日以馒头、面条、稀饭、水饺为主。

刘喜荣　女，汉族，1903 年 3 月生人，2003 年 3 月满 100 岁，大季家街道大邹家居委会人。一生务农，四世同堂，晚年常住女儿家。家庭和顺，子女孝顺并精心呵护，老人生性心态平和，遇事不躁不恼。主食以馒头、稀饭为主，喜吃清淡食物，食量均衡有规律，无吸烟喝酒嗜好。

顾朱氏　女，汉族，是辖区寿命最长的老寿星，1894 年 3 月生人，2003 年 109 岁（2004 年去世，满 110 岁），大季家街道山后李家居委会人。老人 19 岁与长她 10 余岁的山后李家村顾允杰结婚，婚后生有一男三女，其中两个女儿不满周岁夭折，余下一双儿女已 80 多岁。老人平生喜吃红薯及各种粗粮和野菜，从不挑食，性情勤劳好动，脾气很大，20 岁时中风不语，后来是发音不清，但一直耳聪目明，所有牙齿无损，生来没发烧感冒，未曾打过针吃过药。丈夫 71 岁去世后，老人一直和儿子一起生活，儿媳子孙十分孝顺，老人亲手带大 6 个子孙。

第四章　人口控制

第一节　机构

人口和计划生育局　1987 年 4 月 28 日，开发区计划生育委员会（以下简称“计生委”）设立，定编 1 人，办公室设在区文教卫生局，由管委直接领导。1991 年 9 月 16 日，计生委与区卫生局合署办公。1995 年 6 月 9 日，计生委单设，归区卫生局管理，科级行政单位，列管委序列，有工作人员 4 人。2001 年 4 月，计生委更名为烟台开发区人口和计划生育局，升格为正处级单位，定编 7 人，与区社会事业管理局合署办公。

计划生育协会　1994 年 9 月 19 日，区计划生育协会（以下简称“计生协会”）成立，定编 2 人，

图 3-5　1994 年 9 月，开发区计划生育协会成立大会召开

与计生委合署办公。1998年，计生协会设办公室。1999年4月30日，计生协会办公室定为区计生委辖属副科级事业单位，编制4人。2003年4月28日，计生协会办公室定编为7人。

三资企业计生协会 1995年5月29日，区三资企业计生协会成立，为省内第一家地区性三资企业计生协会。协会有团体会员39家，会员107人，理事60人，并有5名外籍高级企业管理人员被聘任为名誉副会长。

图3-6 1995年5月，开发区三资企业计划生育协会成立

第二节 计生宣传

宣传队伍 1987年，区计生委组织部分医务人员开展避孕知识宣传和技术指导活动。1991年，村（居）委每10～20户推选一名计划生育宣传员，机关、企事业单位每20～30人推选一名计生宣传员，全区计划生育干部及宣传员达2000余人。2002年9月扩区后，区计划生育宣传队伍趋于年轻化，平均25岁左右，宣传人员高中文化程度以上的达82.3%。

宣传活动 1987年，区计生委主要宣传党和国家的计划生育方针、政策、马克思主义人口理论及避孕节育、优生优育科学知识等内容。宣传教育形式和方法主要有：举办计划生育干部学习班，每半年一次；育龄妇女学习班，每季度一次；新婚学习班，每周一次。

1992年烟台市"宏祥杯"计划生育知识电视大奖赛在开发区举行，开发区荣获一等奖和组织奖。

1993年，开发区将3—4月列为计划生育宣传月。全区各单位发挥人口学校作用，对育龄妇女进行人口与计生基础知识教育。

1995年3月27—30日，开发区举办第五期计生干部培训班，参加人员为各部门、直属公司新调换的计生干部及村计生委主任。4月15日，全区举办第一期孕前教育学习班，主要普及计生政策法规、避孕节育、优生优育等知识。

1996年10月，计生委与区邮电局联合举办"邮电杯"计划生育基础知识、邮电业务知识竞赛活动，全区1000名育龄妇女参加竞赛。

1997年4月，计生委举办第七期全区计划生育干部跨级培训班，120余人参加培训，93人取得结业证书。

1998年6月，在全区举办计划生育有奖知识竞赛活动，共有50个单位2636人参加答卷。8月4日，请省教育学院教授在区国际报告厅讲授人口可持续发展理论，区计生干部400余人参加学习。

1999—2001年，全区运用电视、影像、电脑网络、触摸屏等形式，扩大教育覆盖面，改变以往单纯以婚育为主的单一育龄人群作为教育对象的做法，将教育的触角延伸到初、高中学生的青春期教育和人口知识教育以及社会青年的性健康教育等全民教育上来。

2002年9月第二次扩区后，在省计生委订购发放婚育文化墙报111套，覆盖全区所有的街

图3-7 2002年，社管局计生工作人员在大季家开展"三下乡"活动

道社区，同时发放《三优知识丛书》1万多套，发放各类政策法规、避孕节育、优生优育、生殖保健等科普知识小册子及明白纸约30余万份。2002年11月22日，由区计生委和司法处在区自来水公司多功能厅联合举办烟台开发区《中华人民共和国人口与计划生育法》《山东省人口与计划生育条例》知识竞赛。

第三节　生育管理

1988年7月起，辖区执行山东省七届人大常委会4次会议通过的《山东省计划生育条例》。该条例提倡晚婚、晚育，提倡一对夫妻只生一个孩子，对确有实际困难和特殊情况的夫妻可以允许有间隔地再生一个孩子。

1991年，全区晚婚率为94.48%，晚育率为97.37%，计划生育率为97.67%。1992—1995年，晚婚率达到100%；1994—1996年，晚育率达100%。2003年，晚婚率达98.52%，晚育率100%，合法生育率达100%。

1991—2003年烟台开发区女性初婚情况统计表

表3-22

年份	女性初婚人数（人）		晚婚率（%）	晚育率（%）
	总计	其中：23周岁及以上		
1991	163	154	94.48	97.37
1992	107	107	100	100
1993	327	100	100	99.45
1994	421	421	100	100
1995	216	216	100	100
1996	682	680	99.71	100
1997	671	669	99.7	99.82
1998	616	614	99.68	100
1999	647	644	99.54	99.8
2000	631	631	100	99.86
2001	738	736	99.72	99.37
2002	895	886	98.99	99.41
2003	1284	1265	98.52	100

1991年，全区出生人口43人，其中一孩38人，占88.37%，二孩5人，占11.63%。1992年扩区后，出生人口242人，其中一孩210人，占86.78%，二孩32人，占13.22%。1995年，出生人口409人，其中一孩386人，占94.38%，二孩23人，占5.62%。

1996年10月起，执行山东省八届人大常委会第24次会议通过的《关于修改〈山东省计划生育条例〉的决定》，该决定对符合规定生育第二个孩子且女方系初育的，作出年龄须满25周岁的规定。是年，全区出生人口538人，其中一孩502人，占93.31%，二孩占35人，占6.51%。1998年，全区有8289个家庭报名领取独生子女证，一孩家庭领证率达到96.91%。有502个符合二胎生育条件的家庭主动退掉二胎生育指标，终生只生一个孩子，占全部独生子女户家庭的6.09%。到2001年，全区共有8639个家庭领取独生子女证，占一孩家庭的92.38%，有351个农村独女户家庭主动退掉二胎生育指标。

2002年9月1日，《中华人民共和国人口与计划生育法》实施，全区先后建立并完善计划生育行政执法程序、执法公示、过错责任追究、执法检查监督、重大案情通报、执法考核评估等多项制度。9月28日，《山东省人口与计划生育条例》公布实施。辖区根据条例精神，实行在稳定现行生育政策基础上适当微调的原则，鼓励公民晚婚晚育、少生优生，提倡一对夫妻生育一个孩子。符合条例规定条件的公民，经批准可以生育第二个孩子。2003年，全区出生人口640人，其中一孩占90.94%，二孩占9.06%，其中一孩率比1996年下降2.37个百分点，二孩率比1996年上升2.55个百分点。

1991—2003年烟台开发区出生人口孩次情况统计表

表3-23　　　　　　　　　　　　　　　　　　　　单位：人

年份	出生人口	其中			计划生育率(%)
		一孩	二孩	多孩	
1991	43	38	5	0	97.67
1992	242	210	32	0	100
1993	361	313	48	0	100
1994	365	334	31	0	99.73
1995	409	386	23	0	100
1996	538	502	35	1	99.8
1997	603	567	36	0	99.5
1998	853	813	39	1	99.77
1999	522	509	13	0	99.81
2000	749	723	26	0	99.72
2001	653	631	22	0	99.85
2002	1288	1195	92	1	99.77
2003	640	582	58	0	100

第四节　管理与服务

管理　1991年9月，辖区各企事业单位成立计划生育领导小组，负责本单位计生管理工作；500人以上的单位成立计生办，设专职计生工作人员2人；300～500人设专职计生干部1人；300人以下设兼职计生干部1人。1992年6月30日，将各单位流动人口计划生育管理逐级纳入计划生育目标管理责任制考核。公安、工商、人事劳动、卫生、交通、经济发展等部门根据各自职能，配合计生委做好流动人口的计划生育管理工作。用工单位负责对招用的流动人口进行计划生育管理，并接受所在街道办事处及开发区计划生育行政管理部门的监督检查。各街道办事处负责查验计划生育证明、签订计划生育合同、记录生育情况等；对本区外出的流动人口育龄妇女督促落实节育措施，并与其保持联系，掌握生育节育情况。1993年5月，辖区专门出台文件，加强对辖区企业的计划生育管理。

图3-8　1998年，烟台市城市计划生育工作会议在辖区召开

1999年4月，在全区建立“单位负责，条条保证，以块为主，双重管理，双重考核”的城市计划生育管理新机制。“单位负责”，即承担起做好本单位计划生育工作的责任；“条条保证”，即各主管部门或单位承担下属单位计划生育工作的责任；“以块为主”，即街道办事处对本辖区内的单位、居委会常住人口、流动人口的计划生育工作负有领导责任；“双重管理”，即驻街道办事处单位既接受街道办事处计划生育行政管理，又接受上级主管部门管理，以强化条块各自不同的职能优势，防止漏管；“双重考核”，即驻街道办事处单位既接受街道办事处考核，又接受其主管部门的考核。

2002年，开发区按照“分线考核、突出重点、内容精简、注重实效”的原则，针对全区单位不同性质、不同情况设置四条线的计生工作考核方案：对城区居委会的考核，突出考核领导重视、特殊人群管理与服务、队伍网络建设等方面的内容；对机关事业单位的考核，突出党政线，即齐抓共管、综合治理方面的考核；对企业的考核，突出法定代表人责任制的落实和流动人口、离岗、失业人员等特殊人群的考核，突出营造浓厚的企业计划生育氛围；对农村的考核，进一步细化总体

图3-9　2003年，全区人口和计划生育工作会议在开发区行政中心礼堂召开

方案中的基本内容。方案的实施有力促进了辖区的计生工作。

服务 1991年执行市计划生育“育前型管理”要求，全区累计落实节育措施2201人，节育率为94.75%。1995年开展“避孕措施自愿选择”工作，到2000年，100%的居委会实行避孕节育措施知情选择。2002年落实市计生委制定的《关于进一步做好避孕方法知情选择工作的意见》，全区已婚育龄妇女30711人，落实节育措施的26776人，节育率为87.19%。2003年全区已婚育龄妇女32584人，落实节育措施的27534人，节育率为84.5%。

图3-10 开发区计划生育保健站（1995年摄）

1991年，辖区设有一个计划生育技术服务站，主要开设计划生育门诊，开展放（取）环、透视、妇检及优生优育服务等工作，其中优生优育服务工作主要对婚前、孕妇、产前、产后、婴儿进行健康指导。1998年，计划生育服务站推广补叶酸、接种风疹疫苗、巨细胞病毒检测以及B超筛查胎儿畸形等优生技术，接待优生咨询572人次，围产期保健480人次。1999年开展“一二四”优生服务，即：一个教育，对群众在婚孕前进行一次面对面系统的优生优育、生殖保健知识教育；两个监护，对申请生育的群众和生育高危家庭分别实行优生档案监护；四项优生措施，实行孕前注射风疹疫苗、增补叶酸、巨细胞病毒检测和孕期B超监护。是年，全区婚孕前优生优育教育普及率达95%以上，参加优生监护1030人，占92%；注射风疹疫苗1030人，增补叶酸1030人，有87%的孕妇得到B超监护。上述服务措施，有效降低了新生儿出生缺陷的发生，全区新出生婴儿缺陷率仅为3.2%。2000年全区95%以上的孕妇落实注射风疹疫苗、巨细胞病毒检测、增补叶酸和B超监护等优生措施。2001年全区落实各种优生措施的孕妇达98%以上，新生儿出生缺陷发生率降至3%以下。同时，对全区1.3万已婚育龄妇女进行查、防、治服务。全区参加生殖健康查体育龄妇女的比例达到78%，共查出生殖道感染病4300例，90%

图3-11 2003年，计生办工作人员在长江路天马广场开展计生服务工作

以上得到治疗。2002 年对辖区两个计划生育服务站颁发计划生育技术服务机构执业许可证，有 26 名技术人员通过理论知识考试和操作技能考核，并取得“计划生育技术服务人员合格证”。2003 年全区优生监护率达到 90%，95% 以上的孕妇采取各种优生措施，提高了新生儿出生质量。同年，为 184 对不孕症夫妇建立诊治档案，为 3.2 万名 40 周岁以下已婚育龄妇女全部进行孕情及生殖健康查体。

第四编

城区建设与管理

烟台开发区东区新貌（2003 年摄）

烟台经济技术开发区志

YANTAI JINGJI JISHU KAIFAQUZHI

烟台开发区建区后，管委即按照经济技术开发建设的总目标编制城市发展总体规划方案。1984—2003年，随着辖区面积的变化，城区总体规划亦相应修订完善，先后编制了10平方公里、36平方公里、228平方公里等3个总体规划方案。其间，基础设施、公共建筑、厂房、居民住宅等相继开工建设，商业网点、公共建筑、住宅小区、城市街道、给排水、供电、供热、供气等设施逐步建成配套。

截至2003年，全区共有绿化面积1070公顷，城区道路形成网络，各项建设已具规模，城区管理步入轨道，辖区已成为环境优美、管理有序、生态和谐、适宜投资和居住的现代化新城区。

第一章　城区规划

1984—2003年，开发区先后进行3次城区总体规划，绘制各类基础设施规划图30余份，最终完成228平方公里城区总体规划。在历次规划过程中，坚持聘请各行业人士作为规划监督员，并通过公示牌、电子屏对各项平面和单体方案进行公示，大型方案通过报纸、电视等媒体进行公示，努力做到“阳光规划”。其间，共审批总平面方案和单体建筑方案1600余件，其中居住项目600余件，公建项目400余件，工业项目600余件。

第一节　总体规划

10平方公里规划　1984年7月，烟台市福莱山经济技术开发区筹备委员会采取市场化运作方式，在全国范围招投标，征集第一次总体规划方案。通过对众多规划设计部门所作的总体规划方案分析遴选，天津大学、哈尔滨建筑工程学院、山东省规划设计院等三家大专院校、设计部门为

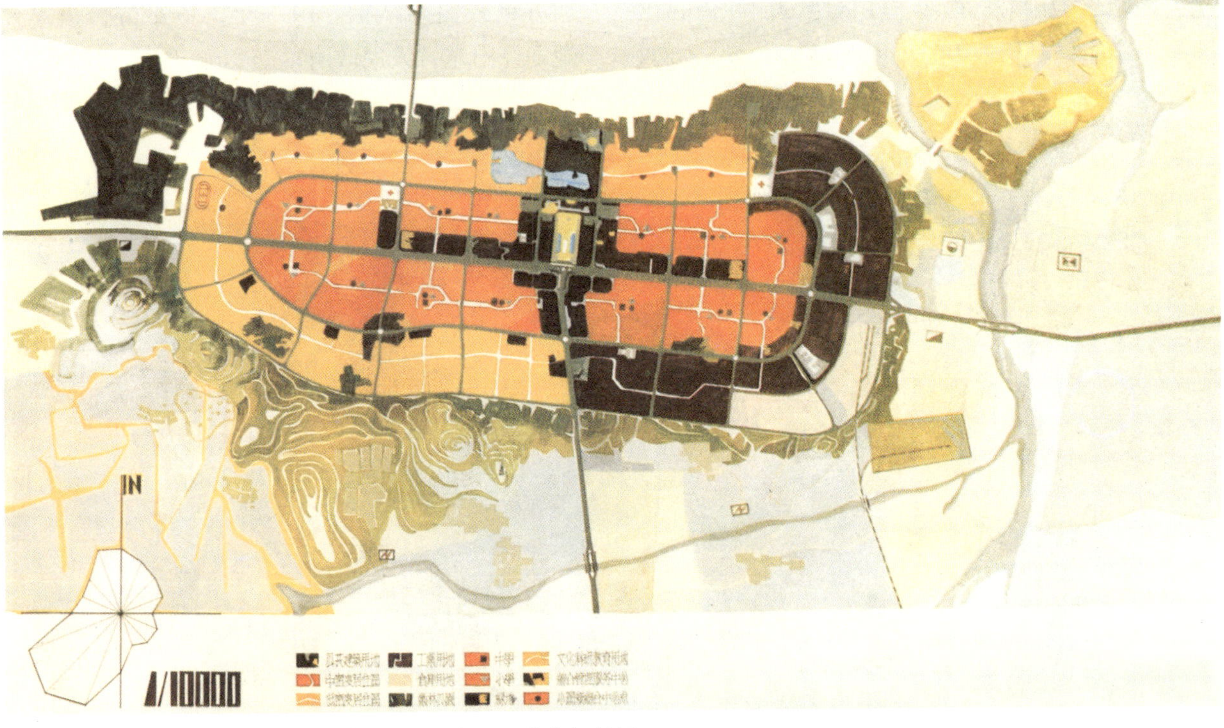

图4-1　1985年编制的烟台开发区10平方公里总体规划图

烟台开发区编制的总体规划方案入围。

1985 年 3 月 13 日，市政府召开总体规划审定会议，最终审定通过天津大学建筑系所作的总体规划方案。

天津大学 10 平方公里总体规划各类项目占地为：24.2% 为工业科研用地，37.5% 为生活居住用地，16.1% 为公共建筑用地，10.8% 为道路、停车场用地，6.5% 为集中绿地，4.9% 为其他用地。近期规划用地 3 平方公里，先期开发 2 平方公里工业区和与之相配套的 1 平方公里生活服务区，人口 2 万 ~ 3 万人。到 2000 年，人口规模 8 万 ~ 10 万人。其中，工业人口占 30%，大专、科研、科技人口占 10%，商业服务业人口占 20%，其他各业人口占 5%，被抚养人口占 35%。

居民住宅按小区布局，分为中密度居住小区（由普通住宅构成）和低密度居住小区（由别墅式高级住宅及少量高级旅馆式公寓构成）。

城市绿化覆盖率初步设计达到 50% 以上。园林绿化坚持以面为主，点、线、面相结合；以小为主，大、中、小公园绿地相结合；以绿为主，普遍绿化与重点美化相结合。总体形成以海滨带状公园绿化为中心，区级、小区级公园和街心花园星罗棋布格局。

公用建筑集中布局在城区中央，沿中心干道——福莱大街分组群布置，形成一条坐北朝南的公建半边街。中部为金融办公中心和中心花园式广场，两端为两个购物中心，中部的东侧为电信、信息中心，西侧为行政管理等公建群。文化、教育、设计、科研部门布置在福莱山、凤台山附近。

规划区内道路网由内外两条环路和一条东西向、五条南北向干道组成，过境公路移至开发区南部通过，使整个规划区形成“环带式组团结构”。较多地采用了快车道 2 块板方式，路中设 2 ~ 3 米宽绿化带，全部道路系统按中速交通干道设计，福莱大街按快速干道设计，双向 6 车道，道路红线宽 70 米。根据规划，开发区将建成一个以工业、科研为主，商业服务、旅游、居住生活等组合布局的综合区。

36 平方公里规划 1992 年 11 月，辖区面积扩大到 36 平方公里。1992 年，开发区规划处与天津市政工程勘察设计院对原 10 平方公里规划予以调整，36 平方公里总体规划，主要增加城区工业用地面积。原规划中环带式路网不利于道路交通和土地使用，36 平方公里总体规划中采用环带式加方格式路网结构。1995 年，36 平方公里总体规划经山东省人民政府批准实施。

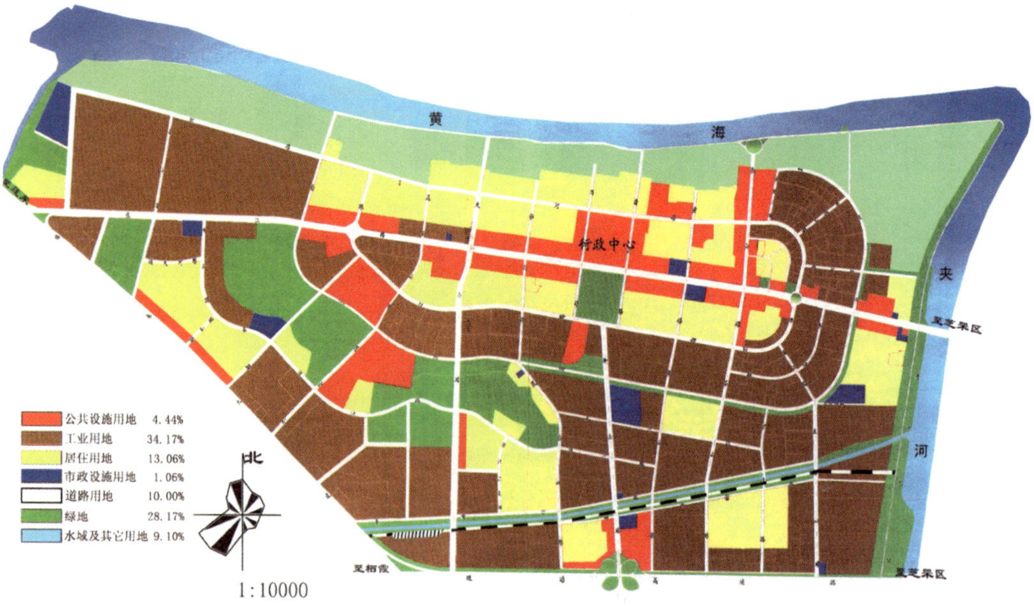

图 4-2 1995 年编制的烟台开发区 36 平方公里总体规划图

228 平方公里规划　2002 年 9 月，开发区辖区面积扩大到 228 平方公里。9—10 月，烟台市规划局编制完成《烟台开发区新区总体规划国际征集任务书》，组织专家进行研讨，11 家国内外设计单位接受设计招投标邀请。2003 年 2 月 22 日至 23 日，开发区建设环保土地局配合烟台市规划局召开烟台开发区总体规划专家评审会，最终选定中国规划设计院深圳分院的规划方案。2003 年 8 月，正式确定 228 平方公里总体规划方案。

根据新的总体规划，烟台开发区在城市布局上建成三大组团、四层轴带、八大功能区。

三大组团为东部组团、中心组团、八角组团。东部组团包括原开发区 36 平方公里范围和古现，主要是以高新技术产业与先进制造业、休闲旅游、居住与历史文化旅游为主要功能。八角组团主要发展现代化港口、物流、港后工业，包括八角与大季家。中心组团是开发区新区的中心，烟台市次中心，体现“新烟台、新形象”的重要景观与功能区域。

四层轴带是指由山到海体现出的层状结构，即山体生态休闲旅游带—产业发展带—居住与公共设施服务带—滨海生态休闲旅游与港口轴带。

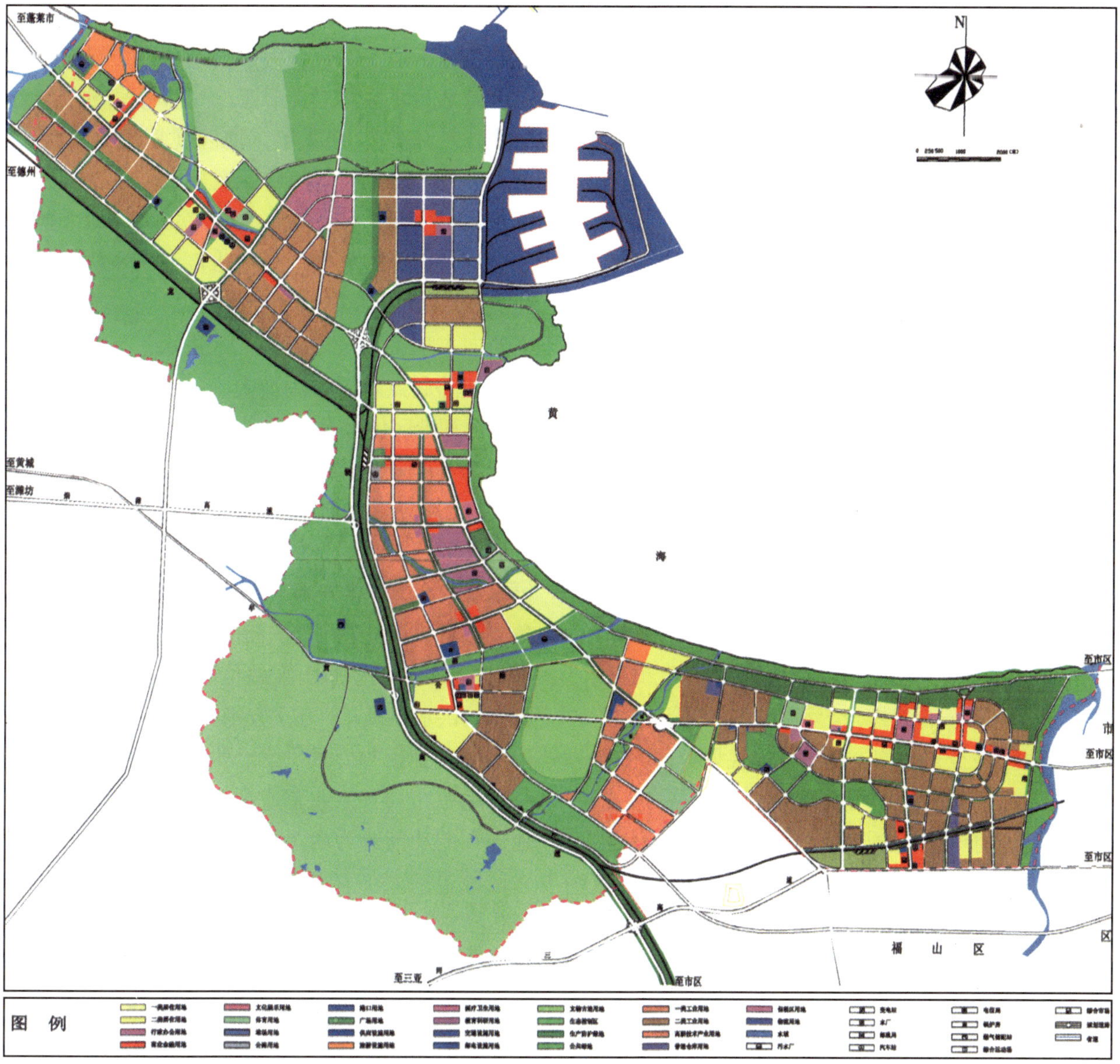

图 4-3　2003 年编制的烟台开发区 228 平方公里总体规划图

八大功能区：在组团与轴带的基础上，将开发区新区划分为八大功能区，即生活居住区、中心区、港区、产业发展区、生态休闲区、历史文化旅游区、渔村文化旅游区、备用拓展区。其中生活居住区在三大组团中都有配置，保证各组团之间居住和就业的相对平衡。

在空间上规划为14类产业园区，即港口物流产业园区、港后工业与保税区、教育科研产业区、先进制造业园区、汽车工业园区、出口加工区、IT产业园、行政文化区、商业贸易服务区、滨海休闲旅游区、文化旅游产业区、生态休闲旅游区、休闲体育产业区、生态农业区。

在绿地系统设计上遵循人与自然共处的基本原则，将完整保留域内水系及其周围的自然生态园地等，提供71.96平方公里的生态绿地和城市绿地，面积达到辖区总用地面积的32%。

第二节　专项规划

1984年，由天津大学编制了开发区起步区10平方公里市政专项规划；1992年，由天津市市政工程勘察设计院编制了烟台开发区36平方公里市政基础设施工程规划；2003年，新区192平方公里（可建设用地101平方公里）初步设计由烟台市规划设计院完成，管线工程由中国市政工程华北研究院承担基础设施管线工程设计。包括雨水、污水、给水、中水、燃气、热水、电力（含道路照明）、信息网络（含通信、宽带网、广播电视）、防洪、管线综合等设计任务，管线总长9281公里。截至2003年，基础设施规划全部完成。

道路　2003年，228平方公里规划将道路分为对外交通和城市内部交通两大系统。对外交通由港口、铁路和快速过境通道组成。烟台港西港区（亿吨大港），规划两条疏港路，解决港口同外围的货运联系；德龙烟铁路，从辖区西部城市用地边缘切过，接专用线沟通港口；绕城高速是辖区联系本市区各组团的高速公路，也是市区对外联系的重要通道；同三、烟潍高速公路和206国道从辖区穿过，在辖区内改造为市政快速干道。城市内部交通由市政快速干道、主干道、次干道和支路组成。城市内部规划市政道路66条，道路总长221.42公里，分为主干道、次干道和支路。其中规划25条主干道，为组团内部联系各功能区之间的主要道路，道路总长95.97公里。规划32条次干道，为各功能区中的主要道路，与主干道共同构成便捷顺畅的交通保障，道路总长96.67公里。规划9条支路，是次干道的补充，强调与河网、绿地等自然景观结合布置，道路总长28.78公里。新区的道路系统构成三横多纵的道路网络系统，三横是指西部货运干道、中部生活性快速干道、东部滨海旅游道路，多纵是指沟通山海之间联系的主要干道。

给排水　给水　1993年，辖区规划用水量为17万立方米/日，水厂两座。东部水厂供水3万立方米/日，西部水厂供水10万立方米/日。2003年8月，西区规划新增两座水厂，一座位于黄金河上游磁山风景区内，保障供水20.7万立方米/日，主要向古现、八角街道各社区供水；另外一座位于纵四路起点发展备用地内，主要向大季家街道各社区和港区供水，供水规模为20万立方米/日。西区规划4座给水加压泵站：1号加压泵站位于大季家纵2路与206国道交口的东北侧，供水规模0.5万立方米/日；2号加压泵站位于港区纵4路东侧，供水规模1.7万立方米/日；3号加压泵站位于八角9路与206国道交口的西南侧，供水规模5.7万立方米/日；4号加压泵站位于古现15路南段的西侧，供水规模4.1万立方米/日。辖区给水系统采用分区分压的形式供水。供水管网按照开发区供水水源布局、工业企业集中用水位置和区域用地规划的功能分为两个供水区域，大季家水厂供水区域包括大季家街道和港区，古现水厂供水区域包括古现街道和八角街道。根据各供水区域地势及水源压力，将整个辖区给水分为三段压力范围（低压区，3.5～30米。中压区，30～56米。高压区，56～82米）。给水管道总长353公里。

排水　城区雨水经过管道收集后就近排入柳

子河、柳林河、黄金河、白银河、三道河、九曲河、大季家河和平畅河等河流，然后排入黄海。雨水管径为400 ~ 2000毫米，管道总长627.5公里。

1993年，36平方公里规划分为东部、西部2个污水系统。东部（衡山路以东）污水系统收水面积17.1平方公里，污水总量为10.02万吨/日，经各泵站提升后汇入污水主干管，排入烟台市污水处理厂。西部（衡山路以西）收水面积3.9平方公里，污水量2.7万吨/日，污水入主干管排入西部污水厂处理。

2003年，西区规划污水处理总量为40万吨/日，规划设3座污水处理厂，分别为平畅河污水处理厂，处理规模为12万吨/日，规划用地12公顷；八角污水处理厂，处理规模为6万吨/日，规划用地8公顷；黄金河污水处理厂，处理规模为22万吨/日，规划用地23公顷。污水管网沿规划路埋设污水主次干管，各区域污水经管道汇集，流入污水处理厂。

防洪　辖区内柳林河、黄金河、白银河、八角河、九曲河和大季家河等6条河流，为主要防洪排涝河道，属雨源型、季节性、间歇式河道，河道源短流急，洪水涨落迅速。流域面积在7.5 ~ 69.4平方公里之间，总面积168.5平方公里，各河河道长度约6.8 ~ 16.6公里。依据《山东省水文图集》，2002年规划推算各河暴雨与洪水，参考福山雨量站数据，确定设计标准与工程等级。黄金河防洪标准为50年，其他各河为20年。工程等级2 ~ 4级。各河的设计流量为69 ~ 800立方米/秒。

热力　1984—1992年，域内临时锅炉房及华鲁热电厂（1992年投产）热源基本能满足城区供热需求。1993年，随着辖区的扩大，热源已达不到城区发展的需求，扩大后的供热区域热源规划为东西部两个热源点，东部热源点主要为华鲁热电厂，西部热源点于J-6小区建1座热电厂，东西两热源点总供热能力为400吨蒸汽/小时。长江路以南9平方公里工业区自成独立供热区域，设2座锅炉房供热。西部J-6小区热电厂规划供热能力240吨蒸汽/小时，设热交站78个，蒸汽管道70公里，热水管道90公里，规划建设4台75吨锅炉，3台1.2千瓦发电机组。

2003年，根据2002年开发区再次扩区的实际情况，西区规划建设3座热电厂：在黄金河以北，建设古现热电厂，与八角热电厂联网运行；在八角1路和工业用地内规划建设八角热电厂，与古现热电厂、大季家热电厂联网运行，为西区主力热源；在德龙烟铁路东北、纵2路以西，纵6路西北区域建设大季家热电厂，与八角热电厂联网运行。

电力　1993年规划，辖区电力主要来源于烟台电网和开发区内2座热电站。辖区内建有220千伏变电站1座，110千伏变电站6座，电力线路300公里。2002年扩区后的西区和原36平方公里区域终期用电总负荷估算为208.5万千瓦，西区最终预测负荷为157万千瓦。规划建设古现街道梁家、北于家、张家庄和烟台出口加工区B区，八角街道芹子口、官庄，劝业场、八角港、八角新港、京星娱乐，大季家街道范家、方里、葛家庄等13座110千伏变电站，建设古现街道孙家，八角街道八角、花岩等3座220千伏变电站。

建区后，根据辖区道路建设，道路路灯随之安装。截至1992年，完成原13.25平方公里的道路照明设计。1993年，为便于道路照明供电管理，对辖区道路照明规划设计（不包括原已设计的13.25平方公里设计）为道路照明与现有方式供电统一。高压采用10千伏电缆供电，安装在道路红线与建筑红线之间，以保持道路景观和安全。夜间供电，白天停电，变压器低压配电，主要干道为全夜灯，次干道为半夜灯，控制系统采用定时开关。西区电力排管长3164公里，66条道路均做照明设计。灯具功率根据道路情况选择150 ~ 400瓦，灯杆高度6 ~ 15米，灯杆间距40 ~ 45米之间。布灯方式根据道路横断形式采用双侧布置、中央布置、单侧布置。道路照明线缆长786公里。

电信　2002年，西区电话容量，根据不同地块性质，采用不同容量指标进行预测，终期固定电话为34.5万门。其中大季家街道14.4万门，港区0.8万门，八角街道7.4万门，古现街道11.9万门。

西区移动电话普及率按每百人 50 部计，预计移动电话为 25 万门，近期为 10 万门。

规划扩建古现、八角、大季家 3 个街道通信支公司，扩建 1 个移动通信支公司、1 个联通支公司、25 个移动通信基站。移动通信基站服务半径 3 ～ 10 公里，服务负荷 5000 ～ 6000 部手机 / 基站。扩建古现、八角、大季家 3 个邮政支局和 3 个广电站，使广播电视普及率达 95% 以上。规划电信排管长 3489 公里。

燃气 辖区天然气来源于渤海湾油气田的外供天然气，预计 2020 年用气量为 1.2 亿立方米 / 年。2002 年，辖区建成天然气站 1 座，位于卡斯特酒庄南侧。规划在西区纵 1 路与横 4 路交口处建燃气储配站 1 座，作为西区气源点。西区规划铺设燃气中压管道 243 公里。

第三节 规划项目审批

1985 年，开发区管委审批烟台银昌房地产公司开发标准厂房项目及小区规划项目，该项目位于 I-7 小区，总用地面积 30 公顷，包括工业厂区用地 10.16 公顷、居住用地 17.36 公顷、绿化用地 2.48 公顷。1986 年，管委审批开发区医院规划项目。1987 年，审批冶金新材料有限公司厂区规划项目。1988—1991 年，管委共审批 33 个规划项目，包括 I-5、I-8、IV-3 小区居住项目和华润锦纶有限公司厂区规划项目、福海苑规划项目等。

1992 年，开发区规划部门制定《烟台经济技术开发区规划管理实施办法》和《烟台经济技术开发区勘察设计市场管理暂行办法》。自 1995 年 7 月 1 日，开发区内建筑物取消砖混结构，对不按规定设计的建筑物，不予办理规划审批手续。1996 年，管委制定《烟台经济技术开发区住宅小区配套设施建设管理办法》，把住宅配套设计纳入项目审批中。2001 年 8 月，管委下发《关于成立烟台开发区规划评审委员会的通知》，对规划评审委员会人员组成、职责和评审内容作出明确规定。是年 9 月，管委制定《烟台经济技术开发区城市规划管理规定》，对有关规划项目的审批事项作出详尽规定。2002 年 1 月，管委下发《关于调整规划住宅区日照间距的通知》，将住宅区日照间距系数从 1.5 调整为 1.7。2003 年 3 月，管委下发《关于进一步加强住宅区日照间距管理的通知》，对房屋日照间距的分析、执行和责任等内容作出明确规定。是年 6 月，建设环保局编写《烟台开发区城市规划决策与审批制度》（讨论稿），对项目的申报程序、评审时限、公示等作出具体要求。

1985—2003 年，开发区共审批居住建筑单体规划项目 464 个，公建项目总平面图 91 个，工业项目总平面图 180 个，工业项目建筑单体方案 424 个。1998 年，审批重点规划项目有：万润精细化工有限公司厂区项目，占地面积 4 万平方米，总建筑面积 1.3 万平方米；天地广场规划项目，占地 24.25 公顷，是开发区最大中央绿地，绿地内的开发区区标是开发区的标志性建筑，该建筑项目在山东省标志性地段、标志性建筑群、标志性建筑物“三标”评选中获三等奖。1999 年，重点规划项目税务培训中心建筑项目，占地面积 2.7 万平方米，建筑面积 1.45 万平方米。2000 年，重点规划项目管委行政中心建筑项目，总建筑面积 3.86 万平方米；银和怡海花园住宅小区建筑项目，总居住面积约 20 万平方米。2001 年，重点规划项目有：夹河苑住宅小区建筑项目，总建筑面积 11.1 万平方米；新时代大厦建筑项目，建筑高度 60 米，建筑面积 1.5 万平方米。2002 年，重点规划项目有：新世纪商贸大厦建筑项目，总建筑面积 3.5 万平方米；蔚蓝海岸住宅小区建筑项目，占地面积 7.1 万平方米，总建筑面积 6.6 万平方米；彩云商业城建筑项目，总建筑面积 27 万平方米，系集购物、办公、餐饮、文化娱乐、居住于一体的商业中心建筑用房项目。2003 年，重点规划项目有：上海通用东岳汽车有限公司厂区规划项目，用地面积 50 万平方米；静海大酒店规划项目，总建筑面积 1.7 万平方米；碧海云天住宅小区建筑项目，占地面积 10 万平方米，总建筑面积 23.4 万平方米。

1985—2003 年烟台开发区规划项目审批通过情况表

表 4-1　　单位：个

年份	居住项目		公建项目		工业项目	
	总平面图	建筑单体	总平面图	建筑单体	总平面图	建筑单体
1985—1987	–	–	–	1	–	2
1988—1991	1	11	1	12	3	5
1992	12	23	4	42	18	47
1993	16	52	9	49	13	18
1994	7	29	11	27	21	25
1995	11	20	3	22	10	25
1996	6	22	3	18	6	15
1997	9	18	11	16	11	19
1998	10	35	7	16	5	26
1999	10	32	6	25	13	26
2000	10	48	9	26	7	23
2001	11	64	9	22	13	43
2002	18	40	7	29	30	75
2003	17	70	11	38	30	75
合计	138	464	91	343	180	424

第二章　城区建设

第一节　基础设施建设

1985 年，管委投资 1 亿余元，对起步区 1 平方公里进行“七通一平”（通给水、通排水、通电、通讯、通路、通燃气、通热力，平场地）建设。1986—1998 年，对金沙江路以北、夹河以西、天山路以东，约 11 平方公里范围进行土地平整、道路建设及管网铺设。截至 1999 年，辖区道路路基工程全部开通，路网拉开框架。2002 年，市政道路及配套管网基本建成，并对主要道路长江路、衡山路、黄河路路面升级改造。2003 年，西区 10 余条主要道路及管网开工建设，长江路西延、206 国道拓宽工程同时进行。截至 2003 年年底，辖区基础设施建设投资 46.67 余亿元，约占固定资产投资的 15.4%。共修建主、次干道 20 余条，总面积 380 万平方米；修建 220 千伏变电站 1 座，110 千伏变电站 3 座，铺设 10 千伏高压线路 63

条（计318公里）；修建日配水10万立方米水厂2座，配水管线268公里，供水面积30平方公里；修建热电站2座，热用户1.3万户，供热面积约140万平方米，蒸汽用户35户，购买蒸汽52万吨。

1985—2003年烟台开发区基础设施建设投资表

表4-2

单位：万元

年份	总计	道路	污水	雨水	给水	热力	电力	邮电	绿化	煤气	其他
1985	10600	331	55	180	914	51	85	0	22	0	8962
1986	6022	236	278	315	474	706	403	214	20	0	3376
1987	3486	334	156	150	237	216	413	1012	44	0	924
1988	4510	621	220	382	328	255	508	27	50	0	2119
1989	4047	264	208	150	144	350	260	0	62	0	2609
1990	1161	142	215	87	95	29	460	0	87	46	0
1991	7389	438	33	93	424	317	4741	0	138	0	1205
1992	21106	1225	310	697	644	1427	8214	70	215	433	7871
1993	27184	11857	17	42	581	1362	1299	1900	700	230	9196
1994	16760	6873	142	347	1745	981	1720	1600	1090	110	2152
1995	8769	280	789	136	864	864	4600	370	140	80	646
1996	7172	581	302	458	1120	1151	1527	800	530	60	643
1997	9654	1268	153	993	1265	1589	1024	1403	388	50	1521
1998	18571	1806	495	654	646	519	1060	1966	1263	78	10084
1999	21579	298	764	1049	1465	1092	1026	565	657	30	14633
2000	34450	4530	162	1452	8450	960	1731	1200	1912	174	13879
2001	36556	2311	810	491	7527	1349	4633	795	507	1350	16783
2002	54879	4396	993	1745	3267	2628	9456	2167	1781	1520	26926
2003	172847	46640	2430	3474	4602	4081	10700	870	6732	800	92518
合计	466742	84431	8532	12895	34792	19927	53860	14959	16338	4961	216047

道路 截至2003年，辖区道路建设累计投资8.44余亿元，修主干道4条，次干道20条，支道近百条。修快车道83公里，慢车道21公里，人行道60公里，总面积380万平方米，其中沥青路面201万平方米。道路名称以中国的江河和山岳名称命名，东西方向道路以江河名称命名，南北方向道路以山岳名称命名，道路位置与山河地理方位大致相对应。

东西方向主要道路自北至南依次为：

海滨路 1991年，海滨路开基始建。1992年，修筑泰山路至东巡宫路段简易路面。1996年，铺筑水泥路面。1997年铺筑天街广场至香山路段水泥路面。1998年，砌筑天山路至香山路段挡土墙。2000年，铺筑香山路至天山路段水泥路面。2001

年，铺筑东巡宫路至河滨路段水泥路面。2002 年，铺筑天山路至昆仑山路段水泥路面。2003 年，铺筑昆仑山路至卡斯特酒庄路段水泥路面。道路东起河滨路，西至昆仑山路，长 5804 米，宽 18 米，双向 2 车道，快车道宽 10 米，人行道宽 4 米 ×2，挡土墙宽 0.7 米。道路地处海滨，北有沙滩，南有防护林，路南侧建设有各种风味饭店、酒家及旅游景点。

图 4-4　海滨路（2003 年摄）

黄河路　黄河路建区之初称内环北路。1987 年 6 月，更名黄河路。1986 年，东从长江路大花坛向北，西至 1 号路修筑路基。1988 年铺罩沥青路面。1989 年，修筑黄山路至香山路路基。1990 年，修筑香山路以西路基。1993 年，铺罩香山路至天山路段沥青路面。1994 年，修筑黄山路至香山路段慢车道。1995 年，铺罩天山路至Ⅱ—8 别墅区路段沥青路面。1996 年，铺罩昆仑山路至

图 4-5　黄河路（2003 年摄）

Ⅱ—9 小区路段沥青路面。1997 年，铺筑昆仑山路至泰山路段人行道。2002 年，铺罩嵩山路至天山路段慢车道沥青路面。2003 年，铺罩昆仑山路至秦山路段水泥路面。道路东起长江路大花坛，西至祁连山路北端中心环岛，全长 7930.4 米。昆仑山路以东路段，快车道宽 14 米，慢车道宽 6 米 ×2，人行道宽 6 米 ×2，隔离带宽 1 米 ×2。昆仑山路以西路段，快车道宽 14 米，慢车道宽 6 米 ×2，隔离带宽 1 米 ×2。道路近海，气候宜人，路西段两侧多为居民区，路东段两侧多为工业区。

长江路　1987 年前，长江路称烟（台）岗（嵛）路，路基宽 10 米，为沙土路面。1986 年开始拓宽东段路基，1987 年全路开始铺覆沥青路面，并更名为长江路。至 2003 年，道路延伸、拓宽、铺覆沥青路面等完工。该路东连芝罘区，西接 206 国道，长 9115.7 米，宽 70 米，中为 25 米快车道，慢车道宽 7 米 ×2，人行道宽 8.5 米 ×2，隔离带宽 7 米 ×2，为辖区贯通东西的主要干道。路两侧有管委机关大楼、企事业单位办公大楼等建筑，工商业发达，为城区最繁华地段。

图 4-6　长江路（2003 年摄）

珠江路　珠江路为弧形路，原名内环南路，1987 年 6 月，更名珠江路。建区之初，修筑长江路至泰山路段路基。1989 年，铺罩沥青路面，并填筑泰山路至黄山路段路基。1990 年，铺罩沥青路面。1991 年，修筑衡山路以西简易路面。1992 年，铺罩衡山路至天山路段沥青路面。同年，修筑天山路至长江路段简易路面。1993 年，铺罩华山路

至长江路段沥青路面。1997 年，铺筑衡山路至嵩山路段及南侧人行道。1998 年，修筑嵩山路至天山路段慢车道。2000 年，续铺人行道。2003 年，改造天山路至长江路段快车道。该路东起长江路大花坛，西至长江路。路长 5688.4 米，宽 42 米，双向 2 车道，快车道宽 14 米，慢车道宽 6 米 ×2，人行道宽 6 米 ×2，隔离带宽 2 米 ×2。道路处于建成区中心区，路两侧企业居多。

图 4-7　珠江路（2003 年摄）

金沙江路　金沙江路东起长江路与黑龙江路对口处，西至长江路与黄河路衔接处，全程为半椭圆形。建区之初，以福海中路为界，东南段称外环东路，西段称外环西路。1987 年 6 月，全路更名为金沙江路。1985 年，修筑外环东路段路基。1990 年，铺罩沥青路面。1992 年，修筑衡山路至长江路段简易路基。1993 年，铺罩衡山路至漓江路沥青路面。1995 年，修筑华山路至龙华塑胶公司段、长江路至海通别墅段路基。1996 年，铺罩沥青路面。1997 年，铺筑黄山路至衡山路人行道。2000 年，铺罩华山路至昆仑山路段沥青路面，并续修人行道。2001 年，铺罩长江路至奇山路段沥青路面，续筑奇山路至昆仑山路段土路基。2002 年，铺罩昆仑山路至奇山路段快车道沥青路面，铺筑华山路至天山路段人行道。路长 7548.1 米，宽 32 米，双向 2 车道。路的东段长江路至漓江路段长 977 米，快车道宽 16 米，人行道宽 7 米 ×2，隔离带宽 1 米 ×2；西段漓江路至长江路段长 6571.1 米，快车道宽 18 米，人行道宽 7 米 ×2。道路两侧多为工业企业单位，路南有西汉时期育犁故城遗址。

图 4-8　金沙江路（2002 年摄）

南北方向的主要道路自东至西依次为：

河滨路　河滨路为夹河公园、夹河堤坝的配套工程，南起 206 国道夹河桥，北至夹河入海口，与海滨路相接。路长 4480.8 米，宽 8.5 米，快车道宽 7 米，人行道宽 1.5 米 ×1，挡土墙宽 0.7 米，坝体高 3 ~ 5 米，水泥路面。原路基为夹河河滩，1999 年 3 月 15 日，开发区管委按照烟台市政府统一部署，安排开发区基层工作委员会、市政公用工程公司、胜利建筑安装公司等单位由南往北运土筑坝、铺筑水泥路面等，2002 年修筑完工。河滨路为城区东陲观光道路，路的西侧为休闲广场等旅游景点。

图 4-9　河滨路（2002 年摄）

五指山路　五指山路北起金沙江路与漓江路对接处，南至疏港高速路。路长 1700 米，宽 47 米，双向6车道，快车道宽23.5米，慢车道宽4×2米，人行道宽3.8×2米，隔离带宽2.75×2米。建区之初，该路已有道型。从1989年起，由北向南修筑路基500米，底宽28米，面宽14米，砂石路面。1992年，填筑柳子河至疏港高速简易路面1173.5米。1993年，铺罩沥青路面4万平方米。2003年，改造慢车道1700米。全路宽畅，是辖区通往福山区、芝罘区的交通要道。路两侧多为工业区。

图4-10　五指山路（2003年摄）

泰山路　泰山路北起天街广场，南至同三高速公路。路长4132.5米，宽38米，双向4车道，快车道宽15米，慢车道宽5.5×2米，人行道宽5×2米，隔离带宽1米×2。1976年后，该路北段已扩为农田机耕路，南段已辟为通往福山县城行车路。1984年设立开发区后，在原路的基础上裁弯取直，填筑路基至海边，初名为1号路，

图4-11　泰山路（2003年摄）

1987年6月更名为泰山路。1988年开始分段修建，2003年全路修建完工。道路位于建成区东部，纵贯南北，沥青路面，是辖区重要南北通道。道路南段两侧为工业区，中段两侧为商业区。路北端为旅游区。

黄山路　黄山路北起海滨路南，南至206国道。1984年10月，设立开发区后，曾用名2号路。1987年6月，更名黄山路。1985—1992年，由北向南逐年修筑路基，整修路面。1993年，铺罩沥青路面。1996年，铺筑人行道。2000年，修筑柳子河路至206国道路段。2002年，铺罩沥青路面、铺筑人行道。道路长3579.4米，宽28米，双向2车道，快车道宽14米，人行道宽7米×2。路北段处闹市区，商业繁华，南段两侧为工业区。

图4-12　黄山路（2002年摄）

香山路　香山路南起珠江路，北至海滨路。

图4-13　香山路（2002年摄）

路长1738.3米，宽28米，双向2车道，快车道宽14米，人行道宽7米×2。1984年10月设立开发区后曾用名福海东路，1987年6月更名为香山路。从1990年起，该路逐年修筑路基，铺罩沥青路面，2002年修筑完工。道路位于开发区中心区，南段西靠天地广场，东邻金胜居民住宅小区；中段西接管委行政中心大院，路东是丹阳居民住宅小区及建设大厦；北段西近华信居民住宅小区，东靠时代居民住宅小区。

衡山路　衡山路北起珠江路，南至同三高速公路。路长2456.3米，宽60米，双向6车道，快车道宽30米，慢车道宽5米×2，人行道宽5米×2，隔离带宽4米×2，是辖区通往福山区的主要干道。1984年10月设立开发区后，曾用名福海中路。1987年6月更名为衡山路。自开发区建区后，在原路基础上逐年修筑拓宽。自1993年，逐年进行修复破损路面、铺覆沥青路面、改造完善慢车道沥青路面、修筑人行道等，2003年，全路修筑完工。路两侧多为工商业区。

图4-14　衡山路（2003年摄）

嵩山路　嵩山路南起珠江路，北至海滨路。路长1741.5米，宽28米，双向2车道，快车道宽14米，人行道宽7米×2。1984年10月设立开发区后，曾用名福海西路。1987年6月更名为嵩山路。从1991年开始，逐年修筑路基，至2002年，全路铺罩沥青路面、整修人行道等工程完工。道路位于建成区中心，南段东靠天地广场，西为金城住宅小区；中段东邻开发区行政中心，西接星海居民住宅小区；北段两侧均为居民住宅小区。

图4-15　嵩山路（2002年摄）

华山路　华山路南起金沙江路，北至海滨路。路长2215.4米，宽28米，双向2车道，快车道宽14米，人行道宽7米×2。1984年10月设立开发区后曾用名3号路，1987年6月更名为华山路。1991年开始修筑长江路以南段简易路面，至2002年，全路铺罩沥青路面、铺筑人行道等工程完工。该路处于开发区中部偏北，两侧有金城、凤台、星海、黄海等居民住宅小区。

图4-16　华山路（2002年摄）

天山路　天山路北起海滨路，南至同三高速公路。路长4259.9米，宽60米，双向6车道，快车道宽30米，慢车道宽5米×2，隔离带宽4米×2。1984年10月，设立开发区后，曾用名4号路。1987年6月，更名为天山路。1991年开始修筑长江路至金沙江路段简易路面，至2002年，全路修筑泥沙路基、铺罩沥青路面，完善快慢车道、人行道等工程完工。道路纵贯城区南北，南段两侧为工业区，北段两侧为文化区。

图 4-17　天山路（2002 年摄）

昆仑山路　昆仑山路北起海滨路，南至206国道，全长3629.1米。北段宽28米，快车道宽14米，人行道宽7米×2；南段宽38米，快车道宽15米，慢车道宽4.5米×2，人行道宽3米×2，隔离带宽2米×2。1984年10月设立开发区后曾用名5号路，1987年6月更名为昆仑山路。1993年开始修筑黄河路至206国道段简易路面，至2002年，全路修筑路基、铺罩沥青路面等工程完工。路两侧有天和、宁海等居民住宅小区。

图 4-18　昆仑山路（2002 年摄）

桥梁　建区前，原有夹河大桥1座，柳子河桥3座，截至2003年，柳子河上原3座桥全部拆除。1993—2003年，在原夹河大桥南新建大桥1座，在柳子河上新建桥梁8座（含1座漫水桥）。

夹河大桥（北桥）　夹河大桥（北桥）于1973年9月动工，1974年7月底竣工，为烟岗路（烟台到岗嵛村北）配套工程。桥长424米，净宽9米，系钢筋混凝土空腹式双曲拱桥，15孔，孔径25米，每孔肩上有5个小孔。全桥共有钢筋混凝土灌注桩64根，基桩深26.5米。桥上两侧设人行道各1米，桥高7米。载重标准为汽车—15级，挂车—80级。1985年，该桥通车量为4000车次/日。1984—1994年为开发区通往芝罘区的主要大桥。

图 4-19　1994 年 10 月竣工的夹河大桥

夹河大桥（南桥）　夹河大桥（南桥）于1993年9月26日破土兴建，1994年10月竣工，与夹河大桥（北桥）平行建造，间距约1米。该桥由开发区半岛集团公司与烟台公路管理段、日本大坂中国理料锦城阁、香港义东商行合资兴建，总投资2000万元。桥总长424.4米，为6车道，宽27米，两侧各设1.5米人行道，桥面海拔6.1米。采用较为平坦的1/8矢跨比，比原夹河大桥（北桥）增加375平方米的池洪断面。1995年1月1日，山东省交通厅批准设收费站，对过往车辆予以收费，以收回建桥投资。2000年12月31日，收费站撤销。

河滨路柳子河桥　河滨路柳子河桥位于柳子河入夹河处。1999年4月18日破土修建，是年10月15日落成，工程总造价94万元。桥长48米，宽10米，桥面高7米，桥面人行道边设高0.8米石栏。桥跨12米×4，上部采用预制30号钢筋混凝土空心板，板厚0.55米；下部桥台、桥墩采用混凝土钻孔灌注桩。载重标准为汽车—20级，挂车—100级。

图 4-20　1999年竣工的河滨路柳子河桥

五指山路柳子河桥　五指山路柳子河桥位于五指山路中段，柳子河东段。1993年4月开工修建，是年10月落成，工程造价250万元。桥长40.8米，宽48米，桥面高4.8米，桥面人行道边设高1.1米石栏，桥跨12米×3；桥的上部采用预制25号钢筋混凝土空心板，板厚0.55米；下部桥台、桥墩采用混凝土钻孔灌注桩。载重标准为汽车—20级，挂车—100级，人群350公斤/平方米。

庐山路柳子河桥　庐山路柳子河桥位于庐山路中段，柳子河东段。2002年6月10日开工修建，是年10月25日落成，工程造价180万元。桥长42米，宽28.5米，桥面高4.5米。桥面人行道边设高1.1米石栏。桥跨13米×3，上部采用预制30号钢筋混凝土空腹板，板厚0.55米；下部桥台、桥墩采用混凝土钻孔灌注桩。载重标准为汽车—20级，挂车—100级，人群350公斤/平方米。

泰山路柳子河桥　泰山路柳子河桥位于泰山路南段，柳子河东段。1995年7月20日开工修建，是年11月10日竣工，工程造价180万元。桥长38.4米，宽40米，桥面高4.8米。桥面人行道边设高1米石柱穿不锈钢栏杆。桥跨12米×3，上部采用25号钢筋混凝土空心板，板厚0.55米；下部桥台、桥墩采用混凝土钻孔灌注桩。载重标准为汽车—20级，挂车—100级，人群350公斤/平方米。

图 4-21　1995年竣工的泰山路柳子河桥

黄山路柳子河桥　黄山路柳子河桥位于黄山路南段，柳子河中段。2000年9月1日动工修建，2001年5月30日竣工，工程造价210万元。桥长36米，宽42米，桥面高4.5米。桥面人行道边设高1.15米石栏。桥跨12米×3，上部采用预制25号钢筋混凝土空心板，板厚0.55米；下部桥台、桥墩采用混凝土钻孔灌注桩。载重标准为汽车—20级，挂车—100级，人群350公斤/平方米。

衡山路柳子河桥　衡山路柳子河桥位于衡山路中段，柳子河中段。1993年5月破土动工，是年10月落成，工程造价200万元。桥长40米，桥宽60米，桥面高4.6米。桥面人行道边设高1.1米磨石质光护栏。桥跨12米×3，上部采用25号钢筋混凝土空心板，板厚0.55米；下部桥台、桥墩采用混凝土钻孔灌注桩。载重标准为汽车—20级，挂车—100级，人群350公斤/平方米。

凤台山路柳子河桥　凤台山路柳子河桥位于凤台山路南段，柳子河中段。2003年6月动工，是年12月竣工，工程造价168万元。桥长32.56米，桥宽32.1米，桥面高6.02米。桥面人行道边设高1.1米石质芝麻白护栏。桥跨12米×2，上部采用30号钢筋混凝土灌注；下部桥台采用圆柱桩，桩上设墩，墩上设垛，垛以方石灌浆砌筑。载重标准为汽车—20级，挂车—100级，人群350公斤/平方米。

天山路柳子河漫水桥　天山路柳子河漫水桥

位于天山路南端偏西，柳子河西段。2003年7月开工，是年12月竣工。桥长30米，桥宽8米，桥面两侧设高0.8米护栏。桥底部设4条管道，直径1米，系25号钢筋混凝土灌注。桥体两侧为石块砌筑，水泥灌注，中垫砂石，水泥浇注。载重标准为汽车—20级，挂车—100级。

堤坝　柳子河堤坝　柳子河堤坝东段西起衡山路，东至河滨路，总长2.80公里，2002年6月竣工；柳子河堤坝西段西起长江路，东至衡山路，总长2.65公里，2003年10月竣工。柳子河道比降1∶3000，宽31.75～35.50米，水位高3.50～3.80米，底宽25米，汇水面积36.40平方公里，最大洪水流量为308立方米/秒。清淤后毛石护底，两侧斜坡上部为4层对角花网格，或铺预制混凝土半圆对角方网格，内填土，植花草。为使河道常年有水，并形成水流跌差，在五指山路至庐山路段，泰山路至黄山路段，衡山路至凤台山路段，甬江二支路至天山路段修建4座彩色橡胶坝，坝高1.50～2米，比降0.50米，两坝绝对高差1米，丰水期可蓄水10余万立方米。

夹河堤坝　夹河堤坝南起同三高速公路桥，北至夹河大桥西岸段，长2.42公里，坝断面上顶宽10米，下底宽38.30米，平均筑坝高度5.13米，内堤坡比1∶3，外堤坡比1∶2.5。于1999年1月破土，是年5月9日竣工。夹河大桥至夹河入海口西岸段，长2.93公里，坝断面上顶宽10米，下底宽28米，平均筑坝高度2.50米，内堤为直墙，外堤坡度比为1∶2.5。1999年8月5日开工，是年10月20日完工。坝体两侧铺设0.30米厚种植土，以便绿化美化。

供电　供电设施　建区初期，辖区供电主要来自福山区10千伏架空线路。1986年2月，开发区供电局成立后，接管10千伏油漆线路约2公里线路，并改由合成革变电站出线35千伏线路在夹河东岸临时变电站供电。该站单台主变容量1000千伏安。

1989年1月，开发区第一座变电站35千伏松江变电站投入营运。松江变电站位于黄河路与松花江路口东南角，安装20兆伏安主变压器2台，电压比为35/10，35千伏进线2回，10千伏出线16回，全室内布置。

图4-22　开发区第一座35千伏松江变电站(1989年摄)

1990年9月，辖区第一座110千伏变电站开发站投入营运。该站位于泰山路与湘江路路口东北角，安装31.5兆伏安主变压器2台，电压比为110/35/10，110千伏进线2回，35千伏出线9回，10千伏出线14回，110千伏及主变压器室外布置。

图4-23　1990年9月，开发区第一座110千伏变电站投入营运

1995年10月，采用GIS组合电气的110千伏凤台山变电站投入营运。凤台山站位于凤台山路与金沙江路路口西南角，安装50兆伏安主变压器2台，电压比为110/10，110千伏进出线4回，10千伏出线20回，全为室内布置。

2003年4月，原属蓬莱电业公司管辖的110千伏大季家变电站移交给开发区供电公司；5月，10千伏间隔扩建，出线增至18回；9月，原属福山电业公司管辖的35千伏吴家变电站移交给开发区供电公司。是年12月，辖区第一座220千伏变电站——岗嵛站投入营运。岗嵛站位于秦淮河路与奇山路路口西北角，本期150兆伏安主变压器1台、远景2台，电压比为220/110/10，220千伏进线2回，110千伏出线6回、远景8回，10千伏出线8回、远景16回，220千伏及110千伏全部采用GIS组合电气，主变压器为室外布置。

图4-24　开发区第一座220千伏变电站（2003年摄）

1985—2003年，辖区供电设施共投资5.386亿元，计有220千伏变电站1座、变压器1台，110千伏变电站3座、变压器6台，35千伏变电站2座、变压器4台，形成220/110/35千伏电压等级可靠电网结构。

配电　随着辖区新建变电站的相继营运，配电网络逐步完善，由初期的几条架空线路放射状供电，优化为以电缆为主的拉手配电网络结构。35千伏松江站投入营运后，新增10千伏东村线、黄河线、乐泰线3条架空公用线路。110千伏开发站投入营运后，新增1条10千伏珠江线架空公用线路。110千伏凤台山站营运后，新增10千伏长江线、金沙线、凤珠线、金黄线4条架空公用线路，并将辖区西部负荷改接进凤台山站，第一次在辖区内采取拉手供电方式。1994年，辖区10千伏金桥开闭所营运，新增10千伏嘉陵线架空公用线路，带嘉陵江路以南负荷。其间，部分用户直接就近从各个变电站或开闭所采用电缆出线用电。1996年，辖区将嵩山路以东的长江路两侧10千伏架空线路改为入地电缆，安装使用10千伏电缆环网柜和电缆分支箱。

1999年，开发站和松江变电站更换设备，将10千伏东村线等3条架空主干线更换为JKYJ-95绝缘导线，将10千伏金沙线末端长江路侧TJ-70架空导线更换为YJV-3×240电缆，提高辖区线路绝缘化率和电缆化率；对金桥等6座开闭所、晨光等8座配电室更换真空断路器或六氟化硫负荷开关，提高设备无油化率；对嘉陵线等老线路进行改接，缩短主干线长度，增大导线截面。2003年，开发区供电公司对衡山路、五指山路、长江路中段架空线路先后置入地下；接管新区35千伏吴家站东岛线、古现线共11条10千伏架空线路。截至是年年底，辖区共有10千伏公用线路63条（318公里），开闭所8座，公用配电变压器233台（5.79万千伏安）。

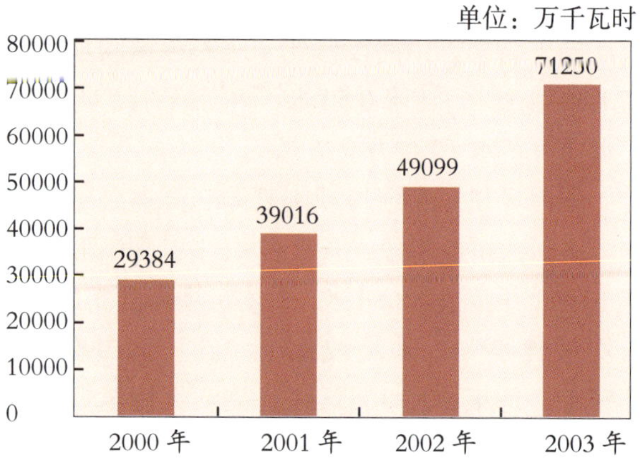

图4-25　2000—2003年，烟台开发区社会用电量示意图

用电　1984—1986年，辖区用电以农村照明及建筑用电为主。随着开发建设规模不断扩大，逐渐变为以工业用电为主，用电量大幅增长。2003年，全区高、低压电用户58800户，装机总容量675741千伏安，最高负荷14万千瓦，售电量达到7.125亿千瓦时。是年，全区社会用电量比例为：工业用电量占83.88%，农林牧渔用电量占0.69%，建筑业用电量占2.56%，交通运输业用电量占0.19%，商业饮食服务行业用电量占3.44%，居民生活用电占4.86%，其他行业用电量

占4.38%。用电价格为：居民生活0.52元/千瓦时，农业生产0.63元/千瓦时，工业0.755元/千瓦时。辖区路灯供电，高压采用10千伏电缆，通过照明箱变为380/220伏，照明箱安装于道路红线与建筑红线之间。电缆敷设，10千伏电缆敷设在有电力电缆的路段，采用与电力电缆同沟敷设方式，其他地段直埋。路灯统一由10千伏柜集中控制，夜供昼停。主要道路为全夜灯，次要道路为半夜灯，控制系统采用定时开关。辖区为海滨新城区，以透光性好、光效高、寿命长的高压钠灯为主要光源。灯杆采用表面喷涂防腐处理的金属杆，杆高7～14米，杆距40～50米。1988年，首次铺敷长江路电缆3.5公里，以后逐年扩铺。1995年，铺敷电缆8公里。1996年，铺装路灯设施8.2公里。1997年，铺装路灯设施13.58公里。2001年，铺装路灯设施11.46公里。截至2003年，辖区已铺装路灯设施120余公里。

1986—2003年烟台开发区路灯投资情况表

表4-3　　　　单位：万元

年份	金额	年份	金额
1986	75.3	1995	150
1987	291	1996	295
1988	82.98	1997	120
1989	88.5	1998	1980
1990	105.3	1999	150
1991	97.4	2000	84
1992	6.5	2001	773
1993	280	2002	1012
1994	180	2003	2760

供水　供水机构　1985年，烟台开发区自来水工程筹建处成立，隶属于开发区建设公司，有职工7人。1986年7月，更名为烟台开发区自来水管理处，隶属于开发区公共工程公司，职工增加到17人。1989年7月，自来水管理处更名为烟台开发区自来水公司，为管委直属企业，有职工23人。1994年6月，自来水公司迁至华山路办公楼办公。2003年年底，自来水公司拥有职工230人，日供水能力18万立方米。

供水水源　建区初期，开发区由烟台市自来水公司供水。1985年，开发区管委投资1289万元，委托烟台市自来水公司在芝罘区黄务镇西牟村建设日供水量3万立方米地下水源地。1986年7月建成。当时正赶上烟台市区供水紧张，烟台市自来水公司将西牟水源直接供给市区，没有与开发区办理水源移交手续。此后，根据西牟水源地供水能力及水质情况，定为烟台市自来水公司四水厂向开发区供水，西牟水源地向芝罘区供水。

1994年，开发区自来水公司投资300万元，在衡山路以东，柳子河两岸建4眼水井作应急水源，设计水量0.5万立方米/日。1995年，开发区自来水公司与福山区自来水公司签定7年购水合同，购水价格为每立方米0.8元，每2年上调10%。1996—2000年，开发区所建4眼井已累计供水262万立方米，至2002年，成为辖区备用水源。1996年6月，福山区自来水公司正式向辖区供水。1999年8月至2000年5月，烟台市自来水公司停止向辖区供水，开发区主要由福山区自来水公司供水。2000 年 6 月，烟台市自来水公司恢复向辖区供水。1999—2000 年，烟台地区遭遇严重干旱，开发区在奇章村南建 7 眼自备井群（沿柳子河岸散布），累计供水 310 万立方米。2002 年，奇章水井群停用。

1990—2003 年烟台开发区年供水总量表

表 4-4

单位：万立方米

年份	供水总量	年份	供水总量	年份	供水总量
1990	147	1995	682	2000	691
1991	274	1996	657	2001	573
1992	410	1997	667	2002	702
1993	510	1998	679	2003	866
1994	655	1999	698	合计	8211

供水设施　1985 年，辖区开始建设配水管道。截至 2003 年，累计建设输水、配水管线 268 公里，供水面积 30 平方公里，累计投资约 3.47 亿元。

开发区配水厂位于衡山路北段东侧，占地面积 1.73 万平方米，投资 460 万元。1986 年开工建设，1987 年投入使用。配水厂内设有 10 万立方米加压泵站 1 座，1 万立方米清水池 1 个，日配水能力达 10 万立方米。该厂系为西牟水厂配套工程，因西牟水厂一直未移交开发区，后来此配水厂主要对烟台市自来水公司四水厂来水和福山区自来水公司来水进行加压。

开发区第一净水厂位于配水厂南侧，占地 1.13 万平方米，日处理水能力 3 万立方米，总投资 630 万元。1990 年 5 月动工，1992 年 4 月建成。系为西牟水厂配套建设的一座除铁、除锰净水厂，但因西牟水厂未移交，故一直未启用。第二净水厂位于福山区境内卧牛山西南山坡上，占地面积约 6.4 公顷，总投资近 1.8 亿元。2000 年动工，2003 年 12 月建成投入使用，日处理水能力 10 万立方米。该水厂属山地水厂，水源来自门楼水库，从门楼水库西放水洞取水，经加压泵站一次加压，通过长度约 8 公里的供水输送管线送至水厂净化处理，然后靠重力流配水至开发区。水厂净化间为两个独立水处理系统，单系统日处理净水能力为 5 万立方米。水厂采用集散型自动控制系统，通过中心控制室集中监控、操作、管理水厂，实现制水全程自动控制。该水厂为烟台市同期现代化程度最高水厂。

图 4-26　2003 年投入使用的开发区第二净水厂净化间

2001 年，开发区自来水公司投资 200 余万元，建设供水管网信息系统，2002 年 1 月建成。该系统由监控中心、通讯系统、监控终端、传感器等部分组成，利用计算机技术，对全区主干供水管网水压、水量实施监控，辖区供水迈入现代化管理阶段。

供水服务与收费　1989 年 7 月，开发区自来水公司成立后，以“一流服务”为宗旨，率先推出供水服务承诺制度，定期征求用户意见建议。2001 年 10 月，开发区自来水公司成立专门维修部门——管线处，负责处理突发性管道事故，确保抢修人员 30 分钟内到达现场，并于 24 小时内抢修完工。2002 年 5 月，自来水公司设立客户服务中心，把供水、维修、工程、收费四大类 17 项业务全部集中到客户服务中心办理，实行“一站式”服务。是年，辖区把水表出户改造列为“便民工程”项目，采取财政补一块、居民拿一块、自来水公司贴一块的办法，由自来水公司组织实施。截至 2003 年，全区出户改造率达到 70%。

图 4-27　管线处人员抢修供水管道（2001 年摄）

1992 年 8 月，辖区开始征收供水增容费。征收范围为辖区内各用水单位，征收标准为每立方米每年 250 元，自来水公司按用户申请核定用水量一次征收，用户新增用水，在核定用水量的同时交纳。供水增容费由财政专户储存，用于开发区内供水扩建工程。2003 年，取消供水增容费。

1994 年 5 月 1 日，辖区开始向用水单位征收水资源费，征收标准为 0.1 元 / 立方米。由开发区自来水公司设水资源费征收点代收，全额上缴烟台市水资源办公室。2003 年，调整水资源费征收标准，地表水为 0.35 元 / 立方米，地下水为 0.8 元 / 立方米，由开发区水资源行政主管部门负责征收，自来水公司代征。1994—2003 年，辖区共征收水资源费 203 万元。

辖区供水价格由烟台市物价局和烟台市建设局确定。1986—2000 年供水价格多次调整。

1986—2000 年烟台开发区供水价格表

表 4-5　　　　单位：元 / 立方米

定价年份	类 别	水费单价	备 注
1986	居民生活用水	0.10	建区初期执行价格
	工业企业及其他用水	0.35	
	机关、团体、学校、部队、医院、理发、浴池及财政全额拨款事业单位等用水	0.20	
1990	居民生活用水及水炉用水	0.10	1990 年 1 月 1 日起执行
	工业企业及其他用水	0.50	
	机关、团体、学校、部队、医院、理发、浴池及财政全额拨款事业单位等用水	0.40	
1992	居民生活用水	0.25	1992 年 1 月 1 日起执行
	宾馆、饮食业、建筑业用水	0.90	
	工业企业及其他用水	0.60	

续表 4–5

定价年份	类 别	水费单价	备 注
1993	居民生活用水	0.25	1993 年 2 月 1 日起执行
	宾馆、饮食业、建筑业用水	1.50	
	工业企业及其他用水	0.80	
1994	居民生活用水	1.00	1994 年 11 月 1 日起执行（开发区工商物价局定价）
	行政事业单位（含全额拨款和差额拨款事业单位）	1.00	
	企事业单位（含自收自支事业单位）	1.55	
	宾馆、饮食业、建筑业用水	2.55	
2000	居民、机关事业单位用水	1.50	2000 年 6 月 5 日起执行（开发区物价部门决定）
	宾馆、饮食业、建筑业用水	2.90	
	工商业企业用水	1.86	
	特殊行业用水（包括桑拿浴、洗头房、洗车场等）	5.00	

2003 年水资源费调整后烟台开发区城市供水价格表

表 4–6　　单位：元 / 立方米

用水性质	收费标准			
	水费	水资源费	污水处理费	合计
工商业企业用水	1.86	0.35	0.32	2.53
宾馆、饭店、建筑业用水	2.90	0.35	0.32	3.57
居民和机关事业单位用水	1.50	0.35	0.12	1.97
特殊行业（含洗浴、洗车、纯净水行业等）用水	5.00	0.35	0.32	5.67

排水　排雨水　1984—2003 年，辖区城区排雨水工程累计投资 1.29 亿元，铺设雨水管道累计约 145 公里，建雨水检查井 1791 座。206 国道以北至柳子河南岸排水系统，雨水由主管道自南向北排入柳子河，随柳子河排入夹河；长江路以南排水系统，雨水流入主管道向北排入黄海。泰山路排水系统收水范围为开发区东部泰山路两侧区域，面积约 37.8 公顷。从 1987 年开始，共铺设主管道 1527.1 米，管径 2000 毫米，支管道 1672 米，管径 300 ~ 500 毫米，建雨水检查井 16 座，排雨水口 152 个。天山路排水系统收水面积 124.6 公顷，共铺设主管道 2330.4 米，管径 1200 ~ 1600 毫米，支管道 485 米，管径 500 ~ 300 毫米，建雨水检查井 58 座，排雨水口 120 个。金沙江路（衡山路至长白山路段）排水系统收水范围为金沙江路东段接黑龙江路、东巡宫路两侧，总面积约 80 公顷，建雨水检查井 210 座，排雨水口 420 个，在开发区东北部区域自成系统，汇流入海。该系统于 1985 年开始修明渠，1986 年浆砌渠道，后续建加盖。2003 年，东巡宫路段改设管道，全段共铺设主管道约 4900 米，支管道 20 余条，总长约 4000 米。

1985—2003年烟台开发区雨水工程表

表 4-7

年份	投资（万元）	雨水管网（米）	年份	投资（万元）	雨水管网（米）
1985	180	15200	1995	136	20035
1986	315	6364	1996	458	12272
1987	150	6447	1997	993	18719
1988	382	6797	1998	654	7209
1989	150	2280	1999	1049	8905
1990	87	1656	2000	1452	1935
1991	93	2579	2001	491	43000
1992	697	10990	2002	1745	10767
1993	42	8405	2003	3474	16890
1994	347	20569			

排污水　1985—2003年，开发区东区污水排放工程共投资8532万元，铺设污水管道117公里，建污水检查井2084座，下水管道服务面积20平方公里。有污水管网系统3个，污水泵站3座，日处理能力超过10万吨。2001年7月1日，辖区开始按用水量收取污水处理费，收费标准为居民0.12元/吨，企业0.32元/吨，由开发区自来水公司代收（2001—2003年，共收取污水处理费337万元），纳入财政专项经费，用于城市污水工程的维护和管理。截至2003年，辖区东区污水主要由各污水管网系统汇集流入中心管，中心管污水由各泵站提升后经各主干管排入烟台污水处理厂。西区规划建设3座污水处理厂，污水管道总长364.81公里，已动工建设。

图 4-28　1985年建区初期简易供热锅炉房

供热　供热机构　1985—1989年，开发区建设公司、公共工程公司负责供热设施建设及运行管理。1989年10月，开发区热力公司成立，为管委直属企业，负责供热设施建设及管理。1993年8月，热力公司更名为开发区热力总公司，在辽河路3号新建楼房办公。

图 4-29　1992年投产的华鲁热电厂

供热设施建设　1984—1986年，辖区供热设施主要以管委和住宅小区开发商投资建设的简易锅炉房供热为主。1992 年，华鲁热电厂建成投产，热源基本能满足开发区东区东部供热需求。自 1993 年，随着辖区企业需求热源的不断上升，管委逐年加大供热设施建设投入，主要用于建设换热站、敷设管道等。2003 年，西部热电厂投入使用，辖区东区集中供热管网初步形成，热源基本能满足东区供热需求。1985—2003 年，开发区管委在供热设施建设上共投入资金近 2 亿元。

1985—2003 年烟台开发区供热设施建设及供热情况表

表 4-8

年份	供热设施建设	用户	备注
1985	建 I–3、I–7 锅炉房各 1 座、敷设管道 0.2 万米	亚东标准件有限公司、区标准厂房	
1986—1989	建锅炉房 3 座、敷设长江路 201 号—212 号井室管道和黑龙江路蒸汽管道总长 1.2 万余米	开发区医院、I–2 和 I–4 住宅小区居民 1260 户、蒸汽用户 4 户	供热面积 13.2 万平方米
1990—1991	建设 8 座锅炉房、敷设长江路 212 号—220 号井室管道、泰山路 219 号—516 号井室管道总长 1.3 万米	旭日、金胜、金光、银芝等住宅小区居民 2653 户、蒸汽用户 5 户	供热面积 25.2 万平方米
1992	敷设蒸汽及热水管道 1.35 万米、将部分锅炉房改造成换热站。11 月，华鲁热电站投入运行，开发区由区域锅炉房供热变为热电联产	居民用热 3035 户、蒸汽用户 7 户	供热面积 31.9 万平方米
1993	建设 12 号换热站，敷设管道 1.45 万米	居民用热 3638 户，蒸汽用户 10 户，购蒸汽 12 万吨	供热面积 38.7 万平方米
1994	建设金东、凤台小区换热站，敷设管道 1.5 万米	居民用热 4015 户，蒸汽用户 14 户，购蒸汽 12 万吨	供热面积 43.6 万平方米
1995	敷设管道 1.75 米	居民用热 4569 户，蒸汽用户 16 户，购蒸汽 16 万吨	供热面积 47.8 万平方米
1996	建设 9 号换热站，敷设管道 1.95 万米	居民用热 4896 户，蒸汽用户 16 户，购蒸汽 20 万吨	供热面积 53.9 万平方米
1997	建设换热首站、金胜小区、金城小区换热站，敷设管道 2.15 万米	居民用热 5536 户，蒸汽用户 23 户，购蒸汽 23 万吨	供热面积 62.8 万平方米
1998	建设华电小区换热站，敷设管道 2.4 万米	居民用热 6045 户，蒸汽用户 21 户，购蒸汽 28 万吨	供热面积 66.2 万平方米
1999	敷设管道 2.9 万米	居民用热 6365 户，供热面积 70.9 万平方米，蒸汽用户 24 户，购蒸汽 28 万吨	供热一级网运行由计算机调控
2000	建设春晖小区换热站、静海小区换热站，敷设管道 3.65 万米	居民用热 6500 户，供热面积 82.4 万平方米，蒸汽用户 27 户，购蒸汽 34 万吨	
2001	建设银和怡海、职专等 3 处换热站，建设西部热源、临时锅炉房，敷设管道 4.3 万米	居民用热 8918 户，供热面积 96.7 万平方米，蒸汽用户 28 户，购蒸汽 30 万吨	换热站实现“无人值守”
2002	建设夹河苑、黄海住宅小区、鑫发住宅小区、福莱商城等 6 处换热站，敷设管道 5 万米	主要为夹河苑、黄海等住宅小区供热，居民用热 10979 户，供热面积 110.8 万平方米，蒸汽用户 32 户，购蒸汽 44 万吨	
2003	建设高级中学换热站、蔚蓝海岸小区换热站及阳光住宅小区换热站，敷设管网长 6.5 万米，西部热电厂投入使用	居民总用热户 13462 户，供热面积 139.8 万平方米，蒸汽用户 35 户，购蒸汽 52 万吨	辖区 6 个汽—水换热站实行“无人值守”

供热经营及服务　1985—1987年，辖区供热收费根据各锅炉房运行成本核定。自1988年，供热价格多次调整。2003年供热价格调整为：居民住宅楼按房屋外墙轴线计算采暖面积，每供热期（当年11月中旬至下年3月底）23.72元/平方米；非居民住宅楼按房屋建筑面积收取，每供热期25元/平方米。1985—1998年，辖区供热单位处于供热经营政策性亏损时期，亏损额由财政补贴。1998年，供热单位建立企业内部网，实现办公自动化。1999年，供热单位建立计算机自动调控系统，全区一级热网实现自动调控。是年，供热单位开始实行自负盈亏。2000年，辖区供热通过ISO9002质量管理体系认证。2001年，开发区热力总公司被授予全国建设系统精神文明建设先进单位。2002年，热力总公司被评为全国企业信息化建设先进单位。是年，供热单位建立与银行企业联网收费系统，热力用户在附近银行即可交纳采暖费。2003年，供热收费实行"热卡"方式（刷卡交费）。是年，供热单位综合收入突破1亿元，结束供热亏损由财政补贴的历史。

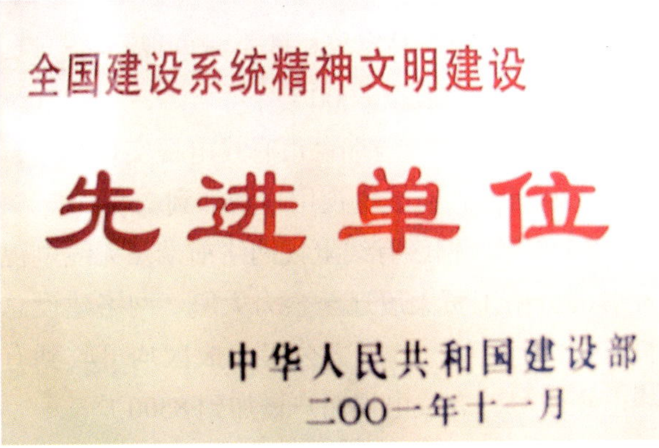

图4-30　2001年，开发区热力总公司获"全国建设系统精神文明建设先进单位"称号奖状

供燃气　供罐装石油液化气　1987年，辖区开始供应罐装石油液化气，是年供应量为60吨。1988年，管委拨专款25万元，集资13万元（每个户头400～500元），在金沙江路东侧建液化气供应站，是年供气80吨。1989年，烟台开发区液化气公司成立。1989—1992年，年均供气量为150吨左右。1993年，全年供气量215吨。1994年后全年供气量上升至300余吨，1996年达到445吨。1997年，开发区液化气公司改制，烟台开发区兴顺石油液化气有限责任公司成立。除原有的兴顺站外，又新设颗粒厂站、宫家台子站。2003年，全年供气量达3000吨。

供管道煤气　1992年3月，辖区管道煤气工程动工，7月竣工通气。是年5月，烟台市煤气公司在辖区设立营业所，编制8人，负责开发区内煤气供应、抄表收费、安全检查、业务咨询等。

供煤气设施及检查维修　辖区室外煤气设施包括：中压煤气管网12公里，低压煤气管网40公里，9座调压站，8处调压箱，分布在居民区和工业、商业用户（指工业食堂用户、宾馆餐饮业用户等）院内；中压水缸59个，低压水缸161个，中压阀门57个，低压阀门13个。室外煤气设施的检查维修由管线一所负责。室内煤气设施的检查维修及安全用气等由开发区煤气设施检修所负责。

供煤气数量与收费　1992年竣工的辖区煤气管网与设施东起夹河桥，西至昆仑山路，南到金沙江路，北到黄河路，总投资4961万元。截至2003年，管网覆盖面积占建成区的三分之二，共有7868户安装管道设施，煤气用户达到3960户。

自通气至2001年，煤气收费方式为营业所抄表员填写收费明细交给用户，用户按收费明细到营业所交费。2001年年底，开始实行刷卡收费，每两个月刷卡一次，刷卡率占90%以上。

煤气价格随油气价格变动。1992年，居民用气为0.4元/立方米，职工每人每月补贴13.5元（交营业所）；工业用气为0.89元/立方米，商业用气为1.09元/立方米。2003年，居民、工业用气为1.2元/立方米，商业用气为1.7元/立方米。

1992—2003 年烟台开发区煤气使用情况表

表 4-9

单位：户

年份	安装户数		用气户数	
	民用户	工业商业户	民用户	工业商业户
1992	829	0	731	0
1993	1248	10	869	6
1994	1833	16	1089	12
1995	2406	16	1283	12
1996	2456	17	1404	12
1997	2456	21	1601	13
1998	4173	21	1624	13
1999	4378	23	1661	14
2000	4627	23	1763	15
2001	5349	23	2187	15
2002	6259	26	2944	16
2003	7842	26	3944	16

有线电视网络建设 1991 年，开发区教育电视台成立，归开发区教育科技局管理，每天播放无线电视大学课程 3 小时，各用户利用天线接收观看。1993 年 5 月，开发区广播电视事业管理处（以下简称“区广电处”）成立，归开发区工委宣传部管理。区广电处成立后，接管教育电视台，并成立有线电视台，每天播出 4 小时节目。是年，管委对有线电视网络建设投入资金 120 余万元，发展有线电视用户 2500 余户。

1994 年，开发区广电处投入 20 余万元引进美国先进技术，将有线电视网络延伸到凤台住宅小区，为长江社区舒家、奇章、栖里、北车家等 4 个村安装有线电视，有线电视用户发展到 4100 户。是年年底，开发区有线电视网络建设经山东省广播电视厅测试验收通过。

1995 年，区广电处投入 58 万元，完成金东小区、金盛小区、宫家台子、刘家台子、杨家台子、廒上、北屯、马家等村的有线电视网络建设，有线电视用户发展至 6000 户。

1996 年，辖区与烟台市有线电视实现联网，投入 139 万元，有线电视用户增加到 7500 户。

1997 年，辖区有线电视网络前端及无线电视发射部分由工贸大厦迁至金力大厦。网络建设总投入 70 余万元，36 平方公里建成区均可收到有线电视信号，有线电视用户增加到 8500 户。

1998—2001 年，累计投入资金 442 万元，网络用户增加到 1.5 万户。其间并对晨光、金光等住宅小区的空架线进行入地升级改造，解决宁海住宅小区 100 多户居民因配套不好、长期不能收看有线电视问题。

2002 年，与烟台市及蓬莱市、福山区广电网对接，古现、八角、大季家 3 个街道与开发区有线电视网络联网。全年投入资金 117 万元，用户增加到 1.65 万户。

2003年，投入资金480余万元，对古现、大季家街道电视光缆主干网进行改造。古现街道建成50公里光缆、44个光点的主干网络；大季家街道建成60公里光缆、50余个光点的主干网络，完成9000户的网络施工改造。是年底，全区有线电视用户达到3.3万户。

第二节　房屋开发建设

1984年前，辖区房屋多为民宅。建区后，房屋开发建设速度不断加快。1985—1990年，全区房屋建筑总面积达52万平方米，年均8.7万平方米。1991—1996年，房建总面积251.5万平方米，年均41.9万平方米，是前6年的4.8倍。1997—2001年，房建总面积193.1万平方米，年均38.6万平方米。截至2003年，全区房屋建筑总面积668.7万平方米，其中生产性用房190.5万平方米，占总面积的28.5%；公共事业用房187.2万平方米，占总面积的28%；住宅用房291万平方米，占总面积的43.5%。

生产用房建设　1985—1989年，辖区投资企业按照城区规划、现代化生产要求，集中力量进行生产性厂房建设。1985年，烟台亚东标准件有限公司当年签约、当年建厂投产。此后5年间，汉高乐泰（中国）有限公司、氨纶集团、龙凤钢琴、华润锦纶、鲁能电缆、首钢东星、西蒙西轴承、黄海钢铁等40余家公司，累计建设厂房11.6万平方米，年均2.3万平方米，占全区总建筑面积的31%。1990—1995年，随着到开发区投资企业数量的增加，生产用厂房建设规模逐年扩大。先后有华鲁热电、正海电子网板、大川玻璃模具、大宸食品、万润精细化工、海虹老人涂料、荣昌制药、日冷食品、霍富汽车锁、大宇重工、奥特仪表、大明电子等60多家公司，累计建设厂房71.1万平方米，年均11.9万平方米，为前5年的5.2倍。1996—2003年，生产用房建设进一步加快，萨姆肯汽车配件、博大生物工程、万润精细化工、华东变压器、瑜钢电缆、康乐医疗保健用品、海生印染、舒朗服装、龙源电力、上海通用汽车、大华钢构、宇信科技、东方不锈钢、东镐重工业、厚木华润袜业等70余家公司，建设厂房110.5万平方米，年均13.8万平方米。

1985—2003年烟台开发区重点生产厂房建设情况表

表4-10　　　　单位：平方米

厂房名称	地址	建筑面积	开工时间	竣工时间
烟台亚东标准件有限公司厂房	松花江路7号	1731	1985.04	1985.10
烟台东方不锈钢工业有限公司厂房	长江路128号	15000	1987.03	1990.12
烟台首钢东星集团有限公司厂房	珠江路东段南侧20号	86000	1987	2003
烟台氨纶股份有限公司厂房	黑龙江路10号	258000	1987.10	2003
烟台兴华毛巾制品有限公司车间	黑龙江路9号	6137	1988.10	1989.03
烟台龙凤钢琴有限公司车间	长白山路56号	34000	1988.12	1998.08
烟台华鲁热电有限公司厂房	金沙江路69号	23500	1991.07	1993.07
烟台大川玻璃模具有限公司厂房	漓江路15号	5621	1991.12	1992.09
海虹老人涂料（烟台）有限公司厂房	珠江路12号	5826	1992.07	1993.08
烟台钢格板有限公司厂房	湘江路18号	7730	1992.09	1993.05
烟台新时代园标准厂房	Ⅲ-5小区	6415	1992.10	1993.07

续表 4–10

厂房名称	地址	建筑面积	开工时间	竣工时间
烟台鲁星食品有限公司加工车间	五指山路 3 号	7581	1993.02	1993.08
烟台金桥睛纱有限公司车间	Ⅳ–6 小区	14840	1993.03	1993.12
烟台黄金电器有限公司车间	泰山路 8 号	8680	1993.04	1994.06
多纳勒（烟台）电子有限公司厂房	金沙江路 18 号	12759	1993.05	1994.09
烟台正海电子网板有限公司厂房	珠江路东段路南侧 21 号	74000	1993.06	1999.12
烟台黄海钢铁有限公司主厂房	五指山路 2 号	32372	1993.07	1994.07
海通标准厂房	泰山路 86 号	18319	1994.03	1999.06
山东日冷食品有限公司厂房	黄山路 60 号	7640	1994.05	1994.11
大宇重工业烟台有限公司厂房	五指山路南段东侧 28 号	45000	1995.01	1996.06
烟台霍富汽车锁有限公司厂房	五指山路 9 号	7370	1995.06	1995.10
烟台荣昌制药有限公司综合楼	荣昌路 1 号	7576	1995.12	1996.08
烟台天成有限公司车间	E–13 小区	3030	1996.04	1997.02
烟台西蒙西轴承有限公司包装厂房	珠江路 6 号	5254	1996.04	1997.02
烟台银和工贸有限公司车间	长江路 10 号	3600	1996.08	1997.01
菲尔普斯·道奇（烟台）电缆有限公司车间	嫩江路 11 号	8278	1996.08	1997.05
山东大宇（烟台）汽车发动机有限公司厂房	长江路西段北侧 116 号	124000	1997.04	1998.04
烟台华润锦纶有限公司厂房	长江路 180 号	3546	1997.07	1998.05
烟台西蒙西轴承有限公司车间	长江路 181 号	3720	1997.09	1997.12
烟台路通精密合金有限公司车间	嘉陵江路 1 号	5000	1997.09	1998.05
烟台东诚生化有限公司车间	长白山路 7 号	1918	1999.01	1999.05
烟台萨姆肯汽车配件制造有限公司车间	辽河路 8 号	3043	1999.03	1999.08
烟台凯城有限公司厂房	I–3 小区	4088	1999.03	1999.06
烟台海生印染有限公司车间	沭河路 22 号	4416	1999.06	1999.09
烟台留学人员创业园	珠江路 32 号	76000	2000.05	2003.05
烟台华东变压器有限公司厂房	湘江路 17 号	9535	2000.05	2000.09
烟台正海磁性材料有限公司厂房	正海网板厂西侧 22 号	9000	2000.08	2002.07
烟台龙源电力技术股份有限公司厂房	衡山路 9 号	7407	2000.10	2001.06
上海通用东岳汽车有限公司厂房	长江路西段北侧 118 号	19000	2001.01	2002.12
烟台大华钢结构有限公司厂房	Ⅲ–7 小区	11642	2001.05	2001.10
山东省中鲁远洋（烟台）食品有限公司车间	金沙江路 86 号	18985	2001.08	2002.03

续表 4–10

厂房名称	地址	建筑面积	开工时间	竣工时间
烟台欣和味达美食品有限公司厂房	金沙江路 169 号	7946	2002.03	2002.06
烟台亚新利电器有限公司综合楼	长江路 79 号	15560	2002.03	2003.07
汉高乐泰（中国）有限公司厂房	珠江路 90 号	7300	2002.03	2002.10
烟台华新包装有限公司厂房	长江路 268 号	5922	2002.09	2003.04
烟台加宝食品有限公司厂房	长江路 277 号	21750	2002.03	2002.10
烟台开发区西上海汽件厂	长江路 282 号	18000	2002.11	2003.11
烟台开发区博林机械制造有限公司厂房	Ⅲ –9 小区	2736	2003.03	2003.09
烟台东镐重工业有限公司厂房	五指山路 12 号	4960	2003.08	2003.10

公共事业用房建设 1985—1990 年，开发区管委以生产建设为中心，适当安排部分公共事业用房建设，主要有邮电大楼、工贸大厦、供电局楼、工商局楼，开发区医院、实验小学、海河幼儿园、第一中学、建设银行、工商银行、农业银行、中国银行、华龙大酒店等 30 余个单位用房，累计建设公共事业用房 15.6 万平方米，年均建筑面积 2.6 万平方米。1991—1996 年，公共事业用房建设步伐加快，主要房建有海关、商检、交通大厦、环卫处办公楼，以及科技大厦、人民法院、建设大厦、粮食局、海河办事处、第二中学、第一小学、东巡宫、汽车站、交通银行、商业银行、住房银行、彩云城、国际商城、福星大厦、远成大厦、半岛渡假村、南山大酒店、金沙滩大酒店、源明大厦、齐林石油公司等 50 多个单位用房，累计建筑面积 77.3 万平方米，年均建房 12.9 万平方米，为前 6 年的 5 倍。1997—2003 年，公共事业用房建设进一步提速，主要公建有行政中心、公安局、检察院、财税局、房管局、船检局、邮政局、移动公司、联谊大厦、耀华学校、高级中学、立杰医院、留学人员创业园、烟台汽车西站、华夏银行、彩云城改建、福莱商城、新世纪商贸大厦、星海商业广场、德胜商城、静海大酒店、新时代大酒店、人寿保险公司、博爱医院等 70 多个单位用房，建筑面积 97.5 万平方米，年均建房 13.9 万平方米。

1985—2003 年烟台开发区主要公共事业用房建设情况表

表 4–11　　单位：平方米

楼座名称	地址	建筑面积	开工时间	竣工时间
中国网通营业厅	长江路 34 号	8886	1985.07	1986.05
供电局营业楼	长江路 168 号	3500	1988.03	1988.12
海河幼儿园	晨光小区	1500	1988.04	1989.03
工商局办公楼	旭日小区 1 号	3466	1988.05	1988.12
友谊宾馆	旭日小区	1000	1988.12	1993.10
中国银行营业厅	长江路 11 号	3500	1989.06	1991.12
粮食局办公楼	运河路 6 号	2750	1990.02	1990.10

续表 4-11

楼座名称	地址	建筑面积	开工时间	竣工时间
一中教学楼	黄河路 8 号	12320	1990.03	1991.08
劳动培训中心	燕山路 5 号	2654	1990.08	1991.05
海关办公楼	长江路 7 号	3616	1990.10	1991.07
市政处办公楼	珠江路 98 号	3250	1990.11	1993.08
交通银行营业厅	长江路 197 号	8100	1991	1992
工商银行营业厅	长江路 6 号	3000	1992.03	1992.10
建设银行营业厅	长江路 177 号	6383	1992.08	1993.08
检验检疫局开发区办事处办公楼	长江路 176 号	4500	1992.09	1994.04
自来水公司办公楼	华山路 66 号	6300	1992.10	1993.08
国际 C 座	金胜小区	48000	1992.12	2002.12
天一大厦	银芝小区	18000	1992	2003.12
交通大厦	E-4 小区	24000	1993.01	2003
医院门诊部	泰山路 11 号	6650	1993.04	1994.09
华明大厦	泰山路 87 号	30260	1993.06	1994.09
二中教学楼	天山路 10 号	11025	1993.06	1994.09
福星大厦	长江路 57 号	26175	1993.08	1995.06
一小教学楼	晨光小区	5000	1993.10	1994.08
利民商厦	长江路 58 号	23800	1994.09	1994.12
国税局办公楼	泰山路 47 号	1418	1994.04	1994.12
法院办公楼	长江路 48 号	5256	1995.05	1996.12
地税局征费厅	泰山路 46 号	2710	1997.04	1997.09
公安局办公楼	长江路 66 号	7900	1997.07	1998.01
检察院办公楼	长江路 65 号	5588	1997.09	1998.01
二小教学楼	金胜小区	4278	1998.04	1998.09
福莱商城 19 号 13 座	E-16 小区	5600	1999.07	1999.12
耀华学校综合楼	天山路 9 号	4316	1999.09	2000.06
邮政局营业厅	长江路 58 号	6093	2000.03	2000.08
金海岸海水游泳馆有限公司	黄河路	14300	2000.04	2000.10
星海商业广场	Ⅱ-6 小区	21700	2000.06	2001.06
船检局办公楼	长江路 172 号	5600	2001.05	2001.11

续表 4-11

楼座名称	地址	建筑面积	开工时间	竣工时间
香山大厦	丹阳小区	50000	2002.02	2003.12
黄金商业城	华电小区	57000	2002.02	2003.12
通洲汽售展厅	衡山路 19 号	18000	2002.05	2003.12
联谊大厦	金城小区	32000	2002.08	2003.12
华玉大酒店	海滨路东段	16834	2002.08	2003.12
烟台汽车西站	E-16 小区	5900	2002.11	2003.05

居民住宅小区建设 1986 年 2 月，开发区管委为安置胜利东村部分拆迁户，在银芝住宅小区建设 3 幢住宅楼，拉开辖区居民住宅小区建设的序幕。至 1990 年，全区住宅建设投资 1.7 亿元，在银芝、晨光、旭日等住宅小区建设住宅楼建筑面积 20.28 万平方米，每年平均建筑 3.38 万平方米。1991—1996 年，辖区住宅建设投资 13.8 亿元，在华电、丹阳、金光、金城、凤台、星海、黄海、静海、宁海、定海等住宅小区建设住宅楼建筑面积 98 万平方米，每年平均建筑 16.34 万平方米，为前 6 年的 4.3 倍。

1985—1995 年，辖区住宅楼建筑结构多以砖混结构为主。1996—2003 年，住宅楼建筑结构以框架结构为主，个别辅以剪力墙。住宅楼内部结构多为两室一厅、三室一厅，一卫、一橱，建

图 4-31　银和怡海花园住宅小区一角（1996 年摄）

筑面积大多为 80 ~ 120 平方米。其间，香山花园、静海等住宅小区，建有部分 10 层以上小高层或高层建筑。1997—2003 年，全区住宅建设投资 27.1 亿元，继续在星海、黄海、静海、金东、东星以及行政中心周边的蔚蓝海岸、碧海云天等住宅小区建设高层住宅楼，建筑面积总计 124.7 万平方米，每年平均建筑 17.82 万平方米。截至 2003 年，全区居民住宅建设总投资 42.6 亿元，

图 4-32　碧海云天小区（2003 年摄）

建成住宅楼 836 幢及部分别墅，总建筑面积 277 万平方米。开工建设的 13 个居民住宅小区中，除星海、定海、黄海、静海、宁海、丹阳住宅小区尚有部分在建工程外，其余住宅小区建设基本结束。住宅小区内建设有学校、幼儿园、医疗诊所、商店、文化娱乐等公共设施。

住宅小区开发建设初期，因监管力度不够，有的住宅小区多家开发，部分开发商不按设计要求建设配套基础设施，致使有的住宅小区配套设施质量差、标准低、破损严重。1996 年，管委规划、房管部门以金城住宅小区为样板，实施重点改造。1999 年，管委投入改造资金 2100 余万元，对辖区居民住宅小区配套设施进行全面整治。截

至2003年，全区累计投入资金近10亿元，全面改善13个居民住宅小区的水、电、气、暖及通讯等配套设施。

1986—2003年烟台开发区居民住宅小区建设情况表

表4-12

住宅小区名称	建设年份	竣工年份	占地面积（平方米）	建筑面积（平方米）	住宅楼（幢）	总户数（户）	总人口（人）	道路面积（平方米）	绿化面积（平方米）
银芝	1986	1993	108000	112800	48	3682	6701	17000	36000
晨光	1987	2003	240000	166700	38	1767	4063	29000	46000
旭日	1988	1990	290000	119000	46	3667	2542	16000	31000
金光	1990	在建	229000	214435	68	2290	5905	72000	68000
金城	1991	在建	104000	118000	42	1310	3049	5300	28000
凤台东	1991	2003	99118	159093	34	1766	4475	19000	20000
金东	1991	2003	166400	220000	81	2500	8000	36000	54000
黄海别墅	1991	2002	82000	71000	77	–	–	–	38000
丹阳	1992	在建	190000	430000	105	947	7707	37000	42000
定海	1992	在建	180000	520000	143	1774	5163	13000	52000
华电	1992	在建	171000	280000	80	2204	6612	33000	50000
金胜	1992	2003	205000	214500	70	2140	6100	26000	45000
碧海云天	1992	2001	135600	228000	–	–	–	–	46460
凤台西	1993	2003	120000	130000	56	1658	5506	21000	28000
蔚蓝海岸	1994	2002	71000	65000	26	–	–	–	28400
星海	1999	在建	259456	89300	25	1249	4216	5700	5600
银和怡海花园	2000	2003	83000	117000	–	–	–	–	34000

第三节　广场　公园建设

截至2003年，辖区累计建成各类开放式、公益性广场和公园10余个，主要有天地广场、天街广场、夹河公园、金沙滩公园、名人雕塑园、科技大厦小游园、五指山路小游园、工贸小游园、天地通小游园、财税小游园、泰山酒店小游园等。其中，最具代表性、规模较大、体现辖区特色的是天地广场和夹河公园。

天地广场建设　天地广场位于建成区中心，与管委行政中心大楼隔长江路相望，南北长约550米，东西宽约450米，总面积24.25公顷。1994年开工，1998年建成，投资6000万元。1999年、2003年，先后投资共1000余万元，对广场予以改造。

整个广场分为北部太阳广场和南部大地广场两部分。太阳广场中央为开发区区标，区标周围为风帆、水池、喷泉和甬路环绕，由区标向外放射状铺设道路，形似太阳光芒四射。大地广场中央为一下沉广场，总面积2.4万平方米，1998年10月落成。下沉广场主体为椭圆形，形似贝壳，8层跌落式台面，可容纳观众2万余人；底部北端中央设一直径25米的舞台，供大型演出使用；广场四周设有12根直径0.86米、高6米的石柱，石柱上雕刻有中国远古神话与民间故事，增添广场的人文特色和文化氛围；广场北部中间为一长18米，高6米的大型水帘瀑布，景观壮丽。

图4-33 天地广场鸟瞰（2003年摄）

天地广场是一个生态型广场，绿化面积达80%。经历年建设和改造，广场绿化已独具特色。1994年，首期绿化16.2万平方米。1995年二次绿化3万平方米，以栽植草坪为主，间植部分乔灌木、时令花卉。1999年，对广场实施改造，泥土过筛，绿化草种更新换代，增植优质观赏树种，乔灌木合理搭配，增添场内设施。共回填肥沃泥土5万立方米，植优质冷型草坪13万平方米，黑松、蜀桧、法桐、国槐等1350余株，植小龙柏、木槿等花灌木6万余株，月季、地被菊、常夏石竹、孔雀菊、一串红、牵牛花等时令花卉5万余株。广场内修建甬路5000平方米，甬路边设置石凳、条椅、石桌等设施，共铺设彩色板砖9800平方米。是年，广场被评为全省“十佳文化广场”，获“山东省园林绿化工程优质奖”，广场内设置的烟台开发区“区标”获“山东省城市标志性地段，标志性建筑群、建筑场规划设计优秀竞赛”三等奖。

2003年，广场四周改植小龙柏、金叶女贞、紫叶小檗等花卉植物。截至是年年底，广场共植草坪16万平方米，栽植常绿乔木800余株，落叶乔木1700余株，常绿灌木30余万株，落叶灌木17余万株，月季6800余株，绿篱5000余米；修建甬路1.6万平方米，设置石桌、石凳共34个，建花架长廊2组，休闲小广场2处。整个广场乔、灌木和草合理搭配，高低错落，成为居民旅游、休憩、娱乐、观光的好去处。

夹河公园建设 夹河公园位于夹河西岸，南自同三高速公路，北至海滨防护林带，全长3公里，占地68公顷。1999年2月开工建设，2003年建成。夹河公园为开放式公园，主要供开发区内居民休闲健身、开展文体活动和区内外人员游乐观赏。

金沙滩公园建设 金沙滩公园自1996年开工建设，至2003年，基本按规划完成开发建设工程。1996—2003年，完成海滨路5800余米长修筑及其他基础设施工程建设，建成海滨休闲广场、网球场、天街广场、海滨音乐广场、科普广场等公益设施建设，以及其他服务设施建设和绿化美化等工程。

夹河公园和金沙滩公园建设详见本志第十二编。

第三章　城区管理

烟台开发区围绕建设“生态型、园林式、现代化”新城区总目标，不断强化思想教育，提高干部管理水平和居民环境意识，同时加大城区管理力度。自1986年起，陆续成立道路养护队、环卫处、绿化队、城市管理监察大队等专业队伍。2003年，各种专业人员达430多人。专业人员各司其职，对城市规划、工程建设、市容卫生、市政设施等依法实行监察治理，整治乱贴乱画、乱设摊点，清运垃圾，维护城区卫生，改善城区环境和卫生质量。

第一节　城区监察

1993年9月，烟台开发区成立城市管理监察大队，内设规划监察科、市容管理科，编制12人，负责城区监察工作。1993年10月，爱卫会办公室与城市管理监察大队合署办公。1999年，成立城市管理综合执法大队（以下简称“城管大队”），设两个中队和综合科，编制20人。2001年增设三中队，编制15人；2003年成立四中队，编制30人。

市容监察　整治乱搭乱建　1985—1991年，辖区一些单位、个人擅自建一些临建房屋，用于办公、居住、营业、储物等。1992—1993年，管委要求制止乱搭乱建行为，凡未经规划批准的临时建筑，坚决拆除。其间查处违法建筑90处，拆除57处。1994年，城管部门宣传《中华人民共和国城市规划法》，出动宣传车30余次，在主要街道张贴标语，悬挂横幅，形成治理声势，强化规划执法力度。是年拆除236户违法违章建筑，总建筑面积1.5万平方米。1996年，全区开展以整治区容区貌为主要内容的综合治理，查处各类违章建筑3600平方米。1997年，针对乱搭乱建抬头现象，突击治理，拆除违章建筑1.4万平方米。1998年，查处违法违章建筑2748平方米。1999年，管委制定《关于规范临时建筑审批程序、杜绝乱搭乱建的管理办法》。城管大队会同公安、房管部门，针对海防林、舒家市场，以及14个自然村违法违章建筑，下发拆迁通告800余份，并耐心做拆迁户思想工作。开发区海防林内有违法违章建筑79户，总建筑面积6000平方米，建成区内各住宅小区共有违法违章建筑227户，建筑面积7000余平方米，农村共有乱搭乱建702户，建筑面积5.3万平方米，发文当年均按要求自动拆除。舒家市场内有违法违章建筑40户，建筑面积720平方米，有18户自行拆除，剩余22户被依法强制拆除。2002年扩区后，市容监察范围扩大到228平方公里。西区农村有村民违法抢建房屋，监察大队依法下达拆除违法违章建筑通知书200余份，在大季家街道召开强制拆除违法违章建筑现场会，当场拆除9户违章建筑26间，建筑面积500平方米，推动加速各街道自行拆除违法违章建筑的开展。

在东区，城管大队会同规划局，对建筑工程造型、材料、功能及场地绿化、市政配套设施、环境卫生等进行检查验收；对建筑项目放线、验线，委托开发区测绘管理处实施，发现与审批方案不符之处，及时下达《限期整改通知书》。2001—2003年，城管大队共参与竣工验收工程154项，建筑面积共113万平方米。

整治乱设摊点　1990年，辖区开始治理沿街摊点。当年清除各类违章摊点200多个，店外经营120户。1998年，辖区开展城区秩序综合治理，加强商贸市场和各类经营网点管理。集中清理无证经营、挤占道路、污染环境的各类摊点400多个，取缔20多个炭火烧烤点。加强卡拉OK厅、台球厅、书报摊点的规范管理，限定早市、夜市经营时间。1999年，辖区加大城管执法力度，全年巡查达1600多人次，先后10次集中对“三场”（彩云城市场、永定市场、首钢市场）、“两路”（泰山路、海滨路）、“10区”（晨光、银芝、金光、金东等10个住宅小区）检查清理。是年清理占道和店外经营摊点1200余个，取缔炭火烧烤摊点80个。2000年，全年治理督查1200余人次。对彩云城四周实行早、晚市值班制度，处罚店外经营摊点213处，清理乱堆乱放物品57处。2003年，严格执行《开发区城市管理办法》，全年进行2次环境综合整治会战，取缔占道摊点218处，清理乱堆乱放物品12处。

整治乱贴乱画　1993年，辖区清除各类野广告3000余张。1996年，清除野广告5000余张。1998年，清除野广告7000余张，对40块大型户外广告进行粉刷移位。1999年，管委发布《关于整治乱贴乱画的通告》，辖区各单位划片包干，清理城区内主干道两侧设施上张贴的野广告8000余份，拆除违章广告牌86个，没收野广告23万余张。2000年，规划部门制定《户外广告规划审批管理规定》。2003年，辖区进一步加大对乱贴乱画的治理力度，拆除不合格广告牌235块，更新308块，审批户外广告77件。

市政与公共事业设施监察　1993—1996年，辖区路面、电力、通讯、热力、自来水等工程设施一度损坏严重，多为野蛮施工所致，其中路面井盖损毁主要是偷窃和重型车辆碾压所致。其间，全区共处罚和纠正破坏工程设施行为43起、破坏公共事业设施行为52起。1996—2003年，共处罚和纠正破坏工程设施行为为275起。

2003年，在全区范围内开展环境综合整治会战，城管大队督促有关单位，完成对23条道路的灯杆、交通标线的粉刷任务，动员28个单位粉刷厂区围栏2万余米，对区内22座较大工业烟囱进行粉饰，拆除及更换长江路、泰山路两侧不规范广告牌匾350余块，建设围档、绿篱2万余米。管委投资2450万元，开展“亮化工程”，架设路灯1600盏，改造道路和广场景观灯1189盏。是年，开发区对烟台市人民政府下达的12项整治任务、22个整治重点、283个整治单项，全部完成。

第二节　城区绿化

1987年10月，烟台开发区园林公司成立，负责城区绿化工作。1988年3月，开发区绿化委员会办公室成立，与园林公司合署办公。1997年，撤销园林公司，设园林绿化处。2002年12月，设园林管理处，负责辖区绿化管理工作。至2003年，开发区有园林绿化职工65人。

道路绿化　1987年，辖区开始进行道路绿化。是年，长江路东段、黄河路、黑龙江路为首批绿化路段，绿化面积2.3万平方米。1988年，长江路西延，绿化面积4.1万平方米。1989—1993年，每年道路绿化均为4万～5万平方米左右。1994年，金沙江路南侧绿化面积5.2万平方米。1995年，管委组织1万余人，对黄河路、黄山路等9条道路栽植行道树2.5万余株。1987—1997年，辖区道路绿化42.8万平方米。1998年，管委对长江路12万平方米的绿化带进行改造，优化树木品种，提高绿化品味。2000年，道路绿化面积10.9万平方米。2002年，对黄河路、泰山路、天山路、嘉陵江路、珠江路、长江路、柳子河路等17条道路全面绿化，栽植双排行道树，绿化总面积达77万平方米。截至2003年12月，城区道路总绿化面积193.6万平方米，城区120余条道路全部绿化完毕。

1989—2003 年烟台开发区部分道路绿化情况表

表 4-13

道路名称	建成年份	道路长度（米）	乔木树种（棵）	乔木数（棵）	灌木树种（棵）	绿化面积（平方米）
嫩江路	1989	547	垂柳	219	冬青　木槿	2626
黑龙江路	1992	2115	垂柳	1452	冬青　紫薇	28686
漓江路	1992	610	垂柳	244	紫荆　冬青	12148
长白山路	1993	491	加拿大杨	196	冬青	1964
松花江路	1993	600	法桐	240	龙柏　冬青	4313
金沙江路	1994	7544	垂柳　法桐	4392	冬青　紫荆　紫薇	65111
香山路	2001	1560	国槐	1128	冬青	9264
嵩山路	2001	1500	法桐	600	冬青	10620
华山路	2002	1690	合欢	676	冬青	10050
嘉陵江路	2002	4329	垂柳　毛白杨	3463	冬青	70189
黄山路	2003	3209	法桐	2243	-	54476
湘江路	2003	1400	垂柳	2800	-	19040

居民住宅小区、厂区绿化　1987—2003 年，辖区对 13 个居民住宅小区和公司驻地、厂区进行绿化美化。其间涌现出一批省、市级花园式单位（住宅小区）和绿化先进单位。省级花园式单位有：烟台车身公司、税务培训中心、大宇重工业有限公司、华信房地产有限公司、烟台首钢东星集团公司、烟台正海电子网目板公司等。省级花园式住宅小区有：黄海别墅住宅小区、晨光住宅小区。省级绿化先进单位有：黄海钢厂、氨纶厂。烟台市级花园式单位有：烟台首钢东星公司、海关、半岛度假村。烟台市级花园式住宅小区为银河怡海花园住宅小区。烟台市级绿化先进单位有：荣昌制药公司、多拿勒电子公司。

图 4-34　蔚蓝海岸住宅小区一角（1997 年摄）

截至 2003 年，全区绿化共投入资金 3.25 亿元，其中财政投资1.63亿元。全区城区绿化面积997.41公顷，绿化覆盖率40.6%，人均公共绿地25.69平方米。

第三节　城区保洁

1986年，开发区道路养护队成立，共有职工10名（1名正式职工，9名临时工）。1987年，环卫队成立，有临时工8人。1992年，养护队、环卫队共有职工92人。1997年，环卫职工增加到158人。2003年，环卫职工总人数为237人，其中有临时工207人。

道路清扫　1986年，道路养护队负责黄河路、1号路（泰山路）至5号路（昆仑山路）、烟岗路（现长江路）及I–7住宅小区内的街巷清扫，每周清扫2次。环卫队负责I–7住宅小区内3座公寓楼及冶金新材料研究所楼的卫生清扫。清扫工具为扫帚、铁锹、小推车等。1989年，环卫队购置洒水车1台，对长江路、黄河路实施洒水清洗。1990年，道路清扫扩大到长江路东段（夹河至颗粒厂东）、黑龙江路、湘江路等路段。环卫处清扫范围扩大到亚东标准件厂、华联有限公司、针织器材厂、I–8住宅小区。1993年，道路清扫增加珠江路、金沙江路等新修筑路面，清扫面积22.3万平方米。1995年，清扫工人增加6人，道路清扫面积增加2.3万平方米。1996年，环卫处购买清扫车1台，负责清扫主要道路。1998年，道路保洁面积达113.8万平方米。各居民住宅小区清扫由各物业公司负责。截至2003年，城区需清扫道路增加到50条，保洁面积为220.6万平方米，人均道路保洁面积达0.79万平方米，做到全日保洁。

垃圾与公厕管理　垃圾处理　1986年，开发区内仅有5处砖砌垃圾池，大多数垃圾由环卫工人用小推车推到坑洼处倒掉。1987年，I–7住宅小区首批设置铁制活底垃圾箱6个，每个容量4吨，同时配置130型汽车及叉车各1辆，用于清运垃圾。1994年，4吨垃圾箱增加到25个，添置500升铁制垃圾筒85个，分置于居民小区、半岛小渔村、粮食局、国际酒店及几个厂企处。是年新购置130型汽车1辆，东风牌封闭车2辆。日清运垃圾50吨，年清运垃圾1.8万吨。同时，市政环卫处对垃圾清运实行代运收费制度，对餐饮业的垃圾清运亦实行收费。1995—1996年，城区设垃圾处理场1处，约6800平方米，位置在福嵛居委会防护林内，利用该处的自然沟、坑填埋垃圾。1999年，在封闭住宅小区率先施行垃圾袋装，购置解放牌垃圾车1辆，加带侧装滚桶，用于袋装垃圾清运。旭日、金光等8个住宅小区仍沿用原有的生活垃圾清运、代运方式，日产日清。1997—1998年，垃圾运送北屯垃圾厂，采用复土压实方法处理，由专人负责管理。1999年，建设环保局与工商物价局联合发布《关于整治乱倒垃圾的通告》，制定《住宅小区垃圾袋装化办法》，添置装载车1部，东风牌封闭车1辆，扫街车1辆，4吨铁制垃圾箱74个，660升垃圾筒137个，240升垃圾筒325个，500升垃圾筒55个，分设在长江路、黄河路、珠江路、泰山路以及公共场所、生活小区内。添置不锈钢果皮箱54个，设在主要街道、站点、商业网点处。是年，环卫处集中人力，对长江路、珠江路两侧，海防林周边，丹阳、金城住宅小区等32处卫生死角进行清理，面积达3.2万平方米，清理垃圾3000立方米。在9个居民小区实行生活垃圾袋装化。2000年，更换防雨玻璃钢垃圾箱800个，垃圾筒300个。2003年，购置彩色高档果皮箱350个，分设于长江路、黄河路、珠江路、泰山路、香山路、嵩山路。截至2003年，有东风牌压缩车4辆，东风牌封闭车2辆，装载车2辆，清扫车1辆，洒水车1辆，叉车3辆，胜利东村、胜利西村、刘家台子、马家等14个自然村的生活垃圾由开发区环卫处负责运送，年收运垃圾近3.3万吨。

1987—2003年烟台开发区生活垃圾处理情况表

表 4–14

年份	日处理量（吨）	年处理量（吨）	年车数（车次）	垃圾清运费（万元）
1987	10	3650	730	–
1988	20	7300	1460	–
1989	20	7300	1460	–
1990	30	10950	2190	–
1991	30	10950	2190	–
1992	40	14600	2920	–
1993	40	14600	2920	–
1994	50	18250	3650	6.12
1995	50	18250	3650	23.95
1996	50	18250	3650	18.76
1997	55	20075	4015	20.64
1998	55	20075	4015	88.87
1999	55	20075	4015	31.79
2000	60	21900	4380	37.51
2001	60	21900	4380	34.85
2002	60	21900	4380	35.02
2003	90	32850	6600	39.44

公厕管理　1984—1986年，开发区城区内有普通公用旱厕4座，由环卫队用吸粪车抽出粪便，送入垃圾场。1988年，开发区市政公司在I–7住宅小区建筑第一座水冲式公厕，建筑面积160平方米，12个蹲位。1995—2003年，城区内旱厕全部拆除，建临街公厕6座，全为水冲式。第一中学北侧建公厕1座，面积165平方米，12个蹲位。金沙江路与衡山路交接处建公厕1座，面积192平方米，8个蹲位。烟台首钢有限公司附近建公厕1座，面积208平方米，12个蹲位。天地广场东侧建公厕1座，面积162平方米，12个蹲位。长江路大花坛北侧建公厕1座，面积180平方米，12个蹲位。金胜小区南侧建公厕1座，面积168平方米，10个蹲位。每座公厕由2名工人管理，全日保洁，粪便采取无害化处理。

第四节　房产管理

1988年8月，开发区房产管理处成立，正科级行政单位，编制10人。1989年9月，更名房产管理局。1993年，复称房产管理处，划归建设环保土地局管理，编制38人。1995年，房管处同时挂开发区房改办、拆迁办牌子。1997年10月，房产交易监理所与其合署办公。2001年7月，房产管理处同时挂拆迁办、住房委员会办公室、房产交易所牌子，经费实行自收自支。

房源　*公房*　1985—1986年，开发区先后接收胜利边防派出所房屋2100平方米，公路站房屋430平方米，良种场房屋2400平方米。1986年，建设公司在I–7号小区建公寓楼2幢，建筑面积1万平方米，建标准厂房2600平方米。1991年，在I–7号小区内建商业网点房3800平方米，用于出租开饭店、商店等。管委在住宅小区购置零星闲散住宅楼40余套，建筑面积2300平方米，用于职工机动用房或出租房。上述公寓、厂房、网点均由房管部门统一管理。1992年后，各单位自建自用自管房逐年增加，侧重用于单位办公和职工单身宿舍。1998年，全区房产状况清查，单位自管房建筑面积45万平方米，占总面积的14%，房管部门直管房建筑面积1.8万平方米。2003年，建成区公管房建筑面积11330平方米。

集体房　1984年，胜利东村、胜利西村、曲家台子、马家四村，集体房建筑面积2280平方米，主要用作村委办公室、仓库、厂房、卫生所、学校房舍等。1992年，杨家台子、奇章等10个村划入开发区，集体房建筑面积28925平方米。2002年，古现镇、大季家镇93个自然村划入开发区，有集体房建筑面积21万平方米。截至2003年12月，开发区集体房总建筑面积为241205平方米。

私房　1984年，胜利东村、胜利西村、曲家台子、马家4个村，共有私房建筑面积10万平方米。自1990年，胜利东村、胜利西村、曲家台子村实施旧村改造，截至2003年12月，上述3个村庄私房大部分拆除，重新规划建设为金东住宅小区、金胜住宅小区、金光住宅小区，总建筑面积49.8万平方米。1992年，奇章等10个村庄共有私房建筑面积30万平方米。2002年9月，福山区古现镇和大季家镇划入开发区，共有私房建筑面积114万平方米。截至2003年12月，开发区共拆除私房9.6万平方米。

住房制度改革　*公房出售*　1988年12月，根据烟台市“提租、卖房、补贴”三位一体的房改原则，辖区公房出售实行由单位向职工分配出售公有住宅并给予补贴的办法。办法规定，个人购房需交纳土建费，其他费用由所在单位承担，购房者一次性付款给予14%的优惠；住房补贴为职工标准工资的23.5%，逐月发放；有限产权住宅，按优惠价的70%计价；购房者享有使用权和继承权，不准转让、出租、赠予和典当；如需出售，按使用年限减去折旧后出售给本单位或房管部门。购房者具备购买全部房屋产权条件，可按政策换取全产权。1989年，公房出售价格为建筑面积每平方米256.51元。1990年，上述房改政策开始运作，于运作前2年购房职工亦可按政策同时办理购房手续。公有住宅出售，一户只允许购买一套。规定购房面积标准为：一般职工建筑面积60～70平方米，县处级和高级知识分子为建筑面积70～90平方米，超标准幅度可控制在5平方米以内，超出规定标准部分按商品房价格执行。1995年，专业技术人员住房标准调整为高级职称者120平方米，中级职称者90平方米。1996年，购房标准价为建筑面积每平方米513.8元，成本价为建筑面积每平方米817.5元。双工龄折扣3.07元，单工龄折扣5.68元，一次性付款者优惠20%。1997年，标准价为建筑面积每平方米600元，成本价为建筑面积每平方米900元。一次性付款优惠8%，双工龄折扣3.58元，单工龄折扣6.62元。1998年，标准价为建筑面积每平方米700元，成本价为建筑面积每平方米910元，一次性付款优惠10%，双工龄折扣3.62元，单工龄折扣6.71元。1999年，实行成本价，为建筑面积每平方米991元。一次性付款优惠8%，双、单工龄折扣同1998年。2000—2002年，成本价为建筑面积每平方米1010元，一次性付款优惠4%，取消工龄折扣。2003年，成本价为建筑面积每平方米1040元。1988—2003年，全区出售公房累计1072套。

1988—2003 年烟台开发区管委公房出售情况表

表 4-15

单位：套

年份	套数	年份	套数
1988	14	1996	29
1989	33	1997	54
1990	99	1998	90
1991	107	1999	0
1992	47	2000	0
1993	52	2001	0
1994	101	2002	440
1995	6	2003	0

住房公积金和补贴制度　1995 年，辖区推行住房公积金制度，行政、企事业单位及其职工均需缴纳住房公积金。1996 年，全区有 326 个单位建立住房公积金缴存关系，占应缴存单位的 73%，有职工 17055 人，缴纳率达 71%，全年共收缴住房公积金 640 万元。1998 年，全区住房公积金覆盖率达到 95% 以上，累计收缴住房公积金 2277 万元，建立公积金制度的单位占 96%，个人缴纳率达到 96%。建立住房基金 853.42 万元。截至 2003 年，住房基金实存 6349.38 万元，有 87 个单位提取基金 2310.89 万元，提交公积金人数为 2.18 万人，提交额 9519 万元。1998 年 10 月 1 日起，单位按职工工资基数的 20% 发放住房补贴，对 1998 年 12 月 31 日以前参加工作的职工发放一次性补偿（已离退休的截止到离退休之日）。补偿由单位挂账，在职工购房时，一次性支付或从房款中抵扣。1999 年，烟台市调整住房补贴发放比例，自 2000 年 1 月 1 日起，由原来工资基数的 20% 调整为 25%。2003 年，一次性住房资金补偿核定人数为 6735 人，已补偿 1058 人，补偿金额 417.74 万元。

房产登记发证　1989 年 10 月，管委印发《烟台经济技术开发区房产登记管理实施办法》，规定所有单位的房产登记发证均由房管局负责办理，房管局对全区房产全面进行普查和产权、户籍的登记备案管理。

1990 年，开发区办理房屋产权登记发证 1580 份，房屋产权、产籍实行档案管理。1994 年 7 月，开发区累计办理房屋登记 4236 份，总建筑面积 79.54 万平方米。1999 年，开发区启用国家建设部统一印制的“房屋所有权证”，房屋产权、产籍管理进一步规范。是年，开发区将已立卷的 1.2 万份房产档案，全部录入微机。截至 2003 年 12 月，开发区房屋产权登记 26266 份，总建筑面积 350.7 万平方米。

1990—2003 年烟台开发区房屋确权发证情况表

表 4-16

年份	份数	面积（万平方米）	私房份数（份）	面积（万平方米）	公房份数（份）	面积（万平方米）
1990	1580	30.62	—	—	—	—
1991	1796	33.9	—	—	—	—
1992	448	7.86	—	—	—	—
1993	412	7.21	—	—	—	—
1994	462	8.43	116	1.31	346	7.12
1995	244	5.61	126	1.15	118	4.46
1996	594	9.91	298	1.29	296	8.62
1997	447	14.62	186	1.90	261	12.72
1998	930	17.67	630	6.62	300	11.05
1999	1035	17.61	672	6.23	363	11.38
2000	2126	24.27	1804	16.37	322	7.9
2001	3936	46.93	3586	32.69	350	14.24
2002	5928	56.39	5073	41.09	855	15.30
2003	6356	87.35	5376	67.46	980	19.89

房屋维修、租赁　1988 年 9 月，开发区房管处房屋修缮公司成立，承担辖区内公房的维修养护任务。公房维修，每年由房管处下达维修计划，修缮公司组织实施，房管处验收。维修费，从房租中支出，每年修缮费为 10 万元左右。1994 年，全年大小维修项目 314 次，支出金额 10.4 万元。1997 年，修缮公司改制，房屋维修形成单位、个人相结合的市场化运作新格局。

自 1998 年起，对新建小区，按砖混结构房屋建筑面积每平方 15.6 元、框架结构房屋建筑面积每平方米 16.8 元，在售房的同时，向购房人收取物业管理公共基金，设储款账户，专款专用。房屋修缮时，由物业管理公司向财政申请，用于小区共用部位维修养护。

1992 年，开发区为 40 多个单位调配租用房屋，有 219 户无房者与房管部门签定租赁合同。1996 年，辖区 9 个单位，出租 143 套住宅，总建筑面积 1 万平方米。1998 年，辖区各类租赁房屋建筑面积近 6.58 万平方米，其中住宅房屋建筑面积 2.03 万平方米，办公用房建筑面积 0.17 万平方米，工厂用房建筑面积 3.54 万平方米，商业用房建筑面积近 0.84 万平方米。至 2003 年 12 月，管委直接管理的公房多被私人租用。

房屋拆迁　1985 年，开发区建设公司征地，拆迁胜利东村民房 89 户，当时开发区管委无补偿规定，由烟台市农业局负责对被拆迁户进行补偿。

自 1991 年，胜利东村、胜利西村、曲家台子 3 个村进行旧村改造，补偿标准由各村自定，原则上拆一换一，按建筑价格，每户享受10平方米优惠。是年3月，开发区房屋拆迁办公室成立，执行烟台市有关房屋拆迁规定，对被拆除的房屋及其附属设施，按重置价重新折旧方法勘估和补偿。补偿估价标准：钢混结构为建筑面积每平方米280元；砖混结构一等为建筑面积每平方米184元，二等145元；砖木结构一等为建筑面积每平方米198元，二等180元，三等141元；简易结构为建筑面积每平方米59元。搬迁费为每户150元。1992年7月，调整拆除房屋估价标准：钢混结构为建筑面积每平方米513元；砖混结构一等为建筑面积每平方米338元，二等265元；砖木结构一等为建筑面积每平方米363元，二等330元，三等259元；简易结构为建筑面积每平方米108元。

1994年，珠江路、黄山路、香山路、长江路、天地广场拓展，拆迁303户、企业13家。临建房屋建筑面积0.52万平方米，共拆迁房屋建筑面积3.17万平方米。

1995年11月，调整拆迁安置有关标准：钢混结构一等为建筑面积每平方米671元，二等620元；砖混结构一等为建筑面积每平方米640元，二等590元，三等500元；砖木结构一等为建筑面积每平方米650元，二等595元，三等545元，四等490元；简易结构为建筑面积每平方米210元。搬迁费每户200元。

1999年，夹河1、2期工程，及天山路、嘉陵江路、行政中心楼工程开工，拆迁200余户，建筑面积3万余平方米。2001年9月，管委制定《烟台经济技术开发区房屋拆迁补偿安置若干规定》。被拆除房屋及安置用房的评估，由具有房地产评估资质机构办理，评估费由拆迁人承担。就地回迁“拆一换一”，临时安置费为建筑面积每平方米60元。2002年，泰山路拓展，拆迁民房22户，建筑面积4758平方米。长江路西延，拆迁民宅178户，建筑面积2.12万平方米。疏港路拓展，拆迁28户，建筑面积2.17万平方米。2003年，206国道拓宽，拆迁线20余公里，涉及1262户居民，拆迁建筑面积21万余平方米。1991—2003年，辖区累计拆迁房屋3388户，建筑面积41.6万平方米。

房产交易　1989年，开发区房产交易监理所成立，负责办理辖区内房产交易业务。1990年，办理房产交易手续132份，交易额551.23万元。1991年，办理房产交易手续235份，交易额3407万元。1993年之前，房产买卖、赠予、交换契税为6%。1994年，房产交易契税按交易总额3%计取。1998年，调整交易契税征收比例，住宅按交易总额的1.5%收取，非住宅仍按交易总额的3%计取。是年，交易所与公证处联合，公证处派员到现场，为房产交易者办理公证手续。交易所与华夏银行联合，开展质押代理业务。全年房产交易建筑面积达17.5万平方米，交易额2.1亿元。2000年，新建商品房交易契税按建筑面积每平方米3元计取，存量房交易契税按建筑面积每平方米6元计取（交易双方各收取3元）。赠予、折产交易服务费，按建筑面积每平方米1元收取。2002年，房屋预售实行按揭贷款，涉及22家开发商和16家金融单位。是年办理业务登记952份，房产交易建筑面积11.32万平方米。2003年，房产交易费商品房按建筑面积每平方米10元收取，住宅交易费按建筑面积每平方米3元收取，由出售方缴纳；非住宅交易费按建筑面积每平方米10元收取，买卖双方各缴纳50%。由开发区财政部门收取契税。是年，住房置业担保中心开发区办理处成立，同时开办二手房放贷业务，发放二手房放贷资金2.08亿元，交易二手房建筑面积54.44万平方米。

1994—2003年烟台开发区房产交易情况表

表 4-17

年份	住宅		商贸房		厂房		别墅		其他	
	面积（平方米）	交易额（万元）	面积（平方米）	交易额（万元）	面积（平方米）	交易额（万元）	面积（平方米）	交易额（万元）	面积（平方米）	交易额（万元）
1994	54238	7533.1	1307	239	15944	2363	10154	2634	1582	2570
1995	27323	3208.4	1071	241	5437	638	15020	3508.4	10173	1761.5
1996	43039	5272.7	13649	262	21203	5546	17798	4147.5	2330	931
1997	67851	8386	4060	707	27497	2331	12857	2917.1	33552	4208.2
1998	108510	12430	5386	785	30909	2760	12241	2333	19733	2804.6
1999	97230	10798.7	4799	846	35835	4084	10217	2030.2	27777	3315.3
2000	180624	20879.5	12046	1670.58	18516	1784	8749	1583.1	22780	2664.6
2001	326696	42434.3	38753	5726.2	79537	7139	7569	1374.3	16808	1777.7
2002	382712	47738.3	88295	14054	30895	2859	13572	2090.8	39726	3412.2
2003	151800	17719.1	36100	7718.35	19200	1566.21	21100	4013	3100	287.5

说明：1990—1993年，房产交易802份，交易额9315万元

第五节　物业管理

1990年，管委制定《烟台开发区住宅小区管理办法》，规定住宅小区“谁开发，谁管理”。1994年8月，I-7住宅小区物业管理服务站成立。1995年2月，更名为晨光小区物业管理服务站。1996年10月，房管处增设住宅小区物业管理办公室。是年，基本建成的9个住宅小区，有7个建立物业管理委员会。住宅小区走向分头开发，统一管理的市场化路子。1998年，晨光小区、黄海别墅小区被评为省级物业管理达标小区。1999年，辖区成立13个物业管理公司，职工总数394人，管理人员132人，服务人员262人。各住宅小区成立卫生队、绿化队、维修队，开办便民市场，与公安派出所联合，组织治安联防队，创建安全住宅小区。

2000年，开发区管委对住宅小区业主委员会的组建、权利、义务、物业管理收费等作出规定。各住宅小区开展物业管理评优活动，金胜、金城住宅小区被评为山东省物业管理优秀住宅小区。2001年，黄海别墅住宅小区、金东住宅小区被评为山东省物业管理优秀小区，黄海别墅住宅小区被评为国家物业管理示范小区、烟台市文化小区。蔚蓝海岸住宅小区获山东省“优秀示范小区”称号。

2002年，物业管理实行招投标制度，有3个住宅小区公开招聘物业管理企业。管委投资2500万元，对13个住宅小区的环境进行整治改造，物业管理覆盖率达到78%。是年，银河怡海住宅小区被评为山东省物业管理优秀小区。2003年，全区有审批资质的物业管理企业25家，从业人员976人；实施物业管理的住宅小区有14个，管理面积286万平方米。银河怡海住宅小区通过国家级示范小区验收。

2003 年烟台开发区主要物业公司情况表

表 4-18

公司名称	成立时间	资质（级）	员工数（人）	服务住宅小区	服务面积（万平方米）
金光物业公司	1994.03	3	12	金光	8.3
信德物业公司	1997	3	14	凤台东	13
金泉物业公司	1998.11	3	28	银芝、晨光、丹阳	43.4
金胜物业公司	1998.07	3	34	金胜	21
华信物业公司	1999.08	3	39	黄海	7.2
金东物业公司	2000	3	38	金东	22
星海物业公司	2001.03	3	12	星海	5
正华物业公司	2001.09	3	27	凤台西	12.3
福新物业公司	2002.11	3	16	金城、定海	15
福海物业公司	2002.11	3	37	华电	10.7
绿洲物业公司	2003.09	3	38	静海	12.5

第五编

环境保护

2002 年 6 月 5 日，开发区管委会举行纪念六五世界环境日活动

烟台经济技术开发区志

YANTAI JINGJI JISHU KAIFAQUZHI

遵循经济建设、城市建设、环境建设“三同步”要求，烟台开发区在环境保护方面力求经济效益、社会效益、环境效益三者的和谐统一。坚持规划设计高层次、产业政策高起点、污染控制高标准原则，合理安排工业区、生活区、旅游区建设，环境效益得到充分体现。项目引进坚持发展科技先导型、质量效益型和资源节约型产业，杜绝污染项目进区。污染控制以预防为主，防治结合，倡导清洁生产，实现达标排放。全区高科技企业项目占 80% 以上，无污染、少污染现代工业格局基本形成。

烟台开发区对环境现状有严密监理系统和先进监测手段，为治理污染提供科学依据。管委坚持实施“蓝天计划”“碧水工程”，在治理主干河道、近岸海域、处理危险废弃物等方面，取得突出成效。重视山、海、林保护，注重发展循环经济，建设资源节约型、环境优好型城区，空气、水质均达到功能区标准。青山、绿水、碧海、蓝天，已成为烟台开发区“金名片”。

1998 年，金沙滩海滨公园被评为国家 AAA 级旅游度假区。1999 年，管委作出创建“ISO 14000 国家示范区”决定。2000 年 9 月，经全区各部门、单位一年多努力，辖区正式通过 ISO 14001 环境管理体系国家认证。2001 年 12 月，开发区创建 ISO 14000 国家示范区顺利通过国家环保总局现场验收，成为山东省第一个、全国开发区第二个通过此项验收的区域。是年，辖区成为联合国环境规划署“中国工业园区环境管理项目”四个试点区域之一。2003 年 8 月，辖区通过 ISO 14001 环境管理体系首次换证复评审核，获准继续使用证书权利。

第一章　环境质量监测

烟台开发区环境质量监测包括空气监测、地下水监测、噪声监测和排污口水质监测。2001 年增加海水水质和海水浴场水质监测，并且纳入烟台市环境监测工作范围。

第一节　环境监测机构

1985—1987 年，开发区无环境监理监测机构，建设环保局指派 1 人负责环境管理工作。1987 年底，管委批准建立开发区环境监测站，为正科级事业单位，承担开发区环境监测职能。1988 年 1 月，管委招聘环境监测站站长。是年，环境监测站编制 6 人。1990 年，编制 8 人。1993 年 3 月，烟台开发区计量检测中心成立，负责环境监理工作。1994 年 4 月，环境监测工作划入计量检测中心，由计量检测中心环境监测室承担监测任务，业务上受建设环保土地局环保处指导，环境监理职能仍由环保处负责，环境监测站撤销。是年 8 月，烟台开发区环境监理站成立，为建设环保土地局辖属副科级单位，负责环境监理工作。编制 6 人，其中工程师 1 人，助理工程师 3 人，技术人员 2 人，本科以上学历 3 人。1995 年，编制 7 人，设综合管理科、监理一科、监理二科。1996 年 9 月，监理一科更名为计征科，监理二科更名为监察科。1998 年，编制 10 人，其中工程师 2 人，助理工程师 6 人，技术人员 2 人。2000 年 5 月，环境监测职能重新划归建设环保土地局，恢复环境监测站，为副科级事业单位，编制 10 人。2002 年，环境监测站设置综合业务室、标准质控室、水质监测室、污染源监测室。是年，环保处与环境监理站合署设置监督管理科、ISO 14000 推进科、综合事务科、监理站计征科、监理站监察科。2003 年，环境监理站编制 13 人，其中高级工程师 4 人，工程师 5 人，助理工程师 4 人，本科以上学历 10 人。

1988—2003 年烟台开发区环境监测站队伍结构状况抽年统计表

表 5-1　　单位：人

年份	总人数	管理（监理）人数	监测人数	文化程度				职称				
				大学	大专	中专	其他	高工	工程师	助工	技术员	其他
1988	6	3	3	3	2	1	0	0	1	2	1	2
1990	8	5	3	2	3	2	1	0	1	4	2	1
1995	8	1	7	2	4	1	1	0	2	6	0	0
2000	10	3	7	3	5	1	1	1	4	3	0	2
2003	14	6	8	5	6	1	2	2	6	5	0	1

第二节　空气环境质量监测

1990—1991 年，区内只设长江路东花坛 1 个大气监测点。1992—1999 年，设有 2 个大气监测点，为东花坛和科技大厦监测点。东花坛每年 1、4、7、10 月份采样监测 5 天，科技大厦为每周二、五、日采样监测，监测项目是 SO_2、NO_2、TSP。2000—2003 年，改为只设 1 个大气监测点，即天马大厦大气自动监测点，由市环境监测中心站实行每天 24 小时连续自动监测，监测项目为 SO_2、NO_2、PM_{10}。

1990—2003 年，监测结果显示，辖区环境空气 12 年处于国家二级标准，占 85.7%；2 年处于国家三级标准，占 14.3%。主要污染物为颗粒物，有 2 年主要污染物为二氧化硫。1998 年和 1999 年，为辖区环境空气质量最佳年份，年均二氧化硫降到了 0.01mg/Nm^3 以下，颗粒物也处于最低水平。

1990—2003 年烟台开发区空气环境质量情况统计表

表 5-2

年份	监测项目	日均值范围（mg/Nm^3）	年日均值（mg/Nm^3）	达到国家标准等级	主要污染物
1990	SO_2	0.001 ~ 0.211	0.043	二级	TSP
	NO_X	0.005 ~ 0.041	0.019		
	TSP	0.040 ~ 0.440	0.197		
1991	SO_2	0.001 ~ 0.435	0.076	三级	SO_2
	NO_X	0.006 ~ 0.037	0.017		
	TSP	0.067 ~ 0.219	0.134		
1992	SO_2	0.001 ~ 0.113	0.044	二级	TSP
	NO_X	0.001 ~ 0.057	0.026		
	TSP	0.076 ~ 0.414	0.187		

续表 5-2

年份	监测项目	日均值范围（mg/Nm^3）	年日均值（mg/Nm^3）	达到国家标准等级	主要污染物
1993	SO_2	0.005 ~ 0.050	0.025	三级	TSP
	NO_X	0.002 ~ 0.069	0.022		
	TSP	0.068 ~ 1.316	0.278		
1994	SO_2	0.001 ~ 0.144	0.032	二级	TSP
	NO_X	0.001 ~ 0.084	0.024		
	TSP	0.025 ~ 0.343	0.171		
1995	SO_2	0.008 ~ 0.116	0.034	二级	TSP
	NO_X	0.006 ~ 0.061	0.024		
	TSP	0.055 ~ 0.481	0.194		
1996	SO_2	0.006 ~ 0.134	0.027	二级	TSP
	NO_X	0.004 ~ 0.098	0.022		
	TSP	0.061 ~ 0.425	0.175		
1997	SO_2	0.000 ~ 0.170	0.032	二级	TSP
	NO_X	0.000 ~ 0.037	0.012		
	TSP	0.008 ~ 0.330	0.137		
1998	SO_2	0.000 ~ 0.057	0.008	二级	TSP
	NO_2	0.001 ~ 0.051	0.018		
	TSP	0.022 ~ 0.361	0.118		
1999	SO_2	0.002 ~ 0.084	0.010	二级	TSP
	NO_2	0.002 ~ 0.049	0.018		
	TSP	0.067 ~ 0.185	0.107		
2000	SO_2	0.000 ~ 0.213	0.033	二级	TSP
	NO_2	0.000 ~ 0.076	0.017		
	TSP	0.011 ~ 0.432	0.117		
2001	SO_2	0.001 ~ 0.144	0.031	二级	PM_{10}
	NO_2	0.001 ~ 0.050	0.014		
	PM_{10}	0.012 ~ 0.179	0.065		
2002	SO_2	0.005 ~ 0.394	0.042	二级	PM_{10}
	NO_2	0.005 ~ 0.081	0.011		
	PM_{10}	0.002 ~ 0.500	0.052		

续表 5-2

年份	监测项目	日均值范围（mg/Nm³）	年日均值（mg/Nm³）	达到国家标准等级	主要污染物
2003	SO_2	0.005 ~ 0.230	0.04	二级	SO_2
	NO_2	0.005 ~ 0.036	0.010		
	PM_{10}	0.003 ~ 0.153	0.045		

第三节　水环境质量监测

大气降水监测　辖区在环境监测站楼顶设有 1 处降水监测点，逢降雨（雪）必测。按降水 pH 值小于 5.60 为酸雨的评价标准，经 14 年降水监测，其中有 10 年监测出有酸雨，有 6 年全年降水 pH 平均值为酸雨。2001 年后，降水 pH 值有所上升。

1990—2003 年烟台开发区降水监测情况统计表

表 5-3

年份	监测降水次数	pH 值范围	全年 pH 平均值	出现酸雨频次（%）
1990	31	4.32 ~ 8.22	4.94	45.2
1991	30	4.00 ~ 7.24	4.76	43.3
1992	22	4.04 ~ 8.77	4.77	36.4
1993	41	4.95 ~ 7.70	5.88	19.5
1994	7	6.43 ~ 7.87	7.09	0
1995	8	4.70 ~ 6.90	5.14	12.5
1996	9	6.11 ~ 7.40	6.53	0
1997	9	4.31 ~ 6.64	5.23	11.1
1998	13	5.40 ~ 6.80	5.90	7.7
1999	10	4.70 ~ 7.20	5.65	10.0
2000	5	4.50 ~ 6.30	5.15	20.0
2001	36	4.99 ~ 7.93	5.76	5.6
2002	31	6.73 ~ 8.76	7.24	0
2003	31	6.67 ~ 7.32	6.83	0

地下水监测　1990 年，辖区开始对地下水进行监测，在园林公司、曲家台子、胜利西村、马家村设有监测点位，每年监测 2 次，在 5、9 月采样监测，监测项目是 pH、总硬度、高锰酸盐指数、氨氮、硝酸盐氮、亚硝酸盐氮。1990—2003 年，监测结果表明，地下水中挥发酚、氰化物、六价铬、铅、镉、铜、锌处于微量或未检出异常。其余监测结果，有 8 年符合Ⅳ类国家地下水标准，占 57.1%；有 6 年符合Ⅴ类国家地下水标准，占 42.9%。主要污染物为氯化物和氨氮，系由海水侵蚀和生活污水所致。

1990—2003年烟台开发区地下水监测情况统计表

表5-4

年份	监测项目	监测值范围（mg/L）	年平均值（mg/L）	达到国家标准类别	主要污染物
1990	总硬度	22.3 ~ 821.0	232.4	Ⅳ类	氯化物
	氨氮	0.001 ~ 0.130	0.027		
	硝酸盐氮	0.001 ~ 94.6	14.530		
	氯化物	30.1 ~ 856.5	316.0		
1991	总硬度	129.2 ~ 397.1	250.9	Ⅴ类	氯化物
	氨氮	0.071 ~ 0.940	0.327		
	硝酸盐氮	0.004 ~ 16.348	4.595		
	氯化物	100.3 ~ 1336.6	600.2		
1992	总硬度	16.0 ~ 372.3	242.8	Ⅴ类	氯化物
	氨氮	0.003 ~ 0.251	0.092		
	硝酸盐氮	0.000 ~ 21.880	4.451		
	氯化物	148.8 ~ 1597.7	624.0		
1993	总硬度	20.4 ~ 355.0	171.4	Ⅳ类	氯化物
	氨氮	0.000 ~ 0.019	0.008		
	硝酸盐氮	0.000 ~ 16.864	4.287		
	氯化物	101.7 ~ 398.0	260.9		
1994	总硬度	77.9 ~ 529.3	241.6	Ⅳ类	氨氮、氯化物
	氨氮	0.000 ~ 0.436	0.356		
	硝酸盐氮	0.004 ~ 16.072	4.038		
	氯化物	138.5 ~ 402.8	251.7		
1995	总硬度	33.8 ~ 440.2	179.0	Ⅳ类	氨氮
	氨氮	0.016 ~ 0.841	0.366		
	硝酸盐氮	0.008 ~ 21.600	5.422		
	氯化物	81.8 ~ 316.4	234.2		
1996	总硬度	40.76 ~ 471.5	230.0	Ⅳ类	氨氮
	氨氮	0.012 ~ 1.100	0.424		
	硝酸盐氮	0.002 ~ 28.500	8.740		
	氯化物	150.1 ~ 365.8	220.2		

续表 5-4

年份	监测项目	监测值范围（mg/L）	年平均值（mg/L）	达到国家标准类别	主要污染物
1997	总硬度	52.2 ~ 522.1	187.8	Ⅳ类	氨氮、氯化物
	氨氮	0.010 ~ 0.480	0.220		
	硝酸盐氮	0.010 ~ 39.800	8.110		
	氯化物	154.2 ~ 452.1	259.3		
1998	总硬度	51.7 ~ 448.0	191.5	Ⅳ类	氨氮、氯化物
	氨氮	0.040 ~ 0.582	0.299		
	硝酸盐氮	0.001 ~ 39.700	7.990		
	氯化物	175.7 ~ 474.6	305.4		
1999	总硬度	47.3 ~ 412.5	178.7	Ⅳ类	氨氮、氯化物
	氨氮	0.095 ~ 0.539	0.313		
	硝酸盐氮	0.000 ~ 18.800	4.360		
	氯化物	137.8 ~ 470.9	292.0		
2000	总硬度	97.2 ~ 426.4	161.4	Ⅴ类	氨氮 氯化物
	氨氮	0.340 ~ 0.751	0.526		
	硝酸盐氮	0.003 ~ 14.100	2.530		
	氯化物	162.4 ~ 773.9	364.3		
2001	总硬度	47.6 ~ 491.1	247.4	Ⅴ类	氨氮、氯化物
	氨氮	0.110 ~ 1.970	0.512		
	硝酸盐氮	0.000 ~ 18.300	4.390		
	氯化物	128.0 ~ 940.0	413.9		
2002	总硬度	96.0 ~ 488.6	295.9	Ⅴ类	氨氮、氯化物
	氨氮	0.010 ~ 1.980	0.455		
	硝酸盐氮	0.001 ~ 25.100	4.960		
	氯化物	118.9 ~ 779.4	504.7		
2003	总硬度	262.1 ~ 440.1	372.1	Ⅴ类	氨氮、氯化物
	氨氮	0.010 ~ 0.660	0.228		
	硝酸盐氮	0.116 ~ 21.700	5.530		
	氯化物	174.8 ~ 749.9	545.8		

海水监测　辖区套子湾海域设有7个监测站位。2000年以前，由烟台市环境监测中心站监测。2001年，4个站位交由开发区监测，3个站位由福山区监测。2002年，原福山区监测的3个站位和蓬莱监测的大季家海域3个站位，交由开发区监测。海水采样监测在每年5、8、10月份进行，主要监测pH、悬浮物、溶解氧、化学需氧量、5日生化需氧量、活性磷酸盐、氨氮、硝酸盐氮、亚硝酸盐氮、硅酸盐、石油类、六价铬、铅、镉、铜15个项目。每年7、8、9月份对海水浴场水质进行监测，每周采样一次，监测pH、石油类和粪便大肠菌群。近岸海域水质在近3年监测中，BOD、无机氮和活性磷出现过超标情况，大多数监测结果符合国家二类海水水质标准。各项监测平均值符合国家二类海水水质标准。海域水质主要污染物为石油类、BOD、无机氮。辖区海水浴场水质按适宜游泳程度划分，总体上属于优，适宜游泳。

第四节　声环境质量监测

随着辖区城市建设和经济建设的发展，噪声污染亦逐步加大。建筑施工、交通和工商企业是主要污染源。1990年，开始对道路交通噪声和功能区噪声进行监测。道路交通噪声监测，最初在长江路设4个监测点，衡山路设1个监测点。1998年，泰山路增设5个监测点，五指山路增设1个监测点，共计11个监测点。功能区噪声监测点，设在肯达尔公司（Ⅲ类区）和实验小学（Ⅰ类区）。1993年，开始区域环境噪声监测，在建成区以500×500米网格布10个点，1997年增加到21个点。每年5月对道路交通噪声和区域环境噪声监测1次，每年6月、11月对功能区噪声分别监测1次。根据监测，道路交通噪声历年均不超标（最高限值70分贝），但是波动幅度较大。1992年为最高值（69.8分贝），1997年为最低值（60.9分贝）。

1990—2003年烟台开发区道路交通噪声监测情况统计表

表5-5

年 份	Leq平均值（dB）	年 份	Leq平均值（dB）
1990	66.2	1997	60.9
1991	65.7	1998	64.7
1992	69.8	1999	66.0
1993	69.0	2000	69.4
1994	65.9	2001	66.0
1995	67.7	2002	62.9
1996	65.4	2003	62.9

功能区噪声监测结果显示，肯达尔公司测点符合Ⅲ类区域环境噪声标准（昼/夜最高限值为65分贝/55分贝）；实验小学监测点只符合Ⅱ类区域环境噪声标准（昼/夜最高限值为60分贝/50分贝）。区域环境噪声历年监测，除1993年和2000年变化大而偏高外，其余年份比较稳定。

1990—2003年烟台开发区功能区噪声监测情况统计表

表5-6

年份	肯达尔公司（Ⅲ类区）			第二小学（Ⅰ类区）		
	Ld	Ln	Ldn	Ld	Ln	Ldn
1990	53.0	51.4	55.8	52.6	42.8	52.7
1991	54.4	48.4	56.1	53.3	44.3	54.0
1992	57.6	54.1	60.9	60.0	54.0	61.7
1993	58.6	50.5	58.0	57.2	48.2	55.7
1994	55.2	49.3	55.3	55.8	45.0	55.8
1995	56.8	51.9	59.1	55.1	46.2	55.5
1996	57.1	46.1	56.9	56.7	45.0	56.2
1997	55.7	52.4	59.3	54.2	45.3	54.7
1998	57.2	52.2	59.6	55.6	47.1	56.2
1999	56.6	53.3	60.2	56.2	47.6	56.8
2000	53.9	50.0	57.2	53.0	44.2	52.2
2001	56.6	53.4	60.2	56.2	47.6	56.8
2002	55.7	50.8	56.2	点位取消		
2003	54.8	49.7	55.7	点位取消		

第五节　污染源监测

废、污水监测　废水污染源包括工业废水和生活污水。辖区对企业排放污水根据排水量、污染物的不同，实行月度检测制度。环保部门根据辖区内行业状况、企业增加情况，下达污染源检测计划，纳入检测范围，由环境检测站现场采样检测。废污水污染主要检测项目有：化学需氧量、悬浮物、动植物油、石油类、氟化物等。

1990—2003年烟台开发区废污水排放情况统计表

表5-7

年份	工业废水					生活污水
	调查统计企业数（家）	工业废水排放总量（万吨）	工业废水处理率（%）	废水排放达标率（%）	废水中污染物排放量（吨）	全区排放量（万吨）
1990	5	36.5	80.0	85.0	154.2※	—
1991	15	115.4	80.0	88.0	667.3※	—
1992	17	131.0	80.0	71.0	566.3※	—

续表 5-7

年份	工业废水					生活污水
	调查统计企业数（家）	工业废水排放总量（万吨）	工业废水处理率（%）	废水排放达标率（%）	废水中污染物排放量（吨）	全区排放量（万吨）
1993	21	137.0	85.0	85.1	134.6※	—
1994	26	130.0	90.0	83.8	194.8※	—
1995	25	160.0	95.0	72.2	141.1※	—
1996	24	147.6	35.7	91.4	379.4※	87.6
1997	23	167.6	53.2	88.5	282.3※	87.6
1998	24	170.5	82.9	96.3	312.0※	87.6
1999	23	213.9	81.2	100.0	377.1※	110
2000	23	244.3	85.0	100.0	566.5※	110
2001	24	243.8	100.0	100.0	299.9 #	131
2002	26	252.0	100.0	100.0	339.8 #	131
2003	34	374.1	100.0	100.0	807.8 #	293

注：※ 污染物包括化学耗氧量和悬浮物，# 污染物只包括化学耗氧量

辖区工业废水排放量大于生活污水排放量，工业废水排放量由 1990 年的 36.5 万吨增加到 2003 年的 374.1 万吨，废水中主要污染物的排放量由 1990 年的 154.2 吨增加到 2003 年的 807.8 吨。由于工业建设项目执行环境保护“三同时”规定，主要工业废水污染源企业均建设污水处理设施，大多数工业废水经过达标处理后排放。2000 年前，辖区饭店宾馆和居民的生活污水直接排入城区下水道。2000 年，烟台市城市污水处理厂建成投入运行，开发区的城市污水（含工业废水和生活污水），全部排入烟台市套子湾污水处理厂。至此，开发区的废水处理率、达标率都达到 100%，不再污染夹河和套子湾。

废气监测　污染源废气包括炉窑燃烧废气、生产工艺废气、汽车尾气和生活炉灶燃烧废气。辖区废气监测对象主要为企业炉窑燃烧废气、生产工艺废气，监测密度为季度监测，主要监测污染因子是烟尘、二氧化硫、废气排放量，主要监测企业为氨纶公司、华润锦纶、华鲁热电等重点废气排放企业。

1990—2003 年烟台开发区废气监测情况统计表

表 5-8

年份	调查统计企业数（家）	炉窑燃烧废气			生产工艺废气排放量（万标立方米）	废气排放总量（万标立方米）
		锅炉台数	废气排放量（万标立方米）	废气中污染物排放量※（吨）		
1990	2	15	11600	3600	–	11600
1991	–	40	14439	4708	–	14439
1992	–	19	14519	4616	–	14519

续表 5-8

年份	调查统计企业数（家）	炉窑燃烧废气			生产工艺废气排放量（万标立方米）	废气排放总量（万标立方米）
		锅炉台数	废气排放量（万标立方米）	废气中污染物排放量※（吨）		
1993	–	20	68620	2596	–	68620
1994	–	28	205796	7593	–	205796
1995	–	28	251107	9533	–	251107
1996	10	28	286086	4075	57378	343464
1997	10	19	130092	3583	5047	135139
1998	7	17	71528	3181	–	71528
1999	7	13	85986	1975	–	85986
2000	7	14	184395	1883	147583	331978
2001	2	8	148768	1391	–	148768
2002	2	8	148720	2001	–	148720
2003	2	8	276018	2048	–	276018

固体废物监测　固体废物包括工业固体废物和生活垃圾。1991—1995 年，全区固体废物产生量为 21 万吨，其中工业固体废物 19 万吨，生活垃圾 2 万吨。1996—2000 年，全区固体废物产生量为 36.85 万吨，其中工业固体废物 26.85 万吨，生活垃圾 10 万吨。2001 年全区工业固体废物产生量为 5.17 万吨，2002 年产生量为 5.17 万吨，2003 年产生量为 9.22 万吨。

工业固体废物主要是粉煤灰、炉渣和冶炼废渣，大部分得到综合利用。生活垃圾由市政环卫处收集、清运，送烟台市垃圾场，全部得到处置。

1988 年环境监测站成立后，根据监测工作需要，逐步配备仪器设备，到 2003 年，所需监测仪器设备配置基本完善。

1990—2003 年烟台开发区环境监测仪器设备抽年统计表

表 5-9　　单位：台（套）

序号	仪器设备名称	仪器设备数			
		1990 年	1995 年	2000 年	2003 年
1	分析天平（含电子天平）	2	4	4	4
2	原子吸收分光光度计	0	1	1	2
3	紫外可见分光光度计	1	1	1	1
4	可见分光光度计	1	2	2	3
5	红外测油仪	0	0	0	1
6	气相色谱仪	0	0	0	1
7	数字式离子计	1	1	2	2

续表 5–9

序号	仪器设备名称	仪器设备数			
		1990 年	1995 年	2000 年	2003 年
8	酸度计	0	3	3	4
9	电导率仪	1	2	2	2
10	极谱仪（含电化学分析仪）	1	2	2	2
11	化学耗氧量测定仪	1	2	2	2
12	溶解氧测定仪	0	0	0	1
13	测汞仪	0	1	1	1
14	盐度计	0	0	0	1
15	大气采样器（含手动、智能）	1	2	1	4
16	空气采样泵（TSP 采样器）	1	2	3	3
17	差压式流量校准装置	0	1	1	1
18	污染源气体采样仪	1	1	1	1
19	测烟仪（测烟望远镜）	1	1	2	2
20	烟尘测定仪	1	2	2	3
21	烟气 SO_2 测定仪	0	0	1	1
22	燃烧效率测定仪	0	1	1	1
23	倾斜式微压计	0	1	1	1
24	噪声测定仪（声级计）	2	3	4	4
25	生化培养箱	1	1	1	2
26	箱式电阻炉	1	1	1	1
27	干燥箱	1	3	3	4
28	电冰箱	1	3	3	4
29	流速流量仪	1	1	1	1
30	气象观测仪	1	1	1	1
31	显微镜	0	0	0	1
32	消毒锅	0	0	0	1
33	净化工作台	0	0	0	1
合　计		21	43	50	64

第二章　环境管理

第一节　建设项目环境管理

建区之初，管委制定科学产业结构政策，坚持“耗能高项目不上，耗水大项目不上，污染重项目不上”的原则，对所有建设项目实行“三同时”管理（指建设项目所需配套环境保护设施必须与主体工程同时设计、同时施工、同时投产使用）。项目建设前，建设单位需到环保部门申报，得到批复后方可开工建设。项目完工后申请验收，环保部门对其污染防治设施进行检查，对排放污染物进行检测，确保达标排放。

1985—1988年，全区引进项目62个，主要是电子、电气制造、纺织化纤、机械制造、食品加工等无污染和微污染行业。

1989—1992年，拒批有污染项目4个，环境影响审批率、拒批率、“三同时”执行率一直保持100%。4年间，新建、扩建、改建项目“三同时”投资达1624万元，占建设项目总投资的3.1%。

1993年，建设环保土地局制定建设项目环保审批意见。对项目审批程序、建设单位提报材料、审批时限、后续报批责任，以及各职能部门制约关系等内容均有严格规定，环保部门提前介入，实行“第一审批”和“一票否决”制度。凡无环保部门审查通过意见，审批部门不得受理，从根本上扭转建设项目环保管理被动局面，实现预防为主，控制新污染于源头。对无污染项目，尽快办理审批手续；对有一定污染项目，协助建设单位落实治理措施；对无法消除污染的建设项目，无论经济效益多高，坚决拒批。建设项目环境管理工作实现规范化、法制化。是年，诸如废旧轮胎加工、拆船、废旧电机拆解回收铜、铝等一批污染环境项目，被予以拒批。

1994年，全区将清洁生产引入立项管理，使某些水耗、能耗、物耗不合理的工艺，在项目投产之前得到改造，消减有毒、有害物对环境的污染。

1995年，辖区本着“布局不失控、审批不失误、环评不漏评”原则，对建设项目实施全过程控制管理，坚持对在开发区注册、不在开发区生产的建设项目，承办单位需到实际生产所在地环保部门办理有关手续，较好地解决项目跨区污染漏评问题。同时，探索对建设项目档案实行微机化管理。

1996年，为进一步强化环保审批在项目引进中的作用，烟台开发区在《投资指南》中，详细介绍辖区环境管理全过程，从政策导向上确立建设项目环境管理前置的主导地位，增强项目承建单位的环保责任意识。是年，辖区规定所有饮食娱乐服务企业必须办理环境影响审批手续。

1997年，辖区通过实施建设项目全过程控制管理模式，环境污染得到有效控制，并成为全市建设项目环境管理模式样板。

1999年1月—2000年8月，辖区审批建设项目203个，“三同时”执行率达100%。2000年，辖区建立体现循环经济理念的ISO 14001建设项目环境保护前置审批程序，坚持将环评批复作为建设项目审批的前提。

2001年，在建设项目审批中，辖区坚持以清洁生产推动污染总量的削减。规定所有入区新、扩、改项目，必须采用在同行业、同类产品中技术先进、污染物产生量相对较低的清洁生产工艺，并据此下达总量指标，最大限度减少污染物排放。辖区西部热电厂建设过程中，充分借鉴外地与本区热电厂建设经验，采用更为先进的污染防治设施和更清洁燃料，每年压缩二氧化硫排放80余吨。

是年，辖区审批生产性建设项目146个，建设项目环保审批率100%，“三同时”执行率100%。

2002年，辖区要求所有建设开发项目，必须配套建设污水再生利用、生活垃圾分类处理等环保工程。

2003年，辖区将医疗卫生机构审批纳入建设项目前置审批程序范围。社会事业管理局以环保部门审批意见为前提，严格要求医疗废物实行无害化处置，并且进行全程控制。是年，审批建设开发项目55个，审批和补办医疗卫生机构50个。

第二节　环境监理

环境监察　1993年以前辖区排污监理由环境监测站负责。1994年加强第一线监理力量，企业污染处理设施运行率达100%，杜绝污水偷排、跑漏现象，制止拒报、少报排污量现象。1995年，依据《中华人民共和国大气污染防治法》，辖区开始实施“蓝天计划”，依法对各种工业及生活锅炉限期治理，淘汰落后的机械旋风除尘设施，强制采用先进的湿法脱硫除尘设施，对人工加煤的低压锅炉和饮食服务业燃烧散煤的排烟设施限期治理。1996年，开展排污口规范化整治，加强对限期治理项目的监督检查，会同市环保技术应用所逐个深入企业现场，督促20家日排水量1000吨以上的企业安装水流量计，210家企业安装标志牌350块，有效控制污染物排放量。全年查处环境违法案件17起。1997年，蓝天计划告捷，城区冒黑烟现象基本消除。1992—1997年，全区共查处环保违法案件89起，其中排烟设施违法案件41起，违反建设项目管理规定案件6起，擅自焚烧固体废弃物案件5起，建筑施工噪声扰民3起，取缔土法炼金案件1起。1998年，开发区建立环境监理信息系统，完善监督检查制度及监理文书，规范对排污企业污染治理设施的管理与检查，环境监理站被评为全省1998年度环境监理信息先进单位。1999年，建立污染监理巡查制度，对污水处理设施监理每月不少于2次，夜间每月抽查1次，排烟设施监理每季度1次，大环境监理每月1次。对开发区内企业全面督察摸底，排查出废水污染源16个，废气污染源8个，1吨以下燃煤锅炉65台，1～10吨燃煤锅炉16台，10吨以上燃煤锅炉3台，夜间建筑施工12起，为环境整治提供准确数据，确保整治全面完成。

2000年，依据山东省环境标准化建设规范，全区查处违法案件12起。2001年，对新建项目施工、验收、试产三阶段全程监理，并拓展监察领域，对危险废物的产生、储存、处理进行全过程、全方位现场监察，规范企业危险废物的处置行为。同时，加强采暖煤质检测，要求采用含硫量<0.6%、灰份<15%的低硫、低灰优质煤。对建筑施工噪声加强管理，禁止夜间施工，对60余家施工工地坚持昼夜监察。2003年，对辖区企业现场检查600余次，查处违法行为18起。

排污收费　1989年，辖区开始对企业排污予以收费，主要对锅炉烟尘、企业污水排放、噪音实行收费。是年共收费15.14万元。到1992年，全年各项收费增加到49.79万元。1994年，辖区在全国率先实施排污申报监测制度，依法、全面、足额征收排污费。是年共收费64.44万元。1996年，辖区建立申报、催报、复核、计征、催缴及计划统计等20多种文书。1997年，实行核征分离、收缴分离，收费率达100%。1998年以后进一步强化排污申报，及时将新投产有污染的企业纳入收费体系，当年新增收费企业24家。2002年，对拒缴排污费的一家酒店申请法院强制执行，追缴排污费1.4万元。2003年7月1日，辖区执行国家新的《排污费征收使用管理条例》，新增部分废气收费项目。

1989—2003年，开发区排污收费总计1043.9万元。排污费全额上交区财政，纳入财政预算管理。根据年度环保工作重点及自身建设的要求，按“专款专用，先收后入、量入为出”的原则，向财政申请环保补助资金，资金主要用于污染治理。先后安排氨纶控制二氧化硫示范工程、工艺品公司洁净煤炉推广工程、万润精细化工有限公司清洁生产示范项目等。1998年，共使用环保补助资金99.3万元，其中59.4万元用于环保部门自身建设，39.9万元用于污染治理。补助项目4个，主要用于控制二氧化硫的脱硫示范工程。1999年，辖区污染治理资金补助项目3个，主要用于清洁生产示范工程和锅炉改造，部分资金用于自身建设、档案管理及环境监理标准化建设。

1989—2003年烟台开发区排污收费与补助资金统计表

表5-10

单位：万元

年份	排污收费总额	环保补助资金	污染治理资金
1989	15.14	12.00	3.14
1990	3.96	6.28	2.68
1991	15.91	10.00	5.91
1992	49.79	29.89	19.90
1993	34.74	24.23	10.51
1994	64.44	47.13	17.31
1995	37.94	25.30	12.64
1996	30.36	17.98	12.38
1997	71.00	47.70	23.30
1998	80.58	51.20	29.39
1999	73.83	52.70	21.13
2000	165.67	73.94	51.73
2001	150.37	93.90	56.47
2002	137.46	77.21	60.25
2003	147.70	0	0

环境信访 1993年，开发区环保部门指派专人负责受理群众来信来访。是年共接访8次，处结率100%。来信来访主要集中于烟尘、噪声、油烟扰民等方面。

1994年，群众对韩城宾馆烟囱冒黑烟反映强烈，环保部门予以重点查处。

1996年，信访案件增多，并首次出现因固体废物排放所导致的信访案件。是年共受理各种信访案件24起，处结率100%。

1998年，对外设立环境保护监督电话，建立环境信访接访（一查处一回复）制度。为及时准确查处信访案件，依法打击破坏环境的违法行为，环保处设立信访科。在建筑施工高峰期间，噪声污染严重，群众反映强烈，监理站组织突击检查，对夜间擅自施工噪声扰民的单位进行处罚。对铝合金加工噪声扰民的10家加工点责令搬迁，并对其新选地址从严把关。对影响居民生活的12家饮食、服务企业责令安装油烟净化装置，对可能导致群众信访的5家饭店予以拒批。是年信访案件38起，全部妥善处结。

1999年，针对信访案件范围扩大和复杂程度增加的实际情况，监理站进一步规范信访受理、处结、回复、跟踪程序，当年处理信访案件50起。

2000年，处理信访案件61起，处结率100%。

2001年，针对群众反映新黄海钢铁厂粉尘污染严重，环保部门及时向该厂下达限期治理决定。

2003年，监理站建立夜间和节假日值班制度，做到随时举报随时查处，随时查处随时反馈。当年受理举报、信访案件73起，其中水环境污染信访6起，废气污染信访22起，噪声扰民信访28起，油烟扰民信访17起，处结率100%。

截至2003年，10年间共查处信访案件300余起，处结率100%，结服率99%。

第三节　ISO 14001 环境管理体系认证

区域认证　1999年，管委提出推行ISO 14000国际系列标准，推进建设生态城区总体目标。是年7月，管委组队赴苏州，参加联合国环境规划署和国家环保总局举办的工业园区环境管理研讨会，学习苏州ISO 14001环境管理体系认证经验。12月，开发区获国家环保总局ISO 14000国家示范区批准备案。2001年，烟台开发区被联合国环境规划署确定为中国工业园区环境管理项目试点区域。是年，国家环保总局在烟台开发区召开全国生态工业园区建设工作座谈会之后，管委确定“以ISO 14001环境管理体系为保障机制，建设和谐、高效生态经济园区”的城区发展目标和建设模式。

2000年3月，管委下发《创建ISO 14000国家示范区活动决定》，成立创建工作领导小组，设立环境管理体系认证办公室（以下简称认证办公室）。各部门选派得力人员为内审员，负责组织、协调、监督各部门内部管理体系的建立。4月，认证办公室组织各部门内审员进行培训，由咨询机构专家授课，35名内审员均取得内审资格证书。烟台开发区电视台、《烟台开发时报》设立“绿色直通车”专栏，围绕ISO 14000系列标准基本知识，就环境管理体系的建立和进展情况进行全程跟踪报道。同时，认证办公室根据评审内容编制《烟台开发区初始环境评审工作大纲》，明确全区各环境管理组织机构的职责分工，评出重大环境因素。5月，开发区最高管理者发布试运行令，颁发环境管理手册和程序文件，全区按照体系文件进行体系试运行。在试运行中，未发生一起重访、集体上访的污染纠纷，信访量下降，饮食娱乐服务业油烟、噪声扰民信访大幅降低。7月31日至8月2日，内审工作组对体系运行情况进行内部审核，认为目标完成情况较好，体系运行符合ISO 14001标准的要求，并提出体系文件修改建议。2000年8月，最高管理者主持召开评审会议，认定开发区管委会ISO 14001管理体系的运行提升了政府整体水平，建设项目前置环境管理和环保目标责任制考核，促进热点、难点环境问题解决。8月24日，中国环境科学研究院环境管理体系认证审核中心对管委ISO 14001环境管理体系进行文件审核。9月7—8日进行现场审核。审核组认为烟台开发区环境管理文件体系符合ISO 14001标准，体系运行取

图5-1　2000年9月28日，开发区ISO 14001颁证仪式现场

得初步成效，同意通过认证。9月中旬，认证办公室组织5个在认证过程中出现轻微不符合标准的部门进行整改，得到认证机构认可。9月26日，管委获ISO 14001环境管理体系认证证书。自此，烟台开发区成为国家级开发区第二家、山东省首家获得ISO 14001环境管理体系认证区域。9月28日，举行环境管理体系颁证仪式，国家环保总局、山东省环保局、烟台市政府等领导应邀到会。会议肯定烟台开发区在创建ISO 14000国家示范区活动中取得的成绩，对运用国际管理标准保障生态城区建设的开拓性工作寄予希望。会议期间，全国各大媒体全方位报道，通过互联网向世界宣传。

2001年4月24—25日，2002年5月29—30日，中国环科院环境管理体系认证审核中心专家对开发区ISO 14001环境管理体系进行年度监督审核。专家一致认为，环境管理体系在开发区各部门得到良好实施，同意推荐保持认证。2003年8月28—29日，中环联合认证中心对开发区环境管理体系进行换证复评现场审核。此次审核涉及体系26个部门，审核要素17个。本次复评是辖区管辖面积扩大后认证机构首次进行的审核，审核组对全区体系3年来的运行情况进行总结，认为体系运行较好，持续有效，获准继续使用证书的权利和义务。

企业认证　管委在提出创建ISO 14000国家示范区工作申请之前，即着手引导企业开展ISO 14001环境管理体系认证。1998年，烟台首钢日本电装公司开始做认证准备工作。1999年，烟台西蒙西包装有限公司、烟台万润精细化工有限公司、汉高乐泰（中国）有限公司等企业也着手做ISO 14001体系认证前期准备工作。2001年，开发区内烟气污染大户——烟台华鲁热电有限公司实施清洁生产，开展清洁生产审计，邀请清华大学煤燃烧国家工程研究中心和山东工业大学的专家、教授，共同研制安装炉内脱硫及灰渣固硫综合利用。设施改造后，脱硫效率为85%，降低SO_2排放量。管委拨付专项资金32万元，予以奖励。

截至2003年，全区投产工业企业251家，其中有污染排放企业90家，已签定咨询和认证合同企业20家，通过认证企业10家，占有污染物排放企业数量的11%。

1999—2003年烟台开发区通过ISO 14001环境管理体系认证企业表

表5-11

序号	企业名称	获证时间
1	烟台首钢电装有限公司	1999.04.23
2	烟台西蒙西包装有限公司	2000.12.19
3	汉高乐泰（中国）有限公司	2000.12.29
4	大宇重工业（烟台）有限公司	2001.10.12
5	烟台开发区瑜纲涂料有限公司	2001.12.19
6	烟台龙凤钢琴有限公司	2002.03.15
7	烟台金河实业有限公司	2002.11.06
8	海虹老人牌涂料（烟台）有限公司	2002.12.28
9	烟台胜地汽车零部件制造有限公司	2003.03.13
10	烟台万润精细化工有限公司	2003.03.19
11	烟台欣和味达美食品有限公司	2003.10.30

第三章　生态保护与建设

第一节　自然生态环境保护

辖区从特有的生态环境出发，把维护“一山、一林、一海”作为自然生态环境保护对象。一山，指福莱山。1993 年，建设环保土地局、公安分局等五单位联合下发《关于严禁擅自买卖沙土的联合通知》，对沿海滩涂及福莱山等自然景观起到保护作用。通知下发后，杜绝滥挖山体、破坏植被和自然景观等现象。建设环保土地局组织靠山村庄和建筑部门，对被挖山体进行填埋。每年春夏，植树造林，恢复植被。2003 年，福莱山公园兴建，一期工程投资 2500 万元，建筑面积近 20 万平方米。工程由山顶向山底延伸，分四个区域实施。工程完工后，福莱山自然生态得以保护，成为辖区居民休闲娱乐的良好场所。一林，指开发区沿海防护林。该防护林属国家级防护林，是黄渤海防护林带的重要组成部分，在防风固沙保护环境方面发挥着巨大的生态效益和社会效益。1993 年，管委下发《关于切实加强保护沿海防护林的通知》，对保护防护林提出具体要求。严禁砍伐林木，毁林者要承担法律责任。调整充实各村护林员队伍，管委给予经济补贴。1997 年，针对防护林中乱搭乱建抬头的现象，公安、规划、环保等部门联合组成突击整治队伍，拆除违章建筑 1.4 万平方米。

1999 年，全区再次开展专项整治活动，监察大队会同公安、法院、房管等部门，发放《烟台开发区海防林违法违章建筑拆迁通告》500 余份。同时，防护林内 79 处违法违章建筑物（总建筑面积 6000 余平方米）按要求自行拆除。之后，防护林内无违章建筑。针对防护林内部分刺槐树种老化的实际，除进行补植更新外，还在林间长 500 米、宽 50 米的空地上栽植黑松树苗。在取得经验的基础上，扩大栽植面积，将单一树种的防护林建成层次分明、树种丰富、生态效应更加明显的沿海防护林带。一海，即为开发区北部之海域。1997 年，区环保部门与农业与海洋渔业局印发海洋环境保护宣传手册，渔业户每户一份，企业每人一份，组织有关人员学习。1998—1999 年，利用休渔期、节假日，举办法制讲座和水产企业清洁生产培训班，开展警示教育。为保护开发区天然优良环境，1998 年，管委制定《海滨生态系统建设管理程序》，明确规定海滨路以北禁止进行任何工程建设，以保护 10 公里长、200 米宽沙滩景观通透性。为保护海沙资源，每年秋季，有关部门均在海滨路以北竖起 2 米高挡风帐，春季再用铲车和推土机把细沙运回海滩摊平。沙滩上，旅游部门试验种植柽柳，有效控制海风对海沙的自然消耗。

到 2000 年，夹河综合整治完成污水截流工程，入海河水水质明显改善。同时，开发区与烟台市有关部门联手，完成修建污水管网工程，使开发区生活污水全部进入烟台市污水处理厂。2002 年，环保部门对套子湾沿岸工业污染源、海上船舶、养殖废水排放进行全面普查，对入海河口、重点污染源和环境敏感点位安装自动监测装置。渔政执法部门则加强对渔业水域环境监测保护，严肃查处破坏环境资源的违法行为。2003 年，市政府批准《烟台市区生态环境保护与建设实施方案》，开发区生态保护工作得到进一步加强。

第二节　生态工业园区建设

2001 年，烟台开发区被国家环保总局和联合国环境规划署列为中国工业园区环境管理 4 个试

图 5-2 2002 年 6 月 5 日，开发区管委会组织召开 ISO 14000 国家示范区命名授牌大会

点单位之一。国家环保总局主办，烟台开发区管委承办的第一次国家生态工业园区建设工作座谈会在辖区召开。11 月 30 日，举行辖区企业环保工作恳谈会，将建设生态工业园区的总体构想通报企业界，得到广泛理解和支持。2002 年 5 月，山东省环保局批准开发区生态工业园区建设机构组成，生态工业园区建设列入省局科研课题，并在资金和技术上给予支持。是年 6 月 5 日，开发区举行“ISO 14000 国家示范区授牌、百家企业清洁生产宣言、国家生态工业示范园区建设推进大会”。

7 月，由省、市、区三级参加的烟台开发区生态工业园区建设指导委员会成立，以烟台开发区为主的工作委员会同时成立，具体负责园区建设的组织工作。指导委员会主任由山东省环保局局长张凯担任，下设课题组，从事专门研究工作。8 月 30 日，指导委员会及工作委员会在济南召开第一次会议，讨论烟台开发区生态工业园区建设规划研究课题，将研究课题确定为：烟台经济技术开发区生态工业园的建设模式、方法、目标和指标体系研究，生态工业园区建设的现状与潜力分析研究，生态工业园地理信息系统及有关数据库的研究与建立，工业园区建设保障体系研究，工业园区建设的综合效益分析研究。为加强课题研究的指导，聘请联合国环境规划署赵薇女士为技术顾问，增加青岛市环保局总工程师王军为指导委员会成员，并成立联络协调组，负责课题之间的联络协调工作。9 月，开发区生态工业园区建设规划编制大纲和工作计划经建设指导委员会审查通过，规划编制的基础性工作全面展开。2003 年，确定山东大学为规划编制的主要承担单位，同时邀请国内知名专家学者参与规划的编制。6 月，完成生态工业园建设规划编制现状调查。7 月，规划大纲编制完成，省环保局组织国内 10 位知名专家进行函审。山东大学按照专家意见修订规划，以确保园区规划编制的高起点、科学性与操作性的统一。规划的基准年为 2002 年，近期目标为 2005 年，中期目标为 2010 年，远期目标为 2030 年。规划的总体目标：以科学发展观为指导，遵循环境保护的基本国策、可持续发展战略，立足于独特的区位优势，将发展生态工业与提高市场竞争力相结合，与提高经济增长质量相结合，大力发展高新技术产业、先进制造业、物流业和生态休闲旅游业；建成“一港（八角货运港）、二区（生态工业园区、生态旅游区）、三基地（先进制造业基地、IT 产业基地和化工与海洋产品加工基地）、四中心（物流中心、废物资源处理中心、高新技术创新中心和科技成果转化中心）”；实现工业生产与节能降耗、减污增效并举，建立起以低度资源消耗为特征的发展模式，引导实现循环经济，将开发区建成经济繁荣、技术先进、环境优美的外向型国家级生态工业示范园区。根据“边规划、边实施”的原则，对符合循环经济理念，具有明显环境效益，具备示范作用的项目，优先实施。完成再生水利用工程的政策、技术、运营模式的调研工作，拟定生活污水再生利用意见。意见规定，凡在建、新建、改建、扩建的建筑面积 2 万平方米以上（含 2 万平方米）的宾馆、饭店、商场、综合性服务楼及高层住宅，建筑面积 3 万平方米以上（含 3 万平方米）的居住小区、机关、科研单位、大专院校和大型综合性文化、体育建筑，必须建设中水设施，把生活污水的再利用置于环保部门的督察之下。投入1900万元，用于城区再生水管网建设和固体废物的利用。循环经济在开发区开始显现出经济效益和社会效益，部分企业的废弃物成为下游产业的原料。烟台华鲁热电有限公司产生的废炉渣和粉煤灰以及区内部分企业的污泥，成为两家建材企业的主要原材料。正海电子网板公司的副产品三氯化铁送入正海化工厂成为生产油漆涂料的重要原料。在危险废物管理方面，实现对产生、运输、储存、处置各个环节的全程控制。

第四章　环境污染治理

辖区环境污染主要有4种来源。工业污染，由电厂、化工厂、食品及水产品加工等企业在生产过程中排放的烟尘、粉尘、废气、废水、固体废物对环境造成的污染。生活污染，由居民生活及饮食服务行业排放的烟气、废水造成的污染。交通污染，由机动车辆排放的一氧化碳、铅等造成的大气污染。噪声污染，由工厂生产、建筑施工、交通噪声造成的环境污染。针对污染状况，管委强化政府环境责任，推行城市“五化”（热化、气化、绿化、型煤化、道路硬化）建设、“一改”（锅炉消烟除尘改造）、“一创”（创建ISO 14000国家示范区）措施，1988—1992年实施“538”系统工程，1993—1997年实施全面控制环境污染工程，1998—2002年实施改善环境质量工程，开展“向大气污染宣战，实现气清目标”的蓝天计划，环境污染得到有效治理。2003年，全年有158天环境空气质量达到优级标准，建成区噪声平均控制在56.2分贝，主要交通干线噪声平均值控制在69分贝，集中供热率67.5%，气化率100%，烟尘控制区覆盖率100%，噪声达标区覆盖率100%。

第一节　烟尘治理

建区之初，煤炭是辖区主要能源。由于燃烧技术陈旧落后，煤烟型大气污染日趋严重。1990年，辖区烟尘控制区内共有各种排烟设施116台（眼），年耗煤总量4.5万吨。1995年，年耗煤总量增到15.1万吨，排放二氧化硫8027吨，烟尘705吨。

针对烟尘污染，管委先后制定《烟尘控制区瞭望哨监察制度》《烟尘控制区管理办法》等一系列规章，管理趋向制度化、法制化。1988—1992年，全区用于烟尘治理722.4万元，淘汰“火烧芯”茶水炉5台，1吨以上锅炉全部实现了机械化投煤，更新旋风除尘器2台。对新上锅炉采用湿式除尘装置，烟尘排放量降低，二氧化硫排放减少80%。

1992年，全区投资近亿元的华鲁热电厂正式运行，取代东部区域60台锅炉，年可节约标准煤炭1980吨，大大减少二氧化硫排放。

1994年，全国实施“蓝天计划”，辖区对人工加煤的立式低压锅炉限期整治，对必须供应蒸汽、热水的，改用“型煤”及其他无烟燃烧技术。对位于环境敏感区的燃烧散煤的饮食服务业，改用管道煤气、液化石油气等清洁燃料。管委先后投入200多万元，更新改造锅炉24台，茶水炉6台，更换除尘器14台，改造燃煤灶200余眼。华润锦纶、氨纶公司分别投入42万元、41万元，完成4台6吨锅炉的除尘器改造，年减少烟尘排放210吨，减少二氧化硫排放622吨。经过治理，辖区基本消灭了锅炉冒黑烟现象，大气中二氧化硫和大气总悬浮微粒分别比CCP基准年降低了38.9%和27.1%，煤烟型污染所占比重大幅度降低。

1998年后，全区着力实施改善环境质量系统工程，继续对燃料结构进行调整，燃煤大灶、茶水炉全部改用液化气等清洁能源，锅炉使用固硫型煤，并配备湿法脱硫设施。烟台华鲁热电有限公司在确保原有高效静电除尘正常运转，污染物稳定达标排放的基础上，新上炉内脱硫固硫以及固体废物综合利用设施，进一步削减污染物排放总量，年可减少二氧化硫排放500吨。氨纶公司从源头抓起，推广使用低硫低灰优质煤，减少二氧化硫排放180吨，烟尘排放量50吨。

1999年，管委相继下发《关于进一步控制煤烟型污染的通知》《关于印发烟台经济技术开发区2000年主要污染物排放总量计划的通知》《关于限期取缔建筑工地燃煤炉灶的通知》。1999—2000年，由建设环保土地局、公安局、交通局、经济发展局等部门组成工作组，将“双达标”和“投资环境综合整治”活动相结合，对重点单位限期治理、专项整治。对逾期未完成污染治理任务的单位，依法实行停产治理或关停。对新建项目，严格实行源头控制。对现有工业污染源，制定监理巡查制度，监理人员分片包干，责任到人，一周一查。在低硫低灰优质煤推广中，把煤质检查纳入日常监测之中，确保长期监督。对烟控区实施规范布点、检测、建档。1999年，全区有65台1吨以下燃煤锅炉，将43台改为燃油锅炉，7台改为用燃气炉，1台改为用电炉，14台拆除停用，全面完成锅炉治理任务。

2001年，区建设环保土地局向37家施工单位下发《关于限期取缔建筑工地燃煤炉灶的通知》，整改施工单位29家，关停4家，处罚4家。对新开工的建筑工地的燃煤设施、废气排放、洁净煤使用、除尘设施维护等情况进行70多次突击检查，抽查分析20个煤样，完成6批洁净煤更换，促进低硫低灰优质煤推广使用。是年，烟台华鲁热电公司在一次脱硫试验的基础上，投资165万元，完成炉内脱硫工程，减少煤烟对城区大气环境的污染。

2003年，对群众反映强烈的饭店油烟污染问题，建设环保土地局随诉随查，对污染严重的单位下达限期治理通知书，对选址不当的下达搬迁通知书，对拒不治理的企业依法进行处罚。

2000—2003年，全区共拆除工地燃煤大灶40余个，64家油烟严重的饮食单位安装了净化装置，取缔污染严重的室外烧烤摊点100余个。

2003年，拆除黄河路沿线20台锅炉，总吨位近50吨，年削减耗煤量约2万吨。完成15家企业27台锅炉治理，锅炉改造全线告捷。是年，西部热电厂投入运行，区内热化率达到100%、气化率达到100%。

第二节　废水治理

1992年年底，全区投产工业企业99家，多为纺织、电子、食品等加工企业，年废水排放量137.2万吨。大华毛巾厂废水主要来自印整、漂染两大车间，是辖区排污大户。1994年，该厂两次投入资金110万元，建成印染废水处理设施，选用低成本、短流程、易处理的燃料和助剂，采用新型精炼剂和先进工艺，COD排放量大幅降低。到1996年，辖区COD排放量为10.24吨，比1995年降低66.49%，达到排放标准。亚东标准件有限公司对电镀工艺中废水污染物铬和氰化物进行重点治理，自筹资金，改造电镀废水处理设施，年减少六价铬排放量0.306吨，石油类1.034吨，达到排放标准。

1995年，鲁星食品有限公司被列为排污限期治理单位。其生产过程中产生原料清洗废水，日排废水300吨。公司投资55万元，建成污水处理站，降低排污量。对排污口进行整治，设置污水流量装置和环保图形标志，实行定量管理，排污稳定达标。1996年，工艺品公司投资5万元，买下新型漂洗剂专利，净化漂洗工艺排放的污水，1996年COD平均排放浓度为97.95毫克/升，低于排放标准的150毫克/升。

1996年，区环保部门实行排污总量控制，同时，对排污口进行规范化整治，对20个排污大户，安装污水流量计，对污水排放实现定量化、规范化监督管理。1997年，辖区污水排放量增加到610万吨，处理率为90.6%。1999年，正海网板污水治理投入1510万元，大宇汽车污水治理工程投入759万元。首钢电装公司投入50万元，建成污水深度处理设施，对处理后出水加以贮存，用于低品质供水，年节水2000吨，减少COD排放。2000年，辖区建成污水截流工程，城市污水全部通过污水管网，排入烟台市套子湾污水处理厂。

2003年，管委根据建设生态型工业园区的规划，在大型公建和住宅小区推行中水工程，在西区将中水厂及再生水管网作为重点工程规划设计，投资1900万元作为再生水管网建设费。是年年底，新时代大酒店中水工程投入运行，蔚蓝海岸等住宅小区中水工程正在施工，碧海云天等3个小区和静海大酒店等4个项目污水收集和再利用管网已完成设计，另有6个住宅小区和2个公建项目已进行方案设计。上述项目的中水工程投入使用后，年可节水65万吨。2003年，辖区740家271家工业企业排放工业废水240.4万吨，处理率100%，排放生活废水160万吨，处理率100%。城区内实行雨、污水分流制，生活污水均通过污水管网排放，取消化粪池，避免二次污染。

第三节 噪声治理

1989年，辖区开始对工厂噪声点源进行治理，到1993年，分别对8家大的企业20多个噪声点源予以治理。1996年以后，相继对大明电子有限公司等企业机械噪声进行治理。

1991—1999年烟台开发区工业噪声污染治理情况统计表

表5-12

年份	单位名称	工程项目	投资额（万元）	治理措施
1991	东方冶金公司	风机噪声治理	1.5	建隔声房
1992	华润锦纶	空压机噪声治理	17.4	安装8台消声器和2个隔声屏
	地毯材料	空压机及车间噪声治理		更换空压机1台
1993	华润锦纶	风机噪声治理	–	安消声器、加风罩
1996	钢格板公司	圆盘切割锯噪声	16.83	设置隔声罩
1997	新时代、丽都酒店	锅炉风机噪声治理	5	安消声器、隔声罩
1999	大明电子	空压机噪声治理	7	隔声房建设
	春生轴承	风机噪声治理	2	隔声房建设
	大宇重工	风机噪声治理	4	隔声房建设
	运佳塑胶	电机噪声治理	3.5	设置隔声罩
	石玉	切割锯噪声治理	1.8	设置隔声罩

1992年，针对建筑施工噪声日益突出的问题，环保部门下发《关于加强建筑施工噪声管理的通知》，要求施工单位实行申报登记制度。同时，规范建设施工噪声审批程序，未经工程监理部门审查认定以及环保和建设管理部门审批，一律禁止施工。按照《中华人民共和国噪声污染环境防治法》的有关规定，每年自6月23日至7月19日，区内实施噪声管制，严禁一切扰民的夜间、午间

施工。限制使用高噪声空气锤打桩，推行混凝土管桩和静压作业等低噪新工艺。另外，加大噪声超标排污费的征收，强化执法查处力度。仅2002年，查处建筑施工噪声扰民60余起。把社会生活噪声的管理，列为社区管理达标建设重点内容，对文化娱乐场所噪声采取制约措施。

1998年，对长江、黄河、泰山、五指山、衡山五条主要道路设置禁鸣机动车喇叭标志，对车流量大的路段，实行车辆分流，交通路口禁止车辆怠速行驶。对居民住宅区等噪声敏感区域或其他需保护区域，根据功能区划要求，按车辆类型、营运功能实行车辆分流和通车时间限制，减少主要交通干线的噪声污染点源，缓解交通噪声带来的环境压力。2003年，建成区域环境噪声全年平均值控制在53.7分贝。

第四节　固体废物治理与利用

辖区固体废物主要为工业固体废物和生活垃圾。1991—1995年，区内固体废物产生量为21万吨。其中，工业固体废物19万吨，主要为锅炉燃煤产生的炉渣和粉煤灰，冶炼废渣。1996—2000年，区内产生固废的企业共有32家，产生量26.85万吨。其中固体废物产生大户是烟台华鲁热电有限公司，年产粉煤灰量达4万吨。为消除污染，化害为利，烟台华鲁热电有限公司与清华大学科研机构合作，对粉煤灰、炉渣实行综合利用，利用粉煤灰生产新型建筑材料——加气混凝土砌块。1999年，全区开展“取消白色污染，倡导绿色消费”活动，环保部门对城区各市场，4000多个摊点，发放推广使用可降解塑料制品的通知，并指导栖里塑料厂建设可降解塑料袋生产线，在14个市场设立可降解塑料袋销售网点。累计发放环保购物袋1000多个，可降解塑料袋10万多个，依法取缔非降解塑料袋生产点7个，销售点36个，没收非降解塑料袋20万个。

2003年，烟台市垃圾卫生填埋厂（位于辖区古现街道郑家庄村）投入运行，开发区生活垃圾全部进行无害化处理。

第六编

经济综述

烟台开发区一角

烟台经济技术开发区志

YANTAI JINGJI JISHU KAIFAQUZHI

1984年以来，烟台开发区坚持“以吸引外资为主、以工业为主、以出口创汇为主，致力于发展高新技术”的发展方针，坚持“大工业立区、高新技术强区、优化环境兴区”的发展战略，经济建设持续、快速、健康发展。

1986年，烟台开发区开始实施第一个五年发展计划。工委管委坚持把项目引进作为经济建设基础工作来抓，从实际出发，量力而行，不“贪大求洋”，走“短、平、快”发展路子，利用多种形式，广开项目引进渠道。11月，《中共烟台市委、烟台市人民政府关于加快经济技术开发区建设的决定》明确要求：“要进一步加快开发区建设的步伐，使其尽快成为我市的出口加工区和改革的试验区，成为高新技术的窗口、现代管理的窗口和对外开放的窗口。”到1988年，全区经济建设发生“三个转变”，即：基础设施建设由地下转向地上（由地下管网铺设转向地面城市公用工程建设）；项目引进由“短、平、快”的小项目转向较高档次的大中型项目；经济效益由单纯投入阶段转向边投入边产出阶段。

1990年1月5日，烟台市委、市政府提出烟台开发区经济建设和发展的“三区目标”，即“努力把烟台开发区建设成为改革的试验区、开放的示范区、高新技术的中心区”。1991年，工委管委提出开发区在发展工业的同时，也要大力发展商贸、旅游业，以第三产业带动区域经济发展的思路。开始了彩云城商贸市场、国内商品批发市场、国外商品批发市场和中高档副食品批发市场的招商和建设；同时做出了土地成片开发（大面积成片出让土地，由土地受让者招商引资、投资建设的政策）的决定。“中—中—外（先兴办内联企业，然后再以内联企业与外方合资兴办中外合资企业）”“技—工—贸（兴办技术型、工业生产型、贸易型一体化的企业）”的路子得到进一步拓宽。1992年2月，邓小平南方谈话发表后，工委管委抓住机遇，迅速拉开全区总体规划建设框架。基本建设按照“抓中线，带两边；抓中心，两边延”的思路，走出1平方公里起步区的小圈圈，向南部伸展，向西部挺进，展开了36平方公里大规模的基础设施建设。开展“双百会战”（大干100天，确保全年开工建筑面积100万平方米）。适时制定出台《烟台开发区引进项目及资金奖励办法（试行）》《关于加快烟台开发区经济发展的若干规定》等发展经济的鼓励措施。

1994年，工委管委全面贯彻落实全国和全省开发区工作会议精神，坚持“四为主”方针，即：以对外为主，外引内联相结合；以工业为主，相应发展科技、商贸、旅游、房地产、金融等产业；以高科技、大中型骨干项目为主，大中小相结合；以提高经济效益为主，抓好企业管理，特别是“三资”企业管理。1995年，食品加工、设备制造、电子电气等产业成长较快，工委管委及时提出培育主导产业的发展战略。1996年，工委管委确定把“建设国际性、现代化、外向型工业城区”作为烟台开发区区域功能定位目标，进一步提出“大工业立区、高新技术强区、优化环境兴区”的发展理念。是年，全区直属国有企业改革全面展开，通过改制、出售、拍卖、租赁、承包、兼并等方式，坚持以“转让为主、整体出售、灵活多样、全面推进”的原则，将管委直属国有企业推向市场，国有股份全部撤出。全区经济管理和企业管理水平显著提高，经济增长明显加快。

1997—1998年，亚洲发生金融危机，直接影响到烟台开发区的对外开放和招商引资。多项经济指标增长幅度下滑，对外贸易出现徘徊，其中出口总额指标滑坡最严重。1999年，工委管委提出以1998年为基期，到2010年的12年间，经济发展速度力争每3年翻一番的中长期跨越式奋斗目标。出台加快经济跨越式发展的“五项措施”：转变招商方式，将招商引资的重点区域转向欧美、日韩等发达国家和地区，把国内外大企业、大财团，特别是跨国公司、世界500强作为招商引资的重点对象；加大扶持培育力度，出台对重点工业企业培育发展的8项政策，鼓励企业增资扩股，膨胀规模，努力提高企业竞争力；加快科技园区和留学人员创业园区建设，大力发展高新技术产业；建立风险基金机制和信用担保基金机构，搞活企业融资渠道；以市场为导向，加快经济结构调整，突出汽车、电子、化纤等支柱产业建设，实现大工业立区的目标。

2002年，开发区管辖面积由36平方公里扩大到228平方公里，又一次给开发区带来经济发展机遇。

2003年，全区国内生产总值完成140亿元，比上年增长40%。在商务部国家级经济技术开发区投资环境综合评价中排名第7位。外贸出口额指标列全市第1位，占全市外贸出口总额的20.06%；地方财政收入和实际利用外资指标在全市各县市区排名第2位，分别占全市总额的9.08%和10.78%；国内生产总值、工业增加值和企业实现利税总额3项指标均排全市第3位，分别占全市总额的10.64%、15.56%和11.61%。

第一章　产业结构

烟台开发区在原来农业区域基础上建立和发展。开发区第一产业，随着辖区二三产业规模不断扩大，呈逐步缩小趋势。第二产业是开发区建区之本，是经济命脉，占全区经济总量的绝对优势。第三产业始终伴随着一二产业的发展而发展的，并不断适应、调整自己的结构。

第一节　第一产业

烟台开发区总体规划和区域经济发展的基本定位是现代化工业城区。第一产业，主要是传统农业的发展，只是过渡性的。随着区内二三产业的快速发展，耕地面积迅速减少，传统农业发展逐步呈现萎缩态势，最终退出烟台开发区的历史舞台。

1985年，开发区区域内有4个行政村，1147户农业户，农业人口3886人，有耕地面积265.2公顷，其余为果园、沿海滩涂、防护林带和山地。农业经济不发达，市场机制尚未建立。辖区第一产业主要有种植业、果业、林业（主要是沿海防护林带）、家庭畜牧业和海水、淡水养殖业。虽然临海，但海洋渔业未大量开展。1985年，辖区粮食总产量89万公斤，水果产量25万公斤，农（种植业）、林、牧、渔及工副业总收入431万元，其中农业收入59万元、林果业收入7万元、牧业收入18万元、渔业收入7万元、工副业收入323万元，人均纯收入582元。农村工副业主要包括建筑业和交通运输业。第一产业增加值216万元，占全区国内生产总值的25%。1986—1991年，随着开发建设的不断加快，耕地面积逐年减少，第一产业比重也逐年下降。1991年，随着无地农业人口转为非农业人口，全区农业人口只有824人，有耕地228公顷，农村经济总收入1678万元，其中农业收入48万元，渔业收入64万元，林果业收入17万元，其余全部是工业、建筑业、运输业等农村工副业收入，农民人均纯收入1200元。第一产业增加值91万元，占全区国内生产总值的0.34%。

图6-1　开发区村貌及村民生活（1984年摄）

1992年年初，辖区4个行政村农业用地基本被工业开发建设征用，农、林、牧、渔业缩减。4月，开发区区域面积扩大到36平方公里，新划入10个行政村，共14个行政村、4129户农业户，农业人口12664人，占全区总人口的54.56%。有耕地面积1085公顷，全年农村经济总收入2143万元，其中农业收入404万元、林果业收入29万元、牧业收入96万元、渔业收入87万元、工副业收入1448万元，其他收入79万元，人均纯收入879元。工副业主要包括建筑业、交通运输业和饮食服务业。第一产业增加值674万元，占全区国内生产总值的1.13%。

1997年，辖区14个行政村有耕地432公顷，农业人口9699人，占全区总人口的21%，第一产业实现增加值1824万元，占全区国内生产总值的0.6%。第一产业以农副业和果蔬业为主。

1999年起，工委管委陆续出台一系列帮扶农村政策，发展农村经济，主要是发展农村集体工业、建筑业和服务业等二三产业，其宗旨是提高农民收入，顺利实现失地农民由第一产业向二三产业的转移，加快农村城市化进程。

图6-2　开发区村民居住区（2003年摄）

2002年，开发区管辖区域扩大到228平方公里，新增加93个行政村、28182户农业户、乡村人口74089人，新增加耕地面积6595公顷。扩区后，辖区海域面积扩大到291.5平方公里，海洋渔业比较发达。

2003年，辖区有行政村107个，其中耕地村101个，渔业村6个；农业人口66198人，占全区总人口的48.17%。耕地面积6728公顷，农作物总播种面积6366公顷。其中：粮食播种面积3570公顷，粮食总产量1.76万吨，粮食单产329公斤/亩；油料作物播种面积1548公顷，油料作物总产量4957吨，油料作物单产213公斤/亩；蔬菜播种面积585.6公顷，蔬菜总产量2.9万吨。年末实有果园面积1985公顷，水果产量2.28万吨。水产养殖面积1.12万公顷。水产品总产量21万吨。农、林、牧、渔业总产值13.55亿元，其中农业产值2.15亿元，占15.84%；林果业产值371万元，占0.27%；牧业产值7666万元，占5.66%；渔业产值10.5亿元，占77.55%；农林牧渔服务业产值920万元，占0.68%。第一产业增加值7.9亿元，占全区国内生产总值的5.65%。农民人均纯收入4908元。

随着开发建设用地的不断增加，耕地面积将逐年减少，依赖土地的种植业将逐步退出；第二次扩区后海域面积扩大，海洋渔业和水产养殖业有一定的基础条件，将得到进一步发展；林业将得到基本维持。

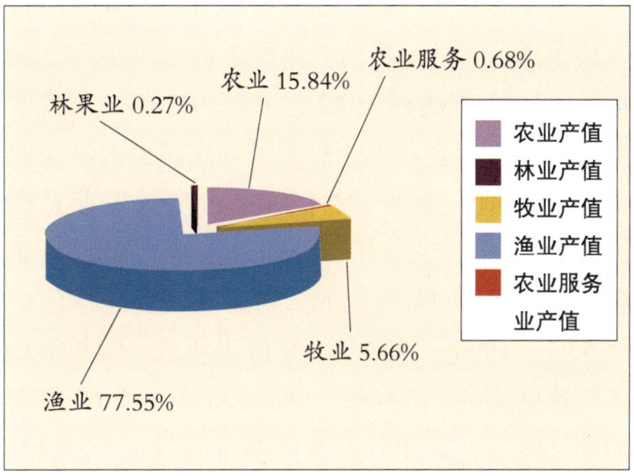

图6-3　2003年烟台开发区第一产业产值结构图

第二节　第二产业

第二产业是开发区的主导产业和经济基础。开发区成立至2003年，全区工业和建筑业发展很快，区域经济规模不断扩大。

工业　1985年开发区成立初始，区域内有原母城福山区兴办并纳入福山区统计（1987年起纳入开发区统计）的水貂颗粒饲料厂、第四化工厂、油漆厂、电镀厂等小型工业企业，年实现工业产值1500万元，其中水貂颗粒饲料厂产值1200万元，其他企业产值合计300万元。这5家企业由于生产规模小、产品技术含量低、市场竞争能力不强，在20世纪90年代产业结构调整中，先后被淘汰出局。1986年，开发区成立后兴办的第一家工业企业正式运营，生产自攻螺钉75吨，完成工业产值96万元，实现工业增加值28万元。第二产业增加值达到384万元，占全区国内生产总值的51.20%。

1988年，第二产业发展出现跨跃，增加值达到5698万元，是上一年的4.61倍，占全区国内生产总值的68.55%。是年，有40家工业企业投产，完成工业产值1.45亿元，是上年的3倍。实现工业增加值3088万元，是上年的3.30倍。

1991—1993年，是辖区第二产业发展速度较快的时期，第二产业增加值每年翻一番以上，3年分别是2亿元、4亿元和10亿元。工业发展进入快车道，工业总产值3年翻3番，1990年2.14亿元，1993年达到21.42亿元。1991年，外商及港澳台商投资企业工业总产值首次超出内联企业工业总产值，达到2.60亿元，占全区工业总产值的60.50%。1993年，外商及港澳台商投资企业工业总产值14.25亿元，占全区工业总产值的66.53%。1990—1993年，全区工业总产值年平均增长速度达到115.64%，投产工业企业由63家增加到236家，其中外商及港澳台商投资企业122家。烟台华润锦纶有限公司，仅用两年时间，锦纶丝产量就达到3000多吨，产值达1.7亿元，超过了原设计能力；烟台氨纶股份有限公司，用3年时间，氨纶丝产量就达432吨，氨纶包缠纱达173吨，产值超过1亿元，超过原设计能力。

1994年，在工业生产连续3年翻番的基础上，工委管委向全区发出“进行第二次创业、再上新台阶”的号召。是年，全区第二产业增加值实现11.22亿元，其中工业增加值7.82亿元。全区工业总产值完成25亿元。2000年，全区工业总产值实现100.51亿元。这期间，外商及港澳台商投资企业生产发展更快，工业总产值从1994年的18.84亿元，增加到2000年的86.54亿元，年平均增长速度达到29%。外商及港澳台商投资企业实现工业产值占全区工业总产值的比重由1994年的75.26%提高到2000年的86.10%。1994年，实现工业产值1000万元以上的企业35家，5000万元以上的企业9家，1亿元以上的企业3家。2000年，实现工业产值1000万元以上的企业88家，5000万元以上的企业25家，1亿元以上的企业13家。实现工业产值最高的烟台不锈钢型材制品有限公司达到12亿元。

2003年，全区实现第二产业增加值103.39亿元，其中工业增加值90.05亿元。投产工业企业740家，其中外商及港澳台商投资企业275家，全区实现工业总产值300亿元。在工业经济中，外商及港澳台商投资企业发挥了主导作用，工业产值达到248.43亿元，占全区工业总产值的82.76%。实现工业产值1000万元以上的企业161家，5000万元以上的企业67家，1亿元以上企业的36家，10亿元以上的企业5家。2000—2003年，第二产业以平均每年43.60%的速度增长。2003年，第二产业增加值占全区国内生产总值比重的73.84%。

建筑业　开发区建筑业1985年起步。是年，工委管委在1平方公里起步区大规模开展基础设施建设，基本建设施工建筑面积3.9万平方米，竣工建筑面积1.7万平方米。开工建设的基础设施工程有3万吨配水厂、35千伏变电站以及热力工程、给水工程、道路工程、土地回填工程等。配套建设的有工业标准厂房和职工公寓。是年开工建设的还有烟台亚东标准件有限公司和烟台香港华联有限公司2个工业项目。全年实现建筑业增加值604万元，占全区国内生产总值的69%。

1988年，开发区建筑业经过3年的艰难起步和艰苦创业，克服资金匮乏、技术力量薄弱、施工力量不足等困难，有了较大发展。房屋施工建筑面积 22.20 万平方米，竣工建筑面积 12.20 万平方米。工委管委在发展工业的同时，大力发展商贸业，全区大规模的房地产开发起步，完成第三产业投资 1.77 亿元，其中住宅投资完成 4264 万元。新开工住宅楼 22 幢，别墅楼 9 幢。建筑业实现增加值 2610 万元，是上年的 8.67 倍。

1992 年，在邓小平南方谈话精神鼓舞下，烟台开发区扩大开放开发，建筑业出现大发展态势。是年，在大干前 3 季度的基础上，9 月 20 日，工委管委又召开“双百会战”（大干 100 天，确保全年开工建筑面积 100 万平方米）动员大会。规划设计、工程技术人员现场办公，机关事业单位职工深入工地，修路基、挖管沟，建设工地热火朝天。“双百会战”任务胜利完成。是年，全区新开工房屋建筑面积 109.4 万平方米，比开发区建区至 1991 年的总和还多 23.9 万平方米。铺设黄河路、金沙江路等 15 条路面工程 9.5 万平方米，铺设黄山路、衡山路等 13 条污水管网工程 6587 米，铺设华山路、天山路等 13 条雨水管网工程 1.1 万米，铺设珠江路、黄山路等 10 条给水管网工程 1.1 万米，铺设热力管网 7103 米，铺设煤气管网 7920 米。建筑业增加值完成 1.96 亿元，是上年的 2.73 倍，建筑业增加值占全区国内生产总值 32.75%。

1993—1995 年，是建筑业发展较快的 3 年。1993 年建筑业增加值完成 3.53 亿元，1994 年建筑业增加值完成 3.41 亿元，1995 年建筑业增加值完成 4 亿元。1996—2000 年，受亚洲金融危机影响，辖区建筑业受到冲击，建筑业增加值一度出现负增长。2000 年，建筑业增加值下降到 2.75 亿元，比 1995 年降低 31.27%。

进入 21 世纪，投资环境得到进一步优化，特别是工业主导产业的带动，基本建设投资大幅增加。2003 年，全区新开工建筑面积 132.8 万平方米，竣工建筑面积 101.6 万平方米，建区以来年竣工面积首次突破 100 万平方米。1985—2003 年，全区累计新开工建筑面积 875.9 万平方米，累计竣工建筑面积 668.6 万平方米。2001—2003 年，建筑业增加值以平均每年 55.73% 的速度增长，3 年建筑业增加值分别达到 5.50 亿元、8.12 亿元和 13.33 亿元。

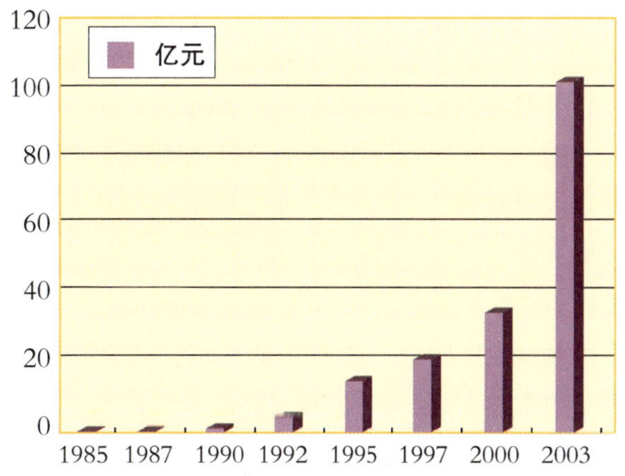

图 6-4　1985—2003 年烟台开发区第二产业发展柱状示意图（增加值 / 年份）

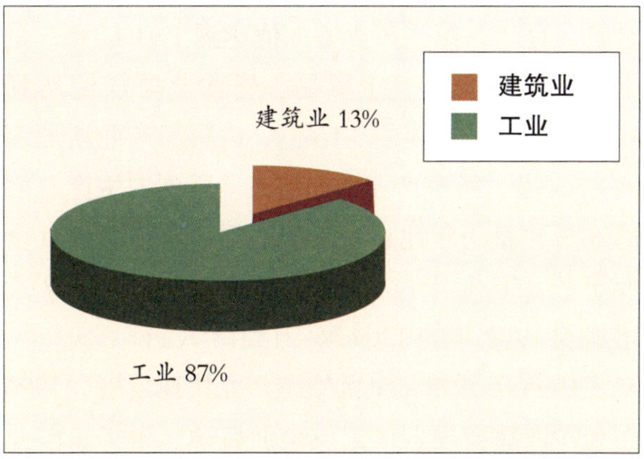

图 6-5　2003 年烟台开发区第二产业内部结构图

第三节　第三产业

烟台开发区第三产业起点较低。第三产业是伴随辖区人口的增加，一二产业的发展和经济的活跃而逐步发展起来的。

1985 年建区初始，区内只有简单的运输和饮食业，全年第三产业增加值只有 56 万元，第三产业在全区国内生产总值所占比重仅为 6%。1987 年，第三产业虽然经过连续 2 年翻番增长，但由于基数较低，增加值也只有 385 万元，其中运输、邮电业 89 万元，贸易、餐饮业 176 万元。1988 年，经过 3 年的开发建设，新建企业陆续投产，经济有了较大发展，工委管委提出“大力发展第三产业，繁荣开发区”的新思路，辖区第三产业实现跨跃式发展。是年，第三产业增加值完成 2322 万元，是上年的 6 倍，第三产业增加值占全区国内生产总值比重达到 28%。

1991 年，工委管委出台关于加快第三产业发展的优惠政策，为第三产业发展提供宽松环境。是年，第三产业完成增加值 6920 万元，比上年增长 107%。其中贸易、餐饮业发展最快，增加值达到 4921 万元，是上年的 2 倍，占第三产业比重的 71%。第三产业增加值占全区国内生产总值的 25.70%。

1992 年，为进一步鼓励第三产业发展，管委推出扩大三产企业自主经营权、扩大经营范围、减免税费等措施，使第三产业发展上了一个新的台阶。是年，第三产业增加值达到 1.91 亿元，是上年的 2.76 倍，其中贸易、餐饮业增加值达到 1.55 亿元，是上年的 3.16 倍，占第三产业增加值的 81.33%，第三产业增加值占全区国内生产总值的 32%，是历年比重最高的一年。贸易、饮食企业个数和从业人员由 1991 年的 288 家、1268 人增加到 1992 年的 1209 家、15218 人。

1995 年开始，全区旅游产业快速发展。1996 年金沙滩旅游度假区建设全面启动，当年旅游业总收入 3860 万元。是年，全区实现第三产业增加值 6.15 亿元，占全区国内生产总值的 26%。其中贸易、餐饮业增加值 3.79 亿元，运输邮电业增加值 4346 万元，分别占第三产业增加值的 61.66% 和 7%。

2000 年，第三产业在结构上发生了很大变化，贸易、餐饮业比重逐步下降，旅游、金融、通讯、物流业蓬勃发展，比重上升。全区实现第三产业增加值 10.16 亿元，比上年增长 18.60%，增幅高于 20 世纪 90 年代平均水平。贸易、餐饮业增加值 5.55 亿元，占第三产业比重 54.70%。旅游、金融、通讯、物流等新兴业态增加值的比重由 1992 年的不足 20%，增加到 45.30%。第三产业增加值占全区国内生产总值比重 22.46%。

2003 年，实现第三产业增加值 28.71 亿元，比上年增长 40.54%。其中旅游、金融、通讯、物流等业态增加值 2.89 亿元，占第三产业的 10%，比上年增长 39.74%；贸易、餐饮业增加值 9.61 亿元，占第三产业的 33.50%，比上年增长 22%。第三产业增加值占全区国内生产总值比重 20%。

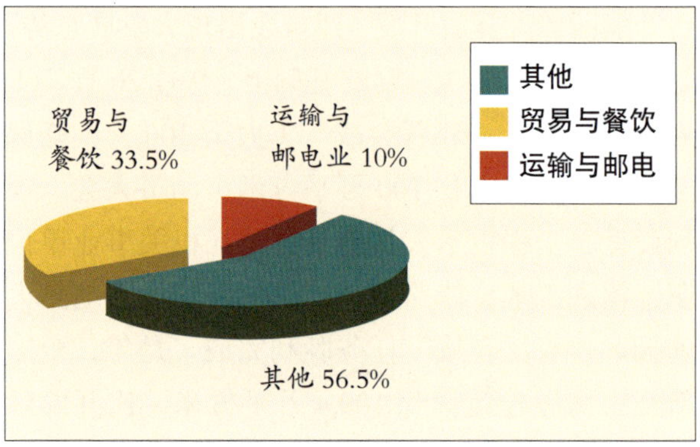

图 6-6　2003 年烟台开发区第三产业主要行业结构图

第四节　产业结构关系

烟台开发区产业结构，随着辖区区域经济发展及两次扩区建设而变化的。工业城区的定位以及工业产业发展，是三次产业结构关系调整变化的重心。

1984 年，区域一二三产业结构状况大致是 80 : 15 : 5。1985 年，开发建设第一年，一二三产业实现增加值分别是 216 万元、604 万元和 56 万元，其产业结构关系是 25 : 69 : 6。到 1990 年，由于工业的快速发展和农业的萎缩，一二三产业实现增加值分别是 139 万元、8556 万元和 3343 万元，其产业结构关系变为 1 : 71 : 28。1992 年，辖区面积扩大到 36 平方公里，虽然农业区域扩大，第一产业总量增加，但与二三产业的发展规模比，第一产业比重仍然很低。一二三产业实现增加值分别是 674 万元、40033 万元和 19095 万元，其产业结构关系是 1 : 67 : 32。到 1995 年，第一产业总量虽然也有增长，达到 1311 万元，但比重大大下降，三次产业结构关系是0.6∶72∶27.4。这种基本产业结构关系一直延续到1999年。2000年，一二三产业结构为0.3∶77∶22.7。2002年，辖区管辖面积扩大到228平方公里，第一产业增加值达到73998万元，第一产业比重提高，三次产业结构为7.4∶72.2∶20.4。

2003年，一二三产业实现增加值分别是79095万元、1033859万元和287143万元，其产业结构关系是6∶74∶20。

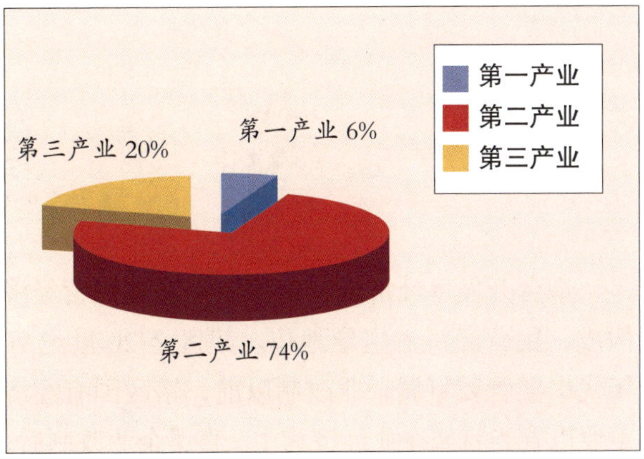

图6-7　2003年烟台开发区三次产业结构图

1985—2003年烟台开发区产业结构情况统计表

表6-1　　单位：万元

年份	第一产业	第二产业	第三产业	三次产业比重
1985	216	604	56	25∶69∶6
1986	263	384	103	35∶51∶14
1987	282	1237	385	15∶65∶20
1988	292	5698	2322	3∶69∶28
1989	237	8950	2953	2∶74∶24
1990	139	8556	3343	1∶71∶28
1991	91	19810	6920	0.3∶74∶25.7
1992	674	40033	19095	1∶67∶32
1993	880	99667	36872	0.6∶72.4∶27
1994	855	112267	48180	0.5∶69.5∶30
1995	1311	145068	55168	0.6∶72∶27.4
1996	1786	173381	61472	0.7∶73.3∶26
1997	1824	212192	67308	0.6∶75.4∶24
1998	1524	237001	75446	0.5∶75.5∶24
1999	1469	283693	85633	0.4∶76.6∶23
2000	1498	349143	101560	0.3∶77∶22.7
2001	1500	480364	118721	0.2∶80∶19.8
2002	73998	721990	204317	7.4∶72.2∶20.4
2003	79095	1033859	287143	6∶74∶20

第二章　经济成分结构

烟台开发区经济成分由国有经济和民营经济构成，民营经济占主导地位。建区至20世纪90年代中期管委直属企业改制以前，辖区国有经济主要以管委直属企业经济为主。直属企业改制后，管委只保留城市供水、供热和公共交通的国有经济成分。民营经济以外商及港澳台商投资经济为主，以集体和个体私营经济为辅。

2003年，全区实现国内生产总值140亿元，其中国有经济实现12亿元，占8.60%，民营经济实现128亿元，占91.40%。建区至2003年，全区累计完成固定资产投资296.4亿元，其中国有投资（含基础设施投资）63亿元，占21.30%，民营投资233.4亿元，占78.70%。

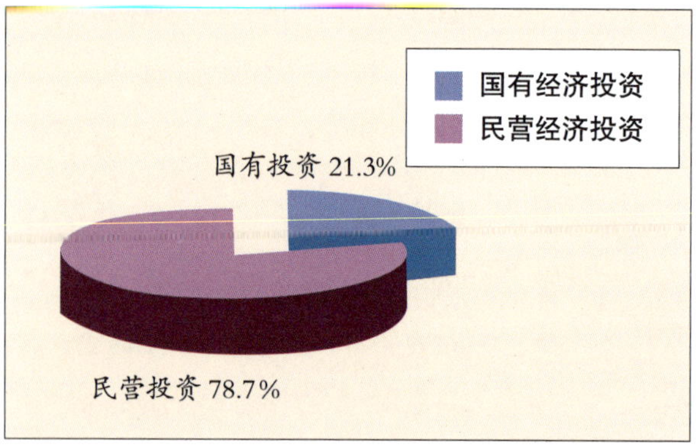

图6-8　1985—2003年烟台开发区投资结构图

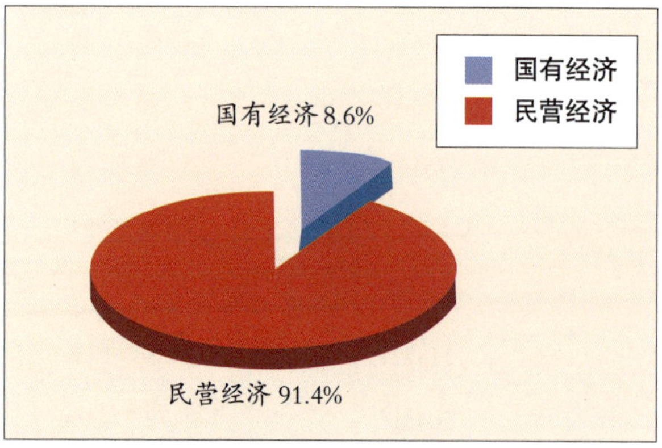

图6-9　2003年烟台开发区国有经济与民营经济产出结构图（以增加值计算）

第一节　国有经济

烟台开发区从设立时起，就实行社会主义市场经济体制，广开招商引资渠道，吸纳各种经济成分参与开发区建设。国有经济在经济总量上不占主导地位。

1984年开发区成立初始，国有经济成分很低，主要有烟台市第四化工厂和烟台油漆厂两个国有企业，国有经济成分占10%以下（1987年以前未纳入开发区统计），其余均为农村集体经济和个体经济成分。9月，管委成立第一个国有直属企业——烟台开发区建设公司。从此，管委直属国有经济起步。

1985—1987年，管委相继成立烟台开发区实业公司、金桥联合公司、公共工程公司、房地产公司、商业公司、物资公司、粮油公司、公共交通公司、园林公司、科技发展公司等国有直属公司。其间，10家管委直属公司又先后成立20多家国有独资、国有控股和国有参股的分公司。建区至1987年，辖区累计形成的全部生产性固定资产16124万元，其中国有资产额2420万元，占15%。1987年全区工业总产值4863万元中，国有经济实现660万元，占13.6%，主要生产企业有烟台市第四化工厂、烟台市福山油漆厂、烟台市针织器材一分厂等。

1988—1990年，管委成立烟台开发区热力公司、华达集团公司、进出口公司、华夏艺术品公司、自来水公司等5家直属国有企业，使管委国有直属企业达到15家。1990年，辖区累计生产性固定资产额54747万元，其中国有资产额8000万元，占14.60%；全区工业总产值21362万元，其中国有工业完成1亿元，占46.80%，主要有烟台氨纶厂（3700万元）、烟台市制材厂（700万元）等企业。这时，管委国有直属经济呈上升发展时期。

1991—1994年，管委成立开发区水产公司、高新技术开发总公司、电子工业总公司、纺织公司、化学公司、北洋汽车工业公司、医疗器械公司、福东集团公司、福西产业集团公司、国际合作公司等10家国有直属公司。至此，管委共成立26家直属国有企业。其间，辖区国有经济成分不断扩大，国有经济总量也不断增加。由于外商及港澳台商投资、个体私营等其他经济成分的发展速度快于国有经济的发展速度，国有经济成分在辖区经济中的比重越来越低。建区至1994年累计，生产性投资26.27亿元，其中国有资产额3.15亿元，占12%。是年，全区实现工业总产值25亿元，其中国有经济实现6.62亿元，占26.50%。

1995年，管委成立的26家直属公司，96%为小型企业，由于不能适应国内外市场的角逐，亏损面达80%。

1996年，为贯彻国务院国有企业改革，建立和完善现代企业制度，避免国有资产流失，工委管委对直属企业进行全面改制。改制工作两年内基本完成。改制前，全部管委国有直属企业资产额153462万元，负债额158631.7万元，净资产额-5169.7万元。改制中，评估资产额178080万元，负债额177762万元，净资产额318万元。改制后，转让价款4711万元，回收款2076.8万元。至此，管委只保留自来水公司、热力公司和公共交通公司3家公益性企业的国有经济成分。

2003年，全区实现工业总产值300亿元，其中国有经济实现25亿元，占8.33%。

烟台开发区建设公司　1984年9月5日成立，是管委成立的第一家国有直属企业，注册资金1000万元。主营业务是城乡建设。公司发展时期曾内设规划部、工程部、房产经营部、物资部、贸易部、建筑设计院等23个部门。下属企业有开发区宏源物资公司、开发区物资协作公司、开发区烟齐贸易公司、开发区高新技术建设开发公司、开发区德杂建发房地产开发有限公司、开发区保温材料厂、开发区艺海大酒店、开发区烤鸭店等34个分公司。主要建设项目有1平方公里起步区基础设施工程，I-7小区住宅楼、公寓楼工程和标准厂房等工程。1996年7月17日公司改制，解除与管委隶属关系。

烟台开发区实业公司　1985年5月成立，管委直属国有企业，注册资金2000万元。主要业务是招商引资、兴办实业。公司发展时期曾内设工业发展部、对外贸易部、商业部、机电部（项目一部）、轻工化建部（项目二部）、房产经营部等17个部门。公司兴办（参股）企业有开发区华达电子开发公司、开发区东方房地产开发总公司、开发区长城计算机培训中心、开发区合成玛瑙有限公司、开发区福莱食品加工冷冻有限公司、烟台春生针织有限公司、烟台富士食品有限公司、烟台大通实业公司、开发区工贸大厦经营管理公司、烟台天地通信技术股份有限公司、烟台康泰药业制品有限公司、烟台春生滑动轴承有限公司、乐泰（中国）厌氧密封胶有限公司等27家。1997年10月公司改制，解除与管委隶属关系。

烟台开发区金桥联合公司　1987年2月27日成立，管委直属国有企业。主要负责辖区4个村庄的开发建设。公司下属企业有开发区电器仪表公司等。1990年3月金桥办事处成立，公司调整为金桥办事处下属企业。公司于1992年10月解体分流。

烟台开发区半岛集团公司　1987年2月27日，烟台开发区公共工程公司成立，管委直属国有企业。主要负责开发区公共工程建设和管理。公司内设园林管理处、三水（给水、雨水、污水）管理处、供电管理处、供热管理处和市政管理处等7个部门。下属企业有：开发区华夏艺术品公司、开发区东方艺术公司2家。1990年3月14日，撤销开发区公共工程公司，设立市政管理处，管委直属国有企业，由原公共工程公司下属市政工程公司所属的市政管理处、华林商场、东方艺术公司、工程处4个机构合并而成，注册资金1188

万元。1991 年 3 月 31 日更名为烟台开发区市政工程公司，1992 年 8 月更名为烟台开发区半岛集团公司。主要业务是开发区市政工程建设与管理。公司内设机构及所属单位有：市政工程处、房产处、机械处、环境艺术部、东方副食品批发市场、环卫处、污水处理厂、开发区半岛度假村、开发区半岛旅行社、开发区物资贸易公司等 23 个。1996 年 8 月公司改制，解除与管委隶属关系。

烟台开发区房地产公司　1987 年 2 月 27 日成立，管委直属国有企业，注册资金 1000 万元。主要负责开发区房地产开发与建设。公司发展时期曾内设土地管理部、房产管理经营部、物资供应部、建筑设计院、水电安装处、房地产销售公司、物业管理公司等 21 个部门。公司下属企业有开发区建筑装潢公司、开发区海兰家具装饰公司、开发区第二建筑公司、开发区国内商品批发市场建筑经营公司等 9 家。1997 年 10 月公司改制，解除与管委隶属关系。

烟台银和股份有限公司　1987 年 2 月 27 日烟台开发区商业公司成立，管委直属国有企业，是融商业、饮食、服务业为一体的经济实体。公司发展时期下属企业有开发区台原有限公司、开发区商业批发中心、开发区百货副食品商场、开发区石油液化气站、开发区华泰酒店、开发区运佳塑胶公司、开发区对外供应公司等 14 家。1993 年 5 月，对外供应公司整体出售给个人，这是辖区首例国有资产剥离出售。1994 年 6 月，商业公司改为股份制企业——烟台银和股份有限公司。1996 年 4 月 12 日公司改制，解除与管委隶属关系。

烟台开发区物资公司　1987 年 3 月 1 日成立，管委直属国有企业，注册资金 627 万元。主要业务是生产资料流通经营。公司发展时期曾内设储运部、业务部、国际贸易部、审计部等 9 个部门。公司下属企业有开发区金属材料公司、开发区燃料公司、开发区机电设备公司、开发区石油公司、开发区木材公司、开发区化轻建材公司、开发区汽车贸易公司、开发区再生资源公司、开发区木材加工厂等 12 家。1997 年 8 月公司改制，解除与管委隶属关系。

烟台开发区粮油公司　1987 年 5 月 27 日成立，管委直属国有企业，主要负责开发区粮油供应工作，主营业务归市粮食局管辖。公司下属企业有开发区粮油食品供应公司、开发区凯丰实业公司、开发区民生畜牧公司、开发区粮油贸易部等 5 家。1992 年 12 月公司脱离与管委隶属关系，划归烟台市粮食局下属企业。

烟台开发区交通总公司　1987 年 10 月 1 日，烟台开发区公共交通公司成立，管委直属国有企业；1990 年 3 月开发区交通局设立，与公共交通公司合署办公。1993 年 6 月开发区成立交通总公司，注册资金 1800 万元，隶属管委，公共交通公司为其下属企业。1996 年 10 月，交通总公司隶属区交通委。公司下设机构有运营部、安全技术部、票款结算中心等部门；下属企业有公共交通公司、出租汽车公司、汽车运输公司、中韩水产公司、交通汽修厂、交通运输代理有限责任公司等。1997 年 11 月，公司以剥离下属企业的方式，只保留公共交通的职能与管委隶属关系。

烟台开发区园林旅游公司　1987 年 10 月 5 日，烟台开发区园林公司成立，管委直属国有企业，注册资金 500 万元。1990 年 12 月 15 日，烟台开发区旅游公司成立，与园林公司合署办公。1992 年两公司合并，更名为烟台开发区园林旅游公司。主要负责开发区城市绿化和旅游工作。公司发展时期下属企业和生产部门有开发区绿化工程队、东西苗圃、秦始皇东巡宫管理处、海滨飞机乐园管理处、开发区汇江宾馆、开发区旅行社、开发区华美盆景园艺有限公司等 11 家。1997 年 9 月企业改制，组成开发区园林绿化处和旅游服务处 2 个二级事业单位，分别划归开发区建设环保土地局和旅游局管辖。

山东三鑫科技集团股份有限公司　1987 年 12 月 29 日烟台开发区科技发展公司成立，管委直属国有企业，主要负责招商引资，兴办科技项目。公司发展时期曾内设新技术开发部、贸易部、项目部、进出口部、法律事务部等 17 个部门。

公司兴办（参股）企业有开发区科发开关厂、开发区远达光电通讯公司、开发区东方建筑开发公司、开发区易达测器有限公司、开发区时代电脑公司、开发区宝迪房地产实业开发公司、开发区卓越机械传动有限公司、开发区天达电子工程有限公司、开发区长城游乐园有限公司、烟台亚新利电器有限公司、烟台西特电子化工材料有限公司、开发区产业联合发展有限公司、开发区京科通讯技术有限公司等21家。1994年1月公司改为股份制企业（国有股75%，社会股25%），更名为山东三鑫科技集团股份有限公司。1996年10月公司国有股份退出，解除与管委隶属关系。

烟台开发区热力总公司　1988年6月15日，烟台开发区热力公司成立，隶属于开发区公共工程公司。1989年10月16日，热力公司从公共工程公司划出，调整为管委直属国有企业，注册资金480万元，主要负责开发区热力供应和热力安装工程施工。1993年8月更名为烟台开发区热力总公司。公司内设机构及所属生产部门有生产计划部、供热公司、开发区热力建筑安装工程公司、开发区保温材料厂、开发区机械工程处、开发区电梯公司、开发区市政规划设计院等21个。1997年12月，以产权剥离的方式实施国有企业改制，只保留城市供热和热力工程安装的职能与管委隶属关系。

烟台开发区华达经贸总公司　1988年7月1日，烟台开发区华达集团公司成立，管委直属国有企业，注册资金200万元。1991年1月更名为烟台开发区华达公司，1993年2月更名为烟台开发区华达经贸总公司。公司主要业务是内外贸易。公司发展时期曾内设进出口部、经济技术开发部、业务部等6个部门。下属企业有烟台华达食品工业有限公司、开发区华达建筑安装公司、开发区华达医疗器械公司、开发区华达房地产公司等9家。1997年11月公司改制，解除与管委隶属关系。

烟台开发区进出口公司　1988年8月15日成立，管委直属国有企业，注册资金1000万元，主要从事进出口贸易业务。公司发展时期曾内设仓储加工部、农副食品部、食品水产品经理部、保税仓库、进出口部等24个业务部门。公司下属企业有开发区第一石油公司、开发区国际商场、烟台外贸冷藏厂、开发区丽都大酒店、开发区粮油食品公司等8家。1998年4月公司改制，解除与管委隶属关系。

烟台开发区华夏艺术品公司　1988年8月28日成立，为开发区公共工程公司下属企业，1990年3月调整为管委直属国有企业，注册资金1000万元，主要业务是抽纱刺绣。公司下属企业有开发区华夏铝合金公司、开发区华夏国际贸易公司、开发区华夏油品公司等4家。1996年7月公司改制，解除与管委隶属关系。

烟台开发区自来水公司　1989年7月3日成立，管委直属国有企业，注册资金2020万元。主要业务是城市生产、生活用水的生产和供应。公司发展时期曾内设营业部、技术质量部、工程部、水厂、设备动力部、项目贸易部等15个部门。公司下属企业有开发区汇泉经济发展公司、开发区华威经济发展公司、开发区生源食品厂、开发区秦鲁房地产开发公司、开发区西格尔饮用水经销处等12家。1997年2月，公司以剥离下属企业的办法实施改制，只保留自来水生产和供应的职能与管委隶属关系。

烟台开发区北洋汽车工业集团股份有限公司　1991年3月，烟台开发区北洋汽车工业公司成立。1992年9月，公司更名为烟台开发区北洋汽车工业集团股份有限公司。注册资金1000万元，管委占94%国有股份，内部职工占6%股份。主要业务是发展开发区汽车制造产业。公司下属企业有开发区北洋实业公司、开发区北洋汽车维修中心、开发区北洋装饰工程公司、开发区国际贸易公司、开发区北洋食品饮料工业公司、开发区北洋电器仪表公司、开发区北洋汽车贸易公司等7家。1996年4月公司改制，解除与管委隶属关系。

烟台开发区水产公司　1992年6月2日成立，管委直属国有企业，注册资金500万元。公司主要业务是水产品生产与经营。公司下属企业有开发区水产养殖公司、鲜活水产品基地、开发区鲁东房地产综合开发公司、开发区兴发实业公司等4家。1997年9月公司改制，解除与管委隶属关系。

烟台开发区高新技术开发总公司 1992年6月2日，烟台开发区高新技术产业开发区建设开发总公司成立，管委直属国有企业，注册资金1000万元。1993年10月更名为烟台开发区高新技术开发总公司。主要业务是发展高新技术产业。公司下属机构有开发区信息产业中心、国际学术交流中心（国际报告厅）、开发区高新建筑安装工程公司、开发区华星贸易公司、开发区威利达服务公司、开发区田源石油公司、开发区轟鑫医药实业公司、烟台科技园管理公司等8家。1996年2月公司改制，解除与管委隶属关系。

烟台开发区电子工业总公司 1992年6月2日，烟台开发区电子工业公司成立，管委直属国有企业，注册资金1200万元。1994年7月更名为烟台开发区电子工业总公司。公司主要业务是发展开发区电子工业。公司内设高新技术产品开发部、进出口贸易一、二部、汽车电子部等12个部门，公司下属企业有开发区嘉陵工贸发展公司、开发区海外贸易公司、开发区嘉宝实业发展公司、开发区嘉利自动化仪表公司、开发区嘉汇通讯导航技术发展公司、开发区嘉鑫计算机公司等9家。1996年11月公司改制，解除与管委隶属关系。

烟台开发区纺织工业公司 1992年6月2日成立，管委直属国有企业，注册资金1800万元，主要业务是发展开发区纺织工业。公司下属企业有开发区纺织品进出口公司、开发区工艺服装厂、烟台春生针织有限公司、开发区华泰酒店、开发区纺织供销公司、开发区汽车修理厂等6家。1997年11月公司改制，解除与管委隶属关系。

烟台开发区化学工业公司 1992年6月2日成立，管委直属国有企业，注册资金500万元，主要业务是发展开发区化学工业。公司下属企业有开发区远东石油公司、开发区石油液化气公司、烟台牟平酒馆加油站、烟台牟平金山加油站、烟台莱山官庄加油站5家。1996年8月公司改制，解除与管委隶属关系。

烟台开发区医药医疗器械公司 1993年2月1日成立，管委直属国有企业，注册资金100万元，主要业务是经营医药和医疗器械。公司内设部门有业务部和器械部等7个部门。1997年12月公司改制，解除与管委隶属关系。

烟台开发区福东集团公司 1995年1月12日成立，管委直属国有企业，注册资金368万元，主要负责胜利东村、胜利西村、曲家台子、宫家台子等村的经济发展工作。公司下属企业有开发区福东产业总公司、开发区福东建筑安装工程公司、开发区福东宝来食品有限公司、开发区福航电气有限公司、开发区福东高分子合成公司等6家。1997年11月公司改制，解除与管委隶属关系。

烟台开发区福西产业集团公司 1995年1月12日成立，管委直属国有企业，注册资金1281万元，主要负责岗嵛、北屯、车家、奇章等村的经济发展工作。公司下属企业有开发区福西工贸总公司、开发区福西天宝公司、开发区福西科技开发公司、开发区福西实业总公司、开发区福西建筑安装公司等5家。1997年10月公司改制，解除与管委隶属关系。

图6-10 1993年“十佳直属企业”在全区总结表彰大会上领奖

烟台开发区国际合作公司 1995年1月12日成立，管委直属国有企业，注册资金100万元，主要业务是发展国际经济合作。公司下属企业有开发区鑫发经济发展总公司、开发区鑫利经济发展总公司、开发区鑫兴经济发展总公司、开发区鑫台经济发展总公司、开发区鑫台建筑安装工程公司、开发区金桥产业集团公司、开发区通达物资公司、开发区石油配件厂、开发区农机公司、开发区果品公司等12家。1997年4月公司改制，解除与管委隶属关系。

第二节 民营经济

烟台开发区民营经济的发展，一直伴随着全区改革开放的进程，在全区经济建设与发展中起主导作用。烟台开发区民营经济主要包括农村集体经济、个体私营经济、外商及港澳台商投资经济3部分。烟台开发区把民营经济单独作为一个经济领域、一种经济形式提出，是在20世纪90年代末期。

1985年开发区成立初始，辖区民营经济主要是4个行政村的农村集体农业经济、农村个体私营经济，以及集体经济兴办的饲料厂、加工厂等。民营经济产出占全区经济总产出的90%以上，其中农村集体经济总产值431万元，农村集体经济纯收入282万元。1986年以后，随着农村土地的减少，外商及港澳台商投资与个体私营经济的快速发展，农村集体经济比重呈逐步下降趋势。

1990年，民营经济有较大发展，全区民营经济总产值达到20209万元。其中，农村集体经济总产值227万元，占全区民营经济比重1.07%，比上年降低35%；民营工业企业实现产值11362万元，占全区工业总产值的53.20%；民营建筑、邮电运输企业实现产值5420万元，占全区建筑、邮电运输业总产值的65%；民营商业饮食业实现产值（营业收入）3200万元，占全区商业饮食业总产值（营业收入）的61%。在工商业中，民营经济主要集中在外商及港澳台商投资企业、小型建筑施工企业、个体私营运输企业及大部分个体私营商业饮食行业。是年，民营经济增加值占全区国内生产总值的62%。主要民营企业有烟台东方冶金企业有限公司、开发区鲁美土特产工业公司、开发区渤海联合公司等。

1995年，在第一产业中，农村集体经济及个体私营经济产值达到2624万元，比上年增长78.7%。在第二产业中，民营工业实现产值23亿元，占全区工业总产值的76.5%；民营建筑业实现产值6.4亿元，占全区建筑业总产值的60%。在第三产业中，交通运输业民营经济实现营业额5200万元，占全区交通运输业总营业额的70%；贸易餐饮业中民营经济实现营业额3.2亿元，占全区贸易餐饮业总营业额的70%。是年，全区民营经济增加值占全区国内生产总值的74%。主要民营企业有烟台黄海热电有限公司、烟台华大化学工业有限公司、烟台荣昌制药有限公司等。

2002年7月，管委成立民营经济工作领导小组，在经济发展局设立民营经济管理办公室。制定《关于进一步加快民营经济发展的意见》，在市场准入、资金、从业人员保障、科技、财税等5个方面对民营经济给予政策扶持，推动民营经济持续、健康发展。

2003年，全区注册民营企业个数近8000家，其中第一产业企业约70家，第二产业企业2000多家，第三产业企业5800多家。民营工业企业

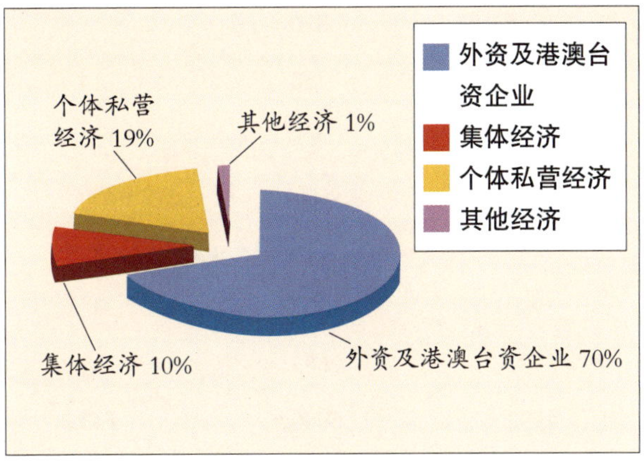

图6-11 2003年烟台开发区民营经济产出结构图（以增加值计算）

实现产值270亿元，占全区工业总产值的90%，其中外商及港澳台商投资企业实现产值248.43亿元，占全区工业总产值的83 %；贸易、餐饮与其他服务业民营企业实现商品零售额13.2亿元，占全区商品零售总额的92%。民营经济实现增加值126亿元，占全区国内生产总值的90%，其中外商及港澳台商投资企业实现增加值88亿元，占民营经济总量的70%；集体所有制企业实现增加值12.6亿元，占民营经济总量的10%；个体私营企业实现增加值24亿元，占民营经济总量的19%；其他民营经济类型企业实现增加值1.4亿元，占民营经济总量的1%。主要民营企业有烟台东方不锈钢工业有限公司、烟台万润精细化工有限责任公司、烟台金河实业有限公司等。

第三章　经济规模与经济效益

第一节　国内生产总值

1985年，烟台开发区开工建设第一年，实现国内生产总值876万元；1986年，实现国内生产总值750万元，比上年降低14.4%。1987—1988年，两年分别实现国内生产总值1904万元和8312万元，分别比上年增长153.9%和336.6%。1990年，受国际国内政治环境影响，国内生产总值出现负增长。1991—1993年，全区经济总量连续3年翻番增长，国内生产总值总量及增长幅度分别是26821万元、59802万元和137419万元及增长122.8%、123.0%和129.8%。1994—1999年，国内生产总值由161302万元增加到370795万元，年平均增长18.11%。2000—2003年，全区经济进入快速增长的轨道，国内生产总值由452201万元增加到1400097万元，年平均增长45.75%。

2003年，开发区国内生产总值占全市国内生产总值的10.64%，工业增加值占全市工业增加值的15.56%；人均国内生产总值达到12585美元，是全市平均水平的5倍。

1985—2003年烟台开发区国内生产总值统计表

表6-2

单位：万元、%

年份	国内生产总值	年增长率（%）	年份	国内生产总值	年增长率（%）
1985	876	–	1995	201547	25.0
1986	750	-14.4	1996	236639	17.4
1987	1904	153.9	1997	281324	18.9
1988	8312	336.6	1998	313971	11.6
1989	12140	46.0	1999	370795	18.0
1990	12038	-0.8	2000	452201	22.0
1991	26821	122.8	2001	600585	32.8
1992	59802	123.0	2002	1000305	66.6
1993	137419	129.8	2003	1400097	40.0
1994	161302	17.4	–	–	–

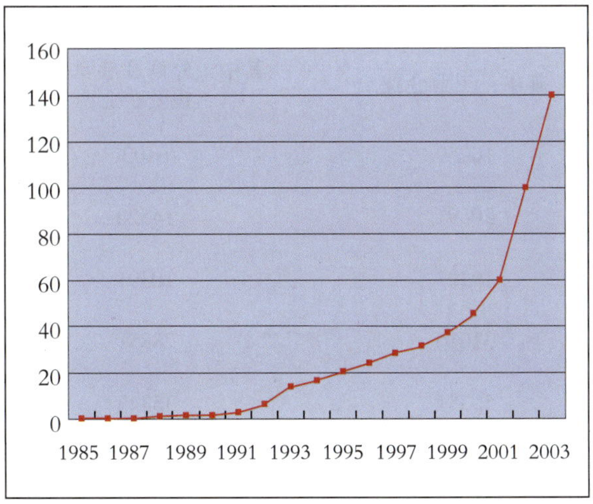

图 6-12　1985—2003 年烟台开发区国内生产总值发展坐标图（亿元 / 年份）

第二节　企业经济效益

1986 年，烟台开发区开工建设第二年，企业实现利税额 -28 万元，全部是新投产企业亏损额。1987 年，企业实现利税 1116 万元，其中工业企业实现利税 810 万元，外商及港澳台商投资企业实现利税 102 万元。1988 年，全区经济效益显著提高，企业实现利税 3655 万元，比上年增长 227.51%，其中工业企业实现利税 2361 万元，比上年增长 191.50%；外商及港澳台商投资企业实现利税 504 万元，比上年增长 394%。1989—1990 年，受国际国内政治环境影响，全区经济效益出现下滑，两年企业实现利税分别是 2748 万元和 2245 万元，分别比上年降低 24.82% 和 18.30%，其中外商及港澳台商投资企业实现利税大幅下滑，1990 年达到 -268 万元，比上年减少 787 万元。1991 年，全区经济效益恢复性增长。1992—1993 年经济效益出现较快增长，两年企业实现利税分别达到 15413 万元和 31926 万元，分别比上年增长 193% 和 107%。1993 年，工业企业实现利税 10259 万元，占全区企业实现利税的 32%。2000 年，企业实现利税 87235 万元，其中工业企业实现 75235 万元，外商及港澳台商投资企业实现 65510 万元，分别占全区企业利税总额的 86.24% 和 75%，表明外商及港澳台商投资企业和工业企业是开发区创造经济效益的主力军。

2003 年，全区企业实现利税总额 278011 万元，比上年增长 56%，其中工业企业实现利税 230116 万元，比上年增长 53.20%；外商及港澳台商投资企业实现利税 171614 万元，比上年增长 43.83%。建区至 2003 年累计，全区企业实现利税 984170 万元，其中工业企业实现利税 805731 万元，占 82%；外商及港澳台商投资企业实现利税 626555 万元，占 63.66%。

1986—2003 年烟台开发区企业实现利税情况统计表

表 6-3　　　　单位：万元

年份	企业实现利税总额	其中：工业企业	其中：外商及港澳台商投资企业
1986	-28	-28	-28
1987	1116	810	102
1988	3655	2361	504
1989	2748	1544	519
1990	2245	1007	-268
1991	5259	3090	843
1992	15413	7115	2329

续表 6-3

年份	企业实现利税总额	其中：工业企业	其中：外商及港澳台商投资企业
1993	31926	10259	6402
1994	23201	20591	14520
1995	26616	19303	10391
1996	35065	31015	28851
1997	55746	50351	35843
1998	46129	40129	34623
1999	68277	60277	50393
2000	87235	75235	65510
2001	123344	102344	85086
2002	178212	150212	119321
2003	278011	230116	171614
合计	984170	805731	626555

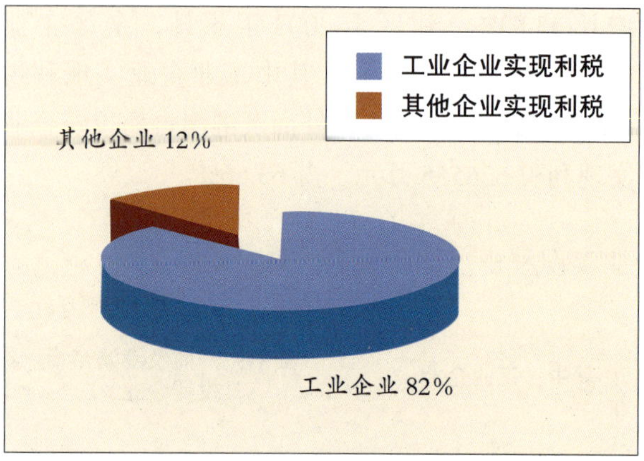

图 6-13　1986—2003 年烟台开发区企业累计实现利税结构图

第三节　固定资产投资

1985 年，烟台开发区完成固定资产投资 17144 万元，其中基础设施投资 10600 万元，占 61.8%，投资主要用于市政设施建设和生活设施建设。按三次产业划分投资额，第二产业投资 5499 万元，占 32%；第三产业投资 11645 万元，占 68%。1987—1989 年，第二产业和第三产业投资显著增长，基础设施投资出现徘徊。1989 年，完成固定资产投资总额 28690 万元，其中基础设施投资 4029 万元，第二三产业投资分别为 9097 万元和 19593 万元。1990 年，由于受国际国内投资环境影响，固定资产投资出现负增长。至 1990 年累计，全区固定资产投资总额 132502 万元，其中基础设施投资 29808 万元，占 22.5%；按产业划分，第二产业投资 34813 万元，占 26.27%，第三产业投资 97689 万元，占 73.73%。第三产业投资在总投资中占主导地位，主要是开发区成立初期，固定资产投资集中在基础设施、住宅、生活服务、教育设施等领域，资金来源也主要是管委财政性投资，企业生产性投资增长还较缓慢。

从 1991 年起，第二产业投资在全社会固定资产投资中处于主导地位。是年，全区固定资产投资总额 37238 万元，其中第二产业投资额

27222万元，占73%。这表明第二产业中企业生产性投资有较快增长。1992—1993年，辖区拉开36平方公里基本建设框架，全区固定资产投资额翻番增长，两年投资总额分别完成87267万元和150196万元，分别比上年增长134.35%和72.11%。1994—1996年，固定资产投资再次出现负增长，3年投资总额分别是130498万元、108396万元和92419万元，分别比上年降低13.11%、17%和14.74%，主要原因是生产性投资徘徊，基础设施投资和第三产业投资下降所致。从1997年起，固定资产投资基本进入稳定增长时期。是年，固定资产投资总额达到158705万元，其中基础设施投资9654万元，第二产业投资140327万元，第三产业投资18378万元。2002年，开发区扩区，第一产业开始有较大的投资，投资额达到11614万元，占全区固定资产总投资的3%。

2003年，全区固定资产投资总额完成643227万元，其中基础设施投资完成172847万元，分别比上年增长65.70%和215%。其中第一产业投资完成28591万元，第二产业投资完成251277万元，第三产业投资完成363359万元，分别比上年增长146.18%、12.85%和136%。1985—2003年累计，全区固定资产投资总额完成2964088万元，其中基础设施投资完成456732万元，占15.40%。按产业划分，第一产业投资完成41233万元，第二产业投资完成1862068万元，第三产业投资完成1060787万元。三次产业投资比重为1.40 : 62.80 : 35.80。

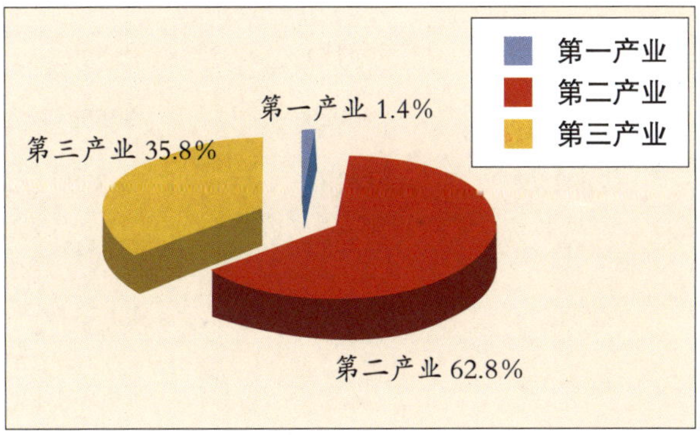

图6-14 1985—2003年烟台开发区累计固定资产投资产业结构图

1985—2003年烟台开发区全社会固定资产投资情况统计表

表6-4 单位：万元

年份	固定资产投资总额		其中		
		基础设施	第一产业投资	第二产业投资	第三产业投资
1985	17144	10600	–	5499	11645
1986	15166	6022	–	3044	12122
1987	17958	3486	–	3564	14394
1988	26338	4510	–	8660	17678
1989	28690	4029	–	9097	19593
1990	27206	1161	–	4949	22257
1991	37238	7389	–	27222	10016
1992	87267	21106	–	43336	43931
1993	150196	27184	–	98869	51327
1994	130498	16760	–	80083	50415

续表 6-4

年份	固定资产投资总额		其中		
		基础设施	第一产业投资	第二产业投资	第三产业投资
1995	108396	8769	–	77354	31042
1996	92419	7180	–	71247	21172
1997	158705	9654	–	140327	18378
1998	260826	18571	245	230672	29909
1999	281428	21579	–	249213	32215
2000	153175	34450	–	104839	48336
2001	340026	36556	783	230154	109089
2002	388185	54879	11614	222662	153909
2003	643227	172847	28591	251277	363359
合计	2964088	456732	41233	1862068	1060787

第四章　城市化进程

烟台开发区是在完全农业区域环境下建立和发展起来的。开发区区域目标定位是建设国际性、现代化工业城区。从 1985 年 3 月 20 日开工建设起，辖区开始了城市化进程。是年，开发区有农业户 1147 户，农业人口 3886 人。1992 年，辖区扩区，增加农业户 4063 户，增加农业人口 12007 人。2002 年，辖区第二次扩区，增加 93 个行政村，增加农业户 28182 户，增加农业人口 74089 人。

2003 年，辖区东区 36 平方公里区域已基本完成向城市过渡，基本实现了城市化。主要标志是：农业用地基本被工业和城市建设占用；农民住进城市统一规划的住宅小区，享有城市统一的基础设施；农村劳动力参加城市二三产业工作；农民城市文明程度显著提高。

第一节　农业用地变化

1985—1986 年，辖区征用胜利东村、胜利西村和曲家台子 3 个村的土地 360 公顷，用于起步区及区内道路建设。1987—1991 年，征用农村土地 132 公顷。截至 1991 年年底，辖区 10 平方公里规划区域内共征用农村土地 492 公顷，规划区内农业用地已基本征用完。

1992 年扩区后，当年征用土地 655 公顷，1993 年征用土地 493 公顷。1994—2001 年，征用土地 329 公顷。2002—2003 年征用 36 平方公里规划区域内农业用地 150 公顷。

1985—2003 年，开发区第一次扩区后 14 个村 36 平方公里土地，已征用 21 平方公里。扣除山地、林带、滩涂和公路所占土地外，农村所剩耕地很少。胜利东村、胜利西村、曲家台子、宫家台子、刘家台子、杨家台子6个村的耕地2000年以前就已先后征用完。2003年，岗嵛、北屯、车家、奇章、廒上、舒家、栖里、马家等8个村尚余零星耕地133公顷。

第二节　农业劳动力转移

1985年，有农村劳动力1979人，其中从事农业劳动的（农林牧副渔）1125人，占全部农村劳动力的57%，其他从事工业的237人，从事建筑业的125人，从事交通运输、商业、饮食业及公用服务等第三产业的193人。1986年，胜利东村、胜利西村和曲家台子村因耕地被征用，全部实现“农转非”（农业户口转为非农业户口），为3100余人农业户口转办了城镇居民户口。4个村还有从事农业劳动的698人，占原农村劳动力的35.27%。1990年，4个村还有从事农业劳动的588人，占原农村劳动力的29.71%。1992年，马家村实现了农转非。至此，开发区建区时的4个村的户籍全部实现了农转非。是年，4个村还有从事农业劳动的劳动力510人，占原农村劳动力的25.77%，有74.23%的农村劳动力得到了转移，进入城市二三产业。

1992年，辖区面积扩大，增加农村劳动力6085人。其中从事农业劳动的（农林牧渔副）3904人，占全部农村劳动力的64%，从事工业的790人，从事建筑业的301人。从事交通运输、商业、饮食业、房地产、教育、卫生及公用服务等第三产业的1090人。1995年，有农村劳动力5036人，其中从事农业劳动的3230人，有1806名农业劳动力得到转移，占农村劳动力的36%。

到2000年，1992年划入的10个村已基本实现农转非，尚有农业劳动力2022人，主要分布在岗嵛、奇章和车家村，占原有农业劳动力的33.2%，有66.8%的农村劳动力得到转移，进入城市二三产业。

2003年，辖区东区36平方公里区域内，有农业劳动力1652人，占原有农村劳动力的20.50%。这些农业劳动力人口已无地可耕种，多数从事农副加工业和养殖业。

第三节　居住环境变迁

1985年开发区10平方公里总体规划和1992年的36平方公里总体规划，以及2002年管辖区域扩大后228平方公里总体规划，都对农村改造、农村向城市化过渡进行详细的规划，包括居住、教育、基础设施、商贸环境等，并逐年实施。

1991年，胜利东村首先开始旧村改造。是年，管委出台关于旧村改造、村民新居工程建设鼓励

图6-15　胜利东村村民居住区（1992年摄）

图6-16　胜利东村居民居住区（2003年摄）

政策，为4个行政村统一规划了居住小区，与全区整体城市居住环境融为一体。对农村居住小区，出台减免土地使用费、“自用一半出售一半”等房地产开发优惠政策，鼓励农村旧村改造的积极性。1993年，从胜利东村开始，胜利西村、曲家台子和马家村村民陆续搬入新居。1992年新划入的10个村，从第二年就开始规划建设新居，从“三个台子”（刘家台子、宫家台子和杨家台子村）开始，逐步全面铺开。至2003年，36平方公里规划区域内的14个村的5280户村民，已有70%以上迁入新居。新居水、电、通讯、供热、道路等基础设施，实行城市统一规划，从而完成居住环境的城市化过渡。

第四节　农村管理体制变革

为适应农村向城市化过渡，工委管委于1987年2月成立烟台开发区金桥联合公司，专门负责胜利东村、胜利西村、马家村和曲家台子4个行政村城市化过渡工作和农村经济发展工作。1991年，4个村分别设立居民委员会，对无地农民实施城市化居民自治管理。1994年12月，设立开发区农村基层工作委员会，下设2个办事处和14个村民委员会，负责14个行政村的城市化过渡工作。至1998年，辖区14个村村民委员会全部过渡到城市居民委员会，实行城市化管理。

第七编

招商引资

对外交流项目签字仪式（2001 年摄）

烟台经济技术开发区志

YANTAI JINGJI JISHU KAIFAQUZHI

烟台开发区成立以来，工委管委一直把招商引资作为全区一切工作的重中之重，把招商引资视为开发区生存与发展的生命线。

1984—1991年，开发区艰难创业，探索发展。其间，一方面，区内人员基础薄弱，一切外经外贸和招商工作都从头学起；另一方面，外资进入中国境内总体上还处于试探和观望阶段。这8年，引进项目合同外资额累计完成9393万美元，实际利用外资额累计完成4796万美元，引进的主要是劳动密集型的中小项目，技术含量低，技术转让或技术转移情况很少发生。

1992—1996年，工委管委抓住邓小平南方谈话重大机遇，掀起对外开放和引进外资热潮。全区招商引资各项指标节节攀升，项目合同外资额从1991年的2736万美元迅速增至1996年的61959万美元，平均每年递增86.64%；实际利用外资也从1901万美元增至15330万美元，平均每年递增51.81%。其间，项目结构也有了质的变化，以轿车发动机和车用空调器为代表的汽车工业，以彩管荫罩为代表的电子工业，以挖掘机为代表的工程机械等一批投资额大、技术含量高的项目成功入区，为以后全区主导产业的确立奠定了基础，为大规模吸引外资储备了必要条件。1997—1998年亚洲金融危机，使韩国等亚洲国家项目投资额锐减，合同外资和实际利用外资出现大幅滑坡。

1999—2003年，在抢抓中国入世（WTO）、全球产业结构调整转移的战略机遇期中，烟台开发区招商引资在吸引大跨国公司上实现了新的突破，利用外资数量逐年增长，项目结构逐步优化，招商引资重点逐渐转移到技术含量高、附加值高的项目上，投资规模不断扩大。

建区至2003年，全区累计引进外商及港澳台商投资项目和内资工业项目1810个，其中外商及港澳台商投资项目713个；在引进的全部项目中，70%以上是高新技术项目；外商及港澳台商投资项目中有70%是出口创汇型项目。项目累计投资总额43.5亿美元，其中外商及港澳台商投资项目投资总额39.6亿美元，合同利用外资总额25.6亿美元，实际利用外资总额16.4亿美元。引进世界500强企业20家，国内500强和民营500强企业27家。全区共引进总投资1000万美元以上项目90个，其中1000万美元～2000万美元项目35个，2000万美元以上的项目55个。

第一章　招商机构

第一节　招商审批机构

经济发展局　1987年2月，管委设立经济发展局，负责项目审批等工作。1989年3月，经济发展局设立项目外事科，负责项目审批，还直接参与招商活动，有职工4人。1991年3月，撤销项目外事科，成立项目推进中心。中心内设项目引进科、项目推进科、项目管理科，有职工12人，负责项目审批和招商引资工作。1997年10月，为加强专业招商力量，项目推进中心编制扩大，内设综合处、美洲处、日本处、韩国处、东南亚处、欧洲处、内资处，人员增加到20人。2000年8月，招商引资和项目审批工作职能及人员全建制从经济发展局划出，转入新成立的投资促进局。

投资促进局　2000年8月，管委设立投资促进局，专门负责招商引资和项目审批等工作。内设项目一处（美洲处）、项目二处（欧洲处）、项目三处（日韩处）、项目四处（东南亚处）、项目五处（内资项目处）和基建推进处。2001年，撤销日韩处，设立日本处和韩国处，分别负责对日本和韩国的招商引资工作。2003 年，投资促进局有职工 33 人。

第二节　驻外招商机构

韩国办事处　2002 年 4 月，烟台经济技术开发区驻韩国办事处设立，负责对韩国的招商引资工作。办事处地址在汉城市九老区九老 1 洞，濒临仁川、水原和西汉城的交界点，周边分布着九老工团、始华工团、南洞工团等大型工业集团，是韩国重要的工业基地。定员 2 人。

日本办事处　2002 年 5 月，烟台经济技术开发区驻日本办事处设立，地址在日本兵库县神户市中央区港岛南町 1-5-2 号 7 层，负责对日本的招商引资工作。定员 2 人。

香港办事处　2002 年 6 月，烟台经济技术开发区驻香港办事处设立，地址在香港湾仔霎西街 5 号，负责对香港及珠三角地区的招商引资工作。定员 2 人。

图 7-1　烟台开发区驻香港办事处（2002 年摄）

其他办事处　1990 年前后，管委陆续在北京、厦门、济南、上海、大连、威海等地设立驻外招商办事处。20 世纪 90 年代后期，除保留北京办事处外，其他驻国内办事处陆续撤销。

深圳工作组　2003 年 3 月设立，是专为引进深圳富士康企业集团项目而设立的临时招商组织。

第三节　招商服务机构

外商投资服务中心　1992 年 12 月，烟台开发区外商投资服务中心设立，为经济发展局下属自收自支咨询服务企业，有职工 5 人，专门负责外商及港澳台商投资过程的各项服务工作，包括为外商及港澳台商投资企业提供验资审计服务，提供劳动力及人力资源供求信息，提供翻译服务，代办外资及港澳台资企业成立、变更、退税等各种手续。外商投资服务中心实行有偿服务，2000 年 8 月后划归投资促进局管辖。

投资服务中心管理处　2003 年 5 月，开发区投资促进局设立投资服务中心管理处，是“一站式”投资服务机构，有职工 20 人。投资服务中心管理处实行“一条龙”办公、“一个窗口收费”，工商、税务、金融、海关、电信、建设等机构和部门在管理处设立服务窗口，其服务对象是所有进区投资的组织和个人。管理处主要职能是投资咨询和政策说明，办理投资项目从立项审批、注册登记、开工建设、基础设施配套和建成投产等手续，受理投资者投诉等。

第四节　企业招商机构

1985—1994 年，管委陆续成立 20 余家直属公司，其中实业公司和科学技术发展公司是两个专门招商引资、兴办实业的公司，对其他公司也都赋予了招商引资的职能。十几年间，这些公司先后引进项目 300 多个，项目协议投资额近 10 亿美元。

实业公司　1985 年 5 月成立，专职招商引资，兴办实业。公司内设项目部、机电项目部、轻工化建项目部、工业发展部、企业管理部等招商和管理部门。兴办主要项目有：石英电子、电线电缆、合成玛瑙、食品加工冷冻、针织、滑动轴承、厌氧密封胶等。

科技发展公司　1987 年 12 月成立，主要负责招商引资，兴办科技项目。公司内设新技术开发部、业务部、项目部等项目开发部门。兴办主要项目有：自动化显示设备、光电通讯、热电、遥控测试器、机械传动、通讯技术、电量变送器、导电涂料等。

华达经贸总公司　1988年7月成立，从事内外贸易，同时招商引资。公司内设经济技术开发部，对外引进项目。兴办主要项目有：华达医疗器械、华达土产棉麻公司等。

北洋汽车工业集团股份有限公司　1991年3月成立，主要负责招商引资，发展开发区汽车工业。公司内设项目开发部等部门。兴办主要项目有：北洋实业公司、汽车维修中心、北洋汽车贸易公司等。

电子工业公司　1992年6月成立，主要从事电子工业招商工作。公司内设项目企管部、高新技术产品开发部、项目投资部、汽车电子部等项目开发部门。兴办主要项目有：嘉利自动化仪表公司、嘉汇通讯导航技术发展公司、嘉鑫计算机公司、永达电子公司等。

纺织公司　1992年6月成立，主要从事纺织工业招商工作。公司内设业务部、工程技术部等项目开发部门。兴办主要项目有：纺织品进出口公司、工艺服装厂、春生针织有限公司等。

第二章　投资政策

第一节　产业导向

为指导投资方向，依据国家产业政策，结合各个时期经济和社会发展规划要求，开发区管委定期制定投资产业政策，并对外公布。

图7-2　1988年及以前的投资指南

1984—1990年产业导向　1984年开发区成立后，投资的重点是依托烟台老市区，发展轻工食品、电子仪表、纺织服装、精细化工及新型建筑材料等，主要发展领域有：

轻工行业　电脑纸、皮衣、聚氨酯运动鞋、玩具、首饰、宝石加工、铝合金新型建材及印刷包装等。

食品行业　果汁饮料、啤酒、威士忌酒、白兰地酒、精制花生油。

电子行业　计算机及外围设备、激光电视视频放像机、激光电视视盘、组合音响设备、彩色电视机及微型机应用软件等。

纺织服装行业　牛仔布、氨纶纤维、氨纶包芯纱、异型涤纶长丝、丝绸、西服等。

机械行业　测量组合机、圆锥轴承、轴瓦等。

化工行业　全成香料、高档橡胶密封件、聚氨酯橡胶等。

1991—1994年产业导向　进入20世纪90年代，开发区鼓励投资兴办高新技术企业和科研机构，在高新技术领域重点发展：

电子信息技术　通信与广播电视设备、计算机技术、激光与电子技术、微电子与基础电子元器件。

机电一体化技术　仪器仪表、机床电器及建

筑工程机械、化工机械、农业机械等机电一体化设备。

新材料技术　电子信息材料、复合材料、工程塑料及塑料合金、陶瓷材料、有机分离膜及其制品、特种合金及稀有金属、特种纤维及功能纤维、非晶体材料、人工晶体、磁性材料。

生物工程技术　现代微生物发酵技术、酶（非细胞）固定技术、现代生物反应器及分离纯化技术、生物医学工程技术、海洋生物技术。

在机械行业重点发展汽车、摩托车及配件，机床、工程机械；在电子行业重点发展计算机与外围设备；在纺织行业重点发展各类化纤及纺织品；在化工行业重点发展精细化工等产品。

1995—1996 年产业导向　鼓励兴办高新技术项目和生产性项目；投资总额在 1000 万美元以上的项目；引进先进技术改造现有企业项目；外商独资项目和外商投资比例较大的项目。

严格控制高耗能及国家限制外商投资的项目、房地产开发经营及一般娱乐性项目。

禁止兴办技术落后或设备陈旧、可能造成严重污染而无切实治理措施的项目，属于国家禁止兴办的项目。

鼓励投资汽车工业、机械工业、电子工业、食品工业、化纤纺织工业、医药工业、精细化工业、生物工程、新材料、轻工业、旅游业。

1997—2003 年政策　鼓励发展高新技术产业和国家鼓励外商投资的产业。着力发展汽车、机械、电子信息、精细化工、医药及生物工程、化纤纺织及服装加工、食品、轻工、新材料等行业，同时加快吸收外资开发第三产业，形成整体产业优势。

鼓励发展投资规模较大的工业生产性项目，实行大中小项目并重的原则，着重构筑大工业基地的框架；着力引进跨国公司，建设跨国公司的研发、制造业基地。

鼓励发展外商独资和外商投资比例较大的项目，坚持走“中中外（指两个中方内联企业与外资嫁接合作的形式）”的路子，积极探索国际上通行的合作方式。

鼓励产品外销但不限制内销。

第二节　税收优惠政策

国务院批准设立经济技术开发区以来，为支持开发区的发展，一定时期内在工商税收上给予相应优惠政策。烟台开发区为鼓励投资者，鼓励先进技术和出口企业，也先后补充了一些优惠条款。烟台开发区执行的优惠政策如下：

流转税　1985—1990 年政策。客商投资的生产性企业，在投产后 3 年内缴纳工商统一税有困难的，可以减免。区内管理机构和企业进口自用的生产和管理设备、原材料、零配件、元器件和建筑器材、自用的交通工具及办公用品（限合理数量），免征关税和进口工商统一税。在区内投资并居住的客商及在区内工作和居住的中国境外技术人员，进口安家物品和自用交通工具（限合理数量）免征关税和进口工商统一税。建设开发区基础设施，需要进口的机器、设备和其他基建物资，1990 年以前免征关税和进口工商统一税。

1991—1993 年增加的政策。外商投资企业进口自用的建筑、生产设备、原材料、零配件、元器件、交通工具、办公用品，免征关税和工商统一税。外商投资企业为解决外汇平衡，实行综合补偿而出口的产品，免征关税和工商统一税。外商投资企业生产的内销产品在开办初期纳税有困难的，在一定期限内，可减征或免征工商统一税。

1994—1997 年增加和变更的政策。1994 年起，国家对外商投资企业实行统一的增值税、消费税、营业税政策，开发区优惠政策进行了相应调整。外商投资企业出口生产的产品，免征增值税、消费税。外商投资企业以来料加工、进料加工贸易方式进口的货物，免征进口环节增值税、消费税；加工货物出口后，免征加工或委托加工货物及工缴费的增值税、消费税。外商投资企业以进口料件加工成品后不直接出口，而是转让给另一承接进料加工的外商投资企业进行再加工、装配后出口的，免征生产环节的增值税、消费税。

1998—2000年增加和变更的政策。外商投资项目，只要属于《外商投资产业指导目录》中鼓励类和限制乙类项目，其在投资总额内进口的自用设备，除《外商投资项目不予免税的进口商品目录》所列商品外，均免征关税和进口环节增值税，加工贸易项目进口外商提供的不作价设备，除《外商投资项目不予免税的进口商品目录》所列商品外，免征关税和进口环节增值税。

外商投资企业以来料加工、进料加工贸易方式进口的货物，实行全额保税。产品全部出口后，免征关税和进口环节增值税、消费税。对不能出口部分，予以补税核销。加工货物出口后，免征加工或委托加工货物及工缴费的增值税、消费税。

2001—2003年增加和变更的政策。对已设立的鼓励类外商投资企业、外商投资研究开发中心、先进技术型和产品出口型外商投资企业增资项目，在原批准的生产经营范围内进口自用设备及其配套的技术、配件、备件，免征进口关税和进口环节增值税。

产品全部直接出口的允许类外商投资项目进口设备，进口关税和进口环节增值税实行先征后退。

外商投资企业出口自产或委托加工产品出口后，可退免增值税、消费税。

外商投资企业以来料加工贸易方式进口的货物，免征进口环节的增值税、消费税。加工货物复出口后，免征加工货物工缴费的增值税。

对鼓励类外商投资企业在投资总额内采购国产设备，可按规定全额退还国产设备增值税，并抵免企业所得税。

所得税　1985—1988年政策。客商投资开办生产性企业，企业所得税税率按15%征收。经营期10年以上的，从获利年度起，第1年和第2年免征，第3年至第5年减半征收，即“两免三减半”。

客商投资开办生产性企业的地方所得税，从1985年起10年内免征。

从1985年起，客商在3年内投资兴办技术、知识密集型项目，其经营期在10年以上或投资额在500万美元以上的，除给予“两免三减半”优惠待遇外，还可继续给予1至3年减免所得税的优惠待遇。

客商从合资企业中将分得的利润再投资本企业或区内其他中外合资企业，经营期在5年以上的，退还再投资部分已缴纳所得税额的40%；对技术特别先进的，可适当扩大退税比例，以至全部退还。

企业发生年度亏损，可以用下一年度所得税弥补，但期限不超过5年。

客商有来源于区内设立机构的股息、利息、租金、特许权使用费和其他所得，除依法免征所得税的外，其他都减按10%的税率征收所得税。其中提供资金、设备的条件优惠，或者转让先进技术的，可再减免所得税。

1989—1990年增加和变更的政策。先进技术企业减免企业所得税期满后，可延长3年减按10%的税率缴纳企业所得税。

产品出口企业当年出口产值达到企业总产值70%以上的，在减免企业所得税期满后，再减按10%的税率征收企业所得税。

中国公司、企事业单位购进技术、设备和商品，由对方国家银行提供卖方信贷，中方按不高于其买方信贷利率延期付款所付给卖方转收的利息，免征企业所得税。

1991—2001年增加和变更的政策。境外投资者将其从企业分得的利润直接再投资于该企业，增加注册资本，或者作为资本投资开办其他外商投资企业，经营期不少于5年的，经批准，退还其再投资部分已纳所得税额的40%；在中国境内再兴办、扩建产品出口企业和先进技术企业，经营期不少于5年的，可以全部退还其再投资部分已缴纳的企业所得税。

外商投资企业和境外企业设立的从事生产、经营机构、场所发生年度亏损，可以用下一年度所得税弥补，下一年度所得税不足弥补的，可逐年延续弥补，但最长不超过5年。

外商将其从企业分得的利润和境外职工税后的合法收入汇出境外时，免征所得税。

2002—2003 年增加和变更的政策。从事《外商投资产业指导目录》中鼓励类项目的外商投资企业，追加投资形成的新增注册资本额达到 600 万美元以上或新增注册资本额达到 1500 万美元以上，且达到或超过原注册资本 50% 的，其投资者在原合同以外追加投资项目所取得的所得，享受所得税“两免三减半”。

第三节　土地与配套政策

土地使用政策　建区以来，管委两次出台土地管理办法。第一次是 1988 年 5 月 23 日发布的《烟台经济技术开发区土地管理办法（试行）》，第二次是 2001 年 11 月 10 日发布的《烟台经济技术开发区土地管理试行办法》（简称《办法》）。

《办法》规定，全区国有土地实行统一规划、统一征用、统一出让的原则。出让后的土地使用权可依法出让、转让、出租和抵押。

用地期限届满，除合同另有规定外，受让人可以申请续期；用地期限届满，受让人不申请续期的，土地使用权连同全部基础设施及地面建筑物由管委无偿收回，同时注销土地使用证；土地使用期限未满，由于社会公共利益需要，管委可提前收回土地使用权及其地上建筑物和附着物，但须在 6 个月前书面通知土地使用权拥有人。提前收回土地使用权，应给土地使用权人以合理的补偿。

用地选址工作由建设环保土地局负责，2000 年投资促进局成立后负责工业项目用地的选址工作。土地主要采取协议出让方式出让。工业用地出让期限在 20 世纪 90 年代中期以前一般为 20 年左右，公建及住宅用地一般为 50 年；90 年代中期以后，工业用地一般为 50 年，公建及住宅用地一般为 50 ~ 70 年。

土地出让费标准分科研机构文教卫生用地、产品出口和先进技术企业用地、一般工业用地、公用及住宅用地等用途，不同用途，价格不同。土地出让费一般要求一次性缴纳，一次缴纳有困难的，可分期在最多不超过 2 年内缴清。土地出让费标准分期对外公布。针对各个时期的招商重点，对重要项目的土地出让费还给予不同的优惠待遇。

2003 年烟台开发区土地出让费标准表

表 7-1　　单位：元 /m²

用地性质	一次性缴纳费款项						
	10 年	20 年	30 年	40 年	50 年	60 年	70 年
科研文教卫生用地	15	20	40	60	80	120	150
产品出口及先进技术企业用地	25	30	60	90	100	–	–
一般工业用地	30	45	80	110	135	–	–
商住用地	–	200	230	260	300	325	350

基础设施配套政策　1985—1995 年，对出让地块，管委负责基础设施配套至项目用地红线。配套内容有：道路、给水、供电、供热、电信、雨水、污水及场地平整，即达到“七通一平”。1996—2003 年，道路、给水、供电、供热、电信、雨水、污水配套至用地红线，提供原地貌地形，由土地受让者自己平整。

第四节 招商引资奖励政策

为了充分调动社会各界为烟台开发区引进项目和资金的积极性，促进全区对外开放和开发建设事业快速发展，1990年管委制定《烟台经济技术开发区引进项目及资金奖励办法（试行）》，2000年进行修订，出台《烟台经济技术开发区引进项目及资金奖励办法》。

1990年奖励政策 引进项目类别 中外合资、中外合作、外商独资及港澳台资工业项目；对外来料加工、装配、生产和补偿贸易项目；内联工业、商业、服务业项目。

引进资金类别 国内外无偿援助、赠款；无息、低息或其他形式的贷款。

奖励对象 对招商引资中介人进行奖励。凡属为开发区引进项目和资金牵线搭桥的国内外团体和个人，在项目签约、资金到位或引入资金过户后，均可成为中介人。

奖励资金来源 引进项目中介人的奖金由承办项目的企业支付（可在成本中列支），其中外商及港澳台商独资企业中介人的奖金由管委支付；引入资金中介人的奖金，由资金使用单位支付。

奖励标准 对中介人实施一次性奖励。奖金＝额度 × 比率。

1990年烟台开发区引进项目奖励标准表

表7-2

项目金额（万元）	项目性质与奖励比率（‰）			
	三资企业	来料加工	补偿贸易	内联企业
6000以上	6	5	5	4
3000 ~ 6000以下	5	4	4	3
1000 ~ 3000以下	4	3	3	2
10 ~ 1000以下	3	2	2	1

说明：先进技术和高科技生产性项目在以上标准上再提高1‰~ 2‰

1990年烟台开发区引进资金奖励标准表

表7-3

资金额度（万元）	引进资金种类与奖励比率（‰）		
	无偿援助或赠款	无息贷款	低息或其他贷款
3000以上	15	5	5（1- i ）
1000 ~ 3000以下	10	4	4（1- i ）
50 ~ 1000以下	5	3	3（1- i ）

说明：表中“i”为银行同期利息率

2000年奖励政策 引进项目类别 外商及港澳台商投资项目、内联工业生产性项目、旅游项目、基础设施和公用事业建设项目。

引进资金类别 国内外无偿援助、赠款、无息低息贷款（借款）、捐赠实物（作价）。

奖励对象 引进项目和资金的单位和个人；增资项目，奖励增资企业。

奖励资金来源 管委在区财政设立专项奖励

资金，用于各项奖励的支付。

奖励标准 对中介人实施一次性奖励。奖金 = 额度 × 比率。

引进项目，到位资金额在 500 万美元以下的，按实际到位金额的 4‰予以奖励；500 万 ~ 3000 万美元以下的，按实际到位金额的 5‰予以奖励；3000 万美元以上的，按实际到位金额的 6‰予以奖励。企业增资项目，按区外资金实际到位的 3‰予以奖励。

对引进世界最大 500 家公司、国内最大 100 家公司直接投资项目，除执行上述计奖标准外，还按实际到位资金在 500 万美元以下的，给予 5 万元奖励；500 万 ~ 1000 万美元以下的，给予 10 万元奖励；1000 万 ~ 3000 万美元以下的，给予 20 万元奖励；3000 万美元以上的，给予 30 万元奖励。引进低息贷款（借款）、引进无偿援助、赠款或捐赠实物作价，按实际到位资金的 2% 计奖。引进无息、低息贷款（借款），按：奖金 = 实际到位资金 ×（1- i ）× 1% 。[式中 i 为贷款(借款）利息率]

第三章 投资服务

第一节 服务方式

建区以来，招商引资服务主要有咨询服务、代理服务、全程陪同服务和一站式服务等几种方式。

咨询服务 1985—1992 年，投资者兴办项目时，由投资者自己到管委有关职能部门办理项目审批手续，自己办理建设、工商注册、纳税登记等全部手续，管委办事机构只提供相关的咨询服务。

代理服务 由于设立企业的各项审批手续十分繁杂，投资者很难在短时间内掌握，造成投资者兴办项目困难很大。针对这一情况，1992 年管委成立外商投资服务公司，接受投资者的委托，实行有偿服务，代理投资者办理项目建议书、可行性研究报告、项目审批、工商注册、纳税登记、领取批准证书等全部手续，减少投资者不必要的困扰，提高工作效率和服务水平。有偿服务价格，根据项目投资额大小及繁简程度，一般在 2000 ~ 5000 元之间。

全程陪同服务 2002 年投资促进局成立以来，为加强对重点投资项目的跟踪，努力做好招商引资的前期、中期、后期服务，由工作人员对重点项目从洽谈、立项、批准到领取营业执照，从用地选址、筹建、建设到投产，实行全程陪同服务。由工作人员负责协调解决项目在审批、选址、投资、建设中遇到的各种问题，促进项目早日建成投产。

一站式服务 为改善投资环境，进一步提高办事效率，2002 年 11 月管委在行政中心大楼设立投资服务中心，实行集中办公制度，由投资、工商、

图 7-3 投资服务中心一站式服务（2003 年摄）

建设、税务、海关、金融等部门分别设立办事审批窗口，实行“一条龙”办公、“一站式”服务，在一个大厅内办完全部审批手续。进一步方便投资者，加快项目审批速度。

第二节　项目审批

1985—2003 年间，烟台开发区外商及港澳台商投资项目审批权限为 3000 万美元以内，内资项目审批权限为 3000 万元人民币以内。审批权限以内项目，经济发展局代管委审批，2000 年投资促进局成立后由投资促进局代管委审批。超越审批权限的项目，由开发区审核后转报上级政府部门审批。

外商及港澳台商独资项目核准　1990 年 5 月 9 日，美国加州荣华电子公司投资 100 万美元，兴建年加工石英钟线路板组件 300 万套，是烟台开发区审核批准的第一个外商独资项目。至 1995 年，核准外商及港澳台商独资项目 80 个，外商及港澳台商投资额 20099 万美元，主要项目有易特斯（烟台）精密纺织机械有限公司、烟台光生铝工业有限公司、迈克·威力（烟台）机械有限公司等。1996—2000 年，核准外商及港澳台商独资项目 78 个，外商及港澳台商投资额 12165 万美元，主要项目有烟台台华食品有限公司、烟台宇信机械有限公司、烟台东山电机有限公司等。2001—2003 年，核准外商及港澳台商独资项目 137 个，外商及港澳台商投资额 80097 万美元，主要项目有烟台东镐重工业有限公司、先进精密工业（烟台）有限公司、多保精密工业（烟台）有限公司等。至 2003 年，开发区共核准外商及港澳台商独资项目 295 个，项目投资额 112361 万美元。

中外合资项目核准　1985 年 3 月 2 日，由烟台标准件厂和香港凯迪有限公司合资 100 万美元兴办的烟台亚东标准件有限公司，是烟台开发区核准的第一家中外合资项目。至 1990 年，全区核准中外合资项目 29 个，合同总投资额 15330 万美元，其中外商及港澳台商投资额 6189 万美元，主要项目有烟台香港华联有限公司、烟台石玉制品工业有限公司、烟台福莱食品加工冷冻有限公司等。1991—1995 年，核准中外合资项目 170 个，合同总投资额 76953 万美元，其中外商及港澳台商投资额 27743 万美元，主要项目有烟台大川玻璃模具有限公司、烟台东联汽车维修有限公司、烟台麦特电子有限公司、山东小峰彩色印刷有限公司、烟台天马产业开发有限公司、烟台西蒙西塑料包装品有限公司、烟台荣昌制药有限公司、山东日冷食品有限公司等。1996—2000 年，核准中外合资项目 80 个，合同总投资额 109762 万美元，其中外商及港澳台商投资额 74769 万美元，主要项目有上海通用东岳动力总成有限公司、烟台龙源电力技术有限公司、烟台银河轮渡有限公司、烟台正海磁性材料有限公司等。2001—2003 年，核准中外合资项目 133 个，合同总投资额 77013 万美元，其中外商及港澳台商投资额 34697 万美元，主要项目有山东省中鲁远洋（烟台）食品有限公司、浪潮乐金数字移动通信有限公司、烟台中世天然气有限公司、上海通用东岳汽车有限公司、烟台星华氨纶有限公司等。建区至 2003 年，全区共核准中外合资项目 412 个，合同总投资额 279058 万美元，其中外商及港澳台商投资额 143398 万美元。

内资工业项目核准　1985 年 10 月 4 日，由烟台市塑料七厂与辖区胜利东村合资兴办的烟台地毯材料有限公司，是管委核准的第一个内资项目。至 1990 年，全区核准内资生产性项目 39 个，注册资本 25409 万元，主要项目有烟台氨纶厂、烟台市制材厂、烟台首钢空调器厂等。至 1995 年，全区核准内资生产性项目 108 个，注册资本 79592 万元，主要项目有烟台钢格板有限公司、烟台惠丰电子有限公司、烟台黄金电器有限公司、烟台西特电子材料有限公司等。至 2000 年，全区核准内资生产性项目 359 个，注册资本 109863 万元，主要项目有烟台市黄金冶炼有限责任公司、烟台普利机械有限公司、烟台荣科新技术有限公司等。至 2003 年，全区共核准内资生产性项目

1097个，注册资本272754万元。

外商及港澳台商投资企业股份制改造审核 1999年，审核外商及港澳台商投资企业股份制改造项目——烟台麦得津生物工程股份有限公司。股份制公司由烟台荣昌制药有限公司、美国罗永章先生、美国周兵博士、北京中科城文化发展有限公司组成，股本以每股面值1元人民币认购，总股本3012.815万元，折363.0743万美元。公司研制、开发、生产、销售生物工程产品及其相关产品。这是辖区成立至2003年为止唯一一个外商及港澳台商投资股份制企业。

第四章 招商方式

建区20年来，管委不断总结招商经验，拓宽招商思路，丰富招商方式，形成了以专业招商为主，全员招商、以商招商、网上招商以及利用重大经贸活动招商等形式为辅的招商引资方式。各种招商方式互相配合，促进全区招商工作的开展。

图7-4 1987年10月烟台春生毛衫有限公司项目签字

第一节 专业招商

专业招商，是依靠专门招商队伍进行招商引资工作。这是烟台开发区成立以来招商引资的主要形式，全区80%以上的投资项目通过专业招商引进。

1985年起，实业公司、科技发展公司、进出口公司、华达经贸公司等管委直属公司，相继成立项目部、经济发展部等机构，专门从事招商引资工作。其间，大部分项目都是这些企业招商队伍引进的。实业公司1986年引进的烟台鲁东电线电缆有限公司、山东工程机械有限公司、烟台福莱食品加工冷冻有限公司、烟台地毯材料有限公司，1987年引进的氨纶厂等；科技发展公司1989年引进的烟台泰德电子技术有限公司、亚新利有限公司、海通联合公司、远达音响公司等。直属公司专业招商队伍随20世纪90年代的国有企业改制而撤销。

1989年3月，经济发展局成立项目外事科，负责项目审批和直接参与直属公司的招商活动。1989年引进的烟台黄海钢铁有限公司、1990年引进的亚美特种金属有限公司、华鲁热电有限公司等，都是管委招商机构与企业招商机构共同合作的结果。1991年3月成立项目推进中心，有10多名工作人员，专门从事招商引资工作。机关专业招商队伍与企业招商队伍政企结合，上下互相协作、相互补充，完成了大量的招商任务。一汽大宇发动机项目、大宇重工业烟台有限公司项目等，都是管委专业招商队伍努力的结果。

1997年10月，为加强专业招商力量，项目推进中心编制扩大，内设机构升格为正科级，人员增加到近20人。主要招商项目有韩国独资企业烟台华东变压器有限公司，韩国独资企业烟台宇信科技有限公司、烟台东山电机有限公司与中国香港合资的烟台正海磁性材料有限公司等。

2000年8月，为积极参与招商领域竞争，迅速扩大开发区经济建设规模，管委专门设立投资促进局从事专业招商。2001—2003年仅3年时间，专业招商队伍就引进项目500多个，其中外资及中国港澳台投资项目200多个，项目总投资额达到10多亿美元，其中合同利用外资额5亿多美元。

第二节　全员招商

烟台开发区的全员招商，是工委管委采用行政手段，发动直属各部门、企事业单位，中央、省、市属驻区各单位及全体职工参与的招商引资活动。

2001年，为适应国家级开发区之间、烟台各县市区之间激烈招商引资竞争形势，进一步加大招商引资力度，年初管委召开会议，对全员招商进行动员部署，下发《烟台经济技术开发区招商引资目标责任制考核办法》，对直属各部门、企事业单位，中央、省、市驻区单位全面下达招商引资指标任务，签订目标责任书，纳入年度目标责任制考核范围。全员招商与全区目标责任制考核奖金挂钩，与年终考核评先（先进单位）树优（优秀工作者）挂钩。按照竞争激励、奖优罚劣原则，招商指标与20%奖金挂钩，多招多得，少招少得，不招不得。按管委要求，各单位把招商引资指标层层分解到处、室、科、股与班、组等基层单位，最后直接分解落实到个人。

全员招商第一年，取得明显效果。全年引进项目合同总投资额2.66亿美元，超计划6000万美元，比上年增长63%；合同利用外资突破2亿美元，超计划5800万美元，是上一年的2.47倍，是建区以来最好的一年，夺得全市第一。成功引进浪潮集团1个国内500强企业，引进LG电子、三洋电器、国电电力3个世界500强企业，占全省的三分之一，是建区以来最多的一年。引进1000万美元以上大项目11个，其中，投资9000万美元的东方果胶项目是当年全省最大利用外资项目。成功引进了浪潮—LG合资手机研发中心项目，实现了山东省引进外资设立研发中心“零”的突破。

2002年，招商引资任务指标为（按注册资本考核）：工委书记、副书记，管委主任、副主任每人500万美元；兼任工委委员的部门负责人每人300万美元，其所在部门300万美元；管委部门每单位400万美元；政法部门、区直属企业、派驻单位、交通局、长江社区管理处、海河社区管理处300万美元，其他区直属单位200万美元。是年，引进项目投资总额5.2亿美元，增长95.42%；合同外资额3.9亿美元，增长78.30%；实际利用外资1.43亿美元，增长75.40%。以上三项指标的增幅，比国家级开发区平均增幅分别高出36个百分点、25个百分点和30个百分点。

2003年招商引资任务指标（3个街道办事处为实际利用外资额，其他单位为注册资本）为：工委书记、副书记，管委主任、副主任各1000万美元；工委委员及所在部门1000万美元；管委行政部门600万美元；政法部门、区直属企事业单位及派驻单位400万美元（其中工委党校200万美元）；古现、大季家、八角三个街道办事处分别为628万美元、1870万美元和392万美元。是年，全区引进项目总投资首次突破10亿美元，比上一年增长96.46%；合同外资额达到5.4亿美元，增长38.38%；实际利用外资达到2.2亿美元，增长54.85%，再创历史最好水平；境内招商达到11亿元人民币，名列全市第一。

第三节　走出去招商

组团招商　1986年5月2—11日，管委主任李永顺一行5人赴中国香港，对电线电缆行业及香港劲东企业有限公司在烟台开发区兴办电线电缆项目等情况进行考察、洽谈，同时宣传烟台开发区的优惠政策。这是管委第一次走出去，赴境外招商活动。赴外招商促进了项目的建设进度。10月，实业公司与香港劲东企业有限公司合资136万美元的烟台鲁东电线电缆有限公司项目批准设立。项目1987年开工，1988年8月投产。1986年5

月 11—17 日，管委组团赴汕头特区和广州开发区学习并开展招商活动。这是管委走出去在境内的第一次招商尝试。

1986—1990 年，管委组织出境招商 12 次，主要招商国家有日本、法国、美国和中国香港地区。主要招商项目有静电植绒布项目、石板材项目、食品加工冷冻项目、锦纶纺丝项目、城市集中供热项目等。1991—1995 年，组织出境招商 20 多次，主要招商国家有日本、韩国、美国和中国香港、台湾地区。主要招商项目有车用空调器项目、车用内饰件项目、汽车零部件项目、变频调速器项目、IPT 透明导电玻璃项目、石英晶体项目等。1996—2000 年，组织出境招商 30 多次，主要招商国家有韩国、美国、日本、德国、新加坡和中国香港、台湾等地区。主要招商项目有汽车焊装线项目、精密纺织器械项目、计算机零部件项目、尼龙纺织项目、石英电子谐振器项目等。

敲门招商 由于统一组团的规模大、效率低等种种不足，从 1994 年起，又采取小分队招商的形式，即组成三五人的小组，走出去开展“敲门招商”活动。“敲门招商”主要是针对已取得的项目信息，走访企业，深入项目单位，主动登门拜访，介绍优惠政策，解决项目疑难，详细进行项目对接。国内，先后组团走访了 31 个国家部委和大专院校；1995 年 9—10 月，首次组团赴东北老工业基地、军工企业、中西部“三线招商”；1996 年，赴外企驻京办事处、联络处开展招商；1997 年，赴南方私营企业招商等。通过敲门招商，与项目单位广泛建立联系，取得重要的项目信息，也谈成一些项目。

开发区成立初期，对外招商主要集中在中国港台地区。20 世纪 90 年代中期以后，确立“主攻韩日”的招商策略。集中精力，主动联系，始终保持对韩日招商的力度。1995—2003 年，每年都大量外派小分队赴韩日招商，每年都在韩日两国举办 2 ~ 3 次大型招商说明会，反复宣传投资政策、投资环境和产业导向，提高开发区在韩日两国的知名度。

2000—2003 年，出境招商 20 多个国家和中国港澳台地区，70 多人次，获得 100 多个有价值的项目信息，促成浪潮 LG、东山电机等 30 多个项目在开发区落户。

第四节 以商招商

以商招商，是通过已建成项目的投资者来吸引潜在投资者的招商方式。其方法主要是，管委通过建设良好的投资环境，包括基础设施、企业服务体系、优惠政策等投资软硬环境，为现有企业营造一个良好的生存发展空间，使企业有良好的投资回报，然后再由现有企业去吸引其他潜在投资者。以商招商的形式，有原企业增资扩股、有联合外地企业兴办新项目、有介绍设立独资企业等。20 世纪 90 年代以来，以商招商成为开发区招商引资的重要形式。主要有：1992 年依托烟台西蒙西轴承有限公司引进的西蒙西塑料包装项目，是烟台开发区第一家以商招商项目。1994 年依托烟台首钢东星集团公司引进的首钢电装项目，1996 年依托烟台肯达尔医用品有限公司引进的新兴医用品项目，1998 年依托烟台正海集团公司引进的海韵电子项目，2000 年依托烟台华润锦纶有限公司引进的华润厚木尼龙项目，依托烟台正海集团公司引进磁性材料项目，2001 年依托烟台华东变压器有限公司引进的东山电机项目，2003 年依托大宇重工业烟台有限公司引进的大宇机床项目等。

第五节 驻外办事处招商

1990 年以后，管委先后在境内外设立招商办事处，开展招商引资活动。

2002 年 4 月韩国办事处成立后，先后与韩国全国经济人联合会、大韩贸易振兴公社、贸易协会、网络研究组合、产业团地公团、京畿风险协会等协会建立联系，结交各界人士，获取项目信息。跟踪推进现代重工业的工业锅炉项目、大宇综合机械的数控机床及关联项目、LG 电子等重点项目顺利进区。

2002 年 5 月日本办事处成立后，广泛与日本工商界、企业界建立联系，开展招商引资工作。至 2003 年，先后接待管委赴日招商团组 12 批，拜访客户 1000 余家。在神户市商工会议所、产业振兴财团等组织的有 450 多家企业参加的会议上宣传烟台开发区。与川崎重工、三洋电机、东丽、帝人、矢崎等一些大公司及大阪商工会议所、日中经济中心、日本贸易促进会、关西经营管理协会等主要工商机构建立业务联系。积极跟踪在谈项目，推动大丰轴瓦、阿童木手套、希满安全鞋、三菱煤焦化、敷岛纺织帆布、进和焊接器等项目提前来区落户。2003 年 4 月，独立召开烟台开发区东京、大阪投资说明会，参会人数 300 多人次。

2002 年 6 月香港办事处成立后，先后加入驻香港的美国商会、加拿大商会、新加坡商会等协会，与香港中华总商会、中国企业商会、冀鲁旅港同乡会等 20 余家有影响的商会建立联系。拜访外国驻香港商会、领事馆 19 家，香港商会 10 家。促成投资 8.23 亿元的环球货柜码头公司与烟台港务局合资的烟台环球码头有限公司项目，签约投资 2750 万美元的烟台环琮电子有限公司项目、投资 3000 万美元的华润服装城项目。办事处立足香港，还在珠三角地区广泛开展招商活动。先后赴深圳、广州、珠海、中山、东莞等地，走访外资及港澳台资企业 70 多家，搜集信息，建立联系。

深圳工作组是专为引进深圳富士康企业集团项目而设立的临时招商组织。2002 年 5 月，投资促进局开始与深圳富士康企业集团接触，探讨投资合作事宜。10 月 20 日，管委主任王秀臣带领投资促进局局长杨林盛一行赴深圳拜访富士康企业集团总裁郭台铭。按照郭台铭的嘱托，王秀臣将在深圳的交谈情况向山东省省长张高丽作了汇报。对此，省委书记吴官正和省长张高丽作出批示，支持富士康在烟台发展。2003 年 3 月，烟台市委书记焉荣竹、管委主任王秀臣一行再赴深圳拜访郭台铭，进一步项目洽谈，并决定成立山东（烟台）专案小组，研究推进烟台项目，深圳工作组就此成立。深圳工作组由管委投资、规划、土地、建设、环保、劳动、公安以及经济管理等部门派员组成，主要任务是帮助富士康企业规划投资烟台开发区有关事宜，人员 12 人，组长是管委副主任高明经。工作组在深圳前后工作 64 天。工作组成立后，就金盐项目、芦笋项目做了大量的调研工作，并积极联络推进郭台铭总裁捐资 1500 万元为其母亲家乡烟台莱山建设一所学校事宜。12 月初，管委主任王秀臣再赴深圳与郭台铭及郭台成特别助理进行洽谈，最终促成了富士康在烟台开发区投资，由管委提供临时厂房先进行简单生产，同时启动富士康工业园建设。12 月下旬，双方确定 ASD 事业处在开发区投放电脑主板及显卡生产线，设立投资总额 2000 万美元、注册资本 800 万美元的鸿富泰精密电子（烟台）有限公司。

第六节　会议招商

建区以来，烟台开发区充分利用各种重大经济、技术、投资、商贸活动开展招商引资工作。

中国—新加坡国际经贸洽谈会招商　1994 年 6 月 18 日，管委主办的’94 中国—新加坡国际经贸洽谈会在烟台开发区国际交流中心举行。国务院特区办主任胡平、山东省副省长宋法棠，烟台市党政领导，新加坡、马来西亚、美国、日本、丹麦、澳大利亚、韩国等国家和中国澳门、香港、台湾地区的 157 名嘉宾出席会议。洽谈会共签订外资及港澳台资项目 24 个，合同投资额 5418 万美元，合同外资额 3254 万美元。

为开好“6.18”’94 中国—新加坡国际经贸洽谈会，实现扩大招商的目标，管委于 4 月 9 日组织 30 人的考察团赴新加坡考察。6 月 17 日，在区工贸大厦举行’94 中国—新加坡国际经贸洽谈会新闻发布会，来自中央、省、市和兄弟开发区近 40 家新闻单位的记者出席发布会。为展示烟台开发区改革开放和建设成果，在区内金光大厦（Ⅰ-7小区北侧标准厂房）设立烟台开发区建设成果展览馆。

第二届APEC中小企业技术交流暨展览会招商 1998年10月8—14日，第二届APEC中小企业技术交流暨展览会在市亚太国际贸易中心会展馆召开。这是烟台市举办的首次大型亚太经合组织会议。开发区利用这次会议开展招商，邀请外商及港澳台商参会334人，招展境外摊位35个，境内摊位26个。本着发扬“友谊、合作、发展、繁荣”的主题，通过实物和展板，反映烟台开发区改革开放的成果，展示辖区良好的投资环境和美好的发展前景，加强了与外商及港澳台商的沟通与了解，取得很好的招商成果。

开发区在会议期间举办3次大型活动，分别是“烟台之光”——开发区发展与未来观摩活动、“APEC相聚在烟台”冷餐联欢晚会和“中国—加拿大双边合作研讨会”。接待加拿大NRC（BC）代表团、中国香港贸发局、日本宫古市政府代表团、日本参议院代表团、韩国群山市政府代表团、荷兰北荷兰省政府代表团等11个国家和地区的30个政府和企业团组400多名中外客商。

会议期间，签订外商及港澳台商投资项目合同和协议8个，项目总投资额12319万美元，项目外资额8515万美元。其中1000万美元以上的项目3个，分别是烟台泉亿金属工业有限公司，总投资1680万美元，外资额1008万美元；烟台启龙车轮有限公司，总投资6820万美元，外资额4770万美元；台华工业气体项目，总投资2000万美元，外资额1670万美元。管委与加拿大国家研究委员会BC省工业研究援助署签订合作协议1项。

第二届APEC投资博览会招商 2001年6月9—15日，在市国际会展馆召开了第二届APEC投资博览会。会议期间，开发区举办大型经贸活动3次，分别是中韩IT产业投资论坛、山东—西米德兰经贸洽谈会、烟台开发区与韩国产业团地公团业务交流协议书签字仪式。接待重点团组4个，分别是日本岛根县知事访华团、新加坡经济发展局代表团、中国台湾两岸文化经济发展协会代表团、韩国IT产业论坛会议代表团。签订项目5个，合同总投资额7580万美元，合同外资额4615万美元，分别是烟台开发区大丰汽车轴瓦项目、烟台开发区钮斯达项目、烟台意中果业有限公司项目、烟台福润水产有限公司项目和烟台开发区新奥燃气项目。

图7-5 2001年6月第二届APEC投资博览会项目签字仪式

历届国际果蔬博览会招商 1999—2003年，参加在烟台市国际会展馆举办的5届国际果蔬博览会，开展招商活动。

第一届果蔬加工技术与产业化国际研讨会暨展览会招商（1999年10月12—16日） 开发区邀请外商及港澳台商参会112人，招展境外摊位14个，境内摊位13个。会议期间接待5个重要团组到区考察洽谈，分别是美国亚细亚林克公司代表团、法国埃尔夫阿托化学工业公司代表团、澳大利亚阿特拉斯太平洋有限公司代表团、日本岛根县参展团、美国太平洋气调系统公司代表团。签订外资项目2个，分别是烟台开发区日本星野洋纸店株式会社独资项目和烟台正海电子网板有限公司增加投资项目，合同总投资额3998万美元，合同外资额1165万美元；签订进出口贸易合同金额3100万美元，其中出口合同金额2100万美元。还达成与美国ODELLSIMMS公司、马来西亚工业发展局开展长期经济贸易合作的协议。

第二届果蔬加工技术与产业化国际研讨会暨展览会招商（2000年10月19—25日）　开发区邀请外商及港澳台商参会125人，招展境外摊位11个，境内摊位25个。会议期间签订外资项目3个，合同投资额3061万美元，合同外资额851万美元。签订协议3项。接待7个重要团组到区考察洽谈，分别是荷兰雷诺斯有限公司代表团、美国菲尔普斯道奇公司代表团、韩国原州市代表团、日本星野制袋株式会社代表团、英国安格斯市代表团、澳大利亚ELVINCO塑料制品有限公司代表团、日本NIKACHI株式会社代表团。

第三届果蔬加工技术与产业化国际研讨会暨展览会招商（2001年10月19—23日）　开发区邀请外商及港澳台商参会40人，招展境外摊位3个，境内摊位6个。会议期间签订外资项目2个，分别是山东省中鲁远洋食品（烟台）有限公司项目和烟台鼎盛食品有限公司项目，合同投资额1400万美元，合同外资额500万美元。接待3个重要团组到开发区考察洽谈，分别是新加坡贸工部高级政务次长代表团、瑞典奥伦布罗市政府代表团、韩国大宇重工业烟台考察访问团。

第四届国际果蔬博览会招商（2002年10月17—21日）　开发区邀请外商及港澳台商参会60人，招展境外摊位6个，境内摊位8个。会议期间签订外资项目4个，分别是烟台海辰生物化学有限公司项目、中城（烟台）环保润滑油有限公司项目、烟台合通精密机械有限公司项目、烟台国业橡胶制品有限公司项目，合同总投资额9440万美元，合同外资额8615万美元。接待5个重要团组到区考察洽谈，分别是以色列豪维夫农业科技公司代表团、加拿大英康尼斯企业公司代表团、加拿大蒙地克投资有限公司代表团、美国AMZ国际货运有限公司代表团、德国普若菲塔生物农药公司代表团。

第五届国际果蔬博览会招商（2003年9月23—27日）　开发区邀请外商及港澳台商参会60人，招展境外摊位10个，境内摊位2个。会议期间签订外资项目6个，分别是伊斯福养殖项目、伊斯福专用码头项目、烟台意中果业有限公司项目、烟台福润水产有限公司项目、海珍品育苗项目、烟台海心食品有限公司项目，合同总投资8200万美元，合同外资额5590万美元；签订内资项目2个，分别是总投资20亿元人民币的冰轮工业园项目和总投资10亿元人民币的东星工业园项目。签订进出口贸易合同总金额5660万美元，国内贸易合同总金额3920万元。接待8个重要团组到区考察洽谈，分别是伊斯福项目代表团、日本国际贸易促进协会代表团、澳大利亚南威尔士州代表团、联合国工业发展组织中国投资处代表团、日本电装株式会社代表团、韩国泰信电子株式会社代表团、联合国亚太经社会代表团、日本TRIAL公司代表团。

中国投资贸易洽谈会招商　2001年9月、2002年9月和2003年9月，管委组团参加由国家经贸部在厦门举办的第五、六、七届中国投资贸易洽谈会。会议期间，团组一方面大力宣传烟台开发区的投资环境；一方面走访客户，开展招商引资活动。其间，与加拿大华润国际商务有限公司签订采用BOT方式建设垃圾燃烧发电意向、与德国远东服务有限公司联合在开发区建立汽车技术学校意向、与阿托菲纳（中国）投资有限公司关于八角港化工区合作等意向项目。

第七节　媒体招商

建区以来，工委管委一直把媒体招商作为招商引资的一个重要手段。通过召开新闻发布会、制作专题片、画册、建立网站、刊登专版等形式，以报刊、广播、电视、网络等媒体，向国内外介绍烟台开发区投资环境，开展招商引资宣传活动。

报刊广播电视招商 1987年4月2日，管委邀请中国国际广播电台到开发区采访。中国国际广播电台使用多种语言向世界介绍烟台开发区优越的投资环境和优惠的投资政策。5月26日，《瞭望》杂志社到开发区采访，在《瞭望》杂志介绍开发区投资环境。1988年4月25日，开发区在北京举行新闻发布会，介绍烟台开发区基础设施建设、项目引进、优惠政策、发展前景等情况，近20个新闻单位的40多名代表应邀参加。中央人民广播电台、中央电视台、《人民日报》《人民日报（海外版）》《经济日报》《烟台日报》对发布会情况予以介绍。1989年2月25日，香港亚洲电视台、海峡之声广播电台和新华社，对外介绍建设中的烟台开发区。6月12日，烟台开发区《东方时报》创刊。该报主要宣传开发区投资环境，刊登项目信息，是招商引资的有效载体。1990年9月8日，管委邀请全国青年报刊主编采访团到开发区参观采访，在各地青年报刊上广泛宣传烟台开发区的投资政策，介绍烟台开发区招商领域。1991年2月，烟台开发区成立教育电视台，设立“投资环境”“投资政策”和“招商引资信息”等专题节目，广泛开展招商宣传活动。1992年，开发区制作光盘《投资的热土》和6部专题片，通过卫星向东南亚和部分欧美国家播放。1993年7月27日，邀请环渤海地区亚太经济合作特别采访团到区参观采访。1994年，委托中央电视台制作的《烟台经济技术开发区投资指南》专题片，通过卫星向欧洲、澳洲等地播放，并新开辟港、澳、日、韩、新加坡、英、法、德等20余条对外媒体渠道，广泛开展对外招商引资宣传活动。1995—1999年，在北京举行新闻发布会，在《香港商报》、美国东方卫视、中国国际广播电台等国内外媒体介绍烟台留学人员创业园区的投资招商领域；在《大公报》《世界日报》《美国侨报》《中国经济周刊》、新华社、中国新闻社、《经济日报》《中国日报》等报刊进行招商宣传。2000年6月，开发区邀请《人民日报》、新华社、《大众日报》、山东电视台等16家新闻媒体参加，开展第三产业招商。2002—2003年，通过中央和地方新闻媒体，开展“500强”招商。

网络招商 2001年11月，投资促进局建立对外招商专业网站，网站使用域名为www.yantaiinvest.gov.cn，中文名称是烟台开发区投资促进网。投资促进网与业达网www.yeda.cn（管委政府网站）相互补充、相互依托，形成独具特色的招商平台。

投资促进网共分8个栏目，分别是：“投资促进局”栏目，介绍开发区专业招商部门投资促进局的基本情况及主要办事程序；“投资指南”栏目，介绍开发区的投资环境；“投资服务”栏目，介绍开发区投资服务中心及各窗口办事程序；“专业园区”栏目，介绍开发区各专业招商园区；“招商项目”栏目，介绍按行业分类的对外招商项目；“政策法规”栏目，介绍开发区投资政策与法规；“国别（地区）投资情况”栏目，按国家和地区分类，介绍区内投资企业；“投资促进论坛”栏目，通过及时、互动的方式加强与投资者的交流。

2002年年初，为提高网站的知名度，投资促进网与国内外大企业、投资中介机构、有影响的综合性网站进行链接。2002年6月，与新浪网、中国网、新华网以及中国搜索联盟内的30多家门户网站链接。2003年，与日本东海日中贸易中心、韩国网络研究组合、中国香港美国商会、中国香港新加坡商会、中国台湾投资中国网站进行链接。

为方便投资者，投资促进网使用中、英、韩、日、德、法6种文字同时对外发布信息。

投资促进网建立3年中，在网站上发布对外招商项目120多个，收到反馈合作信息50多条，接到国内外投资者投资咨询230多条，跟踪、洽谈20多个项目。2003年上半年，受全国“非典（SARS）”的影响，停止走出去招商，由于积极开展网上招商，未使招商引资工作受到影响，保证全年招商引资任务的完成。

第八节　500 强招商

在招商引资工作中，管委及各部门始终坚持把主要精力放在引进和培育规模大、成长性好、带动力强的核心企业上。特别是自 2001 年开始，管委提出打好“三五牌”的招商策略，将招商重点瞄准世界 500 强、国内 500 强和民营 500 强企业，实施引大聚强战略，以此拓展产业配套空间，放大项目集聚效应。

2001 年，面向 500 强集中招商取得突破，引进韩国 LG 电子、日本三洋电器、中国国电电力 3 个世界 500 强项目，引进中国浪潮集团 1 个国内 500 强项目。

2002 年，引进浪潮乐金数字移动通信项目、通用休斯通信技术公司电讯设备项目、美国空气产品公司柏美亚和丰田汽车控股子公司的大丰工业轴承等 4 个世界 500 强项目，3 个国内 500 强项目。

2003 年，引进通用汽车、环球货柜码头、美国泰科 3 个世界 500 强项目。

到 2003 年年底，共引进世界 500 强企业 20 家，其中以韩、日 500 强为主。有韩国大宇、LG 电子、现代集团和日本电装、丰田汽车、丰田通商、旭化成、三洋电器、大日本油墨等；引进国内和民营 500 强企业 27 家，有大明电子、嘉利氨纶、产联发、正海电子、首钢东星等。

对 500 强项目，在政策、资金、服务等方面，给予重点倾斜，促其增资扩股，加速膨胀。至 2003 年，已有 30% 以上的韩、日 500 强企业增资扩建。如韩国 LG 电子株式会社与山东浪潮集团合资兴建的浪潮 LG 公司，逐年投资扩大生产规模，已建成全球化 CDMA 手机生产基地；日本电装株式会社投资的车用空调器项目，先后 3 次扩建，产能提高，市场份额增加。

500 强企业在增资扩股的同时，还采用“以大带小”的方法，围绕龙头企业和主导产业，广泛引进上下游配套项目。1994 年引进的总投资 6300 万美元的韩国独资大宇重工业烟台有限公司项目，2000—2003 年挖掘机产销量连续 4 年位列中国首位，在这个企业大跨度发展的带动下，大宇机床、东镐重工、先进精密和多宝精工等 13 家韩资企业相继进区，形成以大小挖掘机为主导，数控机床、工程机械、精密仪器齐头并进的大宇国外装备制造业基地。

第五章　招商引资成果

第一节　引进项目结构

1985 年以来，工委管委全力开展招商引资工作，引进一批高新技术项目和大、重型骨干工业项目，为优化产业结构，促进全区经济发展，奠定了坚实的基础。至 2003 年，全区外引内联项目 1810 个，其中外商及港澳台商投资项目 713 个；项目投资总金额 434961 万美元，其中外商及港澳台商投资项目总金额 395627 万美元，合同利用外资额 255759 万美元。

1985—2003 年烟台开发区项目引进情况统计表

表 7-4　　单位：个、万美元

年份	项目数		项目总投资额		
	合计	其中外资项目	合计	其中外资项目	其中合同利用外资
1985	10	1	283	100	25
1986	2	1	65	50	13
1987	8	3	1076	1023	550
1988	9	4	7814	4042	1894
1989	18	9	5554	4807	1304
1990	24	14	7446	5776	2871
1991	23	13	14583	8502	2736
1992	80	68	27437	26973	6430
1993	102	82	30209	28020	14974
1994	70	55	15059	14823	9997
1995	42	30	18958	18307	13237
1996	37	20	79382	79031	61959
1997	47	25	11254	10982	4748
1998	88	35	9098	8324	5435
1999	94	36	9805	8884	5959
2000	144	43	16313	14984	8833
2001	154	67	26588	25319	21864
2002	316	91	51958	46955	38984
2003	542	116	102079	88725	53946
合计	1810	713	434961	395627	255759

1985—2003 年，项目引进经历小额增长、徘徊攀升、金融危机回落和高速增长 4 个时期。

1985—1990 年的小额增长期。5 年间引进项目合同投资金额从起步到逐年小额增加，数量从 1985 年的 283 万美元增加到 1990 年的 7446 万美元，年平均增长 92%。

1991—1996 年的徘徊攀升期。1991 年项目引进跃上一个台阶，达到 14583 万美元，到 1996 年仍是 5 年时间，项目引进金额一直徘徊攀升，波动增长，达到 79382 万美元，年平均增长 40%。

1997—1999 年的金融危机回落期。受亚洲金融危机影响，项目引进金额数量下滑，由 1996 年的 79382 万美元下跌至 1999 年的 9805 万美元，年平均下降幅度达 100.8%。

2000—2003 年的高速增长期。这 4 年，项目引进又上一个新台阶，合同总投资由 2000 年的 16313 万美元增加到 2003 年的 102079 万美元，年增长 84%。

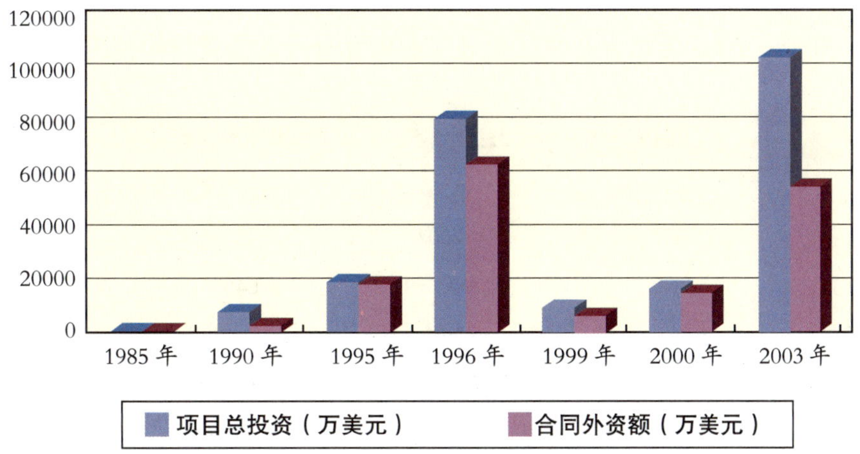

图 7-6 1985—2003 年烟台开发区招商引资状况示意图

引进工业项目行业结构 1985 年以来，工委管委积极开展招商活动，引进项目结构不断优化。

到 1990 年，化学纤维工业、食品制造业、纺织工业、机械工业、化学工业 5 个行业引进的项目较多，合同投资额达到 16450 万美元，占全区引进项目合同总投资额的 74%，主导产业初步形成。到 1998 年，全区引进工业项目合同总投资额 225000 万美元，按项目合同投资额多少依次排在前 5 位的行业是：机械工业，74 个项目，合同投资额 90727 万美元；电子电气制造业，150 个项目，合同投资额 40797 万美元；食品制造业，98 个项目，合同投资额 17190 万美元；化纤纺织业（包括化学纤维制造业和棉、化纤纺织加工业），17 个项目，合同投资额 13875 万美元；黑色金属冶炼压延加工业，7 个项目，合同投资额 13489 万美元。这 5 个行业项目数达到 346 个，占项目总数的 60% 以上；合同投资额达到 176078 万美元，占全部项目总投资额的 77%。到 2003 年，全区项目结构进一步优化，共引进外商投资工业项目 624 个，合同总投资额 338275 万美元。按项目合同投资额依次排在前 5 位的行业是：汽车制造及机械工业，67 个项目，合同投资额 132007 万美元；电子电气制造业，141 个项目，合同投资额 71756 万美元；食品制造业，144 个项目，合同投资额 34461 万美元；化纤纺织业，17 个项目，合同投资额 17806 万美元；黑色金属冶炼压延加工业，8 个项目，合同投资额 15735 万美元。这 5 个行业项目数达到 377 个，占项目总数的 60.4%；合同投资额达到 271765 万美元，占外商投资项目总投资额的 80.3%。

至 2003 年，在全部工业项目结构中，机械汽车制造业合同投资额最大，达到 182007 万美元，占整个工业项目合同投资总额的 46%；其中外资额 96402 万美元，占整个工业合同外资额的 45.8%。其次是电子电气制造业，合同投资额 86547 万美元，其中外商投资额 64634 万美元，分别占工业项目合同投资总额和合同外资额的 22% 和 30.7%。机械汽车制造业平均每个项目投资额达到 2092 万美元，表示机械汽车制造业是资金密集型行业，也可看出引进的大项目、重型项目较多，如山东大宇发动机项目，一个项目投资额就达 7 亿美元。在项目数量上，电子电气制造业和食品加工制造业引进的项目数量最多，分别达到 264 个和 234 个，平均每个项目投资额分别是 327.8 万美元和 224.2 万美元，表示一般电子电气和食品制造业属轻装备行业，也可看出行业中小项目居多。

1985—2003年烟台开发区引进工业项目分行业投资结构情况统计表

表7-5 单位：个、万美元

行业类别	项目数	总投资额	其中外资额	行业投资占总投资比重
总计	1678	395257	210352	100
机械汽车制造业	87	182007	96402	46
电子电气制造业	264	86547	64634	22
食品加工制造业	234	52461	29172	13
化纤纺织业	27	37806	12075	10
化学原料制造业	54	11652	5248	3
其他	1012	24784	2821	6

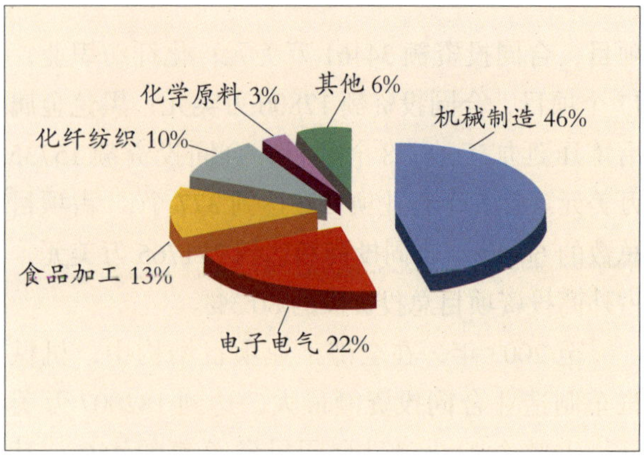

图7-7 1985—2003年烟台开发区引进工业项目分行业投资结构图

引进外资项目分国别（地区）结构 1985年，引进第一个中国香港地区投资项目——烟台亚东标准件有限公司，合同总投资额100万美元。至1990年，共引进外商及港澳台商投资项目32个，合同总投资额15798万美元，其中中外合资项目29个，合同投资额15330万美元；外商及港澳台商独资项目3个，合同投资额468万美元。至1995年，共引进外商及港澳台商投资项目280个，合同总投资额112423万美元，其中中外合资项目199个，合同投资额92283万美元；外商及港澳台商独资项目80个，合同投资额20099万美元。至2000年，共引进外商及港澳台商投资项目439个，合同总投资额234628万美元，其中中外合资项目279个，合同投资额202045万美元；外商及港澳台商独资项目158个，合同投资额32264万美元。至2003年，烟台开发区共引进外商及港澳台商投资项目713个，项目合同投资总额395627万美元，占全部外引内联项目合同总投资额的90.95%。在外商及港澳台商投资项目中，中外合资项目279058万美元，占70.5%；外商及港澳台商独资项目112361万美元，占28.4%；中外合作项目4208万美元，占1.1%。

1985—2003年烟台开发区外商及港澳台商投资项目情况统计表

表7-6 单位：个、万美元

年份	合计		中外合资		中外合作		外商及港澳台商独资	
	项目数	投资额	项目数	投资额	项目数	投资额	项目数	投资额
1985	1	100	1	100	–	–	–	–
1986	1	50	1	50	–	–	–	–
1987	3	1023	2	586	–	–	1	437
1988	4	4042	4	4042	–	–	–	–

续表 7-6

年份	合计		中外合资		中外合作		外商及港澳台商独资	
	项目数	投资额	项目数	投资额	项目数	投资额	项目数	投资额
1989	9	4807	8	4786	–	–	1	21
1990	14	5776	13	5766	–	–	1	10
1991	13	8502	13	8502	–	–	–	–
1992	68	26973	44	24332	1	41	23	2600
1993	82	28020	58	22771	–	–	24	5249
1994	55	14823	35	9899	–	–	20	4924
1995	30	18307	20	11449	–	–	10	6858
1996	20	79031	12	77382	–	–	8	1649
1997	25	10982	7	7575	–	–	18	3407
1998	35	8324	14	7195	1	278	20	851
1999	36	8884	25	6844	–	–	11	2040
2000	43	14984	22	10766	–	–	21	4218
2001	67	25319	35	6064	1	1000	31	18255
2002	91	46955	34	14328	3	2889	54	29738
2003	116	88725	64	56621	–	–	52	32104
累计	713	395627	412	279058	6	4208	295	112361

从1985年引进第一个中国香港地区项目至2003年，共有韩国、美国、日本、瑞士、新加坡、加拿大、开曼群岛、德国、英国、瑞典、多米尼加、伯利兹、印度尼西亚、新西兰、马来西亚、奥地利、澳大利亚、卢森堡、法国、比利时、毛里求斯、意大利、菲律宾、俄罗斯、塔吉克斯坦、捷克、泰国、巴西、挪威、博茨瓦纳和中国香港、澳门、台湾33个国家和地区到开发区投资。

1985—1990年，共引进外资及中国港澳台资项目32个，合同外资额6657万美元，其中主要有香港投资项目19个，合同投资额6052万美元；美国投资项目10个，合同投资额561万美元；日本项目1个，合同投资额21万美元；泰国投资项目1个，合同投资额10万美元。其间，主要投资国别和地区是中国香港和美国，投资者绝大部分是祖籍烟台的爱国华侨，中国改革开放后回家乡投资。香港在1985—2003年的18年间，年年有项目，共194个，是投资项目最多地区，并且投资额逐年增长，累计达到49092万美元。其次是美国，兴办项目107个，投资额31994万美元。随中国对外开放的不断发展，从1991年起，日本、中国台湾、新加坡、加拿大、德国、英国等国家和地区陆续到区投资。20世纪90年代初，中国加入世界贸易组织，加强对韩国的投资贸易关系，韩国到区投资稳定增长。1993年，韩国投资开发区9个项目，投资额216万美元；1994年，韩国投资5个项目，投资额3179万美元。至2003年，韩国在开发区投资项目154个，合同投资额86055万美元，是投资额最多的国家。

在引进外资中，以来自韩国、中国香港、美国、日本和中国台湾5个国家和地区的项目最多，达到598个，占外资项目数的75%，投资额20亿美元，占合同外资总额的84%。

1985—2003 年烟台开发区外商及中国港澳台商投资项目分国家（地区）投资结构情况统计表

表 7-7　　单位：个、万美元

年份	总计		韩国		中国香港		美国		日本		中国台湾		其他	
	项目数	投资额	项目数	投资额	项目数	投资额	项目数	投资额	项目数	投资额	项目数	投资额	项目数	投资额
1985	1	25	–	–	1	25	–	–	–	–	–	–	–	–
1986	1	13	–	–	–	–	–	–	–	–	–	–	1	13
1987	3	550	–	–	1	194	2	356	–	–	–	–	–	–
1988	4	1894	–	–	4	1894	–	–	–	–	–	–	–	–
1989	9	1304	–	–	7	1271	1	12	1	21	–	–	–	–
1990	14	2871	–	–	6	2668	7	193	–	–	–	–	1	10
1991	13	2736	–	–	8	1213	1	700	2	36	1	187	1	600
1992	68	6430	–	–	36	3686	10	999	6	344	7	604	5	600
1993	82	14974	9	216	32	7833	14	1190	5	2068	9	1113	13	3475
1994	55	9997	5	3179	23	2493	4	145	9	1979	5	195	9	1847
1995	30	13237	4	2778	9	932	4	1787	3	682	2	28	8	7010
1996	20	61959	5	55112	5	2242	5	2401	1	288	1	510	3	1406
1997	25	4748	4	80	4	2170	6	117	3	225	2	42	6	2114
1998	35	5435	7	336	6	2226	8	403	3	916	4	59	7	1495
1999	36	5959	7	176	8	4087	5	378	5	162	6	826	5	330
2000	43	8833	18	3539	11	1773	4	130	2	2073	3	158	5	1160
2001	67	21864	28	5145	4	1539	7	1643	6	1481	8	1278	14	10777
2002	91	38984	27	9969	17	9878	15	9526	15	2845	7	820	10	5946
2003	116	53946	40	5525	12	2968	14	12014	18	6476	9	7423	23	19540
累计	713	255759	154	86055	194	49092	107	31994	79	19596	64	13243	115	55779

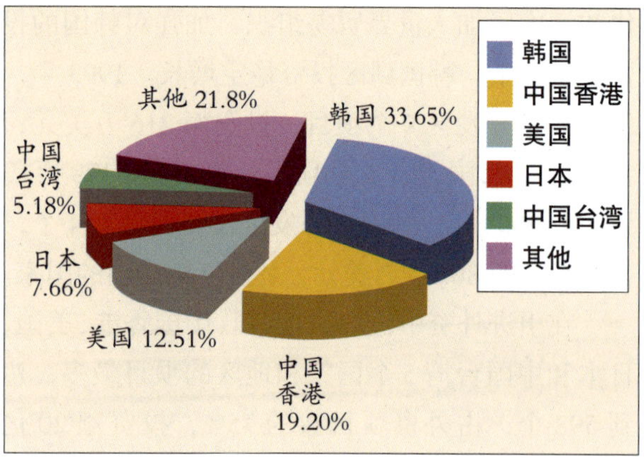

图 7-8　1985—2003 年烟台开发区分国别（地区）引进项目投资结构图

引进内资工业项目　开发区在大力引进外资及中国港澳台资的同时，还十分注意吸引境内项目和资金。1985 年 10 月，由烟台市塑料七厂与开发区胜利东村共同投资 820 万元人民币（折 256 万美元），成立的烟台地毯材料有限公司，生产 PVC 地毯材料颗粒 2000 吨 / 年，是开发区第一个内资项目，也称内联项目。至 1990 年，共兴办烟台针织器材一分厂、烟台北极星时钟制造有限公司、山东工程机械有限公司、开发区光明服装有限公司、烟台土特产工业有限公司、烟台毛巾厂开发区分厂等内联项目 39 个，注册资本 25409 万元。1991—1995 年，共兴办烟台东星公司、烟台钢格板有限公司、烟台市制材厂、烟台黄金电器有限公司、烟台开发区华洋聚氨酯工业公司、烟台开发区金陵自动化显示设备有限公司等项目69个，注册资本54183万元。1996—2000年，共兴办项目251个，注册资本30271万元。至2003年，全区累计引进内资工业项目1097个，注册资本272754万元人民币。

1985—2003年烟台开发区引进内资工业项目情况统计表

表7-8　　单位：个、万元

年份	注册企业数	注册资本额	年份	注册企业数	注册资本额
1985	9	677	1995	12	5405
1986	1	57	1996	17	2910
1987	5	196	1997	22	2257
1988	5	13957	1998	53	6425
1989	9	2763	1999	58	7645
1990	10	7849	2000	101	11034
1991	10	32228	2001	87	10530
1992	12	2457	2002	225	41526
1993	20	12042	2003	426	110835
1994	15	2051	累 计	1097	272754

第二节　实际利用外资

实际利用外资基本情况　1985年10月，烟台亚东标准件有限公司港商香港凯迪实业有限公司以设备作价出资25万美元，设备到货。这是开发区第一家实际利用外资及港澳台资企业，也是14个首批沿海开放城市经济技术开发区实际利用外资及港澳台资最早的开发区。1986年，香港华联有限公司港商香港东昌贸易公司以25万美元设备作为股份投资到货。烟台石玉制品工业有限公司港商香港星海集团以设备和现汇85万美元投资到位，当年利用外资110万美元。至1990年，全区实际利用外资2895万美元，占合同利用外资金额的43.5%，其中中外合资项目2864万美元，外商独资项目31万美元。1991—1995年，实际利用外资34719万美元，占合同利用外资金额的73.3%，其中中外合资项目26870万美元，外商及港澳台商独资项目7849万美元。1996—2000年，实际利用外资81861万美元，占合同利用外资金额的94.16%，其中中外合资项目66298万美元，外商及港澳台商独资项目14063万美元。

至2003年累计，实际利用外资总额163925万美元，占项目合同外资额的64%，其中中外合资项目111765万美元，中外合作项目3500万美元，外商及港澳台商独资项目48660万美元。

1985—2003年烟台开发区实际利用外资情况统计表

表7-9　　单位：万美元

年份	合计	中外合资	中外合作	外商及港澳台商独资
1985	60	60	–	–
1986	110	110	–	–

续表 7-9

年份	合计	中外合资	中外合作	外商及港澳台商独资
1987	480	480	–	–
1988	788	788	–	–
1989	549	528	–	21
1990	908	898	–	10
1991	1901	1728	–	173
1992	4416	4182	–	234
1993	6103	5083	–	1020
1994	10255	8389	–	1866
1995	12044	7488	–	4556
1996	15330	8311	–	7019
1997	20326	16295	1500	2531
1998	25346	24087	–	1259
1999	14274	13530	–	744
2000	6585	4075	–	2510
2001	8126	3537	–	4589
2002	14253	2290	1272	10691
2003	22071	9906	728	11437
累计	163925	111765	3500	48660

实际利用外资分国别（地区）情况 按国别和地区划分，韩国、中国香港、美国、日本4个国家和地区实际投资较大，截至2003年，这4个国家和地区的实际投资额合计141848万美元，占整个实际利用外资总额的86.5%。其中，韩国实际投资累计达到73456万美元，占整个实际利用外资总额的44.8%，并且韩国资金到位率也比较高，占85.4%；中国香港、美国、日本资金到位率分别是76.6%、58%和62%。

2003年烟台开发区实际利用外资分国别（地区）情况统计表

表 7-10　　单位：万美元

国别（地区）	2003年	历年累计
总计	22071	163925
韩国	7547	73456
中国香港	1623	37613
美国	7009	18555
日本	674	12224
德国	0	4097

续表 7-10

国别（地区）	2003 年	历年累计
加拿大	1325	3916
中国台湾	607	3588
开曼群岛	2756	2756
新加坡	–	2477
瑞典	440	1724
英国	–	1342
新西兰	10	648
奥地利	–	500
澳大利亚	–	272
法国	–	233
中国澳门	–	218
马来西亚	70	104
菲律宾	–	77
俄罗斯	–	60
意大利	10	41
泰国	–	10
巴西	–	10
挪威	–	4

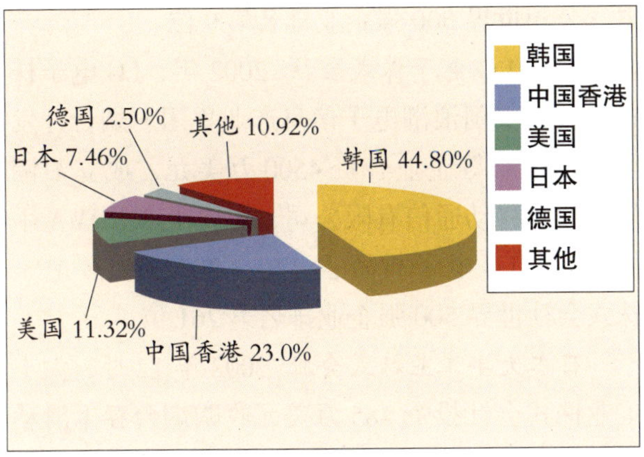

图 7-9　1985—2003 年烟台开发区实际利用外资分国别（地区）结构图

第三节　项目选介

世界 500 强投资项目“世界 500 强”，是由美国《财富》杂志按企业营业收入评选的全球最大 500 家公司排行榜的一种约定俗成的叫法。1984 年建区以来，工委管委就十分重视招商引资中的招大引强，特别是 2000 年以来，全区上下共做引大聚强文章，至 2003 年，引进世界 500 强企业 20 家。

中国石化股份有限公司　1993 年 12 月，中国石化集团与香港金石压电公司合资成立烟台大明电子有限公司，总投资 3500 万元，生产石英晶体元器件及其他电子产品，80% 出口。1994 年成立烟台龙华塑胶有限公司，总投资 350 万美元，注册资本 280 万美元，中石化投资比例占 68%，主要生产 PVC 塑胶装饰板系列产品。2003 年中国石化股份有限公司世界 500 强企业排名第 54 位。

韩国大宇重工业株式会社　1994 年，大宇重工业株式会社投资6300万美元独资成立大宇重工业烟台有限公司，生产挖掘机、叉车等工程机械产品，是开发区第一个外商独资大型最终专业设备产品项目；2003年投资2100万美元成立大宇机床烟台有限公司，生产数控机床、加工中心等。1996年大宇重工业株式会社世界500强企业排名第18位。

日本株式会社电装公司和日本丰田通商株式会社　1994年12月，日本电装株式会社、日本丰田自动织机制作所株式会社与中国首钢总公司合资成立烟台首钢电装有限公司，投资总额4500万美元，电装株式会社投资比例占30%，丰田通商株式会社投资比例占5%。项目主要生产汽车空调全系统，30万套/年。2002年电装公司世界500强企业排名第252位，丰田通商株式会社排名第273位。

美国菲尔普斯·道奇有限公司　1995年12月，菲尔普斯·道奇有限公司与烟台东源实业有限公司、中国电能成套设备总公司合资成立菲尔普斯·道奇（烟台）电缆有限公司，总投资2400万美元，菲尔普斯·道奇公司占60%，主要生产电缆及相关产品。1990年菲尔普斯·道奇有限公司世界500强企业排名第490位。

德国汉高集团公司　1998年，德国汉高集团公司全资收购美国乐泰公司后，乐泰（中国）厌氧密封胶有限公司随之更名为汉高乐泰（中国）有限公司。公司总投资600万美元，主要生产厌氧密封胶、清洗剂、促进剂、焊锡膏、焊锡丝、助焊剂及相关配套设备。2001年汉高集团公司世界500强企业排名第436位。

日本雅马哈发动机株式会社　1998年，雅马哈发动机株式会社与烟台三和丛林精密机械有限公司合资成立烟台美通模具有限公司，总投资109万美元，其中雅马哈发动机株式会社投资14.28万美元，主要从事模具开发与设计。1993年雅马哈发动机株式会社世界500强企业排名第249位。

中国电力发展股份有限公司　1998年12月，中国电力发展股份有限公司与开发区龙源电力燃烧控制工程有限公司、英国雄亚（维尔京）有限公司合资成立烟台龙源电力技术有限公司，总投资2540万元，注册资本1800万元，中国电力投资比例为31%。项目主要生产锅炉点火等电力技术设备，提供技术咨询与技术服务。2001年中国电力发展股份有限公司世界500强企业排名第83位。

日本旭化成工业株式会社　2000年，旭化成工业株式会社与中国香港华润轻纺（集团）有限公司、日本厚木株式会社合资880万美元，成立山东华润厚木尼龙有限公司，旭化成投资比例占8%，主要生产高仿真化纤氨—锦纶包芯丝、连裤袜等产品。2000年旭化成工业株式会社世界500强企业排名第459位。

美国通用电气休斯公司　2002年4月，美国休斯电子公司猎豹环球通信技术公司与山东北方通信技术公司、烟台东方电子集团公司合资成立烟台东方通信技术有限公司，总投资100万美元，注册资本70万美元，通用公司占25%比例。项目主要从事电信宽带网设备及相关产品的研发与生产。美国休斯电子公司猎豹环球通信技术公司的母公司是美国通用电气公司。2003年美国通用电气公司世界500强企业排名第9位。

韩国LG电子株式会社　2002年，LG电子株式会社与中国浪潮电子信息产业集团、烟台开发区经销中心等企业合资4500万美元，成立浪潮乐金数字移动通信有限公司，主要生产CDMA手机产品，LG电子投资占47%。2002年LG电子株式会社世界500强企业排名第261位。

日本大丰工业株式会社　2002年12月，大丰工业株式会社投资485万美元收购烟台春生滑动轴承有限公司，成立大丰工业（烟台）有限公司，年生产滑动轴承600万件。产品可为40多种机型车辆配套。2003年大丰工业株式会社世界500强企业排名第8位。

美国通用汽车有限公司　2002年，美国通用汽车有限公司与上海通用汽车有限公司、上海汽车工业（集团）总公司投资设立上海通用东岳汽车有限公司，总投资19.74亿元，生产经济型轿车。美国通用汽车投资占25%。2003年美国通用汽车公司世界500强企业排名第5位。

上海汽车工业（集团）总公司　2002年，上汽公司与上海通用汽车有限公司、美国通用汽车有限公司投资设立上海通用东岳汽车有限公司，上海汽车工业（集团）投资占25%。2003年上海汽车工业（集团）总公司世界500强企业排名第461位。

中国500强投资项目　20世纪90年代末期以来，由中国企业联合会、中国企业家协会，按企业营业收入，联合评选中国企业500强。烟台开发区在招引国内大项目中，把国内500强企业作为招商重点，至2003年，共引进国内500强企业27家，这27家企业在开发区投资兴办39个项目。烟台氨纶集团有限公司和烟台正海电子网板有限公司是烟台开发区自己培育成长的国内500强企业。

烟台氨纶集团有限公司　1986年9月，由烟台市纺织工业公司与开发区实业公司共同投资5700万元，成立烟台氨纶厂，生产氨纶丝系列产品，这是中国首家氨纶丝生产企业。1990年投资1亿元设立烟台嘉利氨纶有限公司，1996年投资300万元设立烟台裕兴纸制品有限公司。2001年烟台氨纶集团有限公司国内500强企业排名第447位。

中国光大银行　1988年，中国光大银行与烟台集体工业企业联社、香港丰深有限公司合资1366万美元成立烟台龙凤钢琴有限公司，生产立式中档钢琴，光大银行投资占35%。2001年中国光大银行国内500强企业排名第117位。

中国钢铁工贸集团　1988年，中国钢铁工贸集团与烟台冶金实业开发公司、大卫·艾迪生（香港）有限公司合资1500万元成立烟台东方冶金企业有限公司，生产钢材，中国钢铁集团投资占50%。2003年中国钢铁工贸集团国内500强企业排名第137位。

首都钢铁总公司　1988年，首钢投资7930万元，独资兴办首钢烟台空调器厂。1994年起，又投资7000万美元，成立烟台首钢电装有限公司、烟台首钢磁性材料厂、烟台东星空调管路有限公司等十几家企业，从事机械加工、空调管路生产、钕铁硼、房地产等。2003年首都钢铁总公司国内500强企业排名第34位。

中国通用技术（集团）控股有限公司　1989年，中国通用技术集团公司与香港华洋实业有限公司合资1305万美元成立烟台西蒙西轴承有限公司，生产英制锥形滚动轴承，中国通用（集团）投资占75%；1992年与香港华洋实业有限公司合资设立西蒙西塑料包装品有限公司，生产复合塑料软管包装，投资1992万美元，中国通用（集团）投资占75%。2003年中国通用技术（集团）控股有限公司国内500强企业排名第208位。

山东鲁能控股集团公司　1990年，山东鲁能公司与烟台发电厂、中银集团投资（香港）有限公司等合资成立烟台黄海热电有限公司，总投资2996万美元，从事火力发电，山东鲁能集团投资占30%；1995年与烟台东源实业有限公司、美国菲尔普斯·道奇有限公司合资2400万美元设立烟台菲尔普斯·道奇电缆有限公司，生产电线电缆，山东鲁能集团投资占30%。2001年山东鲁能控股集团公司国内500强企业排名第44位。

烟台正海电子网板有限公司　1992年，由烟台市电子工业局投资2950万美元，成立烟台电子网目板厂。1997年公司改制后，先后投资4000万美元兴办烟台正海磁性材料有限公司、烟台正海化工有限公司、烟台海韵电子技术有限公司等项目，生产钕铁硼、精细化工、电子产品等。2000年烟台正海电子网板有限公司国内500强企业排名第458位。

中国银行　1992年，中国银行投资2000万元与烟台正海网板厂等4家企业合资成立烟台正海电子网板有限公司，生产电子网目板；2000年投资200万元独资设立烟台华润纺丝有限公司，生产锦纶丝；2003年投资500万元独资设立烟台三奇食品有限公司，生产方便食品。2003年中国银行国内500强企业排名第10位。

哈尔滨电站设备集团公司　1992年，哈电设备公司与香港达恩伟国际有限公司合资456万美元成立烟台蓬达金属制品有限公司，生产钢格板等产品，哈电设备集团投资占72.5%。2003年哈尔滨电站设备集团公司国内500强企业排名第295位。

烟台万华合成革集团有限公司　1993年，烟台万华合成革集团公司与大日本油墨化学工业株式会社合资成立烟台华大化学工业有限公司，总投资2950万美元，生产聚氨酯多元醇树脂产品，万华集团投资占50%。2001年烟台万华合成革集团有限公司国内500强企业排名第395位。

中国石油化工集团公司　1993年，中石化与香港金石压电有限公司合资成立烟台大明电子有限公司，生产石英晶体元器件及相关电子产品，总投资3500万元。2003年中国石油化工集团公司国内500强企业排名第3位。

烟台南山集团有限公司　1994年，南山集团投资500万元，成立烟台南山电子有限公司，从事电子产品生产。2003年烟台南山集团有限公司国内500强企业排名第266位。

中国石油天然气集团公司　1994年，中石油投资2000万元成立烟台龙华塑胶有限公司，主要生产塑胶产品。2003年中国石油天然气集团公司国内500强企业排名第2位。

中国第一汽车集团公司　1996年，一汽集团与山东省汽车工业总公司、韩国大宇汽车有限公司等合资成立一汽大宇（烟台）汽车发动机公司，总投资57亿元，生产汽车发动机，一汽集团投资占25%。2003年中国第一汽车集团公司国内500强企业排名第13位。

中国大唐集团有限公司　1998年，大唐集团与美国WIOCOMMUNICATIONS，INC.合资成立烟台十维电信设备有限公司，生产光通信设备，总投资850万美元，大唐集团投资占88%。2003年中国大唐集团有限公司国内500强企业排名第181位。

中国国电集团公司　1998年，中国国电集团与烟台开发区龙源电力燃烧控制工程有限公司、英国雄亚（维尔京）有限公司合资700万元，成立烟台龙源电力技术有限公司，生产锅炉电子打火系统，中国国电集团投资占35%。2003年中国国电集团公司国内500强企业排名第67位。

烟台东方电子产业集团有限公司　2000年，东方电子集团投资550万元成立烟台东方海华电子发展有限公司，2003年投资250万元成立烟台东方威智电子科技有限公司。2001年烟台东方电子产业集团有限公司国内500强企业排名第271位。

中国浪潮电子信息产业集团总公司　2001年，浪潮电子集团与烟台开发区樱桃软件技术有限公司、烟台开发区经销中心和韩国LG电子株式会社合资285万美元，成立浪潮LG（烟台）数字移动通信有限公司，研究、开发、生产CDMA手机及相关产品，浪潮电子信息产业集团投资占25%。2002年中国浪潮电子信息产业集团总公司国内500强企业排名第217位。

上海汽车工业（集团）总公司　2003年，上汽集团与上海通用汽车有限公司、美国通用汽车有限公司投资成立上海通用东岳汽车有限公司，生产经济型轿车15万辆规模，总投资19.74亿元，上汽（集团）投资占25%。2003年上海汽车工业（集团）总公司国内500强企业排名第14位。

青岛澳柯玛集团总公司　2003年，澳柯玛投资1250万美元，成立烟台爱迪空调设备有限公司，生产家用空调器。2003年青岛澳柯玛集团总公司国内500强企业排名第284位。

其他工业项目　1985—2003年，开发区除引进世界500强企业和国内500强企业项目外，还引进其他一些重点工业项目，主要集中在机械汽车、电子信息和化纤纺织等支柱产业。

烟台黄海钢铁有限公司　1988年12月，由烟台钢厂与中国冶金进出口公司、香港港澳国际投资有限公司合资成立。总投资10836万美元，注册资本3612万美元，其中港商投资占75%。生产普通连铸钢坯，28万吨/年。项目1993年2月投产。

烟台华鲁热电有限公司　1990年11月，由开发区科技发展公司与香港华鲁公司合资成立。总投资2118万美元，注册资本1059万美元，其中港商投资占30%。热电装机容量2.4万千瓦，供电11962万千瓦时/年、蒸汽31.5万吨/年。项目1992年12月投产。

多纳勒（烟台）电子有限公司　1992年5月，由烟台无线电一厂与美国多纳勒有限公司合资成立。总投资2820万美元，注册资本1400万美元，其中外商投资占50%。生产镀膜玻璃、ITP透明导电玻璃，年产2万平方米。项目1996年8月投产。

烟台华润汽车内饰件有限公司　1992年8月，由烟台市聚氨酯制品工业公司、烟台澳科聚氨酯有限公司与香港华润纺织原料有限公司合资成立。总投资1000万美元，注册资本780万美元，其中港商投资占30%。生产汽车内饰件顶棚、坐垫、方向盘、车用工程塑料等产品，年产30万套。项目1995年10月投产。

烟台霍富汽车锁有限公司　1994年7月，由山东三环制锁集团公司与德国霍富有限公司合资成立。总投资625万美元，注册资本423万美元，其中外商投资占95%。生产汽车用成套锁、遥控锁系统、电子密码锁止系统、方向盘立柱锁、门把手、行李箱锁等产品，年产80万套，产品60%出口法国、德国和英国。项目1997年1月投产。

易特斯（烟台）精密纺织器械有限公司　1995年7月，由德国易特斯控股有限公司独资成立。总投资1470万美元，注册资本600万美元。生产精密纺织器械、织针等产品，其中织针年产2300万枚，产品25%出口。项目1997年7月投产。

烟台台华食品有限公司　1996年12月，由台湾太平洋路通有限公司投资成立。总投资2700万美元，注册资本1667万美元。加工各种专用面粉及面食制品，5万吨/年。项目2000年12月投产。

烟台富奥汽车零部件有限公司　2000年11月，由哈尔滨志阳集团有限公司与新西兰百利投资有限公司合资成立。总投资2500万美元，注册资本1000万美元，其中外商投资占25%。生产汽车高能点火线圈，30万支/年。项目2002年7月投产。

烟台厚木华润袜业有限公司　2001年7月，由日本厚木株式会社与中国香港华润纺织原料有限公司合资成立。总投资1000万美元，注册资本500万美元。生产超细包芯丝、连裤袜、棉袜等产品，全部出口日本，其中连裤袜年产4000万条，棉袜年产1000万双。项目2003年1月投产。

烟台澳斯邦冷光触媒有限公司　2001年12月，由瑞士澳斯邦控股股份有限公司、瑞士哈美顿公司、烟台澳斯邦生物工程有限公司、烟台澳斯邦医学数据有限公司、烟台澳斯邦医学软件有限责任公司合资成立。总投资1000万美元，注册资本500万美元，其中外方投资占20%。开发生产室内空气净化产品光触媒及相关设备器具等，产品能有效清除甲醛/苯/氨/TVOC等有害物质。项目2002年7月投产。

烟台富饶新型建材有限公司　2001年12月，由烟台市华德新型建筑材料有限公司与瑞典ABECE公司合资成立。总投资2048.67万美元，注册资本1446.12万美元，其中外商投资占60%。生产彩色混凝土瓦、建筑涂料等产品，年产混凝土瓦50万平方米，涂料3万桶。项目2003年1月投产。

烟台瀛海信息产业有限公司　2002年3月，由香港亿盛顾问有限公司投资成立。总投资2600万美元，注册资本1100万美元。研究、开发、生产接入网通信系统设备、宽带综合业务数字网设备、数据通信多媒体系统设备等。项目2003年6月投产。

烟台东方不锈钢工业有限公司　2002年4月，由美国东方工业股份有限公司投资成立。总投资2998万美元，注册资本1280万美元。加工不锈钢板材、管材、棒材等型材制品，年加工能力20万吨。项目2002年4月投产。

第六章　产业园区

1996—2003年，烟台开发区相继建立烟台留学人员创业园区、烟台信息产业园、业达软件工业园、大季家工业园、古现工业园、八角工业园、汽车工业园、烟台出口加工区B区、烟台资源再生加工示范区等9个园区。园区凭借优惠的创业政策和自身的发展优势，已逐步成为辖区高新技术示范区和区域经济发展的重要增长点。

第一节　烟台留学人员创业园区

烟台留学人员创业园区是为吸引海外留学人员归国创业而设立的高科技园区。

沿革　1995年8月4日，烟台市人民政府向人事部提出成立烟台留学人员创业园区的申请。1995年12月18日，烟台留学人员创业园区管理服务中心成立。1996年10月5日，烟台留学人员创业园区正式获准成立。2001年3月，创业园区成为人事部与烟台市人民政府共建园区。6月，创业园区被科技部、人事部、教育部和外国专家局认定为国家留学人员创业园；是月，开发区举行“中国·烟台留学人员创业园 ”“国家留学人员创业园”揭牌仪式暨“中国留学人员烟台经济技术恳谈会”。 2002年5月29日，烟台留学人员创业园区被山东省科技厅认定为省级“高新技术创业服务中心”。2003年9月，创业园区被中组部、中宣部、统战部、人事部、科技部和教育部授予“留学回国人员先进工作单位” 。12月，被科技部批准为国家高新技术创业服务中心，成为山东省重要的高新技术创新和高新技术产业孵化基地，被誉为“金种子工程” 。

图7-11　1996年10月5日烟台留学人员创业园区揭牌仪式

发展成果　1995—2003年，经过8年的发展建设，创业园区已经具备优良的投资创业环境，先后吸引200多名海外留学人员前来创业，与美国、加拿大、英国、日本、德国、韩国、澳大利亚等18个国家和地区近3000名留学人员建立联系，共创办留学人员企业200多家，注册资本6.2亿元，累计投资10多亿元，实现产值15亿元，实现利税6亿元。项目涉及生物工程与生物医药、电子信息技术、光机电一体化、精细化工、新材料与

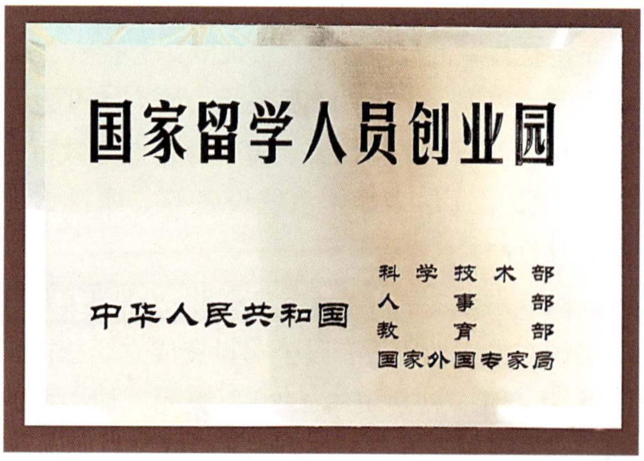

图7-10　烟台“国家留学人员创业园”牌匾

新能源等10多个高科技领域，其中80%以上属高新技术生产项目。累计承担国家、省火炬计划100项，开发新产品256项，取得科技成果78项，其中达到国际先进水平的22项，填补国内空白26项。培养一大批优秀的科技企业和科技型企业家，为社会提供3000多个就业岗位，成为区域经济发展的重要增长点。

1999年至2002年，经人事部批准，园区企业烟台万润精细化工有限责任公司、烟台麦得津生物工程股份有限公司、烟台斯坦普精工建设有限公司和烟台开发区宏海表面技术有限公司等6家企业先后设立博士后科研工作站。截至2003年年底，共进站博士后5人，出站2人。园区通过多种渠道累计筹措资金1亿多元，创立留学人员创业专项基金。为支持留学人员开展科研活动和进行科研成果转化，创业园区先后建立36个实验室，其中省级实验室8个。

基础建设　1999年，管委将Ⅲ-5小区和F-1小区作为创业园区发展用地，规划面积65公顷。2001年3月，建筑面积5000平方米的创业园区1号厂房建成投入使用。2002年7月，建筑面积1.05万平方米的创业园区2号厂房建成投入使用。2002年12月，科技大厦经改造后投入使用，5～11层作为创业园区留学人员企业和业达创业园区，烟台东科冶金设备有限公司等37家企业入驻办公。2003年10月，建筑面积3.6万平方米的创业园区3号厂房建成投入使用，烟台纽太力通讯技术等65家企业入驻。至此，园区在Ⅲ-5小区形成建筑面积15万平方米的办公、研发和产业化相配套的高新技术企业孵化基地。其中建筑面积1.8万平方米的科技大厦、5.1万平方米的标准厂房，配备先进的智能化系统和配套设施，可满足不同类型企业研发和生产需要。同时建有7000多平方米的学术交流厅及其他附属设施，并配备留学人员周转住房及方便的生活服务设施，初步形成规划合理、配套齐全、环境优美的高科技园区。

第二节　烟台出口加工区B区

2000年4月，烟台出口加工区成立，是全国首批15个出口加工区试点之一，规划面积0.7平方公里，2003年基本开发完毕。是年9月，经海关总署报请国务院批准，对原烟台出口加工区规划面积进行置换调整，原烟台出口加工区作为A区，在烟台经济技术开发区内设立烟台出口加工区B区，规划面积2.26平方公里，A、B两区总规划面积为2.96平方公里。B区规划范围为：北自旱夹河，南至黄金河，西自绕城高速公路，东至206国道。按照滚动开发、分期封闭的原则，首先对1.19平方公里区域实行隔离封闭。

烟台出口加工区B区管理局，为区管委会所属工作部门，全面负责出口加工区B区的开发建设、招商引资、行政管理和综合服务，为投资者

图7-12　建设中的烟台出口加工区B区

提供从项目审批、工商注册、规划建设、人力资源、环境保护到水、电、汽供应和通讯等各项服务。

第三节 大季家工业园

2001年11月，大季家工业园经蓬莱市政府批准成立。2002年9月，大季家镇划归烟台开发区管辖，大季家工业园被列为开发区重点工业园之一。

划归开发区管辖后，工业园立足原有的产业基础，在已完成3平方公里起步区建设的基础上，将园区面积逐步扩大，重新规划为“一园三区”，即食品工业园、旅游度假区、港口工业区、综合工业区。

2003年，园区完成固定资产投资3.58亿元，完成工业总产值21亿元、利税1.8亿元；完成进出口额1亿美元，其中出口额4550万美元；生产加工水产品总量15万吨，总产值10.5亿元。至2003年，“一园三区”共引进项目72个，协议总投资44.2亿元；在谈项目12个，协议投资额1.8亿元。

食品工业园 大季家街道渔业发达，拥有27公里的海岸线、5个群众性小型港口，水产品加工企业发展较快。食品工业园分为东西两区。至2003年，食品工业园以联发水产、蓬福水产、金港水产、正旺水产、润丰食品、黎明水产等企业为骨干，集结水产加工企业38家，总投资达到7.4亿元，其中投资2000万元以上企业15家。可加工水产品1000多种，主要有鳕鱼、鱿鱼、贝类、对虾、海参、章鱼、黄花鱼、鲅鱼等的冷冻、干制、腌制的精制品及保活品、保鲜品等，同时通过蒸、煮、烤、炸等方式加工冻扇贝柱、鳕鱼片、银生鲐鱼片、面包粉竹荚鱼、鱿鱼大饼、挪威鲐鱼、面包粉牡蛎、挪威鲭鱼片等食品。年加工能力15万吨，实现产值10.5亿元。至2003年，有4家企业承担国家863计划，6家企业在欧盟注册，14家企业通过“HACCP”认证，20家企业通过ISO 9000认证。产品出口东南亚、美国、欧盟等16个国家和地区，其中80%出口到日本、韩国。各地水产品单位与园内企业有贸易往来的达400多家，仅金港水产在日本、韩国就有15家交易单位。

旅游度假区 位于大季家街道山后陈家以西、平畅河以东和206国道北侧沿海一带。至2003年，引进2家大型外商独资企业，其中京星（烟台）娱乐有限公司外方是韩国京星株式会社，项目投资3.3亿美元，分10年开发，已投入资金3000万美元。旅游区占地172.3公顷，主要建设别墅区、商贸区、海上休闲区、五星级宾馆、72洞高尔夫球场等具有国际一流标准的设施。由加拿大国际商会总投资100亿美元的迪尼斯乐园旅游项目，正进行前期规划。

港口工业区 位于芦洋村和初旺村沿海一带，主要依托烟台市规划建设的亿吨级港口——八角港进行规划，围绕配套港口建设，重点运作港区工业项目的引进。

综合工业区 主要兴办钢铁冶炼、金属制品等企业。2001年以来，园区规划道路26条，投入8000万元完成15.7公里路面硬化；投入3000万元完成15公里地下水管道铺设；投入1000万元完成电网改造；投入2600万元建设调水1万立方的自来水二期工程；投入300万元建造通讯网络。至2003年，引进项目9个，年可实现产值5.6亿元，利税6000万元。园区主要企业有：

烟台联发水产有限公司 2000年成立，由烟台市四通水产有限公司与美国罗伯特·沃利公司合资建设，注册资金199万美元。公司有3台隧道式单冻机、2台平板速冻机、2台烘干机、1台制冰机等食品精深加工设备，主要加工扇贝、鳕鱼、鲐鱼、鱿鱼、牡蛎、挪威鲭鱼、白菜等100多种海产品及蔬菜、水果速冻产品，年加工能力2万吨。产品全部出口日本、美国和欧盟等国家和地区。2001年，公司增资1000万元建设4000吨冷库。2002年，公司再次增资1亿元，计划建设一处占地150亩、10万吨规模的水产品物流中心。项目分三期实施，一期投资3000万元建设的3万吨冷库2003年7月投入使用。2003年，公司实现产值1.72亿元，销售收入1.67亿元，利税800万元。

烟台开发区华达钢铁有限公司　2002年6月成立，注册资本500万元。公司占地10公顷，以钢铁冶炼加工为主营业务，年炼钢能力6万吨，成材能力5万吨。主要生产Φ6–8碳素结构钢线材。主要生产设备有15吨电炉两座及相应浇铸设备，粗轧机一组2架、中轧机组4架连轧、精轧机3组6架复二重轧机及35KV自备变电站一座。2003年销售收入1.2亿元，产值1.2亿元，利税650万元。

烟台润丰食品有限公司　2001年8月成立，占地面积2公顷，总投资120万美元，注册资金80万美元。2002年5月，公司与日本丸和水产株式会社合资经营蓬莱海源食品有限公司。公司建有5个精加工车间、2500立方米原料冷库、3000立方米成品冷库，台湾产单冻机2台、台湾产平板速冻机2台，实现加工、包装、储藏一条龙的流水作业。主要生产鳕鱼片（进料加工）和来料加工马哈鱼片、红鱼片、鲭鱼籽等。产品98%销往美国、欧洲、东南亚、日本、韩国等国家和地区。2003年销售收入达7000万元，产值9000万元，利税300万元。

烟台朝阳水产有限公司　1992年成立，占地面积3000平方米，建筑面积2000平方米，主要从事水产品加工业务。公司冷库容量200吨，拥有单冻机一台。加工各种规格的扇贝柱、黄花鱼、赤贝、章鱼、对虾、鲅鱼、海参等水产品。主要出口到韩国、日本、欧盟等国家。2003年销售收入690万元、产值750万元，利税40万元。

烟台志成水产有限公司　2001年10月成立，中外合资企业，占地面积1.2公顷，建筑面积6000平方米。主要生产加工水产品、肉类制品及蔬菜制品。主要设备有隧道式单冻机1台，速冻能力800公斤/小时；平板式速冻机1台，速冻能力600公斤/小时；速冻库2间，速冻能力300公斤/小时；储藏能力1800吨。产品以扇贝柱、鳕鱼、鱿鱼、鲐鱼为主。2003年销售收入3000万元，产值2953万元，利税158万元。

烟台正旺水产有限公司　2001年7月成立，注册资金40万美元，由蓬莱市日旺食品有限公司与台湾菁德实业有限公司合资兴办。公司建有800吨冷库1座，面积866平方米和1080平方米的车间各1座。主要从事水产品加工与销售，年生产能力2000吨。2003年销售收入1346万元，产值1327万元，利税70万元。

烟台黎明水产有限公司　2001年12月成立，注册资本22万美元，由蓬莱顺发水产有限公司与台湾上奇冷冻机械工程有限公司合资兴办，占地面积1.8公顷，建筑面积8500平方米，其中加工车间1800平方米。公司有1500吨低温库和深加工车间2个，台湾产单冻机2台，低温干燥机2台，平板速冻机2台，公司年生产能力2000吨，主要加工扇贝柱、鳕鱼、鲅鱼等产品。公司有30公顷的扇贝养殖基地。2003年销售收入600万元，产值600万元，利税32万元。

第四节　古现工业园

2002年10月，古现工业园开工建设，规划面积2.5平方公里，起步区0.3平方公里。至2003年，工业园签约项目31个，协议总投资6.7亿元，已开工项目11个，总投资4亿元；在谈项目5个，投资总额8000万元。主要是汽车零部件、电子信息、精细化工、新材料等产业。是年，工业园建设框架全面拉开，古现10路、古现16路通车，古现5路、园区1路完成土路基工程，整个工业园的管网配套工程全部完成；古现7路、8路完成征地清障。园区主要企业有：

山东金河实业有限公司　1982年4月成立，注册资金1560万元。公司下设金河保险粉厂、金河化工有限公司等8个工贸实体，总资产1.8亿元。2003年，“古金牌”保险粉产品被评为山东省著名商标。产品出口东南亚、南美、欧州、澳大利亚等国家和地区，是中国北方最大的保险粉生产基地。2003年出口700万美元，完成工业产值2.5亿元，销售收入2.05亿元，利税2100万元。

烟台黄金冶炼有限责任公司　1997年4月成立，是国家黄金管理局批准的黄金冶炼加工定点企业。公司占地4公顷，资产总值8000万元，主要进行黄金深加工、银回收加工，年产黄金2.5吨，白银4.5吨。2003年，企业投资3000万元，在工业园占地2.7公顷，进一步扩大生产规模。是年，完成工业产值2.15亿元，销售收入2.145亿元，实现利税318.5万元。

烟台开发区阳光工贸有限责任公司　2002年成立，投资总额800万元，占地2.34公顷，建筑面积3400平方米，主导产品是集成板材和家具部件。

第五节　八角工业园

2002年12月，八角工业园建立，占地2.7平方公里，重点发展水产品加工、电子信息、新材料、汽车零部件、包装制品等产业。至2003年，工业园签约项目42个，总投资11亿元；开工在建项目34个，总投资7.6亿元，部分新建企业已经投产。园区内6路、7路、8路、9路、15路的路面已硬化完毕，管网工程已全部完成，园区建设初具规模。园区主要企业有：

烟台美煌玻璃玛赛克有限公司　1985年成立，占地2万平方米，建筑面积6000平方米，注册资本258万元，主要生产玻璃马赛克和绿奥牌内外墙乳胶漆。2003年产值2000万元。

烟台美煌化工有限公司　1999年12月成立，注册资本2600万元，占地6670平方米，建筑面积5300平方米。主要生产有机硅丙烯酸乳液和二辛酯，与陕西省化学研究所和北京装甲兵工程学院进行合作，实行产、学、研一体化。2003年产值1800万元。

烟台紫薇食品有限公司　2003年10月成立，注册资本100万美元，占地1.55万平方米，建筑面积1.4万平方米。主要生产加工水产品、农副产品等，产品主要销往日本、韩国。2003年投产，当年产值5000万元。

烟台盛望工贸有限公司　2003年11月成立，注册资本800万元，占地1.46万平方米，建筑面积9200平方米。主要生产光学仪表、望远镜。2003年投产，当年产值2600万元。

第六节　烟台信息产业园

2002年11月，烟台信息产业园（YITIA）签约，坐落于开发区西区，由烟台瀛海信息产业有限公司和管委共同建设，总投资5亿美元，规划占地面积7.2平方公里。烟台瀛海信息产业有限公司负责信息产业园的整体规划设计、开发建设、招商引资、服务管理工作，管委负责产业园基础设施建设。烟台信息产业园的建设项目包括电子信息产业研究开发、生产企业、产业孵化大楼、项目促进中心、主题公园、学校、高档住宅及其他配套设施。

至2003年，全区电子信息项目累计立项300多个，已投产企业60多家，涉及通信设备、网络、软件技术、电子元器件等多个领域，已形成浪潮LG、正海电子、泰信电子等一批骨干企业。2003年，全区电子信息产业实现销售收入45亿元，同比增长61%。

第七节　烟台开发区业达软件工业园

2001年4月，烟台开发区业达软件工业园建立。该园分两部分：一是孵化器部分，它是以科技大厦和创业园区2号厂房等为平台，吸收在孵软件企业入住；二是规模化生产部分，孵化成熟的软件企业，迁出孵化场所形成规模化生产。为给软件企业提供良好的发展环境，管委投资兴建3000平方米的孵化器和1万平方米的放大车间，企业成熟后迁入7.2平方公里的IT产业园。管委制定一系列优惠政策，鼓励入园软件企业快速发展。

2003年，入园软件企业已达33家，其中孵化企业16家，已经孵化成熟并实现规模化生产的软件企业17家。入园软件企业累计开发、生产软件产品80多种，涉及计算机网络、网站建设、智能化办公系统、ERP系统、校园网、物业管理系统、数控系统、医学软件及各种行业应用软件。创迹软件的物流管理软件、海颐软件的电力系统应用软件、澳斯邦的医学应用软件等18项软件产品技术水平达到国际先进水平，还有30多项软件产品技术水平达到国内先进水平。该园澳斯邦医学数据公司研制开发的“安全输血标准化系统”，是国内唯一的血站专用软件，已广泛应用于国内各输血中心，国内市场占有率达到60%；正达电子开发的网络数字摄像机及其控制软件，独居国内市场销售榜首；烟台利龙软件公司研发的通用财务核算软件填补国内空白。2003年，入园企业实现销售收入2.8亿元，实现利税7500万元，其中十维电信、正达电子、麦特电子等6家软件企业年销售额均超过1000万元。园区主要企业有：

烟台创迹软件有限公司　2003年12月成立，注册资本100万美元，是日本TRIAL株式会社在中国成立的第一家海外公司。公司主要立足于物流和零售业领域的计算机软件开发，大型超市、物流中心的计算机管理系统开发和向流通零售业界提供专业的信息系统方案。

烟台澳斯邦生物工程有限公司　1992年10月成立，注册资本20万美元，是瑞士澳斯邦投资股份有限公司在中国设立的独资企业。公司2000年11月被山东省科技厅认定为“高新技术企业”，2002年12月被山东省外经贸厅确认为外商投资先进技术企业。公司主要生产组装临床检验用的体外诊断试剂、全自动酶免分析仪器、医用分析软件、咖啡机系列产品，已有32个医疗器械产品获得国家和省食品药品监督管理局颁发的注册证书，其中总胆固醇测定试剂、血清总胆汁酸测定试剂达到国内先进技术水平并列入国家火炬计划；公司在全国建立销售、服务网络，所提供的安全输血全自动酶标分析系统，在全国输血行业信誉良好。

烟台海颐软件股份有限公司　2003年6月成立，由烟台东方电子信息产业股份有限公司信息管理及服务事业部改制而成，公司从事大型管理信息系统研发。以“电力企业管理信息系统”为核心的多项应用软件产品，已经取得软件著作权证书，产品领域涉及电力、政府、公安、检察、新闻媒体、教育、工业等诸多行业，拥有分布于全国20多个省市区的200多家客户。公司还是科技部863软件重大专项《采用国产软硬件进行电子政务建设研究及示范应用》项目的协作单位。

图7-13　烟台开发区业达软件产业基地

第八节 烟台资源再生加工示范区

2002 年 11 月，烟台开发区成立烟台资源再生加工示范区建设总指挥部。2003 年 9 月，资源再生加工示范区的选址确定在大季家街道区域内。规划面积 6.67 平方公里，一次规划，分期开发，对“三废”进行集中无害化环保处理。

烟台资源再生加工示范区是在国家大力倡导建设资源节约型和环境友好型社会的形势下，由烟台开发区管委投资建设的循环经济专业化园区。示范区实行“圈区”管理，以再生资源的国外进口、国内回收和深加工为主导，以提高资源综合利用、减少污染浪费、节约资源能源为目标，统一打通国外进货渠道，统一办理再生资源进口指标。主要出口国有韩国、日本、欧盟、美国等地，进口货物涉及废电线电缆、废旧塑料、废五金、废钢铁、废电机等多个品种。

第九节 烟台汽车工业园

2003 年 2 月 10 日，烟台汽车工业园成立，规划占地面积 12 平方公里，由Ⅰ区、Ⅱ区两部分组成，园区内基础设施配套齐全。Ⅰ区包括上海通用东岳汽车有限公司和动力总成公司在内的周边区域及古现办事处规划预留用地，规划占地 6.8 平方公里，主要用于整车、发动机项目扩建以及自动变速箱项目。Ⅱ区范围位于大季家办事处，规划占地 5 平方公里，主要用于配套汽车零部件项目的发展。至 2003 年，园内已吸引上海汇众、元岳机电、西上海物流、丛林汽车等 10 余家汽车配套企业，总投资 5.1 亿元。

第八编
工　业

上海通用东岳汽车有限公司生产车间

烟台经济技术开发区志

YANTAI JINGJI JISHU KAIFAQUZHI

烟台开发区成立以来，工委管委一直坚持以构建现代化工业城区为宗旨，大力发展工业经济，以工业产业立区，以工业经济强区。辖区工业经历从无到有、从小到大的发展过程，至2003年，已建设成为门类比较齐全、产业结构比较合理、主导产业比较突出的新型工业体系。

1985年12月20日，开发区引进的第一个工业项目建成投产，标志烟台开发区工业产业的诞生。随着工业项目的引进和建设，工业规模不断扩大。1987年，管委设立经济发展局，管理辖区工业企业。1990年，工业产业发展到15个行业，工业增加值占全区国内生产总值的53%。1992年，管委设立企业管理中心，专职管理辖区工业企业。遵循市场经济规律，开发区管委管理企业的方式，主要是贯彻实施国家宏观调控方针，制定和落实工委管委支持企业发展的具体措施和优惠政策，为企业搞好服务。1995年，食品加工、设备制造、电子电气等行业成长较快，工委管委及时提出培育主导产业的发展战略。20世纪90年代中末期，一些建区初期兴办的“短、平、快”项目，由于产品不适应市场需求，在工业结构调整中退出历史舞台。2000年，全区工业发展又上新台阶，工业增加值占全区国内生产总值71%。进入21世纪以来，辖区已基本形成食品加工制造业、化纤纺织制造业、医药制造业、通用专用及交通设备制造业、电子电气及仪器制造业、化学原料及制品业等六大主导产业。

第一章 工业结构

第一节 工业经济规模

1986年，烟台亚东标准件有限公司实现工业产值96万元，实现工业增加值28万元。1987年，全区投产工业企业15家，实现工业产值4863万元，其中外商及港澳台商投资企业实现产值1430万元。主要生产企业有福山颗粒饲料厂（产值2357万元）、香港华联有限公司（产值887万元）、烟台亚东标准件有限公司（产值543万元）、烟台油漆厂（产值378万元）等。

1990年，全区投产工业企业63家，实现工业产值2.14亿元，比上年增长17.44%，其中外商及港澳台商投资企业实现工业产值7243万元，比上年增长22.27%；全年实现工业增加值6372万元，比上年增长32.14%。主要生产企业有烟台氨纶厂（产值3782万元）、烟台肯达尔医用品有限公司（产值2576万元）、烟台福莱食品加工冷冻有限公司（产值1807万元）、开发区艺华实业公司（产值1471万元）、烟台地毯材料有限公司（产值1100万元）、烟台亚东标准件有限公司（产值1023万元）等。

1992—1994年，国家允许机关事业单位兴办经济实体，工业企业数量由1991年的80家发展到1994年的315家。

1995年，辖区对小手工作坊式的生产企业进行清理。是年，全区投产工业企业178家，年实现工业产值30亿元，比上年增长20%，其中外商及港澳台商投资企业实现工业产值23.32亿元，比上年增长23.77%；全年实现工业增加值10.50亿元，比上年增长34.37%；工业增加值占全区国内生产总值比重达到52.11%。主要生产企业有烟台黄海热电有限公司（产值2.36亿元）、烟台华大化学工业有限公司（产值1.87亿元）、烟台华润锦纶有限公司（产值1.42亿元）、烟台氨纶厂（产值1.08亿元）、烟台荣昌制药有限公司（产值1.07亿元）、烟台黄海钢铁有限公司（产值1.01亿元）等。

2000年，全区投产工业企业230家，实现工业产值100.51亿元，比上年增长22.20%，其中外商及港澳台商投资企业169家，实现工业产值86.54亿元。全年实现工业增加值32.16亿元，比上年增长26.11%；工业增加值占全区国内生产总值比重达到71%。主要生产企业有烟台不锈钢型材制品有限公司（产值11.57亿元）、大宇重工业烟台有限公司（产值11.39亿元）、烟台东星（集团）公司（产值5.03亿元）、烟台正海电子网板有限公司（产值4.42亿元）、烟台氨纶集团有限公司（产值4.33亿元）、烟台华润锦纶有限公司（产值2.46亿元）等。

2003年，全区投产工业企业740家，实现工业产值300.16亿元，比上年增长49.80%，其中外商及港澳台商投资企业275家，实现工业产值248.43亿元，增长55.80%。全年实现工业增加值90.05亿元，比上年增长40.52%；工业增加值占全区国内生产总值比重达到64.32%。工业产值超过1亿元以上的企业36家，超过10亿元以上的企业5家，主要有大宇重工业烟台有限公司（产值38.06亿元）、烟台东方不锈钢工业有限公司（产值32.04亿元）、上海通用东岳汽车有限公司（产值26.67亿元）、浪潮乐金数字移动通讯有限公司（产值21.42亿元）、烟台首钢东星（集团）公司（产值11.58亿元）。

1986—2003年烟台开发区工业经济情况统计表

表8-1　　　　单位：家、万元

年份	累计投产企业数		工业总产值		工业增加值
		外商及港澳台商投资企业		外商及港澳台商投资企业	
1986	1	1	96	96	28
1987	15	2	4863	1430	936
1988	40	9	14516	3303	3088
1989	52	13	18190	5924	4822
1990	63	21	21362	7243	6372
1991	80	35	42940	25977	12631
1992	130	60	81908	44156	20447
1993	236	122	214195	142504	64389
1994	315	175	250342	188403	78166
1995	178	127	300469	233195	105031
1996	181	130	451158	372992	152085
1997	192	141	601218	517442	180413
1998	208	155	701263	616052	205487
1999	245	186	822570	701186	255028
2000	230	169	1005076	865365	321625
2001	256	189	1304226	1126241	425382
2002	321	228	2003909	1594726	640826
2003	740	275	3001605	2484268	900511

2003年烟台开发区工业产值10000万元以上企业情况统计表

表8-2　　单位：万元

企业名称	企业性质	主要产品	工业产值	工业增加值
大宇重工业烟台有限公司	韩国独资	挖掘机	380580	115535
烟台东方不锈钢工业有限公司	中美合资	板材、型材	320437	76842
上海通用东岳汽车有限公司	中美合资	轿车	266746	62532
浪潮乐金数字移动通信有限公司	中韩合资	CDMA移动话机	214158	75143
烟台首钢东星（集团）公司	内资	空调器、结晶器	115798	39023
烟台氨纶集团有限公司	内资	氨纶丝	92742	36625
烟台正海集团有限公司	内资	彩管荫罩	86406	35065
汉高乐泰（中国）有限公司	中美合资	密封胶	47108	20853
烟台水星食品有限公司	韩国独资	水产品	38373	11571
烟台华东变压器有限公司	韩国独资	变压器	37204	12270
烟台市振河投资有限公司	内资	钢坯	30415	8483
泰信电子（烟台）有限公司	韩国独资	电子产品	27433	5433
烟台联发水产有限公司	中美合资	水产品	25641	9026
烟台华润锦纶有限公司	鲁港合资	锦纶丝	24204	8493
烟台渤海热电有限公司	鲁港合资	热、电	22362	11505
山东金河实业有限公司	内资	保险粉	21581	6066
烟台市黄金冶炼有限公司	内资	金银品	21469	7009
烟台霍富汽车锁有限公司	中德合资	汽车锁	19132	7627
烟台黄海热电有限公司	鲁港合资	热、电	19085	8883
烟台开发区华达钢铁有限公司	内资	钢材	18802	6630
烟台开发区新黄海钢铁有限公司	内资	钢坯	17936	5352
菲尔普斯·道奇烟台电缆有限公司	中美合资	电线电缆	17476	3910
海虹老人牌（烟台）有限公司	中国香港丹麦合资	油漆	16879	5310
烟台鲁星食品有限公司	日本独资	食品	16855	8650
烟台华大化学工业有限公司	中日合资	聚氨酯	16790	4929
烟台胜地汽车零部件制造有限公司	中国香港独资	汽车水泵	15519	6932
烟台新时代天然营养品有限责任公司	内资	松花粉	15011	6198
烟台大宸食品有限公司	中瑞合资	食品	13687	3526
烟台方丹食品有限公司	中日合资	食品	12378	4622

续表 8-2

企业名称	企业性质	主要产品	工业产值	工业增加值
烟台华润汽车内饰件有限公司	鲁港合资	汽车内饰件	12176	4057
烟台西蒙西轴承有限公司	京港合资	轴承	11977	6210
烟台厚木华润袜业有限公司	中国香港日本合资	锦纶袜	11179	460
青岛啤酒（蓬莱）有限公司	内资	啤酒	11171	3828
烟台永康食品有限公司	中国香港独资	食品	11056	1268
烟台东山电机有限公司	韩国独资	电动机	10800	5189
烟台德丰水产有限公司	鲁台合资	水产品	10199	3558

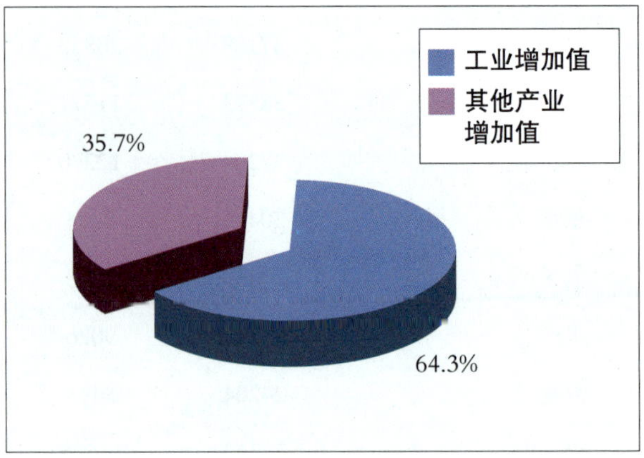

图 8-1　2003 年烟台开发区工业经济占全区经济比重图

第二节　工业行业结构

1985 年，辖区引进的第一家工业企业投产，属通用设备制品业。1987 年，区内有工业企业 15 家，分布在 5 个行业。其中食品加工制造业有企业 2 家，实现工业产值 2507 万元，占全区工业总产值比重的 51.55%；塑料制品业有 2 家企业，实现工业产值 887 万元，占全区工业总产值比重的 18.24%；通用设备制造业有 2 家企业，实现工业产值 543 万元，占全区工业总产值比重的 11.17%；化学原料及化学制品制造业有企业 2 家，实现工业产值 477 万元，占全区工业总产值比重的 10%。

1990 年，区内有工业企业 63 家，主要分布在 15 个行业。其中化学纤维制造业主要有烟台氨纶厂和烟台地毯材料有限公司 2 家企业，实现工业产值 4779 万元，占全区工业总产值比重的 22.37%；食品加工制造业主要有烟台福莱食品加工冷冻有限公司、烟台中美水产有限公司等 15 家企业，实现工业产值 3821 万元，占全区工业总产值比重的 18%；纺织业主要有烟台春牛针织有限公司、烟台春生毛衫有限公司等 4 家企业，实现工业产值 2898 万元，占全区工业总产值比重的 13.57%；通用设备制造业主要有烟台亚东标准件有限公司、开发区华京包装技术公司的等 4 家企业，实现工业产值 2505 万元，占全区工业总产值比重的 11.73%；化学原料及化学制品制造业主要有乐泰（中国）厌氧密封胶有限公司、烟台合成玛瑙有限公司 4 家企业，实现工业产值 1017 万元，占全区工业总产值比重的 4.76%。其他还有非金属矿物制品业，主要有烟台石玉制品有限公司 1 家企业；电气机械及器材制造业，主要有烟台鲁东电线电缆有限公司、开发区华光铜线厂等 5 家企业；电子设备制造业，主要有烟台春生通达电子公司、烟台荣华电子有限公司等 7 家企业；工艺品制造业，主要有开发区华夏艺术品公司和开发区艺华实业公司 2 家企业；服装加工业，有开发区光明有限公司等 2 家企业；纸制品业，有烟台富达包装材料有限公司 1 家企业；印刷业，有开发区西苑印刷厂、开发区东方纸箱印刷厂 2 家企业；仪器仪表制造业，有开发区亚新利有限公司、开发区北极星手表首饰有限公司等4家企业；木材制品业，有烟台市制材厂1家企业。

1995年，区内有工业企业178家，主要分布在22个行业。化学纤维制造业主要有烟台华润锦纶有限公司、烟台氨纶厂等4家企业，实现工业产值2.88亿元，占全区工业总产值比重的9.60%；化学原料及化学制品制造行业主要有烟台华大化学工业有限公司、乐泰（中国）有限公司等16家企业，实现工业产值2.54亿元，占全区工业总产值比重的8.46%；食品加工制造业主要有烟台鲁星食品有限公司、烟台日冷食品有限公司等9家企业，实现工业产值1.91亿元，占全区工业总产值比重的6.35%；通讯及电子设备制造业主要有烟台京科通讯技术有限公司、开发区大明电子有限公司等11家企业，实现工业产值1.79亿元，占全区工业总产值比重的5.94%；电气机械及器材制造业主要有烟台鲁东电线电缆有限公司、开发区奥特自控技术有限公司等22家企业，实现工业产值1.48亿元，占全区工业总产值比重的4.92%；通用设备制造业主要有烟台西蒙西轴承有限公司、烟台光生铝工业有限公司等16家企业，实现工业产值1.38亿元，占全区工业总产值比重的4.60%；黑色金属冶炼及压延加工业有烟台黄海钢铁有限公司和烟台东方冶金企业有限公司2家企业，实现工业产值1.31亿元，占全区工业总产值比重的4.35%；医药制造业主要有烟台荣昌制药有限公司、烟台肯达尔医用品有限公司等6家企业，实现工业产值1.18亿元，占全区工业总产值比重的3.91%；服装及其他纤维制品业主要有烟台大斗服装有限公司、烟台华胜服装有限公司等12家企业，实现工业产值7293万元，占全区工业总产值比重的2.43%；塑料制品业主要有开发区百利塑料制品有限公司、烟台西蒙西鹏远包装品有限公司等5家企业，实现工业产值7020万元，占全区工业总产值比重的2.33%。其他还有工艺品制造业，有烟台市工艺美术公司、开发区华夏艺术品公司等7家企业，实现工业产值4330万元；纸制品业主要有烟台华信纸业有限公司等2家企业，实现工业产值60万元；印刷业主要有烟台小峰彩印有限公司、开发区印刷厂等3家企业，实现工业产值500万元；仪器仪表制造业有烟台北极星荣华钟表有限公司等3家企业，实现工业产值1000万元；非金属矿物制品业主要有烟台烟华玻璃制品有限公司等2家企业，实现工业产值2500万元；金属制品业主要有烟台东星公司、开发区亚美特种金属有限公司等3家企业，实现工业产值8060万元。此外，还有木材制品业、饮料制造业、文教体育用品制造业、皮革制品业和交通运输设备制造业企业生产经营。

2000年，区内有工业企业230家，主要分布在24个行业。其中，通用、专用设备及交通运输设备制造业主要有大宇重工业烟台有限公司、一汽—大宇（烟台）汽车发动机有限公司等14家企业，实现工业产值23.14亿元，占全区工业总产值比重的23%；金属制品业主要有烟台不锈钢型材制品有限公司、烟台首钢东星集团公司等12家企业，实现工业产值12.14亿元，占全区工业总产值比重的12%；通讯及电子设备制造业主要有烟台正海电子网板有限公司、烟台迈特电子有限公司等32家企业，实现工业产值9.56亿元，占全区工业总产值比重的9.51%；化学纤维制造业主要有烟台氨纶集团有限公司、烟台华润锦纶有限公司等3家企业，实现工业产值8.79亿元，占全区工业总产值比重的8.75%；电气机械及器材制造业主要有菲尔普斯·道奇（烟台）电缆有限公司、烟台华东变压器有限公司等30家企业，实现工业产值5.97亿元，占全区工业总产值比重的5.94%；食品加工制造业主要有烟台鲁星食品有限公司、烟台加宝食品有限公司等48家企业，实现工业产值4.57亿元，占全区工业总产值比重的4.54%；化学原料及化学制品制造业主要有烟台华大化学工业有限公司、汉高乐泰（中国）有限公司等25家企业，实现工业产值3.27亿元，占全区工业总产值比重的3.25%；黑色金属冶炼及压延加工业有烟台黄海钢铁有限公司和烟台东方冶金企业有限公司等3家企业，实现工业产值2.25亿元，占全区工业总产值比重的2.24%；医药制造业，主要有烟台奥斯邦生物工程有限公司、烟台北方制药有限公司等18家企业，实现工业产值1.49亿元，占全区工业总产值比重的1.49%；服装及其他纤维制造业主要有烟台和田博服饰有限公司、烟台华胜服装有限公司等14家企业，实现工业产值1.46亿元，占全区工业总产值比重的1.45%；塑料制品业主要有烟台西蒙西鹏远包装品有限公司、烟台华新塑料制品有限公司等5家企业，实现工业产值1.44亿元，占全区工业总产值比重的1.43%。其他还有造纸及纸制品业、印刷业，主要有烟台小峰彩印有限公司、烟台华联印刷有限公司等3家企业，实现工业产值4813万元；仪器仪表制造业有烟台龙源电力技术有限公司、烟台北极星荣华钟表有限公司等4家企业，实现工业产值3230万元；非金属矿物制品业主要有烟台烟华玻璃制品有限公司、烟台三龙轻质建材有限公司等3家企业，实现工业产值1530万元；文教体育用品制造业主要有烟台龙凤钢琴有限公司、烟台佳典文化用品有限公司等4家企业，实现工业产值7600万元；皮革、皮毛、羽绒制品业主要有烟台华盛革制品有限公司、烟台东南皮革有限公司等3家企业，实现工业产值4960万元；木材制品及家具制造业主要有烟台福大利木业有限公司、烟台大成家具有限公司等4家企业，实现工业产值3750万元。此外，还有饮料制造业和工艺品制造业等企业生产经营。是年，全区重点培育的机械设备、电子电气仪表、化纤纺织、食品加工制造、医药和化工等6大支柱产业，全年实现工业产值60.8亿元，实现利税5.8亿元，分别占全区工业总产值比重的60.50%和工业利税总额的77.10%。

2003年，区内有工业企业740家，主要分布在28个行业。其中通用设备、专用设备和交通运输设备制造业主要有大宇重工业烟台有限公司、上海通用东岳汽车有限公司等46家企业，实现工业产值100.8亿元，占全区工业总产值比重的33.58%；通信及电子设备制造业主要有浪潮乐金数字移动通信有限公司、烟台正海电子网板有限公司等54家企业，实现工业产值43.15亿元，占全区工业总产值比重的14.38%；金属制品业主要有烟台东方不锈钢工业有限公司、烟台首钢东星（集团）公司等18家企业，实现工业产值43亿元，占全区工业总产值比重的14.33%；食品加工制造业主要有烟台水星食品有限公司、烟台联发水产有限公司等73家企业，实现工业产值36.48亿元，占全区工业总产值比重的12.15%；化学原料及化学制品制造业主要有汉高乐泰（中国）有限公司、海虹老人涂料（烟台）有限公司等62家企业，实现工业产值15.56亿元，占全区工业总产值比重的5.19%；化学纤维制造业主要有烟台氨纶集团有限公司、烟台华润锦纶有限公司等8家企业，实现工业产值14.5亿元，占全区工业总产值比重的4.83%；黑色金属冶炼及压延加工业主要有烟台新黄海钢铁有限公司和烟台新东方冶金企业有限公司等4家企业，实现工业产值11.53亿元，占全区工业总产值比重的3.84%；电气机械及器材制造业主要有烟台华东变压器有限公司、菲尔普斯·道奇（烟台）电缆有限公司等50家企业，实现工业产值10亿元，占全区工业总产值比重的3.35%；医药制造业主要有烟台荣昌制药有限公司、烟台奥斯邦生物工程有限公司等23家企业，实现工业产值4.57亿元，占全区工业总产值比重的1.52%；服装及其他纤维制造业主要有开发区海生印染有限公司、烟台和田博服饰有限公司等14家企业，实现工业产值2.89亿元，占全区工业总产值比重的0.96%。其他还有纸制品及印刷业，主要有烟台永东包装制品有限公司、烟台华新印铁制品有限公司等5家企业，实现工业产值1.24亿元；仪器仪表制造业有烟台星华钟业有限公司、烟台亚新利自动控制有限公司等11家企业，实现工业产值1.06亿元；塑料制品业主要有烟台百利塑料制品有限公司、烟台西蒙西鹏远包装品有限公司等12家企业，实现工业产值2.48亿元；文教体育用品制造业主要有烟台龙凤钢琴有限公司、烟台凯丽笔业有限公司等9家企业，实现工业产值8997万元；非金属矿物制品业主要有大季家山后李家石粉厂、烟台三龙轻质建材有限公司等5家企业，实现工业产值6992万元；皮革、皮毛、羽绒制品业主要有烟台华盛革制品有限公司、烟台宝丰服装有限公司等12家企业，实现工业产值6697万元；木材制品及家具制造业主要有烟台东晓木业有限公司、烟台芝利华软木制品有限公司等10家企业，实现工业产值5383万元。此外，还有工艺品制造业、有色金属冶炼和废弃资源回收再生行业等。

进入21世纪以来，辖区支柱产业对全区经济发展的支撑作用明显。是年，通用专用及交通设备制造业、电子电气及仪器制造业、食品加工制造业、纺织化纤制造业、医药制造业和化学原料及制品制造业等6大支柱产业实现工业产值227.83亿元，比上年增长60.60%，占全区工业总产值的76%，其中通用专用及交通设备制造业、电子电气及仪器制造业两大产业实现工业产值155亿元，增幅达116%，占6大支柱产业的68%，占全区工业总产值比重的51.64%。是年，电力、燃气及水的生产和供应业4家企业，实现工业产值7.10亿元，占全区工业总产值比重的2.37%。

2003年烟台开发区工业行业情况统计表

表8-3　　单位：家、万元、%

序号	行业名称	生产企业数量		工业产值	
			合资企业		行业产值占全区工业总产值比重
1	通用、专用及交通运输设备制造业	46	30	1008037	33.58
2	电子及通信设备制造业	54	34	431487	14.38
3	金属制品业	18	7	430209	14.33
4	食品加工、制造业	73	48	364841	12.15
5	化学原料及制品制造业	62	22	155635	5.19
6	化学纤维制造业	8	4	145103	4.83
7	黑色金属冶炼及压延加工业	4	0	115297	3.84
8	电气机械及器材制造业	50	24	100425	3.35
9	医药制造业	23	9	45694	1.52
10	服装及其他纤维制品制造业	14	10	28926	0.96
11	塑料制品业	12	5	24827	0.83
12	纺织业	12	5	16482	0.55
13	仪器仪表制造业	11	4	10634	0.35
14	文教体育用品制造业	9	3	8997	0.30
15	非金属矿物制品业	5	0	6992	0.23

续表 8-3

序号	行业名称	生产企业数量		工业产值	
			合资企业		行业产值占全区工业总产值比重
16	造纸及纸制品业	3	1	6824	0.23
17	皮革、毛皮、羽毛（绒）制品业	12	3	6697	0.22
18	印刷业	2	1	5618	0.19
19	木材加工制造业	10	7	5383	0.18
20	其他制造业	308	55	12491	0.42
21	电力、燃气及水的生产和供应业	4	3	71006	2.37
	合　　计	740	275	3001605	100.00

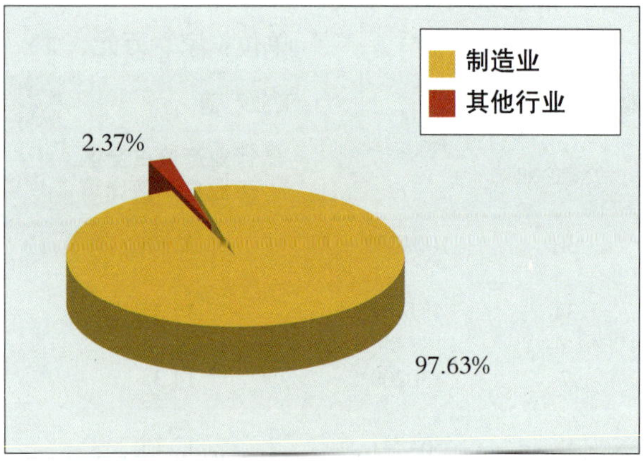

图 8-2　2003 年烟台开发区制造业实现工业产值占全区工业总产值比重图

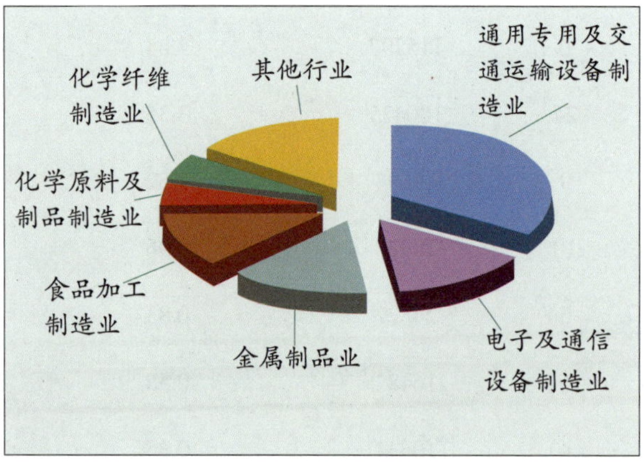

图 8-3　2003 年烟台开发区主要行业工业产值比重示意图

第三节　工业产品结构

1985 年，开发区开始有自己的工业产品，烟台亚东标准件有限公司生产的家用电器紧固件自攻螺钉。1986 年自攻螺钉产量 94368 千粒。1987 年，烟台针织器材一分厂生产的针织用针，产量 4644 万枚；烟台北极星时钟制造公司生产的机械木钟，产量 3 万只；烟台香港华联有限公司生产的静电植绒布，产量 110 万平方米。

1990 年，辖区兴办的工业项目陆续投产，产品品种日渐增多，达 43 种，产量不断扩大。主要有花岗石板材、绣品、电线、石英表等。产品结构也发生了变化，高新技术产品不断出现，如氨纶丝、厌氧密封胶产品填补国内空白，电量变送器产品国内领先等。

1990 年烟台开发区主要工业产品产量情况统计表

表 8-4

主要产品名称	计量单位	生产量
花岗石板材	万平方米	1.62
棉布	万米	2039
石英表	万只	1.96
丙纶丝	吨	711
氨纶丝	吨	182
厌氧密封胶	吨	10
油漆	吨	450
服装	万件	7
水产品加工	吨	503
蔬菜加工	吨	2878
电量变送器	台	906
智能数字仪表	台	822
供热量	万百万千焦	15.5
自来水供应量	万立方米	147

1995 年，辖区主要工业产品有 72 种。食品加工制造业主要产品有禽肉制品、水产加工品、酱腌菜、速冻蔬菜、罐头、蜂产品等；纺织产品主要有棉布、印染布、毛巾、毛巾被、袜子等；工艺美术品有刺绣工艺品、抽纱工艺品、地毯、挂毯等。以氨纶和锦纶为主的化学纤维制造业稳定快速发展，品种增加、产量提高。普通化工、普通机械产品向技术含量较高的高科技产品转变，移动通信设备和微型电子计算机产品开始出现。

1995 年烟台开发区主要工业产品产量情况统计表

表 8-5

主要产品名称	计量单位	生产量
水产品加工	吨	2851
蔬菜加工	吨	2000
花岗石板材	万平方米	2
棉布	万米	7920
锦纶丝	吨	2455

续表 8-5

主要产品名称	计量单位	生产量
氨纶丝	吨	1538
厌氧密封胶	吨	59
油漆	吨	938
钢琴	架	3020
电力电缆	公里	570
化学药品制剂	万支	119
中成药	吨	12
塑料制品	吨	1914
成品钢材	万吨	5
摩托车	辆	982
移动通信设备	信道	58927
微型电子计算机	部	2152
自动化仪器仪表及系统	台（套）	9632
服装	万件	224
发电量	万千瓦小时	99070
供热量	万百万千焦	55
自来水供应量	万立方米	682

20 世纪 90 年代中末期，建区初期兴办的一些“短、平、快”项目，因环保、技术含量低等原因，已经不能适应市场的发展要求，退出历史舞台。主要有 1985 年兴办的烟台香港华联有限公司生产的静电植绒布产品、烟台地毯材料有限公司生产的丙纶地毯丝产品、烟台石玉制品工业有限公司生产的大理石板材产品、开发区福莱食品加工冷冻有限公司生产的冷冻蔬菜、水产品，1986—1987 年兴办的烟台合成玛瑙工业有限公司生产的卫生洁具产品、烟台春生针织有限公司和烟台春生毛衫有限公司生产的针织袜、针织毛衫等产品，以及 20 世纪 90 年代初期生产的钟表、低压开关柜、毛巾、扩音机产品等。

2000 年，辖区主要工业产品 156 种，主要集中在机械设备制造、电子电气仪表、化纤纺织、食品加工、医药和化工 6 大支柱产业。其中，机械设备制造主要产品有挖掘机、摩托车、车用空调器；电子电气仪表业主要产品有自动化仪表、微型电子计算机、各种电线电缆等；化纤纺织业主要产品有氨纶丝、锦纶丝；食品加工业主要产品有水产品、速冻蔬菜等；医药业主要产品有荣昌肛泰、肝素钠、软骨素等；化学工业主要产品有油漆、密封胶、液晶材料等。

2000 年烟台开发区主要工业产品产量情况统计表

表 8-6

主要产品名称	计量单位	生产量
锦纶丝	吨	5951
氨纶丝	吨	2385
彩色显像管荫罩	万张	951
挖掘机	台	1589
摩托车	辆	5491
汽车空调系统	万套	18
厌氧密封胶	吨	376
油漆	吨	4532
钢琴	架	8220
电力电缆	公里	1884
微型电子计算机	部	11821
自动化仪器仪表及系统	台（套）	4396
服装	万件	595
水产品加工	吨	8721
发电量	万千瓦小时	12495
供热量	万百万千焦	107
自来水供应量	万立方米	691

2003 年，随着全区高新技术项目的引进和建设，新产品不断涌现，辖区工业产品发展到 208 种。

在全部工业产品中，主打产品主要有 6 类：食品加工制造业中的水产品；化学原料及制品制造业中的厌氧密封胶和涂料、油漆等产品；化学纤维制造业中的氨纶丝、锦纶丝及其延伸产品；专用设备制造业中的挖掘机、叉车等产品；交通运输设备制造业中的轿车整车及汽车空调系统、汽车锁等汽车零部件产品；通信设备、计算机及电子设备制造业中的数字移动电话机、电子网目板等产品。在全国市场有影响力和竞争力，并处于领先地位的产品主要有乐泰厌氧密封胶、雅达牌氨纶丝、大宇挖掘机、雪佛兰牌轿车、首钢电装汽车空调系统、霍富汽车锁、LG 数字移动电话机、正海电子网目板 8 种产品。

2003年烟台开发区主要工业产品产量情况统计表

表 8-7

主要产品名称	计量单位	生产量
水产品加工	吨	183183
罐头	吨	1374
葡萄酒	吨	5502
啤酒	吨	48382
印染布	万米	3281
服装	万件	1757
针织服装	万件	1757
皮革服装	万件	41
彩色显像管荫罩	万张	2097
彩管导电涂料	吨	253
单色印刷品	万令	5
多色印刷品	万对开色令	20
钢琴	架	5650
油漆	吨	14719
厌氧密封胶	吨	688
中成药	吨	62
化学纤维	吨	17546
合成纤维	吨	17546
锦纶纤维	吨	6701
塑料制品	吨	1200
塑料板片材	吨	826
塑料棒管材	吨	374
汽车空调系统	万套	76
成品金	千克	2246
模具	套	1323
钢钉	吨	1644
汽车锁	万把	63
轴承	万套	951
钢	万吨	22.6

续表 8-7

主要产品名称	计量单位	生产量
普通钢	万吨	22.6
成品钢材	万吨	6.2
线材	万吨	6.2
汽车	万辆	3.8
轿车	万辆	3.8
挖掘机	台	6121
叉车	台	537
电力电缆	公里	2392
电线	公里	3639
钢芯铝铰线	吨	2398
数字移动电话机	万部	132
微型电子计算机	部	7387
电子元件	万只	5691
自动化仪表及系统	台（套）	4619
工艺美术品	万元	6036
发电量	万千瓦小时	12430
火电	万千瓦小时	12430
供热量	万百万千焦	164
自来水供应量	万立方米	781

第二章　制造业

第一节　通用专用与交通运输设备制造业

通用、专用与交通运输设备制造业是辖区基础产业之一，起步较早。1985 年，由烟台标准件厂和香港凯迪实业有限公司合资 100 万美元建成的烟台亚东标准件有限公司，是辖区第一家通用设备制造业中通用零部件加工企业。1990 年，全区通用、专用与交通运输设备制造业有 4 家企业。企业生产的产品多是初级的传统产品，如自攻螺钉、针织机针、通用标准件等。1994 年，开发区奇通化工设备厂生产的粉末加工成套设备，被认定为国际先进产品。至 1995 年，行业有了较快发展，有企业 16 家，是年实现工业产值 1.38 亿元，占全区工业总产值的 4.60%。1999 年 10 月，一汽—

大宇（烟台）发动机有限公司投产。2000年，行业工业产值达到23.14亿元，占全区工业总产值的23%。产品档次大大提升，通用、专用及交通运输设备制造业已发展成为辖区重要的支柱产业之一。2003年，全区通用、专用及交通运输设备制造业有企业46家，是年生产轿车3.8万辆、铲土运输设备6121辆、叉车537辆。实现工业产值100.8亿元，占全区工业总产值的33.58%，属开发区工业第一大行业，已基本形成比较集中的设备制造产业集群，产品涉及通用设备制造、专用设备制造和交通运输设备制造各领域。

主要生产企业有大宇重工业烟台有限公司、上海通用东岳汽车有限公司、山东大宇（烟台）汽车发动机有限公司、烟台霍富汽车锁有限公司、烟台首钢电装有限公司、烟台胜地汽车零部件制造业有限公司、烟台西蒙西轴承有限公司、烟台春生滑动轴承有限公司、烟台华润汽车内饰件有限公司、烟台萨姆肯汽车配件有限公司、烟台耀华汽车玻璃有限公司、大宇机床有限公司、易特斯（烟台）精密纺织机械有限公司、迈克·威力（烟台）机械有限公司、烟台蓬达金属制品有限公司、烟台瑞得精密铝业有限公司、烟台钢格板有限公司、烟台永美制钉有限公司、烟台伟尔威机械有限公司、烟台宇光机械产业有限公司等。

行业主要产品有轿车整车、车身、汽车发动机、传动器、变速器、汽车锁具、汽车空调系统、汽车内饰系统、汽车滚动滑动轴承系统、汽车刹车系统、汽车夹层风挡玻璃、汽车线束、汽车其它主要零部件、液压挖掘机、叉车、数控机床、不锈钢型材、机械轴承、机械配件、纺织器材、木工机械、摩托车整车、施工机械、钢格板、工业缝纫机、空气净化设备、量具刃具等。

附记：

烟台轿车工业诞生始末

“八五”期间（1991—1995年），烟台开发区把汽车工业作为重点发展领域。工委书记、管委主任孙德汉把招商引资重点放在汽车项目引进上。为此，1991年3月，管委成立开发区北洋汽车工业集团股份有限公司，作为招商汽车项目的载体。1994年7月，管委成立烟台汽车项目筹建办公室。管委主抓招商引资工作的副主任王立刚与经济发展局负责招商引资工作的副局长高松敏带队，组成汽车招商考察团组，多次赴日本、欧洲和韩国等地考察。考察团组先后考察了马自达、日产、现代、大宇等公司。通过考察了解到，韩国轿车从经济性和实用性比较符合中国国情，同时还敏锐地发现韩国大宇公司也想在中国设立轿车生产基地、开拓海外市场的战略意图。大宇公司是韩国第二大汽车生产企业，具有较雄厚的经济和技术实力，大宇轿车在世界经济型轿车中具有一定的竞争力。所以管委决定以韩国大宇公司为突破口开展招商工作。管委考察团组将烟台开发区拟引进韩国大宇轿车生产技术的思路和策略向烟台市政府作了汇报，市政府又很快将情况上报省政府。

由于烟台开发区的执着和努力，汽车招商起步早，工作扎实，最终争取山东省将轿车工业项目落户烟台开发区。

然而，“八五”期间国家轿车产业政策只支持“三大、三小、两微”（‘三大’是指长春第一汽车制造厂、武汉第二汽车制造厂、上海汽车制造厂；‘三小’是指天津汽车制造厂、北京汽车制造厂、广州汽车制造厂；‘两微’是指长安奥拓、贵州云雀）8个汽车厂家发展，一律不批准其他地方新上汽车项目。对此，烟台市和开发区管委并没有放弃，而是变通策略，走“借梯登高”“借鸡下蛋”的路子，设法把烟台的汽车项目纳入三大汽车制造厂之一的长春一汽的大盘子，以一汽的名义、借一汽的汽车目录在烟台生产汽车。1993年8月，韩国大宇集团会长金宇中再次来烟台开发区，就大宇汽车零部件项目进行详细考察。他对烟台开发区的投资环境表示满意，并基本确定了项目的框架。之后，山东省、烟台市和开发区的领导又多次与长春一汽、大宇集团接触，达成在烟台开发区生产汽车零部件的协议。

1996年3月，国务院批准一汽集团与韩国大宇集团在烟台合资生产汽车发动机项目，并要求发动机全部返销韩国，不允许冲击国内市场。1996年8月，总投资57亿元国内最大的年生产能力30万台（套）的汽车发动机项目—— 一汽—大宇（烟台）发动机有限公司在烟台开发区登记注册，1999年10月18日正式投产。

就在发动机公司投产的同时，东南亚金融危机发生了。由于受金融危机的影响，韩国大宇公司面临破产倒闭，发动机返销合同无法执行。2000年7月5日，投产仅半年的一汽—大宇（烟台）发动机有限公司宣布停产。发动机项目面临夭折。

怎样才能挽救投资57亿元的发动机项目呢？开发区工委管委如千钧重负，一时没有了主张。其间，烟台市政府有关领导对开发区汽车项目多次给予具体指导，亲自参与有关项目洽谈，并提出很多建设性意见。同时开发区在与国家汇报沟通时也得到启发，“要救活发动机项目，只有从车身做起，用自己生产的大宇发动机，上整车”。开发区的这一思路又一次得到市政府和省政府领导的肯定和支持。

在山东省政府的运筹下，2000年10月，由烟台电力开发有限公司和烟台汽车工业总公司投资14.5亿元组建的烟台车身有限公司成立，使烟台轿车项目又迈出决定性的一步。至此，烟台开发区已经有了汽车发动机、车身、汽车模具、线束、汽车锁、车用空调器、挡风玻璃、汽车内饰件等相关汽车配套零部件生产企业。国家经贸委调查组在后来的考察中这样说：“中国最具备整车上马条件的，烟台数第一个。”

有了发动机，有了车身，具备了整车生产的一切条件，由于没有“名分”，列不进国家汽车产品目录，就是不能出整车，近百亿元的投资不能发挥效益。这时，全国汽车市场竞争激烈，各地纷纷变通手法上汽车项目，如果烟台汽车项目不能与时俱进、尽快上马，将面临半途而废，被历史抛弃的危险。针对这一严峻的市场竞争形势，山东省政府审时度势，提出了“养个好姑娘，嫁个好婆家，吸引有实力的汽车生产厂家来嫁接合作”的整车发展思路。

2001年4月，美国通用汽车中国公司轿车项目开发总监陈实首次考察烟台车身公司，烟台车身公司开始与通用汽车中国公司接触。6月，通用汽车中国公司董事长兼CEO墨斐与陈实再次来烟台开发区考察，认为烟台车身公司是一块“少有的优质资产，具有良好的发展空间”，表示将尽快促成通用汽车中国公司、上海汽车工业（集团）公司、上海通用汽车有限公司与烟台车身有限公司合作。

2002年2月，山东省政府领导率领政府相关部门、烟台市政府和开发区管委组成的代表团访问上海，与上海市政府签署合作备忘录，上海市政府同意上汽集团参与烟台车身公司重组。

2002年12月20日，上海汽车工业（集团）公司、美国通用汽车中国公司和上海通用汽车有限公司与烟台车身有限公司的整车兼并重组仪式在烟台举行。从此，上海通用经济型轿车生产基地移师烟台开发区。同日，第一辆赛欧轿车驶下生产线，宣告山东省从此结束了没有轿车工业的历史，也圆了烟台人的轿车梦。

纵观烟台开发区汽车产业的发展，早在20世纪80年代后期，就开始汽车零部件项目的引进。1988年5月，合资成立的烟台春生滑动轴承有限公司，是开发区第一家汽车零部件制造企业。到1992年，有汽车零部件制造企业5家，实现工业产值9157万元，占全区工业总产值的11%；到1996年，有汽车零部件制造企业9家，工业产值已达到4.72亿元，占全区工业总产值的10.46%；到2000年，有汽车零部件制造企业14家，实现工业产值已经达到23亿元，占全区工业总产值的23%。从2001年12月31日由烟台车身有限公司生产（装配）的第一辆大宇兰龙轿车下线，到2002年12月20日由上海通用东岳汽车有限公司生产的第一辆雪佛兰赛欧轿车下线，标志着烟台开发区的汽车工业步入了一个由零部件制造到整车制造的崭新发展阶段，同时也带动了汽车零部件产业的进一步发展。到2003年，全区有汽车制造企业40多家，总投资累计达到9.2亿美元，占全区工业项目总投资的21%，形成了年产轿车15万辆、汽车发动机30万台套，汽车空调总成70万套，高档汽车锁60万套，各类汽车轴承1800万件（套），汽车刹车片450万片，各类汽车内饰顶棚60万套，标准件1200万吨的生产能力，汽车产业集群效应明显。汽车产业2003年实现工业产值45亿元，占全区工业总产值的15%。

第二节　电子与通信设备制造业

电子与通信设备制造业起步早，进入20世纪90年代后发展较快，产品结构随市场需求不断调整，产品技术水平和档次不断提高，是辖区最具发展潜力的产业之一。

1987—1988年，烟台芝罘电子有限公司、烟台春生通达电子技术有限公司、烟台自动化显示设备厂、开发区华强电子电器公司等项目陆续投产，生产扬声器、报警器、苹果兰汉卡、扩音机、16K显示牌等产品。这是开发区早期电气通讯行业产品。至1990年，先后引进12个项目，是年实现工业产值400万元，占全区工业总产值的1.90%。行业初级产品较多，如电线、电缆、收录扩三用机、配电柜等，只有烟台亚新利自动控制有限公司生产的电量变送器科技含量较高，处于国内领先水平。磁翻转显示屏幕、智能数字显示仪表、ET电子液位计等产品，也在国内同行业处于先进水平。至1996年，又先后引进烟台正海电子网板有限公司、烟台惠丰电子有限公司、烟台迈特电子有限公司等企业，行业有企业22家，是年实现工业产值3.67亿元，占全区工业总产值的比重升至8.14%，产业结构得到进一步优化。至2000年，又引进烟台正海磁性材料有限公司、烟台十维电信设备有限公司、烟台龙源电力技术有限公司等企业，行业有企业35家，是年实现工业产值9.56亿元，占全区工业总产值的9.51%。2003年，行业有企业50余家，工业产值达到43.15亿元，占全区工业总产值的14.38%，在全区工业行业排第2位。是年，生产移动电话机131.7万部、微型电子计算机7387部。形成以浪潮乐金数字移动通信、泰信电子、正海电子、惠丰电子等企业为支撑的电子通信设备制造业工业体系。

主要生产企业有浪潮乐金（烟台）数字移动通信有限公司、烟台正海电子网板有限公司、烟台惠丰电子有限公司、烟台大明电子有限公司、烟台龙源电力技术有限公司、烟台慧鑫三创电子有限公司、烟台正海磁性材料有限公司、烟台十维电信设备有限公司、泰信电子（烟台）有限公司等。

行业主要产品有彩色显象管荫罩、CDMA移动电话机、微型电子计算机、石英晶体元器件、光通信设备、锅炉电子点火应用设备、变频调速器、电子元器件等产品。

第三节　金属制品业

金属制品业起步较早，20世纪90年代后期发展很快，成为辖区支柱产业之一。

1988年，开发区升华镀锌电焊网厂项目，生产镀锌电焊网，是辖区第一家金属制品企业。1991年6月，烟台亚美特种金属有限公司投产，加工生产钛设备、钛标准件等产品。至1995年，行业又有开发区永美制钉有限公司、烟台钢格板有限公司、开发区铝合金门窗公司等十几家企业，规模不大，主要生产金属结构制品、金属制品包装物、铝合金钢格板、金属工磨具、钢丝绳等产品。是年，金属制品业实现工业产值1157万元，占全区工业总产值的0.38%，排工业行业18位。1996—2000年5年间，金属制品业发展较快，工业产值年均增长153.60%，至2000年达到12.14亿元，排工业行业第二位。2002年4月，烟台东方不锈钢工业有限公司生产。2003年，辖区有金属制品企业18家，实现工业产值43亿元，占全区工业总产值的 14.33%，排工业行业第 3 位。

主要生产企业有烟台东方不锈钢工业有限公司、烟台东镐重工业有限公司、烟台蓬达金属制品有限公司、烟台大华钢结构有限公司、烟台伟事达新型建材有限公司、开发区永美制钉有限公司、烟台钢格板有限公司、烟台新科钢结构有限公司、开发区茂源金属制品厂、烟台天宇石化设备有限公司等。

行业主要产品有钢结构件、网架、彩钢夹芯板、金属门窗、金属工具、水暖管件、金属压力容器、包装物、各种不锈钢加工材、铝合金钢格板、金属工磨具、钢丝绳、钢钉等。

第四节 食品加工制造业

烟台地处沿海，有丰富的海洋渔业资源和腹地农业资源，农副产品加工和水产品加工一直是本地的传统优势产业。烟台开发区成立后，吸引大量国内外厂商进区兴办食品加工企业。

1986 年 10 月，开发区实业公司与美国加利福尼亚州希莱斯超级市场合资 57.5 万美元，成立辖区第一家以速冻蔬菜为主的食品加工企业。到 1990 年，共兴办烟台大钦北欧水产有限公司、中国国际烟台东方实业公司、烟台中美水产实业有限公司、烟台开发区富士蔬菜制品有限公司、烟台开发区华达食品工业有限公司、烟台开发区通力水产食品有限公司等 15 家企业，主要产品有对虾、鱼类、冷冻蔬菜等。是年，食品加工制造业实现工业产值 3821 万元，占全区工业总产值的 17.90%，是全区第二大行业。产品出口 2128 万美元，占全区出口总额的 41%，是开发区第一大出口行业。到 1995 年，又引进烟台华帝食品有限公司、烟台赤城食品有限公司、山东日冷食品有限公司、烟台共同食品企业有限公司、烟台加宝食品有限公司、烟台欣和味达美调味品有限公司等十几家企业，产品由水产品转向以超市速冻蔬菜、家禽、副食品为主。是年，工业产值达到 1.9 亿元，占全区工业总产值的比重 6.35%，出口额 4952 万美元，占全区出口总额的 31%。

2000 年以后，食品进料、来料加工企业发展较快，至 2003 年有 10 家加工企业。是年，全行业有企业 73 家，生产水产品 18.3 万吨、罐头 1374 吨，90% 以上的产品出口。工业产值 36.5 亿元，占全区工业总产值的 12.15%，在全区工业行业排第 4 位。出口产品深受境外客户的青睐，出口额达到 2.42 亿美元，占全区出口总额比重 36%。1990 年以来，食品加工制造业出口额一直排在全区各行业之首。

主要生产企业有烟台华林食品工业有限公司、烟台鲁星食品有限公司、山东日冷食品有限公司、烟台加宝食品有限公司、山东永康食品有限公司、烟台台华食品实业有限公司、烟台溪渊食品有限公司、烟台大宸食品有限公司、烟台威斯诺·查尔斯酒业有限公司、烟台欣和味达美食品有限公司、烟台联发水产有限公司、烟台张裕卡斯特酒庄有限公司、山东省中鲁远洋（烟台）食品有限公司、烟台水星食品有限公司、烟台三奇食品有限公司等。

行业主要产品涵盖水产品、农副产品、果品、酒类、蔬菜等 10 余个系列的数百个品种。主要有鲜鱼、对虾、盐渍黄瓜、山牛蒡、蜂蜜制品、冷冻熟鸡、葡萄酒、饮料、金枪鱼块、鳕鱼片、海藻食品、调味料、罐头制品、粮油制品、中西面食品、果脯制品等。

第五节 化学原料与化学制品制造业

1989 年 5 月，辖区引进的第一家化学制品制造企业——乐泰（中国）厌氧密封胶有限公司投产。1990 年，化学原料与化学制品制造业有 4 家生产企业，年实现产值 1017 万元，占全区工业总产值的 4.76%，排工业行业第 6 位。1995 年，烟台华大化学工业有限公司、烟台西特电子化工有限公司、烟台海虹化工有限公司等企业投产，主要产品有显像管石墨涂料、油漆涂料、聚氨酯等，有企业16家，完成工业产值2.54亿元，占全区工业总产值的8.46%，排工业行业第2位。2000年，行业有企业31家，工业产值达到3.27亿元，占全区工业总产值的3.25%，排工业行业第7位。这一期间，汉高乐泰、万润、海虹等重点企业得到了快速发展，全区已经形成了以汉高乐泰厌氧密封胶、万润精细化工为代表的高附加值化工产业群，乐泰厌氧密封胶、万润液晶材料等产品在国际市场上占有一席之地。2003年，化学原料及化学制品制造业有企业62家，生产油漆1.47万吨、粘合剂688吨。工业产值15.56亿元，占全区工业总产值的5.19%，排工业行业第5位。

主要生产企业有烟台西特电子化工有限公司、海虹老人牌（烟台）有限公司、烟台万润精细化工有限公司、汉高乐泰（中国）有限公司、烟台市金河实业有限公司、烟台三星精细化工有限公司、海湾石油（烟台）有限公司、烟台万海舟化工有限公司等。

行业主要产品有单体液晶、液晶中间体、加氢液晶材料、各种建筑船箱油漆、各类厌氧密封胶、保险粉、聚氨酯多元醇树脂、不饱和树脂、高级润滑油、橡胶制品、显像管石墨涂料、隔膜片碱、氯化石蜡产品、新型PV装饰材料、绝缘涂料、导电涂料、压敏性无碳复写纸染料溶剂油等。

第六节　化学纤维制造业

1989年10月，烟台氨纶厂纺丝项目投产。第二年，氨纶丝及氨纶包缠纱产品填补国内空白。1991年9月，烟台华润锦纶纺丝项目投产。这两个项目奠定了开发区化学纤维制造业的基础。1995年，有化学纤维制造企业2家，实现工业产值2.88亿元，占全区工业总产值的9.60%，排工业各行业之首。2000年，有化学纤维制造企业3家，实现工业产值8.79亿元，占全区工业总产值的8.75%，排工业行业第4位。2003年，辖区有化学纤维制造企业8家，生产合成纤维1.75万吨，其中氨纶纤维1万吨、锦纶纤维6700吨。行业实现工业产值14.51亿元，占全区工业总产值的4.83%，排工业行业第6位。开发区三纶（氨纶、锦纶、芳纶）纤维制造业，在建设规模、产量、技术以及产品品种数量和品质等方面，列国内同行业之首，在世界同行业占有重要地位，是中国新兴的化学纤维制造业重要基地。

主要生产企业有烟台氨纶股份有限公司、烟台华润锦纶有限公司、山东华润厚木有限公司、烟台厚木华润袜业有限公司等。

行业主要产品有氨纶丝、芳纶丝、锦纶丝、锦纶超细包芯丝、锦纶连裤袜、锦纶棉袜及相关产品、阻燃纺织品等。

第七节　黑色金属冶炼与压延加工业

1991年9月，烟台东方冶金企业有限公司5万吨轧钢项目投产。这是辖区第一家黑色金属压延企业。1993年2月，烟台黄海钢铁有限公司30万吨电炉炼钢项目投产。这是开发区第一家黑色金属冶炼企业。1995年，行业实现工业产值1.3亿元，占全区工业总产值的4.35%，排工业行业第7位。2000年，辖区有黑色金属冶炼及压延加工企业3家，实现工业产值2.25亿元，占全区工业总产值的2.24%，排工业行业第8位。2003年，辖区有黑色金属冶炼及压延加工企业4家，生产普通钢22.6万吨，线材6.2万吨，实现工业产值11.53亿元，占全区工业总产值的3.84%，排工业行业第7位。

主要生产企业有烟台东方冶金企业有限公司、烟台新黄海钢铁有限公司、开发区华达钢铁有限公司等。

行业主要产品有普通钢、成品钢材等。

第八节　电气机械与器材制造业

1988年10月，烟台鲁东电线电缆有限公司投产，主要产品电线电缆。这是辖区电气机械与器材制造业第一家生产企业。到1990年，开发区华光铜线厂、开发区丰华电器公司、开发区科发开关厂等6个电气器材项目投产，是年实现工业产值631万元，占全区工业总产值的3%，排工业各行业第8位。到1995年，又先后有烟台迪帕尔空调有限公司、烟台菲尔普斯·道奇电缆有限公司等企业投产，行业有企业22家，工业产值1.48亿元，占全区工业总产值的4.92%，产业结构得到进一步的优化。2000年，行业有企业35家，实现工业产值5.97亿元，占全区工业总产值的5.94%，排工业行业第5位。2003年，行业有企业50家，生产电力电缆2392公里、各种电线3639公里、钢芯铝铰线2398吨等。工业产值达到10亿元，占全区工业总产值的3.35%，排工业行业第8位。

主要生产企业有烟台鲁东电线电缆有限公司、烟台菲尔普斯·道奇电缆有限公司、烟台迪帕尔空调有限公司、烟台华东变压器有限公司、烟台龙源电力有限公司、烟台东山电机有限公司等。

行业主要产品有太阳能热水器、变压器、电机、电线、电缆、电力应用设备、民用空调器、等离子点火装置等产品。

第九节　医药制造业

辖区医药制造业起步较晚，起点较低，自引入生物制药以后，产品结构优化，科技水平提高，发展速度加快。20世纪80年代末90年代初，产品以普通医药制品为主，90年代中期至2003年，生物制药企业发展较快，生物医药产品逐步成为开发区医药制造业的主打产品。

1988年3月，烟台肯达尔医用品有限公司投产，生产漂白医用纱布。这是开发区第一家医用卫生材料制造企业。1990年6月，烟台康泰药业制品有限公司投产，生产赛庚啶等中西药。这是开发区第一家药品制造企业。是年，辖区医药制造业有企业3家，实现工业产值186万元，占全区工业总产值的0.87%，排工业各行业第12位。1992年9月，由瑞士澳斯邦生物工程有限公司独资兴办的烟台澳斯邦生物工程有限公司，主要生产酶学及免疫学诊断剂、生化原料及生化制品，是开发区第一家生物制药企业。到1995年，又兴建了烟台北方制药有限公司、烟台荣昌制药有限公司等企业，整个行业有了进一步发展，有企业9家。是年，医药业实现工业产值1.18亿元，占全区工业总产值的3.91%，排工业行业第8位。1997—1999年，受亚洲金融危机影响，行业经营滑坡，1999年工业产值落至8216万元。2000起，行业复苏，逐步恢复到金融危机以前水平。是年，行业有企业18家，实现工业产值1.49亿元，占全区工业总产值的1.50%，排工业行业第9位。2003年，行业有企业23家，工业产值4.6亿元，占全区工业总产值的1.52%，排工业各行业第9位。

主要生产企业有烟台肯达尔医用品有限公司、烟台康乐医疗保健用品有限公司、烟台新兴医用品有限公司、烟台澳斯邦生物工程有限公司、烟台北方制药有限公司、烟台荣昌制药有限公司、烟台麦得津生物工程有限公司、烟台万源高新技术产业股份有限公司、烟台东城生化有限公司、烟台博大生物有限公司、烟台罗麦生物有限公司等。

行业主要产品有医用纱布、赛赓啶、甜梦口服液、生化诊断试剂、抗栓酶-3号、肛泰系列、肝素钠、硫酸软骨素等中西药品。

第十节　服装制造业

辖区服装制造业起步较晚，初期发展缓慢，并且多是规模小、加工程度低的内联企业。从服装业结构上看，内资企业多以抽纱、刺绣工艺品居多，并以出口日、韩、美国和中国香港市场为主。20世纪90年代后期以来，外商及港澳台商独资企业增多，发展较快，并多以加工贸易方式为主，以出口为主。1995年以来，服装制造业产品出口一直保持在70%以上。

1987年9月，烟台牟平西关明珠总行与北京平和有限公司合资80万元成立的烟台开发区光明服装有限公司，是辖区第一家服装加工企业。1990 年，全区有服装加工企业 2 家，加工量 7 万件，实现工业产值 176 万元，占全区工业总产值的 0.82%，排工业各行业第 13 位。1995 年，有服装加工企业 12 家，加工服装 224 万件，实现工业产值 7293 万元，占全区工业总产值的 2.43%，排工业各行业第 9 位。2000 年，有服装加工企业 4 家，加工服装 595 万件，实现工业产值 1.4 亿元，占全区工业总产值的 1.40%，排工业各行业第 11 位。2003 年，有服装加工企业 14 家，年加工服装 1757 万件，实现工业产值 2.89 亿元，占全区工业总产值的 0.96%，排工业各行业第 10 位。

主要生产企业有舒朗时装（中国）有限公司、烟台三镇纺织品实业有限公司、烟台大斗服装有限公司、烟台华胜服装有限公司、烟台韩美服装有限公司、烟台和田博服饰有限公司等。

行业主要产品有男女上衣、裤、女式内衣、防寒服、羊绒大衣、T 恤衫、运动服、童装等。

第十一节　其他行业

从 1985 年到 2003 年，经过近 20 年的发展，全区已基本形成以主导产业为核心，其他产业相配套的比较完善的工业产业体系。除主导产业外，塑料制品、纺织、仪器仪表制造、木材加工制造、皮革毛皮羽绒制品、纸制品、印刷、文体用品、非金属矿物制品等行业也都具有一定的规模，产业正在走向成熟。

塑料制品业　1987 年 12 月，烟台塑料七厂投资建设的烟台地毯材料有限公司投产，生产丙纶地毯丝，是开发区第一家塑料制品业。1995 年，行业有 5 家生产企业，实现工业产值 7020 万元。2003 年，行业有 12 家生产企业，实现工业产值 2.48 亿元。主要生产企业有烟台西蒙西塑料包装品有限公司、烟台塑胶制品有限公司、烟台百利塑料制品有限公司等。行业主要产品有工程及民用塑料器材、塑料板片材、塑料棒管材、增强塑料软管、船用缆绳等。

纺织业　1988 年 12 月，烟台棉纺厂兴办的开发区东方纺织公司投产，生产针织坯布，是开发区最早的纺织品生产企业。纺织业在 1990 年以前发展较快，工业产值在全区占有很大比重。是年，纺织业实现产值 2898 万元，占全区工业总产值的 13.57%，排工业行业第 5 位。主要生产企业有烟台春生针织有限公司、烟台春生毛衫有限公司、开发区东方纺织有限公司等，主要产品有棉化针织衫裤、棉化针织坯布、棉纺布、棉袜、毛衫等。1995 年，新投产企业有烟台大华毛巾制品有限公司、烟台华泰针织有限公司、烟台华海针织有限公司等企业，行业实现产值 3808 万元，占全区工业总产值的 1.27%。20 世纪 90 年代末期，国家调整棉纺织产业结构，开发区小棉纺、小毛纺企业纷纷下马，行业结构得到调整和优化。2003 年，行业有 12 家生产企业，实现工业产值 1.65 亿元。主要生产企业有烟台海生印染有限公司、烟台天一纺织品有限公司、山东抽纱集团烟台雅泰绒绣公司等。主要产品有印染布、针织布等。

仪器仪表制造业　1987 年 9 月，烟台木钟厂兴办烟台北极星时钟制造公司投产，生产机械木钟，这是辖区最早的仪器仪表制造业生产企业。1995 年，行业有 3 家企业，实现工业产值 2895 万元。2003 年，行业有 11 家企业，实现工业产值 1.06 亿元。主要生产企业有开发区奥特仪表有限公司、开发区纳兰士电子有限公司、烟台北极星荣华钟表有限公司等。主要产品有自动化仪表及系统、汽车仪表、钟表、眼镜制造等。

附记：

烟台开发区的钟表业

钟表制造业在辖区仪器仪表制造业中占有重要地位。借助烟台市传统钟表产业的优势，开发区钟表制造业从 1986 年起步，仅用 5 年时间，到 1990 年奠定了行业基础，企业本身也逐步得到完善，到 1995 年，行业发展到高峰。20 世纪 90 年代末期以来，随着世界钟表业的不景气，开发区钟表业也受到很大影响，一直处于低迷徘徊状态。产品结构不能适应市场需求，技术和质量水平也没能跟上新的发展趋势。

1986年11月，烟台木钟厂投资700万元，成立烟台北极星时钟制造公司，这是开发区第一家钟表制造企业。1988年，烟台手表厂投资90万元，成立烟台北极星手表首饰制造公司。1990年，烟台北极星手表首饰制造公司与香港维美表面工业有限公司合资29万美元，成立烟台北美达手表首饰制造公司。烟台北极星钟表集团公司与美国加州荣华公司合资190万美元，成立烟台北极星荣华钟表有限公司。是年，有钟表制造企业5家，全年生产石英表1.96万只、石英钟2.3万只、机械钟1.48万只、石英钟机芯组件142万套。1995年，有钟表制造企业8家，生产石英表6万只、石英钟1.5万只、机械钟1.7万只、石英钟机芯组件200万套。2003年，有钟表制造企业5家，生产各类钟表4万只，实现产值4200万元，占仪器仪表制造业的41%。

主要生产企业有烟台北极星时钟制造公司、烟台北美达手表首饰制造公司、烟台北极星荣华钟表有限公司、烟台星华钟业有限公司、烟台精密塔钟有限公司、烟台泰坦木业有限公司、烟台北极星特种计时有限公司等。

主要产品有机械钟、石英钟、手表、落地钟、木钟、塔钟、特种计时仪器以及石英钟线路板组件、高档木钟木壳、塑壳、各种钟表零件、纯金手表、黄金表饰和配件等。

非金属矿物制品业　1988年4月，烟台市建材工业公司兴办的烟台石玉工业有限公司投产，生产大理石板材，这是辖区第一家非金属矿物制品企业。2003年，非金属矿物制品行业有5家生产企业，实现工业产值6992万元。主要生产企业有烟台三龙轻质建材有限公司、烟台伟事达新型建材有限公司、烟台美煌玻璃马赛克有限公司、烟台开发区双狮滑石粉有限公司等。主要产品有超轻隔热彩色夹芯板、玻璃丝棉夹芯板、水泥制品等。

木材加工制造业　1989年7月，烟台市木材工业公司兴办的烟台市制材厂投产，生产出口无节木材，这是开发区第一家木材加工制造企业。2003年，全区木材加工制造业有10家生产企业，实现工业产值5383万元。主要生产企业有烟台市制材厂、烟台东晓木业有限公司、烟台福大利木业有限公司、烟台芝利华软木制品有限公司、烟台本森木业有限公司、烟台祁圆木业有限公司等。主要产品有无节材、集成材、软木制品、木器制品、锯材及木片加工等。

皮革毛皮羽绒制品业　1991年8月，烟台市二轻工业发展公司兴办的烟台新丰革制品有限公司投产，生产皮包、皮带、手袋等皮革制品。这是辖区第一家皮革毛皮羽绒制品企业。2003年，全区皮革毛皮羽绒制品业有12家生产企业，实现工业产值6697万元。主要生产企业有烟台华盛革制品有限公司、烟台宝丰服装有限公司、烟台东南皮革有限公司、烟台全杰皮革高科有限公司等。主要产品有皮衣、皮鞋、皮包、皮箱、皮带、手袋、羽绒制品等。

纸制品、印刷、文体用品、工艺品制造等行业　20世纪80年代末90年代初，纸制品、印刷、文体用品、工艺品制造等行业就有企业在辖区内陆续生产。2003年，主要生产企业有烟台开发区华厦艺术品公司、烟台华联印刷有限公司、山东小峰彩色印刷有限公司、开发区芦洋印刷厂、烟台永东包装制品有限公司、烟台龙凤钢琴有限公司、烟台市工艺品有限公司、烟台中兴艺品有限公司等。主要产品有各种打印纸、专业用纸、印刷品、纸箱、可擦圆珠笔、文具、钢琴、工艺美术制品、抽纱刺绣、绢花、玩具、地毯、挂毯等。

第十二节　企业选介

烟台氨纶集团有限公司　1986年9月，烟台氨纶厂成立，投资额5700万元，国有性质，是中国首家氨纶丝生产企业。工厂占地面积3.3万平方米，建筑面积1.3万平方米，企业全套引进日本

图 8-4　烟台氨纶集团有限公司厂区（2003 年摄）

东洋纺织株式会社的技术和设备，年产氨纶丝300吨。1989年10月，氨纶生产线一次试车成功，产品填补中国化纤领域的一项空白，结束国内氨纶需求完全依赖进口的历史。

1993年5月，烟台氨纶厂以定向募集方式独家发起成立股份制企业——烟台氨纶股份有限公司，募集资金总股本7000万股。1996年，公司利用外资，更名为烟台嘉利氨纶有限公司。1998年，公司改制，成立烟台氨纶集团有限公司。至2003年，公司总股本达到9350万股，其中国有股4850万股，占总股本的51.87%，内部职工股4500万股，占总股本的比例48.13%。

1995年6月至1998年6月，公司先后完成4期扩建工程，生产能力由300吨/年提高到2500吨/年。2000年7月完成5期扩建工程。这是中国第一条特性氨纶生产线，被列入国家高新技术产业发展计划，是国家“特性氨纶产业化技术开发示范工程项目”。项目依托企业自行开发的专利技术，年可生产耐氯、易染差别化氨纶纤维各1000吨。5期工程竣工后，企业生产能力提高到4500吨/年。公司于2001年7月完成6期扩建工程，也称可染、耐氯氨纶技术改造项目。项目依托自有科技成果和专利技术，引进关键设备，改造聚合工艺，建成可染、耐氯差别化氨纶生产线，年增加产量2000吨，使公司生产能力达到6500吨/年。2002年8月完成7期扩建工程，也称差别化氨纶技术改造项目。工程采用获得国家科技进步二等奖的自有知识产权技术，对现有装置进行改造，引进卷绕头等关键设备，对部分纺丝技术进行革新；调整聚合工艺，采用世界最先进的氨纶扩链反应连续生产新工艺，建成年产能力3500吨的差别化氨纶生产线，解决国内氨纶纤维品种单一、差别化氨纶依赖进口的问题，填补国内细旦、超细旦氨纶空白，使公司生产能

图 8-5　烟台氨纶集团有限公司氨纶生产线

图 8-6　烟台氨纶集团有限公司拉丝产品

力达到1万吨/年。2003年10月完成8期扩建工程，产能又提高6000吨/年，生产能力达到1.6万吨/年。至2003年，公司资产总额13亿元，占地面积26万平方米，建筑面积20万平方米。

公司承担过多次国家重大科技攻关项目。1996年11月开发完成的耐氯氨纶、易染氨纶，分别获国家发明专利；1998年开发完成的国家"九五"科技攻关项目"氨纶纤维产业化技术"，获国家科技进步二等奖；1999年3月，公司建立全国同行业惟一的省级技术开发中心，与中国科学院、复旦大学、东华大学、大连理工大学等科研院所结成协作关系，与德国巴斯夫、韩国三星、瑞士汽巴等国际著名厂商建立技术交流与合作关系；2002年2月，完成国家"九五"重点原材料工业关键技术攻关课题"氨纶生产及其制品技术—PTMG中试技术"，填补国内空白，达到国际先进水平；2003年，公司进行连续聚合及高速纺丝技术产业化研究，并于2004年实现连续聚合技术产业化。

图8-7　汉高乐泰（中国）有限公司厂区

从1995年起，公司自主创新，研究开发芳纶1313产品，并于2002年5月研制成功，2003年完成国家"十五"科技攻关项目"芳纶1313纤维中试技术"。首期500吨/年规模芳纶项目于2004年5月建成投产，产品质量达到国际同类产品先进水平，从此结束中国芳纶产品全部依赖进口的历史。芳纶1313俗称"防火纤维"，是一种集耐高温、阻燃、绝缘等特性于一体的特种合成纤维。

烟台氨纶集团有限公司是至2003年国内规模最大的氨纶生产基地和特种纤维生产基地，进入世界氨纶企业十强行列。公司产品主要性能技术指标达到国际同类产品水平，主导产品为纽士达商标（New Star）® 氨纶、16.7-1244.4DTEX消光、有光、可染、耐氯氨纶丝，分为4大系列各10余个品种。产品广泛应用于针织、机织领域，是织造各类弹力服饰的理想材料，亦大量用于医疗、装饰、精密仪器等领域。产品国内市场占有率30%，并远销欧美、澳大利亚、中东等20多个国家和地区，在海内外享有盛誉。

烟台氨纶集团有限公司是1993—2003年复审认定的国家火炬计划重点高新技术企业，是2000—2003年国家重点扶持的520户企业之一。公司2000年实现销售收入4.5亿元；2003年实现销售收入9.2亿元，有职工641人，其中技术人员360人。

汉高乐泰（中国）有限公司　1987年9月，乐泰（中国）厌氧密封胶有限公司成立。由烟台市机械工艺研究所、开发区实业公司与美国乐泰公司合资兴办，项目总投资400万美元，注册资本100万美元。公司1989年5月投产，主要产品是厌氧密封胶，用于机械产品的粘合和密封，设计年产

图8-8　汉高乐泰（中国）有限公司产品展示

量100吨。

1996年，德国汉高集团收购美国乐泰公司，乐泰（中国）厌氧密封胶有限公司更名为汉高乐泰（中国）有限公司。至2003年，产品发展到各类厌氧密封胶/剂，配套生产清洗剂、促进剂、焊锡膏、焊锡丝、助焊剂及相关配套设备。公司在境内设8个销售办事处，产品覆盖全国，年销售量已达300多吨，产品达50个系列300多个品种，市场占有率80%，少量出口亚太地区。2003年，公司实现销售收入3.55亿元，有职工245人。

大丰工业烟台有限公司 1988年5月，烟台春生滑动轴承有限公司成立，由烟台轴瓦厂与香港春生贸易行合资兴办，项目总投资357万美元，是烟台开发区第一家汽车零部件生产企业。公司占地面积1万平方米，建筑面积7000平方米，1991年7月投产，年生产汽车用滑动轴承600万件及40多种机车用轴瓦，产品部分销往美国。1994年公司研制生产的三元电镀高强度轴瓦，在国内同类产品中处于领先水平，填补了中国发动机三元电镀轴瓦领域的空白，顺利通过英国康明斯质量保证体系标准验收。至2003年，公司能够自主生产Al（铝）基、CuPb（铜铅）基轴瓦及各种复合轴瓦材料。产品从轿车到重型车，从发电机组到船舶等领域，广泛使用，已覆盖全国20多个省市自治区，是国内轴瓦生产覆盖范围最广的企业，已成为一汽、二汽、重汽、潍柴等几十个大型汽车及机械制造的布点、配套和联营企业。

2002年12月20日，烟台春生滑动轴承有限公司被日本大丰工业株式会社收购，更名为大丰工业烟台有限公司，产品、市场及生产纲领未变。公司2000年实现销售收入2300万元，有职工180人；2003年实现销售收入3400万元，有职工230人。

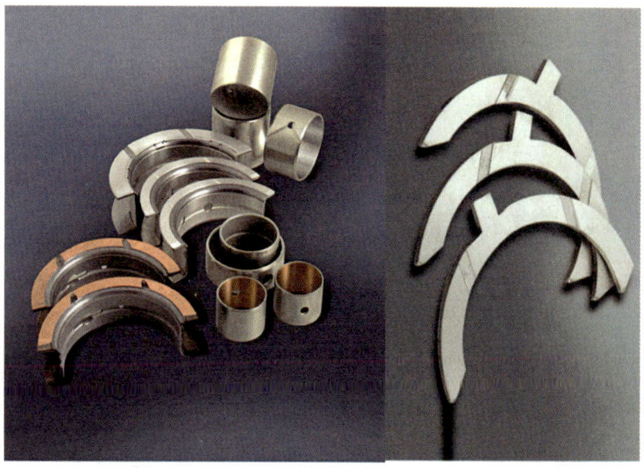

图8-10 大丰工业烟台有限公司部分产品

烟台华润锦纶有限公司 1988年9月，烟台华润锦纶有限公司成立，由烟台纺织工业公司、香港华润纺织原料有限公司与山东省国际信托投资公司合资兴办，项目总投资3982万美元，注册资本1356万美元，是香港华润（集团）在国内投资的大型化纤企业。公司占地面积15万平方米，建筑面积5万平方米，1991年9月投产。公司建有1条聚合生产线、3条纺丝生产线和12台加弹机，主要设备全部从意大利、德国、瑞士和日本引进，聚合、纺丝、加弹能力5000吨/年。

图8-9 大丰工业烟台有限公司生产车间

公司为适应市场需求，不断调整产品结构，提高产品质量，扩大生产规模。1994

图 8-11 烟台华润锦纶有限公司厂区（2003 年摄）

图 8-12 烟台华润锦纶有限公司锦纶丝产品车间

年从瑞士引进一条细旦 POY 生产线，纺丝能力增加 850 吨 / 年；增加 4 台加弹机（BARMAG），相应提高了加弹生产能力 850 吨 / 年。2002 年从德国引进两条 FDY 生产线，纺丝生产能力增加 4000 吨 / 年，开发生产了多种规格的细旦多孔丝和全拉身丝（FDY），填补国内空白。至 2003 年，企业纺丝生产线 8 条，加弹机 22 台，纺丝能力提高到 11000 吨 / 年，加弹能力提高到 9000 吨 / 年，是国内大型锦纶制造企业之一。

公司主要产品为雅达牌 15-70D 锦纶 6 弹力丝和牵伸丝、细旦民用长丝、聚内酰胺干切片、“雅达”“CRC”“阿姿衣”牌锦纶高弹袜及化纤用纸管。公司 2000 年实现销售收入 2.7 亿元；2003 年实现销售收入 2.5 亿元，有职工 586 人。

烟台首钢东星（集团）公司 1988 年年初，吉林省磐石县官马镇国营松南机械厂（此前系中国兵器工业部所属大型二类军工企业“324 厂”，始建于 1969 年）实行“军转民”（军工企业转为地方民品生产企业）。按照国家统一安排部署，“松南厂”划归首都钢铁公司接纳管理。首钢公司采取“异地搬迁改造”的办法解决原“松南厂”职工家属及生产发展问题。1988 年 12 月，由首钢公司申报，投资 7930 万元、年产 30 万套车用空调压缩机项目在烟台开发区批复，项目名称是首钢烟台空调器厂。从 1989 年起，磐石松南机械厂人员及设备分期分批搬迁烟台。搬迁期间，烟台新厂和磐石老厂两边都坚持生产，至 1993 年全部搬迁完毕。烟台工厂主要产品除车用空调器外，还生产石油射孔弹壳、锅炉保护器以及冶金备件等产品。

图 8-13 烟台首钢东星（集团）空调管路产品生产线

1993年8月，企业正式投产，工厂更名为烟台首钢东星公司。公司逐步推行现代企业管理制度，采取一系列企业内部改革措施，将八大生产车间划分为八个经济实体。实行独立核算、自主经营、自负盈亏，效益与本部门经济利益挂钩，实行承包经营以及职工入股等办法，调动广大职工的积极性，企业经济效益不断提高，生产规模不断扩大。1995年，企业更名为烟台首钢东星（集团）公司。1999年企业通过ISO 9002国际质量保证体系认证。2000年，公司研制的SGBD/800-1型棒材打捆机，达到国际先进水平。2002年，通过ISO 14000国际环境管理体系认证。2003年，集团公司占地面积30万平方米，建筑面积25万平方米，主要生产经营项目包括机械加工、金属热加工、冲压、表面处理、表面修复及预保护、粉末冶金、电器设备及房地产开发等。主要产品有汽车空调全系统、各类车用空调冲压件、高速线材轧机辊环、高性能永磁材料、汽车连接器、石油射孔弹壳、微机锅炉保护器、高低压开关柜等，已初步形成以高技术产品为主导的主业突出、多元化发展的大型企业集团。

1995年，公司实现销售收入8500万元，有职工2776人；2000年，实现销售收入5.6亿元，有职工1785人；2003年，公司总资产达到10.8亿元，有职工2030人，其中各类专业技术人员500多人，实现销售收入12亿元。集团公司控股和参股的企业有烟台东星工业有限公司、烟台首钢电装有限公司、烟台东星磁性材料有限公司、烟台首钢东星房地产开发有限公司等17个子公司。

图8-14　烟台西蒙西轴承有限公司（1992年摄）

图8-15　烟台西蒙西轴承有限公司生产车间（2003年摄）

图8-16　烟台西蒙西公司英制滚动轴承产品

烟台西蒙西轴承有限公司　1989年3月，烟台西蒙西轴承有限公司成立，由中国机械进出口总公司与香港华洋实业有限公司合资兴办。项目总投资1305万美元，注册资本6150万元，占地面积4.47万平方米，建筑面积2.19万平方米，生产CMC（西蒙西）牌英制滚动轴承、轴承零部件及相关机电产品，具备年产1000万套英制滚动轴承的能力，产品95%销往欧美，是中国同行业产品主要出口企业。公司1992年2月投产，1994年在烟台市首家通过ISO 9000国际质量管理体系认证。1995年，公司生产轴承500万套，实现销售收入3767万元，有职工674人；2000年生产轴承800万套，实现销售收入8000万元，有职工810人；2003年生产轴承1000万套，实现销售收入1亿元，有职工790人。

烟台华润汽车内饰件有限公司　1992年8月，烟台华润汽车内饰件有限公司成立，由烟台市聚氨酯制品工业公司、烟台奥科聚氨酯有限公司与香港华润纺织原料有限公司合资兴办，总投资1138万美元，1995年10月投产。公司占地面积2.18万平方米，建筑面积8190平方米，主要生产顶棚、坐垫、方向盘等汽车内饰件，还生产车用工程塑料，为奥迪A6、富康、红旗、捷达、夏利、奇瑞等轿车配套，年生产能力35万套。公司1998—2002年间通过ISO 9000国际质量体系认证和美国、德国汽车工业质量体系的QS 9000、VD等三大质量认证。公司研制的聚氨酯新材料轿车顶棚，2000年被认定为国际先进水平。公司2000年配套生产各种汽车内饰件20万套，实现销售收入3100万元，有职工170人；2003年生产内饰件36万套，实现销售收入1.12亿元，有职工230人。

烟台鲁星食品有限公司 1992年10月，烟台鲁星食品有限公司成立，由日本丸宽商事株式会社联合9家日本公司共同投资兴办。项目总投资200万美元，注册资本200万美元，1993年11月投产。公司占地面积4.3万平方米，生产车间建筑面积1万平方米，冷库容量3000吨，主要从事水产品、农副产品加工，生产鱼籽、蟹肉、豆腐类等冷冻食品，以及以畜牧产品、禽蛋为原料的食品加工等，生产能力3000吨/年。由于企业经营得法，市场发展很快，企业规模不断扩大。公司从1993年投产至1997年4年间，进行5次增资、两次扩建，投资额增加至900万美元，注册资金增加至900万美元，生产能力达到6000吨/年以上。产品100%销往日本，有较稳定的市场。公司1995年获日本农林水产省和厚生省偶蹄类动物产品卫生注册。1998年至2003年，公司出口额一直列全区各行业之首。其中，1998年出口额2264万美元，有职工136人；2000年出口额3199万美元，有职工170人；2003年出口额5364万美元，有职工256人，是全区出口创汇十佳企业之一。

图8-17 烟台鲁星食品有限公司生产加工车间（2003年摄）

烟台正海电子网板有限公司 1992年12月，烟台电子网板厂成立，由烟台市电子工业局兴办，国有企业。烟台开发区电子网目板项目，是“八五”（1991—1995年）期间国家彩色显象管荫罩规划定点项目，也是烟台市政府向国家争取落户烟台的重点建设项目。1993年4月一期生产线工程开工建设，1995年11月投产，企业名称为烟台开发区正海电子网板厂。一期工程总投资2950万美元，占地面积6.9万平方米，建筑面积5万平方米，引进美国和德国生产技术和设备，生产14～19英寸普通平板荫罩，年产量1054万张。1997年，电子网板厂改为股份制企业，由烟台正海电子网板厂、烟台万利达实业发展公司、山东省国际信托投资公司、香港鲁信投资公司、烟台开发区国有资产管理公司5方共同组建，成立烟台正海电子网板有限公司。1997年，公司组织科研队伍自行设计2期生产线，生产CDT荫罩。1999年上半年，两线贯通，并一次试运行成功。公司利用自有技术和自有知识产权生产的CDT荫罩，成为世界上为数不多、境内唯一一家能够批量生产CDT的厂家，产品迅速在国内外彩管市场上得到认可。国内深圳三星、天津三星、中华映管、LG长沙曙光等CDT彩管生产企业都采用了正海网板的CDT荫罩。公司产品还出口马来西亚、印度等国家和地区。2000年，公司21" PF纯平彩管荫罩被认定为国际先进水平。

图 8-18　烟台正海电子网板有限公司厂区（2003 年摄）

图 8-19　烟台正海电子网板公司电子网目板生产线一角

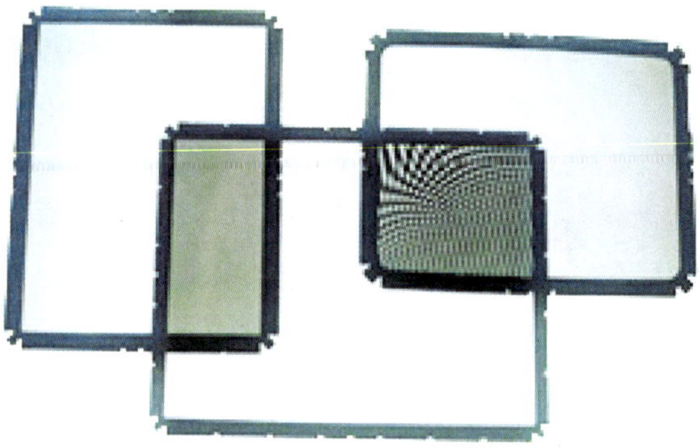

图 8-20　烟台正海电子网板公司 25PF 纯平彩管荫罩

年销售彩管荫罩950万张，实现销售收入4.2亿元。随着市场的不断发展扩大，2001 年公司又建设了 3 期工程 16∶9 和 4 期工程栅条彩管荫罩生产线。2002 年，25" 和 29" PF 纯平彩管荫罩、高精细荫罩及制造技术被认定为国际先进水平。至 2003 年，“正海”牌荫罩产品共有 CDT、CPT 两大系列、80 多个品种，已形成年产荫罩 2800 万张的生产能力，已跻身世界同行业前 3 强，在国内荫罩行业独占鳌头，产品在国内市场占有率保持在 45%左右。产品不仅占领国内各大彩管厂，还远销德国、意大利、墨西哥、马来西亚、立陶宛等国家。是年，销售彩管荫罩2100万张，实现销售收入7.65亿元，有职工 1436 人。

烟台荣昌制药有限公司　1993 年 3 月，烟台荣昌制药有限公司成立，由烟台荣昌科技有限公司与美国孙鞠宜修女士合资兴办，项目总投资 8000 万元，研究制造中西新型医药产品。

公司 1994 年 4 月投产，1995 年开始运用广告促销手段，把业务推向高峰。年初，主治痔疮膏药“荣昌肛泰”问世后，公司设计数套系列漫画广告，在山东、浙江、广东等 5 个卫视台播放及北京、新民、羊城三大晚报刊登广告，引起读者的浓厚兴趣，同时调动公司全体业务人员到城

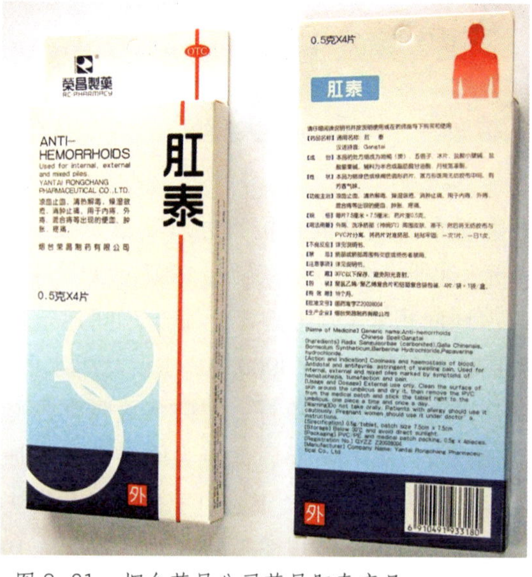

图 8-21　烟台荣昌公司荣昌肛泰产品

图 8-22　烟台荣昌制药有限公司厂房（2003 年摄）

乡街头现场促销，使产品形象在同类产品中很快凸显出来，迅速打开销售局面。11 月 8 日，在中央电视台 1996 年度 CCTV 黄金段位广告招标会上，荣昌公司以 5210 万元的标额中标，位居保健品及药品类产品广告之首，取得在中央电视台黄金时段一年时间的广告播放权。广告费用的大投入创造了强大的宣传效果，一时间，由于中央电视台的传播，荣昌肛泰“贴肚脐、治痔疮”，在全国家喻户晓，企业也得到很高的经济回报。企业 1995 年销售收入仅有 4800 万元，1996 年完成销售收入 1.57 亿元，1997 年完成销售收入 1.2 亿元。公司被授予山东省先进民营企业称号，“荣昌”品牌成为全国知名品牌。至 2003 年，公司在全国设有 26 个办事处、1000 多个县级销售网点，有驻外业务人员 600 多人，产品还远销东南亚等地。2003 年，公司完成销售收入 6250 万元，有职工 470 人。

1998 年 4 月，公司成立烟台荣昌药物科学研究院。1999 年 6 月，公司与美籍华人科技工作者罗永章博士等人合资成立烟台麦得津生物工程股份有限公司，研制开发新型抗癌制剂 YH-16。

山东日冷食品有限公司　1993 年 11 月，山东日冷食品有限公司成立，由山东省商业集团总公司与日本日冷株式会社合资兴办。项目总投资 10 亿日元，注册资本为 3.5 亿日元，日冷株式会社占 65% 股份，山东省商业集团总公司占 35% 股份。公司 1994 年开工建设，1995 年 7 月投产。公司占地面积 3.3 万平方米，建筑面积 5382 平方米，设计生产能力为 3000 吨 / 年。公司主要生产冷冻熟肉制品及调理食品、蔬菜等，产品 100% 出口日本。公司生产的鸡翅饺子、烤鸡块、软炸胸排、鸡肉丸子等产品受到日本客户的青睐，是开发区主要出口创汇企业之一。公司 1998 年出口额 811 万美元，有职工 280 人；2000 年出口额 1073 万美元，有职工 286 人；2003 年出口额 956 万美元，有职工 520 人。

图 8-23　山东日冷食品有限公司生产加工车间（2003 年摄）

烟台霍富汽车锁有限公司　1994 年 7 月，烟台霍富汽车锁有限公司成立，由山东省三环制锁集团公司与德国霍富有限公司合资兴办。项目总投资 625 万美元，注册资本 432 万美元。公司占地面积 1.3 万平方米，建筑面积 1.1 万平方米，1997 年 1 月投产。公司全套引进国外设备，采用德国现代制锁技术。主要进口设备有注塑机（德国产）、

图 8-24　烟台霍富汽车锁有限公司

图 8-25　烟台霍富汽车锁生产车间（2003 年摄）

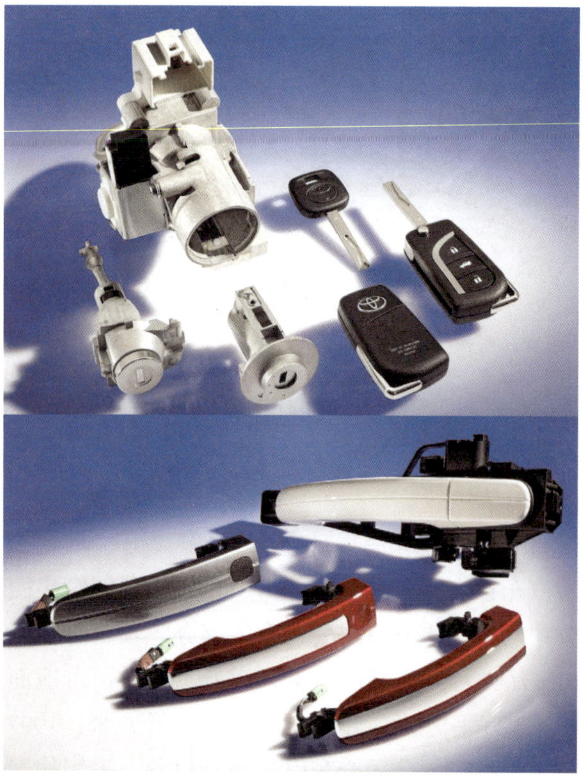

图 8-26　烟台霍富汽车锁公司部分锁具

压铸机（德国、加拿大产）、钥匙铣齿机（德国产）、钥匙铣槽机（意大利产）、电火花加工机床（瑞士产）、精密线切割机（日本产）和热力去毛刺机等。公司自行设计并制造了多种专用设备和模具，全部实行计算机网络管理，并采用 ERP 及 PPS 系统。公司在 TUV 的 ISO 9001 国际质量体系认证的基础上通过了 QS 9000 和 VDA6.1 认证。主要产品有整车钥匙、整车锁（包括方向盘立柱锁、点火锁、门锁、手套箱锁、行李箱锁及油箱锁）、遥控锁、电子密码防盗锁、内外门把手、油箱盖以及各种相关零部件。产品为捷达 A2、捷达 FL、奥迪 A3、奥迪 A6、小红旗、帕萨特 B4、帕萨特 B5、宝来 A4、金杯等十几种车型配套。产品 70% 以上出口德国、英国、韩国、美国等国家。2000 年以来，公司每年生产各种成套锁都在 30 万套以上，各种锁具散件都在 500 万件以上，是国内技术先进、生产加工能力最大的专业汽车锁生产厂家。2000 年公司实现销售收入 8600 万元，出口 370 万美元，有职工 280 人；2003 年实现销售收入 1.92 亿元，出口 506 万美元，有职工 338 人。

大宇重工业烟台有限公司　1994 年 9 月 22 日，大宇重工业烟台有限公司成立，由韩国大宇株式会社独资兴办，项目总投资 6300 万美元，注册资本 2270 万美元。公司占地面积 20 万平方米，生

图 8-27　2001 年 6 月 28 日，大宇烟台公司举行竣工投产 5 周年、挖掘机产销突破 5000 台、首次捐建 3 所“希望小学”庆祝仪式

产厂房建筑面积3.6万平米，主要生产液压挖掘机、叉车等工程机械，年生产能力为3000台挖掘机和1500台叉车，是开发区第一个外商独资大型最终专业设备产品。

图 8-28 挖掘机产品图（2003年摄）

1996年7月公司投产，生产挖掘机612台，1999年产量达到1500台，2001年达到1745台。至2003年，公司在中国大陆设立19个支社和合资公司，发展代理商175家，形成遍布全国的销售和服务网络。2003年2月，大宇重工业烟台有限公司以中国挖掘机行业第一的身份率先突破累计产销量1万台的大关，当年生产销售挖掘机6121台，实现工业产值38亿元，销售收入34.6亿元。

2001年，公司在中国外企500强排名第347位，2002年排名第85位。2002年实现销售收入20亿元，在山东省机械行业排名第9位，在烟台地区所有企业排名第3位，在烟台开发区所有企业排名第一位。2000—2003年，产销量连续4年在中国国内市场占有率第1名。2003年，公司销售收入34.6亿元，有职工673人。

大宇重工业烟台有限公司在企业盈利的情况下，不断回报中国社会。1998年，公司捐助4台总价值300余万元的大宇挖掘机，支援湖北抗洪救灾；2001年，公司用第5000台挖掘机的义卖款（80万元）在宁夏、甘肃、青海3地捐建3所大宇希望小学；2002和2003两年，又分别捐款50万元和75万元，在陕西、山西、湖北、山东、内蒙古等地捐建5所大宇希望小学；在2003年中国抗击“非典”（非典型性肺炎）中，公司又捐款15万元。

烟台首钢电装有限公司 1994年12月，烟台首钢电装有限公司成立，由首钢总公司与日本电装株式会社、日本丰田自动织机制作所株式会社、丰田通商株式会社合资兴办，总投资45亿日元，注册资本40.2亿日元，中外双方各占50%股份。公司占地面积6万平方米，建筑面积2.38万平方米，全部引进日本生产设备，引进国外先进技术，设计能力为年生产汽车空调总成18万套，包括制冷压缩机、电磁离合器、蒸发器、冷凝器及零部件。项目1995年开工建设，1996年7月投产。

图 8-29 烟台首钢电装有限公司车用空调产品生产线

项目投产以来，经企业努力开拓市场，产品已陆续为南京依维柯、广州本田及羊城、沈阳金杯、三江雷诺以及天津夏利等汽车配套，并出口东南亚国家。企业2000年生产汽车空调系统18万套，实现工业产值2.5亿元，有职工125人；2003年生产汽车空调系统56万套，实现工业产值6亿元，有职工180人。

烟台万润精细化工有限公司 1995年7月，烟台万润精细化工有限公司成立，由中国节能投资公司的全资子公司烟台万利达实业发展总公司、鲁银投资集团股份有限公司、烟台市供销合作社、山东鲁银科技投资有限公司、烟台开发区恒力工贸有限公司联合5位自然人合资兴办。公司成立即租用厂房生产。初始注册资本300万元，由于企业发展较快，公司注册资本也相应增加。1996

图 8-30　烟台万润精细化工有限公司厂区（2003 年摄）

年增加到 1200 万元，1998 年 7 月增加到 2500 万元，2001 年 6 月增加到 3800 万元。公司占地面积 4 万平方米，建筑面积 2 万平方米。至 2003 年，公司固定资产投资累计达 4000 多万元。公司主要从事液晶材料和其他精细化工产品研究、开发与生产，形成了以液晶材料产品为主，农药等精细化工产品为辅的产品格局。主要产品有单体液晶、液晶中间体、医药中间体和其他精细化工材料，形成 35 ~ 40 吨单体液晶和中间体、300 ~ 500 吨精细化工产品的生产能力。公司 1998 年 9 月通过 ISO 9001 国际质量认证。产品市场主要是德国、日本、美国、马来西亚等国家。公司 1998 年实现工业产值 1330 万元，出口 204 万美元，有职工 94 人；2000 年实现工业产值 5055 万元，出口 524 万美元，有职工 185 人；2003 年完成销售收入 5100 万元，出口 730 万美元，有职工 210 人。

烟台胜地汽车零部件制造有限公司 1995 年 12 月，烟台胜达汽车零部件制造有限公司成立，由香港永胜达有限公司独资兴办，1996 年 10 月投产，总投资 998 万美元，注册资本 500 万美元，占地面积 4 万平方米，建筑面积 2.5 万平方米。2002 年公司更名为烟台胜地汽车零部件制造有限公司。公司主导产品为刹车盘、刹车鼓和汽车水泵（轿车系列）。刹车盘、刹车鼓共有 1300 多个品种，水泵有 500 多个品种，全部出口美国、加拿大、德国、英国、澳大利亚、南非、中东等国家和地区。公司有 40 条生产线，2002 年前先后通过 ISO 9002 质量体系、QS 9000 质量体系、VDA6.1 质量体系、ISO 14001/OHSAS18001 管理体系认证，成为国内汽车行业通过五大体系认证的汽车零部件制造企业。公司 2002 年投资 3000 万元，新上铸造项目，自己生产铸造毛坯件。公司 2000 年生产汽车零部件 20 万件，销售收入 3800 万元，有职工 160 人；2003 年生产汽车零部件 90 万件，销售收入 2.2 亿元，有职工 425 人。

山东大宇（烟台）汽车发动机有限公司 山东大宇（烟台）汽车发动机有限公司的前身，是一汽—大宇（烟台）汽车发动机有限公司。

1996 年 3 月，国务院批准一汽集团与韩国大宇集团在山东合资生产轿车零部件项目。6 月 27 日外经贸部批复成立一汽—大宇（烟台）汽车发动机有限公司。项目总投资 57 亿元（6.87 亿美元），注册资本 2.75 亿美元，合资期限 25 年，中韩双方各占 50% 的股份，中方由一汽集团、山东省汽车工业总公司组成，各占 25% 股份。公司主要为韩国大宇公司生产 Lanos150 轿车配套的 100 系列发动机、传动器、轮轴等零部件，产品有 1.3、1.5 和 1.6 升轿车发动机、五速手动传动器及相关铸锻毛坯产品。公司引进的现代化汽车发动机生产设备，机械化程度高，一分钟就可生产一台发动机，年生产能力 30 万套，产品全部返销韩国大宇公司。公司占地面积 45 万平方米，建筑面积 12.5 万平方米，1997 年 4 月开工建设，1998 年 11 月进入试生产阶段，1999 年 1 月 18 日第一台发动机成功下线，1999 年 6 月，首批返销韩国的产品经检验确认为大宇汽车海外工厂最佳产品，1999 年 10 月建设项目全部竣工，是中国最大的轿车动力总成生产基地。1999 年亚洲金融危机后，

图 8-31 山东大宇（烟台）汽车发动机有限公司厂区（1999 年摄）

图 8-32 山东大宇（烟台）公司汽车发动机生产线（2003 年摄）

韩国大宇公司解体，发动机返销合同无法执行，2000 年 7 月 5 日，发动机项目被迫停产。投产以来实际返销 5 万台（套）发动机和传动器。

2002 年 8 月，一汽集团和山东省汽车工业总公司将股份转让给山东国际信托投资公司，由山东国际信托投资公司和韩国大宇汽车有限公司各持股 50%，公司更名为山东大宇（烟台）汽车发动机有限公司。

2004 年 1 月，韩国大宇汽车有限公司将山东大宇发动机公司 50% 的股权转让给通用汽车中国公司，山东国际信托投资公司也将持有的山东大宇发动机公司 50% 的股权转让给上汽集团。2004 年 3 月 7 日，上海通用汽车公司与上海汽车工业（集团）总公司、通用汽车中国公司三方签订股权转让协议，上汽集团、通用汽车中国公司各占 25% 的股份，两者的合资企业——上海通用汽车公司占 50% 的股份，重组后的公司更名为“上海通用东岳动力总成有限公司”，由上海通用汽车公司实施运营管理，产品主要供应上海通用东岳汽车有限公司使用。

烟台麦得津生物工程股份有限公司 1999年6月，烟台麦得津生物工程股份有限公司成立，由烟台荣昌制药有限公司与美籍华人留美归国科技工作者罗永章博士等人合资兴办，项目投资总额 2818 万元，注册资本 1818 万元，荣昌公司占 55% 股份。

从 1999 年起，麦得津公司由罗永章博士领导的中青年专家创业团队，在烟台开发区开始血管内皮抑制素（YH-16）抗癌新药的应用研究，并在短期内取得成功。

20 世纪 70 年代，美国科学家提出著名的“饿死肿瘤疗法”，即通过阻断肿瘤新生血管生成，切断肿瘤营养供给，从而达到抑制和治疗癌症的作用，为癌症治疗指出一条新的途径。

公司 2000 年 6 月投产，12 月 YH-16 临床前动物试验结束，生产工艺达到工业化生产规模。2001 年，经国家药品监督管理局批准，YH-16

图 8-33 烟台麦得津公司省级重点实验室蛋白纯化仪和质谱仪

开始Ⅰ期临床试验，纳入国家“863计划”，并列入国家重大科技专项，支持该项目产业化发展。2002年8月，YH-16进入Ⅱ期临床试验。2004年7月，YH-16Ⅲ期临床试验顺利结束。经过中国医学科学院肿瘤医院等25家医院Ⅲ期临床研究证实，重组人血管内皮抑制素注射液与传统肿瘤化疗药物相比，具有靶向明确、无耐药性、毒副作用小等优点。

血管内皮抑制素注射液（YH-16），商品名“恩度”，是国家生物制品一类抗癌新药，具有自主知识产权，在国际上尚属首创，这标志着中国在这个领域已经走在世界前列。

2002年，麦得津公司投资3100万元建成具有国际先进水平的试验室，被授予山东省生物工程重点实验室称号。实验室为YH-16的研究，以及为今后具有国际水平的基因药物研制开发创造了条件。

烟台联发水产有限公司 1999年8月，烟台联发水产有限公司成立，由烟台四通水产有限公司与美国罗伯特·沃利公司合资兴办，项目总投资199万美元，注册资本199万美元，占地面积2万平方米，建筑面积1.2万平方米。12月，公司投产。2002年10月，公司与英国太平洋海技公司合资组建3万吨冷冻食品物流中心，2003年6月已有1万吨冷库投入使用。公司主要产品有油炸虾、调味鲐鱼块、调味青鱼块、冷冻鳕鱼片、红鱼片、鲽鱼片、沙丁鱼、鱿鱼串等几十个品种，年生产能力1万吨。生产方式主要以来料加工为主，产品全部出口日本、韩国和欧美。公司2002年出口额1786万美元，有职工800人；2003年出口额2432万美元，有职工980人。公司是全区出口创汇十佳企业之一。

上海通用东岳汽车有限公司 上海通用东岳汽车有限公司是通过收购原烟台车身有限公司重组而成，是上海通用汽车有限公司继上海浦东金桥之后的又一轿车生产基地。

2000年10月，烟台车身有限公司成立，由烟台电力开发有限公司和烟台汽车工业总公司共同投资14.5亿元，注册资本9亿元。车身公司2001年1月1日开工，经过一年的努力，总装、喷涂、焊装、冲压等车间相继落成，12月31日第一台经济型轿车（Lanos150兰龙）下线。由于整车项目没经国家批准，不能进入国家汽车目录，汽车不能公开销售，公司仅生产100多辆就偃旗息鼓了。2002年12月20日，烟台车身有限公司由上海汽车工业（集团）总公司、通用汽车中国公司、上海通用汽车有限公司收购重组，成立上海通用东岳汽车有限公司。重组后，上汽集团、通用汽车中国公司和上海通用公司分别占25%、25%和50%的股份。

图8-34 上海通用东岳汽车有限公司厂区（2003年摄）

图8-35 2001年12月31日烟台车身有限公司生产的第一辆大宇兰龙轿车下线

厂区占地面积50万平方米，建筑面积16万平方米，设计年产轿车15万辆。公司在产品规划、生产制造、零部件采购、营销网络、信息、质量体系和人力资源管理等方面全部纳入上海通用公司的运营体系，实行一体化管理。公司2003年3月试生产，年内生产赛欧经济型轿车38009辆，实现销售收入27亿元，有职工1196人。

图 8-36 浪潮乐金（烟台）数字移动通信有限公司厂区

浪潮乐金（烟台）数字移动通信有限公司 2001年4月，浪潮LG（烟台）数字移动通信技术研究开发有限公司成立，由山东浪潮电子信息产业集团、烟台开发区樱桃软件技术有限公司、烟台开发区经销中心与韩国LG电子株式会社合资兴办，是山东省首家中外合资研发机构，项目总投资30万美元。研发公司成立后，立即着手CDMA数字移动通信产品的研究，很快成功开发CU100型、CU100P型、CU410型3款CDMA手机，并分别通过中国信息产业部检测机构无线电型号核准和进网许可测试，先后获得信息产业部颁发的无线电发射设备型号核准证书和电信设备进网许可证，其中CU100型CDMA手机被中国联通选为第一批采购机型，被推荐为精品手机之一。12月，研发公司4家股东投资4500万美元，注册资本1500万美元，成立浪潮乐金（烟台）数字移动通信有限公司，研究、开发、生产CDMA手机及相关产品。从此，奠定了辖区电子工业基础。2002年1月公司投产，当年生产手机60余万部，实现销售收入11亿元；2003年公司生产手机132万部，实现销售收入18亿元，其中出口20万部，出口额2801万美元，有职工515人。

图 8-37 浪潮乐金公司生产线（2003年摄）

烟台水星食品有限公司 2001年10月，由烟台水

图 8-38 烟台水星食品有限公司产品宣传图

星食品有限公司、烟台水星经贸有限公司与韩国公民金奎焕合资兴办，项目总投资 99 万美元，注册资本 81 万美元。公司 2002 年 1 月投产，生产加工厂房设在原料产地蓬莱和荣成石岛，主要加工水产品、农副产品及果蔬制品，年加工能力 3 万吨。公司 2002 年出口额 2481 万美元，出口额排在全区第 4 位，有职工 25 人；2003 年出口额 4649 万美元，出口额排全区第 2 位，有职工 130 人。公司是开发区出口创汇大户之一。

第三章　电力燃气与水的生产供应业

第一节　电力热力生产供应业

电力生产供应　建区至 1992 年，辖区没有电力生产企业，辖区电力供应依靠烟台市电网，经福山 110KV 变电站供给。

1992 年 12 月，烟台华鲁热电有限公司投入运行，并网发电供热。华鲁热电公司装机容量 2.4 万千瓦热电机组，年可供电 1.2 亿千瓦时、供热 1000 亿千焦。这是辖区第一家电力生产供应企业。

1993 年 2 月，由烟台发电厂、烟台市电力开发公司与中国建设投资（香港）有限公司合资兴建的烟台黄海热电有限公司（区外建设）投入运行，并网发电供热，装机容量 10 万千瓦热电机组，年可供电 5.49 亿千瓦时、供热 4606 亿千焦。是年，完成发电量 75695 万千瓦时、供热量 38.78 万百万千焦。电、热行业实现工业产值 2.18 亿元。1997 年，由烟台发电厂兴办的烟台渤海热电有限公司（区外建设）20 万千瓦机组投入运行，并网发电。是年，完成发电量 139810 万千瓦时、供热量 83 万百万千焦。电、热行业实现工业产值 5.12 亿元，其中烟台渤海热电公司实现产值 2.3 亿元，烟台黄海热电公司实现产值 1.95 亿元，烟台华鲁热电公司实现产值 8700 万元。2000 年，完成发电量 12495 万千瓦时、供热量 107 万百万千焦。电、热行业实现工业产值 4.09 亿元。

2001 年，烟台西部热电有限公司开工建设，2003 年建成投入运行。生产能力年供电量 7500 万千瓦小时，供热量 118 万百万千焦。2002 年，烟台华鲁热电有限公司扩建，生产能力提高，年可供电 13384 万千瓦小时、供热 214 万百万千焦。

2003 年，热电企业完成发电量 12430 万千瓦小时、供热量 164 万百万千焦。热电行业实现工业产值 5.38 亿元。其中烟台渤海热电公司实现工业产值 2.24 亿元，烟台黄海热电公司实现工业产值 1.91 亿元，烟台华鲁热电公司实现工业产值 7157 万元，烟台西部热电公司实现工业产值 5172 万元。

图 8-39　烟台华鲁热电有限公司厂区（2003 年摄）

热力生产供应　1985 年起，辖区供热实行集中统一的供热方式。

1985—1992 年，工业和民用用热，由区域锅炉房供给，由开发区热力公司负责生产和供应。1992 年 12 月以后，辖区实行热电联产，由热源生产单位（热电厂）生产蒸汽，由区热力公司购买热源（蒸汽），再向用户供热。

1985 年 8 月，管委在起步区 I–3、I–7 小区建设两座锅炉房，为烟台亚东标准件有限公司和标准厂房供热，这是开发区最早的集中供热设施。1986—1989 年，又在起步区 I–2、I–4 小区、医院建设 3 座锅炉房。1989 年有居民用热户 1260 户、工业蒸汽用户 4 户，供热面积 13.2 万平方米。1990—1991 年，又建 5 座锅炉房，为旭日、金胜、金光、银芝等小区供热，1991 年有居民用户 2653 户，蒸汽用户 5 户，供热面积 25.2 万平方米。1990 年全区供热 15.5 万百万千焦，实现工业产值 314 万元。

1992 年 12 月，烟台华鲁热电有限公司建成投产。辖区原有区域锅炉房供热全部改为热电联产集中供热。除个别有特殊需要的企业（氨纶厂、华润锦纶公司、肯达尔公司等）保留自建锅炉外，其余锅炉房一律拆除或改作他用。管委 1985—1991 年建设的锅炉房，有的改造为换热站，有的进行了拆除。1993 年起，辖区统一由华鲁热电公司集中提供热源，开发区热力公司统一对辖区工业和民用供热。

1995 年，辖区有居民用户 4569 户，蒸汽用户 16 户，供热面积 47.8 万平方米。热力公司购买供应蒸汽 16 万吨，全年供热 55 万百万千焦，供热企业实现工业产值 600 万元。2000 年，辖区有居民用户 6500 户，蒸汽用户 27 户，供热面积 82.4 万平方米。热力公司购买供应蒸汽 34 万吨，全年供热 107 万百万千焦，供热企业实现工业产值 2886 万元。

2003 年，辖区有居民用户 13462 户， 蒸汽用户 35 户，供热面积 291.5 万平方米。热力公司购买供应蒸汽 52 万吨，全年供热 164 万百万千焦，供热企业实现工业产值 5172 万元。

第二节 燃气生产供应业

按烟台市统一规划，辖区管道煤气和天然气由烟台市煤气、天然气公司统一生产和直接供应。1985—1992 年，辖区工业和民用燃气主要是石油液化气。1993—2003 年，工业和民用燃气主要以管道煤气为主，石油液化气作为补充。2002 年，市计委及有关部门在辖区开展天然气潜在用户调查。按规划，开发区马家村处，将是烟台市市区天然气管网首站。2003 年，由市燃气公司组织对辖区原有管道煤气管网进行检修维护，局部进行改造；马家首站开工建设。计划 2004 年向开发区及烟台市区供应天然气。气源是龙口市近海海域渤海天然气油气田。

管道煤气 1992 年 3 月，市煤气厂至辖区管道煤气管网铺设工程和辖区煤气用户改造工程同时开工；5 月，市煤气公司在辖区设立营业所；7 月，市煤气厂向辖区供气。市煤气厂至辖区建中压煤气管网 12 公里，区内建低压煤气管网 40 公里，全线建 9 座调压站、8 处调压箱。

1995 年，辖区煤气民用安装户 2406 户，实际用气户 1283 户；工商企业安装户 16 户，实际用气户 12 户。全年供气量 40 万立方米。2000 年，辖区煤气民用安装户 4627 户，实际用气户 1763 户；工商企业安装户 23 户，实际用气户 15 户；全年供气量 80 万立方米。2003 年，辖区煤气民用安装户 7842 户，实际用气户 3944 户；工商企业安装户 26 户，实际用气户 16 户；全年供气量 160 万立方米。

石油液化气供应 1987 年，管委在胜利东村金沙江路东侧建一临时液化气供应点，充灌瓶装石油液化气，是年供应量 60 吨。1988 年，管委投资在原临时液化气供应点基础上，兴建正式石油液化气站，是年供气 80 吨。1989 年，开发区液化气公司成立，负责全区工业民用石油液化气供应。1990 年，供气量 150 吨；1995 年供气量 400 吨；2003 年供气量 3000 吨。辖区石油液化气来源，主要是山东齐鲁石化公司以及大连石油化工公司。

第三节　自来水生产供应业

设施建设及供水能力　辖区用水由烟台市自来水厂和福山区门楼水库水源直接供给，辖区进行自来水二次加压、配水和净化处理。

1985 年，辖区投资建设区外水源（芝罘区宫家岛水源地）及供水管道。1986 年，建配水厂 1 座，日配水能力 10 万立方米，1987 年投入使用。水厂建有加压泵及 1 万立方米清水池，对市区和福山区门楼水库来水进行加压配水。1992 年 4 月，建净水厂 1 座，日处理能力 3 万立方米。1994 年，烟台水源紧张，区自来水公司在衡山路以东、柳子河两岸建 4 口井作应急水源，设计取水量 5000 立方米 / 日。1996—2000 年，累计取水 262 万立方米，2002 年，该井群停止取水，作为辖区备用水源封存。1999—2000 年，烟台遭遇严重干旱，管委在奇章村柳子河沿岸建设 7 口自备井群，设计取水量 8750 立方米 / 日，两年累计取水 310 万立方米，2002 年井群停止使用，作为辖区备用水源封存。2000 年，辖区建日供水 10 万立方米的净水厂 1 座，2003 年交付使用。2003 年，辖区日供水能力 18 万立方米。

图 8-40　烟台开发区第二净水厂

供水规模　1990 年，辖区供水总量 147 万立方米，实现工业产值 200 万元；1995 年，辖区供水总量 682 万立方米，实现工业产值 882 万元；2000 年，辖区供水总量 691 万立方米，实现工业产值 1044 万元；2003 年，辖区供水总量 781 万立方米，实现工业产值 1384 万元。

第九编
建筑业

开发区建设工地

烟台经济技术开发区志

YANTAI JINGJI JISHU KAIFAQUZHI

1985年3月20日，烟台开发区举行开工典礼，从此拉开辖区开发建设帷幕。1985—1987年建设初期，主要建设任务是起步区回填土地，建设一些基础工程，为大规模开发建设创造条件。1988年，开始住宅小区规划建设，拉开房地产开发建设序幕。1990年以后，长江社区管理处胜利东村、胜利西村和曲家台子村拆平房、建楼房，向城市化过渡。1992年，有20多个国家和地区客商到开发区投资办厂，20多个中央部委和省、市单位参与开发建设。1993年，辖区施工人员5000余人，房屋开工建筑面积150万平方米，形成20世纪90年代开发建设高峰。

1996年，建筑市场疲软，开发区建筑业产值、利润、税金等指标显著下降。1992—1998年间，全区产生47万平方米"烂尾楼"（指因开发商无力继续投资建设，停工1年以上的房地产项目）工程。2002年，辖区面积扩大，骨干项目增多，产业集群逐步隆起，建筑业呈现快速发展趋势。开发区区外建筑企业陆续进入，成为辖区建筑行业的骨干力量。区内39家建筑企业，经过体制改革，大部分国有、集体建筑企业和勘测设计单位改为股份制公司。

辖区楼房建设开始多为3～6层平屋顶建筑，砖混结构。1990年，改平屋顶为坡屋顶。1995年，改砖混结构为框架结构、剪力墙结构，推行墙体材料革新，提高楼房坚固性，增强抗震负重能力。2000年以后，10层以上建筑大量出现。在施工工艺上，建设初期外墙装饰多为水刷石、玛赛克，20世纪90年代后期主要粘贴大理石，镶嵌玻璃幕墙。

在建筑市场管理上，实行建筑工程招投标制，使建筑企业在公开、公正、公平环境下竞争、发展。其间，管委出台有关安全、质量、设备、材料、劳动保护、费用管理等方面的规章制度，有关部门认真督促落实。建筑行业积极推行"安全生产""文明生产"工作，涌现出一批"文明工地"和"安全生产先进单位"。

至2003年，全区累计开工建筑面积875.9万平方米，累计竣工建筑面积668.6万平方米，建筑业累计实现工业增加值55.7亿元。建筑业已成为开发区重要产业。

第一章　勘测与设计

第一节　工程勘测

勘测单位　烟台开发区测绘管理处　1987年7月，烟台开发区测量队成立，有职工5人，隶属于开发区建设环保局，系独立核算、自负盈亏事业单位。承担辖区基础测量和工程放线任务。1991年2月，测量队划归开发区建筑设计院。1997年12月，测量队与建筑设计院脱离，隶属于建设环保土地局，为独立核算、自收自支事业单位，有职工15人，其中工程师1人，助理工程师9人。1998年5月，测量队改为股份制企业，更名为烟台开发区测绘有限公司。2002年12月，更名为烟台开发区测绘管理处，为建设环保土地局所属科级事业单位，有职工17人，其中高级工程师1人，工程师3人。2003年7月，测绘管理处划归开发区建设环保土地局规划局（二级局）管理。

烟台开发区勘泰岩土工程有限公司　1991年，开发区岩土工程公司成立，隶属于建设环保局，事业单位，丙级资质，承担岩土工程勘察及凿井工程等。1997年，公司与建设环保土地局脱钩，成立开发区勘泰岩土工程有限公司，有职工30人，其中高级工程师2人，工程师8人，乙级资质，承担岩土工程勘察、测试、水文地质勘察、机电设备安装及地基基础工程。2003年，有职工60人，各类专业工程技术人员32人，其中高级工程师4人，工程师12人，2级项目经理资格证书5人，3级项目经理资格证书5人，省土工实验上岗证6人。公司可承担岩土工程勘察（乙级资质）、测试、机电设备安装（3级资质）、基坑降水及支护、水利凿井（乙级资质）与地基基础施工（3级资质）等工程项目。

烟台鑫通工程勘测有限公司　1992年，开发区建筑设计院工程地质勘察公司成立，事业单位，丙级资质，主要承担岩土工程地质勘察，有职工35人，其中技术人员24人。1997年改为股份制企业，更名为烟台鑫通工程勘测有限公司，有职工32人，其中高级工程师2人，工程师14人，乙级资质，可承担岩土工程勘察、设计、测试、监测及中小型线路工程、岸边工程、中小型竖井、桥基、边坡及挡土墙等工程。2003年，公司有职工32人，其中高级工程师2人，工程师14人。

勘测项目　测绘　1985年，山东省规划设计院到开发区进行地域初步测绘。1987年以前，辖区测绘工作委托区外机构完成。

1987年，开发区测量队测量辖区4等水准网16平方公里；1989年，测量1、2级导线网16平方公里；1990年，测绘16平方公里1∶500地形图；1991年，测绘1.5平方公里长江路西侧马家村东1∶1000地形图；1995年，地理调查3.7平方公里；1997年，对36平方公里地下管线（总长200公里）进行调查。

1999年，开发区测绘有限公司完成辖区建筑工程放验线156件，地下管线放线竣工测量30公里，地籍测量84.6万平方米，土方测量32.7万立方米，夹河大坝地形图测量5平方公里，控制网测量点329个，4等水准点320个，累计水准线路120公里。2000年，完成企业建筑工程放验线308件，拨地测量26件，勘界测量15件，地籍测量55万平方米，在建道路放竣工测量23.5公里，各种管线测量40公里，206国道北侧地形图测量3平方公里，沿海防护林地形图测量4平方公里。2001年，完成1.5平方公里的晨光小区地下管线普查，建筑工程放验线测量148件，征地勘界图测量10件，地籍勘界测绘66万平方米，道路放竣工测量15平方公里。2002年，完成建筑工程放验线148件，征地勘界图测量10件，地籍测绘50万平方米，勘界测绘36万平方米，规划测量68项。

2003年，开发区测绘管理处完成西区192平方公里1∶1000地形图航测、4等控制测绘、1级等线图测绘、大季家和古现2个工业园区测量、八角港区测量及建成区重点工程、征地地籍测绘、管委基础设施工程开竣工测量等。

勘察　1985年，烟台市勘察设计院到开发区进行境域工程勘察。1991年前，辖区工程勘察由区外单位承接。

1991—2003年，开发区勘泰岩土工程有限公司累计完成钻探项目500余个，钻孔2万余个，总进尺40多万米，取土试样1万余件，原位测试1万余次；完成预夯类项目10余个，面积20万平方米；完成桩基类项目15个，混凝土1万余立方米；完成水井类项目8个，50余眼，总进尺3000余米；完成基坑降水项目5个；完成绿地喷灌项目8个，管线长20余万米，喷头1万余个，灌溉面积250余万平方米。

1992—2003年，烟台鑫通工程勘察有限公司累计完成钻探项目486个，钻孔9986个，钻探总进尺近15万米，取土试样9600余件，原位测试3.5万次。

第二节　工程设计

2003年，开发区有5个综合设计单位和5个专业设计单位，职工约200人，其中高级工程师50余人，工程师110余人。

设计院所　烟台开发区建筑设计有限公司　1988年3月，开发区建设公司建筑设计院成立，为科级事业单位，是开发区成立最早的设计单位。

1989年10月，建筑设计院与建设公司脱钩，成立烟台开发区建筑设计院，为管委直属事业单位，由建设环保局代管，有职工30人，其中专业技术人员15人，丙级资质，可承担中、小型工业民用建筑设计。1992年，资质升为乙级。1993年6月，为建设环保局所属正科级事业单位，有职工70人，其中专业技术人员40人，可承担大、中型工业民用建筑设计。1996年，有职工100余人，辖2个综合设计所，1个测量队，1个建筑总成集团公司（国营3级资质），有工程师以上技术职称人员60余人，可承接各种工业民用建筑、采暖通风、制冷空调、给排水等工程设计及土地测量放线、工程施工等业务。1998年，设计院改制为开发区建筑设计有限公司。

烟台开发区自来水公司设计室　1989年成立，有设计人员5人，承担开发区城市供水工程设计的审核和全区居民用户给水施工图设计。2000年，有专业技术人员10人，其中高级工程师2人，工程师1人。

山东省亚东建设规划设计院开发区分院　1992年成立，注册资金66万元，乙级资质。2000年，分院有职工40人，其中高级工程师9人，工程师27人，可承接工业建筑及高层建筑设计。

烟台开发区规划设计院有限公司　1993年，开发区规划设计院成立，隶属于建设环保土地局规划处，系独立核算、自负盈亏、具有法人资格的全民所有制企业。主要承担城市规划设计与建筑设计，资质为建筑工程丙级、市政工程丙级，有职工20人，其中专业技术人员12人。1997年，设计院与建设环保土地局规划处脱钩，改制为股份制企业，更名为烟台开发区规划设计院有限公司，有职工37人，其中高级工程师10人，工程师11人，为建筑工程乙级、城市规划丙级、市政工程丙级、水土保持丙级4个设计资质的综合设计单位。2001年，公司通过ISO 9001国际质量体系认证。

烟台开发区方圆建筑设计院有限责任公司　1993年，开发区方圆建筑设计所成立，有职工15人，其中专业技术人员10人，丁级资质，可承接中、小型工业民用建筑设计。1998年，资质升为丙级。2000年，公司改为股份制企业，更名为开发区方圆建筑设计院有限责任公司，乙级资质，有职工29人，其中高级工程师7人，工程师15人，可承接大、中型建筑设计。

烟台开发区热力公司设计院　1996年成立。1998年取得丙级资质，有专业设计人员10人，承担开发区城市供暖工程设计和全区用户采暖施工图设计。2000年，有职工21人，其中高级工程师7人，工程师9人。

山东文孚建筑设计研究院开发区分院　2000年12月成立，有职工36人，其中高级工程师8人，工程师20人，从事建筑设计和装饰工程设计。拥有建筑、结构、给排水、暖通、室内装饰等专业，乙级资质，能承接大、中型工业及民用建筑设计，年设计能力40万平方米。

设计项目　建区之初，辖区建筑工程由区外设计单位承接。1986年，邮电部设计院完成开发区第一个较大设计项目——开发区邮电大楼工程设计。1987年，机电部五院完成开发区工贸大厦写字楼工程设计。此后，辖区内工业民用建筑及公共建筑80%以上由开发区内设计单位自主设计。

烟台开发区建筑设计有限公司设计工程　1988—2003年，建筑设计有限公司共完成设计工程项目400余个，设计面积100余万平方米，工程造价近20亿元。代表性设计有：科技大厦，高12层，建筑面积1.2万平方米，获烟台市优秀工程设计二等奖；建设大厦，框架结构，高16层，建筑面积0.6万平方米，获烟台市优秀工程设计二等奖；康复医院，建筑面积1.1万平方米，获烟台市优秀工程设计二等奖；三镇服装综合楼，框架结构，建筑面积1.2万平方米，获烟台市优秀工程设计三等奖。大宇重工业烟台有限公司12万平方米厂区及4万平方米主厂房设计，获山东省优秀工程设计三等奖、烟台市优秀工程设计二等奖；三和星海花园住宅及商业楼设计，建筑面积6万平方米。其间，还参与对黄海花园、金东住宅小区等整体规划及单位设计、道路管网设计，对海滨休闲广场道路、绿化、灯光设计，对西陵园公墓整体设计等。

烟台开发区规划设计院有限公司设计工程 1993—2003年，规划设计院有限公司完成各类工程设计项目500余个，城市规划设计总面积50平方公里。其中，工业与民用建筑设计面积260万平方米，市政工程设计100余个，工程造价30亿元；水土保持设计400万平方米。代表性设计有：开发区医院涉外病房大楼，框架结构，高7层，建筑面积1.3万平方米；德胜商城，框架结构，高5层，建筑面积7万平方米；新世纪商贸大厦，框架结构，高22层，建筑面积4.5万平方米；邮政大楼，框架结构，高5层，建筑面积6000平方米，获烟台市优秀工程设计一等奖；留学生创业园3号厂房和烟台边防支队轮训大队办公楼，获烟台市优秀工程设计三等奖；天地广场和长江路改造工程，获山东省城市设计精品工程铜奖。

烟台开发区方圆建筑设计院有限责任公司设计工程 1993—2003年，公司完成各类工程设计项目150个，设计面积145万平方米，工程造价近10亿元。代表性设计有：开发区第二职业中专太阳能教学楼，砖混结构，建筑面积1949平方米；Ⅱ-8小区A型、B型住宅楼，砖混结构，建筑面积1万平方米；嘉宝房地产公司Ⅲ-2住宅小区6号、7号住宅楼，框架结构，建筑面积5878平方米；亚新利电器有限责任公司电器装配车间，框架结构，建筑面积3580平方米；三和星海花园2号小高层楼房，高11层，框架结构，建筑面积1万平方米；三和星海花园31号高层楼房，高20层，剪力墙结构，建筑面积2.2万平方米。

山东省亚东建设规划设计院开发区分院设计工程 1992—2003年，分院完成各类建筑工程设计项目260个，设计面积200万平方米，工程造价近10亿元。代表性设计有：开发区F-1小区36万平方米住宅楼、大宇机床烟台有限公司厂区、鲁星食品有限公司冷库加工厂房、大宇重工业烟台有限公司厂房扩建工程、永兴花园高层住宅楼、天一大厦和香山花园商住工程等。

山东文孚建筑设计研究院开发区分院设计工程 2000—2003年，完成设计项目2个，设计面积4.8万平方米，工程造价近5000万元。代表性设计为汇华大厦，高26层，建筑面积4万平方米。

烟台开发区自来水公司设计室设计工程 1989—2003年，设计大小工程1400余个，完成10余个居民区、600多个企事业单位、310余公里的给水管网设计。

烟台开发区热力公司设计院设计工程 1996—2003年，完成设计项目150余个，管网设计120余公里，工程造价1.5亿元。

第二章 建筑施工

第一节 施工队伍

区内施工队伍 国有企业施工队伍 1985年9月，烟台开发区建筑安装公司成立。这是开发区首家国有建筑安装企业，有职工410人，企业资质为工民建3级，年施工面积2.5万平方米。1991年建筑安装公司并入开发区建设公司，1996年随建设公司改制而解散。1987年9月，开发区建筑装潢公司成立，由开发区房地产公司组建，国有企业，有职工215人，企业资质为工民建3级。1989年1月，开发区实业公司和科技发展公司合资成立开发区东方建筑开发公司，有职工400人，国有企业，工民建3级资质。6月，开发区华达建筑安装公司成立，为开发区华达集团与中国核工业总公司合资兴办，国有企业，有职工300人，企业资质为工民建3级。是年，开发区东方装潢工程公司成立，为开发区实业公司下属公司，国有企业，有职工120人，企业资质为建筑装饰3级。1992年7月，烟台首钢东星建筑公司成立，为烟台首钢东星集团公司下属国有企业，有职工210人，企业资质为工民建4级。

自1992年起，辖区允许党政机关兴办经济实体，开发区工委管委部门先后组建的建筑安装公司有：人事劳动局劳动服务公司兴办的正大建筑安装公司，有职工105人，企业资质为建筑4级；教育科技局兴办的兴教建筑安装公司，有职工106人，企业资质为建筑4级；司法民政局兴办的天福建筑公司，有职工128人，企业资质为建筑4级；开发区总工会兴办的汇元建筑安装工程公司，有职工150人，企业资质为建筑4级；福东办事处兴办的福东建筑安装工程公司，有职工140人，企业资质为建筑4级；福西办事处兴办的福西建筑安装工程公司，有职工190人，企业资质为建筑4级；金桥办事处兴办的金桥建筑安装工程公司，有职工180人，企业资质为建筑4级；财政局兴办的红安建筑安装工程公司，有职工100人，企业资质为建筑4级；经济发展局兴办的长城建筑安装工程公司，有职工164人，企业资质为建筑4级；粮食局兴办的凯兴建筑安装工程公司，有职工250人，企业资质为建筑4级。

到1994年，全区国有建筑安装企业发展到17家，共有职工4000余人，年施工面积10万平方米。1995年以后，辖区国有企业改组、改制，实行多种经济成分并存的所有制形式。2003年，全区国有建筑企业4家，有职工2500余人，其中工程技术人员300余人。

集体企业施工队伍　1987年3月，开发区金光建筑安装工程公司成立，为曲家台子村村办企业，有职工286人，企业资质为建筑4级。7月，胜利东村兴办开发区胜利建筑安装公司，有职工208人，企业资质为建筑4级。1992年7月，开发区鑫台建筑安装工程公司成立，为金桥办事处下属企业，有职工186人，企业资质为建筑4级。12月，胜利西村兴办开发区金利达建筑工程公司，有职工490人，企业资质为建筑3级。从1993年起，辖区先后成立3家预制构件厂：金东经济发展公司兴办的胜利预制构件厂，有职工50人，3级资质，年生产能力2万平方米；金鑫经济发展公司兴办的金鑫混凝土预制构件厂，有职工30人，3级资质，年生产能力1.5万平方米；福星经济发展公司兴办的福星预制构件厂，有职工20人，4级资质，年生产能力1.2万平方米。到1994年，全区集体建筑安装企业发展到9家，职工1500余人，其中工程技术人员80余人，年施工面积5万余平方米。截至2003年，辖区仅剩3家集体建筑安装企业，其余全部改制为有限责任公司。

私营企业施工队伍　1993年8月，烟台开发区兴利建筑安装工程公司成立，为兴利实业有限公司下属建筑安装公司，有职工150人，固定资产210万元，企业资质为建筑4级。1994年，开发区银海建筑公司成立，有职工100人，注册资金500万元，企业资质为工民建4级。1998年8月，开发区天一工程配套公司成立，有职工45人，注册资金100万元，企业资质为建筑装饰3级。

中外合资企业施工队伍　1992年，烟台华新实业发展公司组建烟台华新装饰工程有限公司，有职工90人，企业资质为建筑装饰3级。7月，开发区北洋装饰工程有限公司、烟台华明房地产有限公司相继成立。开发区北洋装饰工程有限公司为开发区北洋工业股份公司下属企业，有职工61人，企业资质为建筑装饰3级，固定资产119万元。烟台华明房地产有限公司合资经营铝合金门窗，有职工40人，注册资金500万元。1993年，烟台海通联合发展有限公司组建烟台海昌装饰工程有限公司，有职工80人，企业资质为建筑装饰3级。

区外施工队伍　1985—2003年，烟台建设集团有限公司、烟台第二建筑公司、烟台飞龙建筑开发集团、烟台民兴置业有限公司、烟台兴源建设工程有限公司、烟台红旗置业有限公司、烟台城新建筑开发有限公司、福山区建筑工程公司、烟台德润建筑有限公司、烟台新桥建筑开发有限公司、龙口建筑工程有限公司、山东蓬建建工集团等12家烟台市内建筑企业先后进入开发区施工。

1994—2003年，山东省文登市勇泰建筑工程有限公司、山东省鄄城县建筑工程总公司、山东省建工集团有限责任公司3家省内建筑企业先后进入开发区施工。

1993—2003年，中铁二十二局集团第四工程有限公司、中国建筑第八工程局、中国建筑第五工程局、中国核工业华兴建设有限公司、中国第十三冶金建设公司、中铁十八局集团建筑有限公司、江苏通州建总集团有限公司7家中央部委及省外建筑企业进入开发区施工。

1992—2003年烟台开发区区内建筑安装企业施工情况统计表

表9-1

年份	施工面积（万平方米）	竣工面积（万平方米）	人均竣工面积（平方米/人）	全员劳动生产率（万元/人）
1992	10.70	4.68	29.00	2.00
1993	28.51	6.20	11.72	1.60
1994	33.48	13.79	27.83	1.94
1995	35.84	12.63	22.65	–
1996	25.78	8.11	14.96	–
1997	23.99	14.33	54.66	3.81
1998	16.99	7.89	31.18	4.09
1999	20.40	8.60	26.36	3.75
2000	34.95	12.89	32.22	4.22
2001	48.54	31.19	63.06	5.64
2002	44.14	41.10	39.13	6.88
2003	98.50	70.80	57.80	8.52

第二节　施工机具

瓦工机具　1985年，区内建筑施工瓦工手操传统工具，主要有手锤、钻子、瓦刀、抹子、甩子、托灰板、水平仪等。随着建筑业的发展，工具技术不断进步，机械工具逐年增加。到2003年，瓦工机具在保留、革新传统工具基础上，增加混凝土搅拌机、砂浆搅拌机、淋灰机、震动器、打夯机、挖掘机、打桩机、钢筋切割机、弯曲机、弯箍机、调直机、拉伸机、气焊机、电焊机、对焊机等30多种机械，基本实现机械化操作。

木工机具　1985年，区内建筑施工木工手操传统工具，主要有斧头、凿子、推刨、锯、墨斗、线垂、拐尺等10余种。1992年以后，传统木工工具在施工中逐步被机械工具取代，破木、刨削、凿眼、开榫工具逐步机械化。到2003年，木工机械主要有刨床、钻床、切割床、开榫机、木工带锯、刨带锯、大带锯、木材烘干机等20余种。

运载机械　1994年以前，物料水平运载，场外主要靠拖拉机、汽车，场内有胶轮手推车、独轮手推翻斗车、地排车、大板车等。物料垂直运载，主要机具是钢井架、卷扬机、汽车起重机等。1995年后，随着建筑业的发展，运载机械增加较快。到2003年，主要运载机械有单斗挖掘机、推土机、铲运机、履带式起重机、轮胎式起重机、汽车式起重机、塔式起重机、载重汽车、自卸汽车、拖车、装载机、机动翻斗车、混凝土泵等20余种机械。

辅助机具　开发区内传统建筑辅助施工工具有油漆刷子、粉饰滚子、玻璃刀子、水胶安装钳子等。进入20世纪90年代后，辅助机具大为改善。机械工具有空气压缩机、喷涂机、扎钉机、冲孔机、铲沟冲击锤、大理石切割机、瓷砖切割机、手提水磨石机等。传统木制或竹制胎板、支围架，为钢胎、钢管、螺卡所取代。到2003年，在辖区建筑施工中经常使用的辅助机械有50余种。

1985—2003年烟台开发区区内建筑安装企业机械设备情况抽年统计表

表9-2

年份	机械数（台）	机械净值（万元）	机械总功率（千瓦）
1985	86	530	752
1992	200	1255	6879
1996	951	2811	19513
1997	858	1834	15647
2001	528	1325	7678
2002	679	3089	18574
2003	1124	7000	20137

第三节　施工技术

基础工程　天然地基　辖区凤台山、福莱山以北区域，岩层浅，基础好，承重力强，一般工业、民用、矮层建筑，地基开槽挖到原岩石、硬土或粗沙层，经清理夯实，打垫层，即可承负建筑物体。高级中学办公楼、教学楼、科技村别墅群，金城小区住宅楼，银和怡海花园一期工程等，皆属天然地基。

复合地基　辖区内复合地基有多种做法。换填垫层法，就是挖去地表浅层软弱土层或不均匀土层，回填坚硬、较粗粒径的材料，并夯压密实，形成垫层。这种处理方法，造价较低，性能稳定，常用于轻型建筑、堆料场及道路工程等。烟台市技术学院办公楼，各大工业企业堆料场地，五指山路、庐山路等部分路基工程，都用此法处理。强夯法，是将5～10吨的重锤，吊至5～10米高度自由落下，对土层进行强力夯实，提高地基的承载力。用此法加固地基的有Ⅳ-6小区工厂车间、夹河公园广场、金东小区、G-5工业小区等场地、厂房、住宅楼基。砂石桩法，是采用振动、冲击或水冲等方式在地基中成孔后，将碎石、砂挤压孔中，形成砂石所构成的密实桩体并和原桩固土组成复合地基。开发区进出口公司国际商城工程，采用干振挤密碎石桩法，成桩7093根，每根直径600毫米，深12米。烟台海虹化工公司厂房、办公楼，采用振冲碎石桩法，成桩974根，每根直径750毫米，深9米。金光小区6～22号住宅楼，采用振冲碎石桩法，成桩2500根，每根直径800毫米，深8米。

桩基　辖区内桩基主要有灌注桩和预制桩两种。灌注桩，开发区怡景公寓工程采用钻孔灌注桩79根，直径800毫米，孔深26米。金桥公司综合楼工程采用灌注桩266根，直径600毫米，孔深21米。采用灌注桩加固地基工程的还有交通大厦、观海大厦、邮电大楼、华玉大酒店、公安局办公楼等。预制桩，海鹰大厦采用混凝土预制桩536根，主楼直径450毫米，长19米，附楼直径400毫米，长17米。辖区采用此法还有建设大厦、科技大厦、大宇重工业烟台有限公司工业厂房、上海通用东岳汽车有限公司厂房、正海集团工业厂房、华鲁热电厂等。

墙体工程　砌筑　建区前，辖区民宅与公用房，地基以上多用红砖砌墙，辅以上下圈梁，粘合剂主要为水泥石灰混合砂浆，水泥勾缝，内墙砂灰打底，白灰抹面。1985年后，辖区内平房停建，楼房兴起，砖混结构，墙体用料基本是黏土砖，要求砖的强度不低于M10。墙体厚度为240～370毫米。砌筑质量要求横平竖直，边角整齐。砌体砂浆有混合砂浆、水泥砂浆、防水砂浆等。1995年起，逐步取消砖混结构，黏土砖停止使用，采用框架工程填充墙，大多采用混凝土轻质砌块、粉煤灰砌块、空心砌块等砌体。

钢筋混凝土浇灌　辖区钢筋混凝土浇灌技术始于20世纪70年代。砖混结构施工中，用木模板支胎，安扎钢筋，混凝土浇灌；或用预制圈梁、简支梁、楼面板、挑檐、门窗过梁、楼梯踏板等构件。其程序是先砌筑围墙和承重墙，浇灌圈梁、简支梁，后安装楼板。墙体厚度，视建筑物的负荷大小而定。以钢筋混凝土框架结构为主体的建筑，其程序是先浇灌主体柱、梁、楼板、屋面板，再进行吊装，焊接成框架承重系统，最后填充墙体材料。钢筋混凝土浇灌，应严格按配合比、水灰比、塌落度操作。浇灌时要振荡密实，浇筑后及时养护，以增加钢筋混凝土的坚固度。

屋顶工程　平屋顶　建区初期，楼房屋面多为平顶。屋顶为混凝土预制件吊装。屋顶防水层用毡或油纸，加沥青胶结分层粘贴，多用加热法施工。1991年，开发区秦始皇东巡宫屋面采用三毡四油防水。烟台肯达尔医用品有限公司联合厂房，则用沥青珍珠岩、三油二毡一砂防水。20世纪90年代以后，新材料层出不穷，如聚氨酯、SBS、SBC、改性沥青、涂膜LM等，旧材料逐步淘汰。1992年，工贸大厦运用胶膜防水。1994年，烟台电子网板公司主厂房屋面，采用珍珠岩保温层，改性沥青防水，效果较好。

坡屋顶　1995年后，辖区坡屋面普遍应用。坡屋面多为钢筋混凝土屋架，部分为木屋架，覆面采用红平瓦、三曲瓦居多，映红瓦、彩钢瓦次之，硫璃瓦较少。开发区福莱商城屋顶覆面，全部采用红平瓦。金城小区50号住宅楼屋面，采用彩钢瓦。秦始皇东巡宫，以黄色琉璃瓦覆面。坡屋面钢筋混凝土屋架典型建筑有银和怡海、凤台、星海、黄海、阳光花园等住宅小区住宅楼房。这种屋架优点是无建筑通病，不漏雨，冬暖夏凉，居民喜欢。木质屋架代表建筑有静海、丹阳、旭日、华电、金光小区等部分住宅及部分办公楼。此种屋架优点是保温性好，但与钢筋混凝土屋架相比，耐久性较差。

装饰工程　外墙装饰　20世纪80年代，外墙装饰采用水刷面、水刷石，同时利用建筑涂料采用“喷、滚、弹、涂”工艺，做成各种色彩图案饰面。在公共建筑和住宅小区，采用贴瓷砖、马赛克、墙面砖和弹涂饰面等。墙裙、墙柱部分挂天然花岗岩、大理石和玻璃幕墙。1991年落成的工贸大厦，四角设玻璃幕柱，外墙粘贴面砖、玻璃幕墙。科技大厦，外墙装饰白色瓷砖。建设大厦，外墙装贴琵琶砖。检察院、船检局办公楼等，外墙均为花岗岩挂板。新时代大酒店，中国网通大厦等，主楼均以宝石蓝、绿玻璃幕墙为主，间贴面砖或花岗岩。到2003年，外墙以平墙面为主，辅以窗套、装饰线；色调以白色为主，辅以3种颜色；用材以面砖为主，辅以涂料、幕墙、挂板。

内墙装饰　1985年以来，辖区房屋内墙装饰变化很大。到2003年，内墙装饰由传统的白灰饰面，发展到喷刷各类涂料，铺贴塑料墙纸、墙布及各类装饰板，镶嵌各类艺术装饰板、石雕、金属浮雕、壁画及玻璃制品，铺贴各类天然和人造石材等。吊顶由麻刀白灰发展到各类塑料吊顶、金属吊顶、纸面石膏装饰板、浮雕石膏装饰板、墙纸或纸花板、玻璃钢装饰板、矿棉或膨胀珍珠岩等吸音装饰板。在施工方法上，由“湿法”作业向“干法”作业发展。门窗由木质，发展到钢窗、铝合金门窗、塑钢门窗。秦始皇东巡宫内墙装饰采用水泥砂浆抹面，轻钢龙骨吊顶。电子网板厂主厂房内墙采用中密度板和金属壁板材料装饰。

防震抗灾工程　1978 年，国家建委将烟台确定为全国38个重点抗震城市之一，地震基本强度按《中国地震烈度区划图》定为 7 度。开发区自建区始，均按上述抗震标准进行设防。

新建工程，加深加大基础，钢筋混凝土工程普遍增加钢筋系数，增加预制构件毗接牢固性和建筑工程的整体性，以防范地震灾害。

辖区编制城区规划，新建楼房，农村城市化改造等，均按 7 级抗震标准实施。

第四节　建筑结构

砖混结构　1995 年以前，辖区建筑住宅楼房，多用粘土砖砌承重墙体，辅以钢筋混凝土构造柱、圈梁、楼板构件。砖混结构材料易取，造价较低。代表建筑有开发区实验小学办公教学楼、公安分局住宅楼、电子培训中心客房楼、税务局办公楼、第一中学教学楼、烟台首钢东星公司和商检局住宅楼等，累计建筑面积约 200 万平方米。1995 年 5 月，开发区建设环保土地局下发通知，从 7 月 1 日起，凡在辖区内新建办公楼、综合楼、厂房、仓库、住宅楼等，全采用混凝土空心盒子结构体系，其围护部分与隔墙均使用新型小砌块墙体材料，不得使用黏土砖。此后，辖区砖混结构建筑基本淘汰。

框架、框剪、排架结构　自 1995 年起，辖区各种建筑基本采用框架结构，利用钢筋混凝土梁、板、柱和基础组成框架承重系统。这种建筑物整体性、抗震能力较强，机械化程度高，填充墙、围护墙采用新型轻质砌块，造价成本适中，施工周期缩短，易操作，适用于大型办公楼、宾馆、饭店、商场、教学楼等。代表建筑有电子培训中心餐厅、海关办公楼、西蒙西轴承公司综合楼、黄海钢厂办公楼、小峰彩印公司车间、华电小区商业网点房、开发区医院涉外病房等，累计建筑面积约 320 万平方米。

为增强抗震、抗风能力，增加承重力，在框架结构的基础上，辅以剪力墙，形成框剪结构，使建筑更具整体性。代表建筑有富豪大厦（15 层）、兴盛公寓（18 层）、黄金商业城（18 层）等。

排架结构属混凝土预制构件组装结构。预制钢筋混凝土屋架，外形尺寸大，杆件断面小，钢筋排列密，混凝土多为高强等级。预制柱长度长，上下柱交接处钢筋最密，柱边有钢筋与梁连接，柱子一次浇完，不留施工缝隙。排架结构操作性较好，机械化程度高，施工周期相对较长，适用于厂房、车间、仓库等。代表建筑有氨纶厂库房（化工原料库、木材库、车库）、肯达尔综合厂房、大华毛巾厂染整车间、电子网板厂车间、东方不锈钢有限公司 1 ~ 3 号厂房等，累计建筑面积约 50 万平方米。

钢结构　钢材结构强度高、跨度大、建筑速度快，多用于大型工业厂房、车间、展厅等。代表建筑有首钢东星（集团）公司 25 号厂房，跨径 18 米；三龙轻质建材公司厂房，跨径 12.5 米；大宇重工业烟台有限公司厂房，跨径 16.2 米；华润绵纶机加工车间，跨径 13 米；一汽大宇汽车发动机有限公司主厂房，跨径 20 米；上海通用东岳汽车有限公司主厂房，跨径 24 米。累计建筑面积约 100 万平方米。

第三章 建筑业管理

第一节 管理机构

烟台开发区建设业管理处 1991年3月，开发区建筑业管理处成立，为建设环保局所属股级事业单位，编制7人。1993年6月，建筑业管理处更名为建设业管理处，升格为正科级事业单位，编制10人。1995年7月，建设业管理处内设建设施工管理科、建筑市场管理科、标准定额管理站，编制10人。2001年，建设业管理处调整为建设环保土地局辖属自收自支正科级事业单位。2002年4月，建设业管理处内设建筑行业发展科、施工安全科、建筑市场科、工程建设造价管理办公室、建筑行业劳动保险费用管理办公室。2003年，建设业管理处有职工12人。

烟台开发区工程质量监督站 1986年成立，为建设环保局辖属正科级事业单位，编制6人，负责全区工程质量监督工作。1988年，工程质量监督站内设监督一室、监督二室、实验室。1993年，工程质量监督站增设监督三科，全站有职工20人。2003年，全站有职工26人。

烟台开发区工程建设监理有限责任公司 1992年，开发区工程建设监理公司成立，隶属于建设环保局，丙级资质，有职工14人。1996年，乙级资质，有职工50人。2002年，监理公司改制，更名为烟台开发区工程建设监理有限责任公司，有职工117人。2003年，有职工78人，其中高级工程师9人，工程师（含经济师）67人。公司内设办公室、总工程师办公室、土建项目部、市政监理部、合同信息部、财务部、工程造价计算中心。

其他监理公司 2003年，开发区方正、正德、诚信3家监理公司成立。区外9家监理公司先后进入开发区，其中甲级资质的公司有烟台一监、烟台鸿山、烟台泰和、烟台新世纪、烟台德林、建研凯勃等。

第二节 工程招投标

1988年，辖区开始推行建筑工程招标承包制。1991年，管委制定《烟台开发区建筑工程招标投标管理办法》，规定凡列入开发区年度固定资产投资计划，建筑面积在200平方米以上的建筑安装工程，需按照招标办法择优选择施工队伍。

1993年，管委制定《烟台开发区建筑工程招标管理办法》，规定凡列入开发区年度固定资产投资计划，使用管委财政资金、财政信贷资金50万元以上的建筑安装工程，一律实行招标。建设环保土地局设立招投标办公室。是年，开发区道路建设41万平方米，计划投资1.18亿元，采用招投标后，节省资金3900万元。1994年道路工程招投标，节省资金733万元。

1997年，辖区有教学楼、教师公寓、财税征收大厅、氨纶厂车间、西蒙西车间等50多项工程，按规范进行招投标。区公安分局综合楼工程，中标价较底价低10万元，工期较定额工期提前10%。邮电西局电信楼工程，经过桩基与主体工程两次招标，为建设单位节支100万元，工期提前30%。

1998年，辖区推行公开和邀请招标，全年先后组织机关住宅楼、公安分局住宅楼、长江路路灯灯具等12项工程招标，中标工期比定额工期平均提前20.94%。

1999年，开发区工程建设交易中心成立，专门负责工程勘察、设计、施工、管理、装修、设备供应等各阶段的招标管理，使各项建筑工程投建率、信息发布率、招标率等均达 100%。

2000 年，管委制定《烟台开发区基础设施项目建设管理办法》，规定施工单项合同在 200 万元以上，重要设备、材料采购单项合同在 100 万元以上，勘察、设计、监理等服务采购单项合同 50 万元以上，以及单项合同虽低于标准，但项目总投资额在 3000 万元以上的，必须依法进行招标投标。

2002 年，辖区共完成创业园区 3 号厂房、氨纶集团、高级中学、彩云城等 126 项建筑工程招标、评标工作，其中施工招标 101 项，勘察招标 3 项，监理招标 17 项。

2003 年，辖区共完成新世纪大厦 2 期工程等 107 项工程招标、评标工作，其中施工招标 79 项、监理招标 7 项、设备材料招标 21 项，应招标工程招标率达 100%。

第三节 施工管理

施工队伍管理 1985 年，开发区登记注册建筑安装企业 5 家，注册资金 1500 万元，职工 1100 人。1988 年，开发区建设环保局下发《烟台开发区关于整顿建筑市场通知》，对建筑市场进行整顿和规范，规定“凡在辖区施工的单位，一律到建设环保局进行建筑企业资质等级登记，不参加登记的施工队伍，不允许参加投标和施工，违者处罚包工单位”。是年，登记注册企业 21 家，注册资金 3200 元，有职工 2800 人。1991 年，辖区建筑市场放开后，建设环保局出台《烟台开发区建筑市场管理暂行办法》，要求建筑企业来区施工必须进行登记注册、领取“进区施工许可证”，方可承包工程任务，否则对承包双方分别处以 2000 元罚款。1992 年，登记注册建筑安装企业 80 余家，注册资金 9000 万元，职工 1.5 万人。1993 年，开发区第一次扩区后，区内村庄老百姓要活干，区外建筑施工企业抢活干，建筑市场一度出现混乱。针对这种情况，建设环保局、公安分局、人事劳动局联合出台《关于发布〈严格执行建设法，加强基本建设管理的补充规定〉的通知》，规定：凡在辖区承揽工程的施工企业，必须在区建筑业管理处办理注册签证手续，凭施工企业资质在相应资质等级范围内承揽工程。1994 年，辖区建筑行业开展“管理效益年”活动，建设管理部门加大对施工企业管理力度，进行建筑资质重新审定，注重培养龙头企业，淘汰不合格队伍，年内登记注册建筑安装企业 40 家，清理淘汰 25 家。对区外施工企业，采取“放开市场、抬高门槛”的方式，严审资质，引进素质高的企业，清除素质差的队伍，登记区外企业 25 家，清除 11 家，净化了建筑市场。1996 年，建设业管理处印发《建筑施工企业服务手册》，进一步规范建筑市场秩序，规范办事程序，做好企业服务。是年，登记注册企业 95 家，注册资金 1.1 亿元，职工 1.9 万人。1998 年，注册登记 82 家，注册资金 1 亿元，职工 1.6 万人。2003 年，辖区对国营、集体、个体、股份制建筑企业，按照区内、区外进行分区管理。是年，登记注册区内建筑施工企业 39 家，注册资金 0.8 亿元，职工 7785 人；登记注册区外建筑施工企业 22 家，注册资金 0.6 亿元，职工 2100 人。

工程质量管理 建区初期，建筑工程质量由开发区建设公司监管。1986 年 1 月，开发区工程质量监督站对建筑工程质量进行全面检查监督。1988 年 6 月，工程质量监督站对乡镇建筑企业施工的 18 个单位工程，进行重点检查，达标率占 60%。对市属 3 家建筑企业施工的 5 个单位工程进行抽查，达标率 90%。是年工程优良率 75%。1990 年，辖区出台《烟台开发区建筑安装工程竣工验收管理办法》，对申请竣工验收工程必备的条件、验收程序、保修、处罚等作出规定，逐步走上规范化管理的道路，提高了工程验收质量。1992 年，辖区建设管理部门出台《烟台开发区建设工程质量管理规定》，召开全区质量工作会议 2 次，举办新标准质量监督培训班 2 期，培训质量监督骨干10人，经理、班组长25人。监督工程450个，竣工交付120个，验收合格率100%，优良率17%。1993年，辖区建筑系统开展“工程质量创优竞赛”活动，提高建筑企业质量意识。是年，监督工程948个，工程合格率100%，优良率30%。半岛度假村被评为优良群体工程。1994年，质量监督部门举办建筑工程质量验收统一标准学习班，系统讲授新标准、新规范。1995年，辖区建立“政府监督、社会监理、企业保证”体系，施工企业以质量求生存，以质量求发展。是年，工程质量监督站对全区40多个开发小区的在建工程，进行拉网式检查，检测90个单位工程，发现问题及时进行整改，对两家施工企业停工整顿。1996年，建设环保土地局制定下发《关于提高建设工程质量的有关规定》，明确创优工程范围和奖惩措施等事项。全年工程优良率38%，推出华信别墅、法院综合楼等样板工程。1997年，辖区下发《烟台开发区治理建筑工程质量通病实施意见》，对混凝土和基础、屋面、厨房、卫生间及阳台、楼地面、内外墙面、门窗安装、给排水管道安装、电气安装等方面存在的质量通病，进行集中整治。1998年，市政工程优良率38%，建筑工程优良率56%，8个工程评为省优。1999年，辖区实行“工程质量监督卡”制度，增加建设单位责任意识，全年开工工程120项，获省优工程2项，获市优工程3项。2000年，辖区出台《烟台开发区基础设施项目建设质量管理办法》，对基础设施建设项目质量保证进行规范。2001年，辖区出台《烟台开发区工程质量保证担保试行办法》，对政府投资工程实行全方位工程质量保证担保。全年受监工程100万平方米，合格率100%，优良率30%。2002年，辖区所有房屋建筑工程和市政基础设施配套工程，实行备案制，工程竣工验收工作由建设单位负责组织实施，质量监督检查站对工程验收过程实施监督。

工程建设监理　1992年，开发区工程建设监理公司承接5个项目监理，工程总造价1400万元。1995年4月，辖区印发《烟台开发区关于加强建设监理规范建设市场的通知》，明确规定建设环保土地局是辖区建设监理主管部门；凡使用管委财政资金的工程建设项目，均应实施建设监理；其他投资项目，也应实施建设监理。1997年，监理工程75项，有30个项目评为省、市优良工程。1998年，监理工程87项，工程优良率45%。开发区工程监理公司与省监理公司共同监理的一汽—大宇汽车发动机有限公司工程，被评为省优工程。1999年，辖区工程监理部门对59个在建市政工程进行检查，查出质量问题300多个，就地整改180个，挽回经济损失1000多万元。是年，监理工程项目85个，监理率95%。2000年，烟台市第二监理公司、烟台市第三监理公司入区监理。2001年，山东省监理公司入区监理彩云城建设工程。2003年，全区有监理公司13家，其中甲级资质6家，乙级资质5家，丙级资质2家。1992—2003年，全区累计监理项目750多个，监理工程建筑面积400万平方米，监理工程投资额40多亿元。监理中，提出各种合理化建议7000多条，采纳2200多条，为建设单位节约投资1.1亿元。监理工程竣工一次交验合格率100%，优良率40%以上。

1992—2003年烟台开发区工程监理情况统计表

表9-3

单位名称	资质	成立年份	入区年份	代表项目
烟台开发区监理公司	乙	1992	-	大宇汽车厂房、氨纶厂房、公安局办公楼、邮电西局营业楼等
烟台开发区方正公司	乙	2003	-	新世纪公寓、碧海云天住宅、夹河苑住宅小区等
烟台开发区正德公司	丙	2003	-	产联发公寓、Ⅱ-9小区住宅楼等

续表 9–3

单位名称	资质	成立年份	入区年份	代表项目
烟台开发区诚信公司	丙	2003	–	五指山路小游园、海校教学楼等
烟台第一监理公司	甲	1991	1999	德胜商城、卡斯特酒庄、氨纶厂房、通用车身厂房、大宇重工厂房、多纳勒厂房等
烟台鸿山监理公司	甲	1992	1999	新时代大酒店、深圳产品展销中心、汽车西站、大成汽车展厅等
烟台泰和监理公司	甲	1993	2000	汽车西站、汉高乐泰厂房、黄海小区住宅、三和星海花园住宅等
烟台新世纪监理公司	甲	1995	2000	东岳汽车厂房、管委办公大楼、留学人员创业园、通用照明办公楼等
烟台同济监理公司	乙	1993	2002	区粮储仓库、霍富汽车锁厂房等
烟台德林监理公司	甲	1996	2002	联谊大厦、蓝天大厦等
剑威烟台监理公司	乙	1988	2003	海景花园住宅、奇通化工厂房、金沙滩综合楼等
山东同方监理公司	乙	2000	2003	技术学院学生公寓、东岳汽车（二期）厂房、绿美食品厂房、三奇食品厂房等
建研凯勃监理公司	甲	1990	2002	产联发厂房、夹河苑二期住宅、星海置业营业楼等

安全生产管理　1987 年，开发区管委会成立安全生产委员会，统管全区安全生产、文明施工工作。1988 年，建设环保局制定《烟台开发区建筑施工现场安全管理暂行规定》，规定每个施工现场必须设一名专职安全员。是年，建筑企业发生安全事故率下降到 3‰。1989 年 6 月，建设环保局第一次组织“安全达标”和“文明工地”检查，对工地混乱、事故隐患多的 5 家工地限期整改。是年建筑企业发生安全事故率为 3.5‰。1995 年，建设环保局制定《烟台开发区施工现场安全生产管理规定》，举办安全管理培训班 2 次，为 60 多个企业培训安全专业人员 100 多人。1996 年，7 个建设工地被市建设局评为“文明工地”。无重大伤亡事故。1997 年，建筑工地推行建筑物密目网（绿网）封闭施工。北洋公司厂房、检察院综合楼、公安分局综合楼 3 个施工工地被评为市级文明工地。电子网板厂二期工程、氨纶厂四期工程两个工地，被评为省级文明工地。1998 年，辖区加大建筑市场监督力度，开展创“安全文明卫生工地”活动。是年，有 8 个工地被评为“市级安全文明卫生工地”，有 3 个工地被评为“省级安全文明卫生工地”，建筑企业发生安全事故率降为零。2000 年，辖区修订下发《烟台开发区建筑施工现场安全管理规定》《烟台开发区安全生产一票否决制》《烟台开发区安全事故报告制度》等规章制度，建立“纵向到底、横向到边”的安全生产责任体系。培训项目经理 15 人、安全监理员 18 人、特种行业人员 62 人。创建省级安全文明工地 6 个，市级安全文明工地 5 个。2001 年，管委成立开发区建设安全生产领导小组，主要负责建筑行业和市政工程的安全管理。涉外病房楼工程、留学生创业园区 2 号标准厂房工程被评为省级“安全文明工地”，8 个工地被评为市级“安全文明工地”。建筑企业发生安全事故 1 起。2002 年，建筑企业发生安全事故 3 起。2003 年，创省级“安全文明工地”3 个，市级“安全文明工地”20 个，市级“安全生产先进集体”2 个。建筑企业发生安全事故 3 起。

2003年烟台开发区省市级安全文明工地统计表

表9-4

序号	建筑企业	工程名称	级别
1	烟台建设集团三公司	海鹰大厦	省级
2	烟台建设集团五公司	海外联谊大厦	省级
3	烟台红旗置业有限公司	三和星海花园3号楼	省级
4	开发区金桥建筑安装有限公司	宁海小区31号楼	市级
5	开发区金桥建筑安装有限公司	宁海小区28号楼	市级
6	开发区金桥建筑安装有限公司	宁海小区30号楼	市级
7	烟台二建公司	黄海别墅52、55、56、57号楼	市级
8	中国建筑土木工程公司	国家羽毛球训练基地工程	市级
9	烟台市山佳建筑公司	晨光A座住宅楼	市级
10	烟台宏源建设工程公司	留学创业园区A3–4号楼	市级
11	烟台飞龙建筑开发有限公司	船检局宁海小区1号住宅楼	市级
12	烟台飞龙建筑开发有限公司	船检局宁海小区2号住宅楼	市级
13	开发区金桥建筑安装有限公司	船检局宁海小区3号住宅楼	市级
14	开发区金桥建筑安装有限公司	船检局宁海小区4号住宅楼	市级
15	烟台市惠安建筑工程有限公司	星海花园8号、10号住宅楼	市级
16	烟台建设集团有限公司	富饶车间办公楼、宿舍楼	市级
17	烟台建设集团有限公司	宇光机械公司厂房、办公楼	市级
18	烟台建设集团有限公司	天一大厦	市级
19	烟台市红旗置业有限公司	夹河苑二期11、12号住宅楼	市级
20	烟台市红旗置业有限公司	通用照明公司办公楼	市级
21	中铁十八局	彩云城东区	市级
22	中核华兴公司	彩云城东区	市级
23	中核华兴公司	泰信电子厂房	市级

设备管理 建区初期，辖区建筑工地机械设备无专门机构和专门人员管理，存在安全隐患。1988年，区建设管理部门出台《烟台开发区建筑施工现场安全管理暂行规定》，对工地设备安全管理提出明确要求。9月，建设环保局抽查5个工地，发现10余台机械安装不规范，带病作业，责令当场停机整修。至1990年，较大的施工企业一般都设有机械管理科，中、小型施工企业设有机械管理组。是年9月，建设管理部门对建设工地电气设备进行检测，查出未接零线及地线保护工地7家，无安全起动装置工地5家，作业行灯使用不规范工地11家。对查出问题单位，责令整改。2000年，辖区淘汰旧式塔吊156台。2002年，建设管理部门对145个在建工地、82台塔吊进行专项整治，下发整改通知书56份，拆除3台，停机整改13台。2003年，建设管理部门组织拉

网式安全检查5次，发现设备隐患近千条，停机维修整改24台，使机械完好率达到95%以上。

材料管理　1995年，为节约能源和土地，建设环保土地局要求建筑工程必须采用新型墙体材料，不得使用粘土砖。1998年，辖区设立墙改办公室，施行墙体材料革新与建筑节能管理，负责建筑材料节能费的代收代缴、资金返还工作。新建、扩建各类工业与民用建筑的单位或个人，在办理建筑工程施工许可证手续前，按每平方米10元标准一次性交纳材料节能费，难计面积的工程按砖计，每块0.04元。建设单位或个人在墙体完工、进行墙面隐蔽处理前，向建设业管理处提出验收申请，墙改办组织验收计量，按新型材料用量比例核算返还材料节能费。未经验收，擅自进行墙面隐蔽处理的，节能费不予返还。在推广新型墙体节能材料的同时，扶持新型材料生产企业。辖区新型材料生产企业有烟台三龙轻质建材有限公司、华鲁热电服务公司、新型材料联营公司、烟台金建工贸有限公司、烟台伟事达新型材料公司等。2001年，夹河苑住宅楼被评为第三批省墙改与建筑节能试点示范工程。2003年，新建、扩建、改建的建筑，新型墙材和钢结构应用率达90%。

1998—2003年烟台开发区墙体材料节能费收返情况统计表

表9-5

年份	工程数（个）	建筑面积（平方米）	预缴额（元）	返还额（元）	沉淀额（元）
1998	1	616	6160	4365	1795
1999	14	44973	434050	298663	135387
2000	33	96093	599020	375974	223046
2001	64	226149	1647330	904206	743124
2002	53	218160	1662516	920029	742487
2003	65	511550	3873323	2478413	1394910

劳保费管理　建筑安装工程劳动保险费用实行统一提取标准、统一向建设单位收取、统一向施工企业调剂拨付的办法。建区初期，辖区国营建筑企业按《中华人民共和国劳动保险条例》规定，从建安工程费中计提劳动保险费，按资质，一级提3%、二级提2%、三级提1.5%。1987年全区提取0.5万元，1990年提取1.2万元，1992年提取1.94万元，1994年提取65万元。1995年10月，贯彻执行《关于改革山东省建筑企业劳动保险费用提取办法》的规定，以建安工程额为计费基础，统一按2.6%提取。区建设业管理处设劳保费管理办公室，统一管理全区劳保费的支付。

1995—2003年烟台开发区建筑业劳保费收付情况统计表

表9-6　单位：万元

年份	收取	支付	年份	收取	支付
1995	123	-	2000	355	165
1996	106	-	2001	648	295
1997	433	121	2002	733	350
1998	508	351	2003	819	300
1999	298	310.4			

第四章　停缓建工程处置

第一节　停缓建工程

建区初期，由于管理不到位，或基础设施不配套等原因，致使个别单体住宅和单体公建建筑工程搁置。1992—1993 年，又因房地产开发过热，摊子铺得过大，造成部分工程搁置。1994 年开始，一些建设单位和开发商由于资金不足等原因，造成一些建设工程停建、缓建，出现营业用房、工业厂房、住宅楼、别墅楼变成“半拉子”工程。这些停缓建工程停滞多年，浪费土地，占压资金，影响工程使用效益。

1998 年，区建设主管部门组织开展停缓建工程普查，全区各类停缓建工程共计 52 项，47 万平方米。

1998 年烟台开发区停缓建工程普查统计表

表 9-7　　单位：平方米

工程名称	工程地点（小区）	建设单位	结构类型	建筑面积	开工时间	形象进度
瀛洲宾馆	0-2	开发区财政局	框架	9160	1992.11	外墙面砖完工，门窗未安
综合楼	Ⅰ-1	开发区水产公司	框架	5388	1992.11	外墙面砖完工，门窗未安
别墅 2 幢	Ⅰ-6	德杂房地产公司	砖混	664	1992.06	主体完工
兴盛公寓	Ⅰ-7	房屋综合开发公司	框架	13000	1993.08	主体 8 层
综合楼	Ⅰ-8	房地产公司	框架	9765	1993.06	1 层柱
别墅 36 幢	Ⅱ-1	实业公司（达银）	砖混	8000	1992.12	主体完工
别墅 2 幢	Ⅱ-2	中实公司	砖混	2400	1994.09	主体完工（4 层）
住宅 2 幢	Ⅱ-6	银资房地产公司	砖混	6900	1993.07	主体 5 层、6 层
住宅 4 幢	Ⅱ-6	银资房地产公司	砖混	1600	1993.07	主体 1 层
住宅 2 幢	Ⅱ-7	佳地实业开发公司	砖混	4154	1994.08	主体完工
别墅 7 幢	Ⅱ-8	进出口公司	砖混	1500	1992.10	主体完工
住宅 1 幢	Ⅱ-9	市政公司	砖混	4035	1993.06	外墙面砖完工，门窗未安
住宅 1 幢	Ⅱ-9	市政公司	砖混	4035	1993.06	主体 1 层
综合楼	Ⅲ-1	三泽水产公司	框架	5970	1997.08	主体完工
住宅 1 幢	Ⅲ-3	中信房地产公司	砖混	5200	1993.04	外墙面砖完工，门窗未安
住宅 1 幢	Ⅲ-3	中信房地产公司	砖混	5200	1993.04	主体完工
住宅 2 幢	Ⅲ-3	中信房地产公司	砖混	11580	1993.07	主体 1 层

续表 9-7

工程名称	工程地点（小区）	建设单位	结构类型	建筑面积	开工时间	形象进度
厂房	Ⅲ -6	科技公司	框架	3500	1993.04	外墙面砖完工，门窗未安
车间	Ⅲ -6	烟台电业局东源公司	框架	2300	1995.04	主体两层完工
厂房 3 幢	Ⅲ -8	烟台高级技工学校	框架	14595	1994.07	1 幢主体、2 幢外墙完工
食堂	Ⅲ -9	烟台高级技工学校	框架	5327	1995.02	主体完工
标准厂房	Ⅳ -3	半岛集团公司	框架	12000	1992.08	部分外墙面砖完工
海鹰大厦	Ⅳ -3	海鹰物业公司	框架	36700	1993.04	主体 20 层完工
标准厂房	Ⅳ -3	工业发展公司	框架	17269	1994.03	主体完工
连接楼	Ⅳ -3	进出口公司	框架	1800	1996.04	主体完工（6 层）
主厂房	Ⅳ 3	北洋实业公司	框架	22511	1997.10	1 层柱
住宅 1 幢	Ⅳ -4	三原房地产公司	砖混	5152	1993.05	主体 3 层
住宅 2 幢	Ⅳ -4	吉物房地产公司	砖混	10000	1993.07	主体 4 层 5 层
国际商业城	Ⅳ -5	富豪科技公司	框架	59000	1993.04	主体完工
综合楼	Ⅳ -5	金盛经济发展公司	框架	9980	1994.05	外墙局部完工
车间	Ⅳ -6	金桥产业公司	框架	6000	1994.05	外墙完工，门窗未安
远成大厦	Ⅳ -7	远成工业公司	框架	13869	1994.10	主体 3 层
办公楼	Ⅳ -7	进兴贸易有限公司	框架	4680	1998.09	主体完工
厂房	Ⅳ -9	产联发公司	框架	11947	1992.11	主体完工（5 层）
厂房	E-1	卓悦机械公司	框架	6500	1993.04	部分外墙未完工
综合楼	E-1	建设公司	框架	5886	1995.06	外墙面砖完工，门窗未安
厂房	E-1	国资机械化有限公司	框架	5615	1998.09	1 层柱
交通大厦	E-4	开发区交通局	框架	24128	1993.01	主体 17 层外墙面砖完工
住宅 1 幢	E-11	金桥公司刘家台子村	砖混	3000	1993.11	主体完工
维修车间	E-11	通宇汽车维修公司	框架	10250	1995.03	部分门窗未完工
车间	E-13	天成工业公司	框架	3030	1996.04	主体 2 层完工
车间	F-1	产联发公司	砖混	1000	1991	主体 2 层完工
源明大厦	F-1	源明集团公司	框架	9897	1994.11	外墙面砖完工，门窗未安
住宅 1 幢	F-2	福西房地产公司	砖混	4000	1993.05	主体完工
住宅 2 幢	F-2	金建房地产公司	砖混	8000	1993.07	外墙面砖完工，门窗未安
别墅 2 幢	F-3	巨人房地产公司	砖混	1192	1993.10	主体完工
住宅 1 幢	F-7	福东经济发展公司	砖混	3000	1993.03	主体完工

续表 9-7

工程名称	工程地点（小区）	建设单位	结构类型	建筑面积	开工时间	形象进度
住宅 3 幢	F-8	福源经济发展公司	砖混	11000	1993.04	主体完工
住宅 3 幢	F-12	意达投资公司	砖混	11700	1993.05	主体完工（其中 1 幢未封顶）
厂房	G-4	科技公司	框架	17061	1993.03	1 层柱
住宅 1 幢	G-7	福西房地产公司	砖混	3000	1993.04	主体 2 层
住宅 2 幢	G-7	福西房地产公司	砖混	6500	1993.04	主体 1 层
合计				470240		

第二节　处置措施

行政调控　1999 年，开发区停缓建工程处置办公室成立，设在建设环保土地局，具体负责停缓建工程的排查、清理、督办工作。2001 年 4 月，管委下发《关于加强停缓建工程处置工作的通知》，要求停缓建工程产权人自接到通知 30 日内，向建设环保土地局提交处置方案，经建设环保土地局审批后方可实施；产权人与建设环保土地局签订处置承诺书，进行复工建设。不执行以上要求的建设单位，依法采取强制措施；尚有停缓建工程的开发企业，不予办理新的建设用地许可证，暂缓其资质申请和年报。

优惠政策　2001 年 4 月起，对按要求及时竣工的停缓建工程，可享受如下优惠政策：凡持批准处置方案组织实施的停缓建工程，在建设和销售过程中，免除开发区行政事业性收费，减半收取事业单位的服务性收费；新引进项目，能利用停缓建工程的要优先利用，对于利用停缓建标准厂房进行生产经营的工业项目，可按新项目重新享受有关优惠政策；复工的停缓建项目，其投入的资金可认定为招商引资资金，享受招商引资有关奖励政策。

处置形式　停缓建工程处置主要采取"复工、拆除、拍卖、签订复工协议（或提报复工计划）"4 种形式。2001 年 5 月 18 日，管委在星海小区召开停缓建工程处置现场会，现场爆破停缓建"烂尾楼"1 座，拆除 8 座，共计 1.8 万平方米。此后，停缓建工程业主相继向建设环保土地局提交处置方案，积极筹备复工。7 月 18 日，管委在晨光小区举行永兴大厦复工典礼，催促停缓建工程业主开工建设。10 月 8 日，管委召开新东方商城复工现场会。该商城占地面积 3.1 万平方米，建筑面积 6 万平方米，占压资金 4 亿余元，闲置 4 年之久。现场会后，停缓建工程办公室组织 20 余个单位，先后召开协调会 10 余次，最终成功启动新东方商城的续资建设。

第三节　处置结果

2001 年，处置工程全面启动，复工建设 27.2 万平方米，处置率达 46.42%。截至 2002 年，滞留的 52 项工程，已有 42 项工程全面动工，总面积达 45.9 万平方米，处置率 78.33%。至 2003 年，58.6 万平方米的停缓建工程全部处置完毕。其中：复工自建 12 项，建筑面积 10.9 万平方米；工程转让 30 项，建筑面积 32.9 万平方米；委托拍卖 4 项，建筑面积 7.5 万平方米；拆除、爆破等 6 项，建筑面积 7.3 万平方米。按处置的建设项目分类统计，工业项目 14 项，建筑面积 14.2 万平方米；住宅、别墅 20 项，建筑面积 19. 1 万平方米；综合楼、宾馆、商城 18 项，建筑面积 25.3 万平方米。

停缓建工程，前期普查数为 47 万平方米。

在处置过程中，有的项目建设地点重新进行了确定；有的建设项目进行功能补充完善；有的建设项目进行了规划升级调整，最后处置完成数为58.6万平方米。

辖区处置停缓建工程未动用财政专项资金，在全市率先全部处置完毕。续建单位共投入资金5.45亿元，盘活闲置资金5.9亿元。新东方商城、海鹰大厦、住房银行综合楼重新设计建设。在拆除一批废旧工程的基础上，碧海花园、蔚蓝海岸等规范化住宅小区，重新进行规范化建设。

1999—2003年烟台开发区停缓建工程续建情况统计表

表9-8　　单位：平方米、万元

工程名称	工程地点（小区）	建筑面积	开发单位	完成投资额	复工日期	续建单位	续建投资额	竣工日期	处置方法
瀛洲苑酒店	0-2	9000	开发区财政局	4000	2001.09	华信房地产公司	–	–	拆除
综合楼	Ⅰ-1	5000	开发区水产公司	500	2001.10	查尔斯酒业	300	2002.04	转让
住宅楼	Ⅰ-1	9000	华润公司	350	2002.03	凤台建筑公司	1000	2002.11	转让
综合楼	Ⅰ-1	10000	银资公司	500	2003.06	新世纪房地产	1300	–	转让
别墅2幢	Ⅰ-5	1000	山东国托	70	2002.08	山东国托	40	2003.04	自建
厂房	Ⅰ-7	12000	房地产公司	600	2003.08	房地产公司	1320	–	自建
厂房	Ⅰ-7	10000	银资房地产公司	600	2003.08	敖达尔房地产公司	1000	–	转让
兴盛公寓	Ⅰ-7	13000	房屋综合开发公司	800	2001.07	永兴房地产公司	1540	2002.05	转让
综合楼	Ⅰ-8	11000	房地产公司	400	2001.06	房地产公司	1100	2001.12	自建
香山花园	Ⅰ-9	16000	吉林工贸公司	240	2003.03	北京志远公司	2000	–	转让
住宅楼	Ⅰ-9	6000	天马公司	200	2001.09	天马公司	460	2002.08	自建
碧海花园	Ⅱ-1	30000	实业公司	1000	2001.09	科信、广隆公司	9000	–	转让
蔚蓝海岸	Ⅱ-2	19000	中实公司	2000	2002.08	鲁鑫房地产	4000	–	转让
住宅楼	Ⅱ-6	7000	银资房地产公司	770	2001.05	–	–	–	拆除
综合楼	Ⅱ-6	15000	三合公司	900	2002.07	三合公司	3000	–	自建
住宅楼	Ⅱ-7	8000	农村信用社	600	2002.08	烟台亿兴公司	300	2002.12	转让
住宅楼	Ⅱ-8	11000	金河公司	140	2002.03	金河公司	1100	–	自建
住宅楼	Ⅱ-8	6000	东银公司	400	2003.05	东银房地产	440	–	自建
住宅楼	Ⅱ-8	3000	济空、大明灯饰	120	2002.08	济空、瑞昌公司	300	2003.04	转让
住宅楼	Ⅱ-9	12000	市政公司	1100	2001.08	威海房地产公司	220	2002.01	转让
综合楼	Ⅲ-1	2000	海外联谊会	1000	2003.05	海外联谊会	4200	–	自建
住宅楼	Ⅲ-1	5000	白云山房地产	300	2001.05	新时代房地产	250	2001.12	转让
住宅楼	Ⅲ-3	10000	中信房地产	800	2001.06	恒达置业公司	400	2001.12	转让
住宅楼	Ⅲ-3	12000	中信房地产	1320	2001.08	中信房地产公司	–	–	拆除

续表 9-8

工程名称	工程地点（小区）	建筑面积	开发单位	完成投资额	复工日期	续建单位	续建投资额	竣工日期	处置方法
厂房	Ⅲ-6	2000	东源公司	130	2002.03	三创鑫汇电子公司	100	2002.07	转让
礼堂、厂房	Ⅲ-8	20000	烟台高级技校	2000	2003.07	烟台高级技校	1200	2002.08	自建
综合楼	Ⅲ-9	22000	中央党校	3500	2003.07	市电力开发公司	460	–	转让
综合楼	Ⅲ-9	7000	三泽水产公司	1000	2001.10	三泽水产公司	120	2003.06	自建
厂房	Ⅳ-1	22000	九鼎公司	520	2003.08	金东总公司	3000	–	拍卖
厂房	Ⅳ-3	17000	工业发展公司	1500	2002.03	恒达置业公司	1710	2002.11	转让
海鹰大厦	Ⅳ-3	37000	海鹰公司	7000	2002.11	烟台住房银行	2620	–	拍卖
连接楼	Ⅳ-3	2000	进出口公司	200	2001.10	烟台市农业银行	120	2003.11	转让
厂房	Ⅳ-3	12000	信达资产管理公司	1500	2002.06	烟台市建设集团	420	2003.07	拍卖
住宅楼	Ⅳ-4	12000	吉物房地产公司	800	2001.09	恒达置业公司	1000	2002.12	转让
住宅楼	Ⅳ-4	5000	三源置业	150	2002.08	福润公司	550	2003.12	转让
综合楼	Ⅳ-5	5000	华夏公司	200	2002.03	天一公司	800	2002.11	转让
国际商业城	Ⅳ-5	60000	富豪房地产公司	8000	2001.10	新东方光电公司	3000	–	转让
金盛综合楼	Ⅳ-5	10000	金盛公司	1000	2001.10	德胜房地产公司	800	–	转让
综合楼	Ⅳ-6	4000	长城资产公司	500	2002.09	齐鲁证券	140	2002.11	拍卖
厂房	Ⅳ-7	4000	银宏公司	400	2001.06	嘉禾牧业	120	2003.07	转让
厂房	Ⅳ-7	5000	进出口公司	500	2002.05	北京中长兴公司	300	2003.05	转让
厂房	Ⅳ-9	12000	产联发公司	1000	2001.04	开发区经销公司	560	2001.12	转让
综合楼	E-1	7000	建设公司	500	2001.05	一汽四环公司	400	2001.12	转让
厂房	E-1	6000	国资公司	400	2001.05	一汽四环公司	600	2001.12	转让
交通大厦	E-4	24000	交通总公司	5000	2002.08	烟台市农业银行	1240	–	转让
厂房	E-11	10000	通宇公司	1200	2002.05	烟台兰舰公司	400	2002.08	转让
车间	E-13	3000	天成工业公司	250	1999.08	舒朗时装公司	140	2000.05	转让
源明大厦	F-1	10000	源明集团	1000	2001.10	金建房地产公司	600	2002.11	转让
住宅楼	F-2	5000	福西公司	300	2001.08	恒达置业公司	150	–	转让
住宅楼	F-8	11000	福源公司	800	2001.04	奇章经济发展公司	400	2001.11	自建
厂房	G-7	7000	科技公司	600	2003.05	三鑫集团公司	310	–	自建
住宅楼	G-7	3000	福西产业公司	330	2001.05	–	–	–	拆除
合 计		586000		58990			54530		

第五章 企业选介

第一节 区内建筑企业

烟台开发区胜利建筑安装公司 1980年，福山区福山镇第15施工队成立，为胜利东村集体所有制企业。1987年，该施工队划归开发区，更名为烟台开发区胜利建筑安装公司，隶属于开发区金东经济发展总公司。2003年，企业房屋建筑资质及塔吊拆装资质均为3级，有员工400余人，注册资金606万元，机械设备170余台，年施工能力5万平方米。公司主要施工工程有金东总公司办公楼、金东小学教学楼、金东小区36幢住宅楼、金东颐养中心，黄海别墅区、华电小区、丹阳小区、金域河畔小区部分住宅楼，华能电器厂房及办公楼，华胜服装宿舍楼等。胜利建安公司施工建设的黄海钢厂仓库工程获省冶金监督站颁发的“工程优良奖”，金东小学教学楼工程获开发区质量监督站颁发的“优良奖”，金东小区42号住宅楼工地被评为“市级文明工地”。

图9-1 烟台开发区胜利建筑安装公司施工工地

烟台开发区东方建筑开发有限公司 1991年12月成立，国有企业，1996年改为股份制企业，拥有建筑3级和房地产开发4级资质，注册资金2000万元，年施工能力5万平方米。1999年，公司承建的华明3号楼被评为省级优良工程。2000年，黄金商业城5号楼被评为省级“安全文明优良工地”，凤台小区37号、38号、88号楼被评为省级“安全文明工地”；公司被省建工局授予“山东省建筑系统先进集体”，被市建委授予“建设科技先进单位”，被开发区管委授予“五强施工企业”。2001—2003年，公司连续3年被山东省工商局授予省级“重合同守信用”企业。2003年，公司有职工420人，机械设备108台。

烟台开发区卓昌建筑安装工程有限公司 1991年，烟台开发区第二建筑安装工程公司成立，国有企业。1999年1月，公司改为股份制企业，更名为烟台开发区卓昌建筑安装工程有限公司。2003年，公司注册资金600万元，机械设备200多台（套），有职工856人，拥有房屋建筑工程和市政公用工程3级资质，通过ISO 9001国际质量体系认证，年施工能力12万平方米。主要施工工程有Ⅰ-5小区住宅楼、Ⅰ-8小区别墅楼、开发区得士立服装有限公司厂房、新世纪公寓以及香山花园、蔚蓝海岸、三和星海花园3个小区高层住宅楼等工程。

烟台首钢东星建筑公司 1992年7月成立，注册资金500万元，隶属于开发区首钢东星总公司，国有企业。2003年，公司有机械设备96台，企业资质为工民建3级，有职工216人，其中高级职称1人，中级职称19人。2000年，施工面积1.2万平方米，产值1000万元；2001年，施工面积2.3万平方米，产值2200万元；2002年，施工面积2.1万平方米，产值2000万元；2003年，施工面积2.4万平方米，产值2300万元。公司主要施工项目有首钢东星商业街，建筑面积3.6万平方米；星海小区住宅楼20幢，建筑面积2.6万平方米；

图 9-2　2002 年烟台首钢东星建筑公司承建的星海花园工程

星海商业广场，建筑面积 3 万平方米；星海花园 14 号、19 号高档住宅楼，建筑面积 1.5 万平方米；首钢东星工业园 6 号厂房，建筑面积 1.8 万平方米等。

烟台开发区金桥建筑安装有限公司　1992 年 10 月成立，工民建 3 级资质。1994 年 11 月改为股份制公司。2002 年，企业资质晋升建筑 2 级、市政公用工程 3 级、钢结构 3 级、建筑智能化 3 级、装饰装修 3 级。2003 年，公司有职工 1300 人，注册资金 2000 万元，机械设备 400 余台（套），

图 9-3　1997 年烟台开发区金桥建安公司承建的开发区医院涉外病房工程

年施工能力 15 万平方米。1999—2001 年度被评为全省建筑系统先进单位，2003 年被省工商联评为“优秀民营企业”。2003 年，公司承建的烟台留学生创业园综合楼工程被评为“山东省建筑施工安全文明示范工地”，开发区涉外病房楼被评为“山东省建筑施工安全文明优良工地”。

烟台开发区汇元建筑安装有限公司　1992 年 11 月，烟台开发区汇元建筑安装工程公司成立，隶属于开发区总工会，国有企业。1997 年 9 月，公司改制为股份制企业。2001 年，公司建筑资质由 4 级晋升为 3 级。2003 年，公司注册资金 600 万元，主要机械设备 256 台，年施工能力 8 万平方米，有职工 500 余人。主要施工工程有烟台实验学校学生公寓及教学楼、福安小区安居工程、开发区高级中学学生公寓、香山花园 3 号高层住宅和 4 号多层办公楼、黄海小区群体工程。企业通过 ISO 9001-2000 质量管理体系认证。

图 9-4　2003 年烟台开发区汇元建安公司承建的 G-6 小区施工工地

烟台开发区金利达建筑工程有限公司　1992 年成

图 9-5　2001 年烟台开发区金利达建筑工程公司承建的碧海云天小区施工工地

立，隶属于开发区金胜总公司，集体企业。2003年公司注册资金500万元，建筑资质3级，各种机械设备120台，架管600吨，钢模板1万平方米，年施工能力4万平方米，产值3000万元。公司有职工300人，其中高级职称4人，中级职称28人。主要施工工程有金胜小区20幢住宅楼和办公楼，黄海小区1号、2号、4号住宅楼，碧海云天小区14号、26号住宅楼，烟台枫林化学公司厂房、办公楼等。

烟台市惠安建筑工程有限公司 1996年成立，是集建筑、安装、装饰、设备器材租赁、铝塑门窗生产为一体的综合性公司，具有房屋建筑总承包2级资质。2003年，公司有职工990人，下辖4个分公司及1个铝塑钢门窗厂。公司有机械设备1589台（件），年施工能力15万平方米，年产铝塑钢门窗3万平方米。公司主要施工工程有华鑫聚氨酯综合楼及厂房，碧海云天小区12号、18号、20号住宅楼，新源置业高层住宅，星海花园小区1号、8号、10号、12号小高层住宅楼等。公司曾获省级“重合同守信用”单位，信用等级为AAA级。公司通过ISO 14001-1996环境管理体系认证和ISO 9001-2000质量管理体系认证。

图9-6 烟台惠安建筑工程公司泰和研发中心工程工地

烟台宏源建设工程有限公司 1997年成立。2003年，公司注册资本2006万元，机械设备200台（套），有职工1200人。企业资质为建筑2级、装饰装修3级、市政公用工程3级，年施工能力10万平方米。公司主要施工工程有夹河河滨公园摩崖石壁、音乐喷泉和人造榕树，银和怡海花园、胶东福莱商城、海滨旅游服务中心、夹河苑小区、金域河畔小区、碧海云天小区部分建筑等。其中夹河公园3个景点、银河怡海花园7号、17号、8号、9号、10号、24号住宅楼被评为市级优良工程。企业曾被评为省级“重合同守信用”企业、市级“安全生产、文明施工”先进单位。

图9-7 2003年烟台宏源建设工程公司承建的北方星空科技有限公司6号厂房施工工地

第二节 区外建筑企业

烟台建设集团第一建筑安装分公司

烟台建设集团第一建筑安装分公司是烟台建

图9-8 2003年烟台建设集团承建的开发区荣科大厦工程施工工地

设集团有限公司辖属土建分公司之一，1985 年进入开发区，有员工 138 人，其中高级职称 5 人，

图 9-9　烟台建设集团第一建筑安装分公司施工工地

中级职称 29 人。在施工机械、设备和器材方面，除分公司自有小型机械设备和器材以外，集团公司下属的机械设备公司和租赁公司在施工机械、设备和器材方面提供有力保障，年施工面积 30 万平方米。公司先后承建开发区邮电大楼、海关大楼、新时代大厦、科技大厦、上海通用东岳汽车有限公司厂房、留学生创业园厂房、开发区行政中心大楼等工程。其中新时代大厦工程获烟台市优质结构工程奖，开发区行政中心大楼、上海通用东岳汽车有限公司厂房获山东省“泰山杯”奖，海关大楼获建设部优质样板工程荣誉。

烟台市飞龙建筑开发集团有限公司　1991 年，飞龙建筑开发集团有限公司进入开发区施工。公司是具有房屋建筑总承包 1 级资质、钢结构施工 1 级资质、装饰装修 2 级资质、门窗 2 级资质，建筑幕墙专业承包 2 级资质、房地产开发 3 级资质、装饰设计丙级资质的综合性企业。公司有专业技术人员 300 余人，其中高级职称 16 人，中级职称 91 人，有塔式起重机 35 台、混凝土搅拌站 2 座，并有多种机械设备。公司先后承建的工程有易特斯厂房工程、龙源电力工程、绿美食品综合楼工程、三奇食品冷库工程、开发区医院工程、麦特厂房工程等几十个内外资建设项目。其中华信住宅小区获烟台市“十佳住宅工程”荣誉称号，开发区法院办公楼获山东省建筑质量“泰山杯”奖，开发区邮政大楼获山东省安全文明工地奖、建筑施工“泰山杯”和装饰装修“泰山杯”两项质量奖，山东省船检局工程获山东省装饰装修“泰山杯”奖。

图 9-10　2001 年烟台市飞龙建筑开发集团有限公司承建的开发区船检局与开发区法院工程

中国核工业华兴建设有限公司　2002 年，公司进驻开发区施工。公司具有房屋建筑工程施工等 4 项工程施工总承包 1 级资质和公路工程施工总承包 3 级资质；具有土石方工程等 5 项专业承包 1 级资质等 10 项资质。公司承建彩云城商业楼工程和泰信电子工程等项目，其中，彩云城商业楼工程、泰信电子工程均被评为烟台市安全文明工地，彩云城商业楼工程荣获烟台市“优质结构”工程。2003 年公司完成产值 1.2 亿元。

第十编
交通 邮政 通信

开发区衡山路与同三高速交汇立交（2003 年摄）

烟台经济技术开发区志

YANTAI JINGJI JISHU KAIFAQUZHI

图 10-1　烟岗路开发区段（1985 年摄）

1984 年建区时，辖区无国道、省道，只有烟岗路（砂土路）贯穿东西和福海路（砂土路）南与福山区连接。乡村路均为自然土路。1985 年以来，辖区把道路建设放在基础建设的首位，经过几年的努力，1987 年开通开发区至芝罘区的公共交通线路，1991 年设立长途客运站。随着经济的发展和市场的繁荣，道路客运、货运工具种类齐全，运量增加。2002 年扩区后，辖区始有国道、省道。经过重新规划和改造后，公路及城区道路路面宽阔，等级提高，人流物流通达方便。

1988 年辖区成立邮电局，邮政服务与通信建设与时俱进。随着经济发展、科学技术进步，顺应国家行政管理体制改革的要求，1998 年开发区邮政与电信分营。分营后，邮政业务得到拓展，服务领域不断增加，已由过去的包裹、汇兑、报刊发行等传统业务，发展到邮政储蓄、特快专递、物流配送等崭新服务领域。

电信分营后，辖区通信产业发展突飞猛进，通信技术不断更新。通信部门顺时应势，积极完善数字化、智能化通信网络设施建设。截至 2003 年，辖区网络技术和装备接近或达到国际先进水平，社会生产生活步入信息化、数字化时代。

第一章　交　通

第一节　机构管理

交通运输管理处　1988 年 3 月，开发区交通运输管理所成立，由开发区公交公司代管。1990 年 3 月，开发区交通局成立后，交通运输管理所划归交通局管辖。1993 年 6 月，该所定为自收自支科级事业单位，编制 8 人。1997 年 10 月，交通运输管理所更名为交通运输管理处，为开发区交通委所属科级事业单位，编制 8 人。交通运输管理处负责客货运输车辆、客运线路、客货运场站、车辆维修企业的资质审批和管理，车辆更新、报废的审批，道路运输行业管理、从业人员资格培训、交通规费征收、道路运输行政执法等工作。

交通稽查大队　1989 年 11 月，开发区交通检查站成立，隶属于开发区交通运输管理所。1990 年 3 月，交通检查站划归开发区交通局管辖。1993 年 6 月，交通检查站定为差额拨款科级事业单位，编制 5 人。1996 年 6 月，编制增加到 7 人。2001 年 8 月，开发区交通检查站更名为开发区交通稽查大队，同时挂交通检查站牌子，为全额拨款科级事业单位，编制 12 人。2002 年 12 月定编 16 人。交通稽查大队负责运政管理、路政管理，检查各项规费缴纳，查处违章行为等工作。

物流管理中心 1991年9月，开发区联运办公室成立，隶属于交通局，自收自支事业单位，编制4人，负责公路、铁路、水路、航空联运等业务。2001年8月，开发区物流管理中心成立，同时挂联运办公室牌子，为正科级自收自支事业单位，编制8人。物流管理中心负责编制全区物流发展长短期计划、物流园区的规划和建设，以及全区物流企业的行业管理等工作。

航务管理处 1993年6月，开发区航运管理所成立，隶属于开发区交通局，与交通运输管理所合署办公，为自收自支事业单位。1997年10月，航运管理所更名为航务管理处，与交通运输管理处合署办公。2002年12月，航务管理处单设，为自收自支事业单位，编制5人。2003年8月，编制核减为2人。航务管理处负责辖区水路运输企业、各种运输船舶的管理和服务，维护运输秩序，协调各类水运企业、运输船舶和港埠企业之间的工作等。

烟台开发区公路管理局 2003年12月31日成立，副处级事业单位，隶属于烟台市公路管理局，负责开发区国道、省道干线公路管理。

第二节 道路

国道 1984年，开发区境内无国道。2002年9月扩区后，始有1条国道——烟潍公路（G206）开发区段，东起福山区臧家乡庐上村，西至大季家街道平畅河，长26.5公里。该线路1920年修建，1922年竣工通车，路基为碎石砾土夯实而成，路面宽6～6.7米。1967年开始分段铺筑沥青路面。1980年路面拓宽至12米，为国家二级公路。1981年该路段划入国道烟汕线（烟台至广东汕头）。2003年，开发区管委投资1亿元对206国道开发区段进行拓宽改造。改造按一级公路标准，改造后路长28公里，宽40.5米，双向8车道，两侧各有5米宽的非机动车道和3米宽的人行道，道路两侧各设50米宽的绿化带。该路段是烟台市80公里沿海观光带的一部分。

省道 2002年9月扩区后，辖区始有1条省道——成龙公路（S302）开发区路段，东起古现街道三十里堡，西至石岚村，长7.8公里。路段为沥青次高级路面二级公路，宽11米，两侧铺有排水沟和单行行道树。

县道 2002年9月扩区后，辖区有2条县道，古张线和季北线。

古张线 北起古现街道东村，南至棘子夼村南，沙石土路，路长5.9公里。2003年，管委投资343万元对该路进行改造，10月竣工通车。改造后，路宽6米，沥青混凝土路面，路两侧有排水沟，达到三级路面标准。

季北线 北起大季家街道东村，南至小苗家村南蓬莱市分界线，路长3.6公里。该路1999年开工兴建，投入资金1134万元，2001年竣工通车。为二三级组合混凝土路面，路宽9米，两侧有排水沟和单行行道树。

乡村道 1984年建区时，辖区4个自然村，村庄连接道均为土路。20世纪90年代初期，4个村庄已纳入城区规划建设，村道已消失。1992年，辖区第一次扩区，新扩进10个自然村，村庄连接路也都是土路。在快速的开发建设中，10个村庄也已纳入城区规划建设，90年代末期，村道也全部消失。2002年，辖区第二次扩区后，为加快新扩区域发展，开发区管委调动办事处和村委会积极性，安排财力，加大投入，累计投资近3000万元，实施农村公路改造工程。2003年，辖区93个行政村，乡村道路全部硬化，实现“村村通油路工程”。乡村道路总长39.1公里，路两侧均设有排水沟，植有单行行道树。

第三节 桥涵

中桥 仲家桥 位于仲八线九曲河上，1984年8月建成通车，由蓬莱市大季家镇政府出资建设，蓬莱市交通委员会设计，大季家建筑公司承建，投资14.3万元。桥梁上下部结构均为浆砌片石，主桥为石拱结构，桥墩为重力式，V型桥台，混凝土桥面，桥梁总长94米，桥跨总长80米，桥宽7米，桥跨组合为10×6，桥下净空3.4米，最大跨度6米，抗震设防7度。设计荷载为汽车—20级、挂车—100。1996年，因大雨冲刷，致桥墩塌陷，蓬莱市交通委员会及时组织抢修，将桥修整好。

古现西河桥　位于成龙线古现西河上，1990年8月建成通车，由福山区公路局设计、施工。主桥上部结构为实心板梁4孔桥，桥长41米，桥宽11.8米，桥高5.74米，桥下净空4.2米，V型桥台，桥面铺设沥青，抗震设防7度。设计荷载为汽车—20级、挂车—100。

吴家桥　位于古现街道东吴家村北，1997年6月建成通车，与修筑轸八高速公路时一并修建，由烟台市勘察设计院设计，福山区公路局建设施工，投资87万元。桥长61米，桥跨组合为7+2×1.25，桥台基础和桥墩基础为双排桩基础，桥台为双排桩架式台，桥墩为双柱式墩，主桥结构为4跨钢筋混凝土实心板梁。设计荷载为汽车—20级、挂车—100。

臧家立交桥　位于成龙线臧家村以东，1997年9月建成通车，由烟台市公路局设计、施工。主桥上部结构为实心板梁，采用多柱式桥墩，桥长60米，桥宽15米，最大跨径18米，桥高6.7米，桥下净空5.5米，V型桥台，桥面铺设沥青，抗震设防7度。设计荷载汽车—20级、挂车—100。

小桥　曲家庄桥　位于成龙线曲家庄北，1990年8月建成通车。由福山区公路局设计、施工。主桥上部结构为石拱桥墩，V型桥台，桥面铺设沥青，桥长12米，宽11.8米，高2.45米，最大跨径2米，桥下净空1.8米。设计载荷为汽车—20级、挂车—100。

臧家一桥　位于成龙线臧家村东臧家河上，1990年8月建成通车，由福山区公路局设计、施工。主桥上部结构为石拱桥，重力式桥墩，桥长17米，桥宽11.8米，桥高2.8米，桥下净空1.7米，V型桥台，桥面铺设沥青，抗震设防7度。设计荷载汽车—20级、挂车—100。

臧家二桥　位于成龙线臧家村西臧家河上，1990年8月建成通车，由福山区公路局设计、施工。主桥上部结构为实心板梁，重力式桥墩，桥长6米，桥宽13.1米，桥高2.55米，桥下净空2.2米，V型桥台，桥面铺设沥青。设计荷载汽车—20级、挂车—100。

石岚一桥　位于成龙线石岚村东石岚河上，1990年10月建成，由福山区公路局设计、施工。主桥上部结构为石拱桥，重力式桥墩，桥长6米，桥宽11.8米，桥高5.15米，桥下净空1.7米，最大跨径5米，V型桥台，桥面铺设沥青。设计荷载汽车—20级、挂车—100。

石岚二桥　位于成龙线石岚村南，1990年10月建成通车，由福山区公路局设计、施工。主桥上部结构为石拱桥，重力式桥墩，桥长12米，桥宽11.8米，桥高2.9米，桥下净空0.9米。设计荷载汽车—20级、挂车—100。

石岚三桥　位于成龙线石岚村西石岚河上，1990年10月建成通车，由福山区公路局设计、施工。主桥上部结构为石拱桥，重力式桥墩，桥长8米，桥宽11.8米，桥高4.41米，桥下净空2米，V型桥台，桥面铺设沥青。设计荷载汽车—20级、挂车—100。

吴家南桥　位于古现街道东吴家村南，1970年6月建成通车，由福山区公路局设计，兜余建筑队施工。主桥上部结构为两孔石拱桥，重力式桥墩，桥长18.5米，桥宽7.5米，重力式桥台。设计荷载为汽车—10级，履带—50。

芦洋南桥　位于大季家芦洋河上，1985年5月建成通车，由蓬莱市大季家镇政府出资建设，蓬莱市交通局设计，大季家建筑公司施工，投资1.4万元。主桥为板拱结构，U型桥台，桥面为泥结砾石，下部结构为浆砌片石，外部用块石镶面，桥梁总长6.8米，桥跨组合1×5，最大跨径5米，桥面宽6.8米，桥下净空高1.6米，最大跨径5米，抗震设防7度。设计荷载汽车—20级、挂车—100。

方里北桥　位于方芦线大季家方里河上，1985年6月建成通车，由蓬莱市大季家镇政府出资建设，蓬莱市交通局设计，大季家工程队施工，投资2.7万元。主桥上部为板拱结构，一字形桥台，上下部结构均为浆砌片石，外部块石镶面，桥面为混凝土，桥梁总长14.4米，桥跨组合3×3.9，最大跨径3.9米，桥面宽9米，桥下净空高2.3米，抗震设防7度。设计荷载为汽车—15级、挂车—80。

穆家东桥　位于大季家穆家东河上，1985年6月建成通车，由蓬莱市大季家镇政府出资建设，蓬莱市交通局设计，大季家工程队施工，投资3万元。主桥上部为钢筋混凝土板梁，一字形桥台，桥面为混凝土，桥梁总长15.2米，桥跨组合5×1.6，最大跨径1.6米，桥面宽9米，桥下净空高1.8米，抗震设防7度。设计荷载为汽车—15级、挂车—80。

孙家桥　位于张陈线路大季家张家河上，1983年6月建成通车，由蓬莱市大季家镇政府出资建设，蓬莱市公路局设计、施工，投资2.6万元。主桥上部为板拱结构，U形桥台，桥面泥结砾石，桥梁总长24米，桥跨总长20米，桥跨组合4×5，最大跨径5米，桥面宽4.3米，桥下净空高3.7米，抗震设防7度。设计荷载汽车—15级、挂车—80。

巨峰桥　位于孙邹线路大季家巨峰河上，1994年5月建成通车，由大季家镇政府出资建设，蓬莱市交通委设计，大季家镇政府组织施工，投资2.1万元。桥梁上下部结构均为浆砌片石，外部用块石镶面，主桥上部为板拱结构，桥面为泥结砾石，桥梁总长7米，桥跨组合1×7，最大跨径7米，桥面宽8.2米，桥下净空高1.6米，抗震设防7度。设计荷载汽车—15级、挂车—80。

涵洞　省道成龙线路段在辖区共有19处涵洞，均于1990年修建。县道共有涵洞26处，其中古张线路段有涵洞20处，季北线路段有涵洞6处，均于修筑道路时修建。乡村道共有各类涵洞32处，均于修筑道路时修建。仲八线有涵洞18处，其中板涵11处，拱涵4处，管涵3处；方芦线有涵洞3处，均为拱涵；林院线有涵洞6处，其中拱涵2处，管涵2处，板涵2处；张陈线有板涵1处；孙邹线有板涵1处；北斗金矿线有涵洞3处，其中板涵1处，拱涵1处，管涵1处；初八线、高古线无涵洞。

第四节　道路管理

道路养护　2002年9月扩区后，国道、省道干线公路养护由开发区公路局负责。公路局在烟汕线开发区段设有公路养护所，养护所有养路员10人。

县乡公路的管理和养护工作由区交通局公路管理处负责。县道由公路管理处按照公路养护标准和质量要求，将养护任务分别下达给古现、大季家交通管理所，由交通管理所雇用养路工进行人工操作养护；乡道养护管理工作，由街道办事处委托有关交通管理所负责养护。

绿化　国道省道绿化　境内国道、省道绿化，由开发区公路局负责。2003年，206国道进行拓宽改造，工程竣工后，道路两侧将设置50米绿化带、景点和行道树。省道成龙线及国道辅线等线路共8.9公里，在路肩两侧种植单行行道树毛白杨1015棵、冬青684棵、蜀桧680棵、小黑松1500棵、七柏380棵；路边设小景点20处，栽种黄金菊3.8公里，爬墙虎800墩。具体绿化工作由各公路所负责。

县乡道绿化　县道绿化由区交通局负责。1990年和1997年，季北线两侧先后种植单行行道树2938棵，多数为槐树。至2003年，1990年种植的胸径达到8～10厘米，1997年种植的胸径达到3～5厘米。古张线两侧栽植单行行道树1550余棵，多数为槐树，2003年胸径10厘米左右。乡道绿化由各街道办事处负责。境内7条乡道绿化均为两侧路肩栽植单行行道树，树种多为槐树、杨树、柳树和棉槐等。

规费征收　1988年3月起，开发区交通运输管理所先后对辖区内的客、货运车辆征收运输管理费、货运基金、客运基金，对相关车辆征收养路费、路港费、铁路道口安全管理费及车辆购置附加费等。1994 年 3 月，烟台市交通局在辖区设置 1 处征费派出机构——烟台开发区养路费征收处，主要负责辖区内营运和非营运大、中、小型汽车（不含农用车和摩托车）的养路费征缴工作。

1988 年，4 项交通规费征收合计 4.1 万元；1990 年增加到 6 项收费，年征收合计 61.39 万元；1997 年增加到 10 项收费，年征收合计 377.47 万元；2003 年，收费项目 8 顶，年征收合计 460.08 万元。

1988—2003 年烟台开发区交通规费征收情况统计表

表 10-1　　单位：万元

年份	客运附加费	货运附加费	农拖养路费	运输管理费	道路维管费	车辆购置税	路港费	航管费	道口安管费	土地附加费	合计
1988	–	–	0.05	2.99	0.16	0.90	–	–	–	–	4.10
1989	–	–	2.67	7.41	0.50	6.54	–	–	–	–	17.12
1990	0.52	37.95	3.38	8.85	0.75	9.94	–	–	–	–	61.39
1991	0.22	47.56	4.77	7.46	1.51	17.65	–	–	–	–	79.17
1992	0.28	68.14	4.66	12.56	1.75	8.34	–	–	–	–	95.73
1993	2.12	140.21	10.60	33.63	2.04	576.85	–	–	–	–	765.45
1994	3.73	144.36	17.56	35.97	3.39	1081.36	–	–	–	–	1286.37
1995	22.22	138.21	20.57	45.82	5.25	54.60	–	–	–	–	286.67
1996	24.61	129.46	24.23	32.41	4.49	66.76	–	0.62	0.08	–	282.66
1997	25.10	132.16	25.21	36.11	33.39	76.60	8.03	1.31	0.28	39.28	377.47
1998	72.48	158.76	29.61	34.12	20.40	73.99	9.15	1.53	0.15	6.93	407.12
1999	26.90	111.64	31.92	33.09	–	71.72	9.86	0.96	0.25	–	286.34
2000	145.65	124.50	31.47	38.97	–	8.70	8.33	0.65	0.19	59.69	418.15
2001	103.79	116.79	35.77	31.83	–	3.02	11.87	1.47	0.22	–	304.76
2002	109.89	135.85	35.37	38.38	–	2.73	10.95	0.81	0.20	–	334.18
2003	105.29	181.53	92.05	57.76	–	6.49	15.11	1.34	0.51	–	460.08
合计	642.8	1667.12	369.89	457.36	73.63	2066.19	73.3	8.69	1.88	105.9	5466.76

第五节　公路运输

运输工具　建区后，客、货运输日趋兴旺，机动运输工具种类和数量逐渐增多。20 世纪 90 年代中后期，辖区先后有 7 个村（居）委会成立运输队，从事货运。奇章居委会购置 6 辆自卸车、1 辆厢货和 2 辆轻型货车，廒上居委会购置 5 辆轻型货车，胜利东村居委会先后购置 6 辆自卸车、7 辆轻型货车，刘家台子居委会购置 1 辆自卸车、1 辆农用四轮车，胜利西村居委会购置 12 辆自卸车、1 辆轻型货车，舒家居委会购置大货车、轻型货车各 2 辆，栖里村居委会购置 2 辆自卸车、1 辆轻型货车。辖区 14 家不同所有制运输公司先后购置大型客车、重型挂车、油槽车、重型半挂车、中型和轻型货车、自卸车、厢式货车、运输用拖拉机等车辆从事客运和货运。2003年，全区营业性货运车辆1670辆，总吨位4703吨。其中个体业主有车331辆、757吨位。运输用拖拉机5辆，21吨位。其他机动车辆523辆，其中个体197辆。

客运 客运线路 1984年建区时，辖区人员出行，在206国道和烟岗路乘坐过路长途客车。1991年11月，开发区开通长途客运线路。烟台汽车运输公司在开发区设立长途汽车站，位置在工贸大厦西侧、彩云城东侧，有客运线路12条。1992年，先后开通开发区至莱阳羊郡、穴坊、埠前、高格庄客运线路，有2辆中级大客车、2辆普通大客车营运。1994年，开通开发区至海阳客运线路，有1辆普通大客车营运。1995年3月，开通开发区至栖霞客运线路，有2辆普通大客车营运；5月，开通开发区至福山区八角乡客运线路，有1辆中巴车营运；12月，开通开发区至蓬莱大柳行客运线路，有3辆中巴车营运。1996年3月，开通开发区至古现镇南张家村客运线路，有3辆中巴车营运（2003年停运）；6月，开通开发区至蓬莱市大季家镇客运线路，有3辆中巴车营运；是年，开通开发区至烟台大学线路，有10辆中巴车营运。1997年1月，开通开发区至院下客运线路，有2辆中巴车营运；8月，开通开发区至初旺客运线路，有3辆中巴车营运；开通开发区至栖霞桃村客运线路，有2辆中巴车营运；12月，开通开发区至曲家沟客运线路，有3辆中巴车营运。1998年4月，开通开发区至莱阳姜疃客运线路，有1辆中巴车营运；9月，开通开发区至莱州客运线路，有1辆中巴车营运。2000年，新购入10辆大客车投入开发区至烟台大学线路营运；7月，开通开发区至沂水县客运线路，有1辆普通大客车营运。

2003年，设在开发区的烟台汽车西站正式投入使用。该站占地3万平方米，建筑面积6200平方米，停车场面积1.2万平方米，总投资2150万元。在原发往青岛、安徽临泉、沂水、栖霞、莱州、海阳，以及莱阳羊郡、穴坊、姜疃、高格庄、埠前，栖霞桃村等地始发班线基础上，又共享烟台汽车总站西行班车资源，引进西行班车80余个班线进站配载。烟—济快客、烟—淄快客、烟—龙快客、烟—蓬快车、烟—招快车，均进站配载。每天有28班客车从烟台汽车西站始发。

图10-2 2003年投入使用的烟台汽车西站

2003年烟台汽车西站始发车辆线路一览表

表10-2

发车时间	中转站	终点站	线路开通时间（年）	车辆种类
6:00	莱阳	沂水	1999	普通中客
6:00			2000	普通中客
6:00		莱阳姜疃	1997	普通中客
6:20		莱阳羊郡	1997	普通中客
7:00			1992	中级大客
9:20			2001	普通中客

续表 10–2

发车时间	中转站	终点站	线路开通时间（年）	车辆种类
6:40	郭城	海阳	1997	普通中客
12:10			1997	普通中客
14:10			1996	金龙（中客）
7:20	徐家店		1997	普通中客
13:10			1994	普通大客
7:30	龙口	莱州	1998	普通中客
10:20	莱阳	莱阳穴坊	1992	普通大客
11:20			1997	普通中客
12:00		莱阳埠前	1992	普通大客
13:10		莱阳高格庄	1992	普通大客
循环	大庄头	栖霞桃村	1999	普通中客
			1999	普通中客
			1999	普通中客
			1999	普通中客
6:00 7:00	臧格庄	栖霞	2001	中级大客
13:00 14:00			2001	中级大客
8:00 15:00			2003	中级大客
9:00 16:00			2003	普通中客

旅游客运　1999 年 7 月，开发区公交公司购置了 4 辆豪华金龙客车，从事旅游客运。11 月，公交公司出资 79.2 万元，开发区交通服务公司出资 8.8 万元，注册成立烟台开发区旅游汽车有限公司。公司自主经营、独立核算、自负盈亏，先后购置豪华金龙旅游大巴 1 辆，其他款式大巴 3 辆，开发境内旅游市场，其经营方式以旅游包车为主，服务于各机关、团体、企事业单位。2000 年，烟台假日旅行社购置 1 辆金龙 20 座豪华旅游车、开发区建林旅行社购置 1 辆江淮 25 座豪华旅游车从事旅游客运。2001 年，开发区万通运输有限公司先后购置舒驰 27 座、舒驰 28 座旅游客车各 1 辆，从事旅游客运。2002 年 3 月，开发区南鹰旅行社购置 3 辆 34 座舒驰客车，从事旅游客运。是年 8 月，烟台新华旅行社购置 1 辆金杯 15 座中巴车，从事旅游客运。2003 年，开发区旅游汽车有限公司购置 4 辆上饶 40 座大客车，开展旅游客运。

货运　1991 年 8 月，开发区汽车运输公司成立，隶属于开发区交通局，系辖区第一个专业道路货物运输公司，从业人员 15 人。公司先后购进黄河自卸车 5 辆、大型铲车 1 辆，专门从事道路货运业务。1992 年以来，长江社区奇章村、胜利东村、胜利西村、廒上村、栖里村、岗嵛村、北屯村、南于家村等汽车运输队和运输公司先后成立，各运输队和运输公司先后购置不同型号和吨位的自卸车参与开发区“七通一平”等开发建设工程。随着交通运输市场的开放，20 世纪 90 年代后期，又相继出现一些个体或股份制运输业户，有开发区大利运输有限公司、开发区金东经济发展总公司运输队、开发区金胜车队、开发区兴源车队等。从业人员发展到500余人。1998年11月，开发区联运中心成立，全民所有制企业，从业人员7人，临时工3人。由开发区交通委注入资金50万元，先后购置15辆厢式货车参加道路货物运输。厢式货车购入后吸纳社会资金将车卖给各车主、业户，由联运中心统一管理，统一调度。同时，将社会个体业主的车辆20台套挂靠联运中心经营，由联运中心统一管理。联运中心的主要营业范围为道路货物运输、仓储、货运代理，公路、铁路、水路联运等。1999年，开发区汽车运输公司由公交公司接管。2000年12月，开发区联运中心未参加工商年检，被工商行政管理部门吊销营业执照。2001年，开发区万通运输有限公司成立，经营道路货运。2002年，开发区兴顺液化气运输有限公司成立，以专营液化气运输为主，兼营道路货运。是年，开发区麒麟石油运输有限公司成立，专业从事危险物品货物运输。2003年，中鼎运输公司成立，主要从事危险物品货物运输和大型（重型）设备的中、长途运输业务。是年，山东金河实业有限公司运输公司（非法人公司）成立，主要从事危险物品运输业务。2003年，全区营业性货运车辆1431台，货运量286万吨，货运周转量16627万吨公里。

第六节　港航管理

客货运代理及运输　1993年9月，烟台开发区轮船公司成立，国有企业，注册资金573.67万元，从事船舶货物代理业务，从业人员10人。1994年11月，烟台开发区兴发船务有限公司成立，民营企业，注册资金50万元，从业人员6人，从事船舶货运代理业务。2001年6月，烟台开发区东翔船务有限公司成立，注册资金50万元，从业人员8人，从事船舶、客货运代理业务。2002年6月，烟台开发区中凯运贸有限公司成立，注册资金60万元，从事船舶货运代理业务，从业人员8人。是月，烟台开发区华阳货运代理有限公司成立，注册资金50万元，从业人员6人，从事船舶货运代理业务。2003年9月，烟台八角港港务有限公司成立。公司的成立，较好地解决了八角渔港水上货运经营无序的局面。是年12月8日，烟台开发区丰源海运有限公司成立，注册资金500万元，营业范围为海上水路货运。公司成立后，投资600万元购置业达号散货运输船1艘，吨位2945吨，从事国际散货运输。公司将业达号散货运输船租赁给柬埔寨企业进行营运，经营中国—柬埔寨的海上水路散装货物运输。丰源海运公司的成立，形成了一定规模的海上运输、码头货物装卸资源，增加了国际代理、船舶和货物代理等新业务，填补了开发区海运事业的空白，结束了开发区无海上水路运输和无海上运输货船的历史。2003年，辖区登记注册8家从事海上船舶、客货运代理企业，1家海上运输企业。

水上服务　1999年5月，管委放开金沙滩浴场旅游船艇经营业务，只要个体经营户申请，区航务管理部门批准，即可经营。是年，个体经营户先后购置22千瓦至62千瓦可乘载6～11人的水上旅游观光快艇19只，从事金沙滩海滨浴场游乐服务。但由于疏于管理和以个体业户为主经营，存在一定的安全隐患，曾一度停业整顿。2003年，烟台开发区飞鹰水上服务有限公司成立，注册资金18万元，将个体水上旅游艇经营业户统一在公司的管理下，开展水上旅游观光业务。公司从业人员15人，拥有44.1千瓦可乘7人的游艇4艘，22.05千瓦可乘6人的游艇2艘，62.48千瓦可乘11人的游艇6艘，分别为1999年、2000年、2001年购置。是年，区内其他旅游艇由开发区隆顺公司管理经营。

第七节　城区公共交通

公共汽车　1985—1986年，开发区成立初期，开发建设单位自行解决市区交通问题。随着进区人员增加，管委购买和租用车辆，解决居住芝罘区、福山区职工通勤问题。1987年，管委组织3台大客车和1台小面包车，用于职工通勤。通勤班车线路为开发区至芝罘区幸福立交桥、虹口、奇山区域，开发区至福山区。共4路班车运行，每日上下班时间运行2次。

1987年8月下旬，管委调拨2台日野牌大客车、1台青岛牌大客车、2台上海牌铰接大客车进行城市公交试运营。试运营线路为：（南线）开发区—福山区—南山公园；（北线）开发区—幸福小区—南山公园。环绕运行，每日12～15个班次。开通合成革厂—海防营公交线路，在合

图10-3　1988年开发区至芝罘区的客运公交客车

成革站设一调度板房，每日运行44个班次。是年9月，烟台开发区公共交通公司成立，时有客运车辆5台，职工20余人，注册资金20万元。

图10-4　1990年开发区至芝罘区的客运公交专线开通

2003年，公共交通公司注册资金增至868万元，企业总资产2800余万元，固定资产净值1500余万元。是年，开通开发区夹河桥至大季家、古现、八角公交线路。全区主要公交线路集约化改造工作完成，共淘汰小公共车86辆，投放新大客车52辆，投入资金1350余万元。截至2003年，开通城市客运线路9条（21路、22路、23路、28路、522路、建成区内1路、开发区至大季家、开发区至古现、开发区至八角）。公交车辆发展到160余辆，年行驶里程1420万公里，客运量1409.5万人次。

21路线　1987年10月1日，开通开发区福海路—芝罘区南山公园21路开发区专线车，共设23个站点，全程20公里。每天运行12个班次，全程票价0.60元，起步价0.10元。营运车辆为，铰接车2台，单车3台，加上原试营运时的5台车，共有营运车辆10台。1988年，合成革厂—海防营线路与21路合并。1994年年底，有72辆小公共汽车（中巴）加入21路运营。1998年8月，将21路开发区专线调整为烟台市旅游线路，终点由南山公园延伸到塔山娱乐城，增加行程5公里，增加站点11个。全程票价，大客2.00元，小客2.50元。1998年9月，21路增加2辆双层巴士，为职工筹资自购车辆，21路大客车达到28辆。1999年6月，将21路公交车开发区内起点站由福海路向西延伸至马家村。2000年5月，21路公交大客车实行中英双语系统报站，成为全省率先使用中英双语系统报站的公交企业。2001年5月，21路线路拥有29辆新式大客车、2辆双层大巴车、71辆小公共车运营，淘汰所有老式大客车。2003年11月，21路新上豪华大巴车34台，其中东岳牌豪华空调大巴车10台、黄海牌大巴车24台。线路共有68辆大客运营。

班车线路　1989年，为解决开发区管委企事业单位职工通勤问题，继续由开发区公交公司开通职工班车线路。开通开发区—芝罘区虹口、开发区—芝罘区奇山、开发区—幸福立交桥、开发区—南山公园、开发区—市委、开发区—福山区、

开发区—马家 7 条班车线路。

522 路线　1992 年 10 月 25 日，开通开发区—福山区专线车，全程 13 公里，设 22 个站点，每天 6 个班次，10 辆中巴车营运。1994 年 12 月改为每小时发 1 班，该线路于 2001 年改为 522 路。2003 年 12 月 30 日，新上 8 台牡丹大客投入营运，中巴车退出运输市场。

23 路线　1998 年 9 月，开通开发区—烟台大学专线，10 辆豪华大巴车投入营运。2002 年 3 月，开发区至烟台大学专线改为 23 路，由客运线路改为城市公交线路，全程票价 3 元，起步价 1 元。9 月 1 日，营运在该线路上的中巴车退市，更换成 10 辆东岳豪华空调大巴车。2003 年，线路有 20 辆大客运营。

22、28 路线　2003 年 9 月，21 路分为南、北、中三条线路运营。在开发区南线走珠江路，进入芝罘区后改为 22 路；北线走黄河路，进入芝罘区后改为 28 路；中线走长江路，自开发区马家至芝罘区南山公园，仍为 21 路。三条线路同时运行，缓解开发区内公交客运压力。

图 10-5　2003 年开发区至芝罘区的 28 路公交线路开通

出租汽车　1991 年 7 月，开发区出租汽车公司成立。公司先后购置 6 辆昌河牌面包车、7 辆扬子牌面包车、1 辆北京牌 130 货车，从事客货出租营运业务。从业人员 15 人。1996 年 1 月，为解决开发区客运出租市场运力不足的问题，烟台市交通局运管部门从福山区调出 50 辆出租汽车，交由开发区运管处管理。是年 5 月，烟台狮城汽车服务有限公司购置 20 辆捷达轿车参与开发区出租汽车客运。2002 年 12 月，开发区扩区后，烟台渤亚物流有限公司管理的 13 辆出租车在开发区从事出租客运。2003 年，开发区出租公司自有出租车 22 辆，辖区总计有 105 辆出租汽车运营。

客运人力车　1998 年，开发区出现人力三轮车在区内从事短途客运业务。由于方便乘客、服务周到、价格低廉，得到社会认可，逐渐形成规模，从业车辆最多时达 800 多辆。由于缺乏管理，时有妨碍交通现象发生，给辖区环境和社会治安带来一定影响。1999 年，区交通部门牵头，公安、工商部门配合，对人力二轮车队伍进行整顿，将人力三轮车总量控制在 262 辆以内，交由交通委下属的交通运输代理有限责任公司管理。2000 年，人力三轮车划归开发区出租汽车公司管理。

图 10-6　开发区人力三轮车（2003 年摄）

公交场站　1987 年 9 月，开发区公交公司在福海路北端福山良种场院内设临时停车场，占地约 500 平方米。1992 年 7 月，在衡山路与金沙江路交汇处东南侧设临时停车场，占地 7000 平方米。1994 年，临时停车场迁至泰山路观海大厦广场，占地 2000 平方米。1995 年 5 月，公交公司在夹河西岸兴建夹河停车场，面积 1 万平方米，建一座 2700 平方米的 3 层综合办公楼。1996 年，21 路公交线路向西延伸到马家，管委在马家建一处 7500 平方米的停车场，办公建筑面积 1420 平方米。2002 年兴建舒家公交客运站，投资 300 余万元，占地面积 1.5 万平方米，停车场面积 1 万平方米，调度室及维修车间面积 1100 平方米，2003 年竣工投入使用。是年，长江路、黄河路、珠江路和五指山路等路段两侧，先后建起 32 个新款候车站亭。

第八节　管理与服务

营运车辆管理　1988 年以前，辖区营运车辆管理由福山区交通运输管理部门管理。1988 年后，辖区相继成立运管所、交通检查站、联运办等机构，对辖区交通运输业实施全面管理和服务。

营运车辆、运输企业和业户开业，交通运输管理部门进行技术业务条件审查，对符合条件的发给经营许可证；按其注册营运车辆数发给营运证，一车一证，随车携带，全国通行。至 2003 年，全区共有 1430 辆营业性运输车辆取得营业证照。

营运驾驶员管理　交通管理部门每年对营运驾驶员进行培训。2002 年，交通运输管理处对辖区驾驶员进行 14 次培训，岗位类别包括旅客运输（大客）、普通货物运输（列车）、危险货物运输（列车）等，有 1692 人分期分批参加培训。培训内容有汽车驾驶员职业道德、道路运输管理与法规、汽车驾驶员心理特征、高速公路行车常识、汽车实用技术常识、道路旅客运输、道路货物运输、汽车行车安全检视、汽车常见故障排除、汽车驾驶基础操作、大型旅客运输车辆、汽车列车、场地考试和道路考试等。

监理部门每年对驾驶员进行一次年度审验，内容包括驾驶员的学习情况、组织纪律、驾驶作业、安全行驶情况、身体健康状况及驾驶证记录等。以记分卡的形式记录违章情况。各运输企业根据实际情况对驾乘人员进行安全教育、职业行为规范教育，不断提高驾驶员的安全意识和自我防范意识。

图 10-8　1996 年烟台东联汽车有限公司 4S 店成立

营运安全管理　1988 年，辖区成立交通运输管理机构以来，管理部门和营运单位坚持“安全第一、预防为主”的安全管理方针，强化凡参与营运的

图 10-7　道路运输管理处的执法人员进行路政执法

客货运输车辆，实行强制二级维护，确保车辆的安全技术状况良好，每年实施一次道路运输许可证和营运证及车辆年度审验。从事专业危险品运输的单位、车辆必须经过安检，符合条件的，办理危险品运输相关手续后方能从事营运。交通管理部门定期或不定期举办司乘人员培训班，增强其安全意识和自身防范能力。在安全生产和营运管理中实施一票否决制，与工效、荣誉挂钩。截至 2003 年，全区交通系统未发生重大伤亡事故。

交通服务业　1993 年，开发区交通局汽车修理厂成立，为辖区唯一一家国有汽车修理企业。1994

年，开发区经销中心与新加坡城市德士私人有限公司合资兴办烟台狮城汽车服务有限公司。至2003年，烟台开发区猎豹实业有限责任公司汽车保养厂、烟台东联汽车维修中心、烟台信昌轿车修理有限公司、上海大众汽车烟台开发区销售服务有限公司、大季家开发汽车修理厂、烟台威力狮汽车快速服务连锁有限公司、通洲汽车销售有限公司（维修）7家汽车维修企业相继成立。交通服务企业普遍具有发动机综合检测仪、制动检测仪、前轮定位仪、大灯定位仪、单板侧滑台等二级维护必须的设备，在维修车辆的同时，定期进行营运车辆二级维护。一些企业还购置四柱举升、四轮定位仪、大功率烤漆房、电控车辆电脑故障诊断仪、发动机综合性能分析仪等高等级检修设备。能满足国产奥迪、桑塔纳等中档轿车的维修和奔驰、凯迪拉克等高档轿车维修需要。

第二章　邮　政

1988年1月，开发区邮电局成立，有信函、汇兑、包裹、电报、电话等业务。1998年邮政分营后，邮政部门以服务社会、方便用户为宗旨，不断加强邮政网络建设，不断开拓业务领域。1994—2003年，由于邮政、通信、快捷运输等领域快速发展，不同业态相互转换、相互渗透，邮政部门也不断适应市场，与时俱进，不断创新，业务结构在变革中得到调整。

图10-9　1988年4月开发区邮电大楼营业厅正式对外营业

第一节　机构设置

1988年1月，烟台开发区邮电局成立，为管委直属正科级单位，有职工10人，办公地址在Ⅰ-9小区新建的开发区邮电大楼，担负邮政邮电业务。在邮政方面，办理信函、汇款、包裹、报刊发行4项传统业务。

1991年5月，邮电局划归烟台市邮电局管辖，正科级单位。局内设办公室、机线室、动力室、交换室和营业投递室。1994年9月，该局由正科级单位升为副处级单位。1995年，辖区开通4级邮路，相继成立舒家、车家、刘家台子3个邮电代办所。

1998年10月，国家实行邮电体制改革，邮政与电信分营，开发区邮政局正式成立。邮政局内设办公室、经营服务部、速递公司、集邮公司、储汇室、邮政营业室、发行投递室、物业公司8个部门和黄河路邮政支局，

图 10-10 2001 年 10 月，开发区邮政局大楼投入使用

有职工 60 人，10 辆邮政专用车。

1999 年 5 月，开发区邮政局舒家支局成立。2001 年 1 月，开发区邮政局广告公司成立。2001 年 10 月 9 日，开发区邮政局由邮电大楼搬迁到长江路 158 号（新建邮政大楼）。2002 年 1 月，邮政局经营服务部改为市场部，同时成立大客户服务部，挂靠市场部；发行投递室改为万联邮递服务公司。9 月扩区后，原福山区和蓬莱市的“三局一所”划归开发区邮政局。福山区邮政局古现支局更名为烟台开发区邮政局古现支局；福山区邮政局八角支局更名为烟台开发区邮政局八角支局；蓬莱市邮政局大季家支局更名为烟台开发区邮政局大季家支局；蓬莱市邮政局大季家支局芦洋所更名为烟台开发区邮政局芦洋邮政所。2003 年 3 月，邮政局物流公司改为中邮物流（山东）有限责任公司烟台分公司开发区配送中心，同时成立邮通物业公司。4 月，开发区邮政局保险业务代理部成立，挂靠市场部，同时电信业务部成立。5 月，广告公司更名为开发区邮政局商函广告局，速递公司更名为开发区邮政局速递局。是年，开发区邮政局由初期的 8 个部门，调整为 9 个部门和 5 个局所，分别是办公室（含财务室、物业公司）、市场部（含储汇业务室、大客户服务部、保险业务代理部）、电信业务部、邮政营业室（含舒家支局、管委服务所）、储汇营业室、万联邮递服务公司、速递局（含物流公司）、商函广告局、集邮公司、黄河路支局、古现支局、八角支局、大季家支局、芦洋邮政所。职工人数由分营初期的 60 人增加到 120 人。

第二节 邮政业务

函件业务 函件业务是邮政的传统基础业务。1994 年，辖区受理国内函件业务 58 万件，国际及港澳台业务 7000 件。1996 年，受理国内函件业务 106 万件，国际及港澳台业务 8933 件。2000 年，国内函件业务量 92 万件，国际及港澳台业务量达到 11835 件。2003 年，辖区受理国内函件业务 183 万件，国际及港澳台业务 6593 件。

包裹业务 1994 年，辖区受理包裹业务 12156 件，其中国际及港澳台包裹 45 件。1994—2003 年，开发区邮政局受理国内包裹 22.12 万件，办理国际及港澳台包裹 1764 件。

图 10-11 开发区邮政局营业人员在办理业务（2001 年摄）

汇兑业务 2001 年 7 月以前，开发区邮政局开办汇兑业务有普通汇款、快件汇款和电报汇款。7 月推出邮政电子汇兑业务。2003 年，全区邮政汇

兑业务总量 5.01 万笔。

报刊发行 开发区邮政局报刊发行方式，主要有订阅和零售两种。报刊投递方式有直投到户、按址投递、自取报刊等方式。1994 年，全区订、销报刊 157 万份，杂志 8 万份。2003 年订、销报刊 234 万份，杂志 15 万份。

代办业务 2003 年，开发区邮政局保险业务部成立，分别与中国人寿、太平洋、泰康、新华、平安等保险公司签订长期业务合作协议，代理销售多款财寿险保险产品。是年 3 月，开发区邮政局与开发区网通公司、移动公司、联通公司合作，充分利用邮政营业网点多的优势，开办代放号、代售卡（各类业务 IP、神州行、如意通等多种电信卡）、代收费（固定电话费、移动电话费、寻呼费、数据通信费等）等多种代办电信业务。

集邮业务 1994 年 6 月，开发区邮政局开办集邮业务。邮政局集邮公司既担负新邮票的发售工作，又负有参与邮票市场、经营集邮商品的职责。经营范围包括各种邮票、集邮品、集邮用品、集邮书刊及有关纪念品等，还可根据客户需求设计制作宣传性、纪念性专题邮票册。1994 年，集邮业务量 21.47 万枚。1996 年 12 月，开发区集邮协会成立。2003 年，集邮业务量达到 53.01 万枚。

特快专递 1993 年 2 月，开发区邮政局开办特快专递业务。邮政局与世界上 200 多个国家和地区建立特快专递业务（EMS—Express Mail Service）联系，通达国内 2000 多个城市，配备先进的电脑设备，实现邮件计算机跟踪查询服务。

特快专递业务种类包括：中韩“直通车”、次晨递、次日递、国内特快专递、国际特快专递、礼仪专递等。开发区邮政局所有营业网点均可办理特快专递业务。还可办理上门服务。1994—2003 年，共受理国内特快专递 39.75 万件，其中 2003 年为 7.23 万件。1994—2003 年共受理国际特快专递 3.49 万件，其中 2003 年 4794 件。

商函广告 2001 年 1 月，开发区邮政局广告公司成立，为广大顾客提供商业信函、中邮专送广告、邮资明信片、邮资信封、户外广告等服务。广告包括邮政编码牌广告、报刊亭广告、灯箱信筒广告等。2001 年商函信息广告业务量为 41.53 万件，2003 年达到 108.42 万件。

1994—2003 年烟台开发区邮政业务情况统计表

表 10-3

业务名称	单位	1994	1995	1996	1997	1998	1999	2000	2001	2002	2003
国内函件	万件	58	84	106	73	65	45	92	86	181	183
国际港澳台函件	件	7000	8525	8933	6123	9191	4372	11835	9321	11200	6593
国内包裹	件	12141	12770	20067	20516	22115	21343	21129	26291	30137	34711
国际港澳台包裹	件	45	71	106	143	154	144	187	249	274	391
国内特快专递	件	25707	25639	31405	34337	36006	32878	36578	42948	59700	72274
港澳台特快专递	件	288	4358	4789	4304	2695	2361	2238	2395	4100	4794
订、销报纸	万份	157	165	148	176	127	132	151	143	145	234
订、销杂志	万份	8	7	6	6	6	7	8	9	9	15

第三章 通 信

1988年1月，开发区邮电局成立。初期只有十几名职工，是一个仅拥有29部市话的单一市话分局。

1990年以来，开发区每年平均投资三四千万元进行通信建设。

1998年电信分营后，通信部门不断加强基础设施建设。至2003年，网络技术和装备接近和达到国际先进水平。通信技术不断更新，通信实现数字化。辖区通信、移动、联通三家公司在竞争中发展，各项电信服务水平不断提高。

图10-12 2000年11月，开发区电信大楼（营业厅）扩建竣工交付使用

第一节 机构设置

山东省通信公司烟台开发区分公司 1998年10月，国家实行邮电体制改革，电信与邮政分营，烟台经济技术开发区电信局成立，隶属于烟台市电信局管理，为副处级单位。地址在开发区邮电大楼。内设综合办公室、财务部、市场经营部、运行维护部4个职能部门。设程控交换室、动力室、传输室、经营服务中心、电信工程公司、物业管理公司、电信器材公司、通信终端设备安装公司等8个生产部门。1999年7月，开发区电信局移动业务剥离出电信主业。2002年9月扩区后，福山区、蓬莱市管辖的古现、八角、大季家3个乡镇电信营业部移交给开发区电信局管辖。2002年11月，中国电信进行南北拆分，实行北网通、南电信竞争格局，开发区电信局更名为山东省通信公司烟台开发区分公司，成为中国网络通信集团公司下属子公司，山东省属国有企业分支机构，主要开展各类固定通信网络与设施的各项服务业务。有固定资产1.14亿元，职工59人。公司下属3个职能部门、5个生产部门和古现、八角、大季家3个营业部。

山东移动通信有限责任公司烟台开发区分公司 1999年7月，国家实施电信重组，开发区移动电话剥离电信主业，成立山东省移动通信公司烟台开发区分公司，为山东移动通信公司辖属分支机构，承担开发区范围内移动通信业务。地址在开发区德胜商城内，公司下设综合办公室、市场部两个管理部门。2000年11月，开发区移动通信分公司更名为山东移动通信有限责任公司烟台开发区分公司。企业法人是山东移动通信有限责任公司，分公司的人事、财务、固定资产、物资设备及经营管理权归属烟台市移动通信公司。

中国联通有限公司烟台开发区分公司 2001年1月，中国联通有限公司烟台开发区分公司成立，有员工10人，地址在开发区泰山路67—9号。2003年，公司设综合部、计划财务部、市场部、数据部、大客户部和客户维护部6个部门，有员工50余人。在区内设营业厅4处，开发各种代理渠道50余家。

第二节　通信设施建设

1988—2003年，开发区管委每年都投入资金用于通信设施建设，通信网络已逐步进入数字化、智能化、宽带化轨道，网络技术和装备接近或达到国际先进水平。

1988年1月，辖区东部通信电缆1期、2期工程顺利完成。1991年5月，开发区东南工业区通信管网工程正式启动。1992年，为解决机线不配套、装机难的问题，投资200万元购置开通"0+8"载波机12套，铺设40孔公里管道、2500多线对公里地下及架空电缆，对原有设备进行改造。1993年，增加出局线对11600对，使主干电缆延伸到建成和在建的各住宅小区。1994年，建成28信道模拟移动通信基站，新增8000对出局线路。1995年，完成全球移动通信系统（GSM）移动通信基站和数据传输网（DDN）系统的安装开通工程，完成可视电话系统建设。1996年通过虚拟交换机业务，实现零用户的突破。1997年，筹措资金修建长江路西部5公里管道，铺设1条64芯光缆，为一汽－大宇发动机项目提供通信保障。2000年12月，开发区同步数字技术（SDH）光缆传输环网工程全面竣工，通信光缆通达全区。2001年，投资300万元，完成1648线非对称数字用户线路（ADSL）数据端口建设工程；投资1160万元，完成11500个宽带局域网工程信息点；投资45万元，完成传输设备安装工程6项。完成光缆线路33皮长公里和通信管道工程212孔公里。全区电缆交接箱实现计算机集中管理。2002年9月，完成大季家、古现、八角割接传输设备工程，新增3套2.5G传输设备，形成覆盖全区的SDH光传输环网，架构起全区骨干通信网络。2003年，启动长江路西扩和206国道通信设备搬迁工程（第一期）。是年，全区已建成一个综合的全数字立体通信网络。建区至2003年，建设通信管道累计820孔公里，中继光缆累计2220.34纤芯公里，主干电缆累计63401.85对公里，异步传输模式（ATM）、数据传输网（DDN）等业务迅猛发展，形成"千兆到小区、百兆到楼层、十兆到家庭"的宽带网络，全区ADSL端口累计3056个；LAD端口9971个。

第三节　电信业务与服务

固定电话业务　1988年4月，开发区邮电局开始办理市话业务及国际、国内长途自动电话业务。是年，交换机容量2000门，全区有29部市话（固定电话），市话普及率0.58%。1991年，全区电话用户700户，市话普及率11.5%。

1993—1998年，辖区先后进行4次市话工程扩容，交换机容量达2万门，用户装机11849部，市话普及率24.68%。2001年，交换机总容量28500门，用户装机22312部，市话普及率41.64%；2002年，交换机总容量54324门，用户装机30600部，市话普及率57.1%。2003年，交换机总容量58000门，固定电话实装用户62783户、公用电话3849户，市话普及率62.85%。

移动通信公司业务　1993年1月1日零时，辖区模拟移动电话（俗称"大哥大"）正式投入运营，属第一代移动通信技术，只能承担单一移动通信语音业务。1994年，建成28信道模拟移动通信基站，全年放号128部（大哥大）。1992—1995年，开发区移动通信采用美国摩托罗拉公司移动通信基站收发信设备。1995年5月，开通GSM（数字）移动电话，移动通信基站收发信主机采用爱立信（瑞典）公司设备，属世界第二代移动通信技术，使用全国统一业务品牌"全球通"。"模拟"与"数字"两网并行，仍为单一的移动通信语音业务。

1999年7月，移动电话独立运营，"模拟"与"数字"两网在网运行，手机总量6140部。此时，手机仍为少数人能够使用的移动通信工具。9月，烟台市全市推出"亲情卡"业务。之后，"神州行""新世纪神州行""预付费亲情卡""齐鲁行"等业务相继推出。

2000年，辖区在网运行手机总量为11183部，全年移动电话放号净增6576部。2001年5月1日，模拟手机退网工作开始启动，免费转入GSM网，并给予用户适当补贴。是年年底，模拟移动通信业务退出网络运营，退网手机共428部，用户在网运行手机总量达19062部。

至2003年，移动通信共进行9期（GSM）基站工程建设，辖区99%以上地域得到移动通信信号的有效覆盖，移动通信硬环境建设在同行业内处于领先地位。移动通信公司的经营范围包括移动电话通信业务（语音、数据、多媒体），IP电话互联网接入服务，从事移动通信、IP电话和互联网等网络的设计、建设、维修以及相关的系统集成、结算、技术开发、技术服务等业务。

联通公司业务　2001—2003年，公司先后开通移动电话通信业务、语音互联业务、各种数据业务、多媒体业务、互联网业务及IP业务等。推出新一代CDMA移动电话业务，带来良好的经济效益和社会效益。2003年，全区联通网络步入数字化、智能化、安全化阶段，信号覆盖率98.5%，GSM、码分多址（CDMA）普及率80.4%（含无线市话）。在数据通讯方面，实现公众多媒体互联网的实用性和普及性，网络技术和设备达到国际先进水平。

数据通信业务　1990年5月，辖区电报业务正式开通。1995年，开通分组交换通信网。1996年3月，开通数字数据（DDN）新业务。由于开发区高新技术和外向型企业较多，信息交换量大，数据通信业务发展迅速，数据通信网络很快形成。4月，开通彩色可视会议电话系统业务。

1997年3月，中国公用计算机互联网（CHINANET）开发区节点建设启动。4月，面向全社会开通业务。大批用户为这一新兴事物所吸引，业务发展态势迅猛。1999年，开发区电信局门户网站——开发区信息港（www.kaifaqu.net）开通。建站初期，日均访问量7000余次，“金沙滩论坛”“聊天室”“企业之窗”等栏目受到广泛欢迎。是年，互联网电话（IP电话）业务推出。

2000年8月，完成异步传输模式（ATM）交换机安装工程；12月，银和怡海花园住宅小区宽带业务城域网建成。2001年8月，首次在电子全球数字交换系统（EWSD）交换机上实现非对称数字用户线路（ADSL）虚拟拨号宽带接入模式，这种上网方式，将传统上网速率由64K提高到512K以上，且不影响电话使用。

2003年，完成西区3个街道办事处宽带工程建设。数据通信业务逐渐成为支柱性业务。是年，全区因特网注册用户达到18707户。开发区信息港浏览点击数超过百万，成为宣传开发区、树立开发区形象的重要窗口。

无线市话业务　2001年12月，开发区通信公司推出无线市话（小灵通）业务，建设初期完成80个小灵通基站及3个基站控制器机房设备安装工程。2003年，开发区通信公司完成3个营业部、8个小灵通基站控制器的安装工程，增装小灵通基站122个。经过2年建设，小灵通基站累计达320个，投入建设资金近4000万元，全区实现信号无缝覆盖，小灵通用户突破1万户。

1993—2003年烟台开发区电信业务情况统计表

表10-4　　　　单位：户、部

年份	固定电话用户	公用电话	移动电话	因特网用户
1993	2351	–	–	–
1994	4149	–	182	–
1995	6300	–	460	–

续表 10-4

年份				
	固定电话用户	公用电话	移动电话	因特网用户
1996	8703	159	1401	-
1997	10039	214	2781	75
1998	11849	311	4387	336
1999	14078	357	5021	1462
2000	17288	431	11183	9690
2001	22312	537	19062	14943
2002	30600	1017	28359	15101
2003	62783	3849	68000	18707

电信服务　1999年，开发区通信公司实施装机查修“三五二服务工程”，即装机查修人员上门服务时要带齐“三个一”（一双鞋袋、一块抹布、一张名片，进户套鞋袋，查修讲清洁，临走送名片），具体服务要做到“五个不”（不随便取用用户的物品，不设障碍刁难用户，不私自装、拆、移机，不吃拿卡要，不擅自拤断用户电话），规范使用两句服务用语（现在为您服务，请您与我联系）。2000年，电话障碍台112实现自动受理，实现当天故障当天派人修理，电话障碍修复时限平均4小时，数据专线装机在光缆或电缆到位的情况下2天内开通，数据通信设备故障修复时限在6小时以内。2003年，通信公司按照ISO 9001-2000质量管理标准，在烟台市通信行业中率先实行标准化管理认证。

第十一编
贸　　易

开发区商业区一角

烟台经济技术开发区志

YANTAI JINGJI JISHU KAIFAQUZHI

1984—2003年，烟台开发区商贸流通业经历一个由小到大、由结构简单到全面发展的过程。初始，商贸业态从简单的小吃店、理发店开始，到商贸流通全领域多业态的发展；所有制形式从单一的集体经济到个体、私营经济的繁荣；国有商业由产生、发展到退出。流通体制改革的不断深化，有力地推动商贸流通业的发展。

1987年，辖区对外贸易开始破堤，至2003年，出口产品由起步时期简单机加工产品、食品、农副产品逐步发展到食品、机电、服装三大类产品。出口地区也由亚洲市场发展到北美、欧洲和4大新兴市场，已与36个国家和地区建立进出口贸易关系。2003年，外贸出口额6.68亿万美元，排全市各县市区第一名，占全市外贸出口总额的20%，全区经济外贸依存度达到105.05%。

第一章 国内贸易

烟台开发区成立初期，商业结构简单，只有集体和个体兴办的零星饮食、理发和日用修理等摊点，形不成规模。1986年，商品批发零售、饮食、服务业网点28个，从业人员81人，全区社会消费品零售总额53万元。随着辖区开发建设速度加快，商贸流通业也得到较快发展。1988年，全区社会消费品零售总额达到5153万元，批发零售、饮食服务业网点数达到131个，从业人员1646人。1991年，工委管委提出“大力发展商贸、旅游业，以第三产业带动区域经济发展”的工作方针。是年5月，彩云城市场和国内副食品批发市场动工兴建。1992年，工委管委召开发展商贸业专题会议，进一步促进商贸服务业的发展。国有和个体私营商业都有长足发展，批发零售、饮食、服务业网点数达到1209个，从业人员15218人；社会消费品零售额9780万元，比上年增长53%。1995年，全区商业贸易企业迅速发展，批发零售业、餐饮业、居民服务业网点数达到2719个，从业人数达到2.66万人，社会消费品零售总额4.62亿元。1995—1997年，国有商业体制改革，绝大部分国有商业陆续退出市场。2000年，全区批发零售、餐饮、服务业网点数3298个，从业人员3.06万人，社会消费品零售总额7.93亿元。

2003年，随着辖区面积扩大，人流物流增加，商贸业得到进一步发展，全区商业网点数4219户，从业人员4.23万人，实现社会消费品零售总额14.4亿元。其中批发零售业网点数3512个，从业人员3.5万人，营业额9.8亿元；餐饮与其他服务业网点数707个，从业人员7345人，营业额4.6亿元。

第一节 所有制结构

烟台开发区成立初始，区内商业所有制形式基本有集体和个体两种。1985年国有商业开始起步。20世纪90年代中期，实施国有企业改制，辖区国有商业基本退出历史舞台，继而形成个体、集体、私营等商业所有制形式。至2003年，集体所有制商业萎缩，个体私营商业迅速发展，占主导地位。

国有商业 1985年起，管委陆续成立直属公司，较早的有建设公司、实业公司、金桥联合公司等国有企业。这些企业逐步开展商业活动。1986年，区内有国有商业单位4个，从业人员19人，分别占全区商业网点和从业人员的14.2%和23.4%。是年，国有商业销售总额10.5万元，占全区商品销售总额的20%。1987年2月，管委直属企业——开发区商业公司成立；5月，开发区粮油公司成立。管委其他国有商贸公司如华达经贸公司、进出口公司（国内贸易部）等也陆续成立。是年，国有商业单位7家，从业人员48人，商品销售总额196万元，分别占全区商业总量的16.2%、51.6%和76%。国有商业开始在辖区商业中占主导地位。是年，国有商业主要销售商品有建材、粮油以及自行车、电视机、录音机等日用百货。1988年，国有商贸流通业快速发展，国有商业网点68家，从业人员1257人，商品销售额3100万元，分别占全区商业总量的52%、76%和60%。是年，开发区商业公司有职工233人，其中固定职工135人；物资公司有职工80人，其中固定职工54人；粮油公司有职工74人，其中固定职工37人。1990年，全区国有商业饮食服务业网点数58个，从业人员909人，商品销售额3650万元。分别占全区商业总量的29%、48.7%和70%。是年，国有商业从机构数量、从业人员和销售总额所占比重上都比上年有所下降，主要原因是集体、合营和个体商业发展较快，所占份额增加。

图 11-1　1987年的开发区商业公司国有商店

图 11-2　1988年开发区居民在零售商店购买商品

1991—1992年，国家允许机关事业单位兴办经济实体。1992年4月，管委下发《烟台经济技术开发区行政事业单位兴办经济实体暂行办法》，提倡和支持机关创办经济实体。一时间，各类机关兴办的商贸企业蜂涌而上。至1992年年底，辖区登记注册的行政事业单位机关国有商贸实体270余户。至1995年，管委成立的26家国有直属公司，各公司都设有规模不等的商业机构。这些小型国有商业，不能适应国内外市场的角逐，亏损面达80%，国有资产流失严重。是年，全区国有商业饮食服务业网点数420个，从业人员6200人，商品销售额1.4亿元，分别占全区商业总量的10.6%、18%和30%。

1995—1997年，开发区商贸领域全面放开、搞活，个体、私营等民营经济迅速进入，国有商业市场份额减少，经营日渐惨淡，企业亏损，职工下岗。1997年，管委直属商业企业全部改制完毕，国有经济成分全部退出。区外派驻开发区国有商贸公司在此期间也纷纷改制退出市场。

集体商业　1985—1987年，辖区集体商业处于初步发展时期。1988年，有集体所有制商业网点38个，从业人员310人，商品销售额1340万元，分别占全区商业总量的29%、19%和26%。主要行业是商品批发零售、餐饮业。1990年，集体所有制商业网点数38个，从业人员441人，商品销售额1260万元，分别占全区商业总量的20%、24%和24%。1995年，随着农村土地的减少，农村联产承包责任制的落实，集体所有制经济逐步被个体私营经济代替。是年，集体所有制商业网点数84个，从业人员620人，商品销售额1400万元，分别占全区商业总量的2%、1.8%和3%。2000年，集体所有制商业网点数65个，从业人员920人，商品销售额2660万元，分别占全区商业总量的2%、3%和3.4%。2003年，集体所有制商业网点120家，从业人员2200人，商贸业销售额4320万元，分别占全区商业总量的2.8%、5%和3%。

个体私营商业　1985年，辖区4个自然村每个村都有几家利用临街小房开办的小卖店，销售油盐酱醋、毛巾肥皂、糖果烟酒等农民日用生活零用品，销售对象是本村村民，户年营业额不足万元。同时，每村还有一两家小饭馆，三两张桌，个体家庭经营，不雇伙计，为本村服务，户年营业额两三万元。

1986年，辖区人口逐渐增多，商业环境逐步改善，个体商户很快发展到40户，从业人员83人，商品销售与服务业营业额42万元。其中商业户17户，从业人员34人；个体餐饮户6户，从业人员22人；理发、修理等服务业17户，从业人员27人。1990年，合营商业、联营商业等私营经济形式广泛出现。是年，全区个体私营商户93户，从业480人，营业额311万元。1995年，辖区行政区划扩大后，人口增加，市场建设逐步规范，商业环境宽松，个体私营商业经济发展很快，个体私营商户达到2215户，从业人员1.9万人，营业额3亿元。是年，管委出台《烟台开发区关于加强个体私营工商业者经营管理的有关规定》，促使个体私营工商户改善服务质量，走健康发展的道路。有关部门依法对个体商业者进行监督管理，督促他们自觉遵守市场规则，维护市场秩序，开展公平竞争，照章纳税，合法经营。

1998年2月，管委出台鼓励发展个体私营经济的若干规定，从工商管理、经营范围、经营场所、资金等方面给发展个体私营经济以更加优惠政策，坚决制止对个体私营经济的“乱摊派、乱罚款、乱收费”的“三乱”现象，切实减轻个体商业者负担，努力维护其合法权益。到2000年，全区个体商户发展到3000多户，从业人员2万多人，营业额7亿多元。

2003年，全区个体私营商业业户4000多户，从业人员4万多人，实现社会商品零售额10亿多元，分别占全区商业总量指标的百分之九十以上。

第二节 粮油经营

管理机构 开发区成立至1987年4月，辖区粮油供应由福山区粮食局负责。1987年4月9日，烟台市粮食局经济技术开发区分局(以下简称“粮食分局”)成立，同时设立烟台开发区粮油公司(以下简称“粮油公司”)。粮食分局和粮油公司合署办公，均属烟台市粮食局派驻机构，负责辖区的粮油管理与供应工作。编制15人，内设办公室、财务部、计划供应部、议价粮油部。1989年，粮食分局设立中心粮店，增设政工部、审计部、项目部和汽车队，有职工30人。1992年4月，粮油公司改为粮油总公司。至1993年，粮油总公司成立10个具有独立法人资格的子公司，职工增至178人。

1999年4月，管委与市粮食局就开发区粮食管理体制问题达成协议：一、粮食分局仍属市粮食局在开发区的派驻机构，由市粮食局管理，分局内设办公室、财务科，工作人员10人；二、粮食分局具体职能是负责开发区粮油市场管理、居民粮油供应、军粮供应以及非农业人口办理粮食关系转移手续等；三、粮油总公司属市粮食局在开发区兴办的全资国有粮食企业，为自主经营、自负盈亏的法人单位，下属11个具有法人资格的子公司，有职工81人，主要从事粮油、饲料的经营业务。

粮油供应销售 1987年6月26日，烟台市粮食局给开发区下达年度粮油销售计划指标，粮食40万公斤，食油1万公斤，指标不得突破。8月1日，开发区城镇居民粮油供应由福山区粮食局转给开发区粮食分局供应；中心粮店开业。1989年1月5日，辖区实施凭全国通用粮票购粮。至1992年9月30日，辖区居民粮油一直由市粮食局统一计划安排调拨。

自1992年10月1日起，辖区内粮油销售价格放开。粮票（全国粮票和地方粮票）作废，停止使用。除军粮供应由国营粮食企业按现行统销价格供应外，居民及其他用粮油价格全部放开。

粮油供销价格放开后，城镇居民的粮油供应由国家定价改为议价。居民所需粮油由区粮食分局实行市场采购，采购价与销售价差额由区财政给予一定补贴。具体定价办法由粮食分局根据上一个月下旬的当地市场粮油平均价格确定下一个月的粮油销售价格，一个月内不变。城镇居民增加的粮油消费支出，按照国家、企业、个人共同负担的原则，给城镇居民适当补贴，随工资一起发放。职工发放粮油补贴后，为减轻企业负担，全部取消财政对企业征收的粮食补贴基金。辖区粮油销售价格放开后，城镇居民可不用再到指定粮店按定量标准凭证购粮，但仍保留购粮优惠券和定量标准，开发区粮食分局仍按原规定为居民办理粮食关系迁移和变更登记等事项。

1995—1996年，全国市场粮油价格上涨。管委为抑制过快上涨的粮食价格，保持城镇居民生活水平，实行优惠券供应粮油办法。优惠定量标准为开发区户口（包括地方城镇户口、农民合同制户口、区内自然村农业户口）每人每月供应平价面粉5公斤，供应平价食用油每人每月0.25公斤。

1987年，烟台开发区全社会粮食供应量500吨，其中计划统销量290吨；1992年，全社会粮食供应量2675吨，其中计划统销量1214吨。

1987—1995年烟台开发区社会粮食销售情况统计表

表11-1

单位：吨

年份	小麦	大米	玉米	合计
1987	400	70	30	500
1988	810	70	70	950
1989	1030	50	180	1260
1990	1140	80	240	1460
1991	1550	70	610	2230
1992	1860	85	730	2675
1993	2230	105	875	3210
1994	2675	125	1050	3850
1995	3210	150	1260	4620
合计	14905	805	5045	20755

说明：1995年以后，粮食购销经营放开，粮食经营企业自购自销，区粮食部门不再统计全区粮油购销数量情况

1987—1992年烟台开发区粮食分局粮油计划统销情况统计表

表11-2

单位：吨

年份	粮食	食油	年份	粮食	食油
1987	290	7	1990	1057	37
1988	819	33	1991	1824	62
1989	960	29	1992	1214	41

说明：1993年起，取消统销粮食供应

经营体制改革 1987年开发区粮食分局成立时，粮食流通领域是计划经济体制，粮食部门凭计划向居民定量供应粮油，居民凭粮本在指定粮店购粮。

户粮关系 1987年8月1日，区粮食分局开始为区内居民办理粮食关系转移手续。迁入的居民，凭迁出地粮食部门签发的“居民粮食关系转移证明”和区公安分局的同意落户证件，到区粮食分局办理供粮手续，并根据其户口性质，确定供应粮油的质量标准。迁出的居民，凭区公安分局开出的户口转移证明，到区粮食分局办理相应的“粮食关系转移证明”。迁入居民，自落户之日起供应粮食。2001年5月1日，城镇户口在全国范围内取消粮食供应转移证明，农业户口转为非农业户口不再办理粮食供应转移证明。至此，户粮关系政策在开发区执行14年。

粮食收购 1987年开始，辖区农村粮食收购任务由市政府下达计划，按照国家定购任务和定购价格组织收购。粮食定购实行“三挂钩”政策，即粮食收购与预购定金挂钩、与奖售化肥挂钩、与奖售柴油挂钩。与预购定金挂钩，就是年初对定购农民预付部分粮款，在交售粮油时扣回；与奖售化肥挂钩，就是对定购农民给予一定的化肥奖售；与奖售柴油挂钩，就是对定购农民给予一定的柴油奖售。至1992年，市政府下达给开发区的粮食定购任务是122801公斤/年，花生定购任务21403公斤/年。1992年，开发区新划进10个村，1993年，粮食定购任务增为547173公斤/年，其中小麦442000公斤/年、玉米94437公斤/年、大豆10736公斤/年。从1994年开始，因开发区农业用地逐年减少，市政府取消开发区的粮食定购任务。因开发区粮食分局无场地、无仓库、无检验设备，不具备收购粮食条件，区内粮食收购工作一直由福山区粮食局代理。

粮食储备 1996年，管委投资建立粮食储备库，由粮食分局代管。1999年9月4日，区粮食收储管理中心成立，为管委正科级事业单位，职工14人，由区财政局代管，负责国家储备、省级储备和地方储备粮油的收购、储存、轮换、调拨、抛售等工作。2002年，粮食收储管理中心转由区经济发展与科学技术局代管。

仓储建设 粮食储备库库址在开发区沭河路19号，库区占地面积1.4万平方米。储备库一期工程投资850万元，仓储建筑面积4708平方米，仓容6000吨，为房式仓库建筑，两座。同时建有建筑面积2170平方米的办公楼一座。全部工程1997年竣工。2002年，管委又投资350万元，在一期工程预留地上完成二期工程建设。二期工程建筑面积1317平方米，仓容4000吨。一二期总仓容达到1万吨。二期粮库采用国内先进的安全储粮工艺，主要包括：粮食计算机信息综合管理系统、粮情检测系统、机械通风系统、谷物冷却系统及环流熏蒸系统等，其中粮情检测和环流熏蒸系统工艺达到国际先进水平，可保证粮食在长期储存过程中的质量安全。

储备与抛售 1999年11月，粮库启用，500吨优质小麦入库封仓。储备粮在储存期间，粮食收储管理中心严格按照国家、省市有关粮食保管规范进行优储优存，认真贯彻“以防为主、综合防治”的保粮方针，坚持“安全、经济、有效”的保粮原则，粮情检查采取多层次、交叉检查制度。在烟台市粮食部门“规范化储粮单位”创建评比活动中，2000—2003年连续4年达标。2003年7月，经管委、市粮食局和市农业发展银行等部门同意，500吨储备粮顺利抛售，粮食品质达到食用标准。

粮食管理所 2002年9月，辖区管辖面积扩大，扩进古现、八角、大季家3个粮管所。这3个粮管所原由当地粮食局管辖，划进开发区后由经济发展与科学技术局管理。3个粮管所的仓储设施都是20世纪70年代兴建，70—80年代曾发挥重要作用，但由于设施陈旧，不宜长期储备粮食，90年代后期很少储粮，2003年库内均没有储备粮。2003年，3个粮管所共有人员107人，其中在职人员56人，离退休人员51人。

2003 年烟台开发区粮管所设施情况统计表

表 11-3　　单位：平方米

单位		占地面积	建筑面积		
			合计	仓储	办公
古现粮管所	古现东村粮库	5996	1001	846	155
	三十里堡粮库	14707	2809	2685	124
八角粮管所		7500	1699	1503	196
大季家粮管所		14987	3291	2978	313
合计		43190	8800	8012	788

第三节　物资流通

为保证全区经济建设及生产资料的供应，1985 年管委成立直属物资供应贸易机构。20 世纪 80 年代末 90 年代初，辖区内物资流通放开，允许集体、个体私营经济进入。90 年代中期，区内国有物资贸易公司陆续进行体制改革退出市场，个体私营经济在物资流通领域占主导地位。90 年代末 21 世纪初，现代物流在区内兴起并迅速发展，逐步取代传统的物资贸易、物资流通方式。

物资贸易　1985 年 3 月，管委直属建设公司设立物资部，负责开发区建设物资的供应，这是辖区最早的建设物资贸易部门。1987 年 2 月，管委成立物资公司，开展物资贸易，保证全区建设物资和生产资料的供应。1988 年 1 月，开发区金属材料公司、燃料公司、机电设备公司、木材公司、化轻建材公司同时成立。1990 年，区物资供应领域全部为国有经济体制，物资系统职工 113 人，年物资贸易额 2000 万元，主要经营品种有建筑用各种钢材、木材、水泥等。自 20 世纪 90 年代初起，区物资流通领域改革，允许集体、个体私营经济进入，大大小小的物资贸易公司遍布全区。到 1995 年，有物资贸易性企业 2000 多家，年贸易额 1.6 亿元，职工 2 万人，其中国有性质公司 8 家，集体性质公司 40 家，其余全是个体私营性质公司。90 年代中期，由于国有物资企业体制等原因，国企全行业亏损，国有资产出现流失。1997 年 10 月，管委直属物资系统企业全部停止经营，国有经济退出物资流通领域，职工分流。2000 年，全区物资贸易性企业约 2200 个，年贸易额约 3.5 亿元，职工约 2.2 万人。2003 年，全区物资贸易性企业约 2500 个，个体私营企业占 95% 以上，年贸易额约 7 亿元，职工约 2.5 万人。

现代物流　烟台开发区现代物流产业于 20 世纪 90 年代中后期起步，2000 年以后有较快发展。

2001 年，管委在区交通局设立物流管理中心，对全区现代物流产业发展进行统一规划和管理，开展物流对外招商和对物流企业服务工作。8 月，烟台市交通局批准在开发区建立烟台地区第一个物流园区——“烟台物流园”，这是国家“十五”期间建设的 45 个交通总枢纽物流节点工程之一。

图 11-3　2001 年设立的烟台物流园

烟台物流园是在烟台海通工业园的基础上，重新规划改造建立的。原烟台海通工业园是由烟台海通联合发展有限公司于1995年建成投入使用。地点在嘉陵江路以南，同三高速公路以北，东至E—15小区，西至同三高速路与福莱大道交接口处，占地1.26平方公里。烟台物流园成立后，海通公司由第三方物流运作商转为烟台物流园的开发商和运营商。

2002年，烟台物流园将原海通工业园6座建筑面积4.4万平方米（其中：工业厂房3.6万平方米，公寓8000平方米）的房屋及构筑物改造成物流设施，投入使用，同时建设4万平方米现代化物流仓库和10万平方米的智能停车场。

2003年，烟台物流园凭借所处地理位置和交通优势，将烟台货运站和山东快运烟台分拣中心吸引到物流园内。其中货运场站占地5万平方米，房屋建筑面积1万平方米，总投资3000万元，主体工程年底完工。该工程成为给第三方物流企业提供服务的基础设施，与物流园内的物流企业有机结合，分工协作，通过信息平台与全国各地的配送中心、物流节点相互衔接，形成网络，连接国外物流体系。山东快运烟台分拣中心营业场地年初开工建设，总投资1000万元，占地3.3万平方米，总建筑面积6000平方米。

是年，烟台物流园拥有各种运输车辆150台。为通用东岳汽车有限公司建立专项配送中心，配送中心仓库面积3000平方米，仓储、配送汽车零部件30多个品种，日配送20车次，占通用东岳汽车有限公司零部件配送总量的20%。通用东岳汽车有限公司已将其部分零部件组装线和质量检测线设立在物流园配送中心。青岛啤酒也在烟台物流园开展物流业务。是年，入驻烟台物流园区的企业有招商局海通物流有限责任公司、烟台渤亚物流有限责任公司（货运场站）、山东快运分拣中心、烟台国运物流有限责任公司、烟台天鹏物流有限责任公司、烟台中鼎运输有限公司、烟台盛合物流有限责任公司、烟台陆路物流有限公司、烟台福信钢铁有限责任公司、烟台开发区海宇物流有限责任公司、烟台西上海运输有限公司、烟台开发区宇展物流有限责任公司、烟台开发区诚信通和物流有限公司、烟台北明储运有限公司、上海通林物流有限公司、天津市大田航空代理公司（烟台分公司）、烟台嘉冠航空服务有限公司等近20家。是年，烟台物流园实现第三产业增加值2亿元。

图11-4 物流园物流配送中心服务大厅

第四节 石油产品经营

1988年5月，烟台开发区石油公司成立，为开发区物资公司下属国有企业，是辖区第一家石油经营企业，在区内建有临时加油站。1990年以前，成品油经营实行计划管理，由烟台市计划委员会下达计划指标。1991—1993年，开发区石油经营实行价格双轨制，1994年以后，取消计划管理，实行有计划的市场调节价格。1995年，辖区有成品油经营公司5家，加油站4处，其中国有企业2家。主要有烟台开发区石油公司（五指山路加油站）、第一石油公司（衡山路加油站）、天达石油化工公司（长江路加油站）、恒利石油公司（泰山路加油站）、红山加油站（烟潍一级公路南侧）等。1998年9月1日起，辖区执行烟台市环境保护局、贸易局、工商行政管理局和技术监督局4部门关于“一律不准经营含铅汽油，只许经营无铅汽油”的规定，取消含铅汽油销售。2003年，辖区有成品油加油站20处，其中东区

6处，西区14处。

辖区成品油主要经营品种有汽油、柴油、机油、煤油等。1990年辖区成品油经营量约500吨，1995年成品油经营量约1600吨，2000年成品油经营量约1.5万吨，2003年成品油经营量约2.6万吨。

2003年烟台开发区成品油加油站基本情况表

表11-4

序号	加油站名称	成立时间	地址
1	开发区渤海加油站	1991.06	古现街道北于家村206国道北
2	开发区天达石油化工有限公司长江路加油站	1994.02	长江路65号路北
3	开发区孚昌燃料有限公司加油站	1996.09	大季家街道芦洋村路东
4	开发区兴顺石油有限公司加油站	1998.01	马家小区206国道北
5	开发区大季家办事处长恒加油站	1998.12	大季家街道
6	蓬莱市中兴实业有限公司开发区芦洋加油站	1998.12	大季家街道芦洋渔业公司院内
7	中国石油化工股份有限公司山东烟台第64加油站	2000.06	长江路186号路北
8	开发区齐林石油有限公司加油站	2000.06	五指山路1号路北
9	开发区福吉加油站	2000.06	八角街道丰台村西
10	开发区古现办事处供销合作社加油站	2000.06	古现街道东村
11	中国石油化工股份有限公司山东烟台第61加油站	2000.11	泰山路E-6小区路北
12	蓬莱市海达石油有限公司大季家加油站	2001.01	大季家街道仲家村206国道北
13	开发区安泰石油有限公司加油站	2001.08	衡山路南端
14	开发区达连油品销售有限公司加油站	2001.12	古现街道北斗村西
15	中国石油化工股份有限公司山东烟台第65加油站	2003.01	古现街道西臧家东
16	烟台市福山连山石油化工有限公司第8加油站	2003.01	古现街道三十里堡路北
17	开发区渔港发展有限公司加油站	2003.01	八角街道码头路北
18	中国石油化工股份有限公司山东烟台第63加油站	2003.01	大季家街道孙家村南
19	中国石油化工股份有限公司山东烟台第66加油站	2003.01	古现街道三十里堡路南
20	中国石油化工股份有限公司山东烟台第62加油站	2003.01	古现街道八角侯家路西

第五节　烟草专卖

管理机构　1994年3月前，辖区卷烟市场由福山区烟草专卖局负责。

1994年3月14日，烟台经济技术开发区烟草专卖局和山东省烟草公司烟台经济技术开发区公司成立，隶属烟台市烟草专卖局和烟台市烟草公司，专卖局与烟草公司合署办公，1998年有职工15人，设办公室、财务科、业务科和1个烟草批发部，负责辖区内烟草专卖供应和烟草专卖执法监督。

1998年，由于辖区居住人口少、不具备县级烟草公司经营生存条件，烟台市烟草专卖局撤销开发区烟草专卖局和开发区烟草公司，辖区烟草经营与执法监督仍由福山区烟草专卖局（公司）负责，在辖区设置山东烟台烟草有限公司烟台开发区卷烟批发部，独立核算，有1个卷烟批发部和1个稽查中队，共有职工19人。

2002年，山东烟台烟草有限公司烟台开发区卷烟批发部更名为山东烟台烟草有限公司烟台开发区访销中心，隶属福山区烟草专卖局（公司），有职工15人。

卷烟专卖与监督 卷烟销售 辖区烟草专卖机构自1994年设立以来，积极组织货源，开展访销和配送服务，保证全区卷烟供应。1994—2002年，辖区人口不断增加，但卷烟销售未呈相关增长趋势，基本保持稳定。1997—2002年，辖区年均卷烟销售量11682万支，最高年份2001年销售12715万支，最低年份1997和1998年年均销售10725万支；卷烟年均销售额1219万元，最高年份2002年销售额1450万元，最低年份1997和1998年年均销售额1064万元。2002年，由于管辖区域扩大，人口增加到131940人，增长128.5%，卷烟销售也相应增加。2003年，全区销售卷烟26114万支，比上年增长115.2%，销售额3062万元，比上年增长111.2%。

卷烟销售品种 1994—1998年，主要销售蓬莱阁、九州（软包装）、将军系列牌香烟；1999—2001年，主要销售蓬莱阁、九州（软包装）、将军系列和哈德门牌香烟；2002—2003年，主要销售九州（软包装）、九州（硬盒翻盖包装）、将军系列、哈德门和八喜牌香烟。区内香烟销售品种主要是省内卷烟产品，其他省份很少。

1997—2003年烟台开发区卷烟销售情况表

表11-5

单位：万支、万元

年份	销售数量	销售金额	主要品种
1997	10725	1064	蓬莱阁、软九州、将军系列
1998	10725	1064	蓬莱阁、软九州、将军系列
1999	12660	1246	蓬莱阁、软九州、将军系列、哈德门
2000	11140	1110	蓬莱阁、软九州、将军系列、哈德门
2001	12715	1382	蓬莱阁、软九州、将军系列、哈德门
2002	12130	1450	软九州、盖九州、将军系列、哈德门
2003	26114	3062	软九州、盖九州、将军系列、哈德门、八喜
合计	96209	10378	

专卖监督 自1994年辖区实行烟草专卖以来，烟草专卖机构一直坚持以打私打假、清理整顿非法卷烟交易市场和强化内部管理为重点，采取打团伙、断渠道、清市场等措施，加强重点区域监控，严厉打击烟草流通领域违法犯罪活动。1994—2000年，平均每年查处违法案件50起以上，查处违法卷烟数量500条以上，涉案金额3万元以上。2002年，查处违法卷烟数量936.7条，涉案数量267件，涉案金额5万余元。2003年，查处违法卷烟数量2370条，涉案数量203件，涉案金额6万余元。

第六节 餐饮与其他服务业

1985年，辖区内没有宾馆、浴池、照相馆等居民服务设施，只是在各个村里都有简单的理发店和小吃部。1986年以后，随着经济发展和人口增多，辖区餐饮、旅馆、理发、洗染、摄影、浴池等服务行业渐渐发展起来，并随着人们日益增长的生产生活需要，不断增添新的内容，变化新的形式，档次也在不断提升。20世纪90年代后，区内出现饺子城、海鲜城、鲁菜、川菜、东北菜等专门特色餐饮；出现舞厅、歌厅、歌舞厅、练歌房等新兴娱乐业场所；出现健身、桑拿浴、美容美体、足疗、按摩等新型健身保健等居民服务行业。到2000年，辖区服务行业门类比较齐全，有家政服务、婚姻介绍、庆典服务、车辆修理、殡葬服务、照相摄影、搬家、托儿所、洗染等服务企业和营业网点。2003年，辖区有饮食与其他服务业企业1467家，从业人员12432人，年营业额约7.4亿元。

餐饮业 1985年，随着辖区开发建设的开始，建筑队伍增加，流动人口增加，临时建立的小饭馆出现并陆续增多。1986年3月，管委建设公司成立国有饭馆——开发区烤鸭店，不仅经营一般饭菜，还专营北京烤鸭。是年，辖区有饭馆7家，从业人员28人，年营业额11万元。这时的饭馆规模一般都很小，多数为砖混单层临时建筑，使用面积一般为三四十平方米。厨房和餐厅都比较简单，摆上四五张小方桌，可容纳二三十人同时就餐。饭菜一般都是时令大众菜，品种花样不多，价格比较便宜，就餐人群以建筑工人、流动人口和单身职工为主。1990年，辖区经济发展，人口增加，餐饮业也得到相应发展。是年，辖区有饭店（餐馆）40家，从业人员142人，年营业额192万元。主要店家有华泰酒楼（Ⅰ-7小区）、金桥饭庄（Ⅰ-8小区）、华峰饭店（夹河桥头西北侧）和福胜饭店（黑龙江路）等。这时餐饮业设施、环境、服务以及菜肴质量都有很大提高。1987年由商业公司成立的华泰酒楼，建筑面积1000多平方米，上下两层，大餐厅可摆20余桌，可承办筵席，另设有雅座10余间，可同时容纳三四百人就餐。就餐时有专门服务员提供斟酒、倒茶等服务。饭菜品种比较丰富，卫生条件、就餐环境也比较好，工委管委招待客人多在此店。1993年，市政公司投资350万元，在Ⅰ-5小区泰山路西侧建瀛洲园美食村，有四五家餐馆营业。是年，新时代发展公司投资3500万元，兴建新时代大酒店，建筑面积7000平方米，设有中、西餐厅，餐饮区面积1500平方米，可容纳1000多人同时就餐，是辖区规模大、设施完备、服务好、面点菜肴品种丰富、质量优的大型饭店，翌年被国家旅游局评定为三星级酒店，这是辖区第一家三星级酒店。1995年，辖区餐饮企业发展到406家，从业人员3344人，年营业额达到1.5亿元。主要店家有丽都大酒店、科技园大酒店、半岛度假村大酒店、南山大酒店、国防大学培训中心酒店、税务培训中心酒店、市政美食村、海霸工酒家、麒源达酒店、长城宾馆饭店等。此时，区内饭店已有较明显的高、中、低档之分。高档饭店建设规范、规模较大（建筑面积一般都在500平方米以上）、环境优雅、设施齐全、饭菜品种丰富、质量上乘、服务周到，分零点厅和雅间包房，有的包房内还设置沙发、冷柜、电视、

图11-5 新时代大酒店（2003年摄）

图11-6 金沙滩大酒店雅间（2003年摄）

卡拉OK自唱自娱设备，价格较高，可承办大型宴会，接待重要客人。如新时代大酒店、丽都大酒店、半岛度假村、南山大酒店、国防大学培训中心、税务培训中心等。中档饭店，建筑面积一般在200～500平方米，设置雅座（一般不超过10个），如北方大酒店、怡东大酒店、长春大厦酒店、韩城宾馆酒店等。低档饭店一般建筑面积在200平方米以下，有的也设置简易单间，饭菜品种简单、大众化，量大实惠，适合低收入群体消费。如金桥饭庄、华海饭店、小瀛洲苑酒店、彩云城（临建）食品街等。2000年，辖区有餐饮企业560家，从业人员5342人，年营业额达到2.7亿元。2003年，辖区有餐饮企业707家，其中个体企业646家，私营企业29家；从业人员7345人，其中个体939人，私营企业952人；营业收入3.8亿元，其中个体企业1790万元，私营企业15365万元。主要餐饮企业有新时代大酒店、税务培训中心、科技园大酒店、南山大酒店、华峰酒店、福胜饭店、卧龙海鲜城等。

旅馆业 1988年，在Ⅰ-5小区泰山路西侧，开发区长城计算机培训中心兴建1号、2号客房楼，建筑面积1845平方米，50间客房，投资120万元，这是辖区最早兴建的旅馆设施，亦称长城苑。1990年，国家税务公寓开工建设，建筑面积7080平方米，150间客房，投资700万元。1991年，韩城宾馆竣工，建筑面积3400平方米，80间客房，投资300万元。至1992年，辖区有宾馆、旅店15家，客房500间，从业人员337人，主要有国防大学烟台培训中心、税务培训中心、丽都大酒店、二轻专家楼、韩城宾馆、长城宾馆（计算机培训中心）等。至1995年，区内有旅馆26家，客房1200间，从业562人。新增加的主要有新时代大酒店、烟台首钢培训中心、半岛度假村、南山大酒店、汇江宾馆、国家开发银行培训中心、新都酒店、中旅大酒店、万隆大酒店、铁路培训中心、长春大厦、国际酒店等。至2000年，区内有旅馆32家，客房2000间，从业人员1556人，其中个体私营企业16家，从业人员128人。2003年，辖区有旅馆52家，客房3000间，从业人员2600人，年营业收入7276万元。其中个体私营企业38家，从业人员320人。主要有新时代大酒店（三星级）、税务培训中心（三星级）、南山大酒店、韩城宾馆、烟台首钢培训中心等。新时代大酒店，1994年建成营业，2001年重新装修，拥有格调各异房间112间，其中皇家套房2套，豪华商务套房5套，标准房105间；有可容纳20～400人大小会议厅10余个。

图11-7 长城苑接待厅（1989年摄）

图11-8 新时代大酒店迎宾大厅（2003年摄）

理发与美容保健业 1984年，辖区4个行政村每村都有一两户个体理发店，面积狭小，条件简陋。1986年，随迁入人口以及建筑、商业等行业流动人口增加，理发馆开始逐步增多。是年，区内有理发店8处，均为个体经营。20世纪90年代初，区内美容美发业兴起。1990年，有理发及美发美容店18家，多为个体经营，或一铺1人独自经营，或一铺 2 ~ 3 人合伙经营。除理发外，还进行美发、美容等。1995 年，辖区有专门的洗头房、洗发屋，从事洗发、头部按摩护理。是年，区内

图 11-9　美容美发店（2003 年摄）

有理发及美发美容业户 62 家，从业人员 130 人。新时代大酒店、税务培训中心等宾馆都设有档次较高的理发和美容美发馆，晨光小区、彩云城、韩城宾馆等地也设有条件较好的美容美发店。规模较大的美容美发店一般设 5 ~ 6 个座位，较小的设 1 ~ 2 个座位。2000 年前后，辖区开始兴起女子皮肤按摩护理保健、美容美体专业服务。设置床位、按摩座椅、专用电器等设施，对面部、肢体进行按摩保健护理，达到美容美体的目的。主要消费人群是中高收入中青年职业女性。2001 年，辖区有理发及美容保健业户 381 家，从业人员 444 人。2003 年，辖区有理发与美容保健业户 375 家，从业人员 425 人，年营业收入 4769 万元。其中个体经营户 371 户，从业 387 人，年营业收入 4452 万元。

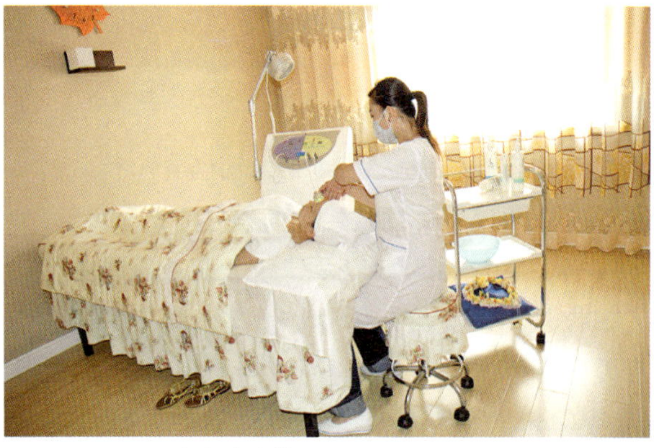

图 11-10　美容美体护理服务（2003 年摄）

娱乐与健身服务业　1989 年以前，辖区内没有营业性休闲娱乐和健身场所。生活单调，缺少文化娱乐内容。为调节紧张工作情绪，活跃职工业余文化生活，管委有关部门和有条件的直属公司，常在华泰酒楼、管委临时礼堂（区东方艺术团址）、渤海饲料公司舞厅以及直属公司饭厅、礼堂等处，举办晚场舞会。1990 年起，陆续出现收费舞厅，较早的有华泰舞厅、长城苑舞厅等，但还不是真正的营业性舞厅，也未纳入行业管理。1991—1995 年，娱乐业发展迅速，出现专门的营业性舞厅（包括卡拉 OK 舞厅），灯光、音响设

图 11-11　健身运动场所

施都比较先进；电子游戏厅，一般设置十几台游戏机，主要供青少年游戏；放像厅，设置放像和显影设备，普遍放映港台武打录像盒带（磁带），主要消费群体是建筑工地的农民工及闲散人员。有的大酒店、饭店也设置室内游乐设施。新时代大酒店设置保龄球馆、棋牌室、麻将屋、电子游戏室、舞厅、卡拉 OK 厅、台球室、网球场、室内模拟高尔夫、游泳馆、乒乓球馆等健身娱乐设

图 11-12　新时代大厦游泳馆（2003 年摄）

施。1995 年，辖区有健身娱乐企业 20 家，从业人员 45 人。2000 年后，健身行业发展较快。有室内健身房，设置跑步机、举重器等健身器械；有乒乓球室、游泳馆等。建成的住宅小区都设有室外全民健身器械，供居民使用。是年，辖区有娱乐健身企业 73 家，从业人员 120 人。2003 年，辖区有娱乐健身企业 98 家，其中娱乐业 88 家，健身业 10 家。从业人员 320 人，年营业额 6732 万元。主要经营户有新时代大酒店娱乐宫及健身房、国际报告厅健身房、德胜儿童游乐园等。

图 11-13 卡拉 OK 歌厅

洗浴业 1987 年，管委在 I-7 小区投资 22 万元，建起辖区第一所公共浴室，建筑面积 810 平方米，为公共浴池、淋浴结构。1990 年，区内有浴室 3 家，从业人员 12 人。1995 年，辖区有洗浴企业 5 家，从业人员 25 人。蒸汽浴、桑拿浴、芬兰浴、足疗（药液洗泡脚）、按摩行业开始兴起，主要经营业户是一些大酒店设置的洗浴中心，比较有名的足疗店是良子足疗连锁店。2000 年，有洗浴企业 10 家，其中个体私营企业 6 家，从业人员 46 人。时，洗浴业出现大众普通洗浴和高级洗浴消费档次之分。洗浴中心（桑拿浴、搓澡、修脚、剪指甲、按摩、理发、酒水、娱乐等项服务）兴起，洗浴设施先进、环境雅洁、服务专业、费用较高，主要消费对象是公司老板、企事业单位高收入群体。低收入群体主要在普通公共浴室洗浴。2003 年，辖区有洗浴企业 25 家，从业人员 184 人，年营业额 4070 万元。其中个体私营企业 21 家，从业人员 104 人，年营业额 2570 万元。行业主要业户有新时代大酒店洗浴中心、金沙滩大酒店洗浴中心、铁路培训中心芬兰浴洗浴中心、金海洋洗浴城、齐鲁浴室、良子足疗保健中心等。

其他服务业 1988 年，辖区第一家照相馆、第一家干洗店在 I-7 小区临时农贸市场铁皮网点房内开张。1990 年前后，区内有托儿所、干洗店、婚姻介绍、家电修理、车辆修理等经营服务点。1995 年前后，区内出现信息咨询服务、计算机应用服务、鲜花店、婚礼服务、水店（纯净水、矿泉水）等行业。2000 年前后，区内兴起家政服务，其业务主要有搬家、卫生清扫、医院护理、保姆等；出现殡葬服务，在开发区北车家云龙山建有西陵园，设置骨灰堂和陵园。2003 年，辖区各类居民服务业基本齐全，并随社会发展而不断引入新的服务领域和增加新的服务内容。

2003 年烟台开发区饮食及其他服务业基本情况统计表

表 11-6 单位：户、人、万元

类别	户数	从业人员	营业收入
餐饮业	707	7345	38067
旅馆业	52	2600	7276
理发与美容保健业	375	425	4769
娱乐及健身业	98	320	6732
洗浴业	25	184	4070
其他服务业	210	1558	12677
合计	1467	12432	73524

第七节　废旧物资回收

1997年以前，辖区内基本没有废旧物资回收企业和个体废旧物资收购工商户，只有个体从业者走街串巷收购废纸、酒瓶、家庭日用废品等。1998年，开始出现废旧物资回收专业户。至2002年，区内废旧物资回收企业及个体工商户发展到10户，其中私营企业1家，注册资本50万元，从业人员20余人；个体工商户9户，注册资本2.7万元，从业人员10人。

2003年，辖区内废旧物资回收企业61家，注册资本总额8767万元，从业人数310人。其中私营企业15家，注册资本7876万元，从业人员150人；非公司企业法人2户，注册资本总额31万元，从业人员90人。是年，废旧物资收购额1亿元以上。

2000年前，废旧物资回收种类比较单一，主要收购废旧金属制品及废旧纸张、酒瓶等。2001—2003年废旧物资收购种类扩大到废旧钢铁、建材、废旧生产资料、废旧生活用品，收购覆盖面也不断扩大，创造了较好的经济效益和社会效益。

第八节　生猪屠宰管理

1985年，区内4个村都有个体生猪屠宰户，传统手工作坊式屠宰，共10户左右。屠宰户一般都在自家院落里屠宰生猪，全区日屠宰量15头左右，很少检疫，猪肉以供应本村集体和村民为主，也有少量销往福山区，销售方式以走街串巷叫卖为主。

1992年，14个村的生猪屠宰方式仍以个体家庭式屠宰为主，共有屠宰户20户左右，日屠宰量50～60头，主要供应辖区居民、单位集体食堂和饭店。区兽医部门强化推行检疫，但也时有偷逃检疫情况发生。

到1995年，辖区人口增加，工业规模扩大，商贸繁荣，餐饮业也较发达，人们对肉食品需求量增加，全区个体屠宰户增加到30户左右，生猪日屠宰量达到100多头，除供应本区域外，还销往福山区和芝罘区等地。其间，辖区生猪屠宰市场混乱，私屠滥宰严重，偷逃检疫现象频发，危害区内环境和食品安全。1996年，按照市政府统一规定，由管委内贸部门牵头，与兽医卫生监督管理部门一起，开始推行生猪定点屠宰管理工作。管委成立生猪定点屠宰管理领导小组和生猪定点屠宰管理办公室，办公室设在经济发展局计划内贸处。生猪定点屠宰管理本着“定点屠宰、集中检疫、统一税费、分散经营”的方针，在辖区36平方公里内批准2个生猪定点屠宰场。要求个体生猪屠宰户全部到定点屠宰场进行自宰或代宰，兽医人员场内检疫检验，不允许场外屠宰生猪。经过管理部门几年的艰苦努力，私屠滥宰现象得到控制。为进一步规范生猪定点屠宰管理，1998年，全区只保留金东公司生猪定点屠宰场1处。

由于生猪定点屠宰场仍是以手工作坊式操作为主，不符合国务院《生猪屠宰管理条例》规定，2000年，按照市政府要求，管委内贸部门开始规划建设开发区机械化生猪定点屠宰厂。机械化生猪定点屠宰厂名称为烟台开发区金东肉联有限公司，由胜利东村居民个体投资兴建。机械化生猪定点屠宰厂厂区占地面积7000平方米，建筑面积3500平方米，设计日屠宰量500头，总投资300万元。

2003年，辖区有生猪定点屠宰场4家，其中东区1家，西区3家。辖区日生猪屠宰量300头左右，其中东区屠宰量约200头，西区3个街道屠宰量约100头。区内自用约200头，销往福山区、芝罘区和蓬莱市约100头。待开发区机械化生猪定点屠宰厂建成后，逐步取消手工作坊式定点屠宰场，生猪一律由机械化屠宰厂屠宰，再由肉品经营户分散经营。11月，生猪定点屠宰管理办公室改设在经济发展局财贸处。2004年7月，开发区机械化生猪定点屠宰厂建成投入使用。

第九节 市场建设

1985年，辖区没有市场，只有附近福山区岗嵛村的一处农贸集市。1988年，随着开发区经济建设的逐步开展，区内常驻人口和外来施工、服务人员也渐渐增多，接近10万人。为活跃区内经济，满足职工、群众生活需要，管委于1988年4月在起步区生活区（Ⅰ-7小区）兴建第一处临时农贸市场，占地面积1.2万平方米。

1991年，工委管委提出大力发展商贸、旅游业，以第三产业带动区域经济发展的方针。5月，彩云城市场（Ⅰ-8小区临长江路公建区、规划临建）动工兴建，11月18日建成开业，市场占地面积10万平方米。

1992年，辖区开发建设蒸蒸日上，商业繁荣，人流成倍增加，管委在Ⅰ-8号小区兴建永定市场，3月建成投入使用，占地面积1.5万平方米。Ⅰ-7号小区起步区农贸市场因城市建设拆迁，原经营业户全部迁入彩云城和永定市场经营。

1993年，区工商局组织永定市场和彩云城市场扩建，新增塑料彩棚，设置水泥货台，铺设雨水、污水管道，硬化地面、铺设道路、修建停车场等。在彩云城中心区域新建黄金交易中心、化妆品批发市场、服装市场、鞋帽市场等。12月，管委下发《烟台经济技术开发区市场管理办法》，鼓励支持企事业单位、社会团体、居民委员会、国内外财团和投资商以自办、联办、合资、合伙、联营等方式参与市场建设。市场建设实行“谁投资谁受益”的原则，允许各种经济成份同台唱戏、平等竞争。

1994—1995年，舒家临时食品批发市场建成开业。舒家临时食品批发市场占地面积5万平方米，是胶东半岛唯一的大型食品批发市场，其影响力和辐射力达到济南、青岛、淄博和威海等地。

1997年8月，管委制定出台《烟台经济技术开发区市场建设规划》，根据开发区城区建设总体要求，按照区域规划、人口分布、市场功能等情况，将全区市场划分五大类，规划建成各类永久性固定市场9处。市场建设以“统一规划、合理布局、分期实施”和“谁投资、谁受益”的原则，规划期到2010年。

1996—1998年，先后有利源商厦、鑫台建材商城市场、鑫台旧货市场建成投入使用，市场总数增加到7个，占地总面积30.80万平方米，建筑总面积17.91万平方米，总投资1亿元，市场摊位总数3785个。1998年市场商品成交额20.5亿元。

1999—2001年，市场建设在稳定规模、提高质量的基础上，由一般狭小、封闭简陋型市场形式向商厦式、超市型方向发展。3年时间里，有胶东福莱商城等6处市场建成投入使用，全区市场总数13处，总占地面积48.13万平方米，总建筑面积37.10万平方米，总投资2.24亿元，上市摊位6781个，日上市人数2万余人次。1999年市场成交额为20亿元，2000年达到22.5亿元，2001年18亿元。其中规模、影响力较大的市场有胶东福莱商城市场（含舒家食品批发市场）、德胜商城市场和星海置业广场市场3处。2002年，恒达蔬莱综合批发市场在星海小区建成，辖区市

图11-14　胶东福莱商城（2003年摄）

场建设总数达到14处，其中永久性商厦市场7处，临时市场7处。

2003年，凤台小区农贸市场、金东小区农贸市场相继建成开业，全区市场建设总数达到16处，其中永久性商厦市场9处，临时市场7处，总占地面积49.83万平方米，总建筑面积38.05万平方米，总投资2.29亿元，上市摊位7746个。德胜商城年营业额9500万元，家家悦超市开业5个月营业额达到2500万元。在发展过程中有3处临时市场拆迁和1处永久性市场注销停业。是年正常开业市场13处，日上市人数2.5万余人次，年市场成交额为25亿元。

1988—2003年烟台开发区商品市场建设情况表

表11-7

市场名称	开业时间	占地面积（㎡）	建筑面积（㎡）	投资总额（万元）	摊位（户）	地址	建设单位	备注
7号小区临时农贸市场	1988.06.08	12025	2130	45	71	Ⅰ-7小区崂山路西	区工商局	1992年3月拆迁
彩云城市场	1991.11.18	100000	22500	2643	2400	Ⅰ-8小区长江路南	区房地产公司	2002年2月8日拆迁重建
永定市场	1992.03.25	15000	6500	501	482	Ⅰ-8小区永定河路北	区房地产公司	2000年7月28日拆迁
舒家临时食品批发市场	1994.08.12	50000	15000	300	420	衡山路南首	舒家批发市场物业公司	
利源商厦市场	1996.09.08	13000	25000	3349	280	星海小区长江路南	区个体劳动者协会	2001年12月移交国有资产管理公司
鑫台建材商城	1997.07.18	102000	98000	1800	80	宫家台子村	区同济产业有限公司	
开发区旧货市场	1997.07.18	16000	10000	1400	52	宫家台子村	区同济产业有限公司	2002年3月注销
马家临时市场	1999.02.15	19510	4000	380	400	马家村南	区金桥建筑安装有限公司	
新时代商城	2000.07.18	4700	7800	900	45	泰山路4号	区新源物业管理有限公司	
胶东福莱商城	2000.07.18	60000	70000	4555	486	衡山路南首	烟台福莱商城物业管理有限公司	
德胜商城	2001.06.12	20154	80000	3000	1000	Ⅰ-8小区长江路南	烟台德胜房地产开发有限公司	
星海置业广场	2001.10.28	30955	30051	3255	615	星海小区长江路南	区星海置业发展有限公司	
黄山路夜市	2001.10.29	38000	–	230	450	丹阳小区黄山路西	区建设环保土地局	
恒达蔬菜综合批发市场	2002.03.28	10000	5430	300	500	星海小区长江路南	区恒达置业发展有限公司	
凤台农贸市场	2003.04.18	4000	3000	200	200	凤台小区	凤台小区物业管理公司	
金东农贸市场	2003.03	2926	1112	48	265	金东小区	区金东发展总公司	
总　计		498270	380523	22906	7746			

第十节 市场选介

起步区临时农贸市场 1988年6月建成开业，地址在起步区Ⅰ-7生活小区崂山路与小清河路之间，临时性板房结构，经营期限5年，由区工商局与曲家台子村滨海五金厂合作兴建。建设资金30万元，先由经营者出资，区工商局统一组织建设，建成后按经营者出资数额和需要，将板房所有权移交经营者。市场南北长80米，东西宽65米，占地面积5200平方米，建筑面积900平方米。有铁皮组合板房18间，每间30平方米，有水泥材料组合板房12间，每间30平方米，建有塑料彩棚700平方米，水泥货台120米，能容纳经营户56户。上市商品主要有蔬菜、蛋禽、水果、肉食、副食、餐饮，日上市人数5000人次，年成交额达5000万元。1989—1990年，对市场进行扩建，向南延伸105米，新增营业场地6825平方米，新增水泥组合板房41间，经营业户增加15户，上市商品增加了建筑材料、装饰材料、五金化工、日用百货和理发、照相等服务行业。日上市人数增加到8000人次，年成交额增加到1亿元。1992年3月，起步区临时农贸市场拆迁，原经营业户全部迁入彩云城和永定市场经营。起步区临时农贸市场的兴建，对于方便开发区创业者的生活，提供了必要的条件。

图11-15 起步区临时农贸市场（1989年摄）

彩云城市场 1991年11月18日建成开业，是辖区最早兴办的一个以工业品批发为主，以商业零售、农贸为辅的大型综合市场。建设总投资2643万元，由区房地产公司组织施工建设。临时建筑，经营期限10年，占地面积10万平方米，建筑面积2.25万平方米，建有10大经营区，共有营业房778间，露天摊位500余个。东半部为铝合金与玻璃墙面结构营业房，西半部为角铁与铁皮墙面结构营业房，市场四周为砖混建筑营业房，能容纳业户1278户。经营品种主要有：纺织、家电、服装、机械电子、工艺品、体育文化用品、五金建材、食品、副食品等1000余种。1993年，为完善市场功能，为经营者营造良好环境，区工商局筹资643万元，对市场进行扩建。新增塑料大棚3500平方米，设置水泥货台700米，铺设排水、排污管道2700米，地面硬化8万平方米，铺设道路10公里，修建停车场300平方米。联合烟台市黄金局等单位筹资100余万元，在市场中心区域新建黄金交易中心、化妆品批发市场、服装市场、鞋帽市场各一处。1996年增加早市、夜市一处，使彩云城形成“城中有城，市中有市”的格局，摊位增加到2400余个，日上市人数达1万余人次，市场从业人员达4500余人，经营品种多达3000余种。良好的环境，优惠的政策，

图11-16 临建彩云城商品批发零售市场（1992年摄）

吸引来自全国29个省、市的国营、集体、“三资”企业、私营企业、个体工商户前来经商办企业。1993年，市场成交额达到12亿元，最高年份达到22亿元，成为远近闻名的大市场。1992年彩云城市场被山东省工商局评为“省级文明市场”，1993年被国家工商局评为全国百强市场。2002年1月，彩云城市场经营到期，原址拆迁重建。2月8日拆迁完毕，所有业户全部迁入德胜商城和周边市场经营。10月，新彩云城开工建设。新彩云城市场占地面积6.28万平方米，建筑面积18.1万平方米。新彩云城2005年7月建成投入使用。

图11-17　2005年新彩云城市场投入使用

永定市场　1992年3月开业，由开发区房地产公司投资兴建，位于Ⅰ-8号小区永定河路以北，故命名为永定市场。1991年11月，辖区第一座农贸市场Ⅰ-7号起步区临时农贸市场因兴建永兴大厦而拆迁。为给经营业户创造一个新的经营环境，同时也为居民购物提供一个新的场所，管委决定在Ⅰ-8号小区建设永定市场。永定市场占地1.5万平方米，建筑面积6500平方米，建有铁架大棚3000平方米、营业房52间、水泥货台250米，能容纳经营户256户。来此经营的多数为Ⅰ-7号小区农贸市场原经营户和周围村庄菜农、果农，经营品种主要有蔬菜、水果、肉食、海产品等。开业初期，人员天天爆满，购销两旺。日上市蔬菜、水果约50余吨，海产品20余吨，肉食10吨左右。是年5月，永定市场设立早市，早上5～7点开市，1994年已形成相当规模。每天早晨3点，运送蔬菜的农用车、拖拉机、小三轮就开进市场，有上百辆，赶早市的人数约有5000余人。1995年，为了解决场地不足问题，由区房地产公司投资进行扩建，新建二层楼式营业房50余间，钢管铁架彩棚1000余平方米，扩大经营场地3000余平方米，摊位增加482个，日上市人数8000余人次，年成交额1亿多元。1996年7月，永定市场与彩云城市场合并，农贸市场全部迁入彩云城市场西部经营，永定市场只保留小商品经营，直到2000年拆迁。

舒家临时食品批发市场　1994年8月，由长江社区管理处舒家村委会建成开业，地点位于衡山路南首西侧，紧靠同三高速公路，是烟台至大连火车轮渡专用线的第一个出口，西南邻福山区，东邻芝罘区，交通便利，地理位置优越。市场开业初期，因市场规模小、店铺不规范、卫生不达标等原因，一直没有起色。1997年7月，舒家村委会又投资300万元，在衡山路以东重建市场，市场占地面积5万平方米，建筑面积1.5万平方米，建有营业房460间，全为砖混结构，红瓦盖顶，整齐划一。市场内道路、给排水等设施齐全。市场能容纳业户420户，日上市人数达6000余人次。通过招商引资，吸引来自天津、北京、上海等地的客商前来设点经销。经营商品主要有粮油、食品、副食品等2万余种，2000年市场成交额达10亿元以上。舒家临时食品批发市场多数商品为厂家直销或设立总代理、总经销，品种齐全、上市量充足、货真价实、价格便宜。来这里进货的多数为各县、市区的个体户和大百货商场，每天

图11-18　舒家临时食品批发市场（1997年摄）

进出市场交易的车辆有近百辆，日成交货物100余吨。舒家临时食品批发市场是胶东地区最大的食品批发基地和食品集散地，其影响力辐射到北京、天津、上海、黑龙江、沈阳、大连、济南、青岛、淄博、威海等地。市场专聘物业管理公司负责管理，工商部门在市场设有管理办公室，负责日常的市场秩序维护和市场监督检查。为方便用户，市场设有卫生保洁员、货运装卸队，建有理发店、小吃部、储蓄所、公用电话等，24小时为业户服务。

德胜商城 1999年6月，由烟台德胜房地产公司投资兴建，2001年6月建成开业。位于长江路与泰山路交汇处，交通便利，人流比较集中。商城占地面积2万平方米，建筑面积8万平方米，能容纳业户1000余户，总投资3000万元。商城地上8层，外观采用欧式古典建筑风格。1层主要经营百货、珠宝首饰、鲜花礼品等商品；2层经营各种品牌精品服饰；3层经营各式高中档鞋帽及音响、电脑设备；4层经营平价服装，并建有健身娱乐场所；5层为科技馆。馆内设4个展区，分材料机械、能源交通、航空航天部分；信息工程、虚拟技术、自动控制部分；环境科学、生命科学、基础科学部分；中国古代科技成就部分；历史文物、中外著名科学家像片及简介等。6层为九龙都大酒店；7层为天象厅，采用现代先进设备，形象、科学、严谨地展示出四季星空的变化和宇宙中波澜壮阔的物质运动，揭示宇宙的奥秘和天体的来龙去脉；8层为天文台，采用先进的天文观测设备，可观测到太阳黑子运动、夜空及浩瀚星海等。是山东省最大的集科技、商贸、旅游观光、休闲娱乐、购物、餐饮为一体的多功能商城。2002年，商城科教馆被烟台市委、市科协定为烟台市科普教育基地。商城地下一层为农贸市场，面积4000平方米，水电、通风、排污设施齐全。设有蔬菜区、水果区、生熟肉食品区、干鲜海产品区、粮油区、餐饮区、修理修配区，兼营日用百货、土产杂品、调味品、花鸟渔具、五金建材等。摊位与精品屋相联，能容纳经营业户600余户。市场采取工商、物业统一管理，相互协调，综合治理的体制。商城设有工商行政管理所，与物业管理部门建有联合办公制度、联席会议制度、联合巡查制度。市场建立经营秩序管理规定、卫生管理规定、消防管理规定、广告宣传规定等十几种规章制度，配备保安、消防、保洁队伍和管理人员100余人。2002年，根据农贸市场超市化的发展要求，商城地下一层农贸市场实行超市化管理。投资30万元对农贸市场地面、货台、标牌进行全面改造，开辟了放心肉超市，实现了“农贸市场超市化、市场地面瓷砖化、证牌悬挂标准化、商品摆放整齐化、宣传标语人性化”。市场开业以来，日上市人数一直都在1万人次以上，年成交额都在1亿元以上。2002年，德胜商城被烟台市工商局评为“烟台市规范化文明市场”，市政府多次组织有关部门前来参观学习并召开现场会。2003年，德胜商城营业额9500万元，被评为烟台市一级农贸市场和山东省规范化文明市场。

图11-19 2001年6月德胜商城建成开业

第十一节　集贸市场

开发区村镇集市贸易历史久远。集贸市场大都以村镇地域、交通条件、农副产品特色为基础，自然形成。1984 年岗嵛村有一处露天集市。1992 年舒家村委在村南建一处露天集市。这两处集市一直延续到 2003 年。2002 年 9 月开发区区域扩大后，农村集市增加到 12 个。

巨峰集　1785 年前后形成，位于大季家街道西端巨峰村，南面环山，西与蓬莱市潮水镇接壤，北与 206 国道相望。农历每月逢四、九日为集日。历史上由于所处地理位置重要，清乾隆后期，一度曾是龙口（黄县）、蓬莱等地通往烟台的必经之路。巨峰集市兴旺了很长一段时间，曾被誉为“蓬东第一集”。当时上市商品有粮食、副食、柴草、海产品、禽蛋、猪羊、土特产品、杂货、百货等。新中国成立后，特别是改革开发以来，由于龙口（黄县）、蓬莱等地通往烟台的道路改道，该集市因交通不便和周边市场相继发展，规模日趋萎缩。20 世纪 90 年代以来，上市商品有蔬菜、鸡蛋、猪肉和零星百货等，上市摊位不足 100 个，日入市人数 1000 人次左右，日成交金额 1.5 万元左右。该集山会日期是每年农历腊月初四日，平均上市摊位 200 多个，入市人数约 2000 人次，日成交金额 10 万元左右。

古现集　起源于清朝末年，为境内大集，位于古现街道办事处（原古现镇）所在地。农历每月逢三、八日为集市日。新中国成立前上市人数少，商品品种单一，不成规模。新中国成立后至 1978 年改革开放以前，古现集的上市商品主要是农副产品，以粮食、蔬菜、水果、柴草为主，以禽蛋、水产品、牲畜为辅。在计划经济时期，经商人数少，市场规模不大。改革开放以来，古现集规模日渐扩大，上市商品品种越来越多，主要有工业品、农副产品、肉类制品、水产品。2000 年以来，上市经营者和消费者日渐增多，上市摊位 350 余个，日入市人数 6000 余人，日成交金额 15 万余元。每年农历三月初三日是古现的传统山会。山会上市摊位 500 余个，日入市人数达 1.2 万余人，日成交金额 40 余万元。每年的山会大集已成为当地居民走亲访友、购物消费、文化娱乐的民俗节日，成当地不可缺少的经济文化活动。

图 11-20　古现集（2003 年摄）

芦洋集　1950 年形成，位于大季家街道东端芦洋村，靠山环海。农历每月逢五逢十日为集日。建集初期以海产品、粮食、柴草为主要上市品种。2000 年以来，随着沿海经济的发展，市场规模逐渐扩大，市场交易兴旺，门类齐全，主要有海产品类、蔬菜类、禽蛋类、生熟肉、副食品、针织、服装、百货、杂品等。上市摊位 300 个左右，日入市人数约 3000 人次，日成交金额 5 万余元。该集每年农历四月二十五和十月二十五日赶山会，上市商品品种 2000 余种，平均上市摊位约 600 个，日入市人数约 5000 人次，日成交金额 25 万元左右。

大季家集　1956 年形成，位于大季家街道办事处驻地大季家村，北靠 206 国道，东临季柳公路，西、南分别与蓬莱市潮水镇、大柳行镇接壤。农历每月逢三、八日为集日。建集初期，上市商品以蔬菜、鸡蛋等农产品为主。2000 年以来，随着经济的发展，交通方便和发展中心小城镇的优势日益显现，市场规模不断扩大，上市商品增加了果品、家禽、海产品、副食、针织、服装、杂品、百货等，门类较全。上市摊位 400 个左右，日入市人数达 4000 多人次，日成交金额 8 万元左右。

该集每年农历正月十八、三月初八、十月十三、十一月二十八日赶山会，上市商品品种3000余种，上市摊位1000多个，日入市人数近万人，日成交金额50万元左右。

岗嵛集 1972年形成，位于长江社区南部岗嵛村，南临福山区，附近有北屯、廒上、栖里等村。农历每月逢一、五、八日为集日。2000年以来，上市商品主要包括农副产品、服装鞋帽、日用百货、土产杂品等500余种。上市摊位100个左右，日入市人数700人次左右，日成交金额2万元左右。2003年，因206国道加宽改建，集市规模受到影响，上市人员及成交额减少。

梁家集 20世纪70年代形成，位于古现街道东南，与福山交界，206国道以南。农历每月逢四、十日为集日（若月末无三十日则定为二十九日）。初期，集市规模不大。2000年以来，上市商品以小工业品、水产品、禽蛋类、蔬菜为主，平均摊位200个左右，日入市人数1000余人次，日成交金额在2万元左右。

八角集 1984年形成，位于八角街道八角港以南。农历每月逢二、七日为集日。上市商品主要有蔬菜、果品、禽蛋、海产品、副食、针织、服装、杂品、百货等。2000年以来，上市摊位日均500个左右，日入市人数约4000人，日成交金额12万元左右。该集每年农历二月二十二、六月十二日赶山会。山会上市商品品种1000余种，日平均上市摊位1500个，日入市人数1万多人，日成交金额30万元左右。

图11-21 八角山会民俗表演

方里集 1984年形成，位于大季家街道东侧方里刘家村，北临206国道，南靠九目山，东接八角街道。农历每月逢一、六日为集日。初期上市商品以蔬菜、鸡蛋为主，随着农村经济发展，农民生活改善，上市商品逐渐增多，海产品、副食、肉类、针织品、百货陆续进入市场。2000年以来，上市摊位60个左右，日入市人数约200人次，日成交金额1万元左右。该集山会日期是每年农历四月十八日。山会平均上市摊位260个，日入市人数约2000人次，日成交金额12万元左右。

下刘家集 1985年形成，位于八角街道下刘家村。农历每月逢四、九日为集日。上市商品主要有蔬菜、果品、禽蛋、海产品、副食、针织、服装、杂品、百货等。2000年以来，上市摊位400～500个，日入市人数约5000人，日成交金额8万元左右。该集每年赶山会时间为农历端午节。山会上市商品增加了家具、旧门窗、牲畜等，日平均上市摊位1000个，日入市人数近万人，日成交金额50万元左右。

北于家集 20世纪80年代形成，位于古现街道东部，206国道以北，北临大海，东西分别与马家村、八角村接壤。农历每月逢一、六日为集日。初期，集市规模不大。2000年以来，上市商品以水产品、禽蛋类、蔬菜、日用小百货为主，平均摊位100个左右，日入市人数1000余人，日成交金额1.5万元左右。每年农历三月初一日是北于家的传统山会。山会主要以小吃为主，另外也有小百货、工艺品、水产品、禽蛋类、蔬菜等，上市摊位300余个，日入市人数4000余人次，日成交金额8万余元。山会大集已成为当地居民走亲访友、购物消费、文化娱乐的民俗节日。21世纪初期以前，三月初一日赶大集，附近学校学生放假一天。

舒家集 1992年形成，位于长江社区东南部舒家村，东临开发区衡山路，南临福山区。农历每月逢二、五、八日为集日。2000年以来，上市商品主要包括农副产品、服装鞋帽、土产杂品等千余种。上市摊位420个左右，日入市人数2000人次左右，日成交金额 6 万元左右。

百堡集 1992 年形成，位于八角街道西部。农历每月逢五、十日为集日。初期，集市规模不大。2000 年以来，上市商品以水产品、禽蛋类、蔬菜、日用小百货为主，日平均摊位 100 ~ 200 个，日入市人数 1000 多人，日成交金额 1.5 万元左右。该集每年春秋两次赶山会，时间为农历三月二十五日和七月二十日。山会上市商品品种 600 余种，平均上市摊位 1000 个左右，日上市人数 2000 余人次，日成交金额 20 万元左右。

东吴家集 1993 年形成，位于古现街道东吴家村。农历每月逢一、六日为集日。上市商品主要有蔬菜、瓜果、水产品、生熟肉、布匹、服装、日用杂品等，日上市摊位 100 个左右，日入市人数 500 余人次，日成交金额 1 万余元。

2003 年烟台开发区农村集市、山会（庙会）情况表

表 11-8

集市名称	集日（农历）	山会（庙会）日期（农历）
巨峰集	四、九	腊月初四日
古现集	三、八	三月初三日
芦洋集	五、十	四月二十五、十月二十五日
大季家集	三、八	正月十八、三月初八、十月十三、十一月二十八日
岗嵛集	一、五、八	
梁家集	四、十	
八角集	二、七	二月二十二、六月十二日
方里集	一、六	四月十八日
下刘家集	四、九	端午节日
北于家集	一、六	三月初一日
舒家集	二、五、八	
百堡集	五、十	三月二十五、七月二十日
东吴家集	一、六	

第二章　对外及对港澳台贸易

1986 年，烟台亚东标准件有限公司向香港自营出口自产工业产品，标志着烟台开发区对外贸易的开始，也是烟台开发区外向型经济的开端。1987 年，产品出口企业增加到 3 家，进出口贸易总额 385 万美元，其中出口额 374 万美元。是年，管委直属公司边组建边开展进出口经营业务。1988 年，管委提出要“用足、用活、用好”现行外经贸政策，同时开展“三来一补”业务，走“进口原料加工出口，出口创汇后再进口，大进大出、大循环”的路子。是年，管委成立的具有

自营进出口权的直属公司以及其他外贸经营公司陆续开业经营。辖区内进出口工业企业达到10家，进出口贸易公司3家，进出口总额5489万美元，其中出口额5369万美元。

1989年，国际贸易环境不利，进出口贸易受到影响，进出口总额3212万美元，其中出口额2953万美元，分别比上年降低41.48%和45.0%。1990年，国际经济环境趋于好转，对外贸易得到恢复，出口总额5190万美元，与1988年基本持平。

1992年，邓小平南方谈话发表后，对外开放步伐加快，辖区进出口贸易一直处于高位增长态势。1996年，进出口总额达到3.59亿美元，其中出口额2.10亿美元；外贸进出口企业71家，其中外商及港澳台商投资企业54家；外商投资企业出口额占全区出口总额的47.23%，进口额占全区进口总额的48.35%。

1997下半年，亚洲金融危机爆发，影响烟台开发区进出口贸易的发展。1998年，管委全力扶持受金融危机冲击较大的重点企业，在税收、金融、用地、收费等方面采取了12条倾斜扶持外贸进出口企业的政策，以减轻亚洲金融危机给企业带来的负面影响程度，帮助企业渡过难关。是年，全区完成进出口总额6.3亿美元，比上年增长12.73%。全区有13家企业出口额超过500万美元以上，这13家企业出口额占全区出口总额的64.0%。其中烟台鲁星食品有限公司、山东省外贸公司烟台开发区分公司、烟台银和有限公司、烟台开发区进出口公司、烟台西蒙西轴承有限公司等5家企业出口额均超过1000万美元。1999年，开发区通过制定出口鼓励政策，大力扶持外贸出口企业，积极实施出口产品和出口市场多元化战略，努力克服亚洲金融危机的不利影响。是年，全区进出口企业发展到103家，全年完成进出口贸易总额6.4亿美元，其中出口总额2.33亿美元，比上年增长15.64%。2001年，辖区完全扭转了1997年以来外贸出口滑坡、徘徊的被动局面，实现了新的增长。全年完成进出口总额8.3亿美元，比上年增长31.51%；出口总额3.8亿美元，比上年增长22.26%。

2002年，辖区全面落实国家鼓励出口政策，积极为企业提供政策信息服务和外贸技术帮助，培育和扶持进出口企业开拓国际市场，扩大对外贸易规模。当年完成进出口贸易总额10.8亿美元，比上年增长30.10%，出口总额4.77亿美元，比上年增长25.30%。

2003年，对外贸易跨越式发展，全年完成进出口贸易总额17.88亿美元，比上年增长65.17%。其中进口总额11.2亿美元，增长84.90%；出口总额6.68亿美元，增长40.10%。进出口企业发展到177家，当年出口额500万美元以上的企业30家，1000万美元以上企业17家，2000万美元以上企业8家，鲁星食品、水星食品和华东变压器3家企业出口额都超过4000万美元。辖区企业与国际上36个国家（地区）的客商建立了进出口贸易关系。全区经济外贸依存度（进出口总额占GDP的比重）达到105.72%。

1987—2003年烟台开发区对外贸易情况统计表

表11-9　　　　单位：万美元

年份	进出口总额	进口总额			出口总额		
			外商及港澳台商投资企业	内资企业		外商及港澳台商投资企业	内资企业
1987	385	11	–	11	374	–	374
1988	5489	120	–	120	5369	123	5246
1989	3212	259	24	235	2953	444	2509
1990	6051	861	33	828	5190	966	4224

续表 11-9

年份	进出口总额	进口总额	外商及港澳台商投资企业	内资企业	出口总额	外商及港澳台商投资企业	内资企业
1991	9356	2874	897	1977	6482	1698	4784
1992	16211	9095	781	8314	7116	2051	5065
1993	21424	12393	1965	10428	9031	3358	5673
1994	22662	10392	1562	8830	12270	4590	7680
1995	30110	14082	3572	10510	16028	5571	10457
1996	35929	14942	7224	7718	20987	9913	11074
1997	56102	31789	17016	14773	24313	13664	10649
1998	63244	43072	29686	13386	20172	14099	6073
1999	63908	40582	32364	8218	23326	19884	3442
2000	63263	32155	24297	7858	31108	24734	6374
2001	83220	45187	39713	5474	38033	33605	4428
2002	108269	60613	56566	4047	47656	44450	3206
2003	178829	112063	104753	7310	66766	62141	4625

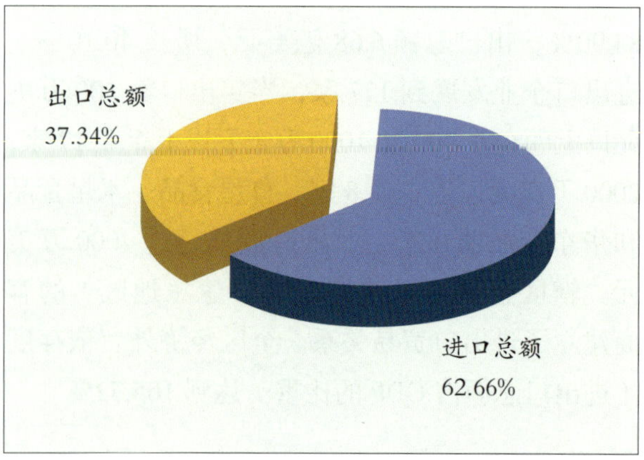

图 11-22　2003 年烟台开发区对外贸易结构图

第一节　出口产品

1987 年，烟台开发区出口产品只有自攻螺钉、针织用横机针、机械木钟和家畜饲料 4 种。1988 年，出口产品中，机械加工产品有自攻螺钉、针织机针、气动元件、机械钟、镀锌电焊网，电子产品有苹果兰汉卡，非金属矿物制品有花岗岩板材，食品制造有海产品冷冻加工，农副产品加工有水貂饲料、混合花生饲料等。到 1990 年，在出口产品中，机械加工产品主要有自攻螺钉、针织机针，非金属矿物制品有花岗岩板材，食品制造有海产品冷冻加工、蔬菜加工，医用品主要有医用纱布，工艺美术品主要有针织刺绣品，农副产品加工有水貂饲料、混合花生饲料，化纤纺织产品有氨纶丝等。1995 年，在出口产品中，食品制造产品有水产品加工、禽肉制品、酱腌菜、速冻蔬菜等，工艺美术品主要有刺绣工艺品、抽纱工艺品、地毯、挂毯等，化学纤维产品有氨纶丝和锦纶丝，棉纺织品有毛巾、服装等。

从出口产品结构看，20 世纪 90 年代中期以前，基本是以农副产品及初级工业产品为主。1996 年以后，辖区产业布局得到调整，出口产品结构得到改善。管委在对外贸易中实施出口企业“龙头带动战略”，鼓励发展高新技术出口产业，着力发展汽车、机械、电子信息、精细化工、医药及生物工程、化纤纺织及服装加工、食品、轻工、新材料等出口产品。随着外贸体制和外贸市场的不断变化，烟台开发区出口产品由建区初期的水产品和初级工业产品为主逐渐转变为以食品、机电和服装三大类别为主的出口产品结构。1999年，三类产品出口额分别是：食品类产品8056万美元，机电类产品5886万美元，服装类产品5029万美元，三大类产品出口额总计达到1.90亿美元，占全区出口总额的81.33%，食品、机电和服装三大类产品之间比重为42.50:31.0:26.50。

2003年，食品、机电、服装三大类产品出口额达到5.23亿美元，占全区出口总额的78.30%。其中，食品类出口额2.42亿美元，占全区出口总额的36.25%；机电产品出口总额1.95亿美元，占全区出口总额的29.20%；服装、纺织类产品出口额8579万美元，占全区出口总额的12.85%。

食品 1986年，开发区实业公司与美国加利福尼亚希莱斯超级市场合资57.5万美元，成立烟台开发区福莱食品加工冷冻有限公司，1988年建成投产，当年出口水产品106吨，出口额105万美元，这是烟台开发区第一家食品出口企业。

1990年，全区有食品出口企业3家，食品出口额2128万美元，占全区出口总额的41.0%。这3家食品出口企业是烟台福莱食品加工冷冻有限公司、烟台中美水产有限公司和烟台开发区富士蔬菜制品有限公司，主要出口产品是对虾、盐渍黄瓜、山牛蒡等蔬菜和水产品。

1995年，食品出口初具规模，主要出口产品有鱼虾、蔬菜、家禽、粉丝等海产品和农副产品，食品出口企业发展到13家，出口额4952万美元，占全区出口总额的30.90%，80%以上企业属自营出口。

2000年，食品仍是开发区主要出口产品，当年食品出口企业28家，出口额8943万美元，占全区出口总额的28.75%，出口产品仍以水产品和农副产品为主。烟台开发区由于区位资源优势，85%以上的水产品、农副产品出口日本，这些出口企业与日本客户合作时间长、信誉好，且企业生产工艺先进、产品质量高。加之烟台劳动力资源丰富，劳动力成本低，很适合劳动密集型的食品加工企业发展。

2003年，全区有食品出口企业62家，食品出口额2.42亿美元，占全区出口总额的36.25%，水产品和农副产品仍是出口的主要产品。产品出口日本、韩国、英国、美国等40多个国家和地区。出口额过1000万美元的食品加工企业4家，烟台鲁星食品有限公司，出口额5364万美元；烟台水星食品有限公司，出口额4649万美元；烟台联发水产有限公司，出口额2432万美元；山东永康食品有限公司，出口额1321万美元。

机电产品 1986年，烟台亚东标准件有限公司出口自攻螺钉21吨，出口额8万美元，这是第一家机电产品出口企业。1990年，机电产品出口企业2家，烟台亚东标准件有限公司出口额168.3万美元，烟台针织器材一分厂出口额29.3万美元，机电产品出口额208万美元，占全区出口总额的4.0%。1995年，全区有机电产品出口企业8家，出口额1595万美元，占全区出口总额的9.95%。主要出口企业有烟台西蒙西轴承有限公司，出口额443万美元；烟台开发区大明电子有限公司，出口额194万美元。主要出口产品有英制滚动轴承、电子产品等。到2000年，机电产品出口有很大发展，出口企业数量增加，企业规模扩大，出口产品科技含量提升，出口份额得到提高。是年，机电产品出口企业16家，出口额5485万美元，占全区出口总额17.63%。

2003年，全区机电产品出口企业20家，出口额达到19494万美元，同比增长74.0%，占全区出口总额的29.20%，机电产品出口已经成为拉动全区外贸出口增长的主要力量。出口产品品种达到110多种，主要有手机、彩管荫罩、挖掘机、变压器等。进口国家和地区达到167个，主要有韩国、美国、加拿大、马来西亚、欧盟等。出口额超过1000万美元的企业7家，有烟台华东变压器有限公司，出口额4102万美元；泰信电子（烟台）有限公司，出口额3230万美元；烟台胜地汽车零部件制造有限公司，出口额2802万美元；浪潮乐金数字移动通信有限公司，出口额2801万美元；烟台正海电子网板有限公司，出口额1745万美元；烟台东山电机有限公司，出口额1346万美元；大宇重工业烟台有限公司，出口额1156万美元。

服装与纺织品 1989年，服装与纺织品开始出口。当年有两家出口企业，出口额110.6万美元，占全区出口总额的3.75%。烟台香港华联有限公司，出口静电植绒布38万美元；烟台肯达尔医用品有限公司，出口美国医用纱布72.6万美元。1990年，服装与纺织品类出口企业仍是烟台香港华联有限公司和烟台肯达尔医用品有限公司两家，出口额232万美元，占全区出口总额的4.47%。1992年，服装与纺织品类出口企业发展到7家，出口额1002万美元，占全区出口总额的14%。主要出口企业有烟台肯达尔医用品有限公司，出口额292万美元；烟台大华毛巾有限公司，出口额208万美元；烟台开发区乐易宾缝纫有限公司，出口额108万美元；烟台开发区华夏艺术品公司，出口额127万美元。

1995年，全区服装与纺织品出口企业达到18家，出口额2018万美元，占全区出口总额的12.60%。主要出口企业有烟台肯达尔医用品有限公司，出口额292万美元；烟台大华毛巾有限公司，出口额169万美元；烟台大斗服装有限公司，出口额578万美元；烟台开发区华胜服装有限公司，出口额319万美元；烟台开发区华盛革制品有限公司，出口额529万美元。主要出口产品有医用纱布、各种毛巾、羊毛衫等针织服装，以及皮衣皮件等。主要进口国为日本、韩国。

20世纪90年代中期以来，以服装为主的来料加工贸易发展很快，促进了出口服装纺织行业规模的扩大。2000年，全区出口服装与纺织品企业14家，出口额8399万美元，占全区出口总额的27.0%，70%产品出口日本和韩国。

2003年，服装与纺织品出口企业达到17家，出口额8579万美元，占全区出口总额的12.85%。76.6%的产品以加工贸易方式出口。主要出口产品为各式男女上衣、裤、女式内衣、防寒服、羊绒大衣、T恤衫、运动服、童装、皮衣等。主要进口国家为日本、韩国、美国、加拿大等。

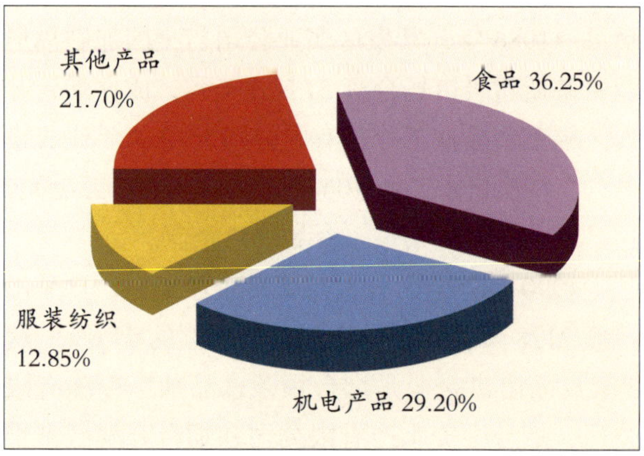

图11-23 2003年烟台开发区出口产品结构图

1987—2003年烟台开发区出口产品结构抽年统计表

表11-10 单位：万美元、%

年份	数额/比重	食品	机电产品	服装纺织品	其他产品	总计
1987	出口额	21	58	–	295	374
	比重	5.60	15.50	–	78.90	100
1990	出口额	2128	208	232	2622	5190
	比重	41.0	4.0	4.47	50.53	100

续表 11-10

年份	数额 / 比重	食品	机电产品	服装纺织品	其他产品	总计
1995	出口额	4952	1595	2018	7463	16028
	比重	30.90	9.95	12.60	46.55	100
2000	出口额	8943	5485	8399	8281	31108
	比重	28.75	17.63	27.0	26.62	100
2003	出口额	24200	19494	8579	14493	66766
	比重	36.25	29.20	12.85	21.70	100

第二节 出口地区

1986 年，烟台开发区开始有产品出口，至 2003 年，出口地区主要分布在亚洲、欧洲和北美洲。

亚洲市场 1986 年，第一家企业产品出口到中国香港地区，打开亚洲市场。1988 年，对亚洲市场出口额 4500 万美元，占出口总额的 83.80%。亚洲市场主要是中国香港地区。1990 年，出口亚洲市场 4150 万美元，占出口总额的 80.0%，主要市场是中国香港地区和日本。1995 年，出口亚洲市场 1.19 亿美元，占出口总额的 74.0%，主要市场是日本、韩国和中国香港、台湾地区。 2000 年，出口亚洲市场 2.21 亿美元，占出口总额的 71.0%，主要市场是日本、韩国、新加坡等国家和中国香港、台湾地区。

2003 年，对亚洲市场出口额 4.62 亿美元，占出口总额的 69.15%。是年，出口亚洲 27 个国家和地区，主要有日本、韩国、马来西亚、印度、泰国、新加坡、以色列、伊朗、印度尼西亚、土耳其、朝鲜、阿拉伯联合酋长国、菲律宾、越南、孟加拉国、黎巴嫩、巴基斯坦、缅甸、叙利亚、科威特、沙特阿拉伯、斯里兰卡等国家和中国香港、台湾地区。日本、韩国是主要进口国家，其中对日本出口额 2.14 亿美元，占全区出口总额的 32.0%；对韩国出口额 1.96 亿美元，占全区出口总额的 29.39%。

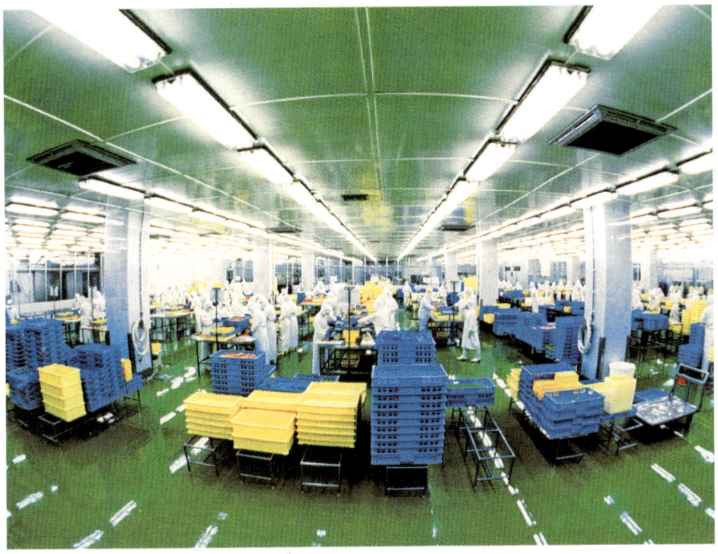

图 11-24 烟台鲁星食品有限公司生产加工车间

在亚洲，最大的进口国是日本，出口日本产品主要是食品和服装。食品主要是水产品及加工产品，占整个对日出口产品的 80% 以上；其次是农副产品、冷冻食品。2002 年对日本食品出口额 1.04 亿美元，占全区食品行业出口额的 85.0% 以上。2003 年日资食品加工企业有 19 家。

2003 年，机电产品出口日本的企业数量不多，出口额也很少，主要有烟台首钢电装有限公司、烟台北极星荣华钟表有限公司、烟台伟尔威机械有限公司、烟台美通模具有限公司等几家企业，除烟台伟尔威机械有限公司年出口额在 200 万美元以上，其他企业对日出口额均在

10 万美元左右。

北美市场 对北美市场出口起步较早，1988 年就有烟台开发区福莱食品加工冷冻有限公司生产的冷冻食品出口美国。是年对北美市场出口额 869 万美元，占全区出口总额的 16.20%。北美市场主要进口国家是美国。1989 年，烟台肯达尔医用品有限公司生产的医用纱布出口美国。1990 年，出口北美市场 950 万美元，占全区出口总额的 18.30%。1992 年烟台西蒙西轴承有限公司生产的英制滚动轴承产品出口美国市场。北美市场出口额 20 世纪 90 年代后期有较快增长。1995 年，出口北美市场 2560 万美元，占全区出口总额的 16.0%。2000 年，出口北美市场 4980 万美元，占全区出口总额的 16.0%。2003 年，对北美洲出口额 1.06 亿美元，占全区出口总额的 15.95%。北美市场只有美国和加拿大两个国家，其中出口美国 7646 万美元，占对北美出口额的 72.13%。

图 11-25 山东中鲁远洋（烟台）食品有限公司

图 11-26 山东中鲁远洋（烟台）食品有限公司生产加工车间（2003 年摄）

出口美国、加拿大主要是机电产品，其次是食品和服装。其中，机电产品主要出口企业和产品有浪潮乐金数字移动通信有限公司的 CDMA 移动电话、烟台正海电子网板有限公司的高分辨率彩管荫罩、烟台西蒙西轴承有限公司的英制滚动轴承、烟台萨姆肯汽车配件制造有限公司的汽车刹车盘、烟台胜地汽车零部件制造有限公司的汽车刹车鼓和汽车水泵、庆堂阀门（烟台）有限公司的高压阀门、迈克·威力（烟台）机械有限公司的精密木工机械等。出口北美市场主要食品加工企业有山东永康食品有限公司、山东中鲁远洋（烟台）食品有限公司、烟台东和食品有限公司、烟台方丹食品有限公司、烟台大宸食品有限公司、蓬莱志成水产有限公司等 15 家。出口产品主要是水产品，其次为农副产品、冷冻食品。出口北美市场的服装制造企业有烟台勃嘉威浦服装服饰有限公司等少数几家。

欧洲市场 1987 年，开发区针织器材一分厂出口德国机织针，1988 年烟台合成玛瑙有限公司生产的卫生洁具出口法国，欧洲市场逐步得到拓展。1990 年，出口欧洲市场 90 万美元，占出口总额的 1.73%。欧洲市场 20 世纪 90 年代后期发展较快。1995 年，出口欧洲市场 1280 万美元，占全区出口总额的 8.0%。2000 年，出口欧洲市场 3420 万美元，占全区出口总额的 11.0%。主要市场是德国和法国。2003 年，对欧洲出口额 8550 万美元，占全区出口总额的 12.80%。出口到欧洲 27 个国家，主要有比利时、英国、德国、法国、意大利、荷兰、西班牙、波兰、立陶宛、奥地利、俄罗斯、芬兰、丹麦等。其中出口英国和德国 4516.6 万美元，占对欧洲出口总额的 52.83%。出口欧洲市场产品主要以水产品和机电产品为主。食品出口企业主要有烟台联发水产有限公司、烟台正旺水产有限公司、烟台志成水产有限公司、山东永康食品有限公司、烟台方丹食品有限公司等。

四大新兴市场 2002 年，烟台开发区认真贯彻国家鼓励发展“四大新兴市场”的政策，积极拓展新兴市场。“四大新兴市场”是指非洲、拉丁美洲、独联体和中东地区。为鼓励企业扩大外贸出口，对出口“四大新兴市场”的企业，区财政给予每出口1美元产品奖励人民币0.02元的政策。到2003年，开发区产品出口非洲14个国家，出口总额229万美元；出口拉丁美洲14个国家，出口总额281万美元；出口独联体387万美元；出口中东地区253万美元。

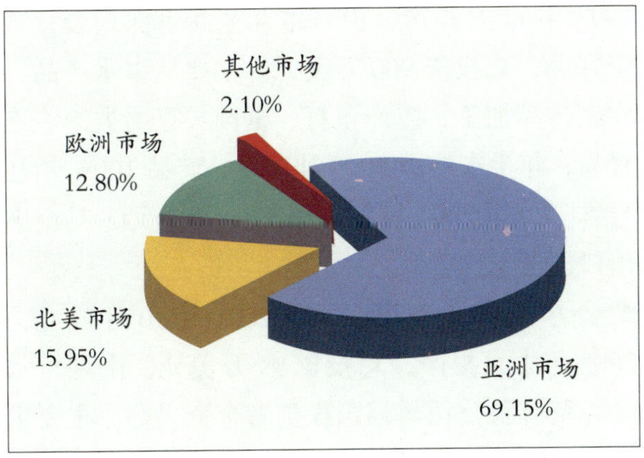

图 11-27　2003年烟台开发区外贸出口地区结构图

第三节　进口贸易

1986年，烟台开发区开始有进口贸易。是年，进口额7万美元，主要是外商及港澳台商投资企业进口设备和备件。1987年，进口额11万美元，占全区进出口总额的2.86%。1990年，进口额861万美元，占全区进出口总额的14.23%。在进口总额中，贸易公司进口额728.4万美元，其中开发区进出口公司进口额511万美元，烟台开发区实业公司进口额217万美元；工业企业进口额132.6万美元，其中烟台氨纶厂进口额100万美元，用于购买关键设备。

1992年，进口贸易额9095万美元，占进出口总额的56.10%，首次进口额超过出口额。在进口总额中，贸易公司进口额8072万美元，占全部进口总额的88.75%，其中烟台开发区进出口公司进口额3592万美元、烟台开发区科技公司进口额1656万美元、烟台开发区商业公司进口额1649万美元，主要进口产品是建筑用钢材、木材等。工业企业进口额1023万美元，其中烟台华润锦纶有限公司进口额570万美元，烟台氨纶厂进口额228万美元，用于购买关键设备和部分原材料。从1994年开始，烟台开发区进口额小于出口额。是年，全区进出口总额2.27亿美元，其中进口额1.04亿美元，占进出口总额的45.86%。在进口总额中，贸易公司进口额8790万美元，占全部进口总额的84.58%，其中烟台银和股份有限公司进口额3744万美元、烟台开发区进出口公司进口额2674万美元、烟台开发区物资公司进口额804万美元、山东三鑫科技集团进口额543万美元、山东省外贸公司烟台开发区分公司进口额467万美元。主要进口产品依然是建筑用钢材等材料。工业企业进口额1602万美元，其中烟台鲁星食品有限公司进口额466万美元、烟台华胜服装有限公司进口额140万美元、烟台华大化学工业公司进口额179万美元，用于购买关键设备、来料加工和部分工业原材料。

1997年，进口贸易额3.18亿美元，占进出口总额的56.66%，进口额再次超过出口额。在进口总额中，贸易公司进口额1.5亿美元，占全部进口总额的47.20%，其中烟台银和股份有限公司进口额9914万美元、烟台开发区进出口公司进口额3683万美元、山东省外贸公司烟台开发区分公司进口额1023万美元，主要进口产品是建材和家用机电产品。工业企业进口额1.68亿美元，其中大宇重工业烟台有限公司进口额2988万美元、烟台鲁星食品有限公司进口额1777万美元、一汽－大宇（烟台）汽车发动机有限公司进口额3196万美元、烟台正海电子网目板有限公司进口额1289万美元，用于购买关键设备、来料加工和部分工业原材料。

1998年开始，进口结构发生改变，由以贸易公司直接消费品进口为主，发展到以工业生产企业特别是外商及港澳台商投资企业生产技术、设备和进料加工等方式的进口为主。是年，全区进口总额4.31亿美元，其中工业企业进口额3.2亿美元，占全区进口总额的74.25%。

2000年，进口贸易额3.22亿美元，占进出口总额的50.83%。在进口总额中，工业企业进口占主导地位，达到2.66亿美元，占进口总额的82.72%，其中外商及港澳台商投资工业企业进口额2.43亿美元，占进口总额的75.56%，其中大宇重工业烟台有限公司进口额5419万美元、烟台正海电子网板有限公司进口额2469万美元、烟台华盛革制品有限公司进口额2202万美元、烟台鲁星食品有限公司进口额1689万美元、一汽－大宇（烟台）汽车发动机有限公司进口额1275万美元。贸易公司进口额5600万美元，占全部进口总额的17.42%，其中烟台银和股份有限公司进口额5573万美元、烟台开发区进出口公司进口额23万美元。主要进口产品是机电产品，也有部分来料加工和自用工业原材料。

2003年，进口贸易总额11.2亿美元，占全区进出口总额的62.66%。其中外商及港澳台商投资企业进口额10.48亿美元，占进口总额的93.50%；贸易公司进口额4500万美元，占进口总额的4.0%。全区46家进口额在200万美元以上的企业，全部是外商及港澳台商投资企业。主要进口企业有大宇重工业烟台有限公司进口额1.81亿美元、浪潮乐金数字移动通信有限公司进口额1.23亿美元、泰信电子（烟台）有限公司进口额8171万美元、烟台鲁星食品有限公司进口额3409万美元、烟台正海电子网板有限公司进口额4016万美元、烟台厚木华润袜业有限公司进口额2148万美元、烟台华盛革制品有限公司进口额2069万美元等。进口主要产品是加工贸易企业来料、进料，以及外商及港澳台商投资企业部分原料和零部件。

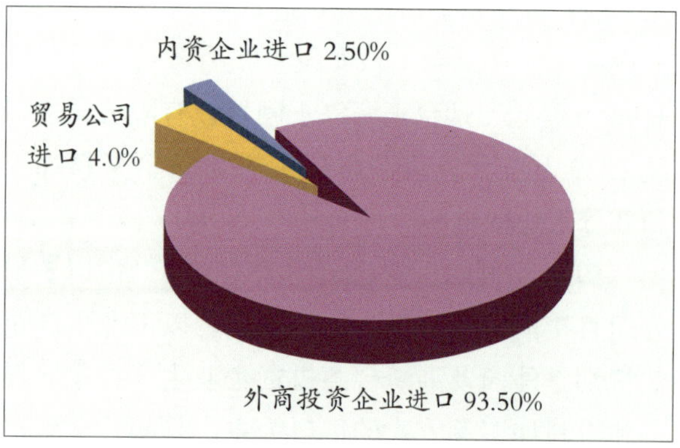

图11-28　2003年烟台开发区进口贸易结构图

第四节　出口企业选介

烟台鲁星食品有限公司　1992年10月成立，1993年11月投产，由日本丸宽商事株式会社独资兴办，总投资900万美元。主要从事水产品、农副产品加工，生产鱼籽、蟹肉、豆腐类等冷冻食品，年生产能力6000吨以上，产品100%销往日本。公司2003年出口额5364万美元，是全区出口创汇十佳企业之一。

烟台水星食品有限公司　2001年10月成立，2002年1月投产，总投资99万美元，由烟台水星经贸有限公司与韩国投资者合资兴办。主要生产加工水产品、农副产品和果蔬制品，产品主要出口韩国。公司2003年出口额4649万美元，是全区出口创汇十佳企业之一。

烟台华东变压器有限公司　1997年7月成立，11月投产，由韩国伊莱德斯株式会社独资兴办，总投资418万美元。公司生产多种规格微波炉专用变压器，产品主要出口韩国、东南亚、美国等地。公司2003年出口额4102万美元，是全区出口创汇十佳企业之一。

泰信电子（烟台）有限公司　2002年8月成立，

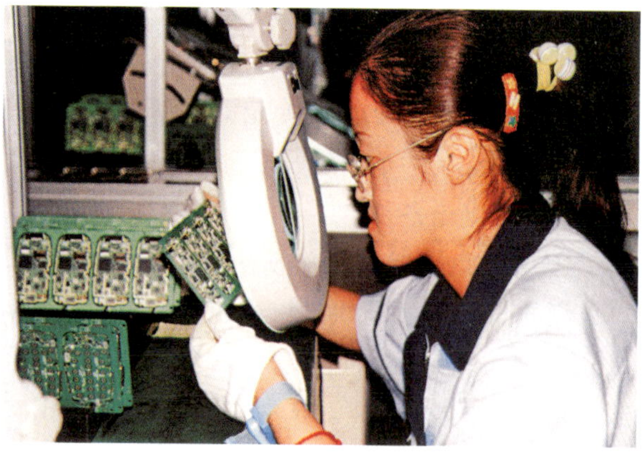

图11-29　泰信电子（烟台）有限公司检验员在产品过程检验（2003年摄）

由韩国泰信电子株式会社独资兴建，总投资 2999 万美元，注册资本 1200 万美元，主要产品为通信终端产品。成立初期租赁开发区厂房进行生产。2003 年生产 180 万台，出口额 3230 万美元，是全区出口创汇十佳企业之一。

烟台胜地汽车零部件制造有限公司　1995 年 12 月成立，1996 年 10 月投产，由香港永胜达有限公司独资兴办，总投资 998 万美元。公司主导产品是刹车盘、刹车鼓和汽车水泵。刹车盘、刹车鼓产品有 1300 多个品种，产品全部出口，主要销往美国、德国、英国、澳大利亚等国。公司 2003 年出口额 2802 万美元，是全区出口创汇十佳企业之一。

浪潮乐金数字移动通信有限公司　2001 年 4 月成立，2002 年 1 月投产，由浪潮电子信息产业集团、烟台开发区经销中心、樱桃软件技术有限公司与韩国 LG 电子株式会社合资兴办，投资总额 4500 万美元。公司主要从事 CDMA 移动电话机、移动通信终端技术及其他相关产品的研发、生产、销售和售后服务。公司生产销售“LG 牌”CDMA 手机，为首批进入国内 CDMA 手机市场品牌之一。2003 年，企业先后推出 10 多个新产品，平均每月就有一个新产品面市，产品主要出口美国和加拿大。是年，手机产量 130 万部，产值 21.4 亿元，出口额 2801 万美元，是全区出口创汇十佳企业之一。

图 11-30　浪潮乐金数字移动通信有限公司部分产品

烟台华盛革制品有限公司　1987 年 7 月成立，1988 年 7 月投产，由烟台制革厂与香港东昌贸易有限公司合资兴办，总投资 1172 万美元。公司生产制造皮革服装、手套、腰带、皮包以及其他系列皮革制品。具有皮衣 50 万件、皮鞋 20 万双、皮件 60 万件的生产加工能力。公司“华圣”品牌系列产品远销欧美、俄罗斯、韩国、日本及东南亚等十多个国家和地区。2003 年，公司生产皮衣 40 余万件，皮革手套、腰带、皮包及其他皮革制品 1 万余件，出口额 2586 万美元，是全区出口创汇十佳企业之一。

烟台联发水产有限公司　1999 年 8 月成立，2000 年 12 月投产，由烟台四通水产有限公司与美国罗伯特沃利公司合资兴建，总投资 199 万美元。公司主要生产冷冻鳕鱼片、红鱼片、鲽鱼片、沙丁鱼、调味青鱼、调味鲐鱼等产品，年生产能力 1 万吨。生产方式主要以来料加工为主，产品全部出口，主要销往日本、韩国、美国、法国、英国、加拿大等国。公司 2003 年出口额 2432 万美元，是全区出口创汇十佳企业之一。

2003 年烟台开发区主要外贸企业进出口情况统计表

表 11-11　　　　单位：万美元

企业名称	企业性质	进出口总额		
			进口额	出口额
烟台鲁星食品有限公司	外商独资	8773	3409	5364
烟台水星食品有限公司	中外合资	4649	–	4649
烟台华东变压器有限公司	外商独资	5823	1721	4102
泰信电子（烟台）有限公司	外商独资	11401	8171	3230
烟台胜地汽车零部件制造有限公司	港商独资	2807	5	2802

续表 11-11

企业名称	企业性质	进出口总额		
			进口额	出口额
浪潮乐金数字移动通信有限公司	中外合资	15137	12336	2801
烟台华盛革制品有限公司	鲁港合资	4655	2069	2586
烟台联发水产有限公司	中外合资	4330	1898	2432
烟台正海集团有限公司	鲁港合资	5761	4016	1745
烟台大宸食品有限公司	中外合资	2233	781	1452
烟台东山电机有限公司	外商独资	1964	618	1346
山东永康食品有限公司	外商独资	1942	621	1321
海虹老人牌（烟台）有限公司	港外合资	2158	922	1236
烟台厚木华润袜业有限公司	港日合资	3378	2148	1230
大宇重工业烟台有限公司	外商独资	19283	18127	1156
烟台东诚生化有限公司	中外合资	1080	–	1080
汉高乐泰（中国）有限公司	外商独资	2076	1043	1033
山东日冷食品有限公司	外商独资	1094	138	956
烟台加宝食品有限公司	中外合资	1447	500	947
烟台信恒食品有限公司	外商独资	879	–	879
烟台西蒙西轴承有限公司	京港合资	836	–	836
烟台星华钟业有限公司	中外合资	683	96	587
烟台大斗服装有限公司	外商独资	1007	432	575
烟台方丹食品有限公司	中外合资	899	340	559
烟台湖园食品有限公司	外商独资	551	–	551
烟台金盛食品有限公司	外商独资	519	–	519
烟台霍富汽车锁有限公司	中外合资	1369	863	506
烟台和田博服饰有限公司	外商独资	677	177	500
烟台东和食品有限公司	外商独资	529	35	494
烟台溪渊食品有限公司	外商独资	469	–	469
烟台志成水产有限公司	鲁台合资	859	401	458
烟台多省电子有限公司	外商独资	686	253	433
烟台三镇纺织品实业有限公司	中外合资	714	323	391
烟台华胜服装有限公司	中外合资	633	253	380

续表 11-11

企业名称	企业性质	进出口总额		
			进口额	出口额
烟台洋荣食品有限公司	外商独资	372	–	372
烟台天富食品有限公司	外商独资	351	–	351
烟台市宏光食品有限公司	外商独资	327	–	327
烟台起源服饰有限公司	中外合资	598	284	314
烟台伟尔威机械有限公司	外商独资	341	59	282
烟台韩美服装有限公司	外商独资	416	139	277
烟台勃嘉威浦服装服饰有限公司	外商独资	263	–	263
烟台星田塑胶制品有限公司	中外合作	466	211	255
烟台富克士电子配件有限公司	外商独资	710	455	255
烟台东晓木业有限公司	鲁港合资	255	13	242
烟台新话服装有限公司	外商独资	234	–	234
烟台明龙食品有限公司	中外合资	213	–	213

第五节　海关监管

机构设置　1990年3月19日，经海关总署批准，烟台海关驻经济技术开发区办事处（以下简称“海关办事处”）设立，副处级建制，为烟台海关派驻机构。1992年12月28日正式开关。海关办事处下设办公室、货管科、监管科。1995年4月海关办事处升格为正处级，下设办公室、货运监管科、保税业务监管科。2001年6月，海关办事处下设办公室、通关科、监管科，有关员19人。因海关办事处未设缉私机构，区域内缉私工作由烟台海关缉私分局直接管理。

图 11-31　烟台海关驻开发区办事处（2003年摄）

货物申报　海关办事处主要为开发区企业提供进出口通关服务，只接受在开发区注册备案单位的申报，一般不受理区外企业的业务申报。海关办事处通关业务主要为海运进出口货物申报通关。主要进出境口岸为烟台口岸，也有部分是通过转关运输方式来自或去往青岛、上海等关区内外其他口岸的转关货物。

1993年，海关办事处进口货物通关申报25.74万吨，出口货物申报1.29万吨。1995年，出口货物通关申报4.25万吨，是海关办事处开关以来出口货物通关申报最多的一年。1996年，进口货物通关申报28.74万吨，是海关办事处开关以来进口货物申报最多的一年。2003 年，进出口货物通关申报 9.23 万吨，其中进口货物申报 6.71 万吨，出口货物申报 2.52 万吨。

1993—2003 年烟台开发区进出口货物通关情况统计表

表 11-12　　单位：万吨

年份	进口货运量	出口货运量	合计
1993	25.74	1.29	27.03
1994	14.17	1.21	15.38
1995	19.29	4.25	23.54
1996	28.74	2.87	31.61
1997	21.91	4.18	26.09
1998	23.14	2.61	25.75
1999	8.09	2.55	10.64
2000	4.27	2.71	6.98
2001	3.57	1.92	5.49
2002	5.30	2.13	7.43
2003	6.71	2.52	9.23

货物查验　进口货物查验　1993 年起，海关办事处对进口货物进行查验。查验时，采取一般查验与重点查验相结合的方法，查验率较低。1998 年后，海关行政执法日趋规范，进口货物查验率一般未低于 10%。进口商品查验主要包括：机械设备、废旧物品、转关运输货物及钢材等重点敏感性商品。废旧物品属于必验商品，是为防止发达国家向不发达国家倾倒固体垃圾和有害废物；钢材等建筑材料查验，是因这类物品属国家重点敏感性商品，防止进口企业偷逃关税。2002 年 4 月，海关办事处与烟台海关同时启动电子口岸系统。进口企业报关时，利用中国公共信息网，通过中国电子口岸数据中心向海关进行申报。由计算机或人工审核确定查验货物批次，由查验关员到海关监管场站或当事人工厂验核货物。

出口货物查验　1993 年开始进行出口货物查验，查验率不足 3%。1998 年后，出口货物查验率一般达到 5%。出口查验主要内容：出口应证应税商品，防止偷逃许可证和出口关税；出口货物以少报多，防止套汇或骗取出口退税；出口货物以多报少，防止逃汇。从 2000 年起，为促进开发区经济发展，鼓励出口，对资信可靠、内部管理规范的大中型企业出口货物，实行提前报关、担保验放、加急通关、快速转关、上门验放、联网报关、加工贸易联网监管等便捷通关措施。

图 11-32　海关关员现场查验货物（2003 年摄）

2003年起，国家海关总署对进出口货物查验率取消硬性要求，海关办事处仍保持进出口货物10%和5%的查验率，保证了通关进出口货物的真实性。

加工贸易监管 海关办事处对开发区加工贸易进出口货物，采取备案和核销的方式进行监管。加工贸易合同备案和核销的范围是三资企业进料加工、来料加工和外贸公司进料加工、来料加工业务。

烟台开发区加工贸易自2000年以来有了较快发展。2001年，通过海关办事处办理加工贸易进出口货物备案和核销的合同有1344份，合同金额1.22亿美元，占同年通关进出口贸易额的54.2%。2003年，开发区加工贸易进出口货物备案和核销的合同有1429份，合同金额2.63亿美元，占同年通关进出口贸易额的52.7%，比上年增长82.6%。

区内加工贸易主要以韩资、日资企业为主。由于开发区工业设施齐全，运输方便，水产加工企业又有一定的生产加工基础，所以加工贸易集中在水产加工、电子产品组装、服装加工等劳动密集、生产周期短、快进快出的行业。

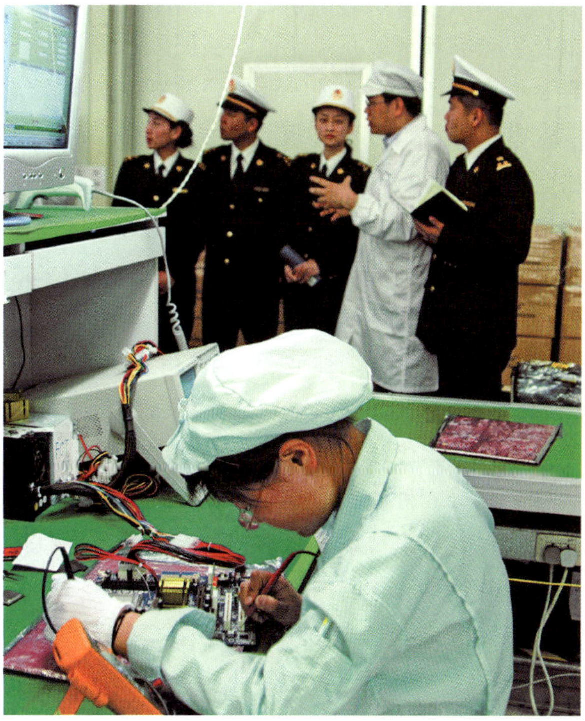

图 11-33 海关工作人员下厂调研

1998—2003年烟台开发区海关办事处主要指标统计表

表 11-13

年份	进出口贸易额（万美元）	征收关税（万元）	征收增值税（万元）	进出口报关单量（票）
1998	44688	5808	11523	3802
1999	24386	11517	18396	4075
2000	24986	6922	12767	4040
2001	22329	8493	14930	3952
2002	28162	8643	19882	4303
2003	48156	13507	33921	4991
合计	192707	54890	111419	25163

第六节 进出口商品检验检疫

机构设置 1994年8月27日，烟台开发区进出口商品检验局（以下简称开发区商检局）成立，正处级建制，内设办公室、业务科，职工15人。1999年11月16日，区商检局更名为烟台出入境检验检疫局开发区办事处（以下简称“开发区办事处”），体制实行“三检合一”（商检局、卫生检疫局和动植物检疫局三局合为一局），副处级建制，内设办公室、机电轻纺科和食品化矿科，职工 20 人。主要职能是负责开发区出入境卫生检疫、动植物检疫工作和进出口商品检验工作，以及普惠制和一般原产地证的签证、外商及港澳台商投资财产价值鉴定等业务。办事处设有二级实验室 1 个。2003 年有职工 18 人。

检验检疫　1994 年，开发区商检局成立后，开始对区内出入境商品进行检验工作。11 月，区商检局从烟台市商检局承接对辖区内加工出口的水产品、蔬菜、花生仁、轴承、标准件、饲料、颗粒肥、蜂蜜、手绣手编抽纱产品、梭织服装和棉织品的标识查验及开发区进口成套设备、机电产品的检验业务。1995 年 1 月，区商检局又从烟台市商检局承接 6 种商品检验业务，即对辖区内进出口金属材料、出口革皮服装、出口肉类，进口塑料、动植物油和化肥的检验业务。是年，检验商品 661 批次，货值 3830 万美元。

1998 年，检验商品 1777 批次，货值 4 亿美元。1999 年实行“三检合一”后，增加了动植物检验检疫业务，工作范围进一步扩展。2003 年，共检验检疫出入境货物 7837 批，货值 5.7 亿美元。1995—2003 年，区商检局（办事处）共检验检疫出入境货物 3.05 万批，货值 20.84 亿美元。

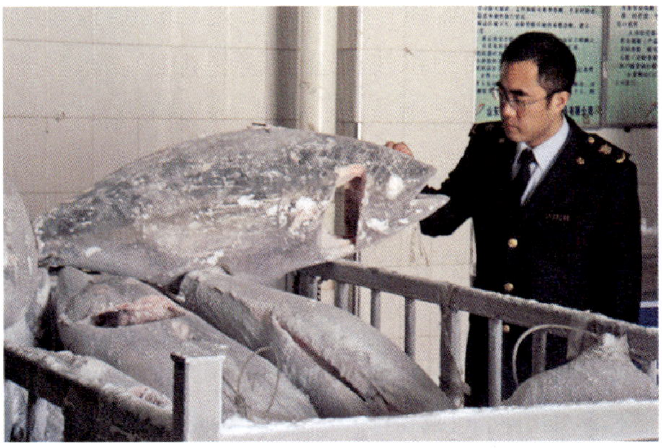

图 11-34　检验检疫工作人员在对出口金枪鱼进行现场检验（2002 年摄）

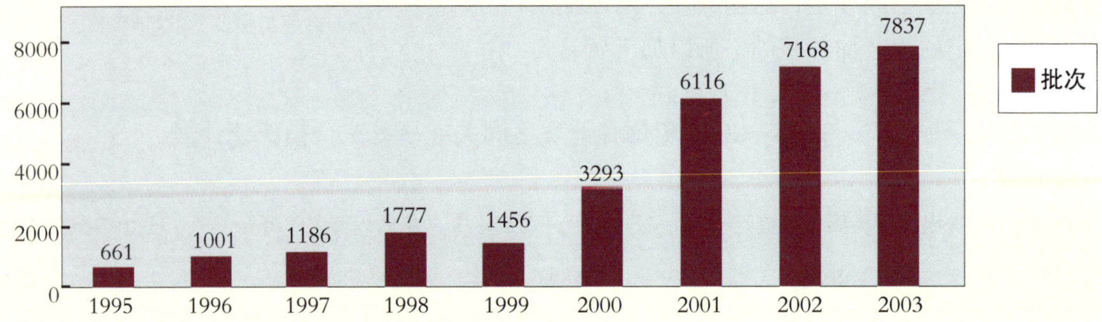

图 11-35　1995—2003 年烟台开发区出入境货物检验检疫批次数量图

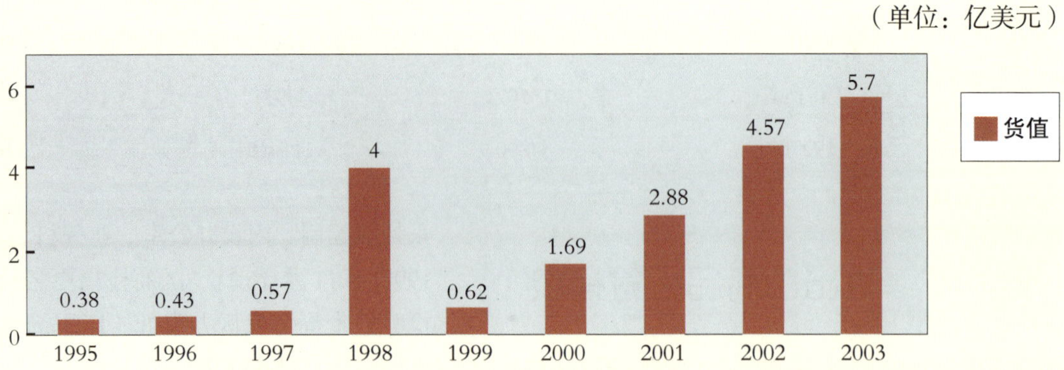

图 11-36　1995—2003 年烟台开发区出入境货物检验检疫货值数量图

执法查处 2000年以后，开发区办事处开始检验检疫执法工作，依法施检，严格把关，积极为企业挽回损失，严防疫病疫情传入。

2001年，查处案件2起。1月，烟台东山电机有限公司从意大利进口物品的木质包装中，发现活的小蠹科害虫成虫、幼虫，属国家严禁入境的三类危险性有害生物。对该批木质包装进行了熏蒸处理，同时对被污染的场地等喷洒杀虫药进行灭害处理，有效避免疫情扩散。11月，烟台正海电子网板有限公司进口荫罩用冷轧钢带，有3批冷轧钢带有点状锈蚀和轧制缺陷，不能正常使用。这3批冷轧钢带共计4.5万公斤，货值54万美元，其中2批从日本进口，1批从德国进口。开发区办事处为该企业出具索赔证书进行理赔，为企业挽回损失450余万元。

2002年，查处案件1起。在大宇重工业烟台有限公司从韩国进口的零部件木质包装物中多次检出活小杆线虫和滑刀属线虫，由于该公司进口批次多数量大，为了既按照规定进行检疫和处理，又不影响进口和企业生产，采取现场派员监督拆卸，发现有问题的木质包装，马上进行灭害处理的检疫监管手段，方便企业，有效控制了疫情。

2003年，查处案件2起。9月，在烟台美通模具有限公司从日本进口的旧加工模具设备中，发现有活鳞翅目夜蛾科活体黏虫，该类害虫对禾本科植物有严重危害，在烟台口岸首次发现。开发区办事处对该批旧机电设备及其包装材料进行有针对性的除害处理，有效防止有害虫体危害国家禾本科植物资源。10月，在烟台东山电机有限公司从意大利进口漆包线专用漆的两个集装箱内，发现有半翅目蝽科麻皮蝽昆虫，该害虫主要危害果树。开发区办事处及时对这两个集装箱（40个木托盘，160桶漆）进行灭害处理。

管理与服务 开发区检验检疫机构成立以来，采取有效措施，为企业提供服务，支持开发区外贸行业发展。

2000年9月，为开发区内大部分出口企业开通电子报检、电子签证业务。电子报检和电子签证率达到98%以上。山东鲁星食品有限公司，原来每周都要往返检验检疫部门10多次，实行电子报检后，大大减少往返次数，提高了工作效率，加快了通关速度。2001年，协助开发区虎越摩托车、烟台大宇重工、东山电机等5家企业办理临时出口质量许可证，使摩托车、大宇叉车等产品顺利外销。2002年3月，在机电、纺织等出口企业推行分类管理和过程检验监管模式，缩短了检验放行周期，由过去的1.5天降低到2小时以内，基本达到企业出口成品的零库存，减轻了企业负担、降低了成本，使出口供货更加均衡快捷。是年，在出口食品企业中推行全过程检验。从原料开始，强化生产过程中的卫生质量监督，在对产成品定期抽查的基础上，凭企业厂检结果放行通关，提高了通关速度，检验放行周期由原来的3天降低到1天半以内，平均成品库存期由1周下降到5天以内。是年起，为开发区大项目设“绿色”通道。凡开发区管委确定的大项目，在项目的设备引进和价值鉴定中做到“四优先”，即优先报检、优先检验检疫、优先价值鉴定、优先出证。2003年，对常年进口零部件企业采取直接放行、跟踪监管的检验检疫方式。上海通用东岳汽车有限公司3月份投产以来，需要进口的轿车零部件有1300多种，主要来自巴西和日本，进口批次多、数量大。为加快企业资金周转率、降低库存率以及市场对产量需求的快速响应等目标，大胆对其进口零部件采取直接放行、跟踪监管的检验检疫方式，并为企业培训两批懂检验检疫法规和运行程序的技术人员，充实到检验检疫一线，保证了轿车的顺利生产，实现“方便进出，监管有效”的目标。

实验室建设 1994年以来，开发区商检局开始筹建综合实验室，并逐步扩大检测范围。1995年4月8日，综合实验室被省局考评组评为三级综合实验室，可从事进出口农副产品和化工产品的检测工作。1996年9月12日，区商检局农产食品实验室被国家商检局北方片考评组评为二级实验室。对进出口食品的农残、药残、微生物、细菌等项目都能在实验室进行检测。2003 年，实验室增加原子吸收光谱仪、气相色谱仪等设备。

科技开发 1997 年，开发区出口日本和欧盟的蜂蜜屡被退货，主要原因是蜂蜜中的四环素族抗生素残留量超标，为解决这一难题，检验人员进行科研攻关，研究出蜂蜜中四环素族抗生素残留量的薄层色谱测定方法，能够及时准确的鉴定出蜂蜜中四环素族抗生素残留量，使出口日本的蜂蜜质量有了可靠保证。12 月，该科研项目获山东商检局科技进步二等奖。2000 年，手绣抽纱品基本工种由于没有国家标准样品，影响到手绣抽纱品的出口。检验检疫部门和企业积极向国家部委申请，获得手绣抽纱品基本工种国家标准样品这一课题，并及时完成研究任务。11 月，课题获国家科技兴检奖三等奖，获山东检验检疫局科技进步二等奖。2002 年，解决了集装箱储运冷冻食品的卫生质量受气候影响不稳定问题。课题首创性地将冷冻食品的卫生质量与气候这两个因素联系在一起，发现两者之间关系的规律，为冷冻食品的生产加工、储存运输和接收使用以及检验检疫管理提供了重要的基础参考信息，研究成果具有很好的应用前景。2003 年 2 月，研究成果获得山东检验检疫局科技进步二等奖。

第十二编
旅　游

烟台开发区金沙滩海滨公园海水浴场（2000 年摄）

烟台经济技术开发区志

YANTAI JINGJI JISHU KAIFAQUZHI

烟台开发区拥有海岸风光、山岳名胜、民俗风情、城市景观、历史遗迹等10余种景观类型，风景秀美，自然天成。烟台市的母亲河大沽夹河从辖区东边流向大海，沿岸自然形成一道靓丽风景线；北部万米金沙滩和海水浴场、防风林带为得天独厚的旅游度假胜地；磁山景区、八角湾景区和大季家海滨景区及各类历史人文资源丰富多彩。根据突出“山、海、林、滩”为主体的旅游总体规划，烟台开发区先期重点开发建设夹河景区、金沙滩景区。待开发建设的自然景区有磁山景区、八角湾景区和大季家海滨景区，以及牟子国故城遗址、古汉墓遗址、沙渚寺遗址、王懿荣墓地等历史人文资源和古现、八角、大季家等地的诸多民俗旅游资源。

自2000年，随着各种旅游服务配套设施的进一步完善，夹河景区、金沙滩景区相继对外开放，前来旅游的国内外客人和旅游收入呈逐年增长态势。2003年，全区共接待国内外游客近200万人次，实现旅游总收入7000余万元，年总收入和接待人数均创历史新高。是年，金沙滩海滨公园接待游客占全区接待游客总量的60%以上。根据旅游总体规划布局，开发区在发展旅游业方面将重点打造“海滨休闲旅游区、文化旅游产业区、生态休闲旅游区、休闲体育产业区、风土民俗区”五大旅游景区带，逐步形成旅游产业规模优势，成为国际化、生态化、人文化的旅游度假胜地。

第一章 资源规划与开发建设

第一节 资源规划

1993年10月26日，经山东省人民政府批准，烟台金沙滩旅游度假区成立。该区西起岗嵛山至夹河口，经芝罘区的芝罘岛，东至莱山区的黄海旅游带，沿海滨拓展，夹河公园和金沙滩海滨公园为起步区。1994年3月，烟台开发区旅游部门出资100万元港币，将起步区段委托香港利安建筑设计及工程开发顾问（中国）有限公司作总体规划。总体规划的目标是，保护自然资源和生态环境，并提升其经济效益；创造生气勃勃，国内外知名的旅游和娱乐胜地，提供多种设施，使更多的人能尽情享用这一独特的海滨自然资源和历史人文资源；为山东省和京、津、冀、豫、苏、浙、沪等地游客创造良好度假环境；为开发区居民在文化、教育、商业及社会服务等方面提供就业机会。

夹河公园规划 夹河公园位于烟台开发区东部，南起同三高速公路，北至夹河入海口。夹河公园是以防洪、环保、旅游、休闲性能为主的开放式带状公园。公园占地4.8公顷，南起疏港高速公路，北至夹河入海口，全长4.8公里，东西宽100米，可容纳1.6万人游玩。公园由1座大坝、2个人工湖、3个休闲广场、4座假山、5万平方米道路、6个游乐场、8个小游园构成。公园从南到北分为3个景区：自然风光区、人文景观区和植物绿化娱乐区。自然风光区从疏港高速公路向北至柳子河段，全长1350米，该段设有大面积的乔木、草坪、水面，局部点缀一些雕塑、建筑小品等。人文景观区从柳子河向北至长江路段，全长1100米，该段设有“入口广场”“摩崖石刻”“奇石园”“逸趣园”等。植物绿化娱乐区从夹河桥以北至海边段，全长2280米，该段主要景观包括“名木纪念园”“儿童园”“盆景园”“观景塔”等。

金沙滩海滨公园规划 金沙滩海滨公园位于开发区北部，东起夹河，西至柳林河，东西长约10公里，南北宽约1.6公里，总面积约16平方公里。自东向西规划为五大用地区域：主题游乐园区位于金沙滩海滨公园东端，由秦始皇东巡宫、婚礼公园、博物馆、齐鲁文化中心和以科技发展为主题的游乐设施等项目组成。自然游乐区位于游乐园区以西，主要有赏石公园、兵器展览馆、青少年活动中心等组成。旅游商业区位于金沙滩海滨公园中心，主要设有国际美食湾、旅游小商品集市、娱乐城、水上俱乐部、夜明珠灯塔等。康体活动区位于旅游商业区以西，主要有体育中心、小型赛车场、健美操训练房及各类室内、外活动场地等。疗养度假区设在金沙滩海滨公园西部，主要有度假别墅、疗养所、气功针灸理疗所、康复公园、森林公园等，该区属后期开发建设景区。

对夹河公园和金沙滩公园计划分五期根据轻重缓急进行开发建设。第一期建设夹河公园景区。二期至五期分段建设金沙滩公园：第二期建设华山路以西，珠江路以东地段（旅游商业区）；第三期建设华山路以东，泰山路以西地段（自然游乐区）；第四期建设秦山路以东，珠江路以西地段（康体活动区）；第五期建设秦山路以西地段（疗养度假区）。在开发建设期间，可根据资金及市场发展等因素对原计划期数及分区范围予以调整。各区域内项目的开发沿主干道两侧进行，借用现存基本建设项目，发展有潜力和经济效益高的项目，为邻近地段的开发提供有利条件。开发建设从保护自然环境出发，尽量做到不破坏原生态环境。运用人行道小径、开放式广场、建筑天桥、长廊等方式连接各区段，使之向“区段明确、富有联系性”的方向发展。

福莱山公园规划　福莱山公园规划范围西起钟山路，东至凤台山路，北靠金沙江路，南接秦淮河路和甬江路，东西长约4000米，南北宽约500～700米，总用地面积322.1公顷。其主体功能以休闲、健身、娱乐为特色，兼有高级生态居住功能的区级生态公园。规划设计中，确定“五区、一带”的区域规划结构。通过一条17米宽的景观性道路，将城市道路绿地、公园带状绿地、公园山林绿地相贯穿，形成一条贯穿东西的“绿色飘带”。

古现、八角、大季家街道旅游规划　2002年烟台开发区扩区后，旅游资源增加古现、八角、大季家境内沿海旅游资源，沿海岸分布有沙滩（约7公里，占总长的15%）、海崖礁石滩（约3公里，占总长的7%）、养殖场及港湾码头（约34.5公里，占总长的78%）。新增陆上旅游点6处，其中文物古迹4处，自东向西分别为牟子国故城遗址、古汉墓遗址、王懿荣墓地、沙渚寺遗址（除王懿荣墓地外，其余3处均为省级历史文化遗址）。自然景观2处，自东向西为磁山景区、祈雨顶钟乳石溶洞。海滨旅游带新增景观4处，自东向西分别为八角珊瑚分布带、东岛攀岩潜水湾、大季家沙滩海水浴场、优质防护林和大季家海水温泉等。据此，旅游总体规划为沿海滨路向西伸展到大季家，将海边景区连成“一线”，按带状组团进行规划建设。在原旅游带组团的基础上增加古现、大季家两个组团，每个组团发展各有侧重。原组团以金沙滩海水浴场为中心，发展休闲度假旅游。古现组团主要建设文化旅游区，在三十里堡建设一处“胶东文化园”，园内有牟子国故城遗址、古汉墓群及王懿荣墓地等文物古迹，形成一个旅游中心点。以张裕卡斯特酒庄为主，利用三十里堡鲁菜历史久远的资源搞好饮食文化游。大季家组团则侧重发展运动度假旅游，游客可以在八角东岛进行攀岩、垂钓、探险，到高尔夫球场打高尔夫球，到大季家工业园的大型游乐场游玩等。同时恢复大季家沙渚寺古迹，使之成为另外一个旅游中心点，向祈雨顶钟乳石溶洞、海水温泉等景区辐射。

第二节　开发建设

夹河景区建设　夹河景区（即夹河公园）建设主要以夹河堤坝、河滨路为主线进行。1998年，景区由烟台开发区规划设计院设计，并特邀建设部、清华大学专家进行论证。工程前期，征用土地62公顷，费用2600万元，拆迁房屋5474平方米，费用360万元，是年底完成征地任务，并做好开发建设相关准备工作。参加建设的施工单位有：开发区园林工程公司、市政工程处、金桥建筑安装公司、总成建筑集团公司等。1999年2月26日，夹河景区开工建设。

堤坝建设　景区主要基础设施为辖区内夹河西岸大坝，该大坝南起同三高速公路夹河桥西端，北至夹河入海口西岸，全长5.35公里，总投资9491万元。筑坝土方总量为80万立方米，费用1514万元。筑坝工程由开发区基层工作委员会负责，基工委所属14个自然村分段施工。同三高速公路桥至夹河大桥西端段，长2.42公里，大坝断面上顶宽10米，下底宽38.3米，平均筑坝高度5.13米，筑坝土方量58万立方米。该坝段1999年3月15日破土，由南往北运土筑坝，从旧夹河河床内就地取土填筑，5月9日竣工。夹河大桥至夹河入海口西岸段，长2.93公里，大坝断面上顶宽10米，下底宽28米，平均筑坝高度2.5米，筑坝土方量22万立方米，所需土方从长江路以南夹河河床剩余土方挖取。1999年8月5日开工，同年10月20日完工。整个大坝坝体两侧铺设30厘米厚种植土，共约3万立方米，以便绿化与美化。

夹河岸壁建设　烟台开发区境内夹河岸壁总长5.5公里，主要为日常行水挡潮河唇，砌石护坡总面积为4.9万平方米，单位造价268.1元/平方米，总投资1314万元。岸壁河唇基底开槽，碎石垫底，毛石混凝土基础，坡基清杂除淤，铲成45度斜坡，人工夯实。毛石基础采用C20混凝土、乙级乱毛石，坡面采用粗料石，泥砂浆浆砌，水泥勾缝。坡端有直挡墙，有的地方只有压顶石，直墙基高0.7米（其中素砼垫高0.1米，浆砌块石基础0.6米）。直墙高0.4～0.45米，采用细料石，水泥砂浆勾缝。底层压顶每隔13米留出水口。挡墙外河滩地留有3米宽人行道，夯实后铺预制砖板块，并置路沿石。污水口至夹河入海口段直墙长2.4公里，墙高2～4.2米。1993年修建毛石墙11层，1999年又增高3层。夹河岸壁分三期五段建筑。同三高速公路夹河桥至橡皮坝段为一期工程，由烟台市规划局、设计院规划、设计，水利局投资，1987年建成。橡皮坝至柳子河口段为二期工程，由开发区建筑设计院设计，管委财政投资，通过公开招标建设，金桥建安公司中标。1999年5月1日破土动工，是年6月30日竣工。柳子河口至夹河大桥段、夹河大桥至污水口段、污水口至夹河入海口段直墙，均由开发区建筑设计院设计，管委财政投资，通过公开招标建设，胜利建安公司、总成建筑集团公司、东方开发公司中标，分别于1999年6月30日、7月5日、10月20日竣工。三期工程，夹河桥至夹河入海口段东岸（属芝罘区），由开发区建筑设计院设计，管委财政投资，通过公开招标建设，金桥建筑安装公司中标。2001年3月5日动工，6月5日竣工。夹河岸壁结构严密，竖固靓丽，成为烟台开发区一大景观。

图12-1　2001年竣工的夹河岸壁工程一瞥

河滨路建设　河滨路南起同三高速公路夹河桥西端，北至夹河入海口，与海滨路相接，长4480.8米，宽8.5米，快车道宽7米，人行道宽1.5米（单向），挡土墙宽0.7米，高5米，水泥路面，系夹河景区观光大道，由开发区市政公用工程公司承建。2000年完成砌筑护坡及桥涵工程，2001年铺设雨水、污水水泥管道，2002年铺筑水泥路面（由胜利建安公司施工）。河滨路路灯供电采用10kv电缆（有电力电缆的路段与电力电缆同沟敷设，其他地段直埋），通过照明箱将高压变为380/220v，照明箱安装于道路红线与建筑红线之间。380/220v低压电缆，沿路灯位置直埋敷设，低压电缆过路采用加套100毫米钢管加以保护。路灯统一由10kv柜集中控制，夜间供电，白天停电。光源均采用透光性好、光效高、寿命长的高压双灯头250w钠灯泡。灯杆采用表面喷涂防腐处理的金属杆，安装于钢筋混凝土基础上，灯杆高7米，杆距40～50米。

图12-2　2002年竣工的夹河景区河滨路夜景

绿化美化工程　夹河景区绿化美化工程由开发区园林工程公司负责，2000年3月开工，2001年6月竣工。公园南端西侧建设广场一处，中央雕塑为“春之歌”；夹河大桥西端南侧建设一处广场，广场北部建造“摩崖石壁”及“世纪之风”雕塑；北侧建设一处广场，建有“人造大榕树”“音乐喷泉”等。3个广场总面积6.41万平方米，均为花岗岩建筑，总造价（不含雕塑）1474.8万元。公园内水体、道路、奇石园、雕塑等建设投入1659万元。夹河公园工程动用土方36.92万立方米，修筑道路、广场总面积16.3万平方米，绿化总面积68万平方米。工程总投入1亿余元人民币。在公园建设过程中，机关事业单位、大型厂企单位均组织职工参加平整土地，栽植树木等义务劳动。

金沙滩景区开发建设　道路建设　自1991年，贯通金沙滩海滨公园的海滨路进行分段建设。1992年，修筑泰山路至东巡宫路段简易路面；1996年1月至7月，铺筑天街广场至香山路段水泥路面；同年9月至1997年5月，铺筑东巡宫至天街广场路段水泥路面；1998年，砌筑天山路至香山路段挡土墙；2000年4月至2001年6月，铺筑香山路至天山路段水泥路面，同时完成雨水、污水、路灯、变电箱工程；2001年6月至2002年6月，铺筑东巡宫路至河滨路水泥路面，同时完成雨水、污水、路灯工程，以及天山路至昆仑山路段道路、路灯、雨水等工程。到2003年，完成道路给水、路边到海滩各入口坡道、护路挡土墙、路基、路面、人行道垫层铺装等工程；完成昆仑山路西延修筑、雨水、污水、给水、路灯安装及相应管道、电力等配套设施建设。长5804米，宽18米的海滨路修筑完工。

广场建设　按照既美化环境，又突出景区休闲运动功能的原则，进行海滨广场建设。2000年5—9月，投资1200万元，在泰山路与香山路之间修建3万平方米的海滨休闲广场，建有各式灯光组合、下沉式广场、鹅卵石健身小径、网球场等。1992年建成泰山路北端的天街广场。2001年，投资200余万元对天街广场进行改造，重新绿化美化、增设灯光音乐喷泉、各式灯光组合等，为海滨增添新的亮点。2002年，投资1270万元，在香山路与嵩山路之间修建长500米、宽平均40米的海滨音乐广场。主场地占地2500平方米，设有大棚舞台、观众集结场地，周边建有风雨长

图12-3　金沙滩海滨公园自然游乐区一角（2002年摄）

廊、造型山石、发光灯柱、“归巢”石雕和林荫人行道等。2003年，投资1200余万元，在嵩山路与天山路之间修建4万平方米运动科普广场，当年完成地面硬化、攀岩、日晷、儿童乐园、喷泉等工程。

停车场、公厕建设 到2003年年底，共建设海滨停车场8处。分别是东巡宫西停车场，占地2500平方米；豪麟大酒店东、西停车场，占地3000平方米；华峰酒店前停车场，占地2500平方米；顺水人情酒店东、西停车场，占地4200平方米；海月酒店前停车场，占地1000平方米；旅游服务处办公楼前停车场，占地1000平方米；度假中心楼前停车场，占地1000平方米。所有停车场占地面积共计1.5万平方米。

2001年以前，按照国家旅游局颁布的旅游厕所建设标准，金沙滩海滨公园建有2座水冲式公厕；2002—2003年，新建免冲公厕4座。公厕建设基本与景区总体建设相适应。

绿化工程 2001年9月至2002年8月，完成秦始皇东巡宫西绿化工程，绿化面积5045平方米。2002年6月，完成休闲广场立体绿化工程，共栽植各种花草树木7000平方米。是年年底，完成海滨路东段路南空地和音乐广场绿化工程，分别栽植黑松树2万平方米，栽植其他树种5000平方米。2003年，完成运动科普广场绿化工程，绿化面积7000平方米。1999—2003年，完成沿海沙滩栽植柽柳5万余平方米。

第二章 景区景点

第一节 夹河公园

夹河公园主要由夹河内滩、大坝内外坡、坝顶河滨路组成，沿河滨路自南向北建有3个休闲广场，以各休闲广场为中心建成3大景点，整个景区布局形成点线结合的休闲游乐公园。

1号休闲广场为自然风光区。该区南自同三高速公路向北至柳子河沿岸，全长1350米。广场内建有“春之歌”雕塑、高尔夫球练习场、3个小广场、占地1.5万平方米水体、仿木小桥、彩色印模、山体休闲凉亭、旅游大道及水泥花砖甬路等。2号休闲广场为人文景观区。该区南自柳子河沿岸向北至长江路段，全长1100米。广场内建有“世纪风”雕塑、摩崖石壁瀑布、观瀑亭、占地9000平方米水体、石拱桥、100块灵璧石的奇石园、诗园、观星广场、节气园、胶东风情园、竹林园、彩色印模及水泥花砖甬路、旅游大道等。3号休闲广场为文化娱乐区。该区南自夹河桥西头向北至海滨路段，全长2280米。广场内建有音乐喷泉广场、人造大榕树、木化石、旱冰场和水泥花砖甬路、旅游大道等。

图12-4 夹河公园人造大榕树（2001年摄）

夹河公园集旅游、休闲功能为一体，为开放式带状公园。游览夹河公园，看到的是蓝天绿地相映，树木、鲜花、奇石、雕塑点缀其间。春、秋季节，大海涨潮时，海水顺夹河逆流而上，宽敞的河床碧波荡漾，海鸥翩翩，两岸垂钓者排列成行。退潮时，河床随着海水的回落一点点露出，两岸赶海挖蛤人三五成群，结伴而至。春、夏、秋季和初冬时节，只要不是雨雪天气，人们来到公园广场上，伴着乐曲，有的练太极拳，有的做健身操，有的跳交谊舞，有的练扇子功，有的滑旱冰……每逢节假日和婚庆吉日，夹河公园人文景观区、植物绿化娱乐区广场上，乐师们用笙、管、笛、箫等民族乐器演奏着《百鸟朝凤》《抬花轿》等民族乐曲，摩崖石壁上的瀑布流水哗哗，音乐喷泉喷出阵阵水柱，大型塑料充气拱门和火红的塑料充气双喜字矗立于广场中间。芝罘区、福山区、开发区等地的婚礼车队相继来到广场，一对对新人在民族乐器伴奏下，品味着乘坐大花轿的古老婚俗，在摩崖石壁旁、大榕树下、夹河大桥头、世纪之风雕塑旁摄影留念。

图 12-5　开发区沿海万米防护林带（2001 年摄）

第二节　金沙滩海滨公园

金沙滩海滨公园是国家旅游局 2001 年年底首批公布的全国 107 家 AAA 级景点之一。公园位于烟台开发区北部，东自夹河入海口，西至柳林河，沿海滨拓展。这里地势平坦，平均海拔 3.5 米左右，地质结构稳定，沙滩色泽金黄，沙质细柔，林带郁郁葱葱，空气清洁新鲜，山水林滩相映成趣，是一处集游泳、赏景、娱乐、休憩、美食为一体的综合性公园。

万米防风林带　金沙滩海滨南侧自东向西有一条长 10 公里，宽 300 ~ 500 米的人造防风林带，主要树种为刺槐，间有少量黑松、柞树、柳树和梨树，树龄均在 20 年以上，林带以树木茂密著称。春季，槐花开放，落英缤纷，香气袭人，为一大景观。春、秋、冬季，林带除抵御风沙侵袭外，还能净化空气、减低噪音。林中建有一些小块空地、通幽小径，春、夏时节，置身林间，漫步、野营、露宿，别有韵致。

万米海水浴场　万米海水浴场位于金沙滩公园北部滨海一带，西起柳林河，东至夹河口，全长 10 公里，水域面积 54.5 平方公里。这里春天风和日丽，夏日海似锦缎，秋末凉风习习，冬季激浪排空，蔚为壮观。而沿海滨一线建设的西式建筑和雕塑小品，更增添几分海的风情。浴场沿海岸线逦逦蜿蜒，水域底部坡缓平坦，海水清澈见底，沙滩细腻洁净，夏季中午海水水温为 25℃左右，极为适宜沙浴、海水浴。为海水浴场配套服务的博洋旅游服务中心，建有大型淡水冲澡淋浴设施和休息间，高中低档结合，既能满足大众需求，又可为贵宾提供特色服务。

图 12-6　夕照金沙滩海滨（1999 年摄）

万米沙滩 绵长宽阔的沙滩为沙滩排球、沙滩足球、沙滩摩托、沙滩书法以及沙滩篝火晚会、沙滩音乐晚会等提供良好举办场所。1996 年以来，每到盛夏季节，芝罘区、福山区、开发区的男女老幼以及大批中外游客云集金沙滩，尽情享受着海水浴、沙浴和阳光浴带来的乐趣。1998 年，北京市少年宫中学生奥林匹克夏令营在此开营；1999 年，山东省第十九届运动会在这里进行帆板比赛；2000 年，山东省青少年沙滩排球赛在这里举行。自 2002 年开始，金沙滩海水浴场连年被国家海洋局列为全国重点海水浴场，经国家环境监测部门监测，在全国 16 个沿海城市 28 个海水浴场中，金沙滩海水浴场被评为国家级健康海水浴场，整个夏天旅游旺季均适宜游泳。1996—2003 年，金沙滩海水浴场接待国内外游客近 1400 万人次，其中最高峰时日接待量达 7 万人次。

天街广场 天街广场为金沙滩海滨公园正门背海面南的环形阶梯状建筑物，位于泰山路北端，占地 1.8 万平方米，其中硬化面积 0.1 万平方米，绿化面积 0.8 万平方米。广场北部最高点矗立着一组风帆群雕，风帆周围环绕着草坪、花卉，草坪面积约为 0.99 万平方米。风帆群雕在碧海蓝天间显现出勃勃生机，象征着烟台开发区在改革开

图 12-7 流光溢彩的天街广场（1996 年摄）

放的大潮中乘风破浪，一帆风顺地走向世界。风帆前面为占地 600 平方米的音乐灯光喷泉，11 种水型和各色灯光伴随着音乐节奏欢快地变换，演绎着音乐、灯光、喷泉的欢乐奏鸣曲。入夜，整个广场喷珠溅玉，流光溢彩，花红树绿，青草滴翠，仿佛“天上街市”，令人流连忘返。

七彩城嬉水乐园 七彩城嬉水乐园位于天街广场以西 150 米左右，海滨路南侧，占地面积 0.4 万平方米。乐园的主要游乐项目为一大型流水滑道，于 1996 年 9 月建成对外开放。该项目拥有 8 条滑道，最高滑道高 12 米，最多可容纳 500 人左右同时游玩，置身其中，惊险刺激，具有现代都市游乐格调。

图 12-8 游人在七彩城嬉水乐园游乐（1996 年摄）

休闲广场 休闲广场位于嬉水乐园西 200 米，泰山路以西香山路以东，海滨路南侧地段，占地面积 2.5 万平方米。广场于 2000 年 5 月开工建设，当年 9 月竣工。广场北临大海，南依绿林，以草坪为主体，以各式灯光为映衬，辅之以下沉式广场、涉水池、叠水池、音乐喷泉、鹅卵石健身小径，突出夏季纳凉特色和四季休闲基调。休闲广场西为音乐广场，位于香山路北端以西，嵩山路北端以东，海滨路南侧，占地面积 1.65 万平方米。

图 12-9 2000 年建成的金沙滩海滨休闲广场一角

主广场占地面积2500平方米，设有舞台、观众场地。主广场西设风雨长廊、造型理石，东设夜间显七彩颜色的发光灯柱和“归巢”石雕、林荫道路等。

“攀岩”和儿童乐园　“攀岩”运动项目位于嵩山路以西约100米，海滨路南侧，占地约700平方米。钢骨架结构，有机材料岩石板块组装，岩石板块上绘制彩色图案。为烟台市第一个彩绘攀岩运动设施。“攀岩”共分三个部分，每部分宽9米，高6～10米（比赛用道部分高10米，娱乐用道部分高6米，训练用道部分高8米）。总投资120万元，于2003年8月修建完工，并投入使用。

图12-10　游人在“攀岩”（2003年摄）

儿童乐园位于“攀岩”西侧，面积约600平方米。2003年建成。乐园分为欧罗巴乐园和路径器材两部分，总投资约30万元。欧罗巴乐园为木制儿童游乐设施，建造有供儿童游玩的各种器材，并铺设安全地垫，专供儿童游玩，路径器材主要供成人强身健体。

第三节　磁山景区

磁山位于古现街道西南部，方位为北纬37° 3′ 47″，东经121° 3′ 45″。其山脉为南北走向，方圆27.6平方公里，主峰北望黄海，西邻蓬莱市，海拔528.9米，为境内最高山峰。磁山历史悠久、风光秀丽、山峦起伏、林木茂密。

图12-11　夕照磁山（2003年摄）

磁山自古为名胜，历史上，“磁山瀑布”被誉为福山八景之一。磁山自南向北自然形成三座山峰——南峰（虎头峰）、中峰（蟠桃峰）和北峰（石榴峰），植被以赤松、黑松、麻栎、刺槐、小叶杨居多。三座山峰形成笔架状，故磁山又名笔架山。

南峰　南峰右侧有一“观景台”，位居高坡之上，可以修建楼台，谓之南峰阳台。山间有石路，路旁有瓦舍（20世纪80年代建），瓦舍旁有水井，井水甘甜。循石路而上可到“亭子顶”，此处残存昔日亭子遗迹，左侧可见古时“荷花湾”。继续沿路上行，山石突兀，溪水汩汩，半山腰上留存磁山庵遗址。昔日磁山庵上庵下，前后左右之奇景，至今犹存。唯磁山庵古刹已于20世纪40年代战乱中，被陈昱军队拆掉修防御工事，现遗址只留存墙基和当年僧人用以碾米的两个石制大

图12-12　磁山庵遗迹——石制大碾盘（2003年摄）

图 12-13　磁山瀑布（2001 年摄）

碾盘。那满山翠绿挺秀的松林如染如黛，那峻峭陡立的崖壁依然嶙峋多姿，那云蒸霞蔚、林壑幽深的山谷，韵味深邃、胜似往昔。向西仰望，有数丈悬崖，青色的崖壁光滑如削。每逢大雨天，峰巅之水顺坡而下，流至崖壁顶部陡然垂直而泻，景致壮观，谓之“磁山瀑布”。瀑布前常现彩虹，瀑布下有磁山洞，磁山洞口呈半圆形向东而开，洞口高处一丈有余。洞内约有两间平房大，高约一丈许，可容纳百余人。洞内地面平整，旧有石礅、石座供人憩息。洞内冬暖夏凉，炙热盛夏，走进洞内，

图 12-14　磁山洞（2001 年摄）

顿觉凉爽舒适，严冬酷寒，进入洞内，倍感温暖融融。洞壁石缝间常年滴水，人们为祈求神灵赐福消灾，经常特地来接洞中滴水饮用。北望，有数丈石壁，西边悬崖与北面石壁间有石罅，俗称“一线天”，又名“北天阶”，与“南天阶”相对。循石壁向北绕行，即到磁山庵后的岩石下，又有一石洞，洞口可容一人通过。此洞被称为“通海洞”。由山巅南望，可见当年捻军所修防御壁垒；西瞰，石壁间有若群虎竞跃；北看，古树森然；东眺，五龙山、小磁山、凤凰顶、哄君顶、罗山坡等山峰尽收眼底。南峰还有一条名曰“星石旺”的山谷，谷中有块被当地百姓称为“星石”的巨石，其地上部分约 6 立方米。山顶有“围子”，一说为防倭工事。据《福山县志》载：明万历十九年年（1591 年）倭寇侵扰日紧，知县张所修在磁山督建垛堞，添设炮台。一说为捻军防御工事。据史料记载：清咸丰十一年（1861 年 10 月 7 日），捻军一部包围福山城。清同治六年（1867 年 7 月 11 日），捻军入福山境。16 日，2 万余人设营于磁山下，至农历十二月始退。南峰山脚下有数间僧舍基础，并有旧时饮用水井。东有“磁山泉”，泉水从石井流出，井深不足半米，常年不满不溢。

中峰　中峰为磁山最高峰，山峰峻峭。攀登中峰，沿途多为山岭夹道，树木茂盛，地势迭宕，但山顶较为平坦，中峰山顶有一烽墩，名“磁山墩”，为明时抗倭遗迹。中峰山间有细泉一绺，且泉畔有水井，山下有水库，山坡阳面，可见绿竹葱葱。沿谷底小路攀登，一路枝柯交错，绿叶婆娑，景色奇秀。面向中峰而立，可见左翼山脊不少巨石犹如“《西游记》中人物”，栩栩如生。特别是东坡山腰处有一尊数丈高巨石坐西南面东北，突兀屹立，酷似一老公倚山远眺，张望着东北方向

图 12-15　磁山石老公（2003 年摄）

八角海湾里那块形似老妇的礁石，此石俗称磁山“石老公”，八角海湾里的那块礁石称为“石老母”。“石老公”“石老母”演绎着一段磁山一老公等待赶海捕鱼的老伴，老伴一直未归，天长日久这对老夫妻变为两块石头的凄凉故事。

北峰 北峰山势嵯峨，似驼峰巍然起伏。据当地老年人说，在光照适度的天气里，站在北峰脚下，隐约可见中峰、北峰之间有一山石似一尊端淑温婉的观音菩萨，宽厚仁慈地注视着天下苍生，恰似海市奇观。攀登北峰，路途平坦，沿途视野开阔，路旁多处可建筑依山居舍。循山麓南行，行至中途，迎面仰视，山脊两侧有奇松怪石，北视岭脊逶迤而下。行至峰顶，巨石拦路，不可逾越。从巨石西侧向下观望，谷深林密，在巨石东侧席地而坐，向南仰望，中峰、南峰雄姿扑面而来。

第四节　八角湾景区

八角湾海岸西南东北走向，南北长约1450米，东西宽约250米。八角湾地域，历史上渔业、商业发达，每当渔汛季节，各种船只来往港湾，忙于作业。晚清时期，八角湾地域有酒肆、日用百货、水产品等商铺30余家。酒类、海参、布匹、茶叶等往来贸易远达北京、天津、江苏、浙江等地。1861年烟台辟为商埠后，八角湾商贸业逐渐衰落。

八角湾腹地广袤，水域宽阔，海湾离岸不远处水深可达10米以上，是一处天然深水良港。由于八角东岛这一天然“防浪坝”的阻挡，偌大的海湾风平浪静，成为优越的建港水域。据史料记载，自宋代以来，八角湾就有船只停泊，最多时停泊船只达1000只以上。八角湾盛产鲇鱼、黄花鱼、黄姑鱼、白米鱼、鲅鱼、针鱼、燕鱼、尾鱼、加吉鱼和鳓鱼，还有海豚、刺参、对虾及栉孔贝、牡蛎等贝类。刺参为海湾特有的海珍品，分布面积达260余公顷。

图12-16　八角湾景观（2003年摄）

八角湾自然风景优美，自古以来为旅游胜地。清朝康熙庚戌进士、福山人鹿廷瑄当年被美丽的八角湾所陶醉，即景生情，作《石屋观渔》诗一首：“环海为地垂钓竿，群山如带着云冠，开襟携满清晖去，跳出烟霞归宝銮。”八角湾沿岸树木成荫，西南方向背依青山，东面与烟台港相望，北面水天相接，一望无际，水色澄碧，明净如镜。在座座青山映衬下，海湾更加清幽秀美，游人至此顿觉心胸开阔，精神爽逸。八角湾沿海多礁石，明礁、暗礁都有，明礁裸露于海面，暗礁退潮时现出，有名的礁石有近20处，形成一道独特风景线，极具观赏性。

老婆石 老婆石位于八角村北海边。该石为明礁，面积30平方米，高3.5米，涨潮时礁石周围水深1米，退潮时礁石周围无水。礁石形似一尊老妪，俗称老婆石。老婆石与磁山“石老公”遥相呼应，又称“石老母”。“石老公”与“石老母”的民间故事，在当地广为流传。1959年，老婆石被村民采石炸毁，现仅存底座。

东岛嘴 东岛嘴位于八角村东岛，是八角湾北岸的岬角，其形状似马嘴，故称东岛嘴。东岛嘴海岸线长1.5公里，面积0.5平方公里，建有高8.5米的导航灯塔和海珍品养殖场，拥有农田100余亩，沿岸建造有黑松、刺槐等树木组成的防护林带。东岛海拔12.8米，岛嘴岸壁陡峭，海滩为岩石基础，礁石嶙峋，适宜开发垂钓、攀岩、潜水等特色旅游项目。东岛西南边，旧时建有土城，为守海官兵驻守。城池早已毁掉，遗迹无存。东岛嘴及八角湾海岸盛产海蚀石，海蚀石是烟台观赏价值颇高的海石之一。石体在海水侵蚀下，由二氧化硅集结而成，沙石磨砺较轻，化学分解作

图 12-17 东岛嘴（2003 年摄）

用突出，形状各异，石色单复兼有。海蚀石按观赏特点可分为白纹石、蜂巢石和色容石 3 种。海蚀石为近年发现的海石新石种，赏石专家给予极高评价。

汉们石 汉们石位于东岛北海边，距海岸约 90 米，面积 12 平方米，高 2 米，涨潮时水深 3 米，退潮时露出水面，礁石上有海蛎子、海螺等贝类。此石为出水礁石，形似老汉，且与老婆石相邻，故称汉们石。

五哥石 五哥石位于东岛嘴东海边。五哥石距东岛岸边最近点 120 米，共有五块大小相近的礁石，全露出海面，象是兄弟五人，故称五哥石。五哥石属五块明礁，呈东南西北走向，长约 100 米，宽 40 米。涨潮时，五块礁石顶部均露出水面，高各 1 米左右。退潮时，礁石周围水深 1.5 米左右，水中有鱼、虾、海螺等。

长石顶 长石顶距东岛海岸最近点 250 米，位于五哥石东北 80 米处。礁体大部分在水下，退潮时，礁石顶部露出水面高约 1 米，面积约 150 平方米。礁石周围有多种鱼类和刺参、贝类等。因礁石分布东西较长，故称长石顶。

孤石 孤石位于东岛东海边，长石顶北 300 米处，四周无明礁石，系单独突起礁石，故称孤石。孤石属明礁，距东岛海岸边约 160 米，面积 120 平方米，高 3 米。涨潮时，石顶露出水面约 1.2 米，退潮时，礁石周围水深 1 米，礁石上有贝、螺、藻类等，水中有鱼和刺参等 。

老虎头石和清水滩 老虎头石和清水滩均位于东岛嘴东北海边 250 米处。老虎头石于海岸边一石独立，顶端呈圆形，酷似虎头，故名老虎头石。该石系明礁，呈东北西南走向，长 100 余米，宽 70 米。涨潮时，近岸处有 4 块礁石顶部突出水面，高约 4 米，面积约 45 平方米。礁体大部分在水中，上有海藻、贝类，礁石周围有刺参。清水滩位于老虎头石南约 100 米，因退潮时，礁石空穴内留存海水清澈见底，故名清水滩。清水滩属明礁，东西长约 200 米，礁体大部分在水下，退潮时，礁石顶露出水面高约 1 米，面积约 150 平方米。礁石周围有刺参及各种小鱼、贝类等。

图 12-18 老虎头石（2003 年摄）

鹰嘴石 鹰嘴石位于东岛东北角海岸峭壁上，老虎头石西北方约 100 米处，因形似鹰嘴，故名鹰嘴石。该礁石座西面东，高约 25 米，从北向南看，礁石顶部好像一只老鹰头，面向大海，注视着海情，欲将随时起飞。2000 年，烟台有线电视台，曾以鹰嘴石照片作为《烟台新闻》压题画面播出，此后前来观赏者剧增。

图 12-19 鹰嘴石（2003 年摄）

图 12-21　张裕卡斯特酒庄（2002 年摄）

牛吃石和红石槽　牛吃石和红石槽均位于东岛东北海边。牛吃石（又名牛蹄石）远看似一头牛在吃食，故名牛吃石。该礁石位于东岛北海边，与蓬莱海界相接。距陆地约 150 米，面积 24 平方米，高 3.5 米。属干出礁，高潮时露顶 0.5 米，低潮时水深 1.5 米。礁石周围有刺参、鱼和贝类、藻类等。红石槽由两块突出礁石组成，中间形成一石槽，石槽上生长着红色海草，故名红石槽。红石槽为明礁，距东岛海岸约 40 米，面积约 150 平方米，高 3 米。礁石上布满红藻类，周围有各种鱼类及刺参。

流城石　流城石位于下刘家村东北方向，距海岸约 280 米。流城石由若干大小不同礁石东西排列组成，东西长约 250 米，南北宽约 50 米，形似长城状，故名流城石。流城石属明礁，涨潮时露顶 1.5 米，退潮时露顶 3.2 米，礁石周围水深 1 ~ 2 米，礁石上有海藻、海螺、贝类等。

图 12-20　流城石（2003 年摄）

第五节　张裕卡斯特酒庄

卡斯特酒庄位于古现街道北于家村西，系张裕集团公司与法国葡萄酒业巨头卡斯特集团公司合资兴建的集旅游、娱乐、休闲功能和高档葡萄酒生产于一体的葡萄酒庄园。酒庄建筑以欧式风格为主体，主要由展示区、放映区、销售区、休闲厅、酒吧、生产车间等部分组成。在葡萄成熟季节，游客可以到园内采摘葡萄，并可品尝葡萄和手工酿制的美酒。2002 年 9 月 9 日，烟台市政府领导、法国卡斯特公司领导、张裕经销商代表等共 700 余人参加酒庄挂牌仪式，张裕卡斯特酒庄糅合东西方国家葡萄酒庄的精髓。酒庄所在地位于烟台至蓬莱的黄金旅游线上，张裕卡斯特酒庄建在大海边，符合“新世界葡萄酒国家”酒庄通行的大海（sea）、沙滩（sand）、阳光（sun）的 3S 原则。张裕卡斯特酒庄占地 140 公顷。葡萄生态示范园达 100 公顷，是酒庄的重要组成部分。另外，专供酒庄酿酒的葡萄园 33.33 公顷。主体建筑 3.33 万平方米。品种园 2 万平方米，葡萄长廊、道路 1.33 万平方米。酒庄的主体建筑博采中欧建筑之特点，整体设计风格为欧式园林风格。而葡萄园种植的葡萄品种都是世界知名品种，主要是蛇龙珠、赤霞珠、梅鹿辄、霞多丽、贵人香等优良葡萄新品系。张裕卡斯特酒庄主要突出以下功能：成为张裕高档葡萄酒的酿造基地；集旅游、观光、休闲、娱乐为一体，成为烟台旅游的又一亮点；通过引进、选育国内外优良葡萄新品种（系），进行相关栽培技术研究，成为葡萄新品种栽培技术科研基地；成为葡萄酒文化的传播阵地。张裕卡斯特酒庄糅合张裕的品牌、精酿工艺和卡斯特公司的葡萄种植和酿酒技术。游客到酒庄参观，可了解到葡萄的种植、葡萄酒的生产酿造过程，以及葡萄酒所特有的养生保健功能，促进酒文化的传播和酒的消费。参观张裕卡斯特酒庄旅游景点，人们不仅可以直观地了解到张裕葡萄酒的生产工艺流程，感受到百年张裕质量第一的传奇品质，还可以从张裕100余年的发展历程中了解中国葡萄酒业的发展史，以及民族工业崛起的艰辛历程，展望到世界葡萄酒的发展趋势和潮流。

第六节　科技名人雕塑园

科技名人雕塑园位于科技大厦南约300米处，东临衡山路，南接金沙江路，占地5.7公顷。1994年建成并对游人开放。该雕塑园分东西两组雕塑，两组雕塑相距约400米，雕塑高度约3米。依年代顺序和科技门类排序，分别竖立着中外13位对人类社会做出卓越贡献的名人巨型浮雕，他们是：中国东汉时期的科学家、文学家张衡，南北朝时期的科学家、数学家祖冲之，北魏时期的农学家贾思勰，元代女纺织家黄道婆，明代医药学家李时珍，明代科学家徐光启，波兰天文学家尼古拉·哥白尼，英国生物学家、进化论的奠基人查理·达尔文，英国物理学家伊萨克·牛顿，美国发明家托马斯·爱迪生，美国物理学家阿尔伯特·爱因斯坦，法国物理学家比埃尔·居里，法国物理学家、化学家玛丽·斯可罗多夫斯卡·居里。雕塑园内小径弯曲，地面起伏，翠草如茵，绿树华冠，漫步其中，仿佛置身于智慧的殿堂，亲身领略着科学的启迪。

图12-22　1994年建成的科技名人雕塑园

雕塑园正北为面积1.4万平方米的人工湖，碧水微澜，鱼翔浅底，适宜休闲垂钓。人工湖旁有一建筑面积为3288平方米的“中国烟台国际交流中心”，该中心之建筑呈盘旋上升式圆柱结构，造型独特，装饰精美，配有英国生产的6种语音同声翻译系统，可进行500人左右的学术交流及专业会议。紧靠国际交流中心为科技园大酒店，该酒店外观似一船形，内饰典雅，可在游乐休闲之余到此品尝美味佳肴。1997年5月4日，烟台开发区世界科技名人雕塑园被确定为开发区青少年教育基地，其周围绿化带被确定为开发区青少年绿化基地。

第七节　秦始皇东巡宫

秦始皇东巡宫位于泰山路北端东930米处，于1991年6月开工，是年12月竣工，建筑面积约3650平方米，建筑造价317万元。据《史记》记载，秦始皇于始皇二十八年（前219年）开始了扫六合、实现大一统后的首次东巡。封泰山后，经过今龙口、福山、牟平一带，东达荣成成山头，之后又登临芝罘岛，然后南下琅琊（今胶南县东南），并修筑琅琊台。第二年，始皇二十九年（前218年），秦始皇再次东巡，他登临芝罘岛后，刻石勒碑，命李斯书写碑文，颂扬其功绩。始皇三十七年（前210年），秦始皇第三次东巡，受方士徐福蛊惑，派人到海中探寻蓬莱、方丈、瀛洲三神山，求长生不老仙药。他听信徐福因“海中有大鲛鱼，船不能出海”未找到仙药的谎言，亲自沿海巡视，寻找大鲛鱼。他走琅琊（今胶南县东南）经成山，来到芝罘，终于见一巨鱼，将巨鱼射死。秦始皇东巡宫就是根据秦始皇当年三次东巡芝罘岛的故事所建造。秦始皇东巡宫外部为仿秦汉建筑风格，二层楼建筑，总高20米，雄伟壮观，古朴典雅。

内部建造有“统师东巡”“琅琊祭天”“巫师炼丹”“遥望三岛”“海市幻境”“芝罘东渡”“海上遇难”“东瀛创业”“桃樱共艳”“始皇之梦”“千秋功过”等20个场景，采用现代机械、声光、电子等表现手法，集历史性、趣味性、科技性于一体，再现当年秦始皇统师东巡求仙的传奇故事。该宫于1992年4月18日对外开放。

图12-23 1991年12月竣工的秦始皇东巡宫外景

第八节 历史文化遗迹

罗山坡“圣水泉” 罗山坡位于古现街道东吴家村西，海拔121米。罗山坡东北有一泓清泉，泉水从山麓岩石下冒出，岩石下有两个直径约10厘米的圆形泉水洞，清澈甘冽的泉水滚涌而出，终年不断，土人称其为“圣水泉”。“圣水泉”久负盛名，《大清一统志记载》一书已有文字记载。相传：“圣水泉皆著灵异，逢旱岁祷雨就应”。“圣水泉”被罗山坡土人视为风水宝地，千百年来，给人们留下许多美丽传说，其中王小智斗财主的故事最为脍炙人口（见本志附录）。

王懿荣墓遗址 王懿荣（1845—1900年），出生于古现东村。清光绪六年（1880年）考中进士，授翰林院编修，官至国子监祭酒，近代著名学者、甲骨文发现者。光绪二十六年（1900年）八月，八国联军入侵北京，王懿荣被任命为京师团练大臣。侵略军攻入东便门，王懿荣“率勇拒之”，因寡不敌众，败回私宅。偕家人投井殉国。王懿荣死后，其灵柩被运回故里安葬。墓地位于古现李家村西北约1公里处的北顶山南坡上，被当地百姓称之为西茔房，王懿荣、王兆琛、王祖源、王崇烈四人均安葬于此。西茔房原有祭祀厅9间，厢房5间，常年有人看管。1947年，西茔房坟墓全部被盗。据群众反映，王懿荣墓中曾挖出翡翠葡萄和翡翠蝈蝈等古玩数件。1956年列为省级文物保护单位，1964年被当地村民铲平，整为农田。原有一道牌坊和一座皇帝赐王懿荣的旌表碑，碑头上面是雕龙图案，并雕有“圣旨”二字。1966年，旌表碑被推倒后，村民把碑体砸成几块垒平塘。1975年，村里修桥时又把碑头作桥桩。此后村里重新修桥时，村民又把碑头挖掘出来，并向文物管理部门报告，将碑头存放于烟台市博物馆。现墓地仅存遗址。

王崇烈墓遗址 王崇烈系王懿荣次子。王崇烈墓位于王懿荣墓东侧。

1975年4月，福山县古现人民公社李家大队社员整地时，其棺柩被挖出，棺柩上书“皇清诰封资政大夫直隶侯韩道汉辅王公之柩”19个金字。棺内尸体未腐烂，衣着如新。随葬物品中有古印、玉牌、鼻烟壶、秦代铭铜等数件。其中铭铜对研究秦代的车辆规格和形别，有较大参考价值，实物保存于山东省博物馆。清·雕花翠鼻烟壶，通高5.3厘米，口径1.8厘米，底径1.7～1.3厘米。翠质晶莹，葱绿色，小圆口，矮颈，扁圆腹，椭圆形底，且内凹。通体为浮雕花卉，可见山石上长出灵芝、兰草，花叶交错，生气盎

图12-24 1975年出土于王崇烈墓的清代雕花翠鼻烟壶

然。1975年出土于王崇烈墓，烟台市博物馆收藏。

沙渚寺遗址 沙诸寺遗址坐落于大季家街道仲家村。沙渚寺始建于明末清初，南北长约100米，东西宽约60米，建筑结构分后大殿、前大殿，东廊道外建有关帝庙，建筑规模与烟台市毓璜顶公园极其相似，戏楼、钟楼建筑与蓬莱市蓬莱阁建筑风格雷同。该寺为佛教寺院，前店供奉如来佛及十八罗汉，后殿供奉释伽牟尼及观世音等塑像。寺内塑像高大雄伟，形象逼真，有的还带有机关。如关帝塑像，膜拜人触到机关，关帝塑像会突然站立起来作搀扶状，制作工艺水平也很高。1946年被毁之前，沙渚寺一直香火鼎盛，善男善女络绎不绝。现遗址属省级文物保护单位，文物部门每年都拨专款进行保护。

故育犁治所遗址 据《福山区志》附录记载，故育犁治所遗址在开发区长江街道奇章村后“营子头”。“营子头”是一个丘岗，依山傍水，地势险要，东有养马顶，西有福莱山，北濒黄海，南靠柳子河，为建城池的佳地。1980年，福山县文物普查时，经长时间实地考察，发现“营子头”是座故城，虽经2000年风风雨雨，旧城墙仍然隐约可见，并能勾画出旧城轮廓。墙基由石料砌筑，中间土质坚固，间有碎石砖瓦陶片等物，似逐层夯实。城南北长约500米，东西宽约300米，城内遗物丰富，汉砖、汉瓦、陶片到处可见，酷似战后残城。据奇章村老年人说，1966年整地时，曾在这里挖出大量汉币，其中一次达50余公斤，还发现铜镜、铜鼎、陶盆、陶坛、蛤皮、木炭灰等。从遗物看，汉时有人在此集居。故城东300米处有条沟，村民俗称“遛马沟”，相传是古代官方遛马、驯马的地方。故城东南1华里许，有个廒上村，“廒”指仓房。秦汉魏时，官府在今河南敖山上置谷仓，名敖仓，其后沿称为敖，又作廒。据考，古代育犁人在此设过粮仓，即以“廒”字命村名。从文献记载，到新发现，开发区长江街道奇章村后的“营子头”即为汉代故育犁治所遗址。

第三章 旅游管理与服务

第一节 旅游管理

景区景点管理 1997年7月，旅游局制定《金沙滩海滨浴场管理制度》，对金沙滩公园车辆管理、海滨保洁、摊位管理、安全防范，以及海上救生等，作出具体规定。特别对开办海上游艇航行业务的单位，令其必须严格按照公安、边防、交通、海监、旅游等部门的有关规定在指定海域经营，未经许可，游艇不得在浴场穿行。1998年，旅游局制定《旅游区安全防范制度》，明确规定各旅游景点必须组织保安人员开展治安巡逻、安全检查，并进行群防群治。是年4月，制定《旅游高峰期游客安全保卫制度》，强化对各景区的安全管理。根据上述规定，各景区推行社会治安综合治理安全防范目标责任制，设立警管区、警示牌和值勤点，形成治安网络和打防机制。到10月底，各景区景点已全面落实安全保卫责任制等有关制度。同时，旅游局还成立海上救护、沙滩管理、道路巡逻、景点维护等联合保卫队伍，坚持24小时值班、巡逻制度。1999年5月，旅游局制定《海滨美食文化街管理制度》《海滨美食文化街业主公约》，加强海滨物业管理工作。海滨景区管理部门逐一落实“房屋管理、市政设施管理、环境卫生管理、绿化管理、治安管理、停车场管理、消防管理”等有关规定。是年6月，制定《海水浴场经营摊点管理制度》，对景区内摊点经营范围，以及责任、权利等作了明确规定。每年“五一”“十一”

黄金周及春节前，旅游管理部门均联合公安、工商、卫生检疫等部门对开发区内旅游景区景点进行检查，发现问题，及时纠正。2000年11月，旅游局制定《导游管理制度》《卫生工作制度》《环保管理制度》《交通管理制度》等规章制度。2002年8月，制定《烟台经济技术开发区海上游艇管理规定》，开发区各景区景点管理做到有章可循。

旅游设施管理和环境管理　对景区景点内游乐设施的建设严格执行国家有关标准，保证安全有效，运转正常，并配有相应的安全保障措施。景区管理单位每天由专门巡逻队负责巡视、看管公共设施，并有专人定期进行维修、护理、清洁等，以确保游乐设施完好无损。对于陈旧、安全性差的设施，相关责任单位及时进行定期检查、检修，直至随时撤换，以做到万无一失。景区内各单位保安人员与边防大队联合开展治安巡逻、安全检查、群防群治等工作，落实防盗、防火、防破坏等安全防范措施，防止各种事故发生。各景区均竖立警示牌、宣传标语牌等，加强安全宣传教育，及时向上级主管部门、公安机关反映危害社会治安事故苗头，并做好相关工作。

1997年，各景区景点对环境管理实行包干制，成立专职环卫保洁队伍，增建高档次公厕，设置卫生箱，购置卫生用车，在各游览区内划分保洁区，实行全日保洁。环境卫生包干区域保洁人员每天早晨七点半以前上岗，清扫卫生，并整日安排流动清扫人员，发现卫生死角，及时清理，保持景区整洁。景区内摊点摊位各自负责周边5米范围内卫生，做到全日保洁，无烟头、纸屑、冰淇淋纸、塑料袋等杂物。

第二节　旅游服务

1995—2003年，旅游局在全区旅游行业中开展“旅游细微服务年”和“创建文明单位”活动，各景区景点“五一”“十一”两个黄金周均为零投诉，游客满意率达100%。2001年，旅游局召开全区旅游诚信建设会议，推行规范化、亲情化服务，并表彰服务示范企业1家，优秀员工3名，推动全区旅游服务质量的提升。截至2003年，根据旅游管理有关规定，开发区取缔1家旅游企业定点单位资格。其间，旅游部门共受理旅游投诉15起，全部处理完毕。

旅行社　1992—2003年，辖区主要有烟台鑫海假日旅行社和南鹰旅行社从事旅游服务。

烟台鑫海假日旅行社　1992年4月，烟台鑫海假日旅行社建成营业。该旅行社位于海滨路40号，拥有工作人员5人。在旅游旺季，可接待10人以上团队20～30个。2000年12月、2002年1月、2003年4月三次被烟台市旅游局评为旅游服务信得过单位。2003年3月成为烟台市旅行社协会首批会员、理事单位，并被评为烟台市旅游质量信得过单位。是年6—9月份接待游客700～900人次。

南鹰旅行社　2000年9月，南鹰旅行社建成营业。该旅行社位于泰山路52号（友谊广场西端），有工作人员6人。营业当年，经山东省旅游主管部门批准，烟台市工商行政管理部门注册登记，成为足额缴纳旅游质量保证金、具有独立法人资格的专业旅行社。南鹰旅行社专门从事接待国内游客、会议服务和国内团体、散客休闲度假、商务考察、农业考察、酒店预定及旅游信息咨询等业务。旅行社拥有一批经验丰富、熟悉业务、注重信誉的管理人员及训练有素的导游队伍。2002年1月，获烟台市旅游质量信得过单位称号；2003年10月，被评为山东省渤海轮渡最佳合作旅行社。

餐饮服务　1991—2003年，开发区共建成三星级酒店烟台新时代大酒店、金沙滩大酒店、烟台南山佳余大酒店、半岛度假村4处，金沙滩美食文化广场1处。

烟台新时代大酒店　该酒店位于黄河路86号，距海边200米。酒店集住宿、餐饮、会议和康乐休闲为一体，于1992年8月开工建设，1994年8月22日建成营业。2001年4月，酒店

图 12-25 新时代大厦（2003 年摄）

又开工新建一座新时代大厦，于 2003 年 12 月建成投入使用。大厦内设有标准客房、豪华客房、豪华套房等各种类型房间 300 余间套，可同时接待 500 余人食宿。各房间设施豪华、陈设高雅，配备有光纤宽带网接入，电子磁卡保险箱，整体淋浴房，饮用纯净水及高级卫生洁具设备。整个大厦内建有大小会议室 8 个，包括 1 个屏蔽会议室。大会议室可容纳 400 人开会。为方便各种会议需求，在各会议室内均安装宽带网络和多媒体设施。在餐饮服务方面设有中餐厅、西餐厅、日本料理、韩餐馆、大堂吧等，可同时接待 1000 余人餐饮。大厦内康体康乐设施建有室内游泳馆、国际标准六道保龄球馆、标准室内网球馆、室内模拟高尔夫球场、壁球室、健身房、棋牌室、形体训练中心、台球室、乒乓球室、斯诺克室、沙狐球室、仿真模拟射击馆、狩猎馆、游艺室、国际标准飞镖馆、瑜珈馆等。其他服务设施建有商务中心、购物中心、美容美发厅、票务中心、车辆服务处、奇石馆、茶艺馆、画廊、水疗馆等。

图 12-26 新时代大厦保龄球馆（2003 年摄）

烟台金沙滩大酒店　该酒店位于黄河路 88 号，是一座三星级旅游涉外酒店。酒店距金沙滩海滨公园近 100 米，于 1991 年建成营业。为园林式建筑风格，占地 3 万余平方米，建有 1 号综合楼、2 号商务客房楼、3 号康乐楼。拥有复式结构豪华套房 1 间，豪华套房 16 间，豪华单人房间 23 个，豪华标准房间 106 个。房间内装饰格调高雅，设施完善，宽带网、自动点播系统、全自动消防报警系统等现代化设施功能齐全。酒店设有中式餐厅、西式餐厅、宴会厅和四季餐厅等风格迥异的餐厅 17 个，可同时接待 500 人用餐。并设有夜总会、茶艺厅、洗浴中心、健身房、棋牌室等康乐设施。

图 12-27 烟台金沙滩大酒店夜景（1993 年摄）

烟台南山佳余大酒店　该酒店位于泰山路 39 号，系烟台南山集团与香港佳余有限公司合资经营的旅游涉外定点饭店，饭店为集吃、住、娱乐、健身为一体的综合性服务场所，于 1994 年 4 月建成营业。酒店按三星级标准设计装修，内设高级宴会厅、豪华标准间、套房、舞厅、韩式卡拉 OK、桑拿、商场、商务、美容美发中心、大小会议室等现代化多功能服务设施。能同时接纳宾客

200人住宿，500人就餐。中餐、日餐、韩餐俱全，适合于不同层次要求的宾客食宿。

半岛度假村　该度假村于1993年8月18日开业，烟台半岛集团公司与新加坡国际智囊集团企业有限公司合资兴办。系拥有客房、餐饮、娱乐、旅游服务及商品经营等为一体的商业服务单位，是开发区最早的三星级涉外酒店。酒店坐落在开发区海滨金沙滩畔，占地3.16公顷，建筑风格以东方情调为主，部分仿西班牙式建筑，由各具特色的2～3层小楼组成，建有360平方米的多功能厅，可容纳400余人活动；设有400座位的大宴会厅、100座位的风味餐厅、180座位的韩国餐厅，可满足国际国内宾客的不同需求。20世纪90年代末期因股权问题停业。

金沙滩美食文化广场　2000年7月，金沙滩美食文化广场建成开业。整个广场占地面积约4500平方米，其中建筑物建筑面积为1700平方米。在该广场内相继开业的餐饮服务企业有华峰酒家、美景食府、顺水人情酒店、豪麟大酒店、丽华肥牛酒店、海月酒店等。美食文化广场的建成启动不仅使游人品尝到渔家海鲜风味，还能体验到浓郁的胶东美食文化风情。华峰酒家于1999年7月建成营业，2003年完成二期工程，建筑面积共3000余平方米，有员工100余人，可一次性容纳500余人就餐。该酒店以经营正宗鲁菜为主，结合经营地方风味菜肴，高中低档菜品搭配。其中葱烧海参、鲍鱼泡饭、浓汤鱼肚及特色主食片片等深受顾客青睐。美景食府于2002年5月建成营业。该食府营业面积2000余平方米，有餐位400余个，职工100余人。特色菜有浓汤鱼肚、拌海参、拌海螺、拌蛰头等。海月酒店于2003年4月建成。该酒店占地面积3800余平方米，拥有客房20间，员工328人，可同时容纳680余人就餐，系集餐饮、洗浴、客房、茶艺于一体的大型综合性酒店。酒店以鲁菜为主，南北风味俱全，特色菜为鲁菜靓汤鱼翅、海月盐水鸭、发财猪手、上海菜腌肉卷、德国咸猪手、腌制黄花鱼等。

其他服务　自1995年开始，每到金沙滩海滨公园旅游旺季（春末、夏季、秋初），21路公交车特定绕道经过开发区海边，以方便到金沙滩景区旅游的各地客人。沿海滨路、河滨路到区内各大商场（商店）、景点均有旅游专车来往，随时为游客提供服务。旅游局设汽车旅游公司1个（烟台开发区旅游汽车公司），专为游人提供方便。金沙滩海水浴场管理办公室设救生艇1只，配备救生人员2人，如游客发生意外，救生艇可随时出动营救。随着私驾旅游游客逐年增多，旅游部门在金沙滩景区相应增加停车场车位。1997年，在东巡宫东广场设置70个停车车位；1999年，在华峰酒店前设置50个停车车位；2002年，在东巡宫西广场设置50个停车车位，在边防大队警务楼西设置70个停车车位，在旅游服务处办公楼前设置20个停车车位；2003年，在顺水人情酒店东设置80个停车车位，在华光俱乐部前设置70个停车车位。到2003年，金沙滩景区共设置停车车位410个。另外，为方便游客特殊情况需要，2000年，在金沙滩景区设立广播室和医务室；2003年，设置瞭望塔1座，有效保障游客人身安全；在景区繁华地段及事故易发处（海边、沙滩等）设立警示牌、标语牌和双语标识，并不断加以完善，对国内外游人起到警示和导向作用。

第十三编

农　　业

张裕·卡斯特酒庄（2003 年摄）

烟台经济技术开发区志

YANTAI JINGJI JISHU KAIFAQUZHI

1984 年，烟台开发区规划区域内的 4 个行政村是完全农业区域，有农业人口 3886 人，主要以种植业和果业为主，农业经济不发达。1985 年农业总产值 431 万元，农民人均纯收入 582 元。1992 年 4 月，辖区扩大至 36 平方公里，行政村增加到 14 个，农业人口 12664 人，仍以种植业和果业为主，农民人均纯收入 879 元。2003 年，辖区农业区域主要是古现、八角、大季家 3 个街道所辖区域，其次是原 36 平方公里规划区域内的零星地块。3 个街道农业经济都较发达，以种植业、果业和渔业为主。是年辖区农业人口 66198 人，农民人均纯收入 4908 元。

1985 年，辖区耕地面积 269 公顷，农作物播种面积 420 公顷，农业总产值 431 万元，其中种植业产值 56 万元、林业产值 7 万元、牧业产值 18 万元、渔业产值 7 万元、工副业产值 323 万元。1992 年，辖区农作物播种面积 900 公顷，农业总产值 2143 万元，其中种植业产值 404 万元、林业产值 29 万元、牧业产值 96 万元、渔业产值 87 万元、工副业产值 1527 万元。2003 年，辖区农作物播种面积 6366 公顷，农业总产值 135478 万元，其中种植业产值 21466 万元，占 15.84%；林业产值 371 万元，占 0.27%；牧业产值 7666 万元，占 5.66%；渔业产值 105055 万元，占 77.55%，农林牧渔服务业产值 920 万元，占 0.68%。

烟台开发区农业经济即第一产业在全区经济中的地位：1985 年，第一产业增加值 216 万元，占国内生产总值的 24.7%。随着辖区耕地不断被工业和城市建设占用，以种植业和果业为主的农业经济不断萎缩。1991 年，第一产业增加值 91 万元，占国内生产总值的 0.34%。1992 年，开发区新扩地域也完全是农业区域，第一产业增加值有所提高，达到 674 万元，占国内生产总值的比重提高到 1.1%。2002 年，开发区新扩地域仍是完全农业区域，第一产业增加值和所占国内生产总值比重都有所提高。2003 年，辖区第一产业增加值 79095 万元，占国内生产总值的 5.6%。

图 13-1 返青的麦田

烟台开发区功能定位是工业城区，随着城市建设用地和工业建设用地的增多，农业经济中以耕地为依赖的种植业和林果业逐步退出历史舞台，仅保留少量蔬菜、花卉的种植，渔业经济则随着经济和科技发展而得到进一步发展。

第一章　种植业

第一节　农作物

作物品种　1984年，辖区内的4个村庄普遍种植小麦、玉米、地瓜、花生、大豆等作物，蔬菜种植主要是自家食用。随着开发区人口增加，蔬菜种植有所增加，品种较多，北方菜系品种一般都有种植，主要有大白菜、萝卜、黄瓜、西红柿、马铃薯、芸豆、茄子、辣椒、茭瓜、冬瓜、南瓜、

图13-2　大棚黄瓜（2002年摄）

油菜、菠菜、香菜、香椿、芹菜、韭菜等。1992年，开发区耕地面积增加，农作物种植品种没有太大变化，小麦种植面积比较大。2002年，耕地面积大幅增加，农作物品种更加丰富，因应附近城区发展及小城镇建设导致的非农人口增加，蔬菜种植较多。

耕地与播种面积　1985年，辖区耕地面积265.2公顷，其中粮田面积117.53公顷。1986年，耕地面积246.20公顷，其中粮田面积98.7公顷；农作物总播种面积323公顷，其中粮食作物播种面积183公顷，经济作物播种面积128公顷，蔬菜播种面积8公顷。1991年，耕地面积232公顷，其中粮田面积102.33公顷；农作物总播种面积240.8公顷，其中粮食作物播种面积98公顷，经济作物播种面积114.8公顷，蔬菜播种面积28公顷。1992年，耕地面积扩大到1085公顷，其中粮田面积649.93公顷；农作物总播种面积1466.6公顷，其中粮食作物播种面积1126公顷，经济作物播种面积286公顷。由于开发建设需要大量用地，到2001年辖区耕地面积剩余283.47公顷，零星分布在36平方公里区域内。2002年，耕地面积增加6595公顷。2003年，辖区耕地面积6728公顷，其中原区域133公顷，新扩区域6595公顷；新扩区域农作物总播种面积6366公顷，其中粮食作物播种面积3570公顷；油料作物播种面积1548.4公顷；蔬菜播种面积586公顷。

粮食产量　辖区粮食总产量，总体呈逐年下降趋势（只有1992年与2002年两年的粮食产量较往年有所增加，原因是扩区导致粮田面积增加），原因是粮田面积逐年减少以及大量优质粮田种植了经济效益较高的果树。1986年粮食总产为1320吨，1991年第一次扩区前降为367吨。1992年扩区后粮食总产增加到3020吨。由于开发建设用地需要，粮田减少，播种面积减少，1996年粮食总产量降为1718吨。1996至2002年第二次扩区前，因粮食产量逐年递减，有关农

图13-3　丰收的玉米

业情况已不再统计。2002 年第二次扩区，新扩进的 3 个街道，粮食总产量为 18413 吨。2003 年，因开发建设用地增加，粮田减少，粮食总产量降至 16715 吨。

1986—1996 年烟台开发区主要农作物种植情况表

表 13-1

年份	耕地总面积（公顷）	农作物总播种面积（公顷）	粮食		其中						花生		
					小麦			玉米					
			播种面积（公顷）	总产（吨）	播种面积（公顷）	亩产（公斤）	总产（吨）	播种面积（公顷）	亩产（公斤）	总产（吨）	播种面积（公顷）	亩产（公斤）	总产（吨）
1986	246.20	322.93	183.07	1320	91.33	460	630	67.07	518	520	73.40	109	120
1987	269.47	313.60	183.40	1400	80.40	519	630	75.73	555	630	48.93	136	100
1988	258.27	313.07	152.60	1120	62.40	491	460	55.00	582	480	73.93	108	120
1989	245.20	263.47	133.07	730	49.07	584	430	39.33	322	190	59.07	79	70
1990	236.67	253.07	96.73	408	42.00	294	185	38.73	306	178	54.40	54	44
1991	232.33	240.80	98.00	367	45.33	262	178	34.00	288	147	52.13	90	70
1992	1085	1466.60	1126.07	3020	499.93	241	1809	421.13	131	829	177.20	62	166
1993	530.07	455.67	338.67	1439	180.33	299	809	118.67	302	539	66.33	164	163
1994	356.47	323.87	255.53	1136	116.33	307	536	91.93	219	302	53.33	167	134
1995	270.93	409.13	344.80	1502	177.67	305	815	118.67	288	514	53.33	184	147
1996	283.93	477.07	398.33	1718	186.53	295	825	173.00	288	747	61.13	274	251

2002—2003 年开发区三个街道主要农作物种植情况表

表 13-2

年份	耕地总面积（公顷）	农作物总播种面积（公顷）	粮食	
			播种面积（公顷）	总产（吨）
2002	6595	7756.13	4596.73	18413
2003	6595	6366.00	3570.33	16715

第二节　农用机械

1986 年，开发区 4 个村庄主要农用机械年末拥有量为：农用 14.7 千瓦及以上拖拉机 20 台，农用 14.7 千瓦以下拖拉机 1 台，载重汽车 34 辆。1987 年，农业机械总动力 2996 千瓦，有电动机 57 台、柴油机 1 台、汽油机 2 台、农用 14.7 千瓦及以上拖拉机 23 台、载重汽车 26 辆、脱粒机 22 台、磨面机 8 台、农用水泵 154 台。1990 年，农业机械总动力 698 千瓦，有电动机 52 台、汽油机 1 台、农用 14.7 千瓦以上拖拉机 21 台、载重汽车 28 辆、播种机 3 部、脱粒机 10 台、磨面机 7 台、农用水泵 95 台。1992 年扩区后，农业

图 13-4　农用手扶拖拉机（2003 年摄）

机械总动力 568 千瓦，有柴油发动机 196 台、汽油机 1 台、电动机 191 台、大中型拖拉机 43 台、载重汽车 915 辆、机动收割机 10 台、播种机 3 部、脱粒机 54 台。1996 年，耕地减少，农业机械也大幅减少，农业机械总动力 1066 千瓦，有柴油发动机 55 台、汽油机 7 台、电动机 60 台、大中型拖拉机 32 台、载重汽车 6 辆、机动收割机 6 台、脱粒机 26 台。2003 年，全区农业机械总动力达到 104088 千瓦，其中电动机 1435 台、18527 千瓦，柴油机 1964 台、27406 千瓦，拖拉机 933 台、15453 千瓦，农用汽车 228 辆、13453 千瓦。主要农用机械有收割机 119 台、脱粒机 422 台。

第二章　畜牧业

第一节　家畜饲养

牛、驴、马、骡作为役畜，在辖区有较长的饲养历史。但随着农业机械化的推广，役畜饲养量越来越少。1985 年后，畜牧业内部结构得到调整，大牲畜已作为肉食品生产，尤其是肉牛和奶牛饲养量大幅增加。1987 年，牛饲养量仅 16 头，1991 年发展到 94 头。1992 年第一次扩区后，牛饲养量达到 262 头，1993 年达到 300 头。2002 年第二次扩区后，牛饲养量达到 6923 头，2003 年 5492 头。1992 年以前，牛的饲养以家庭饲养为主，一户一两头；1992 年以后逐步发展到专业户饲养，个体单养很少。

图 13-5　大季家某奶牛养殖场（1999 年摄）

辖区农民历来有养猪习惯，猪肉是区域人口主要肉食来源，猪的饲养在畜牧养殖业中占重要地位。20 世纪 80 年代后主要引进美国品种杜洛克，90 年代主要引进瘦肉品种猪进行养殖。1982 年农业经济体制改革后，集体社队的养猪场多数承包给个体，养猪专业户作为一个新生事物兴起，并朝规模化方向发展。1987 年，生猪饲养量 433 头，以后随着开发区农业经济的萎缩，生猪存栏量逐年减少，1991 年饲养量达到 140 头，1992 年扩区后达到 1316 头。2002 年第二次扩区后，生猪饲养达到 16740 头，2003 年达到 15318 头。1992 年以前，养猪以家庭散养为主，之后逐步发展到专业户饲养，家庭饲养已很少。第二次扩区后，大季家街道办事处规模养猪专业户已达 56 户，古现办事处 23 户，八角办事处 16 户。

辖区羊的主要养殖品种有奶山羊、崂山奶山羊和杂交莎能奶山羊。1987 年羊饲养量 108 只，1990 年 320 只，1991 年 162 只，1992 年扩区后，羊饲养量 760 只。20 世纪 90 年代中期，羊的饲养量在2000头以上，之后因养殖场地缩减，饲养量也大幅下降。90年代末期引进波尔山羊优势品种，并进行杂交繁殖，羊的饲养数量呈上升趋势。2003年，辖区羊的饲养量达到10760只。

1987—2003年烟台开发区主要家畜饲养情况统计表

表13-3　　单位：头

年份	牛	生猪	年份	牛	生猪
1987	16	433	1996	324	1444
1988	46	217	1997	337	1324
1989	67	271	1998	360	1238
1990	88	279	1999	405	1165
1991	94	140	2000	407	1055
1992	262	1316	2001	414	1035
1993	300	2100	2002	6923	16740
1994	312	1470	2003	5492	15318
1995	312	1470			

第二节　家禽饲养

辖区家禽饲养历史悠久，农户普遍有养鸡、鸭、鹅的习惯。20世纪80年代初期，规模化养殖开始出现，家禽生产向专业化、商品化方向发展，出现了养鸡、养鸭专业户以及产、供、销一条龙服务专业户。1987年，家禽养殖2.04万只，主要是养鸡；1988年2.45万只；1990年降为1.76万只，以后逐年减少。2003年家禽养殖35.87万只，主要是新扩区域专业化养殖。

第三节　疫病防治

1984—1993年，辖区兽医卫生工作由福山区有关部门代管。1993年9月，开发区设立兽医工作站；1995年6月，兽医工作站改建兽医卫生监督所，负责辖区家畜、家禽以及其他动物卫生防疫和检疫工作。

防疫　自1984年建区以来，兽医卫生监督部门每年根据上级疫情通报及辖区具体情况，有计划地开展家禽家畜及其他动物的防疫工作。按照国家有关规定，对重大动物疫病进行强制性免疫，其中对养殖专业户免收费用。1991年针对区域疫情发生，辖区认真贯彻防疫措施，其中猪瘟免疫注射密度达到208.29%，猪丹毒免疫注射密度达208.29%，鸡瘟免疫注射密度达到96%，避免疫情的流行，有效地保护了养殖户的利益。

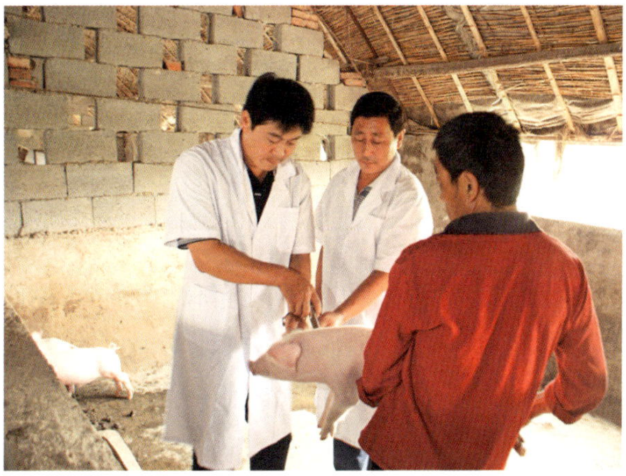

图13-6　2000年9月，大季家兽医站工作人员给猪进行免疫注射

检疫 自1984年建区至1996年，开发区实行由生猪屠宰户带猪胴体到兽医站检疫的方式，检疫率不高，偷逃检疫和漏检现象较普遍。1996年推行生猪定点屠宰后，检疫人员进点（场、厂）强制检疫，做到有宰必检，对逃检者坚决追查到底，使屠宰检疫走上了依法有序的轨道。2003年，辖区每天定点屠宰生猪250头左右，都能较好地得到科学检疫。

第三章 林果业

第一节 林业

林地面积及树种 1984年建区初期，辖区有林地500公顷左右，主要林业资源为区域内沿海防护林带和部分山林，其次是“四旁”（沟旁、路旁、水旁、村旁）树木。1987年，林地面积426.7公顷、棉槐条53万墩、“四旁”植树1.25万株。1990年，林地面积373.3公顷、棉槐条6万墩、“四旁”植树3.7万株。1993年，林地面积413.5公顷，“四旁”植树3.4万株。1994—2001年，林地面积基本维持在400公顷左右，“四旁”植树数量年年增加。2002年开发区第二次扩区，林地面积大幅增加。

2003年，全区林地面积3530公顷，其中海防林601.1公顷。林木主要品种有针叶林、阔叶林以及针阔混交林。街道、社区树木覆盖面积231公顷，全区林木覆盖率23%。林木总蓄积量74840立方米。其中，针叶林蓄积18965立方米，阔叶林蓄积8189立方米，混交林蓄积33450立方米，疏林蓄积2368立方米，“四旁”树蓄积11868立方米。

树木种类 1985年，辖区有用材林、防护林树种34种，观赏林树种35种，经济林树种24种，灌木林树种13种，观赏花木树种49种。1991—2003年，区内主要木本植物有49科102属190余种。

辖区用材、防护林树种有赤松、黑松、侧柏、黑赤松、日本落叶松、杉木、水杉、毛白杨、小叶杨、加拿大杨、I-69、I-72、I-214杂交杨、健杨、垂柳、旱柳、速生柳、青桐、赤杨、白榆、国槐、刺槐、紫花泡桐、楸叶泡桐、白花泡桐、楸树等。

辖区观赏林树种有银杏、白皮松、华山松、雪松、合欢、千头柏、园柏、日本花柏、龙柏、杜仲、龙爪柳、大叶黄杨、黄杨、一球悬铃木、二球悬铃木、三球悬铃木（即法国梧桐、美国梧桐）、龙爪槐、毛刺槐、雪柳、小叶女贞、蜀桧、樱花、海桐、构树等。

辖区灌木林树种有白蜡、绒白蜡、柽柳、山合欢、胡枝子、多花胡枝子、酸枣、紫穗槐、杞柳、黄荆、柘树、盐肤木、卫矛等。

1987—2003年烟台开发区林地面积情况抽年统计表

表13-4　　单位：公顷

年份	林地面积
1987	426.7
1988	401.9
1989	372.6
1990	373.3
1993	413.5
2002	4880.93
2003	3530

苗圃 1985年，开发区建设公司筹集资金21万元，在夹河西岸建立苗圃2.27公顷，温室200平

方米，培育苗木30多个品种。先后出圃冬青苗、龙柏及花灌木等10余万株。2002年，苗圃地被征用。1986年，建设公司又筹集资金34万元，

图13-7 苗圃（2002年摄）

建立苗圃2公顷，培育大龙柏、蜀桧及紫薇、紫叶李等花木，1986—1996年，共出圃苗木60余万株。

1996年，开发区绿化办公室在旭日小区东南侧建立泰山路苗圃近2公顷。截至2002年，共培育乔灌木23种，各类花木2.1万株。2002年，在金沙江路南侧建立奇章苗圃1.33余公顷，截至2003年，已培育乔灌花木7700余株。

植树造林 1984年开发区成立后，辖区植树造林主要围绕新规划路网的行道、绿化带，规划林带、海防林和山林，夹河、柳子河河岸等区域开展。对原四旁林木，在新规划中进行改造，有的予以

图13-8 2003年3月，开发区全体机关干部参加“三年大造林”活动

保留，有的移栽。1985年造林面积3.47公顷，零星植树1万株；1990年造林面积3.4公顷，零星植树1.4万株；1995年造林面积2.73公顷，零星植树1.3万株。至2001年，每年植树造林的面积较小，在2～3公顷左右，植树1万多株。2002年开发区扩区，新扩区域尚未开发的地方，村民植树造林的积极性很高，植树造林面积有很大增加。2003年，全区新增植树造林面积123.3公顷，其中大季家办事处大邹家村在村南成片发展速生丰产林33.3公顷。全区零星植树7.9万株，“四旁”及城区绿化植树20万株。

1985—2003年烟台开发区植树造林情况统计表

表13-5 单位：公顷、万株

年 份	造林面积	零星植树
1985	3.47	1
1986	2.00	1.2
1987	3.73	1.1
1988	3.07	1
1989	3.33	1.3
1990	3.40	1.4
1991	2.67	1.6
1992	2.80	1.2
1993	2.67	1.3
1994	2.40	1.1
1995	2.73	1.3
1996	2.60	1.4
1997	2.73	1
1998	2.53	1.2
1999	2.00	1.1
2000	3.00	1.5
2001	3.33	1
2002	106.67	10.4
2003	123.33	7.9

防治美国白蛾 1993—1994年，辖区海边防护林每年发生美国白蛾2～3代，6—9月份最为严重，大片林木叶片被啃食殆尽，植株死亡。

1995年，开发区园林绿化部门采取人工和化学方法防治美国白蛾。5月下旬至6月上旬，在白蛾幼虫低龄期形成的网幕没有扩散时，以及8月上旬至8月中旬2个时间段，低树采取人工摘除法，高树和海防林采取化学防治法予以防治。6月中旬至7月下旬，8月中旬至9月下旬，喷洒化学药剂消灭幼脲，抑制幼虫表皮“几丁质”形成，促使幼虫死亡。在上述防治期间，园林绿化部门每天派出20余名工人、2辆药物喷洒车，逐片喷洒。

1996年，辖区开始利用天敌进行生物防治。是年7月下旬、9月上旬，烟台市森保站在开发区放飞白蛾周氏啮小蜂2000茧，每茧出蜂数4500头左右。周氏啮小蜂寄生率高，繁殖率强，雌雄性比大，是美国白蛾天敌中的优势种。这种寄生蜂还能寄生于其他林木害虫体内，如国槐尺蠖、杨扇舟蛾、榆毒蛾等，一旦美国白蛾再次发生，又可转而寄生，实现一劳永逸，一蜂多治。调查表明，利用生物食物链防治法效果良好，辖区美国白蛾基本上被消灭。

第二节 果业

栽种品种 辖区果品栽培历史较长，其发展过程中包含着品种引进、优化、更新和管理技术进步的进程。1984年，辖区苹果、梨、葡萄、桃、杏、樱桃、柿等都有种植，种类有几十种。随着农业科技和市场经济的发展，果品留优汰劣的步伐也随之加快。老化品种被逐渐淘汰，优质品种逐渐占据主导地位。至2003年，辖区果类品种达百种，主导品种有苹果、桃、葡萄、樱桃、梨等。

苹果属 20世纪70年代前苹果主栽品种是青香蕉、红香蕉、国光、金帅等，后逐步淘汰。80年代初引进红富士苹果，在大力推广栽植的基础上，积极推行老品种高接换头，进行更新换代，

图13-9 红富士苹果

至1989年适于高接换头的老品种苹果树基本上改接成新品种，以红富士苹果等为主的优良品种逐渐替代老化苹果品种。主要品种有烟富1-6号、红富士、秀水、乔纳金、嘎拉、金帅 、北海道9号、红香蕉、新红星、红玉、印度青等。

桃属 20世纪90年代引进油桃、莱山蜜、雪桃、春艳、红甘露等品种，种植面积大幅上升。到2003年辖区桃品种有20多种，新增品种有川宫岛、冬桃、大久保、小久保等。

图13-10 莱山蜜桃

葡萄属 20世纪80年代后，辖区葡萄种植有了很大发展。其中酿酒葡萄的主要品种有法国蓝、蛇龙珠、品丽珠、赤霞珠、北醇、北玫、北红、烟73、烟74、白羽、贵人香、白雅、李将军、常相思、琼瑶浆、雷司令、晚香玉等。口食品种

有巨峰、先锋、无核白、无核紫、红富士、龙眼、泽香、龙宝等。

图 13-11　巨峰葡萄

樱桃属　1985 年前后是辖区大樱桃发展的初始阶段，大樱桃市场需求不断扩大、价格不断走高，农民发展大樱桃的积极性也得到激发。1990 年后，辖区大樱桃优良品种大量引进，1995 年进入高峰期，至 2000 年优质大樱桃品种已有 50 多个，主栽品种为红灯、拉宾斯、先锋、水晶等。

图 13-12　水晶樱桃

面积与产量　建区以来，因开发建设用地不断增多，辖区果园面积和果品产量总体呈递减趋势，只有 1992 年与 2002 年这两年较往年有所增加（因扩区导致果园面积增加所致）。1985 年，开发区果园面积 36.13 公顷，果品总产量 250 吨。1986—1991 年，果园面积基本维持在 30 ~ 40 公顷间，果品产量由每年 75.5 吨减至每年 19 吨左右。1992 年辖区扩区，果园面积和果品产量都有增加，达到 158.33 公顷和 422 吨。1993 以来，果树栽培面积逐年减少，到 2001 年基本上已没有较大面积的果园，只有较小地块和零散果树种植，已不列入有关部门统计。2002 年第二次扩区后，古现、八角、大季家 3 个街道果树种植都比较普遍，产量也比较高。2003 年，有果园面积 1985 公顷，水果产量 22787 吨。

1985—2003 年烟台开发区果园生产情况抽年统计表

表 13-6　　单位：公顷、吨

年份	面积	产量
1985	36.13	250
1986	29.93	75.5
1987	42.87	55
1988	40.27	165
1989	31.67	141.5
1990	28.33	17
1991	22.80	19
1992	158.33	422
1993	34.33	425
2002	1290	12434
2003	1985	22787

2002—2003 年烟台开发区部分水果生产情况统计表

表 13-7　　　　单位：公顷、吨

年份	苹果		葡萄		桃		大樱桃		草莓	
	面积	产量	面积	产量	面积	产量	面积	产量	面积	产量
2002	550.53	5200	252.00	2290	84.00	770	425.00	2485	76.13	1757
2003	478.67	9183	313.00	3050	411.33	980	695.33	3650	154.00	3240

第四章　水　利

第一节　河道治理

大沽夹河治理　位于大沽夹河下游入海处，逾境河段 5.35 公里。1998 年，辖区对夹河河段西岸进行全面整修治理，1999 年竣工。工程重点是砌筑夹河西岸大坝，同三高速公路夹河桥至开发区夹河桥段，长 2420 米。整修治理后的大坝，断面上顶宽 10 米，下底宽 38.3 米，平均筑坝高度 5.13 米。底层压顶每隔 13 米，留 350 毫米宽出水口。挡墙外河滩地，留有 3 米人行道，铺预制砖块，设路沿石。开发区夹河大桥至入海口段西岸，长 2932 米，大坝断面，上顶宽 10 米，下底宽 28 米，平均筑坝高度 2.5 米。东面直墙，原有 500×300×250 毫米石墙 11 层，以后又增高 3 层，压顶石为 700×500×150 毫米，路面对挡墙顶高 800×700 毫米。为保证施工质量，整坝填土前用推土机清除表面杂草、腐殖物，对线路段整平，推土机排压，每层碾压 3 至 4 遍，干容重达 1.50 克 / 立方厘米。坝体两侧铺设 30 厘米厚种植土，以便开展城区绿化与美化。

图 13-13　大沽夹河治理施工现场（2000 年摄）

柳子河治理　原河道弯曲狭窄，每值汛期，受到大沽夹河与海潮顶托，洪水时常漫溢。新中国成立后，曾多次采取河道改道，裁弯取直，收到一定的效果。1995 年，开发区管委对柳子河开始整治，思路是：顺其自然，因势利导，治水置景相结合，抵御百年一遇洪水灾害，提供一道城市景观带。河道设计，比降采用 1∶3000，汇水面积 36.4 平方公里，最大洪水流量为 308 立方米 / 秒。河道底宽 25 米，标高为 0.24 ~ 1.18 米，清淤后毛石护底。两侧斜坡上部为四层对角花网格，或铺预制混凝土半圆对角方网格，内填土，植花草。修建四座彩色橡胶坝，坝高 2 ~ 1.5 米，比降 0.5 米，两坝绝对高差 1 米，丰水期可蓄水 10 万余方，枯水坝露。河道均宽 31.75 ~ 35.5 米，水位高 3.5 ~ 3.8 米，城区可安然无恙。一期工程，衡山至河滨路段，总长 2801 米，2002 年 6 月竣工。二期工程，福莱大道至衡山路段，总长 2645 米，

图 13-14　柳子河治理施工现场（2002 年摄）

2003 年 10 月竣工。其中投资修建的柳子河口闸，于 1999 年 10 月竣工，位于柳子河出口处，水闸纵向轴线与夹河夹角 60 度，东与柳子河桥相连。闸总高 15 米，总宽 33.6 米，共 8 孔，闸墩 9 座，墩厚 1 米。闸墩上部为排架柱及机架桥，中部设检修桥。设计流量 260 立方米 / 秒，在洪水期，可用来阻挡夹河洪水侵入柳子河，柳子河涨涝时，可提闸排洪到夹河；平时还可挡储柳子河水 0.6 米。

其他河道治理　2002 年开发区二次扩区之后，新扩区域有黄金河、旱夹河和九曲河 3 条河流，已得到治理。

黄金河治理　原河道呈 S 型，河道宽 150 米，荒滩面积较大，汛期两岸土地盐碱化严重。20 世纪 90 年代，由于淘金滥采乱挖，堤坝损坏严重，河床坑洼不平，严重影响行洪。2000 年，共投资 67 万元，其中，福山区政府投资 22 万元，组织劳力、机械进行整治，动用工日 8.7 万个，机械台班 1800 个，活动土石方 11.5 万立方米，修建拦河坝站 8 道。活动土石方 11.5 万立方米，机械台班 1800 个，工日 8.7 万个，治理后增强堤坝防洪能力，增加灌溉面积 253.3 公顷。

旱夹河治理　1974 年秋至 1975 年秋，由八角公社（今八角街道办事处）组织 500 余人，在郑家庄村东至百堡村西河段，裁弯取直开挖新河道 2 公里，造地 30 多公顷。1997—1999 年又进行了综合治理，总投资 520 万元，其中八角镇投资 400 万元，浆砌河堤 5.2 公里，修建闸坝 16 座，活动土石方 30.1 万立方米，组织机械台班 3300 个，使用工日 19.5 万个。工程完工后，保护了两岸耕地安全，有力地改善了水浇地面积和涵养了地下水资源，新增灌溉面积 86.67 公顷。

九曲河治理　2001 年秋后至 2002 年春，修建石拱大桥一座，自动翻板水闸一座，浆砌河堤 500 米，总投资 200 万元。

第二节　水利工程建设

1985 年辖区的 22 平方公里区域内和 1992 年第一次扩区后的 36 平方公里区域内，仅靠自然沟渠和简单水塘浇灌农田，无其他水利设施。2002 年第二次扩区，新扩进的古现、八角、大季家 3 个街道办事处 192 平方公里区域农田水利设施比较完善，并且建设较早。

拦蓄工程　小（一）型水库　辖区内小（一）型水库有吴家水库、峰山水库两座。吴家水库，位于古现街道东吴家村南。拦截柳林河水源，流域面积 4.78 平方公里，于 1965 年 12 月开工，1971 年 8 月竣工。总投资 30 万元，总工程量 24.5 万立方米。坝体为黏土心墙坝，坝体高 21 米，坝

图 13-15　峰山水库（2002 年摄）

顶宽2.5米，全长590米。总库容191万立方米，其中兴利库容156万立方米，设计溢洪道24米，深2.59米，最大泻洪量34立方米/秒。实际宽8米，泻洪能力18立方米/秒，建库以来未溢过洪。放水洞为涵管式，洞径为0.5米，最大输水能力5立方米/秒。配套工程中的干渠长6500米，支渠长8000米。灌溉面积100公顷。峰山水库，位于大季家办事处房家村南，九曲河西支流上游。1965年8月动工，1966年5月竣工。1984年按500年一遇防洪标准进行了整修加固。总库容为137万立方米，兴利库容89万立方米，溢洪道底宽14米，最大泻洪能力42立方米/秒，流域面积2.49平方公里，设计灌溉面积153.3公顷，干渠长1850米，支渠长3350米。

小（二）型水库　辖区内小（二）型水库共计12座。其中大季家街道10座，总库容293万立方米，灌溉面积400.53公顷。古现街道2座，总库容108万立方米，灌溉面积42.67公顷。

2003年烟台开发区小（二）型水库状况一览表

表13-8

水库名称	座数	属地	流域面积（平方公里）	总库容（万立方米）	兴利库容（万立方米）	灌溉面积（公顷）	建成时间（年）
方里水库	1	大季家街道	1.7	99	71.6	15.3	1959
王家水库	1		1.6	48.75	30.15	26.7	1966
大季家水库	1		0.6	23.2	12.2	46.7	1966
小苗家水库	1		0.44	11.05	5.7	20	1958
房家水库	1		0.38	15.15	8.55	26.7	1967
范家水库	1		0.6	11.47	8.47	36.7	1978
丈老沟水库	1		1.07	11.15	5.95	40	1972
大赵家水库	1		1.45	38.2	23.8	53.3	1966
陈家水库	2		0.7+0.41	22+10.6	13.7+4.8	53.3	1966
汪家沟水库	1	古现街道	1.4	56.4	43.2	53.3	1958
徐家水库	1		1.81	44.4	30.45	40	1979

平塘　1991年，古现、八角、大季家三个乡镇建有平塘229座。其中，古现64座，总库容190.8万立方米，有效灌溉面积553.3公顷；大季家115座，总库容71.54万立方米，有效灌溉面积152公顷；八角50座，总库容74万立方米，有效灌溉面积258.7公顷。其中比较典型的有八角和侯家两座平塘。八角平塘，位于八角街道办事处八角村东南。1982年冬破土，1983年10月建成，面积0.47公顷，深5米，其中水深3米，蓄水量2万立方米，控制灌溉面积33.33公顷。

图13-16　大季家街道小邹家平塘（2003年摄）

结构形式：马道以下为乱石护坡，马道以上为扒面料石块砌护。砌护坡度 1∶1，顶部是水泥花格栏杆。侯家平塘，位于八角街道办事处侯家村。1980年冬破土动工，于1981年5月建成。面积0.67公顷，塘深4米，其中水深2.5米，蓄水量2万立方米，控制灌溉面积33.3公顷。结构形式：马道以下为乱石护坡，马道以上为扒面料石块砌护，坡度1∶1，顶部是水泥花格栏杆。随着开发区经济建设的加快发展，工业用地不断增多，部分平塘被回填，到2002年区内共有平塘208座。

扬水站 1976—1981年，原古现、大季家和八角乡镇建扬水站47处。其中古现17处，古现工农站为一级扬水站，建于1978年，门楼水库西干渠水源，装机99千瓦柴油机2台，总扬程32.8米，净扬程24米。二级站建于1981年4月，装机99千瓦柴油机组2台，总扬程30米，净扬程23.6米，

图 13-17 大季家街道房儿沟水库扬水站（2002年摄）

受益面积40公顷。大季家18处，山后扬水站，为三级扬水，建于1976年，竣工1978年。一级站水源为平畅河东岸平塘，此平塘占地面积2公顷，三级扬水总动力为805千瓦。其中一级站净扬程9.1米，总扬程11.6米，抽水机组37千瓦柴油机3台；二级站净扬程26.6米，总扬程28.9米，抽水机组99千瓦柴油机3台，明渠长度820米；三级扬水站净扬程37.5米，总扬程40.8米，抽水机组99千瓦柴油机4台，干渠长度4.3公里。八角12处，黄庄扬水站，1977年8月动工，1979年秋建成使用，取门楼水库西干渠水源，装机135柴油机组8台，总扬程36.5米，净扬程27.5米，设计流量1.36立方米/秒。8条扬水管路，内径400毫米，每条长770米。灌区配套工程完成支渠5.7公里，支渠2.3公里，总投资120.8万元，其中国家投资72.5万元。灌溉面积266.67公顷。扬水站工程，在建成初期，为农业生产发挥了很大的作用。1983年以后，因水源不足，管理不善及分户经营难以统一灌溉等现实原因，致使大部分以水库、塘坝、平塘为水源的扬水站逐步处于停用状态，有的甚至报废。

井灌工程 1985年，原古现、大季家和八角3个镇（乡）有机电井443眼。1991年后，因连年干旱和土地分户经营的现状，农民以户为主在河道旁、山沟、田间地头寻源打井的积极性空前高涨，到2002年全区拥有机电井568眼，其中古现126眼，大季家378眼，八角60眼，他处4眼。区域井灌面积占总灌溉面积21.8%。

八角防潮堤工程 八角防潮堤由原辖区主管部门组织施工，一期工程于1998年3月开工，8月完工。设计防浪标准为20年一遇，筑堤长度2400米。完成工程量，浆砌块石堤20.6万立方米，混凝土0.47万立方米，搬运土石方24万立方米，总用工日40.5万个，总投资600万元，其中国家投资60万元，国债资金300万元。第二期工程于2001年11月开工，2002年4月30日完工。地点位于八角街道黄庄村北和村西，筑堤长度2000米。完成工程量，浆砌石17.18立方米，混凝土3919立方米，搬运土石方19.77万立方米，总用工日33.5万个，总投资500万元，其中国家投资200万元。两期工程均由烟台市第三水利勘测设计院设计并组织施工，工程完工后有效防止海浪对岸边的侵袭。

第五章 渔 业

1985年，辖区海岸线长4.5公里，有渔业劳动力40人，渔业经济不发达。渔业生产以淡水养殖为主，伴有少量海水养殖，没有远洋捕捞，近海捕捞产量不高，年渔业总收入7万元。1986年，渔业总收入8万元。1987年，水产品总产量105吨，其中近海捕捞产量57吨，水产养殖产量48吨，海洋捕捞占54%，渔业总收入36万元。1988年，水产品总产量104吨，其中近海捕捞产量46吨，水产养殖产量58吨，渔业总收入55万元。1989—1991年，辖区渔业经济小幅波动增长，1991年养殖面积15.3公顷，全部是淡水养殖；水产品产量161吨，其中捕捞149吨，淡水养殖12吨，海洋捕捞占92.5%；渔业总收入64万元。

1992年，辖区面积扩大，渔业生产规模也随之增大。1993年，辖区有渔船137只，2101千瓦，养殖面积33公顷，其中海水养殖面积14公顷；水产品产量1164吨；渔业总收入88万元。1996年，有渔船201只，3016千瓦，养殖面积105公顷，其中海水养殖面积96公顷；水产品产量2321吨。

1997—2001年，辖区渔业稳步发展，规模有所扩大。2001年水产品总产量6000吨；水产品养殖面积700公顷，主要是海水养殖。

2002年开发区第二次扩区后，辖区海岸线长46.8公里，所对应海域面积291.5平方公里，15米等深线以内浅海面积19800公顷，滩涂面积684公顷，内陆水域面积96.5公顷。新扩区域海域宽阔，渔业资源丰富，渔业经济体制和渔业发展基础好，是烟台市重要渔业区域。

2003年，辖区渔业村7个，渔业户7128户，渔业人口19593人，渔业劳动力7141人。水产养殖面积11237公顷，主要是海水养殖；水产品产量210223吨，其中海洋捕捞110507吨，海水养殖99368吨，淡水养殖348吨；渔业总产值105055万元。是年，辖区加大了海洋渔业产业结构调整力度，全面发展市场经济，渔业生产、渔业经济初步形成了“以海洋捕捞、水产养殖业为基础，以水产品高、深、精加工业为龙头，以海洋渔业科技、渔港设施、船舶修造为一体的全面综合发展”的格局。

辖区地方性和洄游性鱼类共200多种，其中主要经济鱼类有鲅鱼、鲐鱼、银鲳、真鲷、黑鲷、鲻鱼、梭鱼、鲈鱼、黄姑鱼、叫姑鱼、白姑鱼、马面鲀、安康鱼、牙鲆鱼、黄花鱼、带鱼、沙丁鱼、马步鱼、石鲽、板鱼等30多种。

图13-18 捕捞船队（2002年摄）

第一节　渔港

1985—1992年，辖区没有渔港。2002年，开发区新扩区域有中小型渔港码头8座，码头总长2761.5米，建设总投资8653万元。渔港码头的兴建，为船舶停靠锚泊、渔货物装卸提供了条件，保障了渔业安全，促进了渔业生产发展。辖区海域共有3处导航设施，为渔船和海上作业导航。

八角渔港　位于开发区八角街道办事处八角村东岛嘴，港区三面为陆地所环绕。1990年6月被农业部首批确定为全国279个渔港名称之一。八角渔港一期工程1998年3月开工，由福山区海洋与渔业局与上海云蓝实业有限公司联合投资兴建，工程投资2900万元，1999年8月竣工投入使用。2002年5月至2003年4月，福山区海洋与渔业局利用3100万元国债资金，进行第二期扩建。建成后，渔港护堤长804米，有效码头长509米，突堤码头长100米，宽32米。港池平均水深5米，最大水深8米。港区面积541.5万平方米，陆域面积12.3万平方米，可供8000吨级以下船舶停靠。年可进出港船舶2万余艘次，年吞吐量20万吨。渔港设4000吨油库1座，400吨冷藏厂1座。日供油量2000吨，日供水能力160立方米，冰400吨。

初旺渔港　位于大季家街道办事处初旺村东，龙洞嘴南。1975年3月至1977年3月，初旺渔业公司投资45万元完成第一期工程建设。1985年3月至1986年3月，完成第二期渔港扩建，累计投资1100万元。建成后，渔港码头长523米，港区水域面积20.99万平方米，陆域面积2.15万平方米。平均水深2.5米，最大水深3米。年可进出渔港船舶1.5万艘次，年吞吐量10万吨。港内设储油量1万吨油库1座，渔船修造厂1座。日供油量250吨，日供水能力200立方米，冰300吨。

图13-19　初旺渔港（2003年摄）

图13-20　2003年11月，八角渔港扩建工程竣工

2003 年烟台开发区主要渔港情况统计表

表 13-9

渔港名称	地址	建港、扩港时间	总投资（万元）	码头长（米）	平均水深（米）	最大水深（米）	年吞吐量（万吨）	年进出港船舶（艘）
八角渔港	八角东岛	1998.03—1999.08 2002.05—2003.04	6000	509	5.0	8.0	20.0	20000
初旺渔港	初旺村	1975—1977 1985—1986	1100	523	2.5	3.0	10.0	15000
芦洋渔港	芦洋村	1990.03—1991.03	250	235	2.5	4.3	0.6	11000
万船渔港	芦洋村	1996.01—1996.10 2001.01—2002.01	400	277	3.0	4.5	1.0	20000
陈家渔港	陈家村	1994.03—1995.03 2002.03—2002.10	85	161.5	4.0	7.0	1.0	4000
李家渔港	李家村	1990.03—1995.03 1999.03—2000.03	600	570	2.5	4.5	1.0	1160
夹河口渔港	夹河口	2000.03—2001.03	200	300	2.0	2.0	0.5	3000

第二节　海洋捕捞

渔船　1987 年，辖区有机动渔船 19 只，主要为 7 ~ 9 千瓦小船，总吨位 114 吨，总功率 144 千瓦。1990 年有机动渔船 14 只，1991 年 17 只。1992 年扩区后有机动渔船 80 只。1995 年，有机动渔船 183 只，总功率 2746 千瓦；1996 年有渔船 212 只，总功率 3374 千瓦，平均每只 15 千瓦。1997—2001 年，渔船数量小幅增长。2001 年，有渔船 286 只，总吨位 4984 吨，总功率 8827 千瓦，较大功率的船只陆续增加。

图 13-21　辖区典型的钢制捕捞渔船（2002 年摄）

2003 年，全区机动渔船达到 1106 只，总吨位 17018 吨，总功率 35779 千瓦。其中捕捞渔船 913 只，总吨位 16760 吨，总功率 34594 千瓦。

1987—2002 年烟台开发区捕捞渔船情况表

表 13-10　　单位：艘、吨、千瓦

年份	总计			15 千瓦以下			16 ~ 44 千瓦			45 ~ 146 千瓦			147 ~ 440 千瓦		
	数量	总吨位	功率	数量	总吨位	功率	数量	总吨位	功率	数量	总吨位	功率	数量	总吨位	功率
1987	19	114	144	19	114	144									
1988	17	100	130	17	100	130									

续表 13-10

年份	总计			15千瓦以下			16～44千瓦			45～146千瓦			147～440千瓦		
	数量	总吨位	功率	数量	总吨位	功率	数量	总吨位	功率	数量	总吨位	功率	数量	总吨位	功率
1989	14	112	158	14	112	158									
1990	14	112	158	14	112	158									
1991	17	100	130	17	100	130									
1992	80	793	1195	56	280	406	23	458	690	1	55	99			
1993	138	1241	1899	101	400	715	36	786	1085	1	55	99			
1994	145	1365	2388	104	420	918	40	890	1371	1	55	99			
1995	183	1604	2746	137	568	1044	46	1036	1702						
1996	212	2044	3374	150	450	1110	62	1594	2264						
1997	252	2412	4685	170	510	1533	80	1714	2880	2	188	272			
1998	267	3517	6342	171	983	1639	84	1680	2997	6	328	471	6	526	1235
1999	284	4811	8527	162	700	1497	100	2143	3499	10	602	1047	12	1366	2484
2000	286	4984	8827	162	1027	1526	100	2143	3499	12	782	1318	12	1032	2484
2001	286	4984	8827	162	1027	1526	100	2143	3499	12	782	1318	12	1032	2484
2002	1364	16566	35551	925	3620	5702	321	4955	11990	54	1565	3768	64	6426	14091

捕捞产量 开发区建区时，辖区海洋捕捞全部是近海作业，规模不大，产量不高。1987年捕捞量57吨，1988年46吨，1989年33吨，1990年42吨。捕捞水产品中，鱼类约占80%～90%，其余为虾蟹类。1991年后，海洋捕捞渔业快速发展，是年捕捞量149吨，是上年的3.5倍。1992年扩区后，捕捞产量达到900吨。1993年，捕捞总产量达到1171吨。随着农村改革开放的深入发展和海洋捕捞机械化程度的不断提高，海洋捕捞生产产量随之提高，到1998年，捕捞总产量上升到3231吨，其中鱼类为2630吨，虾蟹类为60吨。2002年再次扩区后，辖区海域面积剧增，海洋捕捞产量也大幅增加。2003年，海洋捕捞总产量达到110507吨，其中鱼类103636吨，虾蟹类为3210吨。

图13-22 打渔归来（2003年摄）

1987—2003年烟台开发区海洋捕捞产量统计表

表13-11　　单位：吨

年份	总产量	年份	总产量
1987	57	1996	1131
1988	46	1997	1320
1989	33	1998	3231
1990	42	1999	2930
1991	149	2000	3130
1992	900	2001	3130
1993	1171	2002	139226
1994	1012	2003	110507
1995	1043		

渔期渔场　12月至翌年3月，石屋营、黄庄、下刘家等沿海渔民有出小海的传统，捕捞黄盖鲽、石鲽、梭鱼等，作业场所为沿岸浅海，以夹河口以北为主要作业渔场。2月初至3月末，沿海渔民在近岸水域捕捞桃花虾，作业场所在夹河口至黄庄沿岸浅海。3月初至6月末，爬虾汛期，以沿海、套子湾、烟威渔场、渤海湾等为主要渔场。4月初至6月末，鲐鱼、鲅鱼、马步鱼、鹰爪虾等均在此期间形成渔汛，主要作业渔场有套子湾、烟威渔场、渤海渔场、青石渔场等。5月1日至6月初，黄姑鱼形成渔汛，主要作业渔场在套子湾东北部、芝罘岛附近沿海。7月中旬至10月中旬，为海蜇捕捞期，以渤海湾为主要作业渔场，另外也到黄海中部、北部捕捞。9月中旬至11月底为秋季渔汛，捕捞品种有鲅鱼、鳀鱼、底杂鱼类及对虾、鹰爪虾、蟹类等，作业渔场主要有套子湾、渤海渔场、烟威渔场、青石渔场等。136千瓦以上大功率捕捞船长年可进行捕捞生产，主要作业渔场有烟威渔场、青石渔场、舟山渔场、东海渔场、南海渔场，以及韩国、日本附近公海。

第三节　养殖

海水养殖　1985年，辖区海水养殖尚未形成规模，只有少数个体户零星养殖。1987年，胜利东村在北部海滩开辟2公顷水面，进行海水养殖，品种是栉孔扇贝，年产量2.5吨。1988—1990年，

图13-23　套子湾浅海海水养殖（2003年摄）

海水养殖面积保持在4公顷，年产量2～4吨。1991年，辖区胜利东村海水养殖停止培育。1992年4月，胜利东村成立海水养殖场，重新开辟水面7公顷，养殖栉孔贝类及对虾等。第一次扩区后，1993年辖区海水养殖面积14公顷，产量25吨。1995年，全区海水养殖面积52公顷，总产量525吨。1996—2001年，海水养殖面积一直保持在178公顷左右，养殖产量由2025吨逐年下降到156吨，主要因养殖人员减少及投入不足所致。2002年开发区第二次扩区后，新扩海域涵盖了套子湾的大部分面积。套子湾三面环陆，湾内水深在20米以内，是天然优良的海水养殖场所，非常适宜海水养殖发展。新扩3个街道办事处渔民自1983年实行联产承包责任制后，调整海水养殖结构，由单一的品种发展到多品种养殖，养殖方式也由筏式养殖发展至网箱养殖、围堰养殖、池塘养殖、工厂化养殖和人工底播放流增殖等。半人工栉孔扇贝自然采苗、工厂化人工育苗技术日趋成熟。苗种除供应本省外，还销往辽宁等省份。海水养殖早就成为原区域渔业的支柱产业之一。2003年，全区海水养殖单位310个，劳动力1353人；总养殖面积11219公顷，其中滩涂养殖面积338公顷，人工增殖142.8公顷；养殖水产品总产量达到99368吨。2003年工厂化养殖单位发展到8个，养殖水体达到1.8万立方米；海水综合育苗场发展到54个，育苗水体达到5.4万立方米。主要养殖品种有海带、扇贝、牡蛎、贻贝、大鲮鲆、牙鲆、黄盖鲽、真鲷、鲈鱼、马面鲀、黑鱼、三疣梭子蟹、日本蟳、对虾等。

1987—2003年烟台开发区海水养殖情况统计表

表13–12

年份	总面积（公顷）	总产量（吨）	其中筏式养殖	
			面积（公顷）	产量（吨）
1987	2	2.5	–	–
1988	4	4	–	–
1989	4	3	–	–
1990	4	1.5	–	–
1991	0	0	–	–
1992	7	50	–	–
1993	14	180	–	–
1994	33	300	–	–
1995	52	525	52	525
1996	178	2025	178	2025
1997	178	2025	178	2025
1998	178	550	178	550
1999	178	200	178	200
2000	178	150	178	150
2001	178	156	178	156

续表 13-12

年份	总面积（公顷）	总产量（吨）	其中筏式养殖	
			面积（公顷）	产量（吨）
2002	3365	75617	2674	72943
2003	11219	99368	10818	92843

淡水养殖 1985 年，辖区已有淡水养殖，但规模不大，且全部是池塘养殖，没有水库和河流养殖。1987 年，辖区淡水养殖面积 11 公顷，其中胜利东村有鱼塘 10 公顷，曲家台子村有鱼塘 1 公顷，产量共计 46 吨，养殖品种主要有甲鱼、鲤鱼、鲢鱼等。1988 年，淡水养殖面积扩大到 22.4 公顷，产量 54 吨，养殖品种也有增加，鲢鱼、鲤鱼、草鱼等都有养殖。1989—1992 年，淡水养殖面积一直保持在 15 公顷左右，产量在 12 吨左右。1993—1995 年，养殖面积 19 公顷，产量在 20 ~ 30 吨。1996—2001 年，随着工业快速发展，辖区鱼塘和养鱼池也逐渐被占用，1996 年剩有鱼塘面积 6 公顷，2000 年前后淡水养殖基本消失。2002 年扩区后，新扩区域小型水库、水塘较多，淡水养殖水面较大。2003 年，淡水养殖面积 96.5 公顷，产量达到 348 吨。其中小型水库 14 座，总面积 64.4 公顷，可养水面 48.8 公顷，已养水面占可养水面的 100%。坑塘 66 个，总水面面积 32.1 公顷，可养水面面积 21.8 公顷，已养水面面积 14.7 公顷，占可养殖水面的 67.43%。养殖品种主要有鲢鱼、鳙鱼、草鱼、鲂鱼、鲤鱼、鲫鱼、尼罗罗非鱼、甲鱼等。

第四节　渔业科技与普及教育

科研机构 渔业技术推广站　2002 年 12 月，开发区渔业技术推广站成立，隶属区农业与海洋渔业局。负责渔业技术的研究、推广与指导，发布渔情预报和渔业信息，监控渔业生态环境和病虫害防治等。

江河海珍品研究所　2001 年扩区前在大季家山后李家挂牌成立，群众性水产科研机构。主要对海参、鲍鱼、海胆等海珍品的苗种进行育苗、培育、养成及其他渔业科学技术的推广与普及。

教育与培训 学校教育　烟台开发区海洋经济学校是以培养渔业生产单位技术人员和技术工人为主的学校，它的前身是蓬莱县水产海运技术学校。1984 年，蓬莱县将县第 18 中学（地址在大季家镇）更名为蓬莱县水产海运技术学校。1993 年，更名为蓬莱市第三职业中等专业学校，同时增名蓬莱市水产学校。学校占地面积 6.14 公顷，建筑面积 2 万平方米，是一所综合性海洋水产学校。学校设海水养殖、制冷与空调、财会、涉外会计、文秘等近 10 个专业，开设的课程有 40 多门。1994 年学校获得“农业部水产职业教育红旗学校”荣誉称号，并被农业部中等水产教育研究会吸收为会员和理事会理事。2003 年，学校改称烟台开发区海洋经济学校。是年在校学生 836 人，教职员工 86 人。

专业培训　扩区前，由福山区和蓬莱市渔政渔港监督管理机构组织进行。1998 年国家实行渔业船舶普通船员持证上岗制度后，1999 年开始对普通船员进行专业培训，每期培训 10 天，培训科目有海洋与气象常识、航海轮机知识、海上求生急救、船舶消防、海洋污染等 10 项内容。经考试合格，发给“普通船员基础训练合格证书”。到 2002 年，共举办职务船员培训班 30 余期，普通船员培训班 10 期。培训五等乙机驾长、五等甲机驾长、司机等职务船员 1500 余人，普通船员 2000 余人。

第五节　海洋与渔业管理

渔政管理　管理机构　1988年，烟台开发区渔政渔港监督管理站设立，负责辖区渔业行政及渔港监督等事宜。2002年11月，农业与海洋渔业局

图13-24　开发区农业与海洋渔业局办公大楼（2003年摄）

成立，负责辖区海洋与渔业管理、监督与服务等工作。下设渔业技术推广站、渔政管理站、渔业船舶检验站、海洋监察大队等4个渔政管理单位。2003年，辖区拥有主机功率29.4～110.25千瓦的玻璃钢渔政检查艇3艘，73.5千瓦的木质渔监检查船1艘。

渔船检验　1984年前所有渔船及渔船设备，归山东渔船检验局检验。1984年设置渔船渔港监督管理机构后，44.1千瓦以下的渔船由县市区检验，44.1千瓦以上渔船仍由山东渔船检验局检验。时辖区尚无此类机构，暂由福山区相应机关代管，直到2002年辖区设立农业与海洋渔业局时，建立渔业船舶检验站，进行建造检验、初次检验、营运检验、临时检验和公证检验等工作。

图13-25　2003年8月，渔政执法人员登船检验

渔港监督　1988年前，辖区的渔政渔港工作由福山区代管，1988年辖区设立渔政渔港监督管理站，负责44.1千瓦以下渔船的注册登记、发放船舶登记证书和航行签证簿。1998年，为进一步规范渔船管理，区渔政渔港监督管理站对区内44.1千瓦以下渔船进行重新登记，并增发“渔业船舶所有权证书”。

渔业安全生产　宣传教育　1988年辖区设立渔政渔港监督管理机构后，不断加强渔业安全生产宣传教育工作。利用广播、电视、标语及时发布大风警报、海上安全事故通报等信息，以引起渔民重视，同时每年进行一期安全生产培训，从实践和理论上提高安全意识。每年举行“安全生产月”“安全生产周”活动，进一步强化渔业安全生产。2002年后，区农业与海洋渔业局每年定期召开1～2次全区渔业安全生产会议和20余次安全生产座谈会，学习《中华人民共和国安全生产法》，认真总结经验，制定有效安全措施，保障渔业安全生产。

图13-26　2003年1月，全区渔业安全培训

安全生产组织与体系　2002年，农业与海洋渔业局成立安全生产领导委员会、防台风防风暴潮指挥部、抗旱防汛指挥部等组织，制定《烟台经济技术开发区安全应急预案》《烟台经济技术开发区渔业安全应急措施》《烟台经济技术开发

区安全网络委员会职责》《烟台经济技术开发区安全管理网络》等一系列渔业安全生文件。在这些措施与体系中，要求沿海各办事处、村居委会、渔业生产单位、单位与班组、个人、船只层层签定渔业安全生产责任状或责任书，严格按照文件规定内容从事渔业生产，使辖区内形成完整渔业安全生产体系和网络。

渔船渔民保险　1995年山东省渔船船东互保办事处在各县市区设立代办处，辖区代办处设置在区渔政渔港监督站，于1996年起开展工作，负责辖区渔船渔民互保工作。主要险种为人身意外伤害险，2000年增加附加医疗险。1996—2002年，古现、八角、大季家3个乡镇及辖区其他区域共保险渔民8000余人，保险额9000余万元。

第十四编

财政 税务 金融

开发区地税服务大厅（1997 年摄）

烟台经济技术开发区志

YANTAI JINGJI JISHU KAIFAQUZHI

1985—1995 年，国家给予经济技术开发区财政收入全留的优惠政策，扶持开发区打基础，快发展。1987 年，烟台开发区设立财政机构。为加强聚财理财能力，发挥财政对经济建设的保障力度，烟台开发区强化预算管理，集聚财力，培植税源，扩大收入。实行政府采购、集中收付核算、财务监督等改革措施，保障财政科学合理支出。2003 年，全区财政总收入 17.74 亿元，其中地方财政收入 5.01 亿元，占 28.25%，16 年年平均增长分别为 49.43% 和 38.08%；财政支出 7.08 亿元，16 年年平均增长 41.73%。

1987 年，烟台开发区设立税务机构，接管辖区税务工作。1997 年国税、地税分设后，发挥两个机构的积极性。税务部门加强税收管理，保护税源，严格征管。2003 年，国税入库额 13.36 亿元，6 年间年平均增长 28.67%；地税入库额 3.78 亿元，9 年年平均增长 26.37%。

随着辖区开发建设步伐加快，经济规模不断壮大，各大银行机构纷纷到区建立分支机构，为开发区经济和社会提供金融服务。保险、证券、典当、担保等非银行金融机构，不断加强自身建设，在服务开发区中发展自己。1989 年，辖区金融机构年末各项存款余额 5048 万元，各项贷款余额 2.81 亿元；2003 年，金融机构年末各项存款余额 66.94 亿元，各项贷款余额 63.36 亿元，14 年间年平均增长分别为 41.78% 和 24.93%。

第一章　财　政

建区以来，开发区财政工作遵循“聚财有道、理财有方、管财有法、用财有效”的工作思路，发挥财政的各项职能，保障全区经济和社会事业健康发展。

1987 年，开发区开始有了自己的财政收入。至 2003 年，累计实现财政总收入 71.20 亿元，其中地方财政收入 26.02 亿元；累计完成财政支出 37.95 亿元，其中生产建设性支出占财政总支出的 70% 以上。贯彻国家财政政策，积极筹措资金，不断加大基本建设投入，建区以来累计完成财政性基本建设投资 46 亿元。

在财政预算管理中，改革资金管理制度，理财水平不断提高。1996 年改革预算编制方式，开始实行“零基预算”；1998 年开始编制下达预算外资金收支计划，实行财政预算内、外统管；2000 年改革财政资金支付方式，实行行政事业单位财政统一发放工资，推行财政集中支付制度。在税政管理中，出台支持税源建设和减轻农民负担政策，保证税源连年增加，为农村经济发展创造宽松环境。在社会公共资金管理中，坚持以人为本，不断创新，社会公共财政框架初步形成，建立起城乡最低生活保障线制度和残疾人就业保障机制。加强住房资金的管理和监督，建立住房公积金、个人住房公积金贷款、住房补贴制度，逐步实现职工住房分配货币化。不断加大对国有企业的监管力度，先后通过实行第二步利改税、承包经营责任制、向企业派驻财务总监等措施，保证财政的有效监管。对外资及其他所有制企业的财务管理，坚持监管与服务并重的原则，取得积极成效。在国有资产管理中，通过开展国有资产评估管理、国有产权管理、企业国有资产管理、行政事业单位国有资产管理等工作，防止国有资产流失，促进国有资产保值增值。截至 2003 年，管委国有资产总额 34.79 亿元，净资产额 14.58 亿元。

为适应国家财税体制改革形势，在财政收支各方面推行不同程度的改革与创新，主要有农村税费改革、财政集中收付核算改革和政府采购改革等。农村税费改革实行 3 次减税后，农民人均税费负担由改革前的 159.40 元下降到 38 元，减负 76%；在财政集中收付核算改革中，成立经费核算中心和收费管理中心，对全部机关事业单位财务集中核算，有效杜绝“跑、冒、滴、漏”现象的发生；在政府采购改革中，2000 年建立政府采购机构，实行集中管理措施，提高资金使用效益。

第一节　财政体制

1985—2003 年，开发区财政体制经历财政收入全留财政体制、过渡期财政体制和全国统一分税制财政体制 3 次调整。2002 年 9 月管辖区域扩大后，区财政部门对新划进的街道办事处实行新的内部管理体制。

全留财政体制　1984—1989 年，享受国家给予 14 个沿海开放城市经济技术开发区财政收入全留的财政优惠政策，财政收入地方全留。后延长执行到 1993 年，1994—1995 年，新增财政收入继续留用。烟台开发区共 11 年间执行财政收入全留财政体制。

过渡期财政体制　从执行收入全留财政体制，到执行全国统一分税制财政体制，国家给予开发区 1996—1998 年 3 年过渡期。具体情况是以 1993 年的税收返还为基数，把 1995 年比 1993 年新增财政收入中中央财政应得增量部分，分 3 年递减返还，即 1996 年返还四分之三，1997 年返还四分之二，1998 年返还四分之一，1999 年停止返还。在此期间，“两税”（增值税、消费税）完成数如低于 1995 年，则在当年返还数额中相应扣减短收数额。省级收入以 1993 年实际入库数为基数，1995 年比 1993 年省级收入增量部分，1996 年省级财政返还四分之三，1997 年返还四分之二，1998 年返还四分之一，1999 年停止返还。在此 3 年期间，财政收入由全留体制逐步过渡到全国统一分税制财政体制。

统一分税制财政体制　1999—2001 年，执行全国统一分税制财政体制。即：除少数特殊企业所得税和储蓄存款利息个人所得税外，一般企业所得税和个人所得税实行中央、省与市、县市区按比例分享。2002 年企业所得税中央、省、县市分别按 50∶10∶40 分享，个人所得税中央与县市按 1∶1 分享；2003 年分别按 60∶8∶32 和 60∶40 分享。地方营业税实行省与市、县市区两级按 20∶80 分享。各县市区净上划的所得税和营业税，市财政以 2001 年实际缴付的数额为基期予以基数返还。如果县市区 2002 年及以后年度地方企业所得税和个人所得税完成数达不到核定基数，将相应扣减返还基数。同时规定驻开发区市级参股企业税收平时作为区级收入入库，年终通过体制结算，由开发区财政专项上解市级财政。

办事处财政管理体制　2002 年 9 月扩区后，为规范与古现、八角、大季家街道办事处的财政分配关系，调动街道办事处财政自主发展的积极性，工委管委确定区财政与办事处之间的财政体制，主要是：按分税制财政体制原则，街道办事处所属企事业单位缴纳的税收，除城建税、资源税、土地出让金收入、耕地占用税、契税 、排污费收入划为区级财政收入外，其余全部为办事处收入；办事处财政支出范围主要是保证其履行行政职能，促进经济发展所需开支。2003 年，区财政对街道办事处体制结算项目主要包括：所得税、营业税基数返还 181 万元；国家税费改革转移支付补助 233 万元；农民再减负转移支付补助 379 万元；加快农村城市化进程转移支付补助 280 万元；工资性转移支付补助 532 万元；农民低保转移支付补助 22 万元。以上一系列资金的划拨，有力地支持了 3 个街道的发展。

第二节　财政收入

1984—1986 年，区财政税收机构建立之前，全区财政收入由福山区财政局代管。其间，区内工商税源尚未建立，而农业和农林特产税又免征。1986 年 7 月，管委成立财经组，开始管理辖区财政收入。

从1987年开始，随着全区经济发展，区级财政收入大幅增加。是年，全区财政总收入287万元。因实行收入全留财政体制，全部收入划为地方收入。1993年，区级财政收入达到1.18亿元。1987—1993年，7年累计区级财政收入2.02亿元，年均增长86%。1994年，增值税和消费税改由海关代征，地方财政收入由1993年的1.18亿元降至1994年的7316万元，下降38.17%。1998年，受亚洲金融危机影响，全区财政总收入为4.84亿元，比上年增长14.58%，其中地方收入1.75亿元，比上年增长6.35%，是建区以来增长幅度最低的一年。1999年以后，财政状况迅速好转，财政总收入和地方收入平均增长为29.65%和23.41%。2003年，财政总收入17.74亿元，比上年增长39.09%，其中地方收入5.01亿元，比上年增长20.06%。1987—2003年，全区财政总收入累计71.20亿元，其中地方收入26.02亿元。

1987—2003年烟台开发区财政收入情况统计表

表14-1　　单位：万元、%

年份	财政总收入		其中：地方财政收入	
	总额	同比增长	总额	同比增长
1987	287	–	287	–
1988	634	120.91	634	120.91
1989	1269	100.16	1269	100.16
1990	1387	9.30	1387	9.3
1991	1808	30.35	1808	30.35
1992	3018	66.92	3018	66.92
1993	11833	292.08	11833	292.08
1994	17995	52.07	7316	–38.17
1995	25002	38.94	10405	42.22
1996	30905	23.61	13130	26.19
1997	42267	36.76	16461	25.37
1998	48430	14.58	17507	6.35
1999	63238	30.58	19339	10.46
2000	67384	6.56	25852	33.68
2001	91583	35.91	38049	47.18
2002	127553	39.28	41744	9.71
2003	177413	39.09	50119	20.06
合计	712006	–	260158	–

说明：1994年开始由海关代征两税（增值税、消费税）

第三节　财政支出

1985—1986年，烟台开发区财政机构尚未建立，管委建设性支出在直属建设公司列支。1985年，全区基本建设开工，当年完成支出7098万元，其中基础设施工程支出6600万元，包括供水工程（建配水厂）、道路工程、污水工程、热力工程（建临时锅炉房）、供电工程（起步区35KV变电站）以及勘察设计、征地动迁等支出；地面建筑支出418万元，主要有2栋标准厂房和1栋单身职工公寓；管委办公经费及车辆购置等支出80万元。1986年，完成财政支出4261万元，其中基础设施工程支出3522万元，包括邮电大楼工程；地面建设工程644万元，包括职工家属住宅、Ⅰ-7小区食堂、文化站、商品零售店等；管委行政费用支出95万元。

1987年，财政支出267万元，其中文教卫生科学事业费支出7万元，行政管理费用支出65万元，其他项目支出195万元。

1987年以后，财政支出逐年增加，到1992年，财政支出增加到3199万元。

1993年，在邓小平南方谈话精神鼓舞下，全区进行大规模基础设施建设，在36平方公里规划区域拉开建设框架。是年，财政支出达到1.18亿元，其中生产建设性支出完成8303万元，占整个财政支出的70.46%。

1995—1999年，每年财政支出都在2亿元以上，并且生产建设性支出一般都占70%以上。从2000年起，开发区提出跨越式发展，财政支出每年都有较大增长。2000年支出3.81亿元，2001年支出4.95亿元，2002年支出6.02亿元。

2003年，全区财政支出合计7.08亿元，比上年增长17.67%，其中生产建设性支出4.67亿元，比上年增长12.37%；文教卫生科学事业支出5303万元，比上年增长21.43%；行政管理费公检法司支出4261万元，比上年增长26.0%；企业技改和科技三项费用支出6887万元，比上年降低14.12%；城市维护费支出3.86亿元，比上年增长19.32%；农林水利和气象支出1124万元，比上年增长315%；抚恤社会福利救济离退休经费及社会保障补助支出1306万元，比上年增长7%；其他各项支出1.46亿元，比上年增长33.75%。

1987—2003年，全区财政支出累计37.95亿元，其中生产建设性支出26.29亿元，占全区财政支出的69.26%；文教卫生科学事业支出2.34亿元，占全区财政支出的6.18%，年均递增51.34%，其中75%以上的资金安排在中小学及幼儿教育方面；行政管理费公检法司支出2.99亿元，企业技改和科技三项费用支出4.73亿元，城市维护费支出20.93亿元，农林水利和气象支出1848万元，抚恤社会福利救济离退休经费及社会保障补助支出4516万元，其他各项支出6.33亿元。其间，在财政支出增长的同时，支出的内容和结构也在不断发生变化。技改和科技事业的投入得到加强，投入企业挖潜改造资金和科技三项费用占全区财政支出的12.48%，有力地支持了支柱产业和骨干企业的发展壮大。

1987—2003年烟台开发区财政分类支出情况统计表

表14-2　　单位：万元

年份	支出合计	生产建设性支出	社会文教、卫生、科学事业费	行政管理费、公检法司支出	其他各项支出
1987	267	–	7	65	195
1988	791	50	141	277	323
1989	1367	150	131	317	769

续表 14-2

年份	支出合计	生产建设性支出	社会文教、卫生、科学事业费	行政管理费、公检法司支出	其他各项支出
1990	1445	197	156	378	714
1991	1915	220	233	892	570
1992	3207	713	360	1609	517
1993	11784	8303	455	1522	1504
1994	13600	9273	812	1793	1722
1995	20739	14179	983	1709	3868
1996	22995	17778	1229	1991	1997
1997	26748	20062	1325	1911	3450
1998	27184	18850	1531	2115	4688
1999	28964	20227	1845	2242	4650
2000	38080	27287	2060	2555	6178
2001	49467	37402	2499	2925	6641
2002	60172	41518	4367	3383	10904
2003	70803	46655	5303	4261	14584
累计	379520	262864	23437	29945	63274

1988—2003 年烟台开发区财政主要支出项目情况统计表

表 14-3　　单位：万元

年份	企业挖潜和科技三项费用	城市维护费	农业、林业、水利和气象支出	抚恤和社会福利救济、离退休经费及社会保障补助支出
1988	–	40	10	1
1989	–	127	24	2
1990	38	130	13	2
1991	3	126	38	2
1992	3	656	38	3
1993	24	8168	8	15
1994	1246	7923	35	46
1995	1508	12321	9	28
1996	1799	15554	21	29
1997	1783	17790	80	52

续表 14-3

年份	企业挖潜和科技三项费用	城市维护费	农业、林业、水利和气象支出	抚恤和社会福利救济、离退休经费及社会保障补助支出
1998	3501	14871	30	270
1999	3009	16657	31	456
2000	10300	16383	48	601
2001	9225	27573	68	482
2002	8020	32385	271	1221
2003	6887	38643	1124	1306
历年累计	47346	209347	1848	4516

第四节　预算管理

预算内资金管理　1988 年，财政部门开始对管委行政事业单位实行预算管理，编制全区第一个财政收支预算。1989—1992 年，因财力限制，预算安排以维持行政事业单位正常运转为原则，生产建设性支出所占比重较低。1992 年，全区财政总支出 3207 万元，其中行政事业费支出 1609 万元，占 50.30%。

1993 年，地方财政收入首次突破 1 亿元，预算安排相应加大生产建设性支出的比重，安排 8303 万元用于基础建设投资，占财政总支出的 70.46%，开发区财政从此由“吃饭”财政转向生产建设性财政。

1996 年，财政部门改革支出预算编制方式，开始实行“零基预算”。即对各单位公务费、燃修费等确定定额标准，各项行政事业经费的确定，不再考虑上年度的支出基数，而是依据各单位的机构及人员编制情况，当年的事业发展计划和工作任务，按照规定的支出标准，从“零”开始安排年度预算，并细化了部门预算的编制。

1998 年，财政部门参照预算内资金管理办法，第一次编制下达预算外资金收支计划，实行预算内、外资金统管，下达统一的收支预算。

2003 年，为适应开发区管辖面积扩大后的需要，财政预算编制增加办事处财政预算部分，预算编制分为区本级预算和办事处级预算两个级次。办事处预算编制参照区本级预算编制的原则，实行“零基预算”和分部门预算。是年，区级财政预算收入 5.01 亿元，其中办事处级预算收入 2051 万元；区级和办事处两级财政预算总支出 7.08 亿元。

预算外资金管理　1991 年 9 月以前，由于各单位收取预算外资金额度较少，此项资金由各单位自主支配使用。

从 1991 年 10 月起，区财政部门开始对部分行政事业单位和企业主管部门的预算外资金实行“专户储存、财政审批”的收支两条线管理方式。规定各单位收取的预算外资金必须定期存入财政部门在银行开设的专户，用款由财政部门审核后拨入单位账户。

1995 年 4 月，管委制定《烟台经济技术开发区预算外资金管理办法》和《烟台经济技术开发区预算外资金管理办法实施细则》两个文件，规定行政事业单位的一切预算外资金及往来款项应按规定存入财政部门及人民银行批准开设的收入过渡账户，并按时存入财政专户。预算外资金支出一律经过支出账户，支出账户的资金来源，只能是财政专户拨款。用预算外资金进行基本建设的行政事业单位，必须将自筹基本建设资金存入财政部门在银行开设的自筹基本建设专户，经财政部门审查落实后，按规定程序报批。

1997 年，区财政部门开始建立、执行预算外资金预决算制度，严格按照管委批准的年度计划，对单位预算外资金收支、使用进行管理监督，增强对财政性资金的统筹调控力度。

1999 年 3 月，区财政部门组织人员对全区 56 个单位上年度的收费票据、银行账户及专项拨款的使用情况进行检查，查纠违规资金 128.4 万元。通过检查，将原来未纳入财政专户管理的法院诉讼费、卫生系统药品收入和教育系统收费等纳入专户管理。至此，全区所有应纳入财政专户管理的收费全部纳入财政专户管理。6 月，管委修订《烟台经济技术开发区预算外资金管理办法》，确定预算外资金“执行计划、全额上缴、收支挂钩、减收扣支、调剂使用”的管理原则。

2000 年 8 月，区财政部门对区法院行政事业性收费实行“票款分离、财政统管”的工作试点。实行“票款分离、财政统管”的管理体制，单位的事权和行业管理职能不受影响，收费资金用途不变。对资金管理实行“集中征收、核定计划、统一支付、分户核算、超支不补、超收分成、结余留用”的办法。

2001 年区财政部门在法院试点的基础上，分 3 批对人事系统、建设环保土地局系统、公安系统和教育系统等 43 个单位 249 个行政事业性收费项目实行“票款分离”。

2002 年，区财政部门将建设环保土地局收取的工程定额管理费、计生委收取的计划生育社会抚养费、法院收取的诉讼费等 6 个单位 13 项收费纳入预算管理。

2003 年 1 月，区财政部门按规定将公检法部门的收费全部纳入预算管理。3 月，为加强街道办事处预算外资金管理，区财政部门对办事处教育系统预算外资金和各类票据实行属地管理原则，由办事处财政所直接监管。

1991—2003 年烟台开发区预算外资金收支情况统计表

表 14-4　　　　单位：万元

年份	预算外收入	预算外支出	年份	预算外收入	预算外支出
1991	47	36	1998	4359	4222
1992	425	409	1999	3011	2700
1993	657	528	2000	3318	3201
1994	924	549	2001	3580	3056
1995	1908	1256	2002	5239	3589
1996	4877	3851	2003	4671	4341
1997	2866	3286	合计	35882	31024

财政性基本建设资金管理　1987 年以前，管委直属建设公司代管委负责基本建设资金的筹措和管理。1987—1993 年，区财政部门负责基本建设资金管理。1993 年 10 月—1995 年 3 月，基础设施建设资金由建设环保土地局代管。1995 年 4 月以后，基础设施建设资金由区财政部门管理。

管委年度基本建设投资项目的确定，1985—1987 年，由管委直属建设公司提出，管委主任办公会研究确定。1988—2003 年，属基础设施项目，由建设环保土地局提出方案，征求区财政、经济、招商等管理部门的意见后，由管委主任办公会议研究确定；属公益事业项目，由项目所属单位（部门）提出，征求区财政、经济、建设等管理部门意见后，由管委主任办公会议研究确定。

管委基本建设资金由区财政部门筹措，资金来源主要有三个渠道。一是预算安排，1993—2003 年，财政每年预算安排生产建设性支出都达到财政支出的 70% 左右，加之预算外财力、住房资金、社保资金等全部纳入财政管理大盘子，财政对资金的综合运筹、调控能力增强。二是借贷融资收入，1984—1991 年，国家给予的 1.67 亿元贴息和低息开发贷款，对于启动开发建设，特别是起步区基础设施建设发挥了重要作用。多年的实践探索，开发区借助筹融资发展的模式不断完善，形成以财政信用为基础，以管委辖属的独资公司（经销中心、国有资产经营管理公司）为融资载体，开辟商业信贷融资、政策性融资、国债资金、国际政府间贷款、国家部委专项资金、信托融资等多条渠道，形成多层次的融资格局。截至 2003 年，管委财政累计筹融资超过 30 亿元。三是土地费收入，即国有土地使用权出让收益。1992—1994 年，每年土地出让费收入都在 1 亿元以上。1995—2002 年间，由于土地出让面积的减少和土地回收款的分期缴纳，土地出让费收入在 6000 万元 ~ 1 亿元之间。2003 年扩区后，土地出让范围扩大，当年土地出让费收入 1.30 亿元。建区以来，土地使用权出让收入累计 8.79 亿元。

为提高基本建设资金使用效益，2002 年开始实行工程招投标管理。凡投资额超过 30 万元的工程施工，实行公开招投标；投资额超过 200 万元的工程勘察、设计，实行公开招标；单价在 15 万元以上或同类品种总价在 20 万元以上的材料、设备购置，进行招标采购；对不符合公开招标条件的工程，参照公开招标实行决算系数下浮制。2002—2003 年，对 143 项工程实行招投标管理，评审标价 6.02 亿元，中标价比标底下浮 8%，节省投资 4812 万元。

1987—2003 年烟台开发区土地使用权出让收益情况统计表

表 14-5　　单位：万元

年份	土地费收入	年份	土地费收入	年份	土地费收入
1987	95	1993	16375	1999	2349
1988	881	1994	15308	2000	2003
1989	1223	1995	6532	2001	1599
1990	1258	1996	3115	2002	5663
1991	1768	1997	2884	2003	12992
1992	11856	1998	2046	合计	87947

1985—2003 年烟台开发区基础设施投资情况统计表

表 14-6　　单位：万元

年份	道路工程	污水工程	雨水工程	给水工程	热力工程	电力工程	绿化工程	其他工程	总计
1985	331	55	180	914	51	85	22	8962	10600
1986	236	278	315	474	706	403	20	3376	5808
1987	334	156	150	237	216	413	44	924	2474

续表 14-6

年份	道路工程	污水工程	雨水工程	给水工程	热力工程	电力工程	绿化工程	其他工程	总计
1988	621	220	382	328	255	508	50	2119	4483
1989	264	208	150	144	350	260	62	2609	4047
1990	142	215	87	95	29	460	87	0	1115
1991	438	33	93	424	317	4741	138	1205	7389
1992	1225	310	697	644	1427	8214	215	7871	20603
1993	11857	17	42	581	1362	1299	700	9196	25054
1994	6873	142	347	1745	981	1720	1090	2152	15050
1995	280	789	136	864	864	4600	140	646	8319
1996	581	302	458	1120	1151	1527	530	643	6312
1997	1268	153	993	1265	1589	1024	388	1521	8201
1998	1806	495	654	646	519	1060	1263	10084	16527
1999	298	764	1049	1465	1092	1026	657	14633	20984
2000	4530	162	1452	8450	960	1731	1912	13879	33076
2001	2311	810	491	7527	1349	4633	507	16783	34411
2002	4396	993	1745	3267	2628	9456	1781	26926	51192
2003	15095	337	174	1073	5778	5293	3060	45261	76071
合计	52886	6439	9595	31263	21624	48453	12666	168790	351716

财政对公益事业投资，主要集中在文化、教育、卫生、科技等领域，投资逐年增加，从1987年的7万元，增加到2003年的2.95亿元，16年平均增长68.46%，建区至2003年累计投入11.09亿元。

1995—2003年烟台开发区公益事业投资情况统计表

表 14-7　　单位：万元

年份	1995以前	1995	1996	1997	1998	1999	2000	2001	2002	2003	合计
投资额	8699	5059	7135	5619	6597	5830	10160	17283	15052	29456	110890

说明：1995年以前公益事业投资未分年度统计

第五节　税政管理

税源管理　建区以来，区内企业除执行国家统一的税收政策及国家级开发区享受的优惠税收政策外，管委还结合经济发展规划和产业导向，从政策、资金上积极扶持企业发展。

税源建设政策　1994年以前，全区企业执行国家统一的税收及优惠政策。1994 年，烟台开发区比照国务院对高新技术产业开发区的有关政策，对内资高新技术企业，减按 15% 的税率征收企业所得税（先征税后由财政返还差额）；新开办的高新技术企业自投产年度起，免征所得税 2 年，此政策一直执行到 1996 年年底。财政收入全留体制到期后，为保持政策连续性，1997 年管委印发《烟台开发区关于对高新技术企业如何享受财税优惠政策的通知》，实行对内资高新技术企业税收全额征缴，再由区财政根据具体情况给予一定年限和比例的奖励政策，前 5 年所得税入地方库部分 2 年全返、3 年减半返还，即“两免三减半”，返还资金纳入国有资产管理。该政策执行到 2001 年年底，共返还 2000 多万元。

1996 年，为支持企业技术进步，对列入山东省新产品新增增值税财政返还名单的项目，实行国家级新产品享受 2 年，省级新产品享受 1 年，按新增增值税 25% 部分实行先征税后返还的政策。1996—1999 年，区财政为正海电子、氨纶股份、华润锦纶、霍富汽车锁、龙源电力、路通精密等企业兑现新产品扶持资金 500 多万元，支持企业新产品研发。

图 14-1　区财政局工作人员到烟台氨纶公司调研（1999 年摄）

1997 年，为加快留学人员创办企业的发展，管委决定对留学生创办企业按市以上部门拨付扶持资金的比例，区财政以 1∶1 予以匹配，截至 2003 年年底，累计安排匹配资金 140 万元。另外，区财政还为留学生提供创业资金资助 3626 万元，为留学生企业提供信用担保支持 8717 万元，减免厂房租金 332 万元。

2001 年，管委出台《烟台开发区关于扶持中小企业发展的实施意见》，设立扶持中小企业发展基金，向重点扶持的中小企业提供创业资助、配套贴息等扶持，平均每年安排财政资金 4000 万元。同时通过投资入股等方式进行资本运营，培植壮大财源，先后向氨纶集团、正海电子等企业投资参股 5000 多万元。

关税税政　2001 年 7 月，烟台市召开关税税政工作会议后，区财政部门开始承担关税税政工作。辖区建立关税联络单位和关税联络员制度，确定大宇重工、正海电子、首钢电装、鲁星食品等十余户企业为全区关税联络单位，定期召开关税联络单位座谈会，及时发现并向上级反映企业进出口过程中遇到的关税税政方面的问题。至 2003 年，共召开 6 次联络单位和联络员会议，解决 20 多次出口企业关税缴纳中存在的问题。

税款代征手续费　2002 年以前，税务部门代征小税种的代征手续费通过退库的方式解决。为规范代征、代扣、代收手续费的管理，从 2002 年起代征手续费由财政预算解决，并按照税款入库级次予以安排。2003 年拨付地税局当年代征手续费 380 万元。

税收稽查补助经费　为支持税务部门开展税务稽查，2002 年山东省决定对地税部门按稽查入库税款的 10% 由同级财政给予专项补助经费，在此之前的地税举报奖励基金办法同时废止。2002—2003 年区地税局共查补入库税款 1126 万元，提取税收稽查补助经费 64 万元。

退税管理　按照国家各个时期的税收优惠政策，辖区从 1987 年开始对福利企业、外贸出口企业和软件企业的退税工作，建立严格的退税审核程序，保证退税管理质量。起初，退税额较少，每年只有几万元；到20世纪80年代后期达到四五百万元；90年代，由于出口企业的增加和出口额的大幅增长，退税额由几百万元增加到上亿元。2003年办理退税金额2.70亿元。

农税征管　农业税　建区至2002年，对所辖行政村实行免征农业税及附加和“三提五统”（指国家规定的公积金、公益金、管理费3项村提留和教育附加费、计划生育费、优抚费、民兵训练费、乡村道路费等5项村统筹政策）。2002年9月开发区扩区以后，对东区14个村仍实行免征农业税费政策，对古现、八角、大季家3个街道办事处所辖农村执行农村税费改革的有关政策。

农业特产税　1999年3月，管委制定《开发区农业特产税征收实施细则》，对农业特产税征收进行规范。2002年以前，农业特产税主要来自水产养殖和捕捞的生产环节，税额少，年均不超过5万元。1990—2001年，共征收农业特产税40万元。2002年扩区后，农业特产税税源扩大，增加果品特产税，同时新划入的沿海区域养殖和捕捞业基础较好，带动特产税收入增长，是年特产税收入292万元。2002年6月，《山东省农业特产税征收暂行办法》施行，在普遍调低农业特产税税率的同时，对生产环节按应纳税额的20%开征附加。2003年农村税费改革，开发区全部取消特产税，生产环节特产税改征农业税，收购环节特产税取消后不再收取。

耕地占用税　1987年《中华人民共和国耕地占用税暂行条例》实施后，辖区开始征收耕地占用税。耕地占用税实行地区差别定额税率，辖区耕地占用税定额税率为每平方米5.3元，但以下情况除外：外商投资企业不征收耕地占用税；公路律设占地按最低限额每平方米1.5元征收；医院、学校等公益事业占用耕地免征耕地占用税。2000年以前全区耕地占用税由土地管理部门代征，2001年起区财政局负责征收管理，同时加强与土地部门工作配合，建立协税护税网络，有效避免税收流失。1990—2003年，共征收耕地占用税1117万元。

1990—2003年烟台开发区农业税收入情况统计表

表14-8　　单位：万元

年份	农业税及特产税	耕地占用税	合计
1990	2	–	2
1991	–	–	4
1992	6	–	6
1993	4	–	4
1994	1	197	198
1995	6	26	32
1996	4	60	64
1997	4	58	62
1998	–	52	52
1999	3	122	125
2000	7	306	313
2001	–	21	21

续表 14-8

年份	农业税及特产税	耕地占用税	合计
2002	596	150	746
2003	557	124	681

契税 1997 年以前，执行国务院 1950 年发布的《契税暂行条例》，征收范围较窄，只对个人购房和非公有制单位征收，1993—1997 年，全区共征收契税 219 万元。1997 年 10 月 1 日后，执行国务院新发布的《中华人民共和国契税暂行条例》，对公有制单位恢复征收契税，辖区执行税率为 3%，1998 年征税 391 万元。1999 年 3 月，《烟台经济技术开发区契税征收实施细则》施行。为鼓励个人购房，从 1999 年 8 月 1 日起，对个人购买自用普通住宅暂减半征收契税，执行 1.5% 税率；对购买 1998 年 6 月 30 日以前建成尚未售出的商品住房，在 2000 年年底前予以免税优惠；从 2001 年起，对 1998 年 6 月 30 日前建成尚未售出的安居工程和经济适用房，在 2002 年 12 月 31 日前继续免征契税。

1993 年开始征收契税以来，一直由房产管理部门和土地管理部门代征，从 2001 年起，由财政局征收。在征收过程中，财政部门与房管、土地部门密切协作，实行先纳税后办证的办法，有效杜绝税收流失。

2001 年以来，辖区房地产市场急剧升温，带动了契税收入大幅增长。2002 年契税入库 3497 万元，2003 年契税入库 2297 万元，契税逐步成为地方财政收入新的增长点。2003 年，契税占地方财政收入的 4.58%。

1993—2003 年烟台开发区契税收入情况统计表

表 14-9

单位：万元

年份	1993	1994	1995	1996	1997	1998	1999	2000	2001	2002	2003
收入	11	33	45	56	74	391	360	332	719	3497	2297

第六节 社会保障资金管理

社会保险基金管理 1988 年，开发区开始推行企业养老保险和失业保险，1994 年推行企业医疗保险，1997 年推行职工生育保险。1988—1995 年，社会保险基金由劳动人事局社会保险事业处管理。1995 年根据《开发区预算外资金管理办法实施细则》，社会保险基金全部纳入财政部门管理，设预算外专户存储。1998 年 7 月，管委出台《烟台经济技术开发区社会保障资金管理暂行规定》，将全区企业职工基本养老保险金、基本医疗保险金、生育保险金、失业保险金等社会保险基金纳入社会保障资金财政专户，实行收支两条线管理。社会保险基金专款专用，各类社会保险基金分别设帐，不得相互调剂使用，不得从社会保险基金中提取任何费用，不得用于平衡财政预算，社保经办机构经费由区财政预算解决。

1995—2003 年烟台开发区社会保险基金财政专户收支情况统计表

表 14–10　　单位：万元

年份	收入	支出	结余
1995	52.2	–	52.2
1996	343.4	224.4	171.2
1997	2954	2851	514.2
1998	3598	3837	3487
1999	4399	4056	3830
2000	5294	4905	4219
2001	6446	6135	4530
2002	8779	5968	7341
2003	14112	6554	14899

机关事业单位养老保险金管理　1995 年 4 月，根据《烟台市机关事业单位工作人员社会养老保险暂行办法》，本着“以支定收、略有节余”的原则，全区开始实行机关事业单位养老保险统筹。养老保险费按个人工资总额的 25% 征收，其中：单位按 23% 缴纳，个人按 2% 缴纳。在实行养老保险费专项工资补贴前，个人缴纳部分暂由单位代缴。养老保险基金实行全市统一筹集、统一调剂、统一使用。

1999 年 1 月起，机关及全额拨款事业单位工作人员养老金的交缴工作，由各单位到区机关事业单位社会保险处缴纳调整为由财政局统一结算。行政事业单位离退休经费统一归口财政管理。2000 年 1 月，管委下发《关于对机关事业单位离退休(职)人员养老金实行统一发放的通知》文件，对纳入统筹范围内的机关事业单位离退休（职）人员养老金，统一由区机关事业单位社会保险处委托银行实行社会化发放。

从 2001 年起，全区机关事业单位养老保险实行区内自行统筹，养老保险费的征收比例不变。

下岗职工基本生活保障和再就业资金管理　在深化改革和产业结构调整过程中，出现一批困难企业和困难职工。1998 年 8 月，为解决困难企业职工生活问题，全区按照“三三制”原则筹集企业下岗职工基本生活保障和再就业资金，即财政预算、企业、社会筹集（包括从失业保险基金中调剂）各承担三分之一。当年仅用四五个月的时间，就筹集 36 万元。对于社会筹集部分，分别从增收的失业保障基金中提取 80%，以及机关事业单位职工按工资总额的 1% 捐助解决。

1998—2003 年烟台开发区基本生活保障和再就业资金收支统计表

表 14–11　　单位：万元

年份	收入	支出	结余	年份	收入	支出	结余
1998	36	0	36	2001	134	6	597
1999	244	39	241	2002	10	50	557
2000	228	0	469	2003	597	60	1094

2002年9月，为有效扩大再就业，解决“4050”等（有劳动能力和就业愿望的女满40周岁、男满50周岁以上就业转失业人员和纳入城市居民最低生活保障的失业人员）就业困难群体的基本生活保障，全区实施“4050”再就业援助计划，对有就业愿望的“4050”等失业人员实行岗位开发补贴、社会保险补贴和商业综合保险补贴政策。其中，岗位开发补贴的执行标准：公益性岗位每安置1人，财政每年给予用人单位岗位开发补贴1000元；非公益性岗位每安置1人，财政每年给予用人单位岗位开发补贴500元。社会保险费补贴标准：用人单位为所招用或派遣使用“4050”等人员缴纳社会保险费后，财政按上年度社会平均工资60%的基数，补贴应由单位缴纳的养老、失业、医疗保险费，属职工个人缴纳部分仍由个人负担。商业综合保险补贴标准：给予从事社区公益性服务的“4050”等人员办理商业综合保险，所需保险费由被保险的从业人员和促进再就业基金各负担50%。至2003年年底，全区共安排“4050”人员再就业32人，财政给予三项补贴7.8万元。

针对部分企业军转干部存在的生活困难，为建立困难企业军转干部生活保障的长效机制，2002年10月起由财政出资购买岗位，解决部分下岗、失业军转干部就业问题。是年，财政用于解决困难企业军转干部方面的支出25.8万元，2003年支出61.8万元。

城市最低生活保障资金管理　1998年，管委出台《开发区城市居民最低生活保障暂行规定》，开始在城区实施最低生活保障线制度。制度规定：凡家庭人均收入低于当地城市居民最低生活保障标准的，持有开发区非农业户口且无生活来源、无劳动能力、无法定赡养人或抚养人条件的居民为保障对象，“低保”所需资金由财政承担。1998年区城市居民最低生活保障线标准为150元/人·月，1999年7月调整为195元/人·月，2003年起执行标准为220元/人·月。2002年，全区低保户48户，低保人数133人，发放低保金18.20万元。2003年，全区低保户66户，低保人数175人，发放低保金25.8万元。

农村最低生活保障资金管理　2002年，管委出台《开发区农村最低生活保障实施细则》，开始在全区实行农村最低生活保障线制度。享受农村最低生活保障的对象是，户口在开发区农村，家庭人均收入低于最低生活保障线标准的农村居民。农村最低生活保障标准定为850元/人·年，其中长江社区农村居民最低保障所需资金实行区、村6∶4的比例分担。2002年9月，古现、八角和大季家街道农村最低生活保障所需资金实行区、街道办事处和村5∶3∶2比例负担，区级财政负担的50%部分以财政转移支付方式解决。从2003年起，区级财政每年定额补助办事处农村低保转移支付22万元，其中：古现街道办事处11万元，八角办事处6万元，大季家办事处5万元。2002年，全区低保户56户（未包括古现、八角和大季家街道低保户），低保人数130人，发放低保金3.5万元；2003年全区低保户341家，低保人数711人，发放低保金27.30万元。

残疾人就业保障金管理　1997年，财政部门根据《烟台市分散按比例安置残疾人就业规定》，开始征收残疾人就业保障金，纳入预算外资金管理，当年收取38万元。1998年7月，管委出台《烟台经济技术开发区残疾人就业保障金管理暂行规定》，明确区内各类用人单位应按不低于本单位在职职工总数1.5%的比例安置残疾人就业，达不到规定比例的，应按年度差额人数和上年度本区职工年平均工资计算缴纳残疾人就业保障金，当年收取30万元。2002年7月，管委出台《烟台经济技术开发区按比例安排残疾人劳动就业办法》，规定财政拨款的机关、事业单位残疾人就业保障金，由区财政统一拨付；凡纳入养老保险基金社会统筹的企业和自收自支事业单位的残疾人就业保障金，由区社会保险事业处代收代缴，并实行先收后返还的办法，当年收取117万元。1997—2003年累计收取残疾人就业保障金624万元，累计支出77万元，节余547万元。残疾人就业保障金由区社会保险事业处在收取社会保险金时一同收取，区社会保险事业处可提取残疾人劳动就业保障金总额5%的劳务费。

1997—2003年烟台开发区残疾人就业保障金财政专户收支情况统计表

表14-12 单位：万元

年份	收入	支出	结余
1997	38	-	38
1998	30	12	56
1999	3	4	55
2000	42	3	94
2001	204	10	288
2002	117	10	395
2003	190	38	547

离休人员离休费医药费管理 2002年7月，管委印发《烟台经济技术开发区离休人员医疗待遇暂行办法》，规定离休人员医疗费单独筹集，其筹集标准以上年度统筹范围内全部离休人员发生的人均医疗费用为准，由用人单位于每年3月底前将费用一次性向社会医疗保险机构缴清。2003年6月，开发区工委又出台《中共烟台市委开发区工委关于加强老干部工作的意见》，就完善“三个机制”（离休费保障机制、医药费保障机制和财政支持机制），确保离休干部“两费”按时足额发放做出明确规定：离休费由社会保险机构按上级规定标准，按时足额实行社会化发放；医药费按规定及时报销；财政按照分级负担原则，在年度预算内足额安排离休干部“两费”保障金。2002年，全区离休干部38人（未包括古现、八角和大季家街道离休人员），离休费发放65万元，医药费报销67.9万元；2003年，全区离休干部58人，离休费发放113万元，医药费报销64.9万元（6月以后烟台首钢东星公司离休人员28人由公司报销）。

住房保障资金管理 *住房公积金* 1995年11月，管委下发《关于贯彻执行烟台市深化城镇住房制度改革方案几点意见的通知》，确定全区住房制度改革从1995年11月1日起，按市房改方案执行。住房资金由区住房资金管理中心统一管理。公积金由职工个人和所在单位分别按职工个人工资和职工工资总额的5%缴纳，“三资”企业及其中方职工分别按8%缴纳。职工本人或单位为其每月缴交的公积金额度最高为100元，最低为10元。

1999年，管委印发《关于调整职工住房公积金住房补贴标准的通知》规定：住房公积金的计算基数调整为职工上一年度月平均工资。机关事业单位、内资企业缴存比例为5%～8%，外资企业缴存比例8%～10%，具体比例由各单位自行选择。

1996—2003年烟台开发区住房公积金收入情况统计表

表14-13 单位：万元

年份	收入	年份	收入
1996	732	2000	1773
1997	668	2001	2178
1998	973	2002	2817
1999	1327	2003	5348

说明：表中1996年收入中包含1995年11—12两个月收入

个人住房公积金贷款　1999年，管委制定《烟台经济技术开发区政策性个人住房贷款实施细则》，全区政策性个人住房贷款开始实施。是年办理4笔贷款业务，贷款金额17万元。

2001年，管委出台《烟台经济技术开发区个人住房公积金贷款管理暂行办法》，规定贷款额度为个人住房公积金余额（缴存住房补贴的，可合并计算）的10倍或购房合同额的80%，最高限额10万元，贷款期限最长10年，5年之内（含5年）的贷款年利率4.14%，5年以上年利率为4.59%。区住房资金管理中心负责住房公积金贷款的审批工作并承担贷款风险，住房资金管理中心委托承办房改金融业务的商业银行具体办理个人住房公积金贷款手续。

住房补贴　根据1997年山东省人民政府印发《关于职工住房货币化分配暂行办法的通知》精神，1998年全区住房福利性实物分配方式改为工资性货币分配方式，即由过去的单位为职工建房、买房、分房，改为按职工工资的一定基数逐月发放住房补贴。开发区住房补贴标准为职工工资基数的20%。

从1999年起，按照烟台市财政局有关要求，全区机关、企事业单位的固定职工、劳动合同制职工以及“三资”企业的中方员工逐步建立住房补贴制度。已离退休的干部职工（不含未到法定退休年龄的人员）、临时工、农民合同制职工以及停薪留职人员不实行住房补贴制度，“三资”企业外方职工也不实行住房补贴制度。

从2000年起，辖区在职职工的住房补贴发放比例由原来职工工资基数的20%调整为25%。

从2002年10月1日起，对财政全额拨款行政事业单位在职职工的住房补贴发放比例由25%提高到35%；离退休人员和按国发（1978）104号文规定，退职人员的住房补贴按35%的比例执行。截至2003年年底，全区累计收缴住房补贴5941万元。

公有住房出售收入管理　全区公有住房出售收入是管委向职工个人出售住房后回收的资金，包括管委直管住房出售收入和单位自管住房出售收入。1998年，管委办公室下发《关于转发财政局〈关于公有住房出售收入管理暂行规定〉的通知》，规定各单位的公房出售收入在所有权不变的前提下，由住房资金管理中心对公有住房出售收入实行统一管理。公房出售收入，按照80%作为购建房资金和补交应为职工负担的住房公积金，20%作为公有住房的公共维修基金，其利息用于已出售住房公共部位、公共设备的维修。从1999年下半年起，住房资金管理中心接管原由房管处管理的公有住房出售收入。截至2003年年底，管委直管公房出售结余3662万元，单位住房出售结余2673万元。

第七节　财政监督

企业财务监督管理　国有企业财务管理　1985年，随着经济体制改革的深入，按市政府的要求，区内国有企业开始实施第二步利改税工作。由财政部门督导建设公司、实业公司等新成立的直属企业实施利税转换改革，并对这些直属公司的税后利润分配进行指导，将企业留利分为生产发展基金、新产品试制基金、后备基金、职工福利基金和职工奖励基金五部分，实行分类管理。

1987 年，在第二步利改税的基础上，对企业利润分配制度进行改革，实行承包。企业以实现利润、上缴利润和还贷利润为主要承包指标，承包期 3 年。企业实际上缴利润超过承包基数部分按比例分成，企业留成比例，视企业不同情况一般掌握在 30% ~ 50% 之间。

1988 年，承包经营责任制全面展开，实行工资总额同企业经济效益挂钩的“工效挂钩”制度。工资浮动比例在 1∶0.3 ~ 1∶0.7 之间，挂钩的效益指标下降时，工资总额同比例下浮，为保证职工基本生活，下浮的幅度最多不超过工资总额的 20%。挂钩后企业不再提取奖励基金。

2000 年 6 月，《烟台经济技术开发区企业财务总监管理暂行办法》出台，区财政部门对自来水、热力、公交 3 家国有直属企业派驻财务总监。

外资及其他企业财务管理　区财政等部门对外资及港澳台资企业财务本着监管与服务并重的原则进行管理。外资及港澳台资企业投资注册或变更登记，需在办理工商营业执照 30 日内办理财政登记手续；每月编报外资及港澳台资企业财税指标快报；每年 2—4 月对外资及港澳台资企业进行由工商、税务、财政、投资等部门组织的联合年检；每年 1—5 月委托中介机构对外资及港澳台资企业会计决算进行年度审计。对其他所有制企业的财务监督管理主要依据财政部《企业财务通则》《企业会计准则》和分行业企业财务、会计制度执行。

企业财会人员管理　主要通过对会计从业人员的资质认定、考核及业务能力培训，来提高会计人员执行财务法规、制度的能力和水平。1998 年 5 月，区财政部门印发《关于在全区开展会计电算化初级知识培训工作的通知》，开始会计电算化培训工作。2000 年，配合新《中华人民共和国会计法》实施，培训企业会计人员 2800 多人次。《中华人民共和国会计法》执法检查每年开展 1 次。2000 年 9 月，管委制定《烟台经济技术开发区会计管理实施细则》，对会计基础规范化、会计从业资格管理、会计人员继续教育、会计电算化管理、会计职称管理等作出详细规定。

监督检查　1987—1998 年，按照国家统一部署和要求，烟台开发区每年组织一次税收、财务、物价大检查。大检查成立领导小组，领导小组下设办公室（以下简称“大检办”），由财政、税务、审计、物价、人民银行等部门人员组成。1991 年以前，“大检办”为非常设机构，1991 年“大检办”转为常设机构，隶属于财政局，编制 5 人。12 年间共查处各类违规资金 1.33 亿元。财税物价大检查在特定历史条件下，对治理财经领域违法违纪问题，维护财经纪律和经济秩序发挥积极作用。

随着市场经济的发展和财税体制改革的深入，制度化、规范化的监管体系不断完善，1998 年，国家取消财税物价大检查。1999 年年初“大检办”撤销。

1999 年，为解决重复检查问题，开始推行联合检查制度，成立由财政局、国税局、地税局和审计局组成的联合检查办公室（以下简称“财税审”）。“财税审”联合检查确立“一家检查、多家认可”的检查原则，各职能部门协同制定、执行联合检查计划，基本解决对企业重复检查、交叉检查等问题。

是年，区财政部门开展 9 项检查，主要包括：对区基层工作委员会征地补偿费拨付情况的检查，对 1998 年度防汛抗旱资金和自然灾害救济补助费管理使用情况的专项检查，对科技三项费使用情况的检查，对工商局垂直管理后的收入划分情况的检查，对 1998 年度土地费征收、管理和使用情况的专项检查等。共查处各类违规资金 313.69 万元。

2000 年，区财政部门开展 12 项检查，主要包括：会计信息质量检查，电力建设资金征收、使用情况检查，全区收费项目的专项检查，1999年度全区职工养老保险基金、企业职工医疗基金、女工生育基金收支情况检查，房产管理处收入情况的专项检查等。共查处各类违规资金121.90万元。

2001年，区财政部门开展8项检查，主要包括：全区《会计法》执法情况检查，2000年度会计信息质量检查，科技三项费使用情况检查，教育费附加的征收划拨和使用情况检查，对技术监督部门2000年票据使用情况的检查等。共查处各类违规资金94.5万元。

2002年，区财政部门开展7项检查，主要包括：建设环保土地局1992—2001年度财务状况、土地费缴纳情况检查，会计信息质量检查，烟台留学人员创业园区基建工程指挥部、十万吨水厂、第二热源等重点工程财务状况检查，2000—2001年度预算外收费情况检查等。共查处各类违规资金311万元。

2003年，区财政部门开展7项检查，主要包括：建设环保土地局2002年度土地费征收情况检查，会计信息质量检查，3个办事处土地收益金使用情况检查，行政事业单位"办公费、会议费、招待费"3费情况检查，彩云房地产开发公司财务状况检查等。共查处各类违规资金84.77万元。

1999年，区财政部门制定《财政资金内部监督试行意见》，对财政资金的使用计划、审批制度、监督办法等作出规定。2002年进行修订，出台《烟台开发区财政局财政资金内部监督实施细则》，完善资金调拨程序，健全内部监督制约机制，明确内部审计的范围和方式，对保证财政资金安全和提高资金使用效益，起到积极作用。

第八节　国有资产管理

开发区成立后，管委国有资产由国有资产使用单位自行管理。1991年3月，烟台开发区国有资产管理局成立，设在区财政局，具体负责对管委行政事业单位、直属企业及其子公司以及其他参股企业的国有资产进行管理。

国有资产评估管理　全区国有资产评估由国有资产管理局负责管理，具体评估工作由资产评估中介机构负责。

1991年和1993年，烟台市会计师事务所开发区分所和烟台开发区审计师事务所，分别取得省国资局颁发的评估资格证书。1999年9月，会计师事务所与财政局脱钩改制，成为独立执业的中介机构，更名为山东北海会计师事务所有限公司；11月，审计师事务所与审计局脱钩改制为独立执业的中介机构，更名为烟台富鑫会计师事务所有限公司。至2003年，开发区国有资产评估，全部由这两家评估机构负责。

1992年6月，由区国有资产管理局组织，委托烟台市会计师事务所开发区分所，对开发区华洋聚氨酯公司以厂房及设备与美国佩龙公司合资而进行的资产评估，是全区国有资产评估的第一家，以后逐步拓展到单项资产的评估、企业改制的整体评估等。1993—1995年，国有资产管理部门对国有资产的评估主要集中在中方以实物资产与外商及港澳台商合资合作，以及直属企业股份制改造和小型国有企业出售的评估，共立项108项，评估前账面价值11.42亿元，评估值14.44亿元，增值额3.02亿元，增值率26.44%。1996—1997年的评估主要集中在直属企业改制，共立项120项，评估前账面值18.54亿元，评估值19.96亿元，增值额1.42亿元，增值率7.66%。1998—2003年，国有资产管理部门对管委行政事业单位兴办经济实体脱钩改制的国有资产进行评估，对国有资产拍卖、抵债、报废等情况进行评估，评估值600万元左右。

国有产权管理　1992年，国有资产管理部门对所属113户全民所有制企业、实行企业化管理的事业单位和有国有资产投入的股份制企业办理产权登记手续，共登记资产总额12.74亿元，其中国有资产总额7.67亿元，国有资本金6842.10万元。

1996年2月，国有资产管理部门对全部行政事业单位进行产权登记，共登记54户，其中行政单位20户，事业单位34户，资产总额1.62亿元，负债总额8287万元，净资产总额7913万元。2002年5月，对全部行政事业单位重新进行占有登记，共登记单位67户，其中行政单位21户，事业单位46户，资产总额3.72亿元，负债1.10亿元，净资产总额2.62亿元。2003年2月，对古现、八角、大季家街道办事处和农业与海洋渔业局等5个行政事业单位进行产权占有登记，登记资产总额6.23亿元，负债总额4.71亿元，净资产总额1.52亿元。

2000年8月，国有资产管理部门本着承认历史、正视现实的原则，对交通委与公交公司之间的债权、债务进行界定。公交公司与交通委之间的债权、债务互相抵消，对抵顶后公交公司仍欠交通委的41万元债务，界定为国有资产，作为管委对公交公司的投资。2002年4月，又将区交通汽车检测线界定为国有资产后交由交通委道路运输管理处经营。

至2003年，管委国有资产总额34.79亿元，其中行政事业单位5.65亿元，企业29.15亿元；净资产总额14.59亿元，其中行政事业单位3.7亿元，企业10.88亿元。

2003年烟台开发区管委国有资产基本情况统计表

表14-14　　单位：万元

项 目	户数	资产总额			负债总额	净资产总额
		合计	固定资产	长期投资		
总 计	82	347938	67910	24969	202086	145852
行政事业单位	75	56470	38956	408	19453	37017
文教卫生部门	28	16023	12662	–	2063	13960
行政管理部门	11	4078	3045	–	890	3188
公检法部门	7	6074	5260	–	285	5789
街道办事处	3	6560	2738	–	5217	1343
工交建部门	5	7370	4904	–	2285	5085
商粮贸金融部门	1	995	980	–	13	982
农林水部门	2	431	212	–	209	222
企业化管理事业单位	2	4317	4304	408	3311	1006
其他部门	16	10622	4851	–	5180	5442
国有企业	7	291468	28954	24561	182633	108835
公益性及其他行业	7	291468	28954	24561	182633	108835
国有独资企业	6	284268	28850	23221	180569	103699
国有控股企业	1	7200	104	1340	2064	5136

企业国有资产管理　1985—1995年，管委陆续成立26家直属企业，100多个子公司和合资合作、联营等形式的分公司。对直属企业国有资产管理大致经历统一管理、企业改制和“五位一体”考核3个阶段。

1995年以前，国有企业负责人，包括向股份公司派驻董事、监事等人选由管委直接安排。企业的人、财、物，由管委有关职能部门统一管理，企业自主性较少。此阶段处于经济体制转轨时期，企业经营机制不完善，管理也相对粗放。1994年3月，管委对79家国有直属企业和实行企业化管理的事业单位，以及这些单位投资兴办的联营、股份制等形式的分公司进行清产核资，资产总额为21.43亿元，负债总额为19.17亿元，企业净资产2.26亿元。

企业改制分为两个阶段：一是1993—1995年出售小型国有企业和对直属企业进行股份制改造阶段。1993年6月，烟台开发区对外供应公司以30.6万元的价格对外出售，是辖区国有企业改制第一家。之后，管委又将鲜活水产品基地、兴发实业公司、金桥产业集团公司等小型国有亏损企业纳入改制范围。1994年，管委对直属企业实行股份制改造和以转换企业经营机制为重点的产权制度改革。6月，管委体制改革委员会批准商业公司改为股份制公司，更名为银和公司。二是1996—1997年直属企业大规模改制阶段。其间，管委直属企业改制由点到面全面铺开。直属企业96%为小型企业，1995年亏损面达80%。为避免国有资产继续流失，1996年1月19日，管委主任办公会对直属企业改制进行专题研究，决定按照“抓大放小”的要求，以转让为主，本着整体出售、灵活多样、全面推进的原则，对直属企业进行全面改制。为使企业改制有章可循，管委相继出台《烟台开发区管委直属企业改制工作试行意见》《关于在企业改制中应遵守几项纪律的通知》《关于企业改制资产清查有关问题的通知》《关于企业改制过程中资产评估和产权转让规范意见》等一系列配套文件，成立管委领导牵头的企业改制领导小组，并从财税局、管委办公室、工商物价局等部门抽调骨干，成立直属企业改制办公室，确定宣传发动、资产清查、审计、评估、签订产权转让协议、收缴转让款等改制步骤。经过两年多的时间，全部完成直属企业改制工作。改制前，全部直属企业资产15.35亿元，负债15.86亿元，净资产-5100万元。改制中，评估资产17.81亿元，负债17.78亿元，净资产300万元。改制后，转让价款4711万元，回收款2076.80万元，各受让方先后向企业注入资金1.5亿元，全部接收安置职工2600多人。通过改制，一定程度上盘活了资产，引进了资金，使企业在新的机制上得到启动和发展；另一方面，改制也出现了对产权受让方资信把关不严、部分法律手续履行不完善（如未办理工商登记变更），以及后来企业职工下岗等问题。

1997年，全区企业大规模改制以后，为加强和完善改制后直属企业管理，促进企业的改革发展，对热力、自来水和公交3家国有直属企业，从2000年起实行由组织部门牵头，有国资、审计、纪检、工会等部门参加的“五位一体”考核。经考核，2000—2003年，公交公司完成利润分别为：-35.4万元、-8.3万元、16.5万元和55.12万元，分别比核定指标多减亏8.5万元、15.6万元和多盈利10.5万元、38.12万元；热力公司实现国有资产增值额分别为：165.8万元、174.8万元、261.3万元、296.5万元，分别比核定指标超额完成6.8万元、5.8万元、83.3万元、11.5万元；自来水公司实现国有资产增值额分别为：61.8万元、80.2万元、121.2万元、115万元，分别比核定指标超额完成2.9万元、18.2万元、55.2万元、15万元。企业经济效益不断提高，企业规模不断发展和壮大，国有资产得到保值增值。

行政事业单位国有资产管理　资产清查　管委行政事业单位的资产清查，除各单位按规定每年至少自查1次外，还组织4次较大规模的资产清查。1993年3—6月，管委对行政事业单位资产进行全面清查，共清查出账外资产340万元。通过限期整顿，各单位的账外资产全部按规定入账。是年12月，管委对公管房进行清查，共清查出公管房354套，面积2.53万平方米，资产金额2588万元，按户建档设卡，将公管房纳入国有资产监督管理的范围。2001年11月，为加强各单位向行政中心搬迁过程中国有资产的管理，对搬入行政中心部门的资产进行清查，共清查资产4872件，资产金额2537万元，其中闲置资产

2018 件，金额 164.37 万元。对清查出的闲置资产向 25 个单位进行统一调拨。2002 年 8 月，管委再次对行政事业单位进行清产核资，共清查单位 70 个，其中行政单位 21 个，事业单位 49 个，清产核资资产总额 4.68 亿元，负债总额 1.36 亿元，资产净值 3.32 亿元。

资产处置　为防止国有资产流失，促进行政事业单位开展经营活动的健康发展，1996 年 6—8 月，管委对下属 20 个行政主管部门及其所属的 30 个事业单位的非经营性资产转经营性资产情况进行清查，共查出利用非经营性资产兴办企业 28 家，初始投资额 1480 万元。对此，管委在年内按政策规定进行处置，收回大部分投资，并与大部分挂靠企业脱钩。1999 年 8 月，管委制定《烟台开发区行政事业单位国有资产处置管理实施办法》，对单位价值在 5000 元以下资产的处置由主管部门自行批准，5000 元以上资产的处置报国资局审批。为增加资产处置过程的透明度，是月，国有资产管理部门首次组织 3 辆汽车的拍卖。2002 年 7 月，对各单位更换出的 8 辆轿车进行拍卖，评估价 4.22 万元，拍卖价 11.62 万元，增值率 175.36%。

集中统一管理　2001 年 12 月，管委大部分行政事业单位搬入行政中心集中办公，国有资产集中统一管理具备条件。2002 年 12 月，国有资产管理部门出台《驻行政中心单位国有资产集中管理细则》，对进驻行政中心单位占有、使用列入固定资产核算范围的实物资产实行集中管理，由财政局委托机关事务管理处统一管理上述范围资产的财务核算。资产的使用、保管权归各使用单位，各使用单位指定资产管理员具体负责本单位资产台账登记及日常维护管理。是年 12 月，集中统一管理资产总额 9637 万元。

第九节　财政体制改革

1985 年以来，按照上级财政部门的部署，区财政部门在财政体制、财政管理与财政监督等领域中，推行了不同程度的改革与创新，这些改革和创新已融入财政工作的各个方面，其中农村税费改革、财政集中收付核算改革和政府采购改革是财政体制改革的重点。

农村税费改革　2002 年，辖区开始农村税费改革。东区 14 个行政村自建区以来一直无农业税费负担，税费改革后继续享受免征农业税、特产税及附加的政策。古现、八角和大季家 3 个街道在 2002 年 9 月划归开发区时，农村税费改革的大量基础工作已基本结束，税费减免已经落实。改革后，取消乡统筹费、农村教育集资等专门面向农民征收的行政事业性收费、政府性基金和集资项目，同时取消屠宰税，农业税税率由原来的 15% 下调到 6%。农民人均负担由改革前 159.4 元下降到 118.4 元，古现、八角、大季家 3 个街道人均减负 41 元，减负率 25.7%。其中，古现农民负担总额 275.8 万元（农业税及附加 147.8 万元、特产税及附加 24.6 万元、公益金 103.4 万元），农民人均负担 116 元；八角农民负担总额 172 万元（农业税及附加 51.1 万元、特产税及附加 25.6 万元、公益金 95.3 万元），人均负担 122.1 元；大季家农民负担总额 345 万元（农业税 173 万元、农业税附加 69 万元、特产税 51 万元、特产税附加 10 万元、公益金 51 万元，扣减对农民种粮补贴 9 万元），人均负担 118.6 元。

2003 年，管委从发展农村经济、维护农村社会稳定的大局出发，在 2002 年税费改革的基础上，将古现、八角、大季家 3 个街道农业税及附加、特产税及附加和公益金 3 项税费再调减 50%，使农民人均负担下降为 59 元。其中，古现农民人均负担 58 元，八角农民人均负担 61 元，大季家农民人均负担 59.3 元。对再减负形成的街道办事处财政缺口，区级财政以转移支付弥补。是年，根据山东省人民政府《关于做好 2003 年农村税费改革试点工作的意见》和烟台市农村税费改革领导小组《关于 2003 年农业特产税政策调整方案的批复》，辖区全部取消农业特产税，改征农业税，停征乡村公益事业金，区财政为此拨付办事处转移支付240万元，农民人均负担降为38元，其中古现农民人均负担36.3元，八角农民人均负担24.4元，大季家农民人均负担46.8元。

财政集中收付核算改革　经费集中核算是指在各单位财务自主权和资金使用权不变的前提下，由财政局专设经费核算中心，对行政事业单位经费收支统一办理会计核算，实行统一管理与监督。

2000年，按照建设公共财政，深化财政改革的要求，财政部门首先改革工资支付方式。是年8月开始实行行政事业单位财政统一发放工资，推行财政集中支付制度。

2000年11月，管委出台《烟台开发区机关事业单位经费集中核算管理办法》和《烟台开发区行政事业性收费集中管理办法》。2001年1月1日，财政局经费核算中心和收费管理中心（以下简称“两个中心”）正式挂牌运转，负责对集中核算单位进行会计核算、资金结算和会计监督。1—7月，按照“先易后难、分批实施、稳健推进”的原则，分3批将74家行政事业单位财务纳入集中核算管理。集中核算基本模式概括为“两取消、两统一、三不变”。“两取消”是各单位取消财务和银行账号，各单位取消财务后，可根据业务量的大小，设置一名专职或兼职财会员；“两统一”是统一会计核算，统一银行账户；“三不变”是实行统一核算后，各单位的预算管理体制不变，资金所有权不变，资金使用权不变。“两个中心”对纳入集中核算的单位实行“集中管理、分户核算”的财务管理体制，在“两个中心”内部，各单位仍然是独立的会计主体，在资金上分户核算、自求平衡。各单位原则上不保留账户，经财政局批准，可以暂时保留一个账户，专门用于债权债务结算。各单位向上级争取或引进的资金，原则上仍由各单位按规定用途使用。“两个中心”为各单位审核原始凭证，填制记账凭证，登记会计账簿，统一管理会计档案，定期编制财务报表，如实反映各单位的会计信息和预算执行情况，并对其会计资料给予保密。

政府采购　管理体系建设　1999年5月，管委出台《烟台经济技术开发区政府采购实施方案》，明确政府采购的管理体制、实施步骤、操作程序及职责部门。初期，政府采购归口区社会集团购买力控制办公室管理，与财政局预算处合署办公。2000年8月，成立开发区政府采购管理委员会，下设政府采购管理办公室（以下简称“采购办”），负责全区政府采购的日常管理。2000年11月，《烟台经济技术开发区政府采购管理暂行办法》出台，明确政府采购的基本原则为公开、公正、公平、效益和促进地区经济发展，对政府采购的形式、范围、方法、程序、资金管理及采购监督等作了进一步规定。2001年1月1日，采购办正式挂牌办公，集采购操作与监督管理于一体。是年9月，管委印发《关于对政府采购资金实行财政专户管理的通知》，实行政府采购资金财政专户管理。2003年1月1日起，采购办职能实行采购操作与监督管理相分离，明确采购人为财政资金的使用单位，采购办代表财政部门依法进行监督管理，具体采购操作委托中介机构代理组织。是年2月，配合《中华人民共和国政府采购法》实施，管委出台《烟台经济技术开发区政府采购工作程序》，对采购单位日常办理采购业务的具体程序做了进一步的明确和规范。3月，管委下发《关于对街道办事处政府采购工作管理的通知》，规定3个办事处使用自有财力安排的政府采购项目，由办事处财政所按相关规定自行组织；对使用区财政转移支付的项目，纳入区采购办统一管理。12月，管委制定《采购办工作人员行为准则》，从勤政、廉政和公正执法等3方面，对采购办工作人员行为进行规范。

采购实践　1999年，政府采购起步，采购范围较窄，规模较小，主要包括电脑等大件办公用品，公务用车的购置、定点维修及保险。采购方式以公开招标和询价为主。全年实现政府采购总额3361万元，比预算节约资金370万元，节约率11%。主要采购活动：为区公交公司和快运公司招标采购客车70辆，价值1600万元。2000年，采购范围和采购规模扩大，包括车辆、办公自动化设备、卫生医疗设备、印刷服务等7大类，56个品目。全年政府采购额3750万元，节约资金400万元。主要采购活动：招标采购建设环保土地局260万元的沥青摊铺机，开发区医院167.80万元的眼科医疗设备，宣传部100万元的《开发区投资指南》印刷和宣传光盘制作。2001年，对公务车辆定点维修和定点保险费用实行财政统一结算。全年政府采购额1.32亿元，比预算节约资金481万元。主要采购活动：组织管委行政中心、LG厂区、整车项目等重点工程的办公家具、电器等配套设备采购，成功组织行政中心驻点银行招标等。农业银行以235万元租赁费中标行政中心驻点银行，高出标底135万元。2002年，政府采购额1.63亿元，节约资金1085万元，主要采购活动：组织全区机关车辆更新，行政中心接待区及报告厅配套家具采购。2003年，采购品目进一步细化，采购方式趋于多样化，包括公开招标、邀请招标、竞争谈判、询价及单一来源等多种方式。全年采购额2.53亿元，节约资金2535万元。主要采购活动：200多万元的抗非典型性肺炎医疗设备，图书馆新馆130万元的阅览桌椅、多媒体网络设备，高级中学560万元的学生课桌椅、公寓用品、实验室及多媒体电教室等教学办公设备，医院365万元的双层螺旋CT机一台，公安局300多万元的警务指挥平台软硬件设备。

第二章 税 务

1987年以前，开发区税务工作由福山区税务局管理。1987年辖区税务机构设立后，接管全区税务工作。1987—2003年，全区办理国税税务登记的纳税人4265户，其中外商及港澳台商投资企业439户；办理地税税务登记的纳税人7013户，其中个体工商户3062户。全区国税、地税累计征收入库税额59.75亿元，其中国税入库额43亿元，地税入库额16.75亿元。

第一节 机构沿革

1987年3月19日，烟台市税务局经济技术开发区分局成立，隶属于烟台市税务局，正科级编制，下设办公室、税政科、内税科和外税科4个科室，职工9人，负责开发区属地范围内的税收征管工作。1993年2月18日，区财政局与税务分局合并，成立烟台经济技术开发区财税局，机构升格为正处级。局机关编制28人，辖属财税一所、财税二所两个科级事业单位，编制50人，负责全区财政监管和税收征管工作。

1996年9月4日，烟台国家税务局经济技术开发区分局成立，1997年1月1日正式对外办公，隶属烟台市国家税务局，正处级单位，职工55人，主要负责国税税收的征管工作。国税分局内设办公室、管理科、计征科、检查一科、检查二科、检查三科6个科室。2001年4月，开发区国税分局更名为烟台经济技术开发区国家税务局，职能、级别、隶属关系不变，内设机构调整为6个行政科室和1个事业单位，分别是办公室、人事教育监察科、综合业务科、计征科、税源管理一科、税源管理二科和信息中心（事业单位）。有职工81人。2003年5月，内设机构调整为6个行政科室，分别为办公室、综合业务科、税源管理一科、税源管理二科、税源管理三科、税源管理四科。有职工85人。

1998年9月15日，开发区地方税务职能与财政职能分设，成立烟台经济技术开发区地方税务局。地税局内设办公室、税政科、计征科、稽查分局、涉外分局、内税分局、一分局、二分局、三分局、四分局、税务师事务所11个部门，职工 90 人。1999 年 5 月 25 日，局内增设监察室；12 月，税务师事务所改为股份制企业，与地税局脱钩，地税局有职工 88 人；2000 年 1 月，撤销内税分局、四分局，设立征管科；2002 年 9 月，增设开发区地税局古现分局、大季家分局，全局职工增至 95 人。

第二节　国家税收

1996—2003 年，国税征收的税种主要分两类，一是流转税，包括增值税、消费税和营业税；二是所得税，包括企业所得税和利息所得税。

税种　增值税　辖区从 1988 年起开征增值税，当年征收 77 万元。1998 年，认定增值税一般纳税人 987 户，小规模纳税人 1618 户，税款入库 2.78 亿元。2003 年认定增值税一般纳税人 1018 户，小规模纳税人 3247 户，税款入库 10.79 亿元，是年增值税占国税总收入的 80.76%。

消费税　1995 年起辖区开征消费税，当年消费税纳税人只有 1 户，年纳税额不足 10 万元。1997 年，区内有消费税纳税人 3 户，入库消费税额 104 万元。2003 年，区内有消费税纳税人 14 户，集中在小汽车制造、摩托车制造、金银首饰加工、果木酒和啤酒生产等 5 个行业，入库消费税额 1.02 亿元。

营业税　1997 年起辖区开征营业税。是年，有营业税纳税人 10 户，入库税款 74 万元。2003 年，有营业税纳税人 13 户（11 户金融企业和 2 户保险企业），入库营业税款 59 万元。

企业所得税　辖区从 1998 年起开征企业所得税。是年，有企业所得税纳税人 6 户，征收企业所得税 32 万元。2003 年，有企业所得税纳税人 882 户，入库企业所得税款 1019 万元。

外商投资企业和外国企业所得税　1989 年，辖区第一家港商投资企业开始缴纳企业所得税，纳税额 17 万元。1997 年，有外商及港澳台商投资企业和外国企业纳税人 332 户，入库企业所得税款 1504 万元。2003 年，有外商及港澳台商投资企业和外国企业纳税人 439 户，入库企业所得税款 1.38 亿元。

利息所得税　辖区从 1999 年开征利息所得税，当年入库利息所得税款 1 万元。2003 年入库利息所得税款 616 万元。

1997—2003 年烟台开发区国税收入情况统计表

表 14-15　　单位：万元

税种＼年份	1997	1998	1999	2000	2001	2002	2003
增值税	27757	32713	44905	45615	54868	60552	107867
消费税	104	328	373	43	97	176	10187
营业税	74	150	150	599	571	233	59
企业所得税	–	32	67	716	581	174	1019
外企所得税	1504	2120	2060	3784	7471	8252	13846
个人所得税	–	–	1	239	397	482	616
总计	29439	35343	47556	50996	63985	69869	133594

税收管理　税务登记　1997 年，区国税局规定，纳税人应于领取工商营业执照之日起 30 日内办理税务登记。纳税人办理税务登记后，区国税局按规定核定税种和纳税期限。是年，登记各类纳税人 2628 户，其中外商及港澳台商投资企业 332 户。至 2003 年，全区共办理国税税务登记纳税

人4265户，其中外商及港澳台商投资企业439户。

发票管理 1997年，国税分局成立初期，发票管理比较简单，普遍使用纸质普通发票。进入2000年以来，发票管理更加缜密科学。纳税人领购普通发票，由税务人员核定票种和用量，发给发票领购簿。纳税人凭发票领购簿、税务登记证副本和已用完的发票存根领购发票。纳税人领购增值税专用发票，由增值税一般纳税人安装防伪税控系统后，经核定票种和用量，发给增值税专用发票领购簿。凭增值税专用发票领购簿按核定的种类和数量购买。每次购买后携带IC卡和增值税专用发票，由防伪税控人员将发票信息读到IC卡内。纳税人领购增值税专用发票票面最高限额10万元，超过10万元的要报上级税务机关审批。普通发票和手工版增值税专用发票每两个月核销一次，电脑版增值税专用发票用完后核销，否则不能继续领购发票。小规模纳税人（除个体户外）凭购买方的购货证明单到办税服务厅结清应纳税款后，给予代开发票。

申报纳税 1997年国税局成立以来，在开发区缴纳增值税的纳税人，一直实行按月征收的办法，每月前10日内申报。缴纳企业所得税、外商及港澳台商投资企业和外国企业所得税的纳税人实行按季预缴、年终汇算清缴、多退少补的征收办法。纳税人确无建账能力的，经核定定额后实行定期定额征收的办法。1998年，纳税额超过1000万元的5户，其中超过2000万元的2户。2003年，区内纳税额超过1000万元的11户，其中超过2000万元的7户。是年，上海通用东岳汽车有限公司纳税2亿元，大宇重工业烟台有限公司纳税1.45亿元。

2003年烟台开发区企业缴纳国税（前20名）情况统计表

表14-16 单位：万元

序号	企业名称	成立时间	企业性质	纳税额
1	上海通用东岳汽车有限公司	2002.12	外资企业	20139
2	大宇重工业烟台有限公司	1994.09	外资企业	14538
3	烟台正海电子网板有限公司	1992.12	鲁港合资企业	8096
4	烟台氨纶股份有限公司	1986.09	股份有限公司	5711
5	汉高乐泰（中国）有限公司	1987.06	外资企业	4921
6	烟台首钢电装有限公司	1994.12	外资企业	2949
7	烟台黄海热电有限公司	1990.10	鲁港合资企业	2154
8	烟台华东变压器有限公司	1997.07	外资企业	1791
9	浪潮乐金数字移动通信有限公司	2001.04	外资企业	1581
10	烟台霍富汽车锁有限公司	2001.04	外资企业	1505
11	烟台华润锦纶有限公司	1988.09	鲁港合资企业	1429
12	烟台海韵电子技术有限公司	1998.05	外资企业	833
13	烟台荣昌制药有限公司	1993.03	外资企业	796
14	烟台华鲁热电有限公司	1990.11	鲁港合资企业	737
15	烟台春生滑动轴承有限公司	1988.05	外资企业	734

续表 14-16

序号	企业名称	成立时间	企业性质	纳税额
16	海虹老人牌（烟台）有限公司	1992.06	外资企业	723
17	易特斯（烟台）精密纺织器械有限公司	1995.07	外资企业	688
18	烟台振河实业有限公司	2003.03	私营企业	682
19	烟台华润聚氨酯有限公司	1992.08	鲁港合资企业	678
20	烟台西蒙西轴承有限公司	1989.03	京港合资企业	664

纳税服务　1996年国税局成立以来，围绕提速增效、优化服务的主题，设置“导税员”，开展纳税服务“每月一星”评比，实行承诺服务、限时服务、一站式服务、多元化申报和让纳税人十满意等一系列活动。开展“提醒服务”，税务机关对纳税人近期应办事项给予适时规范的提醒，帮助纳税人及时准确地掌握有关税收法规和办税时限，避免不慎违规或技术违规对自身利益造成的损失。1997—2003年，区国税局设立办税服务大厅，全面推行“综合办税”窗口服务，使厅内每一个办税窗口原则上都能够办理各种涉税事项，最大程度地方便纳税人；推行税收“个性化”服务，解决纳税人关心的“热点”“难点”问题；实行“贴近式”服务和建立预约服务制度，对不同行业、不同类型的纳税人提供有针对性的纳税服务。

税收执法　纳税评估　区国税局是从2001年开始纳税评估。2003年，对500余户纳税异常企业进行纳税评估，评估入库税款额2000余万元。

涉外企业审计和涉外税务审计　辖区涉外税务审计从2000年开始，每年对50户涉外企业进行审计。2003年通过审计查补增值税150万元、企业所得税200余万元、调增应纳税所得额500余万元。

反避税　区国税机关根据区内外资及港澳台资企业多的特点，不断加强涉外税收征管，成立专职反避税队伍，建立先进的反避税信息管理系统，对外资及港澳台资企业的关联交易进行全方位监控。一方面立足于事前辅导，宣传在先，同一些企业建立预约定价制度，力争把问题解决于萌芽状态；同时对部分长期亏损、关联交易价格明显不合营业常规的企业进行纳税调整。至2003年，区国税局协同市国税局纳税调整企业5户，调整入库所得税1200余万元，维护了国家利益。

第三节　地方税收

烟台开发区从1994年开始征收地方税，主要税种有营业税、企业所得税、个人所得税等。

税种　营业税　1994年，开发区征收营业税的行业有交通运输业、建筑业、邮电通信业、文化体育业、娱乐业、服务业、转让无形资产、销售不动产、金融保险业9个，有营业税纳税人297户（含个体工商户），入库营业税2375万元。2003年，有营业税纳税人1832户（含个体工商户），入库营业税1.50亿元，年平均增长22.73%。

企业所得税　1994年，辖区有企业所得税纳税人57户，入库税额1515万元。2003年，有企业所得税纳税人469户，入库税额1.24亿元，年平均增长26.31%。

个人所得税　1994年，辖区有个人所得税纳税人代扣户42户，入库税额40万元。2003年，有个人所得税纳税人代扣户3806户，入库税额3831万元，年平均增长66.01%。

土地增值税　辖区从1994年1月1日起开征土地增值税。由于辖区实行3项减免税规定（一是建造普通标准住宅出售，其增值额未超过20%

的，予以免税；二是对1994年1月1日以前已经签订的房地产转让合同的，予以免征；三是对1994年1月1日以前已签订房地产开发合同或已立项，并已按规定投入资金进行开发，其在1994年1月1日以后5年内首次转让房地产的，免征土地增值税），1994—2002年累计征收28万元。2003年开始实行按照收入计征的方式，是年征收土地增值税369万元。

房产税　征收方式有两种：一是出售房屋的，按照房产原值减除30%后的余额部分按照1.2%的税率征收；二是房屋出租的，按照租金收入的12%征收。1994年全区征收房产税95万元，2003年征收2105万元。1994—2003年累计征收9669万元。

印花税　辖区1994年征收印花税41万元，2003年征收545万元，累计征收2238万元。

辖区从1988年起开征城市维护建设税，1994年起开征城镇土地使用税和车船使用税，同时开征教育费附加等。1994年征收537万元，2003年征收3580万元，1994—2003年累计征收1.60亿元。

1994—2003年烟台开发区地税收入情况表

表14–17　　　　单位：万元

年份/税种	1994	1995	1996	1997	1998	1999	2000	2001	2002	2003
营业税	2375	2834	4239	5176	5787	4911	5678	7438	11128	14990
企业所得税	1515	1421	2404	3104	3993	5293	7044	12439	10487	12423
个人所得税	40	57	403	686	714	1323	1629	2805	2992	3831
其他税费	673	1127	1616	2246	2047	2929	3015	3186	4902	6599
总　计	4603	5439	8662	11212	12541	14456	17366	25868	29509	37843

税收管理　*税务登记*　1998年，区地税局开始地税户登记。登记包括开业税务登记、变更税务登记、注销税务登记、外出经营报验登记和停业复业登记。税务登记证一般每年验证一次，每3年换证一次。是年，有地税登记户3560户，其中个体户1650户。到2003年，全区办理地税登记7013户，其中个体户3062户。

税款征收　1994年，区地税机关实行税款定期定额征收入库的办法。税务机关根据纳税人自报及有关单位评议情况，核定其一定时期应税收入及应纳税额，并分月征收。除税务机关直接征收外，还采用代收代缴、代扣代缴、委托征收等方式。是年，全区税款征收入库4063万元。2000年，税款征收入库1.74亿元。2003年，税款征收入库3.78亿元。

2003年烟台开发区企业缴纳地税（前20名）情况统计表

表14–18　　　　单位：万元

序号	企业名称	成立时间	企业性质	纳税额
1	烟台氨纶股份有限公司	1986.09	股份有限公司	8778
2	大宇重工业烟台有限公司	1994.09	外资企业	945
3	烟台开发区金东房地产建筑开发公司	1993.02	集体企业	733

续表 14-18

序号	企业名称	成立时间	企业性质	纳税额
4	上海通用东岳汽车有限公司	2002.12	中外合资企业	676
5	一汽—大宇（烟台）汽车发动机有限公司	1996.06	中外合资企业	672
6	烟台开发区彩云城房地产开发有限公司	2002.05	国有独资公司	669
7	浪潮乐金（烟台）数字移动通信有限公司	2001.04	中外合资企业	507
8	烟台开发区金盛经济发展总公司	1990.10	集体企业	424
9	烟台开发区科信新技术产业发展有限公司	1992.05	其他有限责任公司	370
10	烟台开发区佳地实业开发有限公司	1993.08	其他有限责任公司	322
11	烟台正海华夏工贸有限公司	2000.01	其他有限责任公司	309
12	烟台留学人员创业园区基建工程指挥部	1999.09	其他有限责任公司	302
13	烟台开发区奥科聚氨酯有限责任公司	1999.09	其他有限责任公司	302
14	中国工商银行开发区支行	1988.07	国有企业	298
15	中国农业银行开发区支行	1988.04	国有企业	291
16	烟台开发区远辉置业有限责任公司	2000.12	其他有限责任公司	278
17	山东省通信公司烟台开发区分公司	1998.10	国有企业	271
18	烟台远大经贸有限公司	2000.12	私营有限责任公司	270
19	烟台万润精细化工有限责任公司	1995.07	其他有限责任公司	269
20	烟台开发区国有资产经营管理公司	1994.06	国有企业	237

税务检查　1994 年新税制实施以后，区税收管理实行征、管、查“三分离”制度，税务检查工作由开发区财税局税务稽查大队负责。1998 年 9 月地税局成立后，内部设立专门的稽查局，负责税务专项检查、专案检查、涉税举报受理等工作。1999—2003 年，每年都有 10 余户纳税户受到稽查，累计罚补税款 400 多万元。2000 年 4 月，区地税局设立专门的“111”服务热线，实行 24 小时接听，接受纳税咨询、涉税举报等事项。至 2003 年，共接受涉税举报 100 多起，查处涉税金额 1300 多万元。

涉税服务　1999 年起，区地税局在办税服务厅为纳税人提供集约化服务，纳税人可以在办税

图 14-2　1998 年投入使用的地税办税服务厅

服务厅办理税务登记、纳税申报、税务咨询、发票领购等所有涉税事项。为提高服务质量，地税局先后推行四项制度：首问负责制度，谁第一个接待的，谁就要负责到底；政务公开和承诺制度，公开办税时限、执法范围、联系人、联系电话，办税流程图上墙、登报，实行挂牌服务，承诺服务的时限和质量等；办事效率监督卡制度，办税承诺时限、准确率要求达到100%；社会监督制度，公开举报电话，设立举报箱，从企业聘请义务监督员，广泛接受社会各界的监督。

税收优惠政策 营业税优惠政策 从1994年国家实行新的营业税政策至2003年，辖区对以下项目免征营业税：托儿所、幼儿园、养老院、残疾人福利机构提供的育、养服务，婚姻介绍、殡葬服务；残疾人员个人提供的劳务；医院、诊所、其他医疗机构提供的医疗服务；学校及其他教育机构提供的教育劳务，学生勤工俭学提供的劳务服务；农业机耕、排灌、病虫害防治、农牧保险以及相关技术培训，家畜、牲畜、水生动物的配种和疾病防治业务；纪念馆、博物馆、文化馆（站）、美术馆、展览馆、书画院、图书馆、文物保护单位举办文化活动所售门票业务，宗教场所举办文化、宗教活动的业务；保险公司开展的1年期以上返还性人身保险业务；个人转让著作权；将土地使用权转让给农业生产者用于农业生产；科研单位取得的技术转让收入；国有粮食企业保管政府储备粮油取得的财政性补贴收入。

企业所得税优惠政策 从1994年开始，对区内资源综合利用企业在原设计规定的产品以外，综合利用本企业生产过程中的、在《资源综合利用目录》内的资源作为主要原料生产的产品所得，自生产经营之日起，免征所得税5年；企业利用本企业外的大宗煤矸石、炉渣、粉煤灰做主要原料，生产建材产品的所得，自生产经营之日起，免征所得税5年；为处理利用其他企业废弃的、在《资源综合利用目录》内的资源而新办的企业，经主管税务机关批准后，可减征或者免征所得税1年。对区内企业事业单位进行技术转让，以及在技术转让过程中发生的与技术转让有关的技术咨询、技术服务、技术培训的所得，年净收入在30万元以下的，暂免征收所得税。新办的城镇劳动就业服务企业，当年安置待业人员超过企业从业人员总数60%的，经主管税务机关审查批准，可免征所得税3年；劳动就业服务企业免税期满后，当年新安置待业人员占企业原从业人员总数30%以上的，经主管税务机关审核批准，可减半征收所得税2年。对区内高等学校和中小学校办工厂、农场自身从事生产经营的所得，暂免征收所得税；高等学校和中小学校举办各类进修班、培训班的所得，暂免征收所得税。对区内民政部门举办的福利工厂和街道办事处的非中途转办的社会福利生产单位，凡安置“四残”（盲、聋、哑及肢体残疾）人员占生产人员总数35%以上的，暂免征收所得税；凡安置“四残”人员占生产人员总数的比例超过10%未达到35%的，减半征收所得税。

从1996年开始，对区内乡镇企业所得税减按10%征收。

从1999年开始，对设置在区内的高新技术企业，按15%的税率征收企业所得税；区内新办的高新技术企业，自投产年度起，免征所得税2年。对农村的为农业生产的产前、产中、产后服务的行业，以及城镇其他给类似单位开展上述技术服务或劳务所取得的收入，暂免征收所得税；对科研单位和大专院校的技术成果转让、技术培训、技术咨询、技术服务、技术承包所取得的技术性服务收入，暂免征收所得税；对新办的、独立核算的从事咨询业（包括科技、法律、会计、审计、税务等咨询业）、信息业、技术服务业的企业或经营单位，自开业之日起，第1年至第2年免征所得税；对新办的、独立核算的从事交通运输业、邮电通信业的企业或经营单位，自开业之日起，第1年免税，第2年减半征税；对新办的、独立核算的从事公用事业、商业、物资业、对外贸易业、旅游业、仓储业、居民服务业、饮食业、教育文化事业、卫生事业的企业或经营单位，自开业之日起，报经主管税务机关批准，可减征或者免征所得税1年。

个人所得税优惠政策　1994年以来，区内免税项目：省级以上单位、外国组织、国际组织颁发的科学、教育、技术、文化、卫生、体育、环境保护等方面的奖金；国家发行的金融债券利息；按照国家统一规定发给的补贴、津贴、福利费、抚恤金、救济金、保险赔款；军人的转业安置费、复员费；发给干部、职工的安家费、退职费、退休工资、离休工资、离休生活补助费；外籍个人以非现金形式或实报实销形式取得的住房补贴、伙食补贴、搬迁费、洗衣费；外籍个人按合理标准取得的境内、境外出差补贴；外籍个人取得的探亲费、语言训练费、子女教育费等，经当地税务机关审核批准为合理的部分；外籍个人从外商投资企业取得的股息、红利所得；符合规定的外籍专家的工资薪金所得；个人举报、协查各种违法犯罪行为而获得的奖金；个人办理代扣代缴税款手续，按规定取得的扣缴手续费；个人转让自用达5年以上、并且是唯一的家庭生活用房取得的所得；达到离休、退休年龄，但确因工作需要，适当延长离休、退休年龄的高级专家，其在延长离休、退休期间的工资、薪金所得，视同离休、退休工资免征个人所得税。

图14-3　地税局税政人员到古现宣传涉农税收政策

第三章　金　融

1986年10月，烟台开发区第一家金融机构——中国人民建设银行烟台开发区支行挂牌设立。1989年4月，中国人民银行烟台经济技术开发区支行设立，1998年10月机构撤销。2003年，辖区设有12家银行分支机构和5家非银行金融分支机构，银行营业网点42个。

区内各金融机构不断深化体制改革，充分发挥资金调控的引导作用，努力提高金融服务质量，各项业务同步发展，存贷活跃，收支情况良好。2003年，全区金融机构期末存款余额66.94亿元，期末各项贷款余额63.36亿元。全年保费收入0.89亿元。

图14-4　1987年9月烟台开发区第一家银行网点建行储蓄所在I-7起步区设立

1989—2003年烟台开发区金融机构存贷收支情况统计表

表14-19　　　　单位：万元

指标名称	1989	1990	1991	1992	1993	1994	1995	1996	1997	1998	1999	2000	2001	2002	2003
年末存款余额	5048	7863	11844	60659	62906	76908	107390	136877	170029	175291	225066	287132	298900	546123	669444
年末贷款余额	28071	35243	50025	79219	98876	120259	152460	148698	189954	241710	277673	294695	338042	455586	633610

第一节 银行

中国建设银行烟台开发区支行 机构 1986年10月29日，中国人民建设银行烟台开发区支行成立，国有银行分支机构，隶属于中国人民建设银行烟台市分行，地址在I—7小区小清河路10号。1987年9月在I—7小区崂山路设储蓄所，有员工11人，这是开发区最早的银行营业所。1988年5月，支行设立金东储蓄所和金盛储蓄所。8月，建行烟台市分行成立开发区银资房地产开发经营公司。1989年8月，支行内设投资综合管理科、建经科、财会科、储蓄出纳科和办公室。1991年6月，增设房地产信贷部。12月，支行迁到长江路10号工贸大厦，是当时区内规模较大、业务较全的银行机构。1992年6月，支行成立国际业务部，开办代理外汇业务；成立烟台开发区投资咨询公司，开展投资咨询服务。1994年7月，成立信用卡部。1995年4月，支行迁至长江路177号建设银行开发区支行大楼。大楼占地6000多平方米，总投资2500万元。1996年3月，金盛储蓄所更名为泰山路储蓄所；金东储蓄所迁到华山路29号，更名为华山路储蓄所。1996年3月，支行更名为中国建设银行烟台开发区支行。1998年3月，支行实行定岗、定员、定编和竞聘上岗、优化组合的机构、人事改革，将原来8个科室合并为5个部（综合部、中介业务部、计划信贷部、营业部、国际业务部），99名职工中有1名待岗、5名下岗。2001年6月，支行华山路储蓄所升格为华山路分理处。为进一步优化投资环境，为上海通用东岳汽车有限公司提供优质、高效的服务，2003年11月，华山路分理处迁到上海通用东岳汽车有限公司内办公。

图14-6　2003年建行在东岳汽车公司设立华山路分理处

图14-5　1995年建行开发区支行迁入新址

主要业务　1987年以来，支行提出“筹资立行”的方针，确立以居民储蓄业务为基础，以企业存款为主导，以证券、信用卡等新业务为突破口的筹资策略，实现负债结构和产品种类的多元化。2003 年，实现企业存款余额 5.01 亿元，储蓄存款余额 3.03 亿元，外币存款余额 2048 万美元；实现贷款余额 6.66 亿元，外币贷款余额 314 万美元。

2001 年开始吸收同业存款，通过提供银证转帐、资金清算、代理保险等金融服务，促进了同业存款的稳定增长。2003 年，同业存款余额 2130 万元。

支行为客户提供的业务支持有工程审价业务、各项代理业务、结算业务、龙卡业务等。其中 1994—2003 年，为 81 个单位 14732 人办理代发工资业务。至 2003 年，支行共开立本外币结算账户 1560 户，是年处理会计凭证 45 万张，现金收、付额 556 亿元。

1988—2003 年中国建设银行烟台开发区支行主要业务统计表

表 14-20

年份	企业存款余额（万元）	储蓄存款余额（万元）	贷款余额（万元）	外币贷款余额(万美元)
1988	1508	238	4857	–
1989	1338	528	2323	–
1990	2479	701	20488	–
1991	3795	1098	25258	–
1992	19718	2251	35350	–
1993	10071	4302	36575	–
1994	13242	6256	40890	–
1995	23912	4417	40934	–
1996	20700	10697	49532	–
1997	38064	11684	55440	–
1998	60843	13884	52908	6733
1999	36264	15274	49130	1673
2000	73882	15220	75671	132
2001	38053	18509	61276	–
2002	51538	24548	67984	304
2003	50127	30322	66588	314

中国农业银行烟台开发区支行 机构 1988 年 4 月，中国农业银行烟台开发区支行成立，国有银行分支机构，隶属于中国农业银行烟台市分行，地址在Ⅰ-7 小区运河路 9 号，有员工 16 人，设办公室、工会、信贷科、会计出纳科 4 个科室。1991 年，增设人事科、计划统计科，设立彩云城储蓄所，员工增至 26 人。1993 年，设立衡山路储蓄所，员工增至 46 人。1994 年，设立长江路分理处。1995 年，支行内设机构调整为人秘科、监察稽核科、信贷资金组织部、会计出纳科、计划信息科、国际业务部、工会 7 个科室，设立金东储蓄所。1996 年，设立黄河路分理处和五指山

图 14-7 农行开发区支行彩云城储蓄所（1991 年摄）

图 14-8 农行开发区支行衡山路储蓄所（1993 年摄）

图 14-9 农行黄河路分理处（1996 年摄）

路分理处，有员工 76 人。1998 年 3 月，行址迁到泰山路 98 号农行开发区支行大厦。1999 年，支行内设机构调整为办公室、党总支办公室、保卫部、信贷部、计划财务部、资金组织部等 6 个部室。2001 年，设立不良资产清收中心。2002 年，支行下属营业单位增至 10 个，有员工 120 人。

主要业务　1988 年，支行各项存款余额 827 万元，各项贷款余额 1599 万元；1995 年，各项存款余额 1.16 亿元，各项贷款余额 1.86 亿元；2000 年，各项存款余额 2.53 亿元，各项贷款余额 4.49 亿元；2003 年，各项存款余额 8.79 亿元，各项贷款余额 9.62 亿元。

1995 年，支行开始办理信用卡业务和国际结算业务，业务发展很快。2001 年发卡量超过 1 万张，卡存款达到 1000 万元。2003 年发卡量 2.57 万张，卡存款达到 7487 万元。1997 年，国际结算量 3600 万美元，2003 年突破 1 亿美元。

1988—2003 年中国农业银行烟台开发区支行主要业务统计表

表 14-21　　单位：万元

年份	存款余额	贷款余额	年份	存款余额	贷款余额
1988	827	1599	1996	15538	21422
1989	1063	2070	1997	17069	25875
1990	1320	4129	1998	20919	28773
1991	2659	6329	1999	21812	31978
1992	6306	10129	2000	25258	44911
1993	5944	12129	2001	31532	48899
1994	7480	13498	2002	30331	64741
1995	11618	18598	2003	87885	96181

中国工商银行烟台开发区支行　机构　1988 年 7 月，中国工商银行烟台开发区支行成立，国有银行分支机构，隶属于中国工商银行烟台市分行，地址在长江路 2 号，有职工 7 人，设信贷科、人秘科、会计出纳科 3 个科室，设科技园分理处和珠江路储蓄所。1993 年，行址迁到长江路 6 号。1994 年，撤销人秘科，设办公室、人保科。1995 年 6 月，科技园分理处迁至长江路 50 号，更名为长江路分理处。2003 年，支行设公司业务部、个人业务部、营业部、国际业务部、办公室等 6

图 14-10　2000 年工商银行开发区支行新址

部（室），有职工 61 人。

主要业务　1988 年，支行各项存款余额 512 万元，各项贷款余额 1300 万元；1992 年，各项存款余额 1.11 亿元，各项贷款余额 1.11 亿元；1997 年，各项存款余额 3.67 亿元，各项贷款余额 3.89 亿元；2003 年，各项存款余额 10.89 亿元，各项贷款余额 11.55 亿元。

2000—2003 年，支行先后开办网上银行、电话银行、银证通、牡丹卡、个人住房贷款等新业务。2000 年，个人住房贷款业务 10 笔，贷款余额 100 多万元；2001 年个人住房贷款业务增加到 100 多笔，贷款余额 1000 多万元；2002 年个人住房贷款业务达到 1000 笔，贷款余额达到 1 亿元。2002 年 3 月，支行开办个人住房按揭贷款业务。

1988—2003 年中国工商银行烟台开发区支行主要业务统计表

表 14-22　　单位：万元

年份	存款余额	贷款余额	年份	存款余额	贷款余额
1988	512	1300	1996	26613	28532
1989	1174	2500	1997	36706	38949
1990	2110	4000	1998	37394	46275
1991	3008	8494	1999	44568	60479
1992	11128	11109	2000	53647	70231
1993	11134	13694	2001	64711	84267
1994	13053	19861	2002	86849	102998
1995	16930	23015	2003	108902	115506

中国银行烟台开发区支行　机构　1988 年 8 月，中国银行烟台开发区支行成立，国有银行分支机

图 14-11　中国银行开发区支行（2003 年摄）

构，隶属于中国银行烟台市分行，地址在Ⅰ-7 小区沂河路 4 号凯丰大酒店三楼，内设行长室、营业室、业务室，有员工 10 人。1989 年 5 月，设财会科、业务科、存汇科和办公室。1990 年 4 月，设立邮电大楼储蓄所。1991 年 12 月，行址迁到长江路 11 号工贸大厦西裙楼一层和主楼八层。后随业务需要，先后设立国际贸易结算部、信用卡部、稽核科、电脑科等机构。1995 年 5 月，支行迁至金东小区 15-2 号楼。1996 年 7 月设长江路分理处（后迁移并更名为福莱商城分理处）。1997 年 3 月，内设机构调整为营业部、业务发展

部、业务管理部、行长办公室等4个部室。1998年10月，支行迁回工贸大厦西裙楼一、二层办公，有员工62人。

主要业务 1989年，支行存款余额819万元，贷款余额4484万元；外币存款余额234万美元，贷款余额67万美元。1999年，存款余额2.79亿元，贷款余额2.17亿元；外币存款余额1176万美元，贷款余款2247万美元。2003年，存款余额6.84亿元，贷款余额3.70亿元；外币存款余额2344万美元，贷款余额6501万美元。授信规模12亿元，累放授信38亿元，办理各类结算业务80万笔，国际贸易结算量超过4亿美元。是年，办理支付结算业务、银行卡业务、代理业务、担保保管类业务电子银行等业务，累计办理各类银行卡3万多张，实现代理业务总量1亿元。

1988—2003年中国银行烟台开发区支行主要业务统计表

表14-23

年份	存款余额（万元）	外币存款余额（万美元）	贷款余额（万元）	外币贷款余额（万美元）
1988	1872	297	3741	99
1989	819	234	4484	67
1990	1501	327	6031	165
1991	2551	367	9265	1048
1992	10012	818	10939	858
1993	14473	525	11972	1002
1994	12952	888	12856	1430
1995	15132	1207	14111	2109
1996	18067	792	17783	2484
1997	20165	743	19640	2488
1998	24635	1153	22374	2123
1999	27910	1176	21689	2247
2000	46102	2058	27521	1497
2001	35496	2165	33866	1675
2002	51167	3307	34400	1737
2003	68352	2344	37009	6501

交通银行烟台开发区支行 机构 1992年4月3日，交通银行烟台开发区支行成立，国有银行分支机构，隶属于交通银行烟台分行，地址在长江路179号，设办公室、营业部、信贷科3个科室，有员工36人。1993年10月，支行设立泰山路储蓄所。2003年，支行增设会计出纳科，有员工38人，行址迁至香山路8-7号。

主要业务 支行在负债业务方面，根据市场需求，不断扩展新业务种类，以居民储蓄业务为基础，以企业存款为主导，实现负债结构和产品

图 14-12　2003 年交通银行开发区支行新址

种类的多元化。1992 年，支行存款余额 7590 万元，贷款余额 1500 万元，外币贷款余额 15 万美元；

图 14-13　交通银行开发区支行营业厅

1997 年，存款余额 1.90 亿元，贷款余额 1.4 亿元，外币贷款余额 90 万美元。2003 年，存款余额 2.80 亿元，人民币贷款余额 3.18 亿元，外币贷款余额 300 万美元。

1992—2003 年交通银行烟台开发区支行主要业务统计表

表 14-24

年份	企业存款余额（万元）	储蓄存款余额（万元）	贷款余额（万元）	外币贷款余额（万美元）
1992	6350	1240	1500	15
1993	8670	1820	4900	38
1994	8830	2990	5000	56
1995	12580	3460	5900	70
1996	14950	3660	13880	75
1997	15100	3890	14000	90
1998	16120	3990	18700	115
1999	16400	4100	18800	128
2000	16590	4200	19360	130
2001	16780	4123	21450	130
2002	19860	4826	28600	216
2003	22670	5342	31800	300

烟台市商业银行开发支行　机构　1992 年 10 月 28 日，烟台市北海城市信用社成立，为中国人民银行烟台经济技术开发区支行所办金融实体，地址在泰山路 49 号，设营业部，有员工 12 人。1995 年，社址迁至长江路人民银行支行大楼。1997 年，社址迁至长江路 161 号天马大厦 B 座。11 月，烟台市商业银行改制为股份制银行后，将原 5 区（芝罘区、福山区、莱山区、牟平区、开发区）城市信用社统一收并管理。烟台市商业银行在开发区原烟台市北海城市信用社基础上改设

烟台市商业银行开发支行。2003 年 6 月，支行进行机构改革。作为管辖行，支行下设 2 部 1 室（营业部、客户经理部和办公室）和 5 个经营支行（长江路支行、泰山路支行、衡山路支行、大季家支行、海通支行），有职工 66 人。

主要业务　开发支行以“立足烟台、面向中小、挺进大型、服务市民”为宗旨，以区内国有中小企业、民营企业和个体经济为投放目标，支持地方经济发展。1992 年，支行存款余额 3235 万元，贷款余额 6303 万元；2000 年存款余额 2.88 亿元，贷款余额 2.12 亿元。使开发区正海电子、荣昌制药、舒朗时装、麦特电子、东诚生化等企业得到信贷资金的大力支持。2001 年，首次开展专利权质押贷款业务，一次性为龙源电力投放 1200 万元贷款，取得良好的社会效益和经济效益。2003 年，开发支行各项存款余额 6.45 亿元，贷款余额 4.64 亿元，承兑汇票 2.52 亿元。是年，支行开始开办国际结算业务，国际结算量 28.3 万美元，外币存款余额 231.6 万美元。

1992—2003 年烟台市商业银行开发支行主要业务统计表

表 14-25　　　　单位：万元

年份	存款余额	贷款余额	年份	存款余额	贷款余额
1992	3235	6303	1998	13184	9494
1993	3927	8291	1999	19056	15309
1994	7836	9070	2000	28764	21235
1995	13492	9679	2001	37187	27544
1996	7653	9992	2002	34558	35367
1997	10566	9637	2003	64511	46387

烟台恒丰银行开发区支行　机构　1992 年 12 月 1 日，烟台住房储蓄银行经济技术开发区支行成立，隶属于烟台住房储蓄银行，地址在长江路 1 号，有员工 18 人。1998 年，支行有员工 61 人。2000 年 12 月，支行迁至长江路 19-B-1 号（德胜商城南侧），有员工 38 人。2003 年 8 月，烟台住房储蓄银行由地方性商业银行改制为全国性股份制商业银行，更名为恒丰银行。烟台住房储蓄银行经济技术开发区支行更名为恒丰银行开发区支行，设营业部、信贷科、办公室，有员工 31 人。

主要业务　1992 年，支行存款余额 4489 万元，贷款余额 6254 万元；1995—2000 年，支行各项存款余额都在 1 亿元至 2 亿元以上；2001—2003 年，支行存款余额连续超过 3 亿元；2001 年贷款余额超过 8 亿元，2003 年贷款余额达到 11.41 亿元。至 2003 年年底，支行累计办理票据贴现 8.40 亿元，发行九州借记卡 2238 张，卡结存金额 294 万元。

图 14-14　2003 年烟台住房储蓄银行开发区支行更名为恒丰银行开发区支行

1992—2003 年烟台恒丰银行开发区支行主要业务统计表

表 14-26　　单位：万元

年份	存款余额	贷款余额	年份	存款余额	贷款余额
1992	4489	6254	1998	16734	34083
1993	6320	10978	1999	26744	45406
1994	4219	13382	2000	22085	39385
1995	12138	19186	2001	36942	80121
1996	18297	32329	2002	31340	49429
1997	26116	34674	2003	37573	114120

中信实业银行烟台分行开发区支行　机构　1997 年 6 月 6 日，中信实业银行烟台开发区办事处成立，隶属于中信实业银行烟台分行，地址在泰山路 87-3 号，有员工 9 人。2000 年 11 月，办事处升格为支行。2003 年，支行有员工 14 人，下设综合业务部和营业部。

主要业务　1997 年，办事处存款余额 8876 万元，贷款余额 3185 万元，银承余额 2088 万元；2000 年，支行存款余额 2.28 亿元，贷款余额 4926 万元，银承余额 7078 万元；2003 年，支行存款余额 3.14 亿元，贷款余额 1.13 亿元，银承余额 1.53 亿元。

1997—2003 年中信实业银行烟台开发区支行主要业务统计表

表 14-27　　单位：万元

年份	存款余额	贷款余额	银承余额
1997	8876	3185	2088
1998	14910	4629	5726
1999	15006	5466	6859
2000	22767	4926	7078
2001	28246	12511	7272
2002	40931	11685	9578
2003	31396	11292	15257

中国光大银行烟台支行经济技术开发区分理处　机构　1997 年 11 月成立，地址在晨光小区金力大厦，下设办公室、综合业务部、营业部、结算部，有员工 8 人。1999 年 2 月，将办公室改为综合部，将综合业务部改为客户经理部，把结算部合并到营业部。2003 年 6 月，将综合部与客户经理部合并，分理处有职工 13 人。

主要业务　1997 年，分理处存款余额 2613 万元。1999 年，存款余额 1.18 亿元，贷款余额 924 万元。2001 年，存款余额 1.90 亿元，贷款余额 1630 万元。是年 1 月，开始发行光大阳光卡，集储蓄存款、购物转账等十几个功能于一身，全年发卡7000余张；3月，相继推出网上银行服务业务和全国一柜通业务。2002年，光大阳光卡发卡量达到1.6万张，卡内存款263万元；5月，开办自助银行业务。2003年，分理处存款余额3.56亿元，贷款余额1.78亿元；光大阳光卡发卡2.25万张，卡内存款1153万元；代理发行基金和阳光港城通公交卡业务，方便广大用户。

1997—2003年中国光大银行烟台支行开发区分理处主要业务统计表

表14-28　　单位：万元

年份	存款余额	贷款余额	年份	存款余额	贷款余额
1997	2613	–	2001	19031	1630
1998	5748	846	2002	35925	5924
1999	11817	924	2003	35574	17792
2000	9883	1236			

华夏银行烟台开发区支行　机构　2002年4月，华夏银行烟台开发区支行成立，隶属于华夏银行烟台分行，地址在长江路29号（德胜商城南侧），设营业部和业务发展部，有员工21人。2003年，有员工17人。

主要业务　支行充分利用德胜商城商业旺角的优势，大力揽储，积极放贷，支持开发区工商客户发展。2002年，个人储蓄存款3300万元，单位存款达到2亿元，投放贷款2亿元，开出银行承兑汇票7000万元，办理贴现3亿元；在办理国际业务方面，通过积极运作“外汇直通车”和“外汇业务绿色通道”，使国际业务顺利发展，国际结算量达8000多万美元。2003年，个人储蓄存款余额达到5600万元，贷款余额3亿元，开出银行承兑汇票1.5亿元，办理贴现5亿元；国际结算量达1.2亿美元；利用华夏卡的使用特点和优势，通过代发工资和发行丽人卡等形式，大力吸收卡储蓄存款，业务发展较快。

2002—2003年华夏银行烟台开发区支行主要业务统计表

表14-29

年份	储蓄存款余额（万元）	贷款余额（万元）	承兑（万元）	国际结算（万美元）	贴现（万元）
2002	3300	20000	7000	8000	30000
2003	5600	30000	15000	12000	50000

烟台经济技术开发区农村信用合作社　机构　2002年10月，烟台开发区农村信用合作社成立，隶属中国人民银行烟台市中心支行，内设财务会计部、业务发展部、行政保卫部、营业部，下设古现、八角、大季家、初旺、芦洋5个分社，有职工77人，社址在开发区泰山路98号。

主要业务　2002年，全社各项存款余额2.60亿元，各项贷款余额2亿元；2003年，各项存款余额3.39亿元，各项贷款余额3.05亿元。

2002—2003 年烟台开发区农村信用社主要业务统计表

表 14-30　　单位：万元

年份	储蓄存款余额	对公存款余额	农户贷款余额	其他贷款余额
2002	24072	1916	16731	3327
2003	30909	2969	8439	22030

烟台开发区邮政局（邮政储蓄）　1994 年 3 月，开发区邮政局开办邮政储蓄业务，当年邮政储蓄余额 4056 万元。1996 年，邮政储蓄绿卡系统开通使用，并实现全市联网，全区邮政储蓄余额突破亿元，邮政储蓄业务收入占邮政通信收入的 20% 。邮政储蓄除具有与各个专业银行相同储种外，还开办代发工资，代收电信、移动、联通话费，代收水、电、煤气等公共事业收费，开办邮政绿卡等业务。2003 年，开发区邮政储蓄存款余额为 3.93 亿元。

第二节　保险

2003 年，开发区有财产保险股份有限公司和人寿保险股份有限公司两家保险公司分支机构，从业人员 67 人。

中国人民财产保险股份有限公司烟台开发区支公司　机构　1991 年 4 月成立，隶属于中国人民财产保险股份有限公司山东省烟台市分公司，地址在泰山路 18 号，有职工 14 人，下设财务科、办公室和 3 个业务科。1999 年，增设营业室、理赔中心和营销管理部。2003 年支公司下设营销管理科、综合部（原营业室、财务科、办公室三合一）和消贷科（负责清欠工作）等 6 个业务科，有职工 15 人。

主要业务　1991 年支公司成立以来，在保险代理机构设置方面，紧紧依靠社会力量，走“多渠道、广代办”的路子，采取提供交通通讯工具、免费培训、合理支付代办费等办法，共发展包括银行、汽车销售商、汽车运输公司在内的兼职代理单位 16 家，代办人员 28 人。支付代理单位和个人的代办手续费为 15%。支公司先后开办的保险业务有企业财产保险、机动车车辆保险、机动车消费贷款保证保险、家庭财产保险、货物运输保险、船舶保险、安装工程险、建筑工程险，以及律师责任险、产品责任险、产品质量险、旅行社责任险、餐饮责任险、电话盗打险、计算机险、医疗责任险等。其中机动车车辆保险占保险市场 60% ~ 80% 的份额，是支公司的拳头险种。1997 年以来，支公司积极开拓市场，规范业务经营，制定一系列通用、优惠的承保办法，以适应保险业市场日益激烈的竞争需要，主动为企业提供服务。一汽 – 大宇（烟台）汽车发动机有限公司一直由该公司承保，包括建工险、安工险、货运险和企财险等。支公司每年的保险金额都在 40 亿人民币以上，年保费在 120 万元 ~ 320 万元之间。2001 年开始，实行 95518 昼夜电话报案服务制度，为保户提供便捷服务。下半年，开办机动车消费贷款保证保险业务，保费收入明显提高，每年 100 万元左右。安装工程险和建筑工程险在全区基本建设中发挥稳定和保证作用，支公司每年的保费收入都在 50 万元 ~ 80 万元之间。2002 年及以前，保户年内不出险，保险公司按保费的 10% 返还给保户作为安全奖，2003 年调整为第一年不出险返 10%，第二年不出险返 20%，第三年不出险返 30%。

2002 和 2003 年，支公司年保费收入都在 2000 万元以上，2003 年保费收入 2535.76 万元，赔付 1100.76 万元。

典型案例　1997 年 3 月，烟台小峰纸业有限公司将其发运到河南日报社的1013吨加拿大青山牌新闻纸以“国内水路陆路货物运输保险”的形式投保于支公司的综合险，费率为0.1%，保险金额529.29万元人民币，收取保费5292.93元。货物运到郑州站时，发现破损出险，损失1401件。接到报案后，公司及时派员赶赴现场查勘定损，认定属于保险责任，赔付金额99.4万元人民币。1999年，支公司承保烟台渤海轮渡有限公司“大舜”号的船舶一切险，保额为5000万元人民币，费率为1%，收取保费50万人民币。是年11月24日，该轮在烟台港附近因风大翻沉出险，支公司为此一次性赔付5000万元。

1991—2003年中国人民财产保险股份有限公司开发区支公司保险业务统计表

表14-31　　单位：万元、%

年份	保费收取	赔付	赔付率	年份	保费收取	赔付	赔付率
1991	260.23	80.21	30.82	1998	1516.92	834.03	54.98
1992	472.71	291.27	61.62	1999	1520.35	5639.30	370.92
1993	924.5	356.99	38.61	2000	1847.97	950.03	51.41
1994	1056.37	676.74	64.06	2001	1949.99	859.96	44.1
1995	1332.64	755.96	56.73	2002	2165.35	1058.13	48.87
1996	1366.40	676.14	49.48	2003	2535.76	1100.76	43.41
1997	1449.60	817.24	56.38	合计	18398.79	14096.76	76.6

中国人寿保险股份有限公司烟台开发区支公司

机构　1997年1月1日成立，地址在泰山路18号，内设业务科、财务科、办公室和营销部4个科室，有员工12人。1999年1月，支公司更名为中国人寿保险公司烟台开发区支公司。同年5月，公司迁址至泰山路67号，有员工18人。2003年8月，支公司更名为中国人寿保险股份有限公司烟台开发区支公司，内设5个科室、5个营销服务部、3个展业部，有员工23人，营销员120多人。

主要业务　1997—2002年，支公司开办保险业务有106个险种。2001年9月，支公司正式开通客户服务咨询专线95519。2003年开办的保险业务有6类66种。其中分红保险（9种）、健康保险（4种）、普通寿险（28种）、少儿保险（6种）、养老保险（7种）、附加保险（12种）。

1997—2003年，支公司按照“抓服务树信誉、盯市场拓业务、依制度严管理、塑形象创品牌”的发展思路，务实开展工作，保费收入以年均68%的速度增长。支公司对单据齐全、事实清楚的短期险种金额在1000元以下的当场赔付；1000～2000元的，6个工作日内赔付；2000元～6万元的13个工作日内赔付。对意外伤害死亡、突发性疾病死亡案件，在证件齐全、事实清楚的情况下当场赔付；对其他死亡案件，6个工作日内赔付；6万元以上的在省公司核批后，2个工作日内赔付。拒付案件，30日内发出拒付通知书。

2002年支公司保费收入3532.34万元，理赔214.24万元；2003年保费收入6916.55万元，理赔141.82万元。

典型案例　2002年9月26日，金某某的妻子为其投保“国寿康宁重大疾病保险（分红型）”，保险期至2022年9月27日，保额10万元。2003年11月23日，金某某参加单位组织的足球比赛，上场10分钟感到胸闷，到毓璜顶医院诊断为急性心肌梗塞（下壁），心功能 3 级，住院手术治疗 18 天。区人寿保险公司于 2003 年 12 月 19 日受理此案，经调查，于 2004 年 1 月 19 日给付金某某重大疾病保险金 10 万元，保险合同终止。

1997—2003 年中国人寿保险股份有限公司烟台开发区支公司保费收入情况统计表

表 14-32　　　　单位：万元

年份	营销保费	直销保费	短险保费	年份	营销保费	直销保费	短险保费
1997	5.57	111.98	–	2001	2291.52	232.6	160.23
1998	457.39	–	–	2002	3134.33	198	200.01
1999	945.06	2.93	80.85	2003	6155.34	530	231.21
2000	1474.6	74.63	135.90	合计	14463.81	1150.14	808.20

1998—2003 年中国人寿保险股份有限公司烟台开发区支公司理赔情况统计表

表 14-33　　　　单位：万元

年份	营销理赔	短险理赔	年份	营销理赔	短险理赔
1998	1	–	2002	109.12	105.12
1999	8	27.96	2003	51.58	90.24
2000	8.96	51.71	合计	221.3	351.66
2001	42.36	76.63			

第三节　证券 典当 担保

建区至 2003 年，辖区有 1 家证券公司、1 家典当行和 1 家信用担保公司。

天同证券有限责任公司烟台开发区长江路证券营业部　1993 年 10 月，青岛万通证券有限责任公司烟台开发区营业部成立，1996 年 12 月营业部更名为山东证券有限责任公司烟台开发区证券营业部，2001 年 10 月营业部更名为天同证券有限责任公司烟台开发区长江路证券营业部。2003 年营业部地址在长江路 161 号，建筑面积 1375 平方米，有员工 17 人。营业部主要经营业务有证券代理买卖、代理还本付息、分红派息、证券代保管、监证、代理登记开户等。

烟台市华夏典当行　1997 年 10 月 23 日成立，注册资金 500 万元，由 8 家企业和 5 名自然人联合发起创办，地址在金城小区 7–4–3 号。该典当行是以转移实物占有权的形式为非国有中小企业及个人提供临时性质押、抵押贷款的特殊工商企业。1998 年 6 月开始对外营业，年底成功发放贷款 56 笔，贷款总额 336 万元。至 2003 年，共发放贷款 316 笔，贷款总额 1019 万元。

1998—2003年烟台市华夏典当行主要业务情况统计表

表 14-34　　　　单位：笔、万元

年份	贷款笔数	贷款金额	年份	贷款笔数	贷款金额
1998	56	336	2001	86	190
1999	68	210	2002—2003	36	63
2000	70	220	合计	316	1019

烟台银桥信用担保有限公司　2000年11月成立，由区财政部门联合开发区经营管理公司、烟台电子网板厂、烟台正海电器有限公司、烟台氨纶集团有限公司、烟台蓝色海洋食品有限公司等5家企业共同出资设立，注册资本1500万元，是全国首批信用担保试点单位，也是烟台市第一家信用担保机构。2001年12月注册资本增加到5000万元。公司地址在长江路6号，2003年3月迁至泰山路44号。公司设立股东会，下设董事会和监事会。内设综合部、信用担保部、工程担保部、财务会计部和审查监督部等5个部室，有员工14人。

图 14-15　2000年12月8日烟台银桥担保有限公司开业典礼

2002年，公司起草工程担保、贷款担保合同文本5种，审查合同2418份，参与考察企业20余个。对1家代偿企业进行仲裁方式追偿，涉及标的额100多万元，企业以全部资产抵债。2003年，公司起草、修改业务合同文本10余种，审查合同2500余份，参与考察企业40余个。对2家代偿企业进行诉讼方式追偿，涉及标的额310多万元。是年，公司银行存款3838.30万元，提取各种预备金1036万元，3年累计分配股东利润193.70万元，净资产5136万元。

2001—2003年烟台银桥信用担保有限公司融资担保情统计况表

表 14-35

年份	担保户数（户）	担保笔数（笔）	年内发生金额（万元）	同比增长（%）	在保金额（万元）	同比增长（%）
2001	20	39	4428	-	2276	-
2002	58	110	14718	232.4	10119	344.6
2003	66	140	20134	36.8	14320	41.5

2001—2003年烟台银桥信用担保有限公司工程担保情况统计表

表 14-36

年份	预审项目（个）	审查投标人（个）	合格投标人（个）	合格率（%）	担保合同数（份）	担保额（万元）	同比增长（%）	在保余额（万元）
2001	46	301	236	78.41	48	9686	–	9616
2002	107	742	588	79.25	94	22559	132.90	17836
2003	76	645	490	76.0	105	38131	69.0	37623
合计	229	1688	1314	–	247	70376	–	65075

第十五编
经济管理

2008 年 6 月烟台氨纶在深交所上市发行

烟台经济技术开发区志

YANTAI JINGJI JISHU KAIFAQUZHI

1984—1986 年开发区成立初期，经济建设起步，经济管理相对简单，职能管理机构尚未设立，各项工作由管委会直接管理。1987 年以后，计划、统计、物价、审计、工商等经济管理机构相继建立，经济管理不断规范，并随着市场经济的发展不断健全完善。

建区 20 年来，辖区经济管理体制转轨变型，由传统社会主义计划经济轨道逐步转入社会主义市场经济轨道，管委通过制定中长期经济和社会发展计划，实施宏观经济发展战略。统计管理由过去对指令性计划结果统计，逐步过渡到国民经济综合统计，统计领域不断扩大，统计方法与时更新，统计的经济社会服务功能进一步增强。随着市场经济的发展，物价监管部门、工商行政管理部门对保护公平交易，建立有序发展的市场秩序，实施规范化管理。审计监督部门从开展管委直属企业审计开始，全面开展财政审计、经济责任制审计和内部审计，保证财政收支规范运行，促进国有经济健康发展。质量技术监督部门从建立标准化管理入手，全面规范计量器具、产品质量、特种设备的技术监督管理。国土资源的利用，土地由征用、补偿到出让，严格政策，保护农民利益，保障开发建设用地需要。安全生产监督管理部门把安全教育放在首位，建立制度，强化生产安全监督，保障生产安全运行。

第一章　计划管理

1984—1987 年 1 月，计划管理工作由管委会直接承担。1987 年 2 月，计划管理职能由经济发展局承担。1989 年 4 月，经济发展局设立综合业务科（股级），负责计划、统计等管理工作，其中计划工作人员 1 人。1991 年 7 月，经济发展局设立计划科（股级），工作人员 4 人，负责综合计划管理和固定资产投资计划审批等项工作。1993 年 2 月，经济发展局设立计划统计处（科级），下设计划科和统计科（均股级），其中计划人员 2 人。1995 年 6 月，经济发展局设立综合计划处（科级），负责计划、商贸等管理工作，人员 2 人。2001 年 8 月，经济发展局设立计划内贸处（挂第三产业管理处的牌子）（科级），负责全区经济和社会发展计划的编制并组织实施，审批全区固定资产投资计划，负责“农转非”和山东省地方城镇户口的计划管理，从事国防动员之国民经济动员工作以及商品流通领域及第三产业管理等工作。2002 年 7 月，计划内贸处改设计划处，具体负责经济发展与计划管理工作，人员 3 人。

第一节　中长期计划

1985 年，开发区编制第一个五年计划（国家“七五”计划时期，下同），至 2003 年共编制 4 个五年计划，即“七五”计划至“十五”计划。

“七五”计划　1985 年 3 月开始编制，1986 年 3 月完成，3 月 21 日管委公布实施。计划期是 1986—1990 年。

计划主要任务和目标　到 1990 年，基本完成 1 平方公里起步区的基础设施建设，使起步工业区初具规模，生活区基本配套，为在本世纪末把总体规划 10 平方公里区域建成现代化新型城区打好基础。到 1990 年，开发区社会总产值达到 5.12 亿元，国民收入 1.6 亿元，工业总产值 5 亿元，工业企业实现利税 1.25 亿元，产品出口创汇 7000 万美元；固定资产投资 4.5 亿元，其中基础设施投资 1.5 亿元；招商引资引进项目 40 个，协议金额 1.8 亿美元，其中利用外资 0.72 亿美元；建成工业企业 40 个，其中纺织工业 6 个，食品工业10个，电子工业5个，化工工业7个，建材工业5个，机械工业7个。

计划执行情况　1990年，全区社会总产值达到3.4亿元，完成计划指标的66.4%；实现工业总产值2.14亿元，完成计划指标的42.8%；工业企业实现利税1007万元，完成计划指标的8%；产品出口创汇5200万美元，完成计划指标的74.3%；国内生产总值1.2亿元，完成计划指标的75%；实现固定资产投资2.7亿元，其中基础设施投资1161万元，完成计划指标的60%和7.74%；引进项目24个，协议金额7446万美元，其中利用外资2871万美元，分别完成计划指标的60%、41%和40%。开发区经过5年的开发建设，走"内联打基础，外引上水平"的路子，已初步形成外向型工业区的雏形，1平方公里起步区的基础设施建设已基本完成，起步区工业建设初具规模，投产工业企业达到63个，生活区也已相应配套。企业管理水平和企业经济效益有待进一步提高。

十年规划和"八五"计划　1989年组织编制，1990年完成，1991年1月管委公布实施。五年计划期是1991—1995年，十年规划期是1991—2000年。

计划主要任务和目标　1991—2000年十年规划主要任务、指导思想和发展目标是：到本世纪末的10年间，基本完成10平方公里规划区域的配套建设，初步实现"三区"目标（改革的试验区、开放的示范区、高新技术的中心区），使烟台开发区成为技术先进、知识密集、管理现代化的新型工业园区。

"八五"期间主要任务是：合理调整优化产业结构，提高企业的整体效益，改善投资环境，增强吸引外商及港澳台商投资的能力，紧紧围绕"三区目标"，逐步完成老市区向开发区辐射——老市区与开发区双向辐射——开发区向老市区辐射的转化过程。主要发展目标是：到1995年，社会总产值达到30.6亿元，年平均增长52.6%，其中工业总产值达到25亿元，年平均增长63.2%；国内生产总值达到14亿元，年平均增长63.3%；出口创汇2.5亿美元；全区工业企业实现利税总额5亿元，年平均增长86%。到2000年，全区工业企业实现利税15亿元，10年平均增长52.2%。到1995年，财政收入达到1.3亿元，年平均增长54.1%；到2000年达到4.5亿元，10年平均增长40.5 %。到1995年，基本建成区域面积达到5平方公里，常住人口达到2.5万人。"八五"计划产业发展重点是，建立起以高科技产业为龙头，以电子、机械、化纤、冶金等为发展重点的产业发展体系。

计划执行情况　1995年，社会总产值完成47.5亿元，年平均递增69.5%，完成计划指标的155.2%，其中工业总产值达到30亿元，年平均增长69.6%，完成计划指标的120%；国内生产总值达到20亿元，年平均增长75.5%，完成计划指标的143%，；工业企业实现利税1.93亿元，年平均增长80.7%；出口创汇1.6亿美元，年平均增长25.3%，完成计划指标64%；财政收入达到1.0亿元，年平均递增46.1%，完成计划指标的77%；开发区常住人口达到3.7万人，年平均增长39.5%。1995年，基本建成区域面积达到10平方公里，开发建设框架已拓展至25平方公里。"八五"期间，主要计划指标全面和超额完成，全区工业经济迅速发展，相对集中地形成了化纤纺织、电子电气、电力热力、化工、食品、机械等6大行业，这6大行业工业产值占全区工业总产值的55.6%。商业服务业日益繁荣，财政收入逐年增加，科教文卫事业全面发展，一个现代化工业城区雏形已基本形成，为十年规划的实现及下个世纪的进一步发展奠定坚实的基础。"八五"期间，土地和水资源短缺的问题日益显露出来；在招商引资中，中小项目居多，投资不足100万美元的项目占项目总数的63.9%。

"九五"及2010年规划　1994年组织编制，1995年12月完成，1996年4月管委公布实施。规划期是1996—2000年，展望2010年。

规划主要任务和目标　"九五"期间主要任

务是保持全区经济持续、快速、健康发展，把烟台开发区建设成为国际性、现代化、外向型工业城区。到2010年，建成区域面积达到20平方公里；完成36平方公里的开发建设任务，固定资产投资规模“九五”期间达到150亿元，后10年达到465亿元。主要发展指标是：到2000年，区内人口总数达到10万人，其中常住人口6万人；到2010年，人口总数达到20万人，其中常住人口12万人。不断壮大经济实力，到2000年，实现国内生产总值160亿元；到2010年，达到600亿元，“九五”期间年平均增长51.6%；2000—2010年10年平均增长14.1%。合理调整和优化产业结构，促进产业升级，以第二产业为主，配套发展第三产业。到2000年，二、三产业比例关系达到70∶30，2010年达到60∶40（随经济建设的进一步发展，农业用地将继续减少，第一产业也将继续萎缩，所以在计算产业比重时，第一产业忽略不计）。突出发展重点，抓好工业生产，形成有烟台开发区特色的主导产业。到2000年，工业增加值达到102亿元；到2010年，工业增加值达到340亿元。工业增加值年平均增长率：“九五”期间为59%，后10年为12.8%。增加财政收入，实现收支平衡。到2000年，实现地方财政收入8亿元，到2010年，实现地方财政收入36亿元，年平均增长16.2%。实现社会全面进步，人民生活水平不断提高。到2000年，人均国内生产总值达到16万元，到2010年提高到30万元。到2010年，人均年消费水平达到3万元，人均住房面积25平方米以上，每百人拥有电话50门以上，每千人拥有卫生技术人员15人以上。

规划执行情况　“九五”期间全区经济快速增长，综合实力明显加强；产业结构得到优化，支柱产业、高新技术产业发展较快；基础设施建设更加完善，投资环境进一步优化；社会事业全面进步，城市文明建设水平不断提高。2000年，开发区建成区域面积达到13.54平方公里，年平均增加0.7平方公里；实现国内生产总值45亿元，年平均增长17.6%，完成规划目标的28%；第二产业增加值实现35亿元，年平均增长19.3%；第三产业增加值完成10亿元，年平均增长12.7%；二三产业结构78∶22；工业增加值达到32亿元，年平均增长25%，完成规划目标的31.4%；实现地方财政收入2.6亿元，年平均增长21%，完成规划目标的32.5%；人均国内生产总值达到8.7万元，完成规划目标的54%；人口总数达到8万人，其中常住人口5.15万人，年平均增长6.8%。由于“八五”期间搞土地“划片开发”、大规模房地产开发，造成工业用地调剂困难，商品房过量闲置，“半拉子”工程难以解决。

“十五”计划纲要及2010年目标展望　1999年初组织编制，2000年12月完成，2001年1月管委公布实施，计划期是2001—2005年，对2010年预期展望。“十五”计划是跨入21世纪的第一个五年计划，是社会主义市场经济体制初步建立后的第一个中长期发展规划。

规划进一步明确烟台开发区现阶段的功能定位：继续坚持以工业为主，以吸引外资为主，以出口创汇为主，致力于发展高新技术的“三为主一致力”的建区方针，现阶段的功能定位是“外向型、现代化的工业新城区”。

主要任务和发展目标　到2005年，实现国内生产总值156亿元，年平均增长28%，人均国内生产总值22万元；第二产业增加值126亿元，年平均增长29.1%，其中工业增加值115亿元，年平均增长29%，工业总产值380亿元，年平均增长30.6%；第三产业增加值30亿元，年平均增长24.6%，二三产业比例80∶20。外贸出口额15亿美元，年平均增长37%，出口产品产值占整个工业总产值的33%；地方财政收入9亿元，5年累计29亿元，年平均增长28.2%。全社会固定资产投资自建区以来累计达到250亿元，5年累计增加100亿元，年平均增长26.4%；招商引资5年累计合同总金额17亿美元，合同外资额11亿美元，实际利用外资7亿美元。2010年目标展望：到2010年，全区市场经济体系更加完善，微观基础充满活力，基本实现投资、贸易和经济运行国际化，产业体系竞争力强，知识创新体系更加优化，二三产业整体素质和效益水平居国家级开发区前列。到2010年，国内生产总值达到500亿元。

第二节　年度计划

从1986年起，开发区每年都编制全区经济与社会发展年度计划。计划内容包括年度综合经济指标计划、固定资产投资计划、招商引资计划、财政收支计划等。计划编制经过调研、综合平衡、上下反复落实等环节，最后经工委管委讨论决定后，在全区年度总结表彰大会上以报告或文件的形式下发全区贯彻执行。从1990年起，又将年度计划指标分解到各有关部门和单位进行落实，实行目标责任制考核，以保证计划的执行力和严肃性。

综合计划　1986年由管委财经组编制，1987年起由经济发展局计划部门编制，经管委讨论后下达并组织实施。主要计划内容包括：1995年以前编制社会总产值计划、国民生产总值计划；1995年以后编制国内生产总值（GDP）计划，以强调经济效益思想，并编制一二三产业以及工业增加值计划，同时编制外经外贸计划、财政收支计划、固定资产投资计划等。

固定资产投资计划　全区固定资产投资计划从1986年开始编制，经管委讨论后下达实施。固定资产投资计划主要内容包括固定资产投资项目名称、投资总额、建设性质（分新建和技术改造）、主要建设内容、建设期限、年度计划投资额、年度完成形象进度等。在编制固定资产投资计划的同时，还编制基础设施投资计划，计划主要内容包括道路工程、污水工程、雨水工程、给水工程、热力工程、电力工程、邮电工程、绿化工程等。1995年以前，基础设施年度建设方案由区建设部门提出，由管委会组织建设、计划、经济、招商、财政等部门讨论，综合平衡后，由计划部门下达计划并组织实施。1996年起，基础设施投资计划由区建设环保土地局编制，经有关部门综合平衡后，管委会下达计划，由建设部门组织实施。1985—1990年，按国家宏观控制固定资产投资规模的要求，市计划委员会对全市各县市区固定资产投资下达指令性投资规模控制计划，计划指标不得突破，烟台开发区每年投资计划指标2亿元。1988—1990连续3年，全区实际投资都有突破。2000年起，按市计委对1000万元以上固定资产投资项目进行全市统一调度的要求，又另行编制1000万元以上固定资产投资项目计划，报送市计委，市计委每月调度一次项目建设进展情况。

企业生产发展指导性计划　随着经济体制改革的深入，从1990年开始，经济发展局为管委直属企业和其他重点工业企业下达指导性计划。计划编制方法是：首先由企业自编计划草案上报，然后由经济发展局计划部门深入企业进行调研，分析经济环境和利弊条件，提出企业指导性计划指标，最后以经济发展局文件的形式下发企业，同时抄报工委管委和各有关部门。指导性计划共编制下达3年。

企业指导性计划的主要内容：工业产值计划指标、商贸销售额计划指标、出口创汇计划指标、实现利税计划指标、上缴利润（或减亏）计划指标、招商引资计划指标、固定资产增值计划指标等。有的年度还包括工委管委下达给直属公司的指令性工作事项。

计划的执行：每年计划期结束后，管委组织经济计划部门、企业管理部门、财税等部门对直属企业计划指标完成情况进行考核，并作为工委管委考评这些单位经济工作的主要依据。

企业指导性计划在当时的经济体制转轨变型期，有一定的积极促进作用，调动了企业的积极性。1993年后，因经济体制改革深化，取消企业指导性计划的下达。

人口机械增长计划　1997年开始，烟台市政府为加强全市人口机械增长管理，缓解市区人口过快增长所带来的各种社会矛盾，合理控制市区人口数量，对市区人口机械增长实行计划指标控制，在芝罘区、开发区和莱山区实行人口机械增长指令性计划管理。使用全市统一的《烟台市市区人口机械增长计划指标卡》，指标卡按计划指标由市计委统一配发，一人一指标一卡。辖区内计划指标由区经济发展局计划部门控制和审批。按全市统一规定，对调入人员每人收取3000元城市增容费，对大中专院校计划招生的应届毕业生、军队转业复员人员，以及国家政策允许调动的人员实行免交城市增容费。所收费用全部上交市财政，用于全市基础设施建设。开发区各年度计划指标，1997—1998年，3000人/年；1999—2000年，4000人/年；2001年5000人。从扩大城市规模，大量吸纳农村人口，广招人才考虑，2002年1月起，人口机械增长计划及政策由市政府统一废止。

对外贸易计划　1987—2003年，由经济发展局外贸管理部门编制，计划部门平衡，管委讨论后下达实施。主要内容包括：进出口总额计划、出口额和进口额计划、主要进出口企业计划等。全区对外贸易计划，由管委作为目标责任制的一项重要内容进行考核，企业对外贸易计划转发各进出口企业，用以指导企业发展。

招商引资计划　1986年起，由经济发展局招商部门编制，经管委讨论后下达实施。主要内容包括：引进内外资项目个数、引进项目投资总额、引进项目外资金额、引进大项目个数、实际利用外资等。计划分全区总指标计划、专业招商部门计划、工委管委各部门和有招商任务的管委直属公司计划等。1986年招商引资总额计划指标为100万美元；1990年为6500万美元；1995年招商引资计划指标为1.5亿美元，其中合同利用外资1.2亿美元；2000年招商引资计划指标为2亿美元，其中合同利用外资1.5亿美元。2002年起，招商引资计划由投资促进局编制，管委讨论后下达实施。

财政收支计划　1987年起，由区财政部门编制，计划部门平衡，经管委讨论后，由计划部门下达实施。主要内容包括：财政收入、税收返还收入（1994年起）、预算外收入、房地产回收款收入等，财政支出主要有财政分类支出（生产建设性支出、文教卫生科学事业费、行政管理费公检法司支出等）计划、征地款支出计划、预算外支出计划等。计划编制后，经管委讨论确定，由计划部门下达财政收支总额计划。

工业经济发展计划　1987年起，每年都编制全区工业经济发展计划。计划意见由经济发展局企业管理中心提出，由经济发展局计划部门综合平衡，经管委讨论后，由计划部门下达实施。主要内容有：工业总产值计划、工业增加值计划（1997年以后列入计划）、工业企业实现利税计划、工业劳动生产率计划（1997年以后取消该计划）、主要工业企业发展计划、主要工业产品产量计划等。

农业经济发展计划　2002年以前，未编制全区农业经济发展计划。2002年9月扩区后，农业区域扩大，2003年开始编制农业经济发展计划。农业经济计划由计划部门编制，经管委讨论后下达实施。主要内容包括农作物播种面积、粮食产量与产值、经济作物产量与产值、水果产量与产值、水产品产量与产值、农业总收入与利润、农民人均纯收入等项目。2003年全区农业经济发展计划指标主要内容有：粮食总产量1.65万吨、油料作物总产量4500吨、水果产量2万吨、水产品产量20万吨、农林牧渔业总产值13亿元、农民人均纯收入4000元。

第三节　计划审批管理

1985年起，烟台开发区有了计划审批管理。计划审批项目、审批内容和审批权限，由国家计划管理部门制定，并通过省、市计划部门赋予。1992年以后，烟台开发区计划审批权限得到扩大，审批权限与烟台市计划委员会相同，开发区与市计委实行计划审批事后备案制。至2003年，全区共有计划审批事项21项，其中批准事项2项，核准事项2项，审核事项15项，备案事项2项。计划审批工作由经济发展局计划管理部门承担。

批准事项　1985—2003年，计划批准事项是限额以下建设项目立项批复和建设项目年度固定资产投资计划批复2项。先由建设单位行文向经济发展局计划管理部门提交建设项目投资申请，计划管理部门落实审查后，由经济发展局行文予以批复或告知不予批准。建设单位提交投资申请的同时，要附区金融机构出具的建设项目建设资金证明，建设项目资金到位率要求达到30%以上，才能具备审批条件。此要求1993年以后逐渐放松，1995年以后不做强行要求。

限额以下建设项目立项批准　1985—2003年，批准限额（内资3000万元人民币、外资3000万美元）以下基本建设（含技术改造，下同）项目立项。建设单位持立项批复文件办理用地、规划设计等手续。

限额以下建设项目年度固定资产投资计划批准　1985—2003年，批准限额以下建设项目年度固定资产投资计划。计划未经批准，项目不得开工建设；银行未见计划，不得拨付款。

核准事项　核准发放固定资产投资项目“投资许可证”。1991年，国家为防止经济过热，控制固定资产投资规模，出台固定资产投资方向调节税相关政策，按国家支持类投资项目和限制类投资项目，税率有投资额的0%～30%。完税后，予以发放固定资产投资项目“投资许可证”。否则，不允许投资建设。此税属地方税种，为吸引投资，经管委研究决定，请示市政府同意，辖区固定资产投资方向调节税缓缴（实际是免缴），只办“投资许可证”。按此政策运行到1996年，“投资许可证”予以取消。此项目由经济发展局计划部门核准。

审核事项　1985—2003年，由经济发展局计划管理部门审核的项目15项。

棉花收购与加工资格认定　从1998年开始，按国家关于棉花收购加工的管理规定，对区内棉花收购加工企业资格进行审核认定。由经济发展局计划管理部门审核认定后，直接报省计委统一审批。至2003年，区内有烟台肯达尔医用品有限公司、烟台康乐医疗保健用品有限公司、烟台新兴医用品有限公司等近10家企业棉花收购与加工资格先后被认定。

粮食加工企业粮食收购资格认定　从1999年10月起，依据《山东省粮食加工企业粮食收购资格认定管理办法》，由经济发展局计划管理部门负责，区工商与粮食部门配合，对粮食加工企业粮食收购资格进行初步审核，按程序上报省计委批准。2003年以前，辖区每年有2～3家粮食加工企业粮食收购资格得以审核确认，并转报上级计划管理部门批准。

限额以上建设项目审核　从1985年起，限额以上基本建设项目立项、限额以上建设项目固定资产投资计划以及限额以上公开招标建设项目招投标方案等，由经济发展局计划管理部门审核，由市计划管理部门转报上一级计划管理部门审批，超越省审批权限的项目，由国家计委审批。辖区经省计委审批的项目3个：华鲁热电（1990年）、科技大厦（1992年）、10万吨自来水厂（1995年）。经国家计委审批的项目2个：烟台电子网目板（1992年）、一汽－大宇（烟台）汽车发动机有限公司（1996年）。

6种农副产品进口指标审核　从1999年起，国家对小麦、植物油、棉花、羊毛、天然橡胶、食糖等6种农副产品进口采取总量控制措施，由国家计划部门逐级以计划指标控制。烟台开发区由经济发展局计划管理部门审核后，由市计委统一转报省计委审批。至2003年，全区每年都有5～6家以6种农副产品为原料的生产加工企业申请进口计划指标。

其他审核项目　1985—2003年，经区计划管理部门审核的项目还有11项：废旧金属回收经营单位资格审核、农转非户口指标审核、山东省地方城镇居民户口指标审核、烟花爆竹批发经营企业经营资格审核、废旧金属准运证审核、农资经营单位资格审核、利用国外贷款项目审核、企业发行债券审核、工程咨询单位资格认定审核、废旧金属回收准运证审核、废旧汽车回收（拆解）企业资格认定审核等。其中废旧金属回收经营单位资格审核、山东省地方城镇居民户口指标审核、废旧金属回收准运证审核3项审核事项，2001年由烟台市政府予以取消。

第二章　统计管理

1986年前，辖区统计工作比较简单，由管委会经济组直接承担。1987年经济发展局成立后，即设置统计工作职能。1989年4月至2003年，经济发展局先后设立综合业务科、统计科、计划统计处、统计处等机构，负责全区统计管理工作。2003年，统计处有工作人员8人。

第一节　统计调查

1985年5月，烟台开发区有了第一份统计报表——烟台开发区引进项目情况统计表。报表由管委财经组制定，发至管委直属企业填报。由实业公司、建设公司等单位填报的亚东标准件、华联静电植绒布、石玉大理石板材和胜利东村丙纶地毯材料等4个项目情况进入统计报表。是年，辖区还开展项目引进、交通邮电电力、固定资产投资、建设物资收支与库存、劳动工资以及村庄基本情况等6项统计，并建立统计大事记登记制度。1986年，增加商业、饮食服务业网点和农业经济统计。1987年，开展综合经济统计和工业统计，主要包括社会总产值、工业总（净）产值、主要工业产品、工业企业实现利税、外贸出口等情况的统计，并增加财政收支、教育、卫生和人口等情况的统计内容。1989年，增加金融存贷款情况的统计。1995年，统计内容进一步完善，基本形成包括综合统计、项目引进、固定资产投资、工业、对外贸易、物价、财政、金融、文教卫生在内的14大类38项统计指标体系。1996年，增加旅游业统计。2000年，根据全区经济和社会发展需要，统计内容进一步丰富，统计指标体系更加完善，在工业统计中增加年销售收入500万元以上企业主要经济指标，在外贸统计中增加主要外贸进出口企业情况，在城区概况中增加各居民委员会情况等。到2003年，建立健全国民经济综合统计、国民经济核算统计、农业农村统计、工业交通统计、投资建筑业房地产统计、外经外贸统计、社会科技统计、人口抽样调查、农业和第三产业普查等国民经济和社会发展的全面统计，以及就业统计、城市社会经济抽样调查和农村社会经济抽样调查等统计调查体系。是年，有统计报表35份，涉及统计指标87项，涉及统计数据2万多个。

国民经济核算统计　1987年，统计部门开始进行国民经济核算统计，并且在以后的工作中不断改进和完善。是年，主要开展年度社会总产值统计，包括农业总产值统计、工业总产值统计、建筑业总产值统计、运输业总产值统计和商业总产值统计等。1988年起，国民经济核算统计增加国民收入统计，包括农业净产值、工业净产值、建筑业净产值、运输业净产值、商业净产值等；增加国内生产总值（GDP）统计，包括第一产业增加值、第二产业增加值、第三产业增加值等。1993年，国家统计制度改革，逐步与国际标准接轨，取消社会总产值和国民收入统计，确定国内生产总值在国民经济核算统计中的重要地位，进一步完善国内生产总值年度统计方法，辖区开始建立国内生产总值季度统计制度。1994年，根据工委管委对统计指标的需要，统计部门开始建立月份国内生产总值统计。每月5日前（2002年后改为1日前）提报上一月份国内生产总值统计数据。1998年开始，建立和开展企业年度资产负债统计。主要包括资产与负债总量规模核算，资产负债项目构成状况核算，资产负债分机构部门核算等。至2003年，辖区国民经济核算统计主要有国内生产总值（GDP）统计，包括第一产业增加值、第二产业增加值（其中工业增加值和建筑业增加值）、第三产业增加值（其中运输邮电业增加值和贸易餐饮业增加值），企业实现利税总额统计（其中外商及港澳台商投资企业利税和工业企业利税总额），企业资产负债统计等。

国民经济行业统计 1986年，区统计部门开始进行国民经济行业统计。是年，开展农林牧渔业统计。1987年，增加工业、建筑业、贸易业和服务业等统计。1989年，增加交通运输业统计。1991年，辖区工业分食品制造业、饲料工业、纺织业、缝纫业、木材加工业、化学工业等22个行业进行统计。1992年，结合辖区实际，工业行业统计减为食品制造业、纺织化纤业、电力热力业、电子电气制造业等9个行业统计。1997—2003年，工业改按21个行业进行统计。

外经外贸统计 1985年，管委就开始对外经外贸情况进行统计。初始，主要统计招商引资情况，包括项目个数、合同金额、合同利用外资、实际利用外资等。1987年，开始建立和开展对外贸易统计，包括进出口总额、进口总额、出口总额的统计，外商及港澳台商投资企业出口和内资企业出口以及自营出口额统计等，统计4户企业，其中外资企业1户。1989年，开展外贸进出口企业生产经营情况统计，包括产品销售收入、工业产值、利润、出口额等，统计企业12户。1993年，有41户外资企业和26户内资企业纳入统计。1998年，统计外贸出口企业37户，其中内资企业8户。从2000年起，在区《统计年鉴》上只登载出口200万美元以上进出口企业情况，是年有44户企业列入统计。2003年，对外贸易统计分为两部分，一部分是全区历年对外贸易总情况，包括进出口总额、进口总额和出口总额；另一部分是当年主要外贸企业进出口情况，是年有46户企业列入统计。

从业人员及劳动工资统计 1985年，统计部门开始对从业人员及劳动工资情况进行统计，初始仅统计全区总数。1987年，劳动工资统计开始按人员所在单位分类统计。划分为管委会直属、市政府派驻机构、合资企业和内联企业4部分统计。1990年，增加管委直属、合资和内联企业人均工资的统计。1993年，在劳动工资统计中增加附录——“人事关系归开发区管理的职工人数与工资”的统计，此数据由区人事劳动局提供。1995年，将劳动工资情况统计改为从业人员情况统计。1999年，增列“历年全部职工平均人数、工资总额、平均工资情况表”，其中还列出以1985年为基数100的各年度工资指数对照表。2003年，从业人员劳动报酬情况统计，分3张表列入统计年鉴。

城市社会经济抽样调查 2003年，区统计部门开始建立和开展城市社会经济抽样调查。在建成区范围内，确定50户经常调查户，进行每日登账，每月报表，据以推算全区社会经济总体情况。城市社会经济抽样调查主要统计城区居民家庭人口、就业、收入、支出、主要耐用消费品拥有量和住房变化等情况。

农村社会经济抽样调查 2003年，区统计部门开始建立和开展农村社会经济抽样调查。在古现、大季家和八角3个街道办事处范围内，确定50户经常调查户，进行每日登账，每月报表，据以推算全区农村社会经济情况。农村社会经济抽样调查主要统计农村居民家庭人口、就业、收入、支出、主要耐用消费品拥有量和住房变化情况等。

企业抽样调查 1996年，辖区建立和开展小型贸易企业和个体贸易业抽样调查，据以推算全区企业统计指标。1997年，开始建立和开展规模以下工业企业（即年销售收入500万元以下）和个体工业抽样调查，据以推算全区统计指标。2003年，全区小型贸易企业和个体贸易业总计4119家，年末从业人数4.01万人，批发零售贸易业销售额46亿元。规模以下工业企业和个体工业企业567户，实现工业产值17亿元。

重大国情国力调查 1990年，辖区开始进行重大国情国力调查。是年，参加全国第四次人口普查，全区统计时点居民户数2091户，总人口9210人。1993年参加全国第一次第三产业普查，全区有第三产业行业8个，第三产业从业人员20602人，第三产业增加值36.87亿元。1995年参加全国第三次工业普查，全区有工业行业16个，有企业105户，其中限额以上52户，工业企业从业人员16370人。1996年参加全国第一次基本单位普查，全区除农户和个体工商户以外，共有法人单位334个，其中企业法人262个，占78.4%；事业法人16个，占4.8%；社会团体法人4个，占1.2%；机关法人（国家机关、政党机关）22个，占6.6%；其他法人（居村委会、民办非企业）30个，占9.0%。共有产业活动单位26个，其中生产经营性产业活动单位20个，占76.9%；非生产经营性产业活动单位6个，占23.1%。1997年参加全国第一次农业普查，全区从事生产经营活动的农村住户2003户，在全部农村住户中，农业户所占比重为88.6%，非农业户占11.4%；在全部农业户中纯农业户占64.3%，农业为主兼营非农业的户占22.4%，非农业为主兼营农业的户占13.3%；全区非农村住户类农业生产经营单位22个，其中国有2个，集体6个，两者占总量的36.4%；私营、个体单位14个，占63.3%；全区有耕地面积430公顷，有园地面积34公顷，有林地面积413公顷，有渔业养殖面积2公顷。2000年参加全国第五次人口普查，全区统计时点居民户数19395户，总人口66536人，其中居住在城镇的人口66536人，占总人口的100.0%。2001年参加全国第二次基本单位普查，2001年年末，辖区共有法人单位1110个，比1996年增加776个，增长232.3%。其中企业法人974个，占87.7%；机关、事业法人74个，占6.7%；社会团体法人14个，占1.3%；居（村）委会29个，占2.6%；其他法人19个，占1.7%。从国民经济行业的分布看，在各类产业活动单位中，从事制造业的单位216个，占18.8%；批发和零售贸易、餐饮业420个，占36.5%。

第二节　统计资料管理

统计资料建立　根据辖区实际，从1986年起，经济发展局统计部门相继建立《统计快报》《统计月报》《统计公报》和《统计年鉴》等定期和不定期形式的统计资料。到1988年，烟台开发区经济建设和社会发展有一定规模，统计部门建立和开展全区国民经济综合统计工作，并且在运行过程中逐步改进和完善。

图15-1　建区初期的统计资料

《统计年鉴》　1986年3月，开始编制年度《统计资料》。建立年度统计资料编制制度，旨在全面反映上一年度和历年烟台开发区国民经济和社会发展情况。上一年度《统计资料》，于次年上半年进行整理，6月份前后印发。至2004年共印发19期，其中1997—1998年两年合期。1997年，对年度《统计资料》进行充实和规范，更名为《烟台经济技术开发区统计年鉴》。1994

图15-2　烟台开发区2001年统计年鉴

年以前《统计资料》为塑料封面64开本，铅字印刷。1995—1996年改为漆布皮封面32开本，铅字印刷。1997年起《统计年鉴》改为大16开，硬纸封面，电子印刷。1999年起改为胶纸彩色封面。2001年起增加彩色广告插页。2004年《统计年鉴》（载2003年统计资料），由统计公报、统计图、统计表和主要统计指标解释（附录）4部分构成，其中统计表由综合、工业、对外贸易、财政税收、居民生活、城区概况等16部分组成，另附部分彩色广告插页。

《统计月报》 1987年3月起，建立《烟台开发区统计月报》编制制度。《统计月报》每月一期，主要报送工委管委领导和有关部门，旨在及时动态反映全区经济发展和开发建设情况，为领导决策和有关部门工作提供统计信息服务。《统计月报》指标包括综合经济指标、工业、招商引资、对外贸易、固定资产投资（含基础设施）、财政收入等项内容，小32开本，每期20页。

《统计快报》 1992年4月，建立《统计快报》编制制度，主要是为提高领导决策效率和提高快速应变能力，适应新形势下市场经济的变化，快速向工委管委领导提供招商引资、固定资产投资、工业生产、对外贸易、财政收入等主要经济指标完成情况。《统计快报》为单页16开张，只报送工委管委领导。

统计资料审核 1985年建立和开展统计工作后，统计部门建立和不断健全统计审核制度。由专业统计人员负责，审核基层统计资料的真实性和完整性，以保证全区统计资料的源头质量；由统计部门负责人负责，审核全区综合统计资料的准确性和完整性，确保全区统计资料的真实可靠，客观地反映全区国民经济和社会发展变化情况。1985—1990年，由于基层统计工作不健全，基层统计报表质量不高，时常出现数据不完整、报表本身数据不平衡等问题。通过加强基层统计建设，开展统计员培训班等工作，20世纪90年代以后不断好转。1995年，统计人员全部用上计算机，统计资料的审核水平有很大提高，基本做到综合统计资料的准确性、平衡性和完整性。

定期公布统计资料 1985年开始，统计部门以《月份统计资料》和《年度统计资料》的形式定期公布全区统计资料。1986—2003年，每年都在六七月份印发上一年度《年度统计资料》或《统计年鉴》。1986—1990年，每月10日前向工委管委领导及有关部门提供《月份统计资料》。为提高统计资料的时效性，1991年开始提供《月份主要统计指标快报》，将工业生产、固定资产投资、招商引资、外贸出口等主要统计指标以快报的形式，于每月5日前向工委管委领导提供。1997年开始进一步规范定期公布统计资料形式，以《统计快报》《统计月报》《统计公报》《统计年鉴》等形式定期公布统计资料。快报资料1992—1996年每月月后5日内提供。1997年进行了规范，提前到每月月后3日内提供。2002年开始又提前到每月月后1日提供，即企业当天上报报表，统计部门当天汇总并予以提供，发挥统计信息的及时性作用。为方便公众了解统计信息，1998年开始，每年1月份在烟台开发区《开发时报》上公布《烟台开发区经济和社会发展统计公报》，每月在《开发时报》上公布全区主要统计指标。2003年开始，每月在《开发时报》上公布全区主要统计指标完成情况和全区前20位工业企业实现工业总产值、全区前20位外贸企业完成出口额等情况。在《开发时报》上公布统计指标的同时，还在开发区电视台予以公布。

统计信息咨询服务 1985年建立统计工作以来，统计信息咨询服务工作也随之开展起来，并不断拓展其服务领域。主要咨询服务形式有定期公布统计数据、统计分析预测、统计调查报告等。

开展定期统计分析 开展定期统计分析，为领导决策服务。1986年至80年代末期，每半年向工委管委做一次综合性统计分析，分析中进行统计指标对比，总结半年成绩，找出差距，为领导决策提供参考。进入20世纪90年代，统计信息咨询服务进一步拓展，增加开展季度综合统计分析，季度、半年专业统计分析（工业经济分析、对外贸易分析、固定资产投资分析、招商引资情况分析等），均提供给工委管委领导。

提供专项统计资料　1992—2000年，为管委开展分国别分地区招商引资活动、出国团组、重要会议，提供专项统计资料；为满足社会各界、各行业的不同需要，提供多种形式的统计信息咨询服务。在1992年引进首钢项目、1996年引进子午轮胎项目、2002年引进鸿富泰等项目中，统计部门直接参与洽谈准备，提供全面、大量、详细的统计资料，包括国家、省、市有关国情地情资料。

第三章　物价管理

1989年10月，开发区物价检查所成立，由区工商行政管理局管辖，编制5人，实有人员4人，主要职责是查处各种价格违法行为。1991年8月，开发区物价局成立，编制10人，实有人员9人，主要负责全区工业企业产品价格核定及服务业收费价格的核定，查处乱收费行为。1993年2月，区物价局与区工商行政管理局合并，成立烟台经济技术开发区工商物价局。1999年9月，工商行政管理局实行垂直管理，区物价局单列，编制10人，实有8人。2001年5月区物价局划归经济发展局管辖，同时挂烟台开发区物价局牌子，内部设置物价处、物价检查所，2002年增设价格认证中心。

第一节　价格管理

1989年物价检查所成立后，主要以健全机构、建章立制为主，按烟台市物价部门的安排，开展市场价格调查和检查工作。1991年区物价局成立后，按照省市物价部门统一部署，先后调整煤炭、粮油、钢材、烟草等46种省以上管商品价格，调整馒头、牛奶、散装啤酒等42种市管商品价格，放开594种商品价格，取消蔬菜等10类农副产品差价控制，取消议价粮油等12个商品提价申报制度。1992年，管委制定《烟台开发区有关价格放开搞活企业的意见》和《烟台开发区价格管理暂行办法》两个文件，在区内放开1万多种商品价格，制定下发《烟台开发区关于进一步加强商品和收费明码标价管理的通知》，先后对220多个单位的价格执行情况进行检查。1993年，为具备定价资格的企业发放“企业定价资格认可证”17个。1994年，修订实施《烟台开发区价格管理办法》和制定实施《烟台开发区经营性收费管理实施办法》。两个《办法》的实施引起省物价局的重视，在省物价局刊物《物价简报》第9期上全文转载，向全省推广。是年，按照省市统一部署，先后对石油、化肥、主要粮食制成品价格进行调整。1995年，对实行监审的27类商品价格，采取提价申报、差率控制、最高限价等措施，抑制物价上涨，并向各类企业征收副食品价格调节基金153万元，为全区调节副食品价格筹集资金。1998年，在全区开展《中华人民共和国价格法》的学习宣传活动，接待咨询群众2万余人。2000年，组织对区自来水公司1995—1999年实际售水成本调查，进行测算、核实，经过反复论证，制定了辖区自来水调价方案，并在全区实施。2001年，市物价局统一制作规范的明码标价签和标价牌，在全市推广使用，区物价局组织更换新标价签12万余份。2002年，按照上级部署，区物价局开展成品油价格稳定工作。2003年，辖区评选9家明码标价示范单位。

第二节　物价监督检查

1989年，以群众比较敏感的各类工农业生产资料和牵涉面广、社会反映大的邮电、交通等行业为重点，全年查处各类违法行为36起，实施经济制裁3.9万元。1996年，整治价格秩序，平抑市场物价，对141个单位进行检查，包括物价、明码标价、农用生产资料和农村电价检查，广泛宣传《山东省制止牟取暴利和价格欺诈行为暂行规定》。1997年，对国家管价的27种商品、居民生活必需品的变相涨价、价格欺诈行为、服务餐饮业等进行检查，查处价格违法行为6起，没收违法所得17.1万元。1998年，开展《中华人民共和国价格法》的学习宣传，全年接待咨询群众近2万人，受理群众价格投诉14起。开展物价大检查和明码标价大检查，共检查经营业户824户，固定摊位271个，对25个违纪单位进行处罚。1999年，组织开展成品油价格检查，保证成品油市场的价格稳定。3月份，开展“明码标价检查月”活动，发放标价签8万余份，检查商业零售经营网点210户，餐饮店32户，商场固定摊位56户。对12个药店的药品销售价格执行情况进行检查，检查各类药品700多种，涉及金额160多万元。

2002年，开展成品油价格等专项检查，查处违法案件18起，违纪金额81.91万元，罚没款14.13万元。2003年，查处价格违法案件11起，违纪金额28.76万元，罚没款18.52万元，对500多个经营业户进行重点检查，评选9家明码标价示范单位。

第三节　收费管理

1991年，区物价部门开展专项治理“三乱”（国家行政事业单位向工商企业和公民个人进行的乱收费、乱罚款、乱摊派行为）活动，办公室设在区物价局。在51个行政事业单位中，有43个单位有收费行为，收费项目53个，收费标准1918个。在专项治理中，废止10项乱收费规定，降低39项收费标准，废止3项罚款规定和1项摊派规定，减轻企业和群众的经济负担。1992年，为加强收费管理，区物价局制定《烟台开发区收费管理暂行办法》和《烟台开发区行政事业单位收费管理制度》，建立收费许可证申报制度、收费明码标价制度、收费财务制度、收费票据管理制度、收费监督检查制度、收费档案、中小学收费公开卡等7项管理制度。在不断完善收费管理制度的基础上，对所有收费单位实行收费许可证、临时收费许可证、收费员证的“三证”管理，即对执收人员，经考试考核合格，发给收费员证，持证上岗；对国家、省规定的收费项目，经审查核实，发给收费许可证，实行亮证收费；对市县级政府批准的收费项目，发给临时收费许可证，做到无证不收费。全年培训收费员61人，为57个收费单位核发68个收费许可证，废止7个收费项目，降低11项收费标准。

1993年，对全区行政事业性收费进行清理整顿，共审查收费标准912个，其中国家管理的收费标准271个，省级管理的收费标准397个，市级管理的收费标准84个，区内自定的收费标准160个。审查后取消28个。1994年，区物价局变更收费标准215个，降低收费标准3个，废止收费标准4个。检查收费单位51个，对23个单位的34项违规收费，予以纠正，对6个无证收费单位和7个没按规定及时变更收费项目和收费标准的7个单位，限期整改。查处擅自提高收费标准的单位，查处违纪金额235.8万元；自立项目乱收费的单位3个，违纪金额13万元；搭车收费的单位1个，违纪金额2万元。为加强对经营性收费工作的管理，制定实施《烟台开发区经营性收费管理办法》。1995年，废止271个行政事业收费标准，对44个收费单位的其他849个收费标准进行重点检查，查处违纪金额48.5万余元。

1996年，在57个单位中建立行政事业性收费统计报告制度。查处价格违法案件18起，查处违法所得93.1万元。1997年，对87个行政事业性收费单位进行年审，检查收费标准1180个，涉及22个部门51个执法单位，检查处理不合法收费201项。对全区建设、土地行业的收费项目进行检查，查处违法收入800万元；对教育系统的乱收费行为进行查处。1998—1999年，废止收费标准69个，取消53个收费标准。检查经营业户824户，对25户违章经营单位进行处罚。

2000年，开始对物业管理收费标准的核定工作，对3家物业管理公司核定物业收费政府指导价。2001年，开展对10所小学、2所中学、1所职业中专收费专项检查，进一步规范教育收费行为。2002年，以“清费、治乱、减负”为主导，审查收费项目190多项，收费标准2306个，取消收费项目20项，降低收费标准9项，为企业减轻负担300多万元。开展住房建设收费、劳动力收费等专项检查，查处价格违法案件18起，违纪金额81.91万元。

2003年，以完善政府定价和收费机制为重点，全年取消收费项目35项，停止10项上级未取消的收费项目，查处价格违法案件11起，违纪金额28.76万元，罚没款18.52万元。在古现、八角和大季家3个办事处建立农村价格监督站，聘请93名义务价格监督员，加强农村价格监督工作。

第四章　审　计

1988年6月，开发区设立监察审计局，与纪委合署办公。1991年3月，开发区审计局单设，与纪委合署办公。审计部门主要职责是管委直属企业审计、财政审计、经济责任制审计和内部审计（社会审计）。1991—2003年，审计部门共完成审计项目244个，查处违纪违规资金2.95亿元，查出小金库4个，移交司法机关案件线索13起。

第一节　企业审计

1991年，辖区开展企业审计。是年，区审计局下达《关于对各直属公司进行全面审计的通知》，历时3个月，完成对物资公司、进出口公司、商业公司、建设公司、房地产公司、自来水公司、热力公司、科技公司、园林公司、市政工程公司、实业公司、华夏艺术品公司、粮油公司、华达集团公司和金桥公司等15个国有直属公司及68个分公司自成立起至1990年年末的财务收支情况的审计工作。审计总金额4.02亿元，查出违规违纪金额402万元，应入库金额370万元。完成37个单位（项目）的委托审计，验证资金额1623万元。

1993年，审计126项，其中管委直属单位审计35项，社会审计91项，审计金额10.6亿元，促进增收节支260万元，帮助企业追回结算资金600多万元。

1995年，辖区召开首次烟台开发区审计工作大会，总结建区以来审计工作，对全区学习贯彻《中华人民共和国审计法》进行动员布置。1996年，辖区国有企业实行改制，改制后保留下的自来水、热力、公交3个国有企业自1999年后纳入经济责任制审计范畴。

第二节　财政审计

1992年，区审计部门制定《烟台开发区审计工作考核办法》《烟台开发区审计人员廉洁勤政制度》，制发烟台开发区审计局廉洁勤政监督卡。对计划外生育的有关处罚收入、劳动人事部门管理的“两金”（社会养老基金、待业保险基金），对城建系统的质监站和规划设计院，对金融管理部门的人民银行等进行专项审计，查纠违规违纪金额7万元。审计海关办公楼、热电站、丹顶鹤大酒店等财政参与投资工程项目，审计总金额 6492 万元，审减金额 97.22 万元。

1997 年，烟台开发区首次开展本级财政预算执行情况审计。审计银行账户 82 个，审计金额 4.4 亿元，查处违规违纪资金 901 万元，取缔违规开设账户 4 个。延伸审计 29 个二级预算单位，查出一级预算单位挤占、截留、挪用下属单位经费、事业费 50 多万元。在本级审中，提出审计建议 24 条，被审单位落实审计决定率 100%，应上缴财政资金入库率达 93.1%。

1998 年，审计部门利用 4 个月时间，对 2 个预算组织部门和 5 个主预算执行部门的财政预算执行情况及财务收支情况进行审计，延伸审计单位 29 个，审计总金额 3.7 亿元，查出违规违纪金额 983 万元。完成 5 个部门社会保障资金的审计调查，调查金额 5300 万元，查出挪用养老保险等违纪金额 107 万元。

2000 年，审计部门对 5 个一级预算执行部门、3 个预算组织部门进行审计，查出问题资金 1500 多万元，其中严重违纪资金 880 多万元。在专项审计上，突出国债转贷、养老保险、工商收费和电信部门等 4 项专项审计，查出各种有问题资金 700 多万元，其中国债转贷有问题资金 300 多万元。

2001 年，围绕财政审计，审计部门对全区 3 个一级预算单位和 3 个预算组织部门进行审计，查出有问题资金 2123 万元，处理处罚违纪资金 2099 万元，其中延压预算收入资金 1891 万元。针对这一问题，审计部门及时下达审计决定，要求有关单位预算收入资金及时入库，并对被审计单位执行审计决定情况进行跟踪督查。到年底，已入库资金 1772 万元，入库率为 94%，有效地保障了财政资金的安全运转。针对财政结算体制改革和财政统一结算制度的实施，开展全区一级预算单位往来款专项审计调查。在各单位自查自纠的基础上，对 10 家单位进行重点抽查，基本摸清区直一级预算单位往来款底数，共收回职工借款 7.1 万元，清理内部往来款 1609.4 万元。对征地费等历史遗留问题，进行专项审计调查。围绕税制改革，积极开展所得税税源调查。根据管委统一安排，联合财政部门，派出 6 个督查组，分头进入税务部门和企业进行督查。在调查督查过程中，排查企业 181 户，抽查 22 户，实现企业所得税入库 1.27 亿元，个人所得税入库 2731 万元，杜绝了税收漏洞，扩充了税源，增加了财政收入。

2002 年，围绕财政审计，审计部门对 4 个一级预算执行单位，4 个二级预算执行单位进行审计，查出违规违纪金额 5099 万元，提出审计建议 28 条，促进增加财政收入 2512 万元。完成上级审计机关统一部署的审计项目 4 个（公安、交警、福利彩票、养老保险基金审计），查出违规违纪金额 12 万元。协调审计署驻长沙特派员办事处，积极处理辖区国有资金外逃事件，避免上千万元的区财政收入损失。

2003 年，审计部门针对扩区，开展乡镇财政审计和基建审计，拓宽了审计监督领域。首次对大季家和古现两个办事处审计，查出严重问题 25 个，违规违纪资金 4268 万元，责令自行纠正公款私存 7669 万元，查处小金库 1 个，涉及金额 55 万元，向司法机关移交犯罪嫌疑人 1 人。围绕扩区后的违规建设，制定《烟台开发区关于建立财政性资金投资工程项目审计制度的意见》，开展工程预决算审计项目 2 个，工程总造价 428 万元，审减额 81 万元，占审计金额的 19%。围绕增收节支，对 3 个一级预算执行单位和 5 个二级预算执行单位进行审计，查出应全部上缴财政的违规违纪资金 912 万元，当年已上缴 891 万元。对科技专项资金、人寿保险、城建专项资金、防治非典型性肺炎专项资金等 8 个项目进行审计，对荣昌生物工程有限公司、烟台十维电信有限公司等 12 家公司使用国家扶持资金情况进行延伸审计调查，查处违规资金 209 万元，责令自行纠正问题 9 个，涉及金额 1350 万元。

2003 年 11 月 19 日，在中国审计署主办的《中国审计报》上，头版刊登《打造高效“合金盾牌”》的长篇调查报告，全面介绍烟台开发区审计部门审计监督工作开展情况。

第三节　经济责任审计

1992年，辖区开始经济责任审计工作。是年开始，区审计局与财政部门联合，陆续对管委15个直属公司和68个分公司进行经济责任审计。

1995年3月，审计部门开始对实业公司、物资公司、半岛集团、热力公司、华达经贸公司、福东办事处、福西办事处和国际合作公司等8家直属企业经理离任进行审计。这次审计企业多、情况复杂、涉及时间长，是建区以来规模最大、任务最艰巨的一次经济责任审计。为此，审计部门成立审计工作领导小组，借调部分社会审计和内审人员，由20名业务骨干组成5个工作组，全面开展8家公司经理离任审计工作。整个审计历时6个月，累计审计资金总额7.11亿元，延伸审计78家分公司，提出审计建议46条，促进企业增收节支、避免经济损失731万元，查出各类违纪金额428万元（其中偷漏税97万元，私设小金库59万元，乱摊派占用农村借款64万元，截留专项资金11万元，违反财政社会集团购买控制规定197万元）。通过审计，核实8个公司及78个分公司累计亏损7973万元；查出资产不实单位41个，占审计单位的52%，核减资产1.28亿元，占账面资产总额的17%；查出负债不实单位56个，占审计单位的71%，核减负债1971万元；查出损益不实单位45个，占审计单位的58%，核减利润总额1.02亿元。通过审计，累计帮助企业清欠资金1000多万元，避免经济损失700多万元，处理遗留问题30多起。通过审计，帮助企业补充建立《支票领用制度》《现金管理制度》《商品出入库制度》等制度40多项。向司法部门移送案件3起，追还侵占挪用资金40余万元。

1996年，审计部门对高新技术总公司、基层工作委员会、海河办事处、计生委4个单位主要负责人进行离任审计，审计单位10个，其中企业7个，行政事业单位3个。审计查出“小金库”1个，违纪金额54万元，其中挪用专项资金12万元。开展行政事业单位定期审计，先后对工商物价局、教科局、团委管理的希望工程捐赠资金、民政收费款等进行审计；对财政局、公安分局、建设环保土地局3个掌握大量预算外资金征收、管理、使用权的单位进行调查；结合制止教育乱收费，对辖区学校、医院等收费情况进行调查；开展对职工养老保险和失业保险两项重点基金审计。共审计金额1500多万元。

1999年，开展“五位一体”审计（由组织、国资、审计、纪检、工会等5部门参加的审计，对管委直属国有企业领导班子和领导干部进行考核）。组织部门以审计考核为依据，对企业班子和领导干部进行评价和调整。主要考核对象是自来水公司、热力总公司和公交公司领导班子及领导人员。2000—2003年，共完成领导干部任期经济责任审计项目52个，查出违规违纪资金4482万元。2000年，对11名干部任期经济责任进行审计，延伸审计下属单位14个，查出各种违纪资金400多万元，查出账外账6套，查出小金库2个，向纪检监察部门移交案件1起，涉及违纪责任人员7人。2001年，提出经济责任审计工作围绕“财政财务收支审计结果人格化，推进干部队伍廉政建设，为组织提拔使用干部提供依据”这一中心，贯彻“积极稳妥、量力而行、提高质量、防范风险”16字方针开展工作。通过对25个单位的离任审计，查出各种违规违纪资金1813万元，为组织部门提拔使用干部提供依据。2002年，对7个单位进行任期经济责任审计，查出违规金额220多万元，私设小金库1个，对7名干部的任期经济责任进行评价，得到被审计单位和离任人员的充分认可。对区各办事处借款问题进行审计，摸清历史遗留问题，维护了农村稳定。2003年，对15名党政机关和事业单位负责人任期经济责任进行审计，查出违规违纪资金18万元。

第四节　内部审计

1991 年，辖区开始内部审计工作。是年，区审计部门指导组建内部审计机构 3 个，举办 1 期内审人员培训班，制定《烟台开发区内部审计程序试行办法》和《烟台开发区企业承包经营责任审计试行办法》。1992 年出台《烟台开发区内部审计工作创水平上台阶实施规划》，制定《内审工作计划管理方法》《内审例会制度》《内审工作资料报送制度》和《内审工作考核评比实施办法》，为内审工作的开展奠定了基础。内审机构完成审计项目 48 个，查纠违规违纪金额 12 万元，查出损失浪费金额 45 万元，促进增收节支 6 万元，起诉经济案件 2 起，审查经济合同 42 份。1995 年，辖区出台《关于加强全区内部审计工作意见的通知》和《烟台开发区直属公司建立完善内部审计制度的通知》。1996 年，辖区制定《烟台开发区内部审计工作考核办法》，引导内审人员积极配合改制工作，有计划地对下属企业开展资产、负债、损益审计。内审机构在全区共审计 123 个单位，查出损失浪费 80 万元，纠正违纪金额 197 万元，促进增收节支 211 万元。1997 年，全区建立内审机构 29 个，完成审计单位 71 个，纠正违纪金额 380 多万元。为 3 家国有企业建立专职内审机构，配备 8 名专兼职内审人员。在烟台荣昌制药有限公司、华鲁热电有限公司等非国有企业建立内审机构 21 个，全年审计单位 43 个，纠正违纪金额 214 万元，促进增收节支 219 万元。2003 年，首次给全区经考核合格的 21 个内审人员办理上岗资格证。

第五章　工商行政管理

1987 年 2 月，开发区工商行政管理局成立，开始对辖区工商业户的行政管理工作。随着辖区经济的发展，工商管理从企业登记开始，不断拓展管理服务领域。从 1988 年在起步区建立的第一个农贸市场开始，15 年间，先后推动建设 16 个商贸市场，为服务开发区、繁荣开发区发挥积极作用。在市场管理上，从 1991 年起，建立制度、规范管理、保护交易公平，逐步建立起安全文明的市场管理体系。

第一节　企业登记管理

内资企业登记　1984—1986 年，区内企业设立由市工商局进行登记注册。在此期间登记注册的企业有建设公司、实业公司、自来水公司、市政工程公司、塑料制品公司及从福山区交接过来的烟台油漆厂、福山电镀厂、烟台市福山水貂颗粒饲料厂等 8 家企业。到 1987 年，有 26 户内资企业在境内经营，其中国有企业 15 户，集体企业 11 户，注册资本总额为 1.29 亿元。1988—1992 年，随着全区基础设施建设步伐加快，区内投资环境得到较大改善。管委为招商引资，促进经济快速发展，制定《烟台开发区企业登记管理办法》《烟台开发区兴办经济实体有关优惠政策》和《烟台开发区内联企业若干问题的规定》3 个文件，对来投资办厂的企业在土地出让费、地方税收和户口政策上给以优惠条件，区内企业数量得到快速增加。至 1992 年，登记内资企业 2100 户，其中国有企业 1300 户，集体企业 725 户，联营企业 75 户，注册资金总额 31.5 亿元。

1990—1992 年，国家允许机关事业单位兴办经济实体，这期间企业产生很快。1992 年 4 月，管委下发《烟台经济技术开发区行政事业单位兴办经济实体暂行办法》，提倡和支持机关办实体。

至1992年年底，全区登记注册的机关实体270余个，办实体最多的部门（单位），其单位职工不足10人，却办了30余个经济实体。这些机关实体大多出资不到位，无经营及抗风险能力，并存在大量经济纠纷隐患。

1994年，按照《中华人民共和国公司法》等法律法规要求，开始注册公司企业法人，是年登记36户，注册资本5485万元。为加强对新设立企业的把关，严格规范登记注册程序，工商行政管理部门重点抓了投资主体资格、注册资金、企业章程和经营场所等内容的审查。是年，对机关办实体进行清理整顿，限期办理脱钩手续，共清理机关办实体250余户。对依据1993年管委《关于放宽在开发区申请登记注册的意见》实施后所办1700余户企业进行规范整顿。

1995—1996年，是开发区企业登记最鼎盛时期，两年登记内资企业分别是4918户和4792户，注册资本分别是68亿元和69亿元。1997年，辖区开始大规模国有企业经济体制改革，对国有、集体企业进行改制。两三年间，对97户国有、集体企业进行改制或规范。通过公司化改制，企业全部改为有限公司，自然人参股。在改制过程中，因经验不足，个别企业存在改制质量不高的问题。同时，随着改革的深化和新修改的年检办法的执行，被撤销的企业逐年增多，工商登记户数下降，质量明显上升。

2003年，全区登记内资企业510户（含新扩区域内资企业），注册资金24.55亿元。其中：国有企业192户，注册资金14.1亿元；集体企业156户，注册资金2.7亿元；法人股有限公司97户，注册资金7.4亿元；联营及其他企业65户，注册资金3500万元。

外商及港澳台商投资企业登记 1985年7月1日，辖区第一家合资企业——烟台亚东标准件有限公司在区内登记落户，这是全国首批14个沿海开放城市经济技术开发区工商登记最早的一家合资企业。1986年10月，烟台合成玛瑙有限公司和烟台福莱食品加工冷冻有限公司两家合资企业在区内登记落户。至此累计注册登记外商及港商投资企业3家，总投资240万美元，注册资本240万美元，其中外商及港商投资97万美元，占40%。是月，国务院制定《关于鼓励外商投资的规定》，对沿海14个国家级开发区在扩大地方权限和给予外商及港澳台商投资企业优惠方面，实行一些新的政策和措施，促进开发区外商及港澳台商投资企业的发展。1987年，全区登记注册外商及港澳台商投资企业7户，投资总额1412万美元，注册资本987万美元，其中外方认缴额511万美元。

1988年，国务院发布《关于进一步扩大沿海经济开放区范围的通知》，施行《中外合作经营企业法》。5月，山东省人民政府出台《山东省发展外向型经济的若干规定》等5个文件，提出促进对外开放的新措施，外商及港澳台商投资企业发展速度明显加快。是年，有11户外商及港澳台商投资企业在境内落户，投资总额达到6401万美元，占全市外商及港澳台商投资项目投资总额的三分之一还多，其中实际利用外资1976万美元。

1989年，区工商局对1988年年底前登记注册的外商及港澳台商投资企业进行以出资为主要内容的年度检查，对出资不足的企业进行整改。1992年，全区外商及港澳台商投资企业迅速发展，达到107户。1993年达到209户，投资额达7.89亿美元，其中外方认缴2.55亿美元。先后有华润锦纶、大宇重工、西蒙西轴承、鲁星食品等较大型的外商及港澳台商投资企业在境内落户。

1998年，对外贸易经济合作部等七部委联合下发《关于开展1998年外商投资企业联合年检工作的通知》之后，区工商局对外商及港澳台商投资企业年检实行联合办公、联合年检。

2003年6月，烟台市工商局授权开发区工商分局代市局直接受理外商及港澳台商投资企业审核、核准和发照工作，区工商分局结束了只能进行外资港澳台资企业初审，不能直接审核、发照的历史。7月1日，区工商分局代市工商局颁发第一家外商投资企业（大宇精密机床有限公司）营业执照，从而使外商及港澳台商投资企业登记审批速度变得更加方便、快捷。

2003 年，全区登记外商及港澳台商投资企业 453 户，其中合资企业 236 户，合作企业 12 户，独资企业 205 户；投资总额 29.2 亿美元，注册资本 15.4 亿美元，其中外方认缴额 8.57 亿美元，占注册资本的 55.6%。投资总额在 100 万美元以上的企业有 234 户。外商及港澳台商投资来自 33 个国家和地区，主要有中国台湾（164 户）、美国（107 户）、中国香港（102 户）、韩国（96 户）、日本（54 户）、德国（8 户）和澳大利亚（7 户）等。

1987—2003 年烟台开发区外资及港澳台资企业登记情况统计表

表 15-1　　单位：户、万美元

年份	户数	投资总额	注册资本	
				外资及港澳台资
1987	7	1412	987	511
1988	11	6401	3398	1976
1989	19	8128	4689	2376
1990	25	8799	5359	2546
1991	35	12182	7623	3213
1992	107	43895	28772	16323
1993	209	78869	47344	25530
1994	259	94851	57479	32228
1995	287	109661	66876	39233
1996	316	185566	98476	55695
1997	343	195476	105104	62067
1998	371	196400	105901	62579
1999	216	158778	82890	48361
2000	252	168751	87993	51099
2001	324	202223	107029	67215
2002	406	236863	124389	79667
2003	453	292086	153604	85688

个体私营企业登记　1988 年，全区有个体工商户 60 户，从业人员 184 人，注册资金 50 万元；私营企业 3 户，从业人员 54 人，注册资金 83 万元。

1991 年，有个体工商户 311 户，从业人员 677 人，注册资金 418 万元；私营企业 13 户，从业人员 116 人，注册资金 378 万元。

1992 年，辖区经济发展，区域面积扩大，个体私营经济也有较快发展。1993 年，个体工商户 1576 户，注册资金 3652 万元；私营企业 227 户，注册资本 1.26 亿元。

1998 年，烟台市委、市政府印发《关于鼓励发展个体私营经济的若干规定》，大力推进个体私营经济的发展。工委管委制定《烟台开发区关于鼓励发展个体私营经济的若干规定》，进一步确立个体私营经济的社会法律地位，保护个体私营经济的合法权力和利益，鼓励引导个体私营企业健康发展。1999年，个体工商户发展到2504户，从业人员2869人，注册资金2650万元；私营企业944户，从业人员1.08万人，注册资金8.1亿元。2000以来，区工商局进一步降低市场主体准入门槛，简化6类14项登记材料，为私营企业发展带来契机。

2003年，全区登记个体工商户4843户，从业人员9699人，注册资金7.57亿元；登记私营企业2298户，从业人员为2.2万人，注册资金47.6亿元。

1988—2003年烟台开发区个体私营企业登记情况统计表

表15-2　　单位：户、人、万元

年份	个体工商企业			私营企业		
	户数	从业人员	注册资金	户数	从业人员	注册资金
1988	60	181	50	3	54	83
1989	102	292	90	6	82	121
1990	155	329	102	10	102	141
1991	311	677	418	13	116	378
1992	834	1549	1148	56	450	1924
1993	1576	330	3652	227	1982	12552
1994	1953	4411	3512	349	3032	10796
1995	2154	4935	3873	485	4314	17458
1996	2465	5581	4560	704	7740	47306
1997	1422	3406	4232	488	5505	24848
1998	1917	4461	4723	432	3549	23982
1999	2504	2869	2650	944	10838	81154
2000	2520	3100	2550	1221	9768	130715
2001	2737	3359	2828	1242	3811	130587
2002	4332	4699	7400	1647	11026	186910
2003	4843	9699	75721	2298	22026	475765

第二节　市场监督管理

1988—1990年，市场初建阶段，只有起步区1处市场，场地狭窄，上市摊位少，市场设施不健全，管理不规范。市场管理只设办公室1间，配备管理人员2人，保洁员1人，管理的任务主要是打扫市场卫生，保持市场清洁，维护市场秩序，保障市场供应。管理的方式是划片包干轮流检查，发现问题及时纠正。1991年以后，市场管理逐步走上规范化。

集贸市场管理　1991—1995年，随着辖区市场规模的不断扩大，摊位增多，市场管理逐步步入正规化、规范化，管理的方式方法也随之发生变化。

市场准入　1991年和1992年，彩云城市场和永定市场开业，为防止无照经营、保护市场秩序，实行市场准入登记制。凡进入市场经营的业户，都要经过审核、登记，颁发营业执照。市场工商所建立市场户口登记台账，每天都进行检查，不经登记，不领取营业执照的，不准进入市场经营。到1992年年底，彩云城市场登记经营业户731家，永定市场登记经营业户256家。1995年，全区市场业户达到2800余家。

优惠政策　彩云城建成初期，定为工业品批发市场，由于经营品种单一，市场比较冷清。为培育市场、繁荣经济，1991年3月8日，管委制定《烟台开发区兴办国内商品市场及副食品市场企业若干优惠规定》，对外来经营人员实行优惠。在经营范围上，允许一业为主、多种经营；在经营方式上，允许工贸结合、农贸结合、产销结合、批零结合；在税收管理上，1995年12月31日前企业所得税按规定足额上缴，管委全部返还，企业开办初期有困难的，报经区税务机关批准可以免缴。1992年，对外来经营者制定优惠政策，实行“五不限”“五优先”。“五不限”是：不限发展领域、不限经营规模、不限经营范围、不限经营方式、不限从业人员数量。“五优先”是：优先安排摊位、优先办理营业执照、优先帮助销售产品、优先办理户口、优先解决子女入托入学。在户口政策上，对全民集体企业，每投资10万元可办理1名在职职工常住户口，其家属子女按有关规定随迁落户；对从事个体经营业户，凡投资2万元以上者，可准许在开发区办理暂住户口，购买或租赁生活用房，准许其子女在开发区就学。在开发区从业3年以上者，可准许子女在开发区就业，非城镇户口者按开发区农业户口的有关规定执行。实行优惠政策后，1992—1995年，为业户减免各类税收2000余万元，办理随迁户口手续15人，调动职工82人，为子女办理入托50人，引进人才13人，帮助客户招收临时工120人，为解除客户后顾之忧、稳定市场起到了重要作用。

规范管理　为建立良好的市场交易秩序，1993年管委制定《烟台经济技术开发区市场管理办法》，1994年管委配套出台《市场卫生管理规定》《市场车辆管理规定》和《市场收费管理规定》，1995年又制定《烟台经济技术开发区集贸市场管理规范》，对市场摊位摆放、经营者行为管理、卫生管理、车辆停放、市场服务与监督管理等都作了明确规定。其中规定：摊位一律实行划行归市，市口、道口都要张挂行市牌、指示牌，市场内不准乱摆摊点、占道经营，做到市口清、道口清。对商品摆放规定：摆放整齐，陈列有序，不得有假冒商品和违禁商品上市。对经营者规定：凡进入市场经营都要佩戴经营胸章，实行亮证经营，明码标价。对食品经营者规定：要穿戴工作服、工作帽，使用食品卫生夹，出售商品要发给信誉监督卡。对市场卫生规定：市场内不准乱搭乱建、乱倒垃圾、乱泼污水、乱掷烟头果皮。对车辆停放规定：所有车辆一律停放在停车场，不准乱停乱放。对市场监督服务管理规定：市场内设立监督服务台、查处违章违法公告栏、政务公开专栏、宣传栏、价格信息专栏、公平称、公平尺、公用电话等。至1995年，全区共设监督服务台3处、政务公开专栏3处、违章违法查处公告栏3处、宣传栏4处、价格信息栏4处、公平秤公平尺3处、公用电话160余部，发放信誉监督卡4.5万份，设垃圾筒、果皮箱28个，建立保洁队伍2支，聘任卫生保洁员18名。通过规范管理、监督服务，为经营者和消费者创造良好的商业环境。

监督检查　为保护遵纪守法业户，打击非法经营，维护消费者权益，从1992年起，区工商局与公安、卫生防疫及技术质量监督等部门一起，对市场开展经常性的监督检查。检查的重点是无证经营、假冒伪劣、过期变质食品、缺斤少两和注水肉等违法违纪行为。1992年，检查市场50次，查获无证经营61户、假烟51条、劣质变质食品22箱、假酒20箱。1993年检查市场60次，查处无照经营90户、假冒香烟205条、假蚊虫药330瓶，没收黄色书刊200册、黄色录相带83盒，查扣冒牌假彩电100台、过期饮料30箱、有毒蔗糖350公斤，对严重违法人员移送公安机关处罚6人。1994年与公安分局联合成立市场治安办公室，配备5名保安员，市场检查68次，查获无照经营50户，补办营业执照150个，取缔碳火烧烤摊点107处，没收伪劣商品1200余件、价值10万多元。是年，抓获菜霸3人、市霸3人、行政拘留破坏市场治安管理40人、处罚违规经营40人，为消费者挽回损失4万元。1995年，市场检查81次，查处无照经营61户，查获劣质皮鞋35双、北京假二锅头白酒1080瓶、劣质服装、电器一批。对这些劣质商品有的当场退货，有的没收、销毁，为消费者挽回损失2万元。

图15-3　工商行政执法人员在市场监督检查（1999年摄）

管办分离　1996年，辖区实行管办分离，即工商行政管理机关与所办市场脱钩分离，工商部门工作的重点由兴办市场转向管理市场上来。工商机关不再直接参与市场建设，而是立足于市场监管。市场建设与物业管理，包括市场卫生管理、道路养护、摊位租赁等由市场开办单位组成的物业管理公司负责。2001年12月，将原区工商局筹资兴建的利源商厦市场，由工商部门移交给管委国有资产管理公司。在此期间，其他有涉及工商部门产权的市场，也都理顺产权关系，进行管办分离。实行管办分离后，工商部门重点转移到为工商企业服务上来，为经营业户当"红娘"、当"参谋"。1993—1996年，区工商局先后为企业联系经营项目20个，提供经营信息432条，帮助申请贷款600余万元，招聘人才20人，协助举办商品展销会、订货会8次，办理职工调动手续82人，联系子女入托入学50余人。

评比活动　根据《山东省文明市场评比办法》和《烟台市文明市场验收办法》，为培育业户诚信和文明经商意识，从1992年开始，在全区市场开展文明市场评比活动和文明经营户、守法经营户评比活动。制定下发《烟台开发区文明市场评比标准》和文明经营户、守法经营户评比标准，印发《市场文明经营管理手册》和文明用语规范，制作文明经营户牌匾和守法经营户牌匾。对文明经营户挂红牌，对守法经营户挂蓝牌，对违法经营户挂黄牌。1992—1995年，全区共评出文明经营户50户，守法经营户52户。1992年，永定市场被评为烟台市文明市场，彩云城市场被评为山东省文明市场。1993年，彩云城市场在全国百强市场评比中列第18位，1996年又被评为山东省十大市场。

市场专项监管

三类食品监管　1996年，区工商局开始治理"三类食品（肉类食品、豆制品和大众面食）"。严把入市资格审查关，做到营业执照、税务证、卫生许可证"三证"齐全；实行"食品经营监督卡"制度，凡出售"三类食品"必须随发"食品经营监督卡"；与业户签订承诺责任书，保证不出售注水肉、变质食品和掺杂使假食品，出现食品质量问题进行处罚。1996—1999年，全区共发放"食品经营监督卡"10万余份，查处不合格食品2800余公斤。

生猪市场监管　1995年，经市贸易局（财贸办公室）批准，区金东生猪屠宰场为全区生猪定点屠宰单位，其他单位和个人一律不准屠宰生猪。为加强生猪屠宰市场管理，1996—1999年，区工商局每年都会同区生猪屠宰管理办公室进行3～4次检查，先后取缔私屠乱宰窝点17个，没收生猪3头，高压注水器6部，注水肉2800余公斤。

粮食市场监管　1996年，区工商局和有关部门认真贯彻国家粮食流通体制改革政策，在依法管理粮食收购市场的同时，积极培育粮食交易市场，进一步放开和加强粮食零售市场。1998年，区内有粮食经营企业46家。1996—1998年，区工商部门检查粮食经营企业80余户（次），查获非法收购粮食30余吨，罚款1万元。1999年查获非法收购粮食企业3户，罚款5000余元。2003年，全区有粮食交易市场3处，粮食经营企业26户。

计量器具监管　为制止缺斤短两等损害消费者行为发生，1994年国家工商局下达取消市场杆秤的通知。由于境内市场经营的多数是农民，1996年辖区才开始对杆秤进行管制，推广使用质量稳定的电子秤、双面显示弹簧度盘秤和台秤。1996—1998年，全区先后更换台称260余台、电子秤150余台、双面显示弹簧度盘秤168台，淘汰木杆秤510余杆。到1999年，全区所有固定业户都用上了台秤、电子秤和双面显示弹簧度盘秤。

“白色污染”治理　2000年，为迎接全国卫生城、环保模范城的检查验收和ISO 14000环境管理体系认证，区工商局重点对市场“白色污染”（指不可降解、随意丢弃的塑料袋、盒等商品包装物）进行整治，推广使用可降解塑料包装物，查处非降解塑料包装物。是年，对2家塑料包装生产企业检查3次，组织对全区市场塑料包装物检查35次，检查业户1200余户，没收非降解塑料包装袋3万个。2001年，检查市场55次，检查业户1400余户，没收非降解塑料包装袋4万个。通过专项检查，市场经营者可降解塑料包装物使用率达到90%以上。

市场专项整治　为规范全区市场秩序，2001年开始市场专项整治。是年，结合全国严打斗争（以打击黑恶势力为主题的社会治安整治行动），辖区加强对欺行霸市、强买强卖、乱设摊点和无照经营等扰乱市场秩序行为的打击，全年查处欺行霸市、强买强卖等扰乱市场秩序案件3件，乱设摊点案件350起，取缔无照经营412户。结合国家开展的专项打假行动，查处假冒伪劣案件124起，案值2540余万元，查扣了一批劣质饮料、假冒名烟名酒和过期变质食品。对个体运输市场进行检查，为符合条件的121户货运车辆和196户人力三轮车办理营业执照，结束了长期无照经营行为。2002年4—8月，管委组织工商、技术监督、公安、计量、财税、卫生等部门，对市场脱离行政监管等问题进行整治，全区14处市场有12处进行了登记，颁发市场登记证，另2处临时市场也全部纳入工商统一管理，实现进驻、收费、监管“三到位”。2003年，为创建规范化文明市场，提高市场管理水平，对全区农贸市场进行专项整治。提出了“农贸市场超市化，市场管理规范化”标准，投资136万元对市场地面、货架、饮食摊位进行全面改造，铺设地面砖，安装全封闭的防蝇、防尘设施。对肉类食品实行“一证一卡”（“肉类市场准入证”和“肉类食品信誉卡”）入市登记制，熟食制品实行“准入证”制度，对蔬菜产品和食品实行残留农药和卫生“检测入市”制度，添置电脑检测仪1台，设立检测站，定期检测公示。通过整治，全区市场面貌焕然一新。是年，德胜商城市场通过省级规范化文明市场验收，成为全区第一个省级规范化文明市场，凤台市场被评为烟台市1级农贸市场，金东市场被评为烟台市2级农贸市场。是年，市政府在开发区德胜商城农贸市场召开全市市场管理规范化现场会，区工商分局介绍了经验。是年10月，市工商系统在区德胜商城召开全市农贸市场有毒有害食品检测现场会，省工商局领导亲临实地考察，对开发区工商分局农贸市场有毒有害食品检测工作给予高度评价。

1988—2003年烟台开发区市场肉、禽、蛋价格情况统计表

表 15-3　　　　　　　　　　　　　　　　　　　　　　　　　　单位：元 / 千克

年份	猪肉	羊肉	牛肉	鸡蛋	活鸡
1988	5.60	7.59	5.63	5.20	3.60
1989	10.60	10.00	6.94	6.70	3.80
1990	5.03	8.50	6.51	5.30	6.00
1991	5.74	9.77	10.00	4.20	6.00
1992	6.32	10.25	10.00	4.50	5.28
1993	7.53	12.50	11.00	4.90	6.00
1994	13.11	15.00	15.00	5.40	9.00
1995	13.00	12.30	14.67	6.60	9.00
1996	14.50	20.00	15.00	7.20	10.00
1997	16.00	20.00	14.00	4.80	10.00
1998	12.00	17.00	14.00	5.10	9.10
1999	10.91	12.24	12.83	4.67	8.75
2000	10.98	11.63	14.00	4.12	8.96
2001	10.35	14.00	14.00	4.62	8.33
2002	9.90	17.50	14.40	4.48	9.00
2003	13.40	17.50	17.00	4.84	9.00

1988—2003年烟台开发区市场主要蔬菜价格情况统计表

表 15-4　　　　　　　　　　　　　　　　　　　　　　　　　　单位：元 / 千克

年份	白菜	萝卜	芹菜	黄瓜	青椒	菠菜	茄子	卷心菜	大葱	蒜台	韭菜	西红柿	土豆	生姜
1988	0.32	0.61	0.52	0.41	0.98	0.50	0.16	0.80	0.40	0.80	0.47	0.51	0.50	3.60
1989	0.33	0.60	0.55	0.80	0.75	0.60	0.20	0.80	0.55	1.40	0.48	1.20	0.60	4.00
1990	0.39	0.34	0.78	1.14	1.59	0.70	0.63	1.20	0.64	1.50	1.15	1.66	0.64	1.56
1991	0.36	0.4	0.70	0.89	1.18	0.66	0.44	1.00	0.70	1.60	1.20	1.65	0.65	3.25
1992	0.59	0.57	0.91	1.48	1.44	1.04	0.68	0.80	0.70	2.40	1.40	1.72	0.89	4.24
1993	0.45	0.48	0.79	1.68	1.71	0.88	0.81	1.20	0.74	3.00	1.20	1.77	0.72	2.99
1994	0.66	0.68	1.52	1.25	2.57	1.00	1.26	1.80	0.94	3.60	1.60	2.79	1.47	1.67
1995	0.55	0.95	1.43	1.81	2.62	1.46	1.21	1.32	1.24	5.20	2.43	2.24	1.55	3.68
1996	0.59	0.69	1.50	2.12	2.47	1.24	0.91	1.80	1.12	5.66	2.38	2.50	1.42	8.60

续表 15-4

年份	白菜	萝卜	芹菜	黄瓜	青椒	菠菜	茄子	卷心菜	大葱	蒜台	韭菜	西红柿	土豆	生姜
1997	0.60	1.20	1.80	2.20	2.80	1.30	1.60	1.20	1.30	5.25	2.30	2.20	1.60	10.00
1998	0.60	1.05	1.50	2.50	2.50	1.20	1.40	1.81	1.20	2.80	1.50	2.00	1.50	4.00
1999	1.46	1.12	1.57	1.98	2.45	1.38	1.83	1.41	1.20	3.58	1.80	2.08	1.46	3.74
2000	0.99	1.18	1.29	2.08	2.13	1.20	1.35	1.81	1.05	3.44	1.81	1.86	1.42	3.59
2001	1.05	1.06	1.61	1.93	2.11	1.18	1.5	1.72	1.37	3.79	1.99	2.30	1.46	4.13
2002	0.94	0.87	1.27	2.44	2.17	1.66	2.91	1.56	0.83	3.24	2.21	1.85	1.76	2.40
2003	1.10	1.18	1.96	3.12	2.82	1.75	3.17	2.25	1.68	6.00	2.45	2.50	1.50	3.75

1988—2003 年烟台开发区市场主要水果价格情况统计表

表 15-5　　单位：元 / 千克

年份	苹果	梨	桔子	广柑	西瓜	桃	香蕉	甘蔗	红枣	核桃
1988	0.74	0.77	0.85	3.00	0.80	0.80	2.40	0.40	2.80	3.20
1989	0.40	0.60	1.60	4.00	0.60	0.90	2.40	0.54	3.90	3.60
1990	0.94	1.00	2.40	6.50	1.34	2.00	2.80	0.55	3.66	3.80
1991	2.05	1.62	2.49	5.00	0.93	3.20	3.00	0.76	3.60	4.45
1992	1.76	1.60	2.80	5.00	0.93	2.17	2.80	0.93	4.33	7.00
1993	1.24	1.60	3.14	6.80	1.18	2.19	3.60	1.03	4.52	7.80
1994	1.85	2.15	3.41	5.80	3.60	3.04	3.80	1.53	7.50	10.00
1995	1.75	2.28	3.00	6.00	1.68	3.87	4.31	1.88	6.00	8.30
1996	2.12	3.35	4.10	6.20	3.70	3.38	6.80	3.48	4.00	10.00
1997	2.00	2.50	3.00	7.00	2.40	4.20	5.20	3.15	8.00	11.00
1998	1.60	1.54	3.00	10.00	3.00	4.00	4.00	2.00	4.65	10.00
1999	2.06	2.17	2.24	8.00	2.20	3.38	3.74	2.40	8.17	10.00
2000	1.64	1.78	2.64	7.40	2.03	2.78	4.05	2.40	7.50	9.00
2001	1.67	1.95	2.53	6.00	2.26	2.78	3.16	2.80	8.88	12.00
2002	1.98	2.07	2.50	6.00	3.82	2.50	3.80	2.80	10.00	15.00
2003	2.00	2.20	2.25	6.50	3.25	2.50	4.50	3.20	7.90	15.00

打击假冒伪劣活动　1988—1989 年，正值经济体制由计划经济向市场经济转型初期，市场供应短缺，许多重要生产资料和紧俏耐用消费品实行专营和计划供应，一些企业和个人乘机倒买倒卖。为制止流通领域不正之风，区工商局与公安部门开展联合检查。1988 年共检查各类企业 120 户，个体工商户 40 户，查处投机倒把违法案件 8 起，案值 7 万元；1989 年检查企业、个体工商户 130

户，查处经济违法案件12起，案值8万元。查处的违法物品主要有彩电15台、钢材100吨、化肥6吨，以及假烟、假酒、假化妆品和劣质茶叶等。

1990—1991年，随着国家经济政策调整和市场逐步放开，倒买倒卖等投机倒把案件明显减少，但假冒伪劣案件却逐年增多。区工商部门加大查处力度，聘请义务监督员30名，进行全面监督；设立举报电话和举报箱，发动群众进行举报，全区设举报电话2部，举报箱4个；开展市场排查，重点检查市场和商业网点。1990年检查企业、个体户247户，查处假冒伪劣案件17件，案值6万元；1991年检查企业、个体户331户，查处各类违法案件18件，案值12万元。查处的伪劣商品主要有白酒240瓶、饮料720瓶、变质罐头340瓶、假红双喜烟37条、奶粉55公斤、鞭炮4万响等。

1992年，在全国质量万里行活动中，区工商局配合有关部门开展两次大规模的打假清劣活动，重点清理食品行业。全年深入企业检查50次，查处各类经济违法案件28件，其中立案5件，案值11万元，罚没款3万元。查获的假冒伪劣商品有假酒20箱、饮料22箱、罐头500瓶、假烟51条。配合文化部门、公安部门对文化市场进行检查，检查录相厅、书店25户，没收各类黄色书刊80册，黄色录相带35盒。

1993年，打击重点是假冒伪劣商品和反不正当竞争，区工商局会同公安、文化、质检等部门对消费市场、生活资料市场、文化市场和医药市场检查6次，检查企业和个体户380余户，查处假冒伪劣案件17起，其中立案5起，案值9万元。查获的假冒伪劣商品有假彩电100台、有毒庶糖360公斤、过期饮料30箱、黄色书刊300册、黄色录相带83盒。对严重违法违纪人员移送司法机关16人。

1994年，区工商部门先后出动检查人员1000余人次，车辆120余辆次，检查企业260余家，个体工商户400余户，查处经济违法案件19起，案值15万元，没收的假冒伪劣商品有假茅台酒6瓶、假五粮液酒25瓶、假烟369条、假饮料60箱、假营养液110盒、假矿泉水1800瓶、假海参144公斤、过期食品300公斤、假“梦幻”香皂20条、假毛线10公斤、假录相带18盒、假奶粉15袋、假电器33台，取缔注水肉窝点6处，没收注水猪2头、注水肉1800公斤、高压喷雾器6部。对96户无照经营化肥的业户取消经营资格。

1995—1996年，区工商部门开展“公平交易执法年”和“工商形象建设年”活动。广泛宣传《中华人民共和国产品质量法》《中华人民共和国反不正当竞争法》和《消费者权益保护法》，先后出动宣传车21次，组织街头宣传4次，发表电视讲话一次，散发宣传材料1万余份。两年组织打假21次，对石油、化肥、农资、煤炭、生猪、碘盐、商品经营状况进行检查。查处各类经济违法案件45起，其中立案19起，案值27万元。查处的假冒伪劣商品有15类，500余个品种。在检查中发现全区李连贵熏肉大饼店有6家，经反复查证，合法注册的只有一家，其他几家均为仿冒，责令停业经营。

1997年，药品回扣之风与非法传销盛行，为了刹住这股歪风，区工商部门对医药市场检查6次，检查医药经销单位21家，查处不合格药品8箱，查处医药回扣4.4万元。

1998年，查处非法传销3起，扣留非法传销宣传品5000份、传销商品30件。其中最大的一起非法传销案发生在3月，由湖南康福宝健身器材有限公司在开发区推销有氧健身摇摆机。该摇摆机一台造价只有300元左右，但传销单位却每台要价3400元。在非法传销活动中，传销单位以高额回扣为诱饵，诱使传销人员引诱亲属、朋友前来参加传销活动。当时聚集在开发区的非法传销人员有1.2万余人。这些人居住在区长春大厦和凤台居民小区，有许多人还带来老婆、孩子，吃、穿、住都在这里，每天人声鼎沸，打架、斗殴、闹事屡见不鲜，给开发区社会治安和居民生活带来严重影响。为了迅速制止这起非法传销活动，工商部门与公安部门紧密配合，抽调30多名办案人员和20余名警力，昼夜巡逻，做思想工作，同时发布查禁传销公告3次，并采取强制遣送措施。经过1个多月的努力，终于取缔这次大规模的非法传销活动。

1999年，区工商部门新增“12315”投诉举报中心1处（“12315”为投诉举报电话号码），深入开展举报打假活动。为办案人员配备防弹背心1件、电警棍1支、小汽车1辆。开展“公正执法月活动”“红盾打假护农活动”和“打假保名优活动”等专项执法检查，查处经济违法案件97件，其中立案97件，案值5万元，罚没款4万元。

2000年，查处各类违章违法案件317起，立案30起，案值89万元。其中查获假冒伪劣商品有白酒1万瓶、假烟20条、过期食品300公斤，清理占道经营3200户，取缔无照经营药店12家，取缔淫秽光盘音像店1处，没收录放机3部。

2001年，区工商部门配备执法专用车5部、摄像机2部、照相机10部、录音机10台、对讲机30余部，在移动通讯台开通36部手机闭合用户群。全年检查企业600余家，查处各类经济违章违法案件859起，其中立案122起，案值3100万元，罚没款89万元。对房地产开发市场的检查，重点查处无资质开发、虚假出资、抽逃资金、以期房进行诈骗等违法行为，全年共检查房地产开发企业167家，查处违章违法案件30起，其中大案要案6起，案值2123万元；对金融、交通、电力、保险、邮政、通讯、供热、供水等带有支配地位和垄断地位行业的检查，重点查处非法设立分支机构无照从事生产经营、限制竞争和不正当竞争等违章违法行为，检查企业39家，查处各类经济违章违法案件26起；对医药销售企业的检查，查处超范围经营药品、走私医疗器械、药品回扣等经济违章违法行为5起，查处走私医疗器械1起，取缔非法医药批发企业1家；对机动车市场的检查，重点查处非法生产、改装、拼装机动车，非法经销报废机动车配件，用报废机动车配件生产、改装、维修机动车的违章违法行为，全年检查机动车销售、维修用户62家，查处违章违法案件5起，扣押非法拼装摩托车131辆，案值32万余元；对食品、保健品等加工企业的检查，重点查处伪造产地、厂名、厂址、认证标识、质量标识、生产日期和仿冒知名商品特有的名称、包装、装潢等经济违章违法行为，全年检查食品加工企业300家，查处各类违章违法案件23起，案值150余万元，罚没款5万元；对农资市场的检查，重点查处在种子、农药、化肥经销中掺杂使假、以次充好、变质失效、侵犯注册商标专用权、仿冒知名商品名称、包装、装潢，利用广告虚假宣传，坑农害农等经济违章违法案件，全年检查农资经销单位22户，查处违章违法案件3起。查处传销、变相传销案件3起，取缔传销窝点1处，查处来自吉林、四川、沈阳、深圳、浙江、内蒙古等地的传销人员50余人，其中头目骨干3人移交公安机关处理。

2002年，查处各类违章违法案件1100件，其中立案62件，案值1773万元，罚没款28万元。比较典型的案件有江南茶庄商标侵权案，罚款3万元；弗伦德公司超范围经营医疗器械案，案值176万元，罚款1万元；华茂公司及利华化工有限公司超范围经营化学危险品案，案值74万元，罚款1万元；新世纪有限公司超范围从事房地产开发案，罚款1万元；烟台药材站虚假出资案，案值240万元，罚款3万元；新东方建筑开发有限公司虚假出资案，案值150万元，罚款3万元；倒卖黄金案，现场扣留黄金价值30万元，移交公安部门处理；擅自设立加油站、非法销售柴油案，案值100万元，罚款1万元；擅自从事手机维修案等。

2003年，公平交易执法以专项整顿为重点，对保险行业、房地产市场、汽车配件市场、农药种子化肥市场、危险化学品市场、诊所药店、防“非典”物资市场等进行专项检查，查处各类违章违法案件713件，其中立案116件，案值182万元，罚没款54万元。与公安部门一起取缔传销窝点8个，抓获涉嫌传销人员200人，遣返原籍75人，遏制了传销和变相传销的蔓延。对假冒伪劣和不正当竞争进行检查，查获过期变质食品 220 公斤，假冒“猴王”茶叶 106 箱，查获“三无”（三无产品是指无生产厂家、无质量合格证、无生产日期的产品）“84”消毒液 927 桶、口罩 11200 个、汽车配件 467 件、电子原件 3 万个，查获侵权商标标识 1.1 万个、仿真手枪 134 支、仿冒知名品牌“小辣哥”榨菜 1.3 万袋、不合格白酒 7880 瓶，配合省工商局取缔特大拼装仿冒辖区“虎跃”摩托车窝点 2 处，查获假冒摩托车及配件价值上千万元，使企业的合法权益免受侵害。

1988—2003 年烟台开发区工商部门查处各类违法违章案件情况统计表

表 15-6　　　　单位：件、万元

年份	各类违法违章案件总数	立案总数	案件总值	罚没金额	送交司法机关案件
1988	8	3	7	2	–
1989	12	4	8	3	–
1990	17	4	6	2	–
1991	18	5	12	2	–
1992	28	5	11	3	–
1993	17	5	9	2	–
1994	19	10	15	2	16
1995	19	10	15	2	6
1996	26	9	12	1	–
1997	18	8	9	4	–
1998	32	8	15	4	–
1999	97	97	5	4	–
2000	317	30	89	39	–
2001	859	122	3100	89	–
2002	1100	62	1773	28	–
2003	713	116	182	54	–

第三节　经济合同管理

1987 年 4 月，区工商行政管理部门开始经济合同管理。6 月，成立经济合同管理科。7 月，管委制定《烟台开发区经济合同管理暂行办法》，对企业合同管理组织、人员、制度建设、经济合同签订、履行程序、经济责任承担等作出明确规定。8 月，组建企业合同管理领导小组，配备企业合同管理员，组织合同法规培训；12 月，企业建立合同管理组织 12 家，配备合同管理人员 16 人，建立合同管理组织 14 户。1988—1989 年，全区合同管理组织发展到 147 家，配备合同管理人员 499 人，举办合同法规培训班 35 期，持有“山东省经济合同管理员资格证书”人员 200 人，基本做到大中型企业有专人负责合同管理工作。1990 年 10 月 12 日，开发区经济合同仲裁委员会成立，委员会设立经济合同仲裁厅，开展经济合同纠纷调解和仲裁，帮助企业解决“三角债”和“连环债”。1992 年 5 月，开展经济合同管理达标活动，制定《烟台开发区企业经济合同管理标准》，进行检查评比和评先树优活动。全区有百分之八十以上企业实现经济合同的规范化管理。1994—1998 年，区工商局每年都选择二三十个大中型企业，树立典型，推动企业合同管理工作开展。1999 年 10 月，《中华人民共和国合同法》颁布，区工商部门开展大规模合同法宣传活动，提高了合同管理人员素质，增强了全社会合同法律意识。2001 年，区工商局组织开展“建立合同联络点，为企业排忧解难”活动，建立联络点 68 户。2002 年，全省工商行政管理机关实行垂直管辖改革，区工商部门设立市场合同管理科，与市场管理科合署办公。

区工商部门主要从合同鉴证、合同监督检查、合同仲裁等方面，开展经济合同监督管理工作。

合同鉴证 1988 年，烟台开发区开始合同鉴证工作。是年 6 月，区工商部门召开由区建设环保局、各银行机构等参加的联席会议，对经济合同鉴证工作进行布署，统一思想和认识，联合制定下发《烟台开发区关于经济合同鉴证的通知》，对合同鉴证范围和要求作出明确规定。当年鉴证各类经济合同 38 份，金额 3968 万元。1989—1994 年，鉴证各类经济合同 733 份，金额 11.9 亿元。1995 年，合同鉴证范围扩大，由原来《中华人民共和国经济合同法》规定的 10 种经济合同，逐步扩展到企业承包合同、租赁合同、技术合同，化肥、农药、农膜、种子合同等。1998—1999 年，鉴证各类经济合同 1156 份，金额 23.89 亿元。2000—2003 年，鉴证各类经济合同 2710 份，金额 38.11 亿元。

1988—2003 年烟台开发区经济合同鉴证情况统计表

表 15-7 单位：份、万元

年份	鉴证份数	鉴证金额	年份	鉴证份数	鉴证金额
1988	38	3968	1996	150	46000
1989	47	4035	1997	649	88660
1990	87	4989	1998	617	108569
1991	100	42000	1999	539	130314
1992	155	18000	2000	616	112000
1993	165	37000	2001	870	56000
1994	179	13000	2002	729	118947
1995	22	4966	2003	495	94200

合同监督检查 1988 年，区工商局检查各类企业 56 户，检查各类经济合同 136 份，合同金额 8920 万元，纠正不合格合同 11 份。1989—1990 年，检查企业 126 户次，检查各类经济合同 932 份，金额 4.36 亿元，发现无效合同 2 份，不合格合同 36 份，为企业避免损失 307 万元。1991—1994 年，检查企业 1204 户次，检查各类经济合同 5804 份，金额 40.9 亿元，发现不合格合同 387 份，金额 1828 万元。无效合同 3 起，金额 67 万元，为企业避免损失 603 万元。

1995 年，管委直属企业国有资产流失情况时有发生，存在的主要原因是一些企业对合同管理不重视、签订不认真、履行不严肃，导致上当受骗多。全年共检查各类合同 1918 份，金额 14.5 亿元，发现不合格合同 113 份，金额 5589 万元。针对这一问题，管委组织召开直属企业经济合同文本展评会，展评合同文本120份，全部张挂上墙，由企业参观讨论，当场投票评选，促进了企业合同管理工作的进步。

1996—1999年，为全面掌握企业合同签订、履行情况，区工商局把合同监督检查纳入年度目标责任制进行考核。4年内共检查各类企业1261户，检查各类经济合同2万余份，金额74.35亿元。通过检查，发现不合格合同662份，金额3068万元，为企业避免损失2448万元。2000—2003年，检查各类企业1465户，检查各类合同7216份，金额48.7亿元，为企业避免损失2011万元。

违法合同查处　1988年，为贯彻国家工商局《关于制止利用经济合同进行违法活动的意见》要求，区工商局严厉打击合同欺诈等行为，积极开展违法合同查处工作，至1994年，先后查处各类经济合同违法案件8件，违法金额196万元。1996年，全区开展打击合同欺诈专项斗争，查处合同欺诈案件3起，违法金额160万元，有效遏制了合同欺诈行为，减少了国有资产流失。1999年，为贯彻省工商局《关于开展合同欺诈专项整治活动的通知》要求，区工商局利用两个月时间，重点整治商品房购销合同、加工承揽合同、技术转让合同、中介服务合同、买卖合同、建筑工程承包等合同。先后出动100余人次，检查企业250家，检查合同1400余份。查处违法合同5件，金额170余万元。2000—2003年，查处违法合同7件，违法金额413万元。

1988—2003年烟台开发区经济合同监督检查情况统计表

表15-8　　单位：份、万元

年份	检查份数	检查金额	其中不合格合同	
			份数	金额
1988	136	8920	11	325
1989	334	16882	19	412
1990	598	26719	17	612
1991	747	76000	32	599
1992	1507	84000	25	341
1993	1632	119000	30	320
1994	1918	130000	300	568
1995	1918	145000	113	5589
1996	3556	110000	160	712
1997	3662	103870	190	900
1998	5982	328543	162	700
1999	6803	201100	150	756
2000	2701	192000	26	492
2001	1738	78000	196	650
2002	1656	119000	156	721
2003	1121	98000	123	148

合同仲裁　1990年10月12日，烟台开发区经济合同仲裁委员会成立，10月15日设立仲裁厅，开展经济合同仲裁办案工作。按照市工商局规定，县区及开发区工商部门经济合同仲裁委员会只受理争议金额在50万元以下的经济合同纠纷案件。是年，开发区受理经济合同纠纷案件10件，合同总金额335.6万元，争议金额86万元，通过仲裁，结案8起，为企业追回损失72万元。1991—1993年，区工商部门全面清理遗留经济合同纠纷，为企业解决“三角债”“连环债”困扰，3年时间受理各类经济合同纠纷案件53件，合同总金额1705.9万元，争议金额1292万元，通过仲裁，结案51件，移送司法机关2件，为企业追回拖欠款1159.3万元。1994—1995年，受理各类经济合同纠纷案件14件，合同总金额852万元，争议金额542万元，通过仲裁，结案14件，为企业追回拖欠款117万元。

1995年9月1日，《中华人民共和国仲裁法》颁布，工商行政管理机关设立的经济合同仲裁委员会工作职能，由各级政府直接设立的仲裁委员会取代，工商行政管理部门只保留合同纠纷行政调解职能。

重合同守信用活动　烟台开发区从1988年开始评选命名重合同守信用企业活动，当年评选命名市级重合同守信用企业2家。1989—1995年，评选市级重合同守信用企业25家，省级重合同守信用企业5家。1996—2001年，评选市级重合同守信用企业38家，省级重合同守信用企业17家。2003年，在对全区56户重合同守信用企业进行检查扶持的基础上，新评选国家级重合同守信用企业1家（山东金河实业有限公司），省级重合同守信用企业2家，市级重合同守信用企业9家，全区重合同守信用企业达到65家。

抵押登记　1996年开始，区工商部门根据《中华人民共和国担保法》和国家工商局《企业动产抵押登记管理办法》，开展企业财产抵押合同登记（包括企业动产、厂房等建筑物抵押）。是年，建立“抵押登记主体审查资格”“抵押物权属审查”“抵押物现场勘验”及“抵押登记档案保管”4项管理制度。至2000年，全区共办理企业财产抵押合同登记762件，抵押物价值41.7亿元，为企业融通资金29.1亿元。2001—2003年，办理企业财产抵押合同登记309件，抵押物价值26.5亿元，为企业融通资金15.7亿元。2002年7月，根据省政府文件，区工商部门中止对企业厂房等建筑物的抵押登记职能，只保留企业动产抵押登记职能。

第四节　商标广告管理

商标管理　1987年，烟台开发区开始商标管理工作。1987—1990年为宣传普及阶段，这一阶段区内企业数量少，定型产品少，企业不重视商标注册工作。为此，区工商局利用报刊、广播等媒介，宣传普及商标法律知识，组织企业学习商标法律知识；同时，对定型产品、质量可靠产品，积极发动企业申请注册商标。3年多时间里，培训企业厂长、经理300余人次，发放商标法规小册子2000余份。

1991年10月，管委出台《烟台经济技术开发区申请办理商标注册暂行规定》，对申请注册商标条件、程序作出明确规定。1992—1995年，随着商标法规知识的普及，企业运用商标开拓市场、参与竞争意识进一步增强，区内商标注册呈逐年增多趋势，商标注册种类也由单一商品商标注册，向商品商标、服务商标注册并重的方向拓展。1996年，为加强商标管理，区工商物价局商标广告管理处成立。是年，在烟台市工商局组织的全市首届著名商标评比认定活动中，全区有4家企业商标被评为烟台市著名商标。2003年，山东省工商局举办全省著名商标认定活动，全区有4家企业商标被认定为山东省著名商标，填补辖区此项空白。

商标注册登记　1993年以前，辖区商标注册实行核转制。区工商局受理区内企业商标注册申请，经审核后转报市工商局，再经省工商局复核后报国家商标局审批。1989—1992年，区工商局核转注册商标59件。为完善商标法律制度，从1993年7月起，国家实行行政职能与服务职能分离，以商标事务所为商标代理机构，全面推行商标代理制，工商行政管理机关的商标核转职能全部停止，注册商标核转制被代理制取代。开发区企业商标注册由烟台市商标事务所代理，1993—2003年，由烟台市商标事务所代理注册商标427件。

注册商标管理　1994—2003年，区工商部门定期清理商标使用许可合同，看有无擅自转让注册商标行为。组织企业开展商标验证工作，看有无擅自改变商标文字、图形、字母等行为，有无改变商标注册人名义、地址或其他事项。其间，先后两次对企业商标进行验证，先后5次对商标使用情况进行清理检查。

未注册商标管理　1994年，辖区执行有关法律法规规定，凡烟台开发区企业生产的使用未注册商标的商品，应当在商品和包装上标明企业名称和地址，有些在商品上不能标明的，必须在包装上标明，凡使用未注册商标不标明企业名称、地址的，不得在市场上销售。1995年，为管住未注册商标印制源头，区工商局规定未注册商标一律由指定单位印制，未取得定点印制商标的单位不得印制未注册商标。1994—2003年，区工商局先后组织对未注册商标使用情况检查10余次，查处违章违法行为5起。

商标印制管理　1991年，辖区开始实行商标定点印制，至1996年区内指定商标定点印制单位10户，2000年达到16户。1994—2001年，为加强对商标定点印制单位的管理，区工商局先后组织商标印制单位负责人培训5次。2002年，区工商局对商标印制单位进行一次集中整顿，把未取得“印制商标单位证书”擅自从事商标印刷业务的行为，未经批准擅自印制烟草商标、人用药品商标的行为和印制侵权假冒商标标识的行为作为整顿重点。通过对全区16户印刷企业的摸底排查，共查处涉嫌非法印制商标标识企业2户，罚没款4万元。通过集中整顿，从源头上遏制商标侵权行为。截至2003年，全区共保留商标印制单位7户。

商标专用权管理　1991—1995年，为保护商标专用权，打击仿冒、侵权商标和商标违法行为，区工商局采取多项措施，加大监管保护力度。区商标管理部门深入企业，建立健全商标管理制度，规范商标使用行为；严格加强对商标印制单位的管理，堵住假冒商标的源头；与公平交易部门配合，加强流通领域检查，狠抓商标侵权大案要案的查处。1991—2003年，进行专项检查和经常性检查250余次，检查企业、个体工商户1200余户次。查处商标侵权案件104件，没收假冒商标5.5万件，案值210余万元，为企业避免和挽回损失90余万元。1994年，彩云城市场某自行车专卖店，假冒“飞鸽”牌、“凤凰”牌自行车商标案，没收假冒商标5600件，罚款3000元；1996年，阳谷电缆厂劳动服务公司烟台开发区供应站利用购买宜兴电缆加贴阳谷电缆商标案，没收假冒商标1500件，罚款3000元；1997年，舒家市场某个体户非法销售假冒“王致和”豆腐乳案，没收假冒“王致和”商标5640件，罚款1万元。

著名商标　1996年，辖区参加烟台市工商局组织的全市首届著名商标评比认定活动，有4家企业商标被认定为烟台市著名商标。即：烟台正海电子网板有限公司的“正海”牌商标、烟台华润锦纶有限公司的“YADA（雅达）”牌商标、烟台氨纶股份有限公司的“纽士达”牌商标、烟

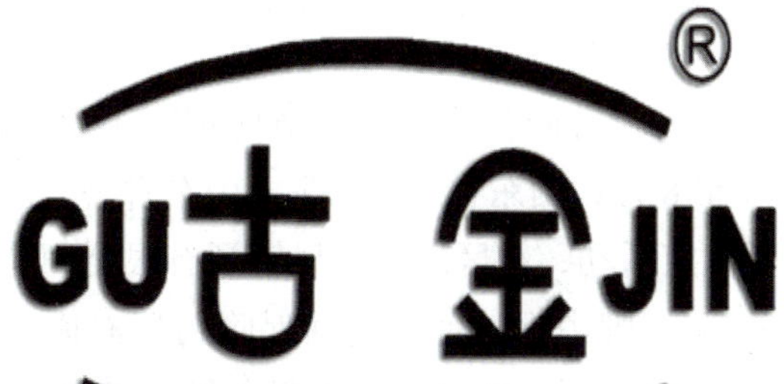

图15-4　烟台金河保险粉公司“古金”牌商标

图 15-5　烟台欣和味达美食品公司“伴侣”牌商标

图 15-6　烟台荣昌制药公司“荣昌”牌商标

图 15-7　烟台龙凤钢琴公司“金斯博格”牌商标

台龙凤钢琴有限公司的“金斯博格”牌商标。2003 年 8 月，山东省工商局举办山东省著名品牌商标认定活动，辖区烟台龙凤钢琴有限公司“金斯博格”牌商标、烟台金河保险粉厂有限公司“古金”牌商标、烟台荣昌制药有限公司“荣昌”牌商标、烟台欣和味达美食品有限公司“伴侣”牌 4 家企业商标被山东省工商局认定全省著名商标。

广告管理　1984—1987 年，辖区处于基本建设阶段，企业少，经营活动少，广告利用率低，广告行业处于自发状态，广告形式主要有门头广告和路牌广告，种类单一。1988 年，区工商局成立后，开始对辖区广告业进行监管。1991 年，区工商部门宣传贯彻国务院《广告管理条例》，举办广告法规培训班 3 期，培训企业 115 户，发放宣传材料 150 份。1992 年，为鼓励企业作广告，提高产品知名度，区工商部门在烟台人民广播电台开辟“开发区企业之声”专栏，通过新闻媒介扩大企业产品影响。在彩云城市场兴建霓虹灯广告牌。全年共进行各类广告宣传 256 次。是年 12 月，管委发布《烟台经济技术开发区广告管理暂行办法》，鼓励企业利用报刊、广播、电视、路牌、橱窗、印刷品、霓虹灯等媒介形式大力开展广告宣传，并对商业广告、专利权广告、文艺演出广告、行医广告、药品广告、食品广告如何申办、如何发布作出明确规定。12 月 15 日，辖区第一家广告公司成立。1992—1995 年，随着改革开放的深入和市场经济的不断发展，企业利用广告开拓市场的意识进一步增强，广告业也得到快速发展。1997—1998 年，为加强户外广告管理，净化区内环境，区工商局与区建设环保土地局联合出台《烟台开发区户外广告管理暂行办法》，规范广告发布和广告宣传活动。2002 年 7 月，全省工商系统实行垂直管理，区工商局仍设立商标广告管理科，编制 3 人。负责全区广告发布和各类广告活动的监管工作。

广告登记管理　1991 年，辖区有省工商局登记发证的广告经营单位 1 户，从业人员 2 人，年广告经营额 1 万元。1992 年，有省工商局登记发证的广告经营单位 8 户，其中广告公司 2 户，从业人员 9 人，年广告经营额 10 万元。1993 年，广告审批权下放，广告经营业务由省工商行政管理局审批改由县、市、区工商局核准登记发证，报市、省工商局备案。是年，全区登记发证的广告经营单位 9 户，其中广告公司 3 户，从业人员 13 人，广告经营额 20 万元；1995 年，登记发证的广告经营单位20户，其中广告公司8户，从业人员40人，广告经营额60万元；1999年，登记发证的广告经营单位42户，其中广告公司34户，从业人员191人，广告经营额300万元。2000年登记发证的广告经营单位28户，其中广告公司22户，从业人员135人，广告经营额256万元。2003年，全区有登记发证的广告经营单位33户，其中广告公司28户，从业人员138人，广告经营额200万元。

广告监督管理　1993—1997年，贯彻《中华人民共和国广告法》，净化广告市场，对无证经营和虚假广告进行检查，先后检查各类企业516户，查处虚假广告、违法广告13起，罚款3万元。1998年，为迎接第二届亚太经济合作组织（APEC）中小企业技术交流暨展览会在烟台召开，区工商部门会同区精神文明办公室、城管巡警大队、市政环卫处、电视台、报社联合行动，对区内“野广告”（未经广告许可部门批准而到处乱贴滥投的非法广告）进行集中整治，对永定市场、银芝小区市场、彩云城市场、福星大厦、友谊商场周围一些粗制滥造、文字不准、内容不实、未向工商部门登记的条幅、印刷品广告进行集中清查、粉刷。清理粉刷野广告580件，对10家违法违章单位进行处罚，提升了辖区投资环境和市场环境。1999年，区工商部门对全区各类商场、商店使用的含有“第一品牌”字样的广告进行清查，先后检查企业122户，查处此类用户和商家10户，罚款1万元。2000—2001年，对违法广告进行清理检查，先后拆除非法设置的虚假广告20处，规范门头广告50余处，清理街头野广告2万余件，收缴非法印刷广告20余种、2万余张，对3户违反《中华人民共和国广告法》的业户实施处罚，罚没款5600元。2002年，辖区出台《关于加强商品房销售管理的通知》，与医药、保健品生产企业及经销商、印刷品企业签订广告责任书。是年，查处广告违法案件1起，罚没款2000元。2003年，区工商部门对医药、医疗、房地产、美容、保健品等行业进行专项广告检查，重点打击虚假广告等违法行为，立案查处违法广告案件12起，罚没款1.5万元。

第六章　质量技术监督

第一节　机构沿革

1985—1988年，辖区质量技术监督工作由市质量技术监督局直接管理。1989—1992年，区质量技术监督和标准计量职能由区科学技术委员会代管。1993年1月，烟台开发区计量检测中心成立，有职工5人，为经济发展局下属正科级事业单位。1995年6月，计量检测中心同时挂烟台经济技术开发区技术监督处牌子，人员增加到7人。2000年1月，技术监督部门实行省以下垂直管理，全部职能从经济发展局中划出，成立烟台开发区技术监督局，成为省技术监督局驻开发区工作部门，有工作人员16人。2002年2月，区技术监督局更名为烟台市质量技术监督局经济技术开发区分局。9月，古现、大季家质量技术监督管理职能划归开发区管辖。2003年，分局有职工19人。

第二节　标准化监督管理

标准化管理　公共信息图形符号管理　1993年9月，区技术监督部门开展公共信息图形符号的规范管理工作，首批检查指导工贸大厦、科技大厦、国际交流中心、建设银行、税务培训中心、东巡宫、国际商场、半岛度假村、医院等26家单位及场所。

1997年4月，为迎接第二届亚太经合组织（中国）国际贸易博览会的召开，重点检查规范了新时代大酒店、南山大酒店、丽都大酒店、邮电局、外供友谊商店等14家单位。1998年6月，在辖区创建中国优秀旅游城市中，规范了236个图形符号。2000年5月，在优秀旅游城市复查工作中，对旅游服务场所、景点50多个符号进行规范。2001—2003年，每年重点抽查2家单位20个符号，进行规范、整改。

标准备案与标准登记　1994年5月，区技术监督部门购进国家标准、行业标准、强制性标准等资料，开展标准咨询、标准登记工作。1995年，开展企业标准登记及企业标准备案工作，为90多家企业发放标准登记证书。1996年开展企业标准备案（市局编号）、标准登记及采标工作。至1999年，累计标准备案37个，标准登记62个企业，采用国际标准7个产品。2000年4月，开发区申报消灭无标准生产试点县（市），区技术监督部门对区内155家工业企业、335个工业产品标准进行登记管理。帮助企业查询标准数1230个；帮助企业制定标准45个；举办标准知识培训班4期，175人取得“山东省企业标准化检查员”资格证书。2001年10月8日取得山东省质量技术监督局颁发的“烟台经济技术开发区消灭无标准生产县（市）验收合格证书”。至2003年，区内企业产品采用国际标准的12个，企业标准备案累计达到148个，工业企业标准登记累计达370家，产品数量达597个。

组织机构代码管理　1993年，区技术监督部门开始对企事业单位和社团组织进行统一代码标识，开展代码证书颁发工作。是年，首次对全区84家机关、事业单位、社会团体进行代码办证。至1994年，办理企业代码1504家，其中“三资”企业53家。1995年，组织机构代码应用在银行账户管理中，提高金融监管水平。1996年，组织机构代码应用在税务管理中，作为一般纳税人账号强制使用。至1996年，完成代码证书发放1942家。1997年，组织机构代码应用在事业单位登记中。1998年2—3月份，管委组织工商、地税、国税、技术监督、海关、商检、人民银行，对“三资”企业进行联合年检，270家“三资”企业代码年检全部通过。是年11月，组织机构代码证书开始全省联网。1999年办理“组织机构代码证集成电路IC卡”“山东省组织机构公共信息卡”两卡并一的发放工作。2002年5月，开展“山东省组织机构公共信息卡”“山东省组织机构数字证书”“山东省组织机构社会保障卡”三卡合一的发放工作；12月，将扩区后的古现、八角、大季家三个办事处539家代码单位全部转入开发区技术监督局数据库。2003年，原由市技术监督局管理的三资企业组织机构代码全部下放至区技术监督局管理。至2003年，辖区代码数据库总量达到6820家，组织机构代码已应用到全区税务、统计、工商、人事、民政、金融、社会保障、计划、财政、经贸、外经贸、公安、海关、房地产、科技等各项管理活动中，并且应用范围越来越广泛。

条形码管理　1994年1月，区技术监督部门组织开展商品条形码办理工作。是年，为3家企业办理12个条码。至1999年，共为25家企业办理56个产品条形码。2000年为8家企业18个产品、2001年为12家企业21个产品、2002年为7家企业22个产品、2003年为9家企业49个产品办理条形码。至2003年，累计为64家企业办理178种产品条形码。

第三节　计量监督管理

建区至2001年，辖区计量监督工作由烟台市计量监督管理部门承担，市计量监督管理部门在辖区设一计量监督所。2002年，辖区独立开展计量监督管理工作。2003年起，区技术监督分局承担辖区计量、定量包装综合管理和行政执法业务，计量检定工作仍由烟台市计量监督所负责。

2003年，区技术监督分局组织专人对全区企事业单位计量器具使用情况进行普查登记，普查205个企事业单位、59个中小医疗部门、15家石油加油站、15 家眼镜店、11 家定量包装企业、10 家制造和生产计量器具企业。对这些单位计量器具进行强制检定，办理强制检定计量器具使用证，帮助企业建立计量器具管理台账。是年 9 月，对全区“四表”（电表、水表、煤气表、热能表）进行普查并组织首次检定，合格率 91%。对不合格的计量器具，按有关规定进行校正、检修和处理。10 月，与区热力公司配合，将全区企事业单位使用的热能表、流量计算仪、温压变送器等属于国家强制检定的计量器具组织集中检定。合格率为 86%，对不合格产品按有关规定进行了处理。

第四节　产品质量监督管理

1994 年，技术监督部门在辖区开始产品质量监督管理工作。是年开始，开展质量管理体系认证、CCC 认证、食品生产许可证、工业生产许可证、企业产品质量档案等监督管理工作。

认证和许可证管理　质量管理体系认证　1995 年起，辖区开展质量管理体系认证工作。是年，技术监督部门举办 ISO 9000 国际质量标准认证培训班一期，对 19 家企业进行培训。至 2000 年，有龙凤钢琴、华润锦纶等 15 家企业通过认证。至 2003 年，全区共有 69 家企业通过 ISO 9000 质量管理体系认证。

CCC 认证　2001 年，国家质监总局发布《第一批实施强制性产品认证的产品目录》对 19 类 132 种产品强制性实行“CCC”认证。从 2003 年 5 月 1 日起，对未获得强制性产品认证证书和未加施“CCC”标志的产品不得进厂、进口、销售。至 2003 年，全区有虎跃摩托车有限公司、菲尔普斯道奇（烟台）电缆有限公司、烟台科达电子设备有限公司、烟台意华汽车玻璃有限公司、烟台首钢东星电气设备厂、浪潮乐金数字移动通信有限公司、上海通用东岳汽车有限公司、开发区南洋电器有限公司、烟台黄金电器有限公司、开发区科威电气有限公司、开发区豪世机械电子有限公司、烟台恒昌电子有限公司 12 家企业通过认证。辖区企业获证率达 90% 以上。

QS 认证　QS 标志是食品市场准入标志。2002 年，国家质检总局首批对米、面、油、酱油、醋 5 类食品实施食品质量安全市场准入管理，烟台开发区欣和味达美食品有限公司通过认证。2003 年 7 月，国家质检总局对第二批新 10 类食品——即肉制品、乳制品、饮料、调味品、方便面、饼干、罐头、冷冻饮品、速冻面米食品、膨化食品实施食品质量安全市场准入管理，辖区有烟台晶岩食品有限公司生产的乳制品、烟台梅园食品有限公司生产的肉制品、烟台周伟食品有限公司生产的面点类食品、烟台龙达水处理技术有限公司和区自来水公司生产的纯净水通过了认证。

生产许可证　2002 年，辖区开始办理工业产品生产许可证。按国家质检总局 2002 年 3 月 27 日公布《工业产品生产许可证管理办法》要求，辖区对建筑门窗、化妆品、电线电缆等产品实行许可证管理。至 2003 年年底，共有 13 家企业取得工业产品生产许可证。

企业质量档案管理　2003 年 1 月，区技术监督部门对区内国有和年销售收入超过 500 万元的企业建立质量档案。是年，共为 86 家企业建档。

第五节　特种设备安全监督管理

2000 年 1 月 3 日，烟台开发区将原由劳动部门承担的锅炉、压力容器、电梯、防爆电器等特种设备的安全监察监督管理职能及其机构编制人员，划归区质量技术监督分局管理。

特种设备管理　2000 年 1 月，区质量技术监督分局从区劳动部门接收特种设备有压力容器 474 台、锅炉 97 台、电梯 127 台、起重机械 240 台、场内机动车辆 60 台。2001 年，区质量技术监督部门开始颁发压力容器使用登记证、锅炉使用登记证、电梯安全检验合格证、起重机械安全检验合格证，对场内机动车辆进行挂牌并颁发行驶证。是年 12 月，区质量技术监督局下发《关于烟台开发区锅炉压力容器压力管道及特种设备普查登记工作实施意见的通知》，成立区锅炉压力容器压力管道及特种设备普查登记领导小组。至2002年，全区共普查企业168家，普查特种设备1333台。其中有锅炉的55家105台，有压力容器的52家613台，其他特种设备的152家615台。是年9月，区质量技术监督分局接收福山质量技术监督局移交的古现、八角企业20家，共有特种设备63台，其中锅炉19台、压力容器41台、其他特种设备3台；接收蓬莱质量技术监督局移交大季家企业63家，共有特种设备257台，其中锅炉61台、压力容器178台、其他特种设备18台、压力管道885条127千米，游乐设施2台。

至2003年，全区共有锅炉196台，颁发锅炉使用登记证196个，锅炉操作证122个；压力容器943台，颁发使用登记证943个，操作证129个；起重机械649台，颁发起重机械使用登记证649个，操作证1135个；电梯226台，颁发使用登记证226个，操作证77个；厂内车辆214辆，挂牌214个，颁发行驶证214个，操作证373个；压力管道885条，127千米；游乐设施2台。

特种设备操作人员培训 2001年，区质量技术监督分局首次举办特种设备操作人员培训班，至2003年，共举办锅炉司炉工5个班次的培训，培训122人；压力容器专业举办4个班次，培训129人；起重机械专业举办12个班次，培训1135人；电梯专业举办7个班次，培训210人；场内机动车辆专业举办22个班次，培训373人。

监督检查 2001年，区质量技术监督分局开始特种设备安全监督检查执法工作。2002年，烟台开发区某公司无压力容器制造资质，私自制造2台Ⅰ类4立方米的压力容器，违反《锅炉压力容器安全监察暂行条例》规定，给予封存私造设备、罚款5000元处理。2003年，青岛某公司烟台分公司在用的两台起重机械未按规定进行验收检验和定期检验，起重机械操作人员无证操作，给予责令停止使用、补办相关手续和罚款5000元的处理。至2003年，共查获锅炉、压力容器、压力管道和特种设备违规案件30多起。

第六节 质量技术监督行政执法

1993年中秋节前，区计量检测中心首次进行执法检查，在彩云城市场对一些销售标识不全的月饼、酒水等商品进行检查规范。1994年元旦、春节期间，邀请市技术监督局执法人员与区技术监督局执法人员共同开展市场打假活动，查处一批伪劣食品和电器。1994—1995年，打假工作主要针对“制假、售假”，先后查获假冒贵州茅台酒、假冒舒肤佳香皂、假冒名优标识的八宝粥、假冒双“A”卫生纸等产品。其间，对区内各大酒店经营的名酒、高档海产品进行检查，查获一批假冒烟酒和不合格调味品等产品。针对当时各酒店销售啤酒使用“扎”为单位的情况，对使用无计量刻度的扎啤杯销售啤酒的酒店进行了限期整改处理。1995年，区计量检测中心通过省质量技术监督局的计量认证，取得法定检验资质，可以检验食品、化妆品、生活用品、轻工产品等产、商品。

1996—1999年，查处舒家批发市场销售以郯城大米假冒盘锦大米案件、销售假冒二锅头酒系列案件、3家骨粉厂无证生产骨粉案件、彩云城市场多家建材商店销售假冒北京白乳胶案件、仲秋季节制造销售不合格月饼等案件。

2001—2003年，区技术监督局查处多起影响较大的案件。某电子技术公司用旧显示器机芯组装生产彩色显示器案，对公司作出62台成品显示器异地扣押，564台旧机芯及生产辅料进行现场封存，罚款10万元的行政处罚，并没收全部产品；某加油站柴油掺假案，对其进行“责令停止销售，罚款10万元”的行政处罚；某热力设备公司非法加工锅炉外壳案，给予该公司“责令停止销售，没收锅炉，罚款5万元”的行政处罚；舒家批发市场假冒“立白”透明皂案，对3名不法分子，给予当场查扣假冒产品350件。

1998—2003年，区技术监督部门共办理各类技术监督违法案件200多起，罚款80余万元，受理并妥善处理消费者投诉200余起，挽回经济损失120多万元。

1998—2003年烟台开发区技术监督部门查处案件情况统计表

表15-9 单位：件、万元

年份	案件数量	罚款额	没收违法所得数额
1998	15	2.46	0.30
1999	36	6.21	0.21
2000	15	3.35	0.63
2001	12	15.29	0.85
2002	71	27.34	0.60
2003	55	28.96	0.44
合计	204	83.61	3.03

第七章 国土资源管理

1986年1月21日，《山东省经济技术开发区土地管理暂行规定》发布施行，规定"开发区内土地等自然资源，由经济技术开发区管理委员会统一规划和管理，任何单位和个人在开发区内用地，均需经开发区管委会批准"。1992年5月4日，山东省决定烟台开发区在土地征用、规划建设、项目审批等方面，赋予地级市管理权限。1994年4月21日《山东省经济技术开发区土地管理规定》规定，开发区范围内的土地，征用、划拨耕地50亩以下、其他土地100亩以下，由开发区管委会代所在市人民政府批准，报省政府和所在地市政府备案。1998年，烟台开发区管委不再享有征地、供地审批权，土地征用须报经国务院或山东省人民政府批准，土地供应须报经山东省或烟台市人民政府批准。

1985—2003年，辖区共征用土地2522公顷，出让土地1959.95公顷，办理农转非户口14189名，土地补偿费、安置费、青苗费等6.78亿元。

第一节 地籍管理

1994年4月，区建设环保土地局对黄山路以东、金沙江路以北范围进行地籍调查。10月，完成权属调查和细部测量工作，绘制地籍图84幅，界址点557个，调查宗地156宗，测量区域面积3.7平方公里。1995年11月，山东省土地管理局、科学技术委员会组织省内有关专家对烟台开发区地籍调查成果进行签定，认为该项工作成果居省内同类成果先进水平，评选为省土地管理局科技进步二等奖。

1995年，辖区根据地籍调查成果及其他方面情况进行土地登记，核发国有土地使用证91个。1996年核发国有土地使用证85个；1997年核发国有土地使用证132个；1998年核发国有土地使用证125个、土地他项权利证16个；1999年核发国有土地使用证96个、土地他项权利证14个；

2000 年核发国有土地使用证 116 个、土地他项权利证 16 个；2001 年核发国有土地使用证 126 个、土地他项权利证 20 个；2002 年核发国有土地使用证 91 个、城镇居民住宅土地使用证 700 个、土地他项权利证 38 个；2003 年核发国有土地使用证 169 个、城镇居民住宅土地使用证 6090 个、土地他项权利证 42 个。至 2003 年，累计完成土地登记 8029 宗，核发国有土地使用证 1093 个、城镇居民住宅土地使用证 6790 个、土地他项权利证 146 个。

2003 年，烟台市国土资源局委托烟台卫正资产评估有限责任公司对烟台市五区城镇土地进行基准地价评估，烟台开发区工业用地确定为二级、三级，商业用地确定为三级、四级，住宅用地确定为三级、四级。

第二节　土地征用

1985 年 4 月 1 日，开发区管委向福山区政府提出征地申请。6 日，烟台市政府批准烟台开发区征用福山镇（胜利东村、曲家台子村、刘家台子村、宫家台子村、杨家台子村）、臧家乡（胜利西村、栖里村）7 个村耕地 268.63 公顷，并有部分芦笋地、果园等非耕地。这是烟台开发区征得的第一宗土地。1985—1986 年，全区共征用土地面积 359.55 公顷。1987 年征用胜利东村、胜利西村、栖里村土地 4 宗，面积 16.75 公顷。1988 年征用杨家台子村、宫家台子村、刘家台子村、曲家台子村、胜利东村、胜利西村、栖里村土地 11 宗，面积 55.62 公顷。1989 年征用杨家台子村、宫家台子村、胜利西村土地 3 宗，面积 3.31 公顷。1990 年征用土地 10 宗，面积 37.29 公顷，涉及宫家台子村、曲家台子村、胜利东村、胜利西村、栖里村、福山区古现镇北于家村等 7 个村。1991 年，征用土地 14 宗，征地面积 19.05 公顷，涉及胜利西村、奇章村、岗嵛村、栖里村、廒上村、北屯村、北车家村、福山区臧家乡上庄村。1992 年征用土地 163 宗，面积 652.57 公顷，涉及胜利西村、奇章村、曲家台子村、马家村、岗嵛村。1993 年征用土地 129 宗，面积 495.02 公顷。1995 年征用土地 41 宗，面积 43.58 公顷。2000 年征用土地 9 宗，面积 19.40 公顷。2002 年，古现、大季家两镇划归开发区，征用土地 77 宗，面积 248.99 公顷。2003 年，征用土地 83 宗，面积 272.26 公顷。至 2003 年，开发区共征用土地 2498.71 公顷。

用地补偿　1985 年始，烟台开发区征用土地，都按照国家标准给予用地补偿，1985—1986 年，给予用地补偿费 2149 万元。1992 年，用地补偿费调整为：征用耕地，为该耕地被征用前 3 年平均年产值的 3 ~ 6 倍，烟台开发区执行 6 倍；安置补助费按照需要安置的农业人口数计算，每一个农业人口的安置补助费为该耕地被征用前 3 年平均年产值的 2 ~ 3 倍，烟台开发区执行 3 倍。给予用地补偿费 1.43 亿元。1999 年，用地补偿调整为：土地补偿费标准为该耕地被征用前 3 年平均年产值的 8 ~ 10 倍，烟台开发区执行 10 倍；安置补助费为每一农业人口的为该耕地被征用前 3 年平均年产值的 6 倍；被征用土地上青苗和附着物的补偿，也根据省政府规定按上限办理。2003 年，给予用地补偿费 1.47 亿元。1985—2003 年累计用地补偿金额 6.56 亿元。

1985—2003 年烟台开发区征地面积与三项补偿费统计表

表 15-10

年份	征地宗数（宗）	征地数量（公顷）	补偿金额（万元）
1985—1986	-	359.55	2149
1987	4	16.75	94

续表 15-10

年份	征地宗数（宗）	征地数量（公顷）	补偿金额（万元）
1988	11	55.62	368
1989	3	3.31	28
1990	10	37.29	618
1991	14	19.05	249
1992	163	652.57	14259
1993	129	495.02	10552
1994	46	78.33	1590
1995	41	43.58	918
1996	17	19.56	406
1997	26	43.36	1143
1998	15	69.25	2442
1999	5	5.22	234
2000	9	19.40	676
2001	48	59.60	3429
2002	77	248.99	11806
2003	83	272.26	14651
合计	701	2498.71	65612

失地农民“农转非”　1986—1997 年，辖区征用农村土地后，依据国家关于“被征地单位的耕地全部被征或者征用土地后人均耕地不足 66 平方米的，经省人民政府批准，原有的农业户口可以转为非农业户口”的政策规定，先后 4 批为 1.42 万名失地农民办理农转非户口。1986 年，为胜利东村、胜利西村和曲家台子村 3103 名失地农民办理了非农业户口。1992 年办理农转非户口 904 人，1996 年办理农转非户口 4195 人，1997 年办理农转非户口 5987 人。

1986—1997 年烟台开发区农转非情况统计表

表 15-11　　单位：人

批次	年份	村庄	人数
1	1986	胜利东村、胜利西村、曲家台子村	3103
2	1992	马家村	904
3	1996	刘家台子村、宫家台子村、杨家台子村	4195
4	1997	舒家村、廒上村、栖里村	5987
合计			14189

第三节 土地供应

1985—1987年，全区用地以政府投资的基础设施建设和公共建筑为主，没有发生实质性土地供应行为。1988年，主要供应管委直属企业用地，用于厂房建设和住宅开发，出让土地17宗，总面积18.5公顷。1989年，区内生产性企业逐渐增多，税务、公安、园林、文教、卫生、粮油等配套服务设施相继开工，房地产公司建设的住宅小区启动，土地供应大量增加，是年出让土地45宗，总面积80.89公顷。1990年，仍然以工业和管委直属单位用地为主，出让土地20宗，总面积23.52公顷。1991年，开发区起步区拉开建设框架，I-9、IV-4等住宅小区全面筹划，管委直属公司引进的企业陆续开工建设，土地供应量增加，出让土地28宗，总面积77.15公顷。1992年，邓小平南方谈话后，开发区第1次扩区，市场经济活跃，用地量增加，出让土地130宗，总面积526.93公顷。1993年，延续大开发的态势，工业、房地产以及成片开发项目大规模进区，出让土地114宗，总面积526.1公顷。土地出让后，出现个别囤积、炒卖土地现象。有的地价从批复的80元/平方米左右，炒到500元/平方米。1994年，国家紧缩银根，用地量减少，出让土地40宗，总面积99.16公顷，不足上年的20%。1995年，出让土地18宗，总面积83.96公顷，大部分为工业用地和综合用地，住宅和公建用地明显减少。1996年，出让土地18宗，总面积62.25公顷。1997年，出让土地17宗，总面积16.77公顷。1998年，出让土地18宗，总面积21.45公顷。1999年，《中华人民共和国土地管理法》实施，实行土地用途管制制度。出让土地28宗，总面积24.29公顷。2000年，出让土地18宗，总面积72.39公顷。2001年，出让土地19宗，总面积33.58公顷。2002年5月，国土资源部《招标拍卖挂牌出让国有土地使用权规定》发布，要求商业、旅游、娱乐和商品住宅等各类经营性房地产用地，必须以招标、拍卖或者挂牌方式出让。下半年，开发区首次拍卖位于I-7小区的商住用地，面积1.12公顷，拍卖价603.83元/平方米，为当时最高地价，被烟台永兴房地产公司拍得，兴建永兴大厦。是年，开发区第2次扩区，工业项目明显增多，出让土地59宗，总面积148公顷，其中拍卖1宗。2003年，出让土地67宗，面积149.77公顷，其中拍卖1宗。工业项目用地占总用地面积的85%。是年拍卖位于Ⅱ-4小区住宅用地，面积3.64公顷，拍卖价为900元/平方米，为当时最高价。

至2003年，全区共出让（划拨）土地658宗，总面积1964.71公顷，合同总金额18.92亿元。其中拍卖土地两宗，面积4.76公顷。

1988—2003年烟台开发区土地出让情况统计表

表15-12

单位：宗、公顷、万元

年份	宗地数			面积			合同金额	
	合计	协议出让	拍卖	合计	协议出让	拍卖	合计	其中拍卖
1988	17	17	–	18.5	18.5	–	1612.4	–
1989	45	45	–	80.89	80.89	–	7232.7	–
1990	20	20	–	23.52	23.52	–	2399.3	–
1991	28	28	–	77.15	77.15	–	6267.5	–
1992	130	130	–	526.93	526.93	–	39915.1	–
1993	114	114	–	526.1	526.1	–	38452.2	–

续表 15-12

年份	宗地数			面积			合同金额	
	合计	协议出让	拍卖	合计	协议出让	拍卖	合计	其中拍卖
1994	40	40	–	99.16	99.16	–	12661.4	–
1995	18	18	–	83.96	83.96	–	5303.8	–
1996	18	18	–	62.25	62.25	–	11239.4	–
1997	17	17	–	16.77	16.77	–	1521.7	–
1998	18	18	–	21.45	21.45	–	2365.4	–
1999	28	28	–	24.29	24.29	–	3107.7	–
2000	18	18	–	72.39	72.39	–	12001.0	–
2001	19	19	–	33.58	33.58	–	9216.3	–
2002	60	59	1	148.00	146.88	1.12	17150	680
2003	68	67	1	149.77	146.13	3.64	18795.52	3272.10
合计	658	656	2	1964.71	1959.95	4.76	189241.42	3952.10

第四节　土地监察

辖区土地监察工作由土地管理部门负责。

1997—1998 年，全区查处非法转让土地案件 4 起，处理改变土地使用用途案件 6 起，调处土地界址纠纷 14 起，制止侵犯土地使用权 1 起。收回不按期开发建设的闲置土地，收回土地折价 10140 万元。1997 年，收回土地 39.73 公顷，其中工业用地 20.70 公顷，住宅用地 4.93 公顷，公建用地 14.10 公顷。1998 年，收回土地 38.11 公顷，其中工业用地 5 公顷，住宅用地 30.60 公顷，公建用地 2.51 公顷。

1999 年，开发区根据国土资源部《闲置土地处置办法》，对因开发热导致土地盲目出让、大量土地闲置等历史遗留问题进行处置。收回海南华信（0–2 小区）、深圳华新（E–16 小区）、联恒置业（III–5 小区）、国大公司（IV–5 小区）、投资公司（IV–4 小区）5 个用地单位的闲置土地 33.8 公顷。

2000 年，对使用者主观原因导致的闲置土地依法实施无偿收回，或根据实际情况返还部分出让金后收回。对城市规划调整需重新安排使用的土地，与原土地权利人协商，给予适当补偿后收回。是年，共将 42 公顷闲置土地使用权收归国有。

2001 年，在继续加大处置闲置土地力度的同时，重点启动停缓建工程。对占地 3 公顷、闲置多年的“国际商业城”，在理顺各房地产权益人利益的基础上，成功启动。对某公司 III–1 小区 1 公顷闲置土地无偿收回。是年共收回闲置土地 40 公顷，对区内 27 万平方米停缓建工程推动复工。

2002 年，土地执法监察部门对全区房地产开发用地进行清理整顿，对全区 311 宗房地产开发用地，从手续办理、开发利用等方面逐一调查摸底，清理整改。收回 48.4 公顷闲置或存在违法违规问题的土地。再启动停建工程 32 万平方米，追缴土地出让欠款 800 余万元。其中，对占地 1.4 余公顷、停建多年的“海鹰大厦”，解除与原土地权利人的使用合同，对地上工程进行公开拍卖，确定新的开发商，重新组织开发。烟台开发区房地产用地清理工作顺利通过省政府验收，用地秩序实现根本性好转。

2003 年，开发区制定《烟台开发区整顿和规范土地市场秩序工作实施方案》，成立以管委主任任组长的专项工作领导小组，组织专门力量对建区以来全部用地调查摸底，对不合法、不规范的用地行为依法处理或规范。全区共查出违法用地 121 宗，面积 431.9 公顷。其中制止违法用地 5 宗，立案查处违法用地 116 宗，立案查处率 100%。通过协议收购、收回、置换等方式盘活闲置土地 47.2 公顷。全区整顿和规范土地市场秩序工作顺利通过省政府、国务院“五部委”联合检查验收，土地市场进一步规范化、法制化。

第八章　安全生产监督管理

第一节　管理机构

安全生产监督管理局　1987 年 2 月，区劳动人事局成立后，内设 2 名安全生产管理人员，负责全区劳动安全、职业卫生、特种作业设备、压力容器的安全管理工作。1991 年 4 月，区劳动人事局内设安全保护科，人员 3 人。1993 年 2 月，安全保护科改称劳动安全处。2001 年 4 月，劳动安全处职能由区劳动人事局划归区经济发展局，经济发展局内设安全生产处。2001 年 8 月，经济发展局对外挂烟台开发区安全生产监督管理局牌子，有职工 4 人。2002 年 11 月，经济发展局增设区安全生产检测培训中心，有职工 9 人。主要职能是负责全区安全生产科研成果的鉴定和技术推广，安全生产条件和有关设备的检测检验、安全评价以及安全培训等工作。

安全生产委员会　1987 年，烟台开发区安全生产委员会（以下简称“安委会”）成立，负责组织和协调全区安全生产工作，由分管劳动工作的管委会主任或副主任担任安委会主任，成员由有关单位领导组成，办公室设在区劳动人事局。2001 年，办公室设在经济发展局。遇安委会人员变动时，随时增补。

安全生产领导小组　2001 年，烟台开发区安全生产领导小组成立。按专业性质划分，共成立 13 个领导小组，分别是建设安全生产领导小组，主要负责建筑行业和市政工程的安全管理；城管环保安全生产领导小组，主要负责城市管理、市政设施、城镇燃气的安全管理；道路交通安全领导小组，主要负责交通运输业的安全管理；消防安全领导小组，主要负责消防方面的安全管理；民用爆破器材和烟花爆竹安全生产领导小组，主要负责爆破器材和烟花爆竹的安全管理；海上生产安全领导小组，主要负责海上捕捞和养殖方面的安全；森林防火安全领导小组，主要负责森林火火方面的安全管理；旅游安全领导小组，主要负责旅游设施的安全管理；农业机械安全生产领导小组，主要负责农业机械的安全管理；文化安全领导小组，主要负责文化娱乐场所的安全管理；卫生安全领导小组，主要负责医疗卫生方面的安全管理；危险化学品安全生产领导小组，主要负责危险化学品行业的安全管理。安全领导小组负责各专业领域安全管理工作，至 2003 年，仍延续安全生产领导小组的管理方法。

第二节　安全生产教育与培训

自开发区安全生产监督管理机构成立以来，始终把安全宣传教育摆在安全工作的首位，通过抓宣传教育、抓岗位培训等方式，积极做好安全预防工作。

宣传教育　1987 年以来，区安全生产监督管理机构坚持贯彻“宣传教育、预防为主”的安全生产方针，通过各种形式的宣传教育，普及安全生产知识，使安全生产深入人心。1990—2000 年期间，区安全生产监督部门每年都组织开展安全生产活动月、活动周、主题活动日等活动，组织发放安全生产宣传材料，组织安全生产知识考试，组织典型案例分析教育等活动，做好安全预防工作。

2001年5月，辖区组织开展“安全生产周”活动，组织4000名职工参加安全生产知识答卷。2002年6月，组织开展“安全生产月”活动，在全区企业开展“安全责任重于泰山”为主题的安全生产活动。6月9日，区安全生产监督部门、交警部门、消防部门、技术监督部门、建设环保土地部门、渔政管理部门和卫生防疫部门等在德胜商城举行安全生产主题咨询日活动，宣传安全生产法律、法规，发放宣传资料2万余份。11月，开展《中华人民共和国安全生产法》《山东省安全生产监督管理规定》专题宣传活动，组织5500名职工参加“一法一规”知识答卷。2003年6月，以“关注安全，关爱生命”为主题，组织开展“安全生产月”活动。区安全生产监督管理局、公安分局、技术监督局、建设环保土地局、农业与海洋渔业局和社会事业管理局在德胜商城举行安全生产主题咨询日活动，出动宣传车5辆，宣传有关法律、法规，发放宣传资料3万余份，组织6000余名职工参加安全生产知识答卷。

图15-8　开展安全生产宣传月活动（2003年摄）

安全培训　1987年以来，区安全生产监督管理机构定期开展各行业、各工种的安全培训教育，培训企业厂矿长、企业安全生产负责人和危险化学品生产经营单位负责人以及危险岗位操作人员，普及安全生产知识，使安全生产意识深入人心。1987—1995年，每年举办各种类型的安全生产培训班都在10期以上，1996—2000年，每年举办培训班都在15期以上。2001年8月，经培训合格，特种作业操作证更换新换证人数1776人，其中电工596人、焊工597人、起重217人、厂内机动车辆326人、制冷36人、登高作业4人。是年，培训学员434人，其中电工113人、焊工83人、起重171人、厂内机动车辆67人。2002年，区安全生产检测培训中心取得特种作业人员的培训资质。经济发展局安全生产监督管理处利用晚上和周末的时间分别对特种作业学员进行理论与实际操作培训，当年培训学员478人，其中电工126人、焊工93人、起重146人、厂内机动车辆86人，制冷27人。经过安全培训的人员每两年要复审一次，当年复审学员586人，其中电工213人、焊工234人、起重74人、厂内机动车辆65人。2003年培训学员533人，其中电工106人、焊工156人、厂内机动车辆271人。复审学员602人，其中电工289人、焊工313人。2003年，根据国家安全生产培训归口管理的规定，起重机械的培训工作划归技术监督部门管理。

2001年11月，区经济发展局安全生产处对98名企业厂长（经理）及安全生产监督管理人员培训。培训内容主要有安全生产责任重于泰山、安全生产法规和监督管理体系、企业日常安全生产管理、安全生产事故应急处理等。2002年有118名企业厂长（经理）及安全管理人员接受培训。2003年有93名企业厂长（经理）及安全管理人员接受培训。

图15-9　举办全区《安全生产法》知识讲座（2003年摄）

第三节 安全生产监察

1987—2000年，辖区安全生产监察工作由劳动、建设、贸易等部门分头管理。2001年集中管理以来，安委会制订《重特大事故应急救援预案》及《公众聚集场所消防重特大事故应急救援预案》《化学灾害应急处理预案》《道路交通重特大事故应急救援预案》等子预案；2002年建立《建筑施工重特大事故应急救援预案》《海上生产重特大事故应急救援预案》《特种设备、压力容器重特大事故应急救援预案》和《重特大火灾事故应急救援预案》；2003年制订《危险化学品应急救援预案》和《非煤矿山重特大事故应急救援预案》。2001—2003年，辖区查处700多处重大危险源和重点监控部位，并建立了台账；连续3年开展非煤矿山、危险化学品、道路交通、建筑施工、民用爆破器材和烟花爆竹、公共聚集场所消防、海上渔业生产等7个专项整治。

安全责任制度建设 自1987年安委会成立以来，每年组织召开1次全区安全生产工作会议。安委会每季度召开1次工作例会，对安全生产形势进行分析，研究制定重大事故隐患治理方案，落实责任，对当前重大事故隐患的治理情况进行调度。从2001年开始，为有效增强辖区企事业单位的安全生产工作责任感，落实工作责任，每年年初管委会都与区直部门、企事业单位、中央省市驻区单位签订安全生产责任状。在责任状中明确各职能部门与企事业单位的职责分工、工作任务、安全指标和工作程序等项内容。2001年签订责任状172份，2002年签订责任状215份，2003年签订责任状268份。

安全检查 1987—2000年，区安全生产监督部门主要在重大节假日、政治敏感期和季节性开展执法检查，与专项安全检查、突发事件安全检查、日常安全检查相结合。每年元旦、春节、五一、十一节日前，都进行安全检查。每年都开展夏季防洪、冬季防风防冻等季节性检查和分行业的日常检查。每年大的检查次数都在15次以上，通过检查，发现问题，及时查处和整改。

2001年，区安全生产监督部门组织开展春季、夏季、秋季、冬季、政治敏感期和重大节假日安全大检查6次，其他各类专项安全生产检查20余次，检查企业200余家，查出隐患240余处，下达事故隐患整改指令书80余份。2002年，组织开展全区性安全大检查15次，其他各类专项安全检查30余次，共检查企业300余家，查出各类隐患1700余处，下达事故隐患整改指令书400余份。2003年，组织开展全区性安全大检查10次，其他各类安全检查40余次，检查企业350余家，查出各类安全隐患800余处，下达事故隐患整改指令书180余份。

图15-10 安全生产监察人员到企业监督检查

危险化学品经营安全管理 1987—2001年，危险化学品经营安全管理由区经济发展局负责。2001—2003年，由区安全生产监督管理局负责。1987—1994年间，境内危险化学品经营企业发展到11家，经营品种主要有高压易燃易爆气体（氧气、乙炔气等）、成品油（汽油、柴油等）、石油液化气、易燃易爆易腐蚀化工产品等。1994年有石油加油站6家，有经营易燃易爆易腐蚀化工产品企业2家。1995—2001年，原有的11家危险化学品经营企业有4家不符合条件被停业注销，其中液化气站2户、加油站1户、易燃易爆易腐蚀化工原料经营户1户。2002年9月，辖区面积扩大后危险化学品经营企业增加到30家。2003年，全区共有各类危险化学品经营企业43家，其中加油站 20 家、液化气站 3 家、易燃易爆易腐蚀化工产品经营户 20 家。

对危险化学品经营企业安全管理，采用“许可证”管理办法。即按国家《危险化学品经营管理条例》和“经营许可证”的条件规定，经安全生产监督部门审核合格后，予以批转上报，最后由省危险化学品经营许可证办公室审批。许可证实行 1 年一复查，3 年一换证的制度，通过制度来保证危险化学品的安全经营。区安全生产监督部门每季度深入危险化学品经营企业全面检查一次，发现问题及时整改。定期开展安全专项整治活动，由安全生产监督、工商、公安消防、计量检测等部门参加，开展联合专项整治。2003 年，辖区在市局对各县市区危险化学品专项整治考核验收中，以 99 分成绩列全市第一。

2003 年，辖区在全市首先建立危险化学品数据库系统，对所有危险化学品企业进行登记建档。安全生产监督部门对全区 43 家危险化学品企业进行安全评估，换发“危险化学品生产（经营）许可证”。对 3 家无证经营危险化学品的单位依法予以取缔；对 21 家甲类危险化学品经营许可证的企业给予换证；对 6 家超范围经营危险化学品单位依法予以处罚。建区至 2003 年，开发区在危险化学品生产和经营中，未发生中等以上安全生产事故。

非煤矿山安全管理　2002 年 8 月，开发区管辖面积扩大前，境内没有非煤矿山。9 月扩区后，古现、八角、大季家 3 个街道共有非煤矿山 28 处（含烟台市金矿，已停产）。开采矿种主要有白云石、滑石、花岗岩等，企业性质除烟台市金矿外其他都属于个体私营。2002 年接管时，所有矿山均无设计、无地质资料、无图纸，大多数矿长没有经过资格培训，特种作业人员无操作证，矿山开采严重违反矿山安全规程，不具备安全生产条件。

从 2002 年 11 月起，区安全生产监督部门开始对 28 处矿山进行安全整治。其中 13 家矿山（古现 9 家、大季家 3 家、八角 1 家）因无采矿许可证、无营业执照、无矿山安全生产合格证，被关闭取缔。14 家矿山（大季家 11 家、古现 2 家、八角 1 家）因无矿山设计、安全生产条件差，被勒令停产整顿，限期整改。14 家矿山企业在规定时间内完成矿山开采方案设计，建立健全安全生产责任制和安全操作规程，对工人进行安全培训，对各矿长进行安全资格培训，做到持证上岗。2003 年 4—5 月，区安全生产监督部门先后为大季家街道办事处 10 家验收合格的矿山发放准建证和准采证，对 4 家不具备安全开采条件的矿山予以关闭。

2003 年 4 月，烟台市金矿整体拍卖给烟台新金峰矿业有限公司（新金峰矿业有限公司 2004 年 3 月通过烟台市安监局组织验收并领取“安全生产合格证”）。至此，烟台开发区有符合安全规范、允许开采的非煤矿山企业 10 家，其中个体经营企业 9 家、有限责任公司 1 家。

图 15-11　安全生产监察人员深入矿山监督检查

2003 年烟台开发区非煤矿山企业统计表

表 15-13　　单位：万吨

矿种	矿区（企业）名称	经济类型	设计能力	实采能力	开采方式
滑石	大季家小苗家滑石矿初旺矿区	个体	1.50	1.00	地下开采
滑石	大季家小苗家滑石矿赵家山矿区	个体	1.50	1.30	地下开采

续表 15-13

矿种	矿区（企业）名称	经济类型	设计能力	实采能力	开采方式
滑石	大季家张精采石厂	个体	1.50	1.20	地下开采
白云石	大季家顾家白云石矿	个体	1.20	1.20	地下开采
白云石	大季家山后李家滑石粉厂	个体	1.50	1.20	地下开采
花岗岩	大季家广利石材厂	个体	1.00	1.00	露天开采
大理岩	大季家克忠石子厂	个体	1.20	1.20	露天开采
橄榄岩	大季家赵竹杰石子厂	个体	1.60	1.50	露天开采
花岗岩	古现王义采石场	个体	1.50	1.50	露天开采
金矿	烟台新金峰矿业有限公司	有限责任	11.50	8.00	地下开采

第四节　安全生产事故调查处理

建区至2001年，辖区安全事故处理由劳动、交通、建设、工业等各个部门分管，数据没有汇总。

2001年，辖区发生各类安全事故60起，死亡14人。其中交通事故55起，死亡9人；建筑企业安全事故1起，死亡1人，直接经济损失2万元，对5名责任者给予行政处分，对1个事故单位罚款1万元；工业企业安全事故2起，死亡2人，直接经济损失4万元，对8名责任者给予行政处分，对2个事故单位罚款共2万元。

2002年，发生各类安全事故21起，死亡9人，分别低于市下达的事故年度预控指标的51.4%和31.6%。其中，交通事故16起，死亡3人；建筑企业发生安全事故3起，死亡4人，直接经济损失24万元，对14人给予行政处分，对3个事故单位罚款共4.1万元；工业企业发生安全事故2起，死亡2人，直接经济损失12万元，对6名责任者给予行政处分和经济处罚，对3个事故单位罚款共2.5万元。

2003年，发生各类事故40起，死亡24人，分别低于市下达的事故年度预控指标的84%和47%。其中，道路交通事故30起，死亡20人；建筑企业发生安全事故3起，死亡3人，直接经济损失18万元，对与事故有关的14人由公司根据法律、法规及内部有关规定给予处理，对7个事故单位罚款共18.1万元；火灾事故6起；工业企业发生安全事故1起，死亡1人，直接经济损失6万元，相关人员按法律、法规及公司内部有关规定给予处理，对事故单位罚款1.5万元。建区以来至2003年，全区未发生重特大安全事故。

2001—2003年烟台开发区安全事故情况统计表

表 15-14

年份	道路交通			建筑			火灾			工业企业		
	起数（起）	死亡人数（人）	直接经济损失（万元）	起数（起）	死亡人数（人）	直接经济损失（万元）	起数（起）	死亡人数（人）	直接经济损失（万元）	起数（起）	死亡人数（人）	直接经济损失（万元）
2001	55	9	26	1	1	2	2	2	50	2	2	4
2002	16	3	13	3	4	24	0	0	0	2	2	12
2003	30	20	120	3	3	18	6	0	0	1	1	6
合计	101	32	159	7	8	44	8	2	50	5	5	22

第十六编
党务组织

烟台开发区一九九三年年终总结表彰大会

烟台经济技术开发区志

YANTAI JINGJI JISHU KAIFAQUZHI

中共烟台市委经济技术开发区工作委员会（以下简称工委）系烟台市委派出机构，代表烟台市委全面领导烟台开发区的各项工作。1985年5月，中共烟台经济技术开发区委员会（1986年2月改为工委）成立后，不断加强全区党的思想建设、组织建设和作风建设，加强党风廉政教育。开展农村教育培训和整顿，联系思想和工作实际，解决存在的问题，制定整改措施。1999年，工委在各级党员领导干部中开展“三讲教育”（讲学习、讲政治、讲正气）；2000年，在全区党员中开展“三个代表”（中国共产党要始终代表中国先进生产力的发展要求、中国先进文化的前进方向、中国最广大人民的根本利益）重要思想学习教育活动，进一步统一全区党员思想，坚定带领全区人民树立开拓创新、团结奋进的信心和决心；至2003年，工委领导集体审时度势，先后作出优化投资环境、招商引资、深化改革、扩大开放等一系列加快开发区建设发展的科学决策，领导全区党员和人民群众真抓实干，与时俱进；全区党的建设、民主法治建设和精神文明建设健康发展，为加速开发区经济技术开发建设奠定了坚实基础。

第一章　工委机构

第一节　机构沿革

1984年10月22日，烟台市福莱山经济技术开发区筹备委员会临时党支部成立，这是烟台开发区第一个党的组织机构。1985年5月7日，中国共产党烟台经济技术开发区委员会成立，同时撤销原临时党支部。1986年12月12日，中共烟台市委经济技术开发区工作委员会成立，与管委合署办公。同时撤销原中共烟台经济技术开发区委员会。主要职责是贯彻执行党的路线、方针、政策和上级党组织的指示，领导烟台开发区各项工作。

1986年3月31日，工委设纪律检查委员会。1987年2月7日，管委政治处划归工委序列。到1990年年底，工委先后设立政治处、纪委、团委、总工会、妇联5个正科级工作部门。

1991年，撤销政治处，增设组织部、宣传部；1991年3月31日，设工委办公室（与管委办公室合署办公）；1992年12月26日，工委管委直属工作部门由正科级升格为正处级，工委办公室同时挂管委办公室牌子，称工委管委办公室，并增设群工部；1993年2月18日，总工会、团委、妇联归属群工部管理。同时，工委所属各工作部门中的内设机构升格为正科级。到1993年年底，工委设立办公室、组织部、宣传部、纪委、群工部等5个直属部门。

2002年11月22日，工委增设政法委员会，为正处级建制。到2003年年底，工委共设立办公室、组织部、宣传部、纪工委、群工部、政法委、党校等7个直属部门和事业单位。

第二节　工委历任领导与职责

工委历任领导　工委作为烟台市委派出机构未建立党的代表大会制度，也未设常务委员会。烟台开发区选举的党员代表直接参加烟台市党员代表大会，区级党组织领导成员由中共烟台市委任命。自1984年建立临时党支部以来，烟台市委任命的工委书记、副书记、委员共47人。

1984—2003 年烟台开发区工委历任领导成员表

表 16-1

姓名	性别	出生年月	籍贯	职务	任职时间	级别	备注
李永顺	男	1937.07	烟台福山	书　记	1984.10—1985.05	副处	临时党支部
					1985.05—1986.12	正处	党委
田增成	男	1940.04	威海荣成	委　员	1984.10—1985.05	副处	临时党支部
					1985.05—1986.12	副处	党委
					1986.12—1997.12	正处	工委
汤天臣	男	1938.12	威海文登	委　员	1984.10—1985.05	正科	临时党支部
邹积生	男	1937.12	威海文登	委　员	1984.10—1985.05	副科	临时党支部
王衍干	男	1933.01	枣庄滕州	委　员	1984.10—1985.05	正科	临时党支部
孙富林	男	1950.11	烟台海阳	副书记	1985.05—1986.12	副处	党委
王永昌	男	1939.04	江苏无锡	委　员	1985.05—1986.12	副处	党委
					1986.12—1987.06	副处	工委
王　捷	男	1944.02	辽宁海城	委　员	1986.04—1986.12	正处	党委
				副书记	1986.12—1990.07		工委
陈万光	男	1948.02	潍坊临朐	书　记	1986.12—1990.08	正处	工委
王立刚	男	1938.10	烟台福山	委　员	1987.01—1997.12	正处	
龚润之	男	1942.07	四川井研	委　员	1988.09—1993.12	副处	
李殿本	男	1941.11	烟台龙口	委　员	1988.09—1993.12	副处	
牟国兴	男	1944.07	烟台栖霞	委　员	1988.09—1991.11	副处	
孙德汉	男	1950.11	烟台牟平	书　记	1990.08—1994.05	副厅	工委
高云良	男	1947.09	烟台莱阳	副书记	1991.06—1996.02	正处	工委
于常青	男	1957.03	烟台招远	委　员	1991.10—1997.12	正处	
林培祖	男	1954.12	烟台龙口	委　员	1991.10—1997.12	正处	
侯建森	男	1941.03	济南章丘	委　员	1993.12—1998.12	正处	
丛淑萍	女	1951.03	威海文登	委　员	1993.12—1994.06	正处	
阎原田	男	1947.02	烟台招远	书　记	1994.09—1998.09	副厅	
孙立棠	男	1953.10	烟台芝罘	副书记	1994.03—1997.12	正处	
陈文晔	男	1952.10	烟台蓬莱	委　员	1995.06—1998.09	正处	
				副书记	1998.09—		
孙茂岐	男	1955.09	烟台福山	副书记	1996.02—2000.12	正处	

续表 16-1

姓名	性别	出生年月	籍贯	职务	任职时间	级别	备注
刘为群	男	1956.01	威海文登	委　员	1997.12—2000.12	正处	
				副书记	2000.12—2001.01		
谭维忠	男	1953.01	烟台海阳	委　员	1997.12—2001.05	正处	
				副书记	2001.05—		
王秀臣	男	1950.06	烟台牟平	书　记	1998.09—	副厅	工委、2001.01任市委常委
吕宗利	男	1940.02	烟台蓬莱	委　员	1993.12—1996.02	正处	
段志强	男	1957.03	山西太原	委　员	1994.09—2000.06	正处	
孙长文	男	1951.09	烟台长岛	委　员	1995.01—1998.08	正处	
于洪旭	男	1945.02	烟台福山	委　员	1996.02—1998.05	正处	病故
高明经	男	1952.01	烟台龙口	委　员	1997.12—	正处	
高松敏	男	1956.12	烟台莱州	委　员	1997.12—	正处	
蒋胜明	男	1946.02	江苏常州	委　员	1999.03—2002.02	正处	
林建宁	男	1962.12	威海文登	委　员	1998.08—2000.12	正处	
王顺庆	男	1952.09	烟台招远	委　员	1998.12—	正处	
刘尚勇	男	1955.01	烟台莱山	委　员	1998.12—	正处	
牟振涛	男	1951.04	烟台栖霞	委　员	1998.12—2000.03	正处	
魏　东	男	1960.12	烟台招远	委　员	2000.03—	正处	
段大伟	男	1962.06	烟台蓬莱	委　员	2000.03—2003.01	正处	
苏　智	男	1967.02	山东安丘	委　员	2000.06—2002.12	正处	挂职
王恩政	男	1947.06	烟台莱州	委　员	2000.12—	正处	
孙夜晓	男	1956.12	威海文登	委　员	2001.04—	正处	
李国友	男	1952.12	烟台福山	委　员	2001.05—	正处	
刘建民	男	1965.01	烟台莱山	委　员	2002.02—	正处	
王宏峰	男	1965.04	河南濮阳	委　员	2002.11—	正处	
谭述晓	男	1958.06	烟台牟平	委　员	2003.01—	正处	
王　中	男	1962.07	威海文登	委　员	2003.12—	正处	

说明：以任职时间先后顺序排名

工委职责　1991年10月，工委文件《关于中共烟台市委开发区工委工作的若干规定》，对工委的主要职责和任务规定如下：

1. 贯彻执行党中央的路线、方针、政策和上级党委的指示，对烟台开发区的重大问题作出决策。如：对管委提出的重大事项，包括烟台开发区年度计划，财政预决算，中长期经济发展规划，科技、文化、教育发展规划，重大经济建设项目、重大行政措施、烟台开发区内部机构设置等作出决策。

2. 对管委下属各有关部门和企事业单位的各级党组织实行领导，指导基层党组织搞好思想建设、组织建设、作风建设和制度建设。

3. 坚持党管干部原则，按照干部管理权限，做好对干部的考察、培养、培训、任免、调动、审查和奖惩等工作，协助市委做好市管干部的考核、评议推荐工作，并对其任免提出意见和建议。

4. 做好党员管理教育工作，抓好党员、干部的培训，指导全区各级党组织实施对党员、党员领导干部的监督，发挥党组织的战斗堡垒作用和党员的先锋模范作用。

5. 领导全区精神文明建设、思想政治工作和统战工作。

6. 加强纪律检查工作，按照干部管理权限，审议、审批对党员干部的党纪处分。

7. 对工会等群众组织和人民团体实行思想政治领导，领导和关心共青团组织的工作。

8. 执行市委交办的其他工作任务。

第三节　工委会议

工委会议是工委集中研究重大事项的主要议事方式，参加人为工委书记、副书记、工委委员，有关人员可列席会议。会议议题主要围绕对外开放和经济建设，重点研究组织、宣传、人事、财税、招商引资、信访等事关烟台开发区改革与发展大局的重大事项。

会议制度和议事规则　工委会议制度　1991年10月，工委对召开工委会议规定如下：

1. 工委会议一般每一、二个月召开一次，如工作需要可随时召开。

2. 工委会议由工委书记或副书记召集并主持。

3. 工委会议召开之前，应将会议议题和讨论的文件提前印发工委各委员。

4. 工委会议必须有半数以上委员到会方能举行。会后，要及时将会议决定事项向未参加会议的委员通报。

5. 工委会议根据工作需要，在必要时可吸收有关人员列席。列席人员由书记或副书记确定。涉及分管委员的工作，应征求分管委员的意见。

工委会议议事规则　1991年10月，工委对工委会议议事规则作如下规定：

1. 凡属工委职责范围内的重大问题，必须由工委集体讨论决定。

2. 工委会议议题，一般由工委委员或工委职能部门提出，经工委管委办公室综合后，由工委书记或主持工作的副书记确定。提出议题的单位或个人，会前必须做好充分准备；对所议重要事项，要进行全面调查研究，科学论证，提出可供选择的方案或建议。

3. 工委会议决定的问题，要在充分论证的基础上进行表决。表决可采取投票的方式也可采取口头或举手的方式，要实行少数服从多数的原则，同时应认真考虑少数人的不同意见。如对重大问题发生意见分歧，应当暂缓作出决定，进一步调查研究，交换意见，下次再议。

4. 工委会议讨论干部任免、奖惩时，至少应有三分之二的委员到会，决议才能生效。如果原拟人选被否决，应按程序重新提出人选，下次再议。不得在本次会议上临时动议，决定其他人选。如所讨论的干部涉及工委委员及其直系亲属时，有关委员应予回避。

5. 对工委会议决议，所有委员都必须坚决执行。如对决议有不同意见，可以保留，可以提请下次会议复议，也可以向上级党组织反映，但在没有作出新的决议之前，必须执行原决议，并不得公开表示不同意见。

工委日常工作、委员守则和监督机制　1991年10月，工委对其日常工作、委员守则和监督机制作出规定。

工委日常工作　工委日常工作由工委书记主持，书记不在时，由副书记主持；工委委员要按照各自分工，大胆负责地开展工作，委员之间要互通情况，密切配合，讲究工作方法，提高工作效率，切实避免官僚主义倾向；工委对下级党组织报送的材料，要及时进行阅批，请示的问题，要尽快给予答复和处理；工委召开的会议，一般以一位书记的报告为主，以工委名义召开的专业性会议，一般由一位分管的书记、副书记或委员出席；工委书记、副书记、委员在调查研究、检查工作等活动中，可以发表指导工作的个人意见，但要符合工委会议决议的精神，如果代表工委发表重要讲话，必须经工委会议讨论通过或各工委委员传阅同意；工委委员的讲话稿要提倡自己动手撰写，所分管范围内的重要文件，要亲自主持、指导起草工作。

工委委员守则　工委委员要认真贯彻执行党的路线、方针政策，模范执行工委会议的决议；经常了解基层党组织和党员群众的意见和建议，及时、实事求是反映情况和处理问题；努力学习政治理论和党的基本知识，认真钻研业务知识，不断提高思想觉悟和参政议政能力；坚持民主集中制原则，积极参与和维护集体领导，尽职尽责地做好本职工作；加强党性修养，公道正派，维护“一班人”的团结，互相支持，密切合作；全心全意为人民服务，廉洁奉公，不搞特殊，不以权谋私；严格遵守党的纪律和国家的法律、法令，严守党和国家的秘密。

监督机制　工委及其成员必须接受党组织、党的纪律检查组织和党内外群众的监督，不允许有不受约束和凌驾于党组织之上的特殊党员；工委会要经常听取各方面的意见和建议，搞好信访接待，保护党内外群众对党员批评和向上级反映情况的权利；工委会每年向各直属党组织报告一次工作，同时接受直属党组织的评议，对评议中提出的意见和问题，要认真答复，并制定整改措施；工委会要严格执行中央《关于县以上党和国家机关党员领导干部民主生活会的有关规定》，坚持民主生活会制度，开展批评和自我批评，依靠自身力量解决存在的问题和矛盾。同时，工委委员要以普通党员身份，参加所在党支部（党小组）的组织生活。

第二章　工委直属部门与事业单位

第一节　组织部

机构沿革　1991 年 3 月 11 日，工委组织部成立，为正科级行政部门，编制 8 人。主管组织、干部、统战、民族宗教、台湾事务等工作。8 月 12 日，工委设机关党委，为正科级事业单位，实有 2 人，与组织部合署办公。其主要职责是：按照隶属关系，管理机关、事业单位党组织，并组织进行选举和换届选举；加强对党员的教育、管理和监督，督促党员履行义务；配合干部人事部门对机关党员干部进行考核和民主评议，对机关党员干部的任免、调动和奖惩提出意见和建议等。9 月 16 日，对台办公室成立，为组织部所属股级行政科室。10 月 10 日，组织部设办公室、干部科、组织科、统战科，均为股级行政科室。1992 年 4 月 20 日，设台湾同胞接待站，为股级事业单位，实有 1 人，隶属于组织部对台办公室。10 月 6 日，工委设组织员办公室，与组织部合署办公，编制 11 人（其中事业编制 1 人）。是年 12 月 26 日，组织部升格为正处级，人员编制增为 12 人。1993 年 2 月 18 日，组织部干部科改称干部处，组织科改称组织处，台湾同胞接待站改称统战处（与对台办公室合署办公）。办公室和上述三处室均升格为正科级。1995 年 6 月 9 日，机关党委明确为组织部管理，与组织处合署办公，为正科级事业单位，组织部编制增为17人（其中事业编制3人）；烟台开发区工商业联合会成立，为正科级事业单位，与统战处合署办公；工委党校和企业党委调整为组织部所属正科级事业单位。1996年6月7日，开发区民族宗教事务办公室成立，为正科级事业单位，与统战处合署办公。1997年10月27日，工商业联合会明确为组织部所属正科级事业单位，与统战处分设，并撤销民族宗教事务办公室。同时，设史志研究室，为组织部所属正科级事业单位，编制3人。1998年2月10日，将民族宗教事务办公室的业务职能移交工委管委办公室。2001年8月7日，组织部编制调整为14人（其中行政编制7人、离退休工作人员编制4人、工勤人员编制3人）。设老干部活动中心，为组织部所属正科级事业单位，实有1人；干部处挂老干部处的牌子，组织处挂新型经济社会组织党的建设联席会议办公室的牌子，统战处挂民族宗教事务办公室、台湾工作办公室、台湾同胞接待站的牌子；重新将民族宗教事务办公室的业务职能由工委管委办公室移交统战处。

1991—2003年烟台开发区工委组织部历任正副部长表

表16-2

姓名	性别	出生年月	籍贯	职务	任职时间	级别	备注
于洪旭	男	1945.02	烟台福山	部　长	1991.03—1993.01	正科	
				副部长	1993.01—1996.02	副处	主持工作
谭维忠	男	1953.01	烟台海阳	副部长	1992.10—1993.02	正科	
					1993.02—1997.12	副处	
				部　长	1997.12—2001.05	正处	工委委员
王顺庆	男	1952.09	烟台招远	副部长	1995.06—1998.12	副处	
孙茂岐	男	1955.09	烟台福山	部　长	1996.02—1997.12	正处	工委副书记
王培海	男	1962.08	威海文登	副部长	1998.04—2002.02	副处	
宫　权	男	1968.05	威海乳山	副部长	2000.02—2001.01	副处	
李国友	男	1952.12	烟台福山	部　长	2001.05—	正处	工委委员
杨克志	男	1961.08	山东菏泽	副部长	2002.03—	副处	
张华志	男	1964.08	青岛莱西	副部长	2002.03—	副处	

基层党建　1987年，全区设党委1个，党支部22个；1998年，设党委19个，党总支18个，党支部259个，有党员4451名。到2003年，共建立基层党组织482个，党委24个，党总支24个，党支部434个，党员总数9672名，其中女党员1911名。其间，工委始终坚持“以一流党建促一流开发”的指导思想，不断加强各级党组织建设。

农村党建　1987年7月，福山区胜利东村、胜利西村和曲家台子、马家4个农村党支部划入烟台开发区，隶属于金桥联合公司党委管理。1992年6月，农村党支部增至12个，分别隶属于金桥、福东、福西三个办事处党委和园林旅游公司、房地产公司、进出口公司、实业公司党委管理。1993年5月，农村党支部增至14个。1994年12月，撤销金桥、福东、福西3个办事处，成立基层工作委员会，14个农村党支部隶属基层工作委员会党委管理。2001年7月6日，撤销基层工作委员会，成立长江社区管理处，14个农村村委会改为社区居委会，农村党支部改为社区党支部，隶属于长江社区管理处党委管理。2002年9月13日，烟台开发区区划调整后，农村党支部新增93个，分别隶属古现、八角和大季家街道办事处党委管理。到2003年，全区共有建制街道党委3个，建制村（居委会）党支部93个，农村党员3991名，其中女党员397名。每年冬季，工委对农村干部均进行教育培训。2002年以前，参训人员为长江社区管理处辖属的14个居委会、党支部“两委”成员，培训人数为70人。2002年以后，农村干部教育培训的重点转移到西区93个农村居委会，每年培训260人。培训内容主要为如何当好村（居）干部、如何进行基层各项制度建设，以及如何搞好政务公开和民主管理等。1998年11月20日，工委下发《关于进一步加强农村工作的意见》和《关于机关部门联村帮扶农村工作的实施办法》两个文件。12月，有关部门开始对农村开展帮扶工作。1999年1月22日，工委下发《关于下达1999年机关部门帮扶农村工作任务的通知》。以上三个文件，确定各机关部门帮扶农村的目标、任务和帮扶责任制考核办法，并确定14个机关部门为帮扶14个农村居委会的责任部门。每个帮扶部门选派1名副科级以上党员干部到农村居委会任职，直接参与农村居委会、党支部的各项工作。工作中，各帮扶部门由“一把手”负总责，指派1名副职干部靠上去具体抓，主要帮助农村搞好组织建设、经济发展、精神文明建设、制度建设和社会稳定等。2000年，被帮扶的14个农村居委会集体经济纯收入比1998年增长55.6%，劳动力就业率达到75%。在对67名“两委”（居委会、党支部）成员年终进行评议时，无一人不称职。从2003年开始，帮扶工作的重点转移到西区农村，有22个管委直属机关、企事业单位和4个派驻单位参与帮扶，共帮扶农村党支部、居委会25个。

企业党建　针对区内新型经济组织不断发展的特点，工委确定“不搞一刀切，宜条则条，宜块则块，条块结合”的企业党建模式，坚持企业筹建与建立党组织同步进行，凡有3名以上正式党员的企业都建立党的基层组织。1985年9月9日，亚东标准件有限公司党支部成立，成为全区第一个合资企业党组织。1987年3月18日，建设公司、实业公司党支部成立，成为管委直属企业中最早建立党组织的两个公司。1987年年底，全区企业成立党委1个，党支部9个。1992年5月3日，工委企业党委成立，负责全区企业党建工作。同年年底，企业党组织共设党委4个，党总支6个，党支部59个。随着区内私营企业的增多，2001年，工商业联合会党委成立。至此，企业党组织共成立党委10个，党总支5个，党支部89个。其管理体制是，规模较大的企业党委由工委直接管理，三资内联企业党建工作由企业党委负责，私营企业党建工作由工商业联合会党委负责，个体工商户党建工作，由街道、社区等基层党组织负责。到2003年，全区公有制企业共建立基层党组织31个，其中党委9个、党总支4个、党支部18个。在岗职工4351人，党员1151名，其中工人党员602名。非公有制企业党建成为企业党建工作的重点。1993年4月10日，工委组织部总结烟台春生滑动轴承有限公司党支部在党建工作中的“十项工作法”，在全区非公有制企业党组织中予以推广。2001年5月8日，工委要求在非公有制经济党组织中开展“五促五带”活动（即：通过发挥党组织的领导作用，促进党的路线、方针和国家法律法规的贯彻落实，促进企业精神文明建设的发展，促进职工素质的提高，促进企业的依法经营，促进企业的健康发展；通过引导党员树立正确理想信念，发动党员带头做思想政治工作和群众工作，带头维护职工的合法权益，带头遵纪守法，带头完成生产经营任务，带头学习科技文化）。2001年6月22日，工委下发《中共烟台市委开发区工委关于加强非公有制经济组织党建工作的意见》，确定加强非公有制经济组织党建工作的目标任务。要求凡有3名以上正式党员的非公有制企业，都要单独建立党组织。对有固定职工100人以上、不具备建立党组织条件的企业，派驻党务工作指导员，指导其开展基层党组织的筹建工作。对14家重点非公有制企业建立工委领导成员联系制度，有14名工委领导成员分别进行重点联系。1999—2001年，工委先后向非公有制企业推荐党组织负责人20余名，推荐输送党员骨干58名，在非公有制企业发展党员120名，培养入党积极分子260余名。全区符合条件的非公有制企业党组织设置覆盖率、党员管理覆盖率均达到100%。2001年9月，市委组织部在烟台开发区召开基层党建工作创新暨“五促五带”活动现场会，推广非公有制企业党建工作经验。2003年，鲁星食品有限公司党委被推荐为山东省非公有制企业党建工作先进党组织。是年年底，全区非公有制企业共建立基层党组织116个，其中党委1个，党总支7个，党支部108个，在岗职工3.62万人，有党员1480人，其中工人党员235人。

社区党建　1996年5月10日，烟台开发区建成区第一个社区党支部——旭日党支部成立。1997年4月至12月，银电党支部、朝阳党支部、晨光党支部和凤台党支部相继成立。到2003年，全区共建立社区党支部26个，管理党员480名。2000年10月18日，工委下发《关于进一步加强和改进社区党建工作的意见》。2002年11月21日，成立社区党建工作领导小组，下发《关于进一步加强和改进社区党建工作的试行办法》，明确规定社区党建工作的指导思想和目标任务。“办法”对社区党组织如何在社区建设中发挥组织领导和指导协调作用、建立健全社区党的工作网络、加强社区领导班子和干部队伍建设、强化非公有制经济组织和民间组织党建、社区党员管理教育等工作作了具体安排。同时，工委组织部下发《关于在职党员参与社区建设的若干规定》和《关于社区党组织结对共建的意见》，对机关、企事业单位党组织和在职党员参与社区党建和社区建设提出要求。2003年8月7日，工委在海河社区召开社区党建工作座谈会，交流推广海河社区管理处文明楼道建设经验，并下发《关于开展争创“先进社区党支部”和“共驻共建先进单位”活动的通知》，对社区开展争创“先进社区党支部”和“共驻共建先进单位”活动进行安排和规范。此后，有98个单位参与社区党组织结对共建活动，1000多名在职党员参与社区建设，有3个党支部被评为先进社区党支部。2003年，丹阳社区党支部党员活动室被省、市委宣传部评为先进党员活动室。

图16-1　丹阳社区党员在活动室学习（2003年摄）

党员发展和党员管理　1987—2003年，全区共发展党员1470名，其中机关干部355名，专业技术人员571名，工人356名，其他188名。1991年，工委要求全区各级党组织在发展党员时，要注重把文化程度高、有专业技术的人才吸收到党内来。根据工委要求，科技、教育、医疗卫生部门和高新技术企业等知识分子较多的基层单位，建立发展知识分子入党责任制，把吸收优秀知识分子入党摆到重要议事日程。是年，全区共发展37名知识分子入党。到2003年，全区共有137名知识分子入党，知识分子党员达到926名，占党员发展总数的63%。在党员发展工作中，组织部建立发展党员责任追究制度（即根据发展党员工作程序，分别制定对培养人、考察人、党支部书记、组织委员等相关人员的责任追究办法），“两推两公示”制度（即入党积极分子必须经过党员和群众两个层面公推，发展对象和预备党员转正必须向党内外公示），“两级预审”制度（即发展对象的相关材料，党支部要报基层党委、工委组织部两级预审，审查合格的发给《入党志愿书》）、发展对象分类考察，以及党委派员列席支部大会等六项制度，保证了党员发展质量。在党员管理工作中，各基层党组织坚持民主评议党员、“三会一课”等制度。对在职党员实行单位和社区双重管理；对退休和下岗职工党员，将其党组织关系转入居住地社区党支部，由社区党支部管理。在流动党员管理方面，由工商业联合会党委负责抓好私营企业零散、流动党员的管理；由人才交流中心党组织负责抓好档案挂在本中心的下岗职工党员和外出流动党员的管理；由街道居委会党组织负责抓好外来离退休党员管理；由企业党委负责抓好外资企业党员教育管理。到2003年，工委共表彰优秀共产党员851名，表彰优秀党务工作者188名。有28名优秀共产党员和15名优秀党务工作者受到市委表彰。2001年，首钢烟台东星集团公司党委书记杜宝栋被评为省级优秀党员。全区共处理不合格或违纪党员51名。其中开除党籍14名、劝退或自行退党15名，取消预备党员资格1名，受党纪处分21名。

干部管理　管理权限　1984年10月至1992年12月，烟台开发区处级干部由市委管理。1986年，根据市委市政府关于“开发区工委管委可以按照精简高效的原则，确定开发区内部机构设置，任免中层干部”的规定，工委管委直属机关各部门、直属企事业单位的领导干部由工委任免和管理，机关各部门及直属企事业单位的中层干部由各部门、单位任免和管理。1993年2月14日，市委决定，工委管委直属工作部门正处级干部由市委管理，副处级干部委托工委管理。具体做法是，工委直属工作部门的领导干部实行委任制和试用制。正处级干部由市委任免，副处级干部由工委任免；管委直属工作部门的领导干部实行聘任制，正处级干部由市委提名，市政府聘任，副处级干部由工委提名，管委聘任；正科级干部由工委直接管理任免，副科级干部由工委管委各直属部门任免，报工委组织部备案。1995年4月27日，工委决定，科级干部、机关党组成员由工委管理。其具体做法是，工委序列工作部门、事业单位正、副科级干部由工委任免；管委序列工作部门、事业单位正、副科级干部由工委提名，管委聘任。2000年3月30日，市委对烟台开发区副处级干部继续委托工委管理，其任免意见由工委研究提出，经市委组织部预批后公布（其中由市直部门协管的干部，在决定任免前，由工委向协管部门征求意见）。干部在任职期间由工委管理，拟推荐到区以外副处级岗位任职时，需由市委干部管理部门进行考察。为保证副处级干部不断提高素质和优化结构，市委将根据需要，适时提出派进、调出等任免建议。2001年9月4日工委会议确定，机关事业单位副科级干部由工委组织部管理。

管理制度　从1987年开始，工委管委建立直属单位领导干部任期目标责任制和民主评议制度。即根据任期目标和责任，每半年对直属单位领导干部进行一次民主评议。评议时，先由各单位领导干部公开述职，并接受群众评议和咨询。在此基础上，以无记名方式进行信任投票，凡信任票不过半数者自动辞职。此后，干部管理制度不断充实完善，到2000年，形成如下管理制度：处级干部排序管理制度。即根据单位目标责任制考核和年终民主评议情况，对处级干部进行综合打分，统一排序。对前三名和后三名干部分别给予相应奖励和教育处理。2000年12月开始推行中层科级干部竞争上岗制度。即经过业务测试、民主推荐和演讲答辩等公开程序，竞争中层科级领导岗位。结合竞争上岗，配套推行干部三年任期制和轮岗制。科级以下干部末位交流淘汰制度。即根据本人年度考核和年终民主评议情况，在部门内部进行排序，最后一名定为末位，由各部门提出交流意见，连续两年被确定为不称职（不合格）等次人员，予以辞退或解聘。领导干部试用期制度。即工委新提拔的机关事业单位科级以上领导干部任现职后，需经过一年试用期。试用期满经考察合格者，可继续任职；不称职（不合格）者，延长不超过半年的试用期，仍不称职（不合格）者取消任职资格。任前公示制度。即工委拟提拔任用的机关事业单位科级以上领导干部任职前，通过区媒体向社会公示其基本情况和任职级别，接受群众监督。

企业干部管理　1997年企业改制前，全区共有24家直属企业；改制后，有3家直属企业。工委负责管理企业党政领导班子正、副职干部（含总经济师、总工程师、总会计师及工会主席），企业中层及其他干部由企业自行管理。1994年6月7日，组织部和审计局联合下发《烟台经济技术开发区企业厂长（经理）离任审计暂行办法》，开始对离任企业厂长（经理）在任职期间的主要经济指标完成情况，国有资产的保值、增值情况，负债损益情况，财务收支情况及国家、企业、职工三者利益的处理情况进行审计。1999年7月9日，烟台开发区企业领导班子建设领导小组成立。同时，工委管委下发《关于进一步加强区直企业领导班子建设的实施意见》，对直属企业领导班子成员实行任期和契约管理制度。即对直属企业领导班子成员规定三年任期，任期之初由国资部门与企业法人代表签订经营管理目标责任书，任职期满进行“五位一体”综合考核。即每年由组织部牵头，国资、审计、纪检、工会等部门参与，对直属企业领导班子建设、国有资产保值增值、企业经营管理、企业党建、工会和精神文明建设情况进行考核。管委向直属企业委派财务总监，代表管委负责审核企业制定的各项财务管理制度，全面监督企业投资、经营运行、经济效益及各项财务支出情况。2002年12月，组织部牵头，首次对直属企业进行“五位一体”考核，并提出考核和领导班子调整意见。

后备干部管理　1994年4月19日，工委下发《中共烟台市委开发区工委关于加强后备干部队伍建设的意见》文件，要求区直各单位都要建立起后备干部队伍，后备干部的数量，原则上按照与领导班子一职一备的要求选拔。同时，对后备干部选拔的标准、选拔范围、选拔程序、考察、培养教育及管理使用都作出明确规定。1991年，把对非党干部的培养、管理和提拔使用纳入整个干部工作计划。当年，在全区机关、事业单位和直属企业中，按照干部“四化”标准和德才兼备原则，选拔了20名优秀非党外干部，纳入后备干部队伍。对这些党外后备干部实行动态管理，定期考察了解情况，及时调整补充。每年都对党外后备干部进行培训，通过党校学习，大专院校进修等形式，提高他们的素质。积极向组织部门推荐党外干部担任实职，到2003年年底，全区共有36名非党人士担任科级以上职务。2000年5月23日，工委下发《烟台开发区工委关于进一步加强培养选拔优秀年轻干部工作的意见》文件，提出2000—2004年选拔培养出150名优秀年轻干部，充实到直属机关、企业单位领导班子中和机关事业单位科级领导岗位上。年龄要求在30～40岁之间，文化程度大本以上的要占80%，其中研究生以上的要占20%。2002年，科级干部比2001年平均年龄降低3.26岁，大学以上文化程度提高21.9个百分点，30岁以下科级干部的比例提高4.3个百分点。

老干部管理　1984—1995年，全区有离休老干部5人，离退休老干部共22人。1995年，离退休老干部养老保险费实行全区统筹，养老保险金实行统一发放，老干部医药费按规定及时报销。2001年前，老干部管理工作由政治处、劳动人事局、组织部相继负责。2001年8月7日，工委组织部老干部处成立，与组织部干部处合署办公，专事老干部管理工作。同年，开发区老干部活动中心成立，负责组织老干部开展各项文体娱乐活动。2003年6月25日，工委下发《关于加强老干部工作的意见》，要求各部门按照分工落实老干部政治待遇、生活待遇。是年12月底，全区离休老干部增至83人，离退休老干部共800人（含处级退休干部13人），同时，全区成立4个老干部党支部，组织老干部定期过好党的组织生活。

干部监督　干部监督主要是对机关事业单位科级以上干部、直属企业领导班子成员和干部选拔任用工作的监督。1993—2003年，工委先后制定领导干部回避制度、诫勉制度、回复组织函询制度、谈话制度、领导干部向组织推荐干部察究制度等规章制度。先后对22名领导干部予以诫勉，指出其存在问题，并严肃进行告诫、劝勉。2002年7月《党政领导干部选拔任用工作条例》颁布以后，工委制定机关作风查纠办法和干部监督工作联席会议制度实施意见，围绕干部选拔任用和对领导干部的制约，组织部与工委管委办公室、纪工委、政法委、人民检察院、公安分局、人民法院等部门及时沟通信息、交流情况，加大监督力度。

统战工作　1985—1991年，统战工作由政治处负责；1991年4月，政治处撤销后，工委确定统战工作由工委组织部负责，在组织部设统战科，股级科室。1992年3月，组织部下发《关于进一步加强开发区统战对台工作的意见》，要求加强宣传教育，提高对统一战线重要性、必要性和长期性的认识；坚持统战方针政策统一归口，发挥好党委统战部门的职能作用；积极举荐共产党外人士担任直属单位领导职务，把对党外后备干部的培养、管理和使用，纳入整个干部工作计划；支持和帮助民主党派加强自身建设，帮助民主党派搞好班子建设和组织发展工作；积极开展以对台工作为重点的海外统战工作；切实加强党外知识分子工作等。是年4月5日，组织部印发《统战委员工作职责范围》，要求各单位统战委员按职责范围积极主动开展工作。1993年2月18日，统战科改称统战处，为科级科室。是年7月，在纺织公司、建设公司、物资公司、市政工程公司、自来水公司、热力公司、公交公司、商业公司、华夏艺术品公司、进出口公司、实业公司、科技公司、北洋公司、华达经贸公司14个管委直属企业基层党组织中配备兼职统战干部，并连续举办3期共70余人参加的培训班，学习新时期统战工作基础知识。

统战工作从全区实际情况出发，鼓励统战成员在经济建设和开发开放中发挥聪明才智，积极参加“富民兴烟”“科技兴区”“爱心捐助”等活动。至2003年年底，统战成员累计为社会公益事业捐款捐物价值800余万元，参与“光彩事业”投入2000余万元，提供致富信息530余条，取得科研成果60余项，开展科技咨询服务1000余人次。统战部门还积极协调、指导工商联开展工作，及时向有关部门反映个体、私营企业的意见和要求。1999年，统战部门根据所调查了解的情况，向工委管委反映私营企业贷款难的问题，引起工委管委重视，决定今后每年从财政拨出500万元资金，专门扶持私营企业，受到私营企业欢迎，促进个体、私营企业的发展。2003年，全区私营企业发展到2100家，注册资金30亿元，从业人员1.5万人；个体经营户4800户，注册资金8400万元，从业人员5300人。

统战部门与民主党派建立会议联系制度。每季度召开一次民主党派负责人会议，每半年召开一次民主党派全体成员会议，向民主党派传达上级有关文件精神，通报政府的重大决策和重要活动。指导民主党派搞好领导班子建设，帮助其提高自身素质和建设水平。经常通过走访和座谈，听取民主党派成员的意见和建议；协调有关部门帮助民主党派成员解决诸如住房、索要拖欠工资、工作调动、下岗再就业等困难和问题。

第二节　宣传部

机构沿革　1991年3月11日，宣传部成立，为工委直属正科级行政部门，实有9人。其主要职责是：宣传党的方针政策和国家的法律法规，以及开发区吸引外商投资的各项优惠政策和良好投资环境；围绕开发区工委管委中心工作，开展理论教育、法制教育和社会公德教育，以提高开发区人的文明素质；抓好精神文明建设，促进开发区政治文明、精神文明和物质文明的协调发展；做好文化艺术工作，管好文化市场，以繁荣开发区的文化艺术事业等。宣传部未成立之前，以上工作由政治处负责。同年10月20日，宣传部内设外宣新闻科、社会宣传科、理论教育科、文化科，均为股级行政科室，外宣新闻科实有2人，其余三个科室均实有1人。同时，烟台开发时报社划归宣传部管理。1992年12月26日，宣传部机构升格为正处级，实有11人。1993年2月18日，工委对宣传部内设机构作出调整，外宣新闻科改称外宣新闻处，为正科级行政处室，实有2人。社会宣传科与文化科合并为宣传文化处，为正科级行政处室，实有2人。设立办公室，为正科级行政处室，实有4人。同时，撤销原理论教育科，其职责由宣传文化处承担。1995年6月9日，宣传文化处改称宣传处。隶属于宣传部管理的事业单位有：文化事业管理处，为正科级单位，编制5人，实有4人。主要负责管理开发区文化市场和新闻出版行业，搞好群众文化和文物保护工作。精神文明委员会办公室，为正科级单位，编制4人，实有4人。具体负责抓好开发区精神文明建设，组织开展全民健身和爱国卫生活动，采取各种形式弘扬社会正气，树立社会新风，以创造有利于经济建设的良好环境。烟台开发时报社，为正科级单位，实有15人。主要职责是围绕工委管委的中心工作办好报纸，搞好宣传报道，做好正确的舆论导向工作。图书馆，为正科级单位，编制10人，实有10人。主要负责书刊借阅，开展代查、代译、专题咨询、定题服务等工作。广播电视事业管理处（有线电视台），为正科级单位，实有35人。2003年2月13日，该处成建制移交至烟台市广播电视局。

1991—2003年烟台开发区工委宣传部历任正副部长表

表16-3

姓名	性别	出生年月	籍贯	职务	任职时间	级别	备注
吕宗华	男	1952.07	河南范县	部　长	1991.03—1993.02	正科	
				副部长	1993.02—1995.03	副处	
潘玉松	男	1949.10	烟台莱州	副部长	1991.04—1993.01	副科	
侯建森	男	1941.03	济南章丘	部　长	1993.01—1998.12	正处	工委委员
赵文斋	男	1948.07	烟台海阳	副部长	1995.03—1999.06	副处	
谭得水	男	1949.08	烟台牟平	副部长	1995.03—1998.04	副处	
孙希香	男	1956.02	烟台海阳	副部长	1997.03—	副处	
牟振涛	男	1951.04	烟台栖霞	部　长	1998.12—2000.03	正处	工委委员
韩志建	男	1958.12	烟台蓬莱	副部长	1999.06—	副处	
段大伟	男	1962.06	烟台蓬莱	部　长	2000.03—2003.01	正处	工委委员
魏　东	男	1960.12	烟台招远	部　长	2003.01—	正处	工委委员

宣传教育　1984—1991年，工委管委在宣传教育工作上着重组织机关干部学习《邓小平文选》第三卷和有关改革开放方针政策方面的文件。1991—2003年，宣传教育工作紧跟形势发展，围绕全区中心工作，不断加强。1994年，组织学习中共十四届五中全会精神和江泽民《关于讲政治》和《努力建设高素质的干部队伍》等重要讲话。1995年，举办全区领导干部读书会，建立工委中心组学习制度，年内组织2次中心组学习，举办《邓小平文选》特色理论学习班，全区80多名中层干部参加学习，理论学习与宣传工作开始走上正规。1996年，组织2次中心组学习和1次领导干部读书会，举办4期理论骨干培训班，组织“特色理论、党章知识竞赛”活动。先后举办开发区精神大讨论、新一轮对外开放大讨论和市民行为大讨论等全民性大讨论活动，召开“学习孔

繁森精神座谈会”和“企业思想政治工作座谈会”，开展以“改善投资环境”为主题的系列教育活动。1997年，工委组织2次中心组集体学习，分别学习江泽民在中央党校省部级领导干部进修班毕业典礼上的讲话和在党的十五大上所作的报告。组织1次全区副县级以上领导干部参加的全区领导干部读书会，围绕如何解放思想、加快发展的主题进行学习讨论。邀请市委党校教授为全区副科级以上干部做学习党的十五大精神辅导报告。工委党校举办10期学习党的十五大精神理论骨干培训班，对全区330多名科级干部进行集中培训。成立“全区职工思想政治工作企业文化建设研究会”，40多家企业入会。7月份组织召开全国开发区首届宣传思想工作年会，近30个国家级开发区的宣传部负责人与会，研讨对外宣传工作。1998年，聘请烟台大学法学教授对工委中心组成员及直属各单位负责人进行《中华人民共和国合同法》《中华人民共和国担保法》专题讲座。召开全区理论学习交流会，有23个直属机关、事业单位“一把手”向会议提交署名文章，并汇编成册。结合农村基层组织集中教育整顿，对140多名农村干部进行农村形势教育和“三德”教育。结合纪念改革开放20周年活动，组织“正海杯”党员干部改革开放20周年知识竞赛，下发试卷2000余份。在全市“改革开放20周年理论研讨会”上，烟台开发区有2篇理论文章获奖。6月份举办全区首届企业政工干部理论研讨班，编辑出版《烟台开发区首届企业政工干部理论研讨班文集》，收入论文26篇。1999年，组织2次工委中心组学习和1次领导干部读书会，印发《全区干部理论学习升级达标实施意见》和理论学习大纲，组织全区副县级以上领导干部参加市“三讲”教育读书班。推出的烟台首钢东星公司成为烟台市优秀国有企业先进典型，《烟台日报》作了4期连续报道。烟台市委宣传部在首钢东星公司召开现场报告会，在全市推广其党建经验。烟台开发区职工思想政治工作企业文化建设研究会被评为市级优秀政研会。

2000年，在全区党员中开展以“三个代表”重要思想为主要内容的“学习新知识、树立新观念、创造新业绩”教育活动。宣传部撰写的调查报告《辨证的魅力——关于首钢东星公司改革的调查》被中宣部《宣传工作》转发。2001年，组织开展“纪念建党80周年党建理论征文”活动。7月27日，聘请中央党校教授举办全区党员干部学习“江泽民七一重要讲话”报告会。氨纶公司等3家企业被评为全市思想政治工作优秀企业，宣传部被评为“全省思想政治工作先进单位”。2002年，在全区扎实开展学习宣传贯彻党的十六大精神活动。12月2日，邀请市委党校教授对各部门各单位政工负责人和街道、社区的农村干部进行党的十六大会议精神集中辅导。12月8日，举办学习党的十六大精神报告会，聘请中宣部理论局负责人进行主讲。12月，在全区街道和社区开展党的十六大精神和“三个代表”重要思想教育、小康社会与区情教育、村民法治与基层民主教育等八个方面的专题教育，编发《集中教育督查通报》12期。

2003年，工委先后下发《关于集中开展党的十六大精神教育活动的意见》《关于在全区兴起学习贯彻“三个代表”重要思想新高潮的宣传工作方案》《工委管委关于开展党的十六届三中全会集中教育的意见》。对全区70多名政工干部进行“三个代表”重要思想理论培训，聘请市委党校教授为全区科级以上干部进行集中辅导，印发党的十六大文献和“三个代表”重要思想方面的书籍600余册、光盘400余张，并在全区举办学习党的十六大文献知识竞赛活动。编写解决失地农民“三忧”问题的宣讲材料，对基层宣讲骨干进行培训，层层抓好宣传教育活动。为抗击“非典”，在全区开展全民健身、科普宣传、爱国卫生“三项”活动，印发《非典防治知识问答》5万余份、《公共场所消毒通知》6000余份、《山东省人民政府关于防治传染性非典型性肺炎的通告》1万余份，防治传染性非典型性肺炎科普挂图500套，编印《预防传染性非典型性肺炎宣传手册》5万余份，达到全区居民每户1册。

对外宣传 1984—1990年，烟台开发区对外宣传工作由管委政治处负责，1991年移交工委宣传部。对外宣传工作主要通过制作专题片、画册、召开新闻发布会、组织媒体集中采访、编发稿件等形式，向国内外进行推介宣传，先后开辟《中国日报》、中国国际广播电台、《香港商报》、韩国《金桥》杂志、《欧洲时报》《美国侨报》等对国外宣传渠道；建立《人民日报》《经济日报》《光明日报》、新华社、《瞭望》杂志、《大众日报》和《烟台日报》等对国内宣传渠道。到2003年年底，宣传部累计在国内外媒体上发稿1300余篇，提高了烟台开发区的知名度，促进了对外开放和经济社会的发展。1999—2003年，宣传部连续5年被评为烟台市对外宣传先进单位。

图16-2 烟台开发区记者招待会（1989年摄）

1988年4月，烟台开发区在北京举行新闻发布会，有20个单位的40余名代表应邀参加，中央人民广播电台、中央电视台、《人民日报》《人民日报·海外版》《经济日报》等媒体刊发消息。1989年5月，在烟台开发区举行中央、省、市部分新闻单位40人参加的记者招待会，宣传烟台开发区优惠政策和发展前景。1990—1991年，全国青年报刊主编采访团、《文汇报》全国特约记者会议代表、部分外国驻京记者参观采访团先后到开发区参观采访。1992年，工委宣传部门摄制了《投资的热土》光盘，并邀请中央、省、市电视台拍摄6部专题片，其中2部通过卫星向东南亚和部分欧美国家播放。1993年7月，中国记者协会和韩国亚太经济文化研究所联合邀请《人民日报》《经济日报》《光明日报》《经济参考报》、中央人民广播电台、中国国际广播电台等国内14家新闻单位记者组成的“环渤海地区亚太经济合作组织特别采访团”来区参观采访。1994年4月，国务院副总理朱镕基在《新华每日电讯》介绍烟台开发区建设成就和投资环境的文章上批示：“成绩不小，还要努力，锐意进取”。6月，举行“1994中—新国际经贸洽谈新闻发布会”，来自中央、省、市40家新闻单位记者出席会议，并编印发行大型画册《希望之光》；由中央电视台制作的《烟台经济技术开发区投资指南》专题片，通过卫星向欧洲、澳洲等地播放，并新开辟日、韩、新加坡、英、法、德、荷和中国港澳地区等20余条对外宣传渠道。1995年7月，烟台开发区在北京举行中外记者采访团新闻发布会。1996年10月，在《香港商报》、美国东方卫视、中国国际广播电台上对烟台开发区的建设情况进行宣传报道。《人民日报》、中央电视台、《欧洲时报》《神州学人》等国内外媒体报道了烟台留学人员创业园区揭牌仪式。是年，在山东省、烟台市对外传播品评比中，烟台开发区有10件作品获奖，数量居全市各县市区首位，宣传部获得对外传播精品工程组织奖。1997年，新拓展《大公报》《世界日报》《美国侨报》《中国经济周刊》等宣传渠道，新华社、中国新闻社、《经济日报》《中国日报》报道烟台开发区国有企业改制的经验。1998年10月，来自香港招商局、智利水产代表团等中外来宾及新闻单位记者300多人参加“烟台之光”开发区发展与未来观摩活动。1999年，《参考消息》《解放日报》和英国《金融时报》、美国《国际日报》发表宣传烟台开发区的稿件。中央、山东省、烟台市新闻单位在开发区召开新闻单位座谈会，围绕建区15周年，邀请新华社、中国新闻社、中国日报社到开发区采访，同时，在山东电视台、山东人民广播电台、《烟台日报》等媒体上发表稿件，有10余家中央媒体刊发“一汽—大宇”项目投产的消息。

2000年，围绕创建ISO 14000国家环保示范区，在《中国日报》《经济日报》《大众日报》等媒体上发表稿件。6月，管委邀请《人民日报》、新华社、《大众日报》、山东电视台等16家新闻媒体记者参加在烟台开发区内举行的“全国轻工食品饮料烟台展示会暨福莱商城开业”新闻发布会。7月，在互联网上开通区域宣传网站——烟台开发区视窗。11月，《人民日报》发专版报道烟台开发区高新技术企业、留学人员创业园区、招商引资等情况。中央电视台“新闻联播”播出烟台荣昌制药公司、氨纶公司、正海电子网板公司技术创新的报道。2001年，工委邀请国家、省、市70多家媒体对龙凤钢琴公司“新产品、新技术”发布会、华润厚木尼龙公司开业和荣昌生物工程“抗癌新药进入临床”等进行集中报道。邀请中央电视台记者，历时3个月，拍摄制作烟台开发区宣传光盘。2002年，宣传部修订完善《新闻稿件奖励办法》。中央电视台对烟台开发区整治“烂尾楼”工程、东星公司搬迁、大宇重工维权进行报道。全年在各级主要媒体上发稿160余篇。

2003年，宣传部下发《关于进一步加强新闻宣传工作的意见》，实行“每周新闻宣传碰头会、评选对外宣传好新闻”制度。全年有8篇稿件获烟台市好新闻奖，2篇稿件获山东省好新闻奖。并邀请国家外文局牵头，《中国报道》《太平洋日报》《金桥》《人民画报》《中国新闻》等9家国家级对境外宣传媒体来区集中采访报道，刊发烟台开发区专版5个，重要稿件16篇。宣传部全年在市级以上主要媒体上发稿共210余篇。

精神文明建设　开展讲文明树新风活动　自1993年，开发区开展“三文明”（做文明市民、建文明城市、创文明窗口）“四进社区”（科教、文体、法律、卫生进社区）“三讲一树”（讲文明、讲礼貌、讲卫生，树新风）活动和帮助社会弱势群体、“献爱心、送温暖”“希望工程”捐助等一系列创建活动。1994年，围绕建设外向型、高科技、现代化工业城区的总目标，开展争创“六佳”（最佳文明市民、最佳文明家庭、最佳文明机关、最佳机关文明窗口、最佳服务文明窗口、最佳城市作品）活动。1995年，工委提出“突出抓好以爱国主义为主题的思想政治教育，推动全区精神文明建设”的工作思路，深入开展争创“六佳”活动。全区共有30多个单位、3000多户居民和2万余人次参加“六佳”评选活动。是年，烟台开发区召开首次精神文明建设总结表彰大会，提出全区近一个时期精神文明建设的总目标，隆重表彰一批先进集体和先进个人。并首次授予4名外商“烟台市荣誉市民”称号，其中2名外商被烟台市外办推荐参加省里表彰，1名呈报国务院表彰。1996年，全区组织开展“做文明市民、告别不文明行为”万人签名活动，广泛进行社会公德教育。并在“三文明月”活动期间，着重抓好群众普遍关心的10件大事，并强化调度，跟踪督促落实。通过召开机关文明创建汇报会，推广了建设环保土地局、财税局、工商局等7个单位创建文明机关的先进经验。1997年，围绕香港回归、党的十五大召开和承办APEC博览会等重大活动，开展以“三文明月”活动和“讲文明、树新风”活动等为载体的群众性精神文明创建活动。以《烟台市民文明读本》《烟台市民手册》和市民行为“十不”规定为教材，对市民进行系统教育，深入开展市民行为大讨论；开展“学文明语言、学行为规范、学礼仪常识、学涉外知识”的“四学”活动；下发450多册市民素质教育学习材料和8000余册《美德教育进家庭》宣传教育材料。组织开展知识竞赛，2000多名干部群众参与。1998年，在全区开展“文明单位”“文明机关”“文明干部”和“五佳”创评活动。集中开展“学文明语言、学行为规范、学礼仪常识、学涉外知识，做文明热情东道主”“四学一做”的专题教育。1999年，全面实施“九五”精神文明建设规划，继续加强市民思想道德建设，开展“文明单位”“文明企业”“文明学校”和“十星级文明家庭”创建活动；在全区组织“建行杯”争创文明城市知识竞赛。2000年，继续在机关、企业、社区、农村开展文明创建活动，对建成区卫生环境进行全面整治，对重点区域、重点部位的乱堆乱放、乱扔乱倒现象实行重点整治，区容区貌得到进一步改观。2001年，以提高居民文明素质为目标，以文化活动为载体，增强精神文明建设的吸引力。先后组织庆“五一”、心系社区、星光之夜、为党旗争辉文艺晚会等10余场较大型广场文化活动；在国际报告厅举办庆祝建党80周年文艺晚会和慰问政法干警文艺演出等大型活动，宣传部再次获得烟台市第二届文化广场“天天乐”文艺演出优秀组织奖。2002年，为贯彻落实《公民道德建设实施纲要》，宣传部印发《烟台经济技术开发区推进以德治区工作意见》，在全区广泛开展宣扬、普及和提倡20字（爱国守法、明礼诚信、团结友善、勤俭自强、敬业奉献）基本道德规范活动，全面加强机关、企业、学校、社区、农村等各层面的思想道德建设。深入开展科教、法律、文体、卫生“四进社区”活动，在大季家街道举行启动仪式，组织有关部门发放宣传材料5万余份。2003年，修改完善精神文明建设考核办法，全面启动“诚信开发区”建设。组织召开动员会议，下发实施意见。新闻媒体长期开辟专栏，营造浓厚氛围，弘扬诚信先进典型。是年，烟台开发区打造诚信机关和诚信企业的做法在全市推广，荣昌制药公司和正海网板公司被评为全市企业文化典型。

加强环境整治 1997年，重点解决“滥搭滥建、滥贴滥画、滥扔滥倒、滥摆摊点”等环境卫生方面存在的问题，组织统一行动24次，出动人员1.1万人次，共拆除临时建筑和违章建筑3.4万平方米，清除卫生死角600余处，清除各类垃圾2000余立方米。发挥“110社会共建”体系的核心作用，集中开展“扫黄”“打非”活动，共组织各类检查10余次，查处违法经营户8家，收缴非法盗版录像带1000余盘。1998年，抓住重点、难点问题，继续加大城区综合整治力度，集中解决居民小区、浴场、市场、广场、主干线两侧的管理方面存在的突出问题。组织全区20多个单位，出动上万人次，清除垃圾千余吨，清除野广告万余张；清除和纠正不规范广告牌匾100多个；管委先后制定市场、居民小区、21路公交车等近10个管理办法。1999年，着重进行硬环境整治，拆除海边防护林、建成区和住宅小区违章建筑305处，拆除面积1万余平方米。依法停止24家房地产开发商的开发经营资格。组织城建监察大队、工商局等执法部门，对300余户乱设摊点、占道经营业户进行了清理，对辖区市场进行不定期检查。召开窗口单位廉政建设现场会，对40余家窗口单位的服务承诺和办事时限通过媒体进行公开报道，增强窗口单位办事透明度。组织参加烟台市庆祝新中国成立五十周年成就展览，开展“希望之光”广场文化年系列活动。区民间艺术队赴省城演出，获得优秀表演奖；天地广场获得山东省十佳文化广场称号。2000年，以清理娱乐城为重点，进行文化市场整治，以清除野广告为重点，进行区容区貌整治。

图16-3 辖区群众演员在天地广场文艺晚会上表演节目（2003年摄）

2003年，深入开展全民健身、科普宣传、爱国卫生“三项活动”，印发《非典防治知识问答》《公共场所消毒通知》《山东省人民政府关于防治传染性非典型性肺炎的通告》等10万余册；对长江社区管理处所属14个农村卫生状况实地考察后，及时协调有关部门投资75万元，增设57个垃圾箱，进一步改善居民生活环境。

开展社会扶贫救助活动 1998年，全区开展“心连心”社会扶贫救助活动。2002年，管委下发《关于做好社会性弱势群体救助工作的意见》，宣传部会同民政部门，开展“爱心一日捐”活动。共有8408人参加捐款，捐款35万元，首批救助75个困难家庭和91名个人。2003年，开展“抗击非典”献爱心捐助活动，收到136个单位和1万余人共383万元捐款，受到市委、市政府表彰。

到2003年年底，工委管委先后制定《关于进一步加强精神文明建设考核工作的意见》《精神文明建设工作考核细则》《关于进一步加强城市市容和环境卫生管理实施意见》《“九五”及二0一0年全区精神文明建设发展规划》《烟台经济技术开发区文明单位评选管理办法》等文件，使精神文明建设制度化、规范化。全区共涌现出各级文明单位100多个，其中首钢东星公司、国税局、公安分局、工商分局、通信公司等单位被山东省精神文明委员会授予省级文明单位荣誉称号；1999年，在全省开展的“讲文明倡新风”活动中，宣传部获优秀组织奖；2003年，建设环保土地局职工曲连君（“爱心妈妈”）被推荐入选“感动烟台先进人物”；海河社区管理处凤台居委会主任张秀琴获得2002—2003年度“烟台市十佳文明市民”荣誉称号。

第三节　纪工委

机构沿革　1986年3月11日，中共烟台经济技术开发区纪律检查委员会（以下简称纪委）成立，为工委直属正科级行政部门，实有2人。1987年2月，实有人员增加到4人。1988年6月3日，工委设监察审计局，为正科级行政部门，实有6人，与纪委合署办公。纪委（监察审计局）的主要职责是：维护党的纪律，抓好党风廉政建设，检查党的路线、方针、政策和决议的执行情况；对党员进行遵纪教育；对党的组织和党员违犯党章和其他党内法规比较严重及复杂案件进行检查处理，决定或取消上述案件中对党员的处分；受理党员的控告和申诉；加强监察工作，保证政令畅通；维护行政纪律，促进廉政建设；改善行政管理，提高行政效能；强化审计监督，贯彻执行审计工作的法律法规、方针政策，组织领导开发区审计工作，制定审计工作规划、计划，确定审计工作重点，研究拟定有关实施意见和办法，并组织实施等。1989年9月23日，设审计师事务所，为审计局所属副科级事业单位，编制10人。1990年8月2日，纪委内设办公室、检查二室（监察二科）、检查一室（监察一科）、审理室（审理科）、信访室，均为股级行政科室。1991年3月1日，检查二室改称监察科，检查一室改称检查科、审理室改称审理科。同时，撤销信访室，设行政事业审计科、公交审计科、基建审计科，均为监察、审计局内设股级行政科室。同年12月9日，撤销行政事业审计科，设商贸审计科、行政审计科、综合审计科、外资审计科，性质、级别和隶属关系不变。

1992年12月26日，纪委升格为正处级，实有26人。1993年2月18日，纪委内设机构调整如下：撤销公交审计科、基建审计科、商贸审计科、行政审计科、综合审计科、外资审计科；监察科改称监察处、检查科改称纪检处、审理科改称审理处，保留办公室，新设审计处，其内设机构均升格为正科级行政处室。6月29日，审计师事务所确定为纪委所属正科级事业单位。1995年6月9日，撤销原审计处，设审计一处（负责企事业单位财经审计）、审计二处（负责基建审计），均为正科级行政处室。1998年5月1日，监察处改称纪检监察一处、纪检处改称纪检监察二处、审理处改称纪检监察审理三处。2000年4月27日，设离任审计处，为纪委所属正科级事业单位，编制4人。主要负责工委管委所属行政机关、事业单位等法人代表的离任审计。2001年4月30日，纪委更名为中共烟台市纪委开发区工作委员会（以下简称纪工委），实有21人。7月5日，纪检监察二处改称党风宣教室、纪检监察审理三处改称审理信访室，恢复审计处（合并审计一处、二处）。审计师事务所改为企业性质的社会中介机构，主要业务是审计企业报表、验资、资产评估、基建审计等。8 月 7 日，设纠正行业不正之风办公室，为纪工委所属正科级事业单位，编制 8 人。主要负责工委管委所属行政机关、事业单位、国有企业和中央、省、市属驻开发区有关部门和行业的行风建设，纠正行业不正之风，评议监督重点部门和行业作风。同时，离任审计处更名为经济责任审计处，为纪工委（监察、审计局）所属正科级事业单位，编制、职责不变。

1986—2003 年烟台开发区纪工委历任正副书记（正副局长）表

表 16-4

姓名	性别	出生年月	籍贯	职务	任职时间	级别	备注
龚润之	男	1942.07	四川井研	副书记	1986.02—1987.02	副科	纪委
李殿本	男	1941.11	烟台龙口	副书记	1987.02—1988.09	副科	纪委
				副书记	1988.09—1993.01	正科	纪委（工委委员）
				副书记	1993.01—1998.04	副处	纪委
				局长	1988.06—1993.02	正科	监察审计局
				副局长	1996.06—1998.04	副处	监察审计局
吴继福	男	1938.11	烟台福山	副局长	1989.04—1993.02	副科	监察审计局
吕宗利	男	1940.02	烟台蓬莱	书记	1993.01—1996.02	正处	纪委（工委委员）
				局长	1994.01—1996.02		监察审计局
徐世洲	男	1946.02	烟台海阳	副书记	1995.01—1998.04	副处	纪委
				副局长	1996.06—1998.04	副处	监察审计局
于洪旭	男	1945.02	烟台福山	书记	1996.02—1998.05	正处	1998 年 5 月 25 日病故
				局长	1996.02—1998.05		监察审计局
谭得水	男	1949.08	烟台牟平	副书记	1998.04—2001.04	副处	纪委
				副局长	1998.04—	副处	监察审计局
				副书记	2001.04—		纪工委
王顺庆	男	1952.09	烟台招远	书记	1998.12—	正处	纪委、纪工委
				局长			监察审计局
王子明	男	1969.12	烟台招远	副书记	2000.02—2000.11	副处	纪委
				副局长			监察审计局
李勇军	男	1963.01	威海文登	副书记	2000.11—2001.01	副处	纪委
				副局长			监察审计局
李增典	男	1960.02	烟台莱州	副书记	2001.07—	副处	纪工委
				副局长			监察审计局

党风党纪宣传教育 1986年，为配合全区各级党组织开展整顿党的作风工作，纪委进行党的作风、纪律和组织原则宣传教育。1991年，组织党员干部学习《中国共产党章程》《中华人民共和国行政监察条例》等有关党的基础知识和法规，并开展知识竞赛。其间，全区各级党组织先后举办培训班28期，培训党员348人，制作宣传栏47期，宣传正面典型14个，举办讲座28场、辅导报告41场，听讲人数779人。在参加烟台市组织的党规党法知识竞赛中，烟台开发区代表队获三等奖。1993年，纪委组织机关企事业单位党员干部观看《新中国第一大案》纪实影片，受教育者达3000多人。是年，工委及时在全区表彰和推广公安分局、自来水公司、进出口公司和迟聚堂等4个单位、个人廉洁自律典型。1994年，工委下发《领导干部廉洁自律定期民主评议制度》和《领导干部国内公务活动收受礼品登记制度》，党员干部在当年共报告重大事项40多项，登记收受礼品1000多件次。1996年，县处级以上领导干部及直属企业领导干部报告个人生活重大事项24项，累计申报金额31.79万元，申报国内公务活动收受礼品35件次，折合人民币2.83万元。1997年，工委下发《关于认真贯彻执行中纪委重申建立党内监督五项制度的意见》《关于对领导干部实行谈话制度的意见》《关于县处级领导干部住房的规定》《关于民主评议领导干部廉洁自律的实施意见》4个规章制度，纪委组织党员听取烟台市廉洁自律先进个人典型报告，并推广胜利东村村务公开的典型经验。1998年，为抓好领导干部廉洁自律，对全区25个直属部门、7个驻区单位使用移动电话和安装住宅电话情况进行排查摸底，共分类登记移动电话106部，清理登记公费安装住宅电话108部。在清理公管住房中，共清查公管住房1235户，建筑面积9.91万平方米，总投资1.05亿元。

同年，在各级党组织和广大党员中开展“学准则、树形象、做表率”集中教育，学习《中国共产党领导干部廉洁自律从政若干准则（试行）》《中国共产党纪律处分条例》等党内法规，开展《中华人民共和国行政监察法》答卷活动，并建立领导干部廉洁勤政档案，对90名副县级以上领导干部、15名行政事业单位领导班子成员、356名党政机关科级领导干部进行民主评议，评议结果全部存入个人廉政档案。对反映问题较多的单位和干部进行廉政谈话，按规定取消其评先资格。1999年，进行清理通讯工具、完善廉政档案工作，实行了微机管理。根据中共中央《关于在县级以上党政领导班子、领导干部中深入开展“讲学习、讲政治、讲正气”为主要内容的党性党风教育的意见》，下发关于开展“三讲”教育的实施意见，按规定在全区开展“三讲”教育。自2000年开始，纪委每年举办一次纪检干部培训班，各基层党组织开展“上好一堂廉政党课”活动，加强对党员干部廉政教育。在各级领导干部中开展上好一堂党风廉政教育课活动，请市纪委领导就党风廉政建设和反腐败工作与机关建设工作作报告，并将讲稿整理成文，下发到基层党组织，组织全体党员干部认真学习。并编印《党风廉政建设文件汇编》800多册，做到全区副科级以上干部人手一册。同时，制定领导干部个人生活重大事项报告、收受礼品登记、收入申报三项制度，全区县处级领导干部填报个人生活重大事项84人次、收受礼品登记56人次、收入申报94人次。2002年，工委专门建立了200余平方米的反腐倡廉警示教育室，投资近2万元在室内设置了12块反腐倡廉教育看板。组织全区副科级以上干部588人次分批分期参观，接受教育。2003年，对县级以上领导干部，开展“一封信”活动，将对领导干部廉洁自律的新要求，及时发到干部手中。同时，全区78名县级干部按要求填写上报有关廉洁自律情况表格，装入个人廉洁自律档案。

案件检查 1987—2003年，纪工委共立案调查各种案件106起，查处案件106起，挽回直接、间接经济损失100余万元。在工作中，实行与检察院联合办案，一举突破刘家台子少数党员干部利用职权弄虚作假、骗取青苗补偿费案件。自1993

年开始，在人民法院开庭审理案件时，凡是涉及党员和行政监察对象的庭审，纪委都派员作为人民陪审员参与开庭审理，到2003年，共参加67次。1998年，共查办各类案件19起，处结18起，收缴非法所得款物折合人民币17.58万元，成为建区以来查办案件数量最多的一年。另外，还配合市纪委、区检察院、公安分局调查案件12起，并建立与公、检、法机关案件查处联席会议制度和案件信息联系制度，先后召开6次有关会议，沟通情况、研究案情，共同联合破获一起诬告陷害案。1999—2000年，纪委围绕工委管委中心工作，先后与公、检、法部门召开联席会议8次，及时处结信访案件62起，处结率达到100%。同时，纪委主动与公、检、法三部门协调，建立公、检、法和审计部门联合办案的新路子，把查处党政机关、行政执法机关、司法机关、经济管理部门案件作为重点，着重查处贪污、贿赂、挪用公款、失职渎职、贪赃枉法、腐败堕落等方面的案件。2001年，根据案件检查工作的需要，纪工委派4人参加由纪检、公安、检察、法院、审计部门组成的2个专案组，加快案件的查处进程，提升审理质量，全年立案10起，结案12起（含上年立案2起）。2002年，立案12起，结案12起。无一提起申诉。特别是对教育局挪用教师住房资金、结算中心贷款、超付建筑工程款等问题，经过6个多月的深入调查，彻底查清问题，对重点对象进行"两规"。2003年，从人民来信来访中搜集案件线索34条，并从中查实结案4起，通过审计发现案件线索12条，对3起案件实施"两规"。是年，共查办案件16起，处结16起，纪工委首次被市纪委评为案件检查工作先进单位。

行政监察　1988年，烟台开发区开始开展行政监察工作。纪委下发《关于对监督部门实行监督的意见》（以下简称《意见》），主要适用于经济发展局、建设环保局、劳动人事局、财政局、工商局、税务局、公安局、供电局、邮电局、粮食局、商检局、质监站、环保站、渔政渔监站、防疫站、交通运输管理所、各银行、海关等21个部门。《意见》公布后，先后开展对粮食流通系统、医药购销中的不正之风和社保资金、国债资金、公安收费、代币购物券、价格管理、医疗机构复核、教育收费、计生收费、社保资金、成品油市场、国债资金、安全生产、行政效能、政务公开、楼堂馆所、抗击非典型性肺炎期间捐款、涉农收费、旅游市场、国有土地出让等系列执法情况进行监察。1991年，开展清理公款供子女上学、违纪建私房、水利资金使用、统一着装等专项执法监察。1992年，开展对计划生育专用款、乡镇统筹款、党员干部职工拖欠公款等进行检查。检查重点放在建章立制和预防性教育上。1993年，组织人员对18个党政机关无偿占用企业人、财、物问题进行专项清理，共清理出借用企业人员34人，借款6.5万元。同时对全区性建设项目进行跟踪监督。1994年，对教育附加费落实情况和农业生产资料流通情况进行检查，共查出未交附加费14万元，并清理出党政机关办实体32个。1996年，立项监察6项，查出各类违纪金额30.5万元，提出监察建议15条。在减轻农民负担检查中，组织对辖区7个农业户口村进行检查，共查出各类乱收费7.5万元。1997年，围绕建筑市场、医药品购销中收受回扣进行执法监察，对3名违纪人员进行处理。并配合经济发展局、建设环保土地局开展《中华人民共和国统计法》《中华人民共和国土地管理法》执法监察，保证有关国家法规的贯彻执行。2000年，检查代币购物券、教育收费、社保资金、建筑市场、成品油市场、国债资金、安全生产、行政效能、政务公开等10项专项执法情况，向有关单位提出建议21条。2001年，会同财政、物价等部门采取定期检查和不定期抽查等形式加强了监管，实现预算外资金的规范化管理和预算内资金管理的有机结合，提高财政资金的使用效益。全年共参加各类招标会30余人次，对开发区财政建设项目实现100%的招标监督，并及时制止招投标中存在的问题2个，废止招标项目1个，建议取消一个单位的中标资格，为建设单位节约资金100多万元。2002年，重点围绕教育乱收费、国债资金检查、有形建筑市场、成品油市场、社保资金、安全生产等项目，共主办监察项目25项，检查单位237个，发现案件线索32条，提出合理化建议38项，有效地整顿和规范了市场经济秩序。针对建筑工程招投标领域存在的问题，监察局对公共建设和财政投资领域的招投标予以全面参与、监督，共参加各类招投标72次，提出合理化建议24条。2003年，成立开发区行政效能投诉中心，制定受理范围和有关事项，并在开发区媒体将受理范围及投诉电话予以公开。共受理电话投诉23起，处结率100%，群众满意率100%。同时开展对涉农收费、国有土地出让、抗击非典型性肺炎期间捐款捐物、公路三乱和教育乱收费等执法检查，共检查315个单位，查出违纪金额11万元。是年，纪工委还会同财政局修订《烟台开发区政府采购管理暂行办法》，参加政府采购104次，政府采购总额2994万元，比计划节约资金453万元，节约率15.6%。参加各类招投标会议117次，提出合理化建议36项，规范了对有形建筑市场的建设。

纪检信访　开发区纪检信访工作是从1986年开始的，到2003年12月共受理来信举报2187件次，全部进行了及时处理。纪委于1986年制定《纪检信访达标规划与措施》，明确纪委办理案件的范围和形式。同时，建立《人民来信来访登记》《来信来访阅批》制度，落实信访工作责任制，建立健全信访工作档案等基础工作。全年共接受来信12件次，全部查处完毕，处结率100%。1987年，受理处结来信来电11件次。1988年，监察审计局成立开发区举报中心，制定《烟台经济技术开发区举报中心工作暂行规定》，共受理处结来信来电38件次。1989年，处结来信来访51件次，优质处结率和初访一次处结率均为100%，上级转访30件次，全部处结。1993年，下发《中共烟台开发区纪委关于建立纪检信访工作制度的意见》，制定《登记制度》《催办联合办案制度》《领导包案制度》《领导接防制度》《回访制度》《工作报告制度》《整卷归档制度》《业务学习制度》《检查评比制度》《保护来信来访人合法权利制度》和《回避制度》等规章制度，解决群众反映的热点、难点问题。共收到群众来信56件，其中群众来访12人次，来信44件，全部处结，被烟台市纪委评为信访达标先进单位。1994—1996年，共接待群众来访66人次，受理来信46件次，全部处理完毕，处结率为100%。1997年，制定《开发区纪检监察信访目标管理考核标准和办法》，对开发区建立以来的信访审理案卷进行全面整理，对基层信访人员进行为期2周的全面培训。累计整理处分案卷34卷，信访档案42卷，建立信访小组29个，专、兼职人员139人，建立健全信访审理制度27个。1998年共受理来信来访51件次，上级纪委转访30件次，全部处结。1999年，全年受理纪检监察信访22起，处结22起，处结率100%，初信初访一次结案率100%，涉及县处级以上干部的信访处结率100%。同时，制定《信访工作程序》《信访复信、回访制度》《信访档案管理制度》等信访制度。在全区普遍推行信访双向承诺制，对受理范围内的3名来访人、14名联名署名信全部实行双向承诺。在纪检监察业务范围内，全年未发生越级访。2000年，受理纪检监察信访案件62起，处结61起，信访查结率达到100%，未发生越级访。被市纪委、监察局评为优秀信访达标单位。2001年受理纪检监察信访59起，处结59起，信访查结率达到100%，未发生越级访。2002年，共受理群众来信来访72件次，处结72件次，受理信访案件10起，全部按期处结。2003年，全年共接受群众来信来访56件次，其中来信21件，来访15次，电话举报22件次。信访承诺17起，来访承诺率100%。

纠正不正之风　纠风工作是从1990年开始的，重点是进行行风评议。评议对象包括开发区直属机关，中央、省、市属驻开发区单位和与市民联系紧密的有关企事业单位，共38个。参加评议的范围为工委管委领导、机关事业单位、企业单位、开发建设单位、社区居民和行风监督员6个层面的人员，还聘请外商担任特邀行风监督员。

评议形式除组织行风监督员到有关单位进行明察暗访外，还与宣传部、组织部、电视台、开发时报社等部门和媒体联合对存在问题的单位进行公布和披露。为加大评议力度，纪委下发督察通报，对被评为先进单位的进行表彰，被列为后三名的单位，取消单位和主要领导人的评先树优资格，并制定整改措施，认真整改。1991年，纪委指派4名工作人员深入基层，调查整理群众反馈的不正之风信息，及时与被评议的21个部门和行业进行沟通。同时，还在全区聘请以各级工会会员为主体的21名“群众义务监督员”。1997年，纪委对7个重点企业实行挂牌制度，这7个重点企业全年拒绝乱收费10余万元。1999年，纪委下发《关于对挂牌企业实行重点保护的意见》。2000年，重点纠正医药购销中的不正之风、治理乱收费和行风评议工作。聘请11位住区人大代表和政协委员担任行风监督员，对21个重点部门进行重点检查和不定期明察暗访。2003年，在全区推行“行风监督卡”制度。首先把监督卡发到投资者手中，投资者在办事过程中，可随时与纠风办保持联系，纠风办接到投诉立即着手调查，有困难的帮助协调，有问题的予以解决，有违纪的严肃处理。全年共发放监督卡537份，回收511份，投资者满意率达到100%。行风监督卡制度的建立，把以往事后查纠的监督模式改为事前防范、事中督导、事后查纠相结合的监督新模式，有效地推动了行风建设的开展。

第四节　群工部

机构沿革　1992年12月26日，设群工部，为工委直属正处级行政部门。1993年2月18日，群工部内设办公室，为正科级行政科室，实有2人。总工会、团委、妇联归群工部管理。6月29日，群工部定编11人，其中领导职数2人，职工活动中心定为群工部所属正科级事业单位，图书馆定为群工部所属副科级事业单位（1997年10月归口宣传部管理）。1995年6月9日，职工活动中心定编15人，经费由自收自支改为差额拨款。1997年12月30日，群工部行政编制12人，其中领导职数3人，办公室2人，总工会3人，团委2人，妇联2人，另有工勤事业编制3人。2001年7月13日，工委对群工部编制进行重新设置，群工部机关编制总额为11人，其中行政人员6人，离退休人员2人，工勤人员3人。8月7日，职工活动中心更名为职工文化馆，编制14人。同时，设体育管理办公室，编制4人，参照机关内设机构管理，为群工部所属正科级事业单位。2003年4月，确定体育管理办公室编制由4人增至5人（增加的编制由团区委调剂使用）。是年8月，工委核减机关事业单位编制，体育管理办公室定编3人。

1993—2003年烟台开发区工委群工部历任正副部长表

表16-5

姓名	性别	出生年月	籍贯	职务	任职时间	级别	备注
丛淑萍	女	1951.03	威海文登	部长	1993.01—1994.06	正处	工委委员
龚润之	男	1942.07	四川井研	副部长	1993.01—1995.03	副处	
孙长文	男	1951.09	烟台长岛	部长	1995.01—1998.08	正处	工委委员
吕宗华	男	1952.07	河南范县	副部长	1995.03—2001.07	副处	
王翠莲	女	1951.10	烟台牟平	副部长	1995.06—2000.02	副处	
刘金玉	女	1953.01	烟台海阳	副部长	1997.03—2000.02	副处	
魏东	男	1960.12	烟台招远	部长	2000.03—2003.01	正处	工委委员

续表 16-5

姓 名	性别	出生年月	籍　贯	职 务	任职时间	级别	备注
王希飞	男	1954.02	烟台海阳	副部长	2000.02—	副处	
李勇军	男	1963.01	威海文登	副部长	2000.02—2000.11	副处	
孙晓明	男	1957.09	烟台蓬莱	副部长	2001.07—	副处	
谭述晓	男	1958.06	烟台牟平	部　长	2003.01—	正处	工委委员

主要职责　群工部为主管烟台开发区工青妇群众团体、职工文化和体育工作的职能部门。其主要职责是：发挥党联系群众的桥梁和纽带作用，为工委做好群众工作当好参谋和助手；贯彻党的群众工作路线、方针、政策，制定烟台开发区工会、共青团、妇女工作和职工文化工作、体育工作计划；指导总工会、团区委、妇联充分发挥其特有功能，开展好各项工作；组织开发区职工开展群众文化、体育活动，为开发区经济建设和社会事业的发展尽职尽责。

群团工作和职工文化、体育等工作的具体情况见本志《民主党派·社会团体》《文化·体育》编的有关章节。

第五节　政法委

机构沿革　政法委成立之前，对政法各部门的协调工作由工委管委办公室法制处负责，工委管委分管此项工作的领导主管。2001 年 8 月 7 日，工委政法委开展日常工作。2002 年 11 月 25 日，工委决定，设政法委（增加政法委职能），其主要职责是：对区政法各部门执行法律、法规和党的方针政策情况进行监督检查，并研究制定严肃执法、落实党的方针、政策的具体措施；督导和协调政法各部门的工作，对有争议的重大、疑难案件予以协调处理；组织、协调社会治安综合治理工作，推动各项措施的落实；研究加强政法队伍和领导班子建设的措施，按管理权限，协助工委和组织部门考察、管理政法部门的领导干部等。政法委内设办公室、社会治安综合治理工作处和宣传教育处，均为正科级行政科室，实有人员分别为 4 人、2 人、2 人。2003 年 8 月 11 日，社会事业管理局所属司法处、法律援助中心、公证处划归政法委，司法处为正科级行政科室，法律援助中心为副科级事业单位，公证处为正科级事业单位，实有人员分别为 2 人、2 人、5 人。至此，政法委与综治办、司法局合署办公，一个机构，三个牌子，编制增加到 22 人，实有 19 人。

2001—2003 年烟台开发区政法委副书记表

表 16-6

姓 名	性别	出生年月	籍　贯	职 务	任职时间	级别	备 注
武维刚	男	1956.07	山西孝义	副书记	2003.07—	正处	
于建武	男	1954.09	烟台栖霞	副书记	2003.07—	正处	

政法工作　烟台开发区政法各部门围绕全区中心工作，按照法治、公正、高效的原则，坚持“以防为主、防控结合、标本兼治”的方针，充分发挥政法各部门的职能作用，全面加强社会治安综合治理，有效打击惩治和预防犯罪，确保开发区各项建设的顺利进行。

政法队伍建设　政法委着重对全区政法各部门加强思想教育、干警培训和奖励先进等工作。

1985—2003 年，政法队伍由开始 50 余人逐步发展到 350 余人，其中具有大专以上学历的占 92% 以上。其间，有 210 余名干警立功受奖，其中有 35 名政法各部门领导干部立功受奖。自 1999 年开始，全区政法各部门开展“政法队伍建设年”“争创人民满意政法干警”等活动。全体干警通过开展窗口服务、岗位练兵、学习典型等工作，提高为民执法的责任心和执法素质。在连续 5 年群众满意率测评中，人民群众对全区政法干警的满意率均达到 98% 以上。

督导和协调政法各部门工作　政法委对政法各部门的督导协调工作主要是：组织协调政法各部门参加有关会议和培训；组织协调政法各部门统一意志和行动；加强对政法各部门执法工作的监督检查；加强政法队伍建设；组织政法各部门开展有关活动。1985—2003 年，组织政法工作会议 80 余次；组织培训干警 2100 余人次；组织开展“严打”和专项行动 30 余次；围绕政法工作和政法队伍建设开展各项活动 10 余次。通过协调和督导，进一步统一政法各部门的思想和行动，在历次“严打斗争”中，全区政法各部门密切协同，有力打击犯罪分子，维护社会稳定。

社会治安综合治理　全区社会治安综合治理分三个阶段：1985—1987 年为起步阶段。社会治安综合治理工作主要由区治安办公室负责，围绕安全保卫工作展开。基层、村（居）和企业的综合治理工作主要按照传统模式开展工作。其间，由于区内固定人口和流动人口少，案件发案率低，社会治安状况相对平稳。1988—1993 年为全面展开阶段。区内流动人员急剧增加，案件不断上升，社会治安综合治理工作在全区机关事业单位，以及村（居）、企业全面展开。管委成立综合治理工作领导小组，建立健全各级综合治理组织，有针对性地开展整治治安乱点、混乱区域等多项社会治安综合治理工作。1994—2003 年为规范提高阶段。全区经济飞速发展，外来务工人员大量进入，刑事犯罪和治安案件激增，社会治安和综合治理工作面临严峻挑战。政法各部门从健全组织、强化队伍、落实制度入手，不断加强基层基础工作。全区基层综合治理组织全部建立；城区和农村均建立看门望锁队、治安巡逻队、治安信息员等队伍，社会治安综合治理步入制度化、规范化轨道。同时，公安部门实现 110、112、119 三台合一，提高为人民群众报警服务的及时性和有效性；在物防、技防上投资 1000 余万元，将消防、交通、治安等重点部位纳入监控视野；对暂住人员和流动人口实行网络化管理，刑事和治安案件得到遏制；民间矛盾纠纷调处做到制度化、常态化，使社会治安进一步好转。

第六节　党校

机构沿革　工委党校成立于 1991 年 9 月 5 日，为宣传部所属正科级事业单位，编制 3 人。其主要职责是：培训开发区内机关、事业、直属企业科级干部、优秀年轻干部、农村两委成员，以及工会、妇女干部等；培训有关部门理论骨干；开展理论科研工作，为工委管委决策服务，为开发区物质文明和精神文明服务；负责开发区党员干部、国家公务员的业余高等教育等工作。1993 年 11 月 18 日，党校内设办公室和教研室，均为股级事业科室，实有人员分别为 2 人、1 人。1995 年 6 月 9 日，党校划归组织部管理，编制 10 人。1999 年 6 月 1 日，被批准为中等专业学校体制，挂开发区行政学校牌子（两块牌子，一套班子）。同时，成立中共烟台经济技术开发区工委党校委员会。2000 年 2 月 24 日，党校升格为工委直属副处级事业单位，编制 11 人，内设办公室、培训处和业务处，均为正科级事业处室，实有人员均为 3 人。2003 年 9 月 2 日，撤销工委党校委员会，由党委领导制改为校委领导制。

1991—2003年烟台开发区工委党校历任正副校长表

表16-7

姓名	性别	出生年月	籍　贯	职　务	任职时间	级别	备　注
高云良	男	1947.09	烟台莱阳	校　长	1991.09—1996.03	正处	工委副书记兼
赵仁庆	男	1943.10	烟台莱州	副校长	1995.03—1998.04	正科	
孙茂岐	男	1955.09	烟台福山	校　长	1996.03—2001.05	正处	工委副书记兼
姜风城	男	1955.05	烟台海阳	副校长	1997.08—	正科	
赵文斋	男	1948.07	烟台海阳	副校长	1999.06—2003.09	副处	
谭维忠	男	1953.01	烟台海阳	校　长	2001.05—	正处	工委副书记兼
杜书强	男	1963.08	烟台栖霞	副校长	2002.08—	正科	
赵松东	男	1965.08	烟台莱阳	常务副校长	2003.09—	副处	主持工作

干部培训　1996年11月，工委党校举办学习党的十四届六中全会《决议》骨干培训班，机关事业单位理论骨干和基工委所属14个村党支部书记共208人参加培训；1997年10月，举办学习党的第十五次全国代表大会会议精神骨干培训班，39名机关事业单位理论骨干参加培训；1998年10月，为进一步在农村贯彻落实党的十五届三中全会精神，党校与基工委一起举办14个村“两委”干部培训班，有80名村委干部参加培训，11月，举办两期机关事业单位科级干部学习邓小平理论培训班，82名科级干部参加培训；1999年8月，举办两期机关事业单位科级干部培训班，共有77人参加培训；2000年4月、9月，相继举办年轻干部理论培训班、副县级后备干部考试辅导班和农村后备干部培训班，有30名年轻干部、24名副县级后备干部和50名农村后备干部参加培训；2001年3月，举办一期机关事业单位科级干部理论培训班，26名科级干部参加培训；2001年11月，为配合工委开展村级“三个代表”重要思想学习教育活动的实施，举办村级“两委”成员及集体经济组织负责人培训班，有47人参加培训；2002年4月、12月，相继举办机关事业单位工作人员“领导科学、实用法律知识、人口计划生育知识和公文写作”培训班、学习党的十六大精神骨干培训班，有23名机关事业单位工作人员和42名骨干参加培训；2003年9月、10月，相继举办“深入学习贯彻‘三个代表’重要思想，促进全面建设小康社会、加强和改进党的建设、依法行政、计划生育、公文写作”培训班、机关事业单位政工干部及新提拔科级干部学习有关“全面建设小康社会、先进文化建设、依法行政知识、公务员行为规范和公文写作”培训班，有26名机关事业单位工作人员、40名政工干部及新提拔的科级干部参加培训。

1996年11月至2003年10月，党校共举办17期培训班，培训党政机关和事业单位科级干部、工作人员和农村“两委”干部及妇女干部818人次。

业余函授教育　1993年6月至2003年6月，工委党校受省委党校干部业余函授教育学院委托，举办经济管理专业大专班、本科班和法律专业大专班、本科班等17个班次的教育培训，毕业学员763人（大专毕业生452人，大本毕业生311人）。其中，1993年6月至1996年6月，山东省干部业余教育经济管理专业大专班18人、法律专业大专班25人、女子大学大专班22人、94级经济管理专业本科班21人、大专班37人；

1995年9月至1998年12月，业余教育95级经济管理专业大专班40人、96级经济管理专业本科班58人、大专班52人、农村干部经济管理专业大专班26人；1997年9月至1999年12月，业余教育97级经济管理专业本科班66人、大专班72人；1998年9月至2001年6月，业余教育98级经济管理专业大专班45人；1999年9月至2002年6月，业余教育99级经济管理专业大专班38人、法律专业大专班22人；2000年9月至2002年12月，业余教育2000级经济管理专业本科班65人、大专班55人、法律专业本科班101人。

第十七编
行政机构

2002年落成的开发区行政中心大楼

烟台经济技术开发区志

YANTAI JINGJI JISHU KAIFAQUZHI

烟台经济技术开发区管理委员会（以下简称管委）是烟台市人民政府派出机构，管委按照“小政府、大社会”的思路，围绕建设“改革试验区、开放示范区、高新技术中心区”的要求和目标，逐步建立一套精简、高效的组织机构，培养一支团结、廉洁、富有战斗力的干部职工队伍。为精简行政办事机构，减少领导层次，管委对凡能实行企业化管理的行业（商业、物资、房地产、市政工程、园林、保安等）统统按企业序列建制。对职能相近的部门尽量进行合并或合署办公，力求少环节、少层次，不苛求上下对口。不少工作部门形成“上边多条线，下边一家干”的综合管理模式。城建、环保、市政、土地等执法部门，在管理上实行“四合一”。经济发展与科学技术局担负着计划、统计、经贸、物价、科技等相当于市政府11个职能部门的所有职责。既避免机构膨胀、政出多门，又减少部门之间相互扯皮，提高办事效率。

第一章　管委机构

第一节　机构沿革

1984年7月26日，烟台市福莱山经济技术开发区筹备委员会（以下简称筹委会）成立，为烟台市人民政府所属市局级机构。是年8月13日，筹委会正式办公，办公地址设在烟台毓璜顶宾馆3号楼。10月6日，筹委会搬迁到福山区良种场办公楼办公。11月14日，筹委会行政编制30人。11月20日，筹委会改称烟台经济技术开发区管理委员会。1987年7月31日，工委管委机关搬迁至开发区邮电大楼办公。1991年2月，工委管委机关搬迁至开发区工贸大厦办公。1992年5月4日，工委管委升格为副厅级。1993年12月、1994年8月、2002年1月，工委管委先后分别搬迁至开发区科技大厦、黄河路86号（开发区新时代小区1号楼）、长江路1号（开发区行政中心大楼）办公。

第二节　历任领导

烟台市福莱山经济技术开发区筹委会主任由烟台市政府副市长兼任，副主任由烟台市委任命。“筹委会”改称“管委会”后，管委主任、副主任由烟台市委提名，烟台市人民政府聘任。管委升格为副厅级后，管委主任由市委报省委审批，市政府聘任，报省委备案；管委副主任为正处级，由市委提名，市政府聘任；管委主任助理由管委聘任。

1984—2003年烟台开发区管委正副主任表

表17-1

姓名	性别	出生年月	籍贯	职务	任职时间	级别	备注
姜德华	男	1928.02	烟台福山	筹委主任	1984.07—1984.11	副厅	副市长兼
李永顺	男	1937.07	烟台福山	筹委副主任	1984.07—1984.11	副处	
				副主任	1984.11—1985.05	副处	
				主　任	1985.05—1986.12	正处	

续表 17-1

姓名	性别	出生年月	籍贯	职务	任职时间	级别	备注
曲滋章	男	—	—	筹委副主任	1984.07—1984.11	副处	
				副主任	1984.11—1985.05		
田增成	男	1940.04	威海荣成	筹委副主任	1984.07—1984.11	副处	
				副主任	1984.11—1993.01	副处	
				副主任	1993.01—1997.12	正处	
				调研员	1997.12—2002.12		
虞俊鹤	男	1934.09	江苏无锡	主　任	1984.11—1985.05	副厅	副市长兼
陈万光	男	1948.02	潍坊临朐	主　任	1986.12—1990.08	正处	
孙德汉	男	1950.11	烟台牟平	主　任	1990.08—1991.07	正处	
					1991.07—1994.05	副厅	
阎原田	男	1947.02	烟台招远	主　任	1994.09—1998.09	副厅	
王秀臣	男	1950.06	烟台牟平	主　任	1998.09—	副厅	市委常委
王永昌	男	1939.04	江苏无锡	副主任	1985.05—1987.06	副处	
王　捷	男	1944.02	辽宁海城	副主任	1985.11—1990.07	正处	
王立刚	男	1938.10	烟台福山	副主任	1986.12—1993.01	副处	
					1993.01—1997.12	正处	
牟国兴	男	1944.07	烟台栖霞	副主任	1987.09—1991.11	副处	
于常青	男	1957.03	烟台招远	副主任	1990.08—1993.01	副处	
					1993.01—1997.12	正处	
陈光伟	男	1942.02	广西北流	副主任	1991.09—1992.12		外派挂职
林培祖	男	1954.12	烟台龙口	副主任	1991.09—1993.01	副处	列于长青之前
					1993.01—1997.12	正处	
邹宝山	男	1945.08	菏泽巨野	副主任	1993.03—1995.04		外派挂职
孙致远	男	1946.06	威海乳山	副主任	1993.04—1997.12	副处	未到职
孙立棠	男	1953.10	烟台芝罘	副主任	1994.03—1997.07	正处	列田增成之前
段志强	男	1957.03	山西太原	副主任	1994.09—2000.06	正处	列林培祖之前
曲维玺	男	—	—	副主任	1996.02—1998.04	副处	外派挂职
孙茂岐	男	1955.09	烟台福山	副主任	1997.12—2001.01	正处	列段志强之前

续表 17–1

姓名	性别	出生年月	籍贯	职务	任职时间	级别	备注
高明经	男	1952.01	烟台龙口	副主任	1997.12—	正处	
刘为群	男	1956.01	威海文登	副主任	1997.12—2000.12	正处	
高松敏	男	1956.12	烟台莱州	副主任	1997.12—	正处	
林建宁	男	1962.12	威海文登	副主任	1998.08—2000.12	正处	
苏　智	男	1967.02	山东安丘	副主任	2000.06—2002.12	正处	挂职
					2002.12—	正处	
王恩政	男	1947.06	烟台莱州	副主任	2000.12—	正处	
孙夜晓	男	1957.09	烟台蓬莱	副主任	2001.04—	正处	
陈文晔	男	1952.10	烟台蓬莱	副主任	2001.05—	正处	列高明经之前
刘尚勇	男	1955.01	烟台莱山	副主任	2002.03—	正处	
王宏峰	男	1965.04	河南濮阳	副主任	2002.11—	正处	
王　中	男	1962.07	威海文登	副主任	2003.12—	正处	
蒋胜明	男	1946.02	江苏常州	主任助理	1997.12—2002.02	正处	再次任职

第三节　管委主任办公会议

管委主任办公会议，是管委会的主要议事方式，会议的主要议题是研究开发区招商引资、财税预算、基建计划、信访处理、企业改制、项目建设等重大事项。1984—2003 年，管委共召开主任办公会议 217 次，形成会议纪要或会议记录 217 份。

管委主要职责　根据 1994 年《山东省经济技术开发区管理条例》的有关规定，开发区管委的主要职责是：

1. 执行上级各级政府的决定和命令，根据国家法律和上级人民政府的有关规定，发布决定、决议，制定行政规章。

2. 领导管委部门、单位的工作；改变或者撤销部门、单位不适当的决定和规章。

3. 依照有关规定，任免、培训、考核和奖惩国家行政人员。

4. 编制开发区总体规划、长短期经济发展规划及年度计划、年度财政预算，报市政府批准后组织实施。

5. 按照市级审批权限审批在开发区的投资项目，统一管理开发区财政，处理开发区涉外事务，管理和报批开发区的土地出售、出租或出让。

6. 管理全区经济建设、教育、科学、文化、出版、卫生、体育、计划生育、劳动人事、民政、公安、司法、行政、监察和民族事务等工作。

7. 维护社会秩序，保障公民及外商的人身权利、民主权利和其他权利。

8. 办理市政府交办的其他事项。

管委主任办公会议议事形式、程序和主要任务

1992 年 8 月 29 日，管委制定的《烟台经济技术开发区管理委员会议事规则（试行）》，对管委主任办公会议有关事项作出如下规定。

议事形式　主任办公会议，由主任、副主任和办公室主任组成，主任或主持工作的副主任召集和主持，管委有关部门负责人列席参与有关问题的讨论，会议根据需要可随时召开。

议事程序　准备提交主任办公会议的议题，需由承办部门事先做好调查和充分论证，并经管委分管领导审查同意。对于涉及两个或两个以上部门的议题，可先提请分管的副主任予以协调。对于重大议题，承办单位应提出两套或两套以上可供选择的方案意见。凡会前未经协调或未经分管领导审查同意的议题，不予安排研究。管委主任办公会议的组织工作，由管委办公室负责。一般于会议5天前开始征集各有关部门需提交会议研究的议题，并筛选报主任或副主任审定，然后通知各有关部门和人员准备汇报材料，汇报材料于会议前2～3天送达管委办公室。管委主任办公会议编发的会议纪要，由会议主持人签发；所形成的以管委会名义发布的决定、决议和重要行政规章，向上级政府报送的重要请求、报告，均由主任签发；属于已经确定的方针、政策、原则、计划范围内事项和只涉及专项工作的文电，由分管副主任审签；如涉及两位或两位以上副主任分工的工作，应送有关副主任审查后由分管副主任签发。

主要任务　管委主任办公会议的主要任务是：研究制定贯彻上级政府指示、决定和决议的具体实施意见；听取各副主任和直属部门、单位的重要工作汇报；审定向上级政府的重要报告，讨论管委会工作报告和管委会主任的重要讲话稿；审议决定关系全区国民经济和社会发展的重大问题及长远规划、年度计划和财政预算等；按季度或定期分析全区经济和社会发展形势，制定管委会一个时期的工作计划、重大改革方案、措施、行政规章和规范性文件；研究处理管委直属部门和单位请示、报告的重要问题，讨论建设规划以及重点工程项目的安排意见；讨论需要由主任办公会议决定的其他事项。

管委议事原则　1992年，《烟台经济技术开发区管理委员会议事规则（试行）》对管委议事原则作如下规定：

主任负责制原则　管委会实行主任负责制，主任主持管委会全面工作，各副主任积极协助和配合主任做好各项工作，对于工作中的重要情况和重大事项要及时向主任报告；对于涉及重大方针政策问题，分管的副主任要向主任提出解决处理的建议；对集体研究决定和主任拍板的事项，各有关副主任要迅速予以落实、完成。

副主任分工负责制原则　副主任按照各自分工，根据管委的总体思路，独挡一面，认真负责，积极开展工作。主任要积极支持、指导分管副主任的工作，一般不越过分管的副主任决定、答复其权限范围内的工作；特殊情况下，主任决定答复后，应同分管副主任沟通。主任、副主任既要明确分工，又要相互协作，密切配合，分工不分家，增强整体观念，提高决策水平和工作效率，以充分发挥集体领导力量，协调一致做好工作。

坚持民主集中制议事原则　管委会议在认真调查研究，充分征求各方面意见的基础上进行，并经过科学论证，保证决策具有科学性。在议事过程中，管委会成员要各抒己见，充分发表自己的意见，对众多的方案进行反复分析比较，从中选择最佳方案。对一时难以决定的问题，继续作深入调查研究，等意见成熟后再定。对在充分发扬民主基础上，按照少数服从多数的原则，由管委会集体表决形成的决议、决定和意见，允许少数人保留意见，但决议一经形成，管委会的每个成员必须坚决执行。

第二章　管委直属机构

第一节　机构沿革

1984年11月14日，筹委会设办公室、政治处、研究室，均为筹委会直属正科级行政部门；1986年6月22日，设开发区卫生所，为管委直属正科级事业单位；1987年2月，管委政治处划归工委序列，设劳动人事局、经济发展局，为管委直属正科级行政部门；是年3月19日，设烟台税务局经济技术开发区分局，10月9日，设财政局，4月25日，设文教卫生局、计划生育委员会，均为管委直属正科级行政部门；8月17日，撤销卫生所；12月15日设司法局，为管委直属正科级行政部门；1987年10月5日，设园林公司，为管委直属公司；1988年8月18日，撤销研究室，设发展战略研究中心，为管委直属正科级事业单位；1989年1月16日设法制办公室，1990年3月14日设民政局，均为正科级行政部门，与司法局合署办公；1990年3月，撤销文教卫生局，设教育局、卫生局，均为正科级行政部门；1990年11月15日，设旅游公司，与园林公司合署办公。

至1990年，开发区管委共设置16个直属正科级行政部门，2个直属正科级事业单位（海河办事处、金桥办事处），13个直属企业，1个控股企业（北洋股份有限公司）。

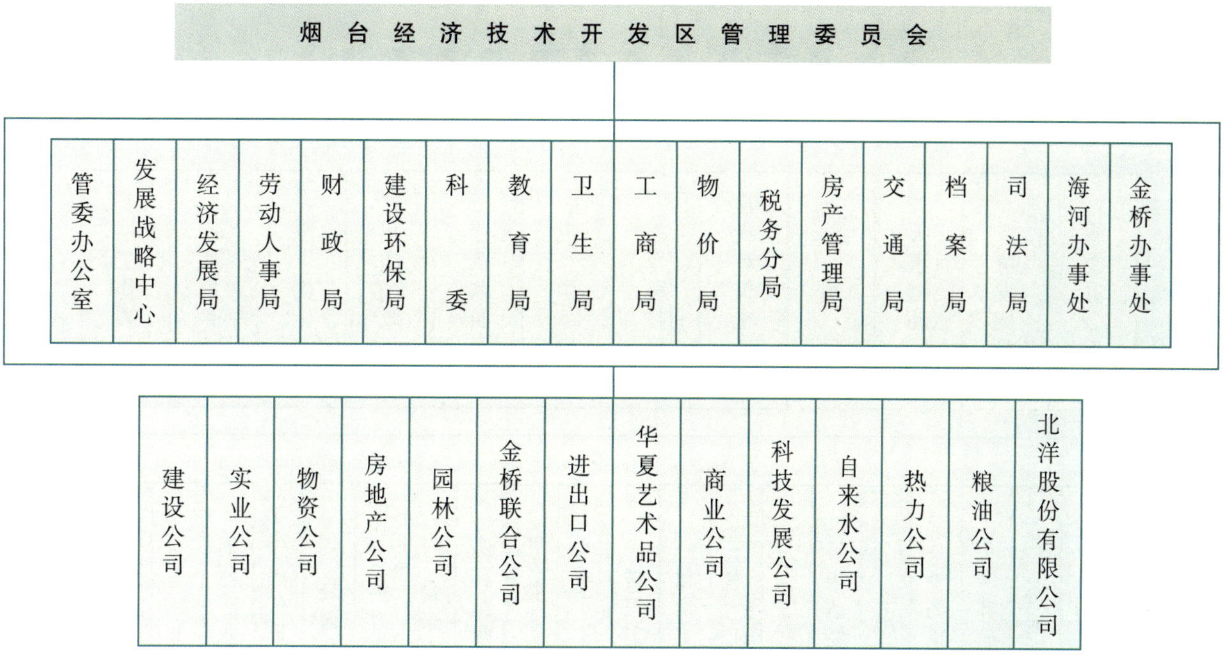

图17-1　1990年烟台开发区管委直属机构设置示意图

1991年1月19日，设华达公司。3月，设工委办公室（与管委办公室合署办公）、国有资产管理局、土地管理局。8月，设科学技术协会。均为正科级单位。1992年1月19日，园林公司与旅游公司合并为园林旅游公司。9月14日，设经济体制改革委员会，与发展战略研究中心合署办公。12月26日，管委所属工作部门升格为正处级。1992年年底至1993年年初，原管委机构及直属企业进行调整。1993年2月18日，管委各工作部门中的内设机构升格为正科级。同时设立司法民政局（武装部设在该局），为管委直属正处级行政部门。财政局与税务分局合并为财税局。3月，华达公司更名为华达经贸总公司，金桥联合公司、粮油公司分别划归金桥办事处与粮食局管理，撤销经济体制改革委员会、发展战略研究中心，其业务职能划归工委管委办公室。7月5日，法制办公室的业务职能划归工委管委办公室负责，劳动人事局更名为人事劳动局，建设环保局与土地管理局合并为建设环保土地局，教育局与科委合并为教育科技局，司法局与民政局合并为司法民政局，工商局与物价局合并为工商物价局。房产管理局更名为房产管理处，为建设环保土地局所属正科级事业单位。档案局更名为档案馆，为工委管委办公室所属的正科级事业单位。交通局改称交通总公司，同时挂“烟台经济技术开发区交通局”的牌子，为管委直属公司。设立水产工业公司、化工工业公司、纺织工业公司、电子工业公司、高新技术开发总公司、医药医疗器械公司、半岛集团公司等7个直属国有企业。热力公司更名为热力总公司。

1994—1995年，管委再次对个别机构及直属企业进行调整和增设。商业公司、科技发展公司分别改制成为管委控股33%的烟台银河股份有限公司和控股75%的山东三鑫科技集团股份有限公司；撤销金桥、福东、福西办事处，组建基层工作委员会，为管委直属正科级事业单位，具体负责14个自然村的全面工作；新设立福东集团公司、福西产业集团公司、国际合作公司3个直属企业；增设旅游局，为管委直属正处级行政部门。

至1995年，管委下辖10个正处级直属工作部门，2个正科级直属事业单位（海河办事处、基层工作委员会），21个直属企业，3个控股公司（北洋股份有限公司、山东三鑫科技股份有限公司、银河股份有限公司）。

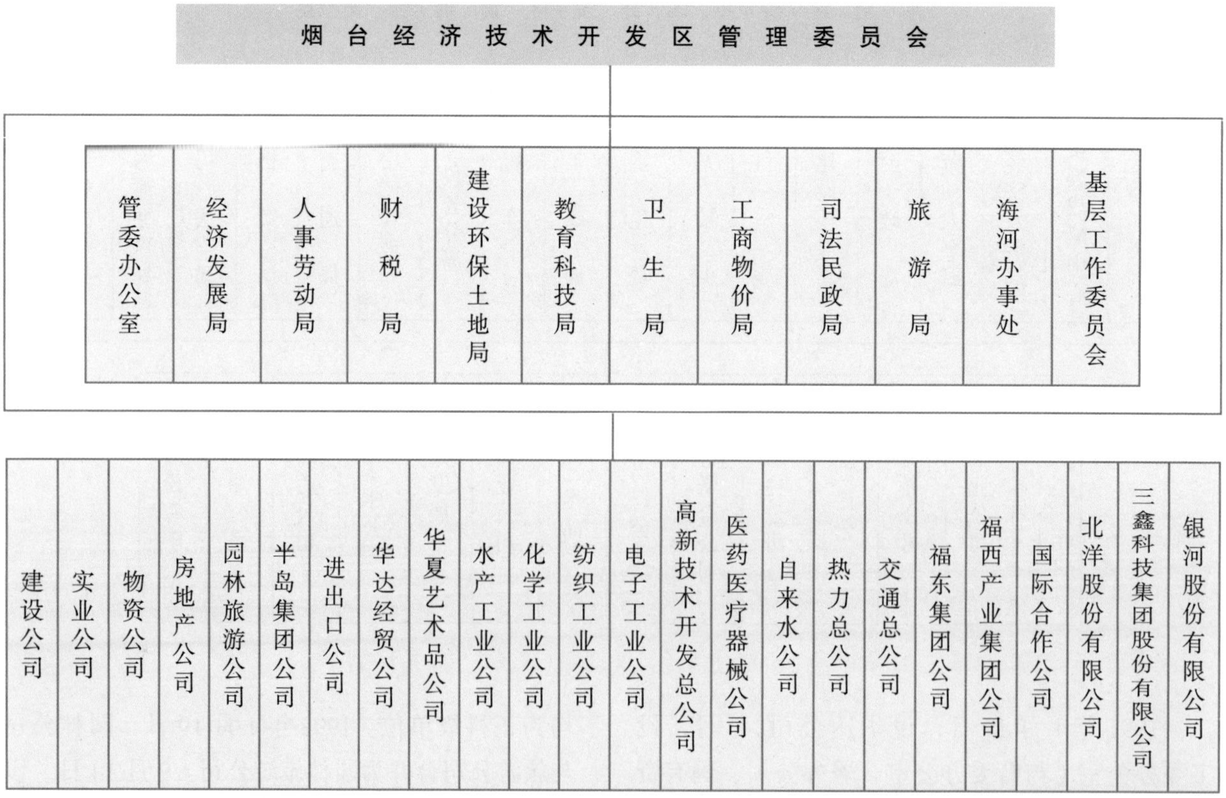

图17-2 1995年烟台开发区管委直属机构设置示意图

1996—1998 年，管委对直属公司及控股公司进行改制，仅保留自来水公司和热力公司两个直属企业。

1998—2003 年，管委对所属部分机构进行调整。财税局分设为财政局和税务局，税务局归属省、市直管。人事劳动局更名为人事劳动和社会保障局，司法民政局、卫生局和计划生育委员会合并为社会事业管理局，以上原单位对外仍可单独挂牌办公。工商物价局易名为烟台市工商行政管理局经济技术开发区分局，归属省、市工商行政管理局直管，物价管理职能归属经济发展局。教育科技局更名为教育局，科技管理职能由经济发展局负责，经济发展局更名为经济发展与科学技术局，并增挂安全生产监督管理局牌子。长江街道办事处更名为长江社区管理处，海河办事处更名为海河社区管理处，同时撤销基层工作委员会。管委增设投资促进局、农业与海洋渔业局、交通局、出口加工区 B 区管理局等 4 个正处级直属工作部门。原福山区古现、大季家两镇划归烟台开发区管理，设古现、大季家、八角 3 个街道办事处，为管委直属正科级事业单位。设烟台银桥信用担保有限公司，为管委控股企业。原属交通总公司管理的公共交通公司变更工商登记，为管委直属企业。建设环保土地局下设土地局、城市管理环保局、规划局 3 个二级局，均为正科级建制。

至 2003 年，管委共辖 12 个直属工作部门，5 个直属事业单位（海河社区管理处、长江社区管理处、古现街道办事处、大季家街道办事处、八角街道办事处），3 个直属企业（自来水公司、热力总公司、公共交通公司），1 个控股企业（银桥信用担保公司）。

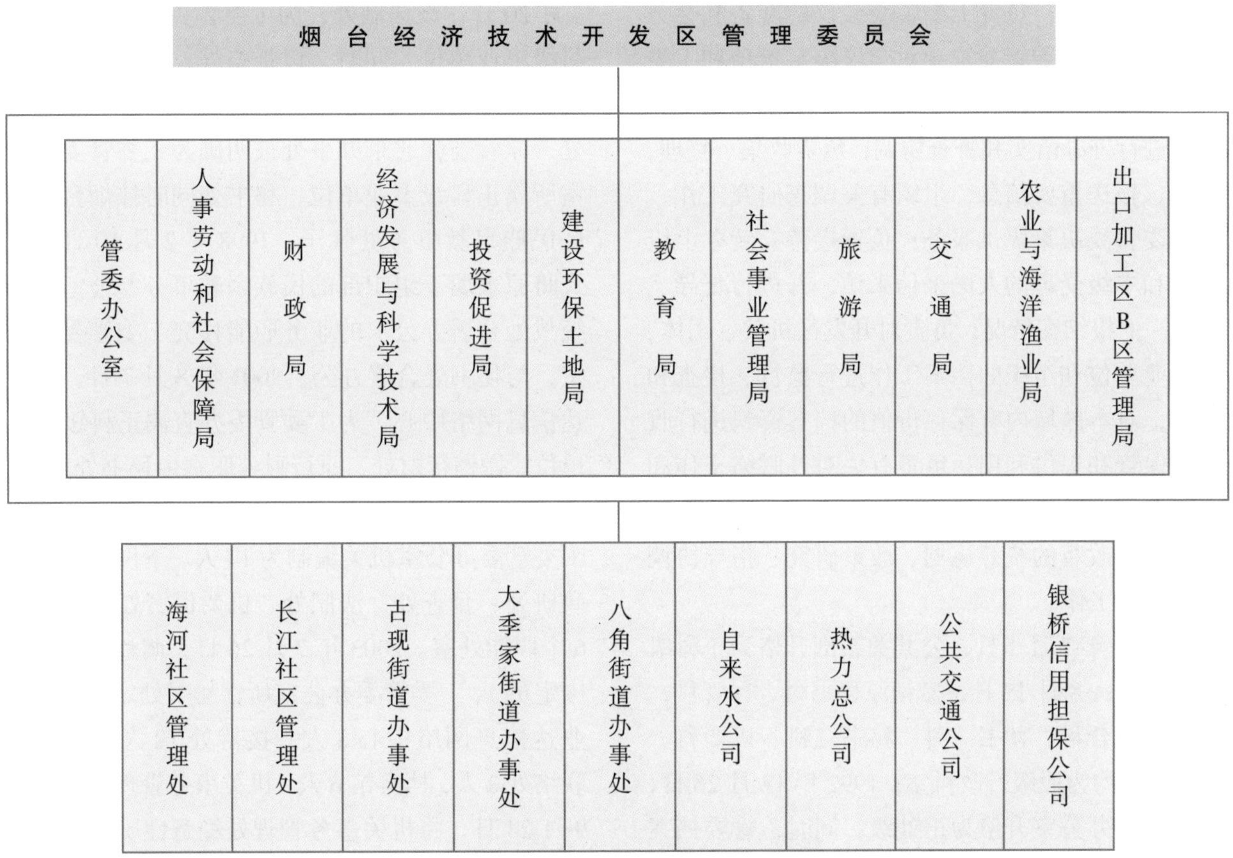

图 17-3　2003 年烟台开发区管委直属机构设置示意图

第二节　直属行政部门

管委办公室　1984 年 11 月 14 日，筹委会设办公室，为筹委会直属正科级行政部门。11 月 20 日，筹委办公室改称管委办公室。1987 年 12 月 14 日，管委设档案局，为正科级行政部门，由管委办公室代管；1988 年 6 月 10 日，设行政管理科、接待科，为管委办公室所属股级行政科室；1989 年 3 月 25 日，撤销接待科，设秘书科、文书管理科、公共关系部，秘书科、文书管理科为管委办公室所属股级行政科室，公共关系部为股级事业科室。1991 年 3 月 31 日，设工委办公室，与管委办公室合署办公。工委管委办公室的主要职责是：协助工委管委领导审核或组织起草、修改、校核以工委管委和工委管委办公室名义发布的各类文电，并负责工委管委领导日常公文处理和开发区文件管理；负责工委管委会议的准备和会务工作，协助工委管委领导对会议决定事项和工委管委重大决策、重要工作部署，以及领导指示、批示进行催办落实和督查协调；负责收集、整理、分析、报送重要信息，组织有关调查研究工作，为工委管委决策提供服务；负责接待、转办上级批转和本级受理的人民来信来访，并进行督导、检查、上报结案情况；负责对开发区机关、团体、企事业单位和组织的档案工作进行监督、检查和指导，对本区域内有保存价值的档案资料进行收集、保管和提供利用；负责有关对外联络工作和来开发区有关宾客的接待服务工作；负责开发区经济体制改革的统筹规划、政策研究、指导协调和督查等工作。

1991 年 7 月 1 日，公共关系部升格为正科级事业科室；8 月 12 日，撤销原秘书科、行管科，设信息综合科、秘书一科、秘书二科、机要科、信访科，均为股级行政科室；1992 年 12 月 26 日，工委管委办公室升格为正处级。同时，管委档案局改称档案馆，性质和级别不变。1993 年 2 月 18 日，工委管委办公室设秘书处、信访处、接待处、政研处、机要处。秘书处由原文书管理科与秘书二科合并而成，为正科级行政科室。将信访科改为信访处，为正科级行政科室。撤销公关部，设接待处，为正科级事业单位（按内部机构管理）。将原发展战略研究中心改称政研处，为工委管委办公室内设正科级行政科室。机要处由原机要科与原秘书一科合并而成，为正科级行政科室。是年 6 月 29 日，确定档案馆为工委管委办公室所属正科级事业单位。11 月 19 日，将秘书处改为综合处，为正科级行政科室。将机要处改为秘书处。同时，设行政财务处，为正科级事业单位（按内部机构管理）。1995 年 6 月 9 日，设机要保密处，为正科级行政处室。1996 年 2 月 12 日，设机关事务管理处，为正科级自收自支事业单位。7 月 8 日，机关事务管理处成立宏远公司，并与其合署办公，2 月，又与高新技术开发总公司合署办公。4 月 20 日，设法制处，为工委管委办公室所属正科级事业单位。同时，设督查处，为工委管委所属正科级行政处室。10 月 27 日，机关事务管理处、原管委驻北京办事处被明确为工委管委办公室所属正科级事业单位，秘书处同时挂烟台开发区民族宗教事务处牌子。1998 年 2 月 10 日，正式将原隶属于组织部的民族宗教事务办公室（与统战处合署办公）的业务职能移交工委管委办公室，与秘书处合署办公。2001 年 8 月 7 日，设业达信息网络中心，为工委管委办直属正科级事业单位。撤销行财处，原行财处职责由秘书处承担。驻北京办事处更名为驻北京联络处。同时，确定工委管委办公室机关编制为 17 人。下设综合处、政研处、督查处、法制处、机要保密处、信访处 6 个职能处室。2003 年 7 月 26 日，调整编制（定岗定员），工委管委办公室所辖秘书处定编 13 人，业达信息网络中心 8 人，接待处 19 人，驻北京联络处 2 人，档案馆 6 人，机关事务管理处 10 人。9 月 24 日，将机关事务管理处经费性质由自收自支调整为全额预算管理，编制定为 10 人。

1984—2003 年烟台开发区管委办公室正副主任表

表 17-2

姓名	性别	出生年月	籍贯	职务	任职时间	级别	备注
邢启迪	男	–	烟台福山	副主任	1985.06—1985.12	副科	管委办
				主　任	1985.12—1987.04	正科	
邹积生	男	1937.12	威海文登	副主任	1985.06—1985.12	副科	
孙永新	男	1949.07	威海荣成	副主任	1985.06—1988.09	副科	
李书玉	男	1958.09	威海乳山	主　任	1987.04—1991.03	正科	
张文明	男	1959.07	威海文登	副主任	1987.05—1988.06	副科	
吕宗华	男	1952.07	河南范县	副主任	1988.08—1991.03	副科	
王京南	男	1959.12	烟台龙口	主　任	1991.03—1993.01	正科	管委办
孙立彬	男	1944.08	烟台栖霞	副主任	1991.07—1993.03	正科	
					1993.03—1995.03	副处	
魏　东	男	1960.12	烟台招远	副主任	1992.04—1993.02	副科	
					1995.03—2000.03	副处	
李国友	男	1952.12	烟台福山	副主任	1993.01—1997.12	副处	
陈文晔	男	1952.10	烟台蓬莱	主　任	1995.01—1998.09	正处	工委委员
刘建民	男	1965.01	烟台莱山	副主任	1998.04—2002.02	副处	
				主　任	2002.02—	正处	工委委员
刘尚勇	男	1955.01	烟台莱山	主　任	1998.12—2002.02	正处	工委委员
杨克志	男	1961.10	山东菏泽	副主任	2000.02—2002.03	副处	
由万昌	男	1951.10	山东莱芜	副主任	2000.07—2002.03	副处	
姜志璞	男	1961.12	烟台栖霞	副主任	2001.07—	副处	
邵　杰	男	1958.07	烟台招远	副主任	2002.03—	副处	
刘鸿雁	男	1962.09	烟台牟平	副主任	2002.12—	副处	

经济发展与科学技术局　1987 年 2 月 27 日，设经济发展局，为管委直属正科级行政部门，实有 8 人。主管全区经济、经贸、外经贸、计划、统计、企业管理等工作。1989 年 8 月 25 日，管委设科学技术委员会（以下简称科委），为正科级事业单位，其办公室设在经济发展局。1990 年 2 月，科委与经济发展局分设。1992 年 12 月 26 日，经济发展局升格为正处级，编制 65 人。内设机构有办公室、计统处、对外业务处、基建处，均为正科级处室，实有人员分别为 4 人、11 人、4 人、3 人。下设正科级事业单位有项目推进中心、企业管理中心、计量检测中心、渔政渔监农机站、外商投资服务中心。2000 年 8 月 1 日，基建处、项目推进中心和外商投资服务中心划归投资促进

局。2001 年 1 月 3 日，经济发展局挂物价局的牌子，同时接管物价、安全生产综合管理、安全监查、特种设备作业人员审核发证和培训、考核、鉴定工作，以及信息产业、粮储管理等工作。2002 年 7 月 11 日，经济发展局更名为经济发展与科学技术局，编制 76 人，实有 71 人，接管科技方面的职能。其主要职责增加“负责开发区高新技术发展规划、产业结构、产业政策的制定以及高新技术企业和项目的筛选、认定并组织实施；负责开发区科技、科协、抗震减灾，以及电力行政管理工作；编制开发区信息产业发展战略和总体规划并组织实施”等工作。同时，内设机构增设科技处，有办公室、计划处、对外业务处、统计处、安全生产处、物价处、科技处，均为正科级行政处室；事业单位增设高新技术管理处，有企业管理中心、计算中心、价格认证中心、物价检查所、安全生产监察大队（挂“安全生产检测培训中心”牌子）、电力管理办公室、高新技术管理处（挂“防震减灾办公室”牌子）、财贸处、民营经济管理处、粮食收储管理中心，其中计算中心、价格认证中心为副科级单位，其他均为正科级单位。

1987—2003 年烟台开发区经济发展与科学技术局正副局长表

表 17-3

姓名	性别	出生年月	籍贯	职务	任职时间	级别	备注
王立刚	男	1938.10	烟台福山	局　长	1987.02—1987.10	副处	经济发展局（管委副主任兼）
蒋胜明	男	1946.02	江苏常州	副局长	1987.02—1989.01	副科	
				局　长	1989.01—1993.01	正科	
				副局长	1993.01—1996.02	副处	
				局　长	1996.02—1997.12	正处	
董　斌	男	1937.08	福建福州	副局长	1989.02—1988.12	副科	经济发展局
					1990.12—1992.05	正科	
李承忠	男	1940.12	河北乐亭	副局长	1987.02—1989.04	副科	
张玉亭	男	1937.02	烟台蓬莱	副局长	1991.07—1993.03	正科	
冯德民	男	1939.04	山东泰安	副局长	1991.07—1993.01	正科	
冯志斌	男	1963.11	河北柏乡	副局长	1992.10—1993.11	挂职	
周德利	男	1947.05	山东烟台	副局长	1992.10—1993.02	正科	
李乃连	男	1955.05	威海乳山	副局长	1992.10—1993.02	正科	
					2000.04—2001.04	副处	
高松敏	男	1956.12	烟台莱州	副局长	1993.01—1995.01	副处	
				局　长	1997.12—2000.12	正处	经济发展局（管委副主任兼）

续表 17-3

姓名	性别	出生年月	籍贯	职务	任职时间	级别	备注
郭晓亮	男	1951.11	烟台福山	副局长	1995.03—1995.08	副处	经济发展局
杨林盛	男	1959.05	烟台莱州	副局长	1995.06—2000.07	副处	
于少轩	男	1958.08	烟台福山	副局长	1996.01—2001.05	副处	
				局　长	2001.04—2002.07	正处	
					2002.07—		经济发展与科学技术局
刘永生	男	1956.09	烟台莱州	副局长	2001.04—2002.07	副处	经济发展局
					2002.07—	副处	经济发展与科学技术局
齐云亮	男	1961.09	山东昌邑	副局长	2001.04—2002.07	副处	经济发展局
					2002.07—		经济发展与科学技术局

投资促进局　2000 年 8 月，原经济发展局的项目推进中心、基建处、外商投资服务中心从该局划出，成立投资促进局，为管委直属事业单位。其各项业务分别对口市计委、经贸委、外经委、投资促进局和市政府外事办公室、侨务办公室、经济协作办公室。主要负责开发区招商引资、项目洽谈和项目审批工作；负责工业项目用地选址、审批和筹建项目、在建项目的促进工作；负责外事、侨务工作，以及审批 3000 万美元以下外商投资项目，并授权颁发外商投资企业批准证书等工作。12 月 20 日，投资促进局为管委直属工作部门，正处级建制，编制 33 人。其主要职责增加了负责国外企业在开发区设立办事机构的审批和开发区企业、事业单位在海外设立机构或在海外投资办企业的审核、转报工作；负责专业园区招商及与烟台出口加工区 B 区、烟台市台商投资区、烟台国外留学人员创业园区、烟台金沙滩旅游度假区的联系、协调和项目审批工作，组织、协调有关单位进行项目论证、评估和策划；负责海外招商机构管理、指导、考核工作，以及对外商投资服务中心的管理、指导、考核工作；负责与国家部委、国内投资机构和大企业、外国政府、企业驻华办事机构，以及中国驻外商务机构的联络，并为其提供投资咨询服务等工作。内设机构有：办公室、一处（美洲处）、二处（欧洲处）、三处（日韩处）、四处（东南亚处）、五处（内资项目处）、基建推进处，均为正科级行政处室。办公室、基建推进处实有人员分别为 5 人、2 人，一、二、三、四、五处实有人员均为 4 人。下辖外商投资服务中心，系国有企业，主要业务是接受投资者的委托，代理项目审批、工商注册、机构代码办理和纳税登记等企业设立所需办理手续的服务工作。2001 年，撤销三处（日韩处），设日本处和韩国处，均为正科级行政处室，实有人员均为 2 人，分别负责对日本和韩国的招商引资工作。2003 年 5 月，增设投资服务管理处，为正科级事业处室，实有 2 人，具体负责对外商投资服务中心的管理、指导、考核工作等。

2000—2003年烟台开发区投资促进局正副局长表

表17-4

姓名	性别	出生年月	籍贯	职务	任职时间	级别
杨林盛	男	1959.05	烟台莱州	局　长	2001.05—	正处
李乃连	男	1955.05	威海乳山	副局长	2001.04—	副处
于　杰	男	1957.09	烟台牟平	副局长	2001.04—2003.01	副处
丁　慧	女	1962.03	烟台莱阳	副局长	2002.03—	副处
范吉宏	男	1962.09	烟台蓬莱	副局长	2002.10—	副处
张文庆	男	1967.09	烟台莱阳	副局长	2002.12—	副处

人事劳动和社会保障局　1987年2月27日，设劳动人事局，为管委直属正科级行政部门，实有5人，主管全区劳动人事工作。1991年4月25日，劳动人事局内设办公室、劳动力调配科、工资计划福利科、任免奖惩科、科技干部管理科、安全保护科6个股级行政科室。1992年12月26日，劳动人事局改称人事劳动局，机构升格为正处级，实有工作人员51人。1993年2月28日，人事劳动局内设机构调整为办公室、计统处、任免奖惩处、科技干部处、劳动安全处，均为正科级处室。1995年6月9日，人事劳动局行政编制调整为23人，内设机构为办公室、工资福利计划处、任免奖惩处、科技干部管理处和劳动安全处。辖属事业单位有：国际人才交流中心（职业介绍中心）、劳动争议仲裁办公室（劳动监察处）、劳动服务公司（考务培训中心）、社会劳动保险事业分处（机关事业单位社会保险处），均为正科级单位。1999年5月11日，人事劳动局更名为人事劳动和社会保障局，同时将司法民政局承担的农村养老保险职能、卫生局承担的社会医疗保险职能，划归人事劳动和社会保障局。2001年1月3日，因安全生产管理机构职能调整，撤销了劳动安全处，将其承担的安全监察、安全生产综合管理工作及特种设备作业人员审核发证工作，考务培训中心承担的特种设备作业人员的培训、考核、鉴定工作，调归经济发展局承担；将劳动安全处承担的职业卫生监察职能，调为卫生局所属的卫生防疫站承担；将劳动安全处承担的工伤认定、工时、休息、休假、女职工和未成年工特种保护、劳动防护用品的综合管理工作，交由工资福利计划处承担。至此，人事劳动和社会保障局内设机构有：办公室、公务员管理处、劳动保障处、专业技术人员管理处、机构编制处，均为正科级处室。下属事业单位有：事业单位登记管理办公室、劳动监察处、劳动争议仲裁委员会办公室（人事争议仲裁委员会办公室）、社会保险事业处、劳动就业办公室、国际人才交流中心（职业介绍中心）、考务培训中心、烟台留学人员创业园区管理服务中心、劳动服务公司均为正科级单位。2001年5月21日，烟台留学人员创业园区管理服务中心规格调整为副处级。人事劳动和社会保障局的主要职责是：编制全区人事、劳动和社会保险工作总体规划和年度计划，并组织实施和监督执行；研究制定全区国家公务员管理规定、办法，并组织实施；管理全区政府行政奖励表彰和机关事业单位工作人员考核工作；综合管理全区专业技术人员队伍建设、专业技术职务评聘、职称改革等工作；负责全区机关企事业单位工资、福利、津贴、退休和企业工伤认定管理；负责全区人才资源开发、劳动就业、人才劳务市

场和人才中介机构综合管理、人员流动调配、大中专毕业生和转业军官接收安置工作；负责全区劳动监察、人事劳动信访和争议仲裁工作；综合管理全区职业技能开发工作、失业人员基本生活保障、认定社会办劳服企业等工作；负责管理全区机关、企事业单位职工养老、失业、医疗、工伤、生育等社会保险和农村养老保险工作；负责管理人事、劳动和社会保险领域的涉外业务技术合作与交流、科学技术研究成果推广应用、引进国外智力工作；负责烟台留学人员创业园区的综合管理与服务工作；负责机构编制委员会办公室、目标管理责任制领导小组办公室的日常工作等。2003 年，人事劳动和社会保障局编制 99 人，实有 95 人。

1987—2003 年烟台开发区人事劳动和社会保障局正副局长表

表 17-5

姓名	性别	出生年月	籍贯	职务	任职时间	级别	备注
王 捷	男	1944.02	辽宁海城	局 长	1987.02—1988.01	副处	劳动人事局（管委副主任兼）
于洪旭	男	1945.02	烟台福山	副局长	1987.02—1988.01	副科	
				局 长	1988.04—1991.03	正科	
王其瑞	男	1943.10	烟台福山	副局长	1987.02—1988.04	副科	劳动人事局
丛永智	男	1945.10	山东威海	副局长	1987.09—1991.07	副科	
				局 长	1991.07—1993.01	正科	
				副局长	1993.01—1999.05	副处	人事劳动局
					1999.05—2000.11		人事劳动和社会保障局
高玉平	男	1951.10	烟台福山	副局长	1991.07—1993.01	副科	劳动人事局
谭树杰	男	1946.08	威海文登	局 长	1993.01—1997.12	正处	人事劳动局
姜克泰	男	1949.03	烟台蓬莱	副局长	1993.01—1999.05	副处	
					1999.05—	副处	人事劳动和社会保障局
李国友	男	1952.12	烟台福山	局 长	1997.12—1999.05	正处	人事劳动局
					1999.05—2001.05	正处	人事劳动和社会保障局
李 瑜	男	1954.08	青岛莱西	副局长	2000.08—	副处	
宋德欣	男	1958.07	烟台栖霞	副局长	2000.11—	副处	
孙长文	男	1951.09	烟台长岛	局 长	2001.04—	正处	

财政局 1987 年 10 月 9 日，财政局成立，为管委直属正科级行政部门，编制 5 人。主要负责烟台开发区财政收入调度、支出和资金管理等。1990 年 10 月，烟台会计师事务所开发区分所成立，为财政局管理的自收自支事业单位。1991 年 3 月 30 日，国有资产管理局成立，为管委直属正科级行政部门，与财政局合署办公，编制 3 人。主要负责国家有关国有资产管理政策、法规在开发区的贯彻执行和国有股权、产权的基础性管理工作；负责经营性国有资产保值增值考核，以及

非经营性国有资产的配置使用；负责实施国有资产授权或委托经营、监督管理资产运营机构的资本运营活动等。1992年2月，设开发区国有资产投资经营公司，为全民所有制企业。1993年2月18日，财政局与烟台市税务局开发区分局合并为财税局，升格为正处级行政部门，编制88人。主要负责根据烟台开发区经济发展战略，编制中长期财税计划；参与制定各项宏观经济政策；推行财税改革，提出运用财税政策实施宏观调控和综合平衡社会财力的建议；编制全区年度本级财政预决算草案，经批准后组织执行；管理区级各项财政收入、行政事业性收费等预算外资金和政府性基金；根据区级预算安排，制定财政税收计划，合理安排支出等。其内设行政机构有：办公室、预算一处、预算二处、国有资产管理处，均为正科级处室。正科级事业单位有：计算机中心、税务咨询中心、内税征收处、外税征收处、财税一所、财税二所、财税三所、财税四所、稽查处和国有资产投资经营公司。1994年11月25日，预算一处、预算二处分别改称预算处、综合处，性质、级别不变；撤销计算机中心和稽查处。新设税政处、计征处，为正科级内部机构；新设住房资金管理中心、稽查大队，为正科级事业单位。1995年6月，设国有资产经营管理公司，为财政局所属正科级自收自支事业单位。1996年9月14日，设烟台市国税局经济技术开发区分局，为烟台市国税局所属正处级行政部门。1997年1月1日，国税局与财税局分离。是年10月27日，财税局增设预算外资金管理中心和社会保险财务管理处，均为正科级行政处室，编制分别为6人、4人。预算外资金管理中心的主要职责是，负责国家关于预算外资金管理的政策、法规在开发区的贯彻执行，提出具体实施意见；负责汇审、编制预算外资金年度预决算；对预算外资金管理有关规定的执行情况进行检查监督；负责行政事业性和非行政事业性收费票据的领购、审验管理等工作。社会保险财务管理处的主要职责是，负责国家有关财政社保工作的政策法规的贯彻执行，提出具体实施意见；负责审核社会保障预算资金的使用分配；监督检查各项社保资金的预算执行等。同年12月16日，将国有资产投资经营公司改称烟台开发区经销中心，性质、级别和职能不变。1998年9月15日，财税局分设为财政局和地方税务局，将原财税局所属的内税分局、涉外分局、稽查分局和第一、二、三、四分局调整归地税局管理，其他单位调整为财政局内设机构和所属事业单位。是年11月11日，增设财政监督处、农业税征收管理处。财政监督处为正科级事业单位，编制9人。主要职责是：负责监督检查有关预算执行情况；负责监督检查区内有关单位的财务情况、受理涉及财税案件和人民来信来访；协调与税务、审计的检查工作，履行财税审计监督办公室职能等。农业税征收管理处为正科级行政处室，编制6人，主要负责开发区农业税、农业特产税、耕地占用税、契税的征收管理和农财管理工作。1999年，会计师事务所改制，脱离财政局编制序列。2000年11月，为适应财政改革的需要，财政局增设政府采购管理办公室、基本建设资金管理处、会计管理处、行政事业单位经费核算中心和收费管理中心（与预算外资金管理处合署办公）五个正科级事业单位。2001年7月，开发区机构改革，财政局内设办公室、预算处、税征处，综合处和国有资产管理处改为全额预算管理的事业单位。共有内设机构3个、事业单位13个。2002年11月，农业税征收管理处更名为农业税征收管理局，级别、职责和隶属关系不变。是年，新划入的古现、大季家、八角街道办事处实行“两级财政、分灶吃饭”的财政体制，在上述3个街道办事处设立财政所。2003年4月，因住房资金管理体制改革，住房资金管理中心同时挂“烟台市住房公积金管理中心开发区管理部”牌子，业务上接受上级管理。

1987—2003 年烟台开发区财政局正副局长表

表 17-6

姓名	性别	出生年月	籍贯	职务	任职时间	级别	备注
谭秀春	女	1952.11	烟台福山	局　长	1987.11—1990.05	正科	财政局
吴继福	男	1938.11	烟台福山	副局长	1987.11—1989.04	副科	
张英堂	男	1941.01	潍坊昌邑	副局长	1988.10—1991.07	正科	
吴晓飞	男	1960.01	青岛即墨	局　长	1991.07—1993.01	正科	
				副局长	1993.02—1993.09	副处	财税局
王恩政	男	1947.06	烟台莱州	局　长	1993.01—1998.09	正处	
					1998.09—	正处	财政局
高万章	男	1950.07	青岛平度	副局长	1993.02—1996.12	副处	财税局
方伟穆	男	1958.05	威海文登	副局长	1993.12—1998.09	副处	
蒋洪刚	男	1954.11	青岛平度	副局长	1997.03—1999.01	副处	
					1999.01—	副处	
李守鹏	男	1964.11	烟台龙口	副局长	1999.06—2003.07	副处	财政局
杨　勇	男	1964.01	烟台牟平	副局长	2001.07—	副处	

建设环保土地局　1987 年 2 月，设建设环保局，为管委直属正科级行政部门，编制 15 人。主要负责全区规划建设业管理，工程质量监督，园林绿化管理，城市管理监察，以及环境监测、保护等工作。内设办公室、建设科、环境保护科、财务科，均为股级行政科室。下辖环境监测站、测量队，均为股级事业单位。1991 年 3 月，设土地管理局，为管委直属正科级行政部门，编制 5 人，与建设环保局合署办公。主要负责烟台开发区土地管理工作。1992 年 12 月，建设环保局与土地局合并为建设环保土地局，机构升格为管委直属正处级行政部门，编制 20 人。其主要职责除承担原建设环保局职责外，增加了土地使用管理，市政环境卫生管理，房产管理，建设项目推进管理等工作。内设办公室、规划处、环保处、建管处、项目管理处和计划统计财务处，均为股级行政科室，1993 年升格为正科级行政处室。下辖工程质量监督站、环境监测站、测量队、市政环卫处、建设业管理处、绿化委员会办公室 、城市管理监察大队，均为正科级事业单位。2003 年 7 月，为进一步加快城市管理建设步伐，提升城市层次和水平，优化投资环境，建设环保土地局下设建设土地局、城市管理环保局、规划局 3 个管理机构（二级局，为正科级）。建设环保土地局，内设办公室，为正科级行政科室，编制 8 人。建设土地局，内设综合处、国土资源处，均为正科级行政科室，编制各 5 人。其下属事业单位有建设项目推进处、建设业管理处、工程质量监督站、房产管理处、土地管理服务站，均为正科级。派驻事业单位有古现国土资源所，大季家国土资源所，八角国土资源所，均为股级。城市管理环保局，内设综合处、环境保护处，为正科级行政科室，编制各 5 人。其下属事业单位有园林管理处、城市管理综合执法大队、环境监察大队、环境监测站、市政环卫处、园林绿化工程公司，均为正科级。规划局，内设综合处、规划管理处，为正科级科室，编制各 5 人。其下属事业单位有地理信息中心、测绘管理处，均为正科级。

1987—2003 年烟台开发区建设环保土地局正副局长表

表 17-7

姓名	性别	出生年月	籍贯	职务	任职时间	级别	备注
王衍干	男	1933.01	枣庄滕州	局　长	1987.02—1987.10	正科	建设环保局
张玉亭	男	1937.02	烟台蓬莱	副局长	1987.02—1991.07	副科	
姜成亭	男	1937.02	威海文登	局　长	1987.08—1988.06	正科	
周育慈	男	1938.10	浙江平湖	副局长	1987.09—1992.12	副科	
刘衍生	男	1937.12	烟台龙口	局　长	1988.06—1992.02	正科	
张英堂	男	1941.01	潍坊昌邑	副局长	1991.07—1992.12	正科	
				局　长	1991.07—1992.12	正科	土管局（兼）
丁志金	男	1950.08	烟台栖霞	副局长	1991.08—1993.01	正科	建设环保局
				副局长	1996.06—	副处	建设环保土地局
郭晓亮	男	1951.12	烟台福山	局　长	1992.02—1993.01	正科	建设环保局
				副局长	1993.01—1995.03	副处	建设环保土地局
孙兰玉	男	1944.12	烟台招远	副局长	1992.05—1992.12	副科	建设环保局
牟　秋	男	1951.08	烟台栖霞	副局长	1993.01—1996.02	副处	建设环保土地局
				局　长	1996.02—1998.09	正处	
刘守文	男	1945.09	潍坊安丘	副局长	1993.12—	副处	
龚润之	男	1942.07	四川井研	副书记	1995.03—1998.04	副处	
高玉平	男	1951.10	烟台福山	副书记	1998.04—	副处	
王廷贤	男	1958.05	烟台栖霞	副局长	2001.07—2003.07	副处	
孙长文	男	1951.09	烟台长岛	局　长	1998.09—2001.05	正处	
兰永祥	男	1950.01	烟台招远	局　长	2001.05—	正处	
辛玉麟	女	1960.04	烟台莱阳	副局长	2002.03—2003.07	副处	
王修俊	男	1959.09	烟台招远	副局长	2003.07—	副处	
李守鹏	男	1964.11	烟台龙口	副局长	2003.07—	副处	

烟台市工商行政管理局开发区分局　1987 年 2 月 27 日，工商行政管理局成立，为管委直属正科级行政部门，编制 4 人。内设办公室、企业登记科、经济合同科和个体管理科，均为股级行政科室。主要负责维护城乡市场秩序，管理市场交易和查处经济违法活动，管理城乡集贸市场；组织办理工商登记，发放营业执照，建立经济户口，并实行监督管理；对经济合同、商标、广告业务及个体私营经济进行管理，打击投机倒把和假冒伪劣行为等。1991 年，工商局编制增加到 26 人，增设市场科、经济检查科，均为股级行政科室。并增设个体劳动者协会（1998 年 1 月更名为民营企

业协会，10月15日，更名为个体劳动者私营企业协会）、消费者协会（与市场科合署办公），均为股级事业单位。1991年11月，为加强对新建市场的管理，相继成立彩云城工商行政管理所和永定市场工商行政管理所，均为股级事业单位，实有人员分别为6人、8人。1992年4月，为加强对外商投资企业的管理，工商局增设外资科，为股级行政科室，实有3人。主要负责区级以上审批部门批准设立的外商投资企业在开发区内从事生产经营的登记注册初审工作；对外商投资企业履行合同、章程、资本投入和经营活动进行监督检查，依法查处违反工商企业登记管理法规和注册资本不到位的行为；办理外资企业年检；管理外资企业注册登记档案资料，按时上报统计报表。1993年2月18日，为精简办事机构，提高办事效率，管委将工商局与物价局合并，成立工商物价局，为管委直属正处级行政部门，编制47人（其中行政编制18人，事业编制29人）。其内设机构也做相应调整，撤销个体管理科，设企业登记管理处，为正科级行政处室，实有8人。主要职责是：办理企业的开业（设立）、变更、注销登记，经营单位的营业登记；保护企业的合法权益，维护企业的名称权、财产权、经营权；监督管理企业遵守国家法规和政策，查处违反国家法规和政策的行为；建设企业登记档案和登记统计制度；根据社会需要，向公众提供企业登记资料和宣传有关法规和政策；办理私营企业和个体工商户的开业登记、变更和注销登记；监督私营企业和个体工商户按照登记事项和核准的经营范围从事生产经营活动；制止和查处私营企业和个体工商户的违法经营活动；保护私营企业和个体工商户的合法经营，制止对私营企业和个体工商户的摊派等。撤销合同科、经济检查科，设立市场管理处，为正科级行政部门，实有5人。主要职责是：参与开发区市场的规划、培育、登记，并实施对消费品市场和生产资料市场、金融、劳动力、房地产、技术、信息等生产要素市场和期货市场、拍卖市场、文化市场等特种商品市场的监督管理；监督检查市场主体的交易活动，查处垄断和不正当竞争、走私贩私、制售假冒伪劣产品、侵犯消费者合法权益及其他市场交易违法违章案件；依法监督管理经济合同，登记管理企业抵押合同，查处利用合同进行的违法违章行为等。增设物价处、物价检查所，实有人员分别为4人、3人。物价处为正科级行政处室，物价检查所为正科级事业单位。主要负责制定开发区价格调控及稳定市场物价的规划办法，实施对市场物价的监控，根据国家有关政策法规、确定行政、事业性收费标准，查处收费中的违法行为等。是年6月19日，彩云城工商行政管理所、永定市场工商行政管理所、个体劳动者协会升格为正科级事业单位，实有人员分别为8人、14人、4人。

1994年4月25日，随着辖区市场建设的发展，工商局又相继增设个体商厦工商行政管理所、福海路东方市场工商行政管理所和鲁东市场工商行政管理所，均为正科级事业单位，实有人员分别为8人、3人、7人。其主要职责是：依据法律、法规的规定，对辖区内的各类企业、个体工商户和市场经济活动进行监督管理，保护合法经营，取缔非法经营，维护正常经济秩序等。1995年4月，彩云城工商行政管理所、永定市场工商行政管理所、个体商厦工商行政管理所、福海路东方市场工商行政管理所、鲁东市场工商行政管理所分别更名为工商物价局第一、二、三、四、五工商行政管理所，性质、级别、隶属关系和职责不变。同年11月18日，第一、二、三、四、五工商行政管理所更名为彩云城工商行政管理所、永定市场工商行政管理所、黄河路工商行政管理所、衡山路工商行政管理所和泰山路工商行政管理所。1997年，工商物价局干部职工增加到89人，1998年1月，增至90人。1998年11月12日，彩云城工商行政管理所、永定市场工商行政管理所、泰山路工商行政管理所、黄河路工商行政管理所和衡山路工商行政管理所由事业编制全部改为行政编制，实有人员分别增至10人、10人、10人、7人、8人。1999年9月22日，工商局与物价局分离，物价处和物价检查所划归经济发展局管理。工商物价局改称工商行政管理局，干部职工由90人减至84人。2002年3月11日，烟台开发区工商行政管理局划归烟台市工商行政管理局管理。7月26日，烟台开发区工商行政管理局更名为烟台市工商行政管理局经济技术开发区分局，为烟台市工商局派驻烟台开发区正处级行政管理部门，负责烟台开发区内的市场监督管理和行政执法工作。其内设机构调整为：办公室、注册登记科、市场合同管理科、商标广告管理科、公平交易科，均为正科级行政部门。原永定工商所与黄河路工商所合并，更名为长江路北工商行政管理所；原衡山路工商所与泰山路工商所合并，更名为长江路南工商行政行政管理所；原彩云城工商所更名为彩云工商所。更名后，其级别、职能不变。2002年9月11日，原蓬莱市大季家工商行政管理所和福山区古现工商行政管理所划归烟台开发区工商分局管理，级别和职责不变。至此，烟台开发区工商分局职工增加到103人。

1987—2003年烟台市工商行政管理局开发区分局正副局长表

表17-8

姓名	性别	出生年月	籍贯	职务	任职时间	级别	备注
孙明昌	男	1954.07	烟台莱州	副局长	1987.09—1990.03	副科	
于洪章	男	1946.08	烟台海阳	局　长	1990.03—1992.12	正科	工商行政管理局
戴忠旗	男	1953.12	烟台蓬莱	副局长	1992.05—1992.12	副科	
孙承荣	男	1947.03	烟台龙口	局　长	1995.12—1998.09	正处	工商物价局
赵　敏	男	1954.08	烟台蓬莱	局　长	1998.12—1999.09	正处	工商物价局
				局　长	1999.09—2002.07	正处	工商行政管理局
				局　长	2002.07—	正处	市工商局开发区分局
刘光信	男	1945.01	潍坊临朐	副局长	1993.01—1997.11	副处	
谭秀春	女	1952.11	烟台福山	副局长	1993.12—1999.09	副处	工商物价局
侯宜江	男	1953.10	烟台福山	副局长	1995.03—1999.09	副处	
					1999.09—2002.07	副处	工商行政管理局
曹高山	男	1958.10	烟台招远	副局长	2002.06—	副处	市工商局开发区分局
辜义平	男	1955.04	四川自贡	副局长	2003.12—	副处	

教育局　1987年4月25日，文教卫生局成立，为管委直属正科级行政部门，实有3人，主要负责开发区教育和卫生管理工作。8月，文教卫生局设教学研究机构，编制2人。1990年，该教学研究机构定名为教学研究室，为股级行政科室，编制4人。主要负责组织开发区幼儿园、小学、初中教学管理和指导教学改革工作，制定初中、小学教育科研计划并负责组织实施等。1990年3月，撤销文教卫生局，分设教育局和卫生局，教育局为正科级行政部门，实有11人，主要负责开发区教育工作和对中小学校的管理工作。1988—1991年，教育局先后设立招生委员会办公室、高等教育办公室、自学考试委员会办公室，均为股级事业单位，实有人员均为3人，主要负责开发区非义务教育段各类招生的报名、组织考试、招生及与之相关的管理工作等。1991年8月，

教育局设立办公室、托幼工作领导小组办公室，均为股级行政科室，实有人员均为3人。1992年12月，教育局与科委合并，成立教育科技局，为管委所属正处级行政部门，编制26人，主要负责开发区的教育和科委、科协方面的工作。原教育局内设机构同时升格为正科级，编制和职责不变。1993年3月，教科局增设教育处、计财处、高新技术管理处、科技成果处和规划基建处，均为正科级行政处室，实有人员分别为2人、3人、2人、3人、3人。1996年6月，教科局设科教馆（后改为教学仪器站），为正科级事业单位，编制3人，主要负责全区防震减灾、中小学生科技教育和电化教育、网络信息工程等工作。2001年8月，设文体教育中心，挂“教师培训办公室”的牌子，为正科级事业单位，编制6人，负责组织全区中小学艺术、体育、卫生、健康、国防教育的教学工作等。2002年7月，教育科技局之科技职能调整到经济发展与科学技术局管理，教育科技局改称教育局，性质、级别和隶属关系不变，实有24人。其主要职责是：综合管理开发区的基础教育（含学前教育），普通高中教育、职业技术教育和成人教育，组织社会力量和中外合作办学等工作；拟定开发区教育事业经费预算和筹措方案、计划，以及区级教育事业经费的分配、管理，检查监督各项专项经费和预算外资金的使用情况；归口管理、组织全区招生、学历教育考试工作；指导教育体制和办学模式改革，以及教育系统对外交流与合作等工作。2003年4月，教育局增设政工处，挂“教师培训办公室”牌子，为正科级行政处室，编制4人，主要负责全区教师和教育行政干部队伍建设及教育局机关的思想政治、干部人事、党建、纪检、工会、妇女、劳动工资、离退休干部的管理服务等工作。

1987—2003年烟台开发区教育局正副局长表

表17-9

姓名	性别	出生年月	籍贯	职务	任职时间	级别	备注
鞠洪先	男	1942.11	威海荣成	局　长	1987.04—1990.03	正科	文教卫生局
					1990.04—1992.10	正科	教育局
李玉良	男	1946.06	烟台招远	副局长	1987.04—1990.03	副科	文教卫生局
					1990.04—1992.10		教育局
王文高	男	1942.04	烟台莱阳	副局长	1992.05—1992.10	副科	教育局
					1993.12—1997.12	副处	教育科技局
王治林	男	1944.01	烟台福山	副局长	1993.02—1994.02	副处	
				局　长	1994.02—2001.01	正处	
冯德民	男	1939.04	山东泰安	副局长	1993.01—1996.06	副处	
曹瑞义	男	1961.10	烟台莱州	副局长	1997.03—2003.08	副处	
				副局长	2002.06—	副处	教育局
尹桂瓒	男	1956.03	烟台莱州	副局长	1998.01—2001.05	副处	教育科技局
				局　长	2001.05—2002.06	正处	
				局　长	2002.06—	正处	教育局

社会事业管理局 2001年1月，卫生局、司法民政局、计划生育委员会合并，组建社会事业管理局（对外使用卫生局、司法局、民政局的名义）。该局同时挂计划生育委员会牌子，人民武装部设在其中，为管委直属正处级行政部门，编制总数305人（其中行政编制18人，全额预算事业编制30人，差额预算事业编制248人，自收自支事业编制9人）。系工委管委主管全区卫生、司法、民政、计划生育、人民武装、人民防空和畜牧业等工作的职能部门。内设机构有：办公室、卫生处（挂医药监督管理处的牌子）、司法处、民政处、人民武装部办公室（挂人民防空办公室牌子）、计划生育委员会办公室，均为正科级行政处室；民间管理办公室（婚姻登记管理处与之合署）、老龄问题委员会办公室（残疾人联合会办公室与之合署，残疾人联合会办公室挂残疾人就业服务所牌子）、法律援助中心（挂148协调指挥中心牌子）、红十字会办公室、爱国卫生运动委员会办公室、计划生育协会办公室、计划生育技术服务站（妇幼保健站与之合署）、兽医卫生监督检验所、烟台开发区医院（皮肤病防治所与之合署，同时挂烟台眼科医院的牌子）、八角医院、大季家医院、古现医院、卫生防疫站（卫生检疫所与之合署，同时挂药品检验所牌子）、公证处、陵园管理处，均为正科级事业单位。2002年12月，兽医卫生监督所被划归农业与海洋渔业局管理；2003年7月，司法处、法律援助中心（挂148协调指挥中心牌子）、公证处划归政法委管理。至2003年12月，社会事业管理局编制总数为289人（其中行政编制16人，全额预算事业编制22人，差额预算事业编制248人，自收自支事业编制3人）。其主要职责是：研究制定全区卫生、民政、计划生育、老龄残联、人民武装等社会事业的发展总体规划与战略目标及年度计划，起草有关卫生、计划生育、民政、人民武装和人民防空等规范性文件，并组织实施；对社会公共卫生、劳动卫生、食品、药品、化妆品、医用生物制品和生物材料、医疗器械进行监督，对重大疾病及医疗质量等进行监测，负责妇女、儿童卫生保健和优生优育、计划生育技术服务等有关工作；负责基层政权和群众自治组织建设、拥军优属和优待抚恤、军队离退休、复员干部和转业士官、退伍义务兵的接收安置等民政方面的工作；负责民兵组织建设和武器装备的管理，承办全区兵役登记和征兵等人武、人防方面的工作；负责全区计划生育等工作。

2001—2003年烟台开发区社会事业管理局正副局长表

表17-10

姓名	性别	出生年月	籍贯	职务	任职时间	级别	备注
王学范	男	1951.02	烟台牟平	局　长	2001.05—	正处	社会事业管理局
李丰广	男	1955.10	烟台牟平	副局长	2001.07—	副处	
王翠莲	女	1951.10	烟台牟平	副局长	2001.07—	副处	
程合福	男	1954.12	山东泰安	副局长	2001.07—	副处	
张国俊	男	1956.12	威海文登	副局长	2001.07—	副处	

旅游局 1993年10月26日，烟台金沙滩省级旅游度假区成立。1995年8月18日，设烟台开发区旅游局，为管委直属正处级行政部门，既是主管全区旅游业的职能部门，又是烟台金沙滩旅游度假区管委的办事机构，主要负责对旅游度假区规划、建设、招商的综合管理。同年11月18日，旅游局暂定编制12人，其中行政编制3人，事业编制9人。

1997年9月10日，烟台开发区旅游服务处成立，同时挂金海湾旅游服务有限责任公司的牌子，为旅游局下属正科级自收自支事业单位，编制38人。主要负责海滨公园的建设和综合管理等工作。9月15日，园林旅游公司的旅游业务及相关国有资产和债权债务划归旅游局。10月27日，旅游局原9人事业编制被理顺为行政编制。旅游局内设办公室、综合业务处、规划建设管理处，均为正科级行政处室，实有人员均为3人。各处室的主要职责是：办公室协助局领导处理日常政务工作和文秘、档案、信访、保密、计划生育等工作。综合业务处，在烟台金沙滩旅游度假区内负责统计工作，按规定直接向省旅游局上报有关材料；组织旅游行业的对外宣传、博览会、交易会，并负责与国际旅游组织间的合作、交往及联络、接待等工作。并负责区内各类旅行社、旅游饭店的行业管理，组织行业标准、服务规范的贯彻推广和旅游教育、培训工作，组织旅游行业和岗位资格考试，会同有关部门抓好景区秩序、旅游交通、旅游安全工作，以及居民境外旅游的初审等工作。规划建设管理处负责烟台金沙滩旅游度假区旅游资源的普查、开发、利用和保护工作，制定、编制旅游业发展的中长期规划、年度计划；引导、利用外资和社会投资，加速烟台金沙滩旅游度假区旅游景点和配套设施项目的选址、规划、设计，组织施工力量建设、改造监督检查工作进度、质量；负责旅游项目开发的联络、接待、洽谈和合约起草等工作。

2000年6月5日，综合业务处同时挂烟台开发区旅游质量监督管理所牌子，不增加人员编制。主要负责对辖区内旅游质量进行管理、监督和指导，受理并处理各类质量投诉和旅行社质量保证金赔偿案件等。

2003年4月28日，旅游局事业编制由12人变更为13人。

1995—2003年烟台开发区旅游局正副局长表

表17–11

姓名	性别	出生年月	籍贯	职务	任职时间	级别	备注
郭晓亮	男	1951.11	烟台福山	副局长	1995.08—1997.06	副处	主持工作
				局　长	1997.06—	正处	
任洪茂	男	1952.09	烟台芝罘	副局长	1995.08—1995.12	副处	
李　伟	男	1958.11	威海文登	副局长	1996.01—1997.03	副处	
张晓飞	男	1956.10	烟台蓬莱	副局长	1997.03—2001.08	副处	
王希飞	男	1954.02	烟台海阳	副局长	1998.04—2000.02	副处	
刘金玉	女	1953.01	烟台海阳	副局长	2000.02—	副处	
丁玉鹏	男	1955.05	烟台招远	副局长	2003.10—	副处	

交通局 1987年10月1日，烟台开发区公交公司成立，为管委直属事业单位，实有45人。主要承担烟台开发区至芝罘区专线客运工作。1988年3月7日，烟台开发区交通运输管理所成立，系公交公司所属自收自支事业单位，实有6人。负责管理烟台开发区客、货运输市场和车辆、装卸服务企业及车辆维修企业等。1989年4月19日，经烟台市公路运输管理处批准，同意设烟台开发区交通检查站。是年11月3日，烟台开发区管委公布，开发区交通检查站成立，隶属于烟台开发区运输管理所，实有3人。主要负责检查运证管理有关法规的执行情况，以及国家规定的禁运、

限运物资；处理各种侵占、毁坏公路及其设施的行为；检查养路费、车购税、运管费和客运基金等交通规费缴纳情况等。1990 年 3 月 14 日，烟台开发区交通局成立，为管委直属正科级事业单位。公交公司、交通运管所、交通检查站、出租公司划归交通局管理。1991 年 9 月 16 日，烟台开发区联运办公室成立，编制 4 人。主要负责协调公路、铁路、水路、航空等不同运输方式的衔接，保证开发区各大企业货物运输进出畅通，保证疏航疏站功能等。1993 年 2 月，烟台开发区航运管理所成立，隶属于开发区交通局。是年 6 月 29 日，交通局更名为交通总公司，为管委直属公司（同时挂交通局牌子），负责开发区有关交通运输方面的管理职能。1996 年 6 月 7 日，交通检查站编制增至 7 人。是年 10 月 21 日，烟台开发区交通委员会成立，为管委直属科级单位，编制 10 人，行使开发区内交通运输管理职能。交通总公司不再挂交通局的牌子。原隶属于交通总公司的公路检查站、运输管理所、航运管理所、联运办公室调整为交通委管理。1997 年 10 月 27 日，“交通运输管理所”更名为“烟台经济技术开发区交通运输管理处”，“航运管理所”更名为“烟台经济技术开发区航务管理处”，均为交通委辖属的事业单位。2000 年 8 月 2 日，交通委与交通总公司分设。8 月 31 日，确定公交公司为管委直属公司。交通总公司原有 17 名人员只保留 3 人，其余人员分流安排到公交公司。2001 年 4 月 30 日，交通委员会更名为交通局。是年 8 月 7 日，交通局定为管委正科级事业单位，编制 11 人，领导职数 3 人。承担开发区交通运输行业管理职能。内设办公室、综合科、财务内审科。交通检查站更名为交通稽查大队，挂交通检查站的牌子，经费由差额拨款改为全额拨款。负责检查运政管理，以及国家规定的禁运、限运物资的管理和检查路政管理有关法规的执行情况，处理各种侵占、毁坏公路及其设施的行为等工作。同时，联运办更名为物流管理中心，挂联运办的牌子，将公交公司、运管所和检查站一并划归交通局管理。

2002 年 11 月 22 日，交通局升格为正处级，编制 12 人。同年 12 月 5 日，交通局内设办公室、综合处、财务内审处，均为正科级行政科室。交通局机关编制 12 人（包括行政编制 7 人，离退休人员编制 2 人，工勤人员编制 3 人）。所属事业单位交通稽查大队（挂交通检查站的牌子），为正科级单位，编制 16 人，经费实行全额拨款；公路管理处（编制 5 人）、航务管理处（编制 5 人）、交通运输管理处（编制 8 人，挂规费征收处的牌子）、物流管理中心（编制 6 人，挂联运办公室的牌子），均为正科级单位，经费实行自收自支。派驻单位有古现、八角、大季家交通管理所，均为股级事业单位，编制分别为 3 人、2 人和 5 人，经费实行自收自支。以上三个管理所的主要职责是：按照上级运管机关的统一部署，贯彻执行国家有关道路运输的政策、法规和规定，对所辖区域道路运输实施行业管理，负责对所辖区域道路运输市场的监督检查和指导，县乡公路的修建、养护和管理等工作。

2003 年 8 月 16 日，交通局机关核减工勤编制 3 人，物流管理中心核减编制 4 人，公路管理处核减编制 1 人，航务管理处核减编制 7 人。并明确交通局的主要职责是：负责全区交通行业管理和运输组织管理，组织协调联运工作；负责客运、货运、水运、联运集装箱运输以及与道路运输相关的机动车辆维修、运输服务业、物流业的行业管理和交通稽查及管理工作，并承担治理公路“三乱”工作领导小组办公室的工作；负责各项交通规费的征稽、管理和使用，对有关交通规费、交通专项资金进行内审监督，并负责运政、航政、路政和交通规费征收等执行情况的监督检查等工作。

1990—2003 年烟台开发区交通局正副局长表

表 17-12

姓名	性别	出生年月	籍贯	职务	任职时间	级别	备注
吕学章	男	1952.05	烟台莱阳	副局长	1990.03—1992.05	正科	交通局
				局　长	1992.05—1996.10		
				总经理	1993.02—1996.10		交通总公司
				主　任	1996.10—2000.03	正科	交通委
王同福	男	1948.01	烟台福山	副总经理	1994.01—1996.10		交通总公司
孙洪贵	男	1944.03	烟台牟平	副总经理	1994.01—1999.12		
				副主任	1998.08—2001.07	副科	交通委
褚晓鸣	男	1962.09	烟台芝罘	副总经理	1993.12—1998.04		交通总公司
				副主任	1998.04—1999.10	副科	交通委
卢乃启	男	1949.01	烟台福山	法人代表	2000.11—		交通总公司
陈森序	男	1951.01	威海文登	主　任	2000.03—2000.11		交通委
张东奇	男	1965.01	山东烟台	主　任	2000.11—2001.07	正科	
				局　长	2001.07—2002.12	正科	交通局
				副局长	2002.12—	副处	
赵水洲	男	1959.07	–	副主任	1998.08—2001.07	副科	交通委
				副局长	2001.07—2002.12	副科	交通局
王可华	男	1957.10	烟台海阳	副主任	2000.11—2001.07	副科	交通委
				副局长	2001.07—2002.12	正科	交通局
张德伟	男	1958.10	烟台蓬莱	副局长	2002.12—	副处	
王廷贤	男	1958.05	烟台栖霞	副局长	2003.07—	副处	

农业与海洋渔业局　1984—1987 年，烟台开发区境内的农业、农机、林业、水利、畜牧业、渔业由管委直接管理。1987—2002 年，先后由金桥联合公司、福东、福西办事处、基层工作委员会和长江社区管理处管理。2002 年 11 月，农业与海洋渔业局成立，为正处级行政部门，编制 15 人，主管全区农业、农机、林业、水利、畜牧业和海洋渔业等工作。其内设正科级行政机构有：办公室，实有 2 人。负责文秘、信息、调研、督查、宣传、档案、保密、信访及综合性文稿起草审核工作及机关、直属单位的人事、劳动工资、车辆维修使用、物业管理、党务、工会、共青团、计划生育的管理服务等工作。农业综合处，实有 4 人。负责制定烟台开发区农业、林业、水利、农机、畜牧业发展规划、计划，并组织实施，以及编制主要农牧产品进出口计划，组织协调农牧产品加工与流通等工作。海洋与渔业处，实有 6 人。主要负责编制海洋与渔业发展规划、海洋功能区划、海域使用规划及科技发展规划，组织海洋与渔业经济、资源、环境调查，协调各涉海部门、行业

的海洋开发活动，组织调查处理渔业水域污染事故、海洋与渔业涉外事件和渔政管理、渔港监督和渔船检验等工作。

辖属正科级事业单位有：农林水利站（开发区绿化委员会办公室、防汛抗旱指挥部办公室、护林防火指挥部办公室、海防林办公室设在该站），编制7人，经费实行全额预算管理，同时挂农业机械管理办公室的牌子。主要负责参与制定开发区农业发展计划和农业结构调整方案、农业技术培训和农业机械管理，以及植树造林、林果业技术推广、山区绿化、护林防火、水政管理、防汛抗旱等工作。渔业技术推广站，编制2人，经费实行全额预算管理。主要负责参与编制并组织实施海洋开发和渔业发展规划、计划，组织指导水产品养殖业、生产加工、海洋捕捞业和水产养殖生态环境监控等工作。渔政监督管理站，编制10人，经费实行差额预算管理。主要负责监督检查渔业法律、法规、规章的贯彻执行情况及监督检查渔业资源和水生野生动植物的保护、增殖和合理利用情况，对内维护渔业生产秩序，调查处理渔业生产纠纷，对外代表国家维护渔业权益，协助有关单位处理涉外事宜等工作。渔业船舶检验站，与中华人民共和国烟台经济技术开发区渔港监督合署办公，编制8人，经费实行差额预算管理。负责监督区内的港区、航区安全，调查处理渔业船舶、设施在海上和渔港水域内发生的交通事故和航行事故的处理和处罚，对渔业船舶进行注册、注销登记，办理船舶进出渔港签证，征收港务费、靠泊费和停泊费，监督检查国家渔船检验法律、规章的执行情况等。海洋监察大队，编制12人，经费实行差额预算管理。负责监督检查国家海洋法律法规的贯彻执行，监督管理所辖海域的使用，征收海域使用金，并承担海洋勘界工作，会同有关部门审核近岸海域范围内海底电缆铺设、海上人工构造物设置等重大涉海工程项目等。兽医卫生监督检验所，正科级事业单位，经费实行全额预算管理，编制6人。负责全区畜牧业发展工作，监督执行畜牧业、饲料工业的国家标准和行业标准，并负责畜牧业综合统计和兽医、动物检验、动物疫病预防等工作。

派驻各办事处股级事业单位有：大季家渔政渔港监督管理站，经费实行差额预算管理，编制8人；古现兽医卫生监督检验所，经费实行全额预算管理，编制5人；八角兽医卫生监督检验所，经费实行全额预算管理，编制4人；大季家兽医卫生监督检验所，经费实行全额预算管理，编制8人。以上各派驻事业单位参照局属科级事业单位行使工作职责。

2002—2003年烟台开发区农业与海洋渔业局副局长表

表17-13

姓名	性别	出生年月	籍贯	职务	任职时间	级别	备注
杨海波	男	1959.08	烟台莱阳	副局长	2002.12—	副处	主持工作
栾希生	男	1955.10	烟台招远	副局长	2002.12—	副处	
靖秀源	男	1952.06	烟台福山	副局长	2002.12—	副处	

烟台出口加工区B区管理局 2003年9月，经国务院批准，原烟台出口加工区规划面积进行置换调整，将已封闭运作的0.7平方公里出口加工区称“烟台出口加工区A区”（以下简称A区），在烟台开发区内设“烟台出口加工区B区”（以下简称B区），规划面积2.26平方公里。A区、B区实行“一个名称、统一对上、分区管理、各负其责”的管理体制，A区仍由烟台出口加工区工委管委管理，B区由烟台开发区工委管委管理。2003年12月，B区管理局经烟台市委市政府批准成立，为烟台开发区管委工作部门，正处级建制，行政编制12人，事业编制7人。内设办公

室、经济发展处、建设处，均为正科级行政处室。B 区管理局系管委对 B 区行使开发建设、招商引资、行政管理和综合服务的职能部门。主要负责对 B 区发展战略及阶段性重大问题的研究和跟踪工作，根据国家有关政策、全国各类经济信息，拟定 B 区各项规章制度；研究落实招商规划，进行项目洽谈，并推进重要项目的落实；调研编制市场发展中长期规划和年度计划，并组织实施；审批 B 区内加工贸易业务，对加工企业的运作、发展、调研、协调、服务等工作予以管理；编制 B 区现代物流等发展规划和年度计划，并组织实施；贯彻执行国家有关规划、土地、建设、房地产管理等有关政策、法规，并组织具体实施；协调 B 区内海关、检验检疫、外汇管理、税务等部门的工作等。

2003 年烟台出口加工区 B 区管理局局长表

表 17-14

姓名	性别	出生年月	籍贯	职务	任职时间	级别	备 注
王 中	男	1962.07	威海文登	局 长	2003.12	正处	管委副主任兼

驻外机构 1988—2003 年，管委先后在北京、济南、深圳、上海、厦门、海南、大连、威海等省、市设立办事机构。1994 年 3 月 31 日，撤销威海、大连两个办事处，深圳、海南办事处分别划归进出口公司、实业公司管理。管委保留驻北京、济南、上海 3 个办事处，其中驻北京办事处由工委管委办公室管理，驻济南办事处由群工部管理，驻上海办事处由教育科技局管理。

驻北京联络处 1988 年 12 月，设驻北京联络处，实有 3 人，为管委办公室管理的正科级事业单位。1991 年 7 月 1 日，驻北京联络处改由公共关系部管理。1993 年 2 月 18 日，公共关系部撤销，驻北京联络处归工委管委办公室管理。驻北京联络处利用首都政治、经济、文化中心的特殊优势，在招商引资工作中发挥积极作用。联络处对已掌握的项目信息进行重点联系；对已有在谈项目，实行跟踪洽谈，确保项目顺利推进和落实。2002 年，联络处联系到美国康佳公司，并安排陪同其到烟台开发区考察。在收集、传递信息方面，主动加强同国家各部委、大企业集团、国内外商务机构及世界 500 强驻京机构的联系，同各大高等院校、科研机构和有关机构建立长期、稳固的联系渠道，并将有价值的信息及时通过传真等通讯手段快速反馈给管委领导参阅。2000—2003 年，联络处已与商务部、公安部、信息产业部等 10 多个中央部委（办）建立长期稳固的联系。2002 年，联络处促成建设部科技司批准烟台开发区为“烟台数字化经济技术开发区”。为解决烟台开发区职工及家属、子女到北京看病难的问题，驻京联络处积极联系北京大医院，并做好接待工作。年均接待就医人员及亲属 2000 多人次，到机场、车站接送达 1300 多车次。此外，联络处积极配合开发区有关部门做好进京上访人员的工作，维护社会稳定和烟台开发区的对外形象。为宣传烟台开发区的最新动态，驻京联络处还积极联系北京各大报刊和新闻媒体，对烟台开发区的消息和报道予以登载和播报。

驻济南办事处 1993 年 10 月 15 日设立，为管委办公室管理的正科级事业单位，编制 2 人，实有 2 人，经费由财政差额拨款。其主要职责是，加强烟台开发区与济南地区及省政府各有关部门的联系，促进两地的经济技术合作和信息交流；开展外引内联活动，为引进项目、资金、技术、人才搞好沟通和服务；搜集、传递和反馈有价值的国内外经济技术信息，宣传烟台开发区开发建设情况和有关方针、政策；为工委管委领导和各直属部门、企事业单位工作人员，以及烟台开发区到济南地区办公、洽谈业务和中转的国内外宾客，提供食宿和交通等方面的服务。1994年3月，驻济南办事处划归工委群工部管理，1996年1月撤销。

驻上海办事处　1993年10月设立，为管委办公室管理的正科级事业单位，实有1人。其主要职责是，在上海为烟台开发区招商引资设立一个窗口；收集上海地区及国内外经济技术方面的信息；为烟台开发区到上海办事人员提供服务。1994年3月，驻上海办事处划归教育科技局管理，1996年6月撤销。

第十八编

法治　武装

2003年4月，政法委召开全区政法队伍建设年动员大会

烟台经济技术开发区志

YANTAI JINGJI JISHU KAIFAQUZHI

烟台开发区工委管委重视依法治区和公安、司法工作。1985 年，开发区设立治安办公室。1987 年，公安分局成立。公安工作逐步建立起“打、防、控”“治保、调解、巡逻、帮教”一体化的社会治安体系和综合治理网络，为全区经济建设和人民生活安定创造良好环境。自 1987 年，全区按照“二五”“三五”普法规划开展普法，法治宣传教育不断向规模化、系统化、正规化发展。1990 年、1992 年，开发区检察院、法院先后成立。检察机关贯彻“公正执法，加强监督”工作方针，增强办案透明度，树立检察机关“立检为公，执法为民”的良好形象。法院审判工作从改革民事、经济审判方式，逐步拓展到行政、刑事、再审程序等审判领域，建立统管型立案机构，对所有案件实行“统一立案，统一收案，统一移送”，并开展“执法年”活动，集中执行一些久拖不决的案件。2002 年，政法委成立，负责领导、组织、协调政法各部门工作，加强党对司法工作的领导。

建区后，开发区民兵工作与预备役工作相结合，不断加强民兵队伍建设，落实军民联防工作；增强全民防空和国防意识；在拥军优属活动中，涌现出许多军民“共建”和“双拥”工作先进单位；每年均向部队提供合格兵员，保质保量完成征兵工作任务。

第一章　公　安

烟台开发区公安机关，担负着维护社会治安、惩治犯罪，为各项经济建设保驾护航的任务。自

图 18-1　公安分局办公楼（2001 年摄）

1989 年，开发区先后多次开展专项整治，社会秩序明显好转。1990—2003 年，开发区公安工作把维护社会稳定放在首位，对刑事犯罪始终予以严厉惩治；不断完善打、防、控一体化社会治安体系，稳妥处置各类突发性和群体性事件，维护开发区安定团结的政治局面。1985—2003 年，开发区公安机关被烟台市委市政府授予“先进基层党组织”“模范公务员集体”等 20 余项荣誉称号，被山东省公安厅记集体二等功三次，被山东省人民政府、文明委授予“执法为民先进集体”“省级文明单位”等称号。

第一节　机构沿革

1985 年 4 月，烟台开发区治安办公室成立，担负全区治安保卫工作。1987 年 2 月，烟台市公安局经济技术开发区分局（以下简称开发区公安分局）成立，正科级单位，行使县级公安机关职能，由烟台市公安局和开发区管委双重领导，以开发区管委领导为主。是年 3 月，公安分局内设

办公室、政工科、一科、二科（治安科）、三科、消防科、外国人管理\出入境管理科、交通管理科 8 个科室。1992 年 12 月，开发区公安分局机构升格为正处级，内设办公室、政工处、一处、二处、消防处、外国人管理处、出入境管理处、交通管理处、金桥派出所、海河派出所、福莱派出所、看守所等 12 个部门和保安公司、机动车驾驶员培训学校两个事业单位。2002 年 9 月，福山区公安分局古现派出所和大季家派出所、八角边防派出所整建制划归开发区。2003 年 8 月，八角派出所挂牌成立。

1985—2003 年烟台开发区公安分局正副局长表

表 18-1

单位	姓名	性别	出生年月	籍贯	职务	任职起止时间	级别	备注
治安办公室	杜国旗	男	1954.10	烟台牟平	主　任	1985.04—1987.02	正科	
公安分局					局　长	1987.02—1993.12		
					副局长	1993.12—1995.05	副处	
治安办公室	徐东光	男	1958.01	威海荣成	副主任	1985.04—1986.08	副科	
公安分局	王忠伦	男	1956.05	山东青岛	副局长	1993.12—1996.06	副处	主持工作
					局　长	1996.06—2001.05	正处	
	李秀亭	男	1934.06	烟台龙口	副局长	1987.02—1987.11	正科	
					政　委	1987.11—1992.05		
	李德先	男	1942.01	烟台海阳	副政委	1987.02—1989.01	正科	
	王培海	男	1962.08	威海文登	副局长	1989.02—1994.02	副科	
						1997.03—1998.04	副处	
	秦士豪	男	1941.11	烟台牟平	副局长	1992.05—1993.12	正科	
	于建武	男	1954.09	烟台栖霞	副局长	1997.03—2001.07	副处	
	刘志强	男	1963.07	山东鄄城	副局长	1996.03—1998.03	副处	公安部挂职
	武维刚	男	1956.07	山西孝义	副局长	1997.03—2000.03	副处	
					政　委	2000.03—2003.07	正处	
					局　长	2001.05—		
	孟庆利	男	1949.01	烟台莱阳	副政委	1993.12—2003.12	副处	
	王春生	男	1960.09	安徽太和	副局长	2001.07—	副处	
	郭善海	男	1966.01	烟台福山	副局长	2001.07—	副处	

第二节　惩治犯罪

1987年2月，开发区公安分局刑事经济侦查工作起步。1990年12月，刑事警察队成立，为公安分局内设股级机构。1993年9月20日，改称刑侦处。1994年2月，刑侦处机构升格为正科级。2002年3月13日，刑侦处更名为刑事经济侦查大队。

刑事侦查　开发区建区之初，刑事侦查工作由烟台市公安局刑警支队代管。1987年，开发区内未发生刑事案件，共抓获流窜犯罪嫌疑人7人。1988年6月，开发区商业公司被广东省湛江市某旅游服务中心诈骗货款270万元。公安分局迅速成立案件“侦破组”。“侦破组”赴广东、浙江等地，经过一个多月侦查，抓获涉案人员5人，追回81万元被骗款。1989年1月，公安分局给“侦破组”嘉奖一次，开发区管委给“侦破组”记集体三等功一次。

1989年，开发区刑侦工作开展“打击流窜犯罪，深挖犯罪团伙”和“百日破案会战”统一行动，全年立刑事案件35起，破获30起，缴获赃款、赃物折款40余万元。1990—1991年，开展“严打”“除六害、打团伙”“反内盗”“打击盗窃自行车”等专项斗争。公安分局实行《刑事案件和治安案件主办人制度》，初步形成刑事侦查责、权、利相统一的运行机制。两年共立刑事案件179起，破获175起。

1992年，开发区内刑事案件发案增多，刑侦工作重点转到抓大案要案侦破上来，同时带动破获一批积案、隐案。全年立刑事案件118起，破获95起，缴获赃款赃物折款79万余元。1993—1994年，公安分局构筑大刑侦格局，下发《关于充分发挥职能作用，切实加强刑事侦查工作的决定》，把主攻方向放在侦破现行案件上，重点放在杀人、抢劫、强奸等暴力性案件上。一些影响较大的恶性案件和重、特大盗窃案件相继侦破。两年共立刑事案件305起，破获207起（含一起杀人案、7起强奸案、3起盗窃汽车案、14起入室盗窃案）。

1995—1996年，公安分局制定《处置严重暴力性犯罪的预备方案》，实施《破获刑事案件奖励暂行办法》，实行一案一奖，重案重奖激励机制，增强合成作战功能。两年共立刑事案件240起，破案绝对数283起，追缴赃款赃物790余万元。1996年发生的抢劫外国人财物并伤害外国人案、诈骗价值近百万元出口地毯案、系列盗窃宾馆旅客财物案等，当年均被破获；所破获的“3·6”特大倒卖枪支案，收缴“五连发”猎枪300支，子弹16万发，抓获犯罪嫌疑人8名。是年，山东省公安厅给开发区公安分局记集体二等功一次。1997—1999年，建立刑事侦查案件责任区制度，将侦查案件分解到责任区，落实到侦查员；开展春夏季治安攻势和治安整治。3年共立刑事案件651起，破案绝对数678起。

2000年，开发区公安分局侦查员人均逮捕犯罪嫌疑人数列烟台市首位。是年1月，公安分局刑侦处苦战18昼夜，将7名犯罪嫌疑人一网打尽，摧毁流窜数省、作案10余起、带有黑社会性质的绑架犯罪集团，团伙主犯（3人）被判处死刑。2001年7月14日，开发区金光小区发现一起杀死3人的特大恶性案件。开发区公安分局局长坐阵指挥，40余名精兵强将通宵摸排、勘查、汇总，次日即将犯罪嫌疑人捕获，全案告破仅用29个小时。刑警大队受到工委管委通令嘉奖，烟台市公安局为开发区刑警大队记集体三等功。

图18-2　2001年烟台市公安局给开发区分局刑警大队颁发的奖状

2002年4月27日，开发区华北石油宾馆内发生一起持枪抢劫客商的恶性案件。由于案犯精心策划，现场遗留线索较少，刑警大队制订详细侦查计划及抓捕方案，参战民警吃住在分局，终于成功侦破抢劫犯罪团伙，抓获17名涉案人员，带破开发区外案件30余起，其中包括市级督办案件2起。山东省公安厅为刑警大队记集体二等功。

图 18-3　2002 年，山东省公安厅给开发区分局刑警大队颁发的奖状

2003年4月，在烟台市公安局刑警支队和行动技术支队的支持下，开发区刑警大队专案人员历时4个多月，辗转17个省市，行程5万多公里，对开发区、芝罘区、福山区、莱山区等地连续发生高档轿车被盗案予以侦破，成功抓获盗窃本田、奥迪、三菱等高档轿车100余辆的特大犯罪团伙涉案成员20余名，追回赃车90余辆，挽回经济损失1800余万元，成为当时山东省破获的最大盗窃高档机动车案件。案件告破后，开发区工委管委予以通报表彰，授予公安分局特殊贡献奖，发奖金6万元，山东省公安厅为专案组记集体二等功。

图 18-4　2003 年，开发区刑警大队追回的部分机动车

经济侦查　建区后，随着开发建设的发展和市场经济的深化，经济犯罪案件时有发生。1998年，开发区公安分局成立打击经济犯罪专门机构，开展打击经济犯罪治理活动，宣传有关法律法规，发动群众举报有关线索。是年受理经济犯罪案件13起，破获12起，抓获犯罪嫌疑人14人，缴获赃款赃物折款140万元，为企业挽回经济损失170余万元。1999年，公安分局充实打击经济犯罪侦查队伍，确立经济侦查“集中力量，重点侦查”的工作思路。全年共立经济犯罪案件28起，破获26起，查获犯罪嫌疑人37人，缴获赃款赃物价值280余万元。

2000年，开发区公安分局制定《经济案件办理程序规定》等规章制度，设立经济犯罪举报中心。全年共办理经济犯罪案件9起，抓获犯罪嫌疑人15人，包括公安部督捕的诈骗上千万元的犯罪嫌疑人，挽回经济损失300余万元。2001—2002年，共破获经济犯罪案件37起，抓获犯罪嫌疑人15人，挽回经济损失1230余万元。

2003年1月，开发区公安分局成立专案组，全面调查古现街道三十里堡村发生的骗取国家拆迁补偿金系列案件。专案组以陶某为突破口，对诈骗国家拆迁补偿金进行深入侦查，先后抓获犯罪嫌疑人50余名，涉案金额6000余万元，挽回经济损失4000余万元。是年，共立经济案件27起，破获22起，抓获犯罪嫌疑人80余人。

禁毒　2002年，公安分局组织协调经贸、卫生、药监等部门，建立起各项安全管理规定，使药品和易制毒化学品管制工作逐步规范，并突出对种植罂粟的重点整治，查处各类涉毒案件4起。是年4月，开发区石油宾馆发生一起抢劫案件，办案人员根据犯罪嫌疑人交代，带破建区第一起贩卖毒品案，将在开发区经营药店的犯罪嫌疑人抓获，查获贩毒场所1处，收缴杜冷丁50余支。6月，查处长江社区管理处刘家台子村非法种植罂粟101株，在一地下室内搜出罂粟果162枚及一宗罂粟种子。12月，大季家街道山后初家村犯罪嫌疑人伪造病历和相关证明，多次到大季家医院共骗取50毫克杜冷丁180支，到开发区医院骗取100毫克杜冷丁2支，被办案人员在大季家街道金海通大酒店抓获，当场缴获杜冷丁针剂175支。

第三节　治安管理

治安管理网络　境内各公安派出所，保安大队、保安公司和治保会形成治安管理网络。

公安派出所　1987年3月，设金桥派出所，为开发区第一家公安派出所，主要担负日常街面巡逻任务。1988—1995年，海河派出所、凤台派出所、福莱派出所等相继成立。2002年扩区后，古现派出所、大季家派出所、八角派出所划归开发区公安分局管理。至2003年12月，开发区共有派出所10个，其中边防派出所4个，公安派出所6个。派出所的主要任务是加强社区内部安全监督检查，对特种行业、公共场所治安实施管理，及时化解各种纠纷，确保辖区平安。

保安大队　2000年4月，组建社区保安大队，编制30人。公安分局投入资金40万元，用于社区保安队伍建设。至2003年年底，社区保安队伍发展到100人。社区保安队员在民警的带领下，开展巡逻、盘查、守候、为民服务等工作。涌现出舍己救人的革命烈士赵岩，立足本职扎实工作的"全国优秀保安队员"曲建坤等一批先进典型。社区保安大队协助公安机关侦破各类案件226起，抓获违法犯罪嫌疑人176人，排除各类不安全隐患116起，为群众排忧解难1426人次。

图18-5　2003年，开发区保安队员在华电小区值勤

保安服务公司　1987年10月，开发区设保安服务公司，为公安分局所属股级事业单位。保安服务公司的主要任务是，为机关、企事业单位提供定点警卫和在途押运服务，协助公安机关执行警卫任务。新招收的保安员经过严格岗前培训考核，取得从业资格证书后方能上岗执勤。到1999年，保安服务公司有队员1000余人，为全区100多家企事业单位、居民小区提供保安服务，对开发区行政中心、银行、交通、电力、电信、邮电、大型商场、酒店、旅游景点等实行保安监控。投资50余万元创建技防联网报警中心，用户安全率达到100%。2000年，保安服务公司把开发区住宅小区、企事业单位、大型商场及网点建成技防二级平台，联网达600余户，黄海别墅、银和怡海两个住宅小区成为"零案社区"和烟台市技术防范"示范小区"。2003年4月11日，报警中心显示华泰针织财务室被盗窃警情，接警员迅速通知队员出警，同时与110取得联系。4分钟后，出警人员与民警同时到达现场，将犯罪嫌疑人当场抓获，挽回经济损失10余万元。自开发区保安服务公司成立以来，有1名保安队员被评为"全国首届百名优秀保安队员"，1名保安员被评为"全省优秀保安队员"。

治安保卫委员会　治安保卫委员会，简称治保会，是基层政权的组成部分，是公安工作与群众路线相结合的重要形式。1993年，开发区设立治保会176个（机关、企事业单位53个、城镇22个、农村101个），共有治保人员580人。公安分局每年均对治保会人员进行培训。

公共场所、特种行业治理整顿　公共场所整顿　1987年，境内仅有开发区招待所1家旅馆，由于未经公安机关办理申报备案手续，长期夜间无人管理，公安机关为此对其下达整改通知书。1991年7月，公安分局开展"旅馆业治安安全达标"活动，分批对从业人员进行培训，受训人员113人；达标活动中，查出不安全隐患17条，对两家屡次违反规定的个体业户予以处罚。1993—

1994 年，公安分局对 28 家旅馆的 193 名从业人员进行治安培训，使从业人员的安全意识得到明显提高；在此期间，公安机关还集中警力，对全区饭店、酒店、舞厅、录像厅、酒吧等公共场所进行治理整顿，处罚、取缔违法经营业户 6 家，责令停业限期整顿的 94 家，使公共场所治安安全管理步入正轨。

1995 年，公安分局组织治安清查，出动公安干警、武警、治安巡逻人员、保卫干部 120 人，机动车辆 100 余部，检查公共场所、文化娱乐场所 830 家，查获违法犯罪人员 10 人，提出整改意见 400 余条，达到震慑犯罪、净化治安环境的目的。

1996 年，为迎接“’96 中国烟台—东亚城市进出口商品交易会”召开，公安分局对涉外宾馆进行检查整顿，停止一批宾馆的涉外接待资格，对 6 家保留涉外权宾馆进行帮助指导。1997 年，公安分局突出重点，对海水浴场、彩云城和舒家批发市场等公共场所重点进行整治；对夜间露天“卡拉 OK”场所进行集中整顿，整治无证、违章占路经营，超时间经营业户 6 家。

1999 年 7 月 14 日晚，公安分局集中 160 余名干警，检查娱乐场所 92 家，重点检查在这些场所内有无吸食摇头丸、K 粉以及卖淫嫖娼、赌博等违法犯罪现象。海河派出所民警在一所“休闲阁”内查获淫秽光碟 20 余张，依法对违法人员予以查处。2001 年 8 月，公安分局加大对重点场所突击检查力度。按照上级统一部署，在全区范围内开展“惩治社会丑恶现象，整治娱乐服务场所”专项行动，集中清理检查歌舞娱乐、桑拿洗浴、饭店旅馆等公共场所 336 家，取缔无照经营场所 1 家，对存在问题的 7 家场所责其限期整改。2002 年，公安机关共开展 12 次治安大清查。2003 年 5 月，公安分局对全区公共复杂场所及娱乐服务场所进行为期一个月的全面整顿，摸排公共复杂场所 339 处。对 21 家娱乐服务场所下达限期整改意见书，明确规定娱乐服务场所营业时间，对非法接纳未成年人进入娱乐场所的，按照有关规定，从严处罚。

爆炸、剧毒物品管理 2002 年前，开发区没有涉爆单位，扩区后涉爆单位 10 家，分为黄金开采、石材及地下滑石开采，规模较小。有民爆站 1 家，专职爆破人员 5 人，专职安全监督员 5 人。全区有剧毒物品使用单位 3 家，主要是生产性使用。防毒重点是对剧毒物品储存场所进行管理。公安分局对这些场所，要求厂方安装防盗门窗，实行双人双锁、双发双收制度，实行 24 小时值班看守。截至 2003 年，境内爆炸、剧毒物品为零发案。

110 报警服务 1996 年 12 月，公安分局 110 报警服务中心开通运行，可直观显示社区划分、

图 18-6　1996 年，烟台开发区公安分局 110 报警服务台开通运行

报警点位置，具有语言录音、数据处理、网上运行等功能。中心拥有 32 台 34 寸电视、3×4 米大屏幕及电子显示屏组成的多功能监控幕墙。依托公安分局自行铺设的光纤骨干网，将道路电视监控系统、警银联网系统、旅馆业自动报警系统、内部安全监控系统等全部并入报警服务中心，形成立体化监控网络。在推进硬件建设的同时，加强软件建设，实行值班局长、值班长、值班员三级指挥调度，实行三级出警，完善接警、指挥、出警、处警及内务管理等 10 余项规章制度，保证接处警机制的有效运行。在通讯调度上，刑警、交警、巡警、边防、消防、派出所等一线出警单位均设有值班电台和车载电台，全局民警手机配

备率达100%，与报警中心随时保持联系，并可与市话转接。

110报警服务台每天24小时负责受理公众紧急电话报警、求助。2001年7月14日20时，

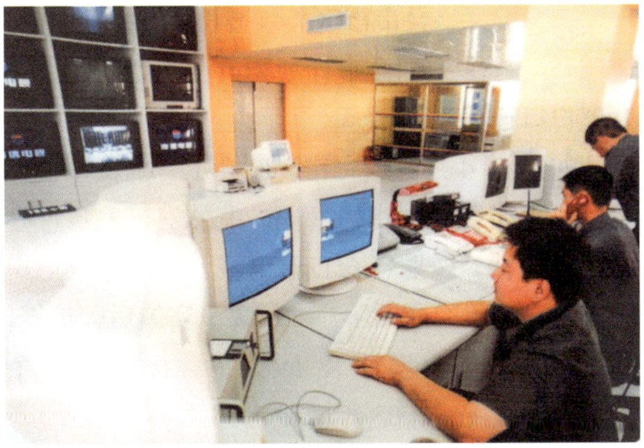

图18-7　2002年，民警在开发区公安分局110报警服务台工作

110指挥中心接到群众报警，开发区金光小区一家3口多日不见，室内散发出浓重异味。出警人员随即赶到现场，发现一家3口被杀。公安分局随即成立专案组，仅用29小时即成功侦破此案，两名犯罪嫌疑人被抓获，并带破2起恶性杀人案和其他案件。2002年3月，开发区连续发生3起持刀抢劫案件。4月，110指挥中心接到报警，1名女青年在金东小区被劫。指挥中心迅速调动警力，发现1名男子体貌特征与受害人描述基本相符。经审查，正是连续作4起抢劫案的犯罪嫌疑人。是年4月26日17时，110指挥中心接到香港人报案，四五名持刀、枪男子将其钱物洗劫一空，

图18-8　2002年，辖区居民向公安分局110民警赠送锦旗

价值10余万元。指挥中心迅速调动警力赶到现场，抓获犯罪嫌疑人13人，带破各类案件40余起。

截至2003年12月，110报警服务中心共受理各类案件、求助24510余起，抓获各类违法犯罪嫌疑人1680余人，化解各类纠纷、矛盾9850余起，开展救助及为群众服务5660余人次。

第四节　户籍管理

开发区常住人口　1987年6月，开发区公安分局与福山区公安分局进行第一次户口交接，接管福山区福山镇胜利东村、曲家台子村，臧家乡胜利西村，古现镇马家村，共1100余户，4700余人。1992年6月，进行第二次户口交接，接管福山区福山镇刘家台子、杨家台子、宫家台子和臧家乡岗嵛、奇章、北屯、栖里、舒家、北车家、廒上等10个自然村，共3913户，12511人，其中农业人口3905户，12228人。2002年9月，进行第三次户口交接，接管大季家派出所管辖的32个村常住户口12998户，32002人，其中农业人口11608户，29832人；八角边防派出所管理的23个村常住户口5649户，16195人，其中农业人口5100户，15196人；古现派出所管理的38

图18-9　2000年，公安分局户籍民警在分局办证大厅为居民服务

个村常住户口9551户，26262人，其中农业人口8965户，24864人。

截至2003年12月，开发区共有常住人口48843户，137434人，其中男性68859人，女性

68575 人。

常住户口迁移　1992 年 4 月，管委制定《烟台经济技术开发区常住人口管理办法》，对外商投资企业、内联企业、外地常住开发区人员，规定准予迁入户口。1995 年 6 月，工委管委决定调整收取城市建设增容费标准，由每人收取 5000 元，调整为每人收取 3000 元。同时规定，到开发区投资 10 万元（人民币）以上、有固定住所和职业的，其户口可以迁入开发区。1988 年开发区常住人口增加 621 人，1989 年增加 1151 人。《烟台经济技术开发区常住人口管理办法》实施后，1992 年开发区常住人口增加 15159 人（含接管的 10 个村 12511 人），1994 年增加 5989 人，1996 年增加 5158 人，1997 年增加 3820 人。其中，从吉林磐石引进的烟台首钢空调器厂，5 年迁入 5607 人。

1998 年 4 月，开发区贯彻烟台市政府发布的《关于加强市区人口机械增长管理的意见》，对凡迁入开发区，并申请办理常住户口的所有人员均纳入管理范围。办理各类户口，必须报开发区经济发展局后到烟台市计划委员会领取申请免费、缴费的《烟台市市区人口增长计划指标卡》，持缴费指标卡到烟台市计划委员会盖章后，方可办理户口迁移手续。

2002 年 4 月，烟台市政府规定，到城镇落户人员不再实行计划指标管理，由公安机关自行办理户口迁移。按照群众自愿申报、居住地登记户口、人户一致的原则落户。新政策实施后，是年，开发区常住人口增加 78359 人（含接管的 93 个村 74459 人），2003 年增加 5494 人。

居民身份证管理　1988 年，公安分局开始办理居民身份证，至 2003 年 12 月，共有 4.93 余万人办理居民身份证。

1988—2003 年烟台开发区办理居民身份证情况表

表 18-2　　单位：人

年份	办证人数	年份	办证人数
1988	145	1996	3545
1989	176	1997	4526
1990	223	1998	4678
1991	314	1999	4822
1992	1245	2000	5216
1993	1459	2001	5586
1994	2688	2002	5891
1995	2456	2003	6345
合计		49315	

暂住人口管理　1987 年，公安分局开始对暂住人口办理暂住证。至 2003 年 12 月，共有 32.27 余万人办理暂住证。

1987—2003 年烟台开发区暂住人口表

表 18-3　　单位：人

年份	务工	经商	出差	投亲访友	其他	合计
1987	866	245	85	29	99	1324

续表 18-3

年份	务工	经商	出差	投亲访友	其他	合计
1988	2366	458	166	53	202	3245
1989	4773	355	210	22	204	5564
1990	5344	1236	522	77	453	7632
1991	8751	420	330	55	505	10061
1992	10085	2144	566	234	2197	15226
1993	11045	2255	644	159	178	14281
1994	12032	2311	655	235	1194	16427
1995	8958	476	437	147	1009	11027
1996	27376	1146	565	241	1409	30737
1997	21855	2148	467	351	1600	26421
1998	22564	2385	674	396	1316	27335
1999	20668	2241	496	253	2108	25766
2000	23668	3425	654	355	1561	29663
2001	20288	1690	1600	1135	8116	32829
2002	24516	1854	275	469	7812	34926
2003	19601	2751	177	351	7364	30244
合计	244756	27540	8523	4562	37327	322708

第五节　出入境管理

1987 年 3 月 27 日，公安分局设“外国人管理/出入境管理科”，股级机构。1993 年 9 月 20 日，更名为“外国人出入境管理处”，为正科级机构。1998 年 4 月 8 日，更名为出入境管理处。该部门贯彻执行《中华人民共和国外国人入境出境管理法》和《中华人民共和国公民出境入境管理法》，履行出入境管理职责，为公民出入境创造便利、快捷、良好环境。

公民因私出境　公民因私出境主要指公民出境定居、探亲、继承财产、自费留学、就业、旅游或办理其他私人事务。公安分局自 1995 年开始办理公民因私出境手续。是年，批准公民因私出境 103 人次。至 2003 年 12 月，共批准公民 3293 人次因私出境。

1995—2003 年烟台开发区公民因私出境人数表

表 18-4　　单位：人

项目 年份	旅游	商务	探亲	培训	留学	合计
1995	5	88	5	3	2	103
1996	23	149	6	6	0	184

续表 18-4

年份＼项目	旅游	商务	探亲	培训	留学	合计
1997	13	152	10	8	6	189
1998	19	157	21	12	6	215
1999	54	197	25	20	11	307
2000	78	243	39	45	16	421
2001	98	225	45	49	23	440
2002	201	295	42	50	31	619
2003	259	403	51	60	42	815
合计	750	1909	244	253	137	3293

公民因公出境 管委直属部门和企事业单位人员出境，实行预审制度。派员单位需先向开发区外事部门提出书面申请，经外事部门审查，报管委审批后，向烟台市政府外事办公室申请领取出境批件。

1991—2003 年，开发区管委及直属部门和企事业单位人员出境活动频繁。截至 2003 年，出境达 1274 人次。出境原因主要是进行友好访问、考察项目、举办招商活动、洽谈进出口贸易等。

1991—2003 年烟台开发区人员因公出境活动情况表

表 18-5　　单位：人

年份	出境人数	出境国家或地区
1991	61	美国　中国香港　新加坡　朝鲜　匈牙利
1992	170	中国香港　韩国　日本　美国　德国　俄罗斯
1996	136	韩国　日本　美国　中国香港　加拿大
1997	102	日本　美国　新加坡　法国　英国　韩国　澳大利亚　新西兰　泰国　德国　阿联酋
1998	116	法国　英国　德国　意大利　韩国　日本　美国　加拿大
1999	109	法国　英国　韩国　日本　美国　加拿大
2000	120	韩国　日本　美国　加拿大　德国　英国　土耳其　埃及　以色列
2001	155	韩国　日本　美国　加拿大　澳大利亚
2002	133	韩国　日本　美国　加拿大　澳大利亚
2003	172	日本　韩国　美国　俄罗斯　德国　瑞典　西班牙　意大利　中国香港　澳大利亚　新西兰　冰岛　芬兰　泰国　印度　巴西　比利时　法国

外国人出入境管理 1987 年 3 月，开发区设外国人出入境管理机构。自 1989 年始有外国人出入境，并开展外国人入境管理、出境管理、居留管理、住宿登记管理和就业管理工作。2001 年 8 月，公安分局为开发区内的外国人居所安装联网报警装置。是年 12 月，出入境管理处为外籍高科技人

才、高层次管理人员和投资数额较大的投资者进一步提供入境、居留便利和优惠政策。享受优惠政策的人员有，中央或山东省政府与外国政府签署的国家级、省部级科技项目和重点工程协议中的外籍高科技、高层次人才；到开发区任职的留学归来人员中的高科技、高层次人才；执行政府间无偿援助的外籍人员；到开发区投资数额 100 万美元以上者，及其所在“三资”企业中的外籍副总经理以上的高级管理人员和技术人员。对上述人员，提供入境、居留便利。具体享受如下优惠政策：对需要多次入境人员可发给 1 年以上 5 年以下、每次停留 6 个月的多次入境有效签证；对需要在开发区常住人员可发给 1 年以上 5 年以下外国人居留证和同期多次返回签证；1 年以上多次签证的收费标准按 1 年多次收费标准收费；对出国留学后加入外国籍的高科技、高层次管理人才申请在开发区定居的（包括其配偶、未成年子女），可予批准，并发给永久有效的外国人居留证和 1 ~ 5 年的多次入境有效签证。

图 10 10　2001 年，外国人出入境管理处工作人员为外籍人员办理手续

1989—2000 年烟台开发区境外人员入境表

表 18-6　　单位：人

年份＼项目	旅游	考察交流	洽谈贸易	其他	合计
1989	0	0	0	1	1
1990	2	75	0	5	82
1991	5	103	10	8	126
1992	0	124	25	0	149
1993	3	339	45	0	387
1994	15	247	36	12	310
1995	23	296	59	25	403
1996	21	320	63	26	430
1997	36	338	35	36	445
1998	26	304	39	28	397
1999	75	425	51	69	620
2000	125	672	63	89	949

外国人及港澳台胞居住管理　1990 年，有外国人及港澳台胞，通过烟台市公安局有关部门批准，到开发区居住。是年，居住 6 人，全是“三资”企业外方管理人员。1995 年，在开发区居住的外国人及港澳台胞 256 人，其中“三资”企业外方管理人员 219 人，其他常住人员 37 人。2000

年以后，到开发区居住人员开始增加文教人员和随行家属等。是年，常住的境外人员及港澳台胞414人。其中“三资”企业管理人员264人，随行家属133人，文教人员3人。

自1994年7月1日，开发区公安分局外国人出入境管理部门开始办理外国人签证、居留许可、住宿管理和涉外宾馆审批等业务。1995年7月，开发区出入境管理部门对外国人及港澳台胞在宾馆住宿登记，实行网上申报制度。2001年7月，外国人及港澳台胞签证和居留许可的审批改由烟台市公安局承办，开发区公安分局只负责申请和审查。

1990—2001年烟台开发区境外及港澳台人员入境表

表18-7　　单位：人

年份	三资企业	随行家属	文教人员	其他	合计
1990	6	0	0	0	6
1991	21	0	0	9	30
1992	60	0	0	17	77
1993	165	0	0	35	200
1994	178	0	0	34	212
1995	219	0	0	37	256
1996	301	0	0	37	338
1997	398	0	0	38	436
1998	439	0	0	39	478
1999	491	0	0	40	531
2000	264	128	3	19	414
2001	291	138	3	12	439

涉外案件　涉外案件，指在我国境内发生的涉及到外国、外国人（自然人及法人）的刑事、民事、经济、行政、治安等案件及死亡事件。1989—2003年，公安分局出入境管理处依法查处非法入境、非法居留、非法就业等涉外案件28起。2003年4月14日凌晨，在开发区一商店查获一名正在盗窃的外国男子。2003年1月23日，此人由朝鲜南阳偷渡至中国图门市，后辗转沈阳、大连，于2003年4月8日到烟台。4月21日被依法遣送出境。

第六节　交通管理

1987年11月，公安分局交通警察队成立（对内称交通管理科），内设车辆管理所、交通管理股。1988年9月，增设事故宣传股。1991年8月，交通警察队更名为交通警察大队。1994年5月，交通警察大队增设办公室、执勤中队、业务科。2002年9月，交警大队对国道206线古现、大季家段和省道302线古现段，实施交通管理。2003年，交警大队有民警35人。下设办公室、财务科、肇事处理科、宣传科、车管所等5个职能部门和3个执勤中队。担负包括国道、省道及城区主次干道20余条，通车里程150余公里，灯控交叉路口29处，机动车2.1万余辆，驾驶员2.6万余人的管理任务。

路面交通设施 路面交通设施包括道路交通标志、路面标线、交通指挥信号灯。1992年12月，在黄河路与泰山路、长江路与泰山路、珠江路与泰山路、黄河路与松花江路4处交叉路口处，设置交通信号灯、路口标志标线；1994年，在长江路与黑龙江路、五指山路与金沙江路、长江路与黄山路、黄河路与黄山路4处交叉路口处，设置交通信号灯、交通标志标线；1996年，在长江路与华山路、珠江路与黄山路、金沙江路与衡山路3处交叉路口处，设置信号灯及相应交通设施；1998年，在长江路与香山路、长江路与嵩山路、泰山路与金沙江路、金沙江路与黄山路、珠江路与华山路5处交叉路口，设置交通信号灯及相应交通设施。1999年，在泰山路与沭河路、一汽大宇门前、长江路与天山路、黄河路与香山路4处路口，设置信号灯与交通标志标线，增设警告标志4面，其他标志牌101面，更新岗台6个，新增交通标线9860平方米；2000年，在黄河路与嫩江路交叉路口增设交通信号灯1处，新增交通标线6700平方米，交通标志牌20面。

2001年，境内道路总长已达76.81公里，主干路长16.41公里，灯控路口20个，其中红绿灯路口17个，黄灯闪烁路口3个。交通标志牌334面，其中指路标志牌186面，指示标志牌78面，禁令标志牌35面，警告标志牌8面，组合标志牌11面，辅助标志牌13面。交通标线长24.3万米，面积5767平方米。

2002年，对长江路与黑龙江路、长江路与泰山路、长江路与黄山路、长江路与香山路、长江路与嵩山路5个路口的信号灯进行改造；增设天山路与珠江路、天山路与金沙江路、黄河路与嵩山路、沭河路与泰山路、长江路与秦山路5个路口的交通信号灯；在长江路与黑龙江路、长江路与泰山路、长江路与黄山路3处路口增设电子警察系统；增设标志牌58面，新增交通标线1200平方米，补修交通标线10252平方米。

2003年，对长江路与黑龙江路、长江路与泰山路、长江路与黄山路、长江路与香山路、长江路与嵩山路、长江路与华山路、长江路与天山路、长江路与秦山路8个路口的信号灯进行改造；增设长江路与昆仑山路、长江路与珠江路、长江路与金沙江路、黄山路与沭河路4个路口的信号灯；在长江路与河滨路、五指山路与嘉陵江路、衡山路与嘉陵江路、黄山路与嘉陵江路、泰山路与嘉陵江路、五指山路与柳子河路、衡山路与柳子河路、黄山路与柳子河路、泰山路与柳子河路、衡山路与沭河路10个路口设信号灯；在黄河路黄海别墅小区门前增设黄灯闪烁信号灯；在华山路金城小区西口、泰山路国防大学东设置两处触摸式人行横道灯。在长江路与香山路、长江路与华山路、长江路与天山路3个路口增设电子警察系统；在长江路西段马家路口、长江路东首夹河桥、五指山路南首、衡山路南首安装治安卡口监控系统，增设交通标志牌48面。

截至2003年年底，开发区东区主要街道的路面交通设施已经配备齐全。

机动车、驾驶员管理 机动车管理　1999年，开发区交警大队实施机动车管理（之前由烟台市交警支队代管）。民用机动车管理分为新车注册、过户转籍、停驶复驶、报废注销四项登记。

1999年4月，烟台市政府停止芝罘区、开发区、莱山区、福山区、牟平区城区内居民新购摩托车挂牌业务。2000年8月，烟台市交警支队将大型汽车的新车注册登记业务下放到开发区车管所。是年，开发区车管所办理新车注册116辆，2001年办理58辆，2002年办理120辆，2003年办理141辆。

2002年6月，烟台市车管所将开发区大型汽车档案783份移交给开发区车管所管理；是年10月，接管大季家辖区3196份机动车档案；11月，接管古现、八角辖区6111份机动车档案纳入开发区车管所管理。

1999—2003年烟台开发区机动车管理情况表

表18-8　　单位：辆

年份	新车注册	过户转籍	变更改装	报废注销
1999	2448	43	11	0
2000	116	41	10	0
2001	58	39	15	0
2002	120	46	19	6
2003	141	58	22	21

驾驶员管理　驾驶员上车，须经考核取得驾驶证，驾驶证有效期6年。初次领取的驾驶证第1年为实习期。持证人应定期审验。持证人发生交通事故或违章的，实行记分管理，并在驾驶证或有关资料中记载。超过违章、事故记录分数规定，依法进行处罚。

1999—2003年烟台开发区驾驶员培训情况表

表18-9　　单位：人

年份	大客驾驶员	大货驾驶员	小客驾驶员	摩托车驾驶员
1999	0	400	450	566
2000	16	450	493	587
2001	48	555	530	273
2002	26	540	581	184
2003	28	480	610	587

交通肇事处理　1987—2003年，公安分局交警大队共处理各类交通事故6360起，处罚驾驶员7400人次，其中，罚款5140人次，吊扣驾驶证2100枚，吊销驾驶证68枚，拘留61人，起诉37人。

1996—2003年，交警大队共处理一般以上交通事故232起，死亡人数86人，受伤人数135人，事故造成经济损失63.38余万元。

2000年以后，发生特大交通事故1起，重大交通肇事逃逸事故2起：2001年12月2日，蓬莱市河西金矿驾驶员王某酒后驾驶小型客车沿长江路由西向东行驶至长江路与昆仑山路交叉路口与芝罘区幸福十六村欧阳某驾驶的小型客车相撞，致使3人死亡，4人受伤，两车损坏，造成特大交通事故；2002年11月3日，栖霞市小庄乡柳集村刘某驾驶农用三轮运输车沿长江路南侧逆向行驶至开发区金东小区，与海阳市居民项某相撞，致项重伤抢救无效死亡，事故发生后，刘

图18-11　2000年，公安分局交警在长江路夜查

某驾车逃逸，查获后被判处有期徒刑3年；2003年10月，莱州市居民杨某驾驶大型货车沿长江路由东向西行驶至金沙江路口左转弯时，与骑人力三轮车的福建人罗某相撞，致罗某死亡，杨某驾车逃离现场。是年10月28日，杨某被查获后由检察院提起刑事诉讼。

1996—2003年烟台开发区一般以上交通事故情况表

表18-10

年份	事故起数（起）	死亡人数（人）	受伤人数（人）	经济损失（万元）
1996	22	13	21	5.60
1997	16	6	14	5.51
1998	18	9	13	5.92
1999	21	10	16	5.74
2000	55	8	18	12.86
2001	55	9	17	27.75
2002	15	11	13	13.53
2003	30	20	23	12.98

1987—2003年烟台开发区驾驶员违章处罚情况表

表18-11

年份	事故起数（起）	罚款人次	吊扣驾驶证（个）	吊销驾驶证（个）	拘留（人）	起诉（人）
1987	11	5	1	0	2	0
1988	214	81	53	0	2	0
1989	220	82	69	0	2	1
1990	231	107	71	1	2	0
1991	236	106	83	1	2	1
1992	240	151	109	1	3	1
1993	247	157	116	1	2	0
1994	289	215	128	1	2	1
1995	275	228	147	1	3	0
1996	283	251	151	2	4	1
1997	315	341	136	9	7	4
1998	413	410	149	7	4	2
1999	528	410	149	7	4	3
2000	546	441	38	4	2	4

续表 18-11

年份	事故起数（起）	罚款人次	吊扣驾驶证（个）	吊销驾驶证（个）	拘留（人）	起诉（人）
2001	591	689	115	6	6	2
2002	857	816	270	11	5	7
2003	864	650	315	16	9	10
合计	6360	5140	2100	68	61	37

交通安全宣传教育 自1995年，公安分局即安排警力到学生放学路口护送小学生过马路，一直坚持，风雨不误。自1996年，交通警察大队每年开展交通秩序百日整顿活动。至2003年，共组织各种专项整治活动180余次，出动警力3200余人，纠正各类违章7200余起。

1998年4月，交警大队在中、小学生中开设交通安全课，宣讲交通安全知识；2001年10月，在10所中小学校实施交通安全卡制度，为6605名学生配备“交通安全管理卡”。

图 18-12 2001 年，交通警察在交叉路口护送小学生过马路

2002年1月，交警大队对客运汽车驾驶员发放“驾驶员记分卡”，实施交通违章记录单，对驾驶员违章予以扣分记录。是年7月，开展“交通安全和保险知识”有奖问答，辖区94个单位3600余名驾驶员参加活动。

2003年3月，开展执勤民警进社区宣传教育，胜利东村、刘家台子、杨家台子、曲家台子四个村建成交通安全社区。

第七节 边防管理

1991年9月，烟台经济技术开发区公安边防大队成立，隶属烟台市公安边防支队，接受烟台市公安边防支队和开发区公安分局双重领导，为正营级单位。边防大队下设开发区边防派出所。2002年9月，原隶属于福山区的胜利、八角两个边防派出所及隶属于蓬莱市的山后初家边防派出所划归开发区公安边防大队。2003年5月，开发区边防派出所更名为金沙滩边防派出所，开发区公安边防大队升级为副团级单位，下属金沙滩、胜利、八角、山后初家4个营级边防派出所。

维护沿海治安秩序 1992年，边防大队着手船管站和海巡队建设，开展以人、船、物、证为主要内容的清理整顿，发挥海巡队的职能作用，加强对养殖区的看护，有效防止盗窃、破坏养殖物资案件发生。1993年，进一步加强海巡队建设，开展夏季维稳会战，对岗嵛村治安秩序进行重点整治。全年辖区沿海共发生刑事案件4起，侦破1起，发生治安案件26起，查处26起。打击处理犯罪嫌疑人34人，其中治安拘留9人，罚款22人，警告3人。

1994年，成立海上保安公司。健全完善船管站和海巡队建设，制定相应规章制度。全年共发生沿海治安案件20起，查处20起，打击处理违法犯罪嫌疑人42人，其中拘留9人，罚款33人。

1995—1996年，对码头、停泊点进行治安秩序整顿，打击处理违法人员6人，各码头及船只停泊点治安秩序稳定。其间，共查处沿海治安案件16起，拘留7人，罚款10人。1997年4月，设立金沙滩浴场治安管理办公室，负责海滨浴场治安管理工作；开展以打现行、抓逃犯为主要内容的春季治安攻势和冬季破案会战，全年共发生治安案件7起，拘留4人，罚款8人。

1998年，为完善海上110建设，制订《处置突发事件预案》《海上110指挥部值班制度》等规章制度。全年破获刑事案件8起，查处治安案件7起，抓获犯罪嫌疑人24人。1999年，开发区边防大队建成雷达监控系统，并投入使用。全年查处治安案件3起，拘留3人，罚款1人，警告1人。

2000—2003年，开展严惩犯罪斗争，其间共发生刑事案件55起，破获48起；发生治安案件126起，查处111起。处理违法犯罪嫌疑人184人，其中刑事拘留38人，行政拘留30人，罚款40人，警告7人，其他处理69人。

图18-13　2003年，烟台开发区边防大队战士在巡逻

渔民、船舶管理　1992—1995年，根据公安部、山东省公安厅关于清理“三无”船舶的通知精神，开展船舶整顿和渔船民教育，查处违章船只49只、无证出海人员13人，受教育渔船民212人次。1996—1997年，集中开展渔船民教育8次，受教育渔船民200余人次，办理各类船舶证件263个。1998—1999年，开展“清理船舶、惩治‘三无’船只、整顿停泊点”专项斗争，对辖区182只船重新粉刷船号、登记造册，掌握船舶底数。2000—2002年，继续开展对渔船民进行法治教育，提高渔船民遵纪守法自觉性。2003年，全年查处违章船只16只、违规渔船民17人次。

惩治偷渡违法犯罪活动　公安边防部队担负着保卫国家领土主权安全，维护沿海地区安全稳定的职责。2003年1月，开发区边防大队协助烟台市边防支队成功侦破一起境外“脱北”组织策划朝鲜籍人员偷渡韩国、日本案，抓获偷渡人员33人，受到公安部、山东省公安厅和边防总队表彰。

第八节　消防管理

1988年3月，消防大队成立，为武装警察部队现役编制，隶属于烟台市消防支队，接受烟台市消防支队和开发区公安分局双重领导。消防大队有官兵36人，合同制消防员12人，下属两个公安消防中队。2001年，消防大队被山东省消防总队评为全省“十佳消防大队”。

公共设施装备建设　至1989年，消防大队配备执勤车9辆，其中消防指挥车2辆，曲臂登高车1辆，水罐车3辆，泡沫车2辆，抢险照明车1辆。至1990年，全区机关、学校、医院，厂企事业单位设有防火标志、消火栓、灭火器、消防桶等工具，大型企业、公共场所、高层建筑等设有消防泵、潜水泵、火灾自动报警、自动喷水灭火、气体灭火等设备装置。

自1990年，消防大队围绕消防安全管理和防火监督检查，开展消防宣传教育。宣传用火、用电安全知识；进行消防监督检查和消防灭火演练；把防火安全检查经常化、制度化；建立健全全区各有关单位防火安全检查档案，把检查中发现的火灾隐患、整改措施记录在案，便于整改。

消防监督检查　消防大队依法对机关、团体、企业、事业单位遵守消防法律、法规情况进行监督检查。对重点单位定期检查，对非重点单位抽样检查。

开发区有标准厂房32座，这些厂房由于产权、租用等方面原因，影响消防安全。1998—2003年，已发生火灾3起。其中建设公司2号厂房亚泰家俱厂发生火灾，造成直接经济损失10余万元。自2000年，消防大队即对开发区所有标准厂房进行全面检查，发现火灾隐患109处，

图18-14 2000年，烟台开发区消防大队进行消防检查

下发《责令限期改正通知书》31份。2000年8月，消防监督员对华润锦纶有限公司实施监督检查，发现灭火器材未定期检测维修，消火栓内无水，消防大队下发限期改正通知书。是年9月，消防监督员再次复查时，华润锦纶有限公司已在规定时间内将火灾隐患全部消除。2002年，在消防大队建议下，管委成立由开发区安全生产委员会、建设主管部门、经济主管部门、工商行政管理部门、公安等部门参加的治理小组，共同管理整治标准厂房，使标准厂房的消防安全问题得到改善。

建筑工程消防监督管理 建筑工程消防监督管理包括新建、改建、扩建、内部装修和用途变更的工业与民用建筑工程的消防设计审核和消防工程验收。1997—2003年，消防大队对开发区内建筑工程开展消防审核验收。1997—2000年，审核建筑工程166项，验收建筑工程22项；2001—2003年，审核建筑工程508项，验收建筑工程155项。

灭火救援 1987—2003年，消防大队进行灭火救援5000余次，救护遇险群众380余人，保护财产价值1亿余元。2000年6月13日，日商独资企业烟台鲁星食品有限公司制冷车间液氨泄漏，位于该厂附近的霍富汽车锁厂、小峰印刷有限公司、华新酒店及麦特电子公司等企业很快被氨气笼罩，情况危急。消防大队出动15名官兵、3部消防车迅速赶到现场，利用喷雾水稀释空气中的氨气，组织人员深入车间内部，侦察泄漏点，先后3次进入事故现场实施堵漏，及时完成救援工作。2002年12月29日，正海电子网板有限公司氯气泄漏（氯气具有助燃性、扩散性和带电性，即使没有火源，在光照条件下与易燃气体混合也会发生爆炸）。当时公司车间存放有10个装满氯气的罐体（每罐一吨）与南侧居民居住区仅一条道路之隔，厂区内有职工200余人。消防大队立即出动3部消防车20余名官兵赶赴现场，冒着生命危险疏散厂区职工，查找泄漏处，深入内部关闭总阀门。经过20分钟努力，成功消除险情，减少企业损失。2003年4月26日，烟台大斗服装有限公司二楼仓库发生火灾，消防大队立即出动两部消防车赶到现场，支队又调集直属一中队、二中队5部消防车、30多名干警增援。经过全体官兵3个小时奋力苦战，大火终被扑灭。

图18-15 1999年，开发区消防官兵灭火现场

1987—2003 年烟台开发区消防大队灭火救援情况表

表 18-12

年 份	次 数（次）	救援人数（人）	保护财产价值（万元）
1987	207	9	310
1988	238	12	380
1989	283	19	530
1990	312	23	660
1991	317	27	690
1992	341	26	710
1993	332	28	750
1994	323	31	690
1995	329	13	720
1996	336	16	670
1997	327	19	820
1998	322	26	780
1999	316	20	730
2000	283	17	1100
2001	266	12	650
2002	275	39	970
2003	263	46	1300
合计	5070	383	12460

第二章　检　察

1990 年 4 月，烟台开发区检察分院成立，在国家级开发区中设立检察机构最早。检察机关以维护社会安定为使命，参与惩治刑事犯罪斗争，与公安、法院密切配合，维护社会稳定。自 1993 年 8 月，检察工作的重点放在检察贪污贿赂案件上，突出“查处反腐败大案要案、惩治严重刑事犯罪和执法监督”等 3 项重点工作，强化“立案监督、侦查监督和监管监督”。1997 年，检察院开始对全区已经发生法律效力的民事行政判决实行监督。1999—2000 年，检察机关“制订实施方案，加强宣传教育”，把预防和查办职务犯罪作为主要工作，坚持惩治与防范并举，为开发区发

图 18-16　1998 年建成的开发区检察院办公楼

展做出贡献。

1994—2000 年，开发区检察工作连续 7 年位居烟台市检察系统前 3 名。2003 年，检察院 13 项工作，有 11 项跻身烟台市先进行列。1995 年、

图 18-17　1994—2003 年，开发区检察院获得的部分奖状锦旗

2003 年，开发区检察院 2 次被烟台市检察院记集体三等功，检察长被山东省检察院记二等功。在开发区历年行风评议中，检察院均名列前茅，并多次获开发区先进单位称号。

第一节　机构沿革

1990 年 4 月，烟台市人民检察院经济技术开发区分院成立， 8 月 1 日对外办公，为烟台市检察院派出机构，受烟台市检察院和烟台开发区工委双重领导。是年 12 月，烟台市人民检察院经济技术开发区分院更名为烟台市烟台经济技术开发区人民检察院（以下简称开发区检察院），编制 12 人，行使县一级检察院职权。内设刑事检察科、自侦科、办公室。1992 年 3 月，内设刑事检察科、贪污贿赂检察科、法纪检察科、办公室。1993 年 2 月，开发区检察院机构升格为正处级。将内设机构中的业务科改为业务处。1993 年 9 月，内设办公室、反贪污贿赂检察处、法纪检察处、刑事检察一处、刑事检察二处、税务检察室，均为正科级单位。是年，开发区检察院编制 22 人，实有 19 人。1996 年 6 月，开发区检察院同时挂“烟台经济技术开发区人民检察院反贪污贿赂局”牌子，增设“监所检察处”，编制 31 人，实有 29 人。1997 年 12 月，开发区检察院内设办公室、审查批捕处、审查起诉处、监所检察处、法纪检察处、控告申诉处（同时挂举报中心牌子）、反贪污贿赂处等 7 个职能处室，编制 33 人。2002 年 8 月，增设政工处，审查批捕处更名为侦查监督处，审查起诉处更名为公诉处，法纪检察处更名为渎职侵权检察局。2003 年 12 月，开发区检察院实有人员 39 人。

1990—2003 年开发区检察院正副检察长表

表 18-13

姓名	性别	出生年月	籍贯	职务	任职时间	级别
吕锡桓	男	1939.11	山东烟台	检察长	1990.06—1997.04	正处
徐世洲	男	1946.02	烟台海阳	检察长	1998.04—2002.02	正处

续表 18–13

姓名	性别	出生年月	籍贯	职务	任职时间	级别
王培海	男	1962.08	威海文登	检察长	2002.02—	正处
戴承进	男	1945.04	山东烟台	副检察长	1990.06—1993.12	正科
				副检察长	1993.12—2002.12	副处
曲文刚	男	1957.10	威海文登	副检察长	1992.12—	副处
王修俊	男	1959.09	烟台招远	副检察长	2001.04—2003.07	副处
孙新裕	男	1957.08	威海荣成	副检察长	2001.04—	副处
于立明	男	1953.10	烟台龙口	副检察长	2003.02—	副处

第二节　侦查监督

审查批捕　1990年，开发区检察院边组建边工作，是年批捕3起3人，审查起诉2起2人，初查经济案件3起3人。

1991年，检察院投入“社会治安综合治理年”活动，开展反盗窃、扫黄、抓逃犯专项斗争，全年受理公安机关提请批捕案件28起38人，批准逮捕27起37人。

1992—1996年，检察机关为在检察环节上不误战机，提前介入公安机关侦查预审活动，特别注意审查核实罪与非罪、主犯与从犯、重罪与轻罪证据，为搞好侦查监督打下基础。其间，共受理公安机关提请批捕案件140起197人，批准逮捕130起181人；受理自侦案件15起15人，决定逮捕14起14人。1997年，修改后的《中华人民共和国刑法》《中华人民共和国刑事诉讼法》实施。检察院把杀人、抢劫、盗窃及重大团伙犯罪案件作为打击重点，全年受理批捕案件40起68人，批准逮捕38起65人，受理自侦案件6起6人，逮捕6起6人。

1998年，全国检察机关进行重建20年大规模集中教育整顿，开发区检察院进一步严明办案纪律，提高办案质量，批捕准确率达100%。全年受理公安机关提请批捕案件36起55人，批准逮捕34起50人，受理自侦案件4起4人，决定逮捕4起4人。1999—2002年，检察院把“打黑除恶”作为“严打”整治斗争的重中之重，做到除恶务尽。其间共受理案件204起305人，批准逮捕195起289人，自侦案件9起9人，决定逮捕9起9人。

2003年，检察机关坚持对重大特大案件提前介入，实行主办案件责任制，办案质量和效率得到提高。全年共受理公安机关提请批捕案件92起129人，批准逮捕87起124人。在审查批捕犯罪嫌疑人姜某为首的涉嫌盗车90余辆的特大盗车犯罪团伙案时，办案干警及时提前介入侦查，仅用2天时间就作出批捕决定。同时通过审查取得证据，依法追捕包括某市公安局刑警队队长等3名公安人员在内的8名犯罪嫌疑人。

1991—2003 年烟台开发区检察院批捕犯罪嫌疑人表

表 18-14

项目 年份	批捕总数（件、人）		案件性质														身份		年龄段
			故意杀人（件、人）		故意伤害（件、人）		强奸（件、人）		抢劫（件、人）		盗窃（件、人）		交通肇事（件、人）		其他（件、人）		工人（人）	农民（人）	青少年（人）
1991—1993	78	107	11	13	9	9	8	10	10	11	22	40	1	1	17	23	6	70	31
1994—1996	119	174	15	18	12	17	18	20	9	15	45	72	2	2	18	30	19	101	54
1997—1999	110	166	14	17	11	15	12	18	11	17	40	68	5	5	17	26	16	98	52
2000—2003	244	286	26	34	18	25	26	36	28	39	104	110	12	12	30	30	30	170	86
合计	551	733	66	82	50	66	64	84	58	82	211	290	20	20	82	109	71	439	223

立案监督 自《中华人民共和国行政诉讼法》修订实施，开发区检察院立案监督部门加强对有案不立、有罪不究、以罚代刑等案件的监督，立案监督各类案件 31 起。从 1999 年开始，立案监督部门加强与律师事务所联系，建立民事行政审判监督联系点，使民事行政审判监督工作走上正轨。2003 年 2 月，办案人员发现犯罪嫌疑人于某犯有投放危险物质罪，公安机关未予立案。检察院立案监督部门即向公安机关发出“说明不立案理由通知书”，公安机关及时对于某立案侦查，案件起诉到法院后，犯罪嫌疑人被判处有期徒刑 10 年。

侦查活动监督 侦查活动监督的重点是监督侦查机关有无违法取证、刑讯逼供和应提请批捕而未提请批捕等违法情况。1992—2003 年，检察院侦查监督部门对侦查人员侵犯诉讼人权利的控告、举报，均予受理，及时审查。其间，共向公安机关发出《纠正违法通知书》25 次，追捕人犯 51 人，充分行使侦查监督职能。2003 年，检察院侦查监督部门办案人员发现开发区某公司违法设立羁押场所，遂及时向该公司发出《纠正违法通知书》，并监督其取消这一羁押场所；是年 8 月，检察院依法追捕一名涉嫌故意杀人犯，此后经过审判程序，该人被烟台市中级人民法院判处有期徒刑 13 年。

第三节 刑事检察

审查起诉 自 1990 年，开发区检察院与其他司法机关密切配合，对公安、法院移送的起诉案件进行审查。审查案件做到事实清楚，证据确凿，定性准确。1990 年，受理案件 4 起 6 人，其中公安机关移送 3 起 5 人，起诉 2 起 2 人，免于起诉 1 起 1 人，被起诉的 2 名嫌疑人均被人民法院判处有期徒刑。1991 年，受理案件 15 起 16 人。起诉 11 起 13 人，免于起诉 5 起 6 人；1992 年受理案件 25 起 27 人（受案数比 1991 年增长 60%），起诉 20 起，免于起诉 5 起。起诉案件均被人民法院作有罪判决，起诉准确率达 100%。

1993 年，检察院设反贪污贿赂检察处，加强经济案件检察力度，建立健全审查、批捕、诉讼等办案制度。1993—2000 年，共受理案件 465 起 667 人，起诉 400 起 552 人，免于起诉 27 起 37 人，追诉 2 人，建议撤案 14 起 10 人，出庭支持公诉 157 起 207 人，报烟台市检察院审查起诉 10 起 22 人。

2001—2003 年，开展惩治犯罪斗争，注重保护未成年人及妇女合法权益。其间，共受理案件 250 起 378 人，起诉 214 起 281 人，追诉 5 人，不起诉 3 起 4 人，报烟台市检察院审查起诉 13 起 42 人，出庭公诉 160 起 223 人。2003 年度，检察院探索进行被告人认罪案件“简化审”改革，对无辩护人的被告人认罪案件能否“简化审”进行调研，并撰写“简化审”调研文章，分别在市级、省级、国家级报刊上发表，被烟台市检察院行文转发推广。在注重保护未成年人及妇女合法权益方面，对两名未成年人抢劫一案依法做出不起诉决定，对其建立帮教档案。是年 8 月，烟台市委政法委和烟台市妇联授予开发区检察院公诉处“优秀妇女维权岗”称号。

1990—2003 烟台开发区受理审查起诉公诉案件表

表 18-15

项目 年份	受理审查起诉		决定起诉		决定起诉人占审结人数（%）	出庭次数	公诉词（篇）
	件	人	件	人			
1990	4	6	2	2	67	2	2
1991	15	16	11	13	68	10	10
1992	25	27	20	22	81	18	18
1993	36	49	27	36	87.8	26	26
1994	48	64	44	60	93.8	33	33
1995	50	76	47	69	88.5	37	37
1996	67	93	53	65	76.5	35	35
1997	65	97	56	81	95.3	43	43
1998	69	104	65	94	93.1	46	46
1999	60	83	53	74	93.7	44	44
2000	70	101	63	92	93.9	50	50
2001	57	76	53	71	98.7	42	42
2002	80	116	77	108	98.2	53	53
2003	113	186	97	144	93.5	65	65

审判监督　审判监督主要通过出庭和审查判决书进行，监督法庭组成人员是否合法，当事人和其他诉讼参与人的诉讼权利是否得到保障，审理案件所作的决定是否合法。检察人员如有异议，可待闭庭后向法院提出纠正意见，或建议休庭进行纠正，或按照程序向上一级法院提出抗诉。

2003 年，车某绑架案，开发区法院一审判决其无罪。检察院依法提请抗诉后，烟台市中级人民法院以绑架罪判处车某有期徒刑 3 年，缓刑 3 年，这是开发区检察院第一次抗诉无罪刑事案件。

第四节　反贪污贿赂案件检察

查处贪污贿赂案件　1990 年 9 月，开发区检察院建院之初，依法立案侦查开发区建设环保局工程质量监督站受贿案。经查明，1985—1990 年，某利用职务之便收受他人贿赂 4810 元和非法所得 1200 元，这是开发区检察院成立以来办理的第一起经济犯罪案件。1992 年，全年查处贪污贿赂案件 10 起 10 人，其中贪污案件 4 起 4 人，贿赂案件 6 起 6 人，挽回经济损失 8.58 万元，被烟台市人民检察院记集体三等功。1993 年 9 月，开发区检察院贪污贿赂检察科改称贪污贿赂检察处，是年，立案查处贪污贿赂案件 7 起 7 人。其中贪污案件 4 起 4 人，贿赂案件 3 起 3 人，挽回经济损失 37 万余元。本年度所查处的原开发区财税局某涉嫌受贿 18.21 万元案，为开发区检察院建院以来受理的首起职务犯罪大案。

1994—1996 年，继续坚持查办职务犯罪案件，其间，立查职务犯罪案件 32 起 38 人。其中贪污案件 10 起 10 人；贿赂案件 18 起 18 人；挪用公款案件 2 起 2 人；徇私舞弊案件 2 起 8 人。为国家和集体挽回经济损失 435 万元。1997 年，检察院贯彻落实修改后的《中华人民共和国刑法》，全年立查贪污贿赂案件 10 起 12 人（大要案 3 起 3 人）。其中，贪污案件 2 起 3 人，贿赂案件 7 起 8 人；挪用公款案件 1 起 1 人。挽回经济损失 119 万元。

1998—2001 年，贯彻最高人民检察院颁布的《关于人民检察院直接受理立案侦查案件范围的规定》，将贪污贿赂检察管辖案件范围界定为：贪污案、挪用公款案、受贿案、单位受贿案、行贿案、对单位行贿案、介绍贿赂案、单位行贿案、巨额财产来源不明案、隐瞒境外存款案、私分国有资产案、私分罚没款物案。修改后的《中华人民共和国刑事诉讼法》，缩小检察机关自侦案件管辖范围。反贪干警在管辖范围调整情况下，强化侦查手段，探索办案规律，办案工作向法律化、制度化推进。其间，共立查贪污贿赂案件 28 起 30 人（大要案 8 起 8 人）。其中贪污案件 10 起 11 人；贿赂案件 16 起 17 人；挪用公款案件 2 起 2 人。挽回经济损失 220 万元。

2002—2003 年，反贪系统内部优化组合。检察院成立反贪污贿赂局，全局干警充分发挥资源整合优势，集中精力查办贪污贿赂大案要案。共计立查职务犯罪案件 14 起 14 人（大要案 12 起 12 人）。其中，贪污贿赂案件 12 起 12 人；挪用公款案件 2 起 2 人。共挽回经济损失 319 万余元。2003 年，开发区检察机关全年共立查职务犯罪案件 7 起 7 人，均为大要案。其中，贪污、贿赂案件 5 起 5 人；挪用公款案件 2 起 2 人。有罪判决率为 100%。有 5 名犯罪嫌疑人被审判机关判处有期徒刑。

1992—2003 年烟台开发区查办贪污贿赂案件表

表 18-16

项目 年份	立案数（起）	贪污（起）	贿赂（起）	挪用公款（起）	其他（起）	其中大案、要案（起）	挽回经济损失（万元）
1992	10	4	6	0	0	0	8.58
1993	7	4	3	0	0	1	37
1994	10	4	5	1	0	0	46
1995	12	4	7	1	0	0	313
1996	10	2	6	0	2	1	76
1997	10	2	7	1	0	3	119
1998	9	2	7	0	0	0	38
1999	7	4	2	1	0	3	73
2000	6	4	1	1	0	3	35
2001	6	0	6	0	0	2	74

续表 18-16

年份＼项目	立案数（起）	贪污（起）	贿赂（起）	挪用公款（起）	其他（起）	其中大案、要案（起）	挽回经济损失（万元）
2002	7	1	6	0	0	5	119
2003	7	5	0	2	0	7	200

预防职务犯罪　2000 年 4 月，检察院建立预防职务犯罪工作中心。在查办职务犯罪案件的同时，结合办案，采取提检察建议、上法治课等方式预防职务犯罪。检察院所制定的《烟台开发区职务犯罪预防实施方案》，被开发区管委以文件形式转发各部门贯彻执行。是年，预防职务犯罪工作中心与烟台开发区 10 万立方米水厂、烟台市留学人员创业园区办公楼等 6 项重点工程单位签定责任书，以预防职务犯罪。

2001 年，开发区检察院上法治课，开展法律咨询，举办法治展览等法治宣传教育活动共达 7 场次，受教育干部群众达 3700 余人次，印制法治宣传材料 1 万余份，向有关企业单位发出检察建议 9 份。

2002 年，开展多项预防工作，参与烟台开发区西部热电厂工程项目、烟台留学人员创业园区二期工程等 12 项工程项目的重点预防，建立个案预防档案。深入企业单位上法治课 19 场次，受教育干部群众 4800 余人次，向相关单位提出检察建议 16 份。2003 年 6 月，全区预防职务犯罪工作领导小组审议通过《关于进一步加强全区预防职务犯罪工作的意见》《关于对重点工程项目实施专项预防的工作意见》等多项预防职务犯罪议题。是年，检察院共参与 34 项工程项目的专项预防工作。

1999—2003 年烟台开发区检察机关预防职务犯罪情况表

表 18-17

年份＼项目	参与重点项目（个）	法制课（次）	听讲（人次）	法律咨询（次）	发宣传材料（份）	检察建议（份）	写调研文章（篇）
1999	0	3	160	0	0	0	0
2000	6	20	1300	2	620	6	2
2001	4	5	3700	2	10000	9	4
2002	12	19	4800	3	12000	16	5
2003	34	1	440	3	12000	4	7

第五节　渎职侵权检察

1992 年 3 月，开发区检察院设法纪检察科，负责查办渎职、侵权案件。是年，立案查处渎职、侵权案件 1 起 1 人。1993 年 9 月，法纪检察科改称法纪检察处。是年，立案查处渎职、侵权案件 3 起 3 人。其中，重大责任事故案 1 起 1 人；玩忽职守案 2 起 2 人。1994 年，立案查处渎职、侵权案件 3 起 7 人。其中，非法拘禁案件 2 起 6 人；徇私舞弊案件 1 起 1 人。在非法拘禁案件中，有 1 起案件 5 名犯罪嫌疑人中 4 人被审判机关判处有期徒刑。1995—1996 年，立案查处渎职、侵权案件 8 起 14 人。其中，重大责任事故案件 2 起 2 人；玩忽职守案件 3 起 3 人；非法拘禁案件 3 起 9 人。1997 年 12 月，法纪检察处改称渎职犯罪侦查处。

检察机关渎职侵权检察管辖范围缩小，犯罪主体仅限于国家机关工作人员。是年，立案查处渎职、侵权案件2起5人。其中，玩忽职守案件1起1人，诈骗金融机构贷款案件1起4人。1998—2002年，共查处渎职、侵权案件4起4人。

2002年7月，渎职犯罪侦查处改称渎职侵权检察局。是年，查处渎职侵权案件1起1人。2003年8月，渎职侵权检察局与反贪污贿赂局合并，主要承担立查职务犯罪案件。

第六节　控告申诉检察

1997年以前，开发区人民检察院控告申诉工作由反贪污贿赂处兼管，由1名工作人员负责处理人民来信来访。是年12月，控告申诉处成立，有工作人员2人，负责受理控告申诉案件。至2001年，检察院建立健全文明接待公约、投诉指南、来访人须知、受案范围等13项工作制度，开辟专用办公场所、设立专用接待室，推行检察长公开接访制度。在日常接访中，检察长坚持逢访必接，逢信必阅，对重大案件和焦点、热点问题随时听取汇报，及时进行分析研究并布置处理。对举报线索，实行“受理→审查→审批→分流→反馈”流程式办理，对举报有功人员进行奖励。其间，累计受理各类信访310件，自行初查41件，移送立案12件，立案复查刑事申诉案件1起，结案1起。其他案件线索分别移转至自侦部门和有关机关处理，并及时答复举报人。

2002年，进一步完善案件线索归口管理和报告制度、控告申诉检察首办责任制，对信访案件实行双向承诺制等。全年受理各类信访106件，均作有效处理。

2003年，信访工作围绕控申、举报工作重点，先后开展“争创文明接待室”“信访专项治理月”等活动，全年受理各类信访372件，其中，管辖范围内案件分别由有关职能部门处理，管辖范围外案件转到有管辖权单位处理。对于化解矛盾，维护社会稳定起到积极作用。在处理大季家街道大赵家村、小汪家村，八角街道下刘家村等农村信访案件时，检察机关组织研讨、调度，最终使一些历史遗留问题得到处理。

1999—2003年烟台开发区检察院受理控告申诉情况表

表18-18

项目 年份	受理来信来访			检察长处理来信来访	
	合计（件/次）	来信（件）	来访（次）	处理来信（件）	接待来访（次）
1999—2001	310	186	124	130	52
2002	106	63	43	50	26
2003	372	222	150	198	30

第七节　民事行政检察

1997年以前，检察院民事行政检察工作由审查起诉处兼管，控告申诉检察处成立后，由该处负责。

2000年前，累计查结民事申诉案件3起。2001年，检察部门拓宽案源渠道，将《人民检察院办理民事、行政申诉案件宣传提纲》印发2000余份，下发街道、社区和一些大中型企业，组织人员进行法律宣传咨询。2001—2003年，受理民事行政申诉案件21起，立案9起，提请抗诉1起，建议提请抗诉5起，烟台市人民检察院提请抗诉2起，法院改判1起，维护了当事人的合法权益。

2002年，控告申诉检察处在全市率先推行律师代理申诉制度，拓宽案源渠道。在实际执行中，工作人员坚持对申诉人待之以礼，动之以情，对申诉理由不成立的，耐心宣传法律、法规，以理服人，达到服判息诉的效果。通过说服教育，有12起民事行政申诉案件当事人息诉。

第八节　监所检察

1996年6月，开发区检察院监所检察处成立，同时成立监所检察处驻看守所检察室。2001年，监所检察机构依法纠正一起严重超期羁押案件，维护犯罪嫌疑人合法权益。

2003年，以创建省级规范化驻所检察室为契机，加强驻所检察的规范化建设，全年无超期羁押，无安全责任事故，确保诉讼活动顺利进行。是年底，经考核验收，开发区看守所检察室被命名为山东省二级驻所检察室。

第三章　审　判

烟台经济技术开发区人民法院（以下简称开发区法院）在国家级开发区中成立法院最早。至2003年，开发区法院按照“树首家形象，创一流业绩”的奋斗目标，通过公正司法、高效审判、热情服务，共审判、执结各类案件1万余起，为开发区社会稳定和经济建设提供司法保障。

第一节　机构沿革

1990年4月，烟台市中级人民法院经济技术开发区审判庭（以下简称审判庭）成立，由烟台市中级人民法院与开发区工委双重领导，以烟台市中级人民法院领导为主，为正科级单位。1992年5月，撤销审判庭，设立烟台市经济技术开发区人民法院（以下简称烟台市开发区法院），为一审机构，行使基层法院职权。内设刑事审判庭、民事审判庭、经济审判庭、办公室。1992年12月26日，烟台市开发区法院机构升格为正处级。1993年4月20日，烟台市开发区法院更名为烟台经济技术开发区人民法院（简称开发区法院），增设执行庭、经济纠纷调解中心。1997年10月，内设机构为办公室、刑事审判庭、民事审判庭、经济审判庭、执行庭、立案庭，共计6个职能庭（室、队），撤销经济纠纷调解中心。民事审判庭同时挂行政庭牌子，办理行政案件。2000年增设审判监督庭和司法警察大队。2001年改执行庭为执行局。2002年3月，内设机构为办公室、政工处、立案庭、刑事审判庭、民事审判一庭、民事审判二庭、行政庭、审判监督庭、执行局、司法警察大队等10个部门。同年，福山区法院第二法庭及6名干警、大季家法庭及9名干警移交开发区法院。2003年，撤销古现法庭和大季家法庭，设立开发区民事审判三庭。是年，开发区法院在编人员56人，其中法官42人；年收结案件3000余起；有5300平方米的办公大楼，大小审判庭6个；装备有现代化办公、通讯、交通设施。

图18-18　开发区人民法院办公楼（1992年）

1990—2003 年烟台开发区法院正副院长（庭长）表

表 18-19

姓名	性别	出生年月	籍贯	职务	任职时间	级别	备注
鲁义亭	男	1944.04	烟台莱阳	庭长	1990.05—1992.02	正科	审判庭
				院长	1992.02—1993.05	副处	烟台市开发区法院
					1993.01—2001.01	正处	开发区法院
田明奎	男	1954.06	威海乳山	副庭长	1990.04—1992.02	正科	审判庭
				副院长	1992.02—1993.10		烟台市开发区法院
					1993.10—	副处	开发区法院
马其芳	男	1952.02	烟台福山	副庭长	1990.09—1992.02	正科	审判庭
				副院长	1992.02—1993.12		烟台市开发区法院
					1993.12—	副处	开发区法院
王福坤	男	1959.03	威海荣成	院长	2000.12—	正处	

第二节 刑事审判

刑事犯罪案件审判 开发区法院建院初期，主要审判少数严重危害社会治安和破坏市场经济案件。被告人中外来人口居多（占全部刑事案件的四分之三）、青少年居多、文化程度偏低者居多。1992—1994 年，共审结刑事犯罪案件 79 件，惩治犯罪分子 98 人。

1995 年，开发区抢劫、强奸、伤害、放火、盗窃等案件占全部刑事案件 52%，团伙犯罪案件也开始出现。是年，审结刑事犯罪案件 96 起，依法惩治盗窃犯罪分子 63 人，强奸、抢劫、故意伤害犯罪分子 26 人。

1996 年，开发区法院作为全省试点单位，实行“控辩式”审判方式改革。刑庭干警学习新的《中华人民共和国刑事诉讼法》，按照新的庭审方式进行刑事审判，并在一些领域进行探索。如：在法庭上保持中立，引导控辩双方就争议问题进行举证、质证、辩论；妥善处理辩护人阅卷、会见被告人、调查取证、举证的问题；在裁判文书中充分体现控辩式庭审模式等。是年，开发区法院运用新的庭审模式审判刑事案件 60 余起，就积累的经验，以及发现的问题写成调研报告，在全国刑事审判庭审模式改革大会上作交流发言。

图 18-19　1996 年，开发区法院召开专委会议研究案件

1997—1999 年，开发区法院共审结刑事案件 183 起，对 201 名刑事被告人作出有罪判决。1998 年，成功审理曲家台子村“6·11”系列爆炸、伤害案，稳定了民心。

2000 年，全年共审结案件 63 起，判处 81 名被告人，结案率达100%。

2001年，针对开发区抢劫、抢夺案件多发的特点，开展专项斗争，共审理案件13起，对24名犯罪分子作出有罪判决。2002年，审结刑事案件74起，对26名犯罪分子判处5年以上有期徒刑。2003年，把创建最安全城市作为全年刑事犯罪案件审判工作重点，全年审结刑事犯罪案件95起。

经济犯罪案件审判　开发区法院建院初期，经济犯罪案件主要是建筑行业、房地产开发企业贪污贿赂案件。1992—1996年，共审结各类经济犯罪案件30起。2001—2003年，立案审判经济犯罪案件21起，包括职务侵占、挪用资金，公司、企业人员受贿，以及贪污等案件。对21名涉案人员予以宣判。其中，判处10年（含10年）以上有期徒刑者3人；判处5年以上10年以下（含5年）有期徒刑者5人；判处3年以上5年以下（含3年）有期徒刑者2人；判处3年以下有期徒刑者2人；判处有期徒刑缓刑者8人；免予刑事处罚者1人。

2000—2003年烟台开发区法院审理经济犯罪案件表

表18-20　　单位：起

年份＼结案数	贪污	受贿	偷税	挪用公款	诈骗
2000	0	1	0	0	2
2001	1	3	0	0	0
2002	1	6	0	0	2
2003	3	1	1	1	2

第三节　民事审判

婚姻案件审判　1992年，开发区法院受理婚姻家庭案件占全部民事案件的25%。2001年，新的婚姻法施行后，受理离婚诉讼案件数量增多。2001—2003年，共受理离婚诉讼案件290件。

1993—2003年烟台开发区法院受理一审离婚案件表

表18-21

年份	离婚案件（件）	占民事收案总数比率（%）	年份	离婚案件（件）	占民事收案总数比率（%）
1993	33	4	1999	78	17
1994	44	2	2000	62	19
1995	27	14	2001	51	18
1996	34	11	2002	89	17
1997	56	14	2003	150	22
1998	69	18			

房地产案件审判　1995—1998年，国家对建设工程合同效力的认定，发生由严格要求向相对宽松、旨在保护当事人交易转变。从1995年开始，开发区各类房地产纠纷案件增多，涉案标的额较大。1995年全年审结房地产纠纷案件76起，涉案标的额达2299.35万元。1996年受理房地产纠纷案

件 107 起，涉案标的共为 2377 万元。1997 年、1998 年共审结房地产纠纷案件 241 起，两年涉案标的额共 5235 万元。

1999 年，房地产纠纷案数量有所减少，全年审结案件 88 起，审结案件标的额 1776 万元。2000 年、2001 年和 2002 年很少受理房地产类型案件，2001 年仅受理 4 起。

2002 年扩区后，开发区房地产市场回升，房地产纠纷案件逐渐增多。其原因是：房价上涨，卖方反悔，要求退换房产，解除合同；在房产买卖过程中，房地产价格上涨，买方要求开发商按时办理房产证；买方要求支付逾期交房违约金。2003 年，受理房地产纠纷案件 42 起。

劳动争议案件审判 1998 年以后，开发区发生劳动争议案件较多。1999 年审结劳动争议案件 78 起，占全部民事案件的 17.22%。从 2000 年开始，群体性劳动争议案件数量不断增加。2001 年，受理劳动争议案件 47 起，涉案职工 300 余人次。2001—2003 年，共受理劳动争议案 369 起。在民事审判过程中，做大量调解工作，妥善解决多起群体性劳动争议纠纷案件，保障职工合法权益，

图 18-20 2000 年，开发区法院民庭劳动争议案件开庭

维护社会稳定。东方房地产开发总公司原是管委直属企业，1996 年改制后，企业管理混乱，欠发职工生活费和劳动保险金多年，工人多次上访。2001 年申请仲裁。东方房地产对仲裁决定不服，以部分劳动合同已到期和仲裁数额不准确为由向法院提出诉讼，法院对公司档案和账目进行清理，多次召开职工和企业代表座谈会，进行调解，最终使原、被告达成协议。但东方房地产公司未能全部履行协议，法院开始执行工作。东方房地产账上已无资产，法院执行局耐心查找，发现该公司在外地购置一块土地，经与有关部门多次协商，最后达成执行方案，职工拿到欠发多年的工资及养老保险金。

第四节 商事审判

商事案件原称经济案件，由经济庭负责审理。2002 年，全国法院实行大民事审判格局。是年 3 月，开发区法院经济庭更名为民事审判二庭，负责商事案件审理。主要包括合同纠纷（房地产合同除外）、票据纠纷、股权纠纷等。

经济合同纠纷案件审判 1990 年前后的经济合同案件，主要以购销合同和借款合同案件为主。开发区三资企业较多，加工承揽合同、出口加工合同案件增多。1995 年，国家加强宏观调控，涉及银行贷款案件增多。关于银行贷款担保登记问题，《中华人民共和国担保法》中规定，城市房地产或者乡（镇）、村企业的厂房等建筑物抵押的登记机关为县级以上人民政府。山东省政府规定，此类抵押物登记机关为工商部门。由于在实际执行中，工商、房管、土地等部门间缺乏协调，造成企业重复抵押，诉讼纠纷增加。1995 年，针对拖欠银行信贷资金问题，审结银行、信用社提起的借款合同纠纷案件 48 起，诉讼标的额 4960 万元。1996 年，受理金融机构提起的借款纠纷案件 107 起，占全部经济纠纷案件的 37%。标的额 6669.47 万元，占收案总标的额的 55.69%。2000 年以后，由于《中华人民共和国担保法》解释及时出台，明确有关抵押登记机关的相关规定，金融机构贷款行为逐步规范，涉及银行贷款纠纷案件数量开始下降。

1999 年新的合同法施行，因合同效力认定问题产生纠纷的案件数量增加。是年，《中华人

民共和国公司法》修改，新的公司法对公司登记制度进行规范，机关办实体开始脱钩，经济合同纠纷案件在主体上发生较大变化，出现权属纠纷、股权纠纷等新类型案件，经济审判工作难度加大。

图 18-21　2002 年，开发区法院工作人员进行商事案件调查

其间，成功审理一批涉及国有企业的经济纠纷案件。如：烟台长信公司诉北京化工六厂购销合同纠纷案，涉案标的达 700 多万元。审判过程中根据被告为国有企业，涉及职工多，如不解除对被告银行账户的冻结，可能会影响社会稳定。法院及时变更保全措施，使案件不到 10 天即得到解决。2002 年，涉及企业改制、公司股东权益、证券票据等疑难案件增多。全年共审结商事案件 270 起，占全年审结经济纠纷案件的 70%。

2003 年，由保险公司作为保证人的个人消费贷款案件出现。开发区法院全年受理有关消费贷款案件 36 起，其中一般保险合同纠纷案件 14 起，保证合同纠纷案件 3 起，财产保险合同纠纷案件 19 起。

2000—2003 年烟台开发区法院一审经济纠纷案件表

表 18-22

项目 年份	收案（起）	结案（起）	结案标的额（万元）
2000	70	59	12363.69
2001	279	251	14850.14
2002	550	408	12924.13
2003	543	358	44218.11

破产案件审判　开发区企业破产案件数量较少，有的年份甚至未发生破产案件。1992 年，开发区法院受理首起企业破产还债案件。2000 年，受理破产案件 2 件。2003 年，受理破产案件 1 件。在审理开发区东方实业公司破产还债案件中，通过做东方实业公司的上级主管部门——中国国际航空公司的工作，最终为破产企业职工发放工资 141 万元，维护职工合法利益。

涉外纠纷审判　1993 年，开发区法院受理涉外商事纠纷案件 37 起，诉讼标的额 2000 余万元。2000 年，全年受理涉外案件 4 起。其中，合同纠纷案件 3 起。涉外国家为西班牙、新加坡、韩国。

2001 年，受理涉外商事纠纷案件 4 起。主要是涉韩国和香港案件。2002 年，受理涉外商事纠纷案件 10 起，涉案标的 1320 万元。2003 年，受理涉外商事纠纷案件 6 起，涉案标的 200 万元。其中，涉韩 2 起，涉日 2 起，涉台 2 起。案件涉及买卖合同纠纷、借贷纠纷、信用证纠纷和中外合作经营纠纷等类型。

第五节　行政审判

1995 年，开发区法院受理行政案件 4 起。1996 年《中华人民共和国行政处罚法》施行，是年 11 月，开发区法院邀请工商、公安、建设环保、渔政等单位共同探讨贯彻《中华人民共和国行政处罚法》措施，并对行政机关在执法活动中不够规范的习惯做法，提出改正和完善的建议。1998年，开发区法院坚持有诉必理的原则，受理拆迁户不服开发区建设环保土地局拆迁决定等行政诉讼案件6起，审结6起。1999年，开发区法院受理烟台海利实业有限公司诉建设环保土地局等3起行政诉讼案件，经过审查，依法作出该局行政行为合法的裁判，为行政机关依法行政，予以支持。

1990年，经报请山东省高级人民法院确定，开发区管委可以作为行政主体，参加行政诉讼。2000年，开发区法院受理行政诉讼案件6起。2001年，审结行政诉讼案件2起，维持行政决定2起。2002—2003年，共受理行政诉讼案件15起。其中，维持行政决定5起，驳回诉讼请求4起，原告撤回起诉6起。2002年，开发区法院被烟台市中级人民法院评为行政审判工作先进单位。

第六节　立案信访

立案 1997年10月，开发区法院立案庭成立，为正科级机构。2000年，法院进行立案职能改革，实行"大立案"。法院各类诉讼案件庭审前的立案、送达、保全等工作，全部由立案庭负责，并由立案庭对案件进行全程跟踪、管理。合议庭成员和独任审判员在庭前不再接触当事人。2000年，开发区法院共立案1350起，诉前保全51件，保全标的260万元。

2001年，实行以法官为中心的审判管理方式改革，设立法官助理，负责庭前准备工作，由审判监督庭对案件审判流程进行监督管理，立案庭不再负责庭前事务性工作。

2003年，针对大多数农民工文化不高，有的不知其被告人的确切姓名与地址，也不能举出有效证据，如按正常程序处理，权益很难得到保护的问题，开发区法院设立立案调查程序，加大对弱势群体司法救助。立案调查适用案件限定为农民工追索劳动报酬案件、下岗职工追讨工资、集资款、医疗赔偿金及追索抚育费、赡养费等案件。申请人到法院提出司法救济申请，立案庭对申请人的请求进行审查，通知相关庭室开展立案调查。调查内容包括帮助申请人确定被告姓名及住址，根据申请人提出的证据线索确定证据，采取诉前

图18-22　2003年，法院法官为农民工追讨工资

保全措施。对于生活确有困难的，法院减免诉讼费用。使利益受损的弱者不仅打得起，而且打得赢官司。2003年，开发区法院对158起案件开展立案调查，其中，97起为从事建筑行业的农民工追索劳动报酬。经调查与调解，为农民工取得工资款124.5万元，维护农民工合法权益。

信访 1993年，开发区法院接待来信来访700余人次，无一越级上访。1999年，开始实行院长接访制度，每周二由法院领导轮流接待来访当事人。全年接待来信来访800余人次。2000年，接待来信来访700余人次。2001年，开发区法院受理大厅投入使用后，由法院领导轮流到受理大厅接待群众来访。全年共接待群众来访910余人次。2002年，接待数量达到1230人次。是年，利用审判和执行工作中的有利条件，做好上访当事人工作，妥善解决开发区丰利机械有限公司131名职工的诉求，稳定职工情绪。2003年，接待来访1850余人次，处理信访事件5起。

第七节　执法监督

1993年10月，开发区法院聘请执法执纪监

督员，对法院的执法工作予以监督。1998 年，审查当事人申诉 5 起，立案再审 2 起。1999 年，审查当事人申诉 5 起，立案再审 1 起。2000 年，审判监督庭成立，行使审判监督和卷宗评查职责。年内审结听证案件 11 起，再审案件 6 起，评查各类卷宗 687 册。

2001 年，审判监督庭分排各类案件 803 件，通报卷宗评查情况 10 次，组织召开 34 次审判委员会会议，移送上诉卷宗 108 卷，对外委托 94 件。2002 年，审判监督庭分排各类案件 882 件，通报卷宗评查情况 12 次，提出修改意见 100 余条，对外委托 46 件。2003 年，分排各类案件 1267 件，通报卷宗评查情况 12 次，提出修改意见 110 余条，移送上诉卷宗 127 卷，对外委托 57 件，督办案件 15 起。

2000—2003 年烟台开发区法院再审案件表

表 18-23　　单位：件

年份＼类别	刑事	民事	经济	行政
2000	0	1	3	0
2001	0	2	3	0
2002	1	1	8	0
2003	1	6	1	0

第八节　执行工作

1992 年，开发区法院在经济庭中指定 1 人专司执行工作。是年，执结案件 5 起。1993 年，法院设立执行庭。是年，执结案件 34 起。为申请人追回款、物折 550 余万元。1994 年，法院执行庭举行第一次公开拍卖活动。1996 年以后，法院委托拍卖行进行拍卖。

1995 年，执行庭受理已生效法律文书案件 246 起。受理行政机关办实体申请执行案件 12 起，外地法院委托执行案件 11 起，为权利人追回欠款 3800 余万元。对 27 名不履行法律义务的被执行人，在《烟台日报》上发布公告；通过与其他法院合作，有效开展执行工作。在北京市海淀区人民法院配合下，顺利执行烟台开发区化轻建材公司申请执行北京军安商贸公司购销三合板合同纠纷案。为申请人追回欠款 205 万元。1995 年、1996 年，共执结案件 480 起。1997 年，受理执行案件 447 起，执结 408 起。全年执结标的 1.44 亿元，比上年度增长 99.2%。

1998 年，受理执行案件 634 起。执结 544 起，执结率 85.4%。在执行劳动仲裁案件中，通过争取债权人的支持与配合，比照破产案件优先支付职工工资及劳保金的规定，顺利执结开发区健泉液化气公司和亿洋塑胶有限公司 150 名职工申请执行劳动仲裁裁决案件。

1999 年，开展“执行年”活动，多次组织

图 18-23　1999 年，开发区法院法官赴内蒙查找被执行人隐匿的施工机械

突击清理积案。针对部分被执行人逃避执行的情况，采取“拉网”方式，追查逃债者。把逃债人传唤到执行庭，令其执行已判决条款。全年共执结案件845起，比上一年度增长48.77%，执结标的6500余万元。办理刑事罚金执行案件22起。是年，法院还受理行政机关申请执行拆迁案件62起。配合管委有关部门清理违法建筑，为开发区环境综合治理扫清障碍；在执行国资机械化作业公司400余名下岗职工申请索要工资案件时，查封被执行人3.8万平方米土地使用权，促成成功拍卖；远赴内蒙查找财产线索，将被执行人隐匿的20多套施工机械押运回烟台拍卖，使案件在当年顺利执结。

2000年，开发区法院受理执行案件769起，执结717起，执结标的5780万元。其中执结劳动仲裁案件270起，为职工追回工资和保险金近200万元。执结涉及金融机构案件32起，执结标的近3700万元。

2001年，开发区法院制定《债权凭证制度实施办法》。是年，受理执行案件937起，结案937起，分别比上年增长35%、30%。2002年，执行案件数量增多，执行难度加大。全年受理申请执行案件执结726起。由于民事纠纷当事人自动履行率较低，执行案件数量一直呈现不断上升趋势。2003年，受理各类执行案件653起，申请执行标的6.41亿元，其中职工申请执行劳动仲裁案件154起，涉案职工230余人次。

第九节　案例选介

烟台开发区东方实业公司破产案　烟台开发区东方实业公司是中国国际航空公司于1989年8月成立的企业，从事水产品加工、冷藏业务。因拖欠职工工资、劳动保险费近100万元，外债1600万元。2000年9月，董事会决定，向开发区法院提出破产还债申请。

开发区法院立案后，确认东方实业公司资不抵债，依法作出民事裁定，宣告东方实业公司破产还债，支付拖欠职工工资及劳动保险费等。但，东方实业公司大部资产已拍卖用于清还其他债务，拖欠职工工资问题一直未解决，职工要求开发区法院强制执行。

中国国际航空公司是东方实业公司的开办单位，没有提出破产财产的处理和分配方案，影响破产程序进行。2002年10月，开发区法院向中国国际航空公司发函，建议委派人员到开发区设立清算工作组，解决拖欠职工工资问题，并在资金方面提供支持。2002年11月，在开发区法院协调下，开发区管委组织中国国际航空公司、开发区人事劳动和房产管理等部门召开协调会议。清算组决定对东方实业公司2066平方米综合楼实施拍卖。2003年1月中旬，中国国际航空公司派员与职工见面，垫付部分工资，并在拍卖资产支付工资不足的情况下，从总公司拨出40余万元，支付职工。是年12月，清算组发放拖欠职工的所有工资，并给予职工办理解除劳动合同手续。历时3年多的东方实业公司破产还债案结案。

鑫海假日旅行社诉加宝食品有限公司旅游合同纠纷案　2000年3月29日，原、被告签定《山东省旅游组团标准合同》。旅游日程为2000年4月29日至5月6日，西安、延安、黄河壶口瀑布及华山八日游。被告39人，每人应交纳团费1500元，共计58500元。被告预付3万元。扣除被告预付款3万元，被告尚欠原告28500元。旅游期间的火车票费、旅游费、住宿费、餐费等均由原告垫付。

经审理查明，原、被告签定的合同及附件所约定的到西安、延安、华山、黄河壶口瀑布等景区旅游，因正值“五一”旅游高峰期，景点、宾馆、车站人满为患，原、被告签定的合同未完全履行。约定的黄河壶口瀑布、华山、延安宝塔、清凉山景点未能去成；住宿不是原来确定的宾馆，入住费比约定住宿费少；从西安返回烟台火车票费比原定票费少；在西安旅游应该使用空调大巴，实际使用国产客车，车费比原定少付。

开发区法院最后判决：原告所诉，事实清楚、证据确凿。被告理应向原告支付拖欠的旅游团费。被告提出误工费等经济损失，因被告为利用法定假日外出旅游，法院不予支持；被告称，餐费应由原告负担，与合同约定的午餐费和晚餐费由被告自理的规定不一致，法院亦不予支持。根据原、被告应承担的责任，被告开发区加宝食品有限公司向原告烟台鑫海假日旅行社支付组团旅游费30780元、餐费4150元。原告烟台鑫海假日旅行退还被告烟台开发区加宝食品有限公司12464元、补偿2492.8元。以上两项兑除后，被告应向原告支付19973.2元，于本判决生效后10日内执行。

第四章　司法行政

烟台开发区司法行政部门，实施普法教育、人民调解、刑释解教人员安置帮教、法律援助、基层法律服务等工作，建立开发区管委、街道、社区三级调解网络，排查调处各类矛盾纠纷，维护法律尊严。

第一节　机构沿革

1987年12月，开发区司法局成立，为管委直属正科级行政部门，编制6人。1989年1月，法制办公室成立，正科级行政部门，实有1人，与司法局合署办公。1990年3月，开发区民政局成立，正科级行政部门，编制4人，与司法局合署办公。1992年12月，设司法民政局（烟台开发区人民武装部设在该局），为管委直属正处级行政部门，编制12人。主要负责全区普法教育、规范性文件审核和公证、律师、人民武装、民政等工作。1993年1月，司法局与民政局合并，更名为司法民政局，为正处级行政部门。1993年7月，法制办公室业务职能归属工委管委办公室。2001年5月，撤销司法民政局，设社会事业管理局，内设司法处，履行司法局职能。2003年7月，司法处整建制划入开发区政法委员会。

1989—2000年烟台开发区司法民政局正副局长表

表18-24

<table>
<tr><th>姓名</th><th>性别</th><th>出生年月</th><th>籍贯</th><th>职务</th><th>任职时间</th><th>职级</th><th>备注</th></tr>
<tr><td rowspan="4">李德先</td><td rowspan="4">男</td><td rowspan="4">1942.01</td><td rowspan="4">烟台海阳</td><td>局长</td><td rowspan="2">1989.01—1993.02</td><td rowspan="2">正科</td><td>司法局</td></tr>
<tr><td>副主任</td><td>法制办（兼）</td></tr>
<tr><td>副局长</td><td>1993.02—1997.03</td><td rowspan="2">副处</td><td rowspan="7">司法民政局</td></tr>
<tr><td>助理调研员</td><td>1997.03—</td></tr>
<tr><td rowspan="2">杜博生</td><td rowspan="2">男</td><td rowspan="2">1940.10</td><td rowspan="2">烟台福山</td><td>局长</td><td>1993.01—1997.12</td><td rowspan="2">正处</td></tr>
<tr><td>调研员</td><td>1997.12—</td></tr>
<tr><td rowspan="2">孙立彬</td><td rowspan="2">男</td><td rowspan="2">1944.08</td><td rowspan="2">烟台栖霞</td><td>副局长</td><td>1995.03—2000.02</td><td rowspan="2">副处</td></tr>
<tr><td>助理调研员</td><td>2001.07—</td></tr>
<tr><td>赵培勤</td><td>男</td><td>1955.01</td><td>烟台福山</td><td>副局长</td><td>1997.03—2001.07</td><td>副处</td></tr>
</table>

续表 18-24

姓名	性别	出生年月	籍贯	职务	任职时间	职级	备注
谭树杰	男	1946.08	威海文登	局长	1997.12—2000.02	正处	司法 民政局
				调研员	2000.02—		

第二节　普法教育

1989年，开发区全民普法依法治理工作领导小组成立，全区各单位均相应设立领导小组，各村（居）委会配备1至2名普法宣传员。

1991年，开发区管委制定“二五”普法规划，普法领导小组牵头开展普法宣传教育，“二五”普法工作推进顺利。

1996—2000年，全区开展“三五”普法教育。工委管委下发《关于在公民中开展法制宣传教育的第三个五年规划的通知》，重点抓好领导干部、青少年、执法人员、外来人员的法治教育。全区每年都组织“法律进万家”“法律服务一条街”等法律咨询活动，普法领导小组成员深入社区宣讲法律知识，提高居民法治素质。

2001年，全区实施“四五”普法规划。召开“三五”普法总结大会，对29个普法先进单位、137个先进个人进行表彰。2002年8月，为海河社区管理处12个居委会配备法律顾问，推动普法和依法治理进程。2002年5月和2003年5月，管委投入1万余元印制《农村法律知识汇编》宣传手册2万余份，司法机关开展法律下乡活动，为民送法上门。2003年1月，在取得试点经验的基础上，召开全区动员大会，各街道分管的领导、村党支部书记200余人参加会议。在全区推广“两书制”（《居委会“两委”班子履行责任承诺书》《居民权利与义务约定书》）。2001—2003年，连续三年，每年从11月下旬到12月中旬，开发区均开展“12·4”全国法治宣传日系列活动，普法领导小组办公室组织公证、律师、行政执法单位，深入街道、社区，开展普法宣传活动，散发宣传手册、明白纸5万余份，接待各种咨询4000余人次。

图18-24　2003年，政法委组织开展法律下乡活动

自2001年，每年10月份，开发区均进行普法考试，全区机关、企事业单位科级以上干部参加。考试由省里命题，开发区普法领导小组组织考试、批阅试卷、公布成绩，并将各部门参考率、个人成绩、平均分数及名次通报全区。普法领导小组重视对青少年的法治教育，会同教育局、团委等部门，借鉴开发区第一、二初级中学加强青少年教育工作的经验，从公安、法院、检察院、律师事务所、法律服务所等单位聘请专业执法人员，为全区18所中小学校担任兼职法治副校长，协助学校做好法治宣传教育和校园周边的安全治理工作。

第三节　律师

律师队伍　1989年3月，开发区律师事务所成立，为财政全额拨款的事业单位，编制6人。1992年3月，律师事务所改为自收自支事业单位，编制8人。1995年更名为烟台正和律师事务所，1998年撤销。1992年12月，烟台国际经济贸易律师事务所成立，为合作制律师事务所。1995年7月，更名为烟台宏洋律师事务所。1999年12月，更名为山东鲁石律师事务所。2000年3月，山东永禄律师事务所从栖霞市迁入开发区，为合作制律师事务所。2001年1月，山东正大开元律师事务所成立，为合伙制律师事务所。

1999—2001年烟台开发区律师事务所及律师情况表

表18-25　　单位：人

律师事务所名称			山东鲁石律师事务所	山东正大开元律师事务所	山东永禄律师事务所
人员构成	执业律师	一级律师	0	0	0
		二级律师	2	0	1
		三级律师	0	1	0
		四级律师	4	0	0
		其他	9	12	8
	实习律师		3	0	2
合计			18	13	11

管理与执业　1989年3月至1993年1月，开发区律师事务所由司法局管理。1993年1月至2001年5月，律师事务所由司法民政局管理。2001年5月至2003年8月，由社会事业管理局管理。2003年8—12月，由政法委管理，具体工作由司法处负责。

1989—2003年，全区律师承办各类案件7600余件，为国家、集体和公民索回赔欠款1.2亿元。全区律师综合业务量达到1116件（次），参与调处化解各种纠纷，维护司法公正，为社会稳定、促进经济建设做出努力。

1992—2003年烟台开发区律师业务抽年表

表18-26

项目 年份	代理经济案件（起）	代理民事案件（起）	代理行政案件（起）	代理非诉事件（起）	法律顾问（人）	代写法律文书（件）	解答法律咨询（人）	刑事辩护（起）
1992	28	15	0	20	10	50	170	12
1995	20	80	0	60	18	70	220	20
1998	45	480	0	57	58	480	800	49
2001	85	520	0	39	62	510	820	38
2003	120	103	0	17	32	135	1508	39

第四节　公证

1989年，开发区公证处成立，编制2人，其中公证员1人，为全额拨款事业单位。1992年2月，有公证人员6人，其中公证员4人，是年9月改为自收自支事业单位。2001年4月，公证处划归社会事业管理局。2003年8月，划归工委政法委。

是年，有公证人员 5 人，其中一级公证员、二级公证员、三级公证员各 1 人，2 人具有涉外公证员资格。

开发区公证处成立初期，公证业务范围仅限于买卖合同、委托、继承等。1992 年 5 月，公证处开拓金融、房地产、婚前财产和公证送达等业务，办证数量逐年增加。1992—2000 年，办证数量达 1000 余件，年公证收费 35 万余元。

图 18-25　1999 年，公证人员出席证据保全现场

1992 年 11 月，公证处开办涉外公证业务。1992—2003 年，为 20 余个企业办理合资协议、章程等公证。为 3100 余人次办理相关出国手续。

第五节　法律援助

2001 年 8 月，开发区法律援助中心成立，为副科级事业单位，经费实行全额预算管理。编制 2 人，隶属于社会事业管理局，与“12348”协调指挥中心、司法调解中心合署办公。2003 年 8 月隶属于政法委。法律援助中心的主要职责是对弱势群体、特殊群体或无力诉讼人员提供劳动仲裁和非诉讼法律事务代理，提供刑事辩护和民事诉讼代理，以及代拟法律文书等法律援助。

至 2003 年，法律援助中心共办理各类案件 182 起，接待法律援助申请和法律咨询 1000 余人（次），代写法律文书 230 余份，接受援助人数 1200 余人。其中反响较大的案件是，是年 3 月河南南召县陈某来开发区打工被机器轧断手指案。当时，用人单位拒绝支付陈某医疗费并将其辞退。法律援助中心工作人员联系河南省南召县派出所，核实陈某身份后，到解放军 107 医院复制陈某的就诊病历，先后 20 余次到有关部门做工伤认定和伤残鉴定，并向开发区劳动仲裁机构申请立案。最终，开发区劳动争议仲裁委员会出具调解书，由用人单位一次性支付陈某工伤津贴、医疗费 1.2 万元。

第六节　刑释解教人员安置帮教

1994 年，开发区刑释解教人员安置帮教工作领导小组成立，办公室设在司法民政局。主要负责制订全区安置帮教工作规划、计划和实施方案。指导、监督和检查全区各有关单位开展安置帮教工作，解决全区安置帮教工作的重大问题等。是年，长江社区管理处 14 个居委会及海河社区管理处 12 个居委会均设立安置帮教工作办公室。2002 年，全区各居委会均完善安置帮教制度，开展安置帮教工作。

1994—1998 年，开发区刑释解教人员安置帮教工作领导小组办公室对已安置帮教的 34 人进行全面考察，均达到解除帮教标准。1999—2003 年，全区有“两劳”释放人员 99 人，仍需继续接受帮教。2001—2003 年，开发区全面推行“三书”“四表”制度（“三书”：管委与办事处签订责任书、办事处与村签订责任书、帮教人与被帮教人签订保证书。“四表”：“安置帮教情况统计表”“年度摸底统计表”“生活没有出路和重新犯罪统计表”“解除安置帮教审批表”），以此推动开发区帮教工作的开展，全区应安置帮教人员失控率和重新犯罪率占“两劳”人数的百分比均低于全市标准 2 百分点至 3 个百分点。

第七节　人民调解

1989 年 9 月，开发区人民调解工作领导小组成立，由工委领导任组长，各职能部门分管的负责人任成员。1999年，境内14个村（居）委会和12个社区居委会，均建立人民调解委员会。每个调委会设兼职调解员3名。

2002年1月，辖区建立矛盾纠纷排查制度，政法委每月排查一次，街道办事处每半月排查一次，村（居）委会每周排查一次。每月由司法处汇总一次情况，上报工委管委。是年9月，古现、八角、大季家街道共有93个村设立调解委员会，共设兼职调解人员334名。

2002—2003年，各级调解组织共排查调解各类纠纷案件3600余起，其中重大、突发案件78起。在调解处理案件中，“庭式”调解和依法调解占50%以上。

2003年5月，开发区人民调解中心成立，承担调解指导委员会职责。8月，3个街道办事处、两个社区管理处分别组建人民调解委员会，设专职调解人员2名。9月，推行调解员持证上岗制度，基层调解人员业务培训由司法处和街道办事处负责，有412名调解员领到上岗证书，其中一级调解员32人，二级调解员370人，三级调解员10人。是年，全区受理疑难调解案件44起，结服率85%以上。

第八节　基层司法所和法律服务所建设

基层司法所建设　2002年前，长江社区管理处、海河社区管理处各设司法助理员1人（兼职）。2002年，古现、八角、大季家街道办事处设立司法所，每所设司法助理员1人，与街道综治办、信访办合署办公。其主要职责是：履行基层司法行政工作；搞好矛盾纠纷排查调处；组织法律服务队伍开展法律宣传、服务、援助；组织开展对刑释解教人员安置帮教。

基层法律服务所建设　2002年，辖区设3处法律服务所，大季家、古现和神剑法律服务所，共有执业人员15人。其主要职责是，委托代理群众各类诉讼、非诉讼案件，提供法律咨询。2002—2003年，3处法律服务所共代理诉讼案件160起，非诉讼案件1100起。

第五章　武　装

烟台开发区位于胶东半岛北部，与辽东半岛隔海相望，海岸线长53.8公里，套子湾沿岸海滩平缓绵长，是重要的海防前线。建立开发区后，工委管委重视人民武装工作，支持国防建设，每年都完成上级军事机关交给的各项任务，完成征兵工作、民兵建设和民兵分队编组训练工作。人民武装发挥了保卫经济建设顺利进行的作用。

第一节　武装组织

1993年10月，经烟台警备区批准烟台经济技术开发区人民武装部成立，与开发区司法民政局合署办公，司法民政局局长担任人民武装部部长。武装部内设办公室，配备专职干部，负责处理武装部日常工作。2001年5月，开发区司法民政局撤消，设社会事业管理局，开发区武装部与社会事业管理局合署办公，社会事业管理局局长担任人民武装部部长。2003年，开发区人民武装部办公室编制2人。

1994年10月，经烟台警备区批准，烟台首钢东星集团有限公司人民武装部成立；1997年7月，烟台鲁星食品有限公司人民武装部成立；2002年8月，烟台开发区长江社区管理处人民武装部和海河社区管理处人民武装部成立；是年9月，古现街道和大季家街道两个武装部由原为福山、蓬莱人武部管理划归开发区人武部管理；10月，开发区八角街道人民武装部成立。

1995年6月，烟台经济技术开发区人民武装委员会成立，工委书记任主任，一名工委副书记、管委副主任和宣传部、武装部长任副主任，组织部、群工部、人事劳动和社会保障局、教科局、财政局、建设环保土地局、卫生局、公安局主要负责人任成员，办公室设在武装部。1999年5月，开发区人民武装委员会成员随开发区工委管委领导成员和有关部门负责人变动进行调整。

1999年5月，烟台经济技术开发区国防动员、国防教育委员会成立，开发区工委书记、管委主任任主任，一名工委副书记、一名管委副主任任副主任，成员由宣传部、武装部、工委管委办公室、建设环保土地局、教育科技局、财政局、经济发展局、公安分局、交通局等部门主要负责人担任。开发区国防动员、国防教育委员会下设五个办公室，一个秘书组，主任（组长）由开发区各有关部门主要负责人担任。2001年12月，开发区国防动员、国防教育委员会随开发区工委管委领导成员和有关部们负责人变动进行调整。

1994—2003年烟台开发区人民武装组织领导人表

表18-27

武装组织名称	姓名	性别	籍贯	职务	任职时间	级别	备注
人民武装部	杜博生	男	烟台福山	部　长	1994.03—1998.10	正处	司法民政局长
	李德先	男	烟台海阳	副部长	1994.01—1997.03	副处	司法民政局副局长
	赵培勤	男	烟台福山		1998.10—2001.08		
	谭树杰	男	威海文登	部　长	1998.10—2000.06	正处	司法民政局长
	兰永祥	男	烟台招远		2000.03—2001.05		
	王学范	男	烟台牟平		2001.07—		
	张国俊	男	威海文登	副部长	2001.07—	副处	司法民政局
人民武装委员会	阎原田	男	烟台招远	主　任	1995.06—1999.05	副厅	工委书记
	高云良	男	烟台莱阳	副主任	1995.06—1999.05	正处	工委副书记
	段志强	男	烟台招远		1995.06—1999.05		管委副主任
	侯建森	男	济南章丘		1995.06—1999.05		宣传部长
	杜博生	男	烟台福山		1995.06—1999.05		司法民政局长
	王秀臣	男	烟台牟平	主　任	1999.05—	副厅	工委书记
	陈文晔	男	烟台蓬莱	副主任	1999.05—	正处	工委副书记
	刘为群	男	威海文登		1999.05—		管委副主任
	谭维忠	男	烟台海阳		1999.05—		组织部长
	牟振涛	男	烟台栖霞		1999.05—2000.03		宣传部长
	谭书杰	男	威海文登		1999.05—2000.02		司法民政局长

续表 18-27

武装组织名称	姓名	性别	籍贯	职务	任职时间	级别	备注
国防动员、国防教育委员会	王秀臣	男	烟台牟平	主　任	1999.05—	副厅	工委书记
	陈文晔	男	烟台蓬莱	副主任	1999.05—	正处	工委副书记
	刘为群	男	威海文登		1999.05—		管委副主任

第二节　兵役

现役　建区前，福山区福山镇胜利东村、曲家台子村及臧家乡胜利西村、古现镇马家村等四个村的征兵工作由福山区武装部负责。自 1984 年 10 月 1 日起，开发区按照《中华人民共和国兵役法》的规定，实行义务兵役制为主体的义务兵与志愿兵，民兵与预备役相结合的兵役制度。1984—1993 年，开发区征兵工作由芝罘区人武部代管。自 1993 年，开发区实行义务兵役制为主体的义务兵与志愿兵相结合，民兵与预备役相结合的兵役制度，征兵工作由开发区人民武装部负责。截至 2003 年，全区先后有 232 名适龄青年应征入伍，所征集的新兵有 90% 以上为高中文化程度，为部队输送合格优质兵员。义务兵服役期满退役回开发区后，管委有关部门优先从退伍兵中招收职工、提拔干部。

预备役　1984 年 10 月至 1985 年 12 月，按照《中华人民共和国兵役法》有关预备役兵役制的规定，退出现役人员，由部队确定服预备役。经过兵役登记未服役，以及基干民兵，服第一类预备役。普通民兵和年满 29 岁的第一类预备役士兵，服第二类预备役。预备役军官和士兵，均按规定参加军事训练。1993 年以前，烟台开发区的预备役登记工作由福山区人民武装部代管。1993—2002 年，辖区有 63 名军官和 136 名士兵服第一类预备役，有 121 名军官和 187 名士兵服第二类预备役。开发区人民武装部拥有直接管辖第一类、第二类预备役军官和士兵。1999 年 5 月，人武部具有相应的预备役建制和武器装备。

第三节　民兵

民兵组织　1993 年 8 月，开发区人民武装部从福山区人武部接管胜利东村、胜利西村、曲家台子、奇章、车家等 14 个村庄的民兵工作。每村设立一个民兵连，连长均为村委委员。开发区拥有一定数量的基干民兵。1998 年 3 月，对开发区的民兵组织进行调整，将基干民兵予以精简。2002 年开发区扩区后，基干民兵相应增加。2003 年，开发区的民兵组织建制和民兵人数都有增加。

民兵训练　1960 年，原属烟台市福山镇人民公社刘家台子大队民兵刘奎光出席全国民兵代表大会，获得发给“五四”式半自动步枪一支的奖励。1969 年，民兵开展“打飞机、打伞员、打坦克”和“防原子、防化学、防细菌”的“三打、三防”训练。1977 年以后，侧重各级民兵干部和武装基干民兵的技术、战术训练以及个别专业分队训练。1993 年以前，开发区民兵训练工作由福山区人民武装部负责组织。1993—2003 年，开发区人武部根据烟台警备区统一部署，突出基干民兵应急分队训练及专业民兵分队训练，在训练组织形式上主要是集中训练，训练时间每年不少于 15 个训练日，训练内容为队列、战术、射击、技术动作、条令、条例和防爆等。通过训练，开发区民兵的军事素质明显提高，应急分队应付突发事件的能力明显增强。2003 年 9 月，开发区民兵参加“烟台市第二届民兵比武”大赛，获得“精神文明先进单位”和爆破总分第二名的好成绩。

民兵活动　辖区民兵在各历史时期发挥着重要作用。建区前，在修建兰烟铁路福山路段，修建夹河河堤防御工程，修建门楼水库，修建西干渠前期工程、乳山马陵铁矿会战和莱山机场扩建工程等施工中，各民兵连均派出基干民兵参加。民兵是农村各项工作的生力军。每年汛期到来，各大队民兵连均组织巡逻抢险队，昼夜值班、防守河提。1975年秋天，福山县福山镇人民公社在北海滩胜利东村地盘，搬土压沙建公社农场，全镇各民兵连组织民兵上阵，提前完成任务。

建区后，民兵在维护社会治安、抗旱防汛、修路筑桥等方面同样发挥着主力军、突击队作用。1985年8月，民兵积极参加抗击九号台风，抢险救灾。1993年后，开发区武装部组织民兵和预备役部队带头参加物质文明和精神文明建设，开展民兵扶贫工程和民兵富民工程等活动，促进开发区各项工作的开展。

第四节　驻军

1988年5月，装甲兵技术学校烟台培训中心入驻开发区，正团级建制；1991年8月，国防大学烟台培训基地入驻开发区，正团级建制；1992年5月，总装备部烟台培训中心入驻开发区，正团级建制（1997年改为企业）；1994年4月，济南军区空军后勤部烟台房管处入驻开发区，正团级建制。建区前，境内就有解放军驻军。1968—1974年，境内建有营连排坑道、弹药坑道、猫耳洞、掩蔽部、观察所、机枪工事等军事设施。开发区武装部成立后，上述设施归开发区武装部管理。

图18-26　2002年，境内驻军干部对小学生进行“安全法制教育讲座”

开发区管委重视开展军民共建活动。预备役及境内驻军官兵义务为学校新生进行军事训练。驻军官兵担任学校校外辅导员，定期对学生进行

图18-27　2003年“八一”前夕，辖区老年合唱团同边防大队官兵联欢

国防知识、革命传统教育。每年“元旦”“春节”期间，境内均开展拥军优属活动，管委、街道及各直属单位有关领导走访慰问驻军官兵、军烈属、伤残军人、老复员军人等，向他们送去节日问候和慰问品；“八一”“十一”期间，街道和居委会居民代表深入部队举办军民座谈会、联欢会，为部队官兵演出文艺节目、做好事等。“拥政爱民”“拥军优属”双拥工作的开展，密切了境内军民、军地关系，巩固了国防建设。

第十九编

民主党派　社会团体

1990年，共青团烟台经济技术开发区第一届代表大会召开

烟台经济技术开发区志

YANTAI JINGJI JISHU KAIFAQUZHI

1987—2003 年，烟台开发区先后成立民主建国会、国民党革命委员会、民主同盟会、九三学社 4 个民主党派基层组织。到 2003 年年底，民主党派共拥有会员 60 余人。各民主党派围绕开发区改革开放、改善投资环境、维护社会稳定等重大事项建言献策，先后提出合理化建议 100 余条。所提意见和建议，有 40% 以上得到管委和有关部门重视和采纳。在烟台市人大、政协会议上，开发区民主党派身份的人大代表、政协委员提交的关于经济发展、城市建设、改进机关作风、改善人民生活等方面的议案共 10 余件，其中有关道路维修、公共交通等事关群众生活和安全的议案，被烟台市政协评为优秀议案。烟台市政府有关部门通过召开现场办公会议，使议案事项得到及时解决。其间，各民主党派成员还积极参加“富民兴烟”活动，以及开展捐款捐物、帮助弱势群体、建设“希望工程”和救助灾区群众等工作。

自 1995 年，开发区工商联成立以来，开展的主要工作是，在非公有制企业中加强技术监督，向会员企业提供用工、技术、信息、人才等服务；帮助会员企业融资、工商注册，代理诉讼，提供法律咨询、服务等；协调税务、劳动、工商等部门，为会员企业排忧解难。

1986—1989 年，开发区先后成立团区委、总工会、妇联 3 个群团组织。1993 年，总工会、团区委、妇联划归工委群工部管理。1988—2003 年，总工会加强自身建设、基层工会建设和职工队伍建设，维护了职工的合法权益。自 1986 年团区委成立以来，在加强共青团组织建设的同时，对全区团员青年进行“爱党、爱社会主义、爱开发区”教育，组织团员青年开展“志愿者、社会服务、公益主题”等活动。1989—2003 年，开发区妇女联合会在全区妇女中开展“巾帼建功、家庭建设、春蕾计划”等工作。

开发区文化艺术社会团体有书画家协会、摄影家协会、音乐家协会、作家协会等；工商业界社会团体有企业协会、个体劳动者私营企业协会和消费者协会等；其他社团组织有残疾人联合会、红十字会、标准计量协会等。1995—2003 年，文化艺术界社会团体主要开展书画、摄影、音乐、文学创作活动，文化艺术“三下乡”活动，以及文化艺术交流、比赛等活动。1988—2003 年，工商业界和其他社会团体主要开展为企业、私营企业、消费者和残疾人服务等工作。

第一章　民主党派　工商联

第一节　民主党派

民主建国会　中国民主建国会烟台开发区支部委员会（以下简称“民建开发区支部”）于 1987 年 1 月成立，系全区第一个民主党派组织，有会员 5 人，办公地址设在福山区良种场办公楼内。1989 年 12 月，民建开发区支部进行第一次改选，有会员 10 人。1993 年 5 月，进行第二次改选，有会员 14 人。1997 年 5 月、1999 年 6 月，进行第三、四次改选，会员分别为 14 人、16 人。2002 年 8 月，民建开发区支部召开全体会员会议，选举产生新一届支部委员会。至此，民建开发区支部拥有会员 25 人，其中，具有大专以上学历占 90%，具有中高级技术职称占 80% 以上。

1987—1997 年，民建开发区支部开展社情民意月活动，积极向工委管委反映社情民意。同时，组织会员通过回顾民建历史，进行传统教育。1998 年，民建开发区支部组织会员开展救灾捐款活动，先后向长江、淮河特大洪涝灾害地区人民捐款捐物共折合人民币 1 万余元。是年，民建开发区支部还采取组织活动与开展社会服务活动相结合的方式，发挥会员专长，开展经济技术专业咨询和便民服务等活动，全区有 300 余人次接受服务。1999 年，民建开发区支部与民建济南天桥区总支部结成友好支部，两支部定期互访互学，充实两地民建组织活动内容。是年，民建开发区支部结合会员画家多的特点，成立书画院，定期组织会员参加书画展，会员书画家创作的作品，有 20 余件在省级刊物上发表。并组织会员对辖区内公园、人文景点和城建项目进行考察，了解区内旅游资源、城区规划和建设管理状况，以便为开发区建设献计献策。

民建开发区支部会员中有烟台市人大代表和政协委员 3 人。2000 年，人大代表和政协委员围绕经济发展、城市建设、改进机关作风、改善人民生活等事项提交议案 10 余件；围绕改善投资环境和维护社会稳定等事项提出合理化建议 100 余条。在烟台市“富民兴烟”活动中，民建开发区支部响应烟台开发区统战部门的号召，组织会员帮助弱势群体，参加“希望工程”建设。共帮扶贫困户 16 户，达 30 余人，投入资金 2 万元；向弱势群体提供就业岗位 200 余个；为烟台开发区引进资金 1000 余万元。2002 年，按照民建烟台市委的部署，民建开发区支部组织会员学习党的十六大精神和“三个代表”重要思想，开展爱国主义教育。是年，被民建山东省委评为先进集体。到 2003 年，民建开发区支部先后 4 次被民建烟台市委评为先进集体，共有 17 人次被民建烟台市委授予年度优秀会员。

民主同盟会　中国民主同盟会烟台开发区支部委员会（以下简称“民盟开发区支部”）成立于 1987 年 5 月 6 日，时有盟员 12 人。盟员主要来自辖区科技界、文艺界、教育界，由高级工程师、工程师、画家、律师、教师等组成。成立初期人员分散，无固定活动场所，每月集中学习一次，主要学习盟史、早期盟员与中国共产党交往史、统一战线史、多党合作史，以及邓小平文选、江泽民讲话等。2001 年 7 月，民盟开发区支部进行改选。到 2003 年年底，民盟开发区支部拥有盟员 10 人，9 人具有中级以上技术职称。2001—2003 年，民盟设有固定活动场所，活动比较频繁，平均每月组织活动 2 次，并组织盟员赴大连、威海等地参观学习。盟员在市级、省级报刊上发表论文 5 篇，发表书画作品 8 幅，有 2 人次被评为山东省优秀盟员。

九三学社　1987 年 8 月 29 日，九三学社烟台开发区直属小组成立，有社员 12 名，无固定办公场所。1995 年 5 月 15 日，九三学社烟台开发区支社成立，拥有社员 21 人，办公地址设在国防大学烟台开发区培训中心大楼内。社员成分主要以工程技术、文化教育、医药卫生和农林水系统的高级知识分子为主，其中具有高级技术职称的社员占 62% 以上。2003 年 10 月，九三学社开发区支社进行改选，时有社员 26 人。九三学社开发区支社社员参与辖区 6 个项目招商引资工作，共引进资金 3.23 亿美元。烟台市政协委员、支社社员向烟台市政府提出的《关于加快西港区建设可行性研究报告》，引起有关部门重视。1987—2003 年，九三学社开发区支社开展捐款支助贫困学生活动，每位社员每年至少向贫困地区捐款 50 元，用于支助贫困学生。以支社社员为主要负责人的烟台开发区韩日语学校，对入校学生每年每生减免 300 元学杂费，累计减免学杂费 4 万余元。

国民党革命委员会　2003 年 7 月，中国国民党革命委员会烟台开发区支部委员会（以下简称“民革开发区支部”）成立，时有民革党员 8 人，具有大专以上学历和中高级技术职称占 80% 以上，无固定办公地址。是年 12 月，民革开发区支部协助有关单位先后引进中外合资项目 5 个，投资额达 3000 余万元；争取文化部专项拨款 25 万元，用于烟台开发区文化事业。民革开发区支部经常组织党员学习《中国国民党革命委员会中央委员会关于参政议政工作若干问题的规定》，学习国家有关法律法规，提高参政议政责任感和履行参政党的能力。在贯彻烟台市委统战部《关于在全市统一战线中开展“富民兴烟”活动的决定》中，民革党员企业家和民革党员，积极响应烟台市委统战部门关于向弱势群体“提供一个就业岗位”的号召，先后向弱势群体推荐介绍158个就业岗位；免费上门为群众提供关于“灯饰灯具使用、计算机操作、中小学生心理健康、汽车物流”等方面的经济技术咨询服务2000余人次；1名民革支部主委为烟台开发区基础设施建设提供资金信托350万元。在开展“为光彩事业作出一份贡献”活动中，民革开发区支部捐款3600余元。

第二节　工商业联合会

机构　1995年6月，烟台开发区工商业联合会（以下简称“区工商联”）成立，办公地址在科技大厦。是年12月，召开第一届会员代表大会，选举产生第一届执行委员会，设会长1人（由管委副主任兼任），常务副会长兼秘书长1人，有会员168人。1998年9月，烟台开发区房地产业商

图19-1　1995年，开发区工商业联合会成立

会成立，为开发区工商联下属基层商会，有团体会员17个，办公地址设在开发区房地产公司办公楼内。按照《中华人民共和国工商业联合会章程》的规定，商会为会员提供法律服务、维权服务、信息服务和有关业务知识培训。2001年 9月，开发区工商联召开第二届会员代表大会，选举产生第二届执行委员会，有会员206人。2003年12月，工商联有会员236人，会员中有省政协委员1人，市政协常委1人，市政协委员6人。

主要活动　1995年，开发区工商联成立初期，制定《烟台开发区工商联会长会议议事规则》《烟台开发区工商联发展会员制度》《烟台开发区工商联财务管理制度》等规章制度。使各项工作走上正轨。

开发区工商联成立后，会员企业在救助失学

图19-2　1998年，开发区房地产业商会成立

儿童、贫困学生、孤寡老人和抗洪赈灾等公益活动中，捐款捐物价值逾150万元。到2000年，工商联会员企业先后在内蒙古、新疆、青海和山东德州、蒙阴等地累计投资1000余万元，帮助当地建设扶贫项目，安置下岗职工。

开发区工商联会员企业多为民营企业和外商投资企业，其资产总额达18亿余元人民币。会员企业涉及食品、机械、电子、计算机、房地产、建筑、室内外装饰、运输、市政工程、海水养殖、餐饮服务等行业，有70%以上的企业为烟台开发区重点企业。工商联积极向会员企业提供用工、技术、信息、人才、融资、工商注册、技术监督等服务。至2003年年底，工商联累计帮助会员企业引进人才180余人，融资8000余万元，工商注册50余户，推荐市级“重合同守信用”会员企业30余户；多次为会员企业代理诉讼，代理非诉讼调解8起，提供法律咨询60余人次，挽回经济损失60余万元；组织会员企业参加留学人员创业园区项目发布会，为会员企业与留学生之间的合作牵线搭桥，促成项目合作；协调税

务、劳动、环保、工商、卫生防疫等部门，为会员企业排忧解难，帮助解决具体问题；动员会员企业接纳安置开发区内下岗职工和农村富余劳动力，先后有100多家会员企业接收安置下岗职工、农村富余劳动力1000余人；引导会员企业参与重点工程建设，完成重点工程投资2亿余元，市政工程建设投资1亿余元，房地产开发面积200多万平方米。会员企业已成为开发区开发建设的一支重要力量。2001年、2002年、2003年开发区工商联连续三年被评为山东省工商联系统县级工商联先进单位、烟台市工商联系统先进单位。2002年、2003年，工商联房地产业商会连续两年被评为烟台市工商联系统“五好商会”。

第二章　群团组织

第一节　工会

机构　1988年6月，烟台经济技术开发区总工会（以下简称“区总工会”）成立，实有2人，为工委直属正科级群众组织，与政治处合署办公。是年8月，区总工会召开第一次会员代表大会，选举产生区总工会领导人。1993年2月18日，区总工会划归群工部管理。1994年7月，区总工会召开第二次会员代表大会，对领导人进行改选。1996年5月，召开二届五次会议，增补3名常务委员。总工会的主要职责是：贯彻执行会员代表大会决议，指导基层工会工作；对关系职工切身利益的重大问题进行调查研究，参与对职工劳动保护执行情况的监督检查和伤亡事故的调查处理；指导基层工会开展以职工代表大会为基本制度的民主选举、民主决策、民主管理和民主监督工作；协助工委管委做好区级以上劳动模范的评选、推荐工作和区级劳模的管理工作，以及市级以上劳动模范、先进工作者、“五一”劳动奖章获得者的推荐及有关管理工作；指导基层工会开展工作等。

基层工会建设　1989年10月20日，烟台开发区内第一家合资企业工会——烟台亚东标准件有限公司工会成立。1990—1998年，烟台春生滑动轴承有限公司、烟台氨纶集团有限公司、烟台华润锦纶有限公司、烟台西蒙西轴承有限公司、烟台亚新利自动控制有限公司等企业和24个管委直属企业相继成立工会组织。到1999年年底，基层工会组织发展到56家。2000年8月，工委召开“全区新建企业工会组建工作会议”，200名企业负责人参加会议。会议确定“以党建带工会建设，以工会建设促党建”的工会组建思路，为基层工会组织建设的全面推进奠定基础。是年年底，全区新建企业基层工会组织128家。2001年11月，区总工会召开“全区新建企业工会组建暨规范工作会议”，300余家企业负责人参加会议。会上印发《关于在推进企业改革和发展中充分发挥工会组织作用的意见》，对新建企业组建工会提出具体要求，会后印发《集体合同范本》。区总工会会同宣传、组织、人事劳动等部门，研究、布置工会组建工作，使全区基层工会组建每年增加100余家。是年，本着“先覆盖、后规范”的原则，在区总工会和基层工会之间，增加按行业（社区、街道、工业园区和商城）设置二级工会管理机构——工会联合会（简称二级平台），形成以区总工会为领导、二级工会管理机构为依托、基层工会为基础的“三级管理，以块为主，条块结合”的工会组织新体制。2002年7月，区总工会印发《烟台经济技术开发区基层工会组建指导意见书》《全区工会组织发展状况》等文件，对全区基层工会组建实施规范化管理。是年8月，下发《烟台开发区五星级基层工会创建活动的意见》，对基层工会的基本职责和重点工作，进行量化和细化。根据创建五星级（组织机构健全、基础管理完善、劳资关系融洽、宣传教育经常、创建活动持久）基层工会的要求，区总工会成立五星级基层工会创建领导小组，每半年对基层工会的申报进行一次验收，将验收结果予以公布，录入电子档案；每两年验收评选一次，进行表彰和奖励。凡是达到“五星级基层工会”标准的基层工会，自然进入烟台开发区红旗工会或先进工会行列，其工会主席自然进入先进个人表彰行列。凡达到“五星级基层工会”标准的基层工会主席，将受到区总工会的特殊使用和保护。如果该工会主席工作调动，区总工会优先推荐其到新的企业从事工会工作。如果该工会主席在一年内未找到工作，区总工会负责发放在此期间的待业生活费。为了与创建活动相配套，区总工会推出基层工会主席“八项工作法”，即“源头参与法、权益维护法、文本规范法、配合协调法、法律援助法、创建提高法、典型引路法、寓教于乐法”。并专门设立工会主席上岗培训室，在室内设置有关工会工作内容专刊、录像等，增强视觉与授课效果。到2003年，全区企业工会数量已达586家，经费收缴连续3年增幅超过20%；13个“二级平台”，有6个正常运转，7个初步运转；有10家企业工会通过五星级基层工会验收，20家企业工会进入“四星级基层工会”行列。

职工队伍建设　1990年，工委管委下发《烟台经济技术开发区关于职工代表大会实施细则》（以下简称细则），规定企业对劳动工资、福利奖金、住房分配等涉及职工切身利益的重大问题，必须经职代会讨论通过。区总工会按照《中共中央关于加强和改善党对工会、共青团、妇联工作领导的通知》和细则精神，注重工会组织建设和对青年职工的思想教育，协助企业党组织加强企业民主管理。是年，烟台亚东标准件有限公司工会主席在秦皇岛召开的全国开发区第二届工会工作研讨会上作有关实行民主管理的典型发言。为活跃职工文化生活，区总工会年内到各企业放电影57场，举办舞会15场，文艺演出8场。1991年4月，区总工会选派3家外资企业工会主席到北京参加全国总工会举办的培训班。1993年5月，鲁星食品有限公司工会主席慕海容获全国“双爱双评”（企业爱员工，员工爱企业；评爱企业的优秀员工，评爱员工的优秀经理）工作先进个人。1994年，区总工会围绕工委管委提出的“站在跨世纪高度，进行第二次创业，再上新台阶”的奋斗目标，在全区基层工会中组织开展以“岗位创一流、班组创先进、企业创效益”和“写一封信、收集一条信息、提一条合理化建议、引进一个项目”为主要内容的社会主义劳动竞赛。全区职工共提合理化建议273条，被采纳56条。有420名职工受到本单位嘉奖，21个单位、11名职工被评为市级劳动竞赛先进单位、先进个人。1995年，区总工会以《中华人民共和国劳动法》颁布为契机，先后在25家企业进行签订集体合同试点，参与协调处理劳资纠纷39起，处结率98%。通过开展“送温暖”活动，区总工会走访企业20家，发放救济金3万元。1997年，区总工会成立职工技术协会，在企业中开展职工技术教育、技术创新活动；与市总工会联合举办外商投资企业工会干部培训班，探讨在烟台开发区企业推行平等协商、签订集体合同的有效途径。是年8月，在职工中开展“讲文明、树新风”活动，向150名困难职工发放救济金4.5万元。1998年，区总工会以建立集体合同为重点，充分发挥工会维权职能，自编教材1.5万多字，下发合同样本140余本，培训企业工会主席40余人，全区企业集体合同签订率达到60%；与人事劳动、工商等部门联合举行有53家企业参加的下岗职工再就业洽谈会，谈成就业岗位450余个；在全区组织开展的“心连心”扶贫救助活动中，发动职工为一名身患癌症的职工捐款3万元，并为其子女安排工作。1999年，在开展争做新时期先进劳动者活动中，区总工会在全区企业中总结推广大宇重工、氨纶、首钢东星等企业的工作经验，举办“祖国在我心中”职工演讲会，弘扬新时期职工新风采。2000年，区总工会先后举办法律知识（企业法、合同法、劳动法、工会法）讲座和工会财务知识培训班。组织广大职工开展以“跨世纪建功立业”为主题的系列竞赛活动，评选表彰“十大优秀企业”“百名技术能手”和“百名优秀职工”。2001年，区总工会对历年档案资料进行标准化整理，开发工会工作微机软件，实行动态管理。在烟台市职工计算机大赛中，柯兰德公司职工获一等奖，并获得市总工会颁发的“五一”劳动奖章。2002年5月，创办《工会简报》。2003年3月，区总工会在烟台市委召开的全市工会工作会议上作典型发言。8月，烟台市总工会“抗非典、促工作”现场会在开发区召开，推广区总工会创建“五星级基层工会”的工作经验。

维护职工权益　1988—1995年，企业与职工发生劳资纠纷，区总工会对职工维权只限于处理个案。1996年，为营造和谐稳定的劳动关系，区总工会实施劳动关系预警机制，在企业中推行劳资协商谈判、签定集体劳动合同。推广韩国独资企业——大宇重工业（烟台）有限公司劳资协商谈判的经验。是年，全区共有36家企业签订集体合同，其中国有企业9家、外资企业25家、其他企业2家。1997—2002年，区总工会在全区建立维权网络。采取开通“法律热线”、聘请常年法律顾问、成立职工法律援助中心、建立来访接待制度和企业劳资情况信息员制度等措施，及时参与调解企业劳资纠纷，为职工提供法律援助，维护职工合法权益。区总工会与仲裁机构、劳动监察、法院、公安等部门建立联席会议制度，定期研究烟台开发区内劳资关系动态，相互交流信息，共同处理劳资纠纷。2001年，大宇重工业（烟台）有限公司工会在全省工会工作经验交流会上介绍推行劳资谈判的做法，得到省总工会的重视，在全省推广该企业工会经验。是年，龙凤钢琴有限公司工会重视女工权益保障经验，受到全国人大法制委员会、全国妇联的表扬，并在全国予以推广。同时，省、市总工会还推介烟台开发区自来水公司、烟台正海集团有限公司和浪潮乐金数字移动通讯有限公司的厂务公开、民主管理和企业文化建设经验。2003年，区总工会首次同区法院联手处理外商独资企业（韩雄服装公司）劳资纠纷案。是年，区总工会组织企业开展“安康杯”安全生产竞赛活动，受到市总工会表彰，大宇重工业（烟台）有限公司工会主席臧立海被评为山东省“十佳维权卫士”。

推荐评选劳模及其他荣誉称号　1996年、1999年和2003年，开发区总工会在全区组织进行3届劳动模范评选工作，先后评选出区级劳动模范92人。有25人获得烟台市级劳动模范、五一劳动奖章等荣誉称号。1989—2003年，全区有1人获得全国“五一”劳动奖章，1人获得2003年度全国新建企业工会组建工作先进个人，1人获得全国纺织系统劳动模范，1人获得全国电子工业系统劳动模范，4人获得山东省劳动模范，6人获得山东省“富民兴鲁”劳动奖章，2人获得山东省先进工会工作者。1997—2003年，区总工会被市总工会先后授予财务工作先进单位2次、先进单位2次、信息工作先进单位1次和红旗单位3次。2001年4月，烟台正海集团有限公司被山东省总工会授予“富民兴鲁”劳动奖状。是年12月，烟台首钢东星集团公司工会、奇通化工设备有限公司工会被山东省总工会授予“模范职工之家”荣誉称号。2003年4月，开发区自来水公司获烟台市“五一”劳动奖章。是年8月，开发区总工会获全国总工会授予新建企业工会组建工作先进单位，12月获“全省工会司法解释知识竞赛活动组织奖”。

第二节　共青团

机构　1986年3月，中国共产主义青年团烟台经济技术开发区委员会成立（以下简称“团区委”），实有2人，为工委直属正科级群众组织，与政治处合署办公。1993 年 2 月，团区委划归群工部管理，为群工部内设正科级机构。其主要职责是：负责青少年事务，密切联系广大团员青年，发挥其先锋队和生力军作用；领导共青团和少先队工作，对青少年社团组织进行指导和管理；协助有关部门处理、协调与青少年利益相关的事务，协助教育部门，教育、管理中小学学生，维护学校稳定和社会安定团结；向党组织推荐输送优秀青年干部和优秀团员，指导青少年教育培训基地工作、关心青少年利益、保护青少年合法权益，促进青少年健康成长等。

团组织建设　1988 年 9 月，团区委开始颁发团员证，进一步加强对团员管理，完善团组织关系转接、团内奖励和年度团籍注册等工作。1990 年 1 月，团区委召开共青团烟台开发区第一次代表大会，选举产生共青团烟台开发区第一届委员会。1992 年 12 月，烟台开发区共青团学校成立。从此，全区团员教育做到正规化、经常化。是年，根据辖区实际情况，团区委重点加强非公有制企业共青团建设工作。采取“以党建、带团建，以工（会）建、促团建”的工作思路，在基层团组织和团员中开展创优评先活动，推出以烟台首钢东星公司为代表的国有企业团建典型，以烟台鲁星食品有限公司为代表的外商独资企业团建典型，以烟台荣昌制药有限公司为代表的民营企业团建典型。1993 年 10 月，山东省企业共青团建设工作经验交流会在烟台开发区召开，重点介绍和推广烟台开发区企业共青团建设工作经验。1998 年 8 月，共青团山东省委派员到烟台开发区开展新经济组织建团工作经验调研。2002 年，团区委制定《烟台开发区共青团干部上岗制度》《烟台开发区共青团重要事项报告制度》《烟台开发区共青团重点工作调度会制度》《烟台开发区共青团年度目标责任制考核意见》等，克服共青团工作的随意性，增强透明性、连续性和规范性。截至 2003 年，区团委下辖直属团组织 189 个，基层团委 48 个，团支部 316 个，团员 2.5 万名，兼职团干部 317 人。团区委连续 11 年被团市委评为烟台市共青团工作红旗团委。

志愿者活动　为加强开发区共青团建设，团区委组织全区青年积极开展“志愿者行动”。1997 年 3 月，在烟台 APEC 国际贸易博览会举办前夕，开发区青年志愿者先后在烟台火车站、开发区公共场所开展“心系博览会，当好东道主，我为博览会添光彩”为主题的宣传活动，展出宣传看板 28 块，发放宣传材料 3000 余份。是年 6 月 5 日、7 日，团区委招募培训 40 名青年志愿者，先后为烟台开发区图书文化基金会成立暨鸿镇图书馆揭匾仪式、烟台市工人文化宫广场和 APEC 国际贸易博览会进行文艺演出，并举办金沙滩狂欢夜晚会，开展相关志愿服务活动。2001 年，国际志愿者日（12 月 5 日），团区委组织青年志愿者文艺演出小分队到金东颐养中心为 70 余位老年人进行慰问演出。2002 年 4 月，注册志愿者举行启动宣誓仪式。5 月，团区委与德胜科技馆合作建立青少年科普教育基地，招募 10 名注册志愿者充当义务讲解员。6 月，全区第一个志愿者服务中心在海河社区成立，志愿者拥有自己固定的办公场所和基本工作设施。是年，全区建立志愿者服务中心 2 个，下辖 16 个服务基地，12 个服务站，拥有 879 名个人注册志愿者，36 个团体注册会员，

图 19-3　2003 年，烟台开发区青年志愿者开展“手拉手共筑绿色屏障”签字活动

组成公安、税务、医疗、科普、环保和春晖社区6支注册志愿者示范队伍，初步形成以协会、中心、服务站、服务队为基本形式的组织网络，相继开展绿色环保服务、社区服务、科普教育服务等6大类型、20多个重点服务项目。2003年，团区委组织开展“弘扬雷锋精神、参与志愿服务”为主题的大型活动。是年3月4日，举行志愿者服务日活动，邀请雷锋生前同班战友和团市委副书记等为6支（公安、税务、医疗、科普、环保和春晖社区）注册志愿者示范队伍共60余人进行授牌，讲述雷锋事迹，有3000多名志愿者参加仪式。

图19-4　2002年，金沙滩青年林奠基仪式举行

社会服务活动　2001年，团区委发动开发区各基层团组织广泛开展社会服务活动。广大团员青年以五保户、烈军属、残疾人和敬老院老人为主要服务对象，开展送温暖、解决生活困难、清扫卫生和发放新春对联等活动。先后推出社区文化服务、维权服务、志愿者服务、青年文明号助万家服务、大中专学生社会援助服务、小主人承诺服务等项目及开展“心连心、手拉手”志愿服务活动14项，参与人数3000余人次，结成“一助一”服务对子60余对。

公益主题活动　1994年7月，团区委与工委组织部联合开展“党团支部献爱心，失学孩子返校园”捐款助学活动，6000多名党团员捐款达6.5万元。1996年4月，团区委组织221个机关、企事业单位近3000名团员青年开展星期六青年义务植树活动，共平整绿化用地1.5万平方米，植树3000余棵。2002年3月，团区委联合公安、电信、教育、工商、宣传、综治办等6个部门开展“青少年文明网上行”和创建“青少年安全放心网吧”活动。绿色环保青年注册志愿者联合1000余名青年在金沙滩公园举行“金沙滩青年林奠基仪式”，共青团烟台市委和开发区管委领导与共青团员一起在沙滩栽植3万余棵柽柳。是年，团区委下发《关于招募绿色环保青年注册志愿者的通知》，在开发区开展“注册志愿者年”活动，招募300名绿色环保青年注册志愿者，负责建设金沙滩青年林，并向全区青少年发出倡议书。2003年3月，在6支注册志愿者示范队伍带动下，共青团员走上大街小巷进行清除白色垃圾、野广告和开展社区服务、慰问敬老院老人等活动。4月，注册志愿者与烟台大学志愿者在金沙滩青年林举行“手拉手共筑绿色屏障”活动，栽植柽柳1万多棵。9月，团区委邀请市志愿者艺术团到大季家工业园举行“走进园区”文艺晚会，为近1.5万名进城务工青年和当地居民进行慰问演出。

进城务工青年工作　2002年7月，进城务工青年、共青团员赵岩在烟台开发区为救人而牺牲，山东省人民政府追认其为革命烈士，烟台市人民政府为他追记二等功，共青团山东省委、烟台市委分别追授他为“山东省优秀共青团员”“烟台市优秀共青团员”称号。团区委下发《关于开展向赵岩同志学习的通知》，号召广大青少年学习赵岩无私奉献、舍己为人的英雄精神。为维护进城务工青年的合法权益，团区委根据管委《关于建立完善全区预防青少年犯罪工作机制的实施意见》，同有关部门合作，建立城镇、城郊两个预防青少年犯罪工作网络，将网络组织形式、成员单位、活动内容以章程形式规定下来；与检察院、经济发展局联合成立重大企业预防青少年犯罪工作网络，制定章程，明确责任，开展经常性活动，维护广大进城务工青年的权益。是年9月，山东省进城务工青年文艺演出在烟台开发区海滨路音乐广场举行，有2000多名进城务工青年参加演出，中央电视台以向党的十六大献礼专题片进行播放。

创业活动　2003年2月，团区委下发《烟台开发区"青春创业行动"实施方案》，在全区建立与完善"机会性创业与生存性创业"两个创业体系。"机会性创业"即对海外留学生和国内大中专毕业生、下岗失业青年等有技能特长及专业知识的青年，鼓励其自主创业、再就业，从而带动另一部分未就业青年创业，缓解社会就业压力。选择烟台留学人员创业园区作为重点，实施"青春创业烟台留学人员创业园区项目"。以园区120多家留学生企业为青春创业对象，并选择烟台博大生物工程公司作为园区第一个正式启动项目，召开青春创业博大生物项目新闻发布会，团市委和博大公司签订合作协议。博大公司向社会青年提供50个创业机会和200多个就业项目，从资金、技术等方面提供6大扶持政策。"生存性创业"即对城镇新增劳动力，农村富余青年劳动力，以及下岗青年中的部分无技术技能、无专业知识的青年进行教育培训，从而促进其再就业或自主创业。团区委与济南市商河县团委、区高级职业学校达成协议，根据烟台开发区内企业需求，由商河县提供劳动力，到烟台开发区高级职业学校进行短期和长期"订单式"青春创业培训，并安排部分人员就业。

团员教育　1989年，团区委在全区团员和青年中开展以"热爱党、热爱社会主义、热爱开发区"为主要内容的"三热爱"教育。1990年4月，团区委举办烟台开发区第二届青年书法、美术、摄影爱好者作品展，展览20个单位近50名青年书法、美术、摄影爱好者创作的102幅作品。1991年5月，团区委联合市港务局团委、北极星钟表集团公司团委在金沙滩举行"迎五四青年篝火联欢晚会"，有近5000名团员青年和群众参加活动。

图19-5　1991年，团区委在金沙滩举行"迎五四青年篝火联欢晚会"

1992年1月，团区委被烟台市委市政府授予"烟台市青少年工作先进单位"。是年5月，为纪念中国共产主义青年团建团70周年，举办"纪念建团70周年有奖知识竞赛"，对团员青年进行共青团史教育。7月，烟台开发区被共青团中央列为"改革百点"之一，并被确定为"大学生暑期社会实践基地"。随后一个多月时间，来自清华、南开等20多所高校的1000多名师生，先后到烟台开发区进行社会实践活动。1997年5月，烟台开发区世界科技名人雕塑园被确定为全区青少年教育基地，金沙江路南侧绿化带被定为烟台开发区青少年绿化基地。

第三节　妇女联合会

机构　1989年7月22日，烟台经济技术开发区妇女联合会（以下简称"区妇联"）成立，为工委直属正科级群众组织，实有1人。1991年3月，实有2人。1993年2月，区妇联归属工委群工部管理。其主要职责是：贯彻执行全区妇女代表大会决议，指导基层妇女组织开展妇女儿童工作，对团体会员给予业务指导；协助工委培养、选拔妇女干部，教育引导广大妇女增强自尊、自信、自立、自强精神；组织、动员全区妇女搞好家庭建设，协调和推动社会各界为妇女儿童办实事、办好事等。

巾帼建功活动 自1991年，区妇联将“岗位练兵、技术比武”作为巾帼建功重点，在全区开展巾帼建功系列活动，并于1995年上半年同烟台开发区电视台联合拍摄《开发区巾帼风采录》系列专题片，集中报导两个巾帼建功先进集体和6位先进个人的事迹。1996年11月，区妇联举办全区金融系统财会女能手技术操作比武。1997年，区妇联被烟台市妇联评为“巾帼建功先进协调组织”。1998年3月，工委召开“全区各界妇女庆‘三八’暨巾帼事迹报告会”，5个巾帼建功示范窗口、5个示范岗、8名岗位明星标兵和60名岗位明星获表彰。1999年，组织妇女开展“巾帼创新业，心连心帮扶解困”活动，创办家政服务培训学校，培训下岗女职工3000余人，帮助500多名下岗女职工实现再就业；2000年，组织全区女职工开展“五赛五比”（赛职业道德，比敬业精神；赛岗位技能，比工作效率；赛服务质量，比群众威信；赛社会奉献，比承诺兑现；赛工作干劲，比经济效益）活动，拓宽“巾帼文明示范岗”争创领域；2001年，以“爱岗位，学技能，创新业，长才干”为主题，引导女职工开展技术创新、服务创新和“市场建功”竞赛活动，并继续实施“巾帼社区服务工程”，建立“巾帼社区文明服务队”28支，提高社区家政服务水平。2002年，“三八”妇女节期间，组织“巾帼风采”文艺演出，并先后举办“迎接入世挑战，提高妇女素质”知识讲座、副科级以上女干部座谈会、女企业家联谊会等活动。2003年，组织开展“巾帼建功”“市场建功”活动。是年，山东省妇联和烟台市妇联分别在烟台开发区召开妇女就业与再就业现场会。

家庭建设活动 1996年，区妇联在全区开展“依法治家、美德进家、道德进家”的家庭建设活动。1998年，开展“家庭经济建设、思想道德建设、民主法制建设和科技文化建设”等四项建设，开展“美在居室、美在庭院、美在街巷”三美活动。是年11月，为配合家庭建设的开展，区妇联举办“家庭文明建设演讲比赛”。深化“十星级文明家庭”和“五好文明家庭”的创建评选活动，加强家庭档案管理，建立和完善科学规范管理体系。1999年，区妇联突出“科技进家”主题，以“双十佳”文明家庭测评为重点，在全区倡导和宣扬讲文明、爱科技、重文化的新家风，开展“文明家庭奉献月”、为老年人“奉献三心”（献爱心、尽孝心、常关心）、家庭成员“四学一做”（学文明语言、学行为规范、学礼仪常识、学涉外知识，做文明市民），以及广大妇女“学习新知识、迎接新世纪家庭读书”“参与文明城市创建，为烟台开发区添光彩奉献日”活动等。其间，评选出“十佳五好文明家庭”和“十佳十星级文明家庭”各10户。2000—2001年，开展“科技进万家”活动。在农村，培育3个农业科技示范村和4个示范园，共举办科技培训12场次，发放有关材料近万份，有3000多人参

图19-6 工委负责人同“巾帼英杰”合影（2001年摄）

加培训，基本达到“家家都有明白人，户户都有明白纸”。长江社区管理处所属的14个自然村实施“四个一”工程（建设一批示范基地、选好一批科技致富带头人、建立一支女经纪人队伍、联系一批能广泛吸纳农村妇女劳动力的示范企业或产业），提高农民群众的科学文化素质，推动家庭建设向纵深发展。2002—2003年，区妇联开展家庭成员知识化、家庭生活科学化的“美在家庭”建设活动。广大妇女以“爱我开发区、爱我家，改陋习、树新风、做文明市民、建美好家园”为主题，开展争做“心灵美、语言美、行为美”新人活动，促进全区社会文明程度的提高。2002年3月8日，区妇联与女知识分子联谊会联合成立烟台开发区贫困妇女爱心救助站，建立贫困妇女档案，组织全区爱心人士参与“献出一份爱，生活更精彩”活动。救助站共收到社会捐款4650元，衣物8700余件。资助贫困家庭401户，贫困妇女694人，贫困儿童264人。到2003年年底，共发放捐助物资5800余件。

维权活动 1998年，区妇联将推进工委《1995—2000年烟台开发区妇女发展纲要》的落实作为维权重点，协调有关部门加快实施“纲要”进程，确保各项目标如期落实。在实施“纲要”过程中，始终将妇女参政议政作为重点，积极向管委和组织部门提出建议，推荐人才。1999年3月，区妇联在“纲要”宣传月活动中，广泛开展宣传活动，并认真履行烟台开发区妇女儿童工作委员会办公室的职责，加强协调，不断呼吁全社会都来关注妇女儿童权益，推动“纲要”的实施。2000年2月，召开妇女儿童工作委员会全体成员会议，对抓好“纲要”的实施，提出具体要求，落实工作责任。2001年5月，工委制定《2001—2010年烟台开发区妇女发展纲要》和《2001—2010年烟台开发区儿童事业发展规划》，为推动全区妇女工作再上新台阶和加强两个文明建设提出更高要求。为确保《妇女发展纲要》《儿童事业发展规划》目标的实现，保护妇女儿童的合法权益，成立“妇女法律援助中心”，开通由区妇联、公安分局、司法民政局、仲裁办公室、法院、检察院共同参与的6条“妇女法律咨询热线”，确定每月一次为“妇女法律咨询热线”公开接访日。2002年5—8月，创办全区首家家政服务培训学校。2003年，区妇联与有关部门联合成立反家庭暴力妇女保护中心，聘请常年法律顾问，为妇女提供法律援助和有关服务。

春蕾计划 1996年6月，区妇联开始在全区实施“春蕾计划”，当月组织全区妇女捐款2940元，用于资助聊城地区49名失学女童重返校园。1998年，组织开展“心连心”捐款活动，筹集捐款3.4万元，除完成市妇联下达的资助40名女童入学外，还资助72名困难女童入学，主动同鄄城县联系，资助42名困难女童上学。1999年5月，区妇联发动部分单位职工为“春蕾计划”捐款3200元，并安排10位农村勤劳致富妇女同10户贫困儿童家庭结成帮扶对子，每人每年向每户贫困儿童家庭资助学杂费300元。2001年5月，烟台开发区举办庆“六一”大型文艺演出，区妇联发动群众捐款1.3万元，资助辖区10名、鄄城县100名贫困学生上学。2002年“六一”儿童节期间，区妇联发动妇女捐款3000元，资助贫困女童30人。2003年，区妇联制定继续实施“春蕾计划”工作意见，在《烟台开发时报》开辟《阳光助学行动在线》专栏，对6名贫困女童进行跟踪报道，先后有10多个单位和个人参与捐款助学活动。

第三章　社团组织

第一节　文化艺术社团组织

书画家协会　1995年5月，烟台开发区书画家协会成立，有会员30人。办公地址在开发区东方艺术公司办公楼内。是年6月书画家协会召开第一届会员大会，选举产生协会组织机构。1999年1月，协会经民政部门注册登记，取得社会团体法人资格。该协会的主要任务是：负责组织全区专业和业余书画作者开展书画创作和学术研讨；举办书画家作品展览，开展书画艺术交流活动；邀请外地书画家到烟台开发区讲学，举办学习班等。到2003年年底，拥有会员54人，其中国家级会员2人、省级会员8人。

1995—2003年，书画家协会组织会员开展书画“三下乡”、社区书画展览和书画义卖捐助活动10余次，举办迎春书画展8次，全区性大型群众书画展3次。组织辖区书画作者创作漫画80余幅，揭露和贬责各种不正之风，宣扬助人为乐先进典型，并将漫画装裱成宣传看板在全区厂矿企业和农村展览。区书画家协会在先后举办书法联展、油画展和书画展的同时，还邀请外省、市画家6人次到烟台开发区举办画展，开办培训班，培训书画爱好者。为加强艺术交流，书画家协会先后组织画家到呼和浩特、济南、日照、威海、石家庄等地举办画展。1997年，1名会员应邀赴韩国举办个人画展。1998年，书画家协会组织书画义卖获款7000余元，全部用于捐助灾区人民和境内经济困难家庭。1999年，书画家协会组织部分书画作者深入长江社区管理处北车家、马家、胜利东村、胜利西村居委会及烟台首钢东星集团公司、烟台鲁星食品有限公司，现场创作书画8次，作画180余幅，既丰富基层文化生活，又培养业余书画骨干。其间，烟台画院部分书画家应邀参加，并挥毫创作书画。2000—2003年春节前夕，书画家协会组织会员为境内农村居民书写对联6次，共计300余幅。

摄影家协会　1995年8月，烟台开发区摄影家协会成立，有会员50人。是年9月，摄影家协会召开第一届会员大会，选举产生协会组织机构。1999年3月6日，协会经民政部门注册登记，取得社会团体法人资格。该协会的主要任务是：广泛团结烟台开发区摄影工作者，采取多种形式，组织摄影工作者投身改革开放的现实中，体验和熟悉生活，开展创作，弘扬社会主义主旋律，拍摄反映烟台开发区建设成就和人的精神风貌方面的优秀作品。2002年9月15日，摄影家协会召开第二届会员代表大会，进行换届选举，有会员60人。到2003年年底，拥有会员55人，其中省级会员3人。

烟台开发区摄影家协会重视群众性业余摄影活动的开展。1995—2003年，先后4次组织部分影友赴临朐石门坊、日照九仙山、荣成天鹅湖、河北坝上等地采风，促进境内摄影艺术的普及和提高。先后举办“中行杯”“农行杯”“宏远杯”“新时代杯”“环保杯”5次摄影作品展览，展出协会会员摄影作品400余幅。摄影作品《岁月》获第九届佳能杯亚洲风采华人摄影比赛三等奖。

音乐家协会　1995年3月，烟台开发区音乐家协会成立，有会员80人。办公地址在开发区东方艺术公司办公楼内。1996年8月，音乐家协会召开第一届会员大会，选举产生协会组织机构。1999年5月，协会经民政部门注册登记，取得社会团体法人资格。该协会的主要任务是：组织文艺爱好者进行音乐、舞蹈作品创作；举办文艺演出活动，以丰富烟台开发区文化生活；组织音乐、舞蹈爱好者参加市以上各项比赛。2002 年 5 月，音乐家协会召开第二届会员大会，进行换届选举，有会员 90 人。到 2003 年年底，拥有会员 51 人，其中国家级会员 1 人。

1995 年，音乐家协会组织举办“五人”独唱音乐会和“中新”经贸洽谈会大型文艺晚会。1996 年，主办“五人”独奏音乐会，协办“中韩”经贸洽谈会大型文艺晚会和“全国沿海 14 个国家级开发区春节联欢晚会”。并主办、协办历年“五一”“七一”“十一”各项演出活动及卡拉 OK 比赛活动。到 2003 年，在烟台市以上音乐、舞蹈比赛中，音乐家协会有 2 名会员获得省级二等奖 1 次，1 名会员获得省级三等奖 1 次，3 名会员共获得市级一等奖 4 次。

作家协会　1998 年 6 月，烟台开发区作家协会（以下简称区作协）成立，有会员 48 人。是年 7 月，区作协召开第一届会员大会，选举产生协会组织机构。1999 年 5 月，区作协经民政部门注册登记，取得社会团体法人资格。其要主任务是：组织烟台开发区文学工作者进行文学创作和开展学术交流，并组织全区职工开展群众性文学创作。为推动烟台开发区当代文学创作，活跃全区当代文学研究的学术空气，促进文化交流和文学事业的繁荣、发展做出贡献。到 2003 年年底，拥有会员 52 人，有 4 名会员加入中国散文家协会、2 名会员加入山东省作家协会。

1998 年 6 月，开发区作协与烟台开发时报社、华峰酒家联合举办“华峰杯”文学作品创作大赛。在颁奖典礼上，区作协邀请烟台市作家进行文学讲座，介绍文学创作经验。1999—2003 年，区作协连年为会员创作之作品出版发行举行首发仪式，同时邀请省市文联、作协主要领导及著名作家、文学评论家作学术报告。自 2001 年开始，区作协与华峰酒家连续 3 年举办庆“七一”诗歌朗诵会和“烟台开发区文化与社会座谈会”，邀请全国知名学者、作家、诗人参加会议，作学术报告。区作协会员创作的作品多次获奖和被国内知名刊物发表、转载。2001 年，区作协共有 16 篇作品入选《烟台作家作品选（1949—2001）》。1998—2003 年，协会会员出版文学作品 16 部，共计 300 余万字。

第二节　工商业社团组织

企业协会　*组织队伍建设*　1991 年 6 月 23 日，经烟台开发区经济发展局批准，烟台开发区企业协会成立。办公地址在工贸大厦。6 月 29 日，企业协会召开成立大会，由各有关方面采取民主协商的方式，从全区与会 74 家企业负责人中选举产生 28 名理事，并召开第一届理事会一次会议，选举产生协会组织机构。9 月 6 日，经民政部门注册登记，企业协会正式取得社会团体法人资格。1992 年 6 月，企业协会正式加入山东省外商投资企业协会，成为山东省外商投资企业协会分会。1998 年 6 月 12 日，企业协会召开第二次会员大会，选举产生 34 名理事，并召开第二届理事会一次会议，选举产生新一届协会组织机构。企业协会的主要任务是：组织企业学习有关经济建设的方针、政策和法令；交流传播改革开放，搞活企业的经验；配合有关部门有计划、分层次、多形式地对企业开展业务技术培训，为企业经理（厂长）和管理人员创造进修机会；总结交流企业管理的经验，组织评选优秀先进企业；积极建设信息网络，为中外企业提供信息和咨询服务；吸引外资和兄弟省市经济实力，增进企业之间的合作互助；沟通企业界与理论界的联系，以提高企业经营水平；组织企业开展各种适宜的文体活动，丰富企业职工的文化生活。

主要活动　1991 年 10 月，企业协会组织会员企业负责人赴大连开发区参观学习。1992 年 7 月，举办由会员企业负责人参加的涉外经济讲座会。8 月，组织企业参加首届“烟台葡萄酒节”，与中外来宾进行洽谈交流。10 月，组织会员企业主要负责人到俄罗斯进行边贸考察活动。12

月，开展评选明星企业和优秀企业家活动。1993年4月，组织会员企业参加“广交会”。6月，邀请来华讲学的美国企业管理专家到烟台开发区讲课。1993—1994年，先后两次组织企业参加“中韩经贸洽谈会”。1995年1月，组织会员企业职工开展“千人问卷”调查活动。7月，举办ISO 9000系列标准培训班。10月，举办企业中层以上领导干部培训班。12月，协会主要负责人参加山东省外商投资企业协会工作会议，烟台开发区企业协会作典型发言。1996年3月，组织会员企业参加“新疆经贸洽谈会”。是年，组织会员企业负责人听取银行法规和国际结算业务、经济合同法、海关新政策等讲座。1997年3月，协会创办《烟台开发区企业协会会讯》，开辟“区内经济动态”“区外经济动态”“政策与法规”“信息与资料”等专栏，广泛宣传烟台开发区企业发展和国家、省、市、区优惠政策。4月，组织外资企业会员单位参加“广交会”。7月，开辟“为您搭桥”专栏，为企业投资者寻求合作项目。1998年1月，评选出烟台开发区利税、人均创汇、劳动生产率第一企业。10月，组织会员企业到邯郸钢铁有限公司参观学习。12月，召开烟台开发区企业学习邯钢经验情况交流会。1998—2003年，先后3次编写《烟台开发区工业企业名录》，参与编写《烟台外商投资企业名录》和《外商投资企业在山东》一书，并在《烟台开发区企业协会会讯》设立“重点企业介绍”栏目，详细介绍全区企业情况，开展创先评优活动，增强企业竞争意识。1999年5月，组织会员企业负责人赴海尔集团公司参观学习。6月，在氨纶集团公司召开全区学习邯钢经验现场会，并推广氨纶集团公司、正海电子网板、华鲁热电、东星集团的经验。2000年4月，组织企业赴亚星集团公司参观学习。5月，召开学习“亚星”经验座谈会。9月，在烟台首钢东星集团公司召开企业学习“亚星”经验现场会。自2000年开始，每年12月份，企业协会均组织企业举行“圣诞节外商联谊会”“迎新年企业家联谊会”等活动，并连续4年评选出上年度全国“双优”先进外商投资企业。

2003年4月，企业协会会员单位主要负责人计11人参加山东省外商投资企业协会第三届会员代表大会，并当选为山东省外商投资企业协会理事。9月，烟台开发区企业协会副会长（第四届中国外商投资企业协会理事）赴北京参加中国外商投资企业协会四届一次理事会暨常务理事会。

为活跃全区企业职工文体生活，烟台开发区企业协会于1998年6月成立保龄球、桥牌、乒乓球、读书、网球、高尔夫球、钓鱼7个俱乐部，定期开展活动。1999年5月，举行首届“农行杯”保龄球比赛。2000年6月，举行“银和怡海”南山“高尔夫”之旅活动。

个体劳动者私营企业协会　组织队伍建设　1988年1月12日，烟台开发区个体劳动者协会（以下简称个协）经开发区管委批准成立，经民政部门注册登记，系具有法人资格的社会团体组织，有会员238人。1991年7月，个协召开首届个体劳动者代表大会，与会代表60人。大会通过了《烟台开发区个体劳动者协会章程》，选举产生第一届理事会理事14人、会长1人，聘请名誉会长1人。并设立办公室作为常设办事机构，办公地址设在开发区工商局。1995年4月，个协召开第二届代表大会，与会代表130人。大会就如何加快烟台开发区个体私营经济发展进行研讨，制定个体劳协为繁荣全区经济做更大贡献措施。听取和审议第一届理事会的工作报告，选举产生第二届理事会理事、会长和副会长，聘请名誉会长。1996年3月，个协以各工商所为单位，划片成立5个分会（彩云城市场分会、永定市场分会、黄河路分会、衡山路分会、泰山路分会），会员人数达3169人。1997年，个协更名为烟台开发区民营企业协会。1998年10月15日，更名为烟台开发区个体劳动者私营企业协会（以下简称私营企业协会），实有工作人员8人。2000年6月28日，私营企业协会召开第三届代表大会，参加大会会员代表260人。大会选举产生第三届理事会理事、会长、副会长，聘请名誉会长，通过第三届代表大会章程，确定今后私营企业协会工作目标和任务。2001年3月，私营企业协会分会进行合并，保留彩云城分会、长江路南分会、长江路北分会。2002年9月，增加大季家分会和古现分会，协会分会增加到5个，会员总数达5929人，其中个人会员为4301人，单位会员为1628人。私营企业协会的任务是：对全区个体劳动者进行政策形势教育、思想教育、法制教育、职业道德教育，开展文明经营、优质服务活动；维护个体劳动者的合法权益，反映个体劳动者的合理意见和要求；帮助个体劳动者解决生产经营中的问题，交流经验，开展技术业务培训，提供法律咨询和信息服务；向有关部门提出发展个体私营经济的建议；协助管委有关部门做好对个体工商户和私营企业的管理工作；兴办个体劳动者私营企业福利事业；组织私营企业人员开展文化体育活动。

主要活动 1988年，全区个体、私营商户大多分散在农村、城区街道旁经营，进货渠道不畅。1989年，个体劳协组建联购分销公司，为个体私营业户送货上门。1990年，个体劳协举办3期税法培训班，培训个体私营企业人员100余人。1991年9月，个体劳协在个体私营企业中开展职业道德教育和“文明生产、文明经商、优质服务”竞赛活动。1992年3月，管委下发《关于支持促进个体私营经济发展的意见》和《关于放开个体、私营企业经营范围暂行规定》。12月，全区个体工商业户发展到843户，从业人员1549人，注册资金1148万元；私营企业发展到56家，从业人员450人，注册资金1924万元。是年，为给个体业户创造更好的投资环境，个协筹资兴建了个体商厦，商厦占地面积2.5万平方米，建筑面积3万平方米。1993年，根据国家工商局和中国个体劳动者协会的要求，开发区个协配合管委和工商局对不符合条件的假集体企业进行清理整顿，对全区个体企业进行“守法经营、文明经营”教育，共清理出假集体企业70家，评选出50户个体企业文明经营户。是年6月，管委制定《烟台开发区发展第三产业及个体私营经济优惠办法》，简化兴办个体私营企业手续，放宽兴办个体私营企业条件。

1994年，个协在彩云城举办3期大型产品展销会、订货会和交易会，成交额分别为600万元、2200万元和3700万元，同时还组织个体私营企业到广州、青岛举办产品展销会。1995年9月，个协在全区开展消费者满意单位和消费者满意商店评比活动，共评出消费者满意单位5个，其中私营企业3个，个体商店2个。

1996年1月，烟台开发区个体劳协党总支成立，下设5个党支部，在个体私营企业中开展党员挂牌经营活动。是年，个体劳协还组织个体私营企业员工听取全国青年先锋号莱州长毛兔研究所事迹报告，并举办理发、照相、美容专业培训班，参加培训200余人。1997年2月，个体劳协组织个体女劳动者开展“学政治、学文化、学法律、学技术、学经营、学管理、依法经营、文明经商”竞赛活动，有2人被评为烟台市建功立业先进个人。是年5月，个协在个体私营企业中开展“三五”普法教育，全年共办普法培训班3期，培训普法骨干150余人。1998年，为表彰个体劳动者“自立、自强、自尊、自律”的敬业精神，树立“诚实劳动、乐于奉献”的从业观念，私营企业协会在全区个体私营企业中开展五星级（遵纪守法星、文明经营星、团结友谊星、卫生清洁星、爱国奉献星）文明户评选活动，共评出五星级文明户370户。1999年5月，结合《中华人民共和国宪法》修改和《中华人民共和国合同法》实施，私营企业协会先后举办3期培训班，组织会员重点学习《中华人民共和国宪法》《中华人民共和国经济合同法》，培训私营企业厂长、经理120余人。是年7月，为帮助企业闯市场，开展“走千家、访万户”活动，对全区944家私营企业登记注册情况进行详细调查，并建立台账。对科技含量高、规模大的私营企业重点征求意见，帮助解决贷款难，招聘人才难等问题。年内举办银行与企业对话会2次，人才招聘会1次，达成银行贷款意向3000万元，招聘人才14人。11月，为帮助企业寻求合作伙伴，拓宽生产经营渠道，组织私营企业参加由山东省工商局、个协、科学技术委员会、专利局联合举办的“山东省首届私营企业高新专利技术博览会”。泰盛精细化工新材料有限责任公司等6家企业对外签订了6项合作意向和订货合同。在烟台开发区“光彩之星”和“五星级文明经营户”命名表彰大会上，有10家私营企业和10名个体工商户获得“光彩之星”“五星级文明户”称号。是年，烟台开发区有1家私营企业被烟台市人民政府授予“五十强工程”称号。

2000年4月，区工商局创办《工商专刊》，登载个体私营企业先进典型事迹、高科技产品介绍、工商法律法规、经营指南等内容。是年7月，私营企业协会组织企业开展“七一”优质服务周活动，为群众办好事500余次，让利销售额180余万元。7月，私营企业协会根据个体私营企业的需要，采取走出去、请进来的方法，组织到江苏、浙江、上海等地考察访问，学习外地先进经验、先进技术，寻求洽谈合作项目，先后引进先进技术10项。8月，组织个体私营企业厂长、经理40人到济南参加山东省首期私营企业经理高级培训班。11月，开展“光彩水窖”捐献活动，组织会员为贫困地区捐款5785元用于解决吃水难问题。12月，组织私营企业到亚欧国家进行参观考察。

2001年3月，私营企业协会在《山东省私营企业和个体工商户权益保护条例》（简称《条例》）宣传月活动中，发放《条例》单行本1006份，《工商专刊》8800份。是年5月、6月，重点走访100家私营企业，倾听意见，了解困难，帮助解决实际问题。7月，组建“烟台开发区饮食服务行业协会”。9月，举办私营企业人才招聘会，为私营企业上台阶铺路搭桥。12月，根据管委普法规划开展“四五”普法教育，举办法律、法规培训班2期，培训私营企业厂长、经理128人。2002年2月，私营企业协会举办学习工商法规培训班2期，培训个体私营企业人员128人。是年4月，举办民营企业高级经理现代企业管理培训班，参加学习的企业经理、财务主管100多人。5月，开展“服务求实效，真情暖人心”活动，免费为业户送《工商专刊》1.9万份，并深入个体私营企业户征求意见，调查民情，对7户有特殊困难的业户，免收1年管理费。7月，开展“献出您的爱，温暖弱者心”活动，对弱势群体开展爱心助残活动，共捐款3.54万元。8月，与烟台市山东西政律师事务所合作，成立法律援助服务中心，为个体私营企业送法上门，帮助追要拖欠款，解答疑难问题。10月，与金融部门联合举办银企合作对话会，为个体私营企业达成贷款意向3000万元。

2003年，私营企业协会在会员企业中开展“富而思源”“富而思进”和职业道德教育。是年3月，开展“户户讲道德、店店无假货”“青年文明号”“五星级文明户”“光彩之星”“光彩服务周”等精神文明创建活动。5月，开展“为弱者捐款，为国家解难”活动，个协先后收到捐款、捐物折合人民币78.7万元。9月，个协开展为民让利活动，参加活动的个体私营商贸业户128户，让利销售额26万元，让利额6万元。

消费者协会 组织队伍建设 1991年6月，烟台开发区消费者协会（以下简称“消协”）经开发区管委批准成立，经民政部门注册登记，系具有法人资格的社团组织，有会员1200人。7月，消协召开第一次会员代表大会，参加大会代表60人。大会选举消协组织机构，通过《烟台开发区消费者协会章程》。消协办公室设在工商局，与工商局市场科合署办公。1996年，为方便消费者投诉，在各工商所管辖范围内设消协分会，各工商所所长兼任分会会长。个体商业、服务业、部分生产企业和居委会、各市场设消费者投诉站、指导站，由消协统一领导。2001年，消协办公室单独办公，实有3人。2002年，烟台开发区工商分局设消费者保护科，实有4人，与消费者协会办公室合署办公。至2003年年底，全区共设消费者协会分

会5个，消费者投诉站、指导站12个。消协的主要任务是，宣传保护消费者合法权益的法律、

图19-7 2003年“3·15”前夕，开发区消协会同有关部门开展“营造放心消费环境”主题宣传活动

法规，提高消费者依法维护其合法权益的能力；开展消费知识教育，为消费者提供咨询服务；受理消费者投诉，对投诉事项进行调查、调解，必要时提请有关部门和单位作出处理；参与有关行政管理部门对商品的质量、价格、安全、卫生、计量等进行监督和检查；对涉及保护消费者合法权益的问题，向有关部门和单位反映情况，提出建议，必要时进行查询；通过新闻媒介宣传保护消费者合法权益的先进单位和个人，批评、揭露、严惩损害消费者合法权益的违法行为和违法经营者；支持受害消费者依法提起诉讼；积极为企业提供信息和咨询服务，推荐产品，开拓市场，反馈消费者的意见和建议，促进市场经济健康的发展等。

宣传教育 1991年，为配合打假，消协根据群众反映较多的热点问题，与工商局市场科联合发出《致全区生产、销售、服务者的一封信》，发动全区生产、销售企业、服务者抵制生产销售假冒伪劣产品。是年，消协共对各市场检查25次，处理购销纠纷100余起，为消费者挽回经济损失3万余元。1992年，为宣传《中华人民共和国消费者权益保护法》，指导消费者科学、合理消费，消协在烟台人民广播电台、烟台电视台开辟《消费者之友》专栏，先后刊播稿件30余篇，重点介绍消费者权益保护的有关常识和商品信息，反映消费者对商品及服务的意见和建议。1993—1995年，为提高消费者自我保护能力，学会识别假冒伪劣商品常识，利用“3·15”国际消费者权益保护日，与烟台开发区计量检测中心、司法民政局、烟草专卖局、卫生局、公安分局等有关部门一起，在彩云城西侧，黄山路两侧举办假冒伪劣商品展览，展出假冒伪劣商品350余种，1万余件。展览中，设立宣传台、展览台、咨询台、投诉台各1个。实行现场展览、咨询，接受投诉。发放各类宣传材料4万余份，接待咨询3000余人次，向消费者讲解如何掌握识别假冒伪劣产品技巧，提高消费者自我保护能力。1996年，为宣传贯彻《中华人民共和国消费者权益保护法》和《山东省保护消费者合法权益条例》，开展消费者满意单位和消费者满意一条街及百城万店无假货评比活动，制定评比条件和评比办法，举办名优产品展销，组织10余家企业在彩云城西侧开展咨询服务活动。通过评比，新时代松花粉等5种商品评为全区消费者满意商品，有5家商店被评为消费者满意单位，泰山路被评为消费者满意一条街。1997—1998年，为提高消费者对假冒伪劣商品的防范意识，防止欺诈行为，消协与司法民政局、技术监督处一起，开展以“讲诚信、反欺诈、依法保护消费者合法权益”及“为了农村消费者”为主题的宣传教育活动，除举办培训班、发放宣传材料外，还举办假冒伪劣商品展览，对节日市场加强检查。全年共进行市场检查26次，查处假冒伪劣商品1863件，折价20余万元。通过当众对部分假冒豆油、花生油、酒类、饮料的抽检、化验，使消费者进一步认清假冒伪劣商品的种种表现。1999年，以“安全健康消费”为主题开展健康消费、安全消费教育。利用开展“3·15”国际消费者权益保护日活动，邀请供电局、电信局、热力公司及房屋开发商等有关单位，现场讲解用电、用热、用气、购房等方面的常识。其间发放宣传材料1万余份，接待咨询300余人，回答有关问题120余条。2000年，为让消费者明明

白白消费，维护消费者知情权，消协开展“明明白白消费”宣传教育活动。以“明明白白购房”“明明白白保健”“明明白白美容”“明明白白选家电”为专题，向消费者介绍消费常识和服务常识。为提高宣传效果，在《烟台开发时报》开辟“工商天地”专栏，除刊登有关法律、法规和政策问答外，还登载一些消费者利益受到侵害索取赔偿方面的案例。2001年，为引导消费者向无污染、无公害，有助于人类健康的绿色消费方向发展，开展以“绿色消费”为主题的宣传教育活动，引导消费者转变消费观念，向崇尚自然、追求健康方面转变。是年，接受消费者绿色消费咨询2万余人次，发放宣传材料1.5万余份。2002年，为进一步贯彻《中华人民共和国消费者权益保护法》，消协与工商局、质量技术监督局一起，开展以“科学消费”为主题的宣传教育活动。活动中，以保护消费者的安全权、知情权为核心，以监督食品、药品和建筑材料等热点消费领域为重点，宣传科学消费理念，普及科学消费知识，不断推进消费市场环境的改善。并向消费者展示假冒伪劣商品200余种（3000余件），发放宣传材料1万余份。2003年，为创建良好的消费环境，打造放心消费平台，开展以“营造放心消费环境”为主题的宣传教育活动。利用“3·15”国际消费者权益保护日宣传“营造放心消费环境”的重大意义，使经营者、消费者明确各自责任。为了把宣传重点延伸到农村，邀请技术监督局、检验检疫局、卫生防疫站等10几个单位和消费者满意单位一起，在大季家和古现街道办事处驻地大集进行大型宣传活动。由管委分管领导和消费者代表发言，讲解消费者权益保护的有关知识，现场发放宣传材料近万份，受理咨询250余人。

投诉处理　为做好受理消费者投诉工作，消协制定《消费者投诉受理办法》，设立消费者投诉站和投诉电话，并把处理消费者投诉列为消协工作目标责任制进行考核，使消费者投诉处结率、准确率达到百分之百。在具体处理投诉案件时，消协严格遵循以下原则：调查研究、弄清事实、公正合理；严格按照党和国家的政策、法律、法规处理问题，对没有明确规定的，参照有关政策和法规，经过协商合理解决；正确处理企业同消费者的关系，既保护消费者合法权益，又维护企业合法利益，坚持原则，不偏袒任何一方；受理投诉严肃认真、廉洁奉公、全心全意为消费者服务。1991—1996年，共受理消费者投诉596件，投诉金额85.2万元。有512件投诉经消协调解处结，78件交有关部门处理，6件移送司法机关处理，有16人被处以行政拘留，为消费者挽回经济损失71.5万元。1997—2001年，受理消费者投诉812件，投诉金额146.2万元。有750件投诉经调解处理，62件交有关部门处理，为消费者挽回经济损失133万元。2002年8月，消协推出“现场12315”社会承诺制，为实现这一承诺，投资7万元安装投诉电话，配备车辆、录音机、照相机，做到机构、人员、装备三到位。是年，共受理各类投诉212件，为消费者挽回损失22万元。2002年，消协针对洗涤行业投诉较多，没有统一行业服务标准等问题，与30多家洗涤业户签订行业规范公约。2003年，为方便消费者投诉，消协在建成区12个居委会分别增设“社区消费者投诉指导站”，以调动社会力量参与消费维权。全年受理投诉580起，为消费者挽回经济损失60余万元。为警戒商家的不良行为，让消费者明明白白消费，消协联系消费者投诉最多的餐饮、家电、美容、汽车、通讯、供电、电信、房产、装修、医药、服装、烟酒等热点问题，采取披露消费投诉信息的方法，对商品质量投诉情况和投诉热点内容在新闻媒体上公开曝光，把被诉单位、问题、处理结果向社会公开。全年共对28个商家进行披露，发布消费警示13条。

2002—2003 年烟台开发区消费者投诉典型案例表

表 19-1

日期	投诉的主要问题	处理结果
2002.07.28	在某酒楼办理婚宴，造成 90 余人食物中毒。	该酒楼补偿喜主婚宴费 1.25 万元。
2002.08.07	在某美容院交 6000 元美容费，经美容后脸部出现过敏反应。	美容院退给消费者全部费用。
2002.08.09	在某汽车销售公司购买波罗乃兹轿车一辆，空调漏氟、不制冷。	销售单位给消费者更换空调设施，并补偿消费者损失 3000 元。
2002.08.19	某单位改造自来水工程，在投诉人店内施工，影响其正常营业。	施工单位给予投诉人每人 300 ~ 1000 元经济补偿。
2002.09.06	某公墓经营单位未按投诉人要求规格刻制碑文。	经营单位补偿投诉人 3000 元。
2002.10.02	投诉人喝某品牌啤酒时，啤酒瓶爆炸，被划破面部。	啤酒厂家补偿消费者 300 元。
2002.10.15	投诉人所购买的新房大厅顶棚下沉。	房屋经营者补偿购房者 3000 元。
2003.01.08	某消费者在开发区某商店购买国产某名牌彩电一台，2003 年 1 月 7 日晚彩电起火爆炸。	厂家补偿消费者损失 6 万元。
2003.05.22	某消费者在某汽车销售公司购买宝莱牌轿车一辆，行驶中经常熄火，经多次修理仍然如此。	商家为消费者更换新轿车一辆，价值 20.05 万元。
2003.06.09	某消费者投诉开发区某广告公司给他家装修的房子质量很差，要求退款。	经调解，该广告公司为消费者赔款 6000 元。

第三节　其他社团组织

残疾人联合会　组织队伍建设　1996年6月7日，烟台开发区残疾人联合会（以下简称“残联”）成立，有工作人员 2 人，为正科级事业单位，与老龄委员会合署办公，办公地址在科技大厦。是年 9 月 25 日，残联举行第一次代表大会，选举产生第一届残联组织机构。同时，选举产生残联福利基金会组织机构。其主要职责是：听取残疾人意见，反映残疾人需求，维护残疾人权益；弘扬人道主义精神，宣传残疾人事业，沟通政府、社会与残疾人之间的联系，动员全社会理解、尊重、关心、帮助残疾人；掌握全区残疾人状况，建档立卡，全面掌握残疾人动态；开展残疾人康复、教育、劳动就业、扶贫、文化、科研、用品用具供应工作，做好残疾预防工作，创造良好环境和条件，扶助残疾人平等参与社会生活；制定和实施残疾人就业工作计划，组织待业残疾人参与各职业培训机构举办的培训班，积极向社会用人单位推荐、组织符合条件的残疾人进行集体从业和个体从业。残联在司法民政局领导下，烟台市残疾人联合会指导下开展工作。各街道成立残疾人联合会，各社区成立残疾人协会，各福利企业成立残疾人领导小组，形成烟台开发区残疾人

图 19-8　1996 年，开发区人社局与残联举办残疾人就业专场招聘会

组织网络。

主要活动 1997年7月，管委制定《烟台经济技术开发区关于扶助残疾人的规定》，对维护残疾人合法权益、保障其平等参与社会生活和享受社会物质、文化成果权利等作出明确规定。是年，全区按比例收缴残疾人就业保障金35万元。此后，每年收缴残疾人就业保障金逐年增加。1997—2002年，残联依据文件规定，为白内障残疾人完成复明手术150例，脱盲率和脱残率均达100%。2003年，投资10万元，按每户2000元的标准扶持贫困残疾人户，实施“残疾人从业脱贫工程”，鼓励残疾人户从事种植、养殖、加工、商业等投资小、见效快项目，使50个残疾人户摆脱贫困。同时，组织烟台开发区各委办局、直属部门与32个贫困残疾人户开展“一帮一、结对子”扶贫活动，使这些残疾人户走上脱贫道路。

图19-10 2002年，残联工作人员向残疾人赠送轮椅

图19-9 2002年，福利企业科达电器生产车间

1999年9月，建设环保土地局、司法民政局、公安分局联合下发《关于烟台开发区无障碍设施建设实施意见》，在烟台开发区推行无障碍设施建设，为残疾人平等参与社会生活提供便利条件。2002年，残联与烟台开发区医院联合举办“百例白内障复明工程”，投资20万元，无偿为伤残军人、烈军属、低保对象、孤寡老人做复明手术，并完成假肢安装28例，肢体手术矫治13例。是年，烟台开发区残疾儿童培训中心成立。该中心归属残联管理，先后接纳聋儿3人、弱智儿2人、肢残儿2人、脑瘫儿2人，对其进行教育和训练。此外，残联还为全区残疾人提供生活用品用具750件，并专门为肢体残疾人购买轮椅80辆、拐杖210副，为听力残疾人购买助听器10只。到2003年年底，全区共铺设盲道40余公里，石坡道口180余处，安装无障碍电梯5部，并完成天地广场无障碍设施改造。

在残疾人教育事业上，单位和个人资助贫困残疾少年儿童20人次，资助资金6000余元。全区残疾儿童入学率达90%以上。资助残疾人大学生2人，资助资金4000余元。在开展文体活动方面，2002年11月，残联组织烟台开发区30名残疾人运动员参加烟台市第一届残疾人运动会，获得“一金一银三铜”奖牌。在烟台市第二届“奋发文明进步奖”评选中，烟台开发区选送的《美丽人生》电视专题片获三等奖。

2003年，管委制定《烟台经济技术开发区按比例安排残疾人劳动就业办法》，成立残疾人就业服务所，加大按比例安排残疾人就业力度，有17家企业分散安置残疾人27人。是年年底，全区共兴办社会福利企业12家，安排残疾人148人。全区累计收缴残疾人就业保障金610万元。举办种植、养殖、电工、气焊、微机培训班8个，培训残疾人120人。残联被烟台市残疾人联合会评为“残疾人就业工作先进单位”。

红十字会　组织队伍建设　1994年8月，烟台开发区红十字会（以下简称“红十字会”）成立。办公室设在开发区医院内。主要负责组织开发区群众开展社会募捐、人道领域内的社会服务和社会公益活动等工作。是年9月，烟台开发区义务献血领导小组成立，由红十字会会长兼任组长，领导小组办公室设在卫生局，实有2人，具体负责组织全区职工开展义务献血活动。10月，管委公布红十字会理事会名单，名誉会长1人，会长1人，常务副会长1人，副会长7人，秘书长兼办公室主任1人。1996年8月，红十字会办公室定编2人。同时，调整义务献血领导小组成员，领导小组办公室设在红十字会办公室，与红十字会办公室合署办公。1997年5月，经民政部门注册登记，红十字会取得社会团体法人资格。1998年4月，红十字会长期扶贫站和救灾医疗急救小分队成立，分别设在红十字会办公室和烟台开发区医院。是年9月，烟台开发区义务献血领导小组调整，其办公室仍设在卫生局。

主要活动　1996年5月，红十字会召开第一次理事会，对开展无偿献血作具体安排。是年，红十字会和烟台开发区医院结合，组织576人义务献血。1997年9月，红十字会公布全区义务献血计划，并印发《关于做好无偿献血工作的通知》，全区无偿献血人数达390人。1998—1999年，红十字会组织全区职工750人无偿献血。1999年5月，红十字会与烟台开发区医院、妇幼保健站一起，在辖区繁华地段举行“5·8”世界红十字纪念日活动，为辖区居民，特别是老年人进行义务查体，大力宣传《中华人民共和国红十字会法》和《中华人民共和国献血法》，发放宣传材料800余份。2000年3月，红十字会下发《烟台开发区关于义务献血计划的通知》，对全区各单位义务献血人员作具体安排。是年4月，全区义务献血人数达686人。5月，红十字会组织烟台开发区医院、妇幼保健站、防疫站12名医务人员对辖区500余名居民进行义诊、医务咨询、健康查体等，并发放《中华人民共和国红十字会法》《中华人民共和国献血法》1000余份。2001年全区义务献血人数达386人。2002年义务献血人数达480人。2003年有493人参加义务献血。1994—2003年，全区义务献血达3761人次，献血量752200ml。

图19-11　辖区群众义务献血（2003年摄）

1998年6月，红十字会下发《关于开展医疗急救和长期扶贫工作的通知》。是年6月，红十字会负责人带队赴临沂市，与临沂市红十字会建立长期扶贫关系，将全区职工捐赠的2012件衣物分发到临沂老区。8月，红十字会下发《关于开展抗洪救灾募捐活动的紧急通知》，号召全区居民踊跃捐款捐物。2001—2003年，红十字会先后为长江社区、海河社区60户困难户送去粮油。

标准计量协会　2002年1月，经民政部门注册登记记，烟台开发区标准计量协会（以下简称计协）成立，并取得法人资格。是年8月23日，计协召开第一届会员代表大会，与会代表50人。大会选举产生第一届理事会，并通过《烟台开发区标准计量协会章程》。计协的宗旨和任务是：团结和组织烟台开发区标准计量工作者，以经济建设为中心，开展标准计量学术研讨活动，宣传普及标准化计量科学技术知识，提高烟台开发区标准计量科学技术水平和标准计量工作者的素质，推动标准计量事业的发展。2002—2003年，计协共为辖区298家企业、437个产品提供标准化咨询服务，为1598人次提供标准化资料查询服务，培训企业标准化检查员90人，培训标准计量岗位人员150人。

第二十编

编制　人事　劳动

烟台开发区国际人才交流中心和人力资源市场办公楼（2003 年摄）

烟台经济技术开发区志

YANTAI JINGJI JISHU KAIFAQUZHI

1984年，烟台开发区人事、劳动工作由烟台市人事、劳动部门代管。1985年、1987年管委先后设政治处、劳动人事局，劳动人事工作先后由政治处、劳动人事局负责。1985—2003年，开发区逐步建立健全劳动人事管理、人才交流、劳动就业、劳动仲裁、劳动监察、职业技能培训等机构，形成具有开发区特点的编制、人事、劳动管理机制。人事劳动部门采用人员招聘制，干部聘任制，考试录用制等用人制度，推行适应开发区改革开放和开发建设需要的干部人事制度，建立健全人力资源市场体系。在劳动管理上，积极推进劳动工资制度改革，放开管理权限，打破身份界限，全面推行劳动合同制，确保企业拥有充分用人和工资分配自主权力，不断优化劳动工资管理服务体制，为企业和劳动者创造良好创业和工作环境。

第一章 编 制

第一节 编制机构

1991年7月18日，烟台开发区编制委员会成立，其办公室设在劳动人事局，正科级事业单位，实有2人，主要负责全区机构编制管理工作。1997年7月8日，设事业单位登记管理办公室，与编制委员会办公室合署办公，负责事业单位登记管理工作。同年12月30日，编制委员会更名为机构编制委员会，其办公室更名为机构编制委员会办公室。2001年4月30日，机构编制委员会办公室与人事劳动和社会保障局合署办公。是年8月7日，机构编制委员会办公室内设机构编制处，具体负责机构编制委员会办公室的日常工作。同时明确事业单位登记管理办公室为参照机关内设机构管理的正科级事业单位，经费实行全额预算管理。

第二节 编制管理

1984年7月23日，山东省编委为烟台市增加行政编制250人，以满足烟台开发区行政编制的需要。是年11月14日，市编委确定，烟台开发区筹委会行政编制30人，同时成立实业公司（正科级，由筹委会领导），行政编制50人，全区行政编制总额为80人。1989年3月11日，增加行政编制30人，编制总额为110人。1990年7月6日，增加行政编制22人，编制总额132人。1991年3月28日，增加行政编制18人，编制总额150人。1992年11月26日，增加行政编制50人，编制总额200人。1996年1月13日，全区行政编制增加到200人。1998—1999年，地税和工商系统先后实行垂直管理，全区减少行政编制29人，编制总额为171人。2001年4月23日，市委、市政府批准烟台开发区机构改革方案，核定行政编制120人。2002年9月19日，福山区古现镇、大季家镇党政群机关机构编制和人员（含提前离岗、离退休人员）、区直部门派驻大季家镇和古现镇的机构编制和人员、福山海洋与渔业局及所属事业单位、福山区航务管理所、市海洋与渔业局设在烟台开发区的渔政渔港监督管理站，整建制移交烟台开发区。同时，蓬莱市海洋与渔业局选调15名管理和技术人员到烟台开发区工作。区划调整后，全区行政编制增加20人，总额为140人。

2003年，烟台出口加工区B区成立，增加行政编制12人。山东省和烟台市核定烟台开发区行政编制152人，政法专用编制154人（法院

47 人、检察院 27 人、公安分局 71 人、司法局 9 人）。烟台开发区行政、政法及事业编制共 3590 人，实有人员 3718 人。其中，党政群部门及所属事业单位编制 2360 人，实有 2289 人；直属事业单位编制 44 人，实有 47 人；街道办事处编制 1041 人，实有 1075 人；政法部门编制 145 人（不含司法局 9 人），实有 307 人。

1991—2003 年烟台开发区机关事业单位人员变化情况表

表 20-1　　　　单位：人

年　份		1991	1992	1993	1994	1995	1996	1997	1998	1999	2000	2001	2002	2003
党政群机关		289	311	246	248	246	260	256	246	270	266	163	334	341
事业单位	合计	537	745	847	1327	1469	1650	1810	1871	1856	1839	1886	3062	3070
	全额	297	495	541	453	668	840	899	909	936	971	1087	2082	2127
	差额	112	120	98	454	392	503	509	533	519	525	480	657	672
	自收自支	128	130	208	420	409	307	402	429	401	343	319	323	316
司法机关		131	132	136	220	223	261	263	263	276	260	245	276	307
总　计		957	1188	1229	1795	1938	2171	2329	2380	2402	2365	2294	3672	3718

2002 年烟台开发区区划调整机关事业单位人员移交情况表

表 20-2　　　　单位：人

单位	单位性质	接收档案数									
		合计	在职人员				不在职人员				
			小计	处级	科级	一般	小计	离休	退休	退职	死亡
大季家镇	党政机关关	60	40	–	21	19	20	12	5	3	–
	镇属事业	54	50	–	–	50	4	–	4	–	–
	派驻机关	22	22	–	1	21	0	–	–	–	–
	派驻事业	596	426	–	2	424	170	26	113	8	23
	合　计	732	538	–	24	514	194	38	122	11	23
古现镇	党政机关	79	39	–	19	20	40	6	33	1	–
	镇属事业	715	570	–	–	570	145	16	129	–	–
	派驻机关	15	15	–	1	14	–	–	–	–	–
	派驻事业	22	18	–	1	17	4	–	4	–	–
	合　计	831	642	0	21	621	189	22	166	1	0
福山海洋局	机　关	17	10	1	7	2	7	1	6	–	–
	事　业	27	27	–	–	27	–	–	–	–	–
	合　计	44	37	1	7	29	7	1	6	0	0

续表 20-2

单位	单位性质	接收档案数									
		合计	在职人员				不在职人员				
			小计	处级	科级	一般	小计	离休	退休	退职	死亡
福山航管所	事　业	5	3	–	–	3	2	–	2	–	–
市属开发区渔政站	事　业	7	7	–	3	4	–	–	–	–	–
蓬莱海洋局	事　业	13	13	–	–	13	–	–	–	–	–
总 计		1632	1233	1	55	1184	392	61	296	12	23

第三节　机构改革

2000年3月，工委管委开始围绕转变职能、理顺关系、人员分流等重点、难点问题，组织力量开展调查研究，在全面掌握全区机关事业单位基本情况的基础上，召开工委书记办公会议和工委管委专题会议，研究制定全区机构改革总体方案及《烟台经济技术开发区机构改革人员分流的意见》《烟台经济技术开发区机构改革选配人员实行竞争上岗的意见》《关于机构改革中有关问题的处理意见》《关于工委、管委工作部门与其代管单位关系问题的意见》等配套实施意见，对机构调整、人员选配、竞争上岗、人员分流等作出明确规定，为保证改革顺利进行提供政策依据。

2001年4月30日，全区党政群部门和政法机关机构改革工作全面启动。按照“小机构、大服务”和“精兵简政、提高效率”的要求，管委以转变经济管理职能，强化服务功能，加强招商引资、城区管理、社会保障职能为重点，将部分原由事业单位承担的行政管理职能收归管委机关承担，将一些事务性、技术性和社会可以自行调节与管理的职能转移给事业单位或社会中介组织，实现政企、政事分开，基本上解决了部门之间长期存在的职能交叉、权责不清、多头管理的问题，并按市里确定的人员编制和内设机构的精简比例合理精简机构编制。在机构改革人员选配定岗和分流的过程中，实行全员竞争上岗制度，原有中层职务一律免除，按照公开、平等、竞争、择优的原则，通过竞争上岗重新明确相应职务，同时配套实施干部交流、回避、任前公示制、试用制、离任审计制等多项制度，较好地克服用人制度上的不正之风。干部人事制度改革的深化，提高了干部群众的心理承受能力，为建立能上能下的干部选任机制创造了条件。实行竞争上岗后，有50名原科级干部保留原来职务，45名副科级干部竞争上正科级职务，58名一般工作人员走上副科级工作岗位，11名科级干部自动放弃竞争，3名科级干部落聘。全区科级干部平均年龄降低3.26岁，大学以上文化程度的比例提高21.9个百分点，30岁以下科级干部的比例提高4.4个百分点，女性科级干部的比例提高4.3个百分点，初步形成机关干部队伍各职务层次配置合理、老中青搭配得当、知识结构和专业结构优化组合的人才梯次配备格局。改革调整后，工委管委工作部门14个，比改革前减少3个，精简18%；内设机构由原57个精简到48个，精简15.8%；党政群机关行政编制由171名精简到120名，精简30%；政法专项编制由110名精简到99名，精简10%。

2001年9月，开始推进全区行政审批制度改革。到2002年1月，经过对全区23个部门单位521项行政审批事项的严格审查，管委决定取消87项，合并135项，变更39项，减少幅度为42.6%，变更幅度为7.5%，减少和变更总幅度达到50.1%；保留299项，其中批准事项33项，核准事项124项，审核事项122项，备案事项20项。

第二章 人事管理

第一节 公务员管理

公务员过渡 1994年7月6日，烟台开发区推行国家公务员制度领导小组成立，成员单位有，工委管委办公室和组织、宣传、纪检、人事、财政等部门。领导小组办公室设在人事劳动局，具体负责推行国家公务员制度的组织、指导和协调工作。7月19日，推行国家公务员制度领导小组召开第一次会议，研究通过关于召开全区推行国家公务员制度动员大会的意见；7月23日，召开全区推行国家公务员制度动员大会，对推行国家公务员制度进行动员部署。此后，利用半年时间在全区进行公务员制度宣传教育，对机关事业单位各层面进行骨干培训。1995年12月11日，全区直属机关第一批工作人员参加全市统一组织的有关国家公务员过渡的知识考试。

1996年3月13日和4月5日，开发区推行国家公务员制度领导小组召开会议，对推行公务员工作进行部署和调度。6月4日，市委组织部、市人事局复函批准烟台开发区实施国家公务员制度总体方案。6月17日，工委印发《烟台经济技术开发区国家公务员制度实施和参照实行方案》。7月21日、10月19日，开发区直属机关第二、三批工作人员参加全市统一组织的有关国家公务员过渡的知识考试。10月24日，开发区推行国家公务员制度领导小组下发《烟台经济技术开发区推行国家公务员制度人员选配工作实施工作意见》《关于国家公务员和机关工作者非领导职务设置实施工作的通知》《关于机关现有人员向国家公务员和机关工作者过渡考核的实施意见》3个过渡期间文件。

1997年11月12日，开发区推行国家公务员制度领导小组下发《关于全区推行国家公务员制度若干问题的意见》。12月30日，工委管委批准各部门、单位“三定”（定职能、定内设机构、定人员编制）方案。各部门、单位坚持因事设位的原则，严格按照“三定”规定和批准的非领导职数，科学合理设置职位，修订或重新制定职位说明书，作为国家公务员和机关工作者录用、考核、培训、晋升等的依据。

1998年1月15日，全区推行国家公务员制度整体过渡基本结束。8月8日，开发区直属机关第四批工作人员参加全市组织的有关国家公务员过渡知识考试。至此，区直属机关及部分事业单位628名工作人员分四批参加全市统一组织的考试，其中开卷人员111人，闭卷人员517人。不及格人员4人，其中3人补考后及格，1人分流出机关。11月28日，开发区已全面完成国家公务员过渡的各项工作。

公务员队伍建设 1999年4月，为加强公务员队伍建设，首先在政法部门实行竞争上岗。2001年，全区各部门、各单位所有科级中层职位均实行竞争上岗。同时，在公务员队伍管理上，通过干部调任、轮换、转任、职务晋升等方式，进一步促进公务员队伍的合理流动和优化配置；通过严格掌握国家公务员退休条件，允许符合提前退休条件的国家公务员自愿退休，促进机关工作人员的新陈代谢；通过制定政务公开方案，明确政务办理的标准、时限、程序，基本形成公开透明的运行规范；通过推行立牌服务，挂牌上岗，严格岗位职责和工作纪律，并在年终岗位目标责任制考核时，将评议范围扩大到各社区居委会和三资内联企业，将群众满意不满意作为衡量机关工作的主要尺度之一，建立自觉接受群众监督的管理机制；通过组织开展“做人民满意的公务员”活动，引导公务员严格要求自己，推行和发扬现场办公、文明服务、特事特办和社会承诺服务制等优良传统，不断改进工作方法，努力为基层和群众办实事、办好事，树立公务员求实创新、廉洁高效的新形象；通过组织学习贯彻省、市组织人事部门《关于进一步完善国家公务员制度和参照管理工作的意见》，推动全区公务员制度的实施步入科学化、规范化轨道。

第二节　事业单位人事制度改革

1994 年，全区事业单位与行政机关一起采用公开招聘、公平竞争、择优录用工作人员的用人方式，并推行目标责任制考核、竞争上岗和末位交流淘汰等一系列用人管理制度。

1998 年，开始探索在事业单位强化绩效考核，打破分配上的平均主义。先后对医院、幼儿园实行经费定额管理，按上年度标准核定经费，增人不增经费，减人不减经费。对收费较多的单位实行收支两条线管理，对全额、差额预算管理单位实行统一结算，对收支过程实行全方位监督。同时，在教育系统推行新型奖金分配办法，所有教师的奖金与课时量、会考成绩、各种奖励等挂钩，做到多劳多得，少劳少得，达到激励先进、鞭策后进的目的。

2003 年 9 月，学校、医院新招聘人员开始实行聘用制管理。聘用人员的工资福利等参照在编人员执行，签订 1 年期合同。1 年后，考核合格续订合同，不合格者予以解聘。同时，对机关工勤岗位实行岗位管理。聘用人员，人事档案实行人事代理。不属单位在编人员，工资按约定数额支付，推动事业单位工作人员由“单位人”向“社会人”转变，调动干部职工想事、干事的积极性。

第三节　岗位目标责任制考评

组织领导　1987 年，烟台开发区目标管理责任制考评小组成立，负责全区机关事业单位目标管理责任制审核、检查和年终考评工作，日常工作由劳动人事局负责。1991 年，目标管理责任制考评小组更名为目标管理责任制考评领导小组，并将派驻单位、直属企业纳入目标责任制考评管理范围。1994 年，机关事业单位工作人员被纳入岗位目标责任制考评管理范围。目标管理责任制考评领导小组更名为目标管理责任制领导小组，由工委管委主要领导任组长，分管领导任副组长，有关部门负责人为成员，负责研究制定考核奖惩的有关办法。领导小组办公室设在人事部门，具体负责对考核操作的指导、组织及协调工作。各部门、各单位成立以主要负责人牵头的目标责任制考核小组，具体负责对本部门、本单位内部机构及工作人员的考核。

单位考评　1987—2003 年，先后 12 次对各部门、各单位岗位目标责任制考评办法进行修改完善，其中 1991 年、1996 年、1999 年、2003 年作了较大幅度修改。

1987—1990 年，考核内容包括目标责任制主要指标、部门职责范围内的工作、上级业务部门和领导交办事项、精神文明建设和自身建设、部门间关系协调、综合评价等。考核范围为工委管委行政事业单位，考核得分为各层面评价分的平均值减去各个单项扣分。实行半年初评，年终总评，每半年发放一次奖励工资，各单位具体数额依据考核结果确定，经费来源从单位包干经费中解决。考核排列名次不属于上游的部门，一般不得评为先进单位或文明单位；考核排列下游或未完成任务指标的部门要向管委写出书面报告，其主要负责人一般不得评为先进个人。

1991—1995 年，考核内容主要包括要点责任目标、综合评价（含领导班子团结等 10 项要素）和单项工作任务（含党纪、政纪处分等 10 项内容）。考核范围增加直属企业和中央、省、市属驻区单位。考核实行月汇报、季自查、半年抽查、年终总评的办法，对计划生育达标等 5 项工作实行“一票否决制”。考核得分为要点考核得分加综合评价得分再减去单项工作考核扣分，考核结果在开发区目标管理责任制展厅公布。年终根据考评情况兑现奖惩。物质奖励包括奖金（自 1994 年年底开始实行目标责任考核奖）、浮动升级、奖励晋级；精神奖励包括评选先进基层党组织、先进单位、优秀党员、先进工作者和记功、记大功。凡考评档次不属于一档或未完成要点目标的单位，取消单位及其主要负责人评比先进资格，三档单位给予黄牌警告。

1996 年，增加招商引资的考核内容。此后，考核框架总体不变，但考核内容不断增加，目标责任制考核奖金逐步提高。1999 年、2000 年、2001 年，分别增加精神文明建设和农村帮扶、党风廉政建设、金融工作的单项考核内容。2003 年，管委下发对直属企业事业单位、派驻单位、金融单位的 3 个考评办法，并修改完善招商引资考核办法。进一步加大对招商引资、社会稳定、农村帮扶、基层组织建设等重点工作的考核力度。

工作人员考评 1994 年，工委管委开始对机关事业单位工作人员实行岗位目标责任制考评。机关事业单位工作人员考评实行记实考核，考核内容包括德、能、勤、绩四个方面，重点考核工作实绩，具体包括岗位工作目标、精神文明目标、领导交办事项及临时工作完成情况、特殊贡献、民主评议情况等。具体考核项目，包括工作质量、数量和时限要求等，由部门、单位确定，并按规定为工作人员建立个人考核档案。平时，由部门、单位考核小组记实存档，月份调度检查，季度考核计奖，平时难以考核的内容，年终一次性考核。考核实行分级分类管理，对部门领导干部、中层干部、科员和工勤人员，分别实行不同的考核办法。

1999 年 3 月 8 日，工委管委制定科级以下人员末位交流淘汰制度。对中层干部和科员的考核，以系统为单位进行考核排序，实行末位交流淘汰制度。主要是通过综合季度考核、个人述职、领导评价、群众评议，组织考察、党组织意见等多方面情况和分数确定末位人员。9 月 2 日，工委管委制定领导干部排序管理制度，开始对全区县级领导干部实行统一考核，考核结果与所在部门目标责任制考核分数挂钩，依据考核分数进行统一排序。工作人员的考核成绩直接与奖金分配、评先选优、干部使用交流挂钩。凡 3 年内考核未达到优秀等次，不得作为评选市级以上先进个人推荐人选；3 年内考核未达到称职以上等次的，或年度考核排序为末位的人员，取消晋升职务资格，或予以诫勉、交流、降职、免职、辞退；人才引进培养、干部培训均优先考虑优秀等次人员。实行末位淘汰制后，共对 30 名考核排序末位人员予以交流。

第四节 人才管理

机构 建区初期，人才引进与管理由管委政治处负责。1987 年 2 月 27 日，划归劳动人事局。是年 5 月，烟台开发区职称改革领导小组成立，领导小组办公室设在经济发展局，负责职称改革的日常工作。1991 年 1 月，科技干部管理由经济发展局移交劳动人事局。3 月 19 日，劳动人事局设人才交流中心。4 月 25 日，设劳动力调配科、科技干部管理科，均为股级科室，分别负责人才引进与管理、科技干部管理和继续教育培训。同年，政府特殊津贴专家工作由组织部移交劳动人事局，具体工作由科技干部管理科负责。1993 年 1 月 5 日，国际人才交流中心成立，为管委直属实行企业化管理的事业单位，由劳动人事局代管。原劳动人事局劳动力调配科和人才交流中心的工作由国际人才交流中心接管。1993 年 2 月，科技干部管理科改称科技干部管理处，升格为正科级。6 月 29 日，国际人才交流中心为人事劳动局所属自收自支正科级事业单位。9 月 23 日，人事劳动局设职业介绍中心，为正科级事业单位，与国际人才交流中心合署办公。1995 年 6 月 9 日，国际人才交流中心定编 13 人，经费由自收自支改为差额拨款。2001 年 8 月 7 日，国际人才交流中心与职业介绍中心合署办公，为人事劳动和社会保障局所属正科级事业单位。同时，科技干部管理处改称专业技术人员管理处，其职能增加公务员培训和对企业博士后工作站的管理服务等工作。2002 年 5 月，拔尖人才选拔管理工作由组织部移交人事劳动和社会保障局，具体工作由专业技术人员管理处负责。

人才、智力引进　优惠政策　1992 年，管委制定《烟台经济技术开发区科技人员使用管理办法》《关于接收安置辞职人员有关问题的意见》和《关于对有突出贡献的专业技术人员进行奖励的暂行规定》等规范性文件。1995 年 7 月 17 日，管委下发《烟台经济技术开发区引进培养高科技人才有关问题的意见》，对加强高科技人才的引进、培养和使用，以及职称聘任和工资、住房、子女就业、入学入托、家属安排等 10 余个方面的管理服务，参照特区有关规定制定优惠政策。1998 年 11 月 10 日，人事劳动局转发市委组织部、市人事局《关于为加快发展个体私营经济搞好人才人事服务的意见（试行）》的文件，鼓励机关事业单位工作人员离职从事个体私营经济活动。1998 年 12 月，全区专业技术人才由 1985 年的 68 人发展到 5000 多人，职工总数达到 1.7 万人。2000—2002 年，依据市委市政府《关于进一步搞活人才工作的若干意见的通知》和《关于加强高层次人才资源开发工作的若干意见（试行）》，开发区抓住“引进、培养、使用、激励”四个环节，加大人才队伍建设力度。

人才引进　工委管委派专人赴全国各地进行重点引进，与全国 20 余个大中城市建立人才信息联络网，与中央 30 余个部委、100 余所大专院校、科研单位和大型企业建立横向联系，保证全区重点单位、重点项目和高科技产业的人才需求。1984—1992 年，全区共引进各类专业技术人才 3495 人，接收大中专毕业生 942 人。专业技术管理人才在全区总人口的比例由 1.7% 增加到 7.3%。1991 年 5 月 14 日，劳动人事局被市委市政府表彰为“全市人才工作先进单位”。1993—1997 年，坚持以引进高层次人才为重点，全面推进整体性人才资源开发。人事劳动部门采取“走出去，请进来”的办法，组团到科技人才集中的地区开展招聘活动、参加各类人才洽谈会，有针对性地引进急需人才；对愿意到烟台开发区工作的高科技人才和短缺专业人才，采取“重点落实，对口安置”的办法，实行全程式服务；对高新技术企业、重点工程项目引进人才实施超前预测和跟踪服务，建立台账和项目联系人制度，保证重点项目对人才的需求，解决企业人才工作中出现的问题。其间，全区共引进科技人才 5455 人，其中高科技人才 160 人，大专以上学历 3295 人，调剂人才余缺 2500 人。1996 年 4 月 17 日，国际人才交流中心被市政府表彰为“全市人才工作先进集体”。1998 年，人才流动工作以实施人才强区战略和观念创新为先导，坚持以环境聚人才、靠事业留人才、定制度促人才，形成“引才与招商并重，引才与引智并举”的良性循环机制。2000 年，为贯彻落实市政府《关于进一步搞活人才工作的若干意见》，成立由工委分管领导挂帅的知识分子工作领导小组，形成组织部门牵头，各职能部门密切配合的工作局面。为了加强人才引进力度，管委制定人才建设工作计划，将人才引进任务分解落实到各部门，并实行岗位目标责任制考核；为支持人才创业，管委专门设立人才资源开发专项基金，由财政每年按 100 万元列入预算，用于解决高层次人才引进中所需费用；为搞好“借智兴区”，管委实施“借脑工程”，开展柔性人才引进工作，给各类人才提供创业空间和创业平台；为激励人才建功立业，管委建立业绩奖励和动态管理制度，营造“尊重知识、尊重人才、尊重创造”的政策环境。

到 2003 年，全区各类专业技术人才达 1.28 万人，占职工总数的 37%，其中 35 岁以下的 7867 人，占职工总数的 61.7%；共有博士 76 人、硕士 277 人、享受国务院特殊津贴的专家 3 人。

1984—2003 年烟台开发区引进人才情况表

表 20-3　　单位：人

年 份	干部	工人	毕业生	总数	高层次人才				
					博士	硕士	大本以上学历	高级职称	中级职称
1984—1987	188	167	16	371	–	–	62	5	21
1988	483	521	136	1140	–	3	240	3	56
1989	410	374	120	904	–	5	271	8	67
1990	349	341	146	836	–	11	306	21	54
1991	288	558	163	1009	1	7	289	27	56
1992	635	1341	361	2347	–	26	436	17	157
1993	1454	1276	486	3216	–	27	677	89	143
1994	784	704	531	2019	–	10	301	14	182
1995	473	912	585	1970	1	8	323	18	113
1996	431	600	673	1704	1	12	405	21	100
1997	273	532	612	1417	3	17	467	23	83
1998	234	216	515	965	4	8	353	17	108
1999	405	263	570	1238	36	37	441	80	58
2000	350	251	345	946	5	21	332	23	77
2001	335	176	324	835	4	20	366	17	67
2002	441	226	570	1237	8	23	492	57	85
2003	507	322	1044	1873	13	42	718	91	183
合计	8040	8780	7197	24027	76	277	6479	531	1610

引进国外智力　1992 年 7 月 9 日，管委设引进国外智力领导小组，其办公室设在劳动人事局。1993 年 6 月 13 日，国际人才交流中心设引进国外智力部，具体负责引进国外智力领导小组办公室的日常工作。根据全区经济发展需要，国际人才交流中心引进国外智力部采取“请进来，走出去”的办法，先后为华鲁热电公司、万润精细化工公司等企业引进德国、英国、瑞士、日本专家 19 人（次），落实企业经理赴新加坡、日本、俄罗斯、德国培训项目 7 个，为区域经济发展提供人才智力支持。1999 年 3 月，引进国外智力工作划归留学人员创业园区管理服务中心负责。1999 年，全区引进国外智力项目的数量首次达到 10 个。此后，历年引智项目均达到 10 个以上。其中，首钢东星（集团）公司在所引进的加拿大籍万传庚博士的帮助下，成功解决研发“硬质合金组合式轧辊”过程中的技术难题，被列入 2002 年度国家级技术创新项目，获得 2003 年山东省科学技术进步三等奖；荣昌生物工程公司通过所引进的留学美国博士周兵、李颖等人的工作，加快了生物血管抑制剂抗肿瘤新药（YH-16）等项目的研发进程。

1993—2003 年烟台开发区引进国外智力项目情况表

表 20-4

年份	项目总数	主要项目内容	资助金额（人民币）
1993	3	华鲁热电公司“锅炉磨损”项目等。	资助 5 万元
1994	6	春生滑动轴承公司“三元电镀高强度轴瓦加工”项目 / 华鲁热电公司“循环流化床磨损及风帽设计”项目 / 企业经理赴新加坡、日本、俄罗斯、德国培训项目等。	资助 28 万元
1995	3	华鲁热电公司“CFB 锅炉磨损根治”项目 / 华润锦纶公司“提高细旦丝质量”项目 / 企业经理赴香港培训项目。	-
1996	4	万润精细公司引进英国、瑞士专家解决液晶材料提炼技术改造项目 / 春生滑动轴承公司“电镀加工技术难题攻关”项目等。	资助 20 万元
1997	4	万润精细公司引进英国、瑞士专家解决液晶材料技术难题项目等。	-
1998	4	小峰彩印公司“DC300 电子分色和电路故障维修”项目 / 大明电子公司“提高石英谐振器质量及合格率”项目 / 华升玻璃公司“玻璃钢 FRP 工艺技术”项目等。	-
1999	10	百利橡塑公司“耐磨橡胶板性能改造”项目 / 斯坦普精工建设公司“彩色印膜技术”项目 / 康达尔公司“救心滴丸研制”项目等。	资助 7.5 万元 外加机票 4 万元
2000	10	万润精细化工公司“新型液晶材料开发”项目 / 荣昌生物工程公司“生物工程药物 YH-16”项目 / 路通精密合金公司“铝合金精密铸造”项目 / 康达尔药业公司“强力救心滴丸”项目等。	资助 7 万元 外加机票 4 万元
2001	19	万润精细化工公司“液晶材料的研发及工艺控制”项目 / 博大生物工程公司“现代企业管理培训”项目 / 首钢东星集团公司“钕铁硼永磁材料电镀镍”项目等。	资助 14 万元 开发区匹配 2 万元
2002	13	荣昌生物工程公司“重组人血管内皮抑制素”项目 / 博大生物工程公司“刺参废弃物提取低分子肝素”项目 / 德尔自控技术公司“网络远程集中抄表系统”项目等。	资助 10 万元
2003	13	荣昌生物工程公司“抗癌基因药物 YH-16 产业化”“治疗 SARS 药物热毒情口含片”项目 / 澳斯邦医学软件公司“信息化输血服务及监管体系”项目 / 康达尔药业公司“丹参素的化学合成”项目等。	资助 7 万元

专业技术人员管理　1987 年 5 月至 1989 年 6 月，全区进行首次专业技术职务评聘，共有 764 名专业技术人员参加评审。其中，高级职务 56 人，中级职务 224 人，初级职务 484 人。1992 年 4 月，劳动人事局组成工程、经济、会计、卫生、中小学教师初级评委会。1993 年 2 月，经市人事局批准，组成工程专业技术职务中级评委会。是年 12 月，组成新闻专业技术职务初级评委会。从此，全区职称评聘实现常态化，每年均开展本年度相应系列职称评聘及推荐、申报工作。1994 年 11 月，开发区电大、劳动培训中心被确定为继续教育基地和继续教育培训网点。1996 年 3 月、9 月，因人事变动，开发区职称改革领导小组作适当调整。1997 年 5 月，专业技术职务评审正式实行异议期制度，即被评审通过专业技术职务人员在未正式公布其职务前，提前 15 天（异议期）予以公示，广泛听取群众意见。1999 年 6 月，人事劳动和社会保障局制定《关于在事业单位中实行专业技术职务评聘分开的意见》和具体实施方案，开始在事业单位推行专业技术职务评聘分开、竞争上岗；9 月，事业单位首轮专业技术职务竞聘上岗工作正式开展，共有 46 个事业单位 1069 人参加竞聘上岗，其中降解聘 66 人。2001 年 6 月，开展事业单位第二轮专业技术职务竞聘上岗，共有 28

个事业单位458人参加竞聘上岗。2003年3月，有70家建筑行业企业开展工程系列职称试行复审工作，448人通过复审。5月，在企事业单位专业技术人员中开展开发区级拔尖人才推荐选拔工作，有21人获区级拔尖人才称号。6月，开展事业单位第三轮专业技术职务竞聘上岗工作，52个事业单位1979人参加竞聘上岗。1991—2003年，对专业技术人员进行继续教育培训。

1991—2003年烟台开发区专业技术人员继续教育培训表

表20-5　　单位：人次

年份	培训量	年份	培训量
1991	396	1998	5103
1992	1252	1999	2348（其中，中高级1100）
1993	1682	2000	2539（其中，中、高级1073）
1994	896	2001	2195（其中，中、高级1100）
1995	389	2002	1137（均为中、高级）
1996	2160	2003	1027（均为中、高级）
1997	2644		总计：23768

1992—2003年烟台开发区取得相应专业技术职务资格人数表

表20-6　　单位：人

年份	高级	中级	初级	年份	高级	中级	初级
1992	37	228	786	1998	44	302	561
1993	5	84	467	1999	57	294	676
1994	43	77	587	2000	46	268	407
1995	27	81	339	2001	63	235	353
1996	28	105	489	2002	65	302	304
1997	39	181	595	2003	101	269	392

1984—2003年烟台开发区各类专家基本情况表

表20-7

姓名	性别	出生年月	学历	职称	工作单位及职务	专家类型
梅表良	男	1948.09	中专	高级工程师	烟台华林食品工业公司经理	国务院特殊津贴专家
魏传忠	男	1941.12	大本	应用研究员	已退休	
刘子英	男	1942.02	大本	高级工程师	已退休	
罗永章	男	1962.06	博士	教授	烟台麦得津生物工程有限公司首席科学家	省有突出贡献中青年专家
杜宝栋	男	1949.08	研究生	高级经济师	烟台首钢东星（集团）总经理	市级、区级拔尖人才

续表 20-7

姓名	性别	出生年月	学历	职称	工作单位及职务	专家类型
李　农	男	1968.10	大本	高级工程师	烟台亚新利自动控制有限公司副总经理	市学科（技术）带头人、区级拔尖人才
李晓军	男	1956	博士	工程师	烟台斯坦普精工建设公司总经理	
张风进	男	1961.10	大本	副主任医师	开发区医院眼科主任	
车永恒	男	1963.02	大专	副主任医师	开发区医院外科主任	
李培高	男	1956.04	大本	副主任医师	开发区医院副院长	市学科（技术）带头人
左常勇	男	1958.07	硕士	高级工程师	上海通用东岳动力总成公司	
郑　群	男	1963.09	硕士	高级工程师	开发区人才中心（人事代理）	
沈爱国	男	1963.10	硕士	高级工程师	烟台龙源电力技术有限公司工程部部长	
孙春录	男	1968.09	大本	高级工程师	开发区农业与海洋渔业局	
熊晓滨	男	1958.08	大本	高级工程师	烟台荣昌制药有限公司副总经理	
周玉才	男	1962.06	大本	高级工程师	烟台北方玻璃模具有限公司经理	
王　平	男	1959.05	博士	高级工程师	汉高乐泰（中国）有限公司总经理	区级拔尖人才
张军强	男	1969.07	大专	工程师	烟台新科钢结构有限公司总经理兼总工程师	
周国永	男	1963.09	本科	高级工程师	烟台氨纶股份有限公司总工程师	
林　荣	女	1963.11	大本	高级工程师	烟台氨纶股份有限公司副总工程师	
林喜峰	男	1960.09	研究生	高级工程师	烟台首钢东星（集团）副总经理	
徐恒平	男	1960.12	大本	工程师	开发区农业与海洋渔业局副主任科员	
鞠建邦	男	1939.09	大学肄业	经济师	烟台汇峰工艺有限责任公司董事长	
张孝宽	男	1955.04	大专	高级工程师	烟台海日生物科技有限公司经理	
刘延成	男	1957.12	大专	中学高级教师	开发区教育局教研室主任	
孔繁春	男	1953.10	大本	中学高级教师	开发区教育局自学高教招生办公室主任	
赵承红	女	1970.01	大本	小学高级教师	开发区大季家中心小学副校长	
潘　林	男	1962.12	大本	中学高级教师	开发区高级中学教导处副主任	
洪光伟	男	1969.05	大本	工程师	烟台正海磁性材料有限公司总工程师助理、研究开发部部长	
赵志全	男	1963.03	大本	副主任医师	开发区医院外科副主任	
张典学	男	1958.03	大专	主治医师	开发区医院疼痛科主任	
王　淮	男	1954.11	大本	高级工程师	烟台新时代天然营养品有限公司技术部经理	

人才市场建设　1993 年 6 月 8 日，烟台开发区人才市场揭牌开业。在人才市场服务大厅设置洽谈座位，建立人才劳务资源库和人才劳务需求信息库。服务大厅面向社会全天开放，提供“一条龙”服务，用工单位和求职者从自荐、选聘、洽谈、登记到推荐聘用，可一次性办完相关手续。人才

市场形成人才引进、职业介绍、职工流动、招收录用及军转安置、接收大中专毕业生、引进国外智力融为一体的服务模式。11月5日，管委制定《烟台经济技术开发区人才劳务市场管理暂行办法》，人才市场管理走向规范化、制度化轨道。1994年3月，瑞典职业介绍机构援助烟台开发区的5台西门子微机安装到位，人才市场实现信息化管理。1999—2002年，人事部门制定和完善规范劳动力市场信息网络运行和加强人才市场建设的相关制度，进一步加强人才市场和劳务市场的管理。

2003年4月，“人才市场”更名为“人力资源市场”，管委拨款100万元对市场设施、办公场所进行改造扩建。市场大厅顶楼安装“烟台开发区人力资源市场”大幅霓虹标识；大厅内配备大屏幕电子显示屏、触摸屏，随时滚动发布人才供求信息。服务窗口配备先进的微机设备和操作平台，健全充实人才资源、高科技项目、用工需求等5个数据库，实现与各地人才市场联网。同时，市场内部机构进行调整充实，按照科学化、规范化、程序化的原则，制定明确的职责范围和办事程序，以向社会提供人才交流、信息服务、劳动就业、人事代理和人才测评、租赁等多层次、多功能、全方位服务。是年5月，人才市场由每周开放一次改为两次。1993—2003年，人才市场一直坚持通过《烟台开发时报》、开发区电视台开办《就业信息超市》和《再就业帮扶窗口》等栏目，向社会发布人才供需信息，并坚持每周定期开办市场与举办大规模集市型专场相结合的运作形式。其间，人才市场已累计向社会提供人才交流、信息服务、劳动就业、人事劳动代理、人才租赁、人才测评等服务7000余家（次），接受求职登记20余万人（次），成功推荐就业逾7万人（次）。

人事代理 1994年7月，劳动人事局开始开展流动人员人事代理工作。1995年12月，国际人才交流中心建立并实行人事代理制度。1999年，国际人才交流中心购置人才测评软件和计算机，开展人才素质测评业务，为用人单位人才招聘、选拔、培训、配置和考核等提供人才评荐服务。同年11月12日，人事劳动局制定《烟台经济技术开发区人事劳动代理实施意见》，对各项代理服务业务的程序、办法作出规定，逐步形成一系列人事劳动代理工作制度，使代理工作实现规范化、制度化。2002年9月，国际人才交流中心借鉴外地经验，开展人才派遣业务，与8家租赁企业签订人才租赁协议，为企业提供代理服务10多项。全区人事代理工作已从单纯为代理对象保存人事关系、档案，发展为全方位代理服务，可以为服务对象提供档案工资调整、身份认定、工龄计算、晋升专业技术职称申报、社会保险代交、退休手续代办、人才测评代理、人才劳务租赁派遣（流动）、人才户籍挂靠、大中专技校毕业生接收等20余项代理服务项目。代理服务范围由个人和民办机构、个体、私营企业代理，扩展到为各类专业人才、技术工人等人力资源，以及各种所有制企事业单位、民办机构、社会团体代理服务。到2003年，全区委托代理单位累计有837家，代理人员达2.67万人（次）。

图20-1 1995年9月，烟台开发区国际人才交流中心在汇集人才信息

人事档案管理 1984—1986年，开发区内职工档案管理由政治处负责。1987年2月，一般干部和固定职工档案由劳动人事局管理，副科级以上干部档案由组织部管理，合同制职工档案由用工单位管理。1992年，劳动人事局先后制定《关于加强工人档案管理工作的通知》《关于加强对委

托管理企业劳动人事管理工作的意见》，从制度上健全和规范人事档案管理。1995年，经市委组织部和市人事局检查验收，烟台开发区人事档案管理合格达标。1995年12月27日，工委印发《关于转发〈关于进一步加强开发区职工档案管理有关问题的意见〉的通知》，人事劳动局制定贯彻落实的实施意见，要求行政事业单位、直属企业、内联企业、股份制企业、集体企业将保存的合同制职工档案移交人事劳动局管理，外商投资企业、私营企业、民办机构的合同制职工档案移交国际人才交流中心管理，按物价部门核定的收费标准实行有偿服务。2002年2月，人事劳动和社会保障局将开发区内所有企业和民办机构、个体私营企业的职工档案全部移交国际人才交流中心管理，机关事业单位科级以下职工档案由人事劳动和社会保障局管理，科级以上干部档案仍由组织部管理。到2003年，国际人才交流中心共保存人事档案3.03万份，人事劳动和社会保障局保存人事档案3340份。

第五节 军队转业干部管理

安置 1984—2003年，烟台开发区对军队转业干部的安置采取指令性计划分配，统一安排接收单位，落实工作岗位、职务安排、住房和生活待遇，以及家属、子女安置等。安置去向主要是需充实力量的事业单位。专业技术干部尽量按专业对口安排，符合专业技术职务任职条件的优先聘用，因编制限制，聘任确有困难的给予适当增加编制。其间，每年的安置率均达100%，基本实现军转干部、部队、接收单位“三满意”。1987年2月之前，军队转业干部由管委政治处负责安置。1987年2月至1999年，先后由劳动人事局调配科、国际人才交流中心负责。

1984—2003年烟台开发区安置军队转业干部情况表

表20-8 单位：人

年份	安置人数	年份	安置人数	年份	安置人数	年份	安置人数
1984	2	1989	3	1994	12	1999	23
1985	7	1990	7	1995	15	2000	10
1986	10	1991	6	1996	15	2001	4
1987	5	1992	4	1997	10	2002	3
1988	5	1993	34	1998	12	2003	7

1998年，建立军转干部安置工作责任制，实行回访和跟踪服务制度，帮助军转干部解决家属安置、住房、子女入学入托等问题，保证安置政策的落实。安置工作做到“三个不变”（即：人数再多，把军转干部安置好的决心不变；困难再大，军转干部安置重点不变；任务再重，军转安置政策不变）、“两个不分配”（即：经济效益不好的单位不分配；不适合军转干部发挥作用的岗位不分配），为军转干部创造良好的工作环境。1999年开始，团职以上军转干部由组织部负责安置，营职以下军转干部由国际人才交流中心负责安置。到2003年，全区接收的军队转业干部中，先后有116人被评为区级以上优秀党员和先进工作者，有45人受到晋级、记功以上奖励，有41人被提拔担任各单位中层以上职务，有27人担任企业厂长、经理。

培训 军转干部报到后，首先安排其参加全市统一组织的培训，通过区外专业知识培训后，再回到区内采取多种方式进行适应性培训。培训按照从实际出发、理论联系实际的原则，根据岗位职责规范提出培训要求，重点掌握现代化管理理论和方法，提高管理能力，保证培训的实用性、针对性。1993年8月，全区组织34名军队转业干部到南开大学进行为期30天的集中培训，学习国际贸易理论和具体业务知识，提高军转干部的综合素质。到2003年，全区共接收军队转业干部194名，全部参加集中培训和岗位专业培训。

服务 2001年6月，组织部、人事劳动和社会保障局按上级关于做好企业军转干部稳定工作的要求，在全区开展“手拉手帮扶解困”活动。通过调查摸底，对接收安置的66名企业军转干部，帮助解决各种实际困难。2002年7月，工委成立由管委分管领导挂帅的领导小组，领导小组办公室设在人事劳动和社会保障局，形成由人事劳动和社会保障局牵头，各部门共同参与的帮扶工作机制。明确各部门的帮扶工作责任和具体帮扶对象，全面加强对企业军转干部的服务。2002年9月，按照上级关于企业军转干部实行属地管理的要求，领导小组办公室组织力量进行全面排查，翻阅人事档案近2万份（将外地调到烟台开发区内的企业军转干部也纳入管理服务范围），为全区169名企业军转干部全部落实具体帮扶单位。元旦、春节、“五一”“八一”“十一”等节日之前，各帮扶单位分头开展“送温暖，送政策”慰问活动，加强与帮扶对象的沟通联系，保证各项帮扶政策的全面落实。到2003年年底，共帮助126名企业军转干部解决实际困难。

第三章 劳动管理

第一节 就业管理

劳动力管理 1985年，烟台开发区机关、企事业单位处于筹备组建时期，劳动用工量较少，干部、工人主要依靠从区外招聘调入，少部分工人从区内被征地村富余劳动力中招收。1985年以后，按照国家、省、市有关文件精神，招收新工人一律实行劳动合同制管理。1985—1988年，共办理招收合同制工人2743人，调入工人（包括合同制工人）1062人。1988年5月23日，管委制定《关于开发区企业招收新工人程序的试行意见》，明确对招收录用合同制工人的审批程序与录用办法。1992年，劳动人事局进一步加强劳动用工管理，先后印发《关于对临时工实行计划管理有关问题的意见》《关于转招农民合同制工人有关问题的意见》《关于招收合同制工人缴纳保证金的意见》和《关于妥善安置企业下岗人员的试行意见》等配套文件，建立起一整套劳动用工制度。1993年，职业介绍中心设立（与国际人才交流中心合署办公）。开发区运用市场机制和政策引导作用，在劳动用工中打破身份界限、企业所有制界限、在职职工和待业人员界限，把全社会现有的潜在劳动力资源全部纳入职业介绍服务范围；进一步简化劳动用工手续，提高办事效率。全年共调入工人1276人（其中合同制工人521人），招收录用合同制工人147人。1994年7月，按照《中华人民共和国劳动法》关于“建立劳动关系应当订立劳动合同”的规定，人事劳动局贯彻执行劳动部《关于全面实行劳动合同制的通知》的要求，开始在开发区范围内全面实行劳动合同制。1995年5月，按照市劳动局、总工会《关于企业集体协商签订集体合同的试行意见》的要求，人事劳动局选择部分企业进行集体合同试点工作，集体合同签订工作以点带面，开始在全区铺开。同年，贯彻落实《山东省实施劳动合同制度办法》，对各类所有制单位用工一律实行合同制管理。到1995年年底，全区90%以上的企业对职工已实行劳动合同制管理。

就业培训 1992年年底，劳动培训中心办公楼投入使用，开始开展中式烹饪、电工、焊工、司炉工、制冷工等工种的职业技能培训。自1996年起，考务培训中心开始对失业职工、待业青年和

图20-2　考务培训中心进行美发职业技能培训（2002年摄）

企业在职职工进行规模较大的职业技能培训，培训工种逐步扩大到计算机操作、钳工（装配钳工、机修钳工、工具钳工）、车工、磨工、铣工、钣金工、汽车修理工、家电维修工、厂内车辆驾驶员、建筑架子工、砼工、砌筑工、吊车工、钢筋工等近20个工种。1996年，开始对失业职工、被占地村失地农民实行免费职业技能培训。1998年7月12日，烟台开发区职业技能鉴定所成立，主要负责全区职业技能鉴定工作。1996年、1998年，考务培训中心被市劳动局评为“烟台市职业技能培训先进单位”。

自2001年开始，全区每年都进行相关工种技能统一鉴定。2001年3月6日，对从事技术复杂、通用性广，涉及国家财产、人民生命安全和消费者利益的90个职业（工种）的劳动者实行持证上岗制度，职业技能培训力度进一步加大。该年度，考务培训中心、职业技能鉴定所分别被市劳动和社会保障局评为“全市一类社会培训机构”“全市优秀职业技能鉴定所”。2002年，考务培训中心被市政府评为“烟台市职业教育先进单位”。

2003年11月，管委将古现、八角、大季家街道失地“农转非”人员纳入免费职业技能培训范围。考务培训中心开展创业能力培训，通过培训促进失业职工实现再就业。到2003年年底，全区共组织9517人参加岗前培训、再就业培训和技能培训；组织7943人参加各类鉴定，456人参加技师申报，10051人参加各类人事考试报名，9245人参加各类考前培训及专题培训。该年度，区职业技能鉴定所被省劳动和社会保障厅评为“山东省职业技能鉴定先进单位”。

1996—2003年烟台开发区技能人才培训情况表

表20-9　　单位：人（次）

年份	工人培训	工人鉴定	技师申报	技能大赛
1996—2000	3904	1032	228	0
2001	1178	1195	53	4
2002	1614	2776	97	15
2003	2821	2940	78	5
合 计	9517	7943	456	24

再就业　1996年，管委对全区21家国有直属企业进行以产权转让为重点的改革。为确保改制企业职工顺利分流，管委制定直属企业改制过程中职工分流的试行办法。按照“个人自主择业，市场调节就业，政府促进就业”的工作方针，引导用工单位吸纳改制企业下岗职工，鼓励改制企业下岗职工解除劳动合同后，自谋职业或办理失业手续。80%的改制企业下岗职工被重新组合上岗，部分职工通过人才劳务市场重新找到就业岗位。1998年3月，管委制定《关于实施再就业工程的

试行意见》，在规范破产企业职工安置、限制企业无序下岗、开展技能培训、鼓励下岗失业职工从事个体私营经济等十几个方面制定一系列优惠政策，推动再就业工作的落实。1999年，开发区改制企业职工分流工作全面完成。3年内，共分流职工8147人，实现无下岗职工。同年，8840名失业人员和农村剩余劳动力实现就业（其中：农村剩余劳动力实现就业3400余人（次），帮助“4050”困难群体人员实现就业1130余人）。2003年，管委建立健全基层劳动保障工作平台，制定《关于做好基层劳动保障平台的意见》，落实120万元再就业资金，帮助122人减免税收管理费累计11.3万元。同年，职业介绍中心被烟台市劳动和社会保障部门评为一级职业介绍机构。

1984—2003年烟台开发区就业、再就业及签定劳动合同人数情况表

表20-10　　单位：人

年份	新就业数	再就业数	签订劳动合同数
1984—1987	143	–	–
1988	980，临时工940	–	–
1989	1690	–	–
1990	415	16	–
1991	902，临时工995，季节工834	–	3362
1992	545	–	6845
1993	147	–	5930
1994	832，临时工1200	–	3500
1995	561	–	7630
1996	492	–	12350
1997	387	213	11270
1998	241	31	9573
1999	185	68	8340
2000	3418	105	14700
2001	2272	167	13725
2002	2095	656	17150
2003	2733	1621	21356
合计	18038，临时工3135，季节工834	2877	135731

劳动就业服务企业　为鼓励失地（失业）人员采取多种途径就业，从1988年开始，由劳动服务公司负责兴办劳动就业服务企业（享受所得税前3年免收、后2年减半征收的优惠政策）。到1992年年底，劳动服务公司共兴办劳动就业服务企业11家，安置失地（失业）人员276人；社会兴办劳动就业服务企业22家，安置失地（失业）人员302人。1997年，劳动服务公司按管委要求对所办劳动就业服务企业进行改制，全部由集体所有制改为股份制或私营企业，实现产权多元化。同时，继续发展社会兴办劳动就业服务企业。到2003年年底，全区共有1020人在劳动就业服务企业就业。1999年，劳动服务公司被省劳动和社会保障厅评为“发展劳动就业服务企

业先进单位”。

第二节　劳动关系管理

劳动信访　1989年8月4日，劳动人事局开始开展劳动合同鉴证，并确定劳动（人事）信访工作由仲裁办负责。1990年1月10日，劳动人事局、总工会、经济发展局联合印发《关于“建立企业劳动争议调解委员会”的通知》，规定在实行职代会制度并建立工会组织的企业中组建劳动争议调解委员会，构筑劳动争议预防的第一道防线。是年，全区共建立企业劳动争议调解委员会39家，部分企业按照隶属关系建立二级调解组织，设联络员。企业劳动争议基层预防网络初具规模。仲裁委与总工会联合举办3期企业劳动争议调解干部学习班，对130余名基层调解干部进行培训，充实基层调解组织力量。1993年，仲裁委协助7家企业建立劳动争议调解委员会；培训调解干部137人。1994年劳动监察处成立后，人事劳动局建立以劳动（人事）信访为前沿，以劳动仲裁、劳动监察为两翼，劳动信访、劳动仲裁、劳动监察“三位一体”的信访处理机制。各种来信来访一律由劳动信访工作人员受理后，及时转相关部门处理。1995年，制定《处理来信、接待来访、登记阅呈、交办制度》《领导定期公开接访制度》《领导包案制度》《劳动人事信访工作程序》等规章制度。举办2期劳动法知识培训班，对98名企业劳资人员进行培训。1996年1月11日，人事劳动局对归口办理信访问题做出具体安排，进一步明确各处室、单位在处理各类来信来访问题时的职责分工和工作程序，保证来信来访件件有着落、事事有回音。1997年1月，人事劳动局在仲裁办设“信访接待室”，并配备专职信访工作人员。2001年8月14日，人事劳动和社会保障局开始推行劳动争议预防工作责任制，进一步明确全体工作人员在劳动争议预防工作中的责任，确定考核标准。2003年4月26日，人事劳动和社会保障局在仲裁办设综合信访科，负责来信来访接待、登记、立案、分流处理等工作。是年，建立并实行《重大信访苗头预警和报告制度》《不稳定因素定期排查制度》。到2003年年底，全区已形成劳动争议预防网络，劳动争议在基层得到及时解决。1998—2003年，人事劳动和社会保障局连续6年被烟台市劳动和社会保障局评为“劳动信访工作先进单位”；2001年，被山东省劳动和社会保障厅评为“劳动信访工作先进单位”。

1990—2003年烟台开发区处理劳动信访案件情况表

表20-11

年份	受理案件（起）	处结案件（起）	处结率（%）	年份	受理案件（起）	处结案件（起）	处结率（%）
1990	33	32	97	1998	483	476	98.6
1991	36	35	97	1999	673	669	99.4
1992	26	26	100	2000	197	195	99
1993	28	28	100	2001	238	233	98
1994	50	49	98	2002	746	740	99
1995	211	208	98.6	2003	207	190	92
1996	186	182	97.85	合计	3450	3396	98.43
1997	336	333	99.25				

劳动仲裁 1990年1月，仲裁委开始实行例会制度。每月组织劳动、工会、经济管理三部门召开1次例会，共同协调研究做好有关劳动争议仲裁事项。1996年，仲裁委设专门仲裁庭，实施独任仲裁员制度，并实施“一步到庭工作法”。1997年8月，在烟台开发区举行烟台市首次“一步到庭”观摩庭。1999年以后，随着经济、政治体制改革的不断深化和劳动法制体系的不断完善，以及劳动争议的受理范围不断扩大，境内相继出现拖欠职工工资、欠缴社会保险费、不履行劳动合同、工伤等劳动争议案件。1999年，仲裁办通过调解、仲裁、申请法院强制执行等方式，解决首钢实业开发总公司313名职工辞职纠纷和建设公司436名职工集体追索欠费等14起集体劳动争议案件。2000年4月，仲裁办开始试行错案追究制度，加大对仲裁案件处理工作的监督管理力度，及时处结纳特鞋业有限公司、东方建筑有限公司等34家企业涉及637名职工的集体争议案件。2001年8月，人事劳动和社会保障局重新修订错案追究制度，进一步加大对仲裁、信访、监察工作的管理力度，妥善处理东方房地产公司、半岛度假村等45起涉及职工767人的集体劳动争议案件。2002年，仲裁办探索建立联动办案，将企业劳动争议调解委员会纳入案件审理机制，在征得双方当事人同意的前提下，使基层调解委员会合法参与案件审理，协助搞好稳定、调解工作。2003年，采取“发现苗头，主动出击，适时裁决”联动办案，妥善处理贤雄服装有限公司、鸿东服装有限公司等企业突发性集体诉讼案件。到是年底，仲裁办共处结劳动争议案件2010起，为企业、职工挽回经济损失近亿元。2000—2002年，仲裁办连续3年被山东省劳动和社会保障厅评为“劳动仲裁工作先进单位”。

图20-3 开发区劳动仲裁庭开庭（1997年摄）

1990—2003年烟台开发区受理劳动争议案件情况表

表20-12

年份	受理案件（起）	处结案件（起）	处结率（%）	年份	受理案件（起）	处结案件（起）	处结率（%）
1990	8	8	100	1998	138	130	94.2
1992	3	3	100	1999	240	237	98.75
1993	8	8	100	2000	232	226	97.4
1994	14	14	100	2001	252	249	98.8
1995	37	37	100	2002	398	383	96.3
1996	48	48	100	2003	684	615	89.9
1997	52	52	100	合计	2114	2010	95.08

劳动监察 1994年5月，人事劳动局设劳动用工大检查办公室，从有关部门抽调16名工作人员，组成5个检查小组，利用近1个月时间，对全区152家企业的劳动用工、工资分配、两金缴纳等

情况进行检查，督促75家存在问题的企业进行整改。1995年3月，在部分三资内联企业推行《人事劳动工作登记册》办公制度，要求企业持《人事劳动工作登记册》到有关处室、单位办理业务，以督促违反劳动法规的企业及时整改。同年10月26日，人事劳动局任命4人为专职劳动监察员。1996年，制定《劳动监察工作制度》，理顺相关工作程序，对群众举报的10起案件进行专项检查，对170家“三资”、私营企业进行2次常规检查，督促存在问题的企业进行整改，并对3家问题严重的企业进行处罚。1997年，强化集中专项检查、日常检查与查处群众举报案件的工作力度，启动烟台开发区首次劳动年检，将300多家企业纳入年检范围。同年6月9日，人事劳动局正式委托劳动监察处实施劳动行政处罚。1999年，以社会保险费征缴为重点，深入企业监察340余次，处结举报监察案件31起，对162家企业进行劳动年检，对1家非法使用童工企业进行处罚。2000年，组织开展4次较大规模的专项监察，全年监察用人单位536户（次），责令用人单位与2800名未签劳动合同的工人签订劳动合同。2001年，为从根本上控制劳动违法案件的发生，人事劳动和社会保障局提出“一年建章立制，两年整顿规范，三年完善管理”的依法行政工作目标，于8月31日组织召开全区首次劳动和社会保障依法行政工作会议，印发《关于依法加强劳动和社会保障管理工作的意见》，以催缴社会保险费和规范企业劳动管理为重点，组织开展劳动年检、多部门联合执法大检查、劳动保障法监督检查等较大规模的专项检查，全年共查处举报监察案件50起，检查企业294家（次），督促84家企业与未签劳动合同的工人签订劳动合同3376份、缴纳保险金554万元。2002年，组织开展“依法行政年”活动，集中全系统力量，以规范企业用工手续、强化社会保险基金征缴为重点，集中开展劳动年检执法和集中执法月活动，共检查用人单位439户，涉及职工23180人；举办3期劳资人员培训班，培训劳资员281人，并开始试行劳资员持证上岗制度；对年检中查出问题比较突出的30家“三资”、私营企业下达《责令整改通知书》，处理违法案件6起；新签合同2563人，新增参保职工1018人。全年共查处举报监察案件35起，为职工追讨回工资、押金及补偿金4.14万元；追缴养老保险金199万余元。2003年上半年，先后组织开展农民工工资支付“清欠月”活动、维护未成年工合法权益和禁止使用童工检查、社会保险扩面征缴专项检查。是年6月以后，以劳动合同签订、扩面征缴、清理欠薪、欠费等为重点，抽调人力，组成9个小组，开展“双百会战，集中突破”活动，集中利用200天时间，采取法规宣传、说服教育、现场办公和依法推进等措施，共促成新签劳动合同5235人、新缴劳动保险5287人。

1994—2003年烟台开发区劳动保障监察工作情况表

表20-13

年份	主动监察		举报监察案件（件）	劳动年检		督促补签劳动合同（个）	追发职工工资待遇		督促缴纳社会保险费		行政处罚单位（个）	行政处罚金额（万元）
	检查企业（家）	涉及人数（人）		单位数量（个）	涉及人数（人）		涉及人数（人）	金额（万元）	涉及人数（人）	补缴金额（万元）		
1994	152	8930	–	–	–	2062	54	3.2	–	–	–	–
1995	124	7553	–	–	–	1505	–	–	–	–	–	–
1996	170	12000	35	–	–	7455	97	5.2	–	–	3	2.5

续表 20-13

年份	主动监察		举报监察案件（件）	劳动年检		督促补签劳动合同（个）	追发职工工资待遇		督促缴纳社会保险费		行政处罚单位（个）	行政处罚金额（万元）
	检查企业（家）	涉及人数（人）		单位数量（个）	涉及人数（人）		涉及人数（人）	金额（万元）	涉及人数（人）	补缴金额（万元）		
1997	90	5400	52	300	15120	7473	290	15	–	–	1	2
1998	160	8754	30	205	14500	6952	500	206.56	–	–	–	–
1999	340	21500	31	162	13200	9046	749	393	–	–	1	0.5
2000	368	17021	38	202	16700	2800	226	11.85	6270	403.2	–	–
2001	92	9071	50	294	21603	3376	120	7.78	9765	554	–	–
2002	35	4484	35	439	23180	2563	78	4.14	8314	199	3	4.9
2003	75	6100	63	532	26160	5235	624	64.38	7762	361.9	4	7.3
合计	1606	100813	334	2134	130463	48467	2738	711.11	32111	1518.1	12	17.2

第四章　工资福利管理

第一节　机关事业单位工资制度

1985年，开发区取消等级工资制后，机关事业单位工作人员实行新工资制，工资水平普遍提高。至2003年，根据国家和山东省调资政策，工资制度改革前工资额低于国家规定工资标准的部分人员的套改和专业技术人员实行职务聘任后的工资标准等一系列问题陆续得到解决。

自1993年10月1日起，全区机关事业单位工作人员工资制度进行改革。机关工作人员（除工勤人员外）实行职级工资制，机关技术工人实行岗位技术等级工资制，普通工人实行岗位工资制。事业单位专业技术人员实行专业技术职务工资制，管理人员实行职员职务等级工资制，技术工人实行技术等级工资制，普通工人实行等级工资制。机关事业单位工作人员的职务工资、级别工资均按国家规定正常晋升。按照国家统一部署，先后5次调整工资标准：1997年7月1日，按照月人均约20元的增资幅度提高工资标准；1999年7月1日，按月人均约120元的增资幅度调整工资标准；2001年1月1日，按人均月增资约100元的增资幅度调整工资标准；2001年1月10日，按人均月增资约80元增资幅度调整工资标准；2003年7月1日，按人均月增资约54元增资幅度调整工资标准。

第二节　企业工资制度

建区初期，开发区内企业职工实行职务等级工资制，其中干部的工资标准分为十七级，工人实行八级工资制。由劳动部门按照国家工资政策调整审批职工档案工资，通过《工资基金手册》管理企业工资支付，企业严格按职工档案工资标准发放工资。

1992年4月25日，开发区劳动人事局、经济发展局、财政局、税务局联合印发《关于推行企业工效挂钩的意见》和《关于全民所有制企业工资总额包干的实施意见》，开始探索建立企业效益决定工资增长的机制，扩大企业分配自主权，打破一统天下的八级工资制，建立工资分级分类管理体制。物资公司、建设公司、自来水公司等10余家直属企业相继开始实行"工效挂钩"确定工资。1993年12月4日，管委实施《烟台经济技术开发区关于企业工资总额分类调控和搞活内部分配的规定》。自1993年开始，企业内部分配普遍推行岗位技能工资制，职工的工资收入与其技术等级、岗位责任、工作业绩挂钩，岗位工资标准与企业经济效益相联系，随之上下浮动，职工工资收入根据其劳动贡献大小确定。针对"工效挂钩"实施过程中遇到的问题，1994年3月10日，人事劳动局、财政局、经济发展局印发《关于1993年企业工效挂钩有关问题的通知》，对工效挂钩办法提出改进意见，进一步完善企业工资宏观调控措施。1994年12月23日，管委实施《烟台经济技术开发区企业工资总额宏观调控的实施办法》。1997年6月，开始推行工资集体协商办法，进一步完善企业工资分配的民主决策和监督机制。1997年12月4日，管委制定《烟台经济技术开发区公益性企业经营者年薪制实施办法》，在自来水公司、热力公司、公交公司3家直属企业中实行经营者年薪制，经营者年薪收入与企业资产规模、保值增值、实现利税、职工工资等挂钩，体现按劳分配，责任、风险、利益相一致的原则。

1995年6月1日，烟台市开始实行企业最低工资保障制度，市政府确定开发区企业的最低工资标准为每人每月190元。1997年1月，开发区企业的最低工资标准调整为每人每月240元。1999年7月，调整为每人每月320元；2001年7月，调整为每人每月370元。2002年10月，调整为每人每月410元。

2000年8月，按照市政府发布的企业职工平均工资增长指导线的要求，全区建立企业工资增长指导线制度，合理安排区内企业职工工资的正常、适度增长。人事劳动和社会保障局每年对开发区内各类企业有关工种岗位工资价位进行抽样调查，有关数据经市劳动和社会保障局汇总、分析后形成职业（工种）工资指导价位向社会发布，用以调节劳动力市场价格，为劳动力供求双方协商确定工资水平提供客观的市场参考标准。

第三节　烟台开发区有关工资福利制度

开发区补贴、午餐补贴　自1985年1月起，开发区按照每人每个工作日0.8元的标准发放补贴，野外工作人员每人每个工作日增加0.3元。1987年1月起，调整为每人每个工作日发放补贴1.90元、午餐补贴1元。1993年1月起，午餐补贴调整为每人每个工作日2元。从1995年1月起，凡在开发区工作的职工（含计划内临时工）的补贴由每人每个工作日1.90元调整为5元，午餐费标准不变。

浮动工资　自1989年起，开发区各直属部门、单位实行岗位责任制考核奖励浮动工资。根据直属各部门、单位年终考核等次，一等单位升级面为35%、二等单位为30%、三等单位为25%，个人不得连年升级。1991年3月5日，管委制定《关于在开发区工作满一年浮动一级工资的实施意见》。凡1990年底在册的固定职工、合同制职工（包括开发区内合同制职工），在区内工作已满一年的，可浮动一级工资；1990年1月1日以后调入的，待工作满一年后亦享受浮动一级工资。浮动工资满五年后，可转为固定工资（机关事业单位工作人员的固定工资仍按浮动工资管理），同时再浮动一级。1993年12月4日，管委制定《烟台经济技术开发区关于企业工资分类调控和搞活内部分配的规定》，决定从1994年起，取消开发区浮动工资和企业岗位责任制考核浮动升级办法。1994年12月26日，人事劳动局《关于开发区浮动工资处理意见》规定，自1995年1月1日起不再执行在开发区工作满一年浮动升级的办法，1994年12月31日前来开发区工作已转正定级的固定职工、合同制工人可在现行档案工资上享受一级浮动工资；企业岗位目标责任制考评浮动升级仍按《烟台经济技术开发区关于企业工资总额分类调控和搞活内部分配的规定》执行，机关事业单位自1995年起不再执行岗位目标责任制考评浮动升级办法，职工已享受的浮动工资暂予保留。

第二十一编

卫　　生

烟台开发区医院病房大楼

烟台经济技术开发区志

YANTAI JINGJI JISHU KAIFAQUZHI

1985年，开发区管委设机关卫生室。1986年6月，烟台开发区卫生所成立。1987年8月，撤销卫生所，设烟台开发区医院。至2003年，开发区拥有1所二级甲等医院，1所妇幼保健站，1所卫生防疫站，1家街道医院，2所卫生院，3所社会办医院、30余家私人诊所、100余所村（居）办卫生室等医疗机构。医务工作人员从2人发展到540余人，医疗卫生资产超亿元。医疗卫生设施不断更新，开发区、街道、社区三级预防保健网络逐步形成。开发区卫生管理部门加强医疗卫生市场管理，常年开展医疗市场整治活动。

1996年，实行医疗卫生改革。对医疗机构实行分类管理；缩短医疗审批事项行政审批时限；医疗单位实行专业技术岗位竞聘制，领导体制实行党组织领导下的院长负责制。全区公共卫生、农村卫生、中西医医疗事业等稳步发展。卫生执法监督力度不断加大，截至2003年年底，食品卫生、职业卫生和医疗卫生等卫生服务机构覆盖全区。

第一章 卫生机构

第一节 行政机构

1987年4月25日，烟台开发区文教卫生局成立，为管委直属正科级行政部门，实有工作人员3人，办公地址在开发区第二小学。1989年8月，爱国卫生运动委员会（以下简称爱卫会）成立，办公室设在文教卫生局，实有1人，科级单位。1990年3月，撤销文教卫生局，设卫生局、教育局，均为管委直属正科级行政部门，爱卫会办公室划归卫生局管理。卫生局与开发区医院（以下简称区医院）合署办公，卫生局编制2人，办公地址在区医院门诊楼。主要负责对全区公共卫生、劳动卫生及食品卫生等进行监督检查；制订爱国卫生运动规划和措施，开展全民健康教育，动员全社会重视和参与卫生工作；做好妇女、儿童卫生保健和计划生育技术服务、业务指导工作；组织全区医疗卫生机构和技术力量，进行伤病员救治和日常治病防病等工作。1991年8月2日，卫生局与区医院分设，办公地址迁入工贸大厦7楼。是年9月，卫生局工作人员增加到4人。1992年7月25日，卫生局内设办公室、医政药政科，均为股级科室，是年10月，爱卫会办公室升格为正科级单位，并从卫生局析出，隶属于建设环保土地局。12月26日，卫生局升格为正处级行政部门。1993年2月，卫生局办公室、医政药政科（更名为医政药政处）均升格为正科级行政处室。6月，卫生局工作人员增加到11人（含计划生育办公室4人）。1994年3月19日，卫生局办公地址迁入黄河路86号。1995年6月，卫生局定编7人。1996年6月，卫生局挂“烟台经济技术开发区爱国卫生运动委员会”牌子，爱卫会办公室归属卫生局管理。卫生局办公地址迁至科技大厦6楼。2001年开发区机构改革，社会事业管理局成立，卫生局更名为卫生处，归社会事业管理局管理，对外仍行使卫生局职能，办公地址迁至管委行政中心2楼。

1990—2001 年烟台开发区卫生局正副局长表

表 21-1

姓名	性别	出生年月	籍贯	职务	任职时间	级别	备注
俞凤兰	女	1935.05	威海文登	局　长	1990.03—1991.07	正科	兼医院院长
邹积生	男	1937.12	威海文登	局　长	1991.07—1993.02	正科	
邢迎春	男	1963.03	威海文登	副局长	1992.05—1993.02	副科	
王学范	男	1951.02	烟台牟平	局　长	1994.03—2001.05	正处	
宋德欣	男	1958.07	烟台栖霞	副局长	1997.03—2000.11	副处	
程合福	男	1954.12	山东泰安	副局长	1997.03—2001.07	副处	兼医院院长

第二节　医疗机构

烟台开发区医院　1986 年 6 月，烟台开发区卫生所成立，实有职工 6 人，为管委直属正科级事业单位，办公地址在原福山区良种场院内。1987 年 8 月 17 日，区医院成立，为管委直属正科级事业单位，编制 16 人。办公地址迁入新建医院。1991 年 8 月，区医院划归卫生局管理。9 月，职工增加到 69 人。1992 年 3 月，区医院内设办公室、医务科、内科、外科、五管科、儿科、妇产科、中医科、口腔科、放射科、药剂科、检验科、手术室、血液透析中心等科室。1993 年 2 月，职工增加到 110 人。1995 年 6 月，卫生局设皮肤病研究所，与区医院合署办公。1996 年，区医院被山东省卫生厅评为部颁标准“二级甲等医院”。1997 年，被卫生部、联合国儿童基金会、世界卫生组织命名为“爱婴医院”。1998 年 11 月，区医院职工增加到 225 人。1999 年 9 月，职工增加到 226 人。2001 年，烟台开发区眼科医院成立，有职工 24 人，隶属于社会事业管理局卫生处，与区医院合署办公，一套班子，两个牌子。2003 年，区医院拥有职工 270 人，其中医师 106 人，护士 83 人，医技 35 人，其他 46 人。内设 13 个临床科室，7 个医技科室，10 个行政职能科室。

图 21-1　烟台开发区医院门诊楼（2001 年摄）

烟台开发区妇幼保健站　1991 年 3 月，烟台开发区妇幼保健站成立，编制 2 人，为股级事业单位。是年 7 月，妇幼保健站与区医院合署办公。1993 年 2 月，妇幼保健站职工增加到 4 人，为卫生局所属正科级事业单位。1994 年 8 月，妇幼保健站改称妇幼保健诊治中心，同时挂“计划生育服务站”牌子。2001 年 8 月 7 日，计划生育技术服务站单独办公，妇幼保健中心改称妇幼保健站，均为正科级事业单位，编制分别为 5 人、13 人，经费分别实行全额预算管理和差额预算管理，均隶属于社会事业管理局。是年 12 月，两单位合署办公。2002 年，妇幼保健站迁至黄河路 86 号（新时代大厦院内）。

烟台开发区卫生防疫站　1987 年 8 月 17 日，烟台开发区卫生防疫站成立，实有 3 人，为文教卫生局所属差额拨款事业单位。与区医院合署办公。负责全区疾病控制、卫生监督监测、科研培训、健康教育等工作。1991年3月，防疫站单独办公，工作人员增加到8人。1992年3月，职工增加到9人，内设防疫科、检验科、卫生科。办公地址迁入原福海路25号福山边防派出所院内。是年12月，卫生检疫站成立，与卫生防疫站合署办公。1993年2月，编制增加到15人。主要承担计划免疫、疾病控制、食品卫生监督、公共场所卫生监督、药品卫生监督、船舶卫生检疫等职能。是年9月，由差额预算管理改为自收自支。1996年6月，职工增加到17人。同时，经费由自收自支恢复差额预算管理。2000年3月，职工增加到18人，9月增加到20人。2001年1月，卫生防疫站归属社会事业管理局管理。2003年6月，内设机构有办公室、防疫科、计划免疫科和卫生监督一、二、三、四科等科室。防疫站拥有职工25人，其中专业技术人员24人，具有高级技术职务2人，中级技术职务11人，初级技术职务11人。主要负责计划免疫和慢性病、艾滋病防治，食品加工、流通和摊贩、企业食堂卫生监督，餐饮业卫生和公共卫生监督，集体食堂、船舶卫生检疫和劳动卫生、消杀卫生监督等工作。

烟台开发区大季家医院　1955年，大季家联合诊所成立，有职工7人，为股级事业单位。1958年，联合诊所更名为大季家人民公社卫生院，职工增加到12人。1974年，卫生院改称蓬莱县人民医院大季家分院，仍为股级事业单位。1992年，更名为蓬莱市大季家中心卫生院。1997年，卫生院升格为副科级单位，更名为蓬莱市第三人民医院。2003年4月，更名为烟台开发区大季家医院。医院占地面积2.6万平方米，建筑面积6556平方米，固定资产630万元。共有职工77人，其中医师34人，护士24人，医技4人，其他15人，仍为副科级事业单位。

烟台开发区古现卫生院　1952年7月，古现卫生所成立，有职工3人，为股级事业单位。1953年，卫生所设内科、外科、药房等3个科室。1955年，由个体医生组织成立古现联合诊所。1958年7月，古现联合诊所撤销，成立烟台市古现地段医院，医务人员增加到16人。医院设内科、外科、牙科、化验室、药房等6个科室，仍为股级事业单位。1962年4月，古现地段医院改称古现卫生院，有职工18人。1985年，职工增加到35人。2003年4月，更名为烟台开发区古现卫生院，占地面积8000平方米，建筑面积1560平方米，实有职工31人，其中医师15人，护士6人，医技8人，其他2人，为副科级事业单位。

烟台开发区八角卫生院　1971年，福山县八角人民公社卫生院成立，为股级事业单位。内设西医内科、外科、妇科、检验科、放射科、药房等科室。1988年，文登整骨医院派3名骨科专家到该院帮助工作。经过两年帮扶，经烟台市卫生局专家组评审，卫生院骨外科被确定为中医特色医疗科室。2000年，卫生院在下刘家村开设社区卫生服务站。是年，卫生院更名为古现镇八角卫生院，仍为股级事业单位。2003年4月，卫生院更名为烟台开发区八角卫生院，同时挂开发区八角妇幼保健院和开发区结核病防治所的牌子。占地面积5200平方米，建筑面积1450平方米，实有职工23人，其中医师11人，护士6人，医技4人，其他2人，为副科级事业单位。

烟台开发区首钢医院　1991年，烟台开发区首钢医院成立，为国营企业职工医院，占地面积1600平方米，建筑面积1400平方米，地处金沙江路17-1号，有职工28人，固定资产100万元。医院内设口腔、肛肠、皮肤、除痛等专科，日均就

图21-2　烟台开发区首钢医院（1991年摄）

诊人数 110 人次。1994—2003 年，医院在东星、星海两个居民区建立社区服务站，为群众提供医疗服务。与解放军 107 医院、烟台毓璜顶医院、烟台山医院、烟台开发区医院建立临床协作关系，心血管、神经内科、肿瘤、普外科、骨外科、妇科、肾病科、消化内科等疑难病症，均可在该医院及时诊断治疗。

烟台开发区博爱医院 1999 年，烟台开发区博爱医院成立，为新型股份制医院。建筑面积 4000 平方米，有医务人员 68 人，其中医师 41 人，护士 15 人，医技 12 人。该院系集医疗、教学、科研、预防、康复为一体的综合性二级医院。设有内、外、妇、儿、中医 5 个科室，中医科、精神病科、肝病科、男性科、口腔科、针灸推拿科等特设专科。

烟台立杰中医风湿骨病医院 2003 年 1 月，烟台立杰中医风湿骨病医院建立，为烟台第一家股份制二级乙等专科医院。该院一期工程占地面积 2600 平方米，建筑面积 1800 平方米，总投资 1800 万元。医院有职工 56 人，其中具有中高级职称医护人员 29 人，有病床 80 张。内设中医骨伤科、中西医内科、急诊科、针灸推拿科、糖尿病科、泌尿科、骨病科、外科、儿科等专业门诊。

烟台开发区企业办卫生所 1995 年 9 月，热力总公司卫生所建立，有医务人员 2 人。1999 年 8 月，烟台华明房地产公司卫生所建立，有医务人员 2 人。2000 年 2 月，烟台厚木华润袜业有限公司卫生所建立，有医务人员 2 人。到 2003 年年底，经烟台开发区卫生部门批准企业办卫生所共有 3 家。

烟台开发区私人诊所 烟台开发区私人诊所诊疗科目比较单一，各诊所均按照登记科目执业。1989 年，全区第一家私人诊所——李家茂中医诊所成立。是年，全区共有私人诊所 11 家，其中牙科诊所 1 家，中医诊所 3 家，妇科诊所 1 家，内科诊所 3 家，外科诊所 3 家。1992 年，私人诊所增加到 16 家，其中牙科诊所 1 家，中医诊所 4 家，妇科诊所 1 家，内科诊所 6 家，外科诊所 4 家。1995 年，私人诊所增加到 18 家，其中牙科诊所 1 家，中医诊所 4 家，妇科诊所 1 家，内科诊所 8 家，外科诊所 4 家。1999 年，私人诊所增加到 21 家，其中牙科诊所 1 家，中医诊所 4 家，妇科诊所 1 家，内科诊所 10 家，外科诊所 4 家，五官科诊所 1 家。2001 年私人诊所增加到 23 家，其中牙科诊所 1 家，中医诊所 4 家，妇科诊所 1 家，内科诊所 11 家，外科诊所 5 家，五官科诊所 1 家。2003 年，私人诊所增加到 31 家，其中牙科诊所 1 家，中医诊所 5 家，妇科诊所 1 家，内科诊所 15 家，外科诊所 8 家，五官科诊所 1 家。

烟台开发区社区卫生服务机构 1985 年，烟台开发区共有 4 个村办卫生室，1992 年增加到 14 个，2002 年增加到 109 个。各村卫生室主要承担为村民提供医疗服务职能。1996—1998 年，区医院在居民住宅小区共建立 6 处社区卫生服务站。到 2003 年，全区各街道卫生院（医院）共建立 7 个农村社区卫生服务站。

第二章 医疗卫生改革

第一节 医疗机构分类管理

自 1996 年开始，为促进全区医疗机构之间的公平、有序竞争，提高其管理和服务水平，根据《关于城镇医疗机构分类管理的实施意见》和各医疗机构的经营目的、服务项目，以及执行的财政、税收、价格政策和财务会计制度，将各医疗机构分为非营利性和营利性两部分。非营利性医疗机构不以营利为目的，其收入主要用于弥补医疗服务成本，而实际运营中的收支结余主要用于自身发展。营利性医疗机构的医疗服务收益主要用于对投资者的经济回报。医疗机构在申请执业注册时，卫生部门根据医疗机构投资来源、经营性质等有关分类界定的规定予以核定，在执业注册中注明“非营利”和“营利”，并按法律规定到工商行政管理、税务等有关部门办理相关登记手续。2000 年 10 月，按照自愿选择和政府核定相结合的原则，经过对全区 81 处医疗机构进行分类核定，其中非营利性医疗机构 26 处，营利性医疗机构 55 处。

第二节　医疗审批制度改革

2001 年，开发区卫生部门对医疗审批事项进行改革，取消 1 项原需审批的事项，5 项审批事项原需卫生部门批准，变更为只需核准即可，并进一步缩短行政审批时限。2003 年 3 月，防疫站自筹资金 20 万元，建设公共卫生信息管理系统网络。整个网络系统以单位信息为核心，以公共卫生管理为纽带，解决单位内部业务管理和各部门之间信息资源共享问题，实现行政许可审批、健康查体的网上流程，规范审批程序。通过优化管理流程，提高公共卫生管理水平和工作效率，达到节员增效、方便群众的目的。原来发放健康证需要 10 个工作日，现在只需 5 个工作日。填写个人资料、提供照片、交款和查体化验，实行一卡制，一次性在网络系统内完成。卫生许可证的发放，从申请开业到现场验收、发放许可证，由原来的 30 个工作日，减少到 15 个工作日，从申请开业单位输入信息、防疫人员现场验收，到确定是否符合发证条件，以及领导审批，全部实行网上操作。

第三节　专业技术岗位竞聘制

1997 年，烟台开发区卫生系统全面实行评聘分开、竞争上岗制度。到 2003 年，区医院专业技术人员共进行四轮竞争上岗。按照德、能、勤、绩四个方面进行竞聘，每一聘任期为 2 年。其间共有 3 人降聘，12 人落聘。在具体操作上，由医院管理人员及专家组成考核评定小组，具体负责考核方案制定及考核工作的组织实施。制订《医院专业技术岗位聘任实施方案》，召开各层次人员座谈会，公布实施方案内容，广泛听取群众意见，为聘任考核工作顺利开展打下基础。对专业技术人员的聘任考核，医院有关部门进行认真调查研究，力求对每个人的能力素质作出客观公正评价。制定《各类岗位竞聘考核办法》，将考核内容进行分解和细化、量化，力求准确反映每个人的能力和素质。各临床科室成立由科主任、护士长、党支部书记、职工代表组成的考核评定小组，按照各科室岗位定编，对本科室专业技术人员的德、能、勤、绩情况进行考核。采取直接计量与模拟计量相结合的方法进行评分计量。各临床科室将本科室各级岗位人员考核结果报送医院考核评定小组，由医院考核评定小组统一确定全院各科室岗位聘任结果。2001 年 10 月，卫生防疫站正、副科级干部实行竞争上岗；2003 年 11 月，卫生防疫站内部各科室负责人实行竞争上岗。

第四节　医院领导体制改革

自 1991 年，开发区医院进行领导体制改革，实行党组织领导下的院长负责制，医院党组织主要负责宣传和贯彻党的卫生工作路线、方针、政策，对职工进行形势、政策和医德教育，管理党的组织建设和干部培养工作，监督医院年度计划执行情况。院长的主要职责是，领导全院的行政、业务工作；制定管理制度，组织实施和检查；提高医护人员业务素质、医疗技术，改进医疗护理作风；保证药物供应和职工、病员生活。各科室和医护人员实行目标管理和岗位责任制。2002 年 9 月，大季家、古现、八角卫生院划归开发区后，全区各医院（卫生院）均实行院长负责制，推行目标管理和岗位责任制。医院实行责任制医疗和护理，病人从入院到出院，固定医疗人员和护理人员，医疗、护理人员对病人进行全面治疗和护理，最后对医疗、护理效果作出评价。

第三章　公共卫生

第一节　卫生防疫

制度　1987 年 8 月，烟台开发区卫生防疫站（以下简称“防疫站”）接管由福山区卫生防疫站管辖的烟台开发区境内卫生防疫工作，在全区 3500 名常住人口、2 个招待所、4 个食堂、5 处个体食品杂货店、4 所学校展开卫生防疫工作，对 500 余名儿童进行计划免疫接种。1988—1992 年，防疫站加强内部机构和防疫队伍建设，制定岗位目标责任制考核办法，明确职责范围，建立健全各种规章制度。在防疫工作中，防疫站贯彻“预防为主、防治结合”的方针，以计划免疫为主，重点抓好霍乱病、结核病、病毒性肝炎的预防工作，并加大对肠道疾病的监管力度。1993—2003 年，防疫站在全区进行甲肝、乙肝疫苗接种，加强对重点行业、重点人群的管理，预防传染疾病的爆发流行。2003 年 12 月，防疫站建成公共卫生信息管理网络，实现内部业务管理和各单位之间信息资源共享和行政许可审批、健康查体的网上流程，规范各项审批程序，提高公共卫生管理水平和工作效率。同时，防疫站重视开展学术研讨活动，科技人员常年坚持课题研究，截至 2003 年，全站职工在国家级、省级学术刊物上发表论文 30 余篇，有 1 项科研成果获得烟台市科学进步奖。

设施　1987—2003 年，防疫站根据《县级卫生防疫站晋级评审标准》，投入资金购置仪器设备，并组建理化室、微生物室，提高监测检验能力。1992 年，山东省卫生防疫站免费为烟台开发区配置两台速冻器、20 个冷藏包、100 个冰排，并以成本价售给 8 台冰箱。2003 年 4 月，防疫站固定资产总值 159 万余元。到 2003 年年底，防疫站拥有仪器设备总值 89 万元，其中 1000 元以上仪器设备 29 台（件）。

接种　防疫站所用疫苗统一从烟台市卫生防疫站进货，疫苗采取专车运输、专人管理、定期检查冷链系统的保质措施，并做好温度记录，保证冷链系统正常运转。在计划免疫工作中，防疫站建立健全预防接种登记卡（簿）和各项规章制度。防疫人员严格执行无菌操作，实行“一人一针一管、一苗一会”制。1987—1996 年，城区儿童接种由防疫站负责，各自然村儿童接种由乡村医生负责，防疫站负责对乡村医生进行培训和疫苗发放，并实行每月开诊接种一天。1997 年后，全区儿童接种全部由防疫站负责，每月开诊接种 3 天。2003 年，开诊接种时间增加为每周一天。全年共完成基础免疫接种 1.47 万人次，加强免疫接种 3.19 万人次。其中接种进口水痘疫苗 1007 人份；麻风腮疫苗 770 人份；HIB 疫苗 1101 人份；甲肝疫苗 2864 人份；乙肝疫苗 4171 人份。重点加强对新划入的 3 个街道所属农村、城乡结合部和流动人口家庭中儿童的查遗补漏工作，对漏种、迟种、不种的儿童及时予以补种，全年办理签发计划免疫保偿合同和儿童预防接种证 677 人份。在接种过程中，配备有血压计、体温表、付肾素、注射器等药械，一旦发生异常反应，就地处置，严重者护送到就近医院抢救治疗，所需费用均从计划免疫保偿费列支。1990—2003 年，全区计划免疫疫苗接种覆盖率稳定在 98% 以上，计划免疫相关传染病的发病数占总发病数的比例控制在 1% ~ 2% 之间，发病率波动于 2.5/10 万左右，未发现脊髓灰质炎、麻疹、百日咳、白喉、流行性脑脊膜炎和流行性乙型脑炎患者。

第二节　公共卫生管理

食品卫生　1988年，防疫站开始对全区食品行业卫生进行监督监测，依据《中华人民共和国食品卫生法》加强对关键环节的控制，严格按照法律、法规和标准审核发放卫生许可证。具体工作情况是：发证前的技术审核率达到100%；发证后，加强跟踪管理，每年复核一次；对食品从业人员每年进行一次健康查体，对从业单位每年定期进行餐饮器具、产品采样监测检验。1992年，防疫站同工商部门一起对永定集贸市场内食品经营业户的卫生设施布局按标准进行统一设计规划，市场的饮食摊点增设防尘、防蝇等设施，用餐者使用一次性筷子，从业人员统一着工作服，使集贸市场内的食品卫生管理规范化、制度化。

从1996年开始，防疫站加强对中、小型饭店的卫生管理，制订整治方案，以解决中、小型饭店卫生设施、消毒设施不全为重点，改善其饮食卫生状况。其间，防疫站公布饮食卫生检查验收标准，监督人员到各饮食单位进行现场监督指导，发现问题立即下达监督意见书，令其限期整改。对改造不力、行动缓慢和拒不改造的单位给予罚款、取缔或吊销卫生许可证。到2002年年底，共整改中、小型餐饮单位267户，其中硬件设施不配套无保洁设施、无防蝇设施的152户，无消毒设施的78户，不具备开业条件的20户，无证经营的11户，拒不改造的3户。针对以上单位的违法情节，依法给予处罚。其中责令改正的56户，被罚款200～2000元的累计23户，累计罚款5万元。被吊销卫生许可证的2户，被取缔3户。1995—2003年，防疫站先后在烟台市国家级卫生城验收、“6·18”中新经贸洽谈会、第二届亚太经合组织国际贸易博览会、中小企业国际交流会、果蔬会等重大活动中，开展食品卫生监督检查，促进烟台开发区食品行业卫生达标。

2003年，根据《食品量化分级管理》达标要求，防疫站制定食品行业最低达标标准（C级标准），对规模大、风险高的单位进行重点监督管理。对上海通用东岳汽车有限公司集体食堂实行高频次日常监督和饭菜采样检验，变事后处罚为事前监督监测。对全区每起食物中毒事件，防疫站都做到及时调查，严肃处理。到2003年，全区共发生3起食物中毒事件（其中北方大酒店食物中毒25人、大斗服装厂食物中毒66人、永康食品有限公司食物中毒38人），防疫站均责成有关部门视情节对直接责任人给予相应处分，对责任单位分别给予1万余元罚款。是年，全区共有餐饮企业707家、食品加工企业221家、食品经营企业98家、食品商店626家、集体食堂133家、食品摊贩338个，从业人员共1.12万人。防疫站组织从业人员进行健康查体，查体率达98%以上，对288名“五病”人员全部调离食品行业。

图21-3　2003年，防疫人员对集体食堂饭菜采样检验

公共场所卫生　从1990年开始，防疫站依据国务院颁布的《公共场所卫生管理条例》，对公共场所开展卫生监督、检测。1995—1997年，防疫站对全区190余户公共场所从业单位进行调查摸底，重点对理发美容店进行整治。1998年，对86户理发美容店进行重点排查，其中无证经营占5.7%，卫生设施不全的占85.2%，无专用理发工具的占36%，无上下水设施的占4.2%，从业人员无证上岗的占8.4%。针对上述问题，防疫站从烟台市防疫站为业户统一订购紫外线消毒箱，使理发美容行业硬件设施得到改善；对经整治合

格的单位和从业人员补发各种证件。1999年5月，烟台市卫生局、防疫站组织市区卫生防疫人员在开发区召开现场会，将开发区防疫站的整治经验在全市推广。2001年，防疫站制订《烟台开发区新世纪行动方案》，成立新世纪行动领导小组，重点对27家中小宾馆、旅店卫生设施的配备使用情况进行全面检查，并对公用杯具、空气质量等进行监测。经检查，卫生设施基本合格的单位达80%以上，有7个单位使用消毒设施不当，被责令限期整改，1个单位基本不用消毒设施被罚款。到2002年年底，累计查处不符合卫生要求的单位72家，其中警告处罚53家，罚款处罚19家，累计罚款1.22万元。2003年3月，对境内宾馆旅店、理发美容业、娱乐业、洗浴业、室内游泳馆从业人员804人进行健康查体，其中发现"五病"被调离者4人。

学校卫生　1994年5月，开发区防疫部门对全区在校学生进行第一次健康查体，11所中小学校、1所职业学校的6000余名学生进行全面体检。体检项目包括身高、体重、胸围、肺活量、色觉、内科等。体检后，将结果书面反馈给学校，并建立学生健康档案。此后，每年都对在校学生进行健康体检，并对学校医务室、食堂定期进行卫生监督监测及消毒管理。到2003年，累计为在校学生查体6万余人次。

防疫站加强对学校食堂的卫生监督，对境内内生产和加工学生奶、豆奶的企业和销售学生奶、豆奶的商家以及实行课间加餐的学校进行摸底调查，严格管理，确保广大师生的饮食卫生安全。1997年，防疫站对全区中小学生进行尿碘分析，全区中小学生缺碘人数在0.8%以上。防疫站利用5月5日碘缺乏病宣传日到街头进行宣传，发放宣传单6000余份，并通过电视讲座提高群众自觉补碘意识。根据烟台市卫生局与教委联合下发的《关于认真做好中小学生服用碘油丸工作的通知》，对全区中小学生集中普及服用碘油丸1.5万粒，对没有统一在学校服用碘油丸的学生进行碘油丸补服，补服率达95.8%。1998年，在消除碘缺乏病危害方面，经烟台市防疫部门考核验收，开发区顺利达标。

1999年，防疫站用透明胶纸肛贴法对海河幼儿园100名儿童进行蛲虫感染检查，感染率为2%。2000—2002年，防疫站选择第一小学、第一中学进行学生贫血、肠道寄生虫感染和龋齿等疾病进行调研。体检学生共2100余人次，其中肠道寄生虫感染率为4.2%，贫血患病率为5.8%，龋齿患病率为21.4%。据此，全区各学校开展卫生知识教育，并加强对上述疾病的防治。针对学生视力逐年下降的问题，卫生部门对学校提出书面建议，说明造成视力下降的原因，为各学校订购眼保健操挂图、磁带，建议学校加强宣传教育，使学生提高视力保护意识，纠正不良习惯，注意用眼卫生。同时，向有关部门提出具体建议，对部分学校设施进行修缮改造，扩大教室采光面积，改善照明设施。

图21-4　2003年，防疫站举办学校保健医生培训班

2003年，在防治"非典型性肺炎"期间，卫生防疫人员深入各学校为学生讲解有关防治知识，并举办学校负责人及保健医生培训班，进行专业知识培训，使各学校未出现一例"非典"疑似病例。

卫生检验　**设备**　1991年，防疫站单独办公，区医院转交给防疫站显微镜1台、培养箱2台、生化培养箱1台、高压消毒锅1台、冰箱1台。卫生检验项目增加伤寒、副伤寒、痢疾杆菌等。1994年3月，防疫站组建微生物、理化实验室，自筹资金定做实验台，购置检验仪器设备、化学试剂、玻璃器皿等。6月，卫生监测、检验职能划归计量监测中心，所购入的设备及材料（计7万余元）调拨到计量监测中心，防疫站原有4人调入计量监测中心。2000年5月，卫生监测检验职能重归防疫站。2003年，防治“非典”期间，财政拨款36万元购置设备，满足防疫站监督检测工作的需要。

检验　自1988年，防疫站与开发区医院检验科协同对全区食品、公共场所等单位从业人员进

图21-5　2001年，防疫人员正在对供水水源取样监测分析

行乙肝表面抗原、谷丙转氨酶检验；对全区化妆品经营店进行卫生监督，对所发放的卫生许可证进行复核，对从业人员进行健康查体，发现卫生不合格的经营店，及时整改，直至吊销卫生许可证；依据《生活饮用水卫生监督管理办法》，对涉水产品单位人员每年进行1次健康查体，并对供水和涉水产品单位进行卫生监督检查，对供水水源卫生状况进行定期与不定期水质监测与检验分析。1988—2003年，每年每月进行一次管网末稍水中游离余氯含量测定，进行一次水质、物理、化学指标监测；每季度进行一次水质理化、细菌检验分析。监测结果表明，开发区自来水质均符合国家规定的卫生标准。

爱国卫生　除“四害”　自1984年，境内开展以除“四害”（老鼠、苍蝇、蚊子、臭虫）为中心的爱国卫生运动。全区坚持每年统一开展集中消灭老鼠、苍蝇、蚊子和臭虫的消杀活动。平时，主要采取集中活动与日常监管相结合、群众运动与专业队伍消杀相结合的同防同治措施，以及进行环境治理、物理防治、化学防治等综合手段，使“四害”明显减少。在农村，重点开展以讲卫生为主的村民屋内净、院子净、街道净和以大积土杂肥为主的挖厕所、挖畜栏圈、挖鸡窝的“三净三挖”活动，把清除“四害”孳生地和栖息场所作为治理重点，累计改良鸡窝290个，改良畜栏124处，填平污水坑180处。1996年，全区开展争创“三洁四无”（室内洁、院内洁、个人清洁，无蝇、无蚊、无鼠、无臭虫）村（居）活动。活动中，卫生部门每月组织一次检查，对未达到要求的村（居）即令整改。是年，共评出“三洁四无”村12个，全区所有农户和建成区居民户均未发现臭虫。1997年，开展以灭鼠为重点的“爱国卫生活动月”，举办“灭鼠技术培训班”2期，投放灭鼠药1万余包，全年灭鼠1.5万余只。1998年，集中开展4次以整治环境和“除四害”为主的爱国卫生突击活动，共出动清除垃圾车辆580台次，投放灭鼠药1万余包，灭鼠2000余只。在建成区，基本上消灭蚊蝇孳生地。2000—2003年，爱卫会每年都通过逐级分发、组织张贴、学生携带等形式，发放“除四害”防病宣传材料，并将“除四害”作为重要内容贯穿到搞好环境卫生工作中，使全区从未发生过流行性出血热等“四害”传播疾病。

改水　1984年，烟台开发区建区时划进的4个村均未用上自来水。胜利东村、胜利西村村民居住分散，村里无分片集中取水水井，村民多在自家院内挖井取水。因两村多为细沙地质，水质浑浊不清，加之离海太近，水带有咸涩味道。曲家台子村、马家村有少量公共取水水井，也有的村民在自家院内打井取水，水质较差。随着开发区开发建设的快速发展，房地产业的逐步兴起，

农村向城市化发展步伐加快。1989年，胜利东村、胜利西村和曲家台子、马家村先后筹资为村民安装自来水。1990年，村民全部用上自来水，结束吃不卫生水的历史。1992年，福山区臧家乡、古现镇10个自然村村民多在自家院内打手压机井取水，划入开发区后，社区管理处发动群众改造水井1650口。1999年，各村开展大规模改水工作，全年共建水塔、水柜446个。2002年，自筹改水资金28万元，全年新打配套水井10口，累计改水受益人口2.1万人，已有95%以上的农户用上自来水。是年9月，福山区古现、大季家街道共93个村（居）划归开发区管辖。到2003年年底，共有63个村用上自来水。

改厕　胜利东村、胜利西村和曲家台子、马家村原农户厕所大多在院内，露天敞口。1984—1987年，各村对农户厕所进行改造，厕所加盖，内设双罐加盖，各村设专人管理粪便，当日清理，泥封发酵。1992年以来，14个自然村开展管好粪便，改造厕所、改造栏圈活动，累计改造厕所972个（厕所加盖、内设双罐加盖），改造栏圈2103个。1998年，全区采取“财政贴一点、村集体补一点、农户出一点”的经费投入方法，新建卫生厕所3012个（加盖，可水冲并建有化粪池），基本完成改厕工作。2001年，随着城区改造的加速推进，爱卫会对部分公厕布局进行调整，将原农村以贮粪池形式为主的厕所逐步改造成公厕，将档次较低的公厕逐步进行改建。截至

图21-6　开发区无害化公厕（2001年摄）

2003年，全区累计建筑无害化公厕305座，区内使用卫生厕所农户达95%以上。

卫生城创建　1990—1992年，爱卫会着重开展卫生城的创建工作。1990—1991年，在全区进行爱国卫生宣传教育的同时，重点抓组织建设，全区各行业、单位、社区和村庄均成立爱国卫生工作办公室，并配备专、兼职工作人员从事爱国卫生管理工作。同时，制定卫生考核实施细则，建立健全爱国卫生管理制度。各部门、各单位按照国家卫生城市、省级卫生单位、卫生村的标准陆续开展各类卫生单位创建活动。1992年，各自然村成立环卫队伍，每天对街道进行3次大清扫，垃圾日产日清，全年共清理垃圾5万多吨。海河各社区推行“门前五包”（包环境卫生、绿化、秩序、公共设施、扫雪），成立“门前五包”协管队，公开招聘协管员，并强化网点房门前卫生管理。爱卫会举办卫生知识培训班12次，开展卫生知识讲座8次，放映幻灯36场，使全区形成创建卫生城市的浓厚氛围。各单位普遍开展以治理“脏乱差”为主要内容的爱国卫生活动。机关、农村、企事业单位干部职工共同清扫街道、搬运垃圾、整理村容村貌。其间，全区共出动车辆1200多台次，清理各种垃圾230余万吨，使全区基本达到无“脏乱差”死角。经国家有关部门多次检查验收，烟台开发区于1992年跨入国家级卫生城市行列。1993—1997年，为巩固创建卫生城的成果，爱卫会重点在农村开展“卫生达标”活动，经检查评比，14个村（居）全部达标。1998年，爱卫会又指导各村制定卫生管理实施办法，使农村卫生工作有章可循。1999—2003年，海河社区管理处成立“城区环境综合整治领导小组”，“一把手”负总责，分管领导担任小组长，小组成员各司其职，定期检查社区卫生，研究制订整治措施。该处辖属9个住宅小区全部成立业主委员会，并选聘物业公司，形成居委会、业主委员会及物业公司共同管理小区卫生的模式，使小区卫生状况得到进一步改善。2003年，爱卫会对各村（包括西区3个街道所属各村）卫生保洁

人员加强管理，制订奖惩标准，实行日工资制。同时，爱卫会还把爱国卫生工作延伸到各机关、事业单位及各企业，提升境内整体环境卫生水平。到2003年，全区先后有15个单位被山东省爱卫会授予“卫生先进单位”荣誉称号。

健康宣传教育　1990年，卫生防疫站开始对全区青少年和重点人群进行健康教育。各中、小学校普遍设置健康教育课程，学生的卫生健康意识得到提高。在医院、企业、公共场所、窗口单位和居民住宅小区，卫生部门开设卫生科普知识宣传专栏；在各大、中、小宾馆，公交站点及各居民住宅小区张贴有关“正确洗手方法”“传染病防治”等宣传画；利用宣传日，开展卫生健康咨询和宣传教育。1993年，防疫站购入照相机3部、摄像机1部、扩音机1台。1994—2003年，每年“3·15”消费者权益日、“4·25”计划免疫宣传日、“5·5”碘缺乏病宣传日、“5·31”世界控烟日、“5·26～31”健康教育宣传周、“12·1”世界艾滋病宣传日，卫生、防疫部门都开展各种形式的宣传教育活动。在宣传周、日，卫生、防疫部门均组织有关工作人员到各大广场和人群稠密区域开展宣传活动，现场解答群众提出的有关卫生健康问题，重点加强对《中华人民共和国传染病防治法》《中华人民共和国食品卫生法》《中华人民共和国职业病防治法》和《公共场所管理条例》的宣传教育。并通过印发宣传单、小册子，制作宣传画版，张贴标语口号等形式，向广大群众宣传强身健体、防病治病的有关知识。2002—2003年，防疫站组织烟台开发区第一、二中学开展“中学生拒吸第一支烟，做不吸烟新一代”签名活动，参加签名的学生累计达2000多人。开展健康教育宣传活动时，有关部门与新闻媒体密切配合，通过《烟台开发时报》、烟台开发区电视台对活动情况予以及时宣传报道。2003年，在防治“非典型性肺炎”期间，卫生部门印发有关宣传材料5万余份，举办培训班10余期，提高群众防病意识和相关知识水平。

第三节　传染病防治

疫情管理　1992年，防疫站建立传染病报告登记簿，实行疫情管理报告制度。经医院确诊为传染病人和疑似传染病人，均需及时填写“急性传染病报告卡片”，由病人所在单位审核报告防疫站。甲类传染病报告，城镇人员不超过6小时，农村人员不超过12小时；乙类传染病报告，城镇人员不超过12小时，农村人员不超过24小时；其他人员发现传染病随时报告。疫情报告分旬报、月报、年报，“非典”期间增加日报。疫情资料的收集、上报和传染病管理工作由防疫站防疫科具体负责，提出处理意见。疫情管理人员对医疗单位上报的疫情卡进行逐项检查，整理分析，存在的问题反馈到医疗单位。2003年，防疫站将疫情资料输入微机，与烟台市防疫站联网，开始微机管理。

计划免疫和保偿　1988年，开发区管委制定《烟台开发区儿童计划免疫保偿制》，对全区儿童实行计划免疫保偿。防疫站对儿童脊髓灰质炎、白喉、麻疹、百日咳、破伤风、结核性脑膜炎、乙型脑炎7种相应传染病予以保障偿付。免疫保偿原则上实行自愿参加，建立基金，保偿结合。凡7周岁以下未有预防接种禁忌症的儿童均可参加计划免疫保偿，享受计划免疫保偿待遇。入保儿童在保偿期内发生相应传染病，由承保单位给予

图21-7　2002年，管委领导与防疫人员一起给儿童服脊髓灰质炎疫苗糖丸

一次性经济赔偿。入保儿童患脊髓灰质炎（小儿麻痹症）的每例赔偿 2000 元，患结核性脑膜炎、破伤风、乙型脑炎的每例各赔偿 1000 元，患白喉的每例赔偿 700 元，患麻疹、百日咳的每例各赔偿 100 元。参加计划免疫保偿的双方签订保偿合同，保偿期从入保之日起到满 8 周岁为止。入保方在签订合同之日，一次性缴纳保偿金 40 元（投保不足 8 年的，按儿童年龄相应减收）。对于流动人口家庭儿童采用一针一保办法予以保偿。

1992 年，管委重新修改公布《烟台开发区儿童计划免疫保偿制》，自新的“保偿制”实施以后，全区发生一例赔偿，主要原因是接种部位感染，赔偿住院费、误工费等共计 5000 余元。儿童计划免疫保偿制的实施，进一步强化防疫人员责任感，提高接种质量，取得良好社会效益。

截至 2003 年，全区“四苗”覆盖率和乙肝疫苗全程接种率均达到 98% 以上，未发生白喉、百日咳、破伤风、乙脑、麻疯、疟疾、布病、钩端螺旋体、脊灰等传染病，霍乱、麻疹等传染病也得到有效控制。

传染病管理 自 1989 年 9 月 1 日，开发区将传染病管理纳入法制轨道，重点加强对霍乱、流行性出血热、肝炎、艾滋病的防治。卫生部门成立防治领导小组和防治机动队，每年 5—10 月份坚持 24 小时值班制度。同时，加大对肠道门诊的监管力度，加强对重点区域、重点人群的管理，以及病毒性肝炎、易感人群的疾病预防治疗工作。1990 年，按规定将乙型肝炎疫苗纳入计划免疫程序，新生儿一律接种乙肝疫苗，并逐步开展对学龄儿童的接种工作。从 1992 年开始，开展母婴阻断传播强化接种乙型肝炎疫苗工作，并在成年人中逐渐推广乙肝疫苗接种，并在部分人群中推广应用长春生物制品研究所研制的甲肝疫苗。1994 年春季，在全区开展甲肝疫苗接种工作，共接种 6000 多人次。此后每年都对年满 1 周岁的幼儿进行甲肝疫苗接种。1995 年，境内发现首例霍乱病人，防疫部门立即对发病单位进行封锁，全面消毒，为 200 名员工接种疫苗，杜绝疫情蔓延。

1996—2003 年，对流动人口开展服预防药品工作，为成年人注射霍乱疫苗。其间针对流动人口的活动特点，采取送药上门等形式，确保流动人口能按时、按量服用预防药品，有效遏制大规模肠道传染病发生。

预防“非典” 2003 年 4 月 8 日，根据卫生部《关于将传染性非典型肺炎（严重急性呼吸道综合症）列入法定管理传染病的通知》，管委制订《烟台开发区传染性非典型肺炎应急预案》，成立防治机动队和流行病调查小组，建立疫情快速反映专报系统。全区共设立监测点 48 个，坚持 24 小时值班，确保一旦发生疫情，迅速投入防治。预防“非典”期间，管委拨给防疫站专项资金用于购置专用设备和车辆、物资等。卫生部门广泛开展普及“非典”防治知识，印发宣传单 5 万余张，并加强对医院发热门诊的督查工作。同时，组织全区各医疗机构重新学习《中华人民共和国传染病防治法》等法律法规及有关“非典”诊断标准、隔离消毒、疫情报告等知识，先后多次举办中小学校、托幼园所、食品和公共场所有关人员培训班，组织学习预防“非典”基础知识。为控制输入性“非

图 21-8　2003 年，防“非典”期间防疫人员进行消毒防疫

典”，组织人员在五指山路口等开发区内外边界交汇处设立防“非典”检查站，加强对入区人员的监控。在中考、高考时，卫生防疫人员到各学校对考生、考务人员进行监测。在预防“非典”期间，全区共出动防治流动队64次，调查260人，医学隔离2375人，对可疑点消毒64次。全区未出现一起“非典”和“非典”疑似病例。

第四节　专科病防治

皮肤病、性病、麻风病防治　1996年，开发区医院皮肤病防治所成立，负责皮肤病、性病及麻风病的预防、报告和治疗工作。防治所成立之初只有1间门诊室，1间美容整形室。到2003年年底，发展到有门诊和治疗室370余平方米，各类专业技术人员11人。设有皮肤科诊室、性病男诊室、性病女诊室、医疗美容室、微波治疗室、皮肤专科检验室、观察治疗室，就诊人数达到每天40余人次。

自1996年，皮肤病防治所对皮肤传染病的防治坚持“预防为主、防治结合、综合治理”的方针，广泛宣传皮肤病、麻风病的危害、传播途径及防治知识。在临床中，按要求对淋病、梅毒等法定传染病进行统计，由专人负责填报各种报表、卡片。到2003年，皮肤病防治所平均每年向防疫部门报传染病卡100余份，向烟台市皮肤病防治所平均报送月报表和年报表13份、性传播疾病登记卡150份以上。全区未出现麻风病人，对原有已治愈多年的5名麻风病人，医疗部门经常组织人员到其所在社区和村庄专访，逐一查体，并定时电话随访，使其无一复发。为指导皮肤病防治工作，防治所每年都对高危人群区域进行血清抗—HIV筛查，从平均每年筛查的50人次看，结果均为阴性。

皮肤病防治所重视对科技人员的培养，注意发挥学科带头人的帮、教、带作用，培养皮肤科的技术人才。科主任宋瑞香从事皮肤病、性病临床工作40余年，对牛皮癣、白癜风、慢性湿疣，神经性皮炎、带状疱疹、真菌病等皮肤性疑难杂症具有独到诊断治疗见地。1999年，其发明的医疗“烟臭消除机”，获国家专利。2000年，购置“大型准分子激光治疗仪”“微波多功能治疗仪”“波姆机治疗仪”“伟力治疗仪”等，专门用于治疗男性疾病。2003年，医院购进“D-2001体外电场热治疗机”，用于治疗慢性前列腺炎及盆腔炎等疾病。是年年底，皮肤病防治所业务已扩大到能够进行“改良全层埋重睑成形术、局封外用药综合疗法治疗斑秃、中西医结合疗法治疗带状疱疹、体外电场热综合治疗前列腺疾病、自身免疫疗法根治尖锐湿疣、新技术自身表皮细胞移植术治疗各类白癜风”等治疗项目，治愈率达93%。

结核病防治　1984—2003年，开发区无结核病防治医院，各医院、卫生院等医疗机构也未设防治结核病专科，其间，查出结核病患者、疑似结核病员均转往开发区外相关医疗机构治疗。2003年4月，开发区结核病防治所成立，内设放射科、化验室和财务室，为全额拨款事业单位，编制6人，与八角卫生院合署办公，主管全区结核病防治工作。其主要职责是：制订结核病防治计划，并组织实施；指导、组织、协调各医疗机构落实结核病归口管理制度；对各医疗机构的结核病疫情报告进行核实，对疫情管理工作进行检查、指导，并对各综合医院有关医生进行业务培训；组织开展全区性结核病防治检查、评估活动。当年，该所主要进行防治结核病的基础性工作，广泛宣传防治结核病的有关知识，调查摸清境内结核病人底数。

第四章　医疗与护理

第一节　中医医疗

1987 年，区医院设中医科，有副主任医师、主治医师各 1 名。中医主要采取望、闻、问、切的诊断办法与现代物理检查相结合，对风湿病、肾病、肝病、糖尿病、妇科病进行治疗。利用传统的辩证施治与现代药理研究相结合，对临床各种癌症、某些疑难病症进行治疗。1988 年，八角卫生院与文登整骨医院进行合作，文登整骨医院派 3 名骨科专家到八角卫生院，对该院骨外科进行传帮带。经过两年帮扶，八角卫生院骨外科能开展开放及闭合性骨折复位、骨伤等治疗。1996 年，区医院中医科引进“血液磁极化治疗机”，对牛皮癣、痤疮及高粘血症等顽固性疾病进行治疗。1999 年，为迅速开展中医治疗糖尿病新项目，医院聘请陕西省人民医院内分泌科主任医师、中国糖尿病协会副主任委员闫梅田教授到中医科坐诊，利用他研制的“降糖方”治疗Ⅱ型糖尿病和早期预防并发症，提高胰岛功能，收到独特疗效。2002 年，经烟台市卫生局专家组评审，八角卫生院骨外科开放及闭合性骨折复位被确定为中医特色医疗项目。

2003 年初建成的烟台立杰中医风湿骨病医院为一所股份制二等乙级专科医院。一期工程占地面积 2600 平方米，建筑面积 1800 平方米，总投资 1800 万元，为开发区主要中医医疗机构。医院有在职职工 56 人，具有中高级职称医护人员 29 名，病床 80 张，设有股骨头、腰椎间盘突出、风湿、类风湿特色治疗区，拥有 200 平方米符合 GMP 国际标准的中成药制剂室，采取红外线照射中药药物渗透技术治疗股骨头坏死、风湿性关节炎、旋转复位治疗腰椎间盘突出症，不手术，疗程短。医院利用中国传统医学针灸、按摩、推拿、理疗、药疗等手段结合部分手术解除患者病痛。建院当年即被中国中医研究院授予“中医治疗疑难病名医名院”称号。

到 2003 年年底，全区有私立中医诊所 15 个，中医医院 1 所，区医院、大季家医院、古现卫生院、八角卫生院均设有中医科，共有执业医护人员 59 人。

第二节　西医医疗

西医医疗技术力量主要集中于 6 所综合医院（开发区医院、大季家医院、古现卫生院、八角卫生院、烟台首钢医院、博爱医院）。2002 年，6 所医院占地面积共 10.14 万平方米，建筑面积 3.99 万平方米，固定资产 1 亿余元，拥有职工 497 人；各综合医院通过筹集资金、接受国外捐赠等方式增添医疗设备，共拥有万元以上医疗设备 400 余台（件），总价值 1300 余万元；病房建筑面积共 1.5 万平方米，病床 350 余张；共有医师 218 人，中、高级职称技术人才占医院总人数的 78% 以上。

内科　6 所综合医院除可完成一般内科疾病诊断、治疗外，还可完成对各种危、急病人的抢救。区医院内科有两个专业组，神经内科专业组和心血管专业组。

神经内科专业组自 1996 年开始利用 WL—Ⅱ型光量子血疗仪，开展选择性治疗心、脑血管病患者。1997 年，开展利用微创技术进行颅内血肿碎吸治疗脑出血。1998 年，开展尿激酶颈动脉注射治疗急性脑血栓形成患者。1999 年，应用血液磁极化疗法及快速去脂设备，对“三高”（高血压、高血脂、高血糖）患者进行快速磁化去脂治疗。

1994 年，心血管专业组利用心电除颤、机械通气等措施抢救各种急、危重病人。1996 年，区医院组建 ICU 病房，加强对大面积心肌梗死、不稳定心绞痛和快、慢性心率失常病人的抢救治疗。

1998—2003 年，区医院开展急性心肌梗死的溶栓治疗。1999 年，大季家医院开展“血液流变学监测在心脑血管病防治中的应用”课题研究，提高该院医护人员的业务素质，带动各科业务的开展。

急诊科 各医院急诊科常备有呼吸机、心电监护仪、电除颤仪、吸痰器、灌肠器、导尿包、胸穿包、腰穿包、静脉切开包、气管切开包等抢救设备，并建立健全急诊工作制度，医护人员按照抢救常规观察病人病情变化，随时开展紧急处理。2000 年，区医院为改善急诊科医疗环境，对该科设施进行改造，调整抢救室，配备空调及电视机，更新输液室排椅。到 2002 年，该院急诊科医护人员已能独立完成各种原因造成的心肺脑复苏操作，熟练掌握吸氧、吸痰、洗胃、各式穿刺、除颤起搏、气管插管、呼吸机等各项抢救技术，及时抢救各种中毒、急性大出血、心脑血管意外、昏迷、休克、呼吸循环衰竭、心肌梗死、高热惊厥、溺水、触电及各种外伤、急腹症等病人。

外科 1992 年 7 月，区医院设外科，为临床科室，可完成一般外科疾病诊断、治疗，还可对重大外伤紧急救治，医治各器官癌肿。该院和大季家医院外科均设有普外、骨外、神经外科 3 个专业组，并可独立完成肝脏部分切除、脾切除、胃大部切除、肠部分切除、甲状腺癌和乳腺癌治疗、四肢及关节手术、脊柱、颅脑等相关专业手术。1994 年，区医院完成 1 例胰—十二指肠切除术，1 例高位颈椎骨折内固定术。2002 年，独立成功施行 1 例股动—静脉断裂，大隐静脉移植吻合术。2003 年，组建肛肠外科，应用电子结肠镜技术对各种肠道疾病做到明确诊断，及时治疗。

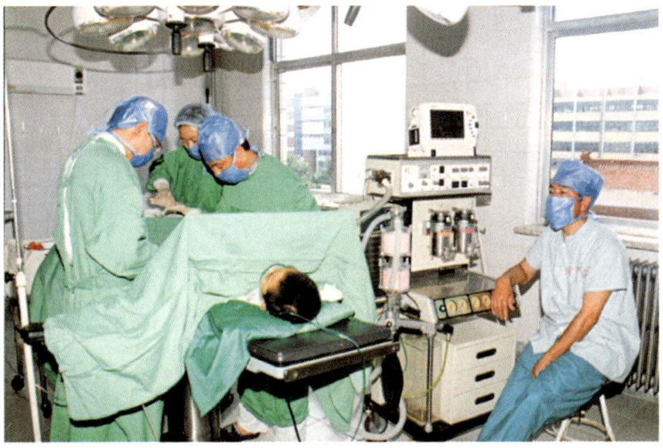

图 21-9 1992 年，开发区医院在实施手术

妇产科 区医院、大季家医院、古现卫生院、八角卫生院均设有妇产科，可承担一般妇产科疾病诊断、治疗；科内设有分娩室，可独立完成平产、吸引器助产、产钳助产、臀位助产、剖腹产操作。区医院可独立完成妇科子宫全切、次全切手术，附件肿瘤剜除、子宫外孕手术，各种大出血抢救，并可在上级医院协助下完成妇科各种癌肿手术。各医院均可完成上节育环、取节育环、早中晚期妊娠的终止、男女绝育手术。1996 年，区医院妇产科开始用中西医结合的办法治疗顽症“外阴白斑”。2001 年，引进先进技术和设备，开展“射频”治疗子宫肌瘤、子宫颈肌瘤、子宫颈糜烂、功能性子宫出血、子宫肌腺病等疾病。

小儿科 区医院设有小儿科，其他 3 所医院（卫生院）均配有儿科医生。对儿科范畴内的呼吸道疾病、急性肠炎、发烧、高热惊厥、各种原因所造成的心力衰竭病症，可独立诊断，及时治疗。2000 年，区医院购置“肺炎治疗仪”，可开展配合药物治疗小儿肺炎和病毒唑雾化治疗小儿呼吸道感染及头发微量元素测定小儿各年龄段营养状况等技术，以及新生儿经皮黄疸经皮测定新项目。

口腔科 1992 年，区医院从德国引进“牙种植”技术，设立人工牙种植中心。1994 年，大季家医院购进 1 台牙科综合治疗机，开展光固化补牙项目和局部牙裂缺损修补、矫形修复等业务。1997 年，区医院引进“玻璃瓷牙”镶复新技术。2002 年，投资 100 余万元，引进日本牙科综合治疗机、激光治疗机、口腔内窥镜、牙片机、数字化口腔全景机、全套口腔消毒设备及铸造烤瓷等设备，建立数字化、网络化口腔医院。区医院、大季家医院、八角卫生院均设有口腔科，能掌握龋齿防治、牙髓病、慢性牙髓炎、根尖周炎、牙本质过敏、牙周脓肿切开、智齿冠周炎、拔牙固定桥、全口牙、总义齿治疗镶复等诊治技术。

耳鼻喉科　1995年，区医院耳鼻喉科开始开展耳纯音测听、神经性耳聋干预治疗、慢性鼻炎热治疗、鼻息肉圈套术、颌下腺瘤摘除术等耳、鼻、喉疾病的诊断治疗。2000—2003年，先后实施微波常规手术、支持喉镜下喉部手术、耳内窥镜下耳道骨疣切除术、腮腺瘤切除术、显微镜下外耳道胆脂瘤切除术等手术治疗。2003年12月，区医院耳鼻喉科开始寻求与外向型医疗机构合作，着手筹备成立鼾症治疗中心。

麻醉科　为配合外科系统手术治疗，各综合医院均设有麻醉科，麻醉科具有实施常规硬膜外麻醉、氯胺酮分离麻醉、臂丛神经阻滞麻醉等技术，为外科开展胃肠部分切除、脾切除、肝修补、剖宫产、子宫切除、卵巢肿瘤切除及骨外科等各种创伤手术创造条件。并能开展气管插管全麻、静脉复合麻醉、神经阻滞麻醉、静—吸复合麻醉等技术，配合临床开展胸科支气管扩张、肺叶切除及各种神经外科等手术。2002年，区医院开展控制性降压术、中心静脉穿刺测压术、桡动脉穿刺术、颈静脉穿刺术、锁骨下静脉穿刺术等技术和各种手术后硬膜外镇痛术。麻醉科还能配合临床一线实施气管内插管，抢救生命垂危的患者及新生儿。

影像科　1995年，区医院设立影像科，开始只能进行胸透、拍片等简单查体。2003年，可完成各种胃肠道常规造影和低张造影，泌尿系统分泌性或逆行性造影，口服与静脉胆囊、胆道造影及T形管造影和支气管、脑血管、周围血管、脊髓等造影，以及各种复杂特殊造影和直线断层CT、MRI等各项检查，特别是在头颅冠扫和眼、耳、鼻、喉等扫描及骨与关节、肌肉软组织扫描中，重点应用CT研究骨骼、肌肉和软组织解剖与病变的成象技术，既能显示切面解剖和空间的关系，又可同时显示骨骼和肌肉软组织构造，还可增强多维重建，以弥补X射线摄片盲区和骨核素扫描及超声检查的不足。1985年，大季家医院放射科有X光机2台，可以开展普通透视、消化道钡餐、钡灌肠、空气灌肠诊断和整复肠套叠、X摄片床头和术中摄片，以及膝关节充气造影、肾盂静脉造影、膀胱造影、胆囊口服和静脉造影、胆道T型管造影。1990年，购置200毫安球管X光机1台，可开展亚高千伏摄影，承担蓬莱市尘肺普查摄片任务，摄片质量被评为烟台地区第一名。1995年，购置洗片机1台，提高X光片冲洗质量，缩短冲洗时间，减少病员候诊时间，提高工作效率。1996年，从国外引进颅脑CT机1台，与北京天坛医院协作，开展脑外伤、脑出血、脑梗塞、脑肿瘤的CT诊断。2000年，购置500毫安X光机1台，该机具有遥控、程控电视增强电脑装置，可开展高千伏摄影，提高对早期胃癌的确诊率。

检验科　1987年，区医院检验科成立。1988—1989年，为手工操作阶段。主要开展临床三大常规检验、生化常规检验（GPT）和乙肝表面抗原（血凝法）检验。1990—1998年，主要开展血液分析二分类（15项、仪测）、尿液分析（8项、10项、仪测）、网织RBC计数、骨髓细胞检验、渗出液漏出液（胸腹水、关节腔积液）常规、脑脊液常规、精液常规、阴道分泌物涂片和分泌物涂片找淋球菌、血型鉴定、交叉配血、凝血酶元、纤维蛋白等检验。以及血、尿、便、痰、咽拭子、分泌物培养，葡萄球菌属、链球菌菌属、嗜血杆菌属、大肠杆菌属、沙门氏志贺氏菌属、肠杆菌属、非发酵杆菌属等常见微生物的分离鉴定及药物敏感试验。1999—2003年，主要开展肝功能（15项、仪测）、乙肝六项（仪测）、血液分析（18项、仪测）、凝血酶元（仪测）、离子8项（仪测）、肌钙蛋白、优生八项（金标法）、性病四项（金标法）、抗—-HIV（金标法）、AFP（金标法）、CEA（金标法）等检验。自1985年开始，大季家医院检验科在完成日常三大常规、肝功、生化等检验项目外，还新开展肝脏表面抗原、两对半检查，血糖、血脂、淀粉酶、AFP、阴道分泌物涂片、总胆红素、纤维蛋白原检查，为临床诊断治疗提供科学依据。

特检科　1978年5月，大季家医院设特检室。只有1台A型超声波仪，1台心电机，1台脑血流图机，可开展脑血管弹性检查。1984年，购进超声心电图机1台，可开展心脏内部结构及血液检查。1986年8月，购进B超机，可开展肝、胆、脾、胰、肾、膀胱、妇科等疾病检查。1990年，区医院设特检科。当时只能开展腹部B超检查和做心电图。1991年10月，该院购进1台SDL—300型腹部黑白B超仪，可开展心脏超声波检查。1994年，购进1台价值30万元的动态心电仪（美国产）和1台价值100余万元的EUB—-565彩色多普勒超声仪（日本产），可开展多种心脏病超声诊断。同年，购进脑电图1台，可开展脑电图检查项目。2001年，特检科增加1台心电自动分析仪。2002年，购进1台价值30万元的黑白腹部B超仪，并配有高频探头，可开展浅表器官疾病（甲状腺、乳腺、颌下腺、前列腺等疾病）诊断。

病理科　1994年，区医院设病理科，随着工作人员和设备的增加，能完成临床内窥镜和手术活体组织检查，实施病变组织病理切片检查，为临床提供可能的病因学证据。并相继进行各种细胞学诊断，多种特殊染色工作和上消化道各种疾病的诊断（诊断食道炎、食道肿瘤、胃炎、胃癌、十二指肠溃疡等）、上下消化道各种疾病的治疗技术（食道、十二指肠息肉的摘除，各种异物取出、急性胃出血和胃食石击碎等）。

第三节　特色专科

眼科　1990年2月，区医院设眼科，有主治医师1人，与耳鼻喉科合署。购置简易手术显微镜、裂隙灯显微镜、显微手术器械包、电检眼镜、冷冻器等初级眼科设备，可诊治眼科常见病、多发病。7月，眼科增加医务人员3人，其中医师1人、护士2人。并设立眼科、耳鼻喉科病房，有床位8张。10月，该院为眼科贷款30万元，购置进口手术显微镜、裂隙灯、眼A超、角膜测厚仪、曲率计、电脑验光仪、钻石刀等设备。1992年10月，可开展放射状角膜切开近视矫治术（RK）。

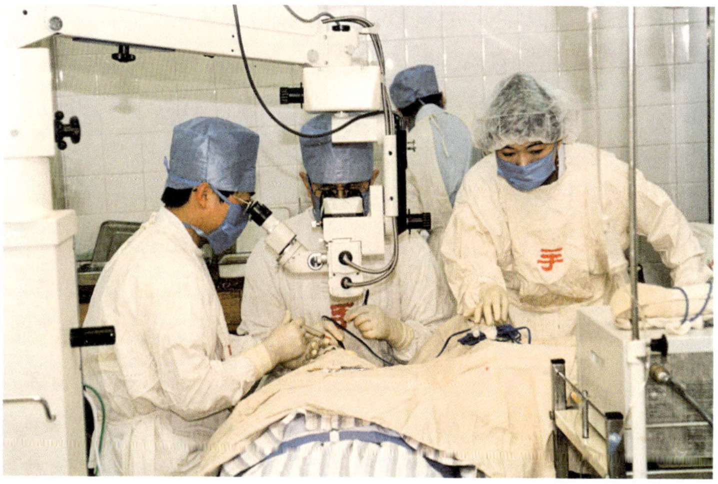
图21-10　1992年，烟台开发区医院眼科为患者实施近视矫治手术

同年12月至1995年12月，眼科每年可少量开展屈光眼小梁切除术、眼内异物取出术、上睑下垂矫治术、泪囊鼻腔吻合术、斜视矫治术等手术。1995—2003年，完成屈光手术2.6万例，并为全国30多家医院培训屈光手术医生。其间，在《眼视光学杂志》《中国眼耳鼻喉杂志》《眼科新进展》《临床眼科》等杂志上发表有关屈光手术论文共8篇，介绍临床经验和基础理论知识。1996年，眼科成为独立科室。1998年3月，开展ECCE+人工晶体植入术。1999年6月，可应用眼底荧光造影（FFA）和眼底激光治疗技术，治疗眼底病变。从2000年5月开始，相继进行小切口白内障超声乳化加折叠植入术、医治儿童先天性白内障、网脱复位术、后巩膜加固、复杂斜视、活动性义眼植入、同种异体角膜移植术、人工角膜植入术、视光减压术、眶内肿瘤切除术等手术。2001年4月，区医院眼科被烟台市卫生局批准为烟台眼科医院、烟台市眼科研究所。2001—2003年，眼科年门诊量达2800余人次，累计内外眼手术1000余例，屈光手术4000余例。截至2003年，眼科有固定床位24张，主任医师、副主任医师共4人，主治医师2人、住院医师6人、主管护师4人，护师、护士共12人。拥有SS—200型手术显微镜、

拓普康610型、75型手术显微镜等中外眼科设备26台套，总价值1200余万元。重点设有屈光、角膜病、白内障、眼底病、斜视、弱视等专业和综合特检室、医学验光室，可开展眼角膜屈光手术、内眼手术等治疗技术。

疼痛科 1996年6月，区医院设疼痛治疗门诊，隶属麻醉科，由一名医生坐诊（临床麻醉工作之余兼任）。1997年6月，疼痛治疗门诊与理疗科合并，设疼痛科和病房。时有医生2人，护士3人，病床6张。成为山东省内建立系统、规范、科学的疼痛疾病治疗单位之一。1998年4月，该科与山东省立医院疼痛科、山东省疼痛临床研究中心联合，成立山东省疼痛临床中心烟台疼痛治疗中心。并邀请国际名医、博士生导师、中国疼痛医学创始人之一的山东省立医院疼痛科主任宋文阁教授等专家定期来院坐诊，帮助解决疑难病痛，使该中心成为医院重点特色专科。2000年6月，疼痛科医生增至4人，护士3人。2002年3月，与外科合并，行政管理隶属外科。2003年3月，疼痛科单设，为区医院临床科室，有医生3人，护士4人。

1996—1997年，疼痛科主要以硬膜外等各种神经阻滞、支川注射疗法、小针刀疗法、中西药物内服与外用、病人自控镇痛等方法，辅助激光疗法、针灸推拿、牵引、电疗等各种理疗措施，治疗各种颈、肩、腰、腿痛，三叉神经痛、癌肿疼痛、分娩镇痛等慢性疼痛疾病。1997年12月，开展颈椎板外切迹、小关节内侧缘、小关节间隙等入路侧隐窝注射胶原酶的椎间盘溶核术和/或溶盘术治疗顽固性颈椎、腰椎间盘突出症，该方法康复迅速，不易复发，只需一针就可以免除开刀手术之苦。在此基础上，又开展小针刀椎间孔内口和/或外口松解术，治疗椎间盘突出症引起的继发症、椎间盘手术后遗症等引起的根性坐骨神经痛、顽固性颈椎病、腰椎病，提升椎间盘突出症的保守治疗水平。2000年，区医院投资350余万元，从日本引进用高科技手段替代开刀手术治疗椎间盘突出症的PLDD技术（即经皮激光椎间盘减压术），并选派3名医生赴日本大阪府丸茂病院，研修脊柱微创外科技术，专攻PLDD技术，开展微创伤颈椎间盘突出症、腰椎间盘突出症治疗。区医院已应用PLDD技术为2500余名腰椎间盘突出症、100余名颈椎间盘突出症患者解除病痛。2002年，在北京举行的第十二届世界激光大会上，区医院医学专家张典学担任外科分会场执行主席，并于是年被推选为中国康复医学会山东省颈椎病专业委员会委员、中华医学会烟台市麻醉学分会副主任委员。之后，其又参加编著出版《临床疼痛鉴别诊断学》《疼痛诊断治疗学》《疼痛诊疗手册》等专业学术著作6部，在《中华麻醉学杂志》《日中友好医学交流杂志》等国家级学术刊物上发表专业学术论文20余篇。

自区医院疼痛科建立后，先后接受来自深圳市人民医院脊柱外科和黑龙江、河北、河南等省、市人民医院等医疗单位大夫的进修学习。

血液透析中心 开发区血液透析中心由日本宫古市後藤医院院长後藤康文帮助组建，1992年8月试运行，同年10月10日正式开业。该中心有医生1人、护士2人、技师1人。後藤赠送医疗设备13台，有10台床旁血液透析机和多人用主机供液装置、NCB—2型机、水处理装置各1台。自1993年，随着患者的增多，医生、护士也相应增加，医生增至2人，护士增至7人。1995年，该中心透析患者达30余人。中心与日本後藤医院不断互访、参观、学习，先后派出10名医务人员到日本接受培训，受培训人数达14人次。2002年，血透中心与区医院内科合并，行政管理隶属医院内科。是年，新增医疗设备4台。

血透中心建立之初是以碳酸氢盐取代醋酸盐进行透析，接着相继开展序贯透析、无肝素透析、单针透析、腹水回输、单纯超滤、更新复用等透析技术。2002年3月，血透中心更新医疗设备，人员重新调整，起用一批年青医务人员。新开展血液灌流和血液透析灌流医疗技术，通过吸附和透析清除内源性和外源性毒素，成功抢救中毒病人，治愈率为98%。应用血液滤过和血液透析滤过技术，使心功能不全、中低血压、体腔积液患者得到安全、有效治疗。通过低钠透析，预防失衡综合症、肺水肿、低血压的发生。用低温透析预防症状性低血压。同时，根据患者病情调整透析液离子浓度，制订透析方案，使患者透析更充分。截至 2003 年，共透析 1.56 万人次。

血透中心与日本国宫古後藤医院建立友好来往关系。1992 年 10 月，後藤被授予烟台开发区医院名誉院长。2000 年 1 月，血透中心派医生、护士赴日本学习研修，在岩手医科大学作《中国慢性肾衰透析现状》学术演讲。2001 年 4 月，後藤被授予“烟台市荣誉市民”称号后，再次到开发区血透中心，查看透析患者病情，同医务人员共同商讨透析液浓度、透析病人饮食等医疗技术。血透中心医务人员在做好本职工作的同时，还完成血透教学任务，共培养医疗技术人员 13 人。

第四节　护理

护理队伍　1987 年，区医院有护理人员 2 人，从事简单的护理工作，无夜间值班。1989 年，护理人员增至 8 人，门诊与病房分设。1993 年，护理人员增至 28 人，设护理部。1994 年，接收护士学校毕业生 15 人，护理人员增至 43 人。1995 年 11 月，护理人员增至 50 人，1998 年 1 月，增至 57 人。是年 4 月 1 日，区医院在妇产科、内科开展创建系统化整体护理模式病房试点，提高全院病房管理和基础护理质量。2001 年 11 月，引入竞争机制，召开全院护士大会，进行护士长竞聘动员。2002 年 1 月 31 日，有 11 名护士参加竞聘护士长，3 人被聘任为病区护士长。2003 年 3 月，全院护理人员参加成人学历教育，有 15 人取得大专学历。是年，护理人员增加到 101 人，有 7 名护理人员获参加护理工作满 30 年荣誉证书和纪念奖章。

大季家医院和古现卫生院、八角卫生院建院初期护理人员极少。1985 年前，大季家医院护理人员 10 人，其中 5 名护士为卫生学校毕业生，其余均为临时护工，负责中医病房和内、外、妇、儿科综合病房护理工作，只能掌握肌肉注射、静脉注射和一般病员护理工作。1998 年，全院有护理人员 22 人，其中主管护士师 8 人，护士师 12 人，护士 4 人。2000—2003 年，护理人员增加到 24 人，其中主管护师 10 人，护师 9 人，护士 5 人，皆为全日制中等专业学校毕业。古现卫生院建院初期有护理人员 2 人，1981 年增至 4 人， 1984 年增至 5 人，2000 年增至 6 人。八角卫生院建院初期有护理人员 1 人， 1985 年增至 3 人，2003 年增至 6 人。

截至 2003 年，开发区各医疗机构共有护理人员 237 人，其中高级职称 26 人，中级职称 43 人，护士 168 人。护理人员主要供职于各综合医院（卫生院）和个体诊所。

护理业务与技术　区医院建院初期，护理人员只能承担门诊注射、取药、挂号等工作。随着医院发展，护理人员逐步达到能承担注射、静脉输液、小儿头皮静脉输液、输血、备皮、导尿、手术前后的护理以及对危重病人的抢救、门诊处置、消毒供应等工作。1989—1990 年，通过安排护理人员外出进修、参观学习、参加自学考试、岗位练兵等形式进行专业技术培训，提高其专业技术水平。护理部每年均制订业务学习计划，请院内专家作专题讲座，还结合临床进行护理理论与技术操作考试，将成绩记入个人档案。1994 年，医院制定护理规章制度，并组织实施。同年，组织全

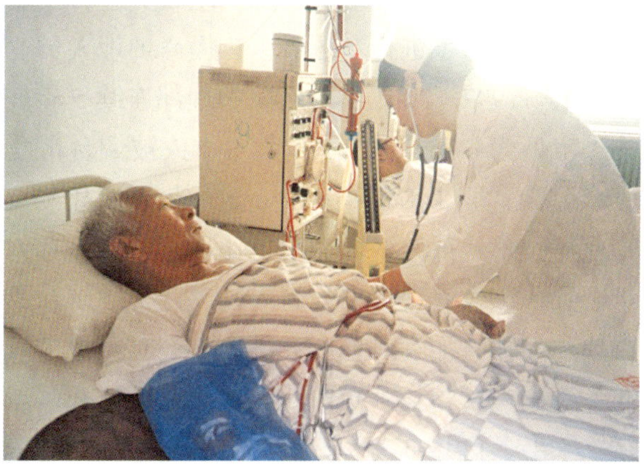

图 21-11　1995 年，开发区医院护士在护理病人

院护理人员学习《中华人民共和国护士法》，完成首次护士注册。1995年11月，建立健全各项护理规章制度和护理人员技术档案。原综合病房分为内科病区、外科病区、妇产科病区、五官科病区、急诊科病区和供应室，各科建立病区管理制度，完善、规范护理技术操作常规及疾病护理常规。1996年，开展“达标上等，争创二甲”活动，护理人员开展业务训练。是年，制定护理操作技术质量标准、病房管理标准和检查评分标准，建立护士长夜间查房制度，并组织护理人员进行业务学习和技术操作考试，护理人员能熟练掌握心电图、呼吸机、电动洗胃机的使用，对急症危重以及中毒病人能按抢救程序进行有效抢救。手术室护理人员配合开展肺叶切除胸廓改建术、髋关节置换术、胃癌根治术、甲状腺切除术以及普外科手术等手术治疗。1997年，在全院开展文明用语活动中，以急诊科为重点示范区，赢得好评。1997—1998年，选派护士长外出学习建立整体护理模式病房，并对全院护理人员进行培训。在内科、妇产科建立护理模式病房，护理部建立质量考核小组，经常下病区征求住院病人对护理人员的意见，使护理人员树立起以病人为中心的服务理念。

大季家医院护理人员踊跃参加自学考试和高考函授。到2003年，有9人取得大专文凭。1985—2000年，医院先后派5名护理人员到毓璜顶医院和烟台山医院进修学习。护理部每年制订业务学习计划，每月组织全院护理人员进行技能比武，邀请专家进行专题讲座，提高护理人员业务水平。1997—2001年，医院护理部连续5年被县、市评为“三八红旗集体”，1人被烟台市政府命名为“职工劳动模范”，2人获天使杯奖。并获得技术比武第一名，演讲比赛第一名。1994年8月，综合病房正式分为内科、儿科病房和骨科病房。同时加大对护理人员的培训，经常进行业务理论考试，技术操作比武，使人人达到“三级”水平。1995年1月，医院顺利通过山东省卫生厅“一级甲等医院”对“护理标准”的评审验收。1998年，护理人员静脉穿刺一针成功率达到98%以上，在配合医生进行急、重病人抢救中，护理人员能够迅速做好病员吸氧，并能建立静脉通道，检测生命体征，迅速完成止血，及时实行心电监护等。在急救药品、器械的使用上，护理人员能够运用心电图判断早搏、防颤、房室传导阻滞、束支传导阻滞、心室肥大、心梗等异常病症。1999年，在对一起有机磷中毒出现呼吸麻痹的重症病员护理中，护理人员严格进行呼吸道湿化及无菌操作，保持病房空间各项指标合乎要求，在气管切口局部护理中，成功护理4例病人，无任何并发症发生。2000—2003年，护理人员在预防交叉感染、一次性物品使用和各类消毒物品管理上，严格按照上级主管部门要求进行，未出现院内感染病人。

古现卫生院建院初期护理人员只能完成简单常规操作。1981年，从正规护校分配进4名毕业生，可完成对内、外、妇科病人常规护理。1984年，护理工作获得福山区医疗卫生评比二等奖。1999年，烟台山医院医疗队进驻古现卫生院后，卫生院可开展外科、妇产科等各种手术。随着各种手术的开展，护理人员也逐步能完成对手术病人的术前准备及术后护理等工作，并能参加对急症病人的抢救工作，完成徒手心肺复苏、胸穿、腰穿、腹穿、吸氧、导尿、灌肠等操作。

八角卫生院建院初期护理人员只能承担挂号、取药、注射工作。随着卫生院的发展，护理人员逐步能承担注射、静脉输液、小儿头皮静脉注射、输血、备皮、导尿、手术前后护理、危重病人抢救、门诊处置等操作。2003年，卫生院派护士到烟台毓璜顶医院进修之后，对护理人员建立起岗位责任制，实行规范化管理。

第五节　药品管理

1987年，区医院组建药剂科，是年药品年销售额为10万元。2003年，药品年销售额达854.4万元。药品购销为计划采购，入库后，进行数量统计、金额管理。2001年，药品购销实行微机管理。2002年，药品采购实行全市药品集中招标采购。招标品种有抗微生物类、循环系统类、抗肿瘤类、生物制品类、部分中成药五大类。药品差价按西药、中成药加价率15%，中草药加价率35%确定。

1991年，区医院成立药事管理委员会（以下简称“药管会”）。药管会以临床药学为基础，促进医院合理用药，加强药品管理。年初，药管会确定医院用药目录，审定用药计划，并定期修订《基本用药目录》。在药品购销过程中，建立新药引进评审制度，组织评价新老药品的临床疗效与不良反应，定期分析医院药物使用情况，评价药物的临床疗效与安全性，提出淘汰药品种类。在组织检查医院药品使用，特别是毒、麻、精神及放射性药品的使用和管理情况时，按照《中华人民共和国药品管理法》及各项法规、条例、规章制度的规定，督导医院科学管理药品、合理用药。同时，参与病例讨论和检查病例、分析处方等事务，做到及时研究药源性疾病及药物不良反应，指导医生合理用药。

截至2003年，区医院药剂科共有职工15人，其中副主任药师6人，主管药师4人，药师5人，承担西药调剂、中药调剂、住院调剂、临床司药、药品采购、药库管理和麻醉药品管理等工作。

第五章　妇幼保健

第一节　妇幼保健设施

1992年，妇幼保健站购买电动吸引器、冷强光乳透仪、激光治疗仪、消毒锅、显微镜、尿液分析仪等设备。1994—1998年，添置分光光度计、B超机、红外线乳透诊断仪、多普勒胎心仪等设备。2000—2003年，购置VIB波姆光治疗仪、SDR红外妇科治疗仪、经皮黄疸测试仪、分析天平、全自动血细胞分析仪、LOGIQ200proB超机、半自动生化分析仪、血凝仪、普林格尔多功能乳腺治疗仪、二氧化氮麻醉机、高压消毒锅炉等设备。

第二节　妇幼保健与疾病防治

1991年，妇幼保健站对全区14个自然村和30个企事业单位妇女的基本情况作摸底调查。1992年，在全区开展妇女病普查工作，共对820名妇女进行全面查体，查出患妇科疾病者432人。妇幼保健站借用区医院妇科医生和检验师，开办妇产科门诊和计划生育门诊，对患者全部给予治疗。1993年，妇幼保健站调入1名检验师，开始开展阴道脱落细胞涂片筛癌项目。1994—2003年，聘用2名专业技术人员，对全区2.25万名妇女进行普查，查出患各种妇科疾病6567人（包括临床罕见子宫颈下段后壁产时裂伤1例），全部给予及时治疗。

妇幼保健保偿　自1992年，妇幼保健站根据卫生部《关于推行妇幼保健保偿责任制的意见》，在全区发放《母婴保健保偿手册》。凡在妇幼保健站婚前医学查体合格的女青年，均需同时签订孕期保健保偿合同。合同明确规定甲乙双方的责任、义务和权利。1993—1997年，妇幼保健站每年举办2期基层妇幼保健人员培训班，组织其学习孕产期保健知识和产后保健知识。1995—2000年，每逢“三八”节期间，妇幼保健人员都深入工厂、农村宣讲妇女五期保健知识。其间，妇幼保健站举办老年期妇女保健学习班2期，基层妇幼保健员培训班3期。1996年，妇幼保健站聘用专业技术人员1名，专门负责对妇女产后进行访视。1998 年，聘用专业技术人员 1 名，定期到社区医疗服务站坐诊。2001 年，妇幼保健人员到龙凤钢琴有限公司宣讲孕产妇系统管理及老年期妇女保健知识。是年，结合全区孕妇乙肝病毒携带者发病情况，开展对孕妇怀孕 7 ~ 9 个月进行高效价免疫球蛋白注射。并根据孕周，开展 ABO 溶血筛查与治疗。2002 年，在开展母婴保健保偿工作的同时，开展高危妊娠的筛查，有效降低孕产妇产前产后并发症的发生和死亡率。妇幼保健站还与区医院、烟台开发区首钢医院、各村（居）委会妇幼保健员组成产后访视服务网络，普遍开展产后访视。并专为长江社区的 14 个自然村的妇幼保健员开通产后访视热线电话，遇有异常情况，妇幼保健站医务人员立即出诊。同时，还开展指导母乳喂养、新生儿护理、疾病防治等妇幼保健服务，保证母子健康。

图 21-12　2001 年，妇幼保健站举办育儿保健知识讲座

婚检　1993 年，妇幼保健站建立手术室，可施行终止早期妊娠、放环、取环等手术。1994 年 5 月，该站获得烟台市民政局、卫生局颁发的婚前体检许可证，可开展向结婚当事人提供婚前卫生指导、咨询、医学检查和保健服务等。同年，妇幼保健站购置电教设备，开展关于性卫生知识、生育知识、遗传知识、育儿保健知识教育。2001—2002 年，对农村婚前体检，采取自愿原则，婚检率达 5%。2003 年，新的婚姻登记条例颁布实施后，婚检一律采取自愿原则，婚检率达 3%。

计划生育服务　自 1991 年，妇幼保健站开展计划生育技术服务业务。2001 年 11 月，妇幼保健站与计划生育技术服务站合并，加强计划生育技术服务力量。到 2003 年，全区共做计划生育手术 2748 例，未发生医疗事故。

第三节　儿童保健与疾病防治

母乳喂养　1994 年 6 月，区医院开展宣传《促进母乳喂养十项措施》，并对医护人员进行相关培训。同时，医院专设母婴同室床位，鼓励母乳喂养。1995 年 3 月，在妇幼保健站设立母乳喂养领导小组，传授母乳喂养知识，对母乳喂养情况进行大范围入户调查。1995—1997 年，全区先后 3 次开展大型街头宣传活动，宣传母乳喂养意义，传授母乳喂养知识。到 2003 年，在烟台开发区，母乳喂养教育已成为孕期妇女接受常规教育的重要内容。

儿童体检　1993 年，妇幼保健站设化验室，负责儿童入托查体及幼儿园（包括离园 3 个月以上儿童）年度查体。查体项目包括血型、血分析、肝功及乙肝表面抗原。对乙肝表面抗原呈阳性者进一步查乙肝五项，进行相应治疗，劝其离开幼儿园，避免传染。2000 年，儿童入托查体增加查乙肝五项、血钙和儿童营养电脑评价，并对乙肝表面抗原、抗体均呈阴性者注射乙肝疫苗，对缺钙者补充钙剂。年度体检在原有项目的基础上增加乙肝五项检查，对需要补种乙肝疫苗的幼儿，动员其家长自愿给子女补种。

2000—2003 年，妇幼保健站分期分批到各托儿所、幼儿园举办讲座，向家长讲授育儿保健知识，并解答相关问题。

儿童疾病防治　1993 年，妇幼保健站将防治儿童营养性贫血列入常规工作，广泛进行宣传。自

1996 年，对新生儿给予常规补充维生素 A、D 和维生素 K 1，预防佝偻病和迟发性颅内出血。1998 年，开始对幼儿苯丙酮尿症、甲状腺机能低下两种疾病进行筛查。是年 7 月，管委成立防治新生儿疾病领导小组，强化对新生儿疾病防治的领导。2002 年，增加对入托幼儿检测头发微量元素项目，并加强对防治小儿肺炎、腹泻的宣传教育。到 2003 年，全区对幼儿苯丙酮尿症、甲状腺机能低下两种疾病的筛查率达到 100%，筛查出苯丙酮尿症、甲状腺机能低下各 1 人，都做到及时通知，早期治疗。

2003 年，妇幼保健站在全区开展“婚前健康查体、儿童入托查体、妇女保健、儿童保健和妇科门诊”等业务，为保障全区妇女儿童健康，促进妇幼保健事业的发展，积极开展工作，被烟台市妇联授予“三八”红旗集体称号。

第六章　社区与农村医疗

第一节　社区医疗

1996—1998 年，开发区管委成立社区医疗服务领导小组和社区医疗管理中心，加强社区医疗卫生管理。区医院根据社区医疗卫生需要，先后建立 6 处社区卫生服务站，基本覆盖建成区所有居民住宅小区，方便居民医疗卫生需求。1996—2003 年，各社区卫生服务站加强社区卫生服务工作宣传，共发放卫生宣传材料 8 万余份，进行各种义诊、咨询活动 50 余次。为部分居民建立二簿三卡（居民健康调查簿、家庭成员登记簿和社区儿童医疗保健卡、60 岁以上老人管理卡、八类疾病管理卡），各社区卫生服务站共调查住户 2400 户，计 7100 人，依据健康调查情况，制订服务方案，开展各项医疗服务。并与 600 名居民签定医疗合同，为签定医疗合同的居民建档立卡，每年为其免费查体，测血糖和胸透等，检查结果记入档案。各社区卫生服务站还开展电话上门服务，对因特殊困难不能到服务站就诊的居民，只要接到电话，服务站医务人员都随时登门服务。其间，共登门服务 960 人次，建家庭病床 640 张，为下岗职工、贫困户免费查体 2000 余人次，组织居民观看有关健康常识录像 20 余次，参加者达 5200 人次。截至 2003 年，社区卫生服务站为各社区居民提供医疗服务达 18.6 万人次。

图 21-13　2003 年，凤台社区卫生服务站病房

第二节　农村医疗

1992 年，全区有 14 个村级卫生室。2002 年，

农村医疗卫生按照全民、集体、个体办医相结合的模式，采取乡（镇）、村（居）、个体办医等形式，基本上解决农村看病就医难的问题。境内乡村医生主要负责对农村常见病的诊断治疗，协助街道卫生院（医院）开展农村卫生防疫、预防接种、妇幼保健和计划生育等工作，街道卫生院（医院）主要负责对农村常见病、多发病和一般疑难杂症的诊断治疗。截至2003年，全区各街道卫生院(医院)共设立7个农村社区卫生服务站，与各村（居）卫生室、街道卫生院（医院）形成农村医疗卫生网络，基本可满足各街道（社区）群众防病治病的需要。

第二十二编
文化　体育

2003 年 2 月，沿海渔民欢庆渔灯节

烟台经济技术开发区志

YANTAI JINGJI JISHU KAIFAQUZHI

1985年始，烟台开发区文化、体育事业逐渐活跃，文学艺术创作、各种体育比赛、广场群众性文体活动越来越普及，歌曲、戏剧、小品创作演出、竞技体育比赛等取得一定成果。文体广场、街（居）文体中心、文体大院、图书馆（室）等相继建成。同时，境内歌舞娱乐厅、电子游戏厅、网吧、音像社、保龄球馆、健身馆、游泳馆等各类文化体育设施日渐增多。开发区管委适时把文化体育事业与经济建设相结合，把群众性文化体育事业作为精神文明建设的重要内容之一来抓，积极组织全区开展多种形式的群众性文体活动。

截至2003年，开发区群众性文体活动普遍开展，初步形成社区文化、校园文化、企业文化相互促进、丰富多彩的发展模式，以及以全民健身运动为主，职工体育、学生体育为重点的群众性体育发展格局。广大群众的文体意识不断增强，文学艺术创作发展迅速，学校体育、群众体育、竞技体育齐头并进，体育设施不断完善，体育竞赛形成制度。

第一章　文　化

烟台开发区文化底蕴深厚，域内有新石器时代大仲家遗址、春秋时期牟子国故城遗址、古汉墓群。近代著名金石文字学家、甲骨文的发现者和爱国志士王懿荣的故居坐落在开发区古现东村。

建区后，随着经济建设的不断发展，文化事业日益繁荣，特别是1990年后，辖区文化事业进入全面发展时期，先后建起秦始皇东巡宫、科技名人雕塑园、天地广场、夹河公园、金沙滩公园等文化休闲娱乐场所，文化设施建设初具规模。全区形成宣传、群工部门牵头，社区管理处、街道办事处具体负责，学校、企业、居（村）民委员会积极参与的群众性文化活动模式。文化娱乐活动连年不断，丰富多彩；图书、档案、地方志事业不断发展壮大；书画、文学、摄影、音乐等，相继创作出大量作品，促进全区精神文明建设及和谐社会的健康发展。

第一节　文学

机构　1992年8月，开发区文化体育艺术中心成立，为管委直属正科级事业单位，实有5人，主要负责文化、体育管理和组织全区开展文学、艺术创作等工作。1995年5月，文化体育艺术中心更名为文学艺术创作室，划归工委宣传部管理，经费实行自收自支，专事文学艺术创作，体育管理归工委群工部负责。1998年6月，开发区作家协会成立，有会员48人。主要负责组织全区职工开展群众性文学创作。1999年5月，文学艺术创作室更名为文艺影视创作室。

文学创作　小说　1984—2003年，全区16名文学作者创作26篇小说作品。1984—1993年，作品集《跨着世纪走》代表这一时期的创作成果。该作品集收集林深等7位作者创作的12篇作品，从不同侧面、多角度展示开发区各项事业的发展情况，描述开发区人创业的激情和艰辛，讴歌开发区人的开拓拼搏精神。1993—1998年，作品集《世纪童话》为这一时期创作成果的代表。作品集收集酒泉等10位作者创作的12篇作品，展示开发区工作取得的成就，宣扬各条战线上涌现出的先进单位和人物，描述开发区人生活中的喜怒哀乐。1998—2003年，作品集《金沙滩文丛》为这一时期的创作成果代表。作品集收集谭得水的长篇小说《大地无泪》，是一篇农村题材小说。小说以胶东农村“合作化”“生产责任制”“土地流转”三次革命为背景，生动描述胶东农村四十多年的发展史和中国农民对土地的眷恋以及作者对 20 世纪下半叶中国农村土地问题的沉重思考。

散文　1984 年建区后，开发区散文创作日渐繁荣，涌现出一批散文作者。1992 年，新华出版社结集出版酒泉等 25 位作者创作的《一小时人生》《夹河边上》《最后一个离开工地的人》等 51 篇散文作品和《管委主任的一天》《拓宽开放路》《成功的尝试》《烟台开发区建立高效运行机制》等 32 篇报告文学作品。1994 年，东方文艺出版社出版随笔集《鹏程》。1997 年，远方出版社出版散文集《一小时人生》。1998 年，25 位作者创作的《难忘的秋天》《邻居》等 83 篇散文作品结集出版。1999 年，作家出版社出版散文集《美丽的生命》。2000 年 3 月，文苑出版社出版作品集《风声雨声 且歌且行》，收入全区 15 位作者创作的 63 篇散文作品。2000 年，出版散文集《美丽的生命》《路径》和《远行之树》等。2001 年，中国文联出版社出版孙希香创作的随笔集《正言苦旅》；2002 年，又出版其创作的文集《正言政话》《正言闲话》。2003 年，中国文联出版社出版散文集《风雨人生》《风雨行》《风雨情》三部作品。

诗歌　开发区内大量诗歌创作始于 1989 年，诗作者大力讴歌烟台开发区良好的投资环境和创业者的拼搏精神，以及各时期取得的巨大成就。1992 年，16 位作者创作的《凤凰台上忆吹箫—纪念烟台开发区科技园建设两周年》《满江红—赞烟台开发区》等近 30 首诗歌，被收入新华出版社出版的文学集《跨着世纪走》一书。1997 年 6 月，中国文联出版社出版诗集《风往何处》。1998 年，由 13 位作者创作的《情铺开发路》《开发区十年有感（四题）》等 50 首诗歌，被收入中国文联出版社出版的《世纪童话》。是年 11 月，中国文学出版社出版诗集《漩涡里的微笑》。2000 年，由 11 位作者创作的《啊，大海（组诗）》《秋天的歌》等 60 余首诗歌，被收入文苑出版社出版的《风声雨声 且歌且行》一书。2002 年，中国文联出版社出版散文、诗歌合集《万叶吟风》和诗集《梦里梦外》。

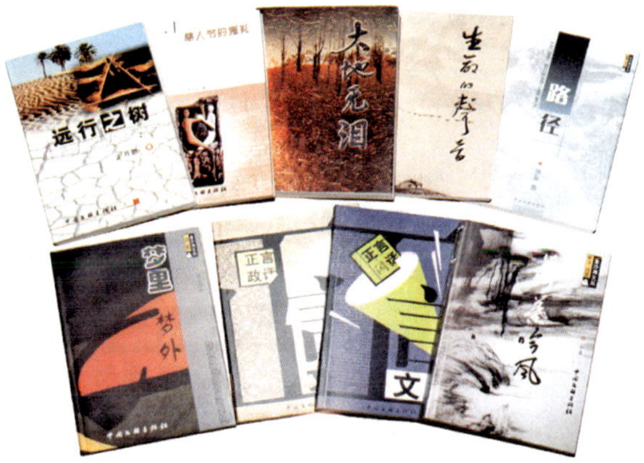

图 22-1　2002 年，烟台开发区文学工作者创作的部分文学作品

第二节　艺术

机构　1988—1997 年，开发区东方艺术公司、中国书法促进会、画院、音乐家协会、炎黄书画院、摄影家协会、硬笔书法家协会相继成立，主要负责组织全区专业和业余书画、音乐、摄影作者开展艺术创作和学术研讨，以及开展展览演出活动。

艺术创作　书画　自 1985 年，全区书画工作者和爱好者经常开展书画创作和交流活动。1989 年、1992 年，刘显超创作的书法作品分别入选第四届、第五届全国书法篆刻展。1989 年，曹健创作的油画《避风港》在山东省文化厅、教育厅和美术家协会举办的美术展览中获二等奖。1992 年，丁正生创作的书法作品在济南军区第四届书画作品展中获二等奖。1993 年，孙立文创作的国画《雪花飘飘归来晚》在山东省艺术馆、文化馆（站）优秀美术作品评奖中获二等奖。1994 年，许琪创作的书法作品获山东省第四届青年书法展优秀奖。1995 年，樊毓祥创作的国画作品被《全国著名书画家润格大全》润格。2001 年，乔德忠创作的书法作品获全国首届书画篆刻展铜奖，李亚创作的漫画《找爸爸》获全国新闻漫画作品银奖。2002 年，刘铸泰创作的国画《松风泉韵》获第三届中国书画名家大奖赛精品奖。1999 年、2003 年，嵇小军创作的书法作品分别入选全国第三届楹联书法展览、行草书法展览。

烟台开发区省级以上部分书画家协会会员、驻区和开发区籍书画作者作品选登：

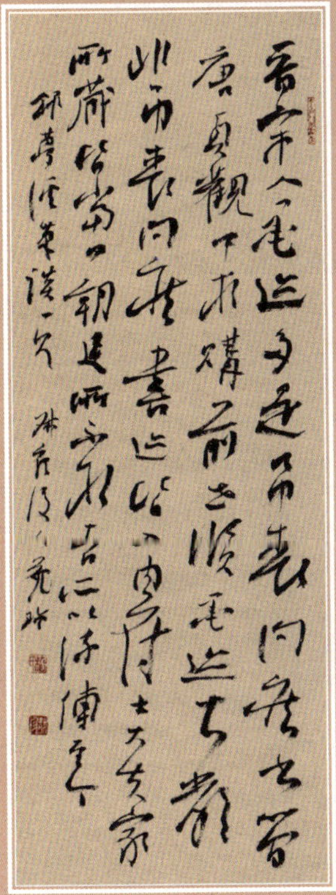

嵇小军书

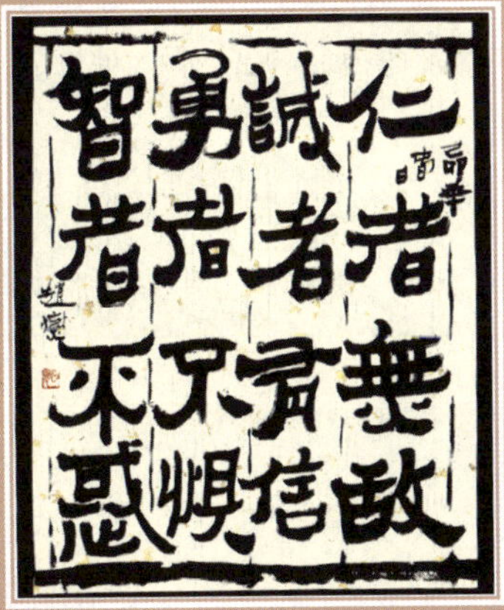

赵燮书

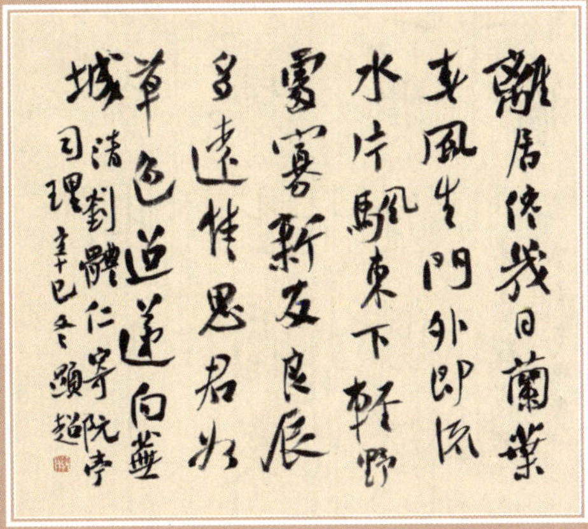

刘显超书

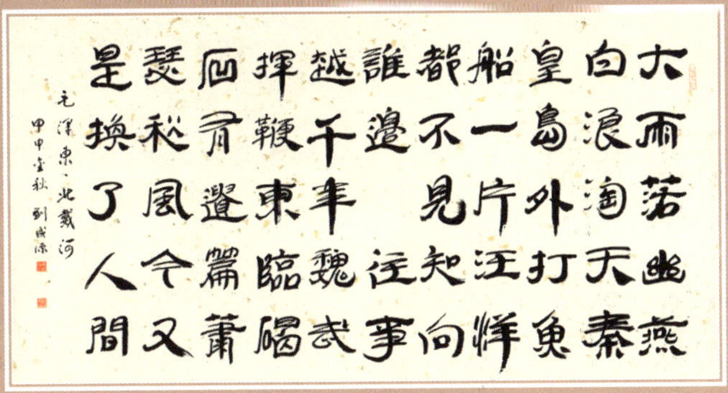

刘成源书

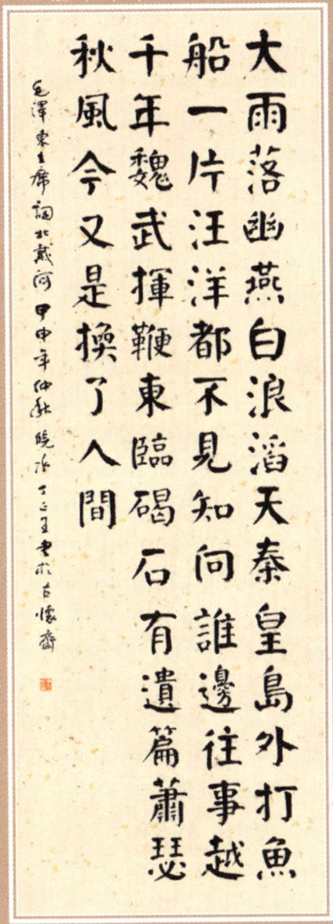

丁正生书

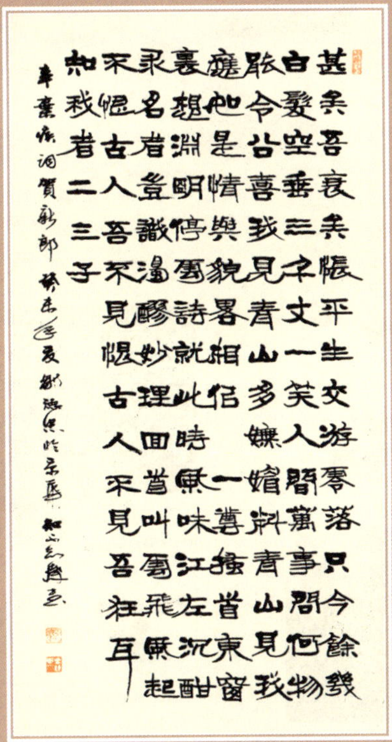

邹德忠书

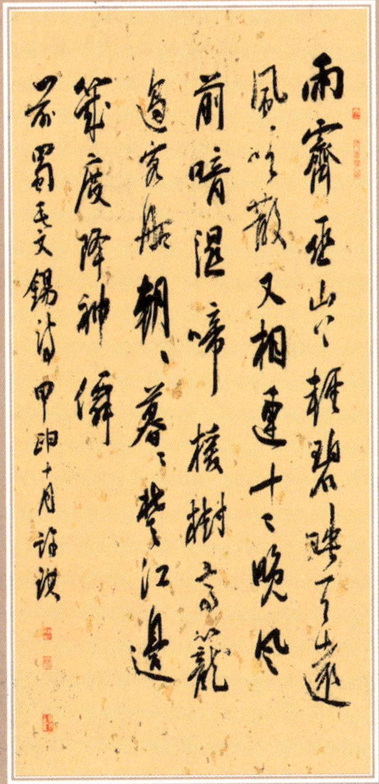

许琪书

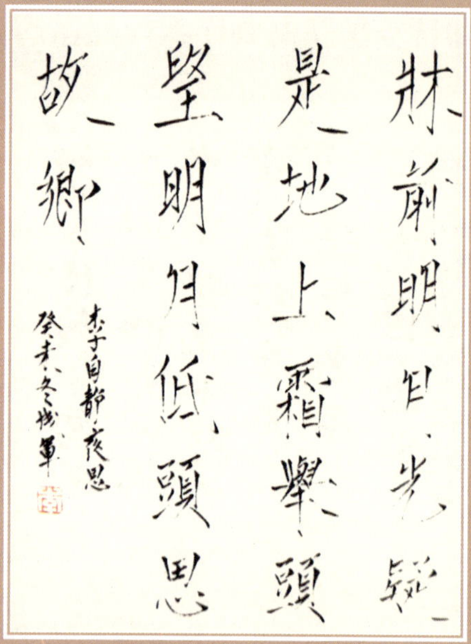

李成军书

刘相训画

侯杰画

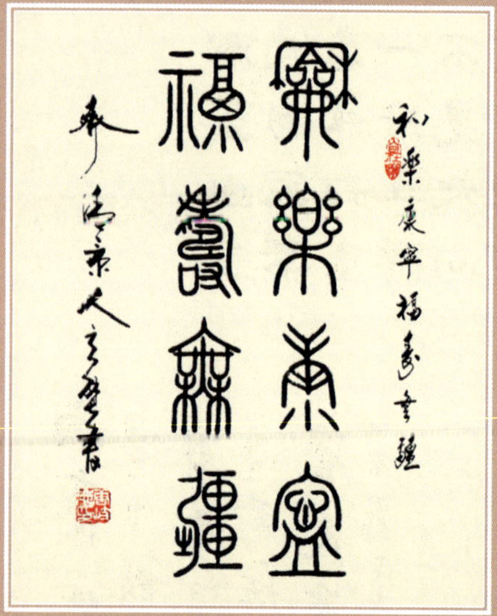
唐岐庆书

刘振东画

中国文化艺术城艺术家村集体创作

李亚画

孙立文画

高相国画

陈日新画

于庆丰画

歌曲　自1990年以来，随着开发区建设规模的逐步扩大，大批企业落户开发区，若干文艺人才也进入开发区，全区文化活动出现繁荣局面。文化部门通过组织文艺汇演、歌曲创作、演唱和文化下乡等活动发掘和培养文艺骨干。1993年以后，文艺事业又出现新的发展高潮，各种大型公益性演出活动连年举办，社区文化活动呈现出新气象。其间有10余位文艺工作者和企业文艺骨干创作的歌曲作品，受到各界好评。1993年，首钢烟台东星公司文艺骨干胥中华、战洪林、孙忠安创作的歌曲《东星，东星，希望的新星》获中国工人歌曲新作征歌评选银奖。1996年，由魏东作词，作曲家吕远作曲的歌曲《前进，开发区人》讴歌开发区人拼搏创业的开拓精神。1999年，职工文化馆馆员屠荣海、鲍皆岷创作的歌曲《伙计》在烟台市音乐家协会举办的纪念改革开放20周年“亚力美之声”创作歌曲展播中获二等奖。2000年，龙凤钢琴有限公司文艺骨干创作的歌曲

《我们是龙凤人》，由程显功在烟台市“龙凤杯”创作歌曲大奖赛上演唱获优秀奖，在烟台市社区文化歌曲演唱大赛上获二等奖。

摄影　1985年，烟台开发区管委政治处设1名新闻摄影工作人员，专事全区新闻摄影工作。工委管委重视摄影活动的开展，工委宣传部门经常组织摄影工作者和爱好者外出采风和开展交流活动，拍摄弘扬社会主义主旋律，反映烟台开发区建设成就和人民精神风貌的摄影作品。1985—1997年，朱岩创作的摄影作品《开垦黑土地》《家庭农场平整土地》等，先后被《解放军画报》《人民画报》刊载，1991年、1992年，《争鸣》《耕耘》等4幅摄影作品入选全国第三届农垦人摄影展，并被《中国摄影家》录编。1995年，曹健创作的摄影作品《孤舟》在中国图片社举办的摄影大赛上获优异奖。1996—2003年，工委宣传部门先后多次举办全区摄影作品大赛，共有30余名摄影作者创作的反映烟台开发区优良投资环境和各项成就的优秀作品参加展览和比赛。

图22-2　朱岩1997年拍摄的艺术照《日出金沙》

民间艺术　开发区民间艺术主要包括民间音乐、民间舞蹈（秧歌、高跷、腰鼓、旱船、杂耍、舞狮、舞龙）、民间戏曲和民间剪纸等。建区初期，沿袭福山区胜利东村、胜利西村、曲家台子、马家村的民间秧歌、锣鼓、杂耍、快板等文艺活动形式。1994—2002年，福山区臧家乡的部分村庄和古现、八角、大季家等乡镇（街道）的民间艺术逐步在开发区流传。

民间音乐　境内民间音乐主要流传于古现、八角和大季家街道一带，有大鼓、鼓号、渔民号子等。大鼓又称“盲人调”，起源于古代盲人乞讨，自编成曲，后经历代盲人与乞丐不断创新而形成一种曲调。大鼓曲体是板腔体，套路是起腔、二板、平腔、杂调、快板等，唱腔高亢明快，具有浓郁的乡土气息和地方特色，流传于古现、八角街道。1989年，大鼓被列为民间艺术重点项目，由政府有关部门组织人力收集资料，编写整理成成套曲音，列入国家民间艺术遗产。鼓号是一种传统民间乐器，又称大杆号。流传于古现、八角、大季家街道部分社区。大杆号起源于宋代，为北方牧民和军队用来传递信息的工具之一，又名“招军”“先锋”“号角”，是一种无孔无缝，直管吹奏的铜管乐。它由两节铜管组成，平时套在一起，用时拉出，号长约3米，前端喇叭口直经约20厘米。吹奏时右手将号扛起，上昂45度到50度角，运足丹田气吹奏。大杆号分高音、低（粗）音，音韵宏厚，音响可传达数华里，其音阶高低和曲调抑扬皆由吹奏力度的大小、气口缝隙的大小和唇齿松紧度来控制。吹奏时有塌、挑、颤、顿、滑、臌、连、粘等。其乐曲可分为祭祀、娱乐两大类。祭祀乐类一般为祭神、送葬所用，其乐曲庄严肃穆、威武雄壮、气势恢宏。娱乐乐类，古时多为寿诞婚礼、大型庆典演奏，有村民家中高榜得中，商店开张、节庆娱乐等均有演奏，有喜庆热烈、欢快明朗、诙谐幽默等特点。和大杆号相匹配的还有笙、笛、唢呐、锣鼓等民间传统乐器。渔民号子是一种劳动歌曲，古现、八角、大季家街道沿海渔民在长期渔业生产中，为协调动作、抒发情感而形成整套劳动号子。主要有“平号类”（也叫网号、篷号、橹号），系渔民日常劳作时所唱。

有领有合，其曲调随着劳动内容、强度和动作节奏的变化而变化。以粗犷奔放、节奏紧凑有力的调式为主，整套号子由溜网号、上网号、拉锚号、摇橹号、撑篷号、紧橹号、上网小号、捞鱼号、拉网号等部分组成，反映渔业生产劳动全过程。“急号类”，系遇到风浪变幻时所唱，有躲风号、闯流号、追鱼号、抽缆号等；“慢号类”，是音乐性较强的渔歌，系鱼虾满舱，渔船顺风沿流而下，渔民所咏唱的渔号，有廷巴号、呱呱号、艳阳号等；“杂号类”，系渔民日常装运时所唱，有领有合，如打号、抬号、推号等。在沿海渔民中，渔民号子至今仍有传唱。境内较流行的曲艺形式主要有胶东大鼓，起初为盲人演唱，俗称大鼓书，其唱腔高亢明快，婉转起伏，富有旋律性和胶东乡土气息。主要流行于古现、八角、大季家等地。随着文化生活的不断丰富发展，特别是电影、电视、电脑等的高度普及，一些曲艺演唱形式逐年淡化和消失。

民间舞蹈　境内民间舞蹈有舞龙、舞狮、跑旱船、大秧歌、杂耍、踩高跷、腰鼓等，主要流行于古现、八角、大季家街道和长江社区管理处所辖社区。每年春节期间，各村（居）和一些企业成立大秧歌队，走街串巷和相互串村表演。大秧歌队的前头是大型彩车开路，随后是大鼓、锣鼓、唢呐和大型彩灯。后面依次为活报队、秧歌队、高跷队、舞龙、舞狮、跑驴、跑旱船、抬阁、

图 22-3　2002 年，古现西村的大鼓表演

腰鼓队、大头舞、彩绸舞等。活报队中有扮演唐僧师徒的，有扮演八仙和《白蛇传》人物的，还有扮演闺秀、渔夫、老农、媒婆等各类人物形象的，边走边舞。“跑驴舞”中用的毛驴系竹木扎制，一个骑驴妇女和一个赶驴小伙为一组，表演跑、跳、卧、起、上山、下山、过河等动作。旱船舞

图 22-4　2002 年，古现庙会上的“跑驴”表演

中的旱船系用竹木扎制，一个乘船妇和一个摇橹船夫为一组，表演行船中的平稳速行、破浪前进、起伏颠簸等动作。舞狮中的狮子头系用竹木扎制，外用布裱糊，上面绘有耳、目、口、鼻，狮身用布和麻皮染色装饰皮毛，一只狮子由两人表演（幼狮由一人表演），一般两只狮子和一个手执彩球的逗狮人组成一组，表演狮子摇头、摆尾、搔痒、抖毛、卧倒、打滚等动作。高跷队一般由十几人至数十人组成，踩高跷者扮成各种人物形象，两人并列前行，表演各种人物动作。舞龙中的龙头、龙尾、龙爪系用竹皮扎制，龙身用布连接，上绘龙鳞，舞龙者前后数人须按锣鼓节奏，由一位擎珠人翻舞彩珠领舞，龙体随着彩珠舞动，表演滑游、翻腾、回旋、绞柱、翘首盘节、串节变形等动作。整个秧歌队由大小锣鼓和唢呐配合，串街走巷，边走边演，并鸣放鞭炮渲染气氛。2001 年 2 月 7 日，开发区组队参加烟台市世纪之春“中行杯”广场民间艺术表演赛，获市文化局颁发的优秀组织奖；是年 5 月 28 日，组织大秧歌队参加“海阳大秧歌民间艺术节”，获特别表演奖。

每逢山会，古现街道办事处驻地大街上彩绸飞舞、彩扇翻腾。大王家、北于家、古现西村、皂户头等村民表演的扭秧歌、扇子舞和学校师生表演的舞狮子赢得观众阵阵掌声和喝彩声。古现西村的大鼓更显威风，鼓手们甩开膀子，一擂就是10余分钟，鼓手汗流浃背，观众热血沸腾。整个庙会要持续到深夜。

民间戏曲　境内民间戏剧表演带有季节性，多集中于“山会”和春节期间，俗称“山会戏”“年节戏”。“山会戏”有固定日期和地点，如古现庙会始于明末清初，每年的农历三月初三，古现及周边村庄的群众聚集到位于凤凰山上的寺庙进供、烧香、看大戏或购买农副产品。演出的多是一些传统老剧目。如：《玉堂春》《白蛇传》《打鱼杀家》《法门寺》等。抗日战争爆发后，八路军五旅十三团驻扎在古现，指战员们在古现街上搭台唱戏，上演的是新编剧目《闯王进京》《木兰从军》《七叶河》《三世仇》等。凤凰山寺庙于20世纪70年代被拆除，但古现群众三月三赶山赶会的传统一直延续下来。剔除迷信成分的古县山会，已成为当地群众集商贸、娱乐、休闲为一体的盛大节日和宣传社会主义精神文明的重要平台。每逢“山会”，古现街道办事处都要请职业戏班、剧团和戏剧爱好者一起搭台演出京剧、吕剧等。“年节戏”为进入农历腊月，一些村（居）戏剧爱好者组织排练戏剧，春节后演出。村与村之间有时还进行交流演出。

民间灯会　境内的民间灯会历史悠久，延续至今。农历正月十五日前后3天夜间，各村（居）委会、企业和居民将花灯挂于院内、门外和主要街道上供人观赏。古现的四合村、大王家、北于家、皂户头等村庄，八角的下刘家、丰台、石屋营等村庄，大季家的芦洋、初旺、李家等村庄，以及首钢烟台东星公司、新时代大酒店等大企业还搭设灯棚，悬挂各种花灯，举办灯会，远近村（居）民扶老携幼踊跃观览。花灯的种类造型丰富多彩，有民间艺人扎制的纱灯、宫灯、走马灯、西瓜灯、鱼灯等。灯上多画有戏剧和民间人物，也有临时粘贴的灯谜，供人有奖竞猜。古现、八角、大季家街道沿海渔村历来有举办灯会的习俗。1998—2003年，农历正月十五元宵节期间，新时代大厦院内举办灯会（花灯由各机关、企事业单位提供），燃放焰火，参观人群络绎不绝。

渔灯节　渔灯节是烟台开发区沿海渔民自己特有的传统民俗节日，距今已有500余年历史，流传于境内山后初家、芦洋、八角等十几个渔村。渔灯节送灯、祭海有三层寓意，取鱼虾丰登、照亮引路佑护人船平安归来和使神灵认人识船，保佑人船平安之意。每逢渔灯节前，渔民们在村头

图22-5　2003年2月，渔灯节上燃放鞭炮

图22-6　2003年2月，渔灯节上祭海神

各路口、码头用松枝搭起高高松门，松门两旁挂着吉祥如意对联。高大葱绿的松门与家家户户悬挂在门口的大红灯笼相互映衬，把渔村装扮得喜气洋洋。正月十三日或十四日午后，沿海渔民一家一户，自发地从各自家里抬着祭品，打着彩旗，一路放着鞭炮，先到龙王庙或海神娘娘庙送灯、祭神，祈求鱼虾满舱，平安发财；再到渔船上祭船、祭海；最后，到海边放灯，祈求海神娘娘用灯指引渔船平安返航。除了这些传统的祭祀活动，近年的渔灯节日还增添了在庙前搭台唱戏及锣鼓、秧歌、舞龙等群众自娱自乐活动。渔灯节是渔家文化的典型代表。渔灯节不仅是渔民的一种祭祀活动形式，而且是渔民民俗文化的重要组成部分，其鲜明的渔家特色，丰富的文化内涵，是其他传统民俗文化不能涵盖的。改革开放以来，渔民们大力弘扬渔家文化，渔灯节不断繁荣发展，已成为渔民宣传推介渔家文化的一种有效载体。

民间剪纸　境内民间工艺以剪纸最为流行。剪纸在古现、八角、大季家一带普遍流传，是民间艺术与风俗文化的一个组成部分，人称“抠花”。据考，明清两代已形成一种独特的艺术形式。古代，百姓住房的窗户，多为木棂制作，在窗户纸上表现节日婚嫁喜庆的剪纸艺术就应运而生。贴在窗纸上的剪纸叫窗花，贴在门上的叫门签，贴在灯上的叫灯花，贴在房屋顶棚上的叫棚花，还有纸盆花、纸笸箩花、帽花、衣花、鞋花等。解放后，剪纸多以美化生活、憧憬未来、增添节日气氛为主要内容。大自然中的虫鸟、花木、风光名胜，以及神话、历史故事等都是剪纸题材。古现、八角、大季家街道和长江社区管理处所属各村庄及建成区居委会的妇女多善剪纸。传统剪纸图案多为龙、凤、鹿、鹤、牛、马、猪、羊、鸡、鸭、鹅、金鱼、鲤鱼、梅花、牡丹、兰、菊、佛手、如意、八仙过海、麻姑献寿、麒麟送子、鲤鱼跳龙门及“寿”“福”“喜”字等。构图新颖别致，造型生动美观。技法上既有粗犷浑厚的大写意，又有秀丽纤细的白描，阳剪阴刻，变化多端。历史上剪纸多见于农舍装饰、家用器具、手工服装、节庆装饰，以及丧葬嫁娶等场合。在欢度春节、结婚喜庆、给老人庆寿等吉日亦有剪纸张贴，一些集市上也有剪纸交易。

1986—2003年烟台开发区籍及驻区、区文学艺术工作者获省级以上奖项表

表22-1

姓名	获奖年份	艺术作品	发表（展览、演出）情况	获奖及其他
丁正生	1992	楷书中堂	济南军区第四届书画作品展	二等奖
丁守智	1999	行书条幅	全国民间工艺美术书法大展	特别金奖
牛折桂	1996	国画《国色天香》	“中国和平统一杯”国际书画展	金杯奖
	2002	国画《繁华似锦》	山东首届齐鲁文化艺术精品展	绘画银奖
尹晓彦	1992	工笔画《四季吉祥》	黑龙江省年画展	一等奖
		工笔画《松龄鹤寿》	黑龙江省建党70周年美展	
	1994	工笔画《喜迎新世纪》	黑龙江省“地强杯”群星奖	铜奖
	1999	工笔画《玉羽闹春光》	迎世博99昆明世界园艺博览会	金奖
	2002	工笔画《祥和安乐农家院》	黑龙江省“群星杯”画展	

续表 22-1

姓名	获奖年份	艺术作品	发表（展览、演出）情况	获奖及其他
孙立文	1992	国画《秋到家乡图》	山东省文化（艺术）馆站业务技能比赛	优秀奖
	1993	国画《雪花飘飘归来晚》	山东省艺术、文化馆（站）优秀美术作品评奖	二等奖
	1994	国画《秋收图》	银川美术馆第三届中国书画展	入选
	1995	国画《野渡无人舟自横》	中国艺术界名人作品展示会系列大展	银奖
	1996	国画《秋艳》	当代书画名家作品集	入选
	1997	国画《归根》	'97 香港回归中国书画大展赛	银奖
朱　岩	1990	摄影《风雪无情人有情》	黑龙江省第十二届摄影艺术展	入选
	1991	摄影《争鸣》	黑龙江省“改革 10 年”摄影展	三等奖
许　琪	1994	行书斗方	山东省第四届青年书法展	优秀奖
	1997		文化部主办世界华人书画大展	入选
许维新	1997	山水画《云山溪鸣》	第二届“白帝杯”全国书画篆刻大展赛	铜奖
		山水画《江村秋泉鸣》	“龙脉杯”全国书画大展	银奖
	1998	国画《云峦飞瀑》	全国首届“方达杯”中国画大奖赛	优秀奖
	1999	国画《源远云涌》	中国画大展赛	入选
	2000	国画《源远流长》	中华当代书画艺术展	特别金奖
刘相训	1999	国画《墨虎》	“国花杯”全国书画大赛	金奖
刘振东	1994	国画《似水流年》	第八届全国美展	入选
	1995	国画《春寒料峭》	反法西斯战争胜利 50 周年全国美展	
	1998	国画《潮起》	第四届全国水彩、粉画展	
刘显超	1989	行书斗方	第四届全国书法篆刻作品展览	入选
	1992		第五届全国书法篆刻作品展览	
	1995		第六届全国书法篆刻作品展览	
	1995		第六届全国中青年书法篆刻展览	
	2000		第八届全国中青年书法篆刻展览	
刘铸泰	1993	国画《黄海春潮》	当代青年书画家一千家	入选
	1999	国画《山高水长》	当代中国书画名人目录	
	2002	国画《松风泉韵》	第三届中国书画名家大奖赛	精品奖

续表 22-1

姓名	获奖年份	艺术作品	发表（展览、演出）情况	获奖及其他
刘成源	1994	隶书横幅	建国四十五周年书画展	优秀奖
			九四中华书画艺术博览会大展	特别荣誉奖
	1999	隶书横幅、篆刻	中国百年风云人物	金奖
	2001	隶书横幅	中国企业文化年文化艺术博览会	入选
乔德忠	1999	楷书中堂	“爱我中华”全国硬笔书法展	优秀作品
	2001		全国首届书画篆刻展	铜奖
	2002		山东省庆祝中共十六大书画摄影精品展	入选
李　亚	2000	漫画《这里的村民觉悟怎么这么低》	“库尔勒晚报杯”中国漫画大展	入选
	2001	漫画《找爸爸》	全国新闻漫画作品	银奖
	2002	漫画《那是我们村里致富的带头人！》	“子恺杯”中国漫画大展	入选
		漫画《——小弟弟，别害怕，我身后还有好多人呢！》	第十三届中国新闻漫画	铜奖
李民生	1997	国画《巨龙伏虎图》	“龙脉杯”全国书画大展	优秀奖
	1999	国画《贵妃醉酒》	“中国世纪之光”全国书画展	
	2000	国画《红颜白发乐天涯》	世界名人书画艺术大展	金奖
	2001	国画《长岛渔歌》	中国首届老年书画展	三等奖
	2002	国画《洛钟赋》	中国国际科技文化成果博览会	金奖
李成军	2003	楷书中堂	中国当代文人书画艺术大展赛	金奖
李国民	1999	国画《红尘》	纪念孔子诞辰 2500 年书画大展	入选
	2000	国画《梦之迹·秋》	“世纪·中国风”中国画大展	
	2001	国画《北方七月》	新时代中国画大展	
	2003	国画《秋思》	黑龙江省第三届花鸟画展	优秀奖
陈桂芳	1996	篆刻	吉林省首届精英书法作品大赛	二等奖
	1998	石雕	第一届世界华人艺术大奖赛	优秀奖
	2001	篆刻	支持北京申办奥运中国百名市长书画展	特别荣誉奖
林　深	1991	小说《毛衣》	山东省“中共建党 70 周年”征文	征文奖
	1994	小说《海赌》	1993 年全国优秀小说选集	入选
	1998	小说《吃城》	《小说月报》第三届百花奖	百花奖

续表 22-1

姓名	获奖年份	艺术作品	发表（展览、演出）情况	获奖及其他
胥中华 战洪林 孙忠安	1993	歌曲《东星，东星，希望的新星》	中国工人歌曲新作征歌评选	银奖
赵子丹	1986	行书条幅	山西省书法展	二等奖
	1987	国画《赶集》	“屈原杯”海内外书画大赛	国画二等奖
	1988	国画《朝圣》、《云蒙秋色》	山西省首届中国画美展	三等奖
		行书条幅	山西省书法展	二等奖
	1990	国画《山凹凹里的笑声》	第十一届亚运会书画扇面艺术大奖赛	铜奖
	1992	国画《西行即景》	晋冀鲁豫四省美术作品展	二等奖
	1994	民间艺术作品《面娃》	全国首届民间艺术大展	银奖
	1998	民间艺术作品《面娃》	山西省首届民间艺术大展	金奖
		国画《老林》	山西省“群星杯”书画大展	银奖
	1999	国画《深山文庙》	纪念孔子诞辰 2500 年书画大展	三等奖
	2002	国画《吉祥图》	中日文化艺术交流书画展	金奖
酒 泉	1997	广播剧《老船》	山东省广播剧展播	二等奖
曹 健	1989	油画《避风港》	山东省文化厅、教育厅、美术家协会举办的美术展	二等奖
	1995	摄影作品《扒舟》	中国图片社“适马杯”摄影大赛	优异奖
嵇小军	1999	行书斗方	第三届全国楹联书法展览	入选
	2003	行书斗方	第三届全国行草书法展览	
程永生	2001	行书条幅	“中华魂”书法大展	入选
谭得水	1999	散文《美丽的生命》	第六届全国人口文化奖“鹏城杯”征文	三等奖
裴建功	1993	行书立轴	北京 2000 年奥林匹克第一届国际绘画书法艺术大展	优秀奖
	1994		中国历代名言警句书法作品展	
			“王羲之奖”全国书画大赛	一等奖
	1995		“天方杯”甘肃省书法大奖赛	优秀奖
	2002		中国书法家作品展	入展

说明：以姓氏笔画为序

第三节 文化活动

机构 1989年6月，东方艺术团成立，为开发区总工会所属实行企业化管理的科级事业单位。1991年10月，宣传部文化科成立，股级行政科室。1992年11月，职工活动中心成立，东方艺术团隶属于职工活动中心管理。1993年2月，宣传部社会宣传科与文化科合并为宣传文化处，为正科级行政处室，实有2人。是年6月，确定职工活动中心为群工部所属正科级事业单位。1995年6月，撤销东方艺术团。职工活动中心定编15人（所增人员主要用于解决演职员和绘画、书法等文艺人才的需要）。同时，宣传部增设文化事业管理处，为正科级事业单位，编制3人。2001年8月，职工文化馆定为群工部辖属正科级事业单位，编制14人，经费实行差额预算管理。以上机构和团体具体负责组织开展全区性文化活动，并承办各种演出和慰问活动等。

设施 随着开发区群众物质生活水平的不断提高，文化娱乐设施也不断完善。1992—2003年，相继建成以天地广场、海滨广场为中心的多处露天文化娱乐场所，各村庄、社区也建起文化大院或文体活动场地，各居（村）民委员会成立业余文艺宣传队伍，较好满足了群众对文化生活的需求。

文娱活动 自1989年开始，每逢传统节日和重大纪念日，开发区均组织文艺汇演进行庆祝。如：庆“七一”联欢晚会、篝火晚会、文艺晚会、文艺汇演、京剧文艺晚会，庆“八一”拥军文艺晚会、京剧演唱会，贺亚运、庆国庆联欢晚会和春节联欢晚会等，既活跃群众文化生活，又增添节日喜庆气氛。1992年，宣传部、群工部联合举办烟台开发区“保险之春”卡拉OK大奖赛，并组织选手参加烟台市职工歌手“美食城杯”卡拉OK大赛。1993—1995年，先后举办烟台开发区中—韩国际贸易洽谈会联欢晚会、中—新经贸洽谈会焰火文艺晚会、庆祝世界妇女大会在北京召开文艺周活动、“夏日潮”妇女健身舞大赛、“半岛杯”十佳青年歌手卡拉OK大奖赛、纪念抗战胜利50周年和烟台解放50周年电影文艺晚会等文艺活动。1996年，金东居委会腰鼓队参加烟台市第二届APEC博览会文艺演出；区东方艺术团到烟台鲁星食品有限公司、烟台首钢东星集团公司等企业及政法战线进行慰问演出，并与建设环保土地局职工进行联欢；在新东方商城开业时，举办新东方商城助学金、奖学金捐助仪式暨文艺晚会。每年春节期间，大季家街道办事处、长江社区管理处、海河社区管理处和烟台首钢东星集团公司的大秧歌队，走街串巷进行汇报演出。每年夏末秋初，工委群工部等部门及一些社会团体常在金沙滩海滨、天地广场等地举办“金秋之夜”“生态家园”“开发区明天更美好”等文艺晚会，形成浓厚的“广场文化”特色。到2003年，全区有12个社区先后成立文化活动站，每个社区组建起由居民自愿参加的100～200人的文娱活动队伍，全区形成总数达2000余人的文娱活动骨干队伍。

图22-7 文教系统文艺晚会（1991年摄）

图22-8 社区居民秧歌表演（1996年摄）

每个社区都有自己的“绝活儿”。如：金城社区的扇子舞、凤台东社区的《宫廷扇》、华电社区的《手绢舞》等。

1989—2000 年烟台开发区职工在文艺演出中获得省级以上奖项表

表 22-2

姓名	获奖年份	文艺演出形式	获奖
贾堂霞	1989	中央电视台“青年歌手大奖赛”业余组民族唱法	优秀奖
温建革	1989	山东省“桃李杯”声乐大赛民族唱法	二等奖
	1994	山东省首届职工卡拉 OK 歌手大奖赛	三等奖
迟文红	1993	山东省第三届普通话大赛及演讲比赛	一等奖
迟文红 荣学超		迟文红、荣学超合作在山东省首届国际标准交谊舞暨交谊舞大赛（青年组）	第二名
李陆勇	1995	山东省“滨化怀”京剧票友大赛	金奖
	2000	全国“和平杯”京剧票友大赛（老生组）	二等奖
米军	1996	全国职工敬业爱岗演讲比赛	一等奖
		山东省第七届敬业爱岗演讲比赛	
程均萍	1997	山东省第六届声乐大赛	优秀奖
	1998	山东省“汇源怀”青年歌手大赛	三等奖
姜璎		山东省“纪念中共十一届三中全会 20 周年演讲大赛”	二等奖

第四节 文物

建区前，境内文物由福山区和蓬莱市文物管理部门管理，古现镇、八角乡境内的文物归福山区管理，大季家镇境内的文物归蓬莱市管理。2002 年 8 月、10 月，三十里堡古墓东墓群、岗嵛烽火台和古现镇、大季家镇、八角乡内所有文物保护单位先后划归开发区文化事业管理处管理。

图 22-9 大仲家新石器时代遗址（2003 年摄）

古遗址 大仲家遗址 大仲家遗址位于大季家街道东北 1.6 公里的大仲家村。遗址南北长约 400 米，东西宽约 200 米，面积约 8 万平方米，该遗址为新石器时代建筑遗迹，属邱家庄类型遗存。1974 年冬，大仲家村民平整土地时发现，蓬莱县文化局、文化馆对遗址进行考证。1979 年 9 月被蓬莱县人民政府公布为县级文物保护单位，1987 年 4 月被烟台市人民政府公布为市级文物保护单位，1992 年 6 月被山东省人民政府公布为省级文物保护单位。该遗址原始文化堆积厚度为 3 米。由于修路、整地将文化层打破，文化堆积层现存 2.3 米，遗址南部仅剩文化层底部一小部分。遗址内发现的遗物有石斧、石磨棒、骨针、陶纺轮和大量陶鼎、贝壳等。第一层出土器物有残器物鼎足，生产生活用具较多；第二层出土有红烧土块、灰迹、蛤壳及部分残缺器物；第三层发现有红烧土块堆积和小部分建筑遗址。遗址对研究这一时期人类居住、农耕、打造石器、刻磨骨器、制陶工艺、文化等具有宝贵史料价值。

沙窝孙家遗址 沙窝孙家遗址位于大季家街道沙窝孙家村北2公里山坡上，面积约7.5万平方米。1964年发掘，属龙山文化类型，文化层厚0.6米。陶器以夹沙黑陶为主，纹饰有乳钉纹和刻划纹。采集有鼎沿、凿形鼎足、杯沿、桥形把手。石器有石斧、磨棒，还见有炭粒和红烧土块遗存。遗址保存较为完整。

三十里堡牟子国故城遗址 牟子国故城遗址坐落于古现街道三十里堡村南206国道路旁山丘北坡，南高北低，东西长约500米，南北宽约400米，面积约20万平方米，基本为方形。据《福山县志》记载，牟子国国都古城始建于春秋战国时期，一直延续到汉代。对历年采集到的故城遗址零散遗物和部分出土文物考证，属东周、汉代的遗物（以汉代居多）。遗址城墙走向清楚可见。城围墙呈直线，依山势而建，形成不规则四方形土城。城东、城西各有一条护城河，自北门向南有一条小路直达南门。遗址尚残留东、南、北门痕迹和陶器残片，并可看出城内北部冶铸铜钱的残渣遗迹。历年出土的文物有陶器、陶片、“千秋万岁”瓦当、石磨、铁犁等。

图22-10 牟子国故城遗址（2003年摄）

该遗址对研究东周、汉代的山东古国历史及当时的经济、文化状况具有重要的历史价值，为春秋战国时期胶东半岛故城遗址之一。1956年7月被山东省人民委员会公布为省级文物保护单位，1977年被山东省革命委员会公布为第一批省级文物保护单位。

烟台烟墩 烟台烟墩遗址位于大季家街道马家村北约500米的沙丘台地，圆形，残高约4米，底座周长约70米，系黄土堆成。为明代烟墩遗址，破坏严重。

山后陈家烟墩 山后陈家烟墩遗址位于大季家街道山后陈家村东北约100米的峰子山顶端，圆形，残高约3米，底座周长约40米，系黄土堆成。为明代烟墩遗址，烟墩台顶部被破坏。

山后李家烟墩 山后李家烟墩遗址位于大季家街道山后李家村东的一座高约70米的小山顶上，圆形，残高约2米，底座周长约70米，其外表用石块砌成，内填黄土。为明代烟墩遗迹，破坏较严重。

初旺烟墩 初旺烟墩遗址位于大季家街道初旺村西北约500米处的一座海拔约200米的小山顶上，圆形，残高约4米，底座周长约40米，土石结构。为明代烟墩遗址，破坏严重。

大赵家烟墩 大赵家烟墩位于大季家街道大赵家村东北约200米的芦洋山顶端，圆形，残高约6米，底座周长约50米，土石结构。为明代烟墩遗迹，局部已倒塌。

岗嵛烽火台 岗嵛烽火台位于长江街道岗嵛村东约100米的福莱山顶上，残高约5米，底座直径约10米，圆锥形，土质结构。为明代遗迹，现仅存一小土堆。

北于家墩 位于古现街道北于家村北部，原称鸡鸣墩，后因临近北于家村而得名。元末明初堆筑，系海防军事设施。该墩与八角墩形体基本相同，也为方锥三层土石结构。一层底长、宽分别为15.5米、15米，层高2.5米；二层底长、宽分别为10.5米、10米，层高为2.6米；三层底面长、宽分别为5米、5米，层高为2.4米，通高为7.50米。

明朝万历年间归“福山备御官军守瞭”。清代归中前所。现墩保存完好，顶端设有测绘铁架塔。

磁山寨　磁山寨位于古现街道汪家沟村西南、磁山南峰海拔500余米的山巅上，以山名得寨名。元末明初，福山沿海一带，常遭倭寇侵扰，为防倭寇袭扰，官府在近沿海处筑寨建烽火台。据明代万历《福山县志》记载：“磁山寨在县西北三十五里，百户刘文筑。”元亡明立，“国朝洪武三十一年，魏国公徐徽祖奏，准开设登州卫东四寨（宫家岛寨、芝山寨、荆山寨、磁山寨）寨署芦洋……”明朝灭亡后，到清末咸丰十一年（1861年），知县刘恩荣为镇压捻军起义（时称“长毛子”），对原磁山寨围墙进行修复。“同治六年（1867年）六月初十，捻军进攻福山，十五日马步二万余，据磁山下，忽去忽来，迄至十二月始止”，清军与捻军拚战六七个月，全境骚然，死人很多。后历经民国，岁月沧桑，遗址犹存。围墙北峙山崖，东、南、西筑墙，底宽1.5米，顶宽1.3米，高1～3米，三向墙总长约250米，属干打垒石墙。在捻军与清兵激战中，磁山寨遭到极大破坏，现仅能见到几道大石块砌成的干打垒围墙残迹。

王懿荣出生地　王懿荣出生地位于古现街道古现东村古现街中段路南，清代建筑群。清道光25年（1845年）王懿荣在此出生，并生活15年。咸丰9年（1859年）王懿荣随母进京，此房由其本家代管。房屋为王兆琛（王懿荣之祖父）所建，为三进三院格局，共计38间，建筑面积1300平方米。房屋结构为五檩架，大檐，石砖墙，磨砖垛，铜钱垫缝，大石条托山墙，木质花格门窗，第二进院设有月亮门，可通往临街西厢10余间房屋。整个建筑古朴典雅，独具一格。1938年，部分房屋遭日本侵略军飞机轰炸，后予改建，现存原房屋25间，房瓦已换成红瓦。

山王家围子　山王家围子位于磁山脚下山王家旧村，因近村得名。19世纪中叶，安徽、江苏、山东、河南贫苦农民为反对清朝的残酷统治，组织起反封建捻军。清朝咸丰十一年（1861年）福山知县以“反长毛”名义，让村民在山王家村依山筑起围墙。围墙高近4米，底宽2米，顶宽1米多，设东、南、西、北四门，围子内有南北中心街一条，长约200米，宽2～4米不等。有东西中心街一条，长近200米，宽3～4米不等。两条街均为石条路面。清同治六年（1867年）捻军占据磁山，在该村与清军对垒，捻军大胜，后清军云集，捻军败北而撤。抗日战争爆发后，1941年5月，原国民党福山县长陈昱率保安团从莱阳撤至福山，进驻山王家村，司令部设在南北中心街北端西侧，有正房6间，厢房3间。陈部盘踞后，对围墙进行加固，用水泥建垛，墙外挖壕，建筑碉堡。村内设八大处和监狱等。1942年9月，八路军五旅十三团，在县大队的配合下，攻打山王家，打跑陈昱，捣毁军事设施。1950年后，山王家村弃旧村建新村于丘陵地阳坡。旧村围墙大部分保存下来，四门已毁，门道尚存。

八角烽火墩　位于八角街道八角村东岛中部，因近村得名。明朝年间，为防倭报警，官军于沿海处设烽燧墩，又称狼烟台，属海防军事设施。墩，多用石土选高处堆筑，守墩者发现敌情，白天以燃柴烟为警，夜里以点柴火为讯，报知守兵。八角墩为方锥三层型，一层底面长、宽分别为15米、14.5米，层高2.10米；二层底面长、宽分别为10米、9.6米，层高2.5米；三层底面长、宽分别为5米、4.8米，层高2.5米。通高6.80米。明朝万历年间归“福山备御官军守瞭”，清代归

图22-11　八角烽火墩遗址（2002年摄）

中前所。现墩保存完好，顶部建有测绘铁架。

东范家石围墙　东范家石围墙位于大季家街道东范家村西南九目山东西两峰上。石围墙自下而上分为3层，现存围墙高1～2米不等，东西长100余米，南北宽80余米，总面积近1万平方米。为清代遗址，保存完整。

磁山瀑布旧址及阴主庙遗址　磁山瀑布位于磁山南峰石壁上，悬崖瀑布下有宏大石洞，南为石潭樱桃涧，北为夹石天门。石洞下有山泉，旱涝不减不溢。磁山瀑布高30余米，宽20余米，远望疑为水银玉珠帘嵌于壁上，故有“磁山浮玉”之称，清代被誉为福山八景之一。如今因雨少，只在雨季方能见到瀑布风姿。阴主庙庙址原在磁山洞之东下方，其地险隘，屡被山水冲坏倾圮，始建何年无考。墙体虽已不复，根基、石碾犹存。清顺治六年（1650年）春，王懿荣之八世祖王道增捐资，经知县李腾龙允准，移建于磁山南峰北陲马山之阴，庙有正殿、两庑、戟门等。邑制祀典阴历七月七日行。后多年失修，清末塌废。

八角东岛灯塔　八角东岛灯塔位于八角街道八角村东约1000余米，原灯塔为明代万历年间所修，已毁。现灯塔高约4米，底座直径2米多，系1954年修建。后于1970年在原基础上又重建。

八角朱氏宗祠　八角朱氏宗祠位于八角街道八角村中心街十字路口东60米路北，因以姓氏族祭，故名。1935年，八角村长朱吉勳与村里朱姓族长共议，重建（原有一座老旧窄小宗祠）朱氏宗祠，资金来源主要为发动朱姓族人捐资。1937年春动工，1938年建成。朱氏宗祠坐北面南子午向，由前山门和北大厅两部分组成，四周套有2.8米高长方形围墙，占地面积990平方米，建筑面积200余平方米，围墙外为东西南北通道。北有正房3间，前厅3间，砖石结构，五檩房架，前后大出檐，雕梁画栋，檐下有二龙戏珠图案。院内植有柏树，门前有戏台，整个宗祠布局新奇，风格独特，为本村朱姓祭祖之地。每到春节或重大节日，八角村的朱氏后人都来此上香祭拜，以祈祖先庇佑。1947年土地改革后，宗祠被改成村公所，宗谱、供奉器皿等被搬到朱相瑾家两间北屋。合作化时期，北大厅被改做集体粮仓，山门上的金字牌匾被摘下来。“文化大革命”时，祭祀活动废止，祭祀物品几经搬迁，丢失损坏严重，朱氏宗谱下落不明。1966年，成为大队编筐场。1973年，成为集体晾晒海参场地。1978年，宗祠前山门房盖、顶梁柱、大门被拆除，北大厅正房保存尚好。

图22-12　20世纪70年代摄八角朱氏宗祠

古墓葬　方里董家墓葬　方里董家墓葬位于大季家方里董家村北400米处一平坦地块，南北长约4米，东西宽约3米，深4米，为一土坑竖穴墓。墓北壁有一壁龛，四方形，长宽各1米，进深0.3米。墓内填有一层卵石，一层沙子，下挖未及棺椁。曾出土泥质灰陶罐，当即被毁。为战国时期墓葬，破坏严重。

三十里堡古汉墓　三十里堡古汉墓位于古现街道三十里堡村南约200米一带，墓群自北至南被林官庄、小王家、陈家、大王家村分隔为东、西两墓区，相距约3公里，均为汉代墓群。东墓区位于岗崙村西山岗上，南北布局，分布在约2公里范围内，有20余座土冢。1971年村民平整土地时挖出一座砖砌墓室，出土器物有铜双鱼洗，玉片人像、五铢钱等。西墓区分布于三十里堡村以南至大王家村约3公里范围内，有土冢30余座，封土高3～10米不等。1974年，福山县文物部门清理1座带阶梯状墓道的土坑竖穴墓，发现一椁双棺，人骨架两具。殉葬品主要为陶器，有钵、罐、盆、奁、壶等。出土铁剑1把，龟钮铜印1方，印文为“王众之印”，另有汉代陶器数十件。1956年被列为地区级文物保护单位，1975年被列为省级文物保护单位，1977年被山东省革命委员会公布为第一批省级文物保护单位。

图22-13　三十里堡汉墓群部分遗址（2002年摄）

大赵家墓群　大赵家墓群位于大季家街道大赵家村南约1公里处，分布于南北长约300米，东西宽约200米的平坦地带，为汉代墓群。墓群东侧有3座墓葬，其中1座被破坏，墓内曾发现墓门、汉砖、铜环等。整个墓群保存较完整。

树夼王家墓群　树夼王家墓群位于大季家街道树夼王家村南约100米一带，分布于南北长120米，东西宽80米的山丘上。坟墓为砖砌拱顶竖穴墓，采集有残陶器沿、器底各1件和带子母榫青砖等。为汉代墓群，保存较完整。

仵家村墓群　仵家村墓群位于大季家街道仵家村西南约300米处，分布于东西长80米，南北宽60米的高台地上。1972年村民整地时发现1座残墓，为砖砌穹窿顶墓，墓室高约2米，底径约2米。出土有泥质灰陶罐、素面青砖等。为宋代墓群，保存较好。

山后陈家墓群　山后陈家墓群位于大季家街道山后陈家村东，分布于东西长40米，南北宽30米的丘陵地上。1958年村民整地时发现几处残墓，均为砖砌穹窿顶墓，以素面砖为主。为宋代墓群，破坏严重。

树夼夏家墓群　树夼夏家墓群位于大季家街道树夼夏家村西北约200米处，分布于南北长80米，东西宽60米的高台地上。于高台东侧断崖上发现残墓2座，均为砖砌竖穴墓。残墓高约半米，宽约1米。采集有子母榫的青砖。为宋代墓群，破坏严重。

文物保护　1958—1979年，随着村民连年不断平整土地，三十里堡古墓群东墓区土冢子逐年减少。而西墓群北自牟子国国都故城遗址，南至大王家，东沿林官庄、小王家、大王家村一线，西距大庄子、小庄子、古现村1公里，面积约为70万平方米，土冢子保存较好。206国道沿东南西北走向横穿东墓区，将墓区分为南北两部分。1992年9月，南部分因取土挖走土方80余万立方米，将31～40号墓封土挖毁，墓道暴露，有2座墓被挖掉，1座墓被盗，有10余座地下汉代砖室墓被挖毁。此案已及时处结，恢复原貌，并重新设立保护标志。牟子国国都故城遗址，现还能看清城墙轮廓及东、南、北门的痕迹。城墙基部宽为16米，墙体高3～10米凹凸不平，城墙内种植着农作物、果树和苗木。东城墙外到城墙上部，大部分为当地村民所立坟头，西城墙已基本看不出轮廓，北城墙仅存的一部分被立有烈士坟头，西南部城墙已被挖掘开垦。大仲家遗址现存地段南北长270米，东西宽300米，面积约为8万平方米，文化层丰富的中心地段设有保护标志。地段内植被均为果树和农作物，其中近3万平方米的文化层保护较好。其他一些区（县）级一般性不可移动文物，多为古遗址、古墓葬，均有程度不同破坏。

自境内文物保护单位划归开发区保护后，文物保护坚持保护为主、抢救第一、合理利用、加强管理的方针，实行属地管理。工委宣传部对所有文物进行普查，对文物分重点文物保护单位和一般性不可移动文物保护单位登记造册，重要文物点树立保护标志。工委成立文物管理委员会，建立区、街道（社区管理处）、居民（村民）委员会三级管理网络体系。逐级签订文物保护责任书，建立巡查报告制度、责任追究制度，加强法制宣传教育，严厉打击破坏文物的违法犯罪行为。文物保护责任人经常对所管辖的文物保护单位进行巡查，街道办事处每月对所管辖的文物保护单位巡查一次并作巡查记录，发现问题，在24小时内逐级上报至区文物主管部门，遇到特殊情况随时报告。区文物主管部门每季度对重点文物巡查一次，发现问题，及时处理。

第五节　图书

机构　1987年12月，烟台开发区管委研究室筹建图书馆。1988年6月，图书馆划归开发区总工会管理，馆舍面积233平方米，藏书2000余册。1993年6月，划归群工部管理，定为副科级事业单位。1993年10月，图书馆由全额拨款事业单位改为差额拨款事业单位；1995年6月，改为全额拨款事业单位。1997年1月，图书馆划归工委宣传部管理。2001年8月，该馆升格为正科级事业单位，编制8人。2002年10月，图书馆搬迁至科技大厦四楼办公，馆舍面积增加到1680平方米，内设办公室、采编室、图书借阅室、儿童阅览室、电子阅览室及多功能展厅等。

业务　2002年，图书馆阅览室有座位300个，配置电脑40台、电子图书6.36万册、图书4.64万册、过刊8950册、现刊412种。有持证读者3686人，数字图书馆注册读者1220人。2003年，年流通量6.89万人次，图书年流通量11.87万册次。除正常的书刊借阅外，还为读者开展代查、代译、专题咨询、定题服务等服务内容，并不断拓展服务领域。1997年6月，港商于洪镇、王国梁分别捐款10万元、1万元人民币，台商王松振捐款10万元人民币，用于设立烟台开发区图书文化事业发展基金。图书馆内专门设有用于洪镇号、王松振名命名的“鸿镇书馆”“松振书馆”。2002年，图书馆争取到国务院文化部无偿图书事业专项资金25万元。2003年，图书馆初步实现管理现代化、电子信息化，在全省率先建立县级图书馆网站，开通APABI数字图书馆，进入办公网络化，实现与省图书馆和国家图书馆联网。

第六节　档案

机构　1987年12月，档案局成立，正科级单位，编制2人，由工委管委办公室代管。1991年，各企事业单位相继配备专、兼职档案管理人员，开发区档案管理初步规范化。1993年6月，档案馆成立，为工委管委办公室所属正科级事业单位，编制6人，与档案局一个机构两个牌子，为局馆职能合一、集档案行政管理、综合档案管理和城市基本建设档案管理于一体的综合性档案管理机构。1995年，档案馆编制增加到10人，1997年调整为8人，2002年调整为6人。1987—1996年，档案馆在邮电大楼5楼办公，1996年10月至2003年在科技大厦2楼办公，用房面积1000余平方米。

图22-14　开发区图书馆阅览室（1990年摄）

档案管理　1996年，档案馆有库房3个，库区面积560平方米。档案装具主要有密集架、档案柜、专业底图柜、防磁柜等，可存放各种档案1000余延长米。库房装有冷暖两用空调，并配备除湿器、温湿度记录仪、臭氧消毒器等设备。档案馆馆藏档案主要有工委管委及所属各部委办局移交的各类文书档案、照片档案、实物档案和烟台开发区1984—2003

年城市基本建设档案两大部分，其中城建档案主要包括烟台开发区总体规划、公用设施、市政设施、工业建筑、民用建筑、地下管线档案等，共存有馆藏案卷1万余卷（盒）。其中文书案卷近4000卷，88个卷宗，各种文件3.5万余份；城建档案7000余卷（盒），计有文件材料及图纸、照片等100余万页（张）。在档案工作监督指导方面，档案馆通过办短训班进行岗位培训，传授文书处理与档案工作常用基本知识；结合业务工作的开展，进行专题培训；组织档案从业人员系统学习档案工作业务课程等。1987—2003年，共举办各种培训班30余期，培训文书档案人员800余人次，全区档案管理人员持证上岗率达80%以上。同时，档案馆对检察院、审计局、建设银行烟台开发区支行、自来水公司、第一中学等60余个单位和部门具体进行业务指导，使其中近40个单位达到省二级以上档案目标管理标准。1998年，开发区管委成立档案信息化工作领导小组，主要负责制定信息化发展规划，并组织实施。档案馆于2001年制订全区档案事业“十五”发展规划。按照规划，该馆先后建起馆内计算机局域网络，并与全区办公自动化区域网络连接，可直接传送和下载相关文件，还相继配置服务器、扫描仪、传真机、光盘刻录机、数码摄像机、笔记本电脑等设备，以及相关档案管理软件等。截至2003年，档案馆馆藏文书档案已全部建立文件级目录机读数据库，馆藏档案文件级目录全部数字化，部分文件全文数字化；文书档案、城建档案、声像档案等，全部实行计算机检索。馆内局域网与互联网进行物理隔离，保证设备、数据库安全和档案信息的保密。在现行文件服务方面，档案馆成立现行文件服务中心，征集各级现行文件600余份，使平民百姓也能看到“红头文件”。

档案馆多次获得上级有关部门授予荣誉称号：1995—1999年，档案馆被山东省人事厅、档案局授予全省档案工作先进集体称号；1998—2002年，档案馆连续5年被烟台市档案局授予全市城建档案系统先进集体称号；2003年，被烟台市人事局、档案局授予全市档案系统先进集体称号。

第七节　史志

机构　1997年10月27日，史志研究室成立，为组织部所属正科级事业单位，编制3人，实有1人。1999年5月至2000年，实有2人。2002年3月，返聘1人，借调3人，实有4人。史志研究室系主管全区党史和地方史志研究工作的职能部门，具体承担规划协调党史研究和地方史志工作；组织、检查、指导党史和地方史志编纂工作；编纂、审查、验收有关党史、地方史志稿件；开展地情研究，建设地情文献库、地情文献网站，为公众读志用志提供服务等。

编纂业务　1997—2003年，史志研究室每年均收集整理开发区各级各有关单位情况，报市史志办公室，为《烟台年鉴》提供资料。2001年3月，史志研究室编辑出版《中国共产党烟台经济技术开发区组织史资料》（1984年7月至1998年12月），该书收录烟台开发区自建区到1998年工委管委及辖属各部门、企事业单位、驻区各单位的组织机构沿革和人事变动情况，以及历年来评选的先进基层党组织、优秀共产党员和优秀党务工作者情况，为烟台开发区正式出版的第一部组织史资料。是年，该书获得山东省党史作品三等奖。2002年8月，史志研究室主持编写《烟台经济技术开发区大事记》（1984—2000）。该书在编写过程中查阅大量历史档案，走访询问了一些曾在烟台开发区工作过的老领导、老同志，记载史料真实可靠。2003年11月28日，史志研究室起草《〈烟台经济技术开发区志（1984—2003）〉篇目及撰稿分工》，前后3次聘请烟台市和部分县市区史志专家研讨论证，修改10余次，最后由工委管委领导和区地方志编纂委员会全体成员审阅定稿，成为指导烟台开发区第一部志书编纂的基础性文件，《烟台经济技术开发区志》编纂工作自此全面启动。

第八节　报纸

机构　1989年5月，东方时报社成立，为工委直属正科级全额拨款事业单位，实有10人。内设新闻部、广告发行部和办公室，均为股级事业机构。1991年3月归宣传部管理，实有13人。1993年，改为差额拨款事业单位。1995年8月10日，改称烟台开发时报社。2001年8月，由差额拨款改为全额拨款，实有15人。1990年8月，增设记者部。1995年3月，撤销记者部，设信息公关部、编辑部，广告发行部改称经济部。11月，撤销新闻部，设记者部。1996年2月撤销信息公关部，1997年2月设专题部，3月设财务部，7月设摄影部。1998年9月，撤销记者部、编辑部、专题部、摄影部、财务部（上述各部业务由办公室负责），设要闻要论部、经济生活部、社会新闻部、文化专题部、总编办。2000年1月，撤销要闻要论部、经济生活部、社会新闻部、文化专题部、总编办，重新设编辑部、记者部。2001年4月撤销编辑部、记者部，设新闻部、专题部，11月设经济信息部。

业务　1989年11月《东方时报》试刊。1990年3月20日，烟台开发区开工建设5周年之际，《东方时报》创刊号出版。其版面设计是：一版，“要闻要论”；二版，“内部新闻”；三版，“国际经贸”；四版，“经济理论”。报纸的出版发行引起国内专家、学者的极大关注，著名经济学家薛暮桥、刘国光、马洪、刘诗白、肖灼基等人不断来稿支持，“经济理论”版经常刊登他们的文章或专访，提高了报纸的影响力。1990年，《东方时报·内部版》作为区工委管委机关报，重点报道区内情况。1995年3月以后，确定“改经济类报纸为党报”的办报方针。当年8月10日更名为《烟台开发时报》，每周出版1期，原《东方时报·内部版》取消。更名改版后的报纸，四个版面分别为“要闻要论、当地新闻、社会新闻、副刊”。报纸围绕烟台市经济发展战略目标和烟台开发区工委管委的中心工作，突出招商引资、重点项目建设和“大高外”产业开发方面的情况进行报道，并参与烟台地区开放开发大联展宣传，对烟台市12个县、市、区集中人力、物力进行系统报道。为纪念烟台开发区开工建设10周年，迎接亚太经合组织在烟台召开第二届博览会，报社工作人员先后编辑和主编《创业者之路》《神奇的土地》两本书，书中详细收录烟台开发区的工作成就，分别由中国经济出版社和中国人事出版社出版发行，对内、对外产生良好影响。1998—2003年，在宣传中共十五大精神的同时，先后对国有企业改制、发展私营经济、实施再就业工程等重要工作进行宣传报道；对群众普遍关心的难点、疑点问题，进行正确舆论引导；对抗洪赈灾活动大力宣传报道，宣传全区干部职工慷慨解囊赈灾捐助的无私行动。报纸还专门为下岗职工开辟“就业信息窗”专栏，每期刊登介绍下岗再就业典型文章。其中《从大学生到清洁工》一文被市委宣传部誉为“跳出一般报道模式，动之以情、晓之以理，具有很强的感染力和宣传力，是再就业报道中少见的好文章”。通讯《失去土地，农民的出路在哪里》为工委管委领导提供一手资料，在工委管委召开的专门会议上作了介绍。2000年，在庆祝烟台开发区开工建设15周年期间，刊发系列报道“烟台开发区开工建设15周年成就展”，展示烟台开发区15年来取得的成就，从新闻事实切入，宣传了良好的软硬投资环境，促进招商引资工作的开展。从2003年1月起，《烟台开发时报》改为对开四版，每周出版两期；是年3月4日起，报纸改为四开四版，仍然每周出版2期。全年主要围绕学习贯彻中共十六大和十六届三中全会精神，加强对外开放、招商引资，建设经济园区，抗击“非典”，救助社会弱势群体和关心困难群众等工作进行宣传报道。到2003年年底，《烟台开发时报》共出版756期，编辑、记者在该报发稿总计3.8万余篇；在省、市级以上新闻媒体发稿400余篇，有30余篇稿件获省、市级以上优秀作品奖。

第九节　电视

机构　1991年，烟台开发区教育电视台成立，为教育科技局下属副科级事业单位，实有5人；1993年5月，烟台开发区广播电视事业管理处（有线电视台筹建处）成立，为正科级事业单位，编制5人，实有3人，归工委宣传部管理。是年7月，教育电视台划归广播电视事业管理处。此时，广播电视事业管理处共有20人，内设总编室、新闻部、专题文艺部、技术工程部、广告信息部、电化教育部6个部室。1994年4月，烟台开发区有线电视台成立，与广播电视事业管理处合署办公，共有职工30人。1997年，广播电视事业管理处内设机构调整为办公室、新闻部、总编室、工程技术部、播出部5个部室。2000年，全处人员增加到37人。2003年2月，烟台开发区广播电视事业管理处成建制移交至烟台市广播电视局。

活动　1993年之前，烟台开发区教育电视台使用50瓦发射机播出，播出时间为每天3小时。教育电视台划归广播电视事业管理处后，成立有线电视台，每天播出4小时。1994年，投资160万元购买摄录机、编辑机、字幕机、特技机、监视器等接收设备，并将有线电视网络建设纳入城市建设总体规划。主要围绕“烟台开发区建区十周年成就述评”“国庆45周年”和“双文明月”活动等进行播报。1996年，有线电视台全年播出新闻846条，在烟台电视台发稿50篇，在山东电视台发稿7篇。集中宣传社会服务承诺制，摄制播报有关专题节目，推动承诺制的开展。1997—1998年，播出自采新闻856条，在烟台电视台播出新闻58条，在山东电视台播出新闻10条，并与大连、宁波、天津、福州、营口等开发区交流新闻节目。主要宣传中共十五大精神，报道各单位学习十五大精神的情况，系统介绍中共十四大以来烟台开发区所取得的成就。1999年播出新闻1200条，在烟台电视台播出新闻52条，在山东电视台播出新闻14条。集中宣传中共十五届四中全会精神。围绕加强精神文明建设，开展“三讲”（县处级以上领导干部开展“讲学习、讲政治、讲正气”）教育进行宣传，对在廉政建设、端正作风、改正工作等方面取得明显效果的单位和个人进行重点宣传。2000年播出新闻1300条，在烟台电视台播出新闻57条，在山东电视台播出新闻20条，在中央电视台播出稿件1篇，专题1个。电视台把“三个代表”重要思想作为宣传报道的重点，连续报道各级、各部门学习“三个代表”重要思想的情况。同时加大对经济、科技工作的宣传力度。先后对国企改制、加入WTO、发展第三产业、基础设施建设、下岗再就业、建立社会保障制度、发展个体私营经济和节约用水等方面进行宣传报道。2001年播出新闻900条，在烟台电视台发稿14篇，在山东卫视发稿6篇（含2个专题），在中央电视台发稿1篇。在加强对中共十五届六中全会精神宣传的同时，借APEC博览会和果蔬会等重大活动在烟台举行，制作专题片介绍烟台开发区，为国内外客商进一步了解烟台开发区创造舆论氛围。2002年播出新闻964条，在烟台电视台发稿136篇（含4个专题），在山东卫视发稿26篇，在中央电视台发稿3篇。2003年播出新闻1000条，在烟台电视台播出新闻167条，播出专题20个，在山东电视台播出新闻7条，在中央电视台播出新闻3条。主要围绕迎接、宣传、贯彻中共十六大进行播报。对开展“环境建设年”、双拥共建活动、严打斗争等重点工作、重大活动做到准确及时播报。

第十节　文化产业

1997年12月，中国文化艺术城成立，实有11人。该艺术城由主城区、中国名家大师艺术馆区、“仙境苑”海边艺术家村三大部分组成，形成烟台开发区的主要文化产业，为艺术家们提供良好的艺术交流平台。1999年，文化艺术城建成集居住创作、度假休闲、市场交易、国内外学术交流于一体的全国性大型文化工程——艺术家村。艺术家村占地面积2万平方米，有4幢公寓楼，建筑面积1.2万平方米，艺术馆楼2座，建筑面积近2000平方米。艺术家村入住艺术家115户，其中书画家有中国书协顾问柳倩，中直书协副主席邹德忠，中国书协二届理事萧弟，西泠印社社员刘云鹤、马士达，中国美协常务理事、山东美协主席杨松林，山东美协常务副主席孔维克，湖北美协副主席张善平，中国美协四届理事单应桂，南开大学教授乔修业及侯杰、高相国、王永豪、陈兰英、舒展、刘泽文、刘成源、刘志强等。著名书法家邹德忠书法艺术馆融入其中。艺术家村成立村委会，组织艺术家开展形式多样的文化体育活动，成立舞蹈、武术健身队，沧琅诗社，吴海书画院，创办《艺术家村报》等，成为烟台开发区精神文明社区的典范之一。2003年4月，

图22-15　2003年，邹德忠所捐赠的隶书屏条

图22-16　2003年，邹德忠所捐赠的古砚

邹德忠将自己139件书法和4000余册图书无偿捐赠给烟台开发区，工委宣传部代表工委管委接受捐赠。是年，中国文化艺术城出资260余万元建成烟台邹德忠书法艺术馆1号馆，并继续投资近300万元建设2号馆。艺术馆1号馆一楼陈列着邹德忠的书法作品100余幅；二楼一部分为接待室，一部分则是邹德忠收藏的部分文物及端、歙、鲁、洮、绛砚200余方；三楼为图书创作室，创作室四壁设置书柜，存有门类丰富的藏书，另有国内篆刻名家篆刻的数百方邹德忠名章等。

文化艺术城作为艺术品投资交易市场，其运作模式是，把国内具有较高艺术价值的艺术品，像股票一样在一定时间内自由买卖，并可退交市场，按原发售价兑换现金，改变了艺术品价值难以确定的现状。这一运作模式取得巨大成功，吸引文化部、中国文联、北京市政府政研室等单位前来调研、观摩，中央电视台、新浪网等媒体也前来考察报道。

第十一节　文化市场管理

1991年7月之前，烟台开发区文化市场由烟台市文化局、新闻出版局直接管理，1991年7月转交开发区工委宣传部代管。是年10月30日，宣传部成立文化科，负责文化市场管理工作。1995年6月，宣传部增设文化事业管理处，为正科级事业单位，编制3人，负责全区文化市场管理工作。1999年5月，文化事业管理处编制增加到5人，级别、性质、隶属关系和职责不变。

文化事业管理处依据国家、省、市有关规定，制定一系列管理制度，结合烟台开发区的特点和实际情况，在全区开展“五星级文化经营单位”创建活动，并加强文化市场管理工作的科学化、正规化建设。自1991年7月，开展对“五星级文化经营单位”审批发证工作。到2003年12月底，共发证940余个。在执法检查方面，实行“集体检查与分工检查相结合，日常检查与专项检查相结合，全面检查与部分抽查相结合”的工作方

法，使全区文化市场管理逐步形成一套严格、简捷、科学的工作程序。2000—2003年年底，文化事业管理处平均每年派出稽查人员960余人次，车辆67辆次，共办稽查案件60余起。2003年，处罚违章单位13个，清理无证经营单位4个，收缴盗版光盘1374张，处理群众举报2起。

第二章　体　育

开发区管委重视发展体育事业，制订体育发展规划，推动发展全民健身运动。根据各单位、各阶层对体育运动的需要，管委有关部门每年举办职工田径运动会、中小学生田径运动会、篮球赛、乒乓球赛、环城跑等体育比赛。各中小学校、各大企事业单位自行举办各种体育运动会。随着体育改革的深化，体育工作逐步从适应市场经济的需要出发，实现从福利型向消费型、一家办向大家办、行政型向社会型、事业型向经营型的转化，体育事业繁荣发达。1999—2003年，体育产业有新的发展，全区兴办了健身俱乐部、乒乓球俱乐部、网球俱乐部、高尔夫球练习场、保龄球馆等，为体育爱好者提供了健身平台。到上述场馆健身者每年达5000～10000余人次。

第一节　体育机构

1984年，烟台开发区体育工作由管委政治处负责。1992年，由工委群工部负责。自1995年开始，成立由工委管委领导和各有关部门负责人组成的全民健身工作领导小组，领导小组办公室设在群工部，负责全区全民健身工作。区总工会负责全区体育活动计划的制订和实施，并组织开展各种体育比赛。2001年8月，开发区体育管理办公室成立，为群工部下属正科级事业单位，经费实行全额预算管理，编制4人。负责指导和配合各部门、各行业、各社会团体开展体育活动，实施全民健身计划，推动群众体育的开展。

1993年3月，开发区武术协会成立，隶属于开发区总工会，拥有会员100余人，主要负责组织全区开展群众性习武健身和业余体育活动等。1996年8月，开发区老年人体育协会成立，属非营业性社团组织。第一届委员会由12名委员组成。组织全区老年体育工作者、体育爱好者和老年人开展体育活动，进行体育健身。2000年9月，开发区乒乓球协会成立，有单位会员11个，个人会员53人，理事11人，常务理事8人。2002年11月，开发区篮球协会成立，隶属于体育管理办公室。内设教练部、联络部、宣传部、财务部。2003年1月，开发区体育总会成立，有团体会员7家。第一届委员会有委员60人，常务委员21人。主要任务是，充分发挥群众组织的桥梁、纽带作用，团结全区体育工作者、爱好者、支持者和知名人士积极促进体育社会化，努力发展体育事业，增强人民体质；按照国家发展体育运动的方针、政策，围绕工委管委提出的发展体育事业的总体规划开展工作，并指导全区其他群众体育组织开展工作。

第二节　体育活动场地与设施

专业场馆　金胜乒乓球俱乐部　1998年5月，金胜乒乓球俱乐部成立，位于金胜住宅小区内，占地450平方米。2000年，有乒乓球桌9张，发球训练机1台，专业指导教师1人，学员30人，会员25人。俱乐部主要为金胜公司培养小乒乓球运动员。有近100名少年儿童参加培训，向烟台市体校、山东省鲁能乒乓球体校输送10多名人才。同时，俱乐部还多次承办全区性乒乓球比赛，并代表烟台开发区选派乒乓球运动员参加烟台市组织的乒乓球比赛。

国际交流中心女子健身俱乐部　1999年5月，国际交流中心女子健身俱乐部成立，拥有会员200余名。该俱乐部系开发区第一家有一定规模的集健身、健美和文化艺术活动于一体的综合性健身中心，采用会员制，俱乐部有国外进口的健身器械，开设电子器械健美健身、女子健身操（踏板操、徒手操、哑铃操、垫子操）有氧器械健身减肥等课程。

成龙健身俱乐部　2000年5月，成龙健身俱乐部成立。该俱乐部位于德胜商城四楼，占地面积400平方米。主要活动项目有器械健身、健美操、乒乓球和台球等。该俱乐部是开发区唯一一家专业性健身俱乐部。俱乐部为普及大众健身、增强人民体质，组织开展各种公益活动。自创办以来，先后发放健身卡3000余张，组织爬山、游泳、排球、篮球、花样运动会等各种比赛，并举办了联欢会、座谈会等活动。

乒乓球协会训练基地　2003年9月，乒乓球协会训练基地成立，设在烟台职业学院内，占地面积1800平方米，有乒乓球桌20张，发球训练机1台，专业指导教练2人，陪练6人，拥有会员100余人。系开发区占地面积最大的乒乓球训练基地。基地以丰富社区体育文化，活跃居民业余体育生活，增强人民体质，促进两个文明建设为己任，通过进行科学训练，使学员掌握乒乓球运动技术和技巧，提高学员的乒乓球技术水平。至是年12月，为各级输送乒乓球人才20余名。

金沙滩海水浴场　金沙滩海水浴场除供人游泳外，还开展汽艇、帆板比赛等海上运动项目。1999年全省帆板比赛，2000年全省青少年沙滩排球锦标赛，2001—2002年，烟台开发区工会系统沙滩趣味运动会先后在此举行。另外，金沙滩公园还拥有天街广场、音乐广场、鹅卵石路、攀岩等多种健身场地，也是人们进行体育锻炼的场所。

学校体育场馆　足球传统项目学校　1993年，烟台开发区第一中学被确定为烟台市足球传统项目学校。该校成立有高中足球队，每年都以级部为单位举行春季足球联赛，并与“烟台少儿足球俱乐部”合作成立初中足球队。1994年，学校高中足球队获烟台市高中组冠军；2001—2002年，学校连续两届获烟台地区百事可乐杯足球争霸赛第一名，并代表烟台市参加全省决赛，获得第五名；2002年，初中足球队参加了暑假期间全国少儿足球俱乐部联赛。

烟台市鹏程武术学校　1993年，烟台市鹏程武术学校成立，为全日制九年制并设有职业教育的民办学校。学校按照国家制定的文武科研成果教学大纲进行教学，实行军事化管理。2003年，在校学生200余人。学校为中国人民解放军体育学院、山东省武术学院、烟台大学等各大体院输送优秀毕业生10余名。其中，2001年由该校输送的学生王秀丽获得世界军人跆拳道锦标赛冠军。在2002年高考中，有9名学生被烟台师范学院体育系本科专业录取，有5名学生被特召参军。

烟台开发区第一中学体育场　1990年，开发区第一中学体育场建成，座落在旭日小区中心地

图22-17　1999年，开发区中小学田径运动会部分运动员在第一中学体育场合影

段，占地面积1.5万平方米。体育场西侧中央是主席台，主席台两侧设有水泥看台，可容纳观众1200人；田径场设有6条跑道，8条百米直道，一个护笼铁饼比赛场地及其他田赛场地等；场地中间设有标准足球场1个，篮球场4个，水泥排球场2个，单杠、双杠各10副及肋木、方梯、联合攀登器等体育设施。整个场地投资70万元。体育场曾承办过多届全区中小学生体育运动会、机关职工体育运动会、厂矿企业职工体育运动会等。

图22-18 烟台开发区高级中学体育场（2003年摄）

烟台开发区第二中学体育场 1995年，开发区第二中学体育场建成。体育场占地面积2.2万平方米，总投资100万元。场地周边建有水泥看台及主席台，可容纳观众2000人。体育场设有400米标准跑道8条，内设标准足球场1个，篮球场4个，排球场2个，标准铁饼、标枪、铅球、跳远、三级跳远场地各1个。场地周边还设有单杠区、双杠区，其中单杠、双杠各10副及攀登器等若干体育设施。体育场承办过山东大宇汽车有限公司职工运动会、烟台大斗服装有限公司职工运动会、烟台开发区教育系统中小学田径运动会、烟台首钢东星（集团）公司职工运动会、全区职工田径运动会等体育赛事。

烟台开发区高级中学体育场 2003年，开发区高级中学体育场建成。体育场占地面积2.2万平方米，可容纳观众1000人。体育场设有塑胶面400米跑道8条，内设人造草皮层面标准足球场1个，塑胶面篮球场4个，排球场2个，标准铅球、跳远、三级跳远场地各1个。场地周边设有单杠10副，肋木、云梯各2处，起步联合攀岩器1个，中间设有网球场2个。建有可容纳1500人的体育馆1个，体育馆内设有420平方米的篮球场1个。体育场全天对外开放，2003年承办烟台开发区第十一届田径运动会。

社区健身场地 2000年，工委群工部投资5

图22-19 晨光社区居民健身器材场地（2000年摄）

万元，为晨光小区的居民安装室外健身器械，有太空漫步机、梅花桩、伸腰训练器、压腿器、单杠、双杠等共 15 件套，占地近 1000 平方米。

2001 年，开发区财政拨款，在丹阳小区建设一个封闭式标准门球场。2002—2003 年，在这里举办两届老年人门球赛。

2000—2003 年，烟台开发区先后有 3 个居民小区自筹资金建起类似晨光小区的健身场地。2002 年，工委管委拨款 40 万元，为 10 个社区配备室外健身器械。到 2003 年年底，室外健身器械已普及到长江社区管理处和海河社区管理处管辖的所有居民住宅小区。

第三节　体育活动

群众体育　随着烟台开发区经济的发展，各级、各单位对群众体育活动越来越重视，管委制定群众体育发展的规章制度及管理办法，使群众体育活动做到有章可循。1986 年以来，全区以实施全民健身计划为主线，体育宣传工作、法制建设、组织管理、骨干队伍建设、科学健身、人才培养、投资渠道、市场管理、健身场地建设等得到发展。各社区开展了全民健身活动。2003 年 9 月，长江社区管理处、海河社区管理处和胜利东村居委会、金城居委会、自来水公司、烟台鲁星食品有限公司、烟台首钢东星(集团)公司、烟台正海集团有限公司等 8 个单位被授予“烟台市全民健身先进单位”。

篮球、乒乓球比赛　在开发区，篮球运动有一定群众基础，许多企事业单位都拥有自己的篮球队。2000—2003 年，除每年举行职工篮球赛外，还经常组队到周边县市区比赛，加强体育文化交流，促进篮球技术水平的提高。乒乓球运动也为全区人们所喜爱，职工乒乓球水平一直居全市上游。在 2002 年烟台市乒乓球比赛中，烟台开发区选送的山东大宇代表队获团体总分第一名。

老年体育　1996 年，有 100 人以上的老年人在开发区第八届运动会开幕式上表演太极拳、太极剑。1997 年，海河社区管理处组织 500 余名老年人集体表演“中国功夫扇”。1998 年，自开发区老年人体育协会成立以来，先后建立 2 个老年人体育辅导站，4 个老年人体育活动点，组织近 500 名老年人常年坚持晨练、晚舞活动；举办 3 届老年人文体表演赛，并组织大型专场演出 4 次、大型表演 3 次，参加市以上比赛交流 8 次。1999 年，老年人体育协会被评为烟台市老年人体育工作先进单位。2000 年，该协会所属银和广场老年人体育辅导站被评为山东省老年人先进体育活动站，宋权秀被评为山东省老年人体育先进工作者。培养一级社会体育指导员 2 名，二级 5 名，三级 25 名，5 人获国家武术段位称号，其中四段 2 人，三段 3 人，撰写老年人体育科研文章 6 篇。该协会通过开展丰富多彩的活动，促进全区老年人身心健康，为保持社会稳定做出贡献。

开发区武术协会积极组织全区群众开展习武活动，经常组织各习武点练习“导引养生功、养生太极掌（1、2 套）、太极拳 24 式、48 式、太极剑 32 式、42 式”等武术拳法。武术协会组织

图 22-20　2003 年，烟台开发区第十一届田径运动会入场式

的武术队伍多次参加开发区总工会、老龄委、社区管理处、居委会等单位组织的表演、比赛和重要联欢、庆祝活动，每逢重大节日，协会会员都自发组织起来开展纪念和庆祝活动。1998 年，在烟台市武术协会组织的武术比赛中，烟台开发区取得第 5 名的好成绩。

体育比赛 1988 年 5 月 21 日，开发区举办第一届田径运动会，地点在邮电大楼东一块空旷场地。参赛单位 21 个，参赛人数 607 人，设立 54 个比赛项目。从此以后，全区田径运动会、机关运动会、企业运动会循环举行。到 2003 年年底，共举办田径运动会 11 次、机关运动会 3 次、企业运动会 1 次。

1998—2003 年，全区各种形式的体育比赛连年不断。共举办篮球赛 6 次、乒乓球赛 9 次、环城跑比赛 4 次。全区社会各界、各有关企事业单位对体育比赛给予大力支持，为各项赛事提供必需的物质和资金保障。

1988—2003 年烟台开发区历届体育运动会情况表

表 22-3

名称	时间	地点	项目（个）	参赛单位（个）	参赛人数（人）	比赛结果（总分第一名）
第一届田径运动会	1988.05.21	临时场地（原彩云城）	54	21	607	教育局
第二届田径运动会	1989.05.19—20	第二小学	82	37	1011	市政工程公司
第三届田径运动会	1990.05.25—26	第一中学	82	40	1324	教育局
第四届田径运动会	1991.05.25—26	第一中学	83	36	974	自来水公司
第五届田径运动会	1992.05.08—09	第一中学	84	38	1133	市政工程公司
第六届田径运动会	1993.05.28—29	第一中学	82	35	859	自来水公司
第七届田径运动会	1994.10.27—28	第一中学	61	23	715	教科局
第八届田径运动会	1996.06.21—22	第一中学	81	34	1213	自来水公司
第一届机关运动会	1997.10.11	第一中学	52	23	234	教科局
第九届田径运动会	1998.09.26—27	第一中学	92	30	803	教科局
第二届机关运动会	1999.09.23	第一中学	77	24	501	教科局
第十届田径运动会	2000.09.27—28	第一中学	92	26	703	教科局
第三届机关运动会	2001.09.18	海水浴场	88	21	527	教科局
第一届企业运动会	2002.09.07	海水浴场	46	23	690	自来水公司
第十一届田径运动会	2003.09.27—28	高级中学	92	45	959	教育局

1998—2003年烟台开发区历届体育比赛情况表

表22-4

项目	冠名	赞助单位	比赛时间	出资额（万元）	参赛单位数（个）	参赛人数（人）	比赛结果（冠军）
篮球赛	第一届“宏远杯”篮球联谊赛	宏远物业公司	1998.05.24—06.01	0.5	15	150	教科局
	第二届“宏远杯”篮球联谊赛	宏远物业公司	1999.05.25—06.02	0.5	16	160	自来水公司
	第三届“自来水杯”篮球联谊赛	自来水公司	2000.07.26—08.02	0.5	22	191	自来水公司
	第四届“金桥建安杯”篮球联谊赛	金桥建筑安装公司	2001.06.27—07.04	1	25	260	公安分局
	第五届“金东夹河苑杯”篮球联谊赛	金东总公司	2002.05.22—05.29	2	22	220	金东总公司
	第六届“市政杯”篮球联谊赛		2003.05.21—05.29	2.6	25	280	俊杰公司
乒乓球赛	第一届“市政杯”职工乒乓球赛	市政工程有限公司	1994.5.22—05.23	0.3	21	89	教科局
	第二届“市政杯”职工乒乓球赛		1995.5.25—05.26	0.3	27	108	教科局
	第三届“自来水杯”职工乒乓球赛	自来水公司	1996.04.25—04.26	0.3	24	98	自来水公司
	第四届“自来水杯”职工乒乓球赛		1998.05.29—05.30	0.3	28	116	自来水公司
	第五届“中行杯”职工乒乓球赛	中国银行开发区支行	1999.07.30—07.31	0.5	31	146	自来水公司
	第六届“正海杯”职工乒乓球赛	正海电子网板有限公司	2000.04.21—04.22	0.5	28	135	正海集团公司
	第七届“正海杯”职工乒乓球赛		2001.05.17—05.20	0.6	36	180	正海集团公司
	第八届“国税俊杰杯”乒乓球赛	烟台俊杰税务师事务所	2002.10.12—10.20	2	30	140	一汽大宇公司
	第九届“鲁建杯”乒乓球赛	山东鲁建烟台分公司	2003.12.05—12.06	2	32	156	自来水公司

续表 22-4

项目	冠名	赞助单位	比赛时间	出资额（万元）	参赛单位数（个）	参赛人数（人）	比赛结果（冠军）
环城跑赛	首届“农行杯”职工环城跑比赛	农业银行开发区支行	1999.04.29	0.5	28	300	正海集团公司
	“申奥运、迎新春”第二届“农行杯”职工环城跑比赛		2001.02.28	1	37	425	海河社区管理处
	第三届“农行杯”职工环城跑比赛		2002.03.15	1.2	37	406	自来水公司
	第四届“农行杯”职工环城跑比赛		2003.02.28	1.5	33	396	八角街道办事处
其他	“中国人寿保险杯”社区健身操大赛	中国人寿保险公司开发区支公司	2003.08.25	2.5	9	191	长江社区管理处

烟台开发区工委群工部门等有关单位经常组织职工开展体育比赛。开发区第一中学组织的田径队、健美操队、篮球队等体育队伍常年坚持训练，学校经常开展各种体育比赛。1997—2003 年，学校体育队在参加开发区、烟台市中学各类体育比赛时，均名列前茅。学校田径队在开发区中小学运动会比赛中，获得六连冠。1998 年，健美操队获烟台市中学生健美操比赛二等奖。2003 年 10 月，全区选拔 34 名运动员组团参加“2003 年烟台市职工田径运动会”，参赛运动员一举夺得女子团体总分第一名和男子团体总分第三名。同时获得大会组委会颁发的“体育道德风尚奖”和“优秀组织奖”。

1992—2003 年烟台开发区部分田径项目最高纪录表

表 22-5

项目	甲组（男 30 周岁以下，女 25 周岁以下）			乙组（男 31 ~ 40 周岁，女 26 ~ 35 周岁）			丙组（男 41 ~ 50 周岁，女 36 ~ 40 周岁）			丁组（男 51 周岁以上，女 41 周岁以上）			备注
	纪录	姓名	年份	纪录	姓名	年份	纪录	姓名	年份	纪录	姓名	年份	
100m	11″ 10	张治金	–	11″ 70	张治金	–	12″ 77	李小平	2003	14″ 01	张传贵	2000	男子组
200m	23″ 50	–	–	24″ 00	于传超	1992	25″ 94	车永恒	2003	28″ 27	马明喜	1998	
400m	53″ 93	孙忠毅	2003	55″ 60	于传超	1992	1′ 00″ 30	张传贵	1996	1′ 04″ 00	–	–	
800m	2′ 05″ 50	–	–	2′ 13″ 70	王　勇	1998	2′ 24″ 00	–	–	2′ 35″ 10	–	–	
1500m	4′ 19″ 20	–	–	4′ 35″ 90	王　勇	1996	4′ 57″ 20	–	–	5′ 20″ 00	–	–	
3000m	9′ 26″	–	–	10′ 07″	王　勇	2000	–	–	–	–	–	–	
5000m	17′ 16″	郑奎强	1998	17′ 32″	王　勇	2000	–	–	–	–	–	–	
10000m	38′ 21″	闫德喜	2000	44′ 58″	钟庆波	2000	–	–	–	–	–	–	
4 × 100m	45″ 80	自来水公司	1993	–	–	–	–	–	–	–	–	–	
4 × 400m	3′ 38″ 40	–	–	–	–	–	–	–	–	–	–	–	
跳高	1.84m	马　力	2003	1.65m	于守秀	2005	–	–	–	–	–	–	
跳远	6.27m	–	–	5.99m	尹忠喜	1994	5.26m	–	–	4.86m	–	–	
三级跳远	13.28m	–	–	12.52m	尹忠喜	1994	–	–	–	–	–	–	
铅球	13.11m	–	–	11.65m	李建政	1998	11.17m	孙建军	1998	9.10m	王乐平	2003	
铁饼	36.50m	曲福君	2000	32.70m	–	–	30.82m	李广伟	2000	24.17m	王墨仁	1998	
标枪	55.42m	–	–	48.96m	–	–	–	–	–	–	–	–	

续表 22-5

项目	甲组（男 30 周岁以下，女 25 周岁以下）			乙组（男 31 ~ 40 周岁，女 26 ~ 35 周岁）			丙组（男 41 ~ 50 周岁，女 36 ~ 40 周岁）			丁组（男 51 周岁以上，女 41 周岁以上）			备注
	纪录	姓名	年份	纪录	姓名	年份	纪录	姓名	年份	纪录	姓名	年份	
100m	13″ 70	李　晶	1996	13″ 70	陈可燕	1996	15″ 27	吴有欣	2003	15″ 84	张华萍	2003	女子组
200m	28″ 20	–	–	28″ 96	杜成芳	2003	32″ 20	张华萍	1996	33″ 17	张华萍	2003	
400m	1′ 03″ 10	–	–	1′ 06″ 01	杜成芳	2003	1′ 16″ 60	–	–	1′ 22″ 00	黄淑华	1996	
800m	2′ 32″ 40	–	–	2′ 48″ 13	吴　红	2003	2′ 57″ 80	赖淑秋	2000	3′ 04″ 44	郑玉芬	1998	
1500m	5′ 08″ 70	–	–	5′ 40″ 40	–	–	5′ 52″ 50	赖淑秋	2000	6′ 22″ 54	郑玉芬	1998	
3000m	11′ 55″	战翠英	1996	11′ 59″	–	–	–	–	–	–	–	–	
5000m	20′ 47″	赵　凤	2000	21′ 54″	李　岩	2003	–	–	–	–	–	–	
10000m	50′ 20″	赵　凤	2000	–	–	–	–	–	–	–	–	–	
4×100m	57″ 20	–	–	–	–	–	–	–	–	–	–	–	
4×400m	4′ 42″	–	–	–	–	–	–	–	–	–	–	–	
跳高	1.49m	孙晓光	2003	1.45m	–	–	–	–	–	–	–	–	
跳远	4.92m	–	–	4.62m	–	–	4.13m	牟相红	2003	3.77m	孙韶丽	2000	
三级跳远	10.86m	–	–	9.50m	–	–	–	–	–	–	–	–	
铅球	10.46m	–	–	11.05m	张丽敏	2000	8.65m	杜广芬	2000	7.84m	王世娟	2003	
铁饼	32.20m	–	–	28.25m	于传荣	2000	23.95m	杨丽荣	2000	23.39m	王世娟	2003	
标枪	35.62m	–	–	48.96m	–	–	–	–	–	–	–	–	

第二十三编

教育　科技

开发区高级中学学生在做课间操

烟台经济技术开发区志

YANTAI JINGJI JISHU KAIFAQUZHI

1984 年，辖区 4 个行政村有 4 所村办幼儿园和 3 所小学。1986 年，开发区管委成立第一所幼儿园。1987 年，开发区设立教育机构。随着经济和社会发展和辖区人口的增加，以及开发区人口构成的特点，工委管委坚持教育规划的适当超前性和教育投资的优先性，为全区教育事业的发展创造了良好的办学条件和宽松的育人环境。1987—2003 年，辖区逐步建立和完善学前教育、基础教育、职业教育和成人教育体系，形成公办教育和民办教育相结合的办学模式。教育机构门类相互配套，有幼儿教育、小学教育、初高中教育、初高级职业教育、成人教育和各种短训班培训教育等。2003 年，辖区有各类学校 117 所，其中幼儿园 67 所、小学校 32 所、中学校 7 所、其他学校 11 所，在校学生 22574 人，教职工 2001 人。

从 1987 年开始，管委不断加大科技投入，鼓励科技创新，鼓励民营科技发展，积极发展高新技术企业。1995 和 1999 年，管委两次召开全区科学技术大会，实施科技发展战略，推动高新技术产业化发展。1987—2003 年，辖区陆续成立科研机构 194 家，其中大中型企业研发机构 12 家。累计科技投入 4.98 亿元。累计实施火炬计划 102 项，实施科研攻关新产品计划 282 项，均取得丰硕的科技成果。2003 年，全区认定高新技术企业 79 家，高新技术企业实现工业产值占全区工业总产值比重 30.9%。

第一章　教　育

建区以来，烟台开发区管委在学校的规划建设中，强调规划超前性，坚持教育优先性，学校规模随人口的增加不断扩大，教育教学设施不断完善。到 2003 年，学校基本建设累计投资 1.37 亿元，新建 12 所标准中小学校（园），总建筑面积 12.6 万平方米；各级各类学校配置教学仪器设备价值 750.45 万元；藏书 32.27 万册，价值 279 万元。教育投入的保障，为全区创造了良好的办学条件和优越的育人环境。

1986—2003 年，烟台开发区培养初中毕业生 5887 人、高中毕业生 3172 人、中专毕业生 2200 多人、电大毕业生 1725 人。有 552 人考入高等学校，4654 人参加中等及中等以上职业技术培训教育，10986 人（次）参加成人短期培训教育。其间，3 项国家级和 20 余项省、市级教改实验取得重要成果；实验小学被评为国家级现代科技优秀实验学校；全区有省级规范化学校 2 所、市级规范化学校 3 所；省优秀实验学校、省学前教育先进集体、省级规范化幼儿园和省示范幼儿园各 1 所。

第一节　学前教育

1986 年 3 月，管委成立第一所幼儿园——海河幼儿园。1987 年 7 月，管委接管福山区胜利东村、胜利西村、曲家台子和马家村 4 所幼儿园。1989 年 3 月，5 所幼儿园交由开发区文教卫生局管理。是年 10 月，5 所幼儿园共有在园幼儿 268

图 23-1　1996 年 5 月 30 日海河幼儿园举行六一文艺汇演活动

人，有幼儿教师、保育员17人。1990年年初，各幼儿园逐步配齐标准桌凳、教具、小型乐器、玩具等设施，举办2次幼儿教师教材教法、舞蹈、手风琴、乐理知识培训班，提高了幼儿教师的文化业务素质。各幼儿园均使用教育部编发的统一教材，并按《幼儿园教育纲要》有计划地进行教育教学活动。

1992年扩区后，从福山区接管7所农村幼儿园，全区入园幼儿增加到998名，教师增加到60人。1995年，全区第一所个人兴办幼儿园成立。1999年，全区第一所企业办幼儿园成立。

2002年9月，随着行政区域的进一步扩大，全区增加41所农村幼儿园，其中村集体兴办幼儿园32所。2003年，辖区共有67所幼儿园，入园幼儿数4431人，教职工数356人，其中公办幼儿园2所，民办幼儿园65所。民办幼儿园中，农村集体兴办43所，企业兴办2所，个人兴办20所。

1987—2003年烟台开发区幼儿园情况统计表

表23-1

单位：所、人

年份	合计	公办	民办				幼儿数	教职工数
			合计	农村集体兴办	企业兴办	个人兴办		
1987	5	1	4	4	–	–	199	10
1988	5	1	4	4	–	–	206	10
1989	5	1	4	4	–	–	268	17
1990	5	1	4	4	–	–	276	21
1991	5	1	4	4	–	–	424	27
1992	12	1	11	11	–	–	998	60
1993	12	1	11	11	–	–	1369	69
1994	12	1	11	11	–	–	1402	78
1995	13	1	12	11	–	1	1479	118
1996	14	1	13	11	–	2	1504	144
1997	14	1	13	11	–	2	1609	144
1998	16	2	14	11	–	3	1810	172
1999	18	2	16	11	1	4	1967	209
2000	19	2	17	11	1	5	1991	216
2001	25	2	23	11	2	10	2166	256
2002	66	2	64	43	2	19	4254	356
2003	67	2	65	43	2	20	4431	356

教育教学 *教学方法* 1986—1989年，海河幼儿园主要以幼儿保育工作为主。胜利东村、胜利西村等一些村办幼儿园设在本村的小学校里，教学方法与小学教育基本相同，按幼儿年龄分大、中、小班，40～45分钟一节课，每日上、下午各三节课。1990—2003年，各幼儿园以《幼儿园管理

条例》和《幼儿园工作规程》为指导开展教学工作，把幼儿的习惯养成、能力培养和全面发展放在首位，注重保教结合，幼儿园的教育逐步规范化。

随着《幼儿教育指导纲要》的颁布与落实，幼儿教育观念逐渐从关注教育活动的结果向关注教育过程转变，从关注知识技能的培养向注重能力及非智力因素的培养转变；教育内容更加贴近幼儿已有的生活经验；教学形式充分调动幼儿的兴趣，开展各种有益的教育活动。使幼儿在园里愉快地玩耍，尽情地游戏，在玩耍、游戏中获得知识，在操作中提高能力，力求全面发展。在重视幼儿常规教育的同时，加强幼儿特长教育，聘用英语、数学等专业教师，开展双语、珠脑心算等教育。

各幼儿园还以《山东省幼儿发展评估指导》为标准，每学期对幼儿进行智力、思想品德、行为习惯等方面的测试与评价，及时与家长联系，定期召开家长会，坚持“家园共育”的教育原则，为幼儿终生发展奠定坚实的基础。

教材使用　1986—1989年，主要以全国统编教材为主，1990年以后开设动手操作课、社交课、日常自理课等课程。2000—2003年，普遍采用山东省教研室统编教材，教师用书为《幼儿园活动教材》，幼儿用书分大中小班各上、下两册。

幼儿园管理　管理体制　建区初期，幼儿园由管委办公室负责管理。从1989年3月起，幼儿园划归区文教卫生局管理。文教卫生局教研室具体负责教育教学业务工作。1992年，开发区托幼工作领导小组办公室成立，负责全区幼儿园管理工作。2001年，托幼办撤销，幼儿教育管理职能划归教育科技局教育处，全区各类幼儿园所的审批、考评、管理等工作，均由教育处具体负责。幼儿园普遍实行园长负责制，设园务会、教育组、总务组、保健组等管理机构，按制度化、民主化和规范化要求进行管理。从2002年开始，各幼儿园充分发挥现代信息技术在管理中的作用，将幼儿管理、教师管理、教学资料管理、档案管理等纳入计算机管理系统。为提高教师的业务水平和执教能力，各幼儿园组织教师学习《中华人民共和国教师法》《幼儿园教育指导纲要》等，每周进行一次业务学习研讨，定期举办教师技能技巧比赛，实行教师竞争上岗制度。

经费管理　两所机关幼儿园办园经费主要由区财政统一拨付，不足部分从幼儿收费中解决。1995年以前，幼儿收费标准每人每月不足100元。2003年，收费标准提高到每人每月165元，其中，管理费60元，代办费75元，保育费10元，杂费20元。农村幼儿园经费来源于幼儿收费和村委拨付两个方面。2002年，执行烟台市幼儿园收费有关规定，农村幼儿园实行以街道为单位的收费制度，由街道教育办公室统一管理，统一发放幼儿教师工资。农村幼儿园的收费相对较低。私立幼儿园的办园经费全部靠收费解决，收费标准比机关幼儿园略高。

管委公办幼儿园　1986—1988年，管委投资276万元建立2所机关幼儿园，均为区教育局直属差额拨款副科级事业单位。机关幼儿园的园舍环境好，设施较为齐全，是全区窗口幼儿园。

烟台开发区实验幼儿园　1986年，管委机关幼儿园成立，有幼儿7人，保育员2人。1989年，管委投资100多万元在晨光小区新建园舍，建筑面积3918平方米，并更名为海河幼儿园。1986—1990年，在园幼儿、教师数量逐年增加，教学条件逐年改善。教室配置钢琴、微机、音响、彩电、空调、电话等设施。1992年，该园被评为省级实验幼儿园，并更名为烟台开发区实验幼儿园。实验幼儿园办园时间早，硬件设施好，所处位置居民比较集中，每年教学班人数都严重超编。1995年，区教科局“划片入园”的招生办法，超编现象得到缓解。1996年，扩建校舍530平方米，办园条件进一步改善。该园先后实施的“幼儿双语实验”等十多项国家级和省级实验课题与教学研究，受到国内外专家、学者肯定。2001年以来，该园先后被教育部教育科学研究所命名为幼儿园学具教学研究课题实验基地、中小幼儿现代科技教育幼儿教育实验基地、幼儿科学与艺术启蒙教育整合实验研究重点实验基地和省教育科学“八五”重点课题实验学校。获“国家教委教科所课题实验先进单位”“山东省教书育人工作先进单位”“山东省学前教育先进集体”“烟台市教育科研先进单位”和“烟台市文明幼儿园”等荣誉称号。2003年，该园有8个教学班，有幼儿370人，教职工26人。

图23-2 实验幼儿园（2003年摄）

烟台开发区第二机关幼儿园 1998年，管委投资150多万元在金光小区建立第二机关幼儿园。建筑面积2464平方米。有多功能厅和7个配套教学班，每班配有计算机、电视机、音响、钢琴等现代化教学设备，室外有供孩子活动的娱乐场、塑胶操场等设施。是年，该园承担国家教委“九五”规划重点课题《幼儿园学具教法理论与实践》的研究；1999年，承担山东省“九五”重点课题《中小幼英语电化教学实验》研究；2001年，承担山东省教研课题《幼儿科学与艺术的整合启蒙教育》研究和《幼儿心里健康及挫折教育》《教师专业化发展评价标准》研究。根据幼儿园的实际情况进行《幼儿口头作文》《识字宝宝》和《千字童》等项实验，取得良好教育效果。是年，该园被评为省级规范化幼儿园。2003年，共有7个教学班，在园幼儿286人，教职工22人。该园在全区最早推出幼儿早餐、远程幼儿接送、节假日值班等服务项目，并实现校园网络化，得到家长和社会的普遍赞同。

图23-3 第二机关幼儿园（2003年摄）

企业办幼儿园 烟台开发区东方文艺幼儿园 1999年3月，由烟台福润房地产有限公司兴办，占地面积516平方米，建筑面积450平方米，有幼儿48人，教师2人。2001年5月，园址由华电小区11号别墅楼迁至30号别墅楼。2002年4月，公司又投入房舍1幢（华电小区29号楼），在园幼儿、教师都有所增加。2003年5月，公司投入资金210万元，在华电小区中心位置建设新园舍，占地面积1600平方米，建筑面积1860平方米。是年，在园幼儿326人，教职工23人。

烟台开发区新时代幼儿园 2001年3月成立，隶属开发区东银房地产有限公司，园址设在金城小区内，占地面积5339平方米，建筑面积1888平方米，分设大、中、小班、小小班共7个班。至2003年，在园幼儿每年都保持在320人左右，教职工32人。活动室配有钢琴、电视机、录音机、VCD机、摄像机和投影仪等设备，设有计算机室、电子琴室和舞蹈室，设备先进，室内、外配有多种大、中、小型玩具。教职工全部实行公开招聘、择优录用，教师学历达标率100%，其中大专以上学历占教职工总数80%。

农村集体办幼儿园 1987—1991年，辖区农村集体兴办幼儿园一直保持有4所，1992—2001年，农村集体幼儿园保持有11所，2003年，农村集体幼儿园共43所。

1992年，开发区11所农村集体兴办幼儿园是：胜利西村（华颖实验幼稚园）、胜利东村幼儿园、曲家台子幼儿园、马家幼儿园、奇章幼儿园、栖里幼儿园、舒家幼儿园、岗嵛幼儿园、北车家幼儿园、北屯幼儿园和刘家台子幼儿园（八小幼儿园）。

图 23-4 刘家台子、官家台子、杨家台子村共建八小幼儿园

2002 年扩区后，全区又增加 32 所村集体办幼儿园，其中古现街道有潘林张幼儿园、石岚幼儿园、四合幼儿园、三十里堡幼儿园、皂户头幼儿园、北于家幼儿园、河北幼儿园、东龙夼幼儿园、梁陈幼儿园、山王家幼儿园、小林幼儿园、臧家幼儿园、南张家幼儿园、南于家幼儿园和陈家沟幼儿园 15 所；八角街道有八角幼儿园、刘家幼儿园、百堡幼儿园、汤家幼儿园、官庄幼儿园、小赵家幼儿园、石屋营幼儿园、泊子幼儿园和辛店幼儿园 9 所；大季家街道有初旺幼儿园、芦洋幼儿园、中心幼儿园、山后李家幼儿园、张家幼儿园、马家幼儿园、房家幼儿园、陈家幼儿园 8 所。

图 23-5 八角幼儿园幼儿与教师集体表演舞蹈（2003 年摄）

烟台开发区华颖实验幼稚园 1984 年，胜利西村村委会创办胜利西村幼儿园（俗称育红班或学前班），开设 3 个混龄班，有幼儿 100 多人、教师 6 人。1987 年，胜利西村幼儿园改称金盛幼儿园。1993 年，金盛经济发展总公司出资 100 多万元建设新园舍，占地面积 6300 平方米，建筑面积 2121 平方米，更名为华颖实验幼稚园。是年，华颖实验幼稚园开始对国家教委教育教学研究所下达的“幼儿园智力学具”课题的研究，该园被命名为“幼儿园智力学具”课题研究实验基地。1994 年，经省教委验收，华颖实验幼稚园被确定为山东省省级示范幼儿园。是年，参与国家教委、国家科委“九五”重点课题——“中小幼现代科技教育”的研究，并确定为实验基地。1999 年，华颖实验幼稚园引进意大利蒙台梭利经典教具及教学法，成立蒙台梭利工作室，系统、规范、科学地对幼儿实施蒙氏教育，开展以英语、珠脑心算为主体的特色教育活动。2003 年，全园有 8 个教学班，在园幼儿 280 人，教职工 33 人。

图 23-6 华颖实验幼稚园（2003 年摄）

个人办幼儿园 1995 年，辖区开始出现个人兴办幼儿园。2003 年，个人兴办幼儿园共 20 所，其中东区 10 所，在园幼儿 718 人，教职工 78 人；西区农村个人兴办幼儿园 10 所，在园幼儿 412 人，教职工 29 人。个人兴办幼儿园一般规模较小，平均每园幼儿六七十人左右，教学设施较简陋，活动场所有限，缺少室外大型玩具。

烟台开发区启蒙幼儿园　1995 年，由一女退休教师在旭日小区办起全区第一所民办个体幼儿园。是年入园幼儿 12 人，教职工 4 人。2000 年，该园在静海小区开办分园——静海幼儿园。2003 年，两园在园幼儿 108 人，分大、中、小 3 个班，在全区民办幼儿园中人数较多。

烟台开发区星星幼儿园　1996 年，由一幼儿教师投资 100 万元兴办，为区内办园规模最大的民办幼儿园。初办时，有 2 个班，10 个幼儿，2 名教师。2001 年，园址迁至金城小区门市房，办园条件得到改善，招收人数逐渐增多，并接收残疾儿童入园，被省残联定为残疾儿童培训基地。2002 年园址迁至静海小区，占地面积 2450 平方米，建筑面积 1080 平方米，内设教室 11 个，寝室 6 个，医务室 1 个，独立餐厅 300 平方米。2003 年有幼儿 259 人（其中残疾儿童 8 人），教师 26 人。幼儿园先后购置微机、数码摄相机、钢琴、大型室外玩具和室内各种玩具，配备 2 辆中型客车专门接送幼儿，全部教学设施投资 30 多万元。2002 年，该园实施的“双语教学实验”取得良好成效，并被确定为“烟台市双语教学实验基地”。

2003 年烟台开发区（东区）民办幼儿园情况统计表

表 23-2　　　　单位：人

单位名称	建园年份	在园幼儿	教职员	园址
启蒙幼儿园	1995	108	12	静海小区
星星幼儿园	1996	259	26	静海小区
雏鹰幼儿园	1998	33	4	金城小区
好孩子幼儿园	1999	60	8	凤台小区
静海幼儿园	2000	76	6	静海小区
爱童幼儿园	2001	51	4	银芝小区
新星幼儿园	2001	55	4	丹阳小区
黄海幼儿园	2001	30	3	黄海小区
森森幼儿园	2001	15	3	星海小区
晨曦艺术幼儿园	2003	31	8	银芝小区
合 计	–	718	78	–

第二节　小学教育

1987 年 7 月，开发区从福山区接管胜利东村小学、胜利西村小学和曲家台子小学，辖区小学教育从此起步。8 月，胜利西村小学更名为开发区第一小学。1988 年 2 月，曲家台子小学合并到第一小学。6 月，开发区第二小学建成投入使用，胜利东村小学合并到第二小学。1989 年 3 月，福山区古现镇马家小学划归开发区，更名为开发区第三小学。1992 年 4 月开发区第一次扩区后，福山区岗嵛完小、北车家完小、奇章完小、舒家小学和刘家台子完小 5 所小学划归开发区，校名分别更改为开发区第四小学至第八小学。1993 年 9 月，第一小学新教学楼建成投入使用；1995 年 9 月，开发区金城小学落成投入使用；1996 年 8 月，第二小学更名为实验小学；1998 年 9 月，开发区金东小学落成投入使用。2000 年，全区有 10 所小

图 23-7　建区初期农村小学

学，在校学生 3513 人，教职工 259 人。2001 年，区教育部门把建成区第一小学、实验小学、金城小学和金东小学纳入城区小学管理，其他小学纳入农村小学管理。城区小学明确为区教育局直属全额拨款正科级事业单位，农村小学确定为区教育局直属全额拨款副科级事业单位。2002 年 9 月开发区第二次扩区后，划进 22 所农村小学，其中古现街道 8 所，八角街道 5 所，大季家街道 9 所。

2003 年，全区有 32 所小学，在校学生 7548 人，教职工 590 人。其中城区小学 4 所（全部在东区），农村小学 28 所。西区农村小学由所在街道办事处教育办和区教育局双重管理。

学制与课程设置　学制　1987—2003 年，境内小学学制均为全日制五年制。学生每天在校时间为 6 小时，上 7 节课（包括一节课外活动）。1987—1989 年，每节课 45 分钟，从 1990 年开始改为 40 分钟。1987—1996 年，小学每周上课 6 天。1996—1997 年，每周上课 5 天半。从 1997 年开始，改为每周上课 5 天，实行双休制。

课程设置　全区小学课程设置原则上执行国家教委颁发的课程计划。各学校先后按国家教委 1988 年、1992 年和 2000 年颁布的教学大纲开设课程，包括思想品德、语文、数学、自然、社会、音乐、美术、体育、劳动 9 个学科。从 2001 年 7 月起，执行教育部颁布的全日制义务教育 18 种新课程标准（实验）。从 1989 年起，小学三年级至五年级逐步开设英语课。1996 年，第二小学一、二年级开始开设英语课。1998 年，第一小学和金城小学两所学校的一、二年级开始开设英语课。2001 年，东区所有 10 所小学各年级都全部开设了英语课。2002 年 9 月，新划进的西区小学三年级至五年级开始开设英语课。

1996 年，小学取消五年级历史和四年级地理课，三年级至五年级开始开设社会课。1997 年 9 月，第一小学、实验小学、金城小学、第六小学从一年级开始逐步取消劳动课、自然课，开设现代科技课。2000 年，全区小学一年级至五年级全部取消劳动课和自然课，开设现代科技课。2003 年，一年级现代科技课改为科学启蒙课，把思想品德课改为品德与生活课。

1996 年，东区 10 所小学三年级至五年级开始开设微机课。到 2001 年，这 10 所小学的一年级至五年级全部开设微机课。2002 年，新划进的古现、八角、大季家 3 个教育办所属小学三年级至五年级部分开设微机课。

教材与教法　教材　1987—2003 年，境内小学各年级使用的教材以全国统编、人民教育出版社版为主。

1987—2003 年烟台开发区小学教材使用情况统计表

表 23-3

科　目	年　级	年　份	出版社	备注
语　文 数　学	一	1987—2001	人民教育出版社	六年制
		2002	北师大出版社	
		2003	青岛出版社	

续表 23-3

科 目	年 级	年 份	出版社	备注
语 文 数 学	二	1987—2002	人民教育出版社	
		2003	北师大出版社	六年制
	三～五	1987—2003	人民教育出版社	
英 语	一	1989—1997	人民教育出版社	
		1998	海天出版社	
		1999—2003	烟台教科院编	新儿童英语
	二～五	1989—2001	人民教育出版社	
		2002—2003	外语教学与研究出版社	新标准英语
	实验班	1994—1997	人民教育出版社	初中英语
		2002—2003	上海教育出版社	牛津英语
自然、劳动	三～五	1987—1997	人民教育出版社	
地 理	四	1987—1995	人民教育出版社	
历 史	五	1987—1995	人民教育出版社	
社 会	三～五	1996—1999	人民教育出版社	
		2000—2003	地质出版社	
音 乐	一～五	1987—1996	人民教育出版社	简谱
		1997—2001	人民教育出版社	五线谱
		2002—2003	人民教育出版社	简谱
	一	2003	山东教育出版社	简谱
美 术	一～五	1987—2003	山东教育出版社	
	一	2002	人民教育出版社	
思想品德	一～五	1987—2003	山东教育出版社	
现代科技	一～五	1998—2002	科学出版社	

教学方法 1987—1992 年，各学校实施“单元达标教学六六模式”，即课堂教学采用“确定目标→诊断补偿→学习新课→巩固练习→测试补救→总结评价”六环节；单元教学采用“确定目标→诊断补偿→单元授课→单元复习→测试补救→总结评价”六环节。坚持一条原则是：围绕目标组织活动，反馈矫正贯穿始终。与此同时，把重视非智力因素培养列入教学日程，狠抓“双基（基础知识和基本技能）”教学，培养能力，发展智力。1993—1994 年，区教研室组织学习海阳经验，开展小学教师课堂教学达标活动，促进电化教学的普及与提高。90 年代后期，全区小学参与市教研室开展的素质教育和“两主”教学活动，旨在培养学生的创新能力和全面发展。2002 年以后，新课程改革提倡教师以学生为主体，教学体现活动性，培养学生的问题意识，鼓励教师创造

性地开发、利用课程资源。同时注重开展“双基”教学，提倡教师课堂教学少而精，启发式，精讲多练。教学方法不断改进和更新，由单一化向多样化发展，并注重教给学生学习方法，“自主、

图 23-8　实验小学鼓号队表演（1994 年摄）

合作、探究”教学法逐渐占据主导地位。艺术、体育、卫生教育除开齐开足课程以外，各学校每年搞一次艺术节，组织文艺演出和书画展览等；每学期组织 2 次小型体育竞赛，如拔河、跳绳、踢毽等；每年召开 1 次田径运动会；每年为学生查体 1 次；为学生订购健康教育读本，定期举办讲座；每学期至少举行 1 次文艺汇演，如合唱、朗读、舞蹈等。全区每年举办 1 次在校学生篮球比赛、1 次运动会和 1 次大型文艺汇演；定期举办学生现场书画比赛和师生书画摄影作品展览。

教学改革　考试制度改革。1987—1996 年，各学校每学期期中和期末考试均由区教研室统一命题。期中考试各校自己组织，期末考试一般由区教研室组织统考或抽考，统一组织监场，统一阅卷，学生卷面成绩沿用百分制。1996—2003 年，实施素质教育，取消期中考试，取消统考，每学期只进行一次期末考试，由区教研室统一命题，各学校自己组织考试、阅卷。针对各个学科的考试，每个学科均实行分项考核，实行等级加特长的评价制度。考试形式除笔试以外，还有口试、听力测试、动手操作、观察欣赏等。口试、动手操作、观察欣赏等项考核一般在平日随堂进行，其他各项考核一般放在期末卷面考试上。

活动课改革。1989 年，全区小学课外活动课改称为“第二课堂”。“第二课堂”以班级为单位进行，通常一、二年级每周两节课，三、四、五年级每周一节课。“第二课堂”没有明确的教学内容，带有一定的盲目性。1994 年，各学校大都成立兴趣活动小组，部分学生参加，其他学生自由活动。从 1997 年开始，各校都设立许多个兴趣小组，全体学生都参与，打破班级界限，每个小组有固定的教师指导，每周集中活动两节课。是年底，“第二课堂”改称“学科活动”。2000 年，各校在学科活动的基础上，增加一节活动课，各年级学生都订有“活动”教材。2002 年，活动课又改为综合实践活动，主要包括：信息技术教育、研究性学习、社区服务与社会实践以及劳动与技术教育等。

教师和学校评价方法改革。评价教师和学校教学成绩的办法，1987—1989 年 7 月，以学生的平均分评价；1989 年 9 月—1990 年 7 月，实行浮动考核；1990 年 9 月—1996 年，用学生优秀率、及格率来衡量；1996 年以后，全区各小学都进行素质教育，不再单独评价教师和学校的教学成绩。

教学实验选介　从 1991 年起，境内区小学教学开展语文、数学、英语等多项实验活动，取得良好成果，促进教学质量的提高。

小学语文“大量读写、双轨运行”实验与研究。小学语文“双轨教学”，其内容是把五分之四的教学时间用于课堂教学，强化“双基”，抓根固本，完成教材规定的基本任务；用五分之一的教学时间开设自由读写课，加强语文实践活动，培养学生的语文能力。实施“双轨教学”，扩大读写数量，拓宽学习环境，正确处理语文工具性与人文性的关系，充分体现学生的主体地位，引导学生主动发展。该实验为山东省教育科学“八五”重点课题，1992 年在全区小学实施，区第八小学属市控实验校，其余小学是区控实验校。1995 年 12 月，教育部教科所和市教科所课题组的专家，在第八小学召开课题实验成果鉴定现场会，第八小学被市教科所授予小学语文“大量读写、双轨

运行”实验学校称号。

小学数学实验。1996年9月，实验小学、第一小学、金城小学、第八小学4所小学承担烟台市教科所“公文数学”实验，在这个基础上，进行“数学异步”教学实验。1997年，实验小学、第一小学、金城小学先后被确定为山东省多媒体辅助教学实验点校。是年，第一小学、实验小学、金城小学、金东小学和第八小学承担山东省教育科学“十五”规划重点课题“差异教学”实验，属市控实验点校。“差异教学”实验是“异步教学”实验的深化研究。1999年通过省级阶段实验鉴定，实验小学被评为山东省小学数学计算机辅助教学优秀实验学校。1997年12月，市教科所在第八小学召开数学异步教学现场研讨会，2002年7月结题。

英语立体化教学与研究。1994年，根据烟台市长办公会议纪要精神，“外语教学要从娃娃抓起”，区实验小学顺承幼儿园的“双序结合整体教改实验”，将“双序”实验班顺延为“双语”实验班。1998年，第一小学、实验小学、金城小学、金东小学、第六小学同时申报为山东省教育科学“九五”规划重点课题《小学英语立体化教学实验与研究》课题实验学校。该实验注重对课堂教学的研究，突出对学生学习兴趣的培养，保护和发展学生的好奇心和成就感，课堂教学始终抓住“听说领先，读写跟上”这条线，氛围温馨和谐，充分调动学生的学习积极性。通过实践，课题组总结出符合实验教学的“七课型”和“五种教学法”。针对小学英语教学自身的规律，尊重学生自身发展的规律，形成课堂教学活动化，课外教学生活化的教学模式。学生的个性得以充分发展，智商与情商同时提高。2003年11月，山东省教育科学规划办组织对全市承担“小学英语立体化教学实验与研究”课题的鉴定。鉴定组对烟台开发区的英语教学情况给予充分的肯定，认为其成果具有广泛的应用价值，达到国内同类研究的先进水平。

小学《现代科技》教材实验。该实验是全国教育科学规划“九五”重点课题。1997年，烟台市进行“小学科技教育改革”实验，将现行的小学自然、劳动教材合并改为《现代科技》。是年，区实验小学、第一小学、金城小学确定为该实验市控实验学校，第六小学确定为区控实验学校。教学方法采用“看、想、做、说”四字教学法和“探究－研讨教学法”。2000年，市控学校被命名为“山东省现代科技教育课题研究实验基地”，实验小学被市评为“现代科技”优秀实验学校。此项实验2003年11月结题，实验小学被中央教育科学研究所授予“科技部科普基金项目《2001—2005年中国青少年科学技术普及活动指导纲要》实施项目”示范学校。

九年义务教育“新课程”改革实验。2002年9月，烟台开发区被列为省级课程改革实验区，全区小学起始年级进入新课程改革实验，以“新课程标准”取代“大纲”。11月，全区小学课改年级组进行巡回听课，推出12节优质课。12月，全区组织进行新课程观摩教学。2003年6月，区教育局召开全区课程改革阶段性总结会议，会后将典型经验材料以《新课程、新理念、新实践》为书名汇印成册。2003年7月，教育局组织全区中小学教师进行第二轮集中培训。此后，组织教师参加全省统一考试，534人考试合格，获得“山东省基础教育新课程师资培训合格证书”，取得上岗资格。“新课程”改革实验，标志着全区素质教育进入新的发展阶段。

城区小学 2001年，开发区有4所小学纳入城区小学管理。2003年，城区小学在校学生3196人，教职工173人。城区小学教育设施比较先进、齐全，教学仪器均达到国家一类学校标准。

烟台开发区第一小学 前身是胜利西村完小，1987年8月更名为烟台开发区第一小学。1993年，管委投资700多万元在原校址附近建起新的教学楼，学校占地面积1.1万平方米，建筑面积5924平方米。2003年，共有20个教学班，学生915人，教职工49人，教师学历达标率100%，其中具有本、专科学历的占85.7%。该校教育教学设施完善，1993 年建起全区第一个风雨操场。1997 年，建起全市第一家校园教学网络系统、监控系统和多媒体教室，所有教室均配备“四机一幕”（电视机、录音机、放像机、投影仪、投影幕），还有语音室、舞蹈室、音乐室、美术室、科技室等多个特种教室，全部教学设施总投资 182.5 万元，获得省、市级电化教学示范校称号。学校以培养学生创新能力和实践能力为出发点，加强重点课题的研究，先后承担 5 项国家级、4 项省级、2 项市级教改实验课题，取得良好成果。2002 年，学校承担国家“十五”期间“整体构建学校德育体系的实验”课题，在培养学生“自信、向上、友善、坚韧”的健康心态等方面取得明显效果。20 世纪 90 年代以来，该校是烟台市首批对外开放窗口学校，先后被授予“省级规范化学校”“烟台市明星学校”“烟台市教书育人先进单位”“教育部教科所小学作文教学实验点校”“山东省教育规划重点课题优秀实验学校”“烟台市大量读写、双轨运行优秀实验学校”等多项荣誉

图 23-9　第一小学校（2000 年摄）

称号。2003 年，经省教育厅批准，该校正式成为区内外籍学生接收学校，是年有外籍学生 35 人。至 2003 年，教师发表市级以上论文 212 篇，有 3 人次在教育部教科所举办的优质课评比中获奖，3 人次在全省现代科技优质课评选中获奖，20 多人次在全市“十百千万”优质课评选中获奖。

烟台开发区实验小学　1988 年 6 月，管委投资 480 多万元在晨光小区建成开发区第二小学校舍，占地面积 1.13 万平方米，建筑面积 4279 平

图 23-10　实验小学校舍（2003 年摄）

方米。设 5 个教学班，招收 250 名学生，有 12 名教师。1996 年学校更名为烟台开发区实验小学。2003 年，学校发展到 23 个教学班（其中实验班 13 个），1133 名学生，55 名教职工。实验小学办学条件较好，有教学仪器和标本模型 1523 台（套），摄像机 34 台，投影设备 10 台，微机 120 台，还有语音室、舞蹈室、美术室、图书室等特种教室，教学设施投资 217 万多元。是年，教师学历达标率 100%，其中本、专科学历的占 78%。有小学高级教师 25 人，占教职工总数的 45.5%，小学一级教师 29 人，占教职工总数的

图 23-11　实验小学微机室（1994 年摄）

52.7%。专职英语教师9人，学历均为英语专业本科水平。教师中有3人次获得省级荣誉称号，13人次获得市级荣誉称号。有6名教师被中国教育电视台聘为特邀执教教师，先后有5人获国家级示范课和优质课证书，5人获省级优质课和观摩课证书，21人获市级优质课证书。

1999年，该校被教育部教科所确定为外语教改实验学校，教改实验被国家基础教育实验中心定为“全国基础教育外语教学研究资助金项目”。是年，学校组织实验班部分学生参加教育部考试中心举办的公共英语等级考试，有2名学生获三级证书，8名学生获得二级证书，90余名学生获一级证书。该校学生小发明小创造获国家专利2项，获省级比赛一等奖2人次、市级12人次。山东教育出版社在该学校设立“当代小学生”记者站。在市区两级小学生计算机操作大赛中有6人获一、二等奖。2000年，该校加入“中国基础英语教育国际交流工程”项目。2001年，学校以“小学心理健康教育的深化研究”为课题，申报成为国家级重点课题实验学校。

图23-12　实验小学教授打字机（1997年摄）

1994—2003年，该校接待新加坡、美国及国内各省市来访者1000余人次。学校教师多次为国家、省英语教学年会提供公开课。该校现代科技教材课题组承担的国家教育科学“九五”规划教育部重点课题、科技部重点项目、教育部重点科学技术项目“中小幼科技教育研究”，通过全国教育规划领导小组组织的专家组认定。学校被山东省科委命名为“山东省科普示范校”，被全国中小幼现代科技教育课题组命名为“教育部、科技部科学规划重点课题实验学校”，被市教科院授予“科学规划重点课题优秀实验学校”“山东省现代科技教育课题研究实验基地”。2003年，该校被教育部、科技部青少年科普活动指导纲要总课题组评为“现代科技优秀实验学校”。

烟台开发区金城小学　1995年9月，管委投资780多万元兴建，位于金城小区西部，占地面积1.2万平方米，建筑面积5500平方米，有办公楼1座，教学楼2座。有9个教学班，380名学生、22名教师，2003年为18个教学班，930名学生，47名教师。教师学历达标率为100%，其中本、专科学历的37人，占教师总数的78.7%。

图23-13　金城小学校（2000年摄）

该校教学设施完备，有教学仪器和标本模型30台（套），微机60台，还有电视机、摄像机和幻灯机等现代化教学设施。有阶梯教室、阅览室、图书室、实验室及音乐、语音、美术、舞蹈、科技等特种教室，所有教学设施总投资达 180 多万元。该校坚持开展师德建设活动和“赏识教育”活动，经常举办学校开放日、家长公开课活动。创办“学校与家庭”专刊，成为开发区家长学校的一大特色。1995 年语文学科进行“大量读写，双轨运行”实验，1997 年进行张思中英语教学实验，1998 年承担省“九五”重点课题《现代科技》教材实验和《小学英语立体化教学实验》，1999 年承担省“九五”重点课题“小学数学多媒体辅助教学实验”，2001 年进行心理健康教育实验、差异教学实验等。2002 年被定为烟台市“新课程改革”试点校。该校先后获得“烟台市规范化学校”“烟台市艺术教育示范校”等多项荣誉称号，至 2003 年，有 4 名教师获市级“优秀”辅导员、“优秀教师”称号，1 名教师获国家级学具优质课二等奖，10 名教师获市级优质课证书。

图 23-14　金城小学举行升旗仪式（1998 年摄）

烟台开发区金东小学　前身是胜利东村小学，1987 年 7 月划归开发区，有 11 间平房，1 ~ 4 年级 4 个教学班，90 多名学生，7 名教师。1988 年 9 月，学校合并到开发区第二小学。1995 年 9 月，学校重新启用，属第二小学的一个教学点，招收一年级新生 68 人，设 2 个教学班，有 3 名教师。是年 11 月 18 日，金东小学正式独立。1998 年 9 月，管委投资 582 万元建成新教学楼投入使用，学校占地面积 2.1 万平方米，建筑面积 6770 平方米，其他教育设施投资 70 万元。2003 年，有 11 个教学班，218 名学生，22 名教师。教师学历达标率 100%，其中本、专科学历占全部教师的 86.4%。

图 23-15　金东小学校（2003 年摄）

图 23-16　金东小学无盘站微机室照片（1999 年摄）

图 23-17　金东小学多媒体阶梯教室照片（1998 年摄）

该校重视教师教学基本功训练，倡导做“爱教、善教、乐教”的学者型教师。1998 年承担山东省教育科学“九五”规划课题——儿童英语电化教学研究实验，被评为山东省优秀实验学校。

1998年以来，在语文学科进行“大量读写、双轨运行”实验。2002—2003年，分别承担“差异教学”和“学具在小学数学中的应用”2项省“九五”重点实验课题。至2003年，有1名教师获市级“优秀少先队辅导员”称号，有9人次获市级优质课证书，3人次获市课件制作一等奖。该校以新的授课理念、学习观念、提问观念、个性发展观念为目标，注重学生创新能力和实践能力的培养。

农村小学　1987年7月，开发区有3所农村小学。1992年开发区第一次扩区后，有6所农村小学。2003年有28所农村小学，其中东区6所，西区22所，在校学生4352人，教职工417人。其中东区6所小学在校学生924人，教职工72人。是年，农村教师学历达标率99.5%，其中具有本、专科学历的教师198人，占教师总数的47.5%。农村小学教师老龄化现象较为严重，文化水平比城区小学相对较低，英语、音乐、体育、美术等学科教师相对紧缺。古现教育办所辖8所小学120名教师，50岁以上的47人，占教师总数的39.2%。专科毕业教师1人，专业美术教师2人，音乐教师2人，体育教师4人，英语教师8人。第六小学、大季家中心小学、初旺小学、芦洋小学、古现中心小学、刘家小学、百堡小学各有教学班10个左右，在校生200人以上。其余21所小学一般各有教学班5个左右，在校生50～200人不等。

1987年开发区接管福山区3所小学时，校舍都是平房，经过不断维修或新建，办学条件得到改善。1989年，第三小学在马家村东北角新建校舍16间，284平方米，1992年又扩建2间，路面硬化328平方米。第七小学自筹资金60多万元，新建校舍16间，新修操场1个，对路面进行硬化，安装暖气设备。2000—2003年，第八小学经过两次维修。2002年，管委投资800多万元对第六小学进行改建、扩建，学校占地面积2万多平方米、建筑面积6000平方米，配备微机语音室、舞蹈室、音乐室和多媒体教室等特种教室。2003年，第四小学校舍进行维修并硬化路面。

2002年开发区第二次扩区后，新划进农村小学除八角、初旺、大赵家3处校舍和大季家中心小学部分校舍是楼房外，其余均是平房。大季家教育办所属学校办学条件较好，各校都有微机室、语音室，共有特种教室54个，平均每校6个。是年，古现教育办所属学校危房总面积2234平方米，八角教育办所属学校危房总面积3050平方米。2003年，由区财政和所在街道办事处共同投资，对古现教育办所属学校的危房全部维修，对八角教育办所属部分学校校舍进行维修，对大季家教育办芦洋小学校舍进行全面维修改造。加强对西区各校教学设施的配套，投入资金25万余元，新增语音室4个，微机室5个。

第三节　中学教育

1987年，开发区第一中学成立。1990年，第一中学设立高中部。1993年7月，全区首届高中毕业生75人全部参加高考，其中46人被大学录取，4人考入全国重点大学。1993年8月，开发区第二中学成立。2002年9月扩区后，位于古现街道的烟台十九中学，位于八角街道的烟台二十五中学和位于大季家街道的大季家第一中学、大季家第二中学划入开发区，共划进在校学生3596人，划进教职工380人。2003年8月，开发区高级中学建成投入使用。是年，全区共有高级中学1所，初级中学6所，在校学生7536人，教师761人。这些学校均为区教育局直属全额拨款事业单位。其中高级中学为副处级，第一初级中学、第二初级中学为正科级，其余为副科级。

学制与课程设置　学制　1987—1993年，初中段学制为3年。1993年秋至2003年，初中学段按9年义务教育的实施计划，学制改为4年，高中段学制为3年。

初中课程设置　3年制学制阶段，共开设13门课程，其中初中一年级有政治常识、语文、数学、英语、植物、中国历史、中国地理、生理卫生、音乐、美术、体育，共11科。初中二年级增加

物理课。初中二年级学年期满，地理、历史、植物、生理卫生4科结业，并进行考试。升入初中三年级后，增加化学课。

实施4年制学制改革以后，共开设22门课程（包括乡土教材），其中政治常识课改为思想品德课；植物和生理卫生合并为生物课。新增课程有信息技术课、劳动技术课、健康教育课、齐鲁历史名胜课、弘扬民族精神课。乡土教材有：烟台历史课、烟台地理课。数学课分为代数、几何。其余课程名称不变。课程设置的具体分配情况是：初一年级有政治（思想品德）、语文、代数、英语、历史、地理、生物、信息技术、劳动技术、音乐、美术、体育、健康教育、青春期教育、齐鲁历史名胜、烟台历史、烟台地理，共17门课程。初二年级有政治（思想品德）、语文、代数、几何、英语、历史、地理、生物、信息技术、劳动技术、音乐、美术、体育、健康教育14门课程。初三年级有政治（思想品德）、语文、代数、几何、物理、化学、英语、历史、生物、信息技术、劳动技术、音乐、美术、体育、健康教育、弘扬民族精神16门课程。初四年级有政治（思想品德）、语文、代数、几何、物理、化学、英语、音乐、美术、体育、劳动技术11门课程。

高中课程设置　高中一年级的课程设置有政治、语文、数学、英语、物理、化学、生物、地理、历史和体育10门课程。高中二年级开始分文、理科，理科除停开地理外，其余课程与高一相同；文科所开设的课程与高一相同。高中三年级，理科开设政治、语文、数学、英语、物理、化学、体育、生物8门课程，文科开设政治、语文、数学、英语、历史、地理、体育7门课程。从1991年开始，山东省实行全省普通高中会考制度和统一管理学生学籍制度。每学年学完的学科，都要进行全省毕业会考，其中高中一年级会考的学科有历史、地理，高中二年级会考的学科有英语、物理、化学、生物，高中三年级会考的学科有政治、语文、数学。会考成绩按优秀、良好、及格、不及格4个档次储存于每个学生的档案中。凡不及格的学科，给予一次补考机会，补考仍不及格，则不发给毕业证书。毕业证书由市级教育主管部门颁发。学科课程设置按国家统一规定采取必修课和选修课两种形式。必修课包括：政治、语文、数学、英语、物理、化学、生物、地理、历史、体育和劳动技术11个学科。其中政治、语文、数学、英语、体育、劳动技术6个学科在高中三个年级均为必修课，物理、化学、生物、地理、历史、微机等科在高一、高二年级为必修课。选修课主要实施的是分科选修，即文科类必选修历史、地理；理科类必选修物理、化学、生物。

教育教学　教材教法　1987—1993年，初级中学使用的数学、物理、化学教材是烟台市教研室编写的“初级中学实验教材”，其他学科全部使用人民教育出版社出版的全国统编全日制初级中学课本。1993年9月至2003年7月，初级中学使用的教材主要是教育部教材总编委会编写的“五四”学制九年义务教育四年制初级中学试用课本（北师大版），思想政治、劳动技术、信息技术、健康教育、青春期教育、齐鲁名胜等课程使用的是山东省教研室编写的“义务教育山东省初级中学课本”，烟台地理、烟台历史课使用的是烟台教科院编写的乡土教材。从2003年9月起，初中一年级开始使用山东教育出版社出版的《义务教育课程标准实验教科书》，进行新课标实验。高中教育从1990年开始，一直使用教育部统编、人民教育出版社出版的教材，后来增设的微机课和信息技术课，采用山东省省编教材。20世纪90年代初期，“启发式”教学法逐步代替“注入式”和“满堂灌”方式。90年代前期，全区各中学全面施行“异步教学法”，为提高九年义务教育质量提供保证。1996年以后，全区实施素质教育，学校提出“教学质量是学校的生命线”口号，教师课堂上“当堂清，不留尾巴”，给学生足够的时间参与学校组织的各项活动。90年代后期，各校倡导“教为主导、学为主体”两主教学法，让学生变被动为主动，为学生“会学习、会生活、会做人”能力的形成奠定基础。1999年以后，“研究性学习”成为各学校教法研究的主流，也为学生开启多元化思维的窗口，为培养学生的综合能力提供帮助。

教学改革与实验　20世纪90年代以后，全区各学校提出强化教学工作，把教育教学工作列为学校工作的重中之重来抓，以提高教学质量。在教学理念上，由应试教育转向全面实施素质教育。在教学管理和教学评价上，各学校从单纯凭考试分数和升学率的高低作为教学管理的杠杆和评价学校、教师、学生优劣的标准，到坚持以人为本，以尊重学生和促进学生发展为根本目的的教学过程管理和实现课程目标的评价。在学习方法上，从以应试为目的的“死记硬背”，到提高综合能力的“研究性学习”，即以学生的自主性、探索性学习为基础，从学生的个人生活、社会生活和兴趣出发，选择和确定学习研究专题（主要以个人或小组合作的方式进行），通过亲身实践取得直接经验，养成科学精神和科学态度，掌握基本的科学方法，提高综合运用所学知识解决问题的能力。在教改实验上，“布鲁姆教学理论大面积提高教学质量”实验、“张思中英语教学法”实验、初中语文“大量读写、双轨运行”教改实验，以及“目标教学”“单元过关”“异步教学”和2003年推出的“分层次教学”实验等一系列教改实验都取得重要成果。

德育教育　1987—2003年，全区各中学始终坚持把德育工作放在首位，除通过思想品德课（初中）、思想政治课（高中）加强思想理论教育外，还通过升国旗、校会、班会、校园艺术节、歌手大赛、社团活动、综合实践活动等形式，对学生进行爱国主义、热爱中国共产党、遵纪守法和公共道德教育。有的学校还设立德育室和德育教育阵地，各学校普遍建立学校、家庭、社会三结合德育教育网，同时，各学校还根据《中学生守则》《中学生日常行为规范》，制订德育教育实施细则，建立健全多种德育规章制度。各学校每学期给每个学生写出“思想品德评语”，每学年评选“三好学生”“优秀干部”，使德育工作成果不断巩固和发展。在思想品德教育的过程中，各学校还从实际出发，坚持开展德育特色教育。开发区第一初级中学与沂蒙山区贫困学校结成“一帮一”捐款助学对子，一方面让学生接受革命传统教育，一方面对学生进行勤俭节约教育。开发区第二初级中学与交通管理部门联合开展“小交警”活动，让学生上路维持交通秩序，对市民和学生进行交通安全教育，取得良好的教育效果。

体育、卫生教育　全区各中学体育、卫生教育，执行每周2节规范体育课教学，每周不少于3节课外体育活动。坚持每天做课间广播体操和眼保健操，住宿生还坚持每天出早操。此外，全区每年举行一次春季或秋季中学生田径运动会，各校每年至少举行一次春季或秋季田径运动会、1次冬季越野比赛。各学校都组建各类专项运动队。实施九年义务教育以来，在初中部各年级每月增加一课时的“青春期教育”。无论是初中还是高中，在新生入学时都要进行一次身体检查，并为每个学生建立健康档案。在日常教学工作中，学校卫生室每周坚持例行的常规性环境卫生检查，组织开展班级爱国卫生评比竞赛，还根据传染病和常见病、多发病的疫情，定期或不定期对学生进行预防疾病知识专题讲座。2003年，全区学生的体育测试及格率达98%，高中毕业生未出现因身体健康原因影响高考的情况，全区各中学也没有出现过传染病和流行病。

2003年烟台开发区中小学生体育运动项目成绩记录表

表 23-4

项目	小学		中学	
	男	女	男	女
60米	8″ 53	9″ 01	–	–
100米	13″ 39	13″ 64	11″ 26	14″ 28
200米	29″ 52	30″ 09	23″ 21	30″ 12
400米	1′ 7″ 9	1′ 13″ 1	57″ 2	1′ 12″ 09
800米	2′ 34″ 22	2′ 42″ 9	2′ 11″ 2	2′ 54″ 33
1500米	5′ 16″ 88	5′ 28″ 3	4′ 36″ 7	5′ 50″ 34
3000米	10′ 11″ 22	11′ 27″ 5	9′ 53″ 2	12′ 47″ 68
5000米	–	–	17′ 53″ 4	–
跳高	1 .12m	1.48m	1.71m	–
跳远	4.39m	4.12m	6.25m	4.35m
铅球	9.86m	8.18m	11.34m	9.76m
4×100接力	58″ 6	1′ 1″ 6	46″ 95	57″ 47
铁饼	–	–	34.3m	27.9m
标枪	–	–	38.26m	26.79m
三级跳远	–	–	13.14m	9.64m
110米中栏	–	–	16″ 55	–
4×400接力	–	–	3′ 53″ 79	5′ 01″ 58

学校　烟台开发区第一初级中学　1987年9月1日，烟台开发区第一中学成立，是建区后成立的第一所中学，校舍共用胜利西村小学平房。1988年3月，校址迁到Ⅰ-7小区第二小学。1989年9月，初一、初二级部迁入胜利东村临建校舍，初三级部留在第二小学。1990年9月，开始招收高中生。

1990—1993年，开发区管委投资1200多万元，为一中兴建新校舍。新校舍在旭日小区西北部，占地面积3.8万平方米，建筑面积1.2万平方米，

图 23-18　烟台开发区第一中学第一个开学典礼（1987年摄）

图 23-19　第一初级中学（2000 年摄）

由 3 幢联体楼和 1 幢副楼组成。校园内建有一个 400 米跑道的体育场和 2 个篮球场，还有单、双杠等其他体育器械，体育场周围有可容纳 3000 人观看体育比赛的看台。2003 年 9 月，一中高中部迁入区高级中学之后，一中更名为“烟台开发区第一初级中学”。1990 年前，一中的教学设施只有物理、化学、生物、地理、数学等简单的教学仪器和一些标本模型，文艺、体育设施不足。到 2003 年，学校有教师阅览室 1 个，学生阅览室 1 个，多媒体备课及演示中心 1 个，音像备课中心 1 个，微机室 2 个，语音室 1 个，物理、化学、生物实验室各 1 个。电教设备有电视机 27 台，录放机 15 台，摄像机 1 台，幻灯投影设备 13 台，微机 141 台，电教设备总价值 155.5 万元。是年，学校有 28 个教学班，在校学生 1195 人，教职工 127 人。1987—2003 年，该校共有 5100 名初中毕业生，2380 名高中毕业生，其中 955 名高中毕业生考入高等学校。1994 年该校被命名为市级规范化学校，1995 年被授予“山东省初中教学工作先进单位”和“烟台市教书育人先进单位”。

烟台开发区第二初级中学　1993 年 8 月烟台开发区第二中学成立，校舍在第六小学（原奇章村小学），有 4 个初中班，14 名教师，在校学生 183 人。1994 年，管委投资 1600 多万元，在天山路 10 号建起新校舍，占地 3.6 万平方米，建筑面积 1.1 万平方米，主体建筑有办公楼、教学楼、实验图书综合楼、阶梯教室、师生食堂等。9 月，二中和开发区职业中等专业学校同时搬进新校舍，并与职业中专合为一所学校（两个牌子，一套班子）。1995 年 5 月，二中与职业中专分设。1997 年 7 月职业中专从二中校舍迁出。8 月，二中招收高中班。到 2000 年，二中发展成为从初一到高三各年级学生的完全中学。2003 年 9 月，该校高中部迁入开发区高级中学，二中更名为烟台开发区第二初级中学。1994—2003 年，二中先后装备物理、化学、生物实验室 4 个、电教室 6 个、语音室 2 个、微机室 3 个（2 个学生机房、1 个教师备课中心），并设有音美、舞蹈、团队活动、法制教育、教工之家等多种教室。有师生阅览室和图书室，藏书 1.98 万册。建有 400 米跑道的标准运动场。教学设施有物理、化学、生物教学仪

图 23-20　第二中学学生课余活动（2003 年摄）

器和标本模型，价值 14.4 万元；微机、投影、电视录像等设备，价值 49.45 万元；各种文体设备价值 14.15 万元。2003 年，学校共有 23 个教学班，在校学生 1200 人，教职工 116 人。是年，该校被命名为“烟台市规范化学校”。

烟台开发区第三初级中学　前身是烟台第十九中学，校址在原福山区古现镇东村，占地面积 4.14 万平方米，校舍共有平房 261 间，建筑面积 5600 平方米。2002 年 9 月，学校划归开发区后更名为烟台开发区第三初级中学。2003 年，有初中 4 个年级 27 个教学班，1300 多名学生，132 名教职工。

烟台开发区第四初级中学　前身是烟台第

图 23-21　烟台开发区高级中学（2003 年摄）

二十五中学，校址在原福山区八角乡上刘家村北，占地面积 4 万平方米，有 1 幢三层教学楼和 134 间平房，总建筑面积 4900 平方米。运动场 1.8 万平方米，校园绿化面积 1.9 万平方米。2002 年 9 月，学校划归开发区后更名为烟台开发区第四初级中学。2003 年，学校有初中 4 个年级 16 个教学班，472 名学生，87 名教职工。

烟台开发区第五初级中学　前身是蓬莱市大季家镇第一中学，校址在大季家镇大季家村，占地面积 4.83 万平方米，校舍有平房 240 间，总建筑面积 5200 万平方米。2002 年 9 月，学校划归开发区后更名为烟台开发区第五初级中学。2003 年，学校有初中 4 个年级 18 个教学班，725 名学生，80 名教职工。

烟台开发区第六初级中学　前身是蓬莱市大季家镇第二中学，校址在大季家镇芦洋村，占地面积 5.67 万平方米，有 216 间平房和 1 幢 3 层学生宿舍楼，总建筑面积 4900 平方米。2002 年 9 月，学校划归开发区后更名为烟台开发区第六初级中学。2003 年，学校有初中 4 个年级 16 个教学班，学生 722 人，教职工 69 人。

烟台开发区高级中学　2002 年，管委投资 8000 多万元，在金沙江路 87 号建设烟台开发区高级中学，2003 年 8 月建成投入使用。学校占地面积 13 万平方米，校舍主要有 3 幢教学楼、3 幢宿舍楼以及实验楼、信息楼、办公楼、体育馆、餐厅、艺体楼、多媒体教学楼、教师公寓等 15 座建筑物构成，总建筑面积 5.27 万平方米。建有 400 米塑胶跑道体育场 1 个、塑胶篮球场 3 个、塑胶排球场 2 个和人工草坪足球场、网球场等，绿化面积 4.05 万平方米。建有物理、化学、生物实验室 8 个，阅览室 4 个，语音室 3 个，美术室 2 个，音乐室 2 个，舞蹈室 2 个，体育馆 1 个，以及多媒体教室 3 个和天文台等。学校共有 38 个教学班，1922 名学生，150 名教职工。12 月 17 日，学校通过省级规范化学校验收。

第四节　职业教育与成人教育

1986 年 4 月，开发区职业学校成立，组织胜利东村、胜利西村和曲家台子 3 个村部分 16 ~ 21 岁的待业青年进行简单文化补习。1987—1989 年，职业学校从区外招收部分初中毕业生入学。1990 年 9 月，区内开始有初中毕业生入校，到 1998 年，职校的学生全部来自区内初

图 23-22　1986 年 4 月开发区职业学校成立

中毕业生。1998年以后，学校招生范围扩大到区外、市外、省外。2002年9月，蓬莱市第三职业中专划归开发区。

辖区成人教育主要包括职工教育、电视大学和自学考试3种形式。职工教育是对机关、团体和企事业单位在职职工进行各级各类文化教育、岗位培训，由区职工教育办公室领导，具体工作由职业学校组织实施；广播电视大学主要对在职职工进行学历教育和专业培训。

1988年5月，开发区招生委员会办公室成立，隶属文教卫生局。7月，开发区高等教育办公室成立，与招生办合署办公。1990年秋，区招生办组织辖区第一次自学考试。1991年4月，开发区自学考试办公室成立，与招生办、高教办合署办公，统称“三办”，对外挂招生办牌子。1991—2003年，辖区成人自学考试都由自考办负责组织。2002年，全区共组织考试8300多科次，参加考试人员5万多人次。2003年，随着普通高等教育事业的快速发展，成人自学考试报名人数大幅减少，全年自学考试报名有230个科次。

学制与专业设置 高级职业学校1987级机电专业、1988级财会专业、文书专业和1991级机械专业的学制为2年制，其余专业为3年制。海洋经济学校海水养殖专业为2年制，其余专业为3年制。电视大学学制多为3年制，部分学科为1年制。

高级职业学校围绕市场需求和开发区支柱产业的发展，对所设置的专业进行调整。建校以来，先后设置机电、财会、文书、电子、机械、会统、外贸财会、计算机、会计电算化、汽车、汽车维修、汽车检测、汽车驾驶、电子商务、电子电工、文秘报关、数控等近20个专业，按计划开设70多门课程。专业设置大体可分为三个阶段。第一阶段（1988—1993年），以会计专业和机电专业为主；第二阶段（1994—1998年），以机电、计算机专业为主；第三阶段（1999—2003年），以机械、电子、汽车专业为主。在长期教学实践中，高级职业学校形成三大骨干专业：电子技术应用专业，是烟台市级重点专业，所培养的中等技术人才毕业后大部分被分配到正海电子、浪潮—LG等区内重点电子企业工作；机械加工技术专业，是省级重点专业，所培养的技术人才毕业后大部分被分配到烟台车身公司、大宇重工业烟台有限公司、烟台胜达汽车零部件制造有限公司等区内重点机械企业；汽车技术与维修专业所培养的汽车维修、驾驶、检测等中等专业技术人才，毕业后大多数到了上海通用东岳汽车公司等区内大型汽车行业就业。海洋经济学校先后开设海水养殖、财会、机电、电子、医化、空港、计算机等近专业。2003年学校开设6个专业，课程有40多门。

学生就业 1988—1994年，除1990、1993、1994年外，高级职业学校学生每年的就业率都达到90%。1995—2003年，连续9年就业率稳定在90%以上。上海通用东岳汽车有限公司、山东大宇（烟台）发动机有限公司、大宇重工业烟台有限公司、烟台正海集团、浪潮乐金（烟台）数字移动通信有限公司、迈克·威力（烟台）机械有限公司、烟台西蒙西轴承有限公司、烟台华东变压器有限公司等几十家重点企业定期到学校录用学生，大部分毕业生还没离开学校就找到了满意的工作。学校还与许多企业签定用人协议，为企业定向培养技术人才。

2000年前，海洋经济学校学生毕业后全部自谋职业。2000年，涉外财会专业的33名毕业生由学校出面负责安排，财会专业20名毕业生被省、市级对口高职录取，其余毕业生自谋职业。2001年，服装专业9名毕业生和财会专业23名毕业生被安排就业，其余自谋职业。2002年学校划归烟台开发区后，有92名毕业生被安排就业。2003年，188名毕业生被学校安排就业，安排就业率26%，其余学生自谋职业。

学校 烟台开发区高级职业学校 1986年4月，烟台开发区职业学校成立，校舍在胜利西村一个农家小院里，为区教育局所属正科级全额拨款事业单位。8月25日正式开学，第一批招收69名待业青年，主要是补习文化课，有教职工7人。

1987年9月，开始招专业班，开设机电专业课。1988年初，该校教职工增加到20人。1990年12月，学校搬迁到I-8小区，与第一中学共用一个校舍，时有学生322人。1992年6月，职业学校更名为烟台开发区职业中等专业学校，在校学生近400人，8个教学班，教职工44人。1994年9

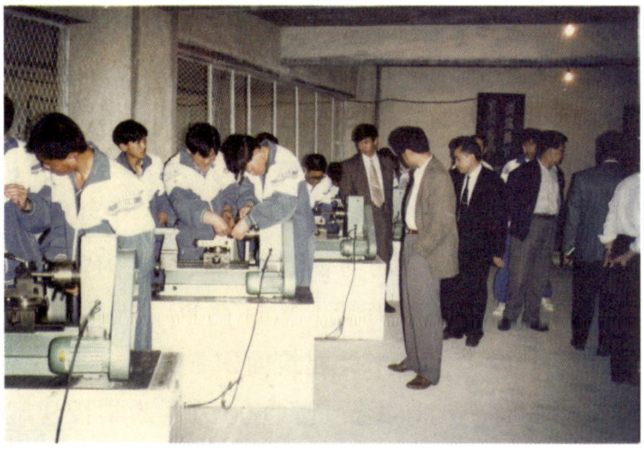

图23-23　职业中专机械加工专业学生在车间开展实训（1998年摄）

月，职业中专迁到天山路10号，与第二中学合并为一所学校，一套领导班子，两个牌子。职业中专有在校学生464人，共10个班，教职工48人。1997年9月，职业中专迁入金沙江路88号新建校舍，新校舍占地面积5.8万平方米，建筑面积1.5万平方米，建设总投资800多万元。1999年8月，职业中专与电视大学合并，更名为烟台经济技术开发区高级职业学校，同时挂烟台经济技术开发区职业中等专业学校、长春汽车高等专科学校烟台专修学校、烟台经济技术开发区电视大学4块牌子。学校共有13个教学班，548名学生，教职工97人。是年，该校被省教委定为省级重点职业学校。2000年以后，由于学校的专业设置更趋合理，该校的毕业生供不应求，该校办学规模不断扩大。到2003年，发展到36个教学班，1800多名学生，教职工94人。学校先后开设财会、文秘、计算机、电子电工、机械、汽车维修、电子商务、机电、数控等20多个专业，共有70多门专业课，职业教育逐渐趋向市场化。学校教学设施逐年完善，配有宽带校园网和卫星接收站，有2个微机室，有电子电工、电力拖动、家电维修、电气焊、车工、钳工、机械制图、汽车检测与维修、语音、多媒体、财会模拟等18个实验室和3个相关实习工厂，有24处校外实习基地。是年10月，学校被教育部批准为“国家级重点中等职业学校”。

烟台开发区海洋经济学校　前身是蓬莱市第三职业中等专业学校。2002年9月，学校划归开发区，更名为烟台开发区海洋经济学校。校舍占地面积6.19万平方米，建筑面积1.08万平方米，全是平房，其中普通教室14个，专业教室4个（机械和电子综合实验室各1个，财务模拟室1个，分析天平室1个），物理、化学、生物实验室各1个，微机室2个，图书室1个。2003年，该校共设置海水养殖、财务会计、机电一体化和电子电气、空港、计算机等6个专业，有14个教学班，721名学生。其中专业班10个，学生505人；高中班4个，学生216人。有教职工79人，其中专业课教师13人，文化课教师52人。该校先后与青岛海天商校、天津精通技术学院联合办学，与蓬莱黄金集团合作实行“订单教育”，有效盘活教育资源，拓宽就业渠道，扩大了招生规模，增强了学校活力。该校自建校以来，培养一大批中等专业技术人才，先后获得“农业部水产职业教育红旗学校”“全国水产职业教育研究会理事学校”等荣誉称号。

烟台开发区广播电视大学　1988年2月成立，校址在第二小学，隶属于文教卫生局，业务受烟台市广播电视大学指导与管理，有专职教师4人，兼职教师3人。

学历教育从1988年开始，教学途径和手段是以电视为传媒，采用电视教育和教师面授与辅导相结合的形式进行，主讲教师主要由中央或省聘请专家担任，实行省、地、区三级联网办学，每科教材由中央或省电大指定，主讲教师的录像也由中央或省电大制作。是年，招收学员63人，主要是区内和航天工业部549所的在职职工。1989年，有专职教师8人，学员129人。1995年，校址迁至第一中学，是年招收学员200人，有教师16人。1997年9月，校址迁至职业中专。1999年8月，电视大学与职业中专合并，更名为烟台开发区高级职业学校。至2003年，电视大学共举办学历教育班77个（脱产班9个，业余班68个），毕业2797人，其中脱产班毕业230人，业余班毕业2567人。

短期专业知识培训从1992年开始，主要是对在职职工进行计算机、日语、英语、财会英语、新税制、职业道德等专业知识培训和进行成人高考辅导。1992年3月至1998年3月，共举办11期日语培训班；1992—2003年，共举办12期成人高考辅导班；1994年6月至1998年11月，共举办28期计算机培训班；1994—2003年，共举办各类短期培训班69期，培训4726人。

烟台开发区职工学校　1989年8月成立，10月，举办第一期文书干部岗位培训班，培训时间1个月，管委直属公司和部分机关事业单位的文秘工作人员40人参加培训。1989—1991年，职工学校组织17期企业青年职工政治思想教育培训，每期50课时，培训1893人。1990年，举办3期企业厂长、经理岗位资格培训，24家管委直属企业的厂长、经理100余人参加培训，并获得山东省颁发的资格证书。1991—1996年，该校举办49期职工高中学历班，1543人参加学习。1997年，职工学校撤销，职工学校的职能由高级职业学校负责。1997—2002年，高级职业学校共开办9个职工中专学历班，710人参加学习，683人毕业。1999—2003年，高级职业学校举办12期职工“会计电算化”培训，1061人参加学习。其间，该校还与长春汽车高等专科学校联合举办5个职工汽车专业大专班，127人参加学习。2002—2003年，高级职业学校开办2个山东科技大学职工大专学历班和3个该校的函授班，138人参加学习。

第五节　特色与短期培训学校

1996年，开发区培训学校开始兴起。1999年，开发区国际教育学校成立。2003年，全区有特色中小学2所，在校学生481人，教职工121人；有微机、外语、少年艺术等培训学校5所，在校生1653人，教职工69人。特色学校与培训学校全部属民办性质。

特色学校　烟台耀华国际教育学校　1999年7月，由区教育科技局与香港耀华教育机构合作创办。管委投资500万元。校址在Ⅲ-3小区，占地面积1.49万平方米，建筑面积1万平方米。香港耀华教育机构在银行贷款600万元为学校建起设施完善的运动场，购置计算机、钢琴、电子琴以及其他教学设备，所有教学设施总投资达480多万元。学校在全国范围内招聘32名教师，聘用3名外籍教师。

学校实行寄宿制，学生宿舍配有洗手间、休息室、暖气、空调等设施。实行小班制教学，每班10～30人。教师待遇，除有较高薪金外，教师公寓配有家具、电视、冰箱、空调、洗衣机和

图23-24　烟台耀华国际教育学校师生圣诞暨元旦晚会合唱

暖气等生活设施，学校餐厅为教师提供免费工作餐。该校于2000年9月正式开学，有在校学生154人，12个班（小学5个班，初中4个班，高中3个班）。2003年，学校有14个教学班，近300名学生，教职工100人，其中，国内教师45人，外籍教师3人。学生来自全国各地，有近100名学生来自美国、南非、日本、韩国和中国香港、台湾等地。该校学费按“国内课程”和“国际课程”两个标准收取，国内课程（每人每学年）：小学1.74万元，初中2.04万元，高中2.24万元。国际课程（每人每学年）：初中4万元，高中4万元，大学预科5万元。该校2001、2002年两届高中毕业生除有1人就读于山东大学外，其余全部出国留学；2003届高中毕业生参加国内高考的部分学生分别就读于北京大学、北方工业大学等国内大学，出国留学的学校有英国剑桥大学、爱丁堡大学、加拿大哥伦比亚大学等。

烟台市鹏程武术学校　前身是成立于1994年3月的邹格庄少林武术学校，由福山区高疃镇邹格庄村村民出资创办，校址在福山区高疃镇。2002年9月，学校划归烟台开发区教育局管辖。学校占地面积6800平方米，建筑面积2800万平方米，校舍全是平房。校内设有物理、化学实验室各1个，微机室1个，武术训练馆1个。2002年，学校新建360平方米的学生食堂和1300平方米的学生宿舍。学校实行全日制九年制寄宿式管理，严格按照国家制定的文武教学大纲进行教学，实行董事会领导下的校长负责制。学费与普通中小学相同，收费的项目是（每人/每学期）：文武费初中600元、小学500元，此外还有住宿费、上机费、课本费等。2003年，在校学生238人，其中，小学段5个班89名学生；中学段11个班149人名学生。大部分学生来自福山区、开发区和烟台市其他县市区，小部分来自省外。有文化课教师13人，武术教练8人。1999年，该校学生在山东省武术锦标赛中获得6金、5银、3铜的好成绩。2000年，在山东省和烟台市举行的武运会比赛中共获得18金、15银的成绩。2001年，学生王秀丽代表解放军队参加在欧洲举行的世界军人跆拳道锦标赛，获得世界冠军。2002年，解放军特招3名学生应征入伍；有9名学生考入鲁东大学体育系本科。2000—2003年，为北京体育学院、解放军体育学院、山东省武术学校等知名体育院校输送武术人才30多人。

短期培训学校　烟台开发区清华微机外语培训学校　1996年成立，全区第一所培训学校，有教职工6人。1997年，该校与开发区劳动培训中心联合办学，开展计算机专业知识培训，每期1个月，收费320元。1998年，该校在泰山路新时代商城购买300多平方米的房屋作为校舍。是年，教学内容增加外语培训，教职工增加到10人。2003年，学校有计算机网络教室1个，多媒体教室1个，外语录音室1个。仪器设备有计算机50台，多媒体网络设备1套，可视电话语音设备1套，网络考试设备1套，实习专用打印机3台。学校开设的课程主要有电脑维护、会计电算化、计算机辅助设计制图、专业图像处理、三维动画制作、梦幻网页制作、动态网页制作、图文排版、平面设计、学生全国计算机等级考试、英语初级入门、公务员英语、全国公共英语等级考试等。培训时间：单一学科每期1个月，综合性学科每期3～5个月。至2003年，该校共培训3000多名计算机和英语专业实用型人才。

烟台开发区三联韩日语学校　2000年12月成立，租用泰山路华明大厦200平方米房屋作为校舍。2002年8月，迁至区国防大学教学基地，租用4200平方米房屋作为校舍。2003年，在校学生10个班，253人，教师20人，其中外教4人。该校实行全日制和业余培训两种方式办学，开设韩国语、日语两个主专业和英语强化培训一个辅专业，其中韩语、日语大专班学制为两年半，招收高中起点的学生；韩、日语中专班学制为3年，招收高中、初中起点的学生；英语强化培训班学期是半年至一年，培训的主要对象是在职职工和下岗职工。各专业招收对象均不受年龄限制。该校全日制韩、日语班所学课程主要有：精读、口语、听力、综合训练、翻译、文秘、公关礼仪、计算机、财务基础、英语等。在校学习期间，大、中专班同时开设成人高考辅导课，大专班的学生必须参加全国统一成人高考并合格，否则不能获得学籍；中专班的学生通过成人高考者可升入大专班并获得学籍。另外，学生必须参加本专业的外语等级考试，达不到规定标准的不能毕业。2003 年的收费标准是：大专班（每人每学年）3600 元，中专班（每人每学年）3200 元；业余培训每期（每人3 个月）450 元。

烟台开发区晨曦少年艺术培训学校　1998 年 4 月成立，是一所专门从事少年儿童艺术教育的学校，校址在晨光小区东方大厦 4 层，有教职工 5 人。2000 年，该校迁至泰山路 82 号，建筑面积 630 平方米。有舞蹈室 1 个、专业教室 8 个、钢琴 12 架、电子琴 15 架、古筝 6 台、架子鼓 2 套。有教职工 23 人，其中专业教师 18 人（美术教师 5 人，舞蹈教师 5 人，器乐、表演教师 8 人）。学校设有舞蹈、美术、器乐、表演 4 个专业，授课分大课（集体上课）和小课（一个教师给一个或几个学生上课），收费标准是一学期（半年）每人 260 ~ 360 元。2003 年，在校学生 400 多人。至 2003 年，该校已向国家、省、市艺术院校和有关单位输送艺术骨干 1000 多名，有 350 多人通过国家和省音乐、书画、舞蹈、器乐的等级考试，有 3 名学生考入国家重点美术院校。

烟台开发区通达日语培训学校　2000 年 7 月成立，校址在泰山路 87-4 号，校舍使用面积 260 平方米。该校是以业余为主进行单一语种的培训学校，每年两次组织学员参加联合国教科文组织承认的、由日本国主办的、在中国由教育考试中心协助的“日本语能力等级资格考试”。2003 年，学校有专兼职教师 7 人，培训学员 100 多人。该校开设的培训班主要有业余日语强化速成培训班和留学前强化培训班两个类型。业余日语强化速成培训班分初、中、高 3 个级别。初级班对应于 4 级、3 级，相当于中专水平，一学期完成；中级班对应于 2 级，相当于大专水平，两学期完成；高级班对应于 1 级，相当于大本水平。留学前强化培训班重在听、说，达到 3 级水平。按班级不同收取学费，初级班每人每学期 400 元，中级班每人每学期 500 元，高级班每人每学期 600 元。至 2003 年，该校培训的学员已有 50 多人达到国际 1 级标准，120 多人达到 2 级标准。

烟台开发区保罗英语培训班　2001 年 4 月成立。培训班位于泰山路 67 号，校舍使用面积 150 平方米，师资由国内教师和外籍教师组成，专职教师 4 人，兼职教师临时聘用。保罗英语培训班专门进行英语语言培训，具有鲜明特色。培训期按不同班型 1 ~ 6 个月不等。具体设置的班型有：全外教口语班，中、外教口语班，中级英语提高班，英语口语强化班，商务英语考级班，全国公共英语等级考试班等。收费按班型收费，数额在 450 ~ 500 元之间。至 2003 年，保罗英语培训班共培训学员 1000 多人。

第六节　教师队伍

师资构成　公办教师　1987 年，全区有公办教师 36 人。1993 年，有公办教师 344 人，其中中学教师 119 人，小学教师 139 人，幼儿教师 26 人，职业学校教师 44 人，电大教师 16 人。2002 年 8 月，全区有公办教师 651 人，其中，中学教师 297 人，小学教师 216 人，幼儿教师 48 人，高级职业学校（包括电大）教师 90 人。2002 年 9 月扩区后，古现、大季家的 22 所小学、4 所初级中学、1 所职业中专划归开发区，新增公办教师 826 人，其中中学教师 369 人，小学教师 385 人，海洋经济学校教师 72 人。

2003 年，全区有公办教师 1534 人，其中中学教师 721 人，小学教师 592 人，职业学校教师 173 人，幼儿教师 48 人。在全部公办教师中，本科以上（含本科）学历的 619 人，占教师总数的 40.3%；大专学历的 598 人，占教师总数的 38.9%；中专学历的 277 人，占教师总数的 18.%。有高级教师 172 人，占教师总数的

11.2%；中级教师 684 人，占教师总数的 44.6%；初级教师 535 人，占教师总数的 34.8%。

民办教师　境内民办教师分农村民办教师和民办学校教师两种。1991 年，全区农村小学有 15 名民办教师。1992 年扩区后，接收 83 名农村民办教师。到 1996 年，先后有 42 名农村民办教师转为公办教师。1998 年，其余 56 名农村民办教师全部转为公办教师，从而结束开发区农村学校民办教师的历史。2003 年，全区各类民办教育学校共有教师 125 名，其中民办中小学教师 69 人，各类短期培训学校教师 56 人。

师资来源　建区以来，全区各级各类公办学校教师的来源主要有 2 条途径：一是扩区接管学校的教师；二是面向全国公开招聘的在职教师和大专院校毕业生。民办学校教师来源主要由学校举办方招聘而来。

1992 年，福山区岗嵛、车家、奇章、舒家、刘家台子 5 所小学划归开发区，接管小学教师 77 人。2002 年 9 月，接管古现、大季家中、小学教师 826 人。1988—1992 年，招聘录用教师 94 人。1993—2002 年，招聘录用中、小学教师 222 人。2003 年 8 月，高级中学建成后，对高级中学领导和教师实行全员聘任。先在区内中学和职业学校招聘教师，要求具备本科以上学历，有丰富的教学经验，在历年的教学中成绩优秀者。区教育局通过考试、考核等多种方式，为高级中学选用 80 多名教师。其次是面向全市招聘，要求必须是在职的高中教师，有丰富的高中教育教学经验，且有高中三个年级的教学经历，大学本科以上学历，45 周岁以下，身体健康、品德优良，历年高考任教学科在全市位居前列或获市级以上“优秀班主任”等荣誉者优先录用。是年，区教育局从区外为高级中学招聘 26 名教师，为西区学校招聘 19 名大中专毕业生。1988—2003 年累计招聘公办教师 361 人。

1988—2003 年烟台开发区公办教师招聘情况统计表

表 23-5　　　　单位：人

年份	招聘应届毕业生人数	招聘在职教师人数	合计
1988	8	2	10
1989	10	4	14
1990	16	14	30
1991	8	10	18
1992	10	12	22
1993	15	33	48
1994	10	40	50
1995	6	19	25
1996	7	21	28
1997	6	18	24
1998	2	9	11
1999	3	10	13
2000	2	8	10
2001	2	6	8
2002	0	5	5
2003	19	26	45
总计	124	237	361

教师培训　普通话培训　1993 年，区教育科技局根据《山东省小学、幼儿园教师普及普通话十年规划和“八五”计划》及《烟台市小学、幼儿园普及普通话规划》的有关规定，开始在全区范围内对所有中、小学语文教师和 45 周岁以下（含 45 周岁）的其他学科教师进行普及普通话培训，并逐步实行持普通话合格证书上岗制度。1993—1996 年，教育科技局先后分 4 批对区内中小学、职业学校的 277 名教师进行普通话培训。1997—2001 年，又陆续对新进区的教师进行不定期的培训。2002 年，区教育局组织高级职业学校利用暑假对全区 124 名中小学教师进行普通话培训。

小学教师学历达标培训　从1993年开始，对部分学历不达标的教师，以“三沟通”（指高师函授、电视大学教育和高等教育自学考试相沟通的学历进修形式）等形式进行培训，80多人先后取得合格学历。2000—2002年，教师学历培训主要是通过自学考试的途径进行。2003年寒暑假期间，区教育局组织高级职业学校对61名中小学教师进行学历教育（专科段）自学考试培训；参加本科英语、历史两科自学考试的教师在市教育学院进行培训；中文、政治、数学、物理、化学、生物、地理7个学科的教师在烟台师范学院进行培训。是年，共有154人培训结业，有140人正在培训中。

中小学教师职务培训　中小学教师职务培训由市教育局组织。培训分为公共课培训和专业课培训两部分，公共课包括教材教法、教育学、心理学、师德规范等；专业课包括中文、外语、数学、物理、化学、历史、生物等。建区初期，每年仅几个培训名额。1996年，有68人参加教师职务继续教育培训，至2003年，全区有480多人参加教师职务继续教育培训。

骨干教师培训　1996—1999年，全区每年有20人左右参加市教育局组织的骨干教师培训学习。2002年，德国巴伐利亚州在职教师培训机构在区高级职业学校增设培训基地，有36名骨干教师参加培训。2003年，高等教育出版社在区高级职业学校组织国家规划教材培训，开发区有18名教师参加培训。

信息技术教育培训　从2003年开始，区教育局组织全区中小学教师进行信息技术培训，内容包括电子表格基础及应用、教学演示文稿、网页制作技术及多媒体课件制作等，并按国家规定标准组织考试。是年，共培训125人。全区参加信息技术考试获得合格证的教师620人。

课程改革培训　按照省、市对课程改革、校本课程新标准的要求，区教育局于2003年组织全区小学一～三年级、初中一二年级和高中一年级的全体教师参加新课程标准培训。

教师待遇　经济待遇　全区公办学校民办教师，与公办教师同工同酬，工资由区财政统一按月拨付。1987年以来，享受开发补贴，每天补贴5元，1998年以后每月固定补贴170元。从1994年开始，享受每人每年2400元的年终奖，后增至4800元。1997年增加季度奖金，每人每季度400元，后相继增至800元和1000元。教师还享有住房公积金、住房补贴和增发第13个月工资的待遇；享受福利分房和调房待遇。1993—1995年，区财政出资先后为教师购买72套住房。1996年，管委投资700余万元，解决教师住房84套。1997—1998年，管委为教师新建住房60套。2000—2001年，管委再次新建高级教师住房40套（110平方米以上）、普通住房（75～86平方米）60套。到2003年，东区已婚教师全部分到房改房。

政治待遇　1985年以来，教师每年度参加区和上级教育行政部门组织评先树优活动，每年教师节都按10%的比例从教师中评选出优秀教师、先进工作者等，由工委管委表彰和嘉奖。至2003年，全区先后有4名教师被选举为烟台市人大代表和推选为烟台市政协委员。

人事制度改革　1988年5月，区教育部门开始对全区中小学（含职业学校）教师专业技术职务进行评审。1992年以后，教师专业技术职务评审步入正常化轨道，每年评审1次。2000年9月，辖区教育系统实行专业技术职务评、聘分开制，所有取得专业技术职务任职资格的在编在岗人员都要参加竞聘，每两年为一个聘期，聘期内实行聘约管理。2001年7月，在系统内推行正、副科级干部竞争上岗制，每届任期3年。2003年开始，对通过公开招聘进区的教师实行聘用制管理，是年对25名进区教师实行聘用制管理。

师德建设　建区以来，区教育系统先后开展以“爱事业、爱学校、爱学生”为主要内容的“三爱”活动和“形势、任务、使命”教育，以及“修师德、树师风、铸师魂”等师德建设专题活动，开展“论关爱与体罚对学生成长的作用”大讨论和

“惩罚教育大家谈”征文等。从2003年开始，每学年都对教师师德情况进行全方位考核，制定教师行为“六条禁令”，推行师德承诺和师德表现季度报告制度，有效提高全区教师的师德水平，逐步建立尊重、关爱、民主、和谐的新型师生关系，各学校教育教学行为日趋规范。

第七节　教育设施

校舍建设　从1987年建设第一所小学开始，到2003年，管委新建和改扩建校（园）舍12处。

1987—2003年烟台开发区管委投资校舍建设情况统计表

表23-6　　单位：平方米、万元

类别	校（园）名	校址	校舍建设年份	建筑面积	扩建面积	投资金额
幼儿园	海河幼儿园	晨光小区	1989	3918	560	100
	第二机关幼儿园	金光小区	1998	2464	80	176.8
小学	实验小学	晨光小区	1987	4278.9	2392.9	480
	第三小学	马家村	1989	284	36	8.6
	第一小学	金盛小区	1992	5924.54	927	700
	金城小学	金城小区	1995	5500	–	780
	金东小学	金东小区	1996	6770.1	–	582
	第六小学	奇章村	2001	5800	–	400
中学	第一中学	旭日小区	1990	12000	1840.07	1212.2
	第二中学	天山路10号	1992	11025	–	1608.9
	高级中学	金沙江路87号	2002	52723	–	8000
职校	高级职业学校	金沙江路88号	1996	15325	3000	868

校舍维修　1987—1993年，东区5所农村小学（第四小学至第八小学）的老校舍都是平房，每年都要进行修修补补，主要是屋顶换瓦，屋顶翻新，屋架加固、更新，粉刷墙壁，修建厕所，以及修筑校园甬路、围墙、硬化路面等工程。1994年以后，第一中学、第二中学、第一小学、实验小学、海河幼儿园开始校（园）舍维修。1994—2002年，东区的所有学校均进行维修，维修总面积达7万平方米，维修总支出319万元。维修的项目主要是楼顶防水、墙壁粉刷、地面硬化、暖气改造等。2002—2003年，西区3个街道办事处所属小学的校舍维修总面积5967平方米，维修费用由所在办事处承担。2003年，对西区校舍危房进行排查，危房面积共2万平方米，截至8月底，危房改造工程全部结束，改造资金258.05万元。2003年，第三中学、第四中学、第五中学、第六中学更换屋架，更新房盖，硬化路面，更换教室、宿舍铝合金门窗，维修教室、实验室、厕所等，维修总面积1.3万平方米，支出138万元。

教学设施建设　**特种教室**　1990—1993年，第一中学建立实验室3个，第一小学、第二小学各建活动室3个。1993年8月第二中学建3个实验室。

1996年，职业学校建设新校舍时，在地下室设置3个实习车间。从此，该校有了机械、电子电工专业的实习场所。计算机、财会等专业的学生也在校内实验室（模拟）实习。2001年，东区所有13所中小学（10所小学、2所中学、1所职业学校）共建有特种教室95个。其中小学66个，中学、职业学校29个。2002年扩区后，小学增加79个特种教室，中学增加26个特种教室，全区共有特种教室200个。2003年，高级中学成立，增加25个特种教室，1个体育馆。是年，全区共有特种教室225个，包括美术室、舞蹈室、音乐室、第二课堂活动室、德育教育室、劳技室、语音室、微机室、多媒体教室、音像备课中心、图书室、阅览室和物理、化学、生物实验室等。

图23-25 开发区第一中学舞蹈教室（2001年摄）

教育网络 2000—2003年，第一中学、高级职业学校、实验小学等学校先后开通校园网。2003年，管委投资280多万元在全区教育系统实施教育网络"校校通"工程。是年，教育局先后下发《关于开发区教育信息网建设的意见》等4个配套文件，在教育局内部及高级中学、第一中学、第二中学等东区9所学校建起10个教育网络办公平台，其中有5所学校还同时安装资源管理平台。是年底，东区的所有学校及西区的所有中学和西区3个教育办都与教育局的网络办公平台进行连接，实现"校校通"。区内教育城域网建成后，全区各学校不仅可以访问中国教育网，学校与学校之间也可互相访问。

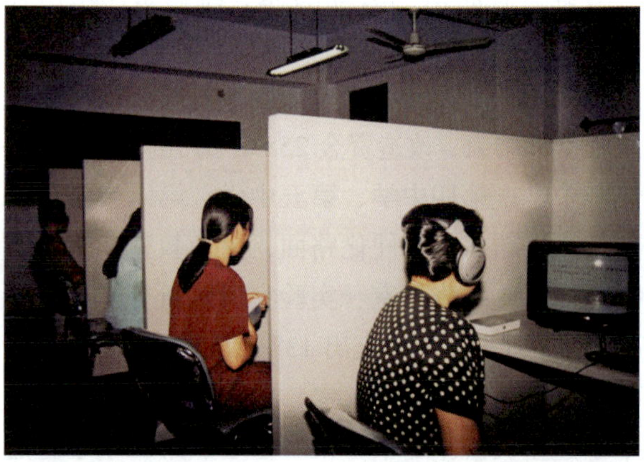

图23-26 开发区第一中学教师备课中心（2001年摄）

仪器设备 1987—1989年，区内学校数学、地理、音乐、体育等教学器材较少。1990年，第一中学有物理、化学、生物实验室后，当年配置价值6360元的物理实验仪器、1785元的化学实验仪器。到1995年，全区物理实验仪器价值34.4万元，化学实验仪器价值21.4万元，生物实验仪器价值15.3万元，数学教具价值5.14万元，艺体器材价值33.72万元。1996年后，教育科技局根据各校的实际情况逐年配备教学仪器，到2003年，全区（高级职业学校除外）有物理、化学、生物、数学、地理、艺体等教学仪器总价值达252.1万元。2003年，高级职业学校有电器实验室2个，仪器价值10万元；电工实验室2个，仪器价值20万元；电子实验室1个，仪器价值5万元；车工实验室1个，仪器价值150万元；钳工实验室1个，仪器价值12万元；汽车实验室4个，仪器价值15万元，全校教学仪器总价值212万元。2003年，全区41所公办学校共有计算机1178台、视频展示台13个、大屏幕19个、设监控系统10个教室、电视机81台、录放机130台、音响设备20套、投影仪75台，有6个军乐队和3个管乐队装备及各种体育设施，总价值750.45万元。

图书 2002年8月，全区小学共藏书7.58万册，价值59.12万元；中学共藏书4.94万册，价值53.38万元；高级职业学校藏书6.3万册，价值70.56万元。2002年9月扩区后，图书数量增加，小学增加 7.48 万册，中学增加 4.82 万册，职业学校增加 1.15 万册。2003 年，全区各级各类学校总藏书量为 32.27 万册，总价值 278.94 万元。

体育场馆及设施　2003 年，高级中学建有占地 2000 平方米的体育馆 1 个；带看台的体育场 1 处，体育场内有 400 米塑胶跑道；草坪足球场 1 个；塑胶篮球场 3 个，塑胶排球场 2 个，网球场 1 个。学校配备先进、齐全的体育器材。第一中学和第二中学校内各建有带看台的体育场 1 个，均可容纳 3000 人观看比赛。海洋经济学校运动场占地 1 公顷，体育设施配备较齐全。西区第三至第六中学各校都有体育场、篮球场和单双杠等，但其他体育设施相对比较落后。东区第一小学、实验小学、金城小学、金东小学都建有较规范的操场，并分别配备 7 万元 ~ 10 万元的体育器材。东区其他小学和西区全部小学，部分有简易操场，个别的没有操场，体育设施配备比较简陋。

图 23-27　高级中学体育场

图 23-28　高级中学体育馆

第八节　教育行政管理

管理体制　1987—2003 年，全区实行“分级办学，分工管理”的教育管理体制。教育行政部门的主要责任是贯彻党的教育方针，下达教学计划，检查指导各级教学业务，培训师资，调配、考核教师。至 2003 年，区教育局直属学校（园）有第一小学、实验小学、第三小学、第四小学、第五小学、第六小学、第七小学、第八小学、金城小学、金东小学、第一中学、第二中学、高级中学、高级职业学校、海洋经济学校、海河幼儿园和第二机关幼儿园共 17 所。第三中学、第四中学、第五中学、第六中学和古现、八角、大季家街道 22 所小学的行政管理，分别由所在街道办事处负责，教育局负责对这些学校进行业务指导。民办教育单位由区教育局进行属地政策指导性管辖。在学校干部任免与教师调配、管理方面，1987—2000 年实行干部任免制，教育局直属单位副科级（含）以上干部由工委组织部任免、管理，其他干部由教育局党委任免、管理。2001—2003 年，全区实行校长聘任制和任期目标责任制，任期 3 年，实行竞争上岗。校长确定后，根据上级设置的职位、职数，学校自主聘任本校的中层干部。教职工的调配、管理由教育局统一掌握，跨学段的教职工调动要经区人事劳动和社会保障局办理手续。

全区中小学教学业务由区教研室统一管理。区教研室统一下达教学计划和课程进度，统一规范课堂常规，组织全区各学校进行教学质量分析和评估，统一组织各学校的教研活动。各学段每学期要组织 4 ~ 5 次教研活动，活动的内容包括：优质课评选，优秀教案评选，优秀论文评选，组织全区公开课、示范课等等。高级中学的教研活动由高级中学教研室组织进行。

1987—2001 年，全区各学校的财务由教育局统一控制，实行预算审批、政府采购和校账局审的管理制度。各校会计人员由教育局统一调配，并定期轮换。教育经费实行“集中管理、分校核算”。从2001年5月起，区财政经费核算中心统一负责各校的财务收支核算业务，负责监督检查各单位的收支行为和各项财会制度的执行情况。

教育经费 东区的各级各类公办学校、幼儿园的教育经费由区财政统一拨付。2002年扩区后，西区的所有公办中、小学包括海洋经济学校的教育经费，由区财政局制定政策，由学校所在街道办事处财政所统一拨付。区内私立学校、私立幼儿园的教育经费，由各学校从学生（学员）学费中解决。

随着学校数量、规模的扩大，教育经费的拨款数额逐年增长。1987年，经费拨款3.91万元，1997年781.12万元，2003年4778.97万元。1987—2003年，开发区财政累计拨付教育经费1.62亿元。2002年，古现、八角、大季家3个街道办事处累计拨付教育经费2492万元；至2003年，3个街道办事处两年累计拨付教育经费2607.4万元。

1987—2003年烟台开发区财政拨付教育经费情况统计表

表23-7　　单位：万元

年份	合计	幼儿园	小学	中学	职教	电大
1987	3.91	1.02	1.08	0.49	1.32	–
1988	11.84	3.50	2.56	2.60	3.18	–
1989	37.35	5.80	10.14	13.31	8.10	–
1990	53.90	7.30	15.24	17.40	13.96	–
1991	69.51	9.20	21.33	24.15	14.83	–
1992	129.70	9.80	39.05	47.56	24.37	8.92
1993	207.95	10.30	98.88	67.55	27.18	4.04
1994	376.98	10.30	147.91	154.73	48.57	15.47
1995	482.22	12	202.04	209.80	52.86	5.52
1996	602.07	12	186.11	323.21	74.28	6.47
1997	781.12	15.60	316.00	355.53	86.83	7.16
1998	964.94	27.80	388.68	421.20	113.35	13.91
1999	1096.24	32.30	408.63	514.04	113.87	27.40
2000	1401.76	35.80	381.00	820.62	164.34	–
2001	1676.56	61.20	517.69	787.84	309.83	–
2002	3484.06	67.20	1278.68	1552.52	585.66	–
2003	4778.97	67.40	1557.07	2464.02	690.47	–
总计	16159.07	388.52	5572.09	7776.57	2333.00	88.89

教育收费 1987—2003年，全区中、小学收费由区工商、物价、财政、教育等部门共同审查、核定。收费标准核定后，经教育局同物价部门协商，实行“收费卡”制度。对学生应缴纳的费用作出

明确规定，学生每人发一张“收费卡”，使各项收费家喻户晓，人人明白。开学之初，各项收费由班主任代收，并在“收费卡”上逐项填写清楚，学生家长在卡上签字，期末统一核算，多退少补。

高级职业学校2003年度每学期收费标准是：学费800元，住宿费70元，取暖费35元；海洋经济学校1996年以来每学期收费标准是：学杂费800元，住宿费70元。

1993—2003年烟台开发区小学每学期收费情况统计表

表23-8　　单位：元

年份	杂费	借读费	上机费	查体费	取暖费	合计
1993—1996	18	60	–	–	–	18 ~ 60
1997—2000	40	180	46	5	–	91 ~ 231
2001—2003	60	300	46	5	35	146 ~ 386

说明：收取借读费的，不再收杂费。书本费不在收费之列

1987—2003年烟台开发区初中每学期收费情况统计表

表23-9　　单位：元

年份	学费	杂费	借读费	上机费	查体费	取暖费	合计
1987—1989	8	–	–	–	–	–	8
1990—1992	15	–	–	–	–	–	15
1993—1995	30	–	120	–	–	–	30 ~ 120
1996	–	36	240	50	10	–	96 ~ 300
1997—2000	–	65	300	46	5	–	116 ~ 351
2001—2003	–	90	500	46	–	35	171 ~ 581

1990—2003年烟台开发区高中每学期收费情况统计表

表23-10　　单位：元

年份	学费	杂费	借读费	上机费	住宿费	课后服务费	合计
1990—1992	12	15	–	–	–	–	27
1993—1995	12	15	120	–	–	–	27 ~ 132
1996	40	54	300	–	–	50	144 ~ 390
1997	160	–	300	–	–	50	210 ~ 510
1998	160	–	300	46	50	50	306 ~ 606
1999	320	–	300	30	50	50	450 ~ 750
2000	430	–	500	–	70	50	550 ~ 1050
2001—2002	500	–	500	–	70	50	620 ~ 1120
2003	800	–	–	–	70	50	920

第二章　科　技

建区以来，工委管委坚持“科教兴区、高新技术立区”的发展方针，把发展高新技术摆在十分重要的位置。为进一步加强科技管理工作，适应不同阶段科技发展的要求，管委在1985—2003年间，先后3次调整科技管理机构，使科技工作更紧密地与改革开放结合，与经济建设结合。

从1987年开始，管委对科技进行投入，积极扶持科技事业发展，认真落实国家科技政策，为高新技术产业的发展奠定了坚实的基础，企业科研机构迅速发展。1990年辖区开始实施火炬计划和科技攻关新产品计划，广大科技人员以市场为导向，用先进技术改造传统产业，科技成果不断出现。1995年11月，为更好地落实《中共中央、国务院关于加速科学技术进步的决定》，工委管委召开以“科教兴区”为主题的第一次全区科技大会。1999年6月，为动员全区各部门、各单位进一步统一思想，提高认识，迎接知识经济时代的挑战，全面提高烟台开发区的综合竞争能力，工委管委召开第二次全区科技大会，会上印发《烟台开发区关于加速科技进步若干问题的意见》，推动高新技术产业化的发展。至2003年，全区累计科技投入4.98亿元，科研机构194家，其中大中型企业研发机构12家。累计实施火炬计划102项，有2项成果达到国际领先水平，有14项成果达到国际先进水平，有31项成果填补国内空白或达到国内领先水平；累计实施科研攻关新产品计划282项，取得科技成果89项，其中达到国际领先和国际先进水平的32项，有28项达到国内领先或填补国内空白。建区至2003年，共有31项科技成果获奖，其中获国家级奖励的2项，共取得各项专利367项。

第一节　科技机构

1985—1989年8月，有关科技工作业务由管委办公室和经济发展局代管。1989—2003年，管委科技管理机构经历科委、教育科技局、经济发展与科学技术局3次变更。

烟台开发区科学技术委员会　1989年8月成立，为正科级事业单位，隶属于管委，负责全区科学技术管理工作，有工作人员2名。1991年7月—1992年12月，科委内设科技管理、科技成果2个科，有工作人员4人。

烟台开发区教育科技局　1992年12月，科委与教育局合并，成立烟台开发区教育科技局，隶属于管委。教育科技局内设科技、高新技术两个管理处，工作人员4人，负责全区科技开发、科技成果、高新技术企业、专利、科协及防震减灾等工作。

烟台开发区经济发展与科学技术局　2002年7月，科技工作职能与机构成建制从教育科技局划入经济发展局，成立经济发展与科学技术局。隶属关系、建制、职能与人员不变。

科研机构　开发区企业科研机构分技工贸一体化的科研院所和大中型企业的研发机构两类模式。1987—1990年，科研机构发展到9家。1991—1995年，科研机构发展到34家。90年代初期以来，随着经济体制改革的不断深入和科研政策的落实，民营科研机构迅速发展。1992年11月，第一家民营科技机构——烟台开发区液晶技术研究所成立。1996—2000年，科研机构发展到167家，其中民营科研机构75家，占全区科研机构总数的45%。20世纪90年代末期至2003年，管委鼓励有条件的企业成立研发机构，创新自主知识产权。1999年3月，烟台氨纶股份有限公司技术开发中心成立，是开发区第一家企业研发机构。至2003年，全区有科研机构94家，其中民营科研机构82家，大中型企业研发机构12家。

烟台空间遥测技术研究所 1987年2月成立，是开发区第一家科研机构，由航天部五院549所兴办，总投资1830万元，国有经济性质，主要研究开发卫星接收设备，1990年有职工120人。研究所成立后，在气象、地球物理等电子信息接收设备的研究领域中有比较突出的业绩。20世纪90年代中期因国家部委专业技术布局调整，迁出开发区。

烟台冶金新材料研究所 1987年3月成立，由烟台冶金公司兴办，总投资2000万元，国有经济性质，主要开展对沥青炭纤维的研究和开发，1990年有职工139人。研究所1988—1990年开展“特种正畸钢丝”的研制，1991年12月研究成果经烟台市科委组织专家鉴定为国内领先水平。1989—1990年开展“歼7飞机刹车轮用炭/炭复合材料刹车盘”的研制，研究成果于1990年10月经冶金部军工办和航空航天部机载设备总公司组织专家鉴定为填补国内空白，技术达到国际先进水平。

烟台开发区首钢机电研究所 1989年11月成立，国有经济性质，隶属于首钢东星公司，1990年有职工80人。1992年10月研究所改制为民营经济性质。1992—1993年，研究所承担机电一体化领域省级火炬计划“300MW微机锅炉保护器”项目研究，1993年12月验收，技术达到20世纪80年代国际先进水平。研究所在90年代后期随企业改制而撤销。

烟台开发区星火机电研究所 1991年成立，隶属于开发区科技发展公司，国有经济性质。该所1993年研制出“红外自动节能开关”，产品技术达到国内先进水平；同年还研制出“SRQ系列电机节电软启动系统”，1994年3月经山东省电子局组织专家鉴定达到国内先进水平。1993—1994年研制出机电一体化“智能化舰船显示系统”，1995年2月经山东省科委组织专家鉴定为填补国内空白、国际先进水平，获省级三等奖。1997年企业改制，研究所撤销。

烟台电子技术研究所 1996年成立，投资188万元，隶属于电子工业部39所，国有经济性质，1998年6月被认定高新技术企业，有职工18人。1997—2001年，承担电子信息领域省级火炬计划“新型X/Y座架天线卫星跟踪系统”研究，1998年10月验收，技术填补国内空白、达到国际先进水平。2001—2002年，对“小型化气象卫星地面接收站”（口径1.5米～1.8米）项目开展攻关，吸收国际同类产品的先进设计思想和先进技术，克服技术难关，特别是在小口径高增益、低旁瓣、轻型抛物天线的研究上有突破，保证项目的研制成功。研究所2001年有职工23人，其中博士1人，教授级高级工程师2人，高级工程师10人。

烟台开发区博盛农艺开发有限责任公司（研究所） 1997年5月成立，注册资本50万元，民营经济性质。研究所以中国农科院、北京农业大学、沈阳农业大学、吉林省农科院和东北农大等科研院校为技术后盾，以中国北方农业开发潜力调查为依据，开展农业技术推广、农艺专利技术研究开发及其成果的推广应用和农药、化肥使用技术的推广等工作。研究所成立时有职工12人，其中聘用高级农艺研究人员6人。研究所成立初期，主要在烟台周边地区开展新型农药和化肥的推广业务和农副产品经营业务。2000—2003年，在果树栽培、地膜应用等专利技术的推广上，有较显著的成效。

烟台开发区双海工业技术研究设计院 1997年7月成立，注册资金52万元，合伙私营科研机构，主要从事工业新技术、新产品的开发，生产线设计、安装等工作。研究院成立至2001年，先后研制开发化工原料新产品 “四丁基氧锆丁醇溶液”、金属熔炼新技术“内热式真空还原熔炼金属镁200t/a（设计）生产线、炼镁废渣全部制取水泥1.08万吨/a”和“可移动式集成化浓缩果汁系列生产线”等项目。2003年研究院有工程技术人员12人，其中高级职称3人，中级职称7人。

烟台开发区天人海洋生物研究中心 1998年3月成立，注册资金600万元，私营经济性质。中心开发、研究以海洋生物为主要原料的食品、饮料、美容品、保健品、生物制品及螺旋藻系列产品为主，同时开展海洋生物、海水养殖的技术服务、技术咨询和技术培训等业务。1999年以来，中心不断开发出海洋生物产品，建有加工和包装车间，2000年在开发区黄山路设有海洋生物产品专卖店。2003年中心有职工18人，其中科研人员8人。

烟台荣昌药物科学研究院 1998年4月成立，隶属烟台荣昌制药有限公司，为企业二级独立法人，民营经济性质。研究院以保健制品、中成药、西药的研究开发为主，同时开展技术转让、技术咨询和技术培训等工作。研究院成立以来曾在“肛泰（痔疮用药）”品种的开发中有创新，并开发促进肠运动的“肛泰”系列产品，有很好的市场业绩。2000年开始研究开发“甜梦口服液（保健品）”，产品打入全国保健品市场。2003年，研究院有职工18人，其中医药研究人员14人。

烟台开发区疑难病研究所 1998年成立，注册资金50万元，由个人出资兴办，聘用副主任医师职称以上人员5人。研究所运用中西医理论，开展疑难病症研究、相关药物的开发、技术转让业务，同时开展医疗诊治业务。研究所对哮喘病、糖尿病和各种骨病有独到的研究和治疗方法，已申请多项国家专利，与全国20余家医院开展技术合作，在开发区黄河路念慈别墅区设有专科门诊。

烟台地源纳米新材料研究所 1999年1月成立，注册资金200万元，隶属于烟台地源矿业有限公司，国有经济性质。研究所主要开展对抗菌防霉材料及添加剂的开发与研究，开展有关技术咨询服务。2001年，研究所在有机材料防霉灭菌领域中有新成果，试制出防霉粉剂。2002年研究所有工程技术人员12人。

烟台氨纶股份有限公司技术开发中心 1999年3月成立，二级法人单位，经济独立核算，隶属氨纶股份有限公司。技术开发中心下设技术委员会、中心办公室、产品开发部和制造技术部、标准情报室等部门，有专职工程技术人员21人，兼职辅助人员27人。2000年1月13日，经山东省人民政府批准，确认技术开发中心为省级企业技术开发中心。技术开发中心2003年设立专家委员会、技术委员会、中心办公室、氨纶研究室、芳纶1313研究室、芳纶1414研究室、分析检测室、信息情报室等专业部门，有固定员工45人，兼职辅助员工32人，员工中拥有博士学位和高级技术职称的30多人。技术开发中心主要研究领域及成果有：一、氨纶纤维制造和应用的相关技术，如聚合技术、纺丝技术、溶剂回收技术、氨纶废丝回收技术、氨纶应用技术等。1998年完成国家“九五” 攻关科技项目——“氨纶纤维产业化技术”，该项目于2000年获国家科技进步二等奖。2003年进行连续聚合及高速纺丝技术产业化研究，第二年实现连续聚合技术产业化。二、具有特殊功能的氨纶纤维开发，如耐氯、可染氨纶，耐高温氨纶纤维等。2003年完成国家“十五”科技攻关项目“芳纶1313纤维中试技术”。三、芳纶1313纤维及相关产品的研究，如芳纶1313短纤维、芳纶1313色丝、芳纶1313造纸技术。四、对位芳纶制造技术，如聚合技术、纺丝技术和溶剂回收技术等。

烟台开发区创新建筑设计研究所 1999年3月成立，注册资金8万元，同年5月增加注册资金30万元，由个人出资兴办。研究所以研究建筑新技术、新兴设计理念以及新型建筑材料为主，同时开展建筑新技术的转让、咨询、信息服务，以及建筑装饰、设计等方面的服务。2000年，设计院在轻质墙体材料的开发以及在环境与建筑艺术的协调理念上有创新。2003年有设计、研究、管理人员7人。

烟台开发区宝威生物技术研究所 1999年5

月成立，注册资金100万元，由个人出资兴办，主要从事临床诊断试剂、试验仪器、生物制品的研究、开发及相关技术服务。研究所成立后，致力于生物技术的开发，在医用电子检测技术的开发研究上有创新。研究所2001年有13名专业技术人员，其中高级研究人员6人、博士1人、硕士3人。高级研究人员多属吉林大学有关院系的退休教授。

烟台开发区江玲脑血栓病研究所　1999年5月成立，注册资金8万元，由个人出资兴办并经营。研究所主要从事心脑血管病的研究及相关药物的开发，同时对脑血栓病的发展趋势、预防和临床治疗、康复等方面开展研究。2000—2002年间，研究所在脑血栓临床药物的研制上有创新。研究所2002年有医护人员4人。

烟台开发区康安心理咨询研究所　1999年7月成立，注册资金3万元，由个人兴办。研究所主要开展对心理障碍的研究、咨询工作。研究所成立后曾针对少年群体与个体进行过“社会·家庭·学校”少年心理障碍分析，有较强的社会实践指导意义。2001年研究所有工作人员4人。

烟台开发区东方神农医药研究开发中心　1999年12月成立，注册资金10万元，由个人出资兴办。研究所主要开展对生化药品、中药新剂型、营养保健制品、医疗（药）仪器的研究、开发及相关技术的服务、转让等。中心成立两三年内，在“神农”商标营养保健和中药新剂型上有发展。2002年中心有相关研究人员6人。

烟台开发区陆海电气装备研究所　2000年5月成立，注册资金20万元，由个人出资兴办，主要以测控、电控成套设备的研究开发为主，同时开发电子元件、低压电器、仪表、传感器等。研究所在2001—2003年间，从电子元件、传感器的研制起步，针对不同客户的需求，小批量生产，市场逐步扩大。2003年有职工8人，其中工程技术人员4人。

烟台开发区世丰虫草科技研究所　2001年4月成立，注册资金5万元，由个人出资兴办，主要对冬虫夏草进行培育及产品开发，对相关装置进行开发研究。同年10月26日，又注册资金240万元，成立开发区兰丰虫草科技有限公司，与研究所合署办公，仍属个体民营科研机构。研究所成立至2003年，主要开展冬虫夏草的大棚培育试验，为在低海拔地区大面积种植积累了经验，同时对冬虫草产品的深度开发进行研究。2002年研究所有职工8人，其中专业技术人员5人。

烟台开发区东方轻工技术研究所　2001年7月成立，注册资金6万元，由个人出资兴办，主要从事食品加工工业技术开发与推广，轻工技术开发与推广以及轻工生产设备的销售等。2002年，研究所对蒸、烤食品加工设备进行开发制作，销路较好。2003年研究所有工程技术人员4人，加工工人3人。

第二节　科技投入

1988年，开发区管委开始对科技事业进行资金投入。一方面，积极支持企业向上申报项目，争取国家和省市的科技事业经费；另一方面，区财政每年都安排企业技术改造和科技三项费用资金，以适应科技发展的资金需求。

国家投入　为支持科技事业和高新技术产业发展，国家、山东省和烟台市每年都拿出专项经费用于地方科技事业发展，经费直接与项目挂钩。

1988年，区实业公司下属的开发区生物原料制品有限公司，向市科委申请并取得扶持资金8万元，专款用于胆红素、甲状腺粉等生物药品项目的开发研制工作，这是开发区取得的第一笔科技经费。1988—1997年9年间，全区共有5个项目取得上级政府科技经费拨款512万元，其中国家级项目1个、省级项目1个、市级项目3个。1998—2003年，共有40个项目取得经费1976万元，有力地推动了开发区科技事业的发展。其间，仅烟台荣昌制药有限公司的基因工程药物研究与开发项目就得到省财政厅科研经费拨款215万元。

1988—2003年烟台开发区国家、省、市科技经费拨款情况统计表

表 23-11　　　　单位：项、万元

年份	项目数量	项目级别			金额
		国家级	省级	市级	
1988	1	–	–	1	8
1989—1997	4	1	1	2	504
1998	3	3	–	–	230
1999	3	2	1	–	280
2000	5	2	1	2	290
2001	10	5	4	1	493
2002	5	2	–	3	240
2003	14	–	4	10	443
合计	45	15	11	19	2488

区财政投入　从1990年开始，开发区地方财政预算安排技改和科学技术三项费用（以下简称“科技三项费用”，指新产品试制费、中间试验费和重要科学研究补助费，其资金来源是财政专项拨款。）支出。1990年安排38万元，1991—1993年3年共安排30万元。1994年增加了财政科技支出比例，安排1246万元，占财政总支出的9.2%；1995年安排1508万元，占财政总支出的7.2%；2000年安排10300万元，占财政总支出的27%；2003年安排6887万元，占财政总支出的9.7%。1990—2003年，地方财政累计安排资金47346万元，占地方财政总支出的12.5%。财政资金主要用于对现有企业进行高新技术改造以及科技三项费用支出，科技三项费用支出又主要用于电子信息、新材料、生物医药、机电一体化等支柱产业和信息化工程项目。

为支持高新技术的发展，工委管委于1991年投资2000万元建设1.2万平方米的科研综合服务楼——科技大厦，同时建立信息中心、计量检测中心、国际人才中心和国际交流中心。1995年成立留学人员创业园区，创建科技企业孵化器。2000年和2003年分别建立了业达软件工业园和IT工业园两个高科技园区，还投资4000万元，为浪潮LG数字移动通信、鸿富泰电脑、泰信数字移动通信等高新技术项目新建和租用厂房。

1990—2003年烟台开发区地方财政技改和科技三项费用支出情况统计表

表 23-12　　单位：万元

年份	金额	年份	金额
1990	38	1998	3501
1991	3	1999	3009
1992	3	2000	10300
1993	24	2001	9225
1994	1246	2002	8020
1995	1508	2003	6887
1996	1799	合计	47346
1997	1783		

第三节　科技创新与科技成果

科技创新　辖区科技创新包括承担火炬计划和实施科研攻关新产品计划两大类。

火炬计划　1990年，开发区开始实施火炬计划。第一个火炬计划项目是烟台大明电子公司在1991—1992年承担的省级火炬计划“压电石英晶体元件”项目。1992年10月验收，产品达到国际领先水平。至1995年，开发区实施火炬计划32项，其中国家级计划4项，省级计划28项；1996—2000年，实施火炬计划44项，其中国家级计划9项，省级计划35项；2001—2003年，实施火炬计划26项，其中国家级计划13项（国家重点计划1项——21英寸纯平彩管荫罩），省级计划13项。1990—2003年，总计实施火炬计划102项，按技术领域划分，机电一体化项目29个、电子信息项目19个、新材料项目38个、生物技术项目9个、高效节能与环保项目6个、其他领域项目1个。1990—1998年，先后有11项计划因项目承担单位停业、转产等原因而撤销。在2000年以前的76项火炬计划中，有60项通过验收，其中达到国际领先水平的2项（压电石英晶体元件和捷达电子密码锁），达到国际先进水平的14项，填补国内空白和国内领先水平的31项。

科研攻关和新产品开发计划　1990年，开发区开始实施科研攻关和新产品开发计划。全区第一个开发计划项目是亚新利电器有限公司于1990—1991年承担的市级计划“精密电量变送器”项目，1992年3月验收，产品达到国内领先水平。至1995年，科研攻关和新产品开发计划共87项，其中国家级4项、省级7项、市级76项。1996—2000年，科研攻关和新产品开发计划共125项，其中国家级14项、省级20项、市级91项。2001—2003年，科研攻关和新产品开发计划共70项，其中国家级3项、省级7项、市级60项。

1990—2003年，全区累计承担科研攻关和新产品开发计划282项，其中国家级21项、省级34项、市级227项，共取得科技成果89项。

科技成果　1990年10月，由烟台氨纶厂研制成功的氨纶丝及氨纶包缠纱项目，是区内取得的第一项科技成果。该产品替代进口、填补国内空白，达到世界同类产品先进水平。

1990—1995年，全区共有44项科技成果通过鉴定，其中技术水平达到国际领先和国际先进的 11 项，国内领先和填补国内空白的 13 项，国内先进的 20 项。1996—2000 年，有 27 项科技成果通过鉴定，其中技术水平达到国际领先和国际先进的 12 项，国内领先和填补国内空白的 10 项，国内先进的 5 项。2001—2003 年，有 19 项科技成果通过鉴定，其中技术水平达到国际领先和国际先进的 9 项，国内领先和填补国内空白的 6 项，国内先进的 4 项。

1990—2003 年，全区共有 90 项科技术成果通过鉴定，其中技术水平达到国际领先和国际先进的 32 项，达到国内领先和填补国内空白的 29 项，达到国内先进的 29 项。

1990—2003 年烟台开发区科技成果鉴定情况统计表

表 23-13　　单位：项

年份	数量	技术水平		
		国际领先 国际先进	国内领先 填补国内空白	国内先进
1990	3	2	1	–
1991	4	–	2	2
1992	9	1	3	5
1993	8	4	3	1
1994	12	3	1	8
1995	8	1	3	4
1996	6	2	2	2
1997	10	5	4	1
1998	4	–	2	2
1999	1	–	1	–
2000	6	5	1	–
2001	1	1	–	–
2002	12	6	3	3
2003	6	2	3	1
合计	90	32	29	29

1990—2003 年烟台开发区重点科技成果项目情况统计表

表 23-14

年份	成果名称	完成单位	成果水平
1990	氨纶丝及氨纶包缠纱	烟台氨纶厂	国内空白
1991	特种正畸钢丝的研究	烟台冶金新材料研究所	国内领先
1991	YMPC 系列钢带磁性排屑装置工艺	烟台亚美特种金属有限公司	国内先进
1992	精密电量变送器	烟台亚新利电器有限公司	国内领先

续表 23-14

年份	成果名称	完成单位	成果水平
1993	CD-S 型热熔胶	烟台西特电子化工材料有限公司	国际先进
1993	CZM900 型超细振动磨机	烟台卓悦机械传动有限公司	国内首创
1993	彩色显象管锥体内壁导电涂料	烟台西特电子化工材料有限公司	国际先进
1993	NBT-303Y 高精度多路转换信号	烟台奥特自控技术有限公司	国际先进
1994	SY-A 思源储贷电脑	烟台思源工业自控技术公司	国内空白
1994	WA、WB 压焊钢格板	烟台钢格板有限公司	国内先进
1994	TD 系列同步时钟	烟台天达电子工程有限公司	国际先进
1994	4 头 / 位卷绕头技改	烟台氨纶厂	国际先进
1994	新型粉末加工成套设备	烟台奇通化工设备厂	国际先进
1995	多功能网带式电阻炉	烟台亚东标准件有限公司	国内先进
1995	DP-12 型经气导平仪	烟台华夏电子医疗器械公司	国内领先
1995	CLJ 系列通用车体矫正机	烟台卓悦机械传动有限公司	国内领先
1995	AUE-WJK 微机监控系统	烟台亚新利电器有限公司	国内空白
1995	ACT-11 通道测试柜	烟台亚新利电器有限公司	国内先进
1995	AVE-2000 电力远动分站	烟台亚新利电器有限公司	国内先进
1996	农用新型杀菌剂“霜霉净”	烟台万润精细化工有限公司	国内空白
1996	J60 系列电量变送器	烟台亚新利电器有限公司	国际先进
1996	ACT-111 通道测试柜	烟台亚新利电器有限公司	国内领先
1996	HZ 型防水剂研制	烟台中昕高科技防水材料公司	国内先进
1997	火电锅炉组合式油燃烧装置	烟台龙源电力有限公司	国际先进
1997	CG125、CG150 摩托车汽缸头	烟台路通精密合金有限公司	国际先进
1997	JPHFV 变频调速器	烟台惠丰电子工业有限公司	国内领先
1997	AG-9030 型电力远动终端	烟台亚新利电器有限公司	国内空白
1997	ACR-196 交流采样远动终端	烟台亚新利电器有限公司	国内先进
1997	CG125 摩托曲轴箱体精密铸件	烟台瑞得精密铝业有限公司	国内空白
1997	新型 X/Y 座架天线跟踪系统	电子部 39 所烟台电子分所	国际先进
1997	ZF-1000 静电粉末涂料设备	烟台奇通化工设备有限公司	国际先进
1997	药品包装用彩色塑料软管	烟台西蒙西包装品有限公司	国内空白
1997	GY-9 微机数控系统	烟台青鲁自动化股份有限公司	国际先进
1998	“国珍牌”松花粉	烟台新时代天然营养品有限公司	国内空白
1998	乙霉威	烟台万润精细化工有限公司	国内先进

续表 23–14

年份	成果名称	完成单位	成果水平
1998	15% 恶霉灵水剂	烟台万润精细化工有限公司	国内先进
1998	恶霉灵	烟台万润精细化工有限公司	国内领先
1999	低压电力线载波集中抄表系统	烟台捷能电器有限公司	国内领先
2000	聚氨酯新材料轿车顶棚	烟台华润汽车内饰件有限公司	国际先进
2000	SGBD/800–1 型棒材打捆机	烟台首钢东星公司	国际先进
2000	栖冷克吕沃尔氏菌分离鉴定研究	烟台开发区卫生防疫站	国内领先
2000	DLZ–200 型等离子点火装置	烟台龙源电力技术有限公司	国际领先
2000	21″PF 纯平彩管荫罩	烟台正海电子网板有限公司	国际先进
2000	汽车精密铝合金铸件	烟台路通精密合金有限公司	国际先进
2001	从刺参废弃物中提取低分子肝素	烟台博大生物工程有限公司	国际先进
2002	PTMG 中试技术	烟台氨纶股份有限公司	国际先进
2002	DDS698 单相电子式电能表	烟台亚新利自动控制有限公司	国内先进
2002	低压电力线载波集中抄表系统	烟台亚新利自动控制有限公司	国内领先
2002	ACR–196A 交流采样远动终端	烟台亚新利自动控制有限公司	国内先进
2002	配电网自动化监控终端	烟台亚新利自动控制有限公司	国内领先
2002	25″PF 纯平彩管荫罩	烟台正海电子网板有限公司	国际先进
2002	29″PF 纯平彩管荫罩	烟台正海电子网板有限公司	国际先进
2002	高精细荫罩及制造技术	烟台正海电子网板有限公司	国际先进
2002	总胆固醇试剂盒	烟台澳斯邦生物工程有限公司	国内领先
2002	钢格板自控压阻焊机	烟台新科钢结构有限公司	国际先进
2002	多功能护理床	烟台天宇科技开发有限公司	国内领先
2002	高吸附值微粉硅胶	烟台瑞德隆精细化工有限公司	国际先进
2003	G303/3205/100 型压焊钢格板	烟台钢格板有限公司	国内领先
2003	CWN 系列环保节能不结垢锅炉	烟台江荣炉业有限公司	国内领先
2003	引进芋头组培快繁技术	烟台金斗笠生物工程有限公司	国内领先

获奖科技成果 1994—1998 年，全区共有 19 项科技成果获奖，其中国家级奖 1 项、省级奖 8 项、市级奖 10 项。烟台亚新利电器有限公司研制成功的精密电量变送器，获烟台市科技进步二等奖，这是开发区成立后第一项科技成果获奖；烟台西特电子化工材料有限公司研制成功的“氧化铁型彩管锥体内壁导电涂料 NBT–303Y”产品，获国家发明奖四等奖。

1999—2003 年，有 12 项科技成果获奖，其中国家级奖 1 项、省级奖 7 项、市级奖 4 项。烟台氨纶股份有限公司完成的国家“九五” 攻关科技项目——“氨纶纤维产业化技术”，获国家科技进步二等奖。

1994—2003年，辖区共有31项科技成果获奖，其中国家级奖2项，省级奖15项，市级奖14项。

1994—2003年烟台开发区获奖科技成果项目情况统计表

表23-15

项目名称	承担单位	获奖级别	获奖年份
精密电量变送器	烟台亚新利电器有限公司	市级二等奖	1994
TD系列智能数显仪表	烟台易达测器公司	市级三等奖	1994
少齿差行星减速机	烟台卓悦机械传动有限公司	省级三等奖	1995
GPS船舶动态监测系统	烟台天达电子工程有限公司	市级二等奖	1995
TM-300静电粉末涂料生产成套设备	烟台奇通化工设备厂	省级三等奖	1996
4头/位卷绕头技改	烟台氨纶股份有限公司	省级二等奖	1996
WA、WB压焊钢铬板系列	烟台钢铬板有限公司	省级三等奖	1996
TD系列卫星同步时钟	烟台天达电子工程有限公司	市级二等奖	1996
DSSD11智能电子式多功能电能表	烟台开发区鑫利经济发展总公司	市级三等奖	1996
氨纶生产控制软件的研究与开发	烟台氨纶股份有限公司	市级一等奖	1997
锦纶6弹力丝	烟台华润锦纶有限公司	市级二等奖	1997
超细震动磨机	烟台卓悦机械传动有限公司	市级三等奖	1997
高速纺锦纶6单丝（扭矩丝）系列产品开发研究	烟台华润锦纶有限公司	省级三等奖	1997
智能舰船状态显示系统	烟台开发区星火机电研究所	省级三等奖	1997
氧化铁型彩管锥体内壁导电涂料NBT-303Y	烟台西特电子化工材料有限公司	国家发明奖四等奖	1998
高档聚氨酯家具试制	烟台华润考斯姆家具有限公司	省级三等奖	1998
J60系列电量变速器	烟台亚新利电器有限公司	省级三等奖	1998
铜铅合金材料三元电镀产品	烟台春生滑动轴承有限公司	市级三等奖	1998
农用新型杀菌剂“霜霉净”	烟台万润精细化工有限公司	市级三等奖	1998
JPHFV变频调速器	烟台惠丰电子工业有限公司	市级二等奖	1999
CG125（本田）摩托车发电机曲轴箱体精密压铸件	烟台瑞德精密铝业有限公司	市级三等奖	1999
氨纶纤维产业化技术	烟台氨纶股份有限公司	省级一等奖	2000
新型X/Y座架天线跟踪系统	中国电子科技集团第39所烟台分所	省级三等奖	2000
“国珍牌”松花粉	烟台新时代天然营养品有限公司	省级三等奖	2000
氨纶包缠丝系列时装袜	烟台华润锦纶有限公司	省级三等奖	2000
氨纶纤维产业化技术	烟台氨纶股份有限公司	国家二等奖	2001
细旦锦纶/氨纶包缠工艺及棉纺化纤仿羊绒纱线	烟台华润锦纶有限公司	市级二等奖	2001

续表 23-15

项目名称	承担单位	获奖级别	获奖年份
聚氨脂新材料在轿车内饰件顶棚应用	烟台华润汽车内饰件有限公司	省级二等奖	2002
铝合金铸件金属型精密成型技术及成套设备研发与应用	烟台路通精密合金有限公司	省级三等奖	2002
栖冷克吕沃尔氏菌分离及 ESIEC 流行病学的研究	烟台开发区卫生防疫站	市级三等奖	2002
无粉尘保险粉	烟台金河实业有限公司	省级三等奖	2003

科技成果选介　歼 7 飞机刹车机轮用炭 / 炭复合材料刹车盘　1990 年，由烟台冶金新材料研究所与兰州炭素厂合作研制成功。该产品采用炭布叠层 / 气相沉炭的工艺，解决了材料密度、样品分层、质量均衡性、热处理变形、摩擦特性、抗氧化措施等一系列技术关键后，研制出炭 / 炭复合材料飞机刹车盘。刹车盘重量轻、摩擦面光亮、磨损均匀、磨损量小、刹车平稳、抗氧化涂层有效，适于歼 7 机配套使用。炭刹车盘制造技术属高技术范畴，国外对此技术和产品严格封锁。歼 7 炭刹车盘的装机试飞成功，开创了国产飞机安装使用炭刹车机轮的历史，使中国航空领域的刹车技术水平达到了一个新阶段。1990 年 9 月，经冶金部军工办和航空航天部机械设备总公司鉴定认为，歼 7 炭 / 炭刹车盘的研制成功，突破了国外的技术封锁，属国内首创、填补了国内空白，性能达到国际 20 世纪 80 年代初期水平。

图 23-29　飞机刹车盘

氨纶丝及氨纶包缠纱 1990 年，由烟台氨纶厂研制成功。产品主要用于高弹力纺织品，以提高纺织品的档次。解决生产高弹力纺织品所用氨纶丝及氨纶包缠纱全部依赖进口的状况。经山东省纺织工业厅 1990 年 10 月组织鉴定，认为氨纶丝产品填补国内空白、替代进口，质量达到日本东洋纺的水平；氨纶包缠纱质量也达到国外同类产品水平。

图 23-30　氨纶丝

TD-200 微型数字电子计算机开关电源（双管半桥脉宽调制稳压电源）　1991 年，由烟台泰德电子技术有限公司研制成功。该电源可用于国际上流行的 286、386、486SX 等微型机。1991 年 11 月经烟台市科委组织鉴定，认为该产品技术指标先进、质量可靠、结构合理，具有输出功率大、效率高、工作稳定可靠、保护功能齐全且反应灵敏等特点。产品达到国内先进水平。

特种正畸钢丝　1991 年，由烟台冶金新材料研究所研制成功。正畸治疗是将正畸钢丝制成不同形状的“功能曲”，并将其装在畸齿上，使畸齿发生可控位移，实现异位齿复位，从而使患者获得理想的牙颌面。正畸钢丝是正畸治疗的主要材料。是时，正畸治疗技术在中国刚刚起步，所需正畸材料主要依赖进口。由于进口钢丝价格昂贵和渠道复杂，影响正畸治疗的普及和发展。1991 年 12 月烟台市科委鉴定认为，正畸钢丝质量居国内领先地位，接近世界名牌“澳丝”水平。

精密电量变送器　1991 年，由烟台亚新利电器有限公司研制成功。该产品是一种能将交流被测电量变换成与输入量成比例并具有线性的统一的直流电量信号的仪器，可直接与系统远动装置、巡回检测、电子计算机、自动记录仪等配套组成各种自动化电器监控设备，也可直接与相关的指示仪表相连，实现对各种电量的测量和监控。1992 年 3 月经山东省科委组织鉴定，产品达到国内领先水平。

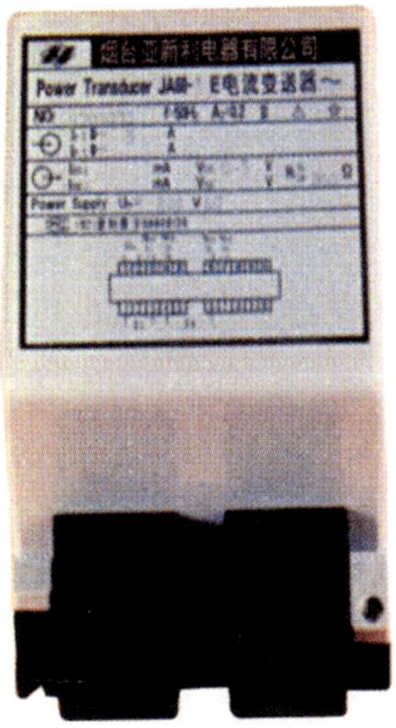

图 23-31　J60A 型电量变送器

ET87 系列液位测量系统　1991 年，由烟台易达测器有限公司研制成功。该系统精度高、稳定性好、自动化程度高、抗干扰能力强，可对舰船液仓的液位进行自动测量。系统采用当前国际上先进的陶瓷膜片技术、厚膜电子技术、无中介液干式压力测量等先进技术，在温度补偿方法、密封性等方面，做了大量开拓性工作。1992 年 2 月，经海军装备技术部舰艇部组织鉴定，产品技术水平居国内领先，达到 20 世纪 80 年代国际先进水平。

透明质酸钠　1991 年，由烟台康泰药业制品公司引进国外先进技术，研制成功高级营养护肤化妆品透明质酸钠。透明质酸钠（HA）是动物酸性粘多糖类物质之一，分布于动物眼球玻璃体、脐带皮肤、关节液、鸡冠等组织。HA 被作为理想的天然保湿因子广泛地应用于皮肤保健化妆品中。康泰公司参考国外制备透明质酸的方法，利用原料来源丰富的鸡冠，结合国内的具体条件，建立批量生产的制备工艺和检测方法，取得很好的产品品质。1992 年 12 月，经烟台市科委组织鉴定，产品达到国内先进水平。

NBT-303Y 彩色显象管锥体内壁导电涂料　1993 年，由烟台西特电子化工材料有限公司研制成功。之前，该产品全部依赖进口。当时该产品居国际领先水平的是日本东芝系列彩色显象管用导电涂料。西特公司参照日本东芝产品 CMB-303Y 标准，自行研制生产彩管锥体内壁导电涂料，已达到日本同类产品的标准，国产化率达 90%。经山东省科委 1993 年 11 月组织鉴定，产品填补国内空白，达到国际先进水平。

酚醛树脂泡沫塑料新产品开发　1992 年，由烟台开发区保温材料厂研制成功。该项目是山东省第一批星火计划项目。产品采用酚醛树脂为基料，经新型配方加发泡剂形成泡沫状新材料，可替代传统的聚氨酯泡沫保温材料，具有保温、隔音、阻燃、无毒、低发烟性、成本低等诸多优点。产品应用于建筑领域作墙体材料和石油化工、车辆、船舶、冷库等领域。1993 年 2 月，产品经建设部科技发展司组织鉴定，达到国内领先水平。

减肥食品“健美乐”　1992 年，由烟台开发区粮油公司所属凯丰实业公司研制成功。产品利用小麦、黄豆和芋粉等全天然植物，采用独特的合成加工工艺配置而成，不含药物成分。产品可消除饥饿感和空腹感，口味好，对患有高血压、冠心病和糖尿病的肥胖病人非常有益。经烟台市科委组织鉴定，产品填补国内空白。

天然 L- 酒石酸　1992 年，由烟台康泰药业制品公司研制成功。产品利用葡萄酒生产过程中的副产品，经科学综合加工，变废为宝，回收生产天然 L- 酒石酸。产品广泛应用于医药化工及食品行业。经烟台市科委 1992 年 12 月组织鉴定，产品填补国内空白，质量达到国际先进水平。

CZM900 型超细振动磨机　1992—1993 年，由烟台卓越机械传动有限公司开发完成。该磨机采用隔振技术、激振技术和同步传动技术，采用橡胶复合弹簧隔振方式和双轴同步激振形式，实现远超共振工作状态。磨机可广泛应用于粉磨高附加值超细的金属材料、电磁材料、陶瓷材料和电子化工材料等，制成品粒度可达5μM以下，磨粉能力为旧磨机的10～20倍。1993年9月，经山东省机械工业厅组织鉴定，产品属国内首创、填补国内空白，其技术性能指标达到20世纪80年代国际先进水平。

少齿差行星减速器 1992年，由烟台卓悦机械传动有限公司研制成功。该产品采用NN型结构和超短齿优化设计技术，与摆线针轮减速器相比，具有承载能力强、效率高、单级转动比大、体积小、工艺简单和成本低等特点，可用于中速比或大速比中小功率的场合。1992年12月，经烟台市科委认定，产品达到国际先进水平。

DP-12型经气导平仪 1992年，由烟台华夏电子医疗器械有限公司引进国家专利产品——导平仪，该产品已两次获得国际发明奖。1993年，华夏公司科研人员对其进行了技术改造，扩大了治疗范围，仪器性能及工作稳定性大大提高，特别对治疗糖尿病和股骨头坏死等疑难病症有突破。产品根据中医内病外治、调整人体机体功能平衡的原理，对其受阻经络采取定向导通，解除气滞血瘀，从而达到治愈疾病的目的。1995年7月，产品经山东省医药管理局组织鉴定，达到国内领先水平。

GPS船舶动态监测系统 1993年，由烟台天达电子工程有限公司研制成功。产品主要特点是利用先进的GPS全球卫星定位系统，测定各船的位置、航速、航向等运动参数，通过无线电通讯机将以上参数发往调度中心，经计算机处理后在大屏幕电子图上显示，从而实现同时对多个目标的直观、实时的调度管理。此系统可实现数据与话音共用、话音优先的技术。系统数据显示精准，设备运行可靠、抗干扰能力强。1993年8月经山东省电子工业局组织鉴定认为：该系统在船舶运行管理中综合运用GPS通信数据处理与电子海图显示方面，属国内首创，技术性能指标达到当代国际先进水平。

TD系列卫星同步时钟 1993—1994年，由烟台天达电子工程有限公司研制完成。产品属电子信息领域，集微计算机技术、卫星通讯技术和计时技术于一体，是超远程授时时钟家族的新成员。该产品依托GPS系统，以UTC时间为同步时钟源，利用卫星通讯来传输同步时钟信号，实现全球范围的时间同步，是同步精度高且操作简便，不易受地域、气候影响的一种超远程授时系统。产品可广泛应用于电力系统、空中交通管制系统和航天、测绘、天文、气象、军事等领域。1994年6月，经山东省电力局组织鉴定，认为该产品属国内首创、技术达到国际先进水平，获市级科技进步二等奖。

智能化舰船显示系统 1994年，由烟台开发区星火机电研究所研制成功。系统利用单片机读取GPS接收机输出的舰船状态信息，经母系统直接连接子系统，实现舰船上各舱位的多点信息显示。可以显示舰船所在地的经纬度位置信息，以及舰船的航速。可以替代子母钟。1995年2月，该技术经山东省科委组织鉴定，技术达到国际先进水平。

农用新型杀菌剂“霜霉净” 1996年，由烟台万润精细化工有限责任公司研制成功。霜霉净是一种高效、低毒、内吸附性农药，适用于土壤处理、防治苗期猝倒病和疫病，主要用于防治大棚蔬菜霜霉目真菌。蔬菜霜霉病是大棚菜区主要病菌之一。产品一问世，即得到寿光、大连和天津等蔬菜基地的欢迎。霜霉净1996年9月被山东省科委组织鉴定为填补国内空白产品，1998年成果获市级科技进步三等奖。

保健品“国珍牌”松花粉 1998年3月，由烟台新时代天然营养品有限责任公司研制成功。松花粉是马尾松和油松的花粉，属风媒花粉。风媒松花粉营养丰富、天然、无毒，具有调节内分泌、提高机体免疫力、抗疲劳和延缓衰老等功效，无副作用。公司解决了规模采集储存、低温破壁、防氧化及成型技术四大难题，保证了松花粉的全部有效成分和活性物质的释放，更有利于人体的吸收。产品1997年10月获卫生部保健食品批准证书，1998年经省科技厅组织鉴定，该产品的研制与生产居国内领先水平。

基因工程药物（YH-16）的研制与开发　1999年，烟台麦得津生物工程股份有限公司开始研制抗肿瘤基因工程药物YH-16，是中国第一个进入临床研究的血管抑制剂抗肿瘤药物，填补了国内使用血管抑制剂药物治疗肿瘤的空白。新型抗癌制剂“YH-16”，是一种血管生成抑制剂，其抗癌机理是通过有效阻止肿瘤血管的生成，切断为恶性肿瘤提供养分的血液供应，最后使肿瘤完全萎缩直至消失。该药物的研制被列为山东省“十五”期间十大高技术产品研究开发工程。2003年，YH-16（商品名恩度，英文：ENDOSTAR）进入二期临床试验，三期临床试验成功后即可投放市场。

从刺参废弃物中提取低分子肝素　2001年11月，由烟台博大生物工程有限公司研制成功。该项目属海洋生物开发领域，它运用现代生物技术中的膜分离和动态提取技术，以刺参肠粘膜为原料，提取制备分子量6000以下的低分子肝素。产品是一种海洋生物活性物质，具有抗血栓、调血脂、抗肿瘤和抗炎活性，广泛应用于药品、食品、化妆品添加剂和抗血栓、抗肿瘤药物原料。经烟台市科委组织鉴定，产品填补国内空白、国内首创，居国际先进水平。

PTMG中试技术开发　系国家科委《重点原材料工业关键技术开发》在“九五”期间重点攻关课题《氨纶生产及其制品技术》中的四个专题之一，2002年2月，由第一课题单位烟台氨纶股份有限公司与大连理工大学联合研制完成。PTMG是合成氨纶、热塑性聚氨酯弹性体的主要原料。该项目采用杂多酸（HPA）催化四氢呋喃开环聚合一步法连续合成PTMG。该项目在PTMG和HPA萃取分离溶剂的选择、HPA催化剂再生利用、萃取剂和四氢呋喃分离、PTMG产品色相等工艺和方法上有技术创新，具有自主知识产权。经国家科委组织鉴定，产品填补国内空白，达到国际同类技术的先进水平。

29"PF纯平彩管荫罩　2002年5月，由烟台正海电子网板有限公司研制成功。荫罩属于高精细加工的高新技术电子产品，是电视机显象管的重要部件，其生产过程涉及十几个学科，生产线共需对200多个参数进行检测和控制。29"PF纯平彩管荫罩采用CRT显示技术。正海公司走引进、吸收、消化、创新之路，立足自身，采用具有自主知识产权的先进生产工艺和世界先进水平的生产设备，完成对工艺、生产线的改造，保证了产品的质量。经烟台市科委组织鉴定，产品填补国内空白，达到世界同类产品的先进水平。

图23-32　29PF纯平彩管荫罩

钢格板自控压阻焊机　2002年10月，由烟台开发区新科钢结构有限公司自主研发完成的集液压、自控、机械、焊接于一体的大型多功能焊接设备。产品采用交流单横杆间距任意可调、改进卸原板机构、解决集中润滑系统，是钢格板生产的专用焊机。应用该设备，可使钢格板产品的规格品种由108种扩大到216种，还可广泛应用于石油、化工、冶金、酿造、造船等领域。经烟台市科委组织鉴定，产品填补国内空白、替代进口，达到国际先进水平。

高吸附值微粉硅胶　2002年12月，由烟台瑞德隆精细化工有限公司研制成功。产品由于具有高吸附值、大孔容和超细微粉级，广泛应用在催化剂载体、消光剂、塑料开口剂、医药助流剂、啤酒稳定剂、食用油精炼剂等高技术领域。经鉴定，产品填补国内空白，质量达到国际同类产品先进水平。

多功能自动护理床　2002年12月，由山东天宇科技开发有限公司研制完成。多功能自动护理床是该公司自主研发的《康复伴侣》护理床系列产品之一，属医疗器械技术领域。该床由床头和床架共同构成床体，在床体上有一个被分成四段并且可以相对弯折的床板，一个使床板相对弯折的液压动力单元，一个用于病人在床上排便的便器自动到位系统，一个用于便后清洗臀部的喷淋系统，一个用于清洗后烘干清洗部位的烘干系统，一个电器综合控制部分（无线遥控）和一个求救呼叫系统。由此可以实现背起、背降、腿起、腿降、便器自动到位、冲洗、烘干、呼叫等功能。经烟台市科委组织鉴定，该产品综合功能填补国内空白，技术居国内领先水平。

CWNB系列环保节能不结垢热水锅炉 2003年9月，由烟台开发区江荣炉业有限公司研制成功。锅炉通过利用一种净洁燃烧技术，燃烧方式采用半煤气燃烧，且煤先干馏气化而再次燃烧。换热方式采用炉内相变换热，负压运行，不结水垢，运行安全。该锅炉解决了小型燃煤锅炉冒黑烟的难题，烟尘排放达到环保标准，烟尘浓度80mg/Nm3，烟气黑度≦1级。提高热效率，达76%以上，比同类产品节煤30%。经烟台市科委组织鉴定，产品填补国内空白，处于国内领先地位。

中医中药治疗股骨头坏死 辖区一中医诊所使用祖传秘方，经过十几年的探索，通过几百名病患者的临床治疗，总结出了一套系统规范的股骨头坏死治疗方法。课题依据中医“不通则痛、痛则不通”和“以通为用”的基本原理，采用针灸、拔罐方法，辅以中药热敷，进行中医中药的综合治疗。大多数患者治疗半年后，其活动功能恢复正常。2003年12月，经烟台市科委组织鉴定，成果达到国内先进水平。

知识产权 专利技术 1991年10月，专利权人李基生的“超小型微波信息传输系统”发明，是辖区取得的第一项国家专利技术。至1995年，取得国家专利61项，其中专利发明12项、实用新型44项、外观设计5项；1996—2000年，取得国家专利140项，其中专利发明33项、实用新型92项、外观设计15项；2001—2003年，取得国家专利166项，其中专利发明29项、实用新型107项、外观设计30项。

1991—2003年，全区共取得各项专利367项，其中专利发明74项、实用新型243项、外观设计50项。在74项专利发明中，90%以上是电子、信息、机械、化工、医药等制造业领域项目。

1991—2003年烟台开发区专利情况统计表

表23-16 单位：项

年份	数量	专利发明	实用新型	外观设计
1991	3	–	3	–
1992	10	1	9	–
1993	12	3	8	1
1994	17	6	11	–
1995	19	2	13	4
1996	17	5	8	4
1997	22	5	14	3
1998	18	9	9	–
1999	41	11	29	1
2000	42	3	32	7

续表 23-16

年份	数量	专利发明	实用新型	外观设计
2001	51	9	29	13
2002	44	6	33	5
2003	71	14	45	12
合计	367	74	243	50

1991—2003 年烟台开发区专利发明项目表

表 23-17

序号	专利号	专利发明名称	专利权人
1	91106550.4	超小型微波信息传输系统	李基生
2	92103332.X	一种同时接收多颗卫星信号的抛物面天线系统	韩邦杰
3	92104324.4	人体生物节律自动显示仪	杜良桢
4	92105295.2	酚醛树脂及酚醛树脂硬质泡沫塑料	王学江
5	92106620.1	卫星中频电缆电视网	烟台意埃伊股份有限公司
6	92113451.7	一种组合式抽匣隔板	韩邦杰、韩志英
7	92113915.2	铬鞣废革屑、角提取三氧化二铬工艺及装置	林翠惠
8	92114115.7	电子继电器件	庄敬文
9	93104867.2	交流液压旋动机	中国石油天然气管道烟台交流液压旋动研究所
10	93110285.5	管道用防腐热熔胶	烟台西特电子化工材料有限公司
11	94110647.0	一种舰船状态显示系统	烟台开发区星火机电研究所
12	94110734.5	一种聚氨酯漆	烟台油漆厂
13	94114162.4	复兴地毯制作工艺及专用设备与专用工具	烟台中兴艺品有限公司
14	94114277.9	一种戊二烯接枝共聚物合成方法	梁海成
15	94117786.6	彩色多功能防水涂料	高林萍、杨宗文
16	95110449.7	一种燃烧控制方法及系统	王家满、王识远、王屹东
17	95110491.8	全隔离数据采集装置	曹玉山
18	95110574.4	陶瓷电容式压力变送器及制作工艺	山东三鑫科技集团股份有限公司
19	95112121.9	一种固体食品汤料的制备方法	烟台赤城生物工程有限公司
20	95112127.8	彩色显像管黑底石墨乳及其生产方法	烟台新图新材料公司
21	95112286.X	一种真空肉菜汤料的制备方法	烟台赤城生物工程有限公司
22	96115643.0	开胃酱	张学贤
23	96115670.8	一种织物纤维装饰画的制作方法	程力克
24	96115949.9	一种含镍、铁氯化物废液的处理方法	烟台电子网板厂

续表 23-17

序号	专利号	专利发明名称	专利权人
25	96115950.2	从镍、铁氯化物废液中提取镍的方法	烟台电子网板厂
26	96115957.X	一种从镍、铁氯化物废液中提取铁的处理方法	烟台电子网板厂
27	96115991.X	一种聚醚型易染氨纶丝的制造方法	烟台氨纶股份有限公司
28	96115992.8	一种易染耐氯性氨纶纤维的制造方法	烟台氨纶股份有限公司
29	96115993.6	一种耐氯氨纶纤维的制造方法	烟台氨纶股份有限公司
30	96116055.1	PVC 高压用软管及基材	烟台盛昌塑胶制品有限公司
31	97100699.7	一种含碘泡腾组合物及其制备方法	烟台天和科技有限公司
32	97105985.3	一种仿真毛皮	秦松龄
33	97121697.5	一种含钙组合物及其制备方法	赵冰惠、毛凤志、毛欣
34	98100981.6	用于等离子点火装置上的燃烧器	烟台龙源电力技术有限公司
35	98100982.4	用于等离子点火装置上的发射枪	烟台龙源电力技术有限公司
36	98100983.2	用于直接点燃电站煤粉锅炉的等离子点火装置	烟台龙源电力技术有限公司
37	98101980.3	一种抗老化的防水涂料	高林萍、杜忠胜
38	98108136.3	炒菜机	黄子强
39	98109138.5	摆式齿轮机座及摆式轴承座轧机	冯庆庚
40	98110597.1	一种生物急冻水饺	隋峰海
41	98126392.5	一种长效全元复混肥料	陈胜钧、鲁建新
42	99101543.6	全元专用有机复合生物肥	孙得峰
43	99109144.2	一种变频调速器及其变频调速方法	林海光
44	99112001.9	太阳光致变色指甲油	张波
45	99112029.9	一种太阳光致变色涂料印花油墨	张波
46	99112292.5	铜基粉末合金电工触头材料	秦惠保、崔洪涛
47	99122111.7	直接点燃煤粉炉的等离子点火装置	烟台龙源电力技术有限公司
48	00107569.1	生产内皮抑制素的方法	烟台荣昌生物工程公司
49	00111024.1	亚微米级石墨微粒子滤饼、黑底导电涂料及其制备方法	烟台西特电子化工材料有限公司
50	00111034.9	炭 / 炭复合材料刹车盘的制作方法	李荣之
51	00111303.8	“强力救心滴丸”的配方及制作方法	孙民富
52	00129315.X	一种丝带绣品及其制作方法	烟台市工艺品公司
53	00134015.8	一种在光纤网络上实现总线式异步数据传输的方法	烟台十维电信设备有限公司
54	01107819.7	频率微调机	潭洪斌
55	01111458.4	表层冷轧变形低合金钢筋	冯庆庚
56	01114919.1	一种治疗粉刺暗疮的药品	周美妮

续表 23-17

序号	专利号	专利发明名称	专利权人
57	01115014.9	松花粉低温气流粉碎方法	烟台新时代天然营养品有限公司
58	02110398.4	治疗肾功能不全的药物及其制备方法	林海平
59	02110465.4	洗面器与坐便器组合节水装置	卢守印
60	02117449.0	动力源	王利先、杨国志、朱云宵、袁新尚
61	02117450.4	多功能自动护理床	王利先、杨国志、朱云宵、袁新尚
62	02117817.8	黄原胶分离提取的工程方法	张孝宽
63	02125226.2	一种机动车负荷检测方法	烟台鸿桥高科技有限公司
64	02125641.1	一种喷涂型弹性体防腐防护材料及其制备方法	烟台澳德华科技产业有限公司
65	02135243.7	苯酚衍生物制备方法	烟台万润精细化工有限责任公司
66	02135814.1	一种漂烫并低温干燥处理裙带菜孢子叶保鲜技术	刘素文
67	02135815.X	一种低温干燥处理裙带菜孢子叶的保鲜技术	刘素文
68	02149471.1	一种治疗骨质疏松症的药物组合物及其制备方法	烟台荣昌制药有限公司
69	02151623.5	一种运行绝缘子在线实时监测系统	烟台国网中电有限公司
70	02155420.X	卷扬机变频操控方法及其变频操控系统	烟台惠丰电子有限公司
71	03104559.6	浮力能转换机	方立敏
72	03112509.3	一种在西瓜表面晒字的方法	林立堂
73	03138897.3	防爆内胎	刘传立
74	03153512.7	肤美灵及其制备方法	邢东兴

专利市场　1992年10月，烟台开发区成立专门从事专利事务的中介机构——烟台经济技术开发区专利市场。专利市场由区科委科技成果科代管，主要负责全区专利申请、专利成果的交流、转让、开发和应用等中介事务。1993年6月8日，专利市场在区科技园科技大厦设立专利贸易中心，专门开展专利事务代理、专利情报信息、专利成果转让等各种服务工作。1998年以后，随市场经济的发展，互联网信息的普及，其他中介机构的兴起，专利市场已不适应专利技术交流需要，专利市场渐渐萎缩退市。专利市场退市后，有关中介服务等职能仍由区科技行政管理部门承担。

第四节　高新技术企业管理

企业认定　1993—2003年，烟台开发区高新技术企业认定与管理工作，先后由区教育科技局、经济发展与科学技术局负责。

高新技术范围　1985年至20世纪90年代，先进技术及高新技术的范围主要集中在电子信息技术、机电一体化技术、新材料技术以及生物工程技术等领域。根据烟台开发区的产业政策，开发区2000年公布重点发展的高新技术范围包括：1.电子信息技术研究及产业化。包括电子计算机、网络、软件产品及外部设备，信息处理设备，微电子、光电子元件及产品等。2.生物医药技术。包括基因工程，新型农用、医用检测、诊断试剂，高效生物饲料及添加剂，新型生物保健品，药用酶等。3.新材料研究及产业化。包括新型电子材料，高纯超细金属材料，无机非金属、有机高分子及复合材料，贵金属、稀有金属等。4.光电一体化。包括柔性制造单元和系统，计算机辅助设计、制造，变频调速装置，新型仪器仪表，工业电力自动化系统，高技术医疗器械。5.新能源的研究开发。包括高效节能设备、装置等。6.海洋资源开发设备、大气遥感、遥测仪器等。7.环境保护装置设备。包括城市污水、废弃物处理设备，工业废弃物处理、净化及循环利用技术。8.生命科学和生命工程技术。包括基因工程等。9.其他在传统产业基础上应用的新工艺、新技术。

高新技术企业条件 1993—2003年，高新技术企业的条件，虽各个时期表述不同，但主要内容基本一致，并与国家和省里的标准也基本相同。根据山东省高新技术企业认定办法，烟台开发区2000年公布的高新技术企业条件包括：1.必须是在本区注册的生产性企业；2.企业产品必须符合国家划定的高新技术产品领域和开发区产业政策；3.企业年总收入达到1000万元以上；4.高新技术产品的年销售收入与技术性收入的总和应占企业当年总收入的60%以上；5.大中专以上的科技人员须占企业职工总数的30%以上；6.从事高新技术产品生产或服务的劳动密集性企业，大专以上学历的科技人员应占职工人数的20%以上；7.从事高新技术产品研究、开发的技术人员应占职工总数的10%以上；8.企业每年投入高新技术及产品研究、开发的经费占当年总销售额的5%以上。

高新技术企业认定方法 开发区认定高新技术企业，首先由企业根据条件自行申报，经区科学技术管理部门对企业所报材料进行初步审查，并对企业进行现场考察。对符合条件的，将申报材料送市科技局审查，最后由省科技厅评审认定；对不符合条件的，由开发区科技管理部门将申报材料退回企业，待条件符合后再行申报。

1993年，国家开始高新技术企业认定工作，烟台华润锦纶有限公司、烟台氨纶股份有限公司等8家企业首批被认定为高新技术企业。1995年，有正海电子网板有限公司、烟台首钢电装有限公司等21家企业被认定为高新技术企业。1996—1998年，有23家企业被认定为高新技术企业。1999—2000年，有17家企业被认定为高新技术企业。2001—2003年，有10家企业被认定为高新技术企业。1993—2003年，开发区共审批认定高新技术企业79家。

年审与复查 管委对认定为高新技术企业的管理，主要是通过年审进行。年审每两年进行一次，由区科技行政主管部门负责，会同区财政、税务等部门对高新技术企业进行年度审查。年审合格的，继续保留高新技术企业称号；年审不合格的，报请原认定审批部门撤销高新技术企业荣誉与称号。

不合格高新技术企业认定 根据国家高新技术企业标准，开发区制定了不合格高新技术企业的条件。1993—2003年期间，有下列情况之一的，被视为不合格企业：1.经济及其他指标未达到要求标准；2.企业产品领域不符合国家规定及开发区产业政策；3.列入高新技术的产品超过5年；4.一年内不按规定上报企业报表满2次的；5.不按时参加高新技术企业政府行政主管部门召开的会议满2次的。

区科技行政主管部门负责将高新技术企业年审结果及意见报送市科委，再由市科委转报省科技厅。对年审不合格的企业，由省科技厅撤销其高新技术企业资格。被取消高新技术企业资格的单位，不再享受有关优惠政策，并在两年内不得重新认定高新技术企业。1997年，第一次开展年审和复查工作，有8家企业被撤销高新技术企业资格；1998—1999年，被撤销资格的企业7家；2001—2003年，被撤销资格的企业18家。

复查保留的高新技术企业 1993—2003年，在认定的79家高新技术企业中，有33家不符合动态管理条件的企业，在历次复审中被撤销其资格，2003年年底认定复审保留46家。

2003年烟台开发区复审认定高新技术企业统计表

表23-18

序号	企业名称	主要产品名称	批准年份
1	烟台华润锦纶有限公司	细旦锦纶丝	1993
2	烟台氨纶股份有限公司	高弹性氨纶丝	1993
3	烟台华润汽车内饰件有限公司	汽车顶棚	1993
4	烟台奇通化工设备有限责任公司	静电粉末设备	1993
5	烟台正海电子网板有限公司	彩管荫罩	1995
6	烟台钢铬板有限公司	钢铬板	1995
7	烟台首钢电装有限公司	压缩机、冷凝器、蒸发器	1995
8	烟台亚新利电器有限公司	电力变送器、测试柜	1995
9	汉高乐泰（中国）有限公司	厌氧密封胶	1995
10	烟台万润精细化工有限责任公司	液晶材料	1995
11	烟台麦特电子有限公司	教学电脑、多媒体网络	1995
12	烟台春生滑动轴承有限公司	电镀轴瓦	1995
13	烟台大明电子有限公司	石英谐振器	1995
14	烟台亚东标准件有限公司	热处理炉	1995
15	烟台新时代天然营养品有限公司	松花粉	1995
16	烟台青鲁自动化股份有限公司	数控机床、数控系统	1995
17	烟台惠丰电子有限公司	变频调速器	1995
18	烟台西特电子化工材料有限公司	彩管导电涂料	1995
19	烟台大川玻璃模具有限公司	玻璃模具	1996
20	迈克威力（烟台）机械有限公司	木工刨铣机、磨刀机	1997
21	烟台荣昌制药有限公司	荣昌肛泰、甜梦口服液	1997
22	烟台万源高新技术产业股份有限公司	海琳娜系列化妆品	1998
23	烟台亚新利自动控制有限公司	综合自动化系列产品	1998
24	烟台东星工业有限责任公司	硬质合金辊环	1998
25	烟台霍富汽车锁有限公司	轿车成套密码锁	1998
26	烟台光生铝工业有限公司	汽车、摩托车精密铸件	1998
27	烟台龙达水处理技术有限公司	水处理设备	1998
28	烟台开发区奥脉络测控设备有限公司	磁同步液位计	1999
29	山东三鑫科技集团股份有限公司	机械电子、生物制品	1999
30	烟台新科钢结构有限公司	钢格板	1999

续表 23-18

序号	企业名称	主要产品名称	批准年份
31	烟台东诚生化有限公司	生化原料药	2000
32	烟台宋和宋科学技术应用工程有限责任公司	工业自动化电加热板	2000
33	烟台金河实业有限公司	保险粉	2000
34	烟台柯兰德计算机工程有限公司	计算机软件、硬件系统集成	2000
35	烟台博大生物工程有限公司	“波妲”绿色养颜护肤系列	2000
36	烟台澳斯邦生物工程有限公司	医学生物试剂	2000
37	烟台正达电子技术有限公司	智星98交互式多媒体校园网	2001
38	烟台奔腾汽车检测维修设备有限公司	汽车检测维修设备	2001
39	中国电子科技集团第39所烟台分所	卫星通信设备、移动通信设备	2001
40	烟台宝威生物技术有限公司	诊断试剂、生物制品	2001
41	烟台恒业科技有限责任公司	红外线燃气灶	2002
42	烟台冶金新材料研究所	飞机刹车盘、带肋钢筋	2002
43	烟台山友电线束有限公司	电器设备用导件	2002
44	浪潮乐金数字移动通信有限公司	CDMA手机	2003
45	烟台龙源电力技术有限公司	等离子点火装置	2003
46	烟台海韵电子技术有限公司	精密腐蚀电子技术、检测及水处理	2003

优惠政策　1993年以后，为鼓励发展高新技术企业，国务院和省政府在批准国家级和省级高新技术产业开发区时，给予高新技术企业一系列优惠政策。1998年税制改革后，虽然政策作出调整，但仍保留部分优惠政策。2003年烟台开发区执行的主要优惠政策是：从认定高新技术企业之日起减按15%的税率征收所得税；其中出口产品产值达到当年总产值70%以上的，减按10%的税率征收所得税；新办的高新技术企业，从投产年度起，两年内免征所得税；对新办的中外合资高新技术企业，合营期在10年以上的，从获利年度起，头两年免征所得税，从第3年到第5年减半征收所得税；对内资高新技术企业，其进行技术转让以及在技术转让过程中发生的与技术转让有关的技术咨询、技术服务、技术培训的所得，年净收入在30万元以下的，暂免收所得税，对超过30万元的部分，按税率征收所得税；对属于“火炬计划”范围内的高新技术产品，凡符合新产品减免税条件并按规定交纳增值税的，可将地方留成部分的12.5%返给高新技术企业；经海关批准，高新技术企业可以在区内设立保税仓库、保税工厂；按国家有关规定，对出口业务开展较好的高新技术企业可授予外贸经营权，并可在国外设立分支机构；高新技术企业用于高新技术开发和高新技术产品生产的仪器、设备，可实行快速折旧，折旧费可全部留给企业。

第五节　科学普及

建区至2003年，烟台开发区科普工作主要在三方面开展。一是组织开展科普进社区活动；二是在中小学校开展青少年科技教育活动；三是有针对性地开展科普“三下乡”活动。

科普进社区　1990年开始，区科技主管部门陆续在开发居住的Ⅰ-7（晨光）小区、Ⅰ-8（旭日）小区和华电小区以及4个村设立科普宣传栏。到1995年，科普宣传栏设置逐步扩大到全区8个居民小区和14个村。到2002年，科普宣传栏设置扩大到12个居民小区和107个行政村。科普宣传采用科普挂图的方式，每两个月更换一次。挂图由区科技主管部门购买分发，由社区居民委员会或村委会定期更换。2002年、2003年每年提供科普挂图1200份。挂图内容结合实际、贴近生活、紧跟形势。有破除迷信、反对邪教、推广先进技术、农业产业结构调整、开展全民健身运动、预防艾滋病等内容。2003年，在全区开展科普模范村评比活动，对胜利东村等14个科普示范村进行挂牌，还发展25名科普志愿者。2003年，海河社区被烟台市科协命名为“先进科普示范社区”。

图23-33　社区科普宣传栏照

青少年科普活动　境内青少年科技教育活动的开展，由区科技部门牵头，中小学校组织。1989—1993年，在小学广泛开展爱科学、讲卫生和热爱大自然、飞向宇宙等少年科普教育；在中学开展趣味物理竞赛、小发明小制作和科技夏令营等活动。1990—2003年，科技部门与中小学校每年都组织青少年上街开展科技宣传日活动。1995—1999年，每年还组织评比小博士、小发明家和先进科技活动小组等活动。1995年教育科技局成立科教馆，除承担正常的教学任务外，还开展科技演示等科学普及活动。2003年，区第一中学被烟台市地震局、教育局、科协命名为“烟台市地震科普示范学校”。

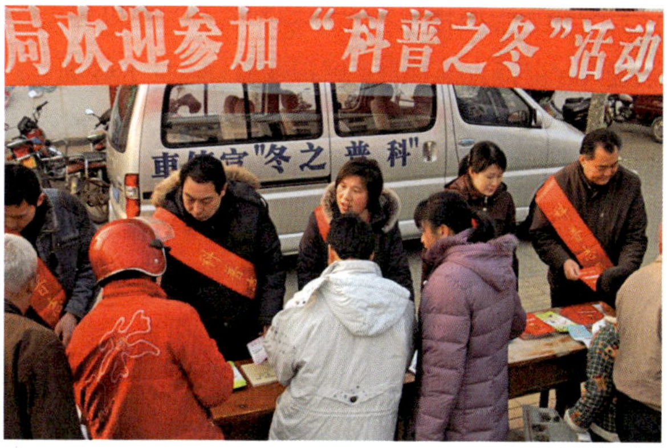

图23-34　农村科普大集

科普“三下乡”　1993—2003年，每年都多次举办各种形式的科普“三下乡”宣传活动，有科普宣传周、科普宣传日等。宣传的主要内容有科技致富奔小康、预防“非典”、环境保护、爱护牙齿以及开展世界地球日、“世界艾滋病日”“爱眼日”等。2002年开发区区域扩大，增加了3个街道93个行政村。科技管理部门与街道办事处一起，利用农闲季节和根据农业节气，举办村镇科普大集、科普庙会、文化山会。在集、会上宣传“三农”知识，聘请农技人员开展咨询活动，发放农业科技手册、挂图、明白纸。1997年以来，每年冬季都在全区范围内开展科普之冬活动，至2003年已开展7次。

科普设施　20世纪90年代以后，特别是1996—2003年，境内在中小学、大的社区和主要公共场所，先后建起古代科学家雕塑园、科技馆、趣味体育活动场等20多处科普场所，为普及全民科学知识发挥了重要作用。

2002年，烟台德胜房地产开发有限公司投资120万元，在开发区中心商业区德胜商城内规划3000多平方米营业用房，购买安装设备，建立烟台市第一座民营科技馆——德胜科学技术馆。科技馆4月28日开馆，以“自然·人·科技”为主题，面向青少年，面向社会，集知识性、综合性、趣味性、参与性为一体。科技馆共分4个展区200多个展示、活动项目：一是工业交通展区，包括机械材料、能源交通、航空航天部分，有潜艇沉浮、旋转秋千、排箫等游艺展示项目；二是电子信息展区，包括信息工程、虚拟技术和自动控制部分，有机器人、激光琴、主持人演播厅、虚拟变脸、隐身术等项目；三是生命与环境科学展区，有倾斜小屋、畸变小屋、手眼协调等项目；四是中国古代科技成就展区，有记里鼓车、地动仪和造纸术等。

德胜房地产开发有限公司在德胜商城7层和8层分别设置天象厅和天文台，装备现代化的天象、天文设施，架设天文望远镜，建立天象知识演示厅和展览厅。天象厅和天文台于2002年8月28日开馆。开馆以来，通过演示和观测，使参观者能了解宇宙中的物质运动，展示宇宙多姿多彩的画卷。

2003年10月，由个人投资100万元，在开发区新东方商厦购置700平方米营业用房，成立开发区科教图书馆。图书馆是全国首家民办图书馆——北京科教图书馆在胶东地区的第一家加盟店。馆内有各类图书6万余册、期刊100余种、音像制品6000余盒。图书馆还适应现代生活特点，走进生活、贴近社区、服务大众，除开放普通阅览室外，还开放母子阅览室、休闲阅览室等，实行多种阅览学习方式，传播科学文明，营造书香社会。

图23-35　科教图书馆阅览室（2003年摄）

第六节　防震减灾

按照全市防震减灾工作的统一部署，开发区防震减灾工作主要由组织领导、建立预案和地震前兆监测三项内容构成。

组织领导　1996年纪念唐山大地震20周年之际，烟台开发区防震减灾工作领导小组成立，成员由管委领导及各部门负责人组成。平时防震减灾办公室设在区科技行政主管部门，震时并入工委管委办公室。

1997年以后，防震减灾工作领导小组按照“预防为主、防御与救助相结合”的方针，部署检查防震减灾工作和破坏性地震应急预案的制定、落实工作，协调解决防震减灾工作中急需解决的重大问题。1999年和2003年，两次调整防震减灾工作领导小组及成员单位，时刻保持组织领导的健全和落实。

图23-36　烟台开发区开展防震减灾宣传教育

应急预案　1996年10月30日，区防震减灾工作领导小组办公室制订《烟台经济技术开发区破坏性地震应急预案》，主要内容包括：应急预案的适用范围、应急组织机构和职责、震后应急行动、有感地震应急反应、临震应急反应等。“应急预案”根据情况变化，分别在1999年和2003年进行两次修订，以保证预案的时效性和准确性。

骨干网建设与管理　烟台开发区地域是烟台地区地震形势宏观骨干观测点。按照上级地震部门的要求，于2003年12月，在区内建立了第一个地震前兆监测骨干网站，安装了WQS-2型钻孔3参数辅助观测仪、地温观测仪、水温观测仪等数字化监测设施，对气压、地下水位、地下水温等每天24小时不间断监测，并将数据按时上报烟台市地震台，作为地震宏观综合分析之用。骨干网站由经济发展与科学技术局负责管理和维护。

第二十四编
民　　政

天马栈桥集体婚礼

烟台经济技术开发区志

YANTAI JINGJI JISHU KAIFAQUZHI

自开发区建区以来，民政工作随着经济建设的发展而不断发展并日趋规范。特别是1990年3月民政局设立以来，辖区居委会建设、拥军优抚、退伍军人安置、社会救济、社会福利、民间组织管理、婚丧管理、地名管理等工作，都很好地开展起来。

第一章　居委会建设

第一节　居委会换届选举

1984年至1995年，辖区未进行居民委员会选举。1996—2002年，辖区先后进行4次居民委员会选举。

1996、1998年选举　1996年，开发区进行首届居民委员会选举。按照《中华人民共和国城市居民委员会组织法》的有关规定，海河办事处所属晨光、旭日、朝阳、银芝、华电、凤台6个社区先后进行居委会选举。依照《中华人民共和国城市居民委员会组织法》关于“居民委员会主任、副主任和委员，由本居住地区全体有选举权的居民或者由每户派代表选举产生”的规定，开发区居委会成员主要采取由社区每户居民派代表参加直接投票选举产生。选举工作由开发区民政局领导，海河办事处具体负责。选举前，海河办事处对选举的方法、步骤及法律程序等进行认真宣传教育。选举严格按照法律程序办事，各社区居民代表（每户1人）直接参加投票选举，产生居民委员会。

1998年，辖区对“村改居”的金东、金盛、金光、杨家台子、宫家台子、刘家台子、舒家、眂上、栖里、奇章、北屯、车家、岗崙、马家等14个居委会进行换届选举。选举的具体步骤是：由各居民小组推选3～5人的选举领导小组；按照精简原则，根据各居委会人口情况，确定居委会成员数额及差额选举的数额；由各居民小组民主推选居委会成员候选人，候选人数不得超过应选人数；由领导小组进行汇总，根据多数选民的意见，按照候选人数规定差额确定正式候选人；各居委会统计应参选的户数；选举前3天张榜公布候选人名单；正式选举日召开选民会议，组织正式选举；公开进行唱票，填报选举结果报表、统计表、居委会成员报表予以备案。

1996年社区居委会选举和1998年“村改居”换届选举均实行差额选举，共有6124户，每户派1名代表参加投票选举，参选人数达到应参选人数的95%。两次选举均于当年圆满结束，20个居委会共选举居委会成员83人。

1999年换届选举　1999年，海河社区管理处所属12个居委会（新增加新港、星海、定海、东星、金城、凤台西6个居委会）进行选举和换届选举。各社区每户派1名有选举权的代表参加投票选举，参选人数达到应参选人数的96%。选举工作在海河社区管理处指导下，由各社区居民会议推选选举领导小组具体组织进行。选举形式为各社区居民户派代表参加直接投票选举。当年圆满结束，12个居委会共选举居委会成员45人。

2002年换届选举　2002年，长江社区管理处所辖14个居委会和海河社区管理处所辖12个城区居委会，由工委组织部和社会事业管理局牵头进行居委会换届选举。两个社区管理处所属居委会换届选举工作依法有序进行。是年，26个居委会全部完成换届选举，选出居委会成员102人。

2002年，工委下发《关于长江社区管理处辖属居民委员会换届选举的实施意见》，提出压缩干部职数，通过换届选举，争取社区党支部书记、居委会主任全部实现“一人兼”，两委交叉任职率达到80%以上。长江社区管理处所辖的14个居委会共6123户，每户派1名有选举权的代表进行投票选举。每个居委会参选人数均达到应参选人数的95%。其具体步骤为，各社区居委会由居民会议推选5名选举领导小组成员，选举领导小组推选候选人；也有的居委会由居民小组根据多数居民的意见民主推荐候选人，然后由选举领导小组综合各居民小组意见，按照相对多数人意见，确定初步候选人；或由每户派1名有选举权的代表投票选举候选人，候选人数额应不少于居委会成员职数的120%。当年，14个居委会全部完成换届选举，选举结果达到工委《实施意见》要求。

2002年，海河社区管理处所辖12个城区居委会采用居民代表会议的形式进行换届选举，共

图24-1　2002年3月，海河社区管理处丹阳社区组织换届选举

有867名居民代表参加选举。各社区居委会由居民会议推选5名选举领导小组成员。各社区采用排序的方法确定候选人，由个人自愿报名、填写“居委会成员申请表”，经换届选举领导小组审查后参加考试，考试结束后，公布成绩。换届选举领导小组组织召开社区居民代表会议，对候选人进行群众评议，考试成绩和群众评议分别占总成绩的40%和60%。按总成绩多少排列顺序，末位人员自行淘汰，不列入候选人名单。各社区居民代表参加投票选举产生新的居委会成员，当年按要求完成换届选举。

第二节　居委会成员培训

1996—2002年，辖区共举办居委会成员培训班7期，累计培训居委会成员617人。培训时间为每年11—12月份，每期35～40天，参加培训人员为各居委会成员，培训方式为集中培训。培训内容为学习《中华人民共和国城市居民委员会组织法》《山东省实施〈中华人民共和国城市居民委员会组织法〉办法》《居民自治章程》《村务公开民主管理各项制度》《中国共产党章程》“邓小平理论”“三个代表”重要思想等。培训工作由组织和民政部门具体组织领导。通过培训，居委会成员的法制意识、党性观念、工作能力等方面素质均得到提高。

第二章　拥军　优抚　安置

第一节　拥军

1985年，辖区拥军活动形成制度化，活动形式多样化。每年元旦、春节、八一建军节之前，管委、各社区管理处和街道办事处均印发通知，专题部署拥军优属活动。活动形式为召开报告会、军政座谈会、文艺演出、走访慰问等。1992年春节前，管委及各直属单位向辖区每个驻军单位赠送价值约2万元的洗衣机、热水器、电冰箱、消毒柜等用品。同时，管委及各直属单位有关领导还深入各街道、社区走访慰问老烈属、老伤

残军人、老复员军人，每人发给慰问金 300 元。1993—2002 年“八一”建军节，管委及有关部门

图 24-2　2002 年，民政局慰问边防支队官兵

均向辖区 8 个驻军单位发放慰问金、慰问品。向老烈属、老复员军人和老伤残军人每人发放慰问金 200 元。2003 年“八一”建军节，管委在向消防、边防、武警部队发放慰问金的同时还送去价值近万元的水杯、猪肉、鸡蛋等慰问品。同时向每位抗美援朝老战士发放慰问金 300 元。

1990—2003 年，辖区积极开展军民共建活动，共有 20 多个机关、企事业单位先后与驻军部队结成军民共建对子。帮助驻军解决诸如训练、家属就业、子女入托（学）困难等 120 余人次。

第二节　优抚

群众优待　群众优待标准由各社区管理处、街道办事处根据当地实际情况，随着当地年人均纯收入水平而不断调整。1991—1997 年，海河社区管理处对城镇义务兵家属优待标准为每年 850 元，长江社区管理处对农村义务兵家属优待标准为每年 800 元。1998—2003 年，海河社区管理处对城镇义务兵家属优待标准为每年 1000 元。1998 年，长江社区管理处对农村义务兵家属优待标准为每年 1200 元，1999 年、2000 年每年均为 1600 元，2001 年为 1800 元，2002 年为 2000 元，2003 年为 2300 元。2002 年、2003 年，古现、八角、大季家 3 个街道办事处对城镇义务兵家属优待标准每年均为 1000 元。古现、八角 2 个街道办事处对农村义务兵家属优待标准，2002 年和 2003 年均为 2220 元。大季家街道办事处对农村义务兵家属优待标准 2002 年为 1500 元，2003 年为 3900 元。

图 24-3　2002 年，八角街道办事处为义务兵家属发放优待证

1984 年建区之初，根据 1982 年《山东省优待烈军属和伤残军人暂行规定》，辖区对家住农村的烈属、因公牺牲军人家属、病故军人家属、伤残军人等的优待形式是将优待劳动日转为 1 工日折款予以优待。对烈属、孤老烈属、老复员军人、孤老复员军人、伤残军人、孤老伤残军人分别按照 1.2、1.5、0.5、1、0.5、1 个标准劳动力的全年劳动所得进行优待。1985—2003 年，各街道除参照上述标准进行优待外，还为 115 名优抚对象资助医疗费累计 160 万元；帮助修缮房屋 31 户，费用达 10 万余元。社会事业管理局对治病困难的优抚对象实行减免门诊、住院费照顾，并享受优先就医和减免挂号、注射、床位等费用的优待。对现役军人，辖区免收旅游景点门票，对伤残军人免费乘坐公共汽车。

国家抚恤　1988 年国务院颁发《军人抚恤优待条例》，将革命烈士家属、因公牺牲和病故军人家属的定期定量补助改为定期定量抚恤，把生活困难的在乡复员军人享受定期定量补助正式写入条例。随着经济的发展和人民生活水平的不断提高，党和国家也在不断地提高对烈属、因公牺牲军人家属、病故军人家属以及革命伤残人员的抚恤金

补助标准，其经费来源主要靠中央拨款。1994—2003年，民政部、财政部以及省民政厅、财政厅先后7次下发有关“提高部分优抚对象补助标准”“提高在乡革命伤残人员抚恤金”及“提高部分在职革命伤残人员伤残保健金”的通知。辖区政府全面贯彻落实民政部、财政部以及省民政厅、财政厅通知有关要求，不断提高优抚对象的补助标准。

1994年1月1日始，辖区特等因战、因公革命伤残人员的伤残抚恤金标准，分别由过去每年1560元、1440元提高到2240元、2100元；伤残保健金标准分别由过去每年240元、216元提高到450元、420元。一等因战、因公、因病革命伤残人员的伤残抚恤金标准，分别由过去每年1260元、1170元、1060元提高到1860元、1740元、1620元；伤残保健金标准分别由过去每年204元、184元、184元提高到374元、342元、332元。二等甲级因战、因公、因病革命伤残人员的伤残抚恤金标准，分别由过去每年920元、830元、760元提高到1250元、1150元、1070元，二等乙级分别由过去每年656元、590元、554元提高到856元、780元、740元；二等甲级因战、因公、因病革命伤残人员的伤残保健金标准，分别由过去每年156元、140元、140元提高到228元、268元、250元，二等乙级分别由过去每年135元、122元、122元提高到231元、214元、210元。三等甲级因战、因公革命伤残人员的伤残抚恤金标准，分别由过去每年416元、400元提高到536元、516元，三等乙级由过去每年342元提高到442元；三等甲级因战、因公革命伤残人员的伤残保健金标准，分别由过去每年108元、98元提高到174元、160元，三等乙级分别由过去每年90元、82元提高到132元、122元。

到2003年7月，辖区特等因战、因公革命伤残人员的伤残抚恤金分别提高到9960元、9800元，伤残保健金标准分别提高到2140元、2110元。一等因战、因公、因病革命伤残人员的伤残抚恤金分别提高到7680元、7550元、7420元，伤残保健金分别提高到1720元、1680元、1670元。二等甲级因战、因公、因病革命伤残人员的伤残抚恤金分别提高到3880元、3770元、3680元，伤残保健金标准分别提高到810元、790元、770元；二等乙级因战、因公、因病革命伤残人员的伤残抚恤金分别提高到2600元、2520元、2480元，伤残保健金标准分别提高到680元、660元、650元。三等甲级因战、因公革命伤残人员的伤残抚恤金分别提高到1560元、1540元，伤残保健金分别提高到510元、490元；三等乙级因战、因公革命伤残人员的伤残抚恤金提高到1390元，伤残保健金分别提高到430元、420元。

1991—1993年全区对471名优抚对象（烈属、因公牺牲军人家属、病故军人家属、伤残军人、在乡复员军人、在乡退伍军人），累计发放抚恤金44.7万元，人均949元。1994—1995年，全区优抚对象324人，累计发放抚恤金55.6万元，人均1716元；1996—1998年，优抚对象336人，累计发放抚恤金68万元，人均2023元；1999—2000年，优抚对象341人，累计发放抚恤金80.5万元，人均2360元；2000—2001年，优抚对象348人，累计发放抚恤金100.7万元，人均2893

图24-4　优抚对象领取抚恤金（2003年摄）

元；2002—2003年，辖区再次扩区后，优抚对象增至936人，累计发放抚恤金304.4万元，人均3252元，是20世纪90年代初期（1991—1993年）的3.43倍。

1994—2003年烟台开发区革命伤残人员抚恤标准统计表

表24-1　　　　单位：元/年

执行时间	伤残等级	伤残性质	抚恤金标准	保健金标准
1994—1998	特等	因战	2240	450
		因公	2100	420
	一等	因战	1860	374
		因公	1740	342
		因病	1620	332
	二等甲级	因战	1250	288
		因公	1150	268
		因病	1070	250
	二等乙级	因战	856	231
		因公	780	214
		因病	740	210
	三等甲级	因战	536	174
		因公	516	160
	三等乙级	因战因公	442	132
				122
1999.01.01—1999.06.30	特等	因战	5340	1000
		因公	5180	970
	一等	因战	4000	800
		因公	3870	760
		因病	3740	750
	二等甲级	因战	2120	–
		因公	2010	–
		因病	1920	–
	二等乙级	因战	1320	–
		因公	1240	–
		因病	1200	–
	三等甲级	因战	900	–
		因公	880	–
	三等乙级	因战	780	–
		因公		–

续表 24-1

执行时间	伤残等级	伤残性质	抚恤金标准	保健金标准
1999.07.01—2000.12.30	二等甲级	因战	–	455
		因公	–	435
		因病	–	415
	二等乙级	因战	–	360
		因公	–	340
		因病	–	330
	三等甲级	因战	–	260
		因公	–	240
	三等乙级	因战	–	205
		因公	–	195
2001.01.01—2001.12.31	特等	因战	7000	1500
		因公	6840	1470
	一等	因战	5400	1200
		因公	5270	1160
		因病	5140	1150
	二等甲级	因战	2900	600
		因公	2790	580
		因病	2700	560
	二等乙级	因战	1940	500
		因公	1860	480
		因病	1820	470
	三等甲级	因战	1180	380
		因公	1160	360
	三等乙级	因战	1050	320
		因公		310

续表 24-1

执行时间	伤残等级	伤残性质	抚恤金标准	保健金标准
2002.01.01—2003.06.30	特等	因战	8400	1800
		因公	8240	1770
	一等	因战	6480	1440
		因公	6350	1400
		因病	6220	1390
	二等甲级	因战	3330	690
		因公	3220	670
		因病	3130	650
	二等乙级	因战	2230	580
		因公	2150	560
		因病	2110	550
	三等甲级	因战	1360	440
		因公	1340	420
	三等乙级	因战	1210	370
		因公		360
2003.07.01—	特等	因战	9960	2140
		因公	9800	2110
	一等	因战	7680	1720
		因公	7550	1680
		因病	7420	1670
	二等甲级	因战	3880	810
		因公	3770	790
		因病	3680	770
	二等乙级	因战	2600	680
		因公	2520	660
		因病	2480	650
	三等甲级	因战	1560	510
		因公	1540	490
	三等乙级	因战	1390	430
		因公	1390	420

1994—2003 年烟台开发区“三属”定期抚恤金标准统计表

表 24-2　　单位：元 / 月

执行时间	类别	烈属、因公牺牲军人家属	病故军人家属
1994.01.01	农村	50 ~ 55	45 ~ 50
	小城镇	60 ~ 65	55 ~ 60
	大中城市	65 ~ 70	60 ~ 65
1999.01.01	农村	95 ~ 100	90 ~ 95
	小城镇	105 ~ 110	100 ~ 105
	大中城市	110 ~ 115	105 ~ 110
2001.01.01	农村	145 ~ 150	140 ~ 95
	小城镇	155 ~ 160	150 ~ 155
	大中城市	160 ~ 165	155 ~ 160
2002.01.01	农村	170 ~ 175	165 ~ 170
	小城镇	195 ~ 200	190 ~ 195
	大中城市	200 ~ 205	195 ~ 200
2003.07.01	农村	烈属 205、因公牺牲军人家属 200	195
	城镇	烈属 265、因公牺牲军人家属 260	255

1996—2003 年烟台开发区在乡革命伤残人员抚恤标准统计表

表 24-3　　单位：元 / 年

伤残等级	伤残性质	现行标准	提高标准	新标准
特等	因战	2240	1000	3240
	因公	2100	980	3080
一等	因战	1860	600	2460
	因公	1740	590	2330
	因病	1620	580	2200
二等甲级	因战	1250	180	1430
	因公	1150	170	1320
	因病	1070	160	1230

续表 24-3

伤残等级	伤残性质	现行标准	提高标准	新标准
二等乙级	因战	856	104	960
	因公	780	100	880
	因病	740	100	840
三等甲级	因战	536	92	628
	因公	516	92	608
三等乙级	因战 因公	442	84	526

国家补助　国家对生活困难的在乡老复员军人（1954 年 10 月 31 日前入伍）和带病回乡退伍军人实行定期定量补助。老复员军人补助所需资金主要是国家、市、区三级财政拨款，带病回乡退伍军人补助由区财政拨付。补助标准随着经济发展而不断提高。

图 24-5　在乡老复员军人领取补助金（2003 年摄）

1984 年建区前，在乡老复员军人每人每月补助 35 元，建区后每人每月增加 10 元。1996—2003 年，根据《山东省民政厅、财政厅关于提高在乡复员军人定期定量补助标准的通知》规定，开发区先后三次对在乡老复员军人补助标准进行调整提高。1996 年，在原有每人每月 45 元补助标准的基础上增至 55 元。1984—1998 年全区对 370 名老复员军人累计发放补助金 69.8 万元。1999 年，在原有每人每月 55 元补助标准的基础上增至 75 元。1999—2001 年全区对 222 名老复员军人累计发放补助金 87.9 万元。2002 年，在原有每人每月 75 元补助标准的基础上增至 105 元，2003 年增至 110 元。2002—2003 年，对全区 478 名老复员军人累计发放补助金 77.5 万元。

第三节　安置

1984—1991 年，辖区退伍军人安置主要由烟台市民政局代管。1992 年，管委成立退伍军人安置工作领导小组，成员由人事劳动、财政、公安、民政等部门组成，办公室设在民政局，负责接收和安置复员退伍军人。开发区接收安置对象为：服现役满 2 年未被选取为士官的城镇义务兵；服现役满本级规定年限未被选取为高一级的士官；因调整士官队伍结构或部队机构精简等原因，未满本期规定年限但服现役满 10 年以上被安排退役的士官。辖区对城镇退役士兵和转业士官的接收安置工作，主要解决途径为：对符合安置条件而本人要求就业的退役士兵，继续实行指令性办法安置，任何单位不分所有制性质、隶属关系和组织形式，都有接收退役士兵的责任和义务，不得拒绝接收，确保退役士兵的第一次就业。

1992—1995 年，辖区共接收安置城镇退役士兵和转业士官 146 人，其中城镇退伍义务兵 81 人，转业士官 65 人。1996—2000 年共接收安置 182 人，其中城镇退伍义务兵 122 人，转业士官 60 人。

2001—2003 年共接收安置 126 人，其中城镇退伍义务兵 78 人，转业士官 48 人。同时，共为 37 名退役士兵办理自谋职业手续，发放自谋职业补助费 170 余万元。对符合安置条件而本人要求自谋职业的退役士兵和转业士官，管委实行给予经济补助的办法进行安置。城镇退伍义务兵和转业士官自谋职业的补助费标准为：退役士兵 2 万元，转业士官 3 万元，所需资金由财政列支。按《中华人民共和国兵役法》有关规定，退役士兵待安置期间的生活补助，非个人原因未能安置就业的，由管委按城市最低生活保障水平发给生活补助费。到 2003 年年底，共为 454 名退役士兵发放城市最低生活保障金 136 万元。

1993—2003 年，每年利用退役士兵待安置期间，做好退役士兵的思想教育和技能培训工作。共组织 11 次退伍士兵培训班，组织其学习邓小平理论、“三个代表”重要思想和烟台市市情、开发区区情、计算机技术等知识。共培训退役士兵 281 人。

1992—2003 年烟台开发区城镇退伍义务兵和转业士官安置情况统计表

表 24-4　　单位：人

年份	安置转业士官	安置城镇退伍义务兵	合计
1992	5	11	16
1993	9	24	33
1994	27	19	46
1995	24	27	51
1996	9	40	49
1997	11	15	26
1998	15	24	39
1999	12	21	33
2000	13	22	35
2001	5	14	19
2002	20	27	47
2003	23	37	60
合计	173	281	454

第三章　社会救灾救济

第一节　救灾

1991 年 7 月，江苏、浙江、安徽等地遭受特大洪涝灾害，人民生命财产受到严重威胁。工委管委号召捐款捐物支援灾区，全区人民捐款达 16 万元。捐款者上有 70 多岁拄着拐杖的老太太，下有仅 3 岁的幼儿园小朋友。1993 年 8 月，山东省临沂、菏泽等地区遭受特大水灾。8 月 12 日，管委向全区发出立即掀起向灾区人民献爱心活动号召，全区人民向灾区捐款达18万元。其中企业单位捐款8.09万元，个人捐款9.91万元。司法民政局所属天启再生利用公司经理向灾区捐献面粉10吨。1998年，长江流域和东北部分地区相继遭受严重洪涝灾害。工委管委发出通知，号召各机关、企事业单位、个人踊跃捐款，支援灾区。辖区各界共捐款500余万元。

2003年6月、8月，辖区舒家批发市场遭遇水灾，有59家业户受灾，经济损失21.29万元。管委给予经济损失30%的救济，补助资金7万元，根据业户受灾情况进行分配，逐户发放给受灾业户，使其很快恢复营业。随后，又先后为受雨水、龙卷风侵害的北屯、车家、渤海钟表厂以及八角街道9个居委会进行灾情救助，累计拨付自然灾害救济款83.99万元，使受灾单位和受灾群众迅速恢复生产生活。

第二节　救济

政府救济　2001年，管委对580户城乡困难居民家庭予以救助，发给面粉5647.5公斤，大米4987.5公斤，花生油2.22万公斤。2002年，对因灾害、交通事故等突发性事件造成暂时生活困难的3户家庭予以救助，发放一次性救济金5500元。2003年，对因病致困的1194户困难家庭予以救助，发放救济粮1.8万公斤。

社会捐助　1991—2003年，管委每年都发动社会各界捐款、捐物，救济困难户和灾民。2001年1月23日，辖区红十字会给长江社区、海河社区的15户特困户送去大米、白面各25公斤，花生油10公斤。2002年，辖区以民政部门牵头，开展“爱心一日捐”活动，有8408人参加捐款，累计接收社会捐款达35万元，共有194户生活困难家庭以及333名困难学生得到爱心救助。

图24-6　2002年5月，开发区公安分局组织爱心捐款

2003年，辖区开展“爱心一日捐”活动和防治“非典”（重症急性呼吸综合征）捐款活动，全区计有136个单位和1万余人捐款，总额达383万元，救助困难学生173人，发放救济款22万余元，救济困难家庭1479户，发放救济款92万元，受到烟台市委、市政府的表彰。1991—2003年，辖区共接收社会捐款418万元，发放救济款共144.75万元，有1691户生活困难家庭和506名特困学生得到救助。

第四章　社会福利

第一节　五保户供养

开发区对五保户在吃、穿、住、医、葬等方面给予生活照顾和物质帮助。五保供养资金实行市、区、街道2∶4∶4的比例，分别由市、区、街道三级财政共同负担。辖区对五保对象实行集中供养、分散供养两种方式。集中供养，建有敬老院2所，入院集中供养42人，分别由大季家、八角街道办事处经办。

大季家街道敬老院建于1984年，占地8700平方米，建筑面积1005平方米，床位37个，工作人员7人，供养五保对象18人，代养社会人员10人。

图24-7　大季家敬老院老年人丰富多彩的文化生活（2000年摄）

图24-8　大季家敬老院（2002年摄）

八角街道办事处敬老院建于1985年，占地面积1000平方米，建筑面积1000平方米，床位26个，工作人员3人，供养五保人员14人。

分散供养，即被供养人分散居住于各（村）居委会中，由（村）居委会安排专门人员对其吃、穿、住、医、葬等方面给予生活照顾和物质帮助。2003年，辖区五保人数共为335人，已保人数为258人，平均供养标准为每人每年1698.25元。

图24-9　八角敬老院老人们在休息（2000年摄）

集中供养率达到12.54%，集中供养标准为每人每年3883.33元；分散供养率达到64.48%，分散供养平均标准为每人每年1273.38元。

第二节　福利企业与福利彩票

福利企业　1995年12月，开发区首家社会福利企业奥特仪表制造有限公司成立，私营企业，注册资本58万元，安排6名残疾人就业。主要生产压力变送器等自动化仪表，年产值78万元，厂址在东方大厦。福利企业中的残疾人职工与健全人同工同酬，并享受住房补贴、午餐补贴、交通补贴以及残疾人补贴等特殊照顾。随后相继成立的福利企业有烟台开发区九鼎化工助剂厂、烟台开发区影海塑料制品有限公司、烟台开发区天宇石化设备有限公司、烟台开发区科达电子设备有限公司、烟台开发区一汽东星工贸有限责任公司、烟台开发区金凯利机电有限公司、烟台华新印铁制品有限公司、烟台华能电器有限公司、烟台丰鲁精细化工有限公司、烟台云龙山西陵园有限公司、烟台市福山福信化工厂等。到2003年，辖区共有12家社会福利企业，共安置残疾职工148人，累计完成销售收入6680万元，实现利税921万元。

图 24-10　福利企业奥特仪表制造有限公司外观（2002 年摄）

福利彩票　2000 年 5 月 1 日，“齐鲁风采”电脑福利彩票在开发区正式发行销售。“齐鲁风采”电脑福利彩票在辖区设有投注站 11 个，全年销售总额 205 万元，其中提取福利基金 39.4 万元，管理费 4.1 万元。2001 年，投注站增至 13 个，全年销售总额 508 万元，其中提取福利基金 6.8 万元，管理费 7.82 万元。2002 年 1 月，“齐鲁风采”电脑福利彩票移交烟台市福利彩票中心统一管理。

第五章　民间组织管理

1998 年，根据国务院《社会团体登记管理条例》和《民办非企业单位登记管理条例》的有关规定，开发区民间组织的建立和管理走向规范化、法制化轨道。2001 年 4 月，开发区民间组织管理办公室成立，负责社会团体、民办非企业单位进行登记管理和监察的责任。至 2003 年年底，全区共成立民间组织 149 个，其中社会团体组织 30 个，民办非企业单位 119 个。

第一节　社团登记管理

1998—2003 年，烟台开发区注册登记的社团组织共计 30 家。其中 1998 年注册登记的社团组织有中行职工协会等 2 家；1999 年注册登记的社团组织有企业协会、消费者协会等 20 家；2000—2003 年，注册登记的社会团体组织有个体劳动者协会、大学生联谊会等 8 家。

开发区民政部门按照《社会团体登记管理条例》规定对社团组织进行监督检查，发现问题，及时整改，经整改仍达不到要求的，动员注销或予以强制注销。1999 年，中行职工协会被注销；2002 年，烟台开发区经济研究会和烟台开发区英语协会被注销；2003 年，烟台开发区高新技术产业协会、烟台开发区朝鲜（韩国）语研究会、烟台开发区青年企业家协会、烟台开发区大学生联谊会等 16 家社团组织被注销。

1998—2003 年烟台开发区社团组织注册登记表

表 24-5

登记年份	社团名称	合计
1998	烟台经济技术开发区中行职工协会 烟台经济技术开发区人宇特能研究协会	2
1999	烟台经济技术开发区企业协会 烟台经济技术开发区消费者协会 烟台经济技术开发区红十字协会 烟台经济技术开发区房地产商会 烟台经济技术开发区职工技术协会 烟台经济技术开发区计划生育协会 烟台经济技术开发区青年企业家协会 烟台经济技术开发区高新技术产业协会 烟台经济技术开发区会计协会 烟台经济技术开发区经济研究会 烟台经济技术开发区书画家协会 烟台经济技术开发区音乐家协会 烟台经济技术开发区武术运动协会 烟台经济技术开发区朝鲜（韩国）语研究会 烟台经济技术开发区摄影家协会 烟台经济技术开发区集邮协会 烟台经济技术开发区思想政治工作企业文化建设研究会 烟台经济技术开发区硬笔书法家协会 烟台经济技术开发区医务工作者协会 烟台经济技术开发区作家协会	20
2000	烟台经济技术开发区个体劳动者协会 烟台经济技术开发区大学生联谊会 烟台经济技术开发区英语协会	3
2001	烟台经济技术开发区道路运输协会	1
2002	烟台经济技术开发区再生资源无害化流通促进会	1
2003	烟台经济技术开发区体育总会 烟台经济技术开发区标准计量协会 烟台经济技术开发区乒乓球协会	3

第二节　民办非企业单位管理

自 2001 年开始，依据国务院《民办非企业单位登记管理暂行条例》的规定，开发区民政部门加强对辖区以民间资金开办的学校、诊所、俱乐部、幼儿园、老年活动中心、婚姻介绍所、培训学校等民办非企业单位进行统一登记、审批、发证等管理工作。是年，对岗嵛卫生所、北车家卫生所、烟台开发区现代电脑职业培训学校、圆圆幼儿园、连心桥婚姻介绍所等 138 个民办非企业单位进行调查登记，其中涉及卫生事业的 94 个，教育事业的 40 个，劳动事业的 1 个，民政事业的 3 个。通过年检，对不合格民办非企业单位，采取限期整改措施，对达不到标准的则动员其主动办理注销，不注销者则给予行政撤销处理。至 2003 年年底，辖区共有 19 个民办非企业单位，因不符合《条例》要求而注销。

第六章　婚丧管理

第一节　婚姻管理

结婚登记　1991年12月前，辖区婚姻登记由福山区代管。1992年1月，开发区婚姻登记管理处成立，副科级事业单位，隶属于民政局，负责辖区婚姻登记工作。

1992年2月，开发区婚姻登记管理处按照《中华人民共和国婚姻法》和《山东省婚姻登记管理办法》等有关规定办理婚姻登记手续。每周星期五上午为办理婚姻登记日。申请结婚登记的当事人必须亲自到一方户口所在地的婚姻登记管理机关提出申请，并提供“户口证明、居民身份证、所在单位出具的婚姻状况证明”，方可办理登记

图24-11　2003年，一对新人在开发区婚姻登记管理处登记结婚

手续。离过婚的，应当向婚姻登记机关提交离婚证件。1996年，按照《山东省计划生育条例》的规定，提倡男女晚婚晚育，男年满二十五周岁、女年满二十三周岁初婚的为晚婚。2002年，为方便群众，婚姻登记机关建立专人负责制度，结婚登记日由过去每周半天改为每周星期一至星期四全天为婚姻登记当事人服务。2003年10月1日，执行新的《婚姻登记条例》，结婚年龄改为女性不早于20周岁，男性不早于22周岁。申请结婚登记的当事人（男女双方），只需携带户口簿（护照、出入境证件或旅行证件）、身份证，即可办理婚姻登记。离过婚的，应向婚姻登记机关提交离婚证件，交纳结婚登记费9元，其余收费项目全部取消。

1992—2003年，全区有7365对申请结婚当事人登记结婚，晚婚率除1994年为98%、2003年为99%外，其余年份均为100%。

复婚、离婚登记　1992—2003年，全区共有33对离婚男女双方重新办理复婚登记手续。

1992年至2003年10月1日，辖区婚姻登记管理机关共为522对感情确已破裂的离婚申请人办理离婚登记手续。2003年10月1日之前，离婚必须是当事人双方自愿，双方亲自到一方户口所在地婚姻登记管理机关提出申请，提供户口证明和居民身份证及所在单位介绍信等证明，并填写离婚协议书，协议书对子女抚养、财产分割、债务处理等要有明确约定。离婚当事人所达成的协议，应当有利于保护妇女和未成年子女的合法权益。婚姻登记机关在做好调解工作的基础上，对离婚申请进行审查，符合条件的，自受理之日起30日内向当事人发出领取离婚证《通知书》，当事人自领取离婚证《通知书》之日起30日内，应当按时到婚姻登记管理机关领取“离婚证”，逾期不领的，即视为自动撤销离婚申请。当事人自取得“离婚证”之日起，即解除夫妻关系。2003年10月1日后，执行新的《婚姻登记条例》，除保留原来一些程序内容外，取消单位出具介绍信，改为个人声明；对符合离婚登记条件的，由1个月内办理登记，改为当场办理登记；同时登记机关将不再发放《解除夫妻关系证明书》。

1992—2003年烟台开发区婚姻登记统计表

表 24-6

年份	结婚登记（对）	离婚登记（对）	晚婚率（%）
1992	98	6	100
1993	276	14	100
1994	411	2	98
1995	483	33	100
1996	621	42	100
1997	741	62	100
1998	679	45	100
1999	682	36	100
2000	680	48	100
2001	276	63	100
2002	845	63	100
2003	1573	108	99
合计	7365	522	

第二节　丧葬管理

1990年3月，开发区民政局殡葬管理科成立，负责殡葬管理工作。

1992—2000年，辖区共死亡996人，火化尸体996具。2001—2003年，辖区死亡1516人，火化尸体1516具。火化率均为100%。

1999年11月，司法民政局向管委提出《关于筹建烟台开发区公墓的请示》，随后相继得到管委及山东省民政厅同意和批准。2000年2月，司法民政局陵园管理处成立，编制3人，科级事业单位。是年12月，陵园管理处与私人合资兴办烟台开发区西陵园殡葬服务有限公司，注册资金1000万元。双方以3∶7比例出资，利益共享，风险共担。西陵园位于辖区车家居委会南侧云龙山，云龙山南北走向，陵园建于云龙山朝阳的东坡上，面积4万平方米。陵园依山傍海，地理环境优越。2003年1月，管委以240.7万元将西陵园份额出售给私人，西陵园管理处只实行一般监管。2001年至2003年8月，西陵园共安

图 24-12　开发区西陵园（2002年摄）

葬坟墓 1400 座。

2001 年 3 月 22 日至 4 月 22 日，根据国务院《殡葬管理条例》和《山东省殡葬管理规定》的有关规定，管委决定对开发区北部沿海防护林内的坟墓进行全面清理。仅 1 个月时间，共清理沿海防护林内坟墓 2000 余座，其中采取深埋 1900 余座，搬迁西陵园 50 余座。

第七章　地名管理

第一节　机构

自开发区建区到 2002 年 4 月 17 日，辖区地名管理工作由建设环保局负责。自 2002 年 4 月 18 日起，社会事业管理局为全区地名管理主管部门，具体工作由基层政权与社区建设处负责。其主要任务是贯彻执行国家关于地名工作的方针、政策、法律、法规；落实上级地名工作规划，审核、承办辖区地名的命名、更名；推行地名标准化、规范化；设置地名标志等。

第二节　地名普查

2003 年，根据烟台市地名工作会议要求，民政部门对全区完成第一次地名调查。

辖区内共有居民住宅小区 30 个（包括 14 个村居委会），分别是天和、天祥、天安、天江、华信、时代、霞光、晨光、旭日、丹阳、东星、星海、黄海、静海、银芝、华电、金胜、金城、凤台、金光、福东、车家、北屯、岗嵛、马家、金桥、金凤、金东、春晖、福莱住宅小区。道路 42 条，其中南北走向 26 条，为夹河大坝路、东巡宫路、长白山路、松花江路、湘江路、漓江路、五指山路、庐山路、泰山路、黄山路、香山路、衡山路、嵩山路、华山路、凤台山路、甬江二支路、天山路、甬江一支路、舟山路、昆仑山路、昆仑山南路、峨眉山路、奇山路、秦山路、祁连山路、岷山路；东西走向 16 条，为海滨路、黄河路、长江路、嫩江路、珠江路、金沙江路、沭河路、秦淮河路、淮河路、甬江路、甬江三支路、通天河路、嘉陵江路、柳子河路、疏港高速路、福莱大道。

图 24-13　开发区泰山路路牌（2003 年摄）

第三节　地名命名　更名　勘界

地名命名　更名　1984 年建区后，辖区先后正式命名的大型建筑有新东方购物中心、天街广场、休闲广场、天地广场。游览场所有夹河公园、金沙滩公园。正式命名的市政道路有长江路、珠江路、黄河路、泰山路、金沙江路、天山路、衡山路、五指山路、嘉陵江路、黑龙江路、香山路、黄山路、嵩山路、华山路、昆仑山路、庐山路、湘江路、漓江路、松花江路、长白山路、沭河路、九江路、嫩江路、东巡宫路、沂河路、天池二路、辽河路、牡丹江路、凤台山路、万泉河路、柳子河路、万寿山路、景山路、新时代路、燕山路、大清河路、永定河路、河滨路、银河路、紫金山路、钟山路、甬江路、甬江一支路、甬江二支路、甬江三支路、通天河路、舟山路、峨眉山路、秦淮河路、淮河路、贺兰山路、岷山路、奇山路、祁连山路。

1993年，完成烟台经济技术开发区区标的设计和命名。1994年，区标建成立于天地广场中央，呈三角立体型，高38米。顶端置不锈钢区徽，为区名英文缩写，高5米，呈圆形，寓意为开放明珠闪烁，与天同在，与日争辉。底部设计为六帆风顺，八泉竞涌，取意为开发区在改革开放激流中勇进，鼎力开拓，兴旺发达。

图24-14　立于天地广场中的开发区区标（1995年摄）

1999年4月22日，辖区完成社区行政区划，并进行相应命名、更名。是年，对2个社区管理机构分别命名为海河街道办事处和长江街道办事处。海河街道办事处原名海河办事处，长江街道办事处原名长江办事处。同时，对海河街道办事处管辖的16个（包括长江街道办事处代管的金盛小区）居民小区进行命名或更名，命名或更名为新港、晨光、旭日、丹阳（原为朝阳小区）、星海、黄海、静海、定海（原宁海小区）、文苑（原为春晖小区）、凤台东、凤台西、金城、金盛、东星、银芝、华电居民小区。对长江街道办事处管辖的17个（包括金东、栖里2个小区分别代管的光明、凤城小区）居民小区进行命名，命名为夹河、光明、凤城、金东、杨家台子、刘家台子、宫家台子、曲家台子、金光、舒家、栖里、廒上、奇章、车家、北屯、岗嵛、马家居民小区。

对街道、社区、外来办事机构和机关、企事业单位楼座门户的编码设牌等工作的管理，由所需编码设牌单位向开发区公安分局提出申请，公安分局向开发区地名管理办公室提报，地名管理办公室报烟台市地名办公室审核同意后，由管委公布。2000—2003年辖区编写并发放门牌号272个，编写并发放楼座号399个。

地名勘界　1999年4月22日，辖区完成街道地名勘界。海河街道勘界范围：东自东巡宫向南至黑龙江路交汇处，沿黑龙江路向南经长江路到金沙江路，沿金沙江路向西北，经长江路向北至海滨以内的区域。长江街道勘界范围：西北至黄海和夹河入海处，东至夹河，南至同三高速公路，西至柳林河。

2002年11月，辖区进行行政测绘勘测。是年12月，完成与临界市区接壤界限的测绘工作。埋设界桩2块，完成18公里边界线的勘定。

1999年烟台开发区街道办事处所辖居民小区勘界统计表

表24-7

街道	居民小区	四至界限
海河街道	新港	东起长江路与黑龙江路交汇处向北至海滨，沿海滨路向西至泰山路北端，沿泰山路向南至黄河路交汇处，沿黄河路向东、向南至长江路，沿长江路向东至黑龙江路交汇处。
	晨光	东至黄河路以南，西至泰山路以东，南至长江路以北，北至黄山路以南。
	旭日	东至泰山路以西，西至黄山路以东，南至长江路以北，北至黄山路以南。
	星海	东起长江路与嵩山路交汇处向北至黄河路，向东至香山路交汇处，向北至海滨路，向西至华山路，向东至嵩山路交汇处。
	丹阳	东起长江路与黄山路交汇处，向北至海滨路，沿海滨路向西至香山路，沿香山路向南到黄河路，向西至嵩山路，向南至长江路，向东与黄山路交汇处。
	黄海	东至华山路以西，西至天山路以东，南至长江路以北，北至海滨。
	静海	东至天山路以南，西至昆仑山路以东，南至长江路以北，北至海滨。
	定海	东至昆仑山路以西，西至金沙江路以东，南至长江路以北，北至海滨。
	文苑	东至天山路以西，西至金沙江路以东，南至金沙江路以北，北至长江路以南。
	凤台东	东至华山路，西与凤台西小区交界的中间空地以东，南至珠江路以北，北至长江路以南。
	凤台西	东至凤台东小区边界和华山路以西，西至天山路以东，南至金沙江路以北，北至长江路以南。
	金城	东至香山路、衡山路以西，西至华山路以东，南至金沙江路以北，北至长江路以南。
	金盛	东起黄山路以西，西至香山路以东，南至珠江路以北，北至长江路以南。
	东星	东起泰山路以西，西至衡山路以东，南至金沙江路以北，北至珠江路以南。
	银芝	东起金沙江路以西，西至泰山路以东，南至金沙江路以北，北至长江路以南。
	华电	东起泰山路以西，西至黄山路以东，南至珠江路以北，北至长江路以南。

续表 24-7

街道	居民小区	四至界限
长江街道	夹河	东至夹河以西，西至黑龙江路以东，北至海边以南，南至长江路以北。
	光明	东至夹河以西，西至黑龙江路以东，北至海边以南，南至长江路以北。
	凤城	东至衡山路以西，西至凤台山路以东，北至金沙江路以南，南至淮河路以北。
	金东	东至夹河以西，西至黑龙江路、金沙江路以东，北至长江路以南，南至煤气站以北（包括长江路以北的批发市场和未被征用的土地）。
	杨家台子	东至夹河以西，西至刘家台子村界以东，北至嘉陵江路以南，南至疏港公路以北。
	刘家台子	东至杨家台子村界以南，西至宫家台子村界以东，北至嘉陵江路以南，南至疏港公路以北（包括鑫台商城）。
	宫家台子	东至鑫台商城以西，西至黄山路以东，北至嘉陵江路以南，南至疏港公路以北。
	曲家台子	东至五指山路以西，西至金光小区中部小路和泰山路以东，北至金沙江路以南，南至嘉陵江路。
	金光	东至泰山路和金光小区中部小路以西，西至衡山路以东，北至北至金沙江路以南，南至嘉陵江路以北。
	舒家	东至黄山路以西，西至廒上村界以东，北至嘉陵江路以南，南至疏港公路以北。
	栖里	东至衡山路以西，西至凤台山路以东，北至淮河路以南，南至嘉陵江路以北。
	廒上	东至凤台山路以西，西至甬江二支路以东和金沙江路交界处，北至金沙江路以南，南至嘉陵江路以北。
	奇章	东至甬江二支路以西，西至舟山路以东，北至金沙江路以南，南至福莱道以北。
	车家	东至舟山路以西，西至昆仑山路以东，北至金沙江路以南，南至福莱道以北。
	北屯	东至昆仑山路以西，西至奇山路以东，北至金沙江路以南，南至福莱道以北。
	岗嵛	东至奇山路、金沙江路以西，西至岷山路以东，北至海边以南，南至福莱道以北。
	马家	东至岷山路以西，西至柳林河路以东，北至海边以南，南至福莱道以北。

第二十五编
社会生活

天地广场上的群众舞蹈

烟台经济技术开发区志

YANTAI JINGJI JISHU KAIFAQUZHI

1988年，辖区开始征缴企业养老保险费；2003年，企业基本养老保险范围扩大到乡镇企业，企业养老保险参保人数达到33451人。1992年6月25日，辖区开始实施农村社会养老保险制度；截至2003年，全区共有3.8万人参加农村社会养老保险。1988年，辖区开始施行失业保险制度，发放失业救济金。1996年，辖区开始实施城乡居民最低生活保障制度，对符合困难标准的城乡居民予以补助。1986年辖区城市居民家庭人均总收入1522.18元，2003年达13007元。1986年辖区农村居民家庭人均总收入653元，2003年达5997元。开发区所辖区域自古以来民风敦厚淳朴，崇德尚义。建区以来，传统美德进一步发扬光大，敬老爱幼、助人为乐、见义勇为等好人好事层出不穷，迷信、赌博等陋习则日渐消失。党的宗教政策全面落实，百姓享有充分的宗教信仰自由。

第一章　社会保险

第一节　机构

1987年7月，开发区社会劳动保险事业分处成立，与劳动服务公司合署办公，科级事业单位，由劳动人事局管理，主要负责合同制工人社会养老保险业务、固定职工退休费用统筹工作及企业工人退休、退职审批等。1988年2月，正式开展工作。1989年11月，该处与劳动服务公司分设，失业保险工作仍由劳动服务公司负责。1992年6月，农村社会养老保险事业管理处成立，隶属于民政局。1994年12月，机关事业单位社会保险处成立，科级事业单位，与社会劳动保险事业分处合署办公，隶属人事劳动局，编制3人，经费自收自支。1999年5月，农村社会养老保险工作移交给人事劳动和社会保障局。2001年8月7日，社会劳动保险事业分处、机关事业单位社会保险处、农村社会养老保险事业管理处撤销，设立社会保险事业处，正科级单位，隶属人事劳动和社会保障局，经费实行全额预算管理，编制16人，负责失业等险种保险费征缴。

第二节　养老保险

企业养老保险　1988年，开发区开始征缴企业养老保险费。是年，全区参保人数2056人，征缴养老保险费22万元，辖区尚无离退休人员。时值企业养老保险制度改革初期，合同制职工养老保险采用储备积累模式，对企业固定职工实行“以收定支，略有结余”“现提现付”的办法。随着劳动制度改革的深入，固定职工人数不断减少，合同制职工迅速增加，采用“分灶吃饭”（固定职工、合同制职工各自账目单立）的模式已不能保证离退休人员的养老待遇。1989年1月，辖区按全市统一部署，将固定职工退休费用统筹基金与合同制职工养老基金合并，采用部分储备积累的模式，按照“以新养老，循环调剂”的原则，实现退休养老一体化。1992年7月，固定职工个人开始缴费，此后的工龄以缴费年限计算。是年，全区参保人数为10147人，征缴养老保险费441万元；办理离退休人员13人，支付养老保险金2万元。

1993年7月，为适应企业转换经营机制的需要，使养老保险制度与劳动、工资制度改革相配套，按照全市统一部署，辖区对养老金计发办法进行改革，由改革前“以档案工资比例计发养老金”改为以缴费工资计发养老金，并统一企业缴费比例。1996年1月，按照全省统一部署，对企业职工基本养老保险实行社会统筹与个人账户相结合的办法，为参保者建立基本养老保险个人账户，基本养老金计发办法改按山东省的有关办法执行，同时将城镇私营企业和个体工商户纳入企业基本养老保险范围。1998年1月，按山东省政府部署，统一企业职工基本养老保险办法，对城镇各类企业和各种用工形式的职工及个体劳动者实行统一的基本养老保险制度。当年，全区参保人数达19976人，征缴养老保险费2658万元；离退休人员485人，支付养老保险金245万元。2000年11月，辖区按国家、省、市规定，对提前退休人员养老金的计发办法进行调整。提前退休人员距法定退休年龄每提前退休1年，减发2%的基本养老金（减发基数不含个人账户养老金）。2001年4月，实行养老、失业、医疗、生育保险费一票收缴。2002年1月，离休干部护理费、乘车费、特需补助费纳入养老保险统筹项目。5月，企业基本养老保险范围扩大到城镇自由职业者。是年，全区参保人数增加到29550人，征缴养老保险费增加到5622万元；离退休人员增加到2402人，支付养老保险金1640万元。2003年11月，企业基本养老保险范围扩大到乡镇企业，同时，管委出台《烟台经济技术开发区失地农民“农转非”后实行基本养老保险、医疗保险、生活补助试行办法》，失地“农转非”人员进入公司实现就业后即被纳入企业职工基本养老保险范围。是年，全区参保人数增至33451人，征缴养老保险费8998万元；离退休人员2578人，支付养老保险金2616万元。1988—2003年，全区累计征缴养老保险费36863万元，累计为离退休人员支付养老保险金8219万元。

1988—2003年烟台开发区企业养老保险基金收支情况表

表25-1　　单位：人、万元

年份	参保人数	征缴养老保险费	离退休人数	支付养老保险金
1988	2056	22	0	0
1989	4134	89	1	0
1990	5961	176	0	0
1991	7799	258	3	1
1992	10147	441	13	2
1993	14423	714	29	8
1994	16608	1217	52	22
1995	17452	1374	92	43
1996	17466	1494	166	74
1997	16930	1988	292	152
1998	19976	2658	485	245
1999	24022	3308	1157	600
2000	26149	3963	1515	1399
2001	27285	4541	1774	1417

续表 25-1

年份	参保人数	征缴养老保险费	离退休人数	支付养老保险金
2002	29550	5622	2402	1640
2003	33451	8998	2578	2616
合计	–	36863	–	8219

机关事业单位养老保险　1995 年 1 月，辖区机关事业单位开始实施养老保险费统筹工作。是年，全区参保人数 1794 人，征缴养老保险费 57 万元；离退休人员 22 人，支付养老保险金 7 万元。养老保险费按工资总额的 25% 征收（其中：单位按 23% 缴纳，个人按 2% 缴纳），在实行养老保险费专项工资补贴前，个人缴纳部分暂由单位代缴；养老保险基金实行全市统一筹集、统一调剂、统一使用，收缴的养老保险基金结余额 60% 上解市机关事业单位社会保险处，40% 缴开发区财政专户存储。2000 年 1 月，机关事业单位离退休（职）人员养老保险金开始实行统一发放。同年 12 月，管委根据烟台市人民政府《关于调整机关事业单位养老保险统筹管理体制的通知》精神，决定从 2001 年 1 月 1 日起，开发区机关事业单位养老保险实行区内自行统筹，养老保险费的征收比例不变，当月养老保险基金结余全部转入区财政局设立的财政专户。是年，全区参保人数 2274 人，征缴养老保险费 675 万元；离退休人员 243 人，支付养老保险金 305 万元。2002 年 9 月，原福山区古现镇、大季家镇划入开发区，共划入机关事业单位参保人员 1155 人，其中古现镇 587 人，大季家镇 568 人；划入离退休人员 339 人（离休人员 60 人），其中古现镇 180 人（离休人员 23 人），大季家镇 159 人（离休人员 37 人）。到 2003 年，全区机关事业单位参保人数增至 3635 人，征缴养老保险费增至 1296 万元；离退休人员达到 677 人，支付养老保险金 1162 万元。1995—2003 年，全区机关事业单位累计征缴养老保险费 5094 万元，机关事业单位离退休人员支付养老保险金累计为 2490 万元。

1995—2003 年烟台开发区机关事业单位养老保险基金收支情况表

表 25-2　　单位：人、万元

年份	参保人数	征缴养老保险费	离退休人数	支付养老保险金
1995	1794	57	22	7
1996	1836	300	65	23
1997	1910	358	65	36
1998	2106	444	81	58
1999	2206	508	117	105
2000	2348	606	157	174
2001	2274	675	243	305
2002	3633	850	617	620
2003	3635	1296	677	1162
合计	–	5094	–	2490

农村养老保险 1992年6月25日，开发区管委根据烟台市政府《关于建立农村社会养老保险制度的决定》，出台《烟台经济技术开发区社会养老保险暂行办法》，全区开始实施农村社会养老保险制度。农民按每人每月2～20元的标准缴纳养老金，按国家民政部确定的利率计息。是年，胜利东村、胜利西村、马家、曲家台子、刘家台子、杨家台子、宫家台子7个村居委会919人投保，收取养老保险费68.2万元；北屯、车家、岗嵛、廒上、栖里、舒家、奇章7个村的农村社会养老保险工作暂由福山区管理。1993年，胜利东村等7个村居委会投保续保人员862人，收取保费10.3万元；北屯等7个村的农村社会养老保险工作由福山区移交开发区，投保人员1855人，收取保费49.3万元。1994年5月，福山区将1992年北屯等7个村的保费12.6万元移交给开发区。是年，全区14个农村居委会共有4119人投保，收取保费88.4万元。

1996年4月10日，辖区按烟台市民政局《关于农村社会养老保险养老金计发办法的几点说明的通知》要求，对起息时间、启领时间、领取标准作出明确规定，标志着辖区农村社会养老保险工作走上规范化轨道。至1997年，全区农村居委会投保续保人数3739人，收取保费53.7万元。

1999年5月，辖区农村社会养老保险工作移交人事劳动和社会保障局管理。是年，全区投保续保人数4571人，收取保费69.4万元。至2001年，全区投保续保人数6135人，收取保费92.7万元，农村社会养老保险基金积累总额800多万元。

2002年9月，原福山区古现镇、大季家镇农村养老保险工作划归开发区管理。是年，全区投保续保人数增至4963人，收取保费60.2万元。2003年4月，蓬莱市向开发区移交农保基金717.3万元，移交个人档案1.5万人；5月，福山区向辖区移交农保基金1086万多元，移交个人档案1.8万人。截至2003年，全区共有3.8万人参加农村社会养老保险，养老保险基金积累总额3000多万元，有3800多人领取养老保险金，累计发放养老金164万多元。

第三节 医疗保险

1994年7月16日，开发区管委出台《烟台经济技术开发区企业职工医疗保险暂行办法》；7月21日，人事劳动局制定《关于〈烟台经济技术开发区职工医疗保险暂行办法〉中若干问题的实施意见》；8月，全区企业职工医疗保险正式启动。是年，辖区企业参保职工为16608人，收缴金额51万元，支付15人次，支付金额6万元。企业职工医疗保险基金由企业按上年度工资总额的9.5%提取（其中：按工资总额3%提取部分为医疗保险社会统筹金，用于支付参保人员在定点医院发生的住院医疗费用和9种统筹病种患者的门诊医疗费用；按工资总额6.5%提取部分作为医疗保险专户金，用于职工一般疾病、非因公负伤的医疗费和职工供养直系亲属的医疗费用）。社会劳动保险事业分处选择毓璜顶医院、烟台山医院、烟台市肿瘤医院为定点医院，患病职工除急症由专科医院治疗外，均须到定点医院就医。

1996年3月8日，管委根据《山东省城镇企业职工医疗保险制度改革试点意见》出台《关于〈烟台经济技术开发区企业职工医疗保险暂行办法〉的补充意见》。该补充意见规定，从1996年1月1日起，企业离休、退休、退职人员由不缴费改变为按本企业上一年度离退休费（含退职费）总额的9.5%上缴医疗保险基金；统筹病种由9种扩充为12种；参保人员当年多次住院治疗，第二次及以后住院的医疗费用个人不再承担起付线以下自负部分；3家定点医院改为开发区医院、毓璜顶医院、烟台山医院等。是年，辖区企业参保职工达到17466人，收缴金额219万元，支付274人次，支付金额115万元。

2002年7月1日，根据国家、省、市关于建立城镇职工基本医疗保险制度的规定，管委出台《烟台经济技术开发区城镇职工基本医疗保险制度实施办法》；7月12日，人事劳动和社会保障局印发《关于转发烟劳社发〔2000〕91号文的通知》；9月1日，城镇职工基本医疗保险制度实施办法开始施行。企业按在职职工工资总额的6%，在职职工按本人工资的2%缴纳医疗保险费，退休人员个人不再缴费。基本医疗保险基金由统筹基金和个人账户构成。定点医院由3家增至11家，并另外确定8家外地转诊医院。基本医疗保险基金纳入财政专户管理，专款专用。2002年9月，辖区开始实施大额医疗救助办法，参保人员按工资总额或养老金的0.5%缴费，大额医疗救助基金最高支付限额15万元，用以解决参保职工超过医保统筹金最高支付限额以上的医疗费用。至2003年，辖区企业参保职工增至33451人，收缴金额1220万元，支付1735人次，支付金额534万元，当年结余686万元，滚存结余1404万元。企业参保职工基本医疗保险个人账户金收缴金额为1075.5万元，支付金额为408.8万元，是年结余为666.7万元，滚存结余为863.2万元。企业参保职工大额医疗救助金收缴金额为131.2万元，支付17人次，支付金额31.7万元，当年结余99.5万元，滚存结余124.3万元。

1994—2003年烟台开发区企业参保职工基本医疗保险统筹基金情况表

表25-3　　单位：人次、万元

年份	参保人数	收缴金额	支付人次	支付金额	当年结余	滚存结余
1994	16608	51	15	6	45	45
1995	17452	181	197	86	95	140
1996	17466	219	274	115	104	244
1997	16930	288	345	172	116	360
1998	20461	359	334	213	146	506
1999	25179	420	562	312	108	614
2000	27663	587	680	450	137	751
2001	29059	589	1189	621	–32	719
2002	29550	773	1525	774	–1	718
2003	33451	1220	1735	534	686	1404

第四节　失业保险

失业保险费征缴　1988年1月1日，全区开始施行失业保险制度，征收企业合同制工人失业保险费。缴费比例为：企业按本人月工资总额的1%缴纳，个人每月缴纳0.5元。是年，全区收缴失业保险费约1.15万元。

1992年12月21日，辖区开始征收全民企业、集体企业、企业化管理的事业单位、中外合作、合资、外商独资企业中中方职工的失业保险费。缴费比例为：单位按月发放工资总额的1%缴纳，个人每月缴纳0.5元。是年，全区收缴失业保险费约19.15万元。

1999年1月22日，按山东省人民政府印发的《关于实施失业保险条例有关问题的通知》要求，缴费比例调整为：单位按工资总额的2%缴纳，个人按工资总额的1%缴纳。是年，全区收缴失业保险费226.55万元。是年9月，为解除国有企业改制遗留问题，根据山东省人民政府有关规定，辖区临近退休年龄人员办理失业登记后，领取失业救济金期满时到法定退休年龄不足24个月的，领取期限延长到国家规定的退休年龄。按照山东省人民政府令第161号的要求，此规定2003年10月1日停止执行。是年，全区收缴失业保险费916.83万元。1988—2003年，辖区累计收缴失业保险费约3053.62万元。

失业救济金发放 1988年，辖区开始发放失业救济金。发放标准依据烟台市物价指数和工资水平确定，辖区一直按全市最高救济标准执行。1988年1月至1992年6月，失业救济金按单位平均工资的75%发放，医疗费每月3元；1992年7月至1994年6月，每人每月发放失业救济金80元，医疗费5元；1994年7月至1995年6月，每人每月发放失业救济金110元，医疗费5元；1995年7月至1997年6月，每人每月发放失业救济金142元，医疗费5元；1997年7月至1999年6月，每人每月发放失业救济金180元，医疗费5元；1999年7月至2001年6月，每人每月发放失业救济金240元，医疗费12元；2001年7月以后，每人每月发放失业救济金277.5元，医药费13.8元。

1988—2003年，全区共发放失业救济金1391.70万元。上缴烟台市劳动就业办公室503.63万元、开发区社保基金结余1158.28万元。

1988—2003年烟台开发区失业保险收支情况表

表25-4　　单位：人、元

年份	失业人数	发放金额	收缴金额	上解金额	区社保基金结余
1988	1	257.6	11485.09	3174.64	8052.85
1989	0	0	42290.36	2656.58	39633.78
1990	1	186	77181.58	3606.62	73388.96
1991	1	140	110973.90	5405.04	105428.86
1992	4	1366.30	191464.51	323681.38	-133583.17
1993	22	10627.42	383361.57	381042.42	-8308.27
1994	63	32973.62	685796.92	662795.23	-9971.93
1995	150	38961.00	705830.81	669987.46	-3117.65
1996	492	55577.50	737139.50	685722.29	-4160.29
1997	110	161613.00	775922.68	620732.91	-6423.23
1998	199	415880.00	984396.51	479267.09	89249.42
1999	580	686257.00	2265461.34	0	1579204.34
2000	550	1328039.00	3148034.32	225250.00	1594745.32
2001	712	1902089.90	4385005.84	0	2482915.94
2002	1037	4339858.80	6863525.02	0	2523666.22
2003	2217	4943196.14	9168288.36	973000.00	3252092.22
合计	–	13917023.28	30536158.31	5036321.66	11582813.37

说明：社保基金中共有9677541.51元被转为再就业基金，用于全区再就业工作（其中：1997年200200.00元、1998年184348.96元、1999年1262992.55元、2000年1000000.00元、2001年1150000.00元、2003年5880000.00元）

第五节　生育保险

1997年1月3日，开发区管委出台《烟台经济技术开发区企业职工生育保险试行办法》，自即日起在全区企业范围内实施生育保险制度。企业按上年度工资总额的0.9%缴纳生育保险费。参保企业的生育女职工享受生育保险各项待遇（包括医疗费和生育津贴两部分）。医疗费支付标准为：顺产生育350元，侧切生育450元，剖腹产生育800元，流产60元。生育津贴支付标准以本企业上年度职工月平均工资为基数，按照本人生育应享受产假天数计算。当年，全区企业职工参加生育保险为16930人，收缴金额74万元，支付304人次，支付金额64万元。2000年，全区企业职工参加生育保险达到23854人，收缴金额116万元，支付418人次，支付金额113万元。到2003年，全区企业职工参加生育保险增至28697人，收缴金额增至254万元，支付达到433人次，支付金额149万元。是年，结余资金为105万元，滚存结余141万元。

1997—2003年烟台开发区企业参保职工生育保险统筹基金情况表

表25-5　　单位：人次、万元

年份	参保人数	收缴金额	支付人次	支付金额	当年结余	滚存结余
1997	16930	74	304	64	10	10
1998	18995	95	429	103	-8	2
1999	22996	102	380	99	3	5
2000	23854	116	418	113	3	8
2001	24824	165	436	140	25	33
2002	26853	186	607	183	3	36
2003	28697	254	433	149	105	141

第二章　城乡居民最低生活保障

第一节　实施原则与办法

1996年，辖区开始实施城乡居民最低生活保障制度，对长期困难的城乡居民，根据测算划定一个最低生活保障线，居民家庭人均收入达不到当地最低生活保障标准的，其差额部分从最低生活保障金中予以补助（即实行差额补助）。1998年4月1日，城市居民最低生活保障范围进一步扩大，具体条件是：同时具备无生活来源、无劳动能力、无法定赡养人或抚养人条件的居民；领取失业救济金期间或失业救济期满仍未能重新就业以及无固定收入人员，其家庭人均收入低于最低生活保障标准的居民；在职人员和下岗人员在领取工资或最低工资、基本生活费后以及退休人员领取退休费后，其家庭人均收入仍低于当地城市最低生活保障标准的居民。同时，规定享受农村最低生活保障的对象是户口在本区，家庭人均收入低于最低生活保障线标准的农民。

辖区城乡居民最低生活保障工作实行动态管理，即随时进行调查，对符合条件的，随时列入保障范围，对入保后通过努力家庭收入增加，超过最低生活保障线的可随时退出保障范围。保障情况实行公开，接受社会监督。辖区民政部门主管城乡居民最低生活保障工作，财政、统计、劳动、物价、人事、工会等部门按照各自职责协助做好此项工作。至2003年，辖区享受城乡居民最低生活保障共有427户（907人），全年累计发放最低保障金81.3万元。1996—2003年，辖区共发放最低保障金162.9万元。

图25-1　2003年，开发区长江社区管理处工作人员为城市居民发放最低生活保障金

第二节　城市居民最低生活保障

1996年，辖区城市居民开始享受城市最低生活保障金，所需资金全部由开发区财政负担。1996年辖区享受城市最低生活保障的居民10户，共24人（包括3名残疾人、优抚对象1人、下岗1人、失业1人、无业10人），每人每月生活保障费不低于120元，低于120元者政府给与差额补足，当年全区救济额1.7万元。城市居民最低生活保障线标准，随着辖区经济的发展和人均收入水平的提高而不断上调。2000年，每人每月生活保障费增加到195元，全区享受城市最低生活保障的居民30户，共75人（包括9名残疾人、优抚对象3人、下岗5人、失业11人、无业41人），是年全区救济额6.4万元。2003年，每人每月生活保障费又增加到220元，全区享受城市最低生活保障的居民达到68户，共177人（包括11名残疾人、优抚对象3人、下岗8人、失业27人、无业98人），是年全区救济额达到53.3万元。1996—2003年，辖区共发放城市居民最低生活保障金95.1万元。

1996—2003年烟台开发区城市居民享受最低生活保障金情况表

表25-6

年份	每人每月享受标准（元）	户数	享受最低生活保障金人员（人）							年度救济总金额（万元）
			合计	残疾人员	优抚对象	下岗人员	失业人员	无业人员	其他	
1996	120	10	24	3	1	1	1	10	8	1.7
1997	140	15	36	5	1	1	4	21	4	2.4
1998	150	20	51	7	1	2	7	28	6	4
1999	150	26	65	9	2	4	9	35	6	5.3
2000	195	30	75	9	3	5	11	41	6	6.4
2001	195	38	95	10	3	5	15	54	8	9.1
2002	195	40	109	10	3	5	19	65	7	12.9
2003	220	68	177	11	3	8	27	98	30	53.3

第三节　农村居民最低生活保障

1996年，辖区农村居民开始享受最低生活保障金，当年符合条件者每人每年享受金额为650元，此标准一直延续到1999年，其间户数和人数逐年增多。2002年9月，辖区对各街道、社区内农村最低生活保障所需资金划定新的分担比例：大季家、八角、古现3个街道的农村居民最低生活保障金按照开发区财政、街道办事处、村委会分别占50%、30%、20%的比例分担；长江社区管理处农村居民最低生活保障金按照开发区财政、村委会分别占60%、40%的比例分担。农村最低生活保障线标准随着辖区经济发展和人均收入水平的提高而不断调整。2000—2003年，每人每年最低生活保障金增至850元，户数和人数亦在逐年增多。

图25-2　2003年，八角街道办事处工作人员为居民发放农村最低生活保障金

1996—2003年烟台开发区农村居民享受最低生活保障金情况表

表25-7

年份	每人每年享受标准（元）	户数	享受最低生活保障金人员（人）				年度救济总金额（万元）
			合计	残疾人员	优抚对象	其他	
1996	650	13	28	2	0	26	0.5
1997	650	15	34	4	0	30	0.6
1998	650	20	39	5	0	34	0.7
1999	650	42	84	10	0	74	1.5
2000	850	54	122	11	3	108	4.6
2001	850	56	127	11	3	113	4.9
2002	850	346	703	70	5	628	27
2003	850	359	730	75	5	650	28

第三章　居民生活

第一节　城市居民生活

城市居民收入　城市居民收入主要包括工薪收入、经营净收入、财产性收入、转移性收入等方面。1986年，辖区城市居民家庭人均总收入为1522.18元。1991年城市居民家庭人均总收入为2156元。1996年城市居民家庭人均总收入为5756元，是1986年的3.78倍。到2003年，辖区城市居民家庭人均总收入达13007元，是1986年的8.55倍。其中工薪收入（工资及补贴、其他劳动收入）9645元，占家庭人均总收入的74.15%；经营净收入961元，占家庭人均总收入的7.39%；财产性（利息、股息、保险、房屋出租、知识产权等）收入566元，占家庭人均总收入的4.35%；转移性（养老金、离退休金、社会救济金、赡养、捐赠等）收入1835元，占家庭人均总收入的14.11%。在2003年城市居民家庭人均总收入中，增幅最大的是工薪收入，同比分别是1986、1991、1996年的25倍、4.4倍、2倍。

2003年烟台开发区城市居民家庭人均收入情况统计表

表25-8　　　　单位：元

项目	合计	项目	合计
一、工薪收入	9645	四、转移性收入	1835
1. 工资及补贴收入	9104	1. 养老金或离退休金	1374
2. 其他劳动收入	541	2. 社会救济收入	3
二、经营净收入	961	3. 辞退金	0
三、财产性收入	566	4. 赔偿收入	0
1. 利息收入	116	5. 保险收入	0
2. 股息与红利收入	339	6. 赡养收入	167
3. 保险受益	0	7. 捐增收入	169
4. 其他投资收入	80	8. 提出住房公积金	0
5. 出租房屋收入	31	9. 记账补贴	76
6. 知识产权收入	0	10. 其他转移性收入	46
7. 其他财产性收入	0	总计	13007

城市居民支出　城市居民支出主要包括社会保障支出、购房与建房支出、转移性支出、财产性支出、消费支出等方面。1986年，辖区城市居民家庭人均总支出为1217.74元。1991年城市居民家庭人均总支出为1746元。1996年城市居民家庭人均总支出为4662.36元。随着辖区经济的发展，城市居民收入不断提高，居民的消费水平也在不断提高，到2003年，辖区城市居民家庭人均总支出达到10080元，同比是1986年的8.26倍。其中消费支出（包括食品、衣着、家庭设备用品及服务、医疗保险、交通和通信、教育文化娱乐服务、居住、杂项商品和服务等方面的支出）为8560元，占家庭人均总支出的84.92%；购房与建房支出153元，占年个人人均总支出的1.5%；转移性支出（包括交纳的个人收入税、捐赠支出、购买彩票、赡养支出、车辆保险等）697元，占年个人人均总支出的6.9%；财产性支出（非生产性利息支出、其他）4元，占年个人人均总支出的0.04%；社会保障支出（包括个人缴纳的养老基金、个人缴纳的住房公积金、个人缴纳的医疗保险及其他社会保险等支出）666元，占年个人人均总支出的6.61%。

图25-3　辖区居民在商场购物（2003年摄）

2003年烟台开发区城市居民家庭人均支出情况统计表

表25-9　　单位：元

项目	合计	项目	合计
一、消费支出	8560	3. 购买彩票	7
1. 食品	2517	4. 赡养支出	228
2. 衣着	1098	5. 各种非储蓄保险支出	124
3. 家庭设备用品及服务	904	6. 其他转移性支出	57
4. 医疗保险	774	四、财产性支出	4
5. 交通和通信	806	1. 非生产性利息支出	0
6. 教育文化娱乐服务	1047	2. 其他	4
7. 居住	1020	五、社会保障支出	666
8. 杂项商品和服务	394	1. 个人缴纳的养老基金	422
二、购房与建房支出	153	2. 个人缴纳的住房公积金	107
1. 购房	120	3. 个人缴纳的医疗基金	57
2. 建房	33	4. 个人缴纳的失业基金	13
三、转移性支出	697	5. 其他社会保障支出	67
1. 缴纳的个人收入税	8		
2. 捐赠支出	273	总　计	10080

城市居民住房 1986年，辖区城市居民家庭人均住房面积（建筑面积）为20.35平方米。1991年为23.56平方米，是1986年的1.16倍。1996年达到25.26平方米，是1986年的1.24倍。到2003年，辖区城市居民家庭人均住房面积达33.45平方米，是1986年的1.64倍。

图25-4 金东公司承建的住宅楼（1993年摄）

1994年以前，辖区住宅楼建筑多为砖混结构，这种结构，材料易取，造价较低。1995年以后，住宅楼建筑基本采用框架结构，这种结构，增强抗震、抗风和承重能力。

在屋顶工程方面，普遍应用坡屋面，钢筋混凝土屋架，覆面多为红平瓦和三曲瓦，其次是映红瓦和彩钢瓦，琉璃瓦较少使用。这种屋架最大优点是极少漏雨，冬暖夏凉，居民喜欢。

在地面处理方面，1995年以前，居民住宅楼地面均作水泥压光面层。1995年以后，地面均作面层甩项，只作搓毛，以便居民乔迁之前进行装修。在地面装修上，居民户初用塑料地板革铺设，后用小方块瓷砖刮素水泥浆粘贴、勾缝。2000年，随着居民家庭收入的增加，以及新型装饰材料的出现，居民装修客厅地面多用大方全磁砖、大理石、花岗岩等高档材料。卧室多用实木板、竹板和复合材料等铺设。厨房、餐厅、洗漱间多用马塞克和防滑瓷砖等粘贴。

在外墙装饰方面，自1986年开始，外墙在采用水刷面、水刷砂的同时，采用建筑涂料“喷、滚、弹、涂”工艺，做成各种色彩、图案的饰面。

在内墙装饰方面，1986年前后居民住宅楼内墙多用涂料粉刷、喷涂。1990—2003年，内墙装饰由铺贴塑料墙纸、墙布，发展到镶嵌各类艺术装饰板、壁画、玻璃制品，铺贴各类天然和人造石材等。吊顶由运用麻刀白灰发展到各类塑料吊顶、金属吊顶和运用纸面石膏装饰板、浮雕石膏装饰板、墙纸或膨胀珍珠岩等吸音装饰板。门窗由木制，发展到铝合金、胶合板、夹板门和塑钢门窗等。

第二节 农村居民生活

农村居民收入 农村居民收入主要包括工资性收入、转移性收入、财产性收入、家庭经营收入等方面。1986年，辖区农村居民家庭人均总收入为653元。1991年，农村居民家庭人均总收入为1200元。1996年农村居民家庭人均总收入为2024元，是1986年的3倍多。到2003年，辖区农村居民家庭人均总收入为5997元，是1986年的9.18倍。其中，工资性收入（在非企业组织劳动得到、在本地劳动得到、常住人口外出从业得到）2450元，占家庭人均总收入的40.85%；家庭经营收入（一、二、三产业收入）2029元，占家庭人均总收入的33.83%；财产性收入1159元，占家庭人均总收入的19.33%；转移性收入359元，占家庭人均总收入的6%。在2003年农村居民家庭人均总收入中，增幅最大的是工资收入和家庭经营收入两项，工资收入分别是1986年、1991年、1996年的23倍、8倍、4.21倍；家庭经营收入分别是1986年、1991年、1996年的27.98倍、5.07倍、3.04倍。

2003 年烟台开发区农村居民家庭人均收入情况统计表

表 25-10　　单位：元

项目	合计	项目	合计
一、总收入	5997	二、纯收入	4908
（一）工资性收入	2450	（一）工资性收入	2450
1. 在非企业组织劳动得到	254	1. 在非企业组织劳动得到	254
2. 在本地劳动得到	1854	2. 在本地劳动得到	1654
3. 常住人口外出从业得到	342	3. 常住人口外出从业得到	342
（二）家庭经营收入	2029	（二）家庭经营纯收入	990
1. 第一产业收入	1761	1. 第一产业纯收入	905
2. 第二产业收入	1	2. 第二产业纯收入	1
3. 第三产业收入	267	3. 第三产业纯收入	84
（三）财产性收入	1159	（三）财产性收入	1159
（四）转移性收入	359	（四）转移性收入	309

农村居民支出　农村居民支出包括转移性支出、购置生产性固定资产支出、生产性固定资产折旧、税费支出、生活消费支出、财产性支出、家庭经营费用支出等方面。1986 年，辖区农村居民家庭人均总支出为 517.16 元。1991 年农村居民家庭人均总支出为 960 元。1996 年农村居民家庭人均总支出为 1619.2 元。

2003 年辖区农村居民家庭人均总支出为 4311 元，是 1986 年的 8.34 倍。其中家庭经营费用支出（一、二、三产业支出）830 元，占家庭人均总支出的 19.25%；购置生产性固定资产支出 59 元，占家庭人均总支出的 1.37%；生产性固定资产折旧 96 元，占家庭人均总支出的 2.23%；税费支出（第一、二、三产业税、其他各种收费）114 元，占家庭人均总支出的 2.64%；生活消费支出（食品、衣着、居住、家庭设备用品及服务、医疗保险、交通通信、文教娱乐用品及服务、其他商品和服务等支出）3197 元，占家庭人均总支出的 74.16%；转移性支出 15 元，占家庭人均总支出的 0.35%。

2003 年，在农村居民家庭人均总支出的各项支出中，生活用品中的代步动力车辆和家用电器消费占主要地位。每百户农村居民家庭拥有成套家具 81 套、摩托车 25 辆、助力车 8 辆、家用汽车 11 辆、洗衣机 95 台、电风扇 123 台、电冰箱 95 台、彩色电视机 135 台、影碟机 83 台、录音机 61 台、录放像机 25 台、电脑 41 台、组合音响 33 套、摄像机 7 架、照相机 69 架、钢琴 3 架，其他中高档乐器 5 件、空调器 37 台、取暖器 43 台、电炊具 111 台、淋浴热水器 85 台、排油烟机 95 台、消毒碗柜 17 台、饮水机 93 台、吸尘器 25 台、普通电话 97 部、移动电话 169 部。

2003 年烟台开发区农村居民家庭人均支出情况统计表

表 25-11　　　　　　　　　　单位：元

项目	合计	项目	合计
一、家庭经营费用支出	830	1. 食品	1171
1. 第一产业支入	666	2. 衣着	352
2. 第二产业支入	0	3. 居住	311
3. 第三产业支入	164	4. 家庭设备、用品及服务	98
二、购置生产性固定资产支出	59	5. 医疗保健	256
三、生产性固定资产折旧	96	6. 交通通信	393
四、税费支出	114	7. 文教娱乐用品及服务	585
1. 第一产业税	9	8. 其他商品和服务	31
2. 第二产业税	0	六、财产性支出	0
3. 第三产业税	0	七、转移性支出	15
4. 其他各种收费	105		
五、生活消费支出	3197	总　计	4311

农村居民住房　1986 年，辖区农村居民人均住房面积（建筑面积）为 15.25 平方米。1991 年为 18.52 平方米，是 1986 年的 1.21 倍。1996 年达到 21.26 平方米，是 1986 年的 1.39 倍。2003 年，辖区农村居民人均住房面积为 27.45 平方米，是 1986 年的 1.8 倍。

建区初期，辖区俗称烟台市福山区的“后沙旺”。属地的 4 个村庄有 2 个村庄的村民住户多为散居，户与户之间相隔较远，且多数住户无院墙，房屋多为砖木结构的草房，部分村民居住砖砌瓦房。另外 2 个村庄村民住房为质量不一的砖、石、木结构草房或瓦房。自 1987 年，根据开发区统一规划，辖区对这 4 个村逐步进行旧村改造，村民陆续住上楼房。2003 年，4 个村庄均改为居民住宅小区，村民均搬入楼房，水、电、暖、煤气到户，居室宽敞，环境优雅；其余村庄村民大部分仍居住在砖、石结构的瓦房中，小部分迁入楼房；全区农村居民户均住房面积近 90 平方米。

图 25-5　20 世纪 70 年代胜利西村村民居住的砖瓦平房

第四章　道德风尚

辖区人民自古民风敦厚淳朴，急公好义，乐善好施。1984年建区后，在工委管委领导下，传统美德进一步发扬光大。1993年，区工委、管委召开“做文明市民、建文明城市、创文明窗口”动员大会，号召全区不管是机关、企事业单位，还是城区、农村，不管是本区职工，还是外来人员，只要是在开发区从事经济活动和工作的人员，都要从我做起，从现在做起，从一点一滴做起，达到人人参与，努力把开发区铸造成一个经济高度发达、精神高度文明的人间乐园。在工委、管委的大力倡导下，社会道德新风尚遍地开花，尤其20世纪90年代中后期以来，敬老爱幼、助人为乐、见义勇为等好人好事层出不穷。

第一节　赡养老人

1994年以来，辖区妇联在工委、管委家庭建设领导小组领导下，开展“孝德工程”建设。对全区特殊老人（五保、孤寡老人）采取集体供养；对贫困残疾老人危房进行修缮改造，截至2003年，区残联共对全区200多户贫困残疾老人的危房进行了修缮改造；为退休老干部订书、订报，还定期为老干部免费查体；在各街道定期举办“老年文体汇演”和象棋、扑克、麻将、健身等比赛；在家庭中开展“看、比、议”争做“孝星”活动；在学校组织学生开展“孝亲敬老”活动，倡导学生把星期日作为“孝心日”，帮父母、长辈做力所能及的事，照顾身边年老体弱、生活困难的老人。另外，区妇联以突出家庭美德为重点，围绕老年人的衣、食、住、行、医等生活需要，在各社区、街道开展“让父母有较好的衣食、满意的住所、基本的医疗、愉悦的心情”为主要内容的“我向老人献爱心”的实践活动。同时还在机关事业单位干部职工中广泛开展“四个一”活动，即每周帮父母做一次家务，每月请父母吃一次团圆饭，每年带父母检查一次身体，定期陪父母参加一些文体活动；提倡农村家庭子女每月为父母改善一次生活，每月给父母清扫一次居所，每年给父母添加一套新衣，定期为父母换洗一次被褥。

2003年，辖区妇联把敬老、孝老教育纳入全民教育体系，开展“孝德工程”。宣传敬老、爱老的先进人物事迹，评选五好家庭、十星级文明家庭，还在中小学开展尊老爱幼等传统美德教育。

图 25-6　婆媳情

“孝德工程”的开展，营造了“讲孝心、献孝心、做孝星”的浓厚氛围。是年，全区涌现出“十星级标兵户”2300多户，好媳妇、儿女好1800多人，敬老、养老成为全社会普遍崇尚的美德。

第二节　文明家庭

1994年，开发区全面开展文明家庭建设活动。区电视台、开发时报常年开设“家庭与社会”“道德与法制”专栏，报道家庭建设情况和经验。是年后，相继在全区开展“争创文明家庭”“法律进万家”“依法治家、道德进家”等家庭建设主题活动。辖区逐渐形成尊老爱幼、夫妻和睦、勤俭持家、邻里团结、文明守法的良好风气，特别是家庭成员素质明显提高。1996年评选出“十星级家庭”5021户，“十佳文明户”10户，市级文明家庭11户。到1997年，全区家庭“五好”率、“十星级”率均达到96%以上。1997年12月16日辖区工委专题召开家庭建设现场交流会，在总结交流基础上进一步提出今后辖区家庭建设“内容要深化”“形式要丰富”“创建要延伸”“领导要加强”的要求，立足家庭文明树新风的主题，

图25-7　1998年，家庭文明建设演讲比赛选手合影

大力开展“美德进万家”活动。为促使活动深入开展，1998年11月10日，辖区举办“家庭文明建设演讲比赛”。

2001年，辖区开展“美在家庭”主题活动加强家庭建设。活动的主要内容是弘扬家庭美德、建设家庭文化、美化生活环境、创建富裕生活。采取文明新风演讲演唱、家庭美德征文、家庭成员互夸会等多种生动活泼的形式，引导每个家庭正确处理好个人与国家、集体、家庭、他人、社会等之间的关系，做到讲奉献、尽义务、互敬互爱、遵守公共秩序、助人为乐、见义勇为、文明礼貌；倡导在家庭中读好书、藏好书、用好书的风气，提倡家庭中建一个书柜、订一份报刊、存200本图书，进一步深化家庭读书活动；组织家庭成员从改变落后生活方式做起，建设美化、绿化、卫生、祥和的生活环境。提出“美在家庭”活动示范户、示范居委会、示范小区的标准。为促进活动开展，是年底辖区举行首届“海尔杯”孝敬父母好儿女发奖仪式。

图25-8　2001年，开发区“海尔杯”孝敬父母好儿女发奖仪式

2003年，区家庭建设领导小组命名表彰海河社区丹阳小区居委会、长江社区胜利东村居委会、古现街道河北居委会、八角街道下刘家渔业居委会、大季家街道芦洋居委会为开发区“美在家庭”活动示范居委会；命名表彰海河社区17个家庭、长江社区23个家庭、古现街道20个家庭、八角街道20个家庭、大季家街道20个家庭为“美在家庭”活动示范户。

第三节　见义勇为　助人为乐

辖区见义勇为者、助人为乐者不胜枚举。有临危不惧勇斗歹徒的，有冒险勇救落水儿童的，有路遇危难慨然相助的，有齐心协力扶危济困的…… 平凡居民们身上所拥有的这些不平凡的精神，正是开发区社会和谐幸福的基石，也是开发区发展进取的不竭动力。

1992年2月23日下午4时许，辖区金光公司办公楼北面河畔一儿童不慎落水，正在华丽绣品厂上班的曲洪亮听到呼救声迅速赶来，纵身跳入2米多深的河内，紧随其后赶来的金光建筑装

饰公司职工刘明强也跳入河内，两人一起用手托起小孩的头部向岸边游，但因河水中有许多树枝、杂草加上河堤两边又陡又滑，经几次努力都没有把小孩推举上岸。冰冷的河水，刺骨的寒风，把他俩折腾得筋疲力尽。这时华丽绣品厂职工曲积斌又跳入水中帮助救人，金光经济发展供销科长邹立群来不及脱去昨日才买的高级西装也跳入水中，数人在水中几经周折，仍无法将孩子推上溜滑的河岸。危急关头，区建筑设计院张言武和王梅钦路过此处，他们急中生智，从车上拿出缆绳，与岸上人群齐心协力将水中的大人和孩子一个个拉上岸，孩子终于脱险。事后孩子父亲备厚礼相谢，被见义勇为者婉言谢绝了。

1992年5月15日，到开发区做买卖的吉林人卢洪吉踏着三轮车载着已有5个月身孕的妻子去芝罘区拉菜，不慎翻车，妻子当即摔在地上，口吐白沫不省人事，驾驶面包车的梁兆瑞开车路过，立即把他们送到开发区首钢医院，后又拉着转到开发区医院。经抢救脱离危险，腹内婴儿也保住了。梁兆瑞把伤员送到开发区医院后，又开车返回出事地点，把丢在那里的菜也给拉了回来。卢洪吉一家人不胜感激地说："开发区人，心地真是太美了！"

1993年2月，开发区一中三级三班学生刘言患骨髓炎，到郑州医院治病，教师高启文、刘吉英及本班同学为刘言捐款300元，后来从校长到教职员工又捐款3000多元，刘言父亲激动得声泪俱下地说："在实行市场经济的今天，我女儿能得到社会的关爱，今生今世我也忘不了！"

1993年8月25日，辖区奇章居委会号召村居民向灾区人民捐款救灾。59岁的盲人于业琳夫妇将一件八成新的衣服亲自送到了居委会办公室，并深情地说："我是靠社会和组织的帮助生活的，灾区人民受冻挨饿，他们也需要帮助，我没有钱，但有衣服，也尽一点对灾区人民的情义"。在村委领导和盲人夫妇的感召下，居委会800多户人家，在两天时间内捐赠了1000多件衣物，近2000元现金。

1994年2月，辖区烟台华宏房地产公司职工柏忠庆家中突然失火，一家人无家可归。火灾无情人有情，公司总经理刘振山得知后指示值班人员带上1000元人民币，代表公司看望柏忠庆一家，并安排柏忠庆一家在公司宿舍住下。春节后公司又给予他一部分补助，公司全体职工自发捐献3850元、衣物40多件，帮助柏忠庆渡过了难关。

1995年10月19日下午，廒上村李洪亮、苏秀波、苏修田等50多名村民与到流窜该村作案的三名持刀歹徒搏斗，最后在公安干警协助下，成功将歹徒抓获。村民勇斗歹徒的事迹，受到开发区管委领导的高度赞扬。10月20日，管委领导到医院亲切看望并慰问了与歹徒搏斗受伤的苏秀波。

1998年2月，开发区21路小公共汽车司机钟师傅捡到内有价值近10万元物品的手提包一个，在不到一小时内就联系并归还给刚从北京旅游归来的李女士，钟师傅爽朗地坦陈心迹说："捡东西，那是常有的事，1997年光是手机我就捡了3个，当然都还给人家了。说实话，我总觉得靠外财发不了家，那样心里不踏实！"据开发区运管所统计，仅1998年春运间，就有14起拾金不昧的好人好事，总计约24万元钱物被送还失主。

古现街道古现东村张舜卿，1975年退休回村后，常年义务为群众订报送报，义务修理收音机、录音机、电视机等。1991年起，为保障古现中心完小学生上学安全，他又干上了"义务交警"。老人的奉献精神赢得了社会各界人士的赞誉，1986年以来他先后5次被福山区委、区政府授予"老干部先进个人"光荣称号。

第五章　民　俗

第一节　生活习俗

住宅　旧时，富裕人家住宅多为四合院式平房，北屋至少3间，多者6～7间，南屋间数与北屋相等，厢房或2间或3间。北屋6间以上的院内，多在中间立一南北墙，称为“子墙”，将一院分为东西两院；两厢的南山墙之间有的也立一“隔墙”，分为里外套院。富家北屋、南屋多为5檩房架。一般人家的住宅，多为一正一厢或两厢，也有的在院内搭一敞棚（多为一面坡），用以饲养牲畜，放置农具，兼作磨房。北屋、南屋的中

图25-9　八角村的一座老式民居（2003年摄）

间一间称为明间（亦称正间），左右屋称为“梢间”，明间多为灶间，梢间为卧室。锅灶的烟道直通卧室火炕，以便取暖。梢间里面一间，俗称“套间”（亦称套房），用以储藏粮米，放置箱橱或其他家具什物。人多房小的人家，套间作为女儿或儿媳、孙媳的住室。住室一般按辈份安排，长辈住正房东间，晚辈依次住正房西间或南屋、厢房。住宅方向，正房皆略偏东南或西南。街门内迎面处，立一照壁，书一“福”字，并配画松竹等。迎冲道路的山墙上部多书“福星高照”或“紫气东来”等字；有的在墙根处立一石碑，上刻“泰山石敢当”5字。院内水道口皆开于街门旁侧，使流水绕门而过。屋墙多用砖、石、土坯砌成（上土坯、下砖石），房顶多用苫草、麦秸苫成，少数富裕农民住房为瓦屋顶，农村草房占70%左右。20世纪70年代后期，境内新建住宅一般皆为瓦房，草房甚少。80—90年代，住宅结构布局和式样变革很大，质量较高。墙壁皆用砖石砌成，用石灰、水泥灌浆粘合。不少富裕家庭屋宇建起混凝土铸成的框架结构，达到防震效果。房屋皆为大门大窗，大跨度，带套间，宽敞明亮。内设客厅、寝室、书房、厨房、储藏室，有的还设卫生间。到90年代中后期，农村住宅门窗皆改用坚固耐用的铝合金或塑钢，少数富裕农民开始建楼房住宅。城区居民多居楼房，楼层5～6层，每户3～4间，每间平均10平方米左右。随着城区建设的发展，居民楼房、面积档次不断上升，到2003年由建区初的多层发展为小高层，由砖混发展为框架结构，最高达到22层，居住面积多者达100多平方米，多数为三室一厅，不少居民楼下配有车库，水、电、暖配套齐全，室内设施与装修富丽堂皇，一般居民家均安装太阳能、热水器、空调器等，内墙贴壁纸，加木墙围，地面铺设多为复合木地板或实木地板，装壁灯、吊灯等，厨房、卫生间贴瓷砖。

饮食　境内饮食习惯为一日三餐。旧时，一般人家早餐多为玉米面饼子、甘薯、高粱面稀饭；午餐多为小米干饭、饼子；晚餐一般是面汤（多由白面、地瓜面、豆面等混合擀制而成），辅以饼子、甘薯等。包子、水饺、馒头、面条等为居民高级饭食，普通人家除款待宾客或过节外，平时很少食用。肉食以猪肉为主，食羊肉、牛肉者很少。食油以豆油为主，后以花生油为主。蔬菜以

图 25-10　辖区居民春节期间蒸的枣饽饽

白菜、韭菜、菠菜、萝卜为主。境内沿海盛产鱼虾，但贫苦人家只能买些小鱼、小蟹、小虾制成鱼酱、虾酱、蟹酱佐餐。20 世纪 80 年代前期，人民生活水平已有所提高，细粮渐多。1982 年农村实行生产责任制后，粮食产量增长幅度大，群众生活明显改善，小麦成为农村主粮，馒头成为主食，多数人家能经常吃上包子、饺子。20 世纪 90 年代至 2000 年后，境内居民生活进一步提高，饮食已不再是温饱问题，而讲究的是质量、营养保健、口味和花样，追求的是高、精、细。不少富裕家庭为减少“肥胖病”“富贵病”，达到健康长寿之目的，在饮食文化中进行“返古”，刻意食粗粮、五谷杂粮，菜肴力避大鱼大肉。菜，一年四季以多种新鲜蔬菜为主，一般家庭并伴以猪、牛、羊、鸡、鸭、鱼等肉类。开始饮用自来水、纯净水、矿泉水，牛奶、果汁等饮料进入居民家庭。逢年过节，招待亲友，儿娶女嫁，肴馔尤为讲究和丰盛，煎、炒、烹、炸、熘成为时尚。有些富裕家庭常以海参、对虾、扇贝等海珍品款待宾客。

服饰　旧时，居民习着清代便服。绅士、商人、教师、医生等，一般穿长袍长衫，外罩马褂，头戴瓜皮帽，足穿圆口青帮鞋。劳动人民平时身穿短褂，腰束宽幅长带，头戴圆顶毡帽，脚穿衲帮夹脸鞋。冬季则穿猪皮包帮包底草鞋。妇女皆穿右开襟的短袍褂，足着尖头靴鞋，老妇冬季头戴“箍子”御寒。男女皆穿大裆裤，用布带束扎裤脚。20 世纪 70 年代前后，男女服装变化很大。男装先后有中山服、学生服、青年服、国防服、将军服、西服等；女装有中便服、列宁服、中西服、连衣服、长短裙等。男子戴干部帽，妇女多用围巾裹头。20 世纪 70 年代中后期，化纤衣料增多，

图 25-11　20 世纪 60 年代居民典型服饰（1969 年摄）

颜色以灰、蓝、黑、白为主。20 世纪 80 年代初衣料多以涤纶、弹力尼、的确良为主，棉布为辅，且毛料增多，花色品种不再是单调的灰、蓝、黑、白。80 年代中后期，西装领带、羊毛衫、茄克衫、喇叭裤、牛仔裤、T 恤衫、毛尼大衣、羽绒服、风衣流行一时。男子发型多为平头、偏分头；女子穿高跟皮鞋、烫发、留披肩发者逐年增多，耳环、项链、戒指、手镯等饰品开始在妇女中流行。20 世纪 90 年代，服装样式增多，有西服、茄克衫、面包服、休闲服、鸭绒服、风雪衣等。鞋类，

图 25-12　20 世纪 90 年代普通女装样式（摄于大季家华联商场）

除各种款式的皮鞋外，还有是以不同需要的运动鞋、旅游鞋等。90年代末至21世纪初，人们春季多穿茄克衫、西装、休闲服；夏季，男子多穿T恤衫、短袖衫，女子多着各式各样连衣裙、套裙、迷你裙，或上着T恤衫，下着半裤、七分裤、九分裤。冬季外穿各式羽绒服、皮衣、西装，内着保暖衣、羊毛衫。青年男女流行染发，有染黑、黄、紫各种颜色。

家器　家具　旧时一般家庭寝室内的木器家具均为妇女结婚时所带的嫁妆。中产人家一般有大衣柜2口，小柜1口，箱子2个，椅子2把，炕桌1张；贫家只备三五件。富家外加书桌、梳妆台、杌子等。客屋内有八仙桌、长凳、椅子、条几等多种木器。随着社会的发展，旧式家具渐被淘汰。20世纪70年代，开始使用大立柜、五斗橱、高低柜、写字台、圆桌、方台、钢管椅等，逐渐取代了旧式家具。80年代出现组合柜、沙发、茶几等。录音机、电视机、电风扇、台灯、吊灯等家用电器渐入居民家庭。90年代至21世纪初期，洗衣机、彩色电视机、影碟机、录放像机、家用电脑、组合音响、照相机、空调器、取暖器、淋浴热水器、普通电话、移动电话等现代家器盛行于居民家庭。

图25-13　1989年，大季家镇某居民家庭内部陈设

炊具　旧时境内居民厨房的锅台皆用砖或土坯砌垒，石灰抹面。炊具有手拉风匣、六印或七印铁锅、木质锅盖、葫芦水瓢、木制勺子、铁制刀铲等。20世纪80年代前，居民厨房的用具即开始逐渐更新，至80年代中期，锅台皆改为水泥抹面，少数还装修成水磨石、瓷砖台面。缸多用陶釉缸，少数用水泥缸。铝锅、铝壶、铝锅盖、不锈钢刀铲、铝瓢勺、蜂窝煤炉、电动鼓风机等被居民普遍使用。90年代至21世纪初期，电冰箱、冰柜、高压锅、煤气灶、微波炉、排油烟机、饮水机进入城乡居民的家庭。部分富裕家庭尚拥有消毒碗柜等电炊具。

图25-14　20世纪70年代前后，辖区农村普遍使用的风箱和灶台

餐具　旧时，一般农家使用的餐具，有沙碗、泥碗、陶盆、陶钵、竹筷、锡酒壶、陶茶壶、瓷茶壶、瓷酒盅、瓷茶杯等。20世纪70年代，陶制器皿渐被淘汰，瓷器、玻璃、搪瓷和铝制品逐渐增多，如搪瓷盆、铝盆、搪瓷杯、玻璃酒盅、茶杯等，图案新颖，美观耐用。80年代后至21世纪初，细瓷器、玻璃制品逐渐普及。

民间忌讳　语言忌讳　渔民在海上作业谈话时，有些词语必须忌讳，而用他词代替。如“翻过来”“扣过来”等，必须改说“划过来”“转过来”，否则，认为会招致事故；忌说“完”字，而改说“桨杆子朝南”，以讳避“完蛋”中的“完”字。忌说“老”字，因渔民敬畏鲸鱼称其为“老人家”，“老”字只能用以称鲸鱼，而不能用在对他人的称呼上，故将“老张”“老李”等改称“张伙计”“李伙计”。农家过春节谈话时忌说“死”“穷”“破”“碎”“吹”等不吉利的词语，如春节饺子煮破皮，忌说“破了”“碎了”，要说“挣了”；馒头蒸裂了忌说“裂了”，要说“笑了”。商人特忌讳与“赔”字同音的词语。

行为忌讳　渔民吃饭忌将筷子搁在碗上，认为这会招致渔船搁礁或桅杆被风吹倒的事故。船上忌器皿扣放，认为这是翻船的凶兆。忌在船头便溺，因怕亵渎龙王。农村中借别人药铫子使用忌送还，须待物主自己来取回，意思是还将病疫带给人家。探望病人忌在下午或晚上，因“下午”“晚上”有表示病势“沉重”或“垂危”的意思。送礼品忌用“梨”，因“梨”与“离”谐音。孕妇忌食兔肉，“以免孩子的嘴长成兔唇畸形”。大年初一忌扫地，怕把“财宝”扫出去。宴席上，吃鱼忌讳挑鱼眼。新中国建立后，许多传统的忌讳基本废除，但在渔民中还仍有人遵循。

第二节　节日习俗

农历节日　春节　农历正月初一是春节，旧称为“过年”，是一年中最隆重的节日，其前一日为旧历的除夕（年三十）。节前，家家户户蒸年糕、饽饽，置办年货，清扫房舍庭院。“三十”这天家家户户皆悬挂家谱，安放祖先主牌位与祭器祭品，张贴春联（直系长辈死后，晚辈3年不贴春联）等。晚餐，盛备酒菜、吃水饺，团聚欢宴。午夜后即为年初一，亦称大年初一，燃放鞭炮，祭拜祖先，给长辈拜年，长辈分压岁钱。然后，男性家长率儿孙子侄到宗祠和近支神主案前烧香焚纸，叩头行礼；再到同族各家和本村业师家里拜年。熟人见面皆拱手祝贺，相互问好。机关、团体、企事业单位初一集体拜年，称“团拜”。初二日晚行送神礼。自初二日起开始到亲戚家拜年。习惯上是元宵节前，二日、四日拜外祖家，三日、六日、九日拜岳丈家，七日、八日拜姑、姨家。20世纪80年代后，除夕之夜，全家人一般观看中央电视台春节联欢晚会或其他文艺节目。90年代渐兴寄贺年卡之风，进入20世纪末，除保持原有走亲访友习惯外，另有亲朋好友间互发电子邮件、手机短信互相祝福。

渔灯节　系流行于境内大季家街道山后初家、山后陈家、山后李家、山后顾家、沙窝孙家、芦洋一些临海渔村的节日。节期各不相同。山后初家、沙窝孙家、山后李家为正月十三，山后陈家、山后顾家、芦洋为正月十四。届时，渔民纷纷给龙王庙送灯、上供、祈求出海平安和渔业丰收。建国后龙王庙渐废，改为设供祭船、送渔灯、放鞭炮，20世纪80年代后，特别进入21世纪后渔灯节逐年红火，并伴随着各种娱乐活动。

图25-15　渔灯节盛况（2003年摄）

元宵节　农历正月十五日为上元节，亦称元宵节和灯节（俗称“过十五”）。旧时每逢此日，各家各户都要用萝卜、胡萝卜或豆面等做成许多小油灯，于黄昏时分送至祖先墓前点燃，并焚化香纸，酹酒祭奠。晚上再于家中以香蜡纸锞、水饺、元宵等物祭祀祖先 神。供桌上点燃数盏小灯，同时屋子内外阴暗角落和门户两旁也点燃许多小灯。节日前后3日（或2日）夜间，县城和农村中的宗祠、庙宇也备多种彩灯，悬挂于灯棚或墙壁上，供人观赏。夜间轻易不许外出的青年妇女，

图25-16　辖区百姓元宵节用的萝卜灯

唯于此日可以结伴进城观灯看戏。元宵节的应节食品为元宵，旧时吃元宵者只是少数富家。随着人民生活水平提高，20 世纪 80 年代已遍及各家各户。节日观灯习俗，从 20 世纪 30 年代末到 70 年代末一度中止。从 1983 年开始，人民政府为丰富群众文化生活，每年正月十五，举行盛大的灯节晚会。机关、学校、厂矿竞相制作具有民族风格、行业特点的各式各样的彩灯参加展览。彩灯支架或座架上悬挂放置各种大小不一的龙灯、虎灯、鱼灯等，千姿百态，惟妙惟肖；夜晚灯火辉煌，五彩缤纷，观者人山人海，呈现出一片升平昌盛的景象。

二月二　农历二月初二为祭“土地神”的节日，俗称“龙抬头”。旧时，各村村头都有一座土地庙，庙里端坐石雕或泥塑土地神。此日黎明，家家用草木灰在庭院、场院内撒成若干大圆圈，里面再撒上五谷杂粮，称为“谷囤”，以作为本年“五谷丰登、粮食满仓”的象征。又用断香、香蒂或其他香料，置于仓房内燃烧，传说此日烧烟熏虫，可保粮食不受虫害。节日之前，一般人家仍沿旧俗，皆炒糠豆（用大豆制作），供小儿零食。妇女将彩布剪成许多小方，同截成许多小段的蒜秸联缀成“小龙尾”给小儿佩戴在身上“辟邪”。传说二月初二为“龙抬头”日，此日妇女不动针，恐“刺伤龙眼”。傍晚，农家男子到土地庙焚纸烧香，燃放焰火。新中国成立后，各村土地庙大都拆除，迷信活动基本停止。

清明　农历三月，阳历 4 月 5 日前后。旧时，境内居民皆于此日祭扫先人坟墓。祭扫时要在墓前供设肴馔、果品、酒浆，墓上挂“飘钱”（长约 10 公分的正方形白纸片，每座挂十数张），烧香焚纸，叩头行礼。此日，男女老幼衣帽佩插松柏枝，以消除灾病。有的农户节日前后在庭院内架设秋千，招集邻舍男女青年游戏。白天民间艺人演出京剧、马戏、评书、拉洋片等百戏杂剧，热闹非凡；晚上放焰火，银花火树，绚丽多彩。抗日战争爆发后，清明节除祭扫外，其他活动停止。新中国成立后，每到此日，党政机关、部队、学校及各界人士到烈士陵园举行扫墓仪式，缅怀革命先烈。农村仍存清明扫墓的习俗，但仪式比以前大为简易。

端午　农历五月初五为端午节，亦称端阳节。此日家家户户门楣上皆挂桃枝与蒲艾，幼儿手腕、脚腕系五彩线，称“长命缕”“绿束”。又用彩色麻扎成小笤帚，炊帚，系于衣服扭扣上。有的青年男女佩戴硃囊或内装香料的绣花荷包。新中国成立后，随着人们文化科学知识水平的提高，端午节的迷信活动逐渐消失，唯吃应节食品粽子的习俗仍相沿不衰。

六月六　农历六月六日，农家多以包子、焦面（用炒熟的小麦、玉米等磨成），为应节食品。新中国成立后，食包子焦面的习俗仍然存在，但已不如往日之盛。

七月七　农历七月初七，各家各户皆用白面烙成各种图形的小馃，称为“巧馃”，分给儿童作零食。是日夜间称为“七夕”，即神话故事中牛郎织女一年一度相会之夜。民间称织女为“巧姐姐”，说她是天上最为心灵手巧的女神。青年妇女多于此夜在庭院中供设巧馃、五谷菜等，祭祀织女，称为“乞巧”。清末民初，乞巧的活动已废绝，但做“巧馃”的习俗仍延续至今。

图 25-17　七月七的巧馃

七月十五　农历七月十五为中元节，俗称“鬼节”。1937 年以前，境内居民皆于此日中午或傍晚烧纸焚香，祭祀祖先。祭品中必有应时新鲜瓜果。新中国成立后，祭祖活动逐渐变得简易，仅傍晚烧纸焚香，以示祭祀。

中秋节　农历八月十五日为中秋节。旧时仕

宦缙绅、富商巨贾之家，都盛备肴馔，全家饮宴，并宴请邻舍宾朋，犒劳奴仆雇工。普通人家也尽其所能，改善饮食。月饼是必备的应节食品，除极贫苦者外，各家均购买分食。20世纪80年代后，每至节前，家家户户争相买美酒、月饼馈赠亲友，孝敬老人，并备自家节日食用。十五日晚，各家庭皆举行家宴，品尝“月饼”，饮酒赏月，称为“圆月”，以求团圆。

重阳　农历九月初九为重阳节。旧时，文人墨客，士绅名流，多于此日登临名山，观赏秋景，称为“登高”。还有于此日食花糕，酿菊酒的习俗。清末以后，这些风俗逐渐废绝。民国初期偶尔尚有个别学校的教师率领学生于此日登山野游。建国后，农家此日多改善饮食。1988年，国家定此日为“老人节”，这天，城乡机关、企事业单位，开展各种形式的尊老敬老活动。

十月朝　农历十月初一，民众称为“十月朝”，为民间秋季祭扫先人坟墓的节日，礼仪与清明祭扫相同。境内解放后，仍有少数人家沿袭旧俗，于此日为新丧亲人祭扫坟墓。

冬至　冬至亦称“过冬”，为农时节日，也是家祭祖先的节日。新中国成立后，群众除改善饮食外，再无其他活动。

腊八　农历十二月初八称为“腊八”，应节食品为“腊八粥”，以八种豆果加米煮成。新中国成立后，喝“腊八粥”的习俗仍然存在。

送灶　农历十二月二十三日为祭祀灶神的节日，俗称“小年”。按迷信说法，灶神为一家之主，专司监察家人行为品德善恶，于每年此日上天汇报。祭祀时，先将旧灶神画像揭下，换上新像。并于新像两旁，换上“上天言好事，下界降吉祥”或“红火通三界，青烟透九宵”等新联。祭祀时，在灶神前供水饺、杂面汤、粘饼、麦芽糖等食品，焚纸烧香，神象也随之焚化；用清水一盏，内放谷草数节，泼于门外，供灶神坐骑饮食，全家叩头行礼。此种迷信活动，20世纪50年代初即废绝。

公历节日　元旦　公历每年1月1日为元旦，俗称阳历年。城区机关、团体、企事业单位插彩旗、挂彩灯，门前、墙壁张贴“庆贺元旦”等字幅。机关、团体、企事业单位放假一天。20世纪80年代后，此节日较为隆重，到90年代后，渐兴寄贺年卡、赠送挂历、发电子邮件或发手机短信相互祝贺之风，进入21世纪后，此风愈为盛行，境内农村亦渐盛“包饺子”“摆宴席”以作节日过。

国际妇女劳动节　公历3月8日为国际妇女劳动节。机关、团体、企事业单位为妇女放假一天，有的召开妇女表彰大会，组织丰富多彩的文体活动。

植树节　公历3月12日为植树节。城乡历年组织干部、工人、农民、学生开展义务植树活动，以美化、绿化环境。

国际劳动节　公历5月1日为国际劳动节。辖区历年在此日前一、二天，组织各种形式的庆贺活动，召开劳动模范、先进人物表彰大会等。各行业工会文艺团体举办各种文体比赛等。20世纪90年代末成为法定假日，机关、团体、企事业单位放假3天。

青年节　公历5月4日为青年节。为纪念1919年“五四”运动，此日各级团体组织多举行入团仪式、组织演讲会、报告会等，对团员、青年进行革命传统教育和爱国主义教育。

国际儿童节　公历6月1日为国际儿童节。学校多于这天组织儿童加入少先队，或者组织丰富多彩的文体活动。团委、妇联等部门走访慰问

图25-18　1993年六一国际儿童节期间，海河幼儿园的孩子在跳舞

中小学、幼儿园，并捐助困难儿童。

中国共产党诞生纪念日　公历7月1日为中国共产党成立纪念日。各级党组织举行新党员入党仪式、组织党员学习党的基本知识，召开民主生活会、回顾党的历史、进行爱党爱国教育。

建军节　公历8月1日为中国人民解放军建军节。此日，地方武装部门多组织庆祝活动，党政机关、民政部门开展拥军优属活动。

教师节　公历9月10日为教师节。节日之际，政府、教育系统多组织演讲会、报告会及表彰优秀教师或优秀教育工作者大会，社会各界开展尊师重教活动。

国庆节　公历10月1日为中华人民共和国国庆日。此日，国家机关、企事业单位都升国旗、插彩旗、挂彩灯，举行庆祝活动。20世纪90年代末，成为法定假日，机关、企事业单位放假3天。

第三节　礼仪习俗

称谓　境内社交中的称谓十分讲究。曾祖父称老爷爷，曾祖母称老奶奶、老太太。祖父称爷爷，祖母称奶奶；外祖父称姥爷，外祖母称姥姥。父亲称爹爹、爸爸，母亲称娘、妈妈；岳父母称丈人、丈母娘（当面称呼随妻）；公婆分别称公公、婆婆（当面称呼随夫）；伯父称大爹，伯母称大妈；叔父称叔叔，叔母称婶子、婶婶；舅父称舅舅，舅母称舅妈、妗母；姑丈称姑夫，姑母称姑姑；姨丈称姨夫，姨母称姨；义父称干爹、亲爹，义母称干妈、亲妈；兄称哥哥，兄妻称嫂子；弟称弟弟，弟妻称弟妹、弟媳；姐称姐姐，姐丈称姐夫或大哥；妹称妹妹，妹丈称妹夫；夫兄、弟分别称大伯、小叔子（当面称呼随夫）；妯娌之间互称嫂子、妹妹；夫姐、妹称大姑子、小姑子（当面称呼随夫）；妻兄、弟称大舅子、小舅子；妻姐、妹称大姨子、小姨子，妻姐丈、妹丈称连襟（当面称呼随妻）；叔、伯的子女之间分别称哥、弟、姐、妹；姑、舅、姨的子女之间分别称表哥、表弟、表姐、表妹；对父辈友人，称伯伯、叔叔、姨；生人相见，称先生、师傅，或大爷、大娘、大叔、大婶、大哥、大姐、同志等。

婚嫁　议亲　旧时青年男女结婚须有“媒妁之言，父母之命”，本人无选择配偶的自由。初议婚时，先由媒人提亲，交换庚帖，上书男女生辰八字，一般人家只由媒人口头传达。若男女属相、五行无冲克，双方家长又同意结亲，即可办理订婚手续。新中国婚姻法颁布以后，实行婚姻自由，别人无权干涉。多数也先经人介绍，征求家长同意，但能否成婚，由本人决定。

定亲　又称订婚，旧时订婚称为“定亲”。男女双方各自备办柬帖、衣料、首饰及其他礼品，择一吉日，请媒人分别交与双方。柬帖、礼品同时交换者，境内称之为“下柬”；单交换礼品，不交换柬帖者，称之为“定亲”（柬帖于结婚之日互相交换）。“定亲”“下柬”，男女双方一般皆设宴招待媒人与亲朋。“下柬”较“定亲”隆重，男方较女方隆重。男方柬帖书写在世的祖、父（主婚人）和女婿的名字（祖与父皆去世，可由伯、叔或兄长主婚）。女方柬帖书写祖与父的名字（若祖与父皆去世，由伯、叔或兄长主婚）。双方女性家长和新娘名字不上柬帖。柬帖具有婚约的作用，交换柬帖后，一般不得退婚。如因悔婚赖婚而引起诉讼，柬帖就是订婚证明。新中国成立后，农村仍沿用旧时定亲礼俗，但不交换或废除“柬帖”之类旧套路的内容。

彩礼　旧时，“定亲”或“下柬”男方送与女方的衣料、首饰等物称为“彩礼”或“聘礼”。聘礼多寡，视男方经济条件而定，富家数量多，质量好；贫家数量少，质量差。后来，随着经济发展与生活水平的提高，对彩礼质量、数量的要求亦愈来愈高。自20世纪70年代末，境内彩礼多以钱币为主，数量已由60年代的几十元增至几百元；80年代后订婚送彩礼之风盛而无减，达到六、七百元，乃至千元、几千元；90年代起为6600～8800元（分别取“六六大顺”和“发又发”之意）；90年代末至21世纪初期又增至10001元（寓万里挑一意），少数条件好的达到15010

元（寓万无一失意），个别达到 2 万多元。

择日 旧时结婚前，男方须请人按照《通书》（俗称黄历）及男女生辰八字，选择迎娶吉日。并指明男女冠笄、新娘坐床方向、禳祛不祥的方法及其他禁忌事项，用红纸缮写两份，于迎娶前数日或一二月，由媒人送 1 份至女家，谓之“通日”。“通日”时，男方须向女方馈赠礼品或钱币，女方愿接受礼品者称为“吃礼”，觉得光彩体面；女方不富裕者多愿接受钱币，称为“接干”。“吃礼”或“接干”，须征求女方意见，礼品或钱币的多少，由男方自定，女方一般不提出要求。所赠钱币一般只用于为新娘置办嫁妆，穷苦人家亦有用此款解决生活困难的。数额须先议定，近于买卖婚姻。新中国成立以来，择日习俗尚有沿袭者，一般选于秋后农闲时月份或冬季腊月间；20 世纪 80 年代后，择日习俗趋向于“五一”节、国庆节、元旦或其他方便时日举行婚礼。

嫁娶 旧时，结婚前一天上午，女方派人将妆奁送至男家。下午傍晚，新郎先在自己家中叩拜祖先、父母尊长，然后再叩拜宗祠和近支同族以及本村业师家的神主。喜日早晨，新郎到女方家迎娶。除贫寒之家，一般都乘彩轿前往，鼓吹前导。新郎至门，由女方长辈和送客带领（送客为女方伴送新娘至夫家的亲人），叩拜女家及其近支、同族的祖先。礼毕，就宴。宴毕，由送客引至内宅观新娘加笄（亦称上头）。然后偕新娘乘轿回家。彩轿至门，两妇人（称为搀客或扶客）以如意系以红带，令新妇怀抱，由新郎执红带另一端引之入门。至庭院神案前，夫妇南向叩首，俗称“拜天地”，并拜父母、祖父母。拜毕，再扶至洞房。新郎坐床中，新妇独拜床前，谓之“拜床”。接着让新妇按吉利方向端坐床上，时间一般为半日，至晚撤床，婚礼至此结束。婚后第二日，女家来二亲人探望，称为“看客”；第三日再来一亲人迎女回家，称为“搬三”；第九日新郎再伴送新妇回家省亲，称为“转九”。如此往来迎送，双方皆设宴款待。随着社会进步，繁琐旧式嫁娶礼数逐渐简化，提倡文明结婚。

20 世纪 70 年代前期，结婚之日，新娘一般皆由亲人骑自行车迎或送至男家，至 80 年代后，多由新郎乘坐面包车、轿车前往岳家迎亲，送客随车伴送。90 年代末至 21 世纪初，随着人民物质生活水平的提高，男家迎娶新娘显阔之风日增，一般人家迎娶新娘的轿车为 6 辆，少数有条件家庭多达 12 辆，同时雇请主持人、乐队、歌手、录像师等专门从事此行业的艺人，以示婚礼办得隆重而热闹。车去迎接新娘前一般按车档次编号，一号车新郎乘坐迎接新娘，二号、三号车为女方送客人（男，二人）乘坐，四号车为女方伴郎伴娘乘坐，五号车为男方搬家妆人乘坐，六号车为录像车。男方用轿车迎接新娘时，要备好送给女方家的面盆、大饽饽、鸳鸯肉、席子等物品。新郎迎新娘至家门，有青年姑娘 2 人将其迎入院内，随即燃放鞭炮，撒五彩纸屑。中午，开宴招待亲友，新娘亦由女宾中之长辈陪同进餐。21 世纪后，境内不少家庭花钱图方便，婚礼多在在酒店、宾馆举行。去前先让迎娶新娘的车队去家里“洞房”一趟举行简单仪式，一般为新妇拜床、坐床、公公翻箱子、钉门帘等程序。主持人在主持这些简单程序时要适时加上一些表达喜主美好愿望的颂词，如“公公翻喜箱，生活奔小康”“公公箱子翻到底，金银财宝平地起”“公公箱子翻得好，来年儿子生个大胖小”等。去家里“洞房”举行完简单仪式后，再到酒店或宾馆隆重举行婚礼。在迎娶新娘的车队抵达酒店或宾馆后，放 6 ~ 12 响礼炮，撒五彩纸屑，以示隆重迎娶。在礼炮声和五彩纸花絮中，新娘由伴娘及男方家族中年轻姑娘簇拥搀扶步入布置豪华的酒店或宾馆中。此刻酒店或宾馆中已是宾朋满座，当时间在 11 点 58 分时，婚礼和婚宴相继开始。婚礼仪式由主持人主持，主持人在喜庆的声乐中先将新郎父母（有的是新郎新娘双方父母，因新郎新娘两家一起举行婚宴，除新郎家亲属、亲戚朋友来外，新娘家的也来）请到婚礼台上，再将新郎新娘请上来，接着进行证婚人宣读证婚词、喜主（新郎父或母）致辞、新郎新娘讲话、拜天地、拜高堂、夫妻对拜、戴戒指、喝交杯酒等一系列程序，而后主持人宣布婚宴开始。婚宴中有歌手或宾朋中人上台唱歌助兴，以使婚礼、婚宴高潮迭起，兴趣盎然。婚后数日，新娘回家省亲，新郎伴随同往。

喜庆　酒宴　境内饮食业高度发达，民间筵饮名目繁多，礼仪繁琐而不乏情趣，在菜品上尤为讲究。请客，讲究上菜的顺序和节奏。一般是先凉后热，席首和席尾上汤；先荤后素，先高档后一般；先咸后甜，鱼齐。节奏是先快后慢关键缓。以最常见的“四二八”喜筵为例，席首摆4盘点心（俗称“压桌面”），用茶水就食，让客人先垫一下肚子，以免空腹喝酒伤身易醉。4个冷荤之后，8个热炒分两组上完，两个“大件”设在热炒之首和中间，使筵席出现两个高潮：第一件是“全家福”，由多种荤素原料和海鲜组成，历来是筵席中的头菜。第一组热菜先上4个，一般是“烤大虾”“炸双拼”“油爆乌鱼花”和“韭菜炒海肠”。第二个大件多是“扒鸡”。“张口鸡，闭口鱼”，取其“鸡”同“吉”（吉祥）之意。第二组热菜一般是“芙蓉干贝”“红扒肘子”“清蒸加吉鱼”“拔丝山药”等。上甜菜之前要撤桌，即换掉全部餐具，以保证甜菜的纯正。最后上主食“福山大面”，象征长长远远。“无鱼不成席”，吃鱼的讲究也多。整鱼上席时，要“头朝北肚朝客”摆放，以示对客人的尊敬。

生育　旧时，孕妇分娩前，娘家先送鸡蛋数十个，俗称“催生蛋”。婴儿出生后，其家必于街门上挂“弓箭”。弓箭做法：屈扬条为弓，以柳条为箭，与桃枝、柏枝、竹枝和大葱等缚在一起，下挂红布一方，上书“长命富贵”“吉祥福禄”等字；女孩“弓箭”，实无弓无箭，只有桃枝、竹枝等物。小儿生后，即通知其外祖家，男孩5日，女孩6日，其外祖家遣人馈送鸡蛋、米面、衣服、被褥、手镯、银锁等物，谓之“馆待”。富家头生男孩生后12日、百日，皆宴请亲朋，亲朋则馈赠小儿衣物表示祝贺。小儿生日，亲友仍馈赠衣服；喜主用包子、桃子、佛手等面食为回赠礼品。随着社会进步，此俗渐简化，一般只在十二日、百岁、生日时，宴请亲朋好友，亲朋好友去时仍多以衣物相送；20世纪80年代后，则多以钱币相送，一般为100～200元人民币，多者达1000元。

图25-19　大季家街道小邹家村民喜得贵子于门口悬挂的弓箭

祝寿　旧时，少数仕宦家庭，人至60岁以后，每逢生日，即举行祝寿仪式，布置寿堂，接受儿孙拜祝和亲人的祝贺馈赠，宴请宾客。平民百姓，只在生日这天全家改善一下生活。20世纪80年代以后，人民生活水平提高，子女为老年父母祝寿者渐多。合家欢聚，举行家宴，食寿糕，以示祝贺。极少数祝寿仪式举动规模较大，接受馈赠，并设宴招待亲朋好友。

丧葬　旧时，民间办理丧事的习俗和礼仪均有浓厚的封建迷信色彩。富裕人家人至老年，子女即开始为其准备寿衣、棺木，营造坟墓。棺材用柏、梓等高等木材做成，墓穴大多用砖砌成，呈长方形，上顶为拱形或安墓板。一般人家棺木、衣服与坟墓皆临时置办；贫苦人家有的以苇席裹尸，土圹埋葬。垂危病人尚未停止呼吸之前，即与之穿好寿衣，移至正室。断气后，于其鼻下放新棉絮一块，口中放碎银或银制小喜蛛一枚，称为“属纩”“用含”。同时烧“纸钱”一包（俗称倒头包袱）。儿女子媳皆披发跛鞋（父死跛左足，母死跛右足），换穿素服，并请阴阳先生按死者死亡的年、月、日、时，推算出在丧葬中禳祛不祥之措施和应避忌事项，再于路口焚烧纸马一匹，家属哭送死者灵魂乘马归阴。随后到土地庙烧纸哭奠，俗称“报庙”。以后每日三次到庙内哭奠，称“送汤”。三日内，置尸于棺内，称“入殓”。此时子女儿媳，皆换穿白粗布斩衰孝衫，其他亲属皆穿素服白鞋。中下等人家停灵3～5天后出殡，富者停灵7～14天，多者百天。富家出殡者皆雇用吹手，奏乐助哀，请礼宾赞礼，乡宦点主祠土。点主用朱笔在已写好的神主碑牌位上的“王”字上头加一点，使其成为“主”字；祠土是在墓地祭祀土神。另外还要焚化大量纸俑和纸扎的牲畜、房屋、花果和金银钱箱柜等。中产人家出殡，也雇吹手，焚烧小量纸人纸马纸房屋，但不请人点主祠土。贫穷人家只购买男女纸俑一对分立于灵柩两头，至下葬时焚化。有的富家还要请和尚道士诵经拜忏，超度死者灵魂；举行题旌礼，将旌亭安放于空地，先请旌客拜旌，然后由死者亲属跪拜；发引（出殡）时，盛设仪仗，吊唁者沿途设香案，叩头行礼，称为“路祭”。葬毕，用素轿抬死者神主归家奉祀，称为“回灵”。中产以下人家皆无此繁文缛礼，葬后3日，家属至墓前哭奠，并用手捧土撒于墓上，称为“圆坟”。自死亡日算起，每7日一祭，至“七七”而罢。百日、周年要隆重祭奠。2周年后，儿女子媳换去素服，谓之“脱孝”。3周年后，不再到墓前举行祭奠仪式。

境内解放后，带有浓厚封建迷信色彩的丧葬礼数渐被破除，1962年，提倡火葬。1984年，境内农村火化率达到95%；城市火化率为100%。20世纪90年代至21世纪初，旧的丧葬礼俗基本革除，农村土葬也已基本消失，死者大都实行火葬。火葬时对死者的骨灰安置处所不一，有的存放于殡仪馆，有的安葬于山坡处，有的安置于公墓陵园中。悼念仪式也发生了很大变化，穿孝服被披戴黑纱取代，尤其机关厂矿干部职工死亡，在殡仪馆举行向遗体告别仪式，亲属和与会其他人士皆臂戴黑纱，有关单位送花圈，以表示对死者的哀悼。在农村，仍有在亲人病故后为死者焚烧香纸，也进行“烧七”“烧百日”“烧周年”的活动，不过规模很小，仪式简化。

第四节　山会

山会，亦称庙会。除“清明会”“六月会”外，其他庙会，境内皆称之为“山会”。旧时，民间多于传说中某一仙佛神祇诞生、死亡或得道的日子，在其寺观庙宇的所在地举行庙会。境内山会多在春季，山会期间，庙内香烟缭绕，钟鼓齐鸣，前来祈祷还愿的善男信女络绎不绝。山会的规模大小不一，大的山会皆搭台唱戏，附近村庄举行酬神赛会活动，盛备仪仗鼓乐、杂剧百戏，由村中“会首”率领到庙前焚香烧纸，祭奠行礼，再表演杂戏节目，观众人山人海。山会既为迷信活动，也是一种民间娱乐形式，寺庙所在地同时也成为农村物资交流的市场。境内主要山会日期如次：农历三月初三“古现山”，三月十五日“大王家山”，四月十八“祈雨顶山”，四月二十七“八角山”，五月初五“下刘家山”等。其中古现山会规模较大。新中国建立后，人民政府为了繁荣农村经济和活跃群众文化生活，利用山会形式进行物资交流，开展传统的民间娱乐活动。“文化大革命”时期，山会停止，1978年后山会又逐渐恢复。至1985年，古现、刘家、大王家等山会，盛况接近往昔。进入21世纪初期，古现赶山会者多达3万人。

第五节　社会陋俗

陋习　赌博　旧时，境内赌博方法甚多，常见的押宝、推牌九、看纸牌、打麻将、掷骰子等。以赌博为职业的人有的开设赌局，诱人聚赌，向赢家提成收费，称为“头钱”；有的赌技熟练，善于作假，逢赌必赢。旧历正月十五以前或庙会期间，赌风最盛。有的输钱者无力偿还赌债，被迫典房卖地，甚至偷盗行劫。新中国成立后，党和人民政府将赌博列为刑事犯罪，对少数暗中赌博者，一经抓获，轻则批评教育，重则绳之以法，拘留或判刑。20世纪50—70年代赌博行为基本被杜绝禁止。20世纪80年代至21世纪初，此恶习有所抬头，多以金钱为赌注比输赢，为躲避政府公安机关的惩罚打击，不法分子活动场所十分隐蔽。但随着公安机关打击惩罚力度的加强和精神文明建设的不断深入，赌博行为越来越少。

劝酒　酒席一开始，先要统一喝三杯，或六杯，然后分别进行其他项目。除互相敬酒外，还有其它劝酒陋习。如划拳，划拳又有哑拳与响拳之分。哑拳，每人伸一指，大拇指、食指、中指、无名指、小拇指依次相压，被压者喝酒；响拳，双方伸指头的同时各说一个数，说数与二人所伸指头数相同者为赢，对方喝酒，直到喝醉才算尽兴。除此劝酒陋习外，境内在酒席桌上普遍流行的陋习是“显能”和“相互攀比”，“显能”即彰显自己能喝、量大，并以此为荣；“相互攀比”即我喝多少你就得喝多少，不足者须补上，其中夹有“先喝为敬，不喝不行”强人之难说辞。另有对方敬酒必须喝下，否则就加以不够“朋友”或不讲“义气”等斥辞。进入20世纪末以后，随着人们对健身强体意识的提高，境内劝酒之风渐衰。

迷信　看风水　旧时，居民构筑房屋，营造坟墓，皆须聘请“风水先生”相宅图墓。如果家中连遭不幸或事业不顺利，便认为是住宅或坟墓的“风水”不好，即按风水先生的指点，改门迁坟。有的人家在街门上方挂一面镜子，或在墙角埋立一块刻有“泰山石敢当”字样的石碑，以使“邪魔”“凶神恶煞”退避。新中国建立后，特别进入20世纪80年代后，随着人们科学文化知识的普及与提高，除个别人信奉此道外，此俗已基本消失。

占卜　俗称算命。是农村流行的一种迷信活动，方法甚多，旧社会里许多男性盲人以此作为谋生的手段。算命盲人一手敲打小铜锣（自称为“报君知”），一手执竹竿（自称为“马”）探路，走村串街，为人算命。相信其术者，妇女居多。除算命外，尚有相面、拆字等。相面是通过看人的五官、指纹，然后根据麻衣相书的解释说明祸福，多为模棱两可语言，以骗取钱财。另外农村中还有些人能为人占“马前课”（俗称“掐算”），为人占算失物能否复得，垂危病人能否有转机，在危险境地中的人能否逢凶化吉，或婚姻能否得成等。新中国成立后，对占卜活动虽进行取缔，但一些宿命论观念较深的妇女有时还秘密请算命先生为其算命。20世纪90年代起，出现计算机算命。

信巫　旧时，境内居民相信狐、蛇、刺猬、黄鼠狼等能修炼成“仙”，具有超自然的神通，既能作祟害人，又能为人驱邪治病，故有人敬称之为“仙家”。显“仙家”代言和代行其术的人称为“巫”，俗称女巫为“花姐”，男巫称为“男花姐”。巫者家中供奉一位或几位“仙家”画像。一些迷信思想较重的人，患病后求巫请“仙”治疗，“花姐”装神弄鬼（俗称“上神”）为人“驱除妖邪”，从中骗取钱财。新中国成立后，巫医被取缔，但极小数秘密以巫术行骗者尚未绝迹。

求神　旧时，人有重病，家人往往祷告神祇，祈求保佑，并表示病愈以后，要以某种方式酬谢神明，称为“许愿”。病愈酬谢，称为“还愿”。还愿，以焚烧香纸和“替身”（纸扎小人，将其烧化，让其替本人为神效劳）为最简易和普通的形式。富有者有的请戏班，在庙前演唱京剧（称“愿戏”）；有的制作新袍服披于神像身上；亦有人舍身寺、观，为僧、为道，但为数极少。初生幼儿父母恐怕不能健康成长，即到附近庙宇请僧人或道士赐一法名，作为庙内的寄名徒弟，以便取得仙佛的保佑。妇女不生育，或不生男孩，到庙内送生娘娘（也称“送子观音”）殿内焚烧香纸，求神明保佑其早生子女。小儿生天花、麻疹，家人到庙内求“疹痘娘娘”保佑，病愈后再到庙内烧香烧纸，表示答谢。患气管炎者，到庙内“神”案前祷告，并在神像嘴上抹上少许面酱。生疮或手臂腰腿疼者，到庙内“十不全”神案前祷告，并将麻皮挂于神像身上。旧时求神愚举尚表现在播种或禾苗生长季节上，遇上久旱不雨，官府平民皆举行求雨活动。求雨方式，一般是地方官绅到庙宇祭祀神祇，诵读祭文；僧道朝夕击鼓撞钟，诵读经文；农村百姓则由老年人率领，头顶簸箕，手持柳枝，一日 3 次到庙内烧香叩头。新中国成立后，社会上公开的求神活动已根本绝迹。

第六章　宗　教

第一节　机构与管理

机构　1996 年 6 月，开发区工委组织部下设民族宗教事务办公室，为正科级事业单位，与统战处合署办公。1998 年 2 月，民族宗教事务方面业务移交工委管委办公室。2001 年 8 月，民族宗教事务方面业务重又划归工委组织部负责，工委组织部统战处同时挂“民族宗教事务办公室”牌子。民族宗教事务办公室的主要工作是：贯彻执行党的宗教政策及有关法律、法规，保护宗教界人士合法权益，协调处理涉及宗教信仰方面的各种关系和问题，以及宗教活动场所审批登记等。

管理　1997 年，辖区开始实施宗教活动场所年检工作；1998 年，进行宗教活动场所依法登记工作，重点进行基督教私设聚会点的清理整顿工作。是年，辖区 2 家宗教活动场所进行依法登记。1999 年，进一步宣传党的宗教政策和法律、法规，使广大群众和社会各界都来关心和支持民族宗教事务管理工作。搞好年检统计，选拔上报文明集体和先进个人各 1 个。2000 年，贯彻中共中央关于宗教工作的方针政策，做好农村宗教工作，建立健全宗教工作机制，从根本上解决基督教私设聚会点问题。切实加强宗教爱国团体自身建设，引导宗教信仰与社会主义社会相适应。2001 年，以年检为突破口，高度重视滥建庙宇、神像和教派斗争等问题。从 2002 年起，每年 1 月份定为“宗教政策法规宣传月”，采用举行座谈会、举办培训班等形式，营造学习宣传宗教政策法规氛围。2003 年，以贯彻《山东省清真食品管理规定》为契机，组织开展对宗教教职人员身份认定，实施《持证上岗制度》《请示报告制度》《党点月报制度》《宗教信息收集和传递制度》。是年，古现北斗村基督教堂长老得到宗教教职人员身份认定，辖区教堂、聚会点基本达到持证上岗要求。

第二节　佛教

辖区信佛者除个别出家为僧尼者外，大多数人在自己家里供奉佛像（观世音、弥勒佛为多），吃斋念经，此况至 20 世纪 80 年代后依然。境内人仰奉佛教历史较长，历史上比较出名的寺庙有

图 25-20　磁山庵遗址（2003 年摄）

磁山庵、古现寺、观音庙、崱岦寺、松岭庵、沙渚寺等。

磁山庵是磁山上的一座著名庙宇，坐落于磁山洞前，建于明末，系清末神州英烈、甲骨文最早发现者王懿荣的八世祖王道增（1577—1659）所建。据旧志《王道增传》记载："道增晚年精通内典、深入佛海……所造磁山佛刹（即磁山庵）。"清乾隆十七年（1752年），福山举人于榲所撰《磁山庵碑记》云："半山有古刹焉，辉煌金碧光彩照人，望之者疑为珠宫贝阙也，实则磁山庵也。"遗憾的是，这座古老珍贵的庙宇建筑，20世纪40年代毁于战乱，现尚可见墙基和当年僧人使用的石制大碾盘。

古现寺位于古现东村村北，以镇名命名，又名千佛寺。唐先天元年（712年），僧人善庆建。明万历三十八年（1610年）邑人王明捐资重修伽蓝（众僧居住的园林）祖师两殿。崇祯八年（1635年），邑贤王道增捐资，僧人园亨重修方丈（住室）五间及东西斋房、山门（佛寺大门）。清朝康熙年间，邑痒生王锷（王鹭三弟）同僧人果善重修达摩（法）祖师两殿。时颇具规模，有殿堂等30间，土地200余亩，和尚5人。清末至民国，随着人们思想逐步开化，信奉者不断减少，寺院房舍失修倒塌。1946年土改时，土地分给农民，殿堂被学校占用，新中国成立后拆掉。

观音庙位于古现街道古现东村村南的凤凰山。昔日，山前有戏台，山巅有魁星楼，山后即为观音庙，建筑宏伟，气势轩昂，每年农历四月十八日庙会，进香者络绎不绝。后因战争年代的破坏，文化大革命的破四旧，戏台、魁星楼、观音庙全被拆毁。

崱岦寺位于古现院下村西崱岦山东麓，以山名命名，又名普安禅院，是福山十大寺院之一。金皇统二年（1142年），僧人惠进始建。清顺治十二年（1665年）邑乡贤王道增捐资命僧人果兴重修寺院。进士肖文蔚撰"修崱岦寺序"颂其功绩。乾隆二十二年（1757年），僧人请工重修方丈五间。寺处山坳，坐西面东，三排殿堂，各七间，前排为山门，有把门将军。中排为大殿，有三尊大佛、十八罗汉。后排为经堂和宿舍。整个寺院宽80米，东西长100多米，土地200多亩，寺院宏伟壮观。

图25-21　崱岦寺遗迹——水井（2003年摄）

民国年间，战时受损。1946年土改时，寺产归公，土地分给村民，和尚还俗，泥塑推倒。1949年殿堂木材拆下盖吴家完小，现址仅留下点滴瓦砾。

松岭庵位于古现四合村东，松岭山北麓。以山名命名。庵始建于明朝万历年间，清康熙

图25-22　松岭庵遗址上400年左右树龄的龙爪槐（2003年摄）

二十六年（1687 年）立碑，后经管不善，邑进士陈汝弼上《松岭庵讲经道场募缘疏》，广募资金。乾隆十九年（1754 年）僧人与贝重修大殿，五十五年（1790 年）立《陪殿碑记》。嘉庆二十五年（1820 年）立《永传庙业》碑记。至此庙具规模。其格局为：后排中大殿 3 间，西中殿 3 间，东平房 9 间；前山门 3 间，西中门 3 间，东平房 9 间；西厢房 6 间。1920 年庵房被松岭小学占用，1931 年改为县立第五小学。1947 年，大殿被拆，木料用于构筑军事工事，其余房舍，于 1968 年拆建学校。最后一名和尚姓曾，新中国成立后还俗。松岭庵遗存现仅有龙爪槐一株，枝叶繁茂，保护完好。

仲家沙渚寺始建于明末清初，东西、南北长均为 100 多米，建筑结构分后大殿、前大殿，东廊道外建有关帝庙，建筑规模和烟台毓皇顶（又名小蓬莱）极其相似；戏楼、钟楼则和蓬莱阁建筑完全一样。前殿前面有两棵柏、桧约有 1 米多粗，树冠很大；寺前水井长年流水，清澈甘醇。前殿供奉如来佛及十八罗汉，后殿供奉释迦牟尼及观世音等塑像。寺内塑像高大雄伟、形象逼真，具有很高造诣。关帝塑像为木制，带有机关，膜拜人触到机关，关帝会突然站起作搀扶状。该寺有庙产一百多亩田地，收入颇丰，僧侣甚多。每年正月十九赶庙会，每次庙会头几日，西到黄县、招远、莱州，东至文荣，商贾游人云集于此，人山人海，香火缭绕，很是旺盛。平日也是善男信女络绎不绝，香火不断，是当时蓬莱城东最旺盛的一座寺院。此寺庙在同治三年（1864 年）重新修建过一次，毁于 1946 年春天，寺院拆毁后的数年时间里，每到正月十九，人们还到此地赶会，后改为正月十八大季家交流会。

第三节　道教

道教在辖区历史上比较有名的场所有阴主庙、祈雨顶庙、芦洋的龙王庙、河北村的三官庙等。

阴主庙位于磁山樱桃涧，是辖区最古老的庙宇之一，因年代久远，现在很难指出其确切位置。阴主是齐国八神（主）之一，《辞源》载，“八神古齐国所祀者。一曰天主，二曰地主，三曰兵主（祠蚩尤），四曰阴主，五曰阳主，六曰月主，

图 25-23　三官庙中供奉的送子娘娘、神医十不全、关羽神像

七曰日主，八曰四时主”。清朝顺治六年，王道增与王鹭父子俩商量，经福山县令李腾龙赞许，自家筹资兴建，将阴主庙由樱桃涧迁至磁山之北麓马山之阴，王家产业之地。后来被毁。

祈雨顶庙建于大季家街道海拔153米的祈雨顶山巅。庙内塑有玉皇大帝、把门将军泥像，内设天后宫、阎王殿、魁星阁，庙内墙壁上有壁画，院内有两眼水井，百斤铁铸香炉一个，五百斤烧纸铁炉一个，百斤铁铸大钟一口，钟上铸有“芦洋寨”三个字。每年四月十八日为庙会日（现迁往方里）。旧时香火甚旺，民国初年该庙宇被拆毁，庙内古物不知所踪。

三官庙坐落在古现街道河北村。坐北面南，砖木结构，分五个庙堂。第一庙堂供奉的是武财神关羽。据说有一年大旱，花岩村村民抬着关羽神象串乡求雨，当走到河北村时，天空忽然乌云密布，雷声隆隆，大雨倾盆而下，祈雨人快步将关羽神像抬进三官庙避雨，大雨下了一下午，第二天花岩村民来请关帝爷回村，可抬不动了，小伙子们用尽全身力气也无济于事，其中一长者说：关帝爷相中河北村这风水宝地，不想回去，就留这村吧，他同样会保佑咱们花岩村老百姓的。小伙子们磕头辞别关帝爷回村了，从此花岩村与河北村结为友好村。第二庙堂供奉的是“三官”和送子娘娘神像。三官是天官、地官、水官。传说天官赐福，地官赦罪，水官解厄。送子娘娘，又称“注生娘娘”，神像慈祥和善，端坐怀抱娃娃。常有女子来此拈香跪拜祷告，请求送子娘娘赐子。第三庙堂，供奉的是准提菩萨，三目十八臂，她守护众生，功德广大。第四庙堂供奉“十不全”神像，十不全究竟有哪十不全？按传说是目有一眇，耳有一聩；手有一卷、腿有一拐，口偏齿缺；发秃、面麻；鸡胸、锅背。民间普遍认为十不全能给人健康，他是一个甘愿把别人身上疾病揽到自己身上的神。河北村供奉的十不全神像是一个拄拐的病人造型。当地传说在十不全身上挂一块咸菜疙瘩可以治哮喘，贴上膏药可治风湿和疮疖等疾病，原因是病人这样做可以把自己身上的病送给十不全，自己身上的病就去掉了。第五庙堂，供奉蚂蚱神。蚂蚱又称蝗虫，是农业上主要的害虫。历史上河北村曾发生过蝗灾，蚂蚱集结繁殖成群结队，迁飞时遮天敝日，所到之处，高粱、谷子、玉米、大豆等各种庄稼的茎和叶全被吃掉，造成灾荒年景，当时，由于缺乏药物毒杀、人工捕杀又无效果，人们只得建蚂蚱庙，求神的威力来震慑蝗虫，使他们免受灾害，可蝗灾屡屡发生，传说村内有位少年到地里捕杀蝗虫，捕杀完自家地里的蝗虫又帮别人捕杀，一连数日不休息，最后累死在庄稼地里，村民为崇尚他舍己为人的高尚品格，称他为神童，供奉在蚂神庙里。

芦洋龙王庙坐落在芦洋村东海边的悬崖峭壁上。传说清顺治年间某年，正值春讯旺发季节，芦洋渔民丁文优率船出海捕鱼，突然海上刮起大风，掀起了巨浪。丁公稳掌舵把，急令船员下帆免桅，放上“落了”，奋战在数丈高的巨浪中。危急时刻，突见船前站一使者，向丁公揖曰：“丁

图 25-24　芦洋龙王庙旧址（2003 年摄）

公别来无恙，我大王在宫中等您多时，请随我一见。”瞬时船前风平浪静，一座金碧辉煌的宫殿展现在丁公面前，丁公随使者进入大殿，一位老者端坐在殿上，曰：“丁公请坐，吾久闻公孝道、正直，愿与公一叙，今日风急浪高，请公在此暂住一夜，待明日风停浪静，即送公归。”果然，次日风浪渐消，丁公率船安然回归，只见岸边亲人正在撕心裂肺、嚎啕大哭，突见丁公归来，无不惊讶。丁公见状，便将进龙宫一事向人众讲了一遍，听者皆肃然。此事传开后，众乡党皆踊跃捐款建龙王庙祭祀，建成后四时贡品齐备，整日香烟缭绕。到了民国初年，军阀混战，本村9座庙宇拆了8座，龙王庙安然无恙。即使在文革年代，龙王庙也只是拆走了神像，改成了渔业队的仓库而已。每年正月十四，上香者仍络绎不绝。1989年，芦洋村两委与文化站合作创办了芦洋第一届渔灯文化节，村民们重新扭起了秧歌、跑起了旱船、舞起了龙灯、踩起了高跷。以后每年正月十四，拜祭龙王都是渔家人的头等大事。2009年，芦洋募捐重修龙王庙，当年底，庄严大方、金碧辉煌的龙王宝殿建成。重塑的龙王金身及童男童女、雷公、电母、丞相、判官、日巡夜叉、夜巡夜叉、风神、雨神等栩栩如生。2011年农历正月十四，芦洋第二十二届渔灯文化节在新建成的龙王庙广场隆重开幕。其后芦洋龙王庙渔灯文化节庆典越办越红火，影响越来越大，龙王庙成为当地弘扬传统渔家文化的圣殿。

图 25-25 古现北斗基督教堂（2003年摄）

第四节 基督教

2002年，辖区登记在册基督教信徒为700余人，设教堂1座、聚会点5个。2003年，登记在册基督教信徒约为480人左右。基督教设中华基督教耶稣家庭（1个）和中华基督教浸信会6个，分为2个派系。辖区基督教一般实行定期传道，周日为教徒集中活动时间，即聚会日。各活动场所亦可根据各自实际，灵活安排小型聚会时间，凡遇重大基督教节日，一般均举行聚会活动。

1942年，北斗基督教堂建立，位于古现北斗村。1953年后曾一度停止聚会活动，教堂的房屋作粮库使用。1988年，教堂恢复正常宗教活动，聚会信徒20人左右。至1995年9月，共有教徒160人。1998年，北斗基督教堂重新修整，有房屋14间。到2003年，共有教徒250余人。

1992年，西臧家基督教聚会点建立，位于古现西臧家村，属家庭聚会点。1993年3月，有信徒23人。到2003年，共有信徒30多人。每周二、周四晚上进行聚会，星期日上午信徒参加北斗基督教堂聚会活动。

1995年7月，上刘家基督教聚会点建立，位于八角乡上刘家村，属家庭聚会点。时有信徒10人。1999年，该聚会点有信徒40人。到2003年，共有信徒50余人。每星期日上午举行聚会活动。

1996年3月，金盛小区基督教聚会点建立，位于长江社区管理处金盛小区内，时有信徒9人。2001年，有信徒70人。到2003年，有信徒60人。每周三、周五下午和周日举行聚会活动。

1996年6月，金光小区基督教聚会点建立，位于长江社区管理处金光小区内，时有信徒20人。到2003年，共有信徒约50人，每周三、周日上午举行聚会活动。

2000年3月，方里刘家基督教聚会点建立，位于大季家镇方里刘家村，时有信徒30人。2001年，有信徒36人。到2003年，共有信徒约40人，每星期日上午举行聚会活动。

第二十六编

外事　侨务　港澳台事务

1989年6月2日，民主柬埔寨主席诺罗敦·西哈努克亲王偕夫人到区访问

烟台经济技术开发区志

YANTAI JINGJI JISHU KAIFAQUZHI

烟台开发区成立以来，对外交流与经济合作日益频繁，全方位、多层次、宽领域的对外开放格局逐步形成。为服务好招商引资工作，开发区外事工作、侨务工作和港澳台方面工作不断深入开展。通过多种渠道展开对外交往，大力宣传开发区投资环境，提高开发区海外知名度，促进全区外向型经济不断向前发展。其中动员海外侨胞、港澳台同胞到区投资，帮助他们解决实际困难，是开发区外事、侨务、港澳台事务的工作重点。

第一章　外　事

第一节　管理机构

1984—1987年，外事工作由管委办公室负责。1987年2月27日经济发展局成立后，外事工作由经济发展局负责。1989年3月，经济发展局设立项目外事科，为股级行政单位，负责全区外事业务工作。1991年7月22日，经济发展局设对外业务科（股级）；1993年2月18日，对外业务科改称对外业务处（科级）。2000年8月，外事工作由投资促进局办公室负责。开发区外事工作对口市政府外事办公室。

第二节　对外交往

到访　辖区自1986年开始有外宾到访。1986—2003年，共有2466人次外宾到区访问，主要来自日本、韩国、美国、德国、新加坡、新西兰、朝鲜、俄罗斯、秘鲁、澳大利亚、英国、法国、荷兰、菲律宾、柬埔寨、马里、古巴、老挝、印度、埃及、泰国、亚美尼亚、塞浦路斯、加纳、吉尔吉斯斯坦、叙利亚、格鲁吉亚、克罗地亚、巴布亚新几内亚等20多个国家和地区。

图26-1　1993年4月，新加坡总理吴作栋（左一）到区访问

1986—2003年烟台开发区到访外宾情况统计表

表26-1

年份	到访外宾人数	重要外宾
1986	20	朝鲜劳动党中联部副部长金成龙一行；马里共和国民盟参观团等。
1987	39	美国圣迭戈市友好参观团；新西兰陶朗加市友好访问团；新西兰贸易委员会代表团等。
1988	61	新加坡贸易发展局局长杨至耀及夫人；美国驻华大使班明峰（音译）；美国肯达尔公司总裁J.D.谢拉特；烟台市友好城市新西兰陶朗加市政府代表团；法国共产党罗纳河口省委干部考察团；美国驻中国香港总领事馆副领事王晓岷；日本别府市友好代表团等。

续表 26-1

年份	到访外宾人数	重要外宾
1989	68	民主柬埔寨主席诺罗敦·西哈努克亲王偕夫人；日本明治大学教授寺田；印度干部代表团；中苏边界谈判苏联政府代表团等。
1990	105	新西兰陶朗加市市长凯斯·克拉克等。
1991	75	苏联军事代表团；朝鲜财政现代化管理考察团；日本宫古市副市长前川直也。
1992	227	新西兰陶朗加市政府代表团；亚美尼亚共和国副总统兼总理阿鲁秋尼扬；日本宫古市市长中居英太郎等。
1993	147	俄罗斯海参崴市政府代表团；新加坡共和国总理吴作栋偕夫人；泰国披沙迪亲王；新加坡资政李光耀、副总理王鼎昌；老挝人民革命党中央委员会主席、老挝人民民主共和国政府总理坎代·西潘敦一行等。
1994	241	澳大利亚政府代表团；埃及协商会议工业、农业委员会代表团等。
1995	94	日冷株式会社会长金田辛三；秘鲁第一副总统里卡多·马克斯·弗洛雷一行；德国格罗茨—贝克特集团总裁德纳博士；韩国大宇株式会社社长石锁哲；日本别府市议会议长内田有彦、别府市副市长黑田忍等。
1996	225	韩国大宇重工株式会社社长秋浩锡；巴布亚新几内亚宪法改革委员会主席本·迈卡；韩国群山市政府代表团、议会代表团；智利众议院第一副议长费朗西斯·温丘米西·哈拉米略；日本电装公司副会长太田和宏；泰国政府高级代表团；澳大利亚前总理霍克夫妇；新西兰政府代表团；日本别府市政府正式代表团；克罗地亚的克中友好代表团；乌拉圭白党代表团等。
1997	171	新西兰政府代表团；日本别府市政府正式代表团；克罗地亚的克中友好代表团；乌拉圭白党代表团来等。
1998	222	新西兰副总理温斯顿·彼得斯；陶朗加市市长诺埃尔·波普；英国安格斯政府代表团及福法市市长弗朗西斯·邓肯夫人；吉尔吉斯共和国总统阿斯卡·阿卡耶夫夫妇；俄罗斯政府代表团；日本宫古市政府代表团；日本参议院代表团；韩国大宇集团金宇中会长等。
1999	100	日本宫古市政府代表团；赛拉利昂议会代表团；俄罗斯科技部副部长聂奇科夫等。
2000	114	保加利亚欧洲左翼党代表团；日本大阪府丸茂医院丸茂任院长一行等。
2001	155	韩国LG电子株式会社副社长金锺殷；美国PPC公司总裁拉瑞巴夫顿一行；叙利亚阿拉伯复兴社会党干部考察团；美国数码电信公司首席营运官 ANTONIO CARDENAS 及澳大利亚 TRADENET公司JENSEN等一行；格鲁吉亚农业部代表团；美国弗利特坞公司副总裁加里·约翰逊一行；美国 AVX 公司副总裁凯·托马斯一行；韩国原州市议会副议长元敬默率领的代表团；日本千叶制粉、住友访问团；新西兰陶朗加市政府代表团；美国 BMC 公司总裁波里肯一行；法国阿托菲纳公司中国副总裁安德鲁·瑞奇一行；日本光生铝株式会社取缔役兼海外部部长户贺丰将；韩国性柱 MI 株式会社社长李云镛一行；日本岛根县访华团；韩国现代重工业株式会社李仁沃部长一行；日本厚木株式会社社长岗安、日本旭化成株式会社部长崛中；韩国青友情报技术株式会社董事长郑泰荣、总经理金成均一行；韩国产业团地公团理事长李孝镇一行；韩国宇信株式会社社长许丙夏一行；德国格罗茨—贝克特公司执行董事霍克一行；日本长江贸易社长松本世宪、野村镀金社长野村修平一行；塞浦路斯中央委员斯塔洛斯·耶洛拉齐迪斯一行；瑞典奥伦布罗市政府代表团；韩国驻青岛总领事琴秉穆一行；荷兰王国北荷兰省政府暨经贸代表团；法国 SKW 公司董事长一行；日本宇部日东化成株式会社常务取缔役小川信夫一行；韩国东光技研（株）柳来馨会长一行；美国 BMC 公司代表约瑟夫一行；日本大丸兴业株式会社中山正弘一行；韩国木甫大学考察团；瓦努阿图共和国外长让阿兰·马埃一行等。

续表 26-1

年份	到访外宾人数	重要外宾
2002	230	法国圣戈班公司玻璃部副总裁 Dechoux 一行；菲律宾巨龙国际集团董事长周玉春一行；新西兰驻华大使麦康年一行；韩国群山市姜根镐市长率领政府代表团；韩国新千年民主党常委副主席金槿泰、LG 电子（中国）有限公司总裁卢庸岳一行；美国 NEWTON 投资公司会长徐平源；日本山梨县访中代表团一行；以智利驻华大使为团长的外交使团；日本厚木工业株式会社冈安社长一行；韩国宇信株式会社许丙夏社长一行；德国普若菲塔生物技术公司副总裁昆廷；加纳渔业国务部长阿西提一行；美国圣迭戈市访问学者迪恩·卡尔布瑞斯；韩国群山市政府代表团；古巴国家储备委员会主席、古中友协主席、古中议会友好小组古方主席；美国华盛顿州副州长布莱德·欧文率友好代表团等。
2003	172	美国通用公司副总裁杰瑞·艾尔森一行；韩国京星集团李载吉会长一行；韩国 HK 海运株式会社社长高汉奎一行；美国力宏集团董事长倪慰祖；德国、以色列商务代表团；韩国杏南瓷器集团金容柱会长等。

出访 1986 年 5 月，开发区管委首次组团对外访问。1991—2003 年，开发区管委机关和企事业单位人员出访活动较为频繁，截至 2003 年，共计出访 1274 人次。主要出访国家和地区有日本、韩国、美国、法国、德国、英国、加拿大、意大利、澳大利亚、俄罗斯等。

图 26-2 1997 年 12 月，田增成（左四）一行访问英中贸易四十八家集团（英中贸易协会前身）

1991—2003 年烟台开发区出访活动情况表

表 26-2

年份	出访人数	出访国家和地区
1991	61	美国、新加坡、朝鲜、匈牙利等
1992	170	韩国、日本、美国、德国、俄罗斯等
1996	136	韩国、日本、美国、加拿大等
1997	102	日本、美国、新加坡、法国、英国、韩国、澳大利亚、新西兰、泰国、德国、阿联酋
1998	116	法国、英国、德国、意大利、韩国、日本、美国、加拿大
1999	109	法国、英国、韩国、日本、美国、加拿大
2000	120	韩国、日本、美国、加拿大、德国、英国、土耳其、埃及、以色列
2001	155	韩国、日本、美国、加拿大、澳大利亚
2002	133	韩国、日本、美国、加拿大、澳大利亚
2003	172	日本、韩国、美国、俄罗斯、德国、瑞典、西班牙、意大利、澳大利亚、新西兰、冰岛、芬兰、泰国、印度、巴西、比利时、法国等

重要出访活动 1992年3月10日—25日，管委副主任王立刚等一行6人出访日本。访问三井物产、日冷、铃木、山口制作所、神田铁工等企业，就烟台开发区1平方公里食品加工区项目、合资生产摩托车项目以及有关进出口贸易等事宜进行洽谈。

1992年10月10日至25日，管委副主任于常青等一行4人出访美国。访问美国鸿运国际公司、金福国际公司、帕奇国际有限公司，洽谈食品加工和医用导管项目；访问爱荷华商协会和圣迭戈市美中友好协会。

1992年10月10日至25日，管委副主任林培祖等一行4人出访法国。访问法国贝乐有限公司，洽谈服装项目，考察服装市场。

1998年5月5日至19日，工委书记、管委主任阎原田等一行3人，赴日招商引资。

1999年11月，管委副主任刘为群等一行4人，赴日招商引资、召开投资说明会、访问有关企业。

2000年5月3日至20日，工委书记、管委主任王秀臣、副主任高松敏等一行5人出访美国、加拿大。举办中国留学生招商说明会，广泛走访商会、政府组织，访问美国奥德尔·希蒙斯公司、旧金山科技公司和加拿大沙尔顿建材公司，收集项目信息，推动在谈项目进展。

2000年5月8日至27日，管委主任助理蒋胜明等一行5人，赴日访问日立、伊藤忠、日商岩井、鲁星、继手机械等企业和日本贸易振兴会，跟踪推进日立医疗设备、鲁星食品、光生铝增资计划等项目，召开投资说明会，访问烟台开发区医院友好医院宫古市医院。

2000年6月11日至7月1日，管委副主任刘为群等一行5人出访英国、法国。在英国、法国举办招商说明会，针对欧洲工业园进行招商活动，加大对欧美地区的招商力度，扩大烟台开发区的知名度；访问英国MCN通讯公司、英国工业气体公司、法国印刷机械公司等，推进通信光纤、工业气体、印刷机械等项目进展。

2000年6月18日至7月9日，管委副主任高松敏等一行4人出访德国、英国、丹麦。举办投资政策说明会和项目推介会，访问英国安格斯市经济发展局，德国巴伐利亚州经济交通技术部、SN食品公司、WG机械公司和丹麦老人涂料公司，与之建立经贸合作关系，推进在谈的食品加工和机械链条等项目进展。

2000年9月17日至10月1日，工委副书记陈文晔等一行3人出访意大利、法国。访问法国利德木业公司和意大利Mondim Presa投资促进机构，参加在意大利举办的欧共体投资伙伴会议，与欧洲企业建立起联系。

2000年10月10日至21日，管委副主任林建宁等一行3人，赴日参加经贸部在东京举办的投资洽谈会和投资政策研讨会，参加大阪世界商务大会，访问在烟台开发区投资的日本企业。

2000年10月28日至11月11日，管委副主任高松敏等一行3人出访菲律宾，与利盟公司就喷墨打印机项目进行洽谈。

2001年7月24日至8月6日，管委副主任高松敏等一行3人，赴日举办招商说明会，访问丸红、大日本印刷、丰田通商等世界500强企业，围绕与电装合作项目、丰田通商轴瓦项目、丸红高新技术等项目，对日本展开重点招商活动。

2001年11月4日至11日，管委副主任孙夜晓等一行5人，参加烟台市委、市政府统一组织的赴日本、韩国经贸洽谈活动，促进加工贸易发展，访问在烟台开发区投资的部分日韩企业，参加烟台市政府在东京举办的项目推介及加工贸易恳谈会，与神户市政府签订烟台开发区驻神户办事处协议，与兵库县贸易部门签订500万美元的加宝工业园项目协议。

2002年5月，工委书记、管委主任王秀臣等一行6人，赴日参加山东省外经贸厅在日本大阪举办的“2002（大阪）中国山东省经贸洽谈会”。9月23日至10月4日，管委副主任高明经等一行4人，赴日参加大阪“东亚商务论坛”，访问阿童木株式会社、兵库县贸易、丸宽商社、INFORM、和田博、三井物产、新日本油业、山梨县产业支援机构、三浦化成工业、和光食粮、SIMON、大丰工业、VIV 等企业。

2002 年 10 月 22 日至 29 日，工委副书记谭维忠等一行 6 人赴日，借烟台市与名古屋市开通空中直飞航线的有利时机，开拓对名古屋及其周边地区的出口市场，拓展招商渠道，推进有关合作项目。

2003 年 3 月 2 日至 3 月 8 日，工委书记、管委主任王秀臣等一行 6 人，为推进烟台开发区资源再生工业园招商工作，赴日跟踪落实在谈项目，先后访问日本国际环境保护再生资源协会、东亚通商、三德通商、新地发电产业、地域开发建设事业协同组合、厚木、ITDB、日本坦博等公司。9 月 10 日至 10 月 4 日，管委主任王秀臣等一行 4 人，为推进烟台开发区 IT 工业园招商工作，赴日跟踪落实在谈项目，参加由瀛海机构在福冈主办的中日产学官交流研讨会。

图 26-4　1993 年 6 月，开发区医院与后藤医院结为友好医院签字仪式

国际友好交流　1992 年 10 月 10 日，日本宫古市市长中居英太郎出席由日本宫古市赠送设备、烟台开发区医院承建的烟台血液透析中心开业典礼。

图 26-3　1992 年 10 月 10 日，日本宫古市市长中居英太郎出席由日本宫古市赠送设备、烟台开发区医院承建的烟台血液透析中心开业典礼

1993 年 6 月 10 日，烟台开发区医院与日本国宫古市后藤医院结为友好医院。

1994 年 6 月 18 日，由烟台开发区管委会主办的“’94 中国—新加坡国际经贸洽谈会”在区国际交流中心举行。会议邀请新加坡、马来西亚、美国、日本、丹麦、澳大利亚、韩国等国家和地区的 175 名嘉宾出席。洽谈会期间，签订外资项目 24 个。

1995 年 2 月 8 日，烟台开发区医院与美国雷赛公司交流合作，引进应用准分子激光眼科矫正系统及技术（简称 PRK）治疗近视眼，在省内属第一家。

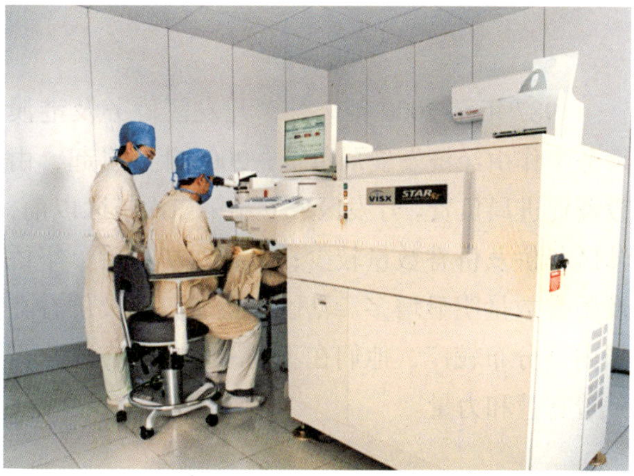

图 26-5　1995 年 2 月，开发区医院引进应用准分子激光眼科矫正系统及技术（PRK）治疗近视眼

1995 年 6 月 12 日，经烟台市外事办公室批复，授予在开发区工作有成绩的外籍专家濑川晶弘（日本）、安东尼·卡特（英国）、金湖哲（韩国）、汤姆·佘（美国）烟台市荣誉市

民称号。

1995年10月14日，开发区在天地广场举行“烟台·别府缔结友好城市10周年樱花纪念碑”揭幕仪式，日本别府市议会议长内田有彦、别府市副市长黑田忍，烟台市有关领导参加揭幕式，并在天地广场共同栽种别府市民间捐赠的近百株日本国花——樱花。

1997年6月7日，为庆祝第二届APEK国际贸易博览会在烟台举行，由开发区主办的大型“金沙滩狂欢夜”晚会在区内金沙滩海滨举办，多国来宾与开发区群众一起联欢。

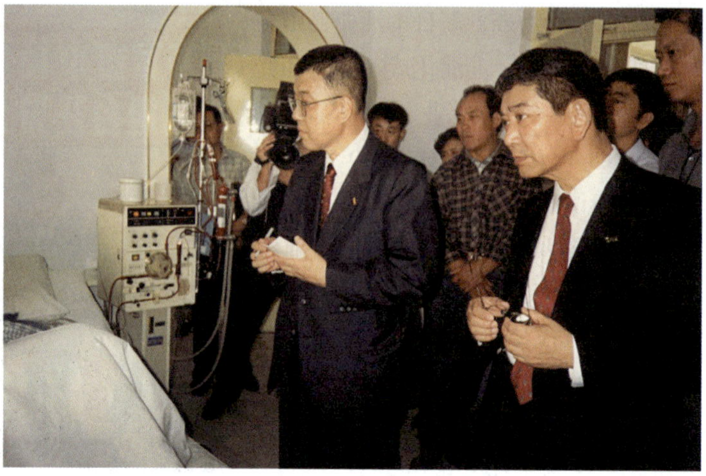

图26-6 1998年10月9日，日本宫古市后藤医院院长后藤康文参观开发区医院

1998年10月9日，以后藤康文为团长的日本宫古市政府代表团来开发区参观访问，代表宫古市后藤医院对开发区医院进行捐赠，并参加了开发区医院举行的友好交流活动。

2000年12月15日，开发区管委会聘任韩国著名学者、韩国国立木浦大学经济学教授、经济学博士金衡模为“烟台开发区管理委员会顾问”。

国外捐助 1992年10月10日，日本宫古市向开发区医院赠送全套血液透析设备。

1998年10月9日，日本国宫古市后藤医院赠送给开发区医院血液透析机零部件、血透药品及书籍等。

第二章　侨务与港澳事务

1987年至2000年7月，开发区侨务及港澳事务工作由经济发展局负责；2000年8月起，由投资促进局负责。开发区成立至第二次扩区以前，辖区华侨及侨眷数量较少；第二次扩区后，华侨及侨眷数量明显增多。辖区华侨、归侨及侨眷在国内外分布较广，他们在不同领域为所在国家贡献着智慧和力量。

第一节　海外华侨

2003年，有原籍在辖区的海外华侨328户，其中原籍在古现街道的260户，在八角街道的33户，在大季家街道的7户，在海河、长江两个社区的28户。

古现街道（原福山区古现镇）素有“华侨之乡”之称，有海外华侨1069人。古现籍华侨分布于亚洲、欧洲、美洲、大洋洲等四大洲，所在国家有韩国、朝鲜、日本、马来西亚、新加坡、印度、苏联、德国、奥地利、意大利、英国、法国、澳大利亚、加拿大、美国、牙买加、巴西、阿根廷等18个国家。境内四合村旅日华侨金钊早在1915年就到大阪开办“信和商行”。古现华侨大多是从20世纪30年代至新中国成立以前旅居国外的。谭家、臧家、石岚等村每村都有旅韩华侨50多户、200人以上，他们大多居住在汉城、清津、京畿道等地，以开饭店、理发店、裁缝铺、杂货铺为业，少数人开工厂、矿山、矿场。旅法华侨，大多居住在巴黎，以开饭店为业。旅美华侨大多散居在华盛顿、芝加哥、洛杉矶等地，主要经营饮食业或从事文教科技工作。东吴家村的吴语廷在华盛顿开办的“华北饭店”，吴语铎在弗吉尼亚州开办的“鲁园饭店”，以及石岚村王维展在洛杉矶开办的“金华大饭店”都较有名气。侨居加拿大的华侨也多以从事饮食业为主，其中山王家村的王道增、王文乐在多伦多开办的“北京饭店”和“乐宫楼饭店”颇负盛名。

八角街道有华侨33户，其中美国22户、韩国8户、加拿大2户、朝鲜1户。这些华侨祖籍主要分布在花岩村、八角村、泊子村、于家村和百堡村。

大季家街道有华侨7户，21人，其中房家村1户、芦洋村2户、马家村1户、丈老沟村2户、山后李家村1户，分别侨居加拿大、韩国、美国、日本。这些华侨在国外主要从事饮食业和服装业。

海河社区和长江社区有海外华侨28户，其中韩国7户、日本2户、美国14户、加拿大1户、法国2户、澳大利亚2户。

第二节　投资与捐助

烟台开发区把引进和利用侨资及香港澳门同胞投资作为发展区域经济的重要内容。侨资及港澳投资企业为开发区经济和社会发展做出了重要贡献。

图26-7　烟台亚东标准件有限公司厂区

区内第一家投产企业是1985年由中国香港凯迪实业有限公司与长春机载设备制造公司、深圳航空标准件厂合资兴办的烟台亚东标准件有限公司，注册资本为100万美元，主要生产自攻螺丝钉，产品80%出口。

截至2003年，辖区共兴办侨资及港澳同胞投资企业110多家，产品主要涉及机械、电子、医药、食品、服装等行业。辖区侨资和港澳投资主要来自美国、新加坡、日本、韩国、泰国、澳大利亚、加拿大等地，其中以中国香港和美国的投资者居多。

海外华侨及港澳同胞爱国爱乡，以不同方式为开发区的发展提供帮助。1997年6月5日，香港启东电线电缆有限公司董事长、香港冀鲁旅港同乡会副理事长于静深为“开发区图书文化事业基金”捐款人民币10万元。

第三节　归侨与侨眷

截至2003年，辖区共有归侨16人，其中古现10户15人，长江社区1人。工委管委认真落实侨务政策，全面调查、了解掌握辖区侨胞、侨眷情况以及他们在海外亲属的情况，吸引海外华侨回家乡投资，为家乡做贡献，努力做好归侨和侨属的服务工作。

截至2003年，辖区有侨眷1276人，其中古现街道有258户，1255人；大季家街道有侨眷1人；海河和长江两个社区有侨眷20人。

建区以来，工委管委努力提高辖区侨眷、侨属的生活水平，对有困难的华侨眷属实施有针对性的帮扶措施，制定下发了侨务扶贫工作规划，帮助侨属就业，协助侨属发展经济。20世纪90年代，辖区办理“三侨考生”（指归侨青年、归侨子女、华侨在国内的子女）2人。

第三章 对台事务

烟台开发区对中国台湾事务主要任务是开展对台经济技术交流，吸引台胞到区投资，关心辖区台商、台属，帮助解决实际困难，动员台胞为家乡做贡献。

第一节 组织与宣传

1991年9月，辖区成立台湾工作办公室（以下称“台办”），隶属于工委组织部。台办积极开展对台宣传工作，通过召开台属联谊会、座谈会等形式，鼓励台属利用书信、电话、传真等手段，向亲人宣传大陆及开发区的改革开放情况以及党的对台政策，动员台胞为家乡建设献计出力。

1992年4月，开发区台湾同胞接待站成立，隶属于台办。台湾同胞接待站按照“主动热情、了解情况、提供方便”的原则，接待到区观光、旅游、探亲、考察的台胞，做好各项服务。1993年2月，台湾同胞接待站改称统战处，与台办合署办公，机构升格为正科级。90年代以来，每年平均接待台胞30多批，100多人次。

1999年4月，开发区在台湾《工商时报》做彩色宣传专版一个，集中介绍烟台开发区的投资环境和优惠政策。5月，开发区工委书记、管委主任王秀臣等3人赴台湾地区的台北、新竹等地，考察出口加工区及机电、电子行业，向台湾同胞介绍烟台开发区情况。

建区以来，工委管委一直按照党的对台政策，定期走访台胞及台属家庭，对他们与侨胞侨属同等对待，一视同仁，帮助他们解决生产、生活中的实际问题。1988年，台胞苏介农回开发区廒上村定居，工委管委在居住环境、交通条件、社会服务等方面，给以妥善安排。1991年，台胞李永先回开发区刘家台子村定居，同样得到妥善安置。截至2003年，辖区总计有台胞和台属76户，近300人。

第二节 利用台资

建区以来，烟台开发区始终把对台招商作为招商引资的重要环节来抓，通过赴台招商，邀请台商来区考察，参加展览会、贸易洽谈会等形式，积极接触台商并开展招商引资工作。

2000—2003年，共接待台商300余人次。开发区以单独组团、随团等形式，先后有5个团组10余人到台湾洽谈相关项目，加强了与台商的联系与沟通。大力开展以商招商工作，通过区内台资企业，引介更多有实力的台商到区考察、投资。

1991—2000年，开发区引进台资项目40个，合同外资3722万美元。2001年开始，对台招商工作实现新突破，当年引进项目8个，合同台资1278万美元；2002年引进项目7个，合同台资820万美元；2003年引进项目9个，合同台资7423万美元。

台商到烟台开发区投资的主要行业有电子、机械、食品、生物、化工、房地产等。由开发区引进的台湾面粉制造业之巨擘——联华实业股份有限公司兴办的烟台台华食品实业有限公司，投资总额为2700万美元，注册资本为1667万美元，2000年投产。该公司引进了享誉全球的瑞士布勒（Buhler）公司面粉生产设备，先后建成日处理小麦300吨面粉生产线、全自动快煮面生产线、馒头生产线等。

2003年，世界IT产业八强的台湾鸿海集团，在开发区投资设立鸿富泰精密电子（烟台）有限公司，计划投资额2000万美元，注册资本800万美元。同时全面启动富士康（烟台）工业园项目，计划总投资5亿美元，规划用地面积2平方公里，主要生产计算机机箱、连接器、无线组件等产品。

至2003年，台湾地区在开发区投资兴办合资、独资企业64个，合同台资13243万美元，在到区投资的国家和地区中排第5位。如果考虑到先由台湾到维尔京群岛等地注册公司，再转投中国大陆等因素，台湾地区在烟台开发区投资的位次还要前移，是辖区主要投资来源地之一。

1991—2003年烟台开发区引进台资情况表

表26-3

年份	引进项目（个）	项目合同台资额（万美元）	年份	引进项目（个）	项目合同台资额（万美元）
1991	1	187	1998	4	59
1992	7	604	1999	6	826
1993	9	1113	2000	3	158
1994	5	195	2001	8	1278
1995	2	28	2002	7	820
1996	1	510	2003	9	7423
1997	2	42	累计	64	13243

第三节　对台贸易

自2000年始，随着海峡两岸经贸关系的不断发展，烟台开发区对台贸易开始呈现逐年增长的良好势头。2000年，开发区对台进出口贸易额549万美元，其中进口396万美元，出口153万美元，辖区有9家企业的产品出口到台湾。2001年，辖区对台进出口贸易额715万美元，其中出口506万美元，进口209万美元。2002年，辖区对台贸易进出口额达到1152万美元，其中进口927万美元，出口226万美元，有17家企业的产品出口到台湾，出口产品主要是电子和化工类产品。2003年，对台进出口贸易额1491万美元，比2002年增长29%，其中进口1091万美元，增长18%；出口400万美元，增长77%；出口台湾的企业达到24家，出口产品以电子类为主。

第四节　台胞捐赠

1991年11月，台湾三重市台胞常文泰向开发区第三小学捐赠丰田皇冠汽车1部。

1992年5月，台湾台北市台胞林蓝田向开发区台胞接待站捐赠丰田皇冠汽车1部。台湾省嘉义市台胞王钟恒向开发区金盛福利标准件厂捐赠汽车1部。

图26-8　1996年，市政协副主席刘延凤（左二）、管委主任阎原田（右二）等参观“松振书馆”

1993年3月，台湾高雄市台胞孙祖业、朱世昌向开发区金桥办事处捐赠桑塔纳汽车5部。台湾嘉义市台胞王钟恒向开发区金桥办事处捐赠钢材8000吨，用于敬老院工程和扩建小学。

1997年9月16日，台湾百代股份有限公司董事长王松振和香港松竹集团副董事长王国良分别为开发区“松振书馆”捐款10万元和1万元人民币。

1999年5月，台胞许庆文、张荣显捐赠价值20万元人民币的路面反光标记2400个，用于开发区长江路建设。

人 物

王懿荣雕像

烟台经济技术开发区志

YANTAI JINGJI JISHU KAIFAQUZHI

人物编包括人物传、开发区历任工委书记管委主任简介、革命烈士英名录和模范、先进人物表。人物传坚持生不立传的原则，选录辖区历史上有较大影响的过世人物 43 人，以正面人物为主。开发区历任工委书记管委主任简介介绍了建区以来 8 位工委书记管委主任的基本情况。革命烈士英名录收录本籍革命烈士 430 人。模范、先进人物表中收录建区以来省级以上模范、先进人物 14 人。

一、人物传

王　忠

王忠（生卒年不详），古现街道河北村王氏始祖。出生在云南大理府云南县鸡头村，少年有志刻苦读书考取举人。明洪武年间（1372 年前后）任山东都转运盐使司下辖的登宁盐场盐课大使，登宁盐场在福山县北之盐场村，凡蓬莱、黄县、牟平、福山、文登、荣城之盐池及盐锅均属该盐场管辖。盐课大使专掌各地盐池和盐锅产盐、交易、征收等事务。王忠勤勉公事，恪尽职守，清廉公正，深受朝廷之器重和百姓之爱戴。王忠辞官后入福山县藉，落户河北村，他与不同姓氏和睦共处，礼尚往来。据《王氏家谱》载，“吾始祖以滇南远人卜居，视同姓之里，当时彼众我寡，彼土著，而我侨居，久而安焉，其措置必有过人之处”。王忠，崇尚知识，重视教育，请名师办私塾，教育子弟读书入仕，实现修身治国平天下的伟大抱负。王忠后裔，英杰辈出，明清两朝，考取翰林 6 人，进士 27 人，举人 63 人，贡生 58 人，庠生 357 人，堪称名门望族。王忠百年之后葬于河北村西祖茔，朝廷敕授他为承事郎，正七品官。

王道增

王道增 （1577—1659），字仰池，古现街道河北村人。

《福山县志稿》“卷九·行宦篇”载，“生而俊伟，秀目美髯，性阔达倜傥，多大略”。少年喜颜黄门之推家训，长大后通晓《左氏春秋》内外传。只因家境艰困，只得放下读书科考，挑起家庭重担支持父亲为官（其父王久任，明万历十四年以贡生选送国子监读书，后授官山西省文水县主簿）。明万历二十二年（1594 年），17 岁的王道增躬身田渔，且耕且读，一人支撑贫寒的家庭。

王道增画像

明末，海上平岛（今长山列岛）最初设防驻军，海运尚未打通，给养难以供应。镇守岛上将领发告示附近州县，以重金招募运输者，可是民众因害怕海盗寇和风浪等危险，竟无一人敢应募。王道增则认为运粮之事关系国防安危，所以慨然应允组织族人，驾船前往，不顾生命危险，终于在无边际的大海上打通了运输给养的通道，把军需及时运到岛上。岛上驻军统领感激万分，欲留其做官，王道增婉言谢绝。归途中，所经岛屿，其必绕近登临观测，成为这些岛屿开辟登岛航路第一人。

明崇祯十四年（1641 年），福山地发生大规模的自然灾害，百姓多数饿死，县西北数十里许多村庄都变成废墟。王道增将家从古现河北村移居到古现村，该村地处交通要道，为赈济来往饥民，王道增设粥棚济民。没有柴草，他便拆自家房屋取木作燃料。其时牟城等六社（今古现街道办事处辖区）欠税粮五百多担，军中传缴催交。时知县吴闻诗亦想不出解决办法，就找王道增商议。王道增发动族人富户如数借予上交。事后，本应向百姓征缴偿还，而王道增却云："时事如此，安何得来？仍追比，先后均为一死也，非某初心。"为解民于倒悬，王道增等于将自家粮全部捐出。知县吴闻诗感动不已，特书"燕山堂"匾额相赠，以志表彰。并跋诗曰："国课亏矣，赖尔输完；民生鲜矣，赖尔安全；爵尔所羞，名尔所浼，天道福善，报尔燕山。"大饥荒时，暴露在荒野的尸体无数。王道增建义冢一处，以百文收尸一具，将暴尸全部掩埋。

王道增生平"内无匿情，外无讳事，见义勇为，敦行不怠"。清顺治十六年（1659年），逝于家中。远近乡党前来送葬者，家里人多不认识。清康熙十八年（1679年）乡里百姓联名公举王道增祀乡贤祠并撰联赞曰："读丘明之书，能知大义；抗仲连之志，不屑微名。"又曰："拟诸经明行修之条，固足范今而垂后；比乎捍灾御患之列，抑当报德而酬功。"王道增有子六人：鹭、铎、锷、珽、脝、典。

王允谐

王允谐（生卒年不详），字伊和，明末进士。古现街道河北村人。

王允谐为古现王氏家族第一个进士。《福山县志》载："幼苦学，为文雅。王俊五世孙。"他少有鸿鹄之志，读书刻苦，志在四方。为人刚毅，不甘屈居人下。生得面貌清秀，身材修长。明崇祯十年（1637年），苦读寒窗十余载的王允谐参加这一年辛未科举试，几经拼搏，考中第四十三名举人。翌年，入京会试落第。此后皆以战乱避居于家。直到16年后，已年届天命之年的王允谐应新朝清顺治四年（1641年）丁亥科会试，中三甲第一百五十四名进士。授大理寺观政。届满，外放甘肃省成县知县。他初到成县，目睹饱受战乱的西北，满目疮痍，地方上财政匮乏，广大农民被赋税剥夺，民不聊生，人口锐减。明朝后期，实行一条鞭法，丁役摊入地亩。王允谐采取新法，以减轻百姓负担为第一政务，向朝廷上缴部分，把田地重新丈量，由过去的对半分成，改成四六制，民六地主四。他鼓励商民开矿，官府抽税。这一系列举措，使外出流民都返回家乡安居乐业，一时成县呈现一片繁荣景象。

王允谐为人性直情急，凡看不惯之陋习，便大声训斥。县衙属官一些刁钻之徒，因他为官清廉，得不到油水，而时常抱怨。清顺治十年（1653年），成县有个明朝旧吏在京任吏部员外郎，乞假回来扫墓祭祖。时正逢大雪封道，天水知府要王允谐派民丁将成县至徽县地界道路打扫干净，迎接那个吏部郎官回乡省亲。时王允谐正在四乡检查百姓房屋是否倒塌，牛羊是否冻死。听到此令，他雷霆大发。结果没派人将道路积雪扫除。此举得罪了知府与吏部郎官。当届满考绩时，以不称职被罢官。

王允谐被罢官后，遂归故里，以耕读为生，安度晚年善终。

王三锡

王三锡（生卒年不详），字怀万，古现街道河北村人。始祖王忠九世孙。三世祖王俊、四世祖王绍、五世祖王秀、曾祖王国周、祖王朝锡、父王道长（京师锦衣卫）。

《福山县志稿》载："三锡，幼而沉毅，倜傥不群，能诗善文，书法以草书擅长，其身材矫捷便利，弓马术绝伦。"少年时便中武庠生，成为福邑武科佼佼者。明崇祯六年（1633年），王三锡初试顺天癸酉科中乡试第一名，中武解元。明崇祯七年（1634年），又先后参加兵部甲戌科会试中式、兵部会同总兵官于帅府试策略及教场试弓马、签册等，考取了一等二十七名，赐武进士，授官直隶（今河北省）昌平道中军守备（明代设为一城之军事长官，正四品）。三年后，擢升为山东提标水师左营游击（武官名，从三品）。

王三锡立志要学戚继光作为一代名将，他熟读《孙子兵法》《吴子》《六韬》《司马法》等古代将领韬略名作，尤其爱读戚继光的《纪效新书》《练兵实记》等军事名著。无奈，他生长在大厦将倾的明末，虽心怀壮志，但报效无门。他曾决心担负起朝廷中兴重任，来挽救末途的明王朝，但此时的明王朝官场腐败，大清已在关外称王称帝，朝廷每年要耗巨资来防止清军入侵。

明朝末年，李自成、张献忠等人揭竿而起，起义军深得民心，声势浩大，明王朝随时都有倾覆的危机。崇祯皇帝朱由检为了应付内忧外患局面，特别重视对武科人才的选拔。就在此时，王三锡被调往陕西任游击，奉命去剿灭李自成起义军。崇祯十七年（1644 年）甲申二月，王三锡周历关中山川，得地势之险要，晋京上书面陈崇祯帝，崇祯召见了他，了解战事，鼓励他放手去战，并赐以御宴、铠甲，委以重任。三锡返陕后，准备调集人马进山围剿，不料李自成自山西突出，一路势如破竹，攻克了北京城。崇祯见大势已去，在煤山（今景山）自缢。消息传之关中，王三锡闻声大哭。后弃军，独自东下，于西北蹈海而亡。后清顺治帝，为笼络汉人民心，诰封他为怀远将军，从二品官阶封典。生子二：家谟、家本。

王慎言

王慎言（生卒年不详），王三锡二弟。古现街道河北村人。

崇祯六年（1633 年）癸酉科与兄长三锡一起赴顺天府武科乡试中式，为武举人。次年，又同大哥王三锡共赴会试考场，在头场靠马步箭合格后，复试舞刀、举石、开弓，均名列优等中式。而后在考策略、兵书、策问时，王慎言下笔如有神，行文如流水，提前交卷。监考官收卷后，竟然将卷子偷偷递给别人，恰巧此考生正好在王三锡旁边，他们窃议之话全被王三锡听见，三锡本想大闹考场，冷静一想，认为这样不妥。考完，三锡与弟慎言商议后，在考场封门时，猛地向前拉住那个监考官，来到主考官处鸣冤叫屈，当场讲明原因。主考决定叫他们上堂质。先要王慎言将试卷重述，可慎言坚持让那个考生先述，而那个人却说不出来，等慎言述说时，却几乎背得一字不差。主考、同考官都愕然，当场拿下监考打入死牢。随后又重新出题要王慎言当场应试，王慎言答卷到深夜，主考、同考均无疑。这样，王慎言中式考出了三等第50名武进士，授京师锦衣卫百户官。

王慎言同哥哥王三锡同时考中举人，又同时考取武进士，堪称科举佳话，在当时福山县武职科考中更是史无前例。

王　鹭

王鹭（1612—1695），字人岳，号相居，又号几庵，古现街道古现东村人。清顺治十二年（1655 年）中进士，授户部主事，累官至户部尚书。

王鹭画像

王鹭幼年聪慧过人，16 岁应童子试，在道、府、县皆第一名。长大后博览群书，并究心于经世致用。清顺治十一年（1654 年），应顺天府（今北京）乡试，考取第一百四十九名举人。次年，连捷全国会试，殿试二甲第四十九名，赐进士出身。以都察院观政改授户部主事。任职间，监督通州中南粮仓时，杜绝陋规，拿获“仓虫”王小槐、赵光德等，按律审办，积弊一清。后迁户部员外郎，后又迁刑部郎中。刑部任职间，平反海州知州马中炬冤狱。清康熙十九年（1680 年），擢升四川松威道。为官清廉，公私分明，跟随他的两个家僮，所费皆取之于自家，不取公家和民间粒米束草。初到松威时，吴三桂余党尚未尽灭，朝廷分兵进剿永宁、建昌，进征云南。王鹭官运军粮，至虾蟆滩覆舟，又坠马于狮子坎，几濒于死亡，但他仍按期到达，转运无误，既不扰民又立军功。他在蜀为官五年间，恰值四川变乱初复，村无犬吠，市鲜行人，学宫倾废，水道淤塞。他为官勤政，竭尽全力改革时弊，疏通江水之利，且带头捐俸集资，修缮学宫，聘师讲学，培养人才，兴教化，励德行，逃荒百姓纷纷返回家乡安居乐业，一时松威地面出现繁荣局面，为百姓所拥戴。清康熙二十六年（1687年），京师修太和殿，工部令川省采运杉木、楠木各四千根，巡抚韩世琦上疏说明解运困难，得以减少，但仍需运2600余根。当时王鹭已离任，但觉得事关川民生计，毅然上疏，乞全部豁免，疏词恳切，康熙帝诏令停止采运，为川民解除一场艰苦劳役。川民欢欣鼓舞，以诗歌形式颂扬其事，绘王鹭肖像，并置于有史以来有功于民的秦时李冰、汉代文翁、廉范、宋代张泳、崔与之等之列，称为“七公祠”。还特别撰写《松威治绩纪略》立碑刻以示纪念。王鹭在宣化任职时，抑制劣绅豪右，揭参贪官污吏，深得宣化百姓拥戴，将其祀于四贤祠，并建室于衙署西侧，内悬王鹭画像，门匾额题曰“王公讲堂”。

清康熙二十六年（1687年），授江西巡抚。在其赴任时，康熙帝按常例外，另赐其盘费银一千两，鞍马一匹。当时江西粮（田赋）政、漕（向北京运送粮米）政，弊端甚多，官吏胥役，随意增征，克扣和敲诈勒索，民深受其害而无可告诉。王鹭到任后，力主剔除积弊，以纾民困，并将实施办法和所立规章上报朝廷，请立以为法，永远实行。总之，其在政其间，极力兴利除弊，设法减轻人民负担，为江西人民做了许多益事。当他75岁高龄时又升任闽浙总督，为政一年多时间，下达了十几道告示，并以身作则，除弊惩劣，荐贤任能。他大小事皆躬身明断，夜以继日办理清楚，直累得双目昏花，以致手腕糜烂。时闽浙两省百姓皆称其为清廉总督，离任时，闽浙两省绅士、兵民列队数十里，为他进酒、脱靴，填街塞巷，泣涕挽留，并把他的绘像和政绩分别供奉在四川（成都）、河北（宣化）、浙江（金沙巷）等地。康熙帝南巡时在无锡召见了他，特赐予御用冠服及物数宗，并赐书“养素”二字匾额一幅，以对

康熙帝赐王鹭“养素”照片

他操守清廉的褒奖。清康熙三十二年（1693年），王鹭内任户部尚书，进京觐见，康熙帝见他下跪、起立敏捷如轻，笑道：“八十岁的老人尚能如此轻便，真可谓福德老翁矣。”王鹭乞求致仕，康熙帝不允。

清康熙三十三年（1694年），王鹭致仕归里。三十四年（1695年）5月22日卒于家中，葬于海阳村南。生前著有《大司农奏议》一卷、《养素堂文集》八卷、《诗集》六卷、《义圃传家集》二卷。

陈汝弼

陈汝弼（1646—1707），字愧辅，又字踽庵，八角街道官庄村人。生于清顺治三年丙戌，卒于康熙四十六年丁亥，享年61岁。

《福山县志稿·卷八·宦绩》载：“汝弼姿秉颖异，性格刚直。”只因其右边脸为白色，左边脸却黑如铁色，称为奇人。

陈汝弼虽生相怪异，却绝顶聪颖。15岁时经县、府、院考均为第一，为庠生。康熙五年（1666年）

丙午，刚满20岁的陈汝弼参加山东乡试，中第二十七名举人。人称少年得志。然而，次年参加会试，却名落孙山。后四次会试皆不中，直到13年后，康熙十八年（1679年）己未科会试，他考中三甲第七十一名进士。授河南省光山县知县。

光山县地处豫南地区，由桐柏山、大别山组成，与安徽省霍山合称淮阳山脉，一般在海拔800米左右。当地百姓除种地外，要将山里的瓜果运到县城集市十分不便。只得眼睁睁看着果实烂掉。陈汝弼见此情景，就将该县山区划定10个村为一个社，建立乡社集市，还在一些交通点上设立土特产区，便以贸易，还组织人员吸纳外地客商来光山统一收购，山区百姓无不感恩戴德。

他在光山任满，调至刑部任山西司主事。旋又升河南司员外郎，一年后，又擢升礼部祠祭司郎中。

陈汝弼在礼部祠祭司任郎中不满一年，又迁任刑部江南司郎中。在调任刑部江南司不久，江苏某县有户权贵人家，依仗其官势，在县酒馆经常喝酒欠账，店主找他讨要，反被他指使家人殴打，店主拦住了陈汝弼的轿子喊冤。他接过状纸，查清案事原委，便四处取足证据，传唤那权贵，权贵根本没有把他放在眼里，依仗在京作官的哥哥，以此顶撞陈汝弼。陈汝弼拿出证据，权贵一时语塞。陈汝弼当场将权贵责打，罚他双倍酒钱归还店主。一时百姓无不称赞。

陈汝弼在江南辖地巡视，为了方便，乔装一商人，在一偏僻小镇客栈里，发现一盗卖妇女者，盗贼将抢携来的妇女，用棉花、碎布塞住嘴和耳，藏在山中一土窖中。陈汝弼在后跟踪了数日。这一日，盗贼又将抢来的妇女装在车上。陈汝弼上前拦住车，佯装要买，他一边问价，一边佯装要全部买下。盗贼以为遇到了大买主，便和他论起价格。陈汝弼摸清共有一百多名妇女后，先交上几百两银票作为定金，然后，叫一个盗贼随他回去取钱。他回到府衙后，立即调兵遣将，迅速包围盗贼窝巢，将盗贼全部缉拿归案，解救妇女一百余名。

陈汝弼任刑部郎中时，一年之中尽在辖属地区巡视缉查，纠察社会治安，复查沉冤积案，一时名声远播，百姓呼之为“陈青天”。因他执法如山，刚正不阿，被直隶巡抚李光地推荐调升吏部文选司任郎中。康熙帝召见时御笔亲书《兰花诗》三首赐于他。

康熙四十一年（1702年），康熙帝还特典他任江苏乡试主考官。他任江南主考时，以才录人，人才辈出。康熙帝御览了他录取的才子举人的策题时，夸奖他，有“策题确切，时事第一”等语。

他在吏部管理官员调动、升迁时，有好多官员前来贿赂，皆被他喝退。他的这种耿介个性，得罪了许多同僚们。终于在一起事件中被罗织罪名，遭逮捕并被判绞刑。后又从轻发落革职返籍。后来经过康熙帝的过问，才得以昭雪，原诬陷他的官员，被责问、处分达40余人。

康熙帝准备委以重任，被他婉言谢绝。康熙四十六年（1707年）丁亥，陈汝弼辞官回乡，当年六月病逝于家乡。

陈汝弼一生耿介刚直，为官清正。洞悉时弊，令行禁止。他恪尽职守，执法如山，被朝野誉为“铁面冰心”。他一生酷爱文学，所作诗词约百首。并著有《怀荆堂诗文集》20余卷传世。

逝后，冤案昭雪，被朝廷追赠奉政大夫，正五品封典。

附：康熙帝御笔亲书赐予陈汝弼的《兰花诗》

百草千花日夜新，此君林下始知春。
虽无令色如娇女，自有幽香似德人。
手培兰蕙两三载，日暖风和次第开。
坐久不知香在室，推窗时有蝶飞来。
楚畹幽香雅不群，薄于颜色厚于芬。
清风空谷佳人远，一种氤氲伴晓云。

王滑

王滑（1667—1742），字征远，号溟波。古现街道古现东村人。

因屡试不第，授例谒选。后入国子监。康熙二十五年（1713年），授云南省云龙州知州。到任初就遇到一件棘手的案子，该州原有盐井8处，灶户除交纳官府规定税捐后，还要交纳许多名目繁多的杂税，弄得灶户们濒临倒闭，转谋他业。王滑见此况便下了一道布告，废除官税之外的各项额外盘剥，为防此项改革反弹，便勒石立碑为证。此举得到康熙帝赞允，赐他以"才守第一"称誉，擢升为广西省太平府（今广西崇善县）知府。太平府是古南诏国极边缘之地，辖21个少数民族土司。其中思明州土司黄而芸在中土司中势力最强，尤为凶残。他聚集数十人与各土司相杀，剽劫行旅，杀害内地商贾，肆虐地方，不把官府放在眼里。连广西巡抚也惧怕他三分，不敢管拿。王滑见此十分气愤，便向巡抚立了军令状，以官职作担保，请缨前去擒拿。他先秘密派人前去侦探，掌握虚实。尔后自己轻装单骑，以巡抚名义进入思明。黄而芸先是有疑心，欲聚众起事，但他发现王滑只是单枪匹马便放下戒心，迎王滑入城中，王滑趁其不备将其擒住。众党羽蠢蠢欲动，王滑厉声对他们晓以利害，并以官职作保，声明只拿黄一人，协从者既往不咎。众党羽见大树已倒，顷刻散去。王滑将黄押回府衙，按法治罪。当地百姓无不焚香跪拜，欢呼声铺天盖地。至此，思明州全境按当时改革举措，顺利推行"改土归流"政策，百姓安居乐业。太平府所辖的龙英州土司赵雍成，巧立名目，盘剥州民，百姓不堪其苦。王滑为民伸冤，便治赵罪。赵托人送上了三千贿金，请求他宽恕。王滑不动声色收下了赵转来的贿金。第二天，便召集官民于官衙大堂，当众拿出这三千贿金，为州民偿还了所欠赋税，并依法治了赵的罪，州民人心大快，其他土司见王滑刚正不阿，执法如山，皆心悦服，至此，太平府令行禁止，成了太平之地。

王滑在太平府勤政务实、惠政为民的政绩，美名远扬，百姓赞不绝口。但他却遭到了上司和同僚的嫉妒。雍正元年（1723年），他遭诬陷，被免去官职返里务农。在他离任时，太平学子、百姓、官绅数万人拦车不绝，相送十余里。

雍正六年（1728年）春，王滑长子王柔任湖南乾州（今四川茂县）知州时，临赴任前雍正帝召见了他，并问及家庭情况，王柔将其父遭陷革职一事详细奏上。雍正帝闻之动容，认为王滑革职一案实属冤案，于是下旨召见王滑。王滑奉旨晋见了雍正帝。雍正帝见他精神尚足，谈吐不凡，并详细询问了任太平府的情况，他一一作了解答后，雍正帝大悦，降旨简授他为四川成都知府，并赐貂皮、手珠等物，以示褒奖。王滑当日动身，是年四月抵蜀到任。到任后顾不上休息便到都江堰亲躬察看水利、农田等事宜，并将上任留下的诉讼案情一一处理完毕。他办案公平、公道，百姓称他是"王青天"。不久，他又首倡开浚李冰故堰水道，为成都府地区灌溉农田。雍正八年（1730年），王滑在成都任满，调京官补用，旋任京师署顺天府（今北京）知府，不久又擢升光禄寺卿（掌管宫廷宴会事务的主官从三品，六卿之一）、太常寺卿（掌管皇帝宗庙、祭祀事务的主官从三品，六卿之一）。是年，山东鲁西南地区遭旱灾，百姓口粮吃紧，王滑令家人在家乡捐粮三千石，运往灾区赈灾。受到朝廷嘉奖。雍正十年（1732年），山东兖州一带遭灾，王滑与翰林院检讨隋人鹏奉朝廷之命前去协办赈务。王滑以66高龄亲自到田间察看灾情，计口授粮，"往来于暑风伏雨之中，经营区划，不遗余力"。因其在赈灾抚民方面做出贡献，乾隆二年（1737年）被擢升为大理寺卿（清最高法院，卿为主官，正三品官员）。

乾隆四年（1739年），王滑以68岁高龄乞请告老还乡。王滑一生为官勤政、清廉，刚正不阿。生活上别无嗜好，以简朴而著称。酷爱诗词歌赋和藏书，平日里有点剩余银子全部购买了孤本图籍。著有《王太常诗词》多卷。乾隆七年（1742年）病逝于家中，享年76岁。

王　柔

王柔（1689—1765），字东牟，古现街道古现东村人。

王柔自幼从师读经史，深得其中奥旨。工书法，行文有奇气。

清康熙五十三年（1714年），王柔选授湖南永州同知、旋受乾州同知。湖南乾州（今四川茂县西），地处少数民族杂居之地，多为苗族，古称“红苗”。王柔亲自视察各苗寨后，与苗寨协商，立下寨规，鼓励苗民开垦荒田。

在川、黔交界处，俗称“六里苗”的地方，王柔见此处泉水成河流，可以改种水稻，以富苗民，便向湖南巡抚布兰泰建议在此处增设一府三县。一来好管理安抚苗民，二来此处离附近府邑、县邑太远，苗民生活不便。朝廷看到了他颇有见地的奏章，批复准奏，王柔亲自到苗寨宣布“无论是哪个民族的百姓，都是大清臣民，朝廷对苗民和汉民一视同仁。”苗民闻之相安欢呼。王柔派人统一丈量土地，按人口分给此处苗民。此地从此称为“永绥”。

清雍正十一年（1733年），王柔被特旨超授衡永彬道调授辰沅靖道并署按察使衔。旋调湖北按察使，王柔到任后，将前任司使积压的四百余件积案，一一了断清楚。湖北容美（今湖北鹤峰县）有土司田旻反对朝廷“改土归流”政策，附近十八处土司畏惧他，一时改土归流不畅。王柔亲临此地，召集开导各个土司，先将田旻孤立起来。为了便于管理，王柔上奏朝廷，在此地增建一个府辖四个县。为了纪念朝廷在此地“改土归流”的政策施惠百姓，王柔起此地名曰“恩施”（今湖北省恩施市）。

麻城县（今湖北麻城市）民涂如松殴打妻子致死，总督判其妻自杀。王柔力排众议，认为此案疑点甚多，经过开棺仔细验尸，予以昭雪。一时人称“白面包公”。

清雍正十三年（1735年），王柔改授浙江海防兵备道，协同兵部侍郎俞兆岳办理浙江海塘事务。

清乾隆六年（1741年），贵州、西义连界广西，苗族因不堪苛捐杂税，奋起抗争，贵州总督张广泗派兵弹压，结果连吃败仗。朝廷又派王柔任辰、沅、靖道仍带按察使衔督办军务。王柔设计诱擒造反头目十二人，其余概不追究，并用好言相抚。奏明朝廷后，改革税收，使苗民返乡安居生活。乾隆帝赞他为“军功第一”。

清乾隆十三年（1748年），王柔授四川建昌道。在任二年，以老病乞休归里。后乾隆两次东巡，王柔皆召幸迎驾。返里后，居门不出，教育子女读书。著有《东牟奏议》8卷。1765年病逝。

王　检

王检（1707—1767），字思及，号若斋，又号西园，古现街道古现东村人。累官至湖广总督。

王检少年英才，读书勤奋，有过目不忘之誉，办事果敢，颇有其父遗风。雍正七年（1729年），他参加顺天府（今北京）乡试，考中第三名举人。次年，会试不第。雍正十一年（1733年），入选参加会试，后参加殿试，并以二甲第五十五名考中进士，钦赐进士出身。入选翰林院庶吉士，散馆大考列一等，授编修。

乾隆二年（1737年），大考列四等，休致居家。因酷爱文学诗词，尤喜唐代诗人李商隐的诗，友人们戏称“诗痴”，休仕在家一意创作诗词文章，与同邑进士肖润游山玩水，唱诗吟赋，留下不少诗篇。

乾隆十三年（1748年）奉旨复职国史馆纂修官。次年，授直隶（今河北省）河间府知府。在河间府任府尹时，体恤民情，处理积案，减轻百姓负担，重视教育。下轿伊始，就重建“瀛州书院”，聘请名师任山长（院长），并亲自督学。此后，河间文风大进。当时，河间府衙有官田一顷二十亩，前任知府都将其外租，租金成为知府的“小金库”。王检将这些官田给一些贫民和无业者，这在当时官场上独树一帜。因政绩显著，清乾隆十六年（1751年）乾隆帝南巡时，王检被荣宠召至伴驾南巡。不久，他被擢升为甘肃凉庄道台，旋又被调任直隶霸昌道台。这一年，直隶发生蝗灾，王检率领官员亲临重灾区，说服受灾百姓，引火剿灭蝗源。灾后又用减增粮税的办法，补贴受灾百姓，农民无不感恩，说他是个“清吏好官”。

乾隆十八年（1753年），王检调任通永河道总督。他广采一些老河工及历任同务官员的建议，仅用数月时间，抢在汛期之前使河运畅通无阻，南方漕粮如期运往京都。乾隆帝十分高兴，给他“才优守洁”的评价。

乾隆二十四年（1759年），王检调任长芦（今沧州）盐运使司任提举。盐运为清代朝廷税收重要来源，“盐运使”是个“肥差”。王检一到使司衙门，发现衙门的一切费用皆由盐商们供给，这也是多年形成的惯例。王检首先废除了这条，断了官、商间行贿受贿之路，一切费用皆按朝廷规定办事。盐商们开始不安起来，恰巧这时王检生了病，一个姓沈的盐商挟重金来贿赂王检，并请在盐检时好行个方便，又托和王检交厚的朋友转贿玉器，均被王检识破谢绝。这样，整个转运司上上下下，清廉美洁之风远扬。这一年，乾隆帝至热河（今承德），召见了王检，见他身瘦体弱，笑着对他说：“人家当盐运使，个个身宽体肥，而你却瘦得如此。”当即传旨擢升他为安徽按察使。不久，又因他治理地方治安有方，又调任他直隶按察使。

乾隆二十八年（1763年），调任山西按察使。是年7月，又擢升为广西布政使，旋又迁甘肃布政使。当年甘肃遭旱灾，王检亲临灾区，反复查对受灾轻重，设立粥厂赈灾，并奏请朝廷对重灾地区赈灾时间长一个月或三个月不等，使灾区没有饿死一人。灾民感他恩德，在布政司衙门立功德碑来颂扬他。

翌年，被擢升为湖北巡抚，官居二品。湖北为“九省通衢”，但多年来，沿长江水匪出没无常，百姓深受其害。王检到任后，成立水警，沿江缉查，江治为之一振，一时出现夜不闭户的盛况。

乾隆三十年（1765年），王检又升任湖广总督，同年又调任广东巡抚。从一品。广州地面历来崇尚奢侈，官场上更是变本加厉。王检上任后发现此习，下令严禁一切官场宴请。当时时常还有海盗船，经常骚扰百姓，俗称拖风船，渔户中不爱劳动或失业者，渐为盗贼。王检深入调查后，布告沿海渔民，凡出海捕鱼和商船皆到官府登记立档，由官府发给执照，方能出海。然后派官船巡视保护来往船只，一时海面风平浪静。同时，他还严禁赌博，从根子上铲除懒惰好闲的根源。

广东地方上有置祭田之俗，为夺祭田而械斗抢田的事件时有发生，王检请求朝廷批准后，将全省祭田进行统一普查丈量，并限定一定数量，加以限制。将多余的祭田，拿出来分给族中贫寒者耕种。一时乡民无不称他为“青天父母”。

王检因水土不服，加之年老身弱，小疾不断，终因日夜操劳酿成大病。乾隆三十二年（1767年），王检病重，乾隆帝派来的太医也回天乏术，病逝于抚衙。灵柩返乡时，广东百姓相闻白衣冠者，里巷哭声相闻。人流堵塞道路不绝。

王检一生为官清廉，甚得乾隆帝器重，他在任湖北巡抚时，正值乾隆帝南巡，召见了他，问起家世，乾隆帝曾曰：“汝父子三人，俱为翰林（王检此时两个儿子，长子王启绪、次子王燕绪皆在翰林院任职），一门多显官，皆能办事，可谓世臣矣。”

《福山县志稿》称他“温纶绸叠，一时歆动，虽死犹荣，不愧完人”。

朝廷诰授他为一品光禄大夫，葬于福山迷鸡山。清史有传。

王启绪

王启绪（1729—1781），字德圃，号绍衣。古现街道古现东村人。广东巡抚王检长子。进士，累官至知府。

王启绪幼承家学，天资聪颖，在县、府、院生员考试中取得廪生资格。乾隆十五年（1750 年）赴省参加辛未科乡试中第二百名举人。次年会试，败北，返里发奋攻读。乾隆十六年（1751 年），再次赴京会试，中二甲第五十五名，赐进士出身。传胪之后，又入翰林院庶吉士，朝考一等脱颖而出，授翰林院庶吉士。3 年在教习馆期满，散馆考试取得第一等好成绩，授翰林院编修、武英殿供奉。

乾隆二十一年（1756 年），被授以乡试贵州主考官。他推贤进善，简拔士子多寒素，文章倡务实，使黔省群贤毕至。乡试结束受到乾隆帝褒奖，擢云南道监察御史。任间，他察百官、巡郡县、纠刑狱、肃朝仪，尽职尽责。

乾隆二十四年（1759 年），任已卯顺天府乡试内帘监试官，二十五年（1760 年）任庚辰科武英殿监试官、署内附兵科给事中、巡视天津漕务等职。次年，因其父王检时任湖广总督，遵回避例，改补户部四川司郎中从四品。旋又被外放，先任河南开封知府，后任署开封、陈洲、许昌道。

《福山县志稿》载，他在任河南知府时，“政尚简出，务持大节”。调署开、陈、归、许河道，时祥符（今开封县）黄河泛滥决口，他亲自“溃身亲畚锸，不避劳险”，日夜守护在大堤上，率兵民数万，一连数月，抢险不已。先是在黑冈口大堤上，后又奋战于芝麻庄张油房堤段抢险之役，终因劳累过度，猝死于黄河大堤上。

朝廷念他忠于王事，鞠躬尽瘁，诰封他中宪大夫（文散官员，金制、明清制为正四品官阶封典）。娶妻蓬莱张氏，诰封四品恭人。

王显绪

王显绪（1717—1784），字维章，号闰轩，古现街道古现东村人。王柔长子。进士，累官至监察御史、布政史，从二品。

王显绪，少年入泮（清代称考中秀才为“入泮”），名列第一。雍正十三年（1735 年）乙卯科，参加顺天府乡试中第一百七十五名举人。翌年，乾隆元年（1736 年）丙辰，连捷三甲第二十五名进士，授官吏部文选司主事。

王显绪，在吏部要害部门“年方弱冠，崭露头角”，于乾隆十二年（1747 年）升任考功司郎中。旋又擢贵州道监察御史，掌江南道监察御史，巡视通州漕务。

乾隆十七年（1752 年），王显绪出任贵州乡试副主考官，他在贵州典试期间，对行贿递条子者皆注销考试资格，“所拔皆单寒”的饱学之士，“时论称之”。

乾隆十九年（1754 年），因直言上疏，触及满族贵族利益，降补刑部主事。旋又任宝源局（宝源局属工部，掌管铸钱供工部所管全国各项工程费用）监督。

次年，外放云南省广南知府。广南位于云南、广西交界处，为汉族、壮族及其他少数民族杂居之地。王显绪以汉文化教化少数民族，视他们如兄弟，使广南一时经济好转，社会稳定。有史记载，他在广南“为政尚宽大，不矜苛细”。境内沃壤多荒废，他捐给百姓种子，鼓励开荒，实施种田归已的政策，广南百姓一度过着丰衣足食的生活。

乾隆三十年（1765 年）乙酉，他的父亲王柔病逝，他遵例守制。两年后，被军机大臣刘统勋推荐外任甘肃平凉知府。后又迁山西、直隶、安徽按察使，可谓三任臬台。乾隆三十年（1765 年），晋升安徽布政使，从二品。

王显绪在历任三省按察使时，对所审案件“亲自批阅”，“平允故秋”，上报刑部，无一件驳回重审，足见他执政廉明，为民作主。他在任安徽布政使时，当时徐州、泗水一带两遭涝灾，他亲临灾地，“赈贷兼施”，救活了数以万计的灾民，灾民称他为“王青天”。

王显绪为人善良、俭朴。《福山县志稿》（杂志・第九卷）记载：他在安徽任布政使时，有湖北籍官员宴请他，宴席中有一道菜为烹鸭掌，鲜脆可口。他尝之，遂问厨师做法？厨师道，头天夜里，先用水浇于地，冻结成冰，将鸭掌固定住。第二天，将鸭掌取下，烹之必脆。他听之悚然，说："为口腹而如此伤生，吾不忍也。"从此，下属或同僚再宴请他，坚决不准再做这道菜。

由于他政绩卓著，美声远播。乾隆五十年（1785 年）乙巳春，参加乾隆帝御设的千叟宴，得到了"宠锡频颁，同时荣之"的奖赏。

王显绪晚年致仕后，清贫如洗，逝后竟为下葬资费所困，乡里、族里无不敬仰。诰授正二品资政大夫。

王善垲

王善垲（1733—1809），字密思，号金田。古现街道古现东村人。王积光三子，王柭之孙。累官至知府。

善垲幼怀壮志，读书昼耕夜诵，一时文誉颇负盛名。乾隆三十五年（1770 年），久经科考坎坷的他，考出庚寅乡试副榜，时年 37 岁。乾隆三十九年（1774 年），他参加顺天乡试，中第三十七名举人，候选教职。乾隆四十九年（1784 年），中甲辰科三甲第六十九名进士，授礼部仪制司主事，三年后又迁升铸印局员外郎。越三年，又迁刑部安徽司、贵州司郎中。任间，所巡查案件，一丝不苟，躬亲审理，赢得公允的好名声。嘉庆元年（1796 年），出任丙辰会试同考官。会试结束后，外转升为云南省澄江府知府，俸满又调任普洱府知府。普洱为纳西、汉、白、彝、苗、回、藏、壮等民族杂居地，他在这里，与少数民族水乳交融、休戚与共。为民族团结融合披肝沥胆，使这里治安"扶绥安辑"，各民族安居乐业。但因他长期积劳成疾，加之水土不服，患有严重风湿病，终因当地医生回天乏术，猝死于府衙。他以身殉职，当地百姓无不怀念。当他的儿子王余枚、王余淦二人前往云南运其灵柩时，当地少数民族用隆重的迎送礼节，送出普洱百余里。为表彰他的精神，朝廷诰授他五品奉政大夫，后又因其子王余枚贵，例授从四品朝议大夫封典。

王余英

王余英（1768—1819），字在成，一字怀仁，号菊潭。古现街道古现东村人，后移居旺远区旺远村。王善宝次子。

王余英于嘉庆五年（1800 年）考中恩科第三十九名举人。此后会试不畅，久困春闱 9 年，三次名落孙山。嘉庆十四年（1809 年）第四次晋京应试，一举高中三甲第九十五名进士。朝考二等分发湖南宁乡县知县，《福山县志稿》记载他"下车即以教化为己任"。

嘉庆十九年（1814 年），王余英在宁乡俸满，又迁任湖南善化县知县。到任后，他看到岳麓书院年久失修，便一边上报礼部筹银两，一边带头捐俸，将岳麓书院修缮一新，并扩建校舍与讲堂。他经常在岳麓书院讲学，以提倡"文章以朴素有物"而著称。"以文章饰吏所，日聚诸生讲习其中，寒暑之间有鸣琴之风。"在善化因文采不同凡响，先后于嘉庆十八年（1813 年）、嘉庆二十一年（1816 年）出任癸酉、丙子两科湖南乡试同考官。他在乡试中推举人才，皆为有真才实学者，享有"慧眼房师"之称。

嘉庆二十四年（1819 年），因长期水土不服，积劳成疾，病逝于任上。其儿执宜、执慎去长沙运其灵柩时，善化百姓、岳麓书院学子等纷纷为其路祭送行，其场面感天动地。朝廷例授他从六品文林郎。有著述《四书求是》《镜山草堂四书文》《镜山草堂诗集》等留世。

王德瑛

王德瑛（1774—1832），原名璠，字念池，一字玉堂，号莲墅。古现街道古现东村人。王希旦曾孙，父王介锡。

王德瑛少年聪颖，以品学兼优补博士弟子员。嘉庆十二年（1807 年），王德瑛赴丁卯科乡试，考取第六名举人。嘉庆十九年（1814 年），王德瑛应试甲戌科会试，高中三甲第四十名进士，授河南扶沟县知县。任满，迁往舞阳县任知县。舞阳县洪河穿境而过，常以洪河泛滥而受灾。初任知县的王德瑛，这年两遇水灾，为拯救灾民，他步行赴省说服巡抚开仓救灾，使得万余名灾民得以活命，并得上宪调济万金带归，帮助灾民生产自救。为治理水患，造福百姓，当年他首倡捐献俸银，在县内集资治理洪河。他借鉴四川都江堰治水法，用高粱秸加竹子编成长笼，筑槎。在此基础上，在洪河开凿水渠，筑起鱼嘴分水之堤，治理洪河开口，大获成功。同时，他还利用洪河在全县开水渠实施农田灌溉，使舞阳境粮食连年获得丰收，百姓对此无不感恩戴德。

王德瑛在舞阳任满，又迁安阳任知县。《福山县志稿》载："历任河南扶沟、舞阳、安阳三县，临治宽大，理讼平允，拔俊才，恤孤贫，完国税无苛求，遇差遣无派累。三任知县，所至有政声。"《王氏家谱》载："官声为豫省第一，到处有颂碑。"王德瑛在为其母守制期间，服阕前，拿出家蓄千金，按亲疏分散，并手持乡党本家借贷簿约，一把火将其焚毁，乡党本家感佩不已。

道光十一年（1831年）王德瑛出任河南乡试同考官，为豫省尽心尽力简拔人才。翌年，朝廷擢他从五品衔出任开封知县，他即刻打点行装赴任，不幸猝死于赴任途中。当他两个儿子扶柩返里时，当地百姓哭送四十余里，"迎以肩舆而行，近村哭声不绝于路"。故世后，朝廷因其以身殉职，诰封他正五品奉直大夫。

王森长

王森长（1771—1846），原名绥长，字怡庭，号松涛，古现街道古现东村人。

祖父王检，字恩及，号若斋，乾隆癸丑进士，官至湖广总督。父亲王燕绪，字翼子，号治堂，乾隆十九年甲戌进士，官至翰林院侍读。

王森长出身于官宦世家，祖父、父亲皆为同朝翰林。他少年读书孜孜不倦，在童子试就崭露头角，嘉庆六年（1801年）刚届而立之年，即在乡试中中第四十三名举人。接着会试却不畅。苦读18年后，经过6场拼杀，终在嘉庆二十四年（1819年）己卯恩科考取三甲第一百一十六名进士，授海丰县（今山东无棣县）教谕，旋又授任陕西省凤翔县知县。到任后，他先拜访当地乡贤士绅，仔细了解本地民情民风，每年春天亲率兵民植树种草，改善生态环境，以牧养民，为百姓造福，深得百姓拥戴。三年任满，又迁陕西蒲城知县。蒲城位于陕西关中平原东部，西临古都长安，东接晋、秦、豫三省要塞潼关，周有黄、渭、洛三河和西岳华山。此地孕育淳朴也孕奸邪，自古神鬼之道格外张扬，王森长以礼仪治县，弘扬孔孟，修缮书院，使蒲地成为关中一片净土。

王森长任满致仕返里时，满城百姓成群结队送黄米糕、炸豆奶、大枣等送他出县境。他于嘉庆二十四年（1819年）还任过陕西乡试同考官，为陕西选拔人才不遗余力。

道光二十六年（1846年）病逝，朝廷诰封他为文林郎，娶牟平赵氏为妻，敕封七品孺人。

王余晋

王余晋（1765—1848），原名余芬，字迪上，号芸村。古现街道古现东村人，后移居旺远区旺远村。祖父王积熙，父王善在。

王余晋于嘉庆九年（1804年），甲子科顺天府中第五十三名举人。嘉庆十三年（1808年），戊辰科考中三甲第五十七名进士，授国史馆，誊录。期满，外放陕西蒲城县知县。其在浦城县"恪尽职守，清廉有声"。届满，又迁满城县知县。任满又擢升为陕西省定远厅同知。定远位于秦岭与大巴山和夹于两山之间的汉水谷地，当地农民因赋税杂多而逃往四川与汉中边界。因此经王余晋就利用公田为农民减轻地税，招抚流民安居。同时鼓励开垦田地，使得定远成为汉中富庶之地。

嘉庆十八年（1813年）、二十四年（1819年），王余晋先后两处任癸酉、乙卯两科陕甘两省乡试的同考官。他推荐人才不拘一格，为陕甘选拔了不少饱学之士，博得了极好的官声。他为人耿直，厌恶官场上的尔虞我诈，遇事不愿曲意奉承。晚年迁任山东兖州府教授，传授孔孟圣学，为“四门”学子选拔出不少可用之材，除科举外，选送到国子监深造者为历来之最。晚年，以诗赋自娱善终，朝廷例授他从五品奉直大夫。著有《静香移屋试帖》《静香移屋诗集》等。

王照圆

王照圆（1763—1851），字瑞玉，号婉佺，古现街道河北村人。清代女诗人、训诂学家和经学家。

王照圆系王锡玮女，出身于书香家庭。其母林氏生于栖霞县名门望族，饱读诗书，居家有法度，对子女教育甚严。王照园 6 岁丧父，在其母教诲下，10 岁读《孝经》《内则》，12 岁读《毛诗》，15 岁自知励志，泛读经史，20 岁始作《葩经小记》。乾隆五十三年（1788 年）与栖霞县经学家郝懿行结为伉俪。他们志同道合，感情十分融洽，常以诗词唱和。是年秋，郝懿行去济南应试中举，作诗两首寄回赠之，她当即吟诗两首回赠，以示祝贺。其诗云：“小试文场久擅名，矮庐一人倍经营。案头挥笔风添势，夜半构思月助明。花结锦成人易懒，云飞露白马登程。如君折得蟾中桂，自尔方山听鹿鸣。”鼓励丈夫再接再厉，争取进士及第。

王照园虚心好学，锲而不舍。她常以“平生要做校书女，不负乌衣巷里人”的诗句自勉。《列女传注》是东汉女史学家班昭注释《列女传》著作，其书早已佚失。王照园遵母遗命，为《列女传》作补注，完稿后，又经郝懿行订正，成书《列女传补注》8 卷。她对朱熹的《诗经》注释不甚满意，认为有些注释晦涩难懂，乾隆四十八年（1783 年）即重注《诗经》，后因故停笔，其稿已多散失。嘉庆八年（1803 年）又重整旧稿，并同丈夫一起研究考订，以问答的形式，写出二人对《诗经》的新解，每日一篇，多至二三篇，至嘉庆年间，写成《诗问》7 卷问世。

王照园为人贤达。嘉庆四年（1799 年），郝懿行中进士，授户部江南司主事，王照园随夫至任所，常同当时的文人、学者广泛交往，并受到尊重。她曾为尚书阮元母子题作“齐名积古从公定，室有藏书是母留”的诗句，阮元依句改居室“续古斋”，为“积古斋”。郝懿行曾一度因病中止《尔雅义疏》的著述，王照园一面护理丈夫，一面缮清整理，积之成册。郝懿行常说，在自己著作中，采“照园说”甚多。道光五年（1825 年）郝懿行去世后，王照园回归故里。她深居简出，专门整理丈夫遗著。

王照圆咸丰元年（1851 年）病故，享年 88 岁。著作有《列女传补注》《列仙传校正》《梦书》《晒书堂闺中交存》《葩经小记》等。《辞海》中言她“长于训诂，亦擅文学”。其书法亦遒劲，有唐人欧、褚遗范。

王钟湗

王钟湗（生卒不详），字洛源，号香海。古现街道古现东村人。祖父王绳炬，父王颖傅。

王钟湗少年聪慧，读书用功。《福山县志稿》载，“幼读书慧，过目成诵。”

道光十四年（1834 年），甲午科第五十二名举人。道光二十五年（1845 年），乙巳恩科考取三甲第六名进士，授甘肃西河县知县。道光三十年（1850 年），迁任甘肃渭源县知县。时境内土匪势力颇大，扰官害民。他“亲率役捕获巨盗数百，阖境以安”。上一任知县留下积案甚多，他在短时间内一一审理清楚。“结案无积，不枉一人”。他审案重证据，从不刑求，深得渭源县绅民称颂。在渭源县俸满那年，恰逢春大旱，他带头捐廉银，赈灾民，并号召当地士绅和州府开仓，境内无一人饿死。祸不单行，是年秋，又发大水，渭源县南关厢被泛涨的河水淹没，他亲率全县士绅、兵民、抢险救灾。水灾过后，他“鸠工筑堤”，并又捐出养廉千金，分二年控河筑堤，使河永不受害。当地士绅称他为“李冰在世”。渭源县三年任满后，又迁甘肃宁远县。此为“咽喉重地”，朝廷特拨防兵千余名“以备守御”。时边塞蒙古兵常来侵扰百姓。一次，蒙古兵三千余名骑将宁远县城围了个水泄不通。王钟淮将兵民分成两班，日夜坚守城池 50 余日。后朝廷从近处派兵增援，蒙古兵大败而退。朝廷为表彰他守城有功，擢升他为甘肃直隶州知州。他在去兰州途中病逝，以身殉职。逝后，宁远县百姓在城外路祭达几千人，场面感天动地。逝后，朝廷例授他六品承德郎。

工兆琛

王兆琛（1786—1852），原名兆玺，字叔玉，号西舶，古现街道古现东村人。

清嘉庆十二年（1807 年）考取经魁举人，嘉庆二十二年（1817 年）考取二甲进士，入选庶吉士，授翰林院编修。历官国史馆总纂、江南道御史、湖广道御史、四川成都知府、重庆知府、江西督粮道台、安徽宁池太广道台、甘肃按察使、四川布政使、山西巡抚。王氏家族第三个封疆大吏。道光二十九年（1849 年）遭弹劾，被革职流放新疆伊犁。咸丰二年（1852 年）病逝于伊犁。后因孙王鸿发贵，诰赠武一品建威将军封典，济里杭阿巴图鲁（满语勇士）称号。后又以王懿荣贵，诰赠文一品荣禄大夫封典。其著作有《经义测海》《正俗备用字解》《重韵辨义》《御史奏议》《巡抚奏议》《眄棠书屋集》等。

王懿荣

王懿荣（1845—1900），字正孺，又字廉生、莲生，古现街道古现东村人。光绪六年进士，官至南书房翰林、国子监祭酒、京师团练大臣。谥号文敏，《清史稿》有传。甲骨文最早发现者、断代者，中国近代金石学家、鉴藏家、书法家、爱国志士。

王懿荣出身于一个典型的世代仕宦的书香之家。“列翰林者先后五代。”在清朝 200 多年的时间里，王氏一族就出了六名翰林，二十四名进士，五十八名举人，五十八名优、拔、副岁贡生，三百五十七名庠生，可谓科第绵绵，堪称士林佳话。王懿荣祖父王兆琛为嘉庆二十二年进士，累官至山西巡抚，著有《正俗备用字解》《眄棠书屋文集》等。其父王祖源，道光二十九年拔贡，官至四川成绵龙茂兵备道并署四川按察使司按察使，曾汇编《天壤阁丛书》，并有《渔洋山人秋柳诗笺》之作。

王懿荣画像

王懿荣幼承家学，6 岁入古现村王氏家塾，先后受业于母舅谢琴南、谢虞臣以及表伯张墨林等人。15 岁随父进京，拜翰林院编修崔清如、礼部主事周孟伯等人为师。王懿荣早负雅名，在他中进士前，已名满京都，与当时著名的学者、金石专家如陈介祺、赵之谦、吴大澄、张之洞等过从甚密，而开宗立派的篆刻大家黄牧甫，《老残游记》的作者刘鄂则都是切实受过他教育的学生。他的座师是名重朝野的相国翁同龢、尚书潘祖荫，这两位老师都很推重赏识他的博学多识。时谓“既回翔三馆，绵力十年，中朝言学者，自吴县、常熟外，惟公丰采隐然，负时众望”（吴士鉴《王文敏公遗集序》）。咸丰同治年间，吴县潘祖荫、常熟翁同龢的学问为海内外人士所敬仰，而这两位著名学者的学生——福山王文敏公“更掉鞅其间，周旋乎师友姻娅之际，切磋砥砺，相得益彰，上邀九重特达之知，下系并世坫坛之望，此为当代之公言”（《文敏公年谱序》）。

他聪颖勤奋，泛涉书史，有过目不忘之誉。青年时代，王懿荣性“笃好旧椠本书、古彝器、碑版图画之属”，尤潜心于金石文字之学。为搜求文物古籍，足迹遍及山东、河北、陕西、河南、四川等地，“凡书籍字画、三代以来之铜器印章、泉货残石片瓦无不珍藏而秘玩之”。自同治元年至光绪七年（1862—1881），曾先后拜访当时著名的收藏家、金石文字学者潘祖荫、吴大澄等，同他们考订违合，剔抉幽隐，历时19年，撰成《汉石存目》《南北朝存石目》等书，成为当时著名的金石文字专家。

光绪六年（1880年）王懿荣中进士，1883年任翰林院编修，1894年升迁侍读并入值南书房。曾三任翰林院庶常馆教习，三为国子监祭酒，“诸生得其指授，皆相勉为实学”，时人称其为“太学师”。

王懿荣在学术上最重要的贡献是他第一个发现甲骨文。光绪二十五年（1899年），王懿荣患疟疾，家人从宣武门外菜市口达仁常药店买回“龙骨”，王懿荣发现上面刻有刀痕，与铜器铭文颇为相似，大为惊讶，立即到药店拣出那些刻有文字的“龙骨”，高价买回。后经考释，断定为商代文字。并认为大都是商王室的“档案”，“至其文字，则确在篆籀之前”。甲骨文的发现轰动了中外学术界，把汉字的历史推到公元前1700年的殷商时代，开创了文字学、历史学研究的新局面。

甲古文照片

王懿荣还是一位富有民族气节的爱国志士。他敬仰民族英雄戚继光，1888年重印了戚继光的《止止堂集》，并为作序，弘扬戚继光杀敌御侮的爱国精神。1894年中日甲午战争爆发。“日军据威海，分陷荣成，登州大震”的消息传到北京，王懿荣忧心如焚，毅然上疏请缨，要求回山东故乡办团练，御日寇。光绪帝准其奏请，并拨给饷银2.5万两以为资助。王懿荣迅速赶赴济南，会同山东巡抚商酌防务后，又赴登州，周览形势，组成一支初具规模的抗日团练。正当王懿荣准备率团迎击日寇时，李鸿章已同日本签订了丧权辱国的《马关条约》。王懿荣壮志未酬，写下了七绝《偶感》一首：“岂有雄心辄请缨，念家山破自魂惊。归来整旅虾夷散，五夜犹闻匣剑鸣。”

他变卖家产，缴还国家饷银，遣散抗日将士。山东巡抚馈以千金，他分文不受。

1900年，八国联军入侵北京，清王室及文官武将纷纷敛财逃命，危难之时，王懿荣受命为京师团练大臣，负责保卫京城。王懿荣“勉为其难，殚竭精力”。7月20日，侵略军攻入东便门，王懿荣率团练奋勇抵抗，寡难敌众。遂书绝命词：“主忧臣辱，主辱臣死。于止知其所止，此为近之。”偕继室谢夫人、长媳张夫人，从容投井殉国，时年55岁。

王 韬

王韬（1866—1937），原名王延焘，又名王敬三、王静珊。古现街道古现东村人。

出身仕宦家庭，其叔父王懿荣是近代著名金石学家、甲骨文发现者。王韬曾任直隶省口北道尹。1935年任北平市市长，次年任天津市市长。在其任北平市市长期间，因市财政收入不足敷出，王韬向弟弟王为蔚（又名王啸宇，曾任吴佩孚的军长）讨款补助，也不肯增加百姓税捐。为政时间较短，于 1937 年病故。

王为蔚

王为蔚（1868—1938），原名延焕，字啸宇，古现街道古现东村人。

由候选县丞考入北洋陆军速成学堂毕业，任陆军第三镇炮兵管带（清末新兵制，海军舰长称管带）。后又迁任绥远都统署军务课长，陆军第二混成旅参谋长，兼河南归德镇镇守使。

辛亥革命后，王为蔚任皖鲁豫苏四省剿匪副司令，国民党二十四师师长。袁世凯称帝后，遭到国人军民讨伐。王为蔚时任讨贼联军第一军军长之职，率部讨袁。袁世凯在全国军民讨伐声中死去时，王为蔚已任第三方面军团长、讨袁联军副司令、陆军中将、将军府将军等职。后任民国蔚威将军，晋二等文虎章，二等嘉禾章，颁奖武士军刀。

于业功

于业功（1912—1941），又名于新生，曾用名张敏，长江社区奇章村人。

于业功出身在一个贫苦的教师家庭，父亲去世后，17 岁辍学，只身到丹东商店学徒。“九一八”事变后，他目睹日本侵略者屠杀中国人民的罪行，极为愤慨。1933 年弃商回乡，寄居在山后村岳父家。他天天到民众教育馆阅读进步书刊，学习革命理论，孜孜不倦，异于他人，为馆长李丕涛所赏识。1934 年，被聘为县民众教育馆图书管理员。

在图书馆期间，他积极向进步青年介绍高尔基、茅盾、鲁迅等进步作家作品，并主办墙报，通俗地宣传进步思想，推行新文化教育。同时在《福山日报》办副刊《福山图书馆周刊》（后改称《活路》），极力宣传团结抗日等进步言论。

1936 年冬，他与共产党地下组织负责人赵锡纯等人，以民众教育馆为基地，秘密建立中华民族解放先锋队（简称“民先”）福山队部。1937 年，他与胶东地下党特区取得联系，在特委领导下开展工作。其间，“民先”组织大力发展进步青年，并向进步青年赠送《毛泽东和英国记者贝特兰的谈话》《我们的队伍》等进步的革命小册子。同时，和胡亦农等其他“民先”成员推动民教馆长李丕涛等人，支持组织“福山救亡歌咏团”，举行时事讨论，学唱革命歌曲。深入乡村演出歌剧《放下你的鞭子》，演唱《义勇军进行曲》《松花江上》《上起刺刀来》《救亡进行曲》等革命歌曲。1938 年 3 月 19 日，山东人民抗日救亡三联军一路包围由伪县长陈昱统治的福山县城，迫使其抗日，成立福山县抗日民主政府，建立抗日统一战线。时于业功参加了福山联合抗日民主政府工作。1939 年于业功经王历波等人介绍加入中国共产党，后被派往胶东特委参观学习，他学习阅读了毛泽东《论持久战》、林一山《抗战必胜论》后，深受鼓舞。1940 年 4 月，中共福山县委改组，他回来任宣传部部长。回到福山后，利用奇章中心小学校长的合法身份作掩护，在学生、教师中进行抗战教育，宣传共产党的革命主张和抗日救国纲领。并在家里秘密建立联络点，组织积极分子印传单，写标语，同时亲自带领学生秘密散发抗日宣传单，搅得敌占区敌人胆战心寒。1940 年年末，福山县国民党顽固派残酷迫害进步人士，1941 年 2 月 11 日，于业功接到组织给他立即转移的指示，他不顾个人安危，从容镇定，先设法通知其他同志转移，并烧毁存放在家的秘密文件，不幸被敌人包围捕去，当晚被秘密杀害于垆上村西，为革命事业壮烈牺牲，年仅 29 岁。

张钧铭

张钧铭（1908—1941），又名张仁崇，大季家街道芦洋村人。

张钧铭画像

1930年毕业于省立第八中学，应聘去《东海日报》社任编辑。1933年回乡任小学校长，他亲授语文课，宣传爱国主义，引导学生参加反帝反封建斗争，组织进步师生开展抵制日货游行示威活动。1937年“七七事变”后，应邀任蓬莱县第九区乡农学校中队长。1938年3月底，带领九区乡农校30余人参加蓬莱人民抗日武装起义部队“三军二路”，任第八大队大队长；是年5月，调任“三军二路”参谋长，不久加入中国共产党；7月，调任蓬莱县政府财政科长；9月，调任北海专员公署二科副科长兼机关自卫大队大队长。此后历任蓬黄战区指挥部警卫四营营长、北海军分区参谋长、第三军区参谋处参谋主任、八路军山东纵队第五支队第一团参谋长等职。1941年3月21日晚，五支队围攻投降派苗占魁的老巢崖子村，张钧铭亲率一团一营担任主攻。他指挥部队迅速扫清敌外围设施，攻破围墙，进入村内，激战一夜。天明，苗占魁缴械投降。22日下午，投降派秦毓堂、匡子州、郑维屏等部2000余人赶来增援，张钧铭率一团一营将其击溃之后，到前沿观察敌情，头部被流弹击中牺牲，时年33岁。

邹光远

邹光远（1912—1941），原名邹宝义，大季家街道芦洋村人。

出身于贫苦农民家庭。1938年8月参加革命，同年加入中国共产党。1941年3月，邹光远被委任为蓬莱西县三区区长。他到任后，广泛发动群众，深入开展对敌斗争，工作出色，多次受到上级表扬。1941年8月21日，他到卧龙村小学主持召开干部会议，被驻黄城集据点日伪军包围。他不顾个人安危，以院墙作掩护，一边开枪阻击敌人，一边指挥其他同志突围，不幸胸部中弹，壮烈牺牲。

朱吉勳

朱吉勳（1910—1942），字伯勋，八角街道八角村人。朱吉勳幼年在八角村读私塾，后到福山县初级中学、北平（北京）宏达高级中学求学。1926年底，朱吉勳从北平高中毕业后回到故乡，1927年2月在本村小学任教。1928年年底，八角由村制改为镇制，八角村立小学改称八角镇小学，朱吉勳任校长。翌年，朱吉勳任八角镇镇长（当时八角镇下辖八角、八角口、小赵家、泊子四个村），仍兼八角镇小学校长。1929年年初，朱吉勳邀请社会各阶层代表开会，提出集资办学建议，赢得广泛赞同。为筹资金曾远赴东北等地找同乡人，当面劝募。1929年，12间崭新的校舍如期建成，同时还制作了桌椅、书厨，购置了一些教具和体育、音乐器材，并在学校西面修建了一个操场，买下了学校东侧一块茔地。1932年春学校开始扩建，1933年秋九间高大宽敞的大礼堂和四间平房建成，八角小学成为当时全县一流的小学。1936年，朱吉勳筹建朱氏祠堂。建校余款不足，他就把自己家里仅有的四亩七分五厘地卖掉二亩，得款全部用于建祠堂。1937年7

图中间为朱吉勳之父，左（个子矮小者）为朱吉勳，右为其弟朱吉光。

月—1937年底，朱吉勳任福山县第五区区长。1938年初，朱吉勳加入了山东人民抗日救国军第三军福山别动纵队。1942年8月23日，朱吉勳被其卫兵杀害，年仅33岁。

苗可俊

苗可俊（1915—1943），女，大季家街道大苗家村人。

先后就读于蓬莱文会中学和烟台真光女子中学。1935年参加反对反动当局枪杀女学生徐明娥的学生游行示威活动。1937年“七七事变”后，因不愿接受奴化教育而退学。1938年5月参加抗日军队，改名苗似钢。后因病奉命回家休养。休养期间，她积极协助潮水区党组织开展敌后妇女工作，建立健全各村妇救会组织；经常带领妇救会员到皇姑庵日伪据点前喊话，瓦解敌军。1943年8月的一个晚上，苗可俊在潮水镇发动群众抗捐抗税，因汉奸告密，被大黄家日伪据点的伪军逮捕。敌人软硬兼施，威胁利诱，她始终坚强不屈，严守党的机密。被囚期间她在衣服内襟上写道：“我一定经得起考验，请组织放心。为党工作是我最大的幸福，我一定为党的事业奋斗终生！”一个月后被敌人枪杀于大黄家村外河边，时年28岁。

赵保原

赵保原（1904—1946），字玉泉，后改玉全，大季家街道大赵家村人。

赵保原小时就读于省立八中，17岁入东北吉林军官讲习所，毕业后在东北军先后任排长、连长、营长，曾参加过直奉战争和抗拒北伐军的松江战役。“九一八”事变后，投靠伪满充当汉奸，多次参与镇压抗日义勇军。1938年率部以满洲国派遣军李支队（旅）的番号，随日军入关，盘踞山东胶县一带。同年11月率部1600余人反正，在昌邑接受山东省第八区专员厉文礼收编。1939年1月移驻莱阳，1939年上半年被委任为国民党山东省第十三区特派员兼保安司令。4月，与八路军山东纵队第五支队、国民党胶东游击队共同成立鲁东抗日联军指挥部，赵任总指挥，曾与日伪军作过战。1940年国民党苏鲁战区将赵保原部改编为陆军暂编第十二师，赵保原任师长。

赵保原在胶东站住脚后，开始制造反共摩擦，破坏统一战线。1940年始与驻青岛日军秘密勾结，达成双方在青岛和莱阳互设办事处的协议。赵通过办事处与日伪互通情报，将掠夺的物资输送给日军，日军则转送其大批枪支弹药。1942年，赵部3次配合日军向胶东根据地大举进犯，烧、杀、抢、掠，惨无人道。在其统治区内，强制推行保甲制度，组织“抗八小组”，征调民工，修筑据点，大肆捕捉壮丁，苛捐杂税名目繁多，百姓被逼得家破人亡，成群结队逃往根据地，仅莱阳县1944年逃往根据地的难民就达13万人之多。人民群众稍有抗日言行即遭捕杀，抗日军政家属及进步人士遭杀戮、活埋者数以千计。1945年2月11日，八路军、民兵万余人一举攻克赵保原据点顽敌，赵保原率残部逃往即墨。

日军投降后，赵保原重又打出暂编十二师的招牌，招降纳叛，兵力近两万人。1946年5月10日，胶东军调部二十一小组高密小组举行会谈，赵保原以国民党代表身份参加。共产党代表辛冠吾中校拒绝与其握手，并严辞质问美方代表摩尔：这个大汉奸、民族败类，有何资格参加会谈。摩尔怕和谈破裂，只好将其“请”了出去。5月20日辛冠吾返部述职，途经蔡家庄赵保原驻地，被其绑架、杀害。同年6月18日，胶东军区部队攻克胶县，赵保原在战斗中被击毙。

吴鸿琨

吴鸿琨（1924—1948），古现街道山吴家村人，文化程度小学，团政委。

1940年参加福山县大队。1946年参加人民解放军，屡立战功。后升为四野五旅十三团团政委。1948年9月随林彪、罗荣桓指挥的东北野战军参加了“辽沈战役”，在著名的“四进四出”的四平战役中，英勇牺牲。今遗像保存在哈尔滨市烈士纪念馆，遗体葬于张家口市花园烈士公墓。生前立特等功1次，二等功2次。

朱维荣

朱维荣（1910—1950），八角街道八角村人，1945年参加革命，同年入党，先后任福山县大队队员、中队长。1949年6月，为了夺取全国的彻底解放，解放军发起了解放长山列岛战役。福山县政府按照上级部署，发动福山沿海一带人民积极参战支前。动员大会结束后，福山县组成了一个由36条渔船、150多人参加的支前中队，由刘德茂、王承先、朱维荣率领，于7月25日启程，支援解放长山岛。阴历8月19日傍晚，在朱维荣的带领下，每人一张橹，三五人一条船，满载着解放军战士向长山岛进发。在靠近长岛时，敌人发现了他们，于是拼命向渔船射击，但为时已晚，解放军势如破竹，经过不到三小时的激战，就彻底解放了长山岛。1950年，朱维荣在解放舟山群岛的战斗中牺牲。

朱维荣

张乐天

张乐天（1915—1950），大季家街道芦洋村人。1938年参加八路军，不久加入中国共产党，历任排长、指挥员、团政委、团长、二十七军宣传部部长等职。抗日战争和解放战争期间，他转战南北，屡建战功。1950年，参加中国人民志愿军作战，在一次激战中身中燃烧弹，壮烈牺牲，时年35岁。

张乐天画像

王崇焕

王崇焕（1892—1953），字汉章，笔名娱堪、踽公，古现街道古现东村人。王懿荣四子，出生于北京东安门锡拉胡同王府中。

清光绪二十六年（1900年），王懿荣殉国时，他尚不满9岁，寄居姐夫吴重熹家读私塾。清宣统二年（1910年）考入天津铁路局当练习生、文书课课员。后到上海与叶楚伦在一起办《太平洋报》，不久加入南社。南社为辛亥革命时期进步的文学团体，由陈去病、高旭、柳亚子等人发起，以文学宣扬资产阶级民主革命，反对清王朝的种族压迫和专制统治，早期参加者多为同盟会成员，王崇焕为早期南社和早期同盟会成员之一。辛亥革命后，王崇焕进入直隶（今河北省）省教育厅任秘书，同时兼任烟酒公卖局秘书工作，后又到京奉铁路警察教练所担任教学。他在工作之余，致力于文史资料辑录和编纂工作，保存并收藏其父王懿荣遗留下的甲骨文片500余片，解放后由其女王福重代她哥哥王富堰全部捐献给国家收藏。新中国成立后，王崇焕曾任天津铁路学校校长，1951年退休，1953年病逝，享年61岁。

王崇焕一生著作甚丰。早年在南社从事文学创作活动，创作了许多诗文作品，晚年从事甲骨文研究与文史研究，著有《甲骨文存》《古董录》《澹归大师年谱》《刘继庄年谱初稿》《纪晓岚年谱》《王文敏公年谱》《盛意园先生年谱》《福山王氏劫印谱》《王文敏公墨迹手札》《王文敏公奏疏稿》《王文敏公遗集》等。

王伟光

王伟光（1918—1964），原名王尊诰，古现街道山王家村人。

出身农民家庭，师范学校毕业。1938年年初，参加山东抗日游击队，同年5月加入中国共产党，任胶东军区十六团政治委员，从当干事到任团政委，身经百战，屡立战功。1946年，部队奉命调往辽南，任辽宁军区第四纵队师政治部主任，在发展该地人民武装，建立地方政权和打击国民党军的战斗中，做出了重大贡献，多次受到军部嘉奖。1951年春，转业到地方工作，任中共东江地委第一书记，领导全区进行土地改革。1952年，任中共粤东区党委副书记兼汕头市委第一书记，领导城市进行民主改革。1954年调任武汉锅炉厂任厂长，他努力学习业务，加强企业管理，使该厂成为全市的先进企业单位。1961年调到中共中央中南局，任计划委员会副主任，在工业技术改造中，他深入工厂，进行调查研究，提出了许多正确意见，受到中央领导的重视。后积劳成疾，久治无效，1964年9月于广州逝世。

陈焕明

陈焕明（1913—1972），曾用名陈学炳、辛江、辛学江。长江社区舒家村人。

1933年，中学毕业后，曾在家乡小学任教师、校长。1937年加入中华民族解放先锋队，积极参加抗日救亡活动。1938年参加国民党，但思想进步，倾向革命，积极宣传抗日，曾掩护过共产党的地下工作者。1940年脱离国民党，烧毁三青团登记表，参加中华民族解放先锋队。次年参加革命，任福山县抗日民主政府建设科、司法科科长。1948年随军南下，1949年加入中国共产党。新中国成立后，历任中南局司法部秘书科科长、全国人民代表大会法律室研究员、编辑等职。1958年开始法律资料的编辑工作，先后领导和编辑出版《海商法讲座》《世界各国宪法汇编》《各国选举制度》《苏维埃刑法学》《南斯拉夫的民主自治》《中华人民共和国法规汇编》《中华人民共和国法规选编》《中华人民共和国条约集》《调解工作经验选编》《政治学说史》《法学动态丛刊》等50余种法律资料书籍，为国家的法制建设做出了贡献。“文化大革命”中受到迫害，1972年病故。

由子贵

由子贵（1890—1973），又名由富贵，长江社区岗嵛村人。

由子贵幼读私塾4年，13岁辍学，到烟台“钱号”当学徒。16岁入烟台商业学堂学习。在校期间，接受进步思想，并结识同盟会会员谢鸿焘、李惺斋等革命志士，后加入同盟会，在其组织领导下，积极参加革命活动。清宣统三年（1911年）10月，武昌起义消息传到烟台，同盟会会员谢鸿焘等立即开会决定于12月11日晚发动起义，一夜之间烟台光复。首先起义发起者18人，被誉为“烟台光复18勇士”，由子贵为其中之一。

1941年入胶东五旅国防剧社，历任文工团副团长、山东鲁剧研究院副院长等职。自编、改编、合编京剧、歌剧7部，创作曲艺、歌曲多篇，有《明末遗恨》《卓文君》《刘兰香》《战斗英雄任常伦》等。1973年5月病逝。

梁维兰

梁维兰（1902—1985），八角街道峰台村人。

读书3年，下学后去北京粮店学徒，后回村打鱼。抗日战争时期任村农救会长。1946年参加中国共产党，1947年任村指导员（即支部书记）。

1949年夏天，中国人民解放军决定解放长山岛，梁维兰按县委布置召开村民支前动员大会。全村7只木船，30多名渔民报名参加，梁维兰任支前队长。7月25日，福山支前人员在蓬莱县刘家旺集结。翌日，突然刮起台风，梁维兰协同县支前带队干部刘德茂和王承先动员船员下船避风。因风大船密，互相撞击，36只船毁坏23只。船员们一时情绪十分低落，梁维兰同带队的干部一起逐个做船员的思想工作，并主动帮炊事员做饭，给病号送饭送水，带头修补船只。经过半个月的艰苦劳动，船全部修好，战前准备工作一切就绪。8月11日，战斗打响后，很多战士晕船，有的呕得很厉害，站不起来坐不稳。梁维兰忙前忙后，又摇橹又冲刷脏物，最后他和船员们把晕船战士一一扶上岸去，投入战斗。在战斗中，梁维兰坚决听从命令，服从指挥。有一次船队刚把大米装满船，正要出发，指挥部命令急运伤员，梁维兰急忙和民工一起把大米卸下来，把伤员背上船，将其安全转送到后方。在运输战利品时，遇上大雨，怕公物受到损失，毅然把自己的棉衣和被子盖在怕湿的物资上。在他的带动下，其他船员也都踊跃地用自己的衣服被褥盖船上的物资，使战利品没受一点损失。是年8月20日长岛解放，支前任务完成，胶东军区支前委员会给梁维兰记特等功1次。

支前回村后，梁维兰继任村指导员，带领群众搞生产自救，成绩卓著，曾出席过县劳动模范大会。1951年任官庄乡副乡长。1953年脱产，任八角口供销社零售店经理。1954年调县政府水产科工作。1985年7月7日病故。

黄振东

黄振东（1918—1987），原名臧宜勋，古现街道办事处西臧家村人。初中毕业，中共党员。

1938年参加福山县抗日游击队，同年加入中国共产党，历任游击总队长、营长、团长、华东军分副参谋长、后勤部副部长及南京军区装甲兵、工程兵、炮兵参谋长等职。1938年10月牙山战斗中，黄振东率全连战士浴血奋战，掩护上级领导和机关突出重围，并将部队带回根据地。1940年秋，率部巧攻莱西日军据点，成为胶东地区智取顽敌的范例。

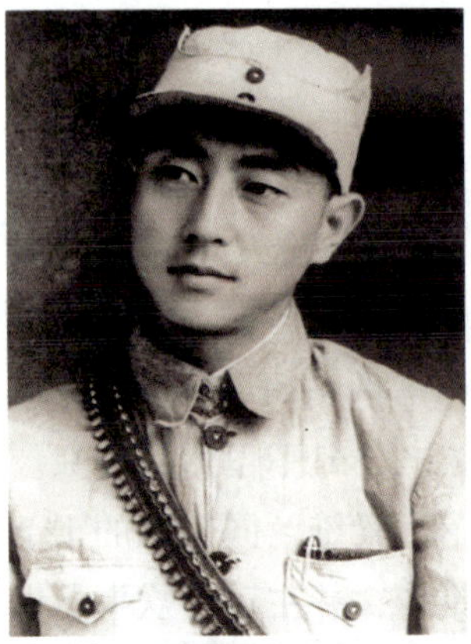

黄振东

1943年夏，胶东军区十六团三营攻打牟平水道据点，营长、指导员相继伤亡，他挺身而出，指挥战斗，全歼日军一个加强小队，缴获大批武器弹药。1947年攻打寒亭战斗中，他以围城打援之法，一举歼灭增援之敌800余人。1948年4月，胶东部队围攻潍县，他率部首先攻克外围重要据点凤凰山，又主动攻击突围之敌，活捉四十三军少将军长陈金城。后又参加济南、淮海、渡江、上海等战役。1955年被中央军委授予三级独立自由勋章和二级解放勋章各1枚。新中国成立后，黄振东经常深入施工现场，与战士同甘共苦，不仅按期完成国防施工任务，还带出了一支过硬的队伍，两次受到军区嘉奖，并受到军委副主席贺龙元帅的赞扬，被选为南京军区建军积极分子。1987年6月26日在南京因病逝世，终年69岁。

王仲年

王仲年（1900—1988），笔名重年，古现街道石岚村人。著名画家、教授。

1925年毕业于北京国立艺专，1925—1930年赴捷克国家艺术学院留学。毕业后游学欧洲各国，探讨技艺。先后在英、法、德、意荷兰等国举办个人画展，早年成名，享誉国外。1934年回国后任教于北京国立美术学院；1936—1942年任天津工商学院教授，并向齐白石先生学国画，同时致力于《书谱》的研究。先后在香港及上海举办画展。后任北京京华美术学院教授，1958年任轻工业部美术顾问。

王仲年

1966年，受“文化大革命”冲击，全家迁回原籍。在原籍石岚14年中，他在艰难的生活困境中，“穷且益坚，不坠青云之志”。借一间无门的草房，冬季用一条棉毯代门御寒，没有桌子，就以炕为书案，早晚练习绘画和书法，研读外文和绘画理论。买不到宣纸，就用粗劣的土制草纸，先练画，再练字，正反两面用4次。渴饮几口凉水，饥食几片地瓜干。逆境中的砥砺，使其在艺术上达到更高境界。1978年以自己研究的《书谱》为基础，认真写出了五部《书谱》，经外事口转送日本，在日本书法界引起极大反响。著名佛教界人士卢松安在给王仲年信中说，“你的《书谱》在日本引起很好的反响，日本专家把你比作孙过庭在世”。

1980年落实政策回京，任北京市文史馆馆员。

王仲年擅长油画、国画、书法及外文。精通英、法、德、意、日五国语言。其创作的油画作品在国外展览期间，被许多外国国家级博物馆收藏。中央文物馆官员、著民书画家孙天牧评价王仲年时说：“仲年于西画之外，兼精国画及书法，其造诣之深艺坛少见，其书法可与启先生相媲，其国画格调之高，气韵之雅亦不在雪涛、苦禅之下，其西画理论之高国内少见，惜乎其名不彰于社会，世人鲜有知者。”

1988年8月病逝，享年88岁。

丁理南

丁理南（1915—1988），原名丁元参，大季家街道芦洋村人。

青年时期即接受革命思想，追求进步。1935年下半年参加中华民族解放先锋队，积极宣传抗日救国道理。1936年6月加入中国共产党。1938年3月参加蓬莱人民抗日武装起义部队“第三军第二路”，长期从事部队政治工作和群众工作，转战南北，曾参加著名的莱芜、孟良崮、淮海、渡江等著名战役，屡立战功。1949年后，历任空军十二厂筹备处副主任、中国人民解放军8443工程筹备处政委、中国人民解放军第5720工厂党委书记等职，积极投身于空军航空和军工生产建设事业，曾立三等功一次。1955年被授予上校军衔，1957年6月被授予三级独立自由勋章和三级解放勋章。后任中国人民解放军5720工厂党委书记。“文化大革命”中，曾遭残酷迫害。1982年4月离职休养。1988年11月22日病逝于安徽芜湖，终年73岁。

由竹生

由竹生（1916—1988），长江社区岗崭村人。国民党起义军将领，河北省政协委员。

1937年大学毕业后参加傅作义军队，曾任军政工处处长，张家口市市长。1938年参加“抗日民族解放先锋队”，多次掩护和营救共产党干部。曾参加北平、绥远起义，为中国解放事业做出了贡献。1949年参加中国人民解放军，任高级步兵学校研究员等职。后转业到教育界，先后在河北省干校、保定市干校和保定市三中任教。并当选为保定市人民代表、民革保定市委副主任委员，河北省政协委员。其一生正直磊落，追求真理，为社会主义建设事业做出了贡献。1988年病故。

朱　涛

朱涛（1921—1993），原名朱吉纯，八角街道八角村人。

朱涛

1921年1月17日出生。1928年，入八角镇小学学习。1939—1941年，到福山县初级中学、北京汇文高级中学求学。1941年夏，在北京上学期间因参加抗日活动被校方开除，并遭通缉。同年秋，组织上秘密安排其到西北联大医学院学习。1948年，组织上指示其带领西北联大部分学员到延安大学继续学习。1949年年底，朱涛被派往西安，参加中国人民解放军第四军医大学的筹建工作。“四医大”建成后，他先后出任训练部组织科科长、计划科科长、政治科科长、解剖科科长。后调至“四医大”第一附属医院任医教部主任（正师级）。1982 年离休并定居西安。1993 年 9 月因病去世。

王　友

王友（1924—1994 年），又名王旭光，古现街道古现东村人。

1943 年参加革命工作，1943 年任福山县古现区青年抗日救国会主任。随后任福山县工商管理局古现分会会长。1945 年 3 月去胶东青年干部学校学习，毕业后任福山县二区文书；是年 11 月，调东北瓦房店政府及公安局任股长等职。1946 年 2 月，加入中国共产党。1947 年 7 月，任辽宁省委党校总务科副科长。1948 —1949 年，先后担任东北局土地工作团组长、东丰县七区区长。1949 —1952 年，先后任江西省南昌县政府秘书、南昌土改试验区（四区）区长、区委书记；1952 年 8 月至 1960 年，先后任中南矿山机械厂、长春 652 厂、富拉尔基重机厂科长、副处长等职；1962—1974 年先后任黑龙江省建设厅工程公司副经理、黑龙江省安装工程公司经理、党委书记（副厅级）。1994 年病故。

二、开发区历任工委书记管委主任简介

姜德华

姜德华，1928 年生，烟台福山人。中共党员，初中文化，1945 年 7 月参加革命工作。

姜德华

1944 年 8 月至 1945 年 7 月入胶东北海中学读书。1945 年 7 月毕业后参加革命工作，历任中共福山县二区委组织干事、宣传委员、武工队队长等职。1949 年 4 月调福山县委工作，先后任工作队长、团县委宣传部部长、书记。1951 年 4 月至 12 月，参加中央团校第四期学员班学习，毕业后于 1952 年 2 月任文登团地委秘书。1956 年 3 月先后任莱阳团地委书记和莱阳专署矿业局局长。1958 年 8 月先后担任烟台专署冶金工业局局长、计划委员会副主任、工办副主任、经委主任以及地革委生产部党组成员。1979 年 4 月任烟台专署副专员。1983 年 10 月任烟台市人民政府副市长，1984 年 7 月至 11 月以烟台市副市长之职兼任烟台市福莱山经济技术开发区（后更名为“烟台经济技术开发区”）筹备委员会主任。

虞俊鹤

虞俊鹤，1934 年生，江苏无锡人。中共党员，大学本科学历，1958 年 9 月参加工作。

1954 年 9 月考入上海同济大学结构系工业与民用建筑专业，1958 年 8 月大学本科毕业，9 月分配到烟台地区专署建筑工程局任技术员，从事建筑设计工作。1962 年 9 月调入烟台地区建筑公司第二工区任技术员和主管技术员。1976 年 7 月唐山发生地震后波及天津，山东省委组建了支援天津抗震救灾指挥部，时烟台地区接省委指示成

虞俊鹤

立了烟台工区，虞俊鹤被任命为烟台工区党总支副书记和工区主任。1977年1月支援工作结束后，调入新组建的烟台地区安装公司任生产负责人和党组成员，1979年4月晋升为工程师，1979年5月任公司党委委员、公司经理。1980年9月任烟台地区行政公署基本建设委员会副主任、党组成员。1983年10月10日任烟台市人民政府副市长、政府党组成员。1984年11月至1985年5月以烟台市副市长之职兼任烟台经济技术开发区管理委员会主任。

李永顺

李永顺，1937年生，烟台福山人。中共党员，大学文化。

1953年4月参加工作后，至1958年7月均

李永顺

在中国人民银行栖霞县支行任会计员。1958年9月至1961年6月，在山东财经学院政治教育系学习金融专业，并取得大专学历。1966年7月加入中国共产党。1969年12月至1975年4月先后任栖霞县革命委员会组织组干事、政治部秘书、县委办公室秘书、组织组副组长。1975年5月至1979年1月先后任中共栖霞县县委常务委员、组织部部长。1979年2月至1980年7月先后任栖霞县庙后公社党委书记、管委会主任。1980年8月至1983年10月先后任中共福山县委宣传部部长、县委常委。1983年11月至1984年7月先后任烟台市福山区常委、常务副区长。1984年8月至1986年12月，任开发区筹备委员会常务副主任、临时党支部书记、工委书记、管委会主任。

陈万光

陈万光，1948年生，山东临朐人。中专文化。1968年8月参加工作。1971年1月加入中国共产党。

陈万光

1964年9月至1967年7月在省商业学校学习。1967年7月至1968年8月在校待分配。1968年8月至1971年1月任荣成县龙须岛水产站记账员。1971年1月至1980年12月先后任龙须岛公社党委、县商业局、烟台地区财贸办公室秘书。1980年12月至1983年12月先后任烟台百货站党支部副书记、副经理、党总支书记。

1983年12月至1984年4月任烟台市商业局副局长、党委副书记。1984年4月至1986年12月任烟台市对外经济贸易委员会主任、党组书记。1986年12月至1990年9月任烟台经济技术开发区工委书记、管委主任。

孙德汉

孙德汉，1950年生，烟台牟平人。1968年11月参加工作。1973年4月加入中国共产党。研究生学历。

孙德汉

1958年7月至1968年10月先后在牟平县姜格庄小学、中学读书。1968年11月至1973年4月先后任牟平县姜格庄林北联中民办教师、解甲庄刘家埠联中教导主任。1973年5月至1974年6月分别担任牟平县第一中学团委书记、县教育局科员。1974年7月任牟平县委办公室秘书。1976年9月任牟平县养马岛公社党委书记。1981年9月至1983年6月于曲阜师范学院干部专修班中文系学习并毕业。1983年7月在牟平县委工作。1984年1月任牟平县委副书记、县长。1986年11月任蓬莱县委书记兼武装部党委第一书记、县委党校校长。1990年8月至1994年5月任烟台经济技术开发区工委书记、管委主任。

阎原田

阎原田，1947年生，烟台招远人。中共党员，大专文化。

阎原田

1976年6月任招远县罗山公社党委副书记。1980年4月任招远县大秦家公社党委副书记、管委副主任。1980年11月任招远县大秦家公社党委副书记、管委主任。1982年12月任招远县大秦家公社党委书记。1984年4月任招远县辛庄镇党委书记。1987年7月任招远县副县长。1989年12月任海阳县委常委、副县长。1991年7月，任海阳县委副书记、代县长。1992年3月先后任海阳县委书记、县人大常委会主任兼党校校长。1994年9月至1998年9月任烟台经济技术开发区工委书记、管委主任。

王秀臣

王秀臣，1950年生，烟台牟平人。1974年11月加入中国共产党。大学文化。

1971年3月至1974年12月先后任烟台市牟平县莒格庄公社西仙姑、杨家夼、金家埠联中教师及报道组组长。1974年12月任牟平县农业学大寨工作队队员。1975年6月任牟平县莒格庄公社党委宣传干事。1976年7月任牟平县莒格庄公社党委副书记、革委会副主任。1982年2月任牟平县莒格庄公社党委副书记、管委会主任。1983年12月至1988年7月先后任牟平县武宁公社党委书记、姜格庄镇党委书记。1988年7月任烟台市牟平区委常委、宣传部部长。1988年11月任烟台市牟平区委常委、副县长。1991年9月任烟

王秀臣

台市电子工业公司经理、党委书记。1995年1月任烟台市政府秘书长、党组成员、政府办公室党组书记。1997年12月任烟台市劳动局局长、党委书记。1998年6月任烟台市高级技工学校党委书记、市劳动局局长、党委书记。1998年9月任烟台经济技术开发区工委书记、管委主任、烟台市高级技工学校党委书记。1999年4月任烟台经济技术开发区工委书记、管委主任。2001年1月任烟台市委常委、烟台经济技术开发区工委书记、管委主任。2009年4月至2010年8月任烟台市委常委、烟台经济技术开发区工委书记。

王曰义

王曰义，1957年8月生，山东栖霞人。1976年12月参加工作，1986年10月加入中国共产党，山东省委党校研究生学历，农学学士学位。

王曰义

1976年12月任栖霞县亭口镇徐村小学教师。1982年1月在莱阳农学院农学专业学习。1982年1月任栖霞县农技站技术员。1984年7月任栖霞县农技站副站长。1986年8月任栖霞县农牧局副局长。1990年8月任栖霞县农牧局党委副书记、副局长。1992年1月任栖霞县松山乡党委书记。1995年1月任烟台市福山区副区长。2000年12月任烟台市福山区委副书记、代区长。2001年2月任烟台市福山区委副书记、区长。2002年12月任烟台市福山区委书记。2003年1月任烟台市福山区委书记、区人大常委会主任。2003年2月任烟台市福山区委书记兼区人大常委会主任、区委党校校长。2003年4月任烟台市福山区委书记兼区人大常委会主任、区委党校校长，烟台市委十届委员。2009年4月任烟台经济技术开发区管委主任。2009年5月任烟台经济技术开发区工委副书记、管委主任。2010年8月任烟台市委常委、烟台经济技术开发区工委书记、管委主任。

三、革命烈士英名录

（一）抗日战争时期（1937—1945）

长江社区

奇　　章：于业功

北　　屯：李忠兆

马　　家：丛培松

古现街道

皂 户 头：李善永　王廷松

南 张 家：姚学仁　张世松

大 王 家：王同丰　王宜涛　王礼善　王有义

小 王 家：董作朴

山 吴 家：吴言孝

孙　　家：王　文　周文庆　孙树广

四　　合：马振山

大季家街道

芦　　洋：丁路荣　丁路芳　丁殿安　丁克增　孙文达　张仁同　邹宝义　郑世英　丁元衔　丁义春　侯吉琨　张学万　张钧铭　丁元焕　张伯雅　张明英　张仁民　张安庆　丁殿寿　丁元孚　丁义连　张仁俭

小 苗 家：于兆英　曲维进

马　　家：马如圣

仲　　家：仲延秀　赵福敏　仲崇刚

山后初家：刘克礼

巨　　峰：孙延增

孙　　家：孙衍福　孙衍川

曲　　家：曲有道

山后陈家：张文荫　吴丰运　陈启乐　杨玉敬

张 家 庄：张立铸　张廷范

大 邹 家：张奉先　徐德奎　穆雪山

姜　　家：李广军

山后李家：李广温

树夼李家：李芝荣

小 邹 家：邹士珍

小 季 家：季明善

房　　家：房学武

大 苗 家：苗可俊（女）　苗桂兰（女）

范　　家：范芝莱

大 赵 家：赵吉元

山后顾家：顾寿伟

方里董家：董永秩

大 季 家：季立安

八角街道

郑 家 庄：刘立铎

陡 崖 村：刘秉义

辛 店 村：孙庆广　孟庆东　汪吉庆

下 刘 家：栾长贵

百 堡 村：姜　进（女）　姜锡润

上 刘 家：周世英（女）

花　　岩：孙　海

小 赵 家：赵凤达　赵世福

泊 子 村：刘德春

（二）解放战争时期（1945—1949）

长江社区

奇　　章：于洪本　于培夏　于培恺　宫茂绩

北 车 家：车汝乐　车廷晓　车廷桂

刘家台子：由芝平　刘龙光　刘世玉

曲家台子：曲仁喜

北　　屯：邹本文　邹积鑫

栖　　里：陈庆太　陈学忍　丁绍友　张本全

岗　　嵛：范忠田　由克发
宫家台子：宫茂云　宫茂凯　宫茂奎
胜利东村：朱传弟
廒　　上：苏献诰

古现街道

古现东村：王丙夒　王迎焕　王绥禄　张其寿
古现西村：王希仁　任德财　栾慎初　吴尚勋
古现北斗：孙德义　赵洪模　李洪言　谢洪锁
　　　　　孙德里　张庆法
曲 家 庄：曲宝臣
山 王 家：王尊绍
南 张 家：张洪芝　张世铮
山 吴 家：吴洪琨　吴行兰
林 官 庄：林桂芝（女）　林德英　林继仁
　　　　　林继明
院　　下：孙兴汉　解玉敏　刘福维　孙中璞
　　　　　孙中贵　周凤春　解玉九
大 王 家：王宜泮　王　楠　王洁宾
林　　家：林杰先　林汝南
棘 子 夼：王汝山　王汝好　王学通
东 吴 家：吴言肇　吴语新　王洪涛
东 龙 夼：张传仁　邹本贵
北 于 家：王曾太
石　　岚：张学臣　王启祥　王建东
西 臧 家：姚义进　臧维国　臧汝亮　迟洪斌
陈 家 沟：陈广循　陈兆润
胜 利 村：衣文斌　林克春
皂 户 头：王学启（曾用名：王学麒）
三十里堡：于焕安　王东荣　于焕谟
河　　北：陈兆禄　姜满堂　林浩发　王元令
　　　　　郝增福　王者才　鄄树山　王士清
　　　　　王益元　王振才　王延祜
东 张 家：王作芬
小 王 家：吴迎春　林庆先
梁　　家：陈　训　梁茂忠　梁起光　梁路中
潘　　家：潘敏璞
南 于 家：张作浩
孙　　家：孙树良　刘龙山　孙树端

大季家街道

夏　　家：杨德丕
作　　家：于从富
大 赵 家：赵从山　赵吉复　赵元清　赵庆国
　　　　　赵振寰　赵福清　孙可信　赵广治
　　　　　赵九波　周国源　赵吉志
芦　　洋：丁元南　孙福亭　丁镇文　侯吉成
　　　　　刘玉财　张坤山　张兴文　张学智
　　　　　张德宝　肖洪德　孙喜谋　丁仁寿
　　　　　丁学烈　丁学池　孙喜年　金加祥
　　　　　丁学堂
大 苗 家：苗广生
马　　家：王修泉
姜　　家：姜长勋　姜长成　姜长尊
房　　家：房本荣　邹来云
仲　　家：仲崇哲　崔德玉　仲伟士　仲崇乾
　　　　　仲伟銮　仲崇实　仲　军　仲崇贤
　　　　　仲伟亭　仲伟芝　仲伟时
　　　　　仲瑞兰（女）
大 季 家：王翰林　季德声　季恩广　季恩谦
　　　　　季人伟　季敬堂　季立衔　季环业
　　　　　季林业　季立远　季声耀
小 季 家：季铭智
小 苗 家：于金川　于金贵　季双业
孙　　家：孙启兰　孙衍桥　孙绪清　孙衍馥
　　　　　孙启照　孙绪卿
范　　家：田长喜　高善桐
巨　　峰：杨德因　单兴彬　孙松林　杨明勤
　　　　　孙玉源　汤守福　孙世汉　孙彩玉
　　　　　葛廷肇　邹先赏　孙世祥　孙世忠
　　　　　单兴久
台　　上：孙玉环
大 邹 家：邹来瑞　李盛春　邹来江　曲鸣兰
　　　　　邹来东　邹德品　邹来让　邹德宦
　　　　　邹来荣
方里董家：董永英　董宝练　董宝有　董永业
　　　　　董宝福　董永耀　曲洪财
丈 老 沟：朱显周　荆广和　万际重　荆永照

荆玉汉
张　　家：张心玉
张 家 庄：张廷璞　张吉官　张廷高
山后初家：初允川　赵清瑶　初克太　丛大行
初允贞　刘洪章　初允绥
山后顾家：顾延恒　顾兆兴　顾立开　顾孔恩
山后陈家：王福琦　陈文厚　陈启礼　王从道
杨孚亨　王子容　王从兴　王维信
陈启达　王永宏
山后李家：李兆堂　王亲民　顾　琏　李廷兰
李学志　顾曰瑞
方里刘家：刘维相　刘兆裕　刘维敬
树夼李家：李洪芝　李维春

八角街道

汤 家 村：汤维浩　汤志铠
八 角 村：朱　波　朱维荣　朱维渊　朱吉恺
陈宴勤　朱相栋　朱吉彦　朱吉才
小 赵 家：赵仁居
卜 刘 家：刘达先　陈家盛　栾喜先
朱文堂
峰 台 村：梁维吉　梁维殿　梁永豪　梁永夏
于 家 村：陈衍发　陈家平
侯 家 村：侯述古　侯述敏
上 刘 家：栾喜明　林在义　林梅先　王恩武
林自发
陡 崖 村：宋世喜　王作宝　王世田
青 上 村：周焕利　陈宝善（曾用名：陈奇）
百 堡 村：彭福信
郑 家 庄：刘钟维
泊 子 村：冯金城　张洪贵　李信波
八 角 口：徐守忠
花　　岩：朱中孝
小 赵 家：赵锡喜　赵敏才　孙　超
芹 子 口：张恩普
官　　庄：陈承熙　朱培远　陈宝贵

（三）社会主义建设时期（1949—2003）

长江社区

舒　　家：王振才　舒学诗
岗　　崙：臧启汉　高元寿
奇　　章：迟守敬
马　　家：丛培桂
宫家台子：宫茂官

古现街道

古现北斗：赵祯祥
郭　　家：郭敬惠
潘　　家：潘中义　潘启明
林　　家：林庆先
东 龙 夼：邹积江
陈　　家：王守仁
四　　合：李学文　宋作需
古现西村：王希臣
皂 户 头：王瑞臣
北 于 家：于德斌　孙浴之

大季家街道

大 赵 家：赵尚喜　赵奎聚
穆　　家：穆范之
曲　　家：曲振勤
芦　　洋：孙喜善　张乐天
大 苗 家：苗金生
房　　家：尉善修
大 季 家：季大业　季相业
小 季 家：季清本
小 苗 家：苗仁浩
孙　　家：孙衍杰
巨　　峰：杨德春
大 邹 家：邹增秀
方里董家：董宝俭
山后初家：刘贵先　丛大利
山后顾家：顾春文
山后陈家：王福道　王兆平　陈启环

山后李家：李　明
方里刘家：刘喜发
方里庄子：孙世庆

八角街道
八　　角：朱相本
郑 家 庄：王起仁

四、模范先进人物表

1989—2003年烟台开发区省级以上劳动模范先进人物表

表人物 -1

序号	姓名	性别	工 作 单 位	授予部门	荣誉称号	获得时间
1	朱允钎	男	烟台氨纶股份有限公司	中国纺织工业协会	全国纺织系统劳动模范	1989.10
2	孙维强	男	烟台兴华毛巾制品有限公司	山东省总工会	“富民兴鲁”劳动奖章	1991.04
				山东省政府	山东省劳动模范	1992.04
3	李培高	男	烟台开发区医院	山东省总工会	“富民兴鲁”劳动奖章	1996.04
4	秘波海	男	烟台正海集团有限公司	山东省政府	山东省劳动模范	1998.04
				全国总工会	“五一”劳动奖章	1999.04
5	杜宝栋	男	开发区东星集团公司	山东省政府	山东省劳动模范	1998.04
6	张海生	男	开发区海生印染有限责任	山东省政府	山东省劳动模范	1998.04
7	张道强	男	烟台华鲁热电有限公司	山东省总工会	“富民兴鲁”劳动奖章	1999.04
8	姜兰东	男	大宇重工业烟台有限公司	山东省总工会	“富民兴鲁”劳动奖章	1999.04
9	林喜圆	男	烟台西蒙西轴承有限公司	山东省总工会	“富民兴鲁”劳动奖章	2002.04
10	于洁长	男	烟台开发区自来水公司	山东省总工会	“富民兴鲁”劳动奖章	2003.04
11	张心达	男	山东金河实业有限公司	山东省政府	山东省劳动模范	2003.04
12	罗永章	男	烟台荣昌制药有限公司	山东省政府	山东省劳动模范	2003.04
13	舒光大	男	开发区建设环保土地局	山东省政府	山东省先进工作者	2003.04
14	曲仁利	男	烟台开发区热力总公司	山东省政府	山东省劳动模范	2003.04

附　录

烟台开发区图书馆一角（2003 年摄）

烟台经济技术开发区志

YANTAI JINGJI JISHU KAIFAQUZHI

一、文件辑存

青岛、烟台两市进一步对外开放的条件、内容和若干优惠政策

鲁政发〔1984〕94号

（一）

山东是我国沿海经济比较发达的省份之一。青岛、烟台两市进一步对外开放，具有坚强的后盾和良好的基础条件。山东省位于我国东部、黄河下游的沿海地区，面积十五点三万平方公里，人口七千五百六十万人。省内自然资源丰富，工农业生产基础和交通运输条件好，科学技术力量较强。

山东省有丰富的煤矿、石油和天然气资源。胜利油田是目前全国第二大油田，根据已勘探控制的地质储量，在不长的时间内，可以赶上现在大庆油田的产量。煤炭储量多，煤质好，品种比较齐全，兖滕矿区是我国十大煤炭基地之一。矿产资源丰富，黄金的储量和产量均居全国首位。现已探明和开采的矿产还有铝、铜、钼、金刚石、石墨、石膏、菱镁、重晶石、大理石、花岗石等九十多种。建筑材料蕴藏量大，分布面广，品种繁多，发展建筑材料工业有丰富的原料来源。

农业，盛产小麦、玉米、豆类、薯类以及棉花、花生、麻类、烤烟、果品、蚕茧等。棉花、花生、果品总产量居全国首位。目前，全省农业总产值居全国第一位。驰名中外的山东大花生、龙口粉丝、烟台苹果、莱阳梨、乐陵小枣、肥城桃等都是山东的风味特产。水产资源也很丰富，山东海岸曲线总长三千二百多公里，浅海滩涂十分广阔，面积（十米内深）约一千七百万亩，可供养殖的面积三百多万亩，发展水产养殖业有巨大潜力。近海水产资源鱼、虾、贝、海带、藻类等主要经济品种达六十余种。对虾、真鲷、扇贝、刺参、鲍鱼等，国内外视为珍品。

山东历史文化悠久，名胜古迹众多。有齐鲁故都和孔府、孔庙、孔林，有大汶口和龙山文化遗址，历代名人的石刻遍布全省各地。省内自然风景优美，有“五岳之尊”的泰山，有以“泉城”著称的济南，有海滨避暑胜地青岛、烟台、威海，还有誉称“仙境”的蓬莱阁和“海内第一名塑”的灵岩寺。宝贵的风景资源，为发展山东旅游业展现了广阔的前景。

工业生产基础好。全省乡镇以上工业企业一点九五万个，工业总产值居全国第四位。工业门类齐全，轻工、纺织业和机械制造工业基础比较雄厚；石油、冶金、化工、电子、建筑材料等工业也具有相当的规模。主要工业产品的产量，如煤、石油、石油化工、发电量、水泥、合成革、棉纱、机制纸、机床、拖拉机等，在全国都占有重要地位。一些传统名牌轻纺产品，如青岛啤酒、烟台张裕公司的葡萄酒、青岛弹力内衣、烟台三环锁、周村丝绸、济南毛巾制品等，在国内外享有较高的声誉。不少机械、化工产品，如机床、柴油机、泰山牌拖拉机、轮胎、碳酸钡等，深受国内外用户的欢迎。山东的手工艺品生产历史悠久，作工精细，风格独特。

交通运输。山东的铁路、公路、海洋运输条

件都有很大的改善。津浦、胶济两大干线贯通全省，正在修建的兖石铁路、新乡荷泽铁路和胶济复线工程一九八五年前后可陆续竣工使用。全省沿海有二十多处港口，海运十分便利。其中青岛港，是我国重要的国际港口，港阔水深，终年不冻不淤，现有码头九座，泊位四十九个，其中万吨级泊位十五个，年吞吐量二千二百万吨，居全国第四位，烟台港，现有泊位十三个，其中万吨级以上泊位三个，其余为五千吨级以下，年吞吐量六百五十万吨，是我国北方重要港口之一；即将建成的石臼所深水港，可停靠十万吨级以上轮船。山东自营船队开辟了通往香港、日本和东南亚的航线。空运方面，省会济南和海滨城市青岛同北京、上海、大连有定期航班。青岛的流亭机场，国务院已决定改建为国际机场。烟台的莱山机场拟于近期通航。

科学技术力量较强。全省现有高等院校四十所，中等专业技术学校一百七十九所，专业科研机构一千八百五十多所。青岛是我国海洋研究的主要基地。一九七九年以来，全省已取得一批重要科技成果，有三十四项获国家发明奖。

对外交往历史悠久，是我国对外贸易的主要口岸之一。一九七九年以来，我省对外经济贸易事业得到了迅速的发展。一九八三年出口额居全国第四位。目前已同世界上一百四十多个国家和地区建立了经济贸易关系。全省出口商品达七百多个品类，其中本省提供的出口货源占百分之九十八以上。

近几年来，利用外资、引进国外先进技术有了一个良好的开端。自一九七九年到一九八三年底，除国家统一安排利用外资十五亿多美元建设的八个大型项目外，山东自己安排利用外资项目近六百个，吸收外资一点七亿多美元。通过采用补偿贸易、加工配套、国际租赁以及外汇贷款等方式，引进了一批先进技术和设备，先后对三百五十多个中小企业进行了全面的或局部的技术改造，效果良好。

青岛、烟台两市是我省的两个主要工农业生产和出口商品生产基地。两市进一步对外开放既具有良好的经济技术条件，又有全省广大的经济腹地为后盾，发展对外经济技术合作的前景十分广阔。

（二）

青岛、烟台两市进一步开放主要包括四个方面的内容：一是引进国外资金和先进技术，改造市区内现有企业；二是在两市各兴建一个经济技术开发区；三是实行工贸结合，大力发展进料加工出口；四是大力发展旅游服务业。

近期内，利用外资、引进先进技术，改造现有企业是两市进一步开放的重点。拟在两市先上一批投资少、见效快，偿还能力强，社会经济效益好的中小型项目。两市现有企业改造的主要行业有：电子、轻工、食品、水产、纺织服装、仪器仪表、微电子技术、精细化工、塑料、新型材料等。

对现有企业的技术改造，开发新的项目可以采取中外合资、合作经营的方式，也可以采取补偿贸易、租赁、来料加工、来件装配等多种灵活的合作方式。

在企业改造的同时，烟台市拟在市区西部的福莱山一带兴建经济技术开发区，总面积二十平方公里；青岛市拟在黄岛区薛家岛镇西部十五平方公里的区域内，兴建经济技术开发区。两个开发区地势平坦，位置适中，距港口、机场、铁路较近，交通便利，有利于开发建设。

经济技术开发区主要是引进一批我国“四化”建设急需的先进技术，特别是技术、知识密集型的项目和新兴工业项目，集中地与客商共同兴办合资经营、合作经营企业，或者合办科研机构，大力发展合作生产、合作研究设计，开发新技术，研究新产品、发展高档商品和在国际市场上适销的产品；建一批轻型的、耗能低的、技术密集和知识密集型的工业项目。也欢迎客商用先进的技术和设备独资经营企业。

发展进料加工出口，也是两市对外开放的重

要内容之一。在两市将选择有生产能力、有可靠的原料来源、外销市场稳定的商品，大力发展进料加工再出口。按国际价格结算，自负盈亏。按照国家的规定，对此类进料加工企业实行鼓励政策。

为了适应进一步开放的需要，在改善和增加现有旅游服务设施的同时，两市将采取合资、合作或独资经营的形式，开发旅游资源，发展旅游服务业。

烟台市在岱王山建设旅游度假中心，面积约二平方公里，规划在区内修建多种居住、旅游等服务设施，区外，修建十二个游览点与之配套。青岛市建设崂山和薛家岛两个旅游区，崂山旅游区面积约两点五平方公里，拟修建多种综合性的国际文化、体育和旅游设施，薛家岛旅游区面积约五平方公里，拟修建各类宾馆、别墅群等设施。

两个旅游区依山面海，环境幽静，气候宜人，是发展旅游、度假等服务业的好地方。欢迎国外投资者以各种方式与两市共同开发建设。

（三）

根据国务院有关规定和我省的实际情况，对来两市投资的客商实行如下优惠待遇。

1. 税收。对中外合资、合作经营和外商独资经营的生产性企业，老市区内，凡属技术、知识密集型的项目，经报国家财政部批准，企业所得税减按百分之十五的税率征收；经济技术开发区内，投资和提供先进技术兴办的生产企业和科研机构，其所得税一律减按百分之十五的税率征收；对从事能源、交通港口建设的中外合资、中外合作以及外商独资企业，不论是在经济技术开发区，还是在老市区，其所得税一律减按百分之十五的税率征收，减免税期和合作期限，也可适当延长。客商在开发区内所得合法利润汇出时，免征应按汇出额缴纳百分之十的所得税。凡把投资所得利润用来在开发区内进行再投资的部分，其所得税可申请减免。

上述各类型的企业，客商作为投资进口的生产和管理设备、建筑器材，为生产出口产品而进口的原材料、元器件、零部件、包装物料等，进口自用的交通工具、办公用品，投资的客商和国外技职人员进口安家物品和自用的交通工具（限合理数量），均免征关税和进口工商统一税。这类企业的产品出口（不含国家限制出口的产品），免征出口关税和工业环节的工商统一税。

经济技术开发区本身和区内企业自用的建筑材料、生产设备、原材料、零配件、元器件、交通工具、办公用品的进口和产品的出口、内销，按经济特区的优惠政策和管理办法办理。

2. 销售市场。凡属客商确实提供了先进生产工艺、技术和设备，其产品可以有一定比例的内销。具体办法可在洽谈时商定。

3. 土地使用费。客商在两市投资建设，我方收取的土地使用费可转入投资，纳入分利范围。收取标准按投资的行业、用途确定，但原则上将更加优惠。具体标准由两市在国家规定的幅度内灵活掌握。

4. 保证投资者所得，应该汇往国外和港澳、台湾地区的部分，兑成外汇汇出。

5. 合资、合作和外商独资企业是独立经营的单位，行使有关法定的自主权。企业对劳动力的招聘、解雇享有自主权。双方签订合同，按合同办事。企业有权决定工资形式。

6. 合资、合作经营企业，实行董事会领导下的经理（厂长）负责制。

7. 坚持平等互利的原则。在正常生产和经营的情况下，客商来两市投资可获得高于国际间银行平均利率的利润。投资期限可长可短。

8. 对合资、合作和客商独资经营企业的生产、生活所需水、电、煤（煤气）保证供给，交通运输优先安排，生产经营中资金不足，银行在信贷上提供方便。

9. 聘请的国外专家和工程技术人员，其工资和生活待遇给予优惠。凡来工作的上述人员，每年安排一定的旅游时间，省内的旅游费用由所在企业支付，工作满一年者，除安排的旅游时间外，还可以有一个月的休假期，休假期的工资照发。对作出突出贡献者予以奖励。

10. 客商的出入境管理，简化手续，给予方便。凡在合资、合作、独资经营企业工作的外籍人员，可给多次往返出入境签证。

青岛、烟台两市均已建立具有法人地位的专业性公司，具体承办有关业务，以简化手续，加强与客商的经济技术合作关系。同时两市还设立专门的行政管理机关，统一管理与客商合作项目的协调、审批工作，并享有国务院和省政府给予的对外开展经济活动的自主权。目前，两市已提出一批进行经济技术合作的项目，欢迎前来投资办厂的外国人士、华侨、港澳同胞、台湾同胞前来洽谈有关合作事宜。对航空、电讯等基础设施建设，省和两市正加紧施工建设，为前来投资的客商创造更加良好的投资环境。

1984 年 8 月 23 日

国务院关于青岛、烟台两市进一步开放、兴办经济技术开发区规划方案的批复

国函〔1984〕149 号

山东省人民政府，国务院各有关部门：

山东省《关于青岛、烟台两市进一步开放、兴办经济技术开发区规划方案的报告》收悉，现对几个问题批复如下：

一、青岛、烟台两市是我国东部沿海两个重要的港口城市，在实行进一步对外开放中，要从争取提前实现本世纪末工农业年总产值翻两番的奋斗目标出发，加快利用外资、引进先进技术的步伐，大力提高生产技术水平和经营管理水平；要立足于发挥当地优势，创出一批适销对路、竞争力强的“拳头”产品，供应国内需要，开拓国际市场；要把自身的发展同周围地区的发展联系起来，充分发挥中心城市的作用，为山东省和全国的社会主义现代化建设服务。

二、必须把现有企业的技术改造放在经济工作的首位来抓，切实抓紧抓好，争取到“七五”期末使重要企业的生产技术水平达到八十年代初发达国家的水平。一定要把国家拨给沿海进一步开放城市的外汇切实用好。凡属经过论证、技术经济效益好的项目，就应抓紧引进，认真消化，使之迅速发挥效益。

三、同意两市在抓好现有企业技术改造的同时，有计划有步骤地兴办经济技术开发区。通过搞好对外经济技术合作，引进新技术，开发新产品，发展新兴产业。开发区应以兴办生产性工业企业和科研项目为主。开发区内的建设项目，应是技术、知识密集型的，或是对现有技术水平的提高和产品的更新换代有明显促进作用的。技术水平一般的项目，不能建在开发区内享受国家规定的优惠待遇。

青岛市经济技术开发区的位置定在胶县至古镇铁路（拟建）线以东，烟台墩以西，前湾港以南，唐岛湾以北，规划建设面积为十五平方公里，近期开发范围二平方公里。鉴于青岛市淡水资源紧缺，应注意多上节水型的项目。

烟台经济技术开发区的位置定在福莱山一带的夹河以西，柳林河以东，柳子河以北，海岸线以南，规划建设面积为十平方公里，近期开发范围二平方公里。

两市对开发区的建设，要在进一步论证基础上作出具体规划，根据需要与可能，分期分批进行。

四、要重视总结和推广“青纺联”（青岛纺织品联合进出口公司）的改革经验，实行工贸结合、进出结合，使用外汇按国际价格结算，自负盈亏，大力发展进料加工再出口。

五、两市要注意发挥旅游资源丰富的优势，大力发展旅游业。有计划地建造一批旅游服务设施，增加旅游商品的生产和供应，提高旅游服务质量和经营管理水平，通过各种渠道开辟客源。要内外兼顾，高、中、低档相结合，适应各方面的需要，提高经济效益。

六、发展海产品，也是两市（特别是烟台）经济开发的重要内容。要积极引进先进的养殖、加工、保鲜技术和远洋捕捞技术装备，使海产品的数量、质量和加工深度，在近几年内有个较大的突破。

七、改革经济体制是我国经济战线上的一件大事。两市在经济体制改革方面，要按照中央的方针政策，认真实践，锐意创新，走在前面。

国务院各有关部门要积极支持两市的进一步开放工作。对两市的经济发展规划，加强指导协调，帮助实施。对港口、机场、铁路、邮电、电力、供水等基础项目的建设，已经列入国家一九八五年和“七五”计划的，有关部门要同两市一起抓紧工作，加快进度，争取提前完成；需要解决但还未列入计划的，应在全国综合平衡的基础上，尽可能加以考虑安排；两市也可以自筹资金，按照国家规定的程序报经审批后自行兴办。

1984 年 10 月 20 日

烟台经济技术开发区总体规划说明书（摘录）

（一九八五年三月二十日）

设计单位　天津大学

一、概况

烟台经济技术开发区（以下简称开发区）位于烟台市芝罘区以西约 10 公里处，南距福山区约 7 公里，北临黄海，西南面有福莱山和凤台山，海拔分别为 74.7 米和 57.4 米，系由西南向东北倾斜的平原区。经初步勘探，地耐力 12 ～ 25 吨，地层埋深约 7 ～ 26 米以下为卵石层，地质条件良好。

开发区气温日变量较小，冬不严寒，夏无酷暑，年平均气温 12.5℃，最低月（一月）平均气温 -4.7 ℃，最高月（七月）平均气温 27.2℃。风向以西南风为多，东北风次之。

本区为地震波及区，按七度设防，无海啸发生。区北是 5.5 公里的沙质优良的海滩，可以容纳几万人进行沙浴和海水浴，构成本城区的一大特色。

二、城镇性质

开发区是烟台市对外开放、引进外资和先进技术、进出口贸易的基地，是一个以发展经济技术为主的城区。在经济政策、对外联系、城区工业、公共设施、基础设施、劳动力平衡上，它具有相对完整的体系，建成后，将是一座经济发达、风景优美、景观良好的绿色城镇。

三、发展规模

规划到 2000 年，全区人口为 8 万 ～ 10 万人，其中，工业人口占 40%（从事科研和具有大专以上文化程度的人口占 10%），商业服务业人口占 20%，其他各业人口占 5%，被抚养人口占 35%；占地 10 平方公里，其中，24.2% 为工业科研用地，37.5% 为生活居住用地，16.1% 为公共建筑用地，10.8% 为道路、停车场用地，6.5% 为集中绿地，4.9% 为其它用地。近期规划用地 3 平方公里，人口 2 万 ~ 3 万。远期规划用地控制范围为 20 平方公里，作为本区的环境保护地带和弹性区。

四、城镇结构

本城区采用环带式组团结构：

1. 环带状干道串联着各个居住区、工业组团和小区，构成方便、通畅、近捷的内部交通和管线系统。

2. 整个城镇沿主、副轴方向有规律地呈环带状发展。

3. 城镇的层次从北至南分别为、滨海休息区、别墅低密度区、一般居住和公建区、工业科研区。

五、城区中心

该区的金融和综合办公建筑群组成绿化广场式区中心。花园广场总宽 200 米，进深 340 米，面积 25000 平方米。由绿地、喷水池、花坛组成的大广场，可容数万人集会活动。广场周围建筑物的一、二层为开放性商业、服务业大厅。整个中心紧凑、壮观、充满活力。

六、公共建筑

自中心区沿中央干道的北侧，设置了几个团组式的公建街坊：

购物中心。设东、西两组，服务半径平均为 1 公里。两个团组都布置在进深 150 米的长方形地段上，布局和建筑群造型处理各具特色。

行政管理区。在西段集中布置用于行政管理的公共会议厅、礼堂、食堂等辅助设施及现代电信、电脑系统，建成高效管理机构。

电信、信息中心。建于东段，为金融财政、综合办公、行政管理、工业科研等提供现代化的电信、信息。

旅游接待区。设在区中心大楼的北面、滨海小区的中部，有宾馆和各种游乐设施。

文化教育区。布置在远离公共中心和工业区的比较僻静的福莱山、凤台山一带。这里绿化覆盖率要达到 50% 以上，南面环围一片防护林带，环境清新幽雅。

七、工业和科研

重点发展技术密集型和知识密集型的工业企业和科研机构，建设轻污染、微污染或无污染工业和科研建筑。工业科研小区和生活居住区毗邻，留有必要的防护间距，轻污染企业和单位置于东端和东北端，微污染的置于南部，无污染的置于居住小区边缘。

在各工业及科研小区的适中部位，设集中的服务管理办公中心，为本小区提供营业和生活的各种方便和优质服务。

各科研部门，位于文化教育区和工业区之间，与文化教育部门和企业联系密切，协作方便。

八、居住建筑布局

居住建筑分小区布局，设置中、小学等小区级公共建筑。

中密度居住区，供一般居民居住，人口密度为 280 ~ 300 人 / 公顷，居住建筑面积毛密度为 4550 ~ 5200 平方米 / 公顷，低密度居住区，位于海滨区域，安排别墅式住宅，可供国内外人员租用、购买。

九、环境保护与绿化

本城镇有完整的绿地系统，覆盖率初步达到 50% 以上。

企业要严格执行国家关于废气、废水、废渣和噪声的排放标准，并按规定留出防护距离，设立绿化防护带。

在本城区的东部设污水处理厂，污水经处理达到排放标准后排入深海。

对垃圾要用先进办法进行处理，除害兴利，化害为利。

在各工商业小区、河流、海口、浴场、休息区设置环境监测点，随时监测环境状况，以便及时采取对策。

十、交通运输

海运。烟台港距开发区 10 公里，目前年吞吐量 610 万吨，西港池二期工程建成后，吞吐量可达到 2000 万吨。

铁路。本区靠近蓝烟铁路和编组站，距珠玑站和烟台站分别为6公里和10公里。拟建设由珠玑到开发区的专用线。

公路。本区临近烟潍、烟青等公路干线。

航空。本区距莱山机场27公里。另外，拟在开发区以西23公里处建一大型机场。

十一、公用工程设施

规划建设先进、完善、充足、安全、高效运行的供热系统、煤气系统、电力系统、电信信息系统、给水系统、污水排放系统和雨水系统，以及相应的各种辅助设施。

十二、城区景观

要从城区总体出发，按重点和主次、变化和统一、秩序和整洁的指导原则进行规划设计和总体构图，高质量地进行施工和建筑，以使整个城镇景观美丽而有特色。

中共烟台市委　烟台市人民政府
关于加快经济技术开发区建设的决定

烟发〔1986〕203号

烟台经济技术开发区（以下简称开发区）自一九八四年十月二十日国务院正式批准兴建以来，认真贯彻执行了党中央、国务院的有关方针政策，各方面工作有了很大进展，目前已初步具备了投资办厂条件。为进一步加快开发区建设的步伐，使其尽快成为我市的出口加工区和改革实验区，成为“技术的窗口，管理的窗口，知识的窗口，对外政策的窗口”，特作如下决定：

一、要在继续抓紧起步工程基础设施建设的同时，把工作重点放到抓项目、上水平、求效益方面上来。要充分利用我市的资源优势，广泛吸收外资，举办中外合资、合作经营和外商独资经营企业，尤其是产品出口企业和先进技术企业；积极同技术水平、经营管理水平较高、产品具有外销潜力的内地企业和科研单位搞好内联；在重点发展技术、知识密集型项目和高科技产业的同时，充分利用我市的人力资源，发展劳动密集型的出口加工项目，包括进料加工再出口项目；充分运用国家给开发区的优惠政策，拓展进出口贸易，有些初级产品可以拿到开发区进行整理、精加工、精包装后出口；特别要抓住食品、轻工、水产、建材等几个重点行业，采用先进的科技成果，尽快搞出一批适销对路、有竞争力的拳头商品打入国际市场。

二、设立中共烟台市委经济技术开发区工作委员会（以下简称开发区工委）。撤销中共烟台经济技术开发区委员会。开发区工委是市委的派出机构，其主要任务是：保证和监督党和国家各项方针、政策的贯彻实施；搞好党的思想建设和组织建设；加强对群众组织的思想政治领导，做好职工思想政治工作。

开发区管理委员会是市政府的派出机构，代表市政府对开发区（夹河以西、柳林河以东、柳子河以北、海岸线以南，总面积22.68平方公里）实行统一领导和管理。

开发区管理委员会的职权是：

制定和组织实施开发区发展规划。审批进开发区的“外引”“内联”项目。属建设和生产条件不需要国家综合平衡，产品不要国家包销，出口不涉及配额，又能自己偿还的生产性（500万美元以下）和非生产性（不论其投资额多少）利用外资项目以及内联项目，从立项到合同均由开发区管委会自行审批，但应主动征求市有关部门的意见；属于限额以上项目由开发区管委会审核同意后，按规定程序报批。

统一规划、管理开发区的各项基础设施和公共设施，并按有关规定制订收费标准和方法。兴办开发区的文教卫生和各项公益事业。

按照开发区总体规划，对土地使用和建筑设计进行统一管理和审批。

按照精简、高效的原则确定开发区内部机构设置，任免中层干部，并报市有关部门备案。

对开发区内的企事业单位依法进行检查、监督和管理，并保障企业和职工的合法权益。

检查、监督、管理国家和省市有关部门设在开发区内的分支机构，裁决这些机构之间的工作争议。

按照国家有关规定统一管理财政、税收和进出口业务。处理开发区涉外事务。

对上级有关规定，在执行过程中，遇有同市有关部门解释不一致时，在紧急情况下，开发区管委可以临时处置，并承担经济和法律责任。

根据国家法律、法规和有关规定，制定开发区的行政管理规定。

三、开发区除享受国家、省和市已有的优惠待遇外，还享受下列优惠：

内联企业一九八九年以前按规定缴纳的企业所得税，开发区按中外合资企业所得税税率留取，其余部分作为开发补助返还给企业（或企业主管部门）。内联企业的“头”或“尾”在开发区，视同开发区企业；在开发区部分所缴纳的企业所得税也按此办法办理。内联企业的产值由举办单位和开发区分别统计。内联企业固定资产折旧基金五年内全部留企业。

开发区所需水、电、气要保证供应。如人为地造成停水、停电、停气，供应部门负责赔偿直接损失。

开发区的信贷计划专项列出，由开发区银行发放。

开发区生产、建设所需物资纳入市供应计划，由开发区物资供应部门按照可能安排供应。

从一九八七年开始，连续几年每年从市地方财力拿出100万元用于开发区公益设施建设，从国家拨给我市的扩权外汇中拿出100万美元额度由开发区安排使用。

对开发区机关和事业单位干部职工给予适当津贴，由开发区管委制订方案报市委、市政府审批。

四、开发区要坚持新事新办，在经济体制、政治体制改革方面走在前面，为全市的改革提供经验。

开发区工委正、副书记，管委正、副主任，总工程师，总经济师，总会计师由市委、市政府委派。

开发区中层干部（正职）实行民主推荐，组织考核，管委会聘任；副职由正职提名，管委会批准。

开发区有权招聘专业科技人员和管理人员，但应报市有关部门备案。

开发区成立民主评议会，对各级干部进行民主评议。具体办法由开发区制定。

对建筑设计和施工，可在全国范围内招标、投标、实行承包责任制。

开发区企业一律实行独立核算，自负盈亏。必须保障企业的经营自主权。鼓励企业采用国际上先进的科学的管理方法进行管理。企业有权确定工资标准、工资形式和奖励、津贴制度。企业可以在全市范围内公开招聘、招收职工，也可以辞退和开除，但应报市劳动人事部门备案。

五、开发区要十分重视加强社会主义精神文明建设，要努力培养和造就一支党性强、政策水平高、有事业心、通晓业务、精明强干的干部队伍，培养和造就一批精通国际经济、贸易、金融、法律和科学技术的专业人才，努力把当代世界各国包括发达资本主义国家的先进科学技术、具有普遍实用性的经济行政管理经验和其他有益文化学到手，并在实践中加以检验和发展。要采取有力措施，加强法制和纪律教育，严厉打击各种犯罪活动，自觉抵制资本主义腐朽思想的侵蚀。开发区的干部职工队伍要有特别高的觉悟，特别严格的纪律，特别好的风气，特别高的工作效率。

六、各县市区、市直各单位都要把开发区作为自己对外的“窗口”和改革的实验区，努力为开发区建设贡献力量。今后，凡是能到开发区办的出口企业都应安排在开发区办。对开发区提出的问题，各有关方面要优先研究，优先解决；对开发区建设所需要的资金优先贷放，所需的物资优先供应。市公安、税务、工商行政管理、金融、电力、邮电、烟台海关、商检等部门，应尽快选调骨干力量在开发区设立机构。

市委、市政府要求全市各部门、各单位，同心同德，奋发努力，勇于探索，勇于开拓，把开发区建设得更快更好。

1986 年 11 月 22 日

烟台经济技术开发区投资指南（1988 年）

前　言

烟台经济技术开发区自兴办以来，在基础设施、能源、交通、通讯、法制等方面的建设已初具规模，形成了较完善的投资环境。为了使国内、外投资者更多地熟悉和了解烟台开发区，特编辑出版《烟台经济技术开发区投资指南》。

《指南》简要地介绍了烟台开发区的概况，阐明了投资者在开发区的投资方向、投资手续、优惠政策、费用以及开发区为投资者服务的机构等。为您来开发区投资提供了比较全面的介绍。

《指南》是根据中华人民共和国和地方的有关法律、法规编写的，并尽可能引用上述法律、法规的原文，具有可靠的法律依据。

希望《指南》能沟通烟台开发区同世界各地的联系，真正成为投资者来烟台开发区投资的向导，使每个投资者获得成功！

一、烟台经济技术开发区简介

烟台地处山东半岛，东临黄海（太平洋），西濒渤海，北与大连市隔海相望，南与青岛市陆地相接。位于北纬 36 度 16 分至 38 度 24 分，东经 119 度 33 分至 121 度 30 分。辖 2 区、8 个县和龙口、莱阳 2 个市。总面积约 13500 平方公里，人口 600 万。其中市区面积 834 平方公里，人口 73 万。烟台是一座美丽富饶的海滨城市，风景秀丽，环境优美，气候温和，物产丰富，经济发达，水、陆、空交通方便，是中国进一步对外开放的 14 个沿海港口城市之一。

烟台经济技术开发区是一九八四年十月二十日经中华人民共和国国务院批准兴办的，以集中吸收外资、引进先进科学技术和管理方法，兴办生产性企业和科研机构，发展新产品，开发新技术。

1. 地理位置

开发区位于东经 121 度 15 分，北纬 37 度 33 分。座落于烟台市城区西部黄海之滨，东与烟台市老城区一河之隔，南有柳子河与福山区相接，西有柳林河，距蓬莱仙阁 50 公里，北临黄海。规划建设面积为 10 平方公里。

2. 自然条件

开发区属温带海洋性气候，四季分明，夏无酷暑，冬无严寒。年平均气温为 12℃左右，最热的八月份平均温度为 24℃，最冷的一月份平均温度为 -4℃，无霜期在 200 天以上，年平均降水量为 700 多毫米，年平均相对湿度为 64%，年日照率为 60%以上，日照时数 2700 多小时。

开发区地势平坦，平均高度为海拔 5 米，东西最大地面高差仅 1 米左右；地质优良，结构稳定，地耐力达 12 ~ 25 吨。这里依山傍海，环境优美，北部有十余里长的平坦海滩和连绵的环海林带；海滩沙质柔细，海水清澈见底，离海岸 400 米处水深 2 米左右，可同时容纳数万人沙浴和海水浴，是理想的天然海水浴场和旅游避暑胜地。

3. 交通运输

开发区距烟台港 9 公里。烟台港现有泊位 13 个，其中万吨级泊位 3 个，年吞吐量为 700 万吨。有客、货轮直达大连、天津等港口，货轮可通往日本、欧洲、中近东、东南亚、港澳等几十个国家和地区的 100 多个港口。每月有通往日本横滨、川崎、神户、大阪的散装货轮。正在兴建的西港池距开发区仅有 7 公里。西港池一期工程将于 1989 年建成，新增 2.5 万吨级、1.6 万吨级泊位各 2 个，3 万吨级、1 万吨级泊位各 1 个，吞吐量将达到 1000 万吨以上；二期工程竣工后，吞吐量可达到 2000 万吨以上。

开发区距烟台客运火车站 9 公里，距货运火车站（备有集装箱）只有 6 公里。铁路由蓝烟线和胶济线延展全国各地，客运列车可直达北京、上海、济南、青岛等地。开发区位于烟潍、烟青公路干线，并与山东省公路网衔接，公路四通八达，运输极为方便。

开发区距莱山机场 27 公里，该机场现已与大连、北京、上海、济南等城市通航，并正在进行扩建。新扩建机场于 1988 年 7 月投入使用后，将陆续开通到广洲、日本和香港等地的航班，可供波音 737 等客、货飞机起落。

4. 工业基础

开发区以烟台市为依托，可充分发挥和利用老市区较好的工业基础，较强的科技力量和众多的技术人才，加快开发区的发展。烟台市的工业基础较好，已形成轻工、食品、机械、建材、丝绸、冶金、纺织、化工、仪表、电子、煤炭等门类较为齐全的工业生产体系。全市拥有工业企业 2000 多家，主要产品 2600 多种。有 39 种产品获国家质量奖，592 种产品获省、部优质品称号，有 300 多种工业品销往国外。有各级各类科研机构 81 所，各类中级以上专业技术人员 5600 余人。有较强的吸收消化先进技术的能力，是山东省重要的工业基地，也是全国主要出口商品生产基地之一。花生、对虾、苹果、粉丝、抽纱、草制品、丝绸复制品、绣花衣、布鞋、兔毛、貂皮、三鞭酒、木钟、锁头、滑石、齿轮等 20 多种商品的出口量居山东省第一位。烟台是中国唯一享有国际葡萄酒城称号的城市，张裕葡萄酿酒公司生产的金奖白兰地、味美思、葡萄酒等各种酒类在国内外久负盛名，畅销世界各地。

5. 物产资源

广阔的经济腹地为开发区的发展提供了丰富的物产资源。烟台市已探明可供开采的矿藏有金、银、铁、铜、锌、钼、煤、石墨、镁、大理石、花岗岩、滑石等 30 多种，已开采的有 20 多种。水产资源丰富。常见的鱼虾有 70 多种，盛产对虾、海参、鲍鱼、扇贝等海珍品，其中扇贝产量约占全国的 70%。烟台农业生产水平较高，果业发达，享有“水果之乡”的美称。花生、苹果、大樱桃、莱阳梨等农副土特产品驰名中外，其中花生产量约占全国的九分之一，苹果产量约占全国的七分之一。

6. 基础设施

开发区总体规划采用环带式组团结构。东部为工业区；北部海岸林带处为旅游、别墅区；西部为文化体育活动中心；南部为学校和科研中心；中部为生活居住区，配有购物、金融、电讯、娱乐等各种公共设施。

开发区自一九八五年三月动工兴建以来，起步区基础设施建设实现了“七通一平”。

（1）道路工程

开发区内道路是按其功能进行规划和设计的，路宽为 28 ~ 70 米。现已建成道路 10 条，总长 17 公里。

（2）给水工程

日供水 30000 吨的自来水厂和蓄水 10000 吨的配水厂已于 1986 年建成使用。可向用户提供浊度 2 度的自来水。配水厂建有安全水池、调节池各一个，并利用计算机对开发区供水实行自动控制。二期还要建设日供水70000吨的水厂，以实现双水源供水。门楼水库（库容量1.2亿立方米）距开发区仅20公里，内、外夹河汇合流经开发区入海，还有丰富的地下水，均可为开发区的发展提供充足的水源。

（3）排水工程

雨水管网均按大暴雨量设计安装，雨水通过地下管网汇合流入明渠，然后分区排入黄海和柳子河。

起步区污水管网已经形成。工业污水经工厂一次处理达到排放标准后，同生活污水一起由地下管道排到污水处理厂，经生化处理后排入深海。

（4）供电工程

开发区的电力由烟台电厂、龙口电厂同山东省电网并网实行双回路电源供应。区内电网规划由两座11万伏变电站、6座3.5万伏变电站和若干个1万伏变电所、开关站组成，3.5万伏变电站通过电缆隧道互相连通，可以满足各方面用电需要。目前，一座3.5万伏（$2\times10000KW$）变电站已建成，11万伏变电站正在兴建中，1988年可投入使用。

（5）通讯工程

开发区已建成邮电通讯楼一座，初装2000门程序自动控制电话交换机，终期将达到30000门。设备从联邦德国西门子公司引进。可以解决国内、外的直通电话、传真和用户电报。

（6）热力工程

开发区是按集中供热方案进行规划和设计的。近期采用100吨锅炉房供热，蒸汽表压强为7.84×10^5Pa，后期将在开发区东部建热电站一座。

（7）煤气工程

起步区煤气管网已经形成。近期由烟台市煤气厂供气，下一步将由龙口输入高压煤气，实现双煤气源供气，并采用微机控制，自动化管理。

（8）生活服务设施

开发区在抓紧完善基础设施建设的同时，还积极筹建生活服务设施。目前，学校、幼儿园、商店、粮店、煤店、浴池、文化中心等生活配套设施已交付使用。消防站、医院、宾馆等已破土动工。投资办厂的各项基础条件已基本形成，并在不断完善。

开发区美丽富饶，有着巨大的发展潜力和广阔的发展前景，在这里投资办厂，进行技术合作，将会取得理想的成果。它已经引起了国内外经济界、贸易界、科技界、金融界人士的关注和兴趣，先后有美国、联邦德国、日本、加拿大、澳大利亚、英国、法国、新加坡等国家和地区的客商以及大批国内企事业单位来开发区考察、参观、洽谈项目。现已投产的项目有烟台空间遥测技术研究所、烟台亚东标准件有限公司、烟台香港华联有限公司、烟台针织器材有限公司、烟台芝富电子有限公司、烟台经济技术开发区电器仪表公司、烟台北极星时钟制造有限公司、烟台石玉制品有限公司、烟台合成玛瑙工业有限公司、烟台鲁东电线电缆有限公司等。1988年将陆续投产试产的项目还有烟台氨纶丝厂、烟台冶金新材料研究所、烟台东方冶金企业有限公司、山东工程机械有限公司、乐泰中国厌氧密封胶有限公司、烟台肯达尔医用品有限公司、烟台石英晶体工业有限公司、中国之友烟台新技术实业公司、烟台大通实业公司、烟台通达电子技术有限公司、烟台滑动轴承有限公司、烟台黄海电器有限公司、烟台春生毛衫有限公司等。

二、投资方向

开发区的发展方向是：以加工出口为导向，积极发展技术先进、经济效益好、产品能出口的项目；同时，有计划、有选择地引进新技术，开发新产品，发展具有国际先进水平的高科技项目。以建设成为技术先进、知识密集、管理文明、环境优美的具有中国特色的科学工业园区。

根据烟台市的工业基础和资源情况，开发区的工业结构将以食品、轻工、电子、纺织、机械、化工、新材料等工业为主。

1. 食品行业

引进先进技术和设备，进一步提高啤酒、葡萄酒、白兰地酒等酒类和各种罐头产品的质量和档次；发展果汁饮料、花生制品、水海产品、食品加工业。

2. 轻工行业

主要是提高现有锁头、钟表等产品的档次和质量，增加花色品种，开发新产品。重点发展电脑纸、皮革、皮衣、聚氨酯系列产品、玩具、首饰、宝石加工、包装、装潢等。

3. 电子行业

引进先进技术和设备，开发新产品，发展微型计算机及其外围设备、磁记录软盘、集成电路、通讯设备、电子测量仪器、空间遥测技术及电子元器件、传感器等。

4. 纺织行业

发展氨纶纤维、氨纶包芯纱、高档丝绸、丝绸服装、毛纺织品、针织品、牛仔布及牛仔布服装等。

5. 机械行业

引进先进技术，开发具有国际先进水平的制冷机械、液压机械、自动空气开关、机械无级变速器等新产品。发展汽车、拖拉机、工程机械、各种标准件、机床附件、电机电器、检测仪器、印刷机械、轴承、轴瓦等。

6. 建材化工行业

引进技术先进的轻型建材、装饰建材及其它新材料的生产性项目。发展合成香料、高档橡胶制品、聚氨酯高强度橡胶、保温材料等精细化工产品。

在重点发展上述行业的同时，鼓励客商在开发区兴办科研事业。欢迎在文教、卫生、宾馆、旅游、别墅等公益事业和服务业以及客商提出的其他适合在开发区兴办的项目进行合作。

三、投资保障

为了保护投资者的利益，中华人民共和国已公布：

《中华人民共和国中外合资经营企业法》；

《中华人民共和国中外合资经营企业法实施条例》；

《中华人民共和国中外合资经营企业所得税法》；

《中华人民共和国中外合资经营企业所得税法施行细则》；

《中华人民共和国中外合资企业劳动管理规定》；

《中华人民共和国外国企业所得税法》；

《中华人民共和国外国企业所得税法施行细则》；

《中华人民共和国个人所得税法》；

《中华人民共和国个人所得税法施行细则》；

《中华人民共和国外汇管理暂行条例》；

《中华人民共和国外资企业法》；

《中华人民共和国商标法》；

《中华人民共和国专利法》；

《国务院关于鼓励外商投资的规定》等。

根据国家的法律，山东省、烟台市和开发区也相继公布一些管理规定和实施办法，主要有：

《山东省经济技术开发区管理条例》；

《山东省经济技术开发区土地管理暂行规定》；

《山东省经济技术开发区企业登记管理暂行规定》；

《山东省经济技术开发区劳动管理暂行规定》；

《山东省鼓励外商投资优惠措施》；

《山东省经济技术开发区内联企业若干问题的规定》；

《烟台市鼓励外商投资的优惠措施》；

《烟台经济技术开发区内联企业优惠政策的规定》等。

四、税金及其优惠政策

1. 所得税

（1）企业所得税

外商在开发区内投资兴办的生产性企业减按15%的税率征收企业所得税。其中经营期在10年以上的，从获利年度起，第1、2年免征企业所得税，第 3 ~ 5 年减半征收企业所得税。先进技术企业可延长 3 年减按 10% 的税率征收企业所得税；产品出口企业，凡当年出口产值达到企业总产值 70% 以上的，减按 10% 的税率征收企业所得税。

华侨投资的生产性企业，经营期在 10 年以上的，从获利年度起，前 3 年免征企业所得税，后 4 年减半征收企业所得税。

外国投资者将其从企业分得的利润在中国境内再投资，期限不少于 5 年的，经申请税务机关核准，全部退还其再投资部分已纳所得税税款。

外商投资企业发生年度亏损，可以从下一年度的所得弥补，下一年度所得不足弥补的可逐年提取，延长期最长不超过 5 年。

（2）地方所得税

外商投资企业应按企业所得税额的 10% 缴纳地方所得税。开发区内外商投资的生产性企业，从获利年度起免征地方所得税 10 年。

（3）预提所得税

外商在中国境内没有设立机构而有来源于开发区的股息、利息、租金、特许权使用费和其它所得，除依法免征所得税的外，均减按 10% 的税率征收所得税。其中，提供资金、设备的条件优惠，或者转让的技术先进，经批准，可减征或免征所得税。

（4）汇出所得税

外商将其从企业分得的利润和外国职工依法缴纳个人所得税后的合法收入汇出境外时，免征汇出额的所得税。

（5）个人所得税

来华工作的外籍人员工资、薪金所得，依照《中华人民共和国个人所得税法》的规定，按下列税率缴纳个人所得税：

全月收入在 800 元以下	免
全月收入在 801 ~ 1500 元的部分	5%
全月收入在 1501 ~ 3000 元的部分	10%
全月收入在 3001 ~ 6000 元的部分	20%
全月收入在 6001 ~ 9000 元的部分	30%
全月收入在 9001 ~ 12000 元的部分	40%
全月收入在 12000 元以上的部分	45%

从 1987 年 8 月 1 日起，减半征收个人所得税。

2. 关税和工商统一税

工业生产的销售收入、商业零售的零售收入、进口货物所支付的金额、交通运输和各种服务性业务的业务收入，都应依照税法规定的税率缴纳工商统一税。根据产品种类或经营行业划分，共有 109 个税目 141 个税率，最低 1.5%，最高 69%。另按应纳工商统一税额征收 1% 的地方附加税。凡经批准进出中华人民共和国国境之货物，均应按照中华人民共和国的海关法和海关进出口税则缴纳进口税和出口税。

外商投资企业进口自用（或为生产出口产品）的建筑材料、生产设备、原材料、零配件、元器件、交通工具、办公用品，免征进口税和工商统一税。

外商投资企业生产的出口产品，除原油、成品油和国家另有规定的产品外，免征出口关税和工商统一税。

外商投资企业为解决其外汇平衡问题，实行综合补偿而出口的产品免征关税和工商统一税。

开发区企业生产的产品在开发区内销售时，供应开发区企业或建设开发区用的生产资料、交通工具、办公用品，免征工商统一税。

外商投资企业生产的内销产品，在开办初期纳税有困难的，经批准，在一定期限内，可减征或免征工商统一税。

3. 房产税

房产税是由房屋产权所有人缴纳，自用房屋按照房产原值一次性减除 30% 后的余额计算，年税率为 1.2%；出租房屋按租赁费 12% 的税率征收房产税。

4. 车辆使用牌照税

车种		计税标准	征收区分	税额
乘人汽车	七座以下者	辆	季	35 元
	八座以上者	辆	季	40 元
载货汽车		（按净吨位）吨	季	12 元
机器脚踏车	三轮	辆	季	10 元
	二轮	辆	季	8 元
拖车		按本身载重吨位或乘人座位乘牵引车单位税额 7 折计征。		

对外商投资企业免征奖金税、建筑税和城市建设维护税。

五、费用及其优惠待遇

1. 场地使用费

人民币元 / 平方米

用地类别	分年交纳	一次性交纳	说明
科研机构文教卫生	4 ~ 6	40 ~ 60	（1）所列场地使用费标准适用于 1985 ~ 1989 年来开发区投资的企业。1990 年后按新标准执行，以后每三年调整一次，调整幅度不超过 30%。（2）分年交纳者，1995 年前标准不变，1996 年起按新标准执行。（3）一次性交纳者，合同期内标准不变。合同期满后继续申请使用者，场地使用费改为分年交纳，按新标准执行。（4）凡来开发区自行划片开发使用土地者，场地使用费给予特别优惠。
产品出口企业 先进技术企业	5 ~ 10	50 ~ 100	
一般生产性企业	8 ~ 12	80 ~ 120	
商业、服务业、住宅、办公楼	15 ~ 20	150 ~ 200	
种植、养殖、畜牧业（水、电等配套设施按实际成本计收）	0.5 ~ 3	5 ~ 30	

2. 房屋的售价和租金

按建造发生的各项费用双方议定。

自建一般厂房参考价格：钢筋混凝土框架结构每平方米 400 ~ 500 元；钢筋混凝土砖混结构每平方米 350 ~ 450 元（不包括场地使用费）。

3. 职工工资

外商投资企业职工的工资标准、工资形式、奖励和津贴等制度，由企业董事会决定。外商投资企业一般职工的工资水平（指实得工资，即包括基本工资、津贴、奖励等），按照不低于本市同行业国营企业职工实得工资的 120% 的规定确定。以后随着企业生产经营情况的改善和职工技术熟练程度、劳动效率的提高，逐步递增。为外商投资者作可行性研究报告的需要，特提供我市目前职工实得工资水平以供参考。

（1）工资标准

烟台市国营企业职工年工资平均水平为 1500 元（1987 年）。

（2）工作时间

我国现行工时制度为 8 小时工作制，每周休息一天。需缩短工作时间的由企业自定。

（3）带薪假日

国定假日：春节 3 天，国庆节 2 天，元旦 1 天，“五一”节 1 天。

探亲假日：探望配偶（或未婚探望父母）为 30 天（不包括路程时间），每年一次；已婚探望父母为 20 天（不包括路程时间），每四年一次。

婚假：3 天，凡晚婚者（指男 25 周岁、女 23 周岁以上的初婚者），可加 15 天。

产假：56 天，凡晚育者（指 24 周岁以上的初产妇），可加28天。

（4）加班工资

国定假日加班:（本人月工资 ÷25.5×3）/ 日。

4. 保险福利费用

外商投资企业除按照国家规定支付或者提取职工劳动保险、福利费用和住房补助基金外，免缴国家对职工的各项补贴。

（1）社会劳动保险基金

外商投资企业按本单位中方职工工资总额的25%，职工在合同期间按本人月工资2%向开发区劳动服务公司缴纳社会劳动保险基金，用以支付职工的退休金、退休后的医疗费、死亡的丧葬费、抚恤费、救济费和解雇待业期间的生活补助费。

在职期间的医疗费、保险费、死亡丧葬费、抚恤费等费用，由企业根据有关规定，参照国营企业的标准提取使用。

（2）住房补贴

外商投资企业可参照国营企业的规定提取住房补贴，用于自建或购买住宅，解决职工住房。

（3）退职补助金

尚未达到退休年龄的职工，在劳动合同期满后不续订新合同的，合营企业应根据他们在本企业的工作年限，每满一年发给相当本人一个月工资的退职金；10年以上的，从第11年起，每满一年发给相当本人一个半月工资的退职金。对于在劳动合同期内被辞退的职工，除应发退职金外，企业应酌情加发相当本人3个月至6个月工资的补偿金。

5. 其他费用

自来水、电力、煤气、石油产品、蒸汽等费用，外商投资企业按烟台市国营企业的收费标准执行。

六、投资手续

属建设和生产条件不需要国家综合平衡，产品不需要国家包销，出口不涉及配额，又能自己偿还的生产性（500万美元以下）和非生产性（不论其投资额多少）利用外资项目，以及内联项目，从立项到合同均由开发区管委会审批。属于限额以上项目，由开发区管委会审核同意后，按规定程序报批。

1. 兴办中外合资、合作企业的手续

（1）介绍合作对象

外商有投资意向，要求帮助介绍合作对象时，可直接与开发区经济发展局、科学技术发展公司、实业公司联系，也可通过我国驻外机构或烟台市人民政府外事办公室、烟台市对外经济贸易委员会、烟台市外商投资企业服务中心以及其它咨询、代理机构联系。

（2）编报项目建议书

经过接触、洽谈，中、外各方取得比较一致的合作意向后，应对合资或合作项目进行初步可行性研究，由中方投资者编写项目建议书，报烟台经济技术开发区管理委员会审核，并在20天内决定是否批准或转报。

（3）编报可行性研究报告及合同、章程

项目建议书批准后，中、外投资者即可对合营项目作进一步可行性研究，具体落实有关资金、场地、设备、原材料、销售、劳动工资、外汇平衡等事项，并共同编制可行性研究报告，签订合同、章程。由中方投资者负责报烟台经济技术开发区管理委员会审核，并在20天内决定是否批准或转报。

（4）申请颁发批准证书

由开发区管理委员会批准的500万美元以下的项目，报山东省对外经济贸易委员会审核，并颁发批准证书；500万美元以上的项目，报对外经济贸易部审核，并颁发批准证书。

（5）办理工商登记

中、外投资者领取批准证书后，可凭批准证书在30天内向烟台市工商行政管理局办理工商登记，领取营业执照。营业执照签发日期为该企业的成立日期。

2. 兴办外商独资企业的手续

（1）编报申请书和可行性研究报告

由外国投资者或国内受委托人向开发区管理

委员会提出在烟台经济技术开发区设立独资企业的申请书和可行性研究报告，经初审后，转报对外经济贸易部审批。

（2）编报企业章程

申请书及可行性研究报告经批准后，由外国投资者提出企业章程、董事会人选或总经理人选名单及外国投资者法人证明文件，报开发区管理委员会转对外经济贸易部审批。

（3）办理工商登记

企业章程经批准后，外国投资者凭批准证书在30天内向烟台市工商行政管理局办理登记手续，领取营业执照。营业执照签发日期为该企业的成立日期。

3. 自行建造房屋（包括厂房）的手续

（1）根据开发区管委会批文，建设环保局规划用地范围，提出扩大初步设计文件，报建设环保局审查，确定用地范围；

（2）与房地产公司签订土地使用合同；

（3）组织或委托工程设计招标；

（4）设计图纸经建设环保局等有关部门审查后，即可向建设环保局提出开工申请，领取建筑开工许可证，办理工程质量委托书；

（5）批准用地应在九个月内破土动工。如不能按期兴建，需向批准单位说明理由，办理延期手续；

（6）建造周期。视规模大小，建筑结构难易，在合同中确定。

附：1. 项目建议书内容

（1）项目提出的过程；

（2）中方企业的基本情况；

（3）与外商合作的必要性和可能性；

（4）外方的基本情况，与我方合作的态度；

（5）拟引进技术的内容、条件；

（6）产品选择和发展方向；

（7）生产规模和国内外市场分析；

（8）主要原材料和配套件供应；

（9）合营企业的地点、周围环境及环境保护、基础设施、市政配套以及交通运输条件；

（10）合营方式和合营年限；

（11）职工人数估算和来源；

（12）投资总额估算、注册资本、各方出资比例和出资方式；

（13）资金筹措、合营企业贷款的可行性；

（14）外汇平衡估算及平衡方法；

（15）经济效益估算。

2. 可行性研究报告内容

（1）中外投资者各方基本情况分析；

（2）产品选择，国内外市场需求，生产规模，发展方向与销售方式；

（3）引进技术的内容与方式，报酬及支付方式，使用年限，吸收、消化、掌握技术的能力及采取的措施；

（4）产品出口能力，创汇额度；

（5）设备选择与价格估算，国内外选购设备清单；

（6）厂址选择，土建工程规模、建设周期与费用估算以及环境保护；

（7）原材料、燃料、零配件、运输的需求量和供应的可能性以及费用估算；

（8）企业的机构设置、人员构成与来源、工资标准及管理费用估算；

（9）总投资估算，注册资本，各方投资比例与出资方式；

（10）投资实施步骤，各阶段的出资额和主要目标；

（11）资金来源及落实情况；

（12）合营企业贷款金额及落实情况；

（13）合营企业是否属于国家规定可以享受优惠的出口企业、先进技术企业和其它类型企业的条件及情况；

（14）总成本和单位成本估算，经济效益分析，利润率及投资回收期；

（15）外汇收支分析，外汇平衡方案；

（16）项目实施计划和进度要求；

（17）总的评价。

七、进出口手续

1. 进口手续

（1）外商投资企业外国投资者作为投资而进口的设备和物料，属于实行进口许可证管理的商品，凭批准的该企业的进口设备和物料清单领取进口许可证；不属于实行进口许可证管理的商品，海关凭原批准企业的进口设备、物料清单验放。

（2）外商投资企业为生产出口产品所需进口（包括实行许可证管理的）机械设备、生产用车辆（指运输用货车、特种车和客货两用车）、原材料、燃料、散件、零部件、元器件、配套件，免领进口许可证，由海关实行监管，凭批准成立企业的文件、合同或进出口合同验放。上述进口的机械设备、生产用车辆、料、件，只限本企业自用，不得在国内转让出售；其进口料、件或用进口料、件所生产的产品，因特殊情况转为内销，应补办进口手续。

（3）外商投资企业在批准的经营范围内，为生产内销产品和国内经营业务所需进口的机械设备、生产用车辆、原材料、燃料、散件、零部件、配套件，其中属于实行进口许可证管理的商品，凭确认的企业进口计划，每半年申领一次进口许可证；不属于实行进口许可证管理的商品，海关凭批准成立企业的文件、合同验放。

2. 出口手续

外商投资企业可以自行组织其产品出口，也可以按照国家规定委托代理出口。属于需要申领出口许可证的产品，凭企业年度出口计划，每半年申领一次许可证。不属于出口许可证管理的产品，海关凭出口合同等有关证件验放。

八、其他手续

1. 向国外汇款

外国投资者在中国依法纳税后的纯利润和其它正当收益，可向开户银行申请汇往中国境外；合营企业外方职工的工资和其它正当收益依法纳税后，其剩余部分可通过中国银行汇出。

2. 国内销售

原则上产品应大部分出口，但凡符合下列条件之一者，允许其产品以内销为主，并享受国家规定的优惠待遇：

（1）引进先进工艺、技术和设备，并生产我国需要的短缺产品的；

（2）企业生产的产品属于替代国家长期进口的；

（3）可以解决在质量、性能、品种规格方面不能满足国内市场需要的。

内销的方式：企业可以直接在国内销售，也可以委托其它部门代销。

3. 外国人入境管理

在开发区外商投资企业里的外国人及其家属办理临时居留证或居留证，凭企业出具公函及合同的影印件审核办理。不能提供合同影印件的，凭开发区管委会出具公函说明情况。签发多次出入境签证，凭居留证及企业公函办理。

4. 银行开户

外商投资企业应在中国银行以及中国人民银行指定的银行里开立人民币和外币账户，这些银行在开发区均有机构为外商投资企业服务。

经国家外汇管理局及其分局批准，外商投资企业也可以在国外或港澳地区银行开立账户，但必须向国家外汇管理局及其分局备案，并及时报告资金收支情况和提供银行对账单。

5. 外汇管理

（1）外商投资企业之间，在外汇管理部门的监管下，可以相互调剂外汇余缺。

（2）中国银行以及经中国人民银行指定的其它银行，可以对外商投资企业开办现汇抵押业务，贷放人民币资金。

（3）外商投资企业为解决其外汇平衡问题，可以实行综合补偿的办法。经市人民政府批准，外国投资者可将获得的利润人民币，用于购买我市外贸出口计划外或完成收购计划后的产品出口，以替代其利润汇出。

（4）国内单位向外商投资企业提供商品、原材料和劳动服务等，除外贸进口的或经过批准的以外，一律不得收取外汇。

（5）外商投资企业承接国内不能生产、需要长期进口或急需进口的产品订货，只要达到同类进口产品的水平，将由国内用户用外汇购买，不再从国外进口。

九、烟台经济技术开发区主要服务机构简介

烟台经济技术开发区管理委员会

开发区管理委员会是开发区的行政管理机关。代表烟台市人民政府对开发区实行统一领导和管理。根据国家法律、法规和有关规定，制定开发区的行政管理办法，编制开发区建设规划、经济发展规划，并组织实施；按审批权限审批在开发区的投资项目；统一管理开发区财政、税收和进出口业务；处理开发区涉外事务；管理和审批开发区的土地使用和建筑设计；协调设立在开发区内的各业务职能机构的工作关系；兴办教育、文化、卫生等公益事业；维护开发区的治安；保护开发区企业的合法权益等。下设经济发展局、建设环保局等若干职能办事机构和服务机构。

1. 烟台经济技术开发区经济发展局

该局负责组织实施开发区经济发展规划；编制开发区年度综合计划，经管委会批准后组织实施；审查在开发区投资兴办的各类独资、合资、合作经营的项目；负责开发区外经、外事、统计、科学技术、企业管理及标准化等方面的工作。

2. 烟台经济技术开发区建设环保局

该局负责开发区建设总体规划的组织实施和城市测绘座标管理；负责开发区的土地使用、规划和管理；审查工程初步设计和建筑物造型；审查来开发区进行设计、勘察、建筑、安装等单位的资质情况，办理开工许可证；负责开发区建设项目的质量监督和竣工验收的管理工作；审核进入开发区各类企业的环保方案和措施。

3. 烟台经济技术开发区科学技术发展公司

该公司的主要职责是：负责开发区内高科技项目的引进并组织实施，广泛开展技术合作，开发新技术、新产品；为中、外投资者提供经济、技术咨询服务（包括传递信息、介绍合作对象、可行性研究报告、办理呈批手续等）。

4. 烟台经济技术开发区实业公司

该公司负责开发区内项目引进工作，帮助客商介绍合作对象，组织项目洽谈，参与项目投资；经营、代理进出口业务、“三来一补”和租赁业务；向国外客商提供商业服务和经济、技术咨询；代办引进项目的调研、立项、洽谈、签约和咨询服务业务；承担建设项目的设计招标和施工现场管理。

5. 烟台经济技术开发区工商行政管理局

该局的职责是：根据国家的经济政策和法规，对工商企业和市场经济活动实行经济监督管理，保护合法经营，取缔非法经营，维护社会经济秩序；核发开发区内联企业的营业执照；调解、仲裁经济合同纠纷；保护商标专用权；管理监督检查广告业务。

6. 烟台市税务局经济技术开发区分局

该局是税务管理和税金征收的职能部门。主要职责是：依法对开发区企业征税，并代办减免税手续，为开发区企业改善经营管理、提高经济效益服务。

7. 烟台经济技术开发区社会劳动保险事业分处

该处负责劳动合同制职工退休养老基金的筹集、管理、使用，以及对企业固定职工的离休、退休、退职养老基金的社会统筹；负责管理离休、退休、退职职工，为其做好服务工作。

8. 烟台经济技术开发区劳动服务公司

该公司负责调节区内劳动力的合理流动，帮助外商投资企业招录、聘用、培训职工；开展就业咨询、介绍职业、指导职工与企业签订劳动合同；负责职工待业保险基金的筹集和管理，以及对离休、退休、退职职工的管理工作。

9. 烟台市公安局经济技术开发区分局

该局的职责范围是：依照中华人民共和国法律，打击和防范各种犯罪活动，保证中国公民和外国公民的人身安全和合法权益不受侵犯；负责“三资企业”和机关、学校、居民区安全保卫工作的检查监督和指导；办理户口登记、迁移等手续；负责消防监督；维护道路交通秩序。

10. 烟台经济技术开发区保安服务公司

该公司的职责范围是：为“三资”企业和其他企业提供保安服务，包括武装和非武装保安员守护、巡逻、押钞、解钞、押送贵重物资、危险品；负责大型展览、展销、庆典、文娱活动、会议等的警卫工作和防盗、消防等器材的咨询、安装、维修等。

11. 烟台经济技术开发区财政局

该局的主要职责是：组织区内财政收入和支出，合理分配与再分配财政资金，并对区内行政事业单位和各类企业的财务进行管理和监督。

12. 中国人民保险公司烟台经济技术开发区办事处

该处对国内、外客户办理下列险别：进出口货物运输、船舶建造和运输、飞机、机动车辆、公众责任、雇主责任、产品责任、展览会责任、履约保险以及人身保险等。根据用户需要，将陆续开办更多的险别。

13. 中国银行烟台经济技术开发区支行

中国银行是国家外汇专业银行。负责办理国际银行间的存贷款、外币存款、各种外汇贷款和有关的人民币贷款；为企业开立人民币及外币帐户，并办理国际贸易和非贸易外汇结算，国际汇兑和外汇抵押人民币贷款业务；办理信托投资、咨询业务等。

14. 中国人民建设银行烟台经济技术开发区支行

建设银行是管理基本建设支出预算和财务，办理基本建设拨款、结算和放款，进行财政监督的国家专业银行。同时开展储贷业务，直接为用户服务。

15. 烟台经济技术开发区财务咨询服务公司

该公司的主要职责是：筹措资金，提供财务咨询服务，包括项目评估、可行性分析、工程预决算、招标等业务。

16. 烟台经济技术开发区公共工程公司

该公司主要负责组织开发区内水、电、热力、煤气、通讯、道路、环卫等公共工程的勘察、设计、施工和经营管理；承接工程设计施工。

17. 烟台经济技术开发区房地产公司

该公司主要经营土地房产业务，办理土地征用，拆迁、补偿用地等手续；开展土地经营业务并自行开发建设；出售、租赁和经营各类商品房屋；承、发包房地产工程；承接房屋修缮、装潢和建筑安装工程；开展房地产咨询工作。

18. 烟台经济技术开发区物资公司

该公司主要经营各类建筑和生产物资、机电设备等；申报进口物资计划，接受委托验收进口物资；为企业所需生产用物资和维修材料组织货源。

19. 烟台经济技术开发区商业公司

该公司主要经营商业贸易，兴办商业服务性企业和生产性企业。经营范围包括日用百货、文化用品、五交化、针纺织品、糖业烟酒副食品、建筑材料、机电设备、土产杂品、干鲜果品、生产资料、水产品、渔需物资、燃料、石油等批零兼营业务。

20. 烟台经济技术开发区粮油公司

该公司主要负责区内粮油供应。经营粮油、粮油食品、花生制品、本地土特产品、海产品等。为国内、外客户组织出口货源，代办国内运输。

21. 烟台经济技术开发区建设公司

该公司的主要职责是：接受委托经营建设工程的承包业务，包括建设项目的前期准备、勘察设计、图纸会审、工程预算、场地“三通一平”、工程招标、工程建设等。

22. 烟台经济技术开发区金桥联合公司

该公司主要负责开发区内农、牧、渔、副业的开发和经营，承办建筑安装工程，开展项目洽谈和商业贸易业务等。

烟台经济技术开发区投资指南（2003年）

一、区情概况

地处中国山东半岛黄海之滨，北与北京、大连隔海相望，南与上海、青岛陆路相通，东与韩国、日本一衣带水，处于北京、上海、汉城的几何中心，是21世纪中国重点开发的环渤海经济圈内的重要生长点。

（一）区域定位

1984年10月经中华人民共和国国务院批准设立，是中国首批14个国家级开发区之一。2003年9月国家批准在烟台开发区内设立“烟台出口加工区B区”。管辖面积228平方公里，定位为外向型、现代化工业新城区，建成山东省最大的工业基地之一。

（二）自然环境

地势平坦，地质结构稳定。自然地耐力在12吨以上。地下水埋深一般在1.7米以上，西部在2.8米左右。

四季分明，气候宜人。年平均气温为12.5℃，极端最低气温-13.1℃，极端最高气温38℃；最冷月（1月）平均气温-4.7℃，最热月（8月）平均气温27.2℃。年平均降雨量为737毫米，相对湿度为64%。

濒临海滨，景色秀丽，北有45公里长的林带海滩，滩平沙柔，碧波万顷，于1993年10月被山东省人民政府批准为金沙滩旅游度假区，是一个理想的投资、居住、旅游场所。

（三）开发现状

建成区面积36平方公里，常住人口15万人。

36个国家和地区、24家世界最大500家企业进区投资，韩国、中国香港、美国、日本、开曼群岛、中国台湾、德国、加拿大、新加坡、瑞典排投资额前10位。（韩国40%，中国香港21%，美国17.5%，日本8%，开曼群岛2.8%，中国台湾2.5%，德国2.3%，加拿大2.2%，其他4.7%）

形成以机械汽车、电子信息产业为龙头，生物医药、精细化工、化纤纺织、食品加工产业协同发展的格局，是中国重要的轿车生产基地、汽车零部件生产基地、工程机械生产基地、计算机及第三代移动通信终端生产基地、电子网板生产基地、氨纶丝生产基地。

在中国国家级开发区投资环境综合评价中居第6位，在综合经济实力排位中居第7位。

通过ISO 14000环境管理体系和ISO 9001质量管理体系认证，被命名为ISO 14000国家示范区和中国工业园区环境管理示范区，以优良的创业环境、生存环境和人文环境成为投资者的乐园。

（四）依托城市

烟台市是中国首批14个沿海开放城市之一，总面积1.37万平方公里，总人口650万人，其中市区人口175万人。

烟台市是中国投资环境40优城市，中国综合实力40强城市，中国最佳魅力城市，全国文明城市，国家环境保护模范城市，国家级卫生城市，全国社会治安综合治理先进城市，全国文化模范市，中国著名水果之乡和旅游避暑胜地，荣获2005年“长安杯”和“联合国人居奖”。

烟台市公路、铁路通达全国各地，拥有中国主要枢纽港口之一的烟台港与烟台国际机场；电话装机容量达到313万门；全市发电量126亿千瓦时，电力供应充足；城市综合供水能力62.9万立方米/日，工业和生活用水满足供给；拥有高等院校8所，中等专业学校77所，全面普及了九年制义务教育，初中以上文化程度的人口比例高出全国10个百分点，劳动力资源优良。

二、基础设施

烟台开发区毗连烟台市中心区，距烟台港6公里，距烟台火车站6公里，距烟台国际机场20公里。

公路：由烟台至北京的206国道，由中国最北端黑龙江省同江市至中国最南端海南省三亚市的同三高速公路，由威海至内蒙古乌海市的威乌高速公路，均从开发区经过。

铁路：通过中国铁路动脉胶济—蓝烟铁路，烟台火车站贯通全国铁路网。目前正在建设沿渤海湾德州至烟台铁路、烟台至大连轮渡铁路。

港口：烟台港为中国主要枢纽港口之一，具有万吨级以上的泊位21个，与世界100多个港口通航。

机场：烟台国际机场开通25条国际、国内客货航线，每周航班171个。

供水：拥有独立的供水系统，供水能力为20万立方米/日。

供电：由与华北电网相连的山东电网双回路、双电源供电，电力充足。已建成220KV变电站1座，110KV变电站8座、35KV变电站5座。

供热：建成区实行集中供热。现已建成两座热电厂，总供热能力360吨/小时。

通信：总装机容量15万门，程控交换机容量达10万门，实装市话8万门。可办理国际、国内直拨电话、电传、传真、移动通信、数据通信、无线市话、计算机互联网、多媒体通信等多种电信业务，为投资者提供分组交换、DDN、帧中继、ADSL和LAN方式宽带上网等服务。

煤气：管道煤气规划供气量为14.5万立方米/日，现供气能力为2万立方米/日。

天然气：现有供气能力为38万立方米/日。

海关：开发区设有海关办事处，依法为企业办理海关登记备案、进出口货物报关和查验，办理进口生产用设备的免税和出口产品退税手续，审批企业的保税仓库和保税工厂，为加工贸易项下的进口货物进行保税。

检验检疫：开发区设有出入境检验检疫局，依法对进出口货物进行检验检疫，签发普惠制证书（GSP）及一般产地证书，对投资财产进行价值鉴定。

银行：中国人民银行和中国各商业银行均在开发区设有支行，为投资者提供贷款服务，办理开设帐户和国际、国内结算业务，外汇调剂和管理。

厂房住宅：区内已建成多种功能通用厂房，建筑面积30万平方米；还建有上百万平方米的住宅和别墅，可供投资者购买或租用。

生活设施：建有五星级酒店、三星级酒店及各种档次的宾馆、酒店、购物商场，国际学校和幼儿园、中小学、各类职业学校、大学、设施先进的医院、电视接收系统、高尔夫球练习场、海滨浴场、保龄球等健身旅游设施也已建成，可以提供舒适、良好的商务和生活服务。

三、投资政策

（一）产业政策

以提高吸收外资质量为主，以发展现代制造业为主，以优化出口结构为主，致力于发展高新技术产业，致力于发展高附加值服务业，促进开发区向多功能综合性产业区转变，内外资兼顾，内外销兼顾，鼓励发展高新技术产业和国家鼓励投资的产业。

着力引进跨国公司，并鼓励其建设研发、制造基地。加快吸收国内外投资发展第三产业，形成整体产业优势。鼓励发展外商独资和外资比例较大的项目，积极探索国际上通行的合作方式。鼓励发展以内销为主的工业项目。重点发展汽车、机械、电子信息产业，鼓励引进为上海通用东岳汽车有限公司、浪潮乐金数字移动通信有限公司、鸿富泰精密电子（烟台）有限公司等龙头企业配套的项目。

限制发展技术水平落后、占用大量土地或其他资源、不利于改善生态环境，以及其它限制类的项目。限制发展一般性食品加工和纺织、服装加工项目。

以出口为主的生产性项目，原则上安排在出口加工区生产和经营。

工业项目的投资密度（项目注册资本与用地面积之比）一般不得低于200美元/平方米。

（二）税收政策

1. 流转税

外商投资的鼓励类项目和国内投资的鼓励发展项目进口自用设备，均免征关税和进口环节增值税；加工贸易项目，进口外商提供的不作价设备，亦免征关税和进口环节增值税。

外商投资设立的研究开发中心，进口自用设备及其配套的技术、配件、备件，可按规定免征进口关税和进口环节税。

对已设立的鼓励类外商投资企业、外商投资研究开发中心，在原批准的生产经营范围内进口自用设备及其配套的技术、配件、备件，可按规定免征进口关税和进口环节税。

外商投资企业出口自产或委托加工产品出口后，凭出口货物报关单等有关单证，可办理退免增值税、消费税。

外商投资企业以来料加工贸易方式进口的货物，免征进口环节的增值税、消费税。加工货物复出口后，免征加工货物工缴费的增值税。

对鼓励类外商投资企业在投资总额内采购国产设备，可按规定全额退还国产设备增值税，并抵免企业所得税。

对企业出口退税地方负担部分，可按规定全额退还。

2. 所得税

生产性外商投资企业按15%的税率征收企业所得税。其实际经营期限在10年以上的，从开始获利年度起，第一年和第二年免征企业所得税，第三年至第五年减半征收企业所得税。

对外商投资兴办的先进技术企业，减免企业所得税期满后，仍为先进技术企业的，可以延长三年减按10%的税率征收企业所得税。

对外商投资兴办的产品出口企业，减免企业所得税期满后，凡当年企业出口产品产值达到当年企业产品总产值70%以上的，可以减按10%的税率征收企业所得税。

外商投资企业的外国投资者将其从企业取得的利润直接作为资本再投资，经营期限不少于5年的，退还其再投资部分已纳所得税的40%税款。如果直接再投资兴办、扩建产品出口企业或先进技术企业，经营期限不少于5年的，全部退还其再投资部分已缴纳的企业所得税税款。

非生产性外商投资企业按应纳税所得额的3%缴纳地方所得税，生产性企业免征地方所得税。

四、费用标准

（一）供、排水费

类　别	收费标准（人民币元/吨）
工商业企业用水、宾馆饭店、建筑用水	2.27
居民用水	1.85
特殊行业用水（洗浴、洗车、纯净水行业）等用水	8.01
水资源费	0.35
污水处理工程建设费（按日用水量的80%折算，一次性收取）	640
工商企业及宾馆饭店污水处理费（按用水量计收）	0.90
居民污水处理费（按用水量计收）	0.70
特殊行业污水处理费（按用水量计收）	1.00

（二）电费

类　别	内　容		电价（含全部税费，人民币元）
居民生活用电	不满 1 千伏		0.5400
	10 千伏以上		0.4860
	10 千伏农村直供		0.4160
	10 千伏农村转供		0.4460
非居民照明用电	每千瓦时电费	不满 1 千伏	0.7122
		1 ~ 10 千伏	0.7042
		35 ~ 110 千伏	0.7032
普通工业（变压器容量 315kVA 以下）	每千瓦时电费	不满 1 千伏	0.6302
		1 ~ 10 千伏	0.6262
		35 ~ 110 千伏	0.6192
大工业（变压器容量 315kVA 以上，基本电费+电量电费）	1 、基本电费		人民币元 / 千伏安・月
	按变压器容量		11.0000
	特殊企业按最大需电量		人民币元 / 千瓦・月
			16.5000
	2 、电量电费		人民币元 / 千瓦时
	1 ~ 10 千伏		0.5402
	35 ~ 110 千伏		0.5342
	110 千伏及以上		0.5242
备注	工业用电实行峰谷电价制度，用电高峰时的电价收费标准在上述电价基础上加 60%；用电低峰时的电价收费标准在上述电价基础上减 40%。		

（三）热力费

类　别	收费标准
工业用汽	142.91（人民币元 / 吨）
住宅采暖用热（按采暖面积）	26.72（人民币元 /136 天・平方米）
非住宅采暖用热（按建筑面积一次性收取）	33.00（人民币元 /136 天・平方米）
按热量收费	80.14（人民币元 / 吉焦）

（四）电信费

用户类别	收费标准（人民币元/部）		
	工料手续费（人民币元/部）	基本月租费（人民币元/部）	IP 通话费（人民币元/分钟）
企业电话	180	35	国内：0.30 港澳台：1.50 其他国家和地区 :2.40 ~ 4.60
居民电话	180	20	
企业 ADSL 上网	380	100 ~ 500（1M）	
居民 ADSL 上网	180	200 ~ 800（2M）	
企业 LAN	180	每点 200（10M）	
居民 LAN	180	每点 60（10M）	
10M 专线	5000，对企业免收	2000	

（五）劳务及福利费

项目	标准及比例	支付方式
工资	企业工资总额和工资水平由企业自主决定	以货币形式支付给劳动者
养老保险费	企业按上年中方职工工资总额的 20% 缴纳，职工个人按本人工资的 8% 缴纳	由企业按月向开发区社会保险事业处缴纳
失业保险费	用人单位按上年全部职工工资总额的 2% 缴纳，职工按本人工资的 1% 缴纳	由企业按月向开发区社会保险事业处缴纳
医疗保险费	1、基本医疗保险费：企业按在职职工工资总额的 6% 缴纳；在职职工按本人工资收入的 2% 缴纳	由企业按月向开发区社会保险事业处缴纳
	2、大额医疗救助基金，由职工个人按工资总额的 0.5% 缴纳	企业代扣后，按月向开发区社会保险事业处缴纳
生育保险费	企业按上年职工工资总额的 0.9% 缴纳	由企业按月向开发区社会保险事业处缴纳
职工住房公积金	职工住房公积金企业和职工按职工工资总额的 5% ~ 10% 提取	由企业按月向开发区财政局住房资金管理中心缴纳
工伤保险费	按企业类别，企业按上年全部职工工资总额的 0.6% ~ 2% 缴纳	由企业按月向开发区社会保险事业处缴纳

说明：以上费用如有调整，按新资费标准执行

五、投资服务

（一）投资管理机构

●烟台开发区管理委员会

烟台市人民政府派出机构，对开发区实施统一管理，根据国家法律制定开发区的行政管理办法，编制开发区建设规划并组织实施，按国家授予的审批权限审批内资项目和投资总额 3000 万美元以下的外商投资项目，统一管理开发区的土地使用和开发建设，兴办教育、文化、卫生等公益事业，维护开发区的治安，保护开发区企业的合法权益，并设有完整的投资服务体系。

烟台开发区管理机构：工委管委办公室、投资促进局、经济发展与科学技术局、人事劳动和社会保障局、建设房管局、城市管理环保局、规划分局、国土资源分局、财政局、教育局、社会事业管理局、旅游局、交通局、农业与海洋渔业局、

出口加工区 B 区管理局、工业项目推进办公室、公安分局。

●烟台开发区投资促进局

负责全区项目审批、招商引资，项目用地选址、审批，外事、侨务工作。对进区投资项目，从洽谈、立项、批准到领取营业执照、用地选址，实行全程陪同服务。

●烟台开发区投资服务中心

集中办理投资项目立项审批、注册登记、开工建设、基础设施配套等手续。

（二）投资运作程序

企业名称核准——可行性研究报告、合同、章程批复——申领企业代码——申领外商投资企业批准证书——申领企业法人营业执照

（三）项目报批文件

除特别标明外，项目报批文件均应为原件。

1. 合资、合作企业

中方项目单位申请报告

项目可行性研究报告

合资或合作企业合同、章程

各方营业执照复印件及法人代表资格证明、外方法人代表护照复印件

外方资信证明、中方资信证明或其当月财务报表

各方董事委派书、董事会名单及全体董事签字

企业名称核准通知书及法定地址证明

环境影响审批意见

2. 外商独资企业

投资方或受托承办单位申请报告

项目可行性研究报告

企业章程

外方公司营业执照复印件、资信证明

外方公司法人代表护照复印件、法人代表资格证明

外资企业董事委派书、董事会名单及董事签字

企业名称核准通知书及法定地址证明

环境影响审批意见

3. 国内投资企业

一般生产性项目：备案表，营业执照复印件，税务登记证复印件，验资报告。

涉及到用地、设备免税、国家政策规定需要审批的生产性项目：项目单位向投资促进局的申请报告，可行性研究报告、章程，项目投资方营业执照或个人身份证复印件，验资报告（含名称核准通知书），环保立项审查单，购买（租用）厂房产权证（合同）或项目用地证明。

4. 工商注册登记

外商投资企业：拟任法定代表人签署的申请书，审批机关的批准文件和批准证书副本，合同、章程，名称预告核准通知书，投资者的合法开业证明、个人的身份证明和资信证明，法定代表人、董事会成员身份证明复印件及任职文件原件，住所使用证明，环境影响审批意见，前置审批文件或证件，其他有关文件、证件。

内资企业：企业设立登记申请函，公司章程，验资报告，住所证明，名次核准通知书，股东身份证明，前置审批文件或证件，环境影响审批意见。

六、专业园区

（一）烟台出口加工区 B 区

位于烟台开发区内，2003 年 9 月经中华人民共和国国务院批准设立，规划面积 2.26 平方公里。实行全封闭监管模式，按国际惯例运作，为企业创造更为宽松和便利的经营环境。区内可设置出口加工型企业、专为出口加工企业生产提供服务的仓储企业、经海关核准专门从事加工区货物进、出口的运输企业。

区内企业除享受国家级开发区的优惠政策，还特别享受下列政策：

1. 不实行《加工贸易登记手册》管理，不实行银行保证金台帐制度，对进、出境货物实行“备案制”。

2. 海关对进、出加工区货物的备案、报关、查验、放行、核销手续均在区内办理。

3. 企业生产所需的进口机器、设备、模具

及其维修用零配件以及进口自用合理数量的办公用品予以免税；生产所需进口的原材料、零部件、元器件、包装物料及消耗性材料予以全额保税；生产性基础设施建设项目所需进境的机器、设备和建设生产厂房、仓储设施所需进境的基建物资予以免税。

4. 区内加工产品不征收增值税，生产企业生产出口货物耗用的水、电、气，准予退还所含的增值税。

5. 与境外之间进、出的货物，除实行出口被动配额管理外，不实行进出口配额、许可证管理。

6. 从区外进入区内的货物视同出口，办理出口报关手续。供区内企业使用的国产机器、设备、原材料、零部件、元器件、包装物料，以及建设基础设施、生产、办公用房所需基建物资等，办理出口退税手续。

7. 区内的原材料或半成品，可以在区内企业之间自由转让、转移；区内企业可以与区外加工贸易企业开展深加工结转业务；企业因工艺、技术达不到产品要求，经海关批准可委托区外加工。

8. 企业可以开立外汇账户，经营所得外汇收入可全额保留现汇，与境外的外汇往来不需办理收、付汇核销手续。

（二）烟台资源再生加工示范区

位于烟台开发区大季家街道办事处辖区内，属于以废旧物资加工处理为主的专业性、政策性、示范性园区。

起步区为3.5平方公里，设置废五金电器、废电线电缆和废电机为主的封闭管理示范园区，对“三废”进行集中无害化环保处理。

示范区已取得国家环保总局“第七类进口废物定点加工利用单位”资格认可。

烟台经济技术开发区编修方志工作纲要

（二〇〇二年九月二十八日）

烟台经济技术开发区第一部新方志的编纂工作即将全面展开。编纂出版发行开发区地方志，对积累保存地方文献，全面反映区情区貌，促进两个文明建设，都将发挥重要作用。为做好新方志的编纂工作，根据中国地方志指导小组《关于地方志编纂工作的规定》和省市《续修新方志工作纲要》精神，特制定本纲要。

一、指导思想

编修方志必须以马列主义、毛泽东思想、邓小平理论和江泽民同志“三个代表”重要思想为指导，坚持实事求是的思想路线，运用现代科学理论和方法，全面真实地反映开发区自然和社会的历史与现状，为改革开放和社会主义现代化建设服务。

（一）编修方志必须遵循党和国家的有关方针、政策和法律、法规，坚持有中国特色的社会主义理论，坚持党的基本路线，坚持辩证唯物主义和历史唯物主义的基本原则，做到思想性、科学性和资料性的统一。

（二）编修方志应贯彻存真求实的方针，突出改革开放的时代特征和开发区特色，全面真实地记载开发区改革开放、经济建设和社会发展的成就与经验，以史为鉴，资政育人。篇目的设置，应合乎科学分类和社会分工的实际，坚持在继承的基础上创新。编纂体例采用小编立志结构。

（三）编修方志要适应时代的需要，积极运用现代科学理论和高新技术成果，提高修志工作的效率和出书质量。编修工作要与建设“地方文献中心、地情资料中心、区域研究及咨询中心”的史志事业发展目标相结合，发挥方志资源的多功能作用，不断开拓地方志工作新的服务领域。

（四）编修方志要坚持质量第一，树立精品意识，努力编纂出版名志佳作，做到可信、可用、可读、可看。

二、任务与要求

（一）全区本次编纂区志一部，有条件的单位应在区史志研究室的指导下，编修部门志、企业志、村志和其他类志书。

（二）编修志书的时间，从 2002 年起至 2006 年完成。

（三）编修志书的上限起自建区之始，即 1984 年，下限断至 2002 年。为保证编修工作顺利进行，根据我区实际制定编修方案，报烟台市史志编委会批准和山东省史志办备案后，由工委、管委部署实施。

（四）编修志书的内容，大致由 3 个部分组成：（1）编修正文，即志书编纂的主体；（2）专题记述，对正文未能充分记述的一些重要问题所做的专题调查和专题报告；（3）附录和索引。

（五）区志书名为《烟台经济技术开发区志》，为十六开单卷本，60 万字左右。在志书名称的下边加括号写出上下限的起讫年代。同时出版电子版志书。

（六）必须保证志书的质量。区史志研究室要建立志书质量负责制。志书初稿形成后，应召开有关领导、专家、史志工作者参加的志稿评审会，并根据评审意见组织修改。要认真执行审查验收制度。《开发区志》报市史志编委会审查验收，经省史志编委会审核后，由工委、管委批准出版。志稿审读要把好政治关、保密关和重大史实关，不合格的志稿应驳回重修。

（七）编修志书的出版，由省史志办协调安排，市史志办具体组织。志书出版后，按规定向省和市史志办报送样书和磁盘。验收合格后，由省史志编委会颁发编修新方志证书。

（八）抓好编修志书的档案管理。修志资料（包括文字、图表、照片、实物等）应及时立卷归档，集中管理，任何人不得据为己有。

三、主要措施

（一）加强对方志工作的领导。建立全区史志编纂委员会，把修志工作列入工委、管委议事日程，将修志纳入经济社会发展计划和部门岗位目标责任制考核之中，做到领导到位，机构到位，经费到位，队伍到位，条件到位。

（二）建立稳定精干高效的修志机构。充分考虑修志工作长期性、连续性、日常性的特点，健全稳定区史志研究室这一组织机构。按照德才兼备的原则，配备好区史志研究室领导和志书主编。志书编纂实行主编负责制和编辑人员岗位聘任制。

（三）《烟台经济技术开发区志》的编修由区史志研究室具体组织实施。区直各部门、企事业单位、各大企业、科研单位及驻区单位等均应成立供稿班子，由一位领导分工负责，办公室主任主抓并确定 1 ~ 2 名撰稿人，按时按要求完成供稿任务。

（四）加强修志队伍建设。区史志研究室编纂人员不少于 6 人。加强对在职专业修志人员的培训，不断提高其政治业务素质，充分发挥熟悉情况、精通业务、热爱史志事业的老同志的作用，共同搞好修志工作。

（五）加强办公自动化建设。实现修志工作的微机化、网络化操作，缩短出版周期，提高志书质量。

（六）经费。志书编纂和出版经费列入区财政预算，保证修志工作的顺利完成。

二、名人诗文

磁山 邵宝（明）

群山滚滚环沧海，看到磁山秀更尊。
跨涧有松招客旅，绕岩多竹长儿孙。
寒云片片生衣袂，石磴层层入涧门。
却羡僧家闲更乐，笑他尘世竟趋奔。

邵宝（1460—1527），字国贤，号二泉。常州府无锡人。明成化二十年（1484年）甲辰科进士。历官许州知州、江西提学副使、右副御史、户部右侍郎、南京礼部尚书。著有《漕政举要》《慧山记》《容春堂集》等。

磁山瀑布 萧文蔚（清）

借作庐山夸瀑布，樱桃涧半烟含树。
洞中谁读法华经，响乱何知山雨暮。

萧文蔚，字不著，号纲庵。福山县城里村人。清顺治十一年（1654年）举人，官至江南桃源知县。著有《养木斋集》《桃源县志》等。此诗为福山八景诗之一。

眺磁山 罗博（清）

层峰拔地翠相连，勒马巃嵸意旷然。
陡壁瀑声响雨后，幽林岚色淡风前。
烟波一点之山秀，石雾千秋崱岦悬。
眺罢归来云满径，野蝉不住夕阳天。

罗博，河南郑州人。清顺治十六年（1659年）己亥科进士。清康熙十一年（1672年）到十五年（1676年），任福山知县。

磁山登眺 鹿廷瑄（清）

泉底香生座上莲，玑珠万斛倾层巅。
涧流响振千山岭，石翠光摇四壁烟。
出岫苍云飞海外，听禅青鸟下阶前。
罘峰高拱朝仙阙，别是人间一洞天。

鹿廷瑄（1620—1677），字玉相，又字东儒。福山城里村人。清康熙九年（1670年）庚戌科进士。历官直隶吴桥（今属河北省）知县、河南平江知县、承德知县、四川道监察御史。

磁山瀑布 谢乃实（清）

万仞嵯峨插碧空，山腰飞瀑隐仙宫。
岩前喷薄珠帘雾，洞里凄清白练风。
泉落月明僧扣磬，雨余山晚壁腾虹。
深秋烟树寻归路，乱涧潺湲泻绿丛。

谢乃实（1652—1715），字华函，号华峰，别号岭护山人，福山县福中社西关村人。清康熙二十七年（1688年）进士，授江苏睢宁知县，后改任湖南兴宁县知县。辞官后迁居岭护寺，潜心研究学问，以作诗作文为乐，创作了《岭护山人文集》《岭护山人诗集》20余卷。50多年后，乾隆三十七年（1772年），乾隆皇帝开馆纂修《四库全书》，将谢乃实文集及诗文编入其目，谢乃实为第一个入选《四库全书》的烟台人。

游磁山 谢光经（清）

峻峰凌汉表，樵路细追攀。
寺隐层峦里，钟飘积翠间。
云烟封洞口，松柏护苔斑。
喷薄泉千尺，澄泓水一湾。
飞来光闪闪，到处响潺潺。
夜静岩栖月，春晴雨在山。
危屏悬素练，芳草驻朱颜。
呼吸瑶台近，幽人自往还。

谢光经，字敬思。谢乃果（吏部文选司主事）次子。福山西关村人。清监生。候选州同。

游磁山晚归　王检（清）

郊原寥泬又秋风，禾黍高低野径通。
屐齿踏残归去晚，青山白发夕阳中。

崱岦寺遇雪（二首）　王检（清）

云气何苍漭，飞霙散渚涯。
从知空结习，无那着天花。
清梵深林彻，疲驴破帽斜。
灞桥风雪路，振策兴犹赊。

叠前韵

积素盈僧寺，扶筇望海涯。
倦游山作主，胜赏树妆花。
句琢经寒瘦，途偏趁石斜。
归来如意舞，底事怨年赊。

王检（1707—1767），字思及，号若斋，又号西园。清雍正十一年（1733 年）癸丑科进士。翰林院庶吉士，授编修。历官直隶河间知府，甘肃凉庄道，直隶霸昌道、通永河道，长庐盐运，直隶、安徽、山西按察使，广西、甘肃布政使，湖北巡抚，湖广总督，广东巡抚。著有《西园奏议》等。

春日登磁山　王棫（清）

逦迤山花境渐幽，禅关深处共淹留。
钟声断续松风转，烟景微茫醉眼收。
夜雨荒祠生碧草，斜阳孤屿枕春流。
云峰一望蓬壶近，欲与洪厓把袂游。

过古牟城　王棫（清）

无限苍茫旧感生，高低禾黍见牟城。
曾传庭实随郱葛，岂有瑤编纪世名。
一代市朝荒夜雨，千秋陵寝佐春耕。
扬尘不信麻姑语，又听寒潮向晚声。

王棫，原名王枰，字凝斋。王检（广东巡抚）弟。福山古现村人。清乾隆元年（1736 年）举人。历官直隶临城知县、湖北当阳知县、天门知县。

游磁山　于橿（清）

朝来爽气快追攀，小憩深林古洞间。
泉冷阴崖知日隔，花稀绝壁忆春还。
松声断续晴天雨，蜃气微茫水国山。
更欲远穷千里目，相将飞步上孱颜。

望磁山　于橿（清）

峭壁摩天不可攀，三峰耸秀白云间。
春来早稳阳乌睡，秋至先知斗柄还。
碧海障回千顷浪，青冥环拱四围山。
之罘偏得秦皇幸，对此萧寥应厚颜。

于橿，字旸谷，福山县南涂山村人。清乾隆十七年（1752 年）举人。福山名士。

山游日暮投宿磁山寺道上　郭维庆（清）

岩花野草路微分，贪看名山蹋夕曛。
才到涧边双鹤返，忽惊天半一钟闻。
寒泉声里下黄叶，怪石丛中生白云。
今夜禅堂僧共话，茶烟香火又纷纷。

郭维庆，清道光十四年（1834 年）岁贡生，福山城里村人，授官主簿，著有诗集。

感怀　王懿荣（清）

春风破空来，海水兴天际。
海涵并春育，所工在远势。
沧海一何深，阳春一何丽。
窗隙泛驹尘，吁此人间世。

过牟子古城　鹿寿祺（清）

荒原一望夕阳多，牟子城边按辔过。
夜雨莓苔侵石马，秋风荆棘隐铜驼。
种瓜惟见邵侯地，秀麦恍闻箕子歌。
兴废已怀千载恨，沧溟犹是昔年波。

鹿寿祺，福山县西关村人。庠生。

游磁山　王保训（清）

六年不见山灵面，今日来游特地青。
汉畤白云何处去，秦时流水几时停。

高凌绝顶天风紧，倦倚平台海气腥。

茗饮迟迟归兴好，野花红煞夕阳亭。

王保训，又名炅炎，古现村人。庠生。少有文才，诗为一时所推重。著有《太拙集》十二卷传世。

苦雪　王骘（清）

古县凤凰山松，先赠君所植成林。辛巳大饥，赠君采供赈粥，余听居人伐取为秃。阅二十余年，葱苍胜倍。辛丑土变，居人樵爨路梗，诸弟追赠君意听伐取，又秃。今庚戌冬，予归里，见其亭亭青青，几复旧观。雪甚，居人无赖者间入窃割，此非善俗。邑侯潘公示禁之，奈淫霰踰四十日，父老垂髦未经闻见，村市多冻死。谚曰“柴荒不减谷荒”，信也。家季复追赠君意听伐取，根株尽矣，秃益甚。予修岁事，抵里，竟一望濯濯也。因思先赠君易箦犹不忘百姓之病，小惠讵云继志哉？感而赋此：

奔奏冰曹序七迁，归家雪甚压村烟。

丁丁伐去山山色，贸贸蒙来处处年。

大厦千间思肯构，横流一筏顾谁编。

西轩伏枕追先德，愁煞春深听朴鞭。

王骘（1614—1695），字人岳，一字相居，号几庵。福山古现村人，后迁居城里。清顺治十二年（1655年）乙未科进士。历官督察院观正、户部山西司主事、户部云南司主事、广东典试、户部浙江司员外郎、刑部江南司郎中、刑部陕西司郎中、四川按察司佥事、兵部右侍郎兼都察院右副都御史、户部尚书。著有《养素堂文集》《诗集》《大司农疏》等。

移建阴主庙记　王骘（清）

祀阴主，次居八神之四。史《封禅书》曰：“八神将自古而有之。”又曰：“或太公以来作之。”大都其起时荒远矣。八祠俱在齐，阴主则祀三山。师古注谓：“海内三神山殊不经。”《汉地里志》：“三山在曲成县，隶东莱郡。”曲成久废，登郡志载，其地即今招远县也。招远邻莱，今莱郡北入海数十里有三山岛，或其地云。其地距福既二百里而遥，即史汉所纪诸祀初无所谓磁山者，则阴主祀福之磁山非古。或谓秦始皇东祀改置于此，近是。曰阳曰阴八神之祠，福邑遂有其二。每岁具少牢，以春三月三日祀之罘在邑东，至秋七月七日祀磁山在邑西。春阳秋阴，东生西成，厥义固有取也。

旧祠置磁之东小山背之坳，斗塞于磁之表里，无所控纵。其趾复隘，溪涧水涨发冲蚀其下，庙貌易颓。明之季岁频饥，里社不自给，牢莫具，先大夫为之代备，历十余年。后祠益圮，塑像经霖潦成涂泥。致祭者登顿崎岖，陈牲物于瓦砾枳棘间，草草耳矣。

国朝顺治六年己丑春，先大夫诏余曰：“祀典有其举之不可废也。阳主祠，吾往以舟泊其岛修葺之。今阴主祠圮，此虽有土者之事，吾家居近，亦即吾事也。顾有说，神所栖必山水佳胜处。旧址隘，且受水害，磁之北陲有马山者，为吾别墅地。相其峰峦秀峙，溪水前潆；北面石埠揖对有观瞻；又昔所树松已多拱抱，挺挺谡谡，精灵其式凭乎？可移置焉。汝其告之官。”

时三韩李公讳腾龙为邑宰，余以告，公曰“可。”夏四月，先大夫具香祝，率余昭告神以迁意。乃规画马山之阴，计正殿、两庑、戟门若干间。遂庀材鸠工，不烦他人一钱。先建正殿，循旧制塑像，刻期告成。秋七月，李公即其新阡以致祭焉。

福之为邑，磁山发乎艾，作高于西南；之罘终乎棋，纳气于东北，两山相雄长也。阳主祠故置之罘西南麓，阴主祠今置磁山东北麓。两祠又相顾望，岩崿竞爽，海水泱泱，濛澒澎湃，其前后览者称善。其庑若门材已治，将次第就，而先大夫遽去世，此余小子之责也夫！谨原其移建之由而为记。

凤凰山庙记　陈汝弼（清）

盖闻五方作镇标，岱岳为宗盟，十劫回轮，载清宫之实录。故万川月满光分亿万之身，千界神周威遍大千之世。看群山之东走，莫非为儿派孙枝；对金爵之南飞，相望乎离宫别殿。嘉山名之自古，嗟风去以何年？虽庙貌依然，未改青松之色。而山灵如在，谁腾紫雾之烟？慨自朱户云封，竹送清溪之夜月；绿阶草砌，苔移玉座之早春。闾阎换而歌舞莫新；阛阓开而衣冠谁拜。旧俗纵存其祠庙，空山应泣乎鬼神。从来荒凉寂寞之门，风雨而山灵垂泪；寥落幽栖之地，猖狂而野鬼啸呼。岂独悲来而人叹沧波，抑亦时去而神遭白眼。圣母于是赫我神威，立醒千家之梦寐；乘其道腴，潜通万姓之精诚。诏祀典，以时修荐昭格于冥漠，俨神光之充塞，集幽禅于盛明。方其月窟黑而扶桑券，田烛红而晥星落。听钟声之砰磕，余响振乎山林；袅香雾之氤氲，清芬拂乎草木。分屯轇轕如观夫绣浪金波，歙赩葳蕤不啻乎云稠藻籍。元泽淡泞乎无极，殷荐绸缪于至精。非睹夫拥节与乘麟，曷为乎纷纶而修耸。岂非神保是格，有严有翼，祀事孔明，时万时亿。列手中之黑簿，睨堂下之金钟。返葛天之淳风，登斯人于寿域。盖由夫祯祥奔会，霜露调均，时和岁稔，物阜民安，故能荐地膏之清香，建罗天之胜会，昭威灵之俨爽，永盛事而于斯。讵云夸士女之游观，实足占太平之有象，将使闻声者相感，接踵者流传。是用勒之贞珉，与此山以俱永。

陈汝弼（1646—1707），字槐辅，又字禹庵，福山县八角官庄村人。清康熙十八年（1679年）己未科进士。历官河南光山知县、刑部山西司主事、刑部河南司员外郎、礼部祠祭司郎中、刑部江南司郎中、吏部文选司郎中。著有《怀荆堂诗文集》20余卷。

春日游磁山赋　王检（清）

维东牟之巨镇，实挺秀于山灵。既峮嶙而遖迤，复嶒崒以峥嵘。轶埃堨之混浊，鲜颢气之清英。总诸山之勃窣，因磁石以成名。

尔其雾重烟霏，峦回嶂复；触石云生，干霄秀矗；修竹茂林，嶜岑幽谷；绝壁崄巇，层岩闪倏。攀翠微兮迴峙层城，晃丹穴兮辉映若木。霞铺曲径之三三，天压遥峰之六六。时也青阳司令，太皞承权；条风披拂，淑气回旋；山川绮丽，花药清妍。树成帷而替锦，草承茵而含烟。瞻岚光之杳霭，挹岫色之便娟。环沧溟而蓬壶如接，摘星斗而香案疑前。

于是，畅幽情，惬素赏；超连冈，步峻壤。思散情逸，气清天朗。循碧磴以邅回，蹑危峤而来往。岭欲俯以还翔，巇将颓而更上。亏蔽日月，耸绝壑之千寻；喷薄珠玑，挂悬流之万丈。循山拾级，缭以琳宫，斜瞰窈窕，远瞩溟濛。寺依崖而突起，楼傍溪而涵空。既曲房之奥窔，亦峻阁之穹窿。绀榭镂楹歙赩兮，玉京仙化；长栏复道缥缈兮，银阙神功。若夫滴翠玲珑，风痕雾迹。九点恒青，一拳弥碧。峰高玉蕊之名，洞启金沙之鬬。落花流水，仿佛桃源。丹灶紫霞，依稀浮石。逊千五百里之广延，瞻三十六天于咫尺。况乃春光既饶，春艳倍娇，春莺细啭，春絮轻飘。烟景迷离于春岸，清晖朗彻于春宵。春林拂红而欲滴，春山含翠以相招。则有客子扶筇，高人戴笠。陵谷相羊，沆瀣呼吸。登山而感触无端，眺远而苍茫交集。更有华阴道士，少室缁流；结茅飞锡，参学冥搜；寓须弥于芥子，等山水若浮沤；莫不心同天会，境协神游；陟丹梯以徙倚，傍崇邱而迟留。

已而，月上东滨，景沉西巘；天水空明，烟萝缱绻。驰逸兴于危峦，回遐思于峭坂。路曲村遥，峰深谷远。踏残蜡屐，遍收桃李之华；采入奚囊，为赋松筠之晚。赋曰：

睇崇山之嶤屼兮，磁石崔嵬。绕沧海之波光兮，豁若天开。瞻连云之松柏兮，如对徂徕。抚韶光之骀荡兮，济胜衔杯。信兹山之可乐兮，心向往以低回。

磁山庵记　于檀（清）

大海之滨有山，南北列三峰，突兀如笔架形，望之者疑为三岛也，实则磁山也。

山半有古刹焉，辉煌金碧，光彩照人，望之者疑为珠宫贝阙也，实则磁山庵也。未至庵，则如步天梯、登栈阁，仰攀屡息，莫知所极，山中之石磴也。已而，如鸣琴、如急雨、如惊涛骇浪自树间来，徐而聆之，则庵外之松风也。于是历山门，憩庵下，恍疑此身在云霄间，以为此山之奇尽此矣。

乃复绕庵旁、出庵后，俯仰而周览焉。见若锦帐、若画屏、若金城之横亘，陡起如削，则庵后一带翠壁也。壁之上，有若龙翔、若风翥、若猿猱之倒挂，盘错而交横，则悬壁之古树也。树下有古洞，洞口斜出，又有若缟带、若素练、若银河之横斜，束山之腰，络山之腹，宛转而过厨下者，则飞流之奇泉也。他若琉璃万顷海波平矣，火云千叠初日升矣，苍烟数点村落密矣，一苇横飞舳舻过矣，是皆可收入坐临中者。

既乃循故道而下，见夫对面有山，势若朝拱，询之，则之罘也。夫之罘何奇而光于史册，此山何逊而仅志邑乘？盖秦皇之马迹不至，汉武之车辙不及，所以虽多奇胜亦埋没于荒烟蔓草中耳。是故既赏之又从而惜之，惜其无钴鉧潭西小丘之遭也。

是为记。

三、民谣

1.

春天地里白茫茫，
夏天一片水汪汪，
秋天地里粮草光，
冬天要饭拉四乡。

据当地老年人回忆，民国初年，遇到特大自然灾害，仅有60多户人家的曲家台子村，竟有48根要饭棍。这首村谣反映了当年的凄凉景象。

2.

后沙旺地儿荒，
十里不见几个庄，
黄沙从秋刮到春，
提来咸水洗衣裳。

这首在烟台民间流传的俗谣，说的是夹河西侧、套子湾畔（现在开发区位置）曾经是一片贫瘠的土地。改革开放前，这里的人们一直以种地为生，20世纪70年代以前的生活水平是，“炕上没有席子，脚上没有鞋子，种地没有驴子，过年没有饺子”。

3. 小巴狗

小巴狗，上南山，
拾金豆，拉金砖，
摇鼓子，卖花线，
打铛铛，卖蓝靛，
挑着担子四乡串。
挣了钱，买包米，炒片片，
撑得小腚乱颤颤。

4. 蹓马

仨对仨，俩对俩，
七十二，加十八，
我上南河去蹓马，
一蹓蹓到丈人家，
大舅牵着马，小舅往家拉。
一进门，看见她。
雪白的脸儿，官粉擦。
通红的嘴唇，糯米牙。
乌黑的头发，抓髻打。
玲珑耳垂，金环挂。
柳叶眉，黛眉画。
杏核眼，秋波发。

绣花鞋，金莲插。
湘绮为下裙，紫绮为上襦。
纤纤的轻光，姿态多婀娜。
待人有礼貌，不笑不说话。
如此窈窕女，小伙爱上他。

5．评脉

小板凳，拉给我，
我给大哥评评脉。
这个病，很好说，
没伤肺，没上火，
大哥心里想老婆。
小板凳，拿给我，
我给大嫂评评脉。
不是惊，不是火，
就是大嫂想大哥。

6．小花鸡

小花鸡，喔喔呱，
从小爱住姥娘家。
姥娘给她饽饽吃，
妗妈给她官粉擦，
一擦擦到十七、八。
驴来驮，马来将，
狗儿驮着大皮箱。
猫儿驮着鸳鸯鞋，
公一双，婆一双，
两个小姑各一双。

7．小白菜

小白菜，叶儿黄，
七八岁，没了娘。
跟着爹爹好好过，
就怕爹爹说后娘。
说了后娘三年整，
生了小弟比我强。
小弟吃面我喝汤，
端起碗来泪汪汪，
拿起筷子想亲娘。
亲娘坟上有棵谷，
来来回回想着哭。
后娘头上有朵花，
来回总想拽下它。

8．说庄稼

今儿开口把歌念，
庄稼事儿谈一谈。
种的小麦纳公粮，
支援八路好抗战。
种的玉米磨成面，
烀上一锅大片片。
种的谷子好压米，
它能蒸糕捞干饭。
高粱也是庄稼饭，
蒸糕赶汤当布面。
数着地瓜用处大，
这个地方说不完。

9．夸地瓜

说地瓜，道地瓜，
地瓜是个好庄稼。
刨地使粪倒成垄，
间隔半尺栽棵芽。
五月给它除除草，
六月长蔓翻翻它。
不怕风吹雹子打，
到了秋天抠来家。
大的捡来好推粉，
二号使它割干杂。
一搅弄来烀着吃，
根根赖腮喂猪鸭。
地瓜蔓，好喂牛，
地瓜母子好蒸渣。
打扫碎叶好喂猪，
摘的鲜叶好蒸虾。
不能丢，不能撒，

旱点涝点都不怕。
雨水匀溜长好了，
还能用它卖钱花。

10. 结婚日钉门帘喜歌

手拿金锤把言开，
众位大嫂挺开怀。
一钉黄金满了柜，
二钉麒麟送子来，
三钉喜主饲养骡马成了群，
四钉喜主喜洋洋，
花烛结彩放毫光。
五钉五子闹床来，
六钉六合三阳开泰。
七钉七巧这个门帘绣得好：
上绣凤凰双展翅，
绣的禽鸟落枝梢，
绣的鸳鸯双嬉水，
绣的荷花水上飘。
八钉八仙来聚会，
众位客人把酒参。
九钉喜主喜洋洋，
一对新人入洞房，
来年生个状元郎。
十钉大伙笑哈哈，
山东省里头一家。

11. 抗战民谣一首

妞儿妞儿真混账，
不该嫁给伪队长。
那时候，
穿皮鞋，
披大氅，
晚上睡觉三道岗；
到后来，
八路一到，
枪炮一响，
鬼子完了，
死了队长。
乡亲父老戳脊梁，
哪有脸面见爹娘？

12. 支前民谣六首

（1）

我们民工同志，
好好爱护伤员；
伤员为咱流血，
咱为伤员流汗。

（2）

为国为咱，
流血流汗；
伤员为咱，
咱为伤员。

（3）

走得快，走得稳，
走起路来不摔人；
伤员受伤不能动，
咱们耐心来侍奉；
帮助伤员大小便，
不嫌脏来不嫌烦；
伤员喝水和吃饭，
不怕辛苦要照管；
以上事情做得全，
完成任务不费难。

（4）

一条扁担两头弯，
千里遥远来支前；
一头挑的是白面，
一头挑的是炮弹；
白面送给同志吃，
送上炮弹打坏蛋。

（5）
小车吱吱赛凤凰，
咱上前线送军粮；
同志吃饱好有劲，
坚决消灭贼老蒋。

（6）
不怕苦，不怕难，
爱护公粮理当然；
粮食就是命根子，
打老蒋的老本钱。

四、民间传说

1. 秦始皇东巡觅仙丹

公元前 219 年（始皇帝二十八年），秦始皇嬴政仿照古代帝王陈规，到泰山祭天、祭地。举行完“封禅”仪式以后，算是正式承受了天地之命，从此就是名正言顺的天地之主了。接下来大队人马沿胶东半岛继续东巡。

当大队人马乘舟东下，来到八角湾一带时，眼前忽然烟雾蒙蒙，先是在海上突起苍山、楼阁及大小船只若干。山上草木丛林，溪流岩石，如在眼前。楼宇显现时辰较短，变幻莫测。大小船只迎面驶来，浩瀚的海面又有楼阁耸起，许多人影来来往往，多为飘飘欲仙的女子……仔细看，又半明半暗，转眼间有什么都没有了。慢慢地又幻成另一幅画面……

秦始皇及其随行文武大臣吓得惊慌失措，有人以为是神灵作祟，连忙跪倒在地，向海神祈祷。秦始皇心里也轻轻打了一个寒战，以为不知是哪路神仙来了，连说“怪事”。传令速速下船，向迎面一座大山赶去。赶了半天，幻景没有了，眼前只是一座笔架似的三峰山及翠绿的山涧。始皇下令在此住下，召集群臣探讨究竟，可是谁也无法解释这到底是怎么回事……第二天，丞相李斯找来一个当地人，说这海上有三座神山，叫做蓬莱、方丈、瀛州，神山上住着众多神仙，他们整天在炼制仙丹，谁要是能吃上这仙丹，可保长生不老……秦始皇信以为真，要李斯赶快派人去寻仙找药。

丞相李斯找来一个叫徐福的方士，说他有办法觅得仙药。他神乎其神地告诉秦始皇：“在这西边不远的海上，确实有三座仙山，那儿群仙聚集，炼制仙丹。可是一般人到那里神仙是不接见的，只有多派一些童男童女到那里去，神仙才肯把仙药拿出来。”秦始皇听了大喜，立刻下令从民间强征数千名面目清秀的童男童女，不管孩子的父母如何割肉挖心般地痛哭，硬是叫徐福带着下海去觅仙药。秦始皇在磁山对面的芝罘岛设下行辕，等了几天不见音信。徐福在海上兜了一圈回来，装模作样摇摇头，叹口气，显得很惋惜的样子，接着按预先编好的话陈奏说：出海遇上了飓风和大鱼，虽然接近了神山，最终却未能靠岸，眼看着神仙的长生不老药，却难以拿到手。几句谎话，骗得秦始皇目瞪口呆。无奈之下只好下令造大船，命徐福再赴神山。哪知徐福乘着楼船，带着童男童女数千人，东入大海，一去不返。

公元前 218 年（始皇帝二十九年），秦始皇第二次东巡。这一天，刚到达黄、腄之地，秦始皇看到此地山水相连，濒临大海，别有一番风光，于是叫人停车，他要下车观看一番。只见秦始皇头戴冕旒，身穿衮龙袍，一班文武随从前呼后拥，惊得兔子、鹿羊四处奔跑；海鸥也成群地在海面上飞舞，秦始皇高兴地大笑起来。群臣一见秦始皇高兴，纷纷吟诗作赋，争先恐后地颂扬秦始皇的文治武功。在芝罘岛老爷山立祀功两观刻石，碑文系李斯所书。一时间，达官贵人多慕名碑刻，纷纷到芝罘岛观光。后来，当地百姓不堪其扰，也出于对秦始皇暴政的愤慨，将碑石推入海中。

秦始皇第三次东巡是在公元前210年。这年秦始皇49岁，长生不老的欲望更加强烈。在琅琊，他听信徐福海中有大鱼挡道不达仙山的谎言，北上东下寻大鱼。在芝罘他亲率士兵将一条大鱼射杀。然而，秦始皇第三次东巡仍然是徒劳的，他不得不从芝罘返回咸阳，途中患重病，死于河北沙丘。

2. 石老公与石老母

在磁山中峰半山腰上，有一块大石头，象个老公公倚靠在山上，朝东北方向望着八角海湾里的那块象人样的礁石。说起来，这里边还有段故事。

传说很久以前，磁山脚下住着一户无儿无女的老夫妻。两个老人靠种薄地、采野果、挖野菜过日子。有一年遇上大旱，庄稼颗粒不收，老俩口虽勒紧腰带，仍无法维持生活。老公公饥饿成疾，病倒在炕，汤水不进。老婆婆急得火烧火燎，一点办法也没有。急难中蓦地想起海来，心想何不到大海里捞条鱼，熬点鱼汤给老公公喝呢？可是，怎么才能到达海边呢？急难之中，她突然想起磁山的通海洞，从那里不是可以去往大海吗？几年前，她在磁山通海洞旁采野果时，看见从洞里走出两个和尚，衣服破烂不堪，满脸是血。当时，老婆婆吓了一跳。和尚告诉她，他们带着一捆蜡烛，想从这洞到海里去，结果蜡烛用完了也没走到海边，只好摸黑返回。

老婆婆住在大山里，曾听和尚说海中有龙王，下海捕鱼需宰牲畜向龙王进贡，不然被海夜叉抓去就没命了。可老婆婆哪有供品祭拜？但她救老公公心切，也就顾不得那么多了，太阳刚落山，老婆婆就进了通海洞。洞中伸手不见五指，她时而跌倒，时而碰伤，但还是不顾一切地往前走。不知走了多长时间，眼前豁然开朗起来，只见黛青色的海水在星光辉映下涌动，她万分惊喜地扑进海里，海中的大鱼小鱼围着她游。她伸手去抓却抓不住，只好将衣服脱下来兜，左兜右兜，直到雄鸡报晓时才捉到一条小鱼。老婆婆惊喜若狂，心想这下老公公可有救了，便想尽快走出大海。当她正欲抬腿时，被巡海夜叉发现了，海夜叉用手一指，她当即成为一块礁石。

老婆婆走后，卧床的老公公撑着孱弱的病体走出屋门，爬到山腰上，倚山而立，望着大海，祈盼着老婆婆快些归来……然而，日复一日，年复一年，最终也没等到老婆婆回来，他自己则渐渐地变成了一个石头人。

3. 王小智斗财主

从前，古现村有个少年，姓王，人们都叫他王小。王小自幼丧父，撇下她跟妈俩过日子。他妈常年病病恹恹的，躺在炕上喘气的劲儿都没有，谈不上干什么营生了。这样全靠王小在罗山坡上给本村一户财主放牛挣点粗粮、麸皮，夹和着树叶、野菜维持生活。因忍饥挨饿，又没有钱请医生看病，王小他妈的病越来越重，眼见一天不如一天了。王小看在眼里，急在心里，什么办法也没有。

一天天过去了。有一天，王小正在放牛，忽见山坡上一个生人把一个小坛放到地上，然后东望望，西瞅瞅，偷偷摸摸地走来走去。这个生人折了根树枝插在地上，又到别处转悠去了。“这人在干什么？”王小觉得奇怪，就走过去看他插的树枝。一看，更奇怪了：这么一会儿功夫，竟然发芽了！王小心里咯噔一下，突然猜到是怎么回事儿了。他听人说过，有一些南方人常用坛子装了自家老一辈人的骨殖，到北方来“采地气”。采着了，把坛子一埋，他们家的日子就会发达起来，子孙后代就会做官。这人八成是来采地气的。这罗山坡正是他要采的地气！想到这儿，他连忙把发了芽的树枝拔了，找个地方掩了。然后又折了一根粗细、长短、样子与原来差不多的枯树枝插到原处。这功夫，那个生人急匆匆地转了回来，王小也急忙远远躲开，低着头剜野菜。那生人过来拔起枯树枝，左端量，右端量，自言自语道：“咦！看花眼了？不，不会错！”他摸着头想了想，就招呼王小过去。一听是南腔北调的南方口音，王小心里就更有数了，他懒洋洋地说：“叫我干什么？我在剜菜呢。”南方人说：“剜点菜算什么？叫你过来你就过来，等我好生谢你。”王小就无精打采地过去了。南方人一看是个没精气神的小孩子，更放心了，指指那眼泉水笑着说：“我到山顶上去一趟。你在这里好生看着，看它能怎么样。”南方人上了山顶，使劲跺了三脚。怪呀，那平静的泉水跟着蹿了三蹿，蹿得老高。那南方人从山顶跑下来问：“这泉水有什么变动。”王小说：“泉水就这么流呗，能有什么变动？”“没蹿？”南方人盯着王小问。“它怎么能蹿？”王小装着很烦气地瞪起了眼。南方人想了想对王小说：“这样吧，你到山顶上使劲跺三脚，我在这里看着。快去，等我买烧饼给你吃。”王小装出很高兴的样子，连蹦带跳上了山顶，他把脚高高地抬起来，狠狠跺下去，但不等触着地皮又赶忙收住脚，就这样“跺”了三脚。不用说，泉水没有蹿起浪花，南方人在山坡上又转了一回儿，盯着泉水左看右看，还是不泄气，又从布袋里摸出一把鸡蛋，放到泉水里，对王小说：“你帮我长眼看着，别告诉别人，你也别动它。我到街里吃点饭，回头捎烧饼给你吃。”

南方人走了。王小瞅着鸡蛋琢磨：鸡蛋放到里边会怎么样呢？过了一会儿，又过了一会儿，他拿出一个鸡蛋对着日光一瞅，里边已经浑了！他明白了，原来这泉水能孵出小鸡来！王小一口气跑回家，向街坊邻居借了一把鸡蛋，放到锅里煮了煮，然后带上鸡蛋一溜小跑回到罗山坡。这工夫，他再把泉水里的鸡蛋拿起一个对着阳光一瞅，可看出小鸡模样了。王小急三火四把泉水里的鸡蛋捞出来掩了，把带来的熟鸡蛋放到泉水里。

半下晌，南方人在古现街上吃过饭，歇过晌，又回到罗山坡。他来到泉眼旁，捞出一个鸡蛋对着日光一看，连小鸡影子也没有。磕开一看，鸡蛋全都熟了。他又瞅了瞅罗山坡，自言自语地说：“看错了，真的看错了，原来是块火气！”他摇晃着头，带上小坛走了。南方人走后，王小添心思了。“罗山坡有地气是明摆着的。可是，怎么能把他弄到手做自家的茔地呢？罗山坡虽说只是个荒山坡，可它也有主，是人家财主家的，并不是谁爱要谁要。”想来想去，王小想出个办法。有一天，他找到财主，眼泪吧嗒地说：“老爷，我看牛的时候，老想俺爹。俺爹埋在山那边，太远了，想去看看，又怕牛跑了。能不能把俺爹的坟迁到罗山坡上，我在那放牛，就天天能看见俺爹了。再说俺妈也眼见不行了……”财主不拿罗山坡当回事，就送个人情答应了。王小立马把他爹的坟迁到罗山坡“圣水泉”旁边。过了半年，他妈也病逝了，王小又把他妈也葬在这里。

事到这一步，王小心里并不踏实。他想：“说来说去，罗山坡还是人家的，财主允许起个坟头，是说在嘴上的，不牢靠啊。”于是，他又找到财主说：“老爷，罗山坡虽说只是个荒山坡，可俺爹妈也不能白葬在那里，你要是舍得，就说个价卖给我吧。我也一年小二年大了，一边看着牛，一边也能开点荒，种点地瓜、花生、豆子什么的添补添补。”财主连连摆手说：“一个荒山坡，不用买，就给你吧，你想开荒就开吧。”

空口无凭，王小心里还是不踏实，就去找村里的一个教书先生给想办法。这个教书先生一直挺喜欢王小的，有时还教王小识字读书。王小向教书先生说的还是那套话，爹妈不能白葬在罗山坡，财主虽眼前允许在罗山坡开荒种地，但无凭无据，恐怕久后会打麻烦。教书先生虽觉得在理，却也没拿当回事，就半开玩笑半当真地说：“备点礼物吧，我帮你弄个字据。”

王小穷呀，能备什么礼物？就把自家看门的鹅杀掉，秃撸干净煮熟了，又赊了一小坛酒，与教书先生一起来到财主家，财主一看，问：“这是干什么？”教书先生笑笑说：“王小要孝敬孝敬你呐。”说着让王小放下礼物。鹅是用食盒盛的。教书先生把食盒打开，把鹅端到桌子上。又让拿出三个大海碗，把酒给财主倒满一碗，给自己倒满一碗，又给王小倒了一点，然后对财主说：“来，王小就这么点心意，咱们就着鹅肉喝顿酒吧。”已经这样，财主也不能推辞了，就吃喝起来。酒喝干了，鹅也吃得差不多了，财主多少有点醉意。这功夫，教书先生说：“今儿个我是领王小来和你商议买罗山坡的。”财主不在意地说：“我早说了，不用买，还商议什么？”教书先生说：“王小还要开荒呐，还是立个字据好。”财主摆摆手说：“得了，要立就立个吧，就算王小的酒、鹅换的吧。”教书先生原本就是这个意思，听财主这么说了，就咧嘴笑了笑，拿过文房四宝，指指划划念道说：“一海碗酒，一食盒鹅，王小换了个罗山坡。怎么样？”财主笑着点头：“对，行。”教书先生铺开纸，刷刷写完了字据，财主不拿当回事，教书先生也不拿当回事，所以写字据时就闹了个玩笑，写成“一海酒，一河鹅，王小换了个罗山坡。”财主看也没看，就与王小共同签字划押，让王小把字据保存起来了。

从那以后，王小在罗山坡一边放牛，一边开荒种地。慢慢的荒地开得多了，打的粮食也够吃了，王小也长大了，就不再给财主放牛了。种地剩余时间，加上一个大冬天，他开始用工读书。开头跟教书先生学，后来识的字多了，就买了书自己学，这样又过了几年，因为他天资聪明，父母葬了个好茔地沾了灵气，学习也很刻苦，长进很快。这年开考，中了进士，做了官。

多少年以后，王小的儿子又中了进士做了官。再后来，王小的孙子也中了进士做了官。当年那个财主的后人开了窍，断定罗山坡有地气，让当年的王小哄去了，就想赎回来。可王小的后人知道这件事的来历，就拿出仔细保存着的字据。财主的后人们一看傻眼了：要赎回罗山坡，需“一海酒，一河鹅”，怎能赎得起呢？

4. 磁山神女的传说

在磁山周围村庄流传着这样一首民谣：“磁山女，磁山女，自打生来命儿就苦，一下死了爹和娘，跟着就当童养媳。”

相传，在磁山脚下有一户庄稼人，这户庄稼人穷得没有住处，只好借住在磁山下的一座破庙里，两口子整日给人做短工，日子过得很苦。后来，两口子在破庙边又搭了一个草庵子。一头呢，垒了个锅灶，一头呢收拾收拾打个地铺，把那青干草往上一放，就算是过冬的被子了。磁山女她妈生她时，没敢在草铺上，怕硬草茬儿扎着她。她爹在锅灶前的草灰堆上扒了个坑，她妈就把她生在了那个灰坑里。小孩一落地，哼啊哼啊，两只小脚一弹蹬，鲜草灰沾了一身，又黑又光，就象扑了一层粉。

苦人命大。娘俩儿就那样都撑着活啦。磁山女爹高兴的啊，白天亲，夜里亲，一时儿不见就想得要落泪儿。唉，就是生活难，咋办哩？磁山女爹不断勒勒裤腰带，自己吃野菜，吃树皮，省下点粮食给媳妇，好下奶。就这样，磁山女一天天长大了。

磁山女长到10岁时，可算够漂亮，这磁山方圆十里八里都称她磁山一枝花：眼睛圆圆的，眉毛是弯弯的，下巴尖尖的，皮肤有红带白，嫩得一掐就流水——好象画上画的一样。街坊邻居都很待见她。这丫头呢，也真够聪明伶俐。那么大点，就会跟她爹做活，跟娘学针线，有时还能想个词儿给老两口儿解闷儿。她问爹：骆驼和马哪个大？她问娘，香布袋儿缝几针？……

有句俗话：“越富越过，越穷越破。”这一年，到处都发疟疾病。磁山女的爹娘也染上了病，不久就相继去世了。临死前，磁山女的爹把她托给一个老太婆，算给她找了一条活路。

再说这个老太婆，心可是真狠呐！她看磁山女没爹没娘了，便生出歹念，叫磁山女做了她的童养媳妇。她的儿子二十多岁了，不会说不会笑，见天儿（整天）就会缩个膀子流口水，天生一个傻子。有时还犯羊角疯，犯起病来，四脚朝天，口吐白沫，那样子儿，怪吓人的。话说磁山女做了童养媳，整日儿便没黑没白的干活。一天三顿她要做饭，晚上还得服侍傻子。她从此不再说话和笑了。常常眼里流眼泪，暗地里想自己的爹妈。

没过几年，傻子死了，磁山女也长大了。她一长大，越发好看，她越好看，老太婆就越气。专挑最破的衣裳给她穿，挑最重的活给她干。叫磁山女给她端吃端喝，还得洗衣服、倒便盆。稍不顺心，抬手就打，张口就骂。她不准磁山女嫁人，她要让她侍候自己一辈子。磁山女呢，生成的软心肠，觉得她老了很可怜，自己也不找人家。再苦再累，尽心服侍，也算报答她的收养之恩。

一天晌午，刚吃过饭，老太婆交待磁山女看好家，自己一人串门儿去了。磁山女将锅碗瓢勺收拾停妥，正要坐下纳针线，猛听院里一片嚷嚷之声。咋回事？她出来一看，不知啥时，进来七个要饭的，衣服一个破似一个，人人脸上都能刮下一寸厚的土灰来。看到磁山女，他们告求道："行行好吧，大嫂！找点吃的吧，大嫂！俺都三四天没吃饭了 。"磁山女一听，心里发酸，有意拿些米打发，又怕婆婆回来不依。正犯难哩，一个要饭的昏了过去。这么一来，磁山女二话没说，洗手和面，一袋烟工夫，一大锅香喷喷的面条做成了。要饭的一看，嘿嘿，来劲儿了，不大会儿就吃了个底朝天。对磁山女说了声"麻烦"，就吵吵闹闹地出了村。

要饭的刚去，婆婆就回来了。她把勾鼻子抽了两抽，闻到一股面条香味，疑心磁山女在家偷嘴吃，就张开烂嘴骂起来。越骂越难听，磁山女实在听不下去了，就一五一十地说了个小虫吃米。婆婆一听，更为恼火，拿起擀面杖，劈头盖脸朝磁山女打来。直打得腰酸胳膊疼，才放下擀面杖说："去把他们给我撵回来！"

去就去吧。没有办法，磁山女只好去追那群要饭的。追了好远才追上。其中一位说："这位大嫂，有事呀？"磁山女就把事儿说了一遍。话音刚落一位白净脸儿的青年人道："大嫂子，你婆婆待你这般不好，干脆跟着我们走吧。""就是，跟我们走吧。走走转转，游游看看，快活自在。"众人都附合着。

磁山女说："那哪行呢！对我再不好，她是俺娘哩！再说，我要走了，她老了靠谁养老？"

听她这么说，要饭的都互相努努嘴，挤挤眼。

白净子脸觉得话没有说到家，又道："这位大嫂，不是我说你，你可太傻了。她对你既没一成儿，你何必要受她的气？"

磁山女说："这位大哥，你说差了。爹娘管儿女，古来就是理所应当，儿女尽孝心，也是天经地义。我可不能不顾羞耻光顾自己呀。这样吧，你们要走就走吧，这事我兜着算啦。"

白净脸子还要说，那个老者拦住道："既然她不愿走，你说也白搭。"又转过身对磁山女说："走吧，大嫂，我们跟你回去。饭是我们吃的，总不能叫你跟着挨打 。"

"我娘可凶哩！"

"不怕，不怕。"说着，要饭的前头走了，磁山女只好在后边跟着。

他们一进家，只见一个横眉立口的老太婆，两手卡腰，跳着脚儿骂道："你们哪来的王八羔子，来我这偷食吃。也没看石姑奶奶姓着几个姓儿！老娘可不是省油的灯！"手脚舞划着，吵嚷着，满嘴喷唾沫，院子里就像下了一场暴雨。

"真凶！真凶！"要饭的一看都鼓鼓腮帮子。还是那老者向前说："这位大娘，您别生气，气出病来可不是玩的。俺几个要饭的，实在饿坏了，才央这位大嫂给做顿饭吃。行个好嘛，行个好总会落个好。"

"呸！"没想老婆儿更凶了。"我跟你们行好，谁来跟我行好。好好儿给我吐出来，不倒净，别想出这院门儿。"说罢，拿着拐杖站在大门口，一副咬人的狗样子。

"哎，大娘，饶俺这一回，算你积点德，行善。"

"呸，少放你娘的闲屁！我有东西还要喂狗养猪。吐！快吐！"

唉，没办法了，吐就吐吧。吐过之后，几个人对老太婆说："大娘啊，你的东西俺还你啦，这位大嫂可是个好人，你就别再难为她了。"说罢，转身就出了院门。

话说要饭的走后，老太婆更气恼。想想那老者的话，浑身气得打哆嗦，她拄着拐杖站起来，骂道："小贱货。过来！把这些东西吃了！不吃就打死你！"磁山女当然不想吃。她看见就恶心，别说叫她吃啦。可是她怕婆婆生气，人老了，气出病来，万一有个好歹，那可不得了呀！想了末了，眼一闭，憋口长气，低下头就吃了下去。

说也怪，舌头刚碰上那脏东西，磁山女就觉得身子轻飘起来，象是一股气儿从脚底吹进了肚里，越来越轻，一会儿两脚离开地皮，飘，飘，飘到了半空去了。咋回事？连磁山女自己也不清楚。她还当是自己做错了事，没尽孝道，天帝拿她问罪哩。就可着嗓子对婆婆道："娘，我走了，你可要照顾好自己！"扭头一看，只见几个要饭的也在空中，只是比刚才变了个样儿，穿着干净，个个英俊，哪是尘间的人能比的啊！几个人都朝她飘来，驾着她越飘越高，越飘越远。

再说老太婆，看到儿媳妇离了地儿飞，一时傻了眼，忙扔了拐杖，跟着抢到村外头，只见云端站着要饭的和磁山女，才知儿媳妇成了神仙。现时就想，早知她是个神仙，咋着也得当个菩萨供着。想到这里，两腿一软，扑通跪下了，一边叩头一边祷告："神女，神女，饶了我这有眼不识泰山的老太婆吧！"磁山女还没有发话。众神仙便对她一指，手一扬，只见她一下子变成了一个大石头，飞到八角口守海去了。如今，八角口海边还有一个老太婆样儿的石头，整天承受着风吹日晒，一副忏悔的模样。

再说，磁山女成仙以后，经常回到磁山周围，看到哪家有难有灾，她就帮忙排忧解难，帮助渡过难关。人们为了感激她，便在磁山修了一座庵，供奉她，称她为磁山神女。

5. 磁山仙姑的传说

福山西北有一座大山，叫磁山。这座山东坡属福山（现属开发区），西坡分属栖霞、蓬莱，俗称"三界山"。磁山风景极好，三个山头各有特色。南面的山峰更加好看，山石崖像是刀劈出峰山一样，直上直下，万般奇险。从前这悬崖上常年挂着瀑布，瀑布下有一个石洞，石洞旁有一个山泉，旱涝不涸，山泉之前又有相对立的山崖，人称"天门"， 隔海与芝罘岛相对。从这里流出的水，下山流进一条河就变成金粒，人称黄金河。

相传，八仙在过海前曾驻留于此山，做准备工作。八仙中的铁拐李与吕洞宾要下棋，便从泰山挟了两块大石头放在山上，至今这二大石头尚在。

何仙姑是八仙中唯一女仙。传说何仙姑是广州增城县何泰的女儿，生下来时头顶有六根长毫。唐武则天时，家住在云母溪，十四五岁时，梦得神人指点："食云母粉，当轻身不死。"从此日食云母粉，果然身轻似燕。其母以女大当嫁，为她择配，她死活不允，母亲只好听之任之。

有一天，在溪边巧遇到铁拐李、蓝采和，便授她以仙诀。从此她便常往来于山谷中，健步如飞，朝去而暮回，时常带些山果给母亲。母亲问她的行踪，只说往名山仙境，与女仙论道。后来，众仙给她吃了仙桃、仙枣和云母片，从此她再也不觉饥饿。并能预卜未来，知人祸福。乡亲们为她盖了一座小楼，要她住在那里，人们常来这里请她算命。从此，名声大振，成为八仙中唯一的一位女仙人。

传说何仙姑随八仙过海前，发现了磁山这山清水秀的地方，不觉起了留意。过海后，她在仙岛觉得寂寞，便偷偷地又来到磁山。她来到磁山后，便在山脚下盖了一座庙，经常帮助周围的人排忧解难。后来见人们大事小事都来求她，便烦了，只管大事，不管小事。谁家有小事求她，任你烧多少香，磕多少头，到头来总是无声无息。因此，平日里很少有人去求她。

有一天，仙姑庙周围村庄的人们做了同样一个梦：仙姑告诉大家，大事小事她都管，什么事都可以来找她。于是，有病的找她，有灾的找她，没有孩子的找她要孩子，住宅不安的求她驱妖气，还有的有事外出找她帮忙看孩子，把孩子送到庙里，回来看看照顾得再好不过了。日子多了，大伙都觉得有些不过意，不知怎么报答仙姑才好。

过些日子，一天夜里，大伙又做了同样一个梦，梦见仙姑借骡子，借马，借驴，借牛，反正家里养什么牲口，仙姑就借什么使。在梦里，大伙都说："好啊，好啊，仙姑要用去用就是了，用不着这么客气。"天明到牲口栏里一看，牲口累得一身汗，家家如此。再到山脚下的仙姑庙一看，庙没有了，变成了一片平地，好像压根儿这里就不曾有过庙似的。

庙到哪里去了呢？后来有人上山看，原来盖庙用的砖呀，木料呀，都在山顶上堆着呢！这时大伙才明白，仙姑借牲口是为了搬这些盖庙用的物料啊。于是，大伙就招来木匠、瓦匠、一齐动手，盖起了座新的仙姑庙。

庙盖好了以后，仙姑又和从前一样：只管大事，不管小事。

6. 凤凰山的故事

古现村东南有一座传奇的山，名叫凤凰山。此山有二顶，中间高，两侧低，远看形似凤凰展翅。

相传，古时候，有一老汉在凤凰山下种了一片西瓜。因老汉种瓜上心，那一片地里的西瓜长得特别好，满地的西瓜，其中一个特别大，谁看见都觉得惊奇。有一天，一个白发飘须的老道士来到西瓜地，一眼就看见了那个大西瓜，他用拐棍指着那个特别大的西瓜，说提前买下了，等到冬至准时来取瓜。说着从怀里掏出一块碎银子，交给老汉。老汉一听以为对方在说胡话，冬至已是地冻三尺，大雪纷飞的时候，西瓜早就冻烂了。待他还要再问时，老道士不知什么时候，已无影无踪了。

斗转星移，西风渐凉，大雁南飞，落叶满地，整个凤凰山早就由绿变黄了。老汉那满地的西瓜也早已枯蔓，说也奇怪，只有那个大西瓜还是晶莹翠绿，个儿还在疯长。“冬至”将近，老汉实在是冷得抗不住了，冒着满天的飞雪，忍痛将瓜摘下来，抱了回去。“冬至”那天，白发老道拄着棍来取瓜，发现地里西瓜已被老汉摘走，气得来到老汉家，见面就怒斥老汉不讲信用。老汉争辩道：“你这个人怎么不讲道理？天这么冷，我怕把瓜给你冻坏了，出了个好心才把瓜给你摘回来，天天用棉被包着，不信你看！”说着老汉撩起被，只见那瓜更加青翠，在烧热的炕上闪闪发光。老道听到这里，无可奈何地将西瓜抱走，老汉也不解地跟在后面。

那老道来到凤凰山下，将西瓜放在半山腰间，手持桃木剑，焚上一炉香，然后用剑直指天空，口中念念有词，约有半个时辰，只听见一声鸟鸣，大山劈开了一道缝，那老道急忙将西瓜塞在缝中，只见那山缝裂开了一道口子，老汉直眼望去，见那裂缝里闪出一道道金光，里面有座宫殿式的建筑，在宫殿的房顶四周树上全挂满了金银财宝。忽地一声，那西瓜裂了，流出了一地鲜血。从里面宫殿里伸出了一个金光闪闪的大凤凰头，大叫三声后，那西瓜竟变成了金色的西瓜，虽说裂了却没有裂开，说时迟那时快，老道猛然上前想抢住那西瓜，可那西瓜呲溜一滚，滚进那宫殿里，待老道想跳进去时，一道金光闪过，满山颤动，山忽地合了起来。那老道只在刚刚开缝的地方发现了几个金西瓜子，忙拾起来，回头剜了老汉一眼道：“都怪你，这西瓜若熟透了咱俩今天能得一座金山。唉，天意呀！”说着揣着这几颗金西瓜子走了。

后来人们便称此山为凤凰山。直到现在山半腰还有一道深沟象刀切的印一样。当地百姓为了不再让人破坏这山，便在山上修起了一座庙，每年农历三月三，四方八乡的人都到这里赶庙会。说也奇怪，从山上流出的溪水，流到古现古城河里，人们常常会拾到金块和金粒。所以这条河后来人们都叫它黄金河。河两岸的古现人，靠着在河里淘金沙，家家都过上了好日子。这里的人们有了钱，教育子孙们发奋读书，到了明清两代，出了近百个进士、举人，其中最著名的是清代康熙年间的户部尚书王骘，最有影响的当数清末甲骨文的发现者王懿荣。

7. 打金牛的故事

相传磁山脚下有个小村庄，庄里有一个张老汉，是个种瓜的能手。这一年，他在自家一块叫牛节子的地里又种了甜瓜，这些瓜长得大大的、嫩嫩的，外面裹了一层细毛毛，叫人看了就喜欢。老汉心里暗暗高兴，看来今年又是一个丰收年，希望能卖上一个好价钱。可就在这当儿，张老汉看到，一个陌生人趁他回家吃饭的时间，经常到他瓜地里这看看那摸摸。开始老汉并不在意，因甜瓜还有近一个月才会成熟。可时间一长，那陌生人来得越来越多，老汉的疑心也随着越来越大。一天，张老汉在回家的路上拐了一个弯，转到一个小山后，趴在地上，眼睛紧紧盯着自家瓜田。不一会儿，那个陌生人又出现了，只见他鬼鬼祟祟，走到地中央那个最大的甜瓜前蹲了下来，一会用手摸摸，一会又用耳朵听听。

张老汉等陌生人走后，也走到那棵瓜前。端详半天也没看出什么名堂，这个瓜除了比别的瓜大点，颜色白点之外，别的也没什么两样。又过了两天，那个陌生人来得更勤了，开始五六天来一次，后来三四天来一次，可现在他每天都来。因此害得张老汉这段时间回家吃饭老是早一顿晚一顿，有时还不回去吃。这张老汉的老伴是个心肠好嘴头快的人，说话一向不管深浅，因为心疼老汉，这天就狠狠责骂了几句。张老汉本就爱生闷气，听了老伴的几句过头话，火气腾地就上来了。他气冲冲地走到那棵瓜前，蹲下抱起那个大银瓜，越看越恼火。心想，都是因为你，才惹出这么大麻烦！想着想着，手一用劲，只听"咔嚓"一声，银瓜就从蒂上掉了下来。这时老汉才回过神来，心里好后悔：多好的一个瓜，还没熟就让我给摘了，真太可惜了！他惋惜地把瓜拿到瓜棚的窗台上晒着，期望能再熟一熟。再说那位陌生人，这天又偷偷来到张老汉的牛节子地里，走到那棵特大银瓜前一看傻了眼：银瓜没有了！他当即坐在地里失声痛哭起来。张老汉走了过去不解地问道："你怎么哭得这么伤心呢？"那位陌生人一看是张老汉，就站了起来，言道："我是一个南方人，自幼跟家父学风水学法术，据我几个月的观察，这老磁山有一头金牛，吃的是磁山的人参叶和灵芝草，喝的是磁山茶叶上的露水，拉的是沙金。它机警异常，住有三个洞窟，而且一进去洞门就自动关上，从外面什么也看不出来。它隔几天就要到山下仙姑湖洗澡，若在它洗澡时用你地里产的那个大银瓜打中它，就可把它降住。我本想等银瓜熟了摘下来拿去打金牛，降住后把它拉回来，拉了金子咱俩平分，可现在银瓜不见了！"说着就又哭了起来。张老汉一听，说："先生你别哭，银瓜是我不小心给摘下来的，它还在。"说着拉着风水先生走到瓜棚窗台前，拿出银瓜。风水先生接过银瓜连连摇头说："不行不行，瓜还没有熟，是降不住金牛的。不过，事已至此，只好拿这个不熟的银瓜试试看了。"

这天，二人偷偷藏在仙姑湖金牛常去洗澡的地方，过了好半天，金牛才到湖边，看看没有危险方才下湖。这风水先生看得真切，拿出银瓜狠狠地朝金牛身上砸去，那金牛晃了晃身子，终因银瓜没成熟而威力不足，没有倒下。只听金牛大吼一声就朝东北方向跑去，跑到磁山后面的黄金河里，拉了一堆牛粪，然后又调头往西跑，一直跑到招远罗山，一头钻进山里再也没有出来。说也巧，黄金河附近村里一个人下田干活，走到那里，看见一堆牛粪，就用铁锹铲了铲。不一会，天下起大雨，河里洪水一下把牛粪冲走了。自那时起，黄金河里就有了淘不完的沙金。

8. "光棍参"与海夜叉

常出海的，碰见海夜叉是常事，八角海上夜间就常有海夜叉上岸。传说有个海夜叉抽大烟还上了瘾。

很久以前，在八角湾东北边的海边上，有一座专供捞参人躲风雨的小草屋。小草屋是泥垒的，海带草苫的顶。这个小屋除了门和窗，三面不透风。小草屋前，并排支起三口大锅，专门用来煮参。捞参人把当天从海里捞出来的海参煮完，盐好后，就放到小草屋。为防止失盗，捞参人雇了一个守夜的，答应每晚管吃管喝，外加一个大烟泡，年底还给十块大洋。他们雇的守夜人是个天不怕，还是个光棍，大家都叫他"光棍参"。"光棍参"除了白天和其他人一起捞参、煮参外，再就是喝酒抽大烟，过得挺自在。

有一天傍晚，那些捞参的刚把参煮完，就见西北面天空升起一块块浓云，冷风一阵紧似一阵。那些捞参的见状，纷纷收拾各自的家什和海味，撒腿往家跑。因为这里的捞参人阴天下雨不出海，只在家守着老婆孩子热炕头，这是常年出海的人巴不得的。

“光棍参”收拾完用具，刚钻进小屋，铜钱大的雨点就铺天盖地落在海滩上。“光棍参”摸出酒瓶，从锅里盛出刚煮好的大片口鱼，喝起了高粱烧。酒足饭饱后，“光棍参”爬上热乎乎的小火炕，摸出大烟枪，享受起来。

就在这时，窗外隐隐约约传来气喘声，像牛喘气似的，越来越近，越来越大。“光棍参”急忙放下烟枪，哆哆嗦嗦抓起土枪蹲在炕边，两眼瞪着窗外。闪电中，只见一个黑影挡在窗前，一股鱼腥味从窗缝中钻进来。

“谁？”“光棍参”大着胆子问。

“我，海夜叉，把你吃的给点。”

“要酒还是要饭？”

“不要那些，就要带香味的。”说话间，两根又黑又粗，毛茸茸的手指头把一根窗棂捏断了。“光棍参”吓坏了，他哆嗦着拿起烟枪，嘴朝外，说：“你张开嘴吧！”“光棍参”一手托着烟枪，一手拾起一根火棍，放在烟锅上，对外边说：“抽吧。”话刚说完，一股白烟便从烟锅上升起来了。

窗外的吸劲越来越大，“光棍参”两手死死地拽住烟枪。海夜叉一撒嘴，他一腚蹲在地上。窗外传来一阵笑声。只听海夜叉连声说：“好香、好香，明天还来。”

“光棍参”又惊又怕，好像做了一场噩梦。这时候，他又听见那个怕人的笑声在窗外响起来。随着一股腥味，听见海夜叉说：“还你好吃的东西。”只听窗外“嘭嘭”两声，掉下两件东西。

“光棍参”一夜没合眼，老是听着窗外有动静。鸡叫三遍了，“光棍参”才抓起土枪，悄悄地开了门。他出来一看，惊呆了。窗下躺着一青一黄两个枕头大的海参，海参的刺比手指头还粗。“光棍参”知道，这是两个参宝。

第二天，海上风急浪大，捞参的没有一个到海边上来。“光棍参”赶紧把菜刀和斧头磨得铮亮，把土枪擦好后又装上了药。天黑以后，海夜叉又来到窗前，粗声粗气地说：“给我点香的吃。”

“光棍参”只好把烟枪嘴伸出窗外，用两只手使劲握住烟枪。这时，只见一股白烟冒起来，一阵嘶啦声后，海夜叉松了口，“光棍参”又一腚蹲在地上，海夜叉发出一阵笑声。接着，他捏断几根窗棂说：“出来煮蟹子给我吃。”

仗着酒劲，“光棍参”胆子大了点，他猛地拉开门，只见一只水气腾腾的大怪物站在窗前，它两只脚比枕头还大，两条胳膊又粗又长，长满了棕色的毛。只见他一只手拿着铜盆大的蟹子。“光棍参”擦着头上的冷汗，把蟹子接过来。放进锅里煮了起来。蟹子煮熟了，海夜叉也不怕烫，伸手从锅里捞出来，揭开蟹盖，用那又弯又长的指甲挖出蟹黄，边吃边说：“好鲜，好鲜！”吃完后，拍拍手，转身走进大海。

从那以后，海夜叉每天晚上都来，来了就要大烟抽。“光棍参”以前存的一点大烟都让海夜叉给抽了。“光棍参”断了大烟，烟瘾上来，鼻涕眼泪不停的流，心里有说不出的难受，他想治治海夜叉。

这天晚上海夜叉又来了，“光棍参”顾不得抹鼻涕眼泪，抓起土枪，把枪筒伸出去，没好气地说：“张嘴。”

等海夜叉咬住枪筒，“光棍参”就搂了枪机。只听“嗵”的一声，窗外的海夜叉发疯似的吼道：“好冲，好冲！”，说完，捏断几根窗棂，两只鲜活的大蟹子从窗外扔了进来。

9. 长虫过海

长虫（蛇）一旦过了海，就变成了龙。龙在海里可是老大，鱼鳖虾蟹都怕它，要受它的气。所以，它们都阻挡长虫过海。在八角海上就有这么一个长虫过海的故事。

有一年春季的一天，天气特别地好，海上风平浪静，是出海人难得的好日子。有一条打渔的船，日头一冒红就出海了。

不知什么原因，船行到老洋的时候，便刮起了大风，海水也变得混澄澄的，海上乌烟瘴气的。船老大看看突然变脸的天气，心里犯了嘀咕。他想：早晨起来的时候，香纸都烧过了，海神也祭了，怎么会出现这种情况呢？无论怎么说，再祭一回海神吧。

船老大急忙叫手下的人从船舱抬出供桌，摆上了香案，点上香，焚了纸。他又带着大伙跪下磕头。这一来不打紧，海浪不减不说，前边不远处的海上还跳出了虾兵蟹将。只见它们个个手里拿着兵器，挡在船头前边。按老辈出海的规矩，遇上这种情况，烧香焚纸不成，就得敲锣打鼓了，船老大又吩咐手下的人从舱里拿出锣鼓，敲打起来。不知怎的，不敲锣打鼓浪头还小一点，这一敲，浪头倒大了起来。只见虾兵蟹将挥舞着兵器，发出一阵阵怪叫。

船老大慌了。虾兵蟹将把海口的故事他过去也听老人们讲过，可是从来没经历过。据老辈出海打鱼的人说，遇上这样的情况一打锣，虾兵蟹将就不见了。可是，不知今天是怎么回事？

就在这当空，一个老渔民想起了什么，他对船老大嘀咕说："是不是船上有什么精灵？"这一提，船老大也似乎明白了。他马上带人下到舱底。凡是堆东西的地方，一点不漏地翻起来。翻腾了半天，在舱底下一堆破网中，翻出了一条小水青长虫。只见它蜷缩成一团，只有两只眼会动，身子早吓得不会动弹了。

船老大把小长虫挑出来，走到甲板上，朝远处晃了晃。扔到海里去了。小长虫一入海，远处的虾兵蟹将全不见了。这时，风停了，浪平了，天也变晴了，彤红的日头也出来了。

10. 过龙兵

老辈的出海人，传下来这么句话"三月三，九月九，神仙不打海边走。"说起来，这话一点不假。

这话说的意思是，三月三和九月九前后，海边常常有"老人家"出现。什么是"老人家"，老辈人说不明白，只知道那是一种大鱼。这大鱼有时候在水底下，有时候就露出水皮，那脊梁和小山一样。"老人家"头上有时候往外喷水，喷的水珠子起天高，现在琢磨一下，那就是鲸鱼。

"老人家"每年两次打咱这海上经过，到长岛庙岛去"点卯"。据说"老人家"是龙王爷的兵，三月三和九月九前后，龙兵过的时候，海上可热闹了，成百上千的"老人家"一拨一拨地过，像赶山会似的。"老人家"大呀！光它露出水皮的脊梁就有好几条船大。

"老人家"怎么平常不到长岛庙岛去，只在三月三和九月九前后去呢？这里边可有个说词。据说那是龙王爷定的日子，这天，龙王爷就住到庙岛上，在那里点兵点将。龙王爷规定，几时几刻到就得一刻不差的赶到。龙王爷的龙法大着呢，谁要是误了钟点，没点上卯，那可是要受罚的！据说龙王爷的刑罚挺花花的，这个老辈的人都知道，传到咱这后人，就知道个一星半点的。

想想看，龙王爷那么厉害，他定的日子，谁敢误了。再说，这些"老人家"住的也不是一个地方。近便的好说，千里万里以外的，拖儿带女的，文齐武不齐的，要赶上"点卯"的时辰，也不是个容易的事。这一来，谁不着急啊？赶上这样的日子，连神仙也要让他们三分，何况打渔的平头百姓，干脆就不敢出海。

11. 放香火

正月十四，是八角海沿头上送鱼灯放香火的日子。这是千儿八百年留下来的规矩了，直到如今也没有间断过。

放香火都是在下半晌开始。到了这个时辰，老老小小的都从家里走出来，抬着供桌、食盒，拿着香、纸、鞭炮，来到龙王庙。放下供桌，取出全鱼、羊头、猪头等供品，一样一样摆上去，接着开始烧香焚纸。一拨来了一拨去，一般是由船老大领着拜四海龙王。先跪下朝龙王庙磕头。龙王庙门朝南，朝北磕头就顶拜了北海龙王，然后，船老大大喊一声"拜东海龙王！"海滩上所有人齐刷刷地朝东跪下、磕头。这样，依次再拜南海龙王、西海龙王。

四海龙王一一拜过就开始大放鞭炮。海滩上

立刻像开了锅一样，噼哩啪啦的鞭炮一直能响到晚上点灯，整个海边烟雾腾腾，对面看不见人，地上的鞭炮纸有几寸厚。有的人算计过，放香火这半下晌放的鞭炮，烧的香纸，哪一户也得个五十、六十的。花这俩钱都不心疼，觉得值当，不算破费。有四海龙王保佑，一年平平安安的，多拉几网鱼，花这么几个香火钱，只能算个零头。

这里得说一下，烧香火这天到龙王庙去的只能是男人，有七老八十老出海的，也有五、六岁的光腚娃娃。女人千万不能去，说是女的去了，这一年就不会吉利了。

12. 神灯

海边常出海的，都知道海神娘娘有盏神灯，谁要是看见了，准保能得大网。

八角海上有个刘老大，出了一辈子海，打了一辈子鱼，什么事都经览过。他是海上有名的“鱼眼”。“鱼眼”就是能在海面上看见海底有没有鱼、有多少鱼的人。刘老大常说，出海打鱼摸虾，光靠功夫不行，还得靠龙王爷和海神娘娘保佑，它们给吃才能有的吃，他们不给吃，想吃也吃不到，他有次在海上遇到了风浪，他就跪下许愿，老天爷要能保佑平安回去，他就到海神庙烧多少香火，送多少猪头、羊头等贡品。结果真灵，他好几次都平安回来了。每回许愿后，他都到海神庙去还愿。这许愿也有很多要求，有的是保平安的，有的是多打鱼，发大财。刘老大每次免不了在海神面前念叨几句，求告发点财。

有一年，刘老大他们一伙人驾着三条船在崆峒岛站锚。班主（值班的船工）把他从舱里叫出来，悄声告诉他说：“老大，你看着，这几天瞧着发个财吧。”

刘老大不解，问班主说：“有什么说词吗？”

班主说：“刚才没来得及叫你，我看见海神娘娘送灯来了，挂在咱这条船的头桅上，老出歇（老长时间的意思）。”

自从有了这码事以后，刘老大和班主就多了个心眼。再看看天的风道，觉得近几天内怕有大风，船不能出远海，很多船都在港内避风。渔民有的在船舱里睡大觉，有的到码头上走亲访友去了。

刘老大告诉三条船都不站锚，每天都得到港口外边去蹓跶。这样过了两天，别的船老大都笑话他们，说他们瞎忙活。刘老大听后只是笑笑，也不往心里去，第三天日头一冒红，刘老大老远就看见崆峒岛以西的海上像发大河水一样，鱼在海里直翻个。他赶忙招呼伙计们用大圈网一下围了上去，围上了以后，一直忙到日头落山，算计了一下，总共拉上七万多条鲐鱼。每条鲐鱼按一斤算，这一网就拉了七八万斤鱼，三条船装得满满的。

看到刘老大他们拉了这么多鱼，再琢磨琢磨他们这几天的举动，一些在港口避港的船老大们都挺纳闷的，他们问刘老大是怎么回事。刘老大就一五一十的告诉了他们。他们听了以后，都说这是神灯，是海神娘娘恩赐的，这个谁也眼气不得。

刘老大这次得了大网，回到陆地上，他第一件事就是到海神庙去还愿。

13. 老圆

传说老圆（鳖）是龙王爷的兵，龙王爷派它带领虾兵蟹将在八角把海口，他们都是龙王爷的心腹，对龙王爷分派的差事从不马虎。

说的是八角海上有个叫刘五的船主，他在过去的一年里，一直挺不顺当的。春上正是打渔的旺季，他丢了两回网，这就耽误了好多事，没赶上渔汛。后来又遇了几件不称心的事，就整天喝闷酒，也懒得出海。一年下来，光溜溜，什么也没捞着，他挺有气的。

这年正月十四送鱼灯的日子，刘五晌午在家好一顿喝，喝完了酒，躺在炕上迷迷糊糊睡了一觉。赶听到外边放鞭炮了，天都快下来黑影了。老婆见他醒过来，就催他快点去送鱼灯。

刘五一提起龙王爷，心里就有一肚子气，他想：我年年给它送香火，送好吃的好喝的，它也不办个什么事，该丢网还不是照样丢吗？送不送一个样。刘五心里想着，嘴里可没说出来。他拐着个篓子，浪浪荡荡地来到龙王庙。到那一看，人还不少，这时候，他觉得憋得慌，就在龙王庙前撒了一泡尿。撒完尿，放下篓子，到了龙王庙里，刘五朝端坐在庙里的龙王爷左端量右端量，越看越觉得这家伙不地道。用手去摸摸他的头，冰凉冰凉的，没有一点热乎气，刘五就开始不三不四地骂开了："你他妈的原来是块石头，净在这熊人。我哪年也没少来孝敬你，你净白享人间香火，不办实事！"刘五这么骂着，再加上酒劲没消，他的胆子就特别大，伸出巴掌，"呱呱"朝龙王爷一左一右扇了两个耳光子。扇完了，他才觉得解了气，一年来压在心里的怨气才消了点。扇完龙王爷的耳光子，刘五连篓子上的包袱掀都没掀，就拐着篓子回家了。

清明节过了就是谷雨，谷雨前后是下围网的好季节。一天，刘五和伙计们出海去下围网。不知什么原因，他们出海头一天就挺顺当的，老远就看见了鱼群，他们把大圈网围了上去。刘五大老远一看，围上的这块地方墨黑墨黑的，就是不见鱼。不管怎么说，反正是有东西，刘五就和伙计们开始往上拉网。不知是什么原因，这网越拉越沉，船四周净是漩涡，船在水上净打转转，船头眼看要栽到水里去了，大伙一看急了，赶忙拉绳子解网扣，开始往一块收网。

就在收网的当空，船上有人看见海里有个老圆，这老圆比碾盘还大，它在那里旋个大坑，大坑的水又黑又混，看了叫人头皮发麻，还没等船上的人缓过神来，只听"嘭"的一声，拉网的大棕绳断了。这条棕绳有胳膊那么粗，绳子一断，网就跟着不见了。回到村里，听老人说，这是因为刘五得罪了龙王爷，它吩咐在这把海口的老圆干的。

14. 龙岩洞的传说

初旺村北临海矗立一座山，名叫峰子山，当地人又称龙头山，山脚下有一龙洞，洞深几十米，能容几百人。相传明洪武年间，龙王一双子女因避祸逃于此。它们居于此地，为所欲为，无恶不作。雄龙（又称火龙），整日盘踞山巅，口喷烈火，烧毁了山上草木，烧焦了山脉土石（所以当地人还称此山谓光山）。雌龙（又称水龙）霸占着近海海面，整日于海上喷云吐雾，兴风作浪，搅翻船只，吞噬生灵，甚至搅动海水，冲毁农田，冲塌房屋，淹没人畜。人们为了活命，只好祈祷玉帝搭救。一天，玉帝接到凡间土地、山神的禀报，便派一白龙到此惩治二孽。白龙来此先以好言相劝，谁知它们不但不思悔改，反而破口大骂，一场大战瞬间爆发。只见海面上时而是白光冲天，时而是火光四射，时而又是水柱擎天，时而三者混为一团，无从分辨。经过七七四十九天、九九八十一个回合的激战，白龙一以敌二，渐渐不支，二孽合力将白龙撞到海底。白龙不顾身受重伤，把头一昂，使尽全身力气朝前撞去，谁知却撞进峰子山，没了身影，山腰留下了一个人洞。二孽虽把白龙撞伤，自己也都身负多处重伤，元气大损，有气无力地漂浮于海面。在岸边观察动静的百姓们见此情景，带着器械，驾船前往，将二孽砸了个粉碎，地方从此回归安宁。人们为了纪念白龙，便又称峰子山为龙山，称山上的洞为龙洞。

五、趣闻轶事

1. 尚书撰联教子孙

提起古现王氏，可谓名门望族，明清两朝，王氏家世代不乏官贵。其中以第九世中王骘的官为最大，官至户部尚书。据说，王骘的母亲有妊时，梦见一匹小耳马扑向怀里，有学问的长辈就把"小耳马"三字恰好凑成一个"骘"字，作为他的名字。

他自幼聪明，16岁应童子试，道、府、县都是第一名。及至为官，他谨守着“诚以居心，忠以事主，廉以立节，哲以保身”的信条，为百姓做了许多好事。四川、山西、江西、浙江、福建等省的名宦祠，四川七公祠、直隶宣化府生祠，四贤祠王公讲堂，浙江金沙巷祠遗爱堂，都是为纪念他的政绩建立的。他在闽浙一年两月，荐贤除劣，日夜劳碌，竟至手腕糜烂，两目眵昏，离去时父老进酒脱靴，泣涕挽留。

他不仅自己一生洁身自好，还念念不忘教育他的后代奉公守法，安分为人。他79岁时给长子的手训中写道：“我平生见富贵家不知起一羡心，见富贵人不知起媚心，即我今日亦在富贵之列，然我自视却与作秀才时无异。遇事之有功于世者，虽大害亦所必为；若败名之事，恶其丧心，虽大利也不为。列子云，善吾生乃所以善吾死，深信为三教之秘诀，尔能悟此语，则我心我行矣。”同时他还特意撰写了一副对联，留给后代作为遗训：

有子能文何必贵　为官致富不如贫

应该说生在三百年前封建社会的王鹭的这幅联语，强调教子孙注重文采，居庙堂务必廉洁，是难能可贵的。

2. 王懿荣“千金易石”

王懿荣得意之后，跻身殿堂，侍奉至尊，郭沫若曾称之为“显贵”。但这位“显贵”，经常过着窘迫生活。究其原因，是他酷爱古代的文物典籍，凡有价值的残石、碑帖、书画、善本图书等，都购置收藏，这就用去了他的大部俸薪，有时为了收进珍贵文物，甚至不得不典当妻子的嫁奁、首饰。为搜求刻字甲骨，他以每片甲骨2两银子的价格收买，在不到

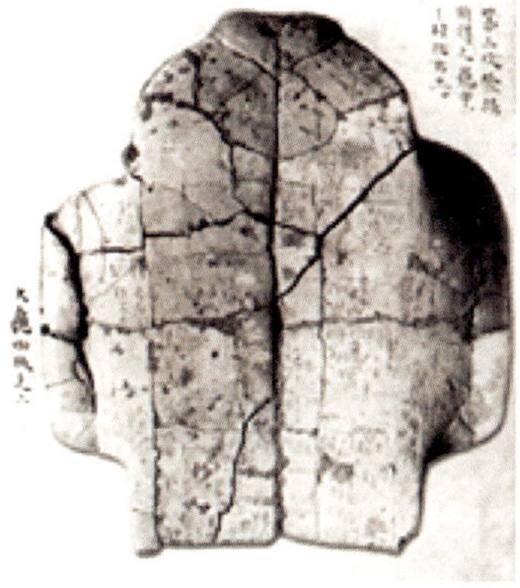

一年的时间里便收到约1500片甲骨，仅这一项的耗资就十分惊人了。

光绪十四年（1888年），王懿荣奉旨到河南开封当考官，在那连他见到一块辗转运到当地的南朝碑刻《刘怀民墓志》（原石出土益都，后被人运至开封），这块墓志从书写格式上看，先铭后序，另具一格。楷中尚多隶意，隶楷的嬗变，从这里可以看得很清楚。这自然令独具慧眼的金石家王懿荣心喜，随即便出重资购下。清季方若的《校碑随笔》记载这件事谓王懿荣“以千金易石”。

王懿荣不惜重金收藏文物古籍，并不是因为有“收藏癖”，而是为了探讨金石文字的奥秘，考证经史得失，搜先达所未闻，通前贤所未解。他的许多真知灼见，是和他广博的收藏分不开的。

3. 王懿荣骑驴返故里

据福山城里王肇启老人生前说，其父年轻时与王懿荣有交，并为王家长年代管城里宅第（俗称二宅子）。肇启曾听先父说过一段王懿荣骑驴返里探亲的故事。事情过程如下：

有一年，在京为官的王懿荣途经芝罘（烟台）返福省亲。福山县令闻此消息后，立即派出一对轿夫前去芝罘迎接。轿夫走到珠玑村附近，迎面过来一个骑驴的布衣人，此人只顾手牵缰绳赶路，未见过来的一乘大轿。轿夫们耀武扬威，横冲直撞，竟将骑驴人撞到驴下，跌了满身尘土。骑驴人爬将起来质问道：“役吏，为何将我撞倒？”轿夫班头对布衣人横眉竖眼呵斥道：“什么？！你挡老爷的轿还敢质问？你知道吗，这是去接京官的大轿，快快让路！”说着吆三喝四扬长而去。布衣人正待上前讲理，但见轿夫已经远去，也只得连连摇头，苦笑一下，骑驴继续赶路。

话说轿夫们来到芝罘驿站，一打听京官住处，方知京官自己动身去了福山。轿夫们赶忙返回福山县府，待轿夫班头禀报县令老爷情形时，只见大堂上布衣人正在与县令老爷述谈。班头吓得目瞪口呆，六神无主，知道京官就是布衣人，赶忙

上前叩头求饶："小的有眼不识泰山，请大人恕罪。"布衣人面含微笑说："站起来吧！本官不怪罪你们，不要叩破了头。"转而神情严肃地道："不过，今后不得再如此无理！以官压人，仗势欺人，纯属不轨，应力戒之！记住了吗？""小的铭记在心，不忘老爷教诲。"班头连连称是。布衣人轻轻挥了一下手："你们也很辛苦了，下堂歇息吧！"班头望望布衣人那慈祥温和的脸膛，愧疚地走下堂去。原来王懿荣自京师来到芝罘后，为了不惊动地方官府，便自行雇了一头毛驴微服返里，因此演出了这样一场小小的风波。

4. 王懿荣与福山老豆腐

福山老豆腐是一种民间小吃，做法是用水将黄豆泡好，使石磨将泡好的黄豆推成稠稀的豆泊，然后用布将豆浆挤出，放至锅里烧沸，用石膏或卤水点成团，用碗盛出，加红辣椒油、韭花酱、腌鱼汁（虾汤）食之。这种小吃在我国北方较为普通，胶东各地称之为"豆腐脑"或"脑饭"，唯独福山称之为"老豆腐"。据传，"老豆腐"叫法出自北京。为什么福山亦称"老豆腐"呢？原来与王懿荣有关。

光绪二十年（1894 年），中日甲午战争爆发，日军侵占了威海卫，胶东危在旦夕。在京城担任国子监祭酒的王懿荣听到这个消息，义愤填膺，决心投笔从戎，毅然上疏请缨回家乡办团练，要与日军决一死战。他到达登州后，一支抗日队伍很快组建起来。但腐败的清政府却派李鸿章同日本国签订了《马关条约》。他接到遣散团练的圣旨后，为了上缴朝廷饷银和遣散调集的抗日队伍，毅然变卖了自家的部分房产田地，准备回京。他每天早早便到福山县城东门外清阳河边散步。在东门外有一家豆腐店，店主人姓肖，老俩口和一个独苗儿子以卖豆腐、豆腐脑为生。这豆腐肖原也是个读书人，祖上在上几辈还做过一任知县。后因家道中落，无奈卖了几亩薄田，来到城里开起了豆腐店。肖老汉久慕这位大学者的大名，但自己一个卖豆腐的，哪能巴结得上人家钦差王祭酒呢？只能"眼气"地一面推着磨，一面瞅着王懿荣每天从他家门口走过。他的儿子原本也是读书人，只因父母年事已高，辍学在家帮父母做豆腐维持生计。儿子看出了他爹的心思，了解到王懿荣酷爱古董，为了引起他对小店的注意，便将祖上留下的一个青龙大瓷缸放在门口，用它来盛豆腐渣卖。

这一日，王懿荣又从豆腐店门前经过，眼睛一亮，疾步走到那大青龙瓷缸前，转着圈儿端量，道："老人家，这缸是贵府的？"老人上前答道："小人不敢，是贱家的。"王懿荣用手敲打了一下缸便道："盛豆腐渣未免太可惜了。"这时，肖老汉的儿子上前答道："王大人，不可惜，俗话说'桔生江南为桔，生在江北便是枳'。这缸虽是宋代钧瓷，在您大人手上为宝，但在平常百姓家就与泥缸没什么两样。大人您既然喜欢，就拿去吧。"王懿荣听后，觉得这年轻人谈吐不凡，心想卖豆腐的竟也这般有才。细细盘问，才知道原来也是书香门第。经过一再推让，王懿荣执意要拿银子买，肖老汉则坚决要送，最后经好事者从中撮合，王懿荣便大笔一挥，为豆腐店题匾曰："福山老豆腐店。"

原来，肖家豆腐脑是用卤水点制而成，吃到嘴里嫩中含老，老中有嫩，其豆腐也做得恰到好处，与众不同，王懿荣也曾吃过几次。自打王懿荣题过匾后，肖家老豆腐店便在福山城内外名声大震，三里五村每日来看匾欣赏王懿荣书法的和顺便来吃豆腐的，络绎不绝，肖老汉豆腐店因此就开得越来越红火。

索 引

要目索引

D

E

F

G

H

J

K

L

R

S

T

W

X

Y

图片索引

表格索引

编后记

《烟台经济技术开发区志（1984—2003）》（以下简称《区志》）编纂工作，从2002年9月启动，至2016年9月出版，历时14年。大致分为4个阶段。

2002—2003年为筹备启动阶段。2002年8月，根据省、市政府续修新方志的要求，烟台开发区工委管委决定编纂《烟台经济技术开发区志（1984—2003）》。是年9月，管委成立“烟台经济技术开发区地方志编纂委员会”，转发《烟台经济技术开发区编修方志工作纲要》《编修〈烟台经济技术开发区志〉实施方案》，从各部门抽调人员组成专门编纂班子，召开全区动员大会，部署修志工作。2003年3月，开发区史志研究室（以下简称“区史志办”）重点进行《区志》篇目设置、举办《区志》撰稿人员培训班等工作，并根据《区志》篇目构思，查阅各类方志资料，起草《〈区志〉篇目及撰稿分工》讨论稿。此后又先后3次聘请市、区史志专家讨论论证，进行反复修改，十易其稿，最后经工委管委领导和区地方志编纂委员会全体成员审阅，报请市史志办同意，于2003年11月28日正式定稿，成为编纂烟台开发区第一部志书确定篇目、征集资料的基础性文件，至此，《区志》编纂工作全面启动。

2004—2012年为组稿分纂阶段。2004年6月，区史志办和各单位供稿人员本着实事求是的原则，查阅档案资料，进行采访、座谈，广泛搜集史料，反复核实，力求史料真实、准确。此后，将各编章任务分解落实到每位编辑，正式进入编纂阶段。编辑人员广采众家之长，兢兢业业，整理出100余万字的初稿。其间，区史志办对每编文稿都组织编辑人员认真讨论，市史志专家多次参加讨论，提出具体修改意见。各编辑对文稿反复进行修改后，于2007年4月发送到工委管委各部门征求意见。2008年9—11月，各编辑根据各部门反馈意见又作了修改，形成志书草稿。

2013—2014年为统稿总纂阶段。2013年12月，全区选派人员对志书草稿进行总纂合成。主要任务是统一标准，提高质量。主编在通阅志稿的基础上，采取“一人稿，多人评”，责任编辑共同评议的方式，通过“编辑自审、交叉互审、集体议审”三步编修程序，在体例、格式、内容、图片、编章布局及语言规范等方面，系统地进行修改完善。针对图片缺失等重点问题，在广泛调研基础上，编辑人员通览全书，认真推敲内容，逐一列出所需的随文图片，共计600余张，随后下发通知组织全区42个部门按照要求重新提报，在各单位协助下，图片问题得以解决。《区志》在卷首设彩页，编头设编题照，编内尽量多采用图片，力求图文并茂，增加可读性。针对资料缺失矛盾等难点问题，编辑人员翻阅原始档案上千册，查找历史资料近万份，通览5个版本的《区志》草稿近900余万字，采取“以一个版本为主，其他版本为辅”的思路，查漏补缺，前后印证。编辑人员在编纂过程中，甘于寂寞，长期坚守，认真负责，兢兢业业，恐一人一事不详，惧一句一字不实，引世人以歧义，误后人以考论。为提高效率，按照并联思路，协调市史志办提前介入帮助审阅初稿，市、区两级并联同步审稿、改稿，大大加快了编纂进度。经过编辑人员一年的努力，2014年12月，总纂工作基本完成。志稿在力求编章齐全、资料翔实的同时，突出了“工业、外资、外贸及发展高新技术产业”等内容，体现开发区改革、开放的特点，还在志书体例、文图编排等方面探索创新，增强了志书的可读性。

《烟台经济技术开发区志（1984—2003）》编纂分工表

编	题目	责任编辑	编	题目	责任编辑
辅文	概述、大事记、编后记等	陈　政	第十五编	经济管理	马　彦
第一编	建区	姜顺海	第十六编	党务组织	孙德连
第二编	自然环境	姜顺海	第十七编	行政机构	孙德连
第三编	人口	姜顺海	第十八编	法治　武装	孙德连
第四编	城区建设与管理	孙德连	第十九编	民主党派　社会团体	孙德连
第五编	环境保护	陈　政	第二十编	编制　人事　劳动	孙德连
第六编	经济综述	马　彦	第二十一编	卫生	孙德连
第七编	招商引资	马　彦	第二十二编	文化　体育	孙德连
第八编	工业	马　彦	第二十三编	教育　科学技术	马　彦
第九编	建筑业	马　彦	第二十四编	民政	姜顺海
第十编	交通　邮政　通信	马　彦	第二十五编	社会生活	姜顺海
第十一编	贸易	马　彦	第二十六编	外事　侨务　港澳台事务	姜顺海
第十二编	旅游	孙德连		人物	姜顺海
第十三编	农业	姜顺海		附录	姜顺海
第十四编	财政　税务　金融	马　彦			

2015—2016 年为评议报审阶段。2015 年年初，志稿经排版设计后，形成评议稿，并于 2 月份报省、市史志办。4 月 29 日，区史志办在金沙滩大酒店组织召开《区志》评议会议。中国地方志指导小组副秘书长兼办公室副主任冀祥德、年鉴处副研究员和卫国，省政府办公厅党组成员、省史志办主任刘爱军、副主任翟世林，烟台市史志办主任季胜林，烟台开发区工委委员、组织部部长高松敏、副部长于复晓，部分省级史志专家及各县市区史志办主任等共 40 余人出席会议。

2015 年 4 月，《烟台经济技术开发区志（1984—2003）》志稿评议会召开

2015年4月29日，《烟台经济技术开发区志（1984—2003）》志稿评议会在烟台开发区召开。中指组、省市史志办领导和部分省级史志专家及各县市区史志办主任等40余人参加评议会。图为与会人员合影

前排左起：谈洪奎　朱佩峰　吕福堂　李天程　于复晓　高松敏　季胜林　和卫国　冀祥德　刘爱军　翟世林　李　刚　李　坤　李迎春（女）　郭能勇　段祥泰　孙　杰　王锡东

中指组和省市史志办领导、与会专家对区志质量给予了充分肯定，并从篇目设置、资料取舍、内容记述、行文规范等方面进行了认真评议，提出了具体的评审意见。会后，区史志办认真梳理、分析专家评审意见，研究确定修改方案，经过3个多月的精心修改，于8月完成修改任务，形成报批稿。将报批稿印发全区各供稿单位征求意见，并在规定时间内由单位主要领导签字、加盖公章后再次返回区史志办。根据各单位意见统筹修改后，送呈区工委领导审阅，同时，报送市史志办、省史志办、中指组导单位审核。2016年9月，全书共169万字的《烟台经济技术开发区志（1984—2003）》正式出版。

在志书编纂过程中，得到工委管委的重视、支持和社会各界的关心、帮助。特别是各级领导对书稿提出许多重要修改意见。市史志办把编纂《烟台经济技术开发区志（1984—2003）》作为全市续修工作的重点来抓，经常了解编纂情况，多次给予现场指导。全区各有关部门按照工委管委要求，积极为《区志》编纂提供文字及图片资料，付出了艰辛的劳动。14年来，全体编辑人员以对历史负责的责任感，克服工作任务繁重、人员不足、资料短缺等困难，以认真、务实的态度，扎扎实实、埋头苦干，为编纂志书付出了大量的心血和汗水。《烟台经济技术开发区志（1984—2003）》的编纂出版，是工委管委正确领导的结果，是市史志办指导关心的结果，是全区各承编单位和广大史志工作者全力支持、共同努力的结果。在此，谨向为《区志》付出心血的领导、专家和各界人士致以崇高的敬意和衷心的感谢。

编纂一部精品佳志，乃是所有修志人的夙愿。编辑人员为确保志书质量，作出了不懈努力。无奈志书横涉百科、内容繁杂、资料缺乏，加上时间有限，编辑水平有限，难免有疏漏或不当之处，敬请各级领导和广大读者批评指正。

编者

2016年8月

烟台经济技术开发区工委组织部史志研究室编纂人员合影（2016年5月摄）
左起：陈政 孙德连 马彦 姜顺海

附：曾经整理、编纂过《烟台经济技术开发区志（1984—2003）》的人员

孟庆海　于国光　郑祖增　韩正黎　于业来　徐嘉殿　尹福泉　杜书强　李思东
周永顺　徐天文　贾开超